［中国各省 金融全志］

清末民初日本对华金融调查资料

ZHONGGUO GESHENG JINRONG QUANZHI

QINGMO MINCHU RIBEN DUIHUA

JINRONG DIAOCHA ZILIAO

上册◎

戴建兵 / 主编

杨月枝 等 / 译

河北出版传媒集团

河北教育出版社

图书在版编目（CIP）数据

中国各省金融全志：清末民初日本对华金融调查资料 / 杨月枝等编译 . -- 石家庄：河北教育出版社，2023.9

ISBN 978-7-5545-6279-6

Ⅰ.①中… Ⅱ.①杨… Ⅲ.①金融 - 史料 - 中国 - 民国 Ⅳ.① F832.96

中国版本图书馆 CIP 数据核字 (2021) 第 038915 号

书　　名　**中国各省金融全志——清末民初日本对华金融调查资料（上、中、下册）**
主　　编　戴建兵
译　　者　杨月枝　刘敬者　姚亚玲　蒋　璐　薛天依
　　　　　李　敏　张　倩　宋耀强　安　可　李　哲

出 版 人　董素山
责任编辑　郝建东　马海霞
装帧设计　李关栋
出版发行　河北出版传媒集团
　　　　　河北教育出版社　http://www.hbep.com
　　　　　（石家庄市联盟路 705 号，050061）
印　　制　河北新华第二印刷有限责任公司
开　　本　787 mm × 1092 mm　　1/16
印　　张　78.25
字　　数　1578 千字
版　　次　2023 年 9 月第 1 版
印　　次　2023 年 9 月第 1 次印刷
书　　号　ISBN 978-7-5545-6279-6
定　　价　218.00 元（全三册）

《中国各省金融全志——清末民初日本对华调查资料》
编委会

主　编　戴建兵

译　者　杨月枝　刘敬者　姚亚玲　蒋　璐
　　　　薛天依　李　敏　张　倩　宋耀强
　　　　安　可　李　哲

前　言

　　《中国各省金融全志——清末民初日本对华调查资料》的文献来源是《中国省别全志》和《新修中国省别全志》。

　　研究中国近代金融史的重要资料来源之一是日文资料。

　　近代日本的学界、军界出于各种目的，对中国进行广泛调查，对中国的各种经济事项进行了极为认真的研究和分析。特别是对时人还不太重视的金融领域，位居先进而又想法特殊的日本投入了巨大的人力、物力，在广泛调查的基础上，依日式思维的路径在学术层面出版和翻译了一系列相关中国金融领域的著作和论文，我曾写过相关中国近代银两的著作，重要的资料来源是日本当时的学者宫下中雄所著的《中国币制的特殊研究：近代中国银两制度研究》，日本学术振兴会1952年出版。处于生活常态下的国人，对于天天接触的金融事项并不注重记载。几十年下来，很多成为绝学或被扬弃，而对急于想深刻了解并掌握中国的日本来说，这恰是其用力之处。正像国人现在均言：金融是现代经济的核心，实际上，在近代亦已显现。

　　日本东亚同文会成立于1898年，1946年结束。1901年，同文会在上海设立了东亚同文书院，是一个特务机构。其接受日本政府巨额补助，招收日籍学生，四十余年间培养了大批所谓"中国通"。书院让这些学生对中国进行全方位的调查，四十多年间派出五千多名学生，这些学生以游历的名义，对除西藏外的中国所有省区进行调查，金融是其重要内容。配合侵华政策，这些对中国各省详尽调查的报告，分送当时日本参谋本部、外务省与农商务省等，部分成果结集为《中国省别全志》和《新修中国省别全志》。在侵华战争中，同文书院的学员充当日军随军翻译、间谍等，为军方搜集和提供情报，直接参与侵华活动。战后书院院长本间喜一召集原书院教职员工、学生，1946 年 11 月在日本爱知县丰桥市成立了爱知大学。

从日本明治末期到大正年间先后出版的《中国省别全志》共 18 卷，分别是：第 1 卷广东省 (附香港、澳门)、第 2 卷广西省、第 3 卷云南省 (附海防)、第 4 卷山东省、第 5 卷四川省、第 6 卷甘肃省 (附新疆省)、第 7 卷陕西省、第 8 卷河南省、第 9 卷湖北省、第 10 卷湖南省、第 11 卷江西省、第 12 卷安徽省、第 13 卷浙江省、第 14 卷福建省、第 15 卷江苏省、第 16 卷贵州省、第 17 卷山西省、第 18 卷直隶省。各卷章节大同小异，内容大体包括以下各项：一、总论：各地沿革、面积、人口、气候、民俗、军事概况、对外关系等。二、都市：通商口岸、主要城市及各县城。三、贸易。四、交通：铁路、公路、船运、邮政与电信。五、农林渔牧。六、工矿。七、商业与金融 。八、度量衡。每卷一千余页，图、表、文兼具，并附有地图。

从 1941 年起，东亚同文会又着手编纂新修订的《新修中国省别全志》，到日本战败前出了 9 卷，即第 1 卷四川省 (上)、第 2 卷四川省 (下)、第 3 卷云南省、第 4 卷贵州省 (上)、第 5 卷贵州省 (下)、第 6 卷陕西省、第 7 卷甘肃省和宁夏省、第 8 卷新疆省、第 9 卷青海省。日本战败投降后，编纂出版工作中断，未能出齐。编排与前修大致相同。

以第 13 卷 浙江省为例，详细编目如下：

第一章　杭州的金融货币和度量衡

第一节　金融机构：钱庄和钱铺、新式银行、钱业公所、金融用语

第二节　货币

第三节　度量衡：度、量、衡

第二章　宁波的金融货币和度量衡

第一节　金融机构：新式银行、钱庄、汽船公司、当铺

第二节　外汇和押汇

第三节　货币

第四节　度量衡

第三章　温州的金融货币和度量衡

第四章　奉化的金融货币和度量衡

第五章　象山的金融货币和度量衡

第六章　台州的金融货币和度量衡

第七章　金华的金融货币和度量衡

第八章　兰溪的金融货币和度量衡

第九章　江山的金融货币和度量衡

第十章　常山的金融货币和度量衡

第十一章　处州的金融货币和度量衡

第十二章　各地的金融货币和度量衡：石浦、定海、天台、宁海、海门、太平、永康、武义、淳安、严州、瑞安、乐清、平阳、玉环、富阳和桐庐、龙游和衢州。

由此可见其对当时的金融事项，从地域到金融部门，再到金融业务、金融工具所进行调查的广度和深度。所有这一切是我们研究近代金融，并充分认识日本对近代中国的妄念，以及学以致用的好资料。

此外这还是一部中国近代的度量衡调查资料。

本书的翻译分工为：杨月枝负责第 1 卷广东金融、第 6 卷甘肃金融、第 10 卷湖南金融、第 15 卷江苏金融、第 22 卷新修陕西金融、第 23 卷新修甘肃宁夏金融、第 25 卷新修青海金融的翻译；刘敬者负责第 9 卷湖北金融、第 11 卷江西金融、第 18 卷直隶金融、第 20 卷新修云南金融、第 21 卷新修贵州金融的翻译；姚亚玲负责第 12 卷安徽金融、第 17 卷山西金融、第 19 卷新修四川金融、第 24 卷新修新疆金融的翻译；蒋璐负责第 5 卷四川金融的翻译；薛天依负责第 16 卷贵州金融的翻译；李敏负责第 2 卷广西金融的翻译；张倩负责第 3 卷云南金融的翻译。宋耀强负责第 7 卷陕西金融、第 8 卷河南金融的翻译；安可负责第 4 卷山东金融的翻译；李哲负责第 14 卷福建金融的翻译。

本书在翻译过程中，发现书中有些算式不对，本着忠于原作的原则，翻译时未做改动。书中有些金融术语、度量衡单位、图表为民国时期所用，各省不统一，均按原作翻译，未做改动。

戴建兵

目　录

第 1 卷　广东省的货币、金融机构和度量衡　/1

第一章　广东省的货币　/3

第二章　广东省省城的银号　/14

第三章　广东省省城的外国银行　/19

第四章　中国内地的汇兑机构　/21

第五章　汕头的货币　/23

第六章　汕头的金融机构　/26

第七章　琼州府、海口的货币　/35

第八章　江门的货币　/36

第九章　三水的货币　/37

第十章　北海的货币　/39

第十一章　佛山（南海县）的货币和金融机构　/40

第十二章　陈村的货币　/43

第 2 卷　广西省的货币和金融机构　/45

第一章　概述　/47

第二章　梧州府的货币和金融机构　/50

第三章　南宁府的货币和金融机构　/65

第四章　龙州地区的货币　/70

1

第五章　桂林府的货币和金融机构　/72

第六章　柳州府的货币和金融机构　/78

第七章　浔州府的货币和金融机构　/81

第八章　百色厅的货币　/84

第九章　贵县的货币和金融机构　/85

第十章　郁林州的货币和金融机构　/88

第十一章　长安的货币和金融机构　/89

第十二章　昭平县的货币和金融机构　/91

第十三章　阳朔县的货币　/92

第十四章　马江的货币　/93

第十五章　兴平的货币　/94

第十六章　横州和永淳县的货币　/95

第 3 卷　云南省的货币、金融机构和度量衡　/97

第一章　概述　/99

第二章　云南省城的货币和金融机构　/101

第三章　宜良县的货币　/113

第四章　阿迷州的货币　/114

第五章　蒙自县的货币和金融机构　/115

第六章　个旧县的货币和金融机构　/120

第七章　河口的货币和金融机构　/121

第八章　东川府的货币和金融机构　/124

第九章　昭通府的货币和金融机构　/128

第十章　大关的货币和金融机构　/133

第十一章　河内的经济状态　/134

第 4 卷　山东省的货币和金融机构　/135

第一章　济南城的货币和金融机构　/137

第二章　青岛的货币和金融机构　/152

第三章　芝罘的货币和金融机构　/156

第四章　龙口的货币　/170

第 5 卷　四川省的货币和金融机构　/171

第一章　重庆的货币和金融机构　/173

第二章　成都的货币和金融机构　/183

第三章　双流县的货币　/188

第四章　新津县的货币和金融机构　/189

第五章　保宁府的货币和金融机构　/190

第六章　昭化县的货币和金融机构　/191

第七章　广元县的货币和金融机构　/192

第八章　顺庆府的货币和金融机构　/193

第九章　蓬州的货币　/195

第十章　广安县的货币　/196

第十一章　邻水县的货币　/197

第十二章　岳池县的货币和金融机构　/198

第十三章　叙州府的货币和金融机构　/200

第十四章　叙永厅的金融机构　/202

第十五章　合州的货币和金融机构　/204

第十六章　涪州的货币　/205

第十七章　酉阳州的货币　/206

第十八章　龚滩的货币　/207

第十九章　梁山县的货币　/208

第二十章　夔州府的货币和金融机构　/209

第二十一章　巫山县的货币　/211

第二十二章　万县的货币和金融机构　/212

第二十三章　潼川府的货币和金融机构　/214

第二十四章　中江县的货币和金融机构　/216

第二十五章　赵家渡的货币和金融机构　/218

第二十六章　蓬溪县的货币　/219

第二十七章　太和镇（潼南县）的货币　/220

第二十八章　嘉定府的货币和金融机构　/221

第二十九章　邛州的货币　/223

第 三 十 章　泸州的货币和金融机构　/224

第三十一章　雅州府的货币和金融机构　/226

第三十二章　天全县的货币　/228

第三十三章　清溪县（汉源县）的货币　/229

第三十四章　打箭炉（康定县）的货币和金融机构　/230

第三十五章　泸定县的货币　/231

第 6 卷　甘肃省的货币和金融机构　/233

第一章　兰州府的货币和金融机构　/235

第二章　狄道州的货币　/238

第三章　渭源的货币　/239

第四章　平凉府的货币和金融机构　/240

第五章　瓦亭的货币　/245

第六章　静宁州的货币　/246

第七章　隆德县的货币　/247

第八章　固原州的货币和金融机构　/248

第九章　泾州（泾川）的货币和金融机构　/254

第十章　巩昌府的货币和金融机构　/257

第十一章　安定县的货币　/258

第十二章　会宁县的货币　/259

第十三章　西巩驿的货币　/260

第十四章　宁远县的货币和金融机构　/261

第十五章　西和县的货币　/262

第十六章　成县的货币　/263

第十七章　石家关的货币　/264

第十八章　白马关的货币　/265

第十九章　礼县的货币　/266

第二十章　宁夏府的货币和金融机构　/267

第二十一章　灵州的货币　/275

第7卷　陕西省的金融货币和金融机构　/277

　第一章　概述　/279

　第二章　西安的金融机构和货币　/280

　第三章　咸阳县的金融机构　/290

　第四章　蓝田的金融机构和货币　/292

　第五章　泾阳的金融机构和货币　/294

　第六章　三原县的金融机构和货币　/297

　第七章　潼关、华阴州、渭南、临潼的金融机构和货币　/299

　第八章　醴泉、永寿、大裕的金融机构和货币　/300

　第九章　龙驹寨的金融机构和货币　/301

　第十章　同官的金融机构和货币　/302

　第十一章　中部县的金融机构和货币　/303

　第十二章　耀洲的金融机构和货币　/304

　第十三章　商州的金融机构和货币　/305

　第十四章　乾州的金融机构和货币　/306

　第十五章　邠州的金融机构和货币　/308

　第十六章　长武的金融机构和货币　/311

　第十七章　凤翔府的金融机构和货币　/312

　第十八章　汉中的金融机构和货币　/313

　第十九章　略阳的金融机构和货币　/316

　第二十章　宜川的金融机构和货币　/317

　第二十一章　延长的金融机构和货币　/319

　第二十二章　延川县的金融机构和货币　/320

　第二十三章　洛川的金融机构和货币　/321

　第二十四章　宜君的金融机构和货币　/322

　第二十五章　绥德州的金融机构和货币　/323

第8卷　河南省的金融货币和度量衡　/325

　第一章　开封的金融货币和度量衡　/325

　第二章　陈留的货币和度量衡　/333

第三章　杞县的货币和度量衡　/335

第四章　禹州的金融机构　/337

第五章　郑州的金融货币和度量衡　/338

第六章　许州的金融货币和度量衡　/341

第七章　漯河镇的金融货币和度量衡　/344

第八章　周家口的金融货币和度量衡　/347

第九章　和尚桥的货币和度量衡　/351

第十章　归德的金融货币和度量衡　/352

第十一章　彰德的金融货币和度量衡　/354

第十二章　睢县的金融货币和度量衡　/356

第十三章　新乡的金融机构和货币　/358

第十四章　道口镇（卫河流域）的货币　/360

第十五章　怀庆的金融货币和度量衡　/361

第十六章　清化镇的金融货币和度量衡　/364

第十七章　焦作的金融机构和货币　/368

第十八章　洛阳的金融货币和度量衡　/370

第十九章　新安的货币和度量衡　/373

第二十章　渑池的金融货币和度量衡　/374

第二十一章　陕州的货币和度量衡　/376

第二十二章　南阳府的金融货币和度量衡　/377

第二十三章　赊旗镇的金融货币和度量衡　/378

第二十四章　唐县的货币和度量衡　/379

第二十五章　泌阳县的金融货币和度量衡　/380

第二十六章　邓州的金融货币和度量衡　/382

第二十七章　裕州的金融货币和度量衡　/384

第二十八章　舞阳县的金融货币和度量衡　/385

第二十九章　遂平的度量衡　/386

第 三 十 章　确山的货币和度量衡　/387

第三十一章　驻马店的金融货币和度量衡　/389

第三十二章　信阳的金融货币和度量衡　　/391

第三十三章　罗山的货币和度量衡　　/394

第三十四章　光州的金融货币和度量衡　　/395

第三十五章　固始的金融货币和度量衡　　/398

第三十六章　汝州的货币　　/401

第三十七章　鲁山、南召的货币和度量衡　　/402

第9卷　湖北省的金融货币和度量衡　　/405

第一章　汉口的金融货币和度量衡　　/407

第二章　沙市的金融货币和度量衡　　/429

第三章　宜昌的金融货币和度量衡　　/435

第四章　孝感的金融货币和度量衡　　/438

第五章　广水的金融货币和度量衡　　/441

第六章　黄陂的金融机构和货币　　/443

第七章　新堤的金融货币和度量衡　　/444

第八章　钟祥县的金融货币和度量衡　　/446

第九章　荆门的金融货币和度量衡　　/447

第十章　沙洋镇的金融货币和度量衡　　/449

第十一章　当阳的金融货币和度量衡　　/451

第十二章　樊城的金融货币和度量衡　　/453

第十三章　宜城的金融货币和度量衡　　/455

第十四章　枣阳的金融货币和度量衡　　/457

第十五章　老河口的金融货币和度量衡　　/459

第十六章　郧阳的货币和度量衡　　/463

第十七章　安陆的金融货币和度量衡　　/464

第十八章　随州的金融货币和度量衡　　/466

第十九章　应山县的金融货币和度量衡　　/467

第二十章　黄州的金融机构和货币　　/468

第二十一章　武穴的金融货币和度量衡　　/469

第二十二章　石首的货币和度量衡　　/472

第二十三章　藕池口的货币和度量衡　　/473

第二十四章　归州的货币和度量衡　　/474

第二十五章　巴东的货币和度量衡　　/475

第二十六章　仙桃镇、脉旺嘴、塘港的金融货币和度量衡　　/476

第二十七章　罗田、蕲水、麻城的金融机构和货币　　/477

第10卷　湖南省的金融货币和度量衡　　**/479**

第一章　概述　　/481

第二章　长沙的金融货币和度量衡　　/482

第三章　岳州的金融货币和度量衡　　/494

第四章　湘潭的金融货币和度量衡　　/498

第五章　醴陵的金融货币和度量衡　　/500

第六章　株洲的金融货币和度量衡　　/502

第七章　益阳的金融货币和度量衡　　/504

第八章　东坪的金融货币和度量衡　　/506

第九章　津市的金融货币和度量衡　　/508

第十章　安乡的金融货币和度量衡　　/511

第十一章　永定的金融货币和度量衡　　/512

第十二章　宝庆的金融货币和度量衡　　/514

第十三章　新化的金融货币和度量衡　　/516

第十四章　城步的金融货币和度量衡　　/518

第十五章　新宁的金融机构和度量衡　　/519

第十六章　衡州的金融货币和度量衡　　/521

第十七章　衡山的金融货币和度量衡　　/524

第十八章　耒阳的金融机构和货币　　/526

第十九章　常德的金融货币和度量衡　　/527

第二十章　桃源的金融货币和度量衡　　/535

第二十一章　沅江的金融机构和货币　　/537

第11卷　江西省的金融货币和度量衡　　**/539**

第一章　概述　　/541

第二章　九江的金融货币和度量衡　　/543

第三章　南昌的金融货币和度量衡　　/558

第四章　丰城的金融货币和度量衡　　/571

第五章　樟树镇的金融货币和度量衡　　/574

第六章　义宁的金融货币和度量衡　　/577

第七章　景德镇、浮梁的金融货币和度量衡　　/579

第八章　余江的金融货币和度量衡　　/582

第九章　广信的金融货币和度量衡　　/583

第十章　玉山的金融货币和度量衡　　/585

第十一章　弋阳的金融货币和度量衡　　/587

第十二章　建昌的金融货币和度量衡　　/588

第十三章　新城的金融货币和度量衡　　/590

第十四章　抚州的金融货币和度量衡　　/591

第十五章　临江的金融货币和度量衡　　/593

第十六章　新干的金融机构和货币　　/595

第十七章　新喻的金融货币和度量衡　　/596

第十八章　峡江的金融机构和货币　　/597

第十九章　瑞州的金融货币和度量衡　　/598

第二十章　袁州的金融货币和度量衡　　/600

第二十一章　萍乡的金融货币和度量衡　　/602

第二十二章　吉安的金融货币和度量衡　　/604

第二十三章　泰和的金融机构和货币　　/608

第二十四章　万安的金融机构和货币　　/609

第二十五章　赣州的金融货币和度量衡　　/610

第二十六章　信丰的货币　　/613

第二十七章　会昌的金融货币和度量衡　　/614

第二十八章　龙南的金融机构和货币　　/615

第二十九章　瑞金的金融货币和度量衡　　/616

第 三 十 章　南安的金融货币和度量衡　　/617

第 12 卷　安徽省的金融货币和度量衡　　/619

　　第一章　芜湖的金融货币和度量衡　　/621

　　第二章　安庆的金融货币和度量衡　　/625

　　第三章　桐城的金融货币和度量衡　　/629

　　第四章　徽州的金融货币和度量衡　　/631

　　第五章　休宁的金融货币和度量衡　　/633

　　第六章　屯溪的金融货币和度量衡　　/635

　　第七章　祁门的金融货币和度量衡　　/637

　　第八章　黟县的金融货币和度量衡　　/638

　　第九章　绩溪的金融货币和度量衡　　/639

　　第十章　泾县的金融货币和度量衡　　/640

　　第十一章　旌德的金融货币和度量衡　　/641

　　第十二章　南陵的金融货币和度量衡　　/642

　　第十三章　池州的金融机构和货币　　/644

　　第十四章　大通的金融机构　　/645

　　第十五章　铜陵的金融机构和货币　　/647

　　第十六章　太平府的金融机构　　/649

　　第十七章　庐州的金融货币和度量衡　　/651

　　第十八章　舒城的金融货币和度量衡　　/653

　　第十九章　凤阳的金融机构和货币　　/655

　　第二十章　蚌埠的金融货币和度量衡　　/656

　　第二十一章　临淮的金融机构和度量衡　　/657

　　第二十二章　怀远的金融机构和货币　　/658

　　第二十三章　定远的金融机构和货币　　/659

　　第二十四章　寿州的货币和度量衡　　/660

　　第二十五章　凤台的金融机构和货币　　/661

　　第二十六章　正阳关的金融货币和度量衡　　/662

　　第二十七章　宿州的金融货币和度量衡　　/664

　　第二十八章　颍上的金融货币和度量衡　　/665

第二十九章　霍邱的金融机构和度量衡　　/666

第 三 十 章　亳县的货币和金融机构　　/667

第三十一章　涡阳的金融机构和货币　　/668

第三十二章　太和县的金融货币和度量衡　　/669

第三十三章　界首的金融机构和货币　　/671

第三十四章　滁州的金融货币和度量衡　　/672

第三十五章　全椒的金融货币和度量衡　　/674

第三十六章　和州的金融货币和度量衡　　/675

第三十七章　六安的金融机构和货币　　/676

第三十八章　天长、盱眙的流通货币　　/678

第 13 卷　浙江省的金融货币和度量衡　　/679

第一章　杭州的金融货币和度量衡　　/681

第二章　宁波的金融货币和度量衡　　/690

第三章　温州的金融货币和度量衡　　/697

第四章　奉化的金融货币和度量衡　　/703

第五章　象山的金融货币和度量衡　　/705

第六章　台州的金融货币和度量衡　　/706

第七章　金华的金融货币和度量衡　　/708

第八章　兰溪的金融货币和度量衡　　/710

第九章　江山的金融货币和度量衡　　/713

第十章　常山的金融货币和度量衡　　/716

第十一章　处州的金融货币和度量衡　　/718

第十二章　各地的金融货币和度量衡　　/720

第 14 卷　福建省的金融货币和度量衡　　/725

第一章　福州的金融货币和度量衡　　/727

第二章　厦门的金融货币和度量衡　　/740

第三章　三都澳的金融货币和度量衡　　/750

第四章　闽清的金融货币和度量衡　　/751

第五章　水口的货币和度量衡　　/752

第六章　黄田的货币和度量衡　　　/755

第七章　福清的金融货币和度量衡　　　/756

第八章　泉州的金融货币和度量衡　　　/757

第九章　同安的金融货币和度量衡　　　/759

第十章　金门的金融货币和度量衡　　　/760

第十一章　建宁的金融货币和度量衡　　　/761

第十二章　建阳的金融货币和度量衡　　　/763

第十三章　浦城的金融货币和度量衡　　　/765

第十四章　政和的金融货币和度量衡　　　/767

第十五章　松溪的金融货币和度量衡　　　/768

第十六章　延平的金融货币和度量衡　　　/769

第十七章　沙县的金融货币和度量衡　　　/771

第十八章　尤溪的货币和汇兑　　　/773

第十九章　顺昌的金融货币和度量衡　　　/774

第二十章　洋口的金融货币和度量衡　　　/776

第二十一章　永安的金融货币和度量衡　　　/778

第二十二章　汀州的金融货币和度量衡　　　/780

第二十三章　宁化的金融货币和度量衡　　　/782

第二十四章　上杭的金融货币和度量衡　　　/783

第二十五章　连城的金融货币和度量衡　　　/784

第二十六章　峰市的货币和度量衡　　　/785

第二十七章　兴化的金融货币和度量衡　　　/786

第二十八章　涵江的金融货币和度量衡　　　/787

第二十九章　仙游的金融货币和度量衡　　　/789

第 三 十 章　邵武的金融货币和度量衡　　　/790

第三十一章　光泽的金融货币和度量衡　　　/792

第三十二章　漳州的金融货币和度量衡　　　/794

第三十三章　漳浦的金融货币和度量衡　　　/796

第三十四章　诏安的金融货币和度量衡　　　/797

第三十五章　云霄的金融货币和度量衡　　/798

第三十六章　霞浦的金融货币和度量衡　　/799

第三十七章　福鼎的金融机构和货币　　/800

第三十八章　福安的金融货币和度量衡　　/801

第三十九章　寿宁的金融货币和度量衡　　/802

第 四 十 章　永春的金融机构和货币　　/803

第四十一章　大田的货币　/804

第四十二章　龙岩的金融货币和度量衡　　/805

第四十三章　漳平的货币　/807

第四十四章　宁洋的金融货币和度量衡　　/808

第15卷　江苏省的金融货币和度量衡　　/809

第一章　上海的金融货币和度量衡　　/811

第二章　南京的金融货币和度量衡　　/840

第三章　苏州的金融货币和度量衡　　/843

第四章　镇江的金融机构和货币　　/845

第五章　崇明的金融机构和货币　　/846

第六章　常州的金融货币和度量衡　　/848

第七章　无锡的金融机构和货币　　/850

第八章　江阴的金融机构和货币　　/852

第九章　清江浦的金融货币和度量衡　　/853

第十章　盐城的金融和货币　/855

第十一章　海洲（包括新浦）的金融货币和度量衡　　/856

第十二章　板浦的金融机构和货币　　/858

第十三章　扬州的金融机构和货币　　/859

第十四章　瓜州的金融机构和货币　　/860

第十五章　海门的金融机构和货币　　/861

第十六章　通州的金融机构和货币　　/862

第十七章　徐州的金融货币和度量衡　　/863

第十八章　宿迁的金融货币和度量衡　　/865

第 16 卷　贵州省的金融货币和度量衡　　/867

第一章　概述　/869

第二章　贵阳的金融货币和度量衡　　/870

第三章　贵定的金融机构和度量衡　　/881

第四章　开州的金融货币和度量衡　　/883

第五章　玉屏、清溪的金融货币和度量衡　　/884

第六章　思南的金融货币和度量衡　　/885

第七章　德江的金融货币和度量衡　　/886

第八章　镇远的金融货币和度量衡　　/887

第九章　施秉、新黄平、重安司、清平的金融货币和度量衡　　/891

第十章　安顺的金融货币和度量衡　　/893

第十一章　镇宁的金融货币和度量衡　　/894

第十二章　古州的金融机构和货币　　/895

第十三章　清镇的金融货币和度量衡　　/896

第十四章　平坝的金融货币和度量衡　　/897

第十五章　兴义的金融货币和度量衡　　/898

第十六章　贞丰的金融货币和度量衡　　/899

第十七章　湄潭的金融货币和度量衡　　/900

第十八章　凤泉的金融货币和度量衡　　/901

第十九章　大定的金融货币和度量衡　　/902

第二十章　黔西的金融货币和度量衡　　/904

第二十一章　毕节的金融货币和度量衡　　/906

第 17 卷　山西省的金融货币和度量衡　　/909

第一章　太原（阳曲）的金融货币和度量衡　　/911

第二章　太原县的金融货币和度量衡　　/923

第三章　榆次的金融货币和度量衡　　/925

第四章　太谷的金融货币和度量衡　　/927

第五章　徐沟的金融货币和度量衡　　/930

第六章　交城的金融货币和度量衡　　/931

第七章　文水的金融货币和度量衡　　　/932

第八章　平定的金融货币和度量衡　　　/933

第九章　盂县的金融货币和度量衡　　　/935

第十章　寿阳的金融货币和度量衡　　　/937

第十一章　忻州的金融货币和度量衡　　　/940

第十二章　静乐的金融货币和度量衡　　　/942

第十三章　代州的金融货币和度量衡　　　/944

第十四章　崞县的金融货币和度量衡　　　/945

第十五章　平阳的金融货币和度量衡　　　/947

第十六章　洪洞的金融货币和度量衡　　　/949

第十七章　曲沃的金融货币和度量衡　　　/950

第十八章　翼城的金融货币和度量衡　　　/951

第十九章　霍州的金融货币和度量衡　　　/952

第二十章　蒲州的金融货币和度量衡　　　/953

第二十一章　虞乡的金融货币和度量衡　　　/955

第二十二章　解州的金融货币和度量衡　　　/956

第二十三章　运城的金融货币和度量衡　　　/957

第二十四章　闻喜的金融货币和度量衡　　　/959

第二十五章　潞安的金融货币和度量衡　　　/960

第二十六章　汾州的金融货币和度量衡　　　/962

第二十七章　平遥的金融货币和度量衡　　　/964

第二十八章　石楼的金融货币和度量衡　　　/966

第二十九章　中阳的金融货币和度量衡　　　/967

第三十章　沁州的金融货币和度量衡　　　/968

第三十一章　泽州的金融货币和度量衡　　　/972

第三十二章　高平的金融货币和度量衡　　　/975

第三十三章　阳城的金融货币和度量衡　　　/977

第三十四章　沁水的金融货币和度量衡　　　/978

第三十五章　辽州的金融货币和度量衡　　　/979

第三十六章　榆社的金融货币和度量衡　　/980

第三十七章　大同的金融货币和度量衡　　/981

第三十八章　怀仁的金融货币和度量衡　　/982

第三十九章　山阴的金融货币和度量衡　　/983

第 四 十 章　阳高的金融货币和度量衡　　/984

第四十一章　天镇的金融货币和度量衡　　/986

第四十二章　宁武的金融货币和度量衡　　/987

第四十三章　朔平的金融货币和度量衡　　/989

第四十四章　朔县的金融货币和度量衡　　/991

第四十五章　平鲁的金融货币和度量衡　　/994

第四十六章　归化城的金融货币和度量衡　　/995

第四十七章　包头镇的金融机构和货币　　/997

第四十八章　丰镇的金融货币和度量衡　　/999

第四十九章　临晋、猗氏、永宁、应州的金融货币和度量衡　　/1001

第18卷　直隶省的金融货币和度量衡　　/1003

第一章　北京的金融货币和度量衡　　/1005

第二章　天津的金融货币和度量衡　　/1031

第三章　热河的金融货币和度量衡　　/1044

第四章　隆化县（黄姑屯）的金融货币和度量衡　　/1046

第五章　乌丹城的金融货币和度量衡　　/1047

第六章　丰宁的金融货币和度量衡　　/1048

第七章　赤峰的金融货币和度量衡　　/1049

第八章　开鲁的金融货币和度量衡　　/1054

第九章　林西的金融货币和度量衡　　/1057

第十章　经棚的金融货币和度量衡　　/1059

第十一章　围场的金融货币和度量衡　　/1060

第十二章　锥子山（天宝山）的金融货币和度量衡　　/1062

第十三章　朝阳的金融货币和度量衡　　/1063

第十四章　阜新的金融货币和度量衡　　/1066

第十五章　小库伦（绥东）的金融货币和度量衡　　/1068

第十六章　石家庄的金融货币和度量衡　　/1070

第十七章　张家口的金融货币和度量衡　　/1072

第十八章　独石口的金融货币和度量衡　　/1076

第十九章　多伦的金融货币和度量衡　　/1077

第二十章　其他各地的金融货币和度量衡　　/1079

第 19 卷　新修四川省的金融货币和度量衡　　/1085

第三章　金融　　/1087

第四章　度量衡　　/1115

第 20 卷　新修云南省的金融货币和度量衡　　/1127

第一章　金融　　/1129

第二章　度量衡　　/1139

第 21 卷　新修贵州省的金融货币和度量衡　　/1143

第一章　货币·金融　　/1145

第二章　度量衡　　/1162

第 22 卷　新修陕西省的金融货币和度量衡　　/1169

第一章　金融　　/1171

第二章　度量衡　　/1187

第 23 卷　新修甘肃、宁夏两省的金融和度量衡　　/1193

第一章　甘肃、宁夏两省的金融　　/1195

第二章　甘肃、宁夏两省的度量衡　　/1201

第 24 卷　新修新疆省的金融和度量衡　　/1207

第一章　金融　　/1209

第 25 卷　新修青海、西康两省的金融和度量衡　　/1217

第一章　青海省的金融和度量衡　　/1219

第二章　西康省的金融和度量衡　　/1222

第 1 卷　广东省的货币、金融机构和度量衡

第一章　广东省的货币

第一节　货币的种类

广东省也和中国其他各地一样，交付税租时或商业交易时以"两"作为标准通货，但没有相应的货币表示"两"的外形。买卖时只能以不方便的纹银、大元或洋毫交易。同样叫广东两，但是根据秤器及称量的计量器具如何，实际价格也不同，因此究竟以哪种广东两作为标准通货并不明确。

如此，不论纹银、大元、毫洋是何等形状，完全以实价通用，因此货币学家称之为称量货币（money of weight），与其说叫货币，不如说是相对于两的一种商品更为恰当。

因此，没有一个现代的完全统一的货币价值单位，根据区域和使用目的，有时使用外国银行券，有时使用大元（也包括外国银货）、毫洋。所以详细叙述广东流通货币时，先做下列区分为便。

香港通货（Hongkong currency）

广东通货（Canton currency of Locay currency）

所谓的香港通货指的是香港政厅指定的法货（legtender）。广东省的流通货币中所谓的香港货，指的是法货，即以墨银、香港银及其他同价银货为基础在香港发行的香上银行及渣打银行的银行券。即，广东人一般称之为香港纸或香港通用银纸。而广东通货还可以将之区分为称量货币和计数货币。

所谓的称量货币，是以秤器称量纹银、大元或毫洋等，以其重量作为交易标准。而广东省的秤器，如后面所述，并不固定，不仅如此，根据其计量体的种类如何及品位如何，其名称繁杂，各自的实际价格也不同。

所谓的计数货币，就像元、文一样，以张数或个数计算，以各名目作为直接交易的标准。具体观察这些广东省流通的货币现状，可以得出如下分类。

一、有形通货

（一）硬货

1. 银块

作为银块，在交付税租和关税时使用的叫纹银。所谓纹银，是广东省城内的中信堂加入的银号，根据委托铸造的砝码形 10 两银，其成色各不相同，现在很难见到这种银块了。

2. 银货

(1) 大元或成元。

① 系广东省铸造的库平 7 钱 2 分的 1 元银货。

② 各省铸造的 1 元货币等于库平的 7 钱 2 分，但各省的库平未必相同，因此，并不等量。各省的银货中湖北省的银元最多。两元银多为有印痕者，无伤银很少。

③ "卡罗拉"银、墨银、英银、香港银等印痕比较厉害，变形者较多。无伤银在兑换市场被运往香港，因此市场流通极少。且这些银货不作为计数货币被接受。这在后面还要提及。

(2) 毫洋或毫子（简略成毛子）。

① 轻毫

a. 广东省铸造的双毫（20 仙）最多。

b. 广东省铸造的单毫（10 仙）多少有流通，但大多被运到香港，市场很少流通。

c. 香港铸造的 20 仙辅助货币最多。

d. 香港铸造的 10 仙辅助货币最多。

e. 香港铸造的 5 仙辅助货币极少（广东称为三分六）。

② 重毫

a. 广东省铸造的双毛最多。

b. 香港铸造的 10 仙辅助货币非常多。

c. 香港铸造的 20 仙、5 仙辅助货币极少。

d. 各种大元银货的碎片，是为了用于 5 仙以下的分量、将大元银货打碎而成。

3. 铜货

(1) 1 仙铜货。

(2) 制钱 1 文钱，并非现铸，而是自古就有。朝鲜和日本的制钱也混在其中，流通颇多。

(3) 小制钱为广东省造币厂铸造。

(二) 软货

1. 香港通货中的银行券——香纸

(1) 香上银行发行的银行券最多。

(2) 渣打银行发行的银行券较多。

(3) 广东万国通宝银行券略有，但不如前两种多。

2. 广东通货中的纸币或银行券

(1) 大元纸币是广东省政府或中国各银行对大元发行的纸币。但现在已不发行。

(2) 毫洋纸币或银行券即广纸。中国广东省政府中国各银行发行。

二、无形通货

无形通货包括：广东两、海关两、库平两。

无形通货如文字所示，没有实体，只是空头称呼，但实际交易时使用如下通货。

1. 纹银最少。
2. 重毛最多。
3. 大元较多。
4. 香纸较少。

第二节　广东银元局铸造的银货

广东省城东门外的银元局铸造的银通货（广东、广西地区使用）有 5 种，现将其平及色列举如下：

银货种类	平	色
大元（1 元）	7 钱 2 分	900
中元（50 仙）	3 钱 6 分	860
双毛（20 仙）	1 钱 4 分 4 厘	820
单毛（10 仙）	7 分 2 厘	820
半毛（5 仙）	3 分 6 厘	820

不管是什么交易，不论大小，其中使用最多的是双毛，其次是单毛，再次是半毛。大元、中元等用途相对很小。

现在，将大元、中元、双毛、单毛、半毛（即毛子）中银及其他成分的混合比例列举如下：

种类	重量	银量	铜	铅	锡
大元	7.20 钱	900	70	22	8
中元	3.60 钱	860	57	31	12
双毛	1.44 钱	820	125	40	15
单毛	0.72 钱	820	125	40	15
半毛	0.36 钱	820	125	40	15

第三节　香港通货的意义

所谓的香港通货，如前所述，是香港政厅指定的法货，即墨银、香港元、英银及政厅承认的与此等价的银货。因为这些银货比较重，不方便携带，且鉴定真伪也很麻烦，为了省去不便，渣打银行以这些法货为基础，发行了银行券，紧跟着香上银行也发行了银行券。

由于银行券使用方便、两家银行信用也高，银行券比现银成倍流通，各种银元根据其种类及有无缺损、重量，与银行券相比，要打折扣。因此会出现这种怪现象：法货的银货不与香港银行券等价流通，只有支付 5 元以下的费用才被视为等价。

因此，倒不如这样说更合适，现在一般说的香港通货，不是政厅指定的法货，而是香港的银行发行的银行券。但在香上银行拿银行券兑换时，不增加贴水，通常都以刻印清晰的银货兑换支付。因此，就有比起拿兑换券去银行兑换银货，还是在市场买入英银或其他法货更合算这种奇怪现象。

第四节　广东省的外国货币流通沿革

下面叙述一下香港通货如何成为广东省市场流通货币的一部分以及外国货币流通的沿革。

广东省的市场上早在 17 世纪就已经有了进口的外国银货。但作为流通货币是 80 年前的事情。最初进口的货币是所谓的"卡罗拉斯"银元，然后是 60 年前最初见到的墨银。

"卡罗拉斯"银元的品质及重量与新进口的墨银相比都很差，因此在广东省随着墨银的进口，几乎不再通用，逐渐出口到了厦门、上海及长江流域各港口。太平天国之乱以前，"卡罗拉斯"银元除了广东省以外，成了中国南方的通货，现在芜湖地区还在流通。在厦门，是香上银行的通货，在汕头，有些也混在杂银中。

墨银的势力在广东市场非常大。在 30 多年前，美国贸易银进口。贸易银比墨银重三五格令，因此一时流通较多，但根据劣币驱逐良币法则，隐去了身影，这样墨银又恢复了实力，信用也最高，且去往各地畅通无阻，最后香港政厅也将墨银指定为香港法货之一。

进口的还有日本银元，上有双龙元印，因此比较适合一般市民。但日本自货币制度改革以来停止铸造。日俄战争时期，作为满洲军资金从中国南方调走，因此流通逐渐减少，不过最近台湾银行再次进口。另外，还进口了英银"皮亚斯托鲁"等。

如上所述，广东省进口了各种外国银货，但在市场流通之前，先要经过银业部门的鉴定、打标记。然后再辗转流通时，同样要打标记，随着流通次数增多，打标记也越来越多，不用说文字，就连原形也受到损伤，呈杯状。但广东人打标记是鉴别银货的真伪，是给成色度授予证书之意。这种有伤银台湾叫租银，汕头叫杂银，广东叫大元或成元。在香港未被英国统治以前，广东省实际上是东洋贸易中心，但是自从贸易中心在地势上及英国政策上转移到香港后，广东省的外国商馆不过是香港商馆的办事处。因此，广东省外国商馆使用的计算标准银变成了香港通货。

如此，标准货币是香港通货，在广东省尤其是在沙面，不使用法国的银货进行交易，而使用香港银行券结算就不足为奇了。广东省海关总贸易额超过一亿两，其中六成属于外国贸易，多是在沙面民地上进行的贸易。但广东省距离香港只有160公里，不过6个小时的航程，因此香港通货的流通额应该很大。但因为汇兑买卖和原来的习惯，实际并不多。代表香港通货的支票贸易比较多，针对加上单加水的大元贸易等，以加了单加水、碎去水的毛洋交易进行补充。

第五节　广东省的各种通货流通现状

广东省的流通货币如上所述，比较复杂，也不统一。实际上是根据买卖交易相关人物如何，其使用的通货也不同。而且根据交易种类的不同，可以判断各种通货的流通程度。根据交易人主体本身区分如下。

一、外国人之间的相互贸易

使用香港通货即香上银行券和渣打银行券。

二、外国人对中国人的商贸

根据约定。可用香港通货或大元、毛洋等。

没有约定，一般使用香港通货，但香港银行券不足时，根据当时的行情，使用对香港通货的大元或毛洋。

三、中国商人之间的贸易

批发，用大元或毛洋。

1. 根据约定。或元、毛各平，即大元1分、毛洋1分混合使用。或3元7毛，即大元3分、毛洋7分混合使用进行贸易。

2. 根据约定。多使用毛洋，尤其是重毛。

小买卖，使用毛洋尤其是轻毛。有时也使用铜货1文钱。

下等民众买卖交易，多使用铜货，尤其是1文钱。

四、广东各外国银行使用的货币

香上银行，只接受香港通货。

印度中国银行，以香港通货为主，但有时也使用大元。

万国宝通银行，以香港通货为主，但根据中国客户要求，接受毛洋存款。汇兑必须是香港通货。

台湾银行[1]，以香港通货为计算标准，但毛洋、大元都使用。尤其是存款、汇兑，多以毛洋进行交易。

通过以上各场合情况和贸易情况来看，可知贸易上使用最多的是广东两，以毛

---

[1]台湾银行是1899年台湾被日本侵占时，日本政府设立的银行。

洋或能兑换成毛洋的银行券（广纸）结算。因此，市面上流通最多的是毛洋及毛洋银行券。

经常往欧美出口的是生丝、花莛、桂皮等，进口的主要是鸦片、木棉、毛织品、棉纱、石油、煤炭等。这些进口货物多是先进口到中国香港，然后再进口到广东。出口货物在香港转船，但船货证券由当地发行。因此，进口汇兑不一定必须使用香港通货。相反，出口汇兑行情，汇兑时习惯上全部使用香港通货。（1）广东以前没有外国银行支行。（2）在沙面留驻的外国商馆多是香港外国商馆的办事处，因此没有另外制定会计法。（3）外国银行开设后，因外汇买卖上的利益，出口汇兑不能在广东销售，而被香港外国银行销售，其销售价款成为承办银行的账户存款。因此，沙面的外国商馆，对上述机构开出支票，通过买办给商品销售人支付货款。买办将其卖给外国银行，不收香港通货，而是将其卖给钱庄、票号，收取毛洋，然后再支付给商品销售人。钱庄、票号将买到的香港支票，送到香港交易店，成为买卖汇兑的资金。这样，沙面进出口的外国贸易，虽以香港通货为贸易标准，但实际使用的香港通货即香港银行券较少，多使用香上银行支票。此后，广东也增设了外国银行支行，各行竞争，买入出口汇票。但在沙面，很少支付买卖货款。多数是出口商馆，往香港拥有的交易银行临时账户打款，按照上述方法，充当商品进货货款来支付资金。因此，香港银行的支票交易虽然多，但实际香上银行券的流通却较少。现在，在广东，印度中国银行、万国宝通银行、香上银行、台湾银行各支行，加上德亚银行、渣打银行都开了分店。因此，广东的出口汇票因为方便，在广东被售卖，其货款存入广东外国银行，无疑香港通货的银行券流通量会越来越大。

大元如前所述：（1）中国商人对外国商馆支付商品价款时，在香港通货不足的情况下，要加算单加水行情再支付；（2）由于用于海关税租收纳等，市面上流通也不少。

所谓的大元，是广东省及各省铸造的1元银货，是打印记较少的银货，以及墨银、日本银、英银、法银、卡罗拉斯银等打标记比较厉害，伤了原形、呈杯形的银元的总称。而这些外国银货，无伤或打印记较少的银货根本不流通，因为比广东的大元行情好，直接被送到香港卖掉了。所以计划进口日本银元，与大元平价发行，也由于行情关系，直接运到中国香港而绝迹。

第六节　银两

广东省城使用司码平称量银元时，将100元的重量平均到司码平的72两。因此广东司码平的100两相当于138.89元。不论及其成色，称量所有的银货，直接将之称量为若干两。

以前，作为广东两通用的所谓广东两，是以司码平（该平1两为579.84格令）称量具有千位成色的银两，将其与上海的九八规银相比较，广东两100两相当于上海两 109.616 两。

然而随着时势的变迁，司码平变成了单纯的标准秤。实际交易中使用的秤和成色终于产生了各种差异。即以司码平为标准，比司码平少千分之一的是九九九平，少千分之二的是九九八平，其银两是大元（900 等级的银货）或毫洋（820 等级）。这样，秤器与成色不同，作为扣或控，进行折扣。

在广东省城，一般称银子是几两几钱时，指的是使用九九七平计量的毫洋。这种九九七平是省城钱庄使用的平，因此社会上也主要使用这种平。

本地根据生意，平种也不同。不仅如此，银种也各种各样。将此称为扣或控，如日本所说的多少折扣，并且这些控又有单控和双控之区别，例如，绸缎行是九六的单控，但苏杭洋货疋头行是九五和九四的双控。此外，用于同行之间贸易的控与非同行之间的贸易使用的控也不同。例如，在书店，对于同行，使用九控，对于其他行业使用（原文此处缺字）控。

另外，属于同一行业的商品，品种不同，控也不同。例如，在海产店，鱿鱼的买卖使用九五单控，淡菜的买卖使用九一和九五的双控。如上所述，在广东，银子的平与控不同，因此计算货币也比较烦琐。如果不熟悉换算方法，会非常不便。举例说明一下。要把一个商人用的银或银数换成司平司银，从司平司银的和，减去该商人的用平和控的和，再从一千减去所得的数，用此乘以变化的银数，再除以一千。算式如下。

$$\frac{m \times \{1000 - [（司码平+司银）-（平+控）]\}}{1000} = 司平司银$$

例如，将绸缎行称为一千两的银子换成司平司银，其平是 999，其控是 960，应用上面的算式，直接得出是 959 两。即：

$$\frac{1000 \times \{1000 - [（1000+1000）-（999+960）]\}}{1000} = 959 两$$

以上说的是单控，双控也可以应用。用双控之和减去一千，再加上平。其他方法都与上面算式相同，如下所示以供参考。

$$\frac{m \times [1000 - \{（司银+司平）-（扣+扣-1000）+平\}]}{1000}$$

要把甲商用的银数变为乙商的银数，首先求出甲商用的平扣之和与乙商用的平控之和，甲和如果比乙和大，就从一千减去其差额，用得数去除变化的银数。相反，如果甲和比乙和小，从一千减去其差额，用差额乘以变化的银锭。

第七节　现在的广东两

现在将各种银货即大元、双毫等用天平称量，直接将其命名为两，据此其成色如下可供参考。

一、用九九七平称量大元时

广东司码平 1 两 ＝ 579.84 格令

广东九九七平 1 两 ＝ 广东司码平 0.997

　　　　　　　　　　 ＝ 578.1 格令

大元的成色如果是九百等级

广东九九七平大元 1 两 ＝ 其成色 520.29 格令

二、用九九七平称量毫洋时

广东九九七平 1 两 ＝ 578.10 格令

毫洋的成色如果是 820 等级

广东九九七平毫洋 1 两 ＝ 其成色 474.04 格令

第八节　广东库平两

库平两与海关两、广东两一样，只不过是空头称呼，实际上要以此纳税，需要使用各种银子。库平两与海关两、广东两的比较如下：

海关两 100 两 ＝ 库平 100.6423 两

海关两 100 两 ＝ 大元 112.11 两

海关两 100 两 ＝ 毛洋 123.048（实际 125.387 两）

库平两 100 两 ＝ 海关平 99.3618 两

库平两 100 两 ＝ 大元 111.0945 两

库平两 100 两 ＝ 毛洋 122.2627（实际 124.5868 两）

第九节　海关两

理论上的广东九九七平大元的两与海关两的关系如下：

海关平 1 两 ＝ 583.3 格令

海关银的成色 1000 等级

粤海关的纹银成色 995 等级

∴海关平 1 两 ＝ 纹银 586.23 格令

海关平 1 两 ＝ 纹银 1.025 两

大元等级是九百的品位，将其用九九七平称量，大元广东两 1 两的成色如果是 520.29 格令：

海关 1 两 ＝ 583.30 格令（成色）

广东九九七平大元 1 两 ＝ 520.29 格令（成色）

∴海关两 100 两 ＝ 大元 112.11 两

但广东商人用的计算方法如下：

海关平 100 两 ＝ 广东司码平 100.4 两＝大元平 112 两

$$112.0 \times \left(\frac{100.4 - 997}{1000}\right) = 112.78 \text{ 两}$$

∴海关平 100 两 ＝ 广东九九七平大元 112.78 两

另外，广东毫洋是 820，以九九七平称量的广东两 1 两的成色如果是 474.04 格令，用洋毫计算海关两 100 两。

海关平 1 两 ＝ 583.30 格令（成色）

广东九九七平毛洋 1 两 ＝ 474.04 格令

∴海关平 100 两 ＝ 广东九九七平毫洋 123.04 两

但实际上使用以下算法。

碎去水 ＝ 4.43 两

毫洋 100 两 ＝ 大元 95.57 两

海关平 100 两 ＝ 大元 112.78 两

∴海关平 100 两 ＝ 毫洋 117.99 两

第十节　广东通货行情

广东省每天两次在银号公所发布市场行情，市内交易以此为标准决定买卖价格。第一次行情即前场从正午到下午 1 点之间，由银业人员合作组决定，成为当天下午普通商业交易的标准。

第二次行情即后场在下午 6 点到 7 点之间进行，这时确定的行情成为第二天中午之前普通商业交易的标准。行情项目如下。

一、单加水

所谓的单加水，是对于香港通货的广东大元的增贴水，以香港元 1000 元为牌价。

例如，大正三年（1914）6 月 15 日上午的行情，单加水 47 元 2 毫，表示香港元 1000 元相当于广东大元的 1047 元 2 毫。

720 两：1000 港元：x：1047.20

通过这个算式，可知香港 1000 元是广东 753.984 两。

二、碎去水

所谓的碎去水，指的是对广东大元的毫洋比率。即某日下午行情如果碎去水是 4 两 6 钱 5 分，意思就是对于毫洋 100 两，广东大元是 95 两 3 钱 5 分。

三、毫买单

所谓的毫买单，指的是用毫洋买取香港通货时的行情，例如，某日上午的行情，单加水是 19 元，碎去水是 4 两 6 钱 5 分，根据此行情换算成毫洋时，可知香港通货 1000 元，对于毫洋是 1068.54 元，即相当于 7.69 两 3 钱 5 分多。

四、港轻毫水

港轻毫水指的是香港的轻毫（即不用称量而用个数计算的毫洋）对香港通货的比率。以香港的 1000 元为牌价。

大正三年（1914）6 月 27 日上午的行情，省轻毫 111.5 元时，即香港元 888.5 元等于省轻毫的 1000 元。

另外，所谓的省轻毫水，说的是广东轻毫，理论上与港轻毫水相同。

五、港广纸水

所谓的港广纸水，指的是香港的广东毫洋纸币对香港通货的行情。即某日的行情是，对港广纸水 1000 元，香港通货是 938 元，那么可知纸水是 62 元。

这里所说的港广毫洋纸币，指的是官银钱局发行的纸币，但最近被中国银行广东支行发行的纸币逐渐取而代之。

六、行情举例

每日新闻报纸上发布的行情如下［大正三年（1914）7 月 19 日］：

街外早盘

永盛隆洋金叶肆拾壹捌换	坡毫每千加贰佰柒圆捌
丽兴拾足金叶肆拾壹捌换	西纸每千加肆拾肆元伍
捌九大金每个肆拾肆圆伍柒	金边光每千加叁拾捌圆
新加坡光每千低贰佰九拾圆	旧板光每千低叁拾叁圆
首城双毫每千低壹佰壹拾圆	港双毫每千低玖拾贰圆
首城单毫每千低壹佰壹拾圆	港单毫每千加玖拾陆捌
贰壹英金每磅拾壹圆壹毫柒	广东纸每千低壹仟贰佰玖

第十一节　重毫和轻毫

市场流通的双毫和单毫，是根据磨损程度如何区分轻重。轻毫作为计算通货使用，重毫作为称量货币使用。但重毫有时候也难免混到轻毫中使用。作为重毫，称量使用比较合算，因此可以以此来区分两者。如果各取一个来比较称量，差额极少，但如果集中称量，差额很大。以省城为首，佛山、大良、香山等的银业人员每天都会鉴别轻重，已成为一项业务。

现以官钱局的九九七平和标准司码平九九七平称量重毫和轻毫，比较后显示如下。

官银钱局司码平九九七平每一百元　　　　　标准司码平九九七平

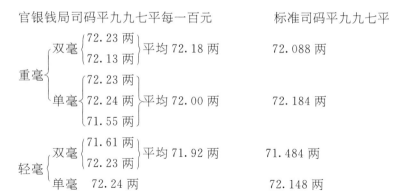

重毫
双毫 {72.23 两 / 72.13 两} 平均 72.18 两　　　72.088 两
单毫 {72.23 两 / 72.24 两 / 71.55 两} 平均 72.00 两　　72.184 两

轻毫
双毫 {71.61 两 / 72.23 两} 平均 71.92 两　　71.484 两
单毫　72.24 两　　　　　　　　　　　72.148 两

根据以上的比较表，重毫一百元与轻毫一百元的差额约为 6 钱 7 分，即有 93 仙之差。一般广泛使用的毛洋多为重毛，但轻毛的流通也不少。并且毛洋的行情即由碎去水和单加水产生的行情，在广东每天公布两次，电告给各地。

在香港，根据上述电报确定轻毛行情，这就是所谓的港轻毫水。

在市场流通的重毫中，约三分之二是双毫，三分之一是单毫。据上所述，计算出混合的双单毛一百元，用官银钱局九九七平，相当于 72 两 2 钱 4 分。用标准司码九九七平，相当于 72.154 两。

第十二节　毫洋与香港通货的关系

毫洋与香港通货的关系按如下计算。

单加水＝19 元　碎去水＝4.65 两时

毫洋 x ＝ 香港元 1000 元

香港 1000 元 ＝ 大元 1019 元 ＝ 733.68 两

大元 953.50 两 ＝ 毫洋 1000 两

$$X = \frac{1000 \times 1019 \times 1000}{1000 \times 953.50}$$

∴ x ＝ 毫洋 1068.7 元

因此可知此时的香港货 1000 弗元，相当于毫洋 1068.70 元。

以上为正式计算。但广东的银号等一般用以下算式计算。

$$1000 + （单加水＋碎去水） + \frac{（单加水＋碎去水）\times 碎去水}{1000} = x$$

∴ 在此算式插入上面例子的数，如下：

$$1000 + （19.00＋46.50） + \frac{（19.00＋46.50）\times 46.50}{1000} = x$$

x＝1068.54

可见与上述例子有些差异。

第二章 广东省省城的银号

省城的银业机构有 100 多家，且主要以太平街、桨栏街、登龙街等为中心。资本金一般都是两三万元，多的也不过四五万元。

银号中信用较好的有以下十几家。

建昌号：太平街

资本金有 4 万两，东家是陆次颜，肇庆府高要县人，管理人是梁玉堂，自创业到大正三年（1914）已经 32 年，贷出资金达 30 万元。

本号是台湾银行的客户，信用有保证。

致信号：太平街

投资人邓南，兼管理人。资本金 4 万两，贷出 26.5 万元。

永昌号：桨栏街

由陈仲荣、冯贤业、李仲尧共同出资。资本金 3 万元。管理人叫陈义方。开业虽不过 3 年，但营业稳定，信用高。

协安号：兴隆东

资本金 2 万元，东家陈剑，管理人陈伟如。创业 8 年，贷出 10 万元。

顺安号：桨栏街

资本金 2 万元，东家屈湘屏，兼管理人。创业 40 年，贷出 20 万元。

铨源号：太平街

资本金 1 万元，东家冯铁选，兼管理人。创业满 2 年。

全昌号：兴隆东

东家郭枢，管理人陈聪。创业 12 年，贷出 15 万元。

信栈号：十三行

资本金 2 万元，周东初、周炽南二人合资，管理人王少若。12 年前创业，名声较好。

宝兴号：桨栏街

资本金 2 万两，东家全福兴，管理人岑悦民。创业 8 年，营业状况较佳。

汉昌号：太平街

资本金 3 万元，东家伍仁宝，管理人伍文甫，代理吴若川。创业 4 年，生意稳定。

德祥号：登龙街

资本金 2 万元。东家是黄晋卿和苏照林，管理人李拜源。贷出 15 万元。

和隆号：十三行

资本金 2 万元，东家傅家瑞，管理人梁华潘。创业 2 年，贷出 8 万元。

利亨号：十三行

资本金 2 万元，东家杨梅宾，管理人黄沛如。创业 13 年，名声良好，台湾银行的客户。

怡和号：登龙街

资本金 3.5 万元，东家是刘宇经和刘廉谦，管理人吕博泉。创业 8 年，贷出资金 20 万元。据说一年纳税（营业税）额 550 元。由此可以推测出其他一般银业机构的纳税额。

公利号：城外巡栏桥

资本金 2 万元，东家荣村。管理人吴景云。创业系 2 年前。

除了以上之外，还有几十家如下。

庄　名	所在地	东　家	资　本
鸿　安	西荣巷	胡作善	35000 两
金　昌	太平街	何　良	40000 两
祥　盛	西荣巷	梁星藜	40000 两
复　记	拱日门	黄　枢	35000 两
惠　丰	登龙门	廖东山	30000 两
启　昌	太平街	屈阴亭	50000 两
均　记	兴隆东	卫雨田	40000 两
均　信	太平街	冯秩夔	40000 两
厚　记	登龙街	梁卫南	45000 两
恕　荣	太平街	罗星池	50000 两
履　丰	太平街	潘履延	30000 两
裕　荣	太平街	黄澡香	50000 两
福　昌	太平街	谈檗之	40000 两
明　兴	太平街	文侣毫	50000 两
裕　兴	登龙街	梁　芬	20000 两
安　隆	登龙街	麦　时	15000 两
均　和	登龙街	胡　容	30000 两
宝　德	登龙街	何岐生	35000 两

庄　名	所在地	东　家	资　本
宝　发	西荣发	马　锦	40000 两
慎　源	太平街	蔡卓琴	50000 两
昌　兵	桨栏街	梁熙吕	40000 两
万　祥	拱日门	黎佐南	40000 两
均　裕	太平街	冯誉能	40000 两
豫　善	太平街	冯云桥	40000 两
均　成	登龙街	龙　光	40000 两
民　安	西荣巷	梁　芬	40000 两
均　泰	登龙街	马屏土	30000 两
裕　全	十三行	区　浩	35000 元
瑞　隆	太平街	梁锯钧	20000 元
宝　兴	登龙街	胡　七	18000 元
昆　昌	宁远街	黄　玲	16000 元
汇　行	桨栏街	麦锦之	20000 元
钜　隆	同安街	黎悦农	20000 元
业　昌	兴隆东	吕　广	18000 元
广隆泰	同安街	处　九	18000 元
均　安	拱日门	黎秩南	25000 元
民　兴	太平街	梁　瑞	35000 元
浩　章	太平街	廖　广	15000 元
泽　安	登龙门	何博泉	20000 元
时　行	登龙门	湖　海	20000 元
公　源	兴隆东	马　坚	16000 元
智　盈	太平街	张建之	30000 元
忠　利	十三行	陈　佳	10000 元
谦　益	兵隆东	陈仲图	15000 元
永　生	桨栏街	陈韦文	20000 元
山　丰	太平街	梁詠堂	25000 元

庄　名	所在地	东　家	资　本
聚　利	桨栏街	廖　芬	15000 元
宏　章	同安街	廖　芬	18000 元
天　德	登龙门	何　景	18000 元
德　和	桨栏街	伍　松	20000 元
其　兴	兴隆街	吕　荣	15000 元
其　昌	兴隆街	吕　荣	15000 元
联　盛	桨栏街	吕心庆	20000 两
晋　益	登龙街	钟吉云	20000 元
广源盛	桨栏街	陈柴云	25000 元
两　合	登龙门	吕勉番	30000 两
按　源	桨栏街	陈　志	20000 元
天　祥	十三行	胡　瞻	15000 元
恒　德	太平街	余　熙	25000 元
泰　和	桨栏街	马　联	20000 元
永　隆	太平街	何　宝	15000 元
生　利	兴隆东	廖　乐	15000 元
宝　昌	兴隆东	吕　广	25000 元
昌　源	十三行	陆　怡	15000 元
华　安	桨栏街	潭宝之	18000 元
远　荣	同安街	邱　伟	18000 元
广　源	第十甫	胡沛云	20000 元
昌　隆	玉仙门	龙云泉	40000 元
履　昌	十三街	潘　进	25000 元
均　发	登龙门	傅　光	20000 元
祥　盛	太平街	邵道傅	25000 元
鸿　荣	太平街	吴兆初	15000 元
泰　恒	太平街	廖　坚	15000 元
贞　信	登龙门	胡　详	20000 元

庄　名	所在地	东　家	资　本
均　荣	太平街	梁隆云	40000 元
泰　利	太平街	廖　锦	18000 元
万　利	桨栏街	陆　威	18000 元
则　信	兴隆东	梁仲吉	20000 元
明　昌	桨栏街	余　湛	18000 元
业　兴	兴隆东	吕　广	15000 元
昆　源	登龙街	刘　方	15000 元
燿　德	油栏门	陈谦伯	10000 元
恒　昌	果　栏	关　南	20000 元
豫　亭	十三行	黄　菘	15000 元
荣　元	十三行	潘洛文	10000 元
福　诚	余庆里	何学侨	30000 两

　　这些银号的兴衰消长也是常见现象，不应以一时状况推及将来。一直以来，中国商贾的出资人与管理人一般不是同一人。管理人大多不会透露东家姓名，尤其是银业买卖。并且资本金到底有多少，不过是大体的推测。但对于周转资金的比例，资金较少，对此也没有多少人怀疑。这是特别利用中国商人信用的周转方法，这种利用方法可以说比较危险。

第三章　广东省省城的外国银行

广东省的外国银行支行办事处、代理店如下，这些外国银行的支行等都是为了本国与在外国分行办理店所在地之间的汇兑业务而开设。

1. 东方汇理银行
2. 万国宝通银行
3. 香上银行
4. 德华银行
5. 渣打银行
6. 大义国银行

一、外国银行的业务

1910 年以前，广东只有印度中国（东方汇理）银行、万国宝通银行、香上银行。但到了 1911 年，德华银行、渣打银行两家银行开业，外国银行都在广东设立支行。主要目的是买卖生丝汇票。但印度中国银行因为在英国伦敦没有支行，不能插手生丝汇票，专门从西贡接收大米汇票，以借贷为主。

香上银行也是进入 1911 年后，建设了四层楼的仓库，以生丝及其他商品作担保进行借贷。万国宝通银行创立比较早，在外国银行中最为活跃。渣打、德华两家银行于 1911 年 4 月开业，还没有大的活动，只进行汇票的投机买卖。

广东省外国银行支行、代理店的业务除了上述以外，还有存款、贷款等业务，与其他银行无异。

二、买汇手续

关于外汇手续的买汇（货汇办理），需要汇票、提单、保险费、抵押书，有时候还需要原产地证书或领事发票，并且要带上几份去银行交给办事员，办事员得到经理的批准，交涉协商好后，汇票马上成为水单的代用票，不再另发水单，从买办那里接受相应金额即完成办理手续。

另外，对于信用没有保证的商人，银行办理货汇时很谨慎，手续很多，如果不能根据货汇信用证开出票据，这时需要抵押权。这类外国银行汇兑手续，与其他银行大同小异，没必要再详细叙述。汇票形式与其他地区都相同。

三、卖汇手续

卖汇的手续也要与汇兑办理人交涉，获得领导的批准，在双方交涉协商好时，由汇兑办理人发行水单。由买办支付金钱。买办在上面签名证明钱款已付。办事员根据这些手续制作票据交给领导。领导填上金额，亲自签名交给办事员，再将其交给客人。此手续与其他地区相同。

四、外汇手续费

国内汇兑有汇款手续费（有的没有），外汇办理是根据当天的外汇牌价，进行汇票价款的收支。外汇牌价中已经包含手续费，没有必要再额外支付。

第四章　中国内地的汇兑机构

中国内地相互办理汇兑的机构一直以来都是中国银行和邮局。不过在中国设有支行或总行的外国银行，也进行与其他支行所在地之间的汇兑办理，但只限于少数开放港口，没有被广泛用于内地的汇款。但开放港口之间的汇兑业务有逐渐被外国银行独占的倾向。

一、外国银行的内地汇兑和手续费

广东的外国银行支行，与中国其他地区的外国支行的汇兑办理情况如下。

银行名称	汇往地（从广东汇）
印度中国银行	香港、上海、汉口、北京、天津
万国宝通银行	香港、上海、北京、汉口、厦门、天津
香上银行	香港、上海、天津、汉口、福州、北京、厦门
台湾银行	上海、福州、厦门、汕头、香港、九江
德华银行	上海、汉口、北京、天津、济南、青岛、香港
渣打银行	福州、汉口、上海、天津、香港
大义国银行	不明
中华汇理银行	香港、威海卫、汉口、汕头、厦门、牛庄

并且，关于办理手续，与前面所述的外汇手续基本相同。广东的这些外国银行办理往其他地区的汇款时，接受的货币是香港银行券或大元，一般外国银行不愿意接受毫子银（小银币），但台湾银行开始了小银币结算存款，因此不拒收小银币。

中国各地的通货，因为成色不同，其手续费与外国汇兑差不多。即手续费包括在汇出地货币和当天的牌价里，不再另征。

二、通过邮局的内地汇款手续费和补水费

邮局也是中国内地重要的汇兑机构之一。通过邮局的汇款，数额不能太大。因此，商业贸易及其他债权、债务的结算等不在邮局办理。但小额汇款多利用邮局。通过邮局汇兑，手续费比较固定，且除了手续费以外，寄钱地与收钱地之间的货币有差异时，会征收补水费。但补水费明确记载在各邮局，不能过多收取。这样，比起在票号汇款，往往比较划算。

汇款额和手续费按照邮寄法的规定，邮寄汇款时，如果汇兑办理局之间通汽车、

汽船，一张汇票限 100 元；如果汇兑办理局之间不通汽船，一张汇票只限 50 元，汇费是价格的 2%。

　　邮局收支的金钱以品质上等的银货为 100 仙计算。品质劣等的银按照时价计算。铜钱和小铜货一次不能使用 1 元以上，并且以当时的计算方法计算。邮政汇兑以元来计算，根据汇出当天的牌价在收支局支付。

　　每人一天能够获得的汇兑券只限 3 张。这样，在通汽车、汽船的汇兑办理局之间，每人一天只能办理 300 元的汇兑业务。对于不通汽车、汽船的地方，只限办理 100 元。

　　现将西江流域的汇兑办理局列举如下：

　　广州 甘竹 三水 梧州 藤县 贵县 浔州 南宁等。

　　这些地方是已经通汽车、汽船的地方，因此，汇兑券一张可以是 100 元。

　　此外，广东、广西的主要汇兑办理局列举如下：

　　佛山 江门 南头 琼州 汕头 揭阳 北海 汕尾 潮州 潮阳 碣石 菴埠

　　新昌 阳江 水东 陈村 大良 石岐 太平 东莞 新塘 石龙 惠州 嘉应州

　　松口 兴宁 大埔 老隆 廉州 高州 澄海 黄冈 鹤山 梅菉 新宁 罗定州

　　肇庆 清远 增城 大沥 雷州 (以上是广东省)

　　龙州 桂林 柳州 荔浦 (以上是广西省)

第五章 汕头的货币

第一节 货币的种类

当地普通的通用银（通货）使用称为直平的衡器称量。这些银货包括：中国各省铸造的无伤或伤少的银元；外国铸造的损毁严重的有伤银元。建立的标准是以七百两为一千元。将此称为直平七兑银（简称柒银）或汕银。当地多数银庄都发行银票，称为汕票。

外国铸造的银元（日本银元、英领香港银、法领印度中国银及其他）中，将无伤及夹杂少伤的龙银称为七二银，用于关税收入，税务人员、外国人的工资，以及其他小买卖。对此发行纸币的机构只有台湾银行一家。其流通额据说还不太多。

广泛使用广东省铸造的 10 仙、20 仙的小银币，此外，香港的小银币流通也很多。至于铜钱则有多种。

现在将汕头的主要货币列举如下：

1. 无形通货

（1）直平两。（2）海关两。（3）库平两。

2. 有形通货

（1）龙银。（2）墨银。（3）英银。（4）法银。（5）新加坡银。

（6）菲律宾银。（7）杂银。（8）小银币：广东毫（双毫、单毫）、香港毫（10 仙、5 仙）。

除上述以外，还有湖北毫和江南毫（10 仙、20 仙）也略有流通。

（9）铜货：香港铜货、日本铜货、婆罗洲铜货、撒拉瓦砾铜货、印度中国铜货。中国各省铜货。

3. 无形软货

（1）七兑银票。（2）台湾银行支票。

第二节 货币行情

一、名义货币的行情

汕头的价格标准是直平两，直平两的 1000 两相当于司码平的 997 两。此外虽然也使用海关两和库平两，但一般商业上及普通借贷关系的结算主要使用直平两。

二、流通货币的行情

1. 柒银或直平柒兑银如前所述。

2. 龙银或柒贰银，是外国铸造银元中无伤或损伤较小的银子，一般 1000 元相当于 720 两至 723 两，由此而得名。龙银的行情保持在 745 $\frac{3}{4}$ 两至 741 $\frac{3}{4}$ 两之间。现在，将柒贰银换算成柒银时：

将行情设为 745.5 两：

$$\frac{745.5}{700} \times 1000 = 1065$$

即，1000 元相当于柒银的 1065 元。

且相对于以上各种银两，银行发行纸币在市场流通。

3. 小银币、毛子的行情是 702 两左右，按照上述算式可以很快算出。

$$\frac{702}{700} \times 1000 = 1002.857$$

即，毛子 1000 元相当于柒银的 1002.875 元。

10 仙一般是 98 文至 96 文。1 仙是 8 文。

第三节　与其他地区货币的换算方法

与当地汇兑关系最密切的地区是上海和香港，与南洋地区的汇兑业务在客批馆办理。但与前者无法比拟。现在汕头汇往上海和香港的汇兑行情计算方法如下：

办理汇往香港 1000 元的汇兑时，需要汕头银 1073.92 元。

香港元 1000：751.75 汕头直平两

直平两 700：1000 元

$$\therefore \frac{751.75 \times 1000}{1000 \times 700} \times 1000 = 1073.928 \text{ 元}$$

办理汇往上海 10000 两的汇兑时计算如下：

上海两 10000：汕头元 x

汕头元 1000：直平两 700

直平两 715：上海两 700.25

∴ 上海两 10000

$$\frac{10000 \times 1000 \times 715}{700 \times 700.25} = 14586.65 \text{ 元}$$

第四节　海关两与汕头两

海关两 100 两相当于龙银 154 元，算法如下：

海关两 100 两相当于饷平 110，饷平 714 两相当于龙银 1000 元。龙银 1000 元的行情，相当于 723.2 两，关平 100 两是汕头柒贰银的 111.4173，即：

海关 100 两 ＝ 饷平 110

饷平 714 两 ＝ 龙银 1000×723.2 元

汕头两 x ＝ 海关 100 两

$$\therefore X = \frac{110 \times 1000 \times 723.2}{100 \times 714} = 111.\underline{4173} \text{ 两}$$

将以上数字换算成汕头龙银如下：

龙银 1000 元 ＝ 汕头两 723.2 两

$$\frac{111.4173 \times 1000}{723.2} = \text{龙银 } 154.06 \text{ 元}$$

第六章　汕头的金融机构

当地根据 1858 年的《天津条约》开放港口，现在贸易额达到五六千万余两。在过去 10 年中，每年贸易额都在逐年增加，从 4400 万两增加到了 6000 万两。贸易港口是上海、汉口、广东、天津，其次是大连、牛庄，两地不分上下。其进出口情况是进口大于出口。进口和转入比出口和转出总计每年多 2000 万两左右。针对这种超出额的结算方法是，通过海外侨民的汇款来补充。每年从汕头到国外打工的人有 12 万人左右（回来侨民 10 万人左右）。每年的汇款额 1200 万两，侨民携带的金额至少也有 3000 万两，侨民获得的利益总计是 4200 万两。这里侨民多的原因是，广东东部地区只有韩江流域一小部分可以从事农业解决衣食问题，其他地区山脉纵横，又没有工业，人口过多，只好到国外谋生。为了给以上贸易额或出国打工者汇款提供便利，这里有许多新式银行和其他金融机构。新式银行有香港上海银行、台湾银行及其他两三家银行。其他金融机构有官银号、票号、银庄、当铺等。官银号是关税机构，现已关闭。票号、银庄、当铺、外国银行概要如下。

第一节　票号

票号都是称为山西票号的山西商人经营，列举如下：

百川通　蔚泰厚　裕源昌

这三家在山西都有总店，作为官衙机构，掌管仓库租税的国库业务，也用于官吏融通买官资金，办理内地的汇款、汇兑等。这里是商业区，官衙很少，办理与内地的汇兑业务不多，跟汇款目的地又没有什么贸易，因此不太兴旺。

第二节　银庄

银庄在各种金融机构里数量最多，势力越来越大。以前的十三四年之间，只有七八家，但随着贸易的发达，数量逐渐增加，现在大小有 24 家之多。它与票号一样，与官府没有特殊关系，多是亲戚朋友之间组成的团体，系合资形式，锐意从事此业，巧妙应对一般金融需求。

汕头的银庄、资本及其他列举如下：

银庄名	资本额	东家名	管家名
嘉　发	120 千两	高绳之	张淑凯
增　兴	140 千两	王少卿	杨杷厓
汇　安	120 千两	利才爷	陈香石
同　吉	100 千两	费之教	赖琴石
泰　安	210 千两	杨文江	蔡明南
连　兴	120 千两	饶顺合	徐子青
太　古	150 千两	林邦杰	陈子彬
永　康	120 千两	裕隆爷	陈耿堂
阜　丰	140 千两	陈德成	张蟾堵
隆　安	50 千两	黄子佩	蔡凯石
培　源	100 千两	肃秋南	蔡明岗
怡　兴	140 千两	王少逸	陈竹初
光　益	100 千两	吴八爷	钟少岩
晋　丰	110 千两	阳竹洲	陈幼卿
裕　成	150 千两	陈蟹爷	郑明和
△ 有　发	50 千两	高绳之	高文乾
△ 光益裕	180 千两	姚利昌	周晓初
△ 顺　成	110 千两	郑蟹爷	郑明屋
△ 乾　泰	30 千两	陈子轩	侯壁如

　　注：东家是小组主席，营业上的负责人，管家是经理，多是小组成员中的一人，负责经营上的一切事务。△符号是不发行银票的银庄。

　　上述不过是市内的银业机构，有些还在其他地区有分店。其中有的在香港、上海有业务，进行汇兑买卖。但小银庄没有汇兑业务，不进行汇兑买卖，主要从事换钱业务，兼营其他业务，因此，营业范围根据银庄地位如何产生差异，营业者之间的竞争极为激烈。

第三节　银庄的形式及业务

　　中国各地的银庄大致相同，个人经营的很少，多是合作经营。个人经营的如上面表格，仅"有发"庄一家。其他都是亲朋好友之间的合资形式。东家即店主自己进行管理的很少，多数情况是称为管家的人，相当于经理。繁忙的钱庄除了管家以外，还有叫帮理人的副经理进行辅佐。下面雇佣的店员根据忙闲人数不等，一般出街（外交人员）2 至 3 人，管银（属于出纳，核查银货记录等是否真实）3 至 4 人，打杂一般 4 人，茶房（服务员）3 人。

第四节　银庄的业务

一、存款

存款有临时存款和期限存款，临时存款是活期存款的意思。活期分活期存款和活期贷款。期限存款一般限 4 个月，但也有 6 个月和 1 年的。利息与当事人约定。但活期存款和活期贷款的利息，每月 28 日那天，各银庄的管家等集合于汇商公馆（银庄集合点），根据投票决定平均利息。但一般多由主席（管家互选）决定。

此利息称为公议利息对外公布，但其实只是一个标准。高低还是自由决定，不过同业者之间的临时存款利息照此执行。在此虽然叫活期存款，但不使用支票，存入、取出都根据活期部门的小册子。即存入时，银庄记录上存入总额和日期，摁手印。填写方法是：存款时，填写上"存入"之后，在并排的稍下方写上日期、"付"字，最后写上金额。但最近活期部门稍稍进行了改进，使用分上下栏的账簿，上栏填"收存"，下栏填"交付"。

期限存款即定期存款，期限一般是 4 个月，但有时也有 6 个月或 1 年的。对于定期存款，交付叫存票的存款证书。其言辞几乎与借入款证书相同。因为在汕头期限存款虽然叫定期存款，但银庄将其看作一种借入款。

存票

兹收到 　　○○宝号来柒兑直平○○两正议明每月胎息○○期订○○到期母利清 还此据 ○○○ 印 中华民国　年　月　日

二、借款

贷出款全部是信用贷款，有担保的贷款几乎没有。期限 1 个月、4 个月的最多。几乎没有贴现票据之类的东西，这是卖货后支付货款的习惯，所以货物交易后不需要直接支付货款。因此需要发行汇票。

借款证书模板

```
兹揭到
    台湾银行柒兑直平洋银壹万圆正订期六十天清还利息每天每元
○○○○○计算此据
    潮汕铁道公司总理
                                        某    印
                            担保人
                                        某    印
    年   月   日
```

三、汇兑

中国各地通货不同，各港之间的移出、移入也要课税。各地的经济情况独立，贸易与外国贸易相同，因此，作为汕头的国内汇兑，仅限韩江的商业区域即潮州、庵埠、澄海、潮阳之间的贸易，其他与外国汇兑相同。另外，在银庄买卖的汇票多限香港、上海。对于暹罗（泰国旧称）、安南及日本的汇兑，采用汇往上海的行情；对于爪哇、苏门答腊的汇兑，采用汇往新加坡的行情，有时也按各地确定的行情买卖汇票。

汕头的汇兑，如前所述是以香港、上海为中心，因此当地确定的行情，根据上海的汇兑及利息行情、汕头的金融及汇票需求情况来决定。银庄在上海和香港拥有分店和交易店，根据电报或书信每天可以知道行情高低。

四、银票的发行

银票即见票即付支票。其在币制极不完善的中国尤其是在汕头最为重要。银元的行情每天都在变化，不一一称量就很难使用，不能作为物价的标准。但以此为基础发行的银票是固定不变的，作为交换媒介，代替汕头通用银，给交易带来了不少便利。

各银庄当中，也有与日本银行业的票据交换所作用相同的机构。可以把其他店的银票或汇票在自己店里兑换或垫付，然后各银庄定期聚集在一起商议后统一结算。现将过时的决议表列举如下。

换纸存欠表（单位：元）

银　庄	存	欠
增　兴	12850000	
嘉　发	15750500	
汇　安	73000	
同　吉		755000

银　庄	存	欠
泰　安		1810000
顺　成		15350000
太　古	1180000	
阜　丰	78000	
怡　兴		18000
连　兴		43000
培　源		4000
光　益		
裕　成	55000	
隆　安		435000
晋　丰	10950000	
永　康		5500
光益裕		135000
毅　发		535000
森　峰	325000	

第五节　当铺

　　广东东部地区当铺很多，但汕头如前所述，到国外打工者很多，他们给家里的汇款金额补充进口超出额还有剩余。因为气候接近热带，衣服也不会感到不足。汕头虽是人口接近七八万人的大城市，但当铺数量仅有以下 4 家。

当铺名	组织形式	资本银
裕生当	自东	20000 两
台昌当	股东	15000 两
万盛当	股东	15000 两
丰华当	股东	10000 两

　　自东是指一个人经营，股东是指合资经营形式。

　　抵押期限多是 18 个月，利息一个月 2 分以上。

第六节　外国银行

当地的外国银行只有台湾银行汕头支行一家，其他都是代理店，列举如下。

1. 印度商业银行
2. 渣打银行
3. 德华银行
4. 荷兰贸易公司

但以上外国银行代理店没有普通银行的业务，只有台湾银行一家办理。台湾银行除普遍银行业务还办理关税收入款业务，信用越来越好。

相反，裕源昌、蔚泰厚、百川通等票号现在都已关闭。目前比较兴旺的都是当地银庄。

第七节　客批馆及批局

中国南方去国外打工者很多，因此，催生出北方没有的特种机构，汕头的客批馆和批局就是这种机构。

客批馆主要为出国打工者提供住宿，有时也帮助联系打工地点和单位，为打工者提供一切方便，打工者没有路费、资本金时，还可以为其贷款，限20元以内，也办理汇款业务。

批局专门负责汇款业务，类似邮局和银行。在主要打工地点新加坡、暹罗、槟榔屿、安南等设有总局、支局或联络店，办理其与各地的汇兑业务。各批局与国外各地的联络关系如下。

1.

设于新加坡的批局	设于汕头的批局
森　峰	支　局
南　兴	普　通
万裕祥	懋　记
扬交发	支　局
南　丰	连兴庄
曾广源	金兴祚
致　成	森　峰

设于新加坡的批局	设于汕头的批局
万　益	光益裕
光益裕	支　局
永顺裕	晋　丰
孔明斋	支　局
怡南隆	支　局
曾润元	光益祥

2.

设于暹罗的批局	设于汕头的批局
谦和祥	支　局
金合成	源　记
广顺利	支　局
郑谦和	支　局
美　成	广　源
和合祥	支　局
有　盛	有发庄
永盛隆	支　局
松华兴	支　局
万德盛	支　局
集成昌	源　记
陈炳泰	支　局
泰万昌	泰　发
捷　安	广　沅
源成源	源　记
和合兴	支　局
合兴利	成　美
同　益	万　发
益　和	源　记
锦顺隆	支　局

设于暹罗的批局	设于汕头的批局
佳　音	支　局
义　发	宗　兴
广　源	支　局
振盛兴	源　记
曾锦记	支　局
新合顺	支　局
谢振峰	泰安庄
万　安	沥客庄
成顺利	顺成庄
吴泰安	普　通
义丰泰	锦　裕
正源盛	森　峰
永裕源	增　兴
协　顺	支　局
万成顺	支　局

3.

设于安南的批局	设于汕头的批局
基　成	光益祥
永裕丰	合　裕
锦　裕	森　峰
顺　成	支　局
福　祥	支　局

4.

设于槟榔屿的批局	设于汕头的批局
乃　裕	普　通
万顺兴	支　局
潮顺兴	支　局
英和兴	客栈代理

设于槟榔屿的批局	设于汕头的批局
振顺兴	客栈代理
广合兴	客栈代理
五益兴	协 判
振源兴	客栈代理
源利兴	客栈代理

第七章　琼州府、海口的货币

海口与琼州府城相隔 5 公里，是个开放市场，商业比琼州府发达。海南岛的进出口都要经过海口。物产有猪、家禽、鸡蛋等。这里是海关所在地，有官银号，但没有专业钱庄。有当铺及其他兼职钱庄。汇兑办理主要在海口与香港、广东省城之间。汇款到香港的手续费 100 元需要 5 元左右。汇款到广东省城的手续费 100 元收 3 元左右。

通货有广东大元、双毫、单毫；安南元，墨银，香港大元、双毫、单毫、半毫。其他还有新加坡银元、日本银元。纸币有中国香港、安南、新加坡、暹罗纸币等。日本银行兑换券有时也流通。

当地与其他地区不同，进行一般买卖交易时，各种大元都是同价，无论对于哪种大元，都没有加水。因此没有必要一一列举换算行情。但将大元换算成小银币时，需要对此加水。

海南岛的当地人赴安南、新加坡、暹罗等南洋地区的打工者非常多，这些打工的当地人带回的或邮寄回来的钱很多，因为长年有当地人在国外打工，有运往各方各地的商品，这样当地就会有一部分外国打工地点的货币。因此，当地的兑换业务主要是从外国进来的各种货币的换算。并且日本纸币等货币，在当地也被换算使用。与其他市场不同，香港一元银、香港 20 仙及广东单毫子流通也很普遍。

海关以琼州平 113.762 两等于海关 100 两为基准，各种银货称量交易。

琼州府城和海口以外的乡下，流通广东一元、香港大元、墨银、广东双毫，香港单毫、半毫。但没有纸币流通，也没见安南元、香港双毫、广东单毫流通。

第八章　江门的货币

江门是广东三角洲的中心地区，北部通往广州、佛山、三水、梧州，南部通往香港、澳门，是交通枢纽地区，人口约 10 万人，商业繁荣。

当地金融业十分活跃，出入货币种类繁多，银行汇兑庄也很多。

一、通货种类

当地与其他地区相同，没有马蹄银和小碎银。主要有广东大元、中元、双毛，也有香港大元、中元、单毛、半毛等。其他铜钱等流通也很多。另外，也流通很多外国银，除了香港银以外，还有日本银元，新加坡银元、银毛，安南银元，吕宋银元等。

通货的种类有广东大元、中元、双毛，香港大元、中元、单毛、半毛，日本银元，新加坡银元、银毛，安南银元，吕宋银元。

二、相互换算方法

广东银元有大元、中元、双毛、单毛、半毛。其中大元、中元，对双毛以下毛子有加水，每 100 元约加水 2 元。日本银元对广东毛子，每 100 元加水 10 元。新加坡银元对广东毛子，每 100 元加水 34 元。安南银元（金边光）对广东毛子，每 100 元加水 11 元。吕宋新银元对广东毛子，每 100 元加水 5 元。吕宋旧银元对广东毛子，每 100 元加水 10 元。

当地两使用九九七平。

第九章　三水的货币

三水位于广东省城西部，距离广东省城约 45 公里，汽车车程约为 1 小时 45 分钟，行船也极为方便。三水市分两部分，一部分是三水古城，另一部分被堤防所隔，是个沿江河口。三水县城没有什么商业。但河口位置位于西江与北江的交汇处，占据河流交通要路，是从西江进入广东、从北江进入广东的必经之要地。两部分人口共计一万多人。

三水的金融很不发达，没有一个大的称为银纸兑换所的地方，只有杂粮行、杂货行或饭店兼营钱铺。在河口有一个海关银行。

一、通货种类

没有马蹄银和小碎银。流通最多的是双毛，单毛、半毛也很多。铜钱流通的有 1 仙铜钱、1 文铜钱。外国银有香港银流通。因为此地有海关，所以有海关两。通货的种类有广东大元、中元、双毛，香港单毛、半毛以及银元等，有时墨银也会使用。

本地的海关两以广东银元支付，因此没有单独的海关两存在。广东银元的 153 元 73 仙为海关两 100 两。

另外，海关两与广东两的关系，使用九九八平计算。使用小银币时，每 100 两加水 6 两 9 钱。

铜钱有 2 种，1 仙铜钱和 1 文铜钱。广东的 1 仙铜钱和香港的 1 仙铜钱同时使用，但小商店等忌用香港铜钱。而 1 文铜钱在西江上游没有大、中、小钱的区别，都一样混合使用。1 仙铜钱一般相当于 1 文铜钱的 9 文。

二、相互换算方法

双毛、单毛、半毛等毛子的价格相当于额面价格，加水和扣水一概没有。而大元、中元的双毛等，对于小银币不免会产生一点加水，即对于大元 1 元，一般换双毛 1 元 2 仙。单毛、半毛 1 元有 4 仙左右的贴水。至于中元，正好是其一半，中元 1 个即每 50 仙用双毛 51 仙换算。

通常香港银 1 元的双毛等小银币，1 元有 8 仙的贴水，广东大元有 6 仙的贴水，中元也是如此。

三、本地两

本地使用银货时，采用称量交易，大都使用九九八平。

四、与广东司平司银的平价

如前所述，本地多使用九九八平，因此，本地两的 1000 两相当于广东司平司银的 998 两。算式如下：

$$1000 \times \frac{998}{1000} = 998$$

五、相对于广东银的平价

广东银 100 元是广东 72 两，因此，三水两的 1000 两相当于广东两的 1386.11 元。

$$1000 \times \frac{998}{720} = 1386.11$$

六、相对于香港银的平价

香港银与广东银的比率已经明确，因此，本地两的 1000 两相当于香港银元的 1283.44 元。

$$1386.11 \times \frac{100}{108} = 1283.44$$

第十章　北海的货币

北海是开放港口，位于东京湾北部，在位置上有法国的势力范围之威。因此，北海流通的货币除了广东、香港的货币以外，还有法国货币流通。通货主要有：各种银元，即安南元、香港元、广东大元、香上银券、香港和广东双毫、单毫及 5 仙，中国、法国的铜货及制钱等。

通用最多的是制钱，其次是双毫、单毫、5 仙。铜钱价最高，以 10 个换 1 毫，这在其他地方很少见。虽说都是铜钱，种类却有香港、广东、安南等铜钱，但价格都一样。以制钱 10 个为 1 仙，十进制计算。以制钱 106 为公定行情换 1 毫。但有时是 108 或达 109。广东 1 毫银货以前没有流通，但随着北海驻扎的军队使用，从此才开始通用。这里有海关，税银以英国、中国、法国银元缴纳。

本地比起两，多使用元。大的交易偶尔使用两时，银货使用司码平称量。

本地区有很多人赴南洋、安南等地打工，因此，新加坡、安南、暹罗地区的货币及纸币也见流通。

第十一章 佛山（南海县）的货币和金融机构

佛山镇是天下四大镇之一，距离广州 15 公里，汽车行程 1 小时。工商业比较发达，仅次于广州。人口 30 余万，金融机构可谓完善，钱庄、当铺等颇多。

一、通货种类

佛山也与其他地区相同，没有马蹄银和其他小碎银。使用最多的是双毛，其次是单毛，再次是半毛，广东大元、中元也通用。外国银元使用的是香港 1 元银及 50 仙银，其他的使用不多。

通货的种类有双毛、单毛、半毛，广东大元、中元，香港大元、中元。

二、相互换算方法

双毛、单毛、半毛等小银币，也没有产生任何加水，有时根据市场情况及其他关系，需要双毛，需求多时，相对于单毛或半毛，有半仙左右的加水。平时与其额面价格相同。但相对大元、中元的毛子时，每 100 两有 3 两的加水，因此，每元产生 2 仙至 3 仙的加水。大元相对于中元，一般不产生加水，但偶尔每元有 1 仙左右的加水。

三、本地两

小的交易或与外国人的交易，一般以元为单位，但大的交易以两结算，称量银子。其平扣数也随店铺种类不同而产生变化。

使用的平主要列举如下：九九二、九九四、九九五、九九六、九九七、九九八、九七九四八等。控的种类有：九三、九四、九五、九六、九七、九八、九九等。使用最多的是九九五平，钱铺等多用此平。无扣的很多，但九五、九八扣的也不少。因此，在其平扣中，应该取最普通者计算其平价。

四、与广东司平司银的平价

1. 九九五平的 1000 两相当于广东司平司银的 995 两。

$$1000 \times \frac{995}{1000} = 995$$

2. 九九五平的九五扣的 1000 两相当于广东司平司银的 945.25 两。

$$1000 \times \frac{995 \times 950}{1000 \times 1000} = 945.25$$

3. 九九五平九八扣的 1000 两相当于广东司平司银的 975.10 两。

$$1000 \times \frac{995 \times 980}{1000 \times 1000} = 975.10$$

根据上述平扣，通过同样的方法，很容易算出与广东司平司银的价格。

五、与广东银的平价

广东两 72 两相当于广东银 100 元，因此，根据前面的平扣，可以算出以下平价。

1. 九九五平的 1000 两相当于广东银元的 1381.94 元。

$$\frac{995}{720} \times 1000 = 1381.94$$

2. 九九五平九五扣的 1000 两相当于广东银元的 1312.85 元。

$$\frac{945.25}{720} \times 1000 = 1312.85$$

3. 九九五平九八控的 1000 两相当于广东银元的 1354.31 元。

$$\frac{975.1 \times 1000}{720} = 1354.31$$

对于其他有平扣两的广东银元，根据上述算式可以很容易算出其平价。

六、与香港银的平价

如前所述，香港银 1 元，相对于广东银产生 8 仙的加水。广东银与佛山两的平价也如前所述，佛山两与香港银的平价可以很容易获知。

1. 九九五平的 1000 两相当于香港银的 1279.57 元。

$$1381.94 \times \frac{100}{108} = 1279.57$$

2. 九九五平九五扣的 1000 两相当于香港银的 1215.60 元。

$$1312.85 \times \frac{100}{108} = 1215.60$$

3. 九九五平九八扣的 1000 两相当于香港银的 1253.99 元。

$$1354.31 \times \frac{100}{108} = 1253.99$$

对于其他有平扣两的香港银，根据上述标准可以得知其平价。

本地生产的纸和麻先经由本地货栈，再销往省城。生丝也是如此。但从省城买入的货物与此相比少之又少。因此，两地之间的汇兑关系呈单向状态。银号之间是以现银运送方式结算。

七、银行

本地银号总共有 40 多家，主要在旧槟榔街。现将主要银号列举如下：

新　隆	以　义	厚　泰	逢　昌	慎　和	信　亨
荣　德	道生荣记	宝　兴	诚　就	联　益	亿　安
信　怡	恭　信	义　生	瑞　安	建　德	福　安
成　记	裕　和	和　发	均　隆	兴　昌	怡　亨
信　和	福　兴	利　源	惠成昌	宏　隆	厚　安
明　德	明　昌	信　行	昌　记	求志同	广　兴

关于信怡银铺可知如下信息。

汇往：

香港　每千元　交加水 130 元港纸

省城　每千两　实收加水 1 元 5 角省毛

陈村　每千两　加水 5 元

汇兑的业务办理如上，与香港、省城、陈村之间最多，与澳门几乎没有关系。根据汇兑行情的变化和银号的不同，手续费或多或少有些差异。同一天对昌记调查如下：

香港　每千元　补水 123 元

省城　每千元　补水 12 毫

澳门　每千元　补水 32 元

陈村　每百元　补水 5 毫

省城的汇兑据说有时候是平水。本地没有银块交易，一概使用广东双毛办理。银业人员每天的业务就是鉴定银货的好坏、计算、称量、兑换等。

第十二章　陈村的货币

陈村是顺德县下面屈指可数的城市，位于水陆交通要冲，占据广东省珠江口的要路，人口约 5 万人，商业比较发达。可与东江流域的石龙镇媲美。金融机构完善，当铺、钱铺、钱庄也很多，汇兑业务在澳门、香港、省城、大良、香山等地之间较多。

一、通货种类

大多数交易通货是双毛，其次是单毛，再次是半毛。也使用香港银，但不使用墨银、日银等，也使用马蹄银及其他小碎银。香港铜钱、广东铜钱都用，但大部分都是广东铜钱。

通货的种类有：广东双毛、大元、中元等，香港银元、单毛、半毛等。

二、相互的换算方法

双毛、单毛、半毛等的毛子，与其额面价格比例相同，没有任何加水、扣水。但广东大元、中元相对于小银币即毛子，每元加水 2 仙。而大元与中元之间，除了其额面比例，没有任何加水。香港元相对于广东小银币，每元加水 3 仙；相对于广东大元、中元，加水 1 仙至 2 仙。

三、本地两

主要是中国人之间以及大宗交易时按惯例以两为单位支付。支付银两时通常是称量。一般使用九九五平。其他也有九九八平、九九七平、九九二平等。一般以钱铺为首，油行、布行等使用九九五平，控也是九七、九五、九二或无控，其中最普遍的是九五控或无控。

四、与广东司平司银的平价

在佛山镇已述，在此省略。本地九九五平 100 两，相当于广东司平司银的 995 两。

五、与广东银的平价

在佛山镇已述，在此省略。

六、与香港银的平价

九九五平的 1000 两，相对于香港银的比例，根据如下算式，很容易计算。

$$\frac{1381.94 \times 100}{103} = 1341.69$$

1000 两相当于香港银 1341.69 元。

第 2 卷　广西省的货币和金融机构

第一章　概述

广西省现在并没有大规模的产业，但是将来如果开发的方法得当，开拓出新的财富来源，也是有商业前景的。

说到贯通整个广西省的交通线路，要数西江了。广西省的商品大多要通过这条江运送到广东省或香港。同时，从广东省、香港进入广西省的大部分货物也要通过这条江中转。

由于商业上联系紧密，市场上流通的货币也与广东省、香港有着密切关系。由于广西省东南部与法属越南接壤，加上左江源头位于越南境内，所以跟越南的来往很多。

在南宁、龙州地区能见到很多法国货币。左江以南的其他地区，例如郁林、博白地区通过廉江可以到达北海地区。由于北海属于广西省，所以其货币上的影响与对广东府城里的影响不尽一致。广西省流通的货币大致如下：

- 广西省政府发行的银票。
- 广东省流通的各种货币。
- 香港流通的货币。
- 越南地区流通的货币，也就是皮阿斯特银币①。
- 海峡殖民地流通的货币，也就是海峡殖民地银币。

皮阿斯特银币流通在广西的部分地区，在中国称其为元，重量为416格令，成色900。与日本银元的汇率在梧州约为1.0016，与墨西哥鹰洋的汇率为1.05－1.1。供需关系导致其价格不断变化。该银币主要在广西省与越南相邻的地方流通。

在梧州流通的海峡殖民地银币，重量为312格令，成色为900，和日本银元的汇率是1：33。

一、流通货币的种类

货币的种类：外国银行发行的纸币，中国政府发行的纸币、硬币以及外国铸造的硬币等。

外国银行的纸币包括香港的汇丰银行、印度新金山中国汇理银行等银行发行的500元、100元、50元、25元、10元、5元、1元这7种纸币。此外也包括沙面租界开设的外国银行发行的1元纸币，现在已不流通。中国官方发行的相关货币包括本

---

①货币单位。因图案为自由女神坐像，故俗称"坐洋"。

位币和纸币，有广东省发行的和其他省铸造的，其他省铸造的比本省铸造的价值低，需要加价才能使用，因而数量极少。本省铸造的本位币大概分为以下 4 种：

1. 双毫为 20 仙银币。商人们根据其实际价值又称其为 1 钱 4 分 4。

2. 单毫为 10 仙银币。商人们根据其实际价值又称其为 7 分 2。

3. 半毫相当于 5 仙银币。商人们根据其实际价值又称其为 3 分 6。

4. 成元相当于 1 元的银币，一个 1 元。

由广东省、广西省发行的纸币有 1 元、5 元、10 元。

其他种类货币还有 1 元墨西哥鹰洋，日本发行的 1 元银币，香港发行的 20 仙、10 仙、5 仙的小额银币等。

除上文所述之外，还有海关两。在海关，大约国外银币 1 元 50 仙换算成 1 海关两。

另外还有一种单位叫两。在大额交易中使用的这种货币单位（1 两银币），实际上从来没有实际铸造过。官方兑换价格为 100 成元算作 72 两，但实际兑换价格有上下浮动，并不固定。

两除了可以用成元换算外，还可以用马蹄银即所谓纹银来一一称量，但实际很少采用这种方式。纹银在官场被称作饷银，民众多用其来缴纳赋税。

二、各种货币的兑换价格

各货币之间的兑换价格并不固定，每天都有变动，目前的兑换价格大致如下：

·外国银行纸币百元兑换双毫 105 元又五六十仙。

·成元百元兑换双毫 105 元。

·日本银元或香港 1 元银元的 100 元可兑换成元 100 元上下。

·墨西哥新版百元兑换成元 101 元，墨西哥旧版 100 元兑换成元 104 元。

·双毫 1 元可兑换 1 钱铜币 113 枚。

·1 钱铜币 100 枚（即相当于官方价格 1 元的金额）可换 1 厘钱 950 个。

三、各种货币流通面额

要想了解各种货币的流通量，由于商业交易双方身份各有不同，我们必须要先研究一下各种情况。首先第一种情况是外国人之间的交易，此时当然不使用银行纸币。接下来是外国人与中国人之间的交易。洽谈初始阶段用两、外国银元、元等任意货币制定价格，但当地主要出口产品的价格大多使用外国银元来定价，交易必须换算成银行纸币来支付。主要进口产品的价格也同样用外国银元来定价。市场上的小商店也针对外国人用外国银元兑换价格来定价，但在外国客商深入内地后，在原产地收购商品时大多以两为单位定价。关于中国人之间的交易，在小额交易时使用元，大额交易时大多使用两来制定交易的标准价格。

从上述各种情况来看，似乎在当地使用最多的货币为银行纸币，其次为两。但中国人之间的大额交易中还存在一种叫汇单的本票，实际很少用两来进行计算，等到了支付期限，计算双方账目进出来进行支付时，一般不使用纹银，而使用双毫。总之，在当地流通最多的为外国银行纸币，其次为双毫。在市面上看不到成元，偶见墨西哥鹰洋、旧版日本银元，比较多见的为香港面值 20 仙、10 仙、5 仙的小银币。

上海两与本省两的兑换平价如下：

本省两 100＝上海两 109.619

四、海关两与梧州、南宁、龙州两

梧州的司码九九二平两与海关两的比率如下：

海关两 100.00＝九九二平 113.00

九九二平 100.00＝海关两 88.49

南宁的邕平两经测定相当于 572.35 格令，跟海关两的比率如下：

海关两 100.00＝邕平两 101.60

龙州市平的定价与海关两之间的比率在支付与收款时不同，分别为：

支付时 海关两 100.00＝龙州市平 113.00

收款时 海关两 100.00＝龙州市平 116.00

龙州库平与其市平的比率如下：

龙州市平 100.00＝龙州库平 99.40

第二章　梧州府的货币和金融机构

第一节　货币

梧州人口有7万，是三江汇聚的枢纽。广西省大部分的货物往来都要经由此港。于是此地贸易兴盛，为广西省第一。从货币的种类来看，与广东省并无多大的差距，但是由于商业规模尚小，害怕风险，因而纸币的流通较少，一般用小银锭来收付款。

一、流通货币的种类

梧州市场上流通的货币大体上分3种，即：

1. 外国银行发行的纸币。

2. 中国政府发行的货币。

3. 其他种类货币。

外国银行发行的纸币与广东地区的情况一样，虽说通用，但市面主要使用的货币为香港汇丰银行发行的5元、1元等纸币，其他银行发行的纸币由于流通甚少，就不再赘述了。

中国政府发行的货币分为纸币和本位币。纸币再细分的话也有2种，其一是广东省发行的纸币，其二是广西省发行的纸币。广东省发行的纸币有1元、5元、10元3种。因在当地开店的商人大多为广东人，广东银票的流通并没有阻碍。其他地区的商人交易时不是非常欢迎该银票，但与广东地区商业关系密切的地区可随意用其收付。

广西省发行的纸币流通量远不及外国银行纸币和广东省发行的纸币。

需注意的是纸币的流通区域是固定的。不同地域的纸币上分别印有当地地名中的一个字。例如梧州就印上一个"梧"字，南宁就印上一个"邕"字，龙州就印上一个"龙"字。想要在流通区域以外的地方使用，就必须要去钱铺、钱庄和银号等店铺来兑换。但在两地商业往来密切的地区可随意用其收付。

关于本位币，因广西省未铸造本位币，所以只有广东省铸造的。

1. 双毫。面值20仙的银币，根据其实际价值换算成两后，也被称为1钱4分4。

2. 成元。面值10元的银币。根据其实际价值又被称为7钱2分。即相当于1元。

此外广东省发行的还有半毫、单毫银币。梧州府没人用这两种银币的原因在于其品质跟其他币种相比较差。另外，其他省份铸造的银币在本府也无人使用，只是在银号等地方打折后当成银块进行交易。

铜元即 1 钱铜币，不仅广东省铸造的在流通，其他省份铸造的也能够方便地流通。

制钱即 1 厘钱，主要是指清朝发行的铜钱，但有时也有古铜钱混入其中，另外也偶见日本的宽永通宝。制钱分为大制钱和小制钱，市场上流通的是大制钱。

在本地流通的货币还有：

·1 元墨西哥鹰洋。

·日本发行的旧 1 元银币（明治银元）。

·香港发行的 10 仙银币、5 仙银币

虽然香港发行的本位币里还有 1 元、50 仙、20 仙银币，但在本地区无人使用。虽说 50 仙能用，但是交易时对方会不情愿收。

香港的 1 仙铜币几乎没有流通。

二、银两

本府很少使用银两来进行收付，有时银铺、首饰铺等地方会把其当作银块进行交易。此地买卖的银两与广东地区的一样品质很好（纯银），称其为纹银，10 两的银块最多，50 两的几乎见不到。所使用的平码为以司码九九二平为基准的筏平。筏平相当于司码平的一千分之九百九十二。

需要提及的是虽然同样称为纹银，但各种银两的品质有好有坏。湖北、湖南、贵州、云南各省的协饷纹银的品质最好，因而交易时折算价格的"加水"[①] 较高。

三、各种货币的兑换价格

中国政府铸造的银币、铜币及制钱（1 厘钱）的兑换价格基本如下：

1 成元（7 钱 2 分）	=	5 双毫（1 钱 4 分 4）
1 成元（7 钱 2 分）	=	10 单毫（7 分 2）
1 成元（7 钱 2 分）	=	20 半毫（3 分 6）
1 成元（7 钱 2 分）	=	100 铜钱（1 钱铜币）
1 成元（7 钱 2 分）	=	1000 制钱（1 文钱）

以上的价格也有浮动，买入、卖出的价格也有差异，但是没有急剧的变化，价格上下浮动的程度也不大。

本地流通的本位币中墨西哥鹰洋、明治银元、中国香港 50 仙及 5 仙的兑换价格如下：

---

①如果支付用的银锭的成色比纹银更好，那支付时就可以比定价少付一点，这种情况被称为"申水"，也叫加水、申色等；如果成色较低，则需比定价多付一些，称为"贴水"，也叫补水、贴色等，不同地区叫法不同。

墨西哥鹰洋 1 元	=	广东毫子 10 毫 4 仙－10 毫 5 仙
明治银元 1 元	=	广东毫子 10 毫 4 仙－10 毫 5 仙
中国香港 50 仙银币	=	广东毫子 5 毫
中国香港 10 仙银币	=	广东毫子 1 毫
中国香港 5 仙银币	=	广东毫子 5 仙

如上所示，香港发行的小银币与广东省发行的同面额小银币可以通用，并且与广东省小银币相同的是：比照实际价值，同面额的 10 仙、5 仙的小银币被称为 7 分 2、3 分 6 等。

在本地普通商店进行小额交易的时候，用于定价的基准为双毫或香港小银币。所以想要用墨西哥鹰洋、明治银元等支付时，需换算成银币。按照银元的比例 1 元或者 1 元按照 10 毫换算，于是商铺通过"加水"获利。

在本地使用最多的纸币要数广东省发行的成元与香港汇丰银行发行的元为单位的纸币。

广西银票的流通范围很小，此外广东省市场上流通的其他银行发行的纸币虽可以流通，但也仅出现在货币兑换店的店头。主要兑换价格如下：

广东银票 1 元	=	广东香港毫子 10 毫 2 仙－10 毫 3 仙
香港汇丰银票 1 元	=	广东香港毫子 10 毫 4 仙－10 毫 5 仙

香港的纸币使用方便、信用度高，因而跟元的银票相比价格会高出一两仙甚至 3 仙。广东银票跟香港银票相比信用度弱得多，1 成元跟 1 元之间的兑换时价会有波动，影响到纸币价格，因而虽然按平价计算 1 成元相当于 1 元，但会由于"加水"导致价格降低。

关于卖出、买进价格，各种货币基本上都是 1 元大概两三仙的差异，较高的价格都是小银币卖出价。

银两交易价格有时也有波动。例如：

纹银 100 两＝花银 116 两（加水 16 两）

纹银 1 两＝花银 1 两 1 钱

此价格是按照海关两 100 两相当于筏平 113 两，使用九九二平来计算的。

还有金银交易市场的价格和面向香港、广州、佛山的兑换价格。例如金银交易市场上足金金叶换四十五，即 1 两黄金相当于 45 两。金叶的种类多为方形薄片，没有圆片。

兑换价格方面：

· 汇港（香港）10 天兑付汇单的银两，每百两扣 7 两 3。

· 汇省城（广东省城佛山镇）10 天兑付汇单的银两，每百两扣 3 钱。

四、各货币流通额

本府的贸易额虽说为广西省之首，但按正常的标准来看并不能算繁盛，商业基本上规模也都很小，与外国人交易也不兴盛，再加上几乎看不到外国人之间的交易，因此仅凭中国人之间流通的各种货币数量不难得知本地的流通额。尤其是中国人与外国人交易时使用的货币有 2 种，使用时可以商量用哪一种。出口产品主要用元定价，所以在支付时主要使用墨西哥鹰洋或外国银行发行的元为单位的纸币。

中国人之间的商业交易，如果在大型商铺多以两来进行，但在收付金元时，不使用银两，而是换算成元或者是将银元称重后供支付使用。用两来支付时，多用银元 60 两、小银币 40 两的比例混合使用。海关两也按此比例处理。

较小商铺使用的是元，收付款时多使用双毫。另外以外国大洋的元为单位的银币也不是完全不流通，极少，但也会使用明治银元①。

总之使用最多的是小银币，尤其以广东省的双毫最多。香港发行的 10 仙、5 仙的小银币次之。

因表面上印有头像故俗称"鬼头"的硬币很受欢迎。面值 10 仙的"鬼头"有 2 种，一种印有维多利亚女王的头像，一种印有爱德华七世的头像。其中印有爱德华头像的"鬼头"似乎不受人欢迎，但日常来看，并不妨碍其正常流通。特别小的铺子害怕收付款时遇到大面额的银元，常用的是双毫以下的小银币及铜钱。尤其是铜钱使用较多。在特别小的铺子用铜钱来定价，即 50 文、100 文。

很多乡下人把乡下的土产拿到城里卖掉，再用得来的钱购买生活必需品。关于这部分的货币流通额，在卖出乡下特产的环节，一般流通最多的是广东的双毫，而在本府购买货物时则根据需要换成铜钱（1 文钱）然后再买。与乡下的交易表面看规模非常小，但其实总额非常巨大。

中国人之间的交易所使用的广东纸币及汇丰银行发行的纸币数额不算大，尤其是随着广东纸币的信用不断降低，能使用的地方越来越少，最后能用的仅限于广东人经营的商铺，主要是一些经营洋货、广东货品的杂货铺、绸缎铺等较大的商铺。

本府的交易主要是中国人之间的交易，所以流通货币以双毫最多，香港的 10 仙、5 仙次之，铜钱再次之。至于其他的货币，如明治银元等从数量上远远落后于以上货币。

市场上辗转流通的墨西哥鹰洋、大元、双毫等本位币中很多都有后刻上的印记。商人们不喜欢收这种钱。在银铺里是按照其实际价值进行买卖，跟无印记的相比价格要低。另外还有银元呈现凹状，本地人不喜欢收这样的钱，称其为"坏了"。

跟香港、上海相比，广西省对于各种货币的银品好坏及真假的鉴定更加严苛，尤其是较小商铺非常在意银品的好坏及真假，以至于有时连自家鉴定的结果也要怀

---

① 日本银币，也叫龙洋。

疑，要拿到银铺、首饰楼验过之后才肯收下。

较大铺子并没有在鉴定上下过多的力气。

至于梧州的工业方面几乎为零，只有一家玻璃加工厂和一片造船的厂房。玻璃加工厂名为广生和，生产的也不过是灯泡或瓶子这样简单的产品。该厂的产品卖往广西省各地，用蒸汽船运往南宁。造船业也不强，只是建造一些本地所需的民用船而已。

在梧州资本家也不多见，据称拥有最大资产的聚兴号（铜铁铺），也不过有两百万两。虽说可以找到广西省商业上最兴盛的铺子，但各个商铺的资本大多是由多人合力出资构成。那些商人也基本上是广东人。他们与广东、香港及广西各地有势力的广东人之间保持着密切的联系。

本地区赊账的账期一般是 26 期。另外清还期一般分为 4 期，分别为 3 月、6 月、9 月、12 月，即在各个季度末进行结算。其中对金融产生影响的，上门催债的是在 6 月、12 月进行总决算的时候。

这不仅限于本地的支付期限。与广东、香港地区进行的交易会有 3 个月、5 个月和半年的账期，一年会有两次的结算。于是基本上在 6 月（旧盂兰盆节）、12 月（年末）会有大宗的支付发生。虽说利息每日都有变动，但在钱庄、票号基本上 1 两银子都在每月 1 分到 1 分 5 厘之间浮动。从商人那里借贷的话，利息在 2 分到 5 分之间浮动。当铺的利息定为 3 分，其折算价格当然也跟着其他利息及交易额的高低有所变化。跟本地往来最多的是汇往广东的兑付，每百两的利息在 2 钱到 3 钱之间浮动。

第二节　金融机构

一、广西银行

梧州设有广西银行分行。该银行的总行设在桂林府，属于新式银行，发行纸币，完全掌握着梧州一带的金融。

广西银行的总行设在桂林，在广东省、南宁、梧州设有分行。作为管理省内金融的唯一机构，其发行的兑换券等由都督的命令强制保证其流通性，在很大程度上调节和维持了几近枯竭的省内财政。下文将简略介绍一下其经营状况。

北京财政部认为了调节全国的金融，当今最大的要务就是建立新式银行，于是命令各省设立新式银行或将旧式银行进行改制。广西省于宣统元年（1909）10 月17 日将广西官银钱号改组为新式银行，公布了数十条银行章程，于第二年即宣统二年（1910）正月起开始营业。其章程的总则、通则共计 68 条，现将其主要内容抄录如下：

广西银行章程

第一篇　总则

第一章　总纲

第一条　本行是按照有限公司的章程将广西省旧有官银钱号改良后所建，银行名定为广西银行。

第二条　本行为振兴商业，促进金融机构运转，除将南宁、龙州、上海等地的官银钱号的各分号改为分行之外，还增设广州、汉口、衡州分行，将其名称定为某某地广西银行。此外，根据情况将逐步在京津、江浙、川陕、云贵等地的通商口岸或外地城市建立分行，或委托其他银行代办业务。

第三条　本行依照中外商业银行法，所有一切收支款项及往来信托一概盖"图标"章，只有总行的总理处与各部门往来的公文上盖"关防"章以昭慎重。

第四条　关于中央度支部①的银行货币准备金章程，本行一律遵守。

第五条　关于中央度支部的银行法令，本行一律遵守。

第二章　地址

第六条　本行在广西省省会设立总行，位于省城后库街。

第三章　资本金准备金

第七条　本行的资本金已由巡抚衙门拨款到位，官府出资的公款总计广西省平花银 100 万两。

市面上流通的原官银钱号的钞票 140 万两，银元票 10 万元，均由本行代为管理。所持资本金 100 万元均作为资本金用于担保，永不动用。

第八条　本行待手续生效后，再引入商业股 100 万两，招股的细则另行制定。

第四章　经营范围

第九条　本行的经营范围包括：存款、放款、贴现、汇兑，发行原官银钱号的各种钞票、期票、凭票，买卖生银等。其细则另行制定。所有条款中未尽事宜，按照中外商业银行的章程办理。

第十条　现在省城内一切公款的收缴支付，将来在各地建立分行或代理机构后，所有汇往本省各部门的款项，以及向省内外收送支付及往来划拨的公款均由本行代为管理。

---

①官署名。清代掌管财政事务的机构。清代原由户部理财，清光绪三十二年（1906），改组部院各衙门，将户部更名为度支部，列衔于户部之上，其原掌管的民政事务划归民政部，主管官为度支大臣，另有左右侍郎和左右丞、左右参议；下设承政、参议二厅及田赋、漕仓、税课、莞榷、通阜、库藏、廉俸、军饷、制用、会计等十司与金银库。

第五章　组织机构

第十一条　本行的机构划分为以下三部分：

（一）监督机构　负责指挥调度总行以及各分行一切事务而设置的总理处为本行的最高机构。

（二）监督营业机构　专门用来监督银行业务的部门，在总行设有总监督处，分行里设有监督处。

（三）营业机构　专门处理银行的业务，在总行设有总经理处，分行里设有经理处。

（此处原文缺失）

第十六条　大决算期每年一次，第二年三月以内进行。小结算每月一次，下月首日进行。

（此处原文缺失）

第十八条　整理出大决算报告后，选派衙门人员与副经理及总监督处负责人一起按照报告内容对行内的账目存款进行切实的检查，确保其属实。

第十九条　大决算后，除去总分行各项经费开支及上缴官方的四分利之外，所有剩余盈利首先提取一成作为公共资本积累，其余部分分作 10 份，七成归公，三成用于分红。

此三成的分红又分为 30 份，其中 8 份派给总经理及各总、分行监督处，其中的 22 份派给总分行各行的经理处，所有分红的细则另行拟定。

第二十条　本行的营业年限自设立之日起 20 年，届时可申请续期。

具体来看其营业项目如下：

1. 存款

（1）定期存款

（2）活期存款

（3）委托存款

委托存款在存入时须事先声明用途，如防范灾患、欲创业、用于嫁娶的准备金、留给子孙等。本行立即填写委托存款单据并作为回执交给存款人。日后存款人支取本金和利息须按照约定的时间，届时银行将从优支付利息。

2. 信用放款

（1）抵押放款

（2）保证放款

（3）往来放款

往来放款是指存款用尽之后，再次进行借款的业务。本行进行此类业务时须依照章程预先向本行提交抵押物，或者依照保证放款章程，或者依照信用放款来办理。并且不得超过其借款业务协议的金额。现本行提供借款往来册及支票簿、收银簿各一册，作为往来支付的凭据。

（4）信用放款

既没有抵押物也没有担保人，但本行判断其实力为可以深信的对象，或者经各行经理根据其付款方，确认其经营获利状况后方可办理。

（5）汇票贴现

①对本行未到期的汇票进行的贴现。

②对各个钱庄票号未到期的汇票进行的贴现。

③对各国及各地的金元、银元钞票的贴现。

（6）汇兑

①押汇

②信汇

③电汇

此外针对营业还有如下规定：

1. 本行按照相关规定发行各种期票、汇票、凭票及通用票据。仅通用票据一项仍依照相关章节按期收费。

2. 本行买卖各色金银块时均按照市场价面议。

3. 本行通用的银洋票无论何时均可以向总发行的银行兑换现银，但省外分行应按照当地的时价减去汇水部分。

如上所述，广西银行设立后作为唯一的金融机构在市场上发挥着巨大作用，并且补贴了财政，陆都督①推出了强制流通的兑换券，以至于后来省内的商业交易基本用此种券票进行结算，广西银行也因此声望倍增。

其资本金中原本有桂林总号的 10 万两、梧州分号的 10 万两、南宁分号的 10 万两、龙州分号的 5 万两、上海分号的 20 万两，总计只有区区 50 万两，剩余收益为 331862 两多一点。要是无法落实基本的资金，在纸币发行时也就无法获得适当的信用，只有补齐差额，使总资本金达到 100 万两才能维持信用。

据中国人讲已经有 500 万两左右的资本金，但此说法不可信。

梧州市场上一般会拒收外省发行的纸币，只有广西银行发行的兑换券可以流通，其种类有 1 元、5 元、10 元的以元为单位的钞票以及 1 两、10 两以两为单位的钞票。宣统二年（1910）为了解决财政匮乏的问题，委托日本的印钞局印制的纸币，是以库平银为标准的。

除此之外，当时为了补充军费，发行了 5 角、1 角石版印刷的钞票，现在仍有一些在流通。

广西银行发行的券票总额据说一般有 500 万元，但实际的发行总量远远低于该

---

①陆荣廷。

数据，在 300 万左右。

商人和普通民众都不喜欢广东省军政府发行的纸币，在一般的商业交易中会拒绝收该种纸币。市场仅有的一部分流通额也是在 1 元折算成 15 钱的低价上进行的。

商人之间一般使用汇票（即一般本票）较多，其支付期限比较严格，流通较为广泛，流通时还可查询背书者、发行银号票号或者汇票的信用。

二、银号

在当地经营普通的银行业务的机构叫银号或者银铺。其业务范畴与其他地区的银庄大同小异，如汇兑、存款、金银买卖等业务，但不发行银钱票。在当地经营银号业务的有二十几家。其名称如下：

通　裕	天成亭	协　安	照信堂	梧州银行
怡　亨	兆　荣	均　隆	怡　安	逢　源
兴　昌	广　昌	宝　兴	安　全	惠　源
卫　元	凭敬记	宽　裕	惠　成	寅　安
平　安	源昌安	信　和	裕源长	

这些银号都位于城西的九坊街附近，基本上是广东人在经营，大多是由三五人合资建立，资本金在 1 万两到 30 万两之间。例如协安是梧州府当地非常有名的一家银号，其经营的资本也就是 30 万两左右。本地的银号并不挂银号或者银铺的招牌，所以很难分辨其名称，梧州府当地的商人们称呼这些普通银行时使用的是银号或者银铺的名字，并没有根据其资本的多少分别称其为银庄、钱庄等，这一点跟广州地区不一样。

存款利息方面普遍比票庄要稍微高一些，大概六七分。贷款透支的利息及汇水等方面基本上跟票庄没有区别。银钱买卖的价格跟在货币部分所叙述的一样，一元买入、卖出价格之间的差距一般有两三仙。在普通买卖收付款的时候基本不怎么用银两。其标准品相为花银。花银是广西地区对银元的叫法，多指广东双毫。关于店铺内的组织结构，出资人被叫东家，管理者被称为老板。老板手下还有营账，负责银钱出纳及其他会计的工作。还有负责其他业务的营事、负责杂事的伙计学徒。虽说根据其店铺的大小，其人员也有多有少，但是一般都是东家三五人，老板一人，营账、营事各一两人，伙计、学徒数人。

收益分配方面，到了年末无论收益的多少，都称其为"老本息"，将其中的六七成按照所占资本额分给东家，其余的利润分配给老板及其他店铺人员。老板取得该部分的八九成，剩下的一两成分给其他店铺人员。学徒很少有人能得到奖金，只能等着东家、老板的打赏。

不仅各个银号基本上是广东人在经营，当地的商业也大多是广东人在经营。在当地会馆中最有势力的要数粤东会馆了。粤东会馆将各个行业分为 12 个行会。

银钱行	牛肉行	猪肉行	谷米行	铜铁行
什货行	山货行	药行（洋广杂货）		旧衣行
麻　行	药材行	云茶行	纸草行	

各家银号组建了银钱行会，旨在保持同行间的联系，相互帮助，增加整个行业的收益。

三、饷押和押

当地的典当业被称作饷押和押，没有当铺或军需押等叫法。饷押和押的区别并不明显，资金多、业务量大的叫饷押，反之叫押。民众对这两者并不做区分，一般都叫饷押。两者都是在获得部帖[①]后开展业务的。如下列所示共有 10 家：

字号	经营者及原籍	地址
公　生	广东南海帮	永安街
公　和	广东高明帮	同　上
公　平	同　上	小南门
和　昌	广东南海帮	上四方街
同　昌	同　上	大南门
元　昌	同　上	上四方街
恒　益	广东鹤山帮	面坊街
元　生	广东南海帮	上四方街
恒　生	同　上	面坊街
亨　昌	（现在歇业中）	

各家都是从藩宪[②]获得执照后才开业的，即上报户部，得到户部下发的部帖。像这样的饷押大多是两三人的资本家共同出资建立的，资本金并不多，大概是 1 万多两到 3 万两。

饷押的建筑构造主要考虑到防火防盗，外部都用青砖建造，十分坚固。自家周围还建有高墙。除了前门之外一般不设其他的门。进入最靠前的外门后，经过内院，就会发现正门处设有木制的栅栏，上面开有竖一尺五寸、横约一尺的窗口，供典当物及金钱交接，可以防止典当的人进入室内。并且为了不让别人从高处看清内部的结构，青砖材质的整所房子建得非常高，仿佛一座高高在上的城郭，力压周围四邻的房子。各家都追求楼的高度，所以数数这些高楼便可知当地饷押的数目了，虽然

①官署发的执照。又称引票。

②藩台的尊称，即明清时代的布政使。

有所出入，但也差不太多。可以从建筑观察到其势力。

当地押的营业时间从日出后到掌灯前为止，掌灯后无论何事都不再受理业务了。其准许典当的货物列举如下：

北皮衣、水洗衣服（不破可当）、玉器、金银制品、铁锅、铜器、象牙、玩器①、阳伞。

不收家具等大件物品。典当金额以两为单位，例如，几两几钱几分。典当的银子无论其总额的大小，每两按 3 分计算利息。只有腊月里，官府规定为了体谅贫民每两利息按照 2 分 5 厘计算。用于典当及赎回的货币用广东双毫，香港 10 仙、5 仙等小银币，很少用大额元为单位的纸币，并且使用两和花银的换算率来计算。在广东地区有借款时付给九成、赎回时还十成的惯例。但在本地区并没有该现象。本地区典当赎回价格一致，并且以大额元为单位的纸币赎回时也不用附加加水。

当期一般为 12 个月即 1 年，1 个月按照 30 日计算。过期便无法赎回，典当物会被即刻变卖，其钱款冲抵本金。每次典当都要开具当票。饷押允许当票持有者凭当票赎回典当品。当票的格式②如下：

押　升　公
字千五百零一号 原列烂不行时表 押出本银　一两六钱　司码 遵示每月每两加息三分算以十二月满 期如过期不赎任从变卖充本倘有虫伤鼠咬 糜烂等情各安天命如有来历不明者与本押 无涉 认票不认人此照在梧州竹椅街开张 宣统元年五月二十五日票

出具当票的同时将此笔账目记在票券副本底册中，当票与该底册加盖骑缝章。该底册的样本如下：

（票券副本、底册副本样本）

---

①供赏玩的器物。

②当票中的词有很多行业特殊的写法。如，原列烂不行时表——原本开裂不走的钟表（列即裂），无论贵重与否都要如此写。

			1801 千相
		····· ·· · ·	原列烂不行时表 押出本银一两六钱

除以上账目之外，还有"进"项分账，记录着每日的收支。即在上方记录"进"，下方记录"支"。"进"是指收钱后将货物交付给对方，"支"是指接收典当物支出金额。每日进行结算，每月还要进行月结。其样本如下：

（进支分账样本）

			1801 千相
月结 一百六十八两	日结 五两六钱	····· ·· · ·	十月二十五日 进一两六钱
月结 二百二十八两	日结 七两六钱	····· ·· · ·	五月二十五日 支一两六钱

除以上账本之外还有赎回账本、得利账本等。

赎回账本是将典当物返还收取当银时进行的登记，需要记录编号、本钱、利钱等。

得利账本每五天结算一次，可以方便地查到这五天之内的收入金额。这两种账本的样本如下：

（赎回样本）

		・・・・ ・・・ ・	五月 二十八日
		・・・・・・ ・・・・・	1801 千相
		・ ・ ・ ・ ・ ・ ・ ・ ・	本银 一两六钱
		・ ・ ・ ・ ・ ・ ・ ・ ・	二钱四分

（得利账本样本）

五月二十一日至五月二十五日	·原存钱·	·回本钱·	·当出钱·	·现存钱·	·实存架本钱·	·共得利钱·

以上列举的各个样本没有什么需要特殊说明的，只有关于得利账本记录的内容说明如下：

a. 原存钱　借出的原本金

b. 回本钱　5 日内赎回金额

c. 当利钱　5 日内收入的利息

d. 当出钱　5 日内借出额

e. 现存钱　25 日内现存债券额

f. 实存架本钱　典当物进支余额

g. 共得利钱　收到的利息总额

上述得利总额的计算方法如下：

$(a＋b＋c)－d＝e$

$e－f＝g$

接下来简单介绍一下饷押的责任。典当物大多是平民百姓为了拿到现金救急，不得已放在饷押的，因而保管的责任就很大了，于是为了减轻保管的责任，无论典当物原本是否破损，都要在当票上标注"原列烂不行坏"等字样。赎回时典当物如果有破损，就可以据此免去自己的责任，不用赔偿。另外还要写上即使不到损毁的程度，关于虫伤、鼠咬、朽烂等情况也各安天命不用负责，关于来历不明的物品，例如赃物，也会写上认票不认人，从而避免责任。但即使这样也有无法避免的责任。

例如典当品灭失的情况，不论自然灭失还是人为灭失，饷押都要赔偿。因为即使饷押声称被盗，但无法确定是真的被盗还是其内部员工藏匿起来了。遇到情况要告到衙门去的话，如果饷押无法提供证据，则无法免除赔偿责任。如果能提出确凿的证据，则不受此限。无论是哪种情况，如果需要赔偿，需在其价格的基础上多赔偿三成。当铺在给典当品定价的时候要保证足够担保，考虑到今后可能的风险，价格会相应定得低一些。因而典当价格比实际典当物的价值一般要低三成。因此，对于典当物赔偿的责任，饷押的赔偿价格在典当物价格上也多加三成。

我们再来看一下。饷押过期的典当品会被变卖冲抵本金。变卖也不用拍卖，基本上都卖到了旧衣铺。旧衣铺虽然有独立经营的，但是一般都是饷押经营的，或者是有饷押的股份。

三者无论哪一种情况，饷押都会变卖给固定的旧衣铺。然后旧衣铺大多是用拍卖的形式卖给顾客。

四、银钱兑换店及银楼

银楼大多兼有银钱兑换的业务，为了讲解方便，我们把它放到下一项来说明。

经营银钱兑换业务的一般都是极小的店铺，按说没有论述的价值。但是由于其数量极多，大街小巷无处不在，因而有必要来了解一下。有两种经营方式，一种是专业做银钱买卖的，一种是兼营的。后者一般都是首饰楼、银楼等兼做该项业务。银钱兑换所需资本金特别少，前者尤其如此，前者的资本金一般就五六千铜钱，不超过一万。至于后者，例如来合号用于银钱兑换的资金不过两三万而已。经营的业务即唯一的业务是名副其实的银钱兑换。大部分的地方都是买进 5 仙、10 仙、双毫的小银币及铜仙，卖出铜钱，从中赚取差价。

银钱兑换店虽说是小生意，但是在当地做小买卖所需的铜钱量非常大，所以用小额资本也可以维持其运转并盈利。

银楼的主要业务是首饰的销售，大多是自己加工，很少从别家进货。其资本金很少有超过一两千两的，一般都属于小生意。

除此之外，很多兑换店都兼营二手首饰、银块、银两的买卖。

第三章 南宁府的货币和金融机构

第一节 货币

从地理位置上来看，南宁离越南非常近，连接两地的有一条左江，其上游在越南。左江不仅是两地间的交通线路，也是位于镇南关的国境线。陆路方面，从龙州出发，到此地乘坐火车可以继续向南深入越南境内。由于交通便利，两边都有很多商人来往做生意。于是本地区有很多法国的本位币和纸币在流通。虽说如此，但南宁的贸易主要还是沿左江向梧州、广东、香港方向在沿途各港口来进行。所以与梧州地区流通的货币基本相同。各货币的流通方面，几乎见不到银票，尤其是广东的银票，几乎没有任何信用，很少流通。而在本地区使用的法国发行的本位币只有大元一种（本地人称它为法国大元或七角鬼）。法国的小银币没有在本地流通。

一、货币的种类

（一）外国银行发行的纸币

1. 汇丰银行发行的 1 元、5 元、10 元 3 种纸币。

2. 越南发行的纸币（越南地区流通的纸币），有 1 元、2 元、5 元、10 元、20 元 5 种。

（二）中国政府发行的货币

1. 纸币

（1）广东银票有 1 元、5 元、10 元 3 种。

（2）广西银两票（印有"邕"的标记），有 1 两、2 两、3 两、10 两、20 两等。

2. 本位币（广东省发行）

（1）双毫。

（2）单毫。城里使用较多的是单毫。

（3）制钱使用较多，流通的钱币中没有铜元。

（三）其他种类货币

1. 法国大元又叫七角鬼，因其正面人物头像周围印有七条光线而得名。只有一元银币这一种在流通，其他的小银币根本没有人用。是由越南政府发行的。

2. 墨西哥鹰洋，1 元。

3. 美元银币，1 元。

4. 香港发行有 10 仙、5 仙小银币。1 元、5 仙、20 仙这 3 种完全无人问津。

（四）纹银

很少用于日常买卖中的支付环节，仅用于向国库纳税，还有就是作为金原料在银铺、金银首饰楼间买卖。用南宁平来称量，即九九四平，也叫邕平，相当于司码平的千分之九百九十四。纹银中使用最多的是单块十两的。

二、各种货币的价格

换算方法中需要特别记述的，除去换算比较简单，各地换算方法都相同的小银币之外，还有价格一直波动的大元、银票等货币。但由于其价格每日都在变动，很难用涨跌的幅度来描述。以下是我们调查时的各种货币换算价格：

1 元美元银币 ＝ 10 毛－7 仙（加水 7 仙）

1 元墨西哥鹰洋 ＝ 10 毛－7 仙到 10 毛－5 仙（加水 7 仙到 5 仙）

1 元龙洋（成元）＝ 0 两 7 钱 2 分

1 元龙洋（成元）＝ 10 毛（不加水）

1 元龙洋（成元）＝ 960 文（铜仙去水 40 文）

1 元法国大元 ＝ 11 毛－0 到 11 毛－5（加水 1 毫到 1 毫半）

1 两广西两 ＝ 1400 文

1 两广西两 ＝ 1 元－3 毛－9 仙

1 毫子 ＝ 94（大制钱）良

　　　　＝ 98（大制钱）差

银票也就是纸币，都属于纸币单位，跟大元一样进行换算。银票使用方便，所以各地区的换算价格都会稍高一些。本地区却不是这样。本地区纸币数量少且信用不高，所以和本位币一同使用。

需要注意的是本地区所使用的货币中混有劣币，有的是加刻有印记的，有的是呈凹形的（本地人称之为"坏"）。一般这些情况都会影响收付款。加刻印记的劣币银铺会按照其重量和质量定价。

无刻印的法国大元，每元要加上 1 毫到 1 毫半的加水，有刻印的可以商议，一般每元要有 5 仙的加水。

无刻印的墨西哥鹰洋每元要加上 5 仙到 7 仙的加水，有刻印的大概换算成 10 毛，不加加水。

上文所述的是银铺的换算率，一般商铺做小买卖的时候使用英国银元的成元（无刻印）进行换算。虽说是英国银元，但是不加加水。法国大元每元可换 11 毛，一般没有更高的加水。

此地虽然没有人用明治银元，但在银铺是可以兑换的，其价格一般和英国银元一样，都是每元兑换 10 毛 5 仙。

三、各种货币的流通额

从各货币的流通额来看，流通量最大的就是双毫（广东省）小银币，其次是香港 10 仙和 5 仙小银币。

尤其是当地的广东单毛可以自由流通。其次是大元，大元里第一位的是法国大元，几乎与当地的本位银一样，信用高，加水一般也比其他的大元多。英国银元、美国银币的流通量极少，几乎看不到明治洋。然而广东大元有不少。铜元一般不通用。制钱的量非常大。

银票总数虽然少，但是大多是法国银票和广西银票（印有"邕"的标记）。广西的银票中 1 两和 10 两尤其常用。其次就是汇丰银行发行的银票，流通额稍少。信用最低的就是广东省发行的银票，渐渐地只在与广东有贸易关系的大商户之间流通。与银两相对的大元、小元银币等在用于支付时，要先进行称量。

双毛不仅用于普通人和商贩以及各种买卖之间，乡下人在贩卖从乡下带来的货物时也使用双毛。据此可知其流通额较多。

从乡下带来货物贩卖的农夫也会购买自己需要的商品后再回家。他们买的东西也很零散，所以要把钱换成制钱后来用。这是当地制钱流通额大的原因，也是他们银钱兑换店兴盛的原因。

关于本地的毫子与制钱的换算率，价高的能到 96 文，质量不好的能换 98 文。

四、货币的鉴定

世上少有对货币鉴定这么严苛的地方。不只是小店铺，大商铺也如此。特别是小商铺更是害怕收到大元、角。如果客人想用大元来支付，商家就会请求客人使用小银币。如果客人没有小银币，则请求顾客去银钱兑换店换开。究其原因，是因为害怕对货币真伪好坏的鉴定有误差，所以会尽量避免找钱，客人不得已到银钱兑换店换钱。但有时也很难兑换。

所以小银币换制钱的人多，换大元的人少。另外为了鉴定银的成色，人们会去金银首饰楼（兼职兑换银钱），请那里的人从侧面切开，然后再去银铺鉴定真伪兑换，品质不佳的要折算后再兑换。这样兑换之后才能从小商贩那里买东西。无印、无凹陷的是正价兑换。如果有些许细微的痕迹或者凹陷必须打折后才能流通。

上述是针对大元的。双毛、单毫也有一些是有印记和凹陷的，这样的就不好兑换。单毛 5 仙的小银币很少有印记。

第二节　金融机构

本地是西江沿岸中继梧州之后的大城市，人口超过 10 万，位于左江北岸的平原。

从龙州百色厅和云贵两省向梧州、广东、香港等地运输的各种商品多半经由此港。周边主要出产牛皮、锡矿、建筑材料、八角、八角油、米、砂糖，输入的大宗商品主要有洋纱、布匹、纺织品、海味、杂货、火柴等。

本地与梧州港的金融状态基本一致。究其原因是因为二者商业关系密切，加之与广东地区有直接交易往来，钱款支付期也与梧州相同。不同点在于梧州付款期为20天，本地是10天或月底付，与梧州相比银钱周转速度更快。因此利息也比梧州及其他地方更高，贷款15天为一期，其利息最低1分，最高时可达2分5厘。

饷押利息为每两3分，腊月时会减少5厘。

一、银号

当地人很少说银号这个词，更多称之为银铺。其所经营的业务虽与梧州大致相同，但在当地很少有人存款。下列是有名的银号，都位于上、中、下沙街：

就和　和吉　和　普通　新广　元记　广元利

其中拥有最多资本的是就和，业务规模很大。各县城没有人不知道它的名字，足可见其信用非常好。

但是也有人说它实际运转资金没有那么多，不如和吉。

龙州、梧州、广东、香港各地之间都可以汇款，手续费随时浮动，大体如下：

南宁、龙州间　1两左右

南宁、梧州间　2两左右

广缘利的汇款单据的样式如下：

汇　单
为故纸 年　月　立单　　存据倘此单遗失别人拾得视　　银交单缴仍给部存据　　号收理届期银交单缴仍给部　　其银订于　月　日如数照交　　至　街　凭单挂号　　银　平祈携此单　　兹由　汇到　字第　号

字第　号汇单

单汇合对
年月发单　交单缴仍给部存据　号受理届期银交单缴仍给部银　日如数照交　号通用洋银　街　宝号收理　于月　兹由　汇到　字第　号

汇款兑换单叫汇单，在其他地方叫汇票。由票根和三张汇款单据组成。该店使用的是汇单和两张对合汇单。汇单要交给汇款人，对合汇单要交给发行店铺留底。如果没有汇款单据，也可以信件方式提供给收款方。而且即票和期票没有区别。主要是定期汇款。汇款人收到汇款单据后通过邮局邮寄。

贷款时需要双方协商好后方可进行。期限分为长期和短期，长期的是 1 年一期、6 个月一期和 3 个月一期，这些情况较少。比较多的是短期，15 天一期。利息根据时间长短和信用的高低来计算。在 1 分到 2 分 5 厘之间浮动。

银钱兑换店也有这项业务。兑换价格在货币章节已经提到过。但就和号不怎么经营这项业务。

二、饷押及押

当地这些当铺的营业状态基本一致。资本金多的有五六万两，少的有一两万两。总共 9 家，其字号如下：

全益　天和　福和　同安　广安　恒孚　天泰　和泰　和济

抵押期满一年的话收 3 分利息，但是 12 月份会减少 5 厘。这点与其他地区是一样的。

三、银钱兑换店及银楼

经营银钱买卖的小型临街店铺数量繁多。由于和梧州情况相似，在此不做赘述。

银楼规模都不大。有名的银楼，像永生号这样的，主营金银首饰的加工。

第四章 龙州地区的货币

第一节 货币的种类

从南宁出发沿西江、左江向上游走就到了龙州，其间沿岸流通货币的种类与南宁市场上的几乎没有太大差别。

新宁、驮卢、太平、宁明是左江流域的主要城市，商业也较为繁荣。本地人和外省人口都不少。在龙州有实力的商人和富人几乎都是广东人，因此与南宁和广东地方的贸易较多，并且货币流通量最多的一般都是广东双毫和香港 10 仙、5 仙这三种银货币，制钱也不少。越往内地深入，广东银元、墨西哥小银币的换算价格越低廉，更深入内地的地方甚至根本不通用。

值得注意的是，从南宁到西江、左江上游地区的沿途来看，广东银元、墨西哥鹰洋的数量逐渐减少。到龙州后，法国坐洋开始通用，而且换算情况与深入内地后的低廉正相反。上文提到的三种小银元在龙州市场当然都能使用。法国坐洋以及东方汇理银行发行的纸币的流通量也不少。这是由于法国人在从越南到云南、广西两省各地经营各种店铺，或者从事广西铁道的线路调查，或是向中国内地派遣传教士等方面的活动。

法国坐洋被当地中国人叫法国七角坐人或是银心铸大七角坐人，这是由货币上刻着的人像而得名。

河内拉科黎洋行、德祥等其他两三个大店铺都直接使用法国坐洋与越南地区进行贸易。其 1 元的货币叫皮阿斯特。此外 20 仙、10 仙的小额银货币在市场上几乎看不到，仅作为装饰品用于佩戴。

东方汇理银行发行的纸币种类有 5 元、10 元、20 元等。纸币的一面印的是汉字，另一面印的是法语和英文。

龙州邮局针对该货币的举措是让法国人来当局长，因为不使用法国大元兑换的话就无法办理业务。

第二节 货币之间的关系

从龙州往西有南宁、梧州、广州，再往西走是越南，与这些地方的交通联系都很紧密，所以货币的价格与南宁的基本一致。由于主要的商人几乎都是广东人，银元和纸币的使用上也是一样的。只有龙州本地法国的势力较大，法国银元和纸币流通的比较多。与小银币的兑换率较高，当时法国银元的价格可以达到 1 元换 11 毫半。

在市场上几乎见不到墨西哥鹰洋和广东银元，但当我们拿着去当地的兑换店，店里按照墨西哥鹰洋 1 元换小银币 10 毫的比率为我们兑换了。像这样，广西省各地区几乎见不到大银币，只有小银币。但大银币不是完全不能用，可以去兑换店里兑换，或者去广东商人的铺子里去兑换。

龙州地区 1 毫可以兑换到 94 文到 96 文制钱。

1 厘制钱可以用于普通市场里的小买卖。龙州本地也有使用铜元的。

第五章 桂林府的货币和金融机构

第一节 货币

在桂林流通着少量的银元宝。最初是由福昌荣钱号李详和、信义祥银号铸造的。使用的平叫公码平。

1047两5钱的公码平足银相当于1000两上海九八规银，1012两公码平花银相当于1000两上海九八规银。根据成色来看，足银的标准为九三二，花银的标准为九〇〇左右。此外，在市面上也流通着俗称四方宝和财神宝的两种银元宝。四方宝指的是江西铸造的元宝，财神宝指的是山东铸造的元宝。钱号等行业里用来称量银元宝的是天平，天平有公码平和库平。行业内在各钱号必须用这两种天平来给银元宝定价。一般普通行业多用公码平来进行款项的收取。有时用来称量银元宝的为省平和九五平，中国人称其为九八四平。公码平和库平的实际重量相比，每百两银元宝库平就会多出一两。此外，库平跟广东府司码平相比，每百两银元宝就少1两。

一块银锭用汉口估平称量为51两2钱7分重，用西方人的天平称是52两3钱2分重，用桂林省平即公码平和库平称得的结果分别为：公码平50两重，库平49两重。

桂林府市面上的银元宝与制钱的兑换价格，也许跟地理位置有一定的关系，没有受到广东府、梧州府的银价变动的影响，非过节期间是可以维持平稳的。在当时的价格来看，公码平的1两相当于1串300文的制钱。

一、大银币

桂林府市面上流通的大银币跟上述银元宝一样，流通量非常少。其中大部分都是小毫子，即小银币。银元、银币主要有无瑕疵的鹰洋（墨西哥元），广东铸造的货币、本洋（西班牙货币）以及香港货币（站洋）。

在市面上交易时可以使用两付款，这时需要公码平或者是库平来称量银元，按照一两兑换银元的兑换率来完成付款。这时鹰洋称为花银，用公码平来称量的一百两就叫花银一百两。还有一种叫法是足银花纹。这两种都是实际上的叫法。通常用于交易付款。

桂林府的银元馆里1元制钱兑换1串50文毫子，毫子即小银币，价值10毫5仙。

二、小银币

市面上流通最多的货币就是小银币。一般在交易的时候把它作为付款单位。该地区的人们把通用的小银币叫作毫子，2角称为双毫子，1角称为单毫子。通用小银币包括广东铸造的 50 仙、20 仙的小银币，湖北铸造的 10 仙、20 仙的小银币，以及香港的 20 仙、10 仙、5 仙等。广东铸造的小银币的重量等级如下图所示：

币种	重量	等级
1 元	库平 7 钱 2 分	900
50 仙	库平 3 钱 6 分	860
20 仙	库平 1 钱 4 分 4 厘	820
10 仙	库平 7 分 2 厘	820
5 仙	库平 3 分 6 厘	820

如上所述桂林府小银币和毫子的流通极广，每天在钱号的兑换量和流水很多。就日常结算方面来看，统计它的数量也极其烦琐。这些小银币币面值的货币中间也掺杂着伪造、变造的劣币。仅把它们挑出来也是很费事的。各钱号每天在傍晚闭店后会有十几个大小伙计在灯下将数千个小银币放到直径一尺的簸箕里，筛出来其中的劣币、假币、磨损严重的、形状大小不一致的银币。这项工作是用来区分小银币质量优劣的。据说像这样挑选出来的优劣小银币，对钱号来说有价值的优质银币会被存起来，劣币通常会在客人进行票券兑换时付给对方，或者付给来借钱的人。据说有的钱号把每天到手的数万个银币装入一个袋子中，两端封好，用两手握住袋子，然后上下左右来回晃动，使袋中的小银币相互摩擦，这样产生的银粉积攒起来可以得到银片。这些事在桂林、梧州地区都是能实际见到的。

三、铜元和制钱

主要是在广东铸造的 1 仙，它的重量相当于库平 1 钱，其成分中含有 60％的铜、40％的亚铅。除此之外，市场上还有香港的 1 仙铜币、湖北的铜币。1 元银元与铜币的兑换率在当时是 105 个铜币相当于 1 元银元。

制钱在本府流通额较少。比如制钱就不用 1 串为单位。1000 文可以换 100 个铜元。

第二节　金融机构

一、银号

桂林府直到近期为止一直是广西首府，位于桂江的上游。明末时期市场繁荣、商业兴盛，但是经过清朝的三百年，昔日的繁荣已不复存在。桂林的市场与梧州府的相比显得颇为萧条。下面各个县里出产的也主要是少量的农产品，交易额很少。按广西人自己所说，"上府（桂林府）贫困，下府（梧州府）繁荣"。从现存的金融机构来看才能感受到几分昔日的繁荣。

桂林经营金钱的店铺叫钱号，或者叫钱店银号。钱号大约有20多家，集中在城内后库街、十字街、古楼街，东门外东洲附近还有一两家。

以下为主要的19家：

店　名	资本经营	店　名	资本经营
寿　丰	宁波帮	福泰林	湖南帮
顺泰祥	广东帮	广　泉	广西人
坚　记	广东帮	永　益	广西人
西　就	广东帮	福昌荣	广西人
汇　昌	广东帮	昌　泰	广西人
裕　丰	广东帮	恒　福	广西人
广　裕	江西帮	元　丰	广西人
广毛安	江西帮	宝　泉	河南怀庆帮
曾乾昌	江西帮	福　善	本地人（公记）
罗广茂	江西帮		

以上各店铺中宁波帮、江西帮、湖南帮主要是个人资本经营。广西人联合本地以及省内其他县的商人共同出资开设了丰记、协记等店铺。其中福善钱店的资本就是以公记也就是股份制来进行募集的。规定股东必须是本地桂林省城人。福善钱店的资本额为3万元，1股为1元，共计3万股。如后文所述，该店如果要经营除钱币兑换以外的业务的话，例如典当，其共同资本将视为钱店和押当的共同财产。有大额资本金的才能称作钱号，例如寿丰钱号、福昌荣钱号、顺泰祥钱号等，这些店铺的资本大概有20万两。中等资本的有广西人（大概桂林梧州人）开的丰记、协记，这些钱铺的资本金大约三四万到八九万两。资本金六七千两的算非常少的。市场上小铺号数量很少，以钱号居多。

钱号、银号主要经营存款、贷款、金钱兑换、金银块买卖和银钱票的发行等。

关于存款的利息在金融周转缓慢的 2、3、4 月份，每月的利息是 6 分或者 7 分，在年末或者过节期间其利息会上涨大概一成五分左右；其贷款的利息和存款的相同，利润最低时为七分，最高时是两成利息。

各钱号的金银块大多从云南省、湖南省、贵州省以及附近的银山购入，主要卖给本府的十几家金店和银店，此外还向广东省和梧州运送。其销售价格跟货币价格一起起落，1 两金块相当于银 40 两，银 1 两相当于 1 串 400 文。

二、饷押当铺

省城桂林的饷押当铺与其他省的当铺稍微有些不同。这里经营当铺业一般叫作饷押，招牌会写"普通饷押某某号"。饷押有如下 3 家：

店名	资本	地址
广善　湖南帮	4 万两	城内水东门街
福善　本地人	3 万元	城内鼓楼街
豫善　江西帮	3 万两	城内东洲街

桂林除了以上 3 家当铺以外不允许新开当铺，且依照政府的规定分别在不同区域经营。

关于各家的区域，福善号是从东门贯穿西丽，后库街、崇德街以南的区域占整个城区的一半，包括十字街、府背街、依仁街、院前街、皇宫街、水沟街、百岁街、左营街、鼓楼上下街、盐道街、崇善街西门大街、大白菜巷、南门大街、文昌门大街、富义桥街、城外等区域。广善号也同样是从东门贯穿西丽泽门水东门街，后库街以北的区域占整个城区的一半，包括玉辅坪、富珠街、上十字街、正贡门街、学院街、凤凰街、皇城一带、行春门街、伏波门街、人角塘、孔明台街、大寺门、就日门街、北上中下街以及北门外街等区域。豫善号是东门外东洲一带，包括三公祠街、准提庵、花桥脚街、东灵祠街、恩赐楼街、忠靖楼街、水东街、山门口街、前街、泥湾街、下水东等区域。各当铺之间互不越界。广善、豫善两家饷押是属于个人单独经营的当铺。福善饷押是当地人公记即按照股份制创立的，是作为银号钱业的副业来经营的，二者共享资金。资本总额为 3 万元。股份 1 元 1 股，共计 3 万股。

这些饷押的营业规模与别家相比要大得多，因此店里的员工也非常多。

其中员工人数最多的是福善，大小伙计一共雇了二十五六个。这些饷押的伙计各自分工，负责各项业务。那里的业主一般叫老板，大伙计一般叫司事。

饷押的伙计每个月的津贴是 10 两左右，最少也有 3 两半。桂林市的各饷押当铺肯收的当品主要是一些衣服和金银首饰，其次是一些家具、书画、古董。从前繁荣的时候经常会收到一些奢侈品或者是稀奇珍贵的古玩。

当地的这些饷押规定抵押的利息一般为每两每月 2 分。但有时根据物品的种类或者质量也会浮动。

饷押典当的期限是 12 个月，比起湖南新化县 6 个月的典当期限要宽裕很多。典当的物品如果超过了规定的 12 个月，当铺仍会把典当物在店里留 1 个月，给物主一些宽限。

如果超过了这 1 个月，也就是说超过 13 个月还没赎回，典当物就会按照规定变卖给二手衣庄及其他的收购者。票券上写明了当铺对于当物的责任。对于来历不明的当物，当铺没有责任。当品有虫伤鼠咬、糜烂破损等意外要看运气，当铺完全不负责任。当时中国全国很多地方的当铺都有同样的规定。

如果典当品有上述以外的损失的情况，根据责任或是原因要按照如下规定处理：

1. 若是因为其他地方的火灾火势蔓延而受损，当铺概不负责，不会赔偿当物。

2. 若是因为本当铺发生火灾而受损，当铺会按照当物的价格全额赔偿，并且写明是当铺的责任。

3. 若当物遭遇盗窃事件而丢失，当铺按照当物的价格一般会赔偿半额。

桂林府饷押使用的账簿有：进支账簿、票券副本底册以及失票簿。

桂林饷押当铺当票：

善　福　　　　　　　　　　　　　　　　字

押出本银

每月利息两分算以十二月为正

期如过期不赎任从变卖充本

倘有来历不明者与本押无涉

虫伤鼠咬糜烂等情各安天命

认票不认人铺在桂林省城鼓

楼大街开张

日票　光绪叁拾肆年　月

饷押在每天早晨 5 点开业，开始收典当物，于下午 5 点闭店。为了减少疏漏和损失，除此段时间以外不办理业务。经过实地考察，广东省一带由于政治、地理以及其他方面的原因，政府管理上并不充分和到位，盗贼横行，土匪频出，不胜其扰。有很多商店受到侵害。所以不仅仅是饷押当铺，桂林府所有店铺的建筑都很高大，戒备森严。入夜之后关紧内外门，不敢随意进出。特别是门的构造方面，门窗都建得很结实，可以上锁，而且外边还有防护栏。

三、金银商

在桂林经营金银的有福昌荣钱号、义信成、李祥和银号。它们同时也有自己的铸造设备，兼营钱币铸造。此外还有金银楼，当地规模较大的金银楼不下 20 家。金银楼中的主要势力是江西帮，有名的店铺里只有两家是本地人或广东人开的。

金银楼多位于城内后库街，这条街基本是江西帮的势力范围。主要的金银楼有以下 10 家：

店　名	资本经营	地　址
亿　和	江西帮	后库街
罗益和	同　上	同　上
邵聚和	同　上	同　上
罗乐泰	同　上	同　上
杨泰华	同　上	同　上
杨义和	同　上	同　上
均和（金店）	本地人	下十字街
杨万和	江西帮	老提塘街
邵志和	同　上	水东门街
宝泉（钱号）	河南帮	下十字街

其他的基本规模都非常小，或者是当地钱号兼营此项业务。

上面列出的均和金店是本地人经营的最大规模的金银加工店。资金大概有一万五千两。宝泉钱店是钱号里以经营金银加工为副业的最大规模的店。

江西帮的店规模都很大。位于中后街就有 6 家有名的银楼。其资本金有一二万两之多。金银楼同业者之间有行会组织。江西帮的银楼组成了同行行会并且制定了一些方针，形成协作互助的关系，目的在于平衡帮派各家的利益。若是违反了规定，会在帮派内召开会议，严重的话还会在江西会馆的会议上提出，由官方表决处理。

关于银楼或者是金店雇佣的职工也就是伙计、徒弟的数量，在上述大银楼、金店中大概有十四五人到十七八人。在最小的店里也有两三人。除了老板和大伙计这一两个人之外，其他店里的伙计、徒弟会有自己的手艺，从事各种饰品的加工。这些伙计每个月的收入不是固定的，有数年经验、手艺高超的伙计会得到更多的工资，工资最高的每月十三四元，一般的伙计每月能拿六七元。

这些银楼主要加工的种类有银戒指、金银手镯以及金银项链。这些金银的原料主要是靠从桂林府各个钱号、银号进货。其中金银块产自云南省、贵州省、湖南省和附近矿山。用于饰品加工的金银一般是 10 两中有银 9 两 8 钱、铜 2 钱的合金。它的手工钱，也就是加工费，是依据首饰的精致程度来定的。例如均和金店中最精巧的银戒指，它的重量是 2 钱 8 分，手工钱 2 钱 5 分，还要再加水 5 分，总计 5 钱 8 分。按照当时的兑换率可以换成 5 毫 5 仙。

第六章　柳州府的货币和金融机构

第一节　货币

一、货币的种类

柳州在二三十年前商业都不是很繁荣，随着广东商人的不断涌进，柳州建立的商业机构比较多，随着交通方式的增多，与广州之间有着密切的往来。

货币的种类有银块、大元、小银币和铜钱。流通的货币中见不到纸币。

在柳州既没有铸造设备也不进行银两重铸和钱币铸造。流通的主要是其他地区流入的货币。例如：广东省的九九银、桂林的九八二银、贵州省的九八银等。所以柳州的秤称为柳秤，是九八六平。柳州人在外地做生意时，要根据各地与柳州秤之间的差额进行加水等换算。比如柳州的一两银块的重量是九八，用贵州的银块兑换成柳州银币的时候要添上千分之六的加水。

银币的种类有墨西哥的 1 元鹰洋、中国香港的 1 毫和 5 仙以及广东的 2 毫、1 毫。交易金额如果过大可以将付款的单位换成两，根据当时的价格换算后用银币支付。所以在银币中用得最多的是小面额外国银元中的 2 毫、1 毫。

铜钱有 1 钱铜币和 1 厘钱。其中 1 钱铜币用得更多。

二、货币之间的关系

由于银币的流通，银块使用并不多。主要使用的交易单位是银两，其换算率是 1 两银两换银币 15 毫左右，其价格随时会浮动。

大元基本上不能流通，兑换时 10 毫相当于 1 元。所以 2 毫小银币是市场上流通最多的货币，其次是 1 毫。13 个 1 铜元相当于 1 毫，9 个制钱等于 1 铜元。

第二节　金融机构

柳州商业繁荣的同时，其金融机构也很多。广东资本家这边开设的分行或代理银行一般资金非常雄厚。经营杂货铺、银号、木材的店铺的资金都非常多，其利息也比较高。从银行办理信用贷款，1 个月的利息为每百两 2 分。柳州的木材交易最为繁荣，贩卖木材的时期也就成为追债最多的时候，期间利息也最高。一般从广东来的货物是通过汽船运送，其交易比较灵活。

这里的金融机构有银号、当铺及小本经营的兑换铺子。

柳州的金融机构中排名靠前的都是广东人经营的，有如下5家：

字 号	出资人	经理	资本
忠 安	陈敬堂	麦星朝	10万两
怡 荣	梁伯怀	梁伴南	10万两
卫 和	罗星桥	藩盛堂	10万两
惠 昌	梁坤林	藩越朝	5万两
均 栈	梁仲堂	梁浩川	10万两

其出资人很少在此地，基本都在广东，托付给兄弟或亲戚来管理。其客户主要在广东省及广西省，例如梧州、桂林、南宁、广州、佛山、三水拱、北长安、汕头、厦门等。这些地区开设分行或代理银行，进行汇兑业务。其汇兑手续费根据收款地的远近及两地的交通情况会有所变动。

从柳州汇往桂林每百元要收2元的手续费，从柳州汇往广州每百元要付3元的手续费。其他汇款也参照此价格。

从本地汇往的地区如果没有代理银行，则必须购买山西票庄发行的汇票，使用此汇票则各个银号都可办理代理业务，可直接出售给有需要者。

存款分为定期存款和活期存款。定期存款比活期存款的利息更高。定期存款会向客户发放账簿，账簿上会记录客户的每一笔存款或者取款。定期的利息是1毫半。

定期存款要求存款的时间是半年以上，活期存款要求存1个月以上。如定期存款不满3个月或活期存款不满1个月就取出，存款是没有利息的。

贷款主要根据抵押的实物进行贷款，抵押物一般为不动产。每贷款100元，月利息是3毫，当铺的1年贷款额平均为15万左右。

本地当铺共有4家，城内2家，对河2家，下面是当铺的信息。

字 号	出资人	经理	资本
聊安押	秦会陈	秦元英	4万两
善昌押	李利昌	同左	4万两
福隆押	林知元	同左	3.5万两
安荣押	朱瑞正	同左	3.5万两

四家当铺均有执照。他们的建筑风格和广东的一样，均以青砖砌高墙来防盗贼。四家当铺都是广东人开的。营业时间是上午6点到下午4点。贷款每两的月息是3分，12个月为期限，在期限内将利息付清。如果典当品到期限没有被赎出将会成为绝当品。11月和12月是平民百姓资金最困难的时期，于是政府规定将这期间的利息降为2分，这叫作贫民救助法。

当票会记录客户典当物品的时间、物品名称、价格以及利息。当票中对典当物品的遗失等情况做出规定。如果典当物被烧毁，当铺会将典当物品价值的一半作为补偿给客户。如遭虫咬等损害则各安天命，不用赔偿。

　　钱币兑换店一般资本金很少，有 200 两到 500 两即可，仅靠从事钱币兑换业务收取少量的手续费赚钱。

第七章　浔州府的货币和金融机构

第一节　货币

浔州面积小，人口稀少，因此生意规模也小。走到街上也看不到可以称之为商业区的地方，称其为针对乡下的一个商品销售点更为妥当。由于店面小、生意少，经营流水也极少，使用的货币也都是小面额的银币，特别是像大元这样的纸币几乎见不到。其货币使用情况与邻近的梧州港存在相似之处。

一、通用货币种类

浔州府城内流通的通用货币种类如下：

（一）本位币

1. 广东省政府发行的成元、双毫、单毛、铜仙。

2. 墨西哥鹰洋、明治洋，香港 10 仙、5 仙及铜仙。

除上述之外，制钱流通情况与梧州相同。

（二）纸币

广东政府发行的以元为单位的纸币以及汇丰银行发行的以元为单位的纸币。

（三）银两

当地基本不用纹银来当支付手段，仅在金银首饰楼买卖金原料时使用。使用最多的是 10 两的银锭。

二、各种货币行情

与梧州情况基本一致，为避免重复，故而我们来看其最有特点的部分。

明治洋有时兑换成 10 毫，有时兑换成 9 毫半或 9 毫，有时不同店铺的兑换价格有很大差距。鹰洋、成元也如此。与梧州不同的是大元的价格一般比较便宜。这是由于当地生意规模小，与各大市场的交易也相对较小，大元使用时并不方便，因而流通量极少。

三、货币流通额

当地买卖的规模小，几乎是针对乡下的一个商品销售点，使用的货币也几乎都是小银币，其中最多的是双毫，其次是香港 10 仙、5 仙，鹰洋、成元、明治洋之类的大元流通量极少。

虽然明治洋主要用于当地主要作物即大米的买卖，但买卖茶叶等其他物品时却不用明治洋而是用鹰洋。虽然鹰洋、成元这两种大元比明治洋流通量大，但是如前面所提到的一样，其使用范围比较小。

当地人并非不使用单毫子，但其流通量非常小，商人们也不喜欢收。尤其是纸币，几乎没有人用，原因就在于商业规模太小。在纸币的流通量方面，汇丰银行的纸币流通量较多，广东省纸币较少，而广西省以两为单位的银票几乎不通用。

当地也使用铜元，但与梧州的不同之处在于香港铜仙也可流通。但香港铜仙只不过是混杂在各省发行的铜仙之中使用而已。

关于制钱，如同在梧州的章节里叙述的那样，由于生意规模小，零售时用制钱就多。因此像浔州府这样商业区规模小的地区，尤其用制钱较多。

第二节　金融机构

浔州府浔江支流与左江交汇处有一个三角洲，号称那一个地方就有 7 万人口。但也有人说那里实际上连这一半都到不了。产业也不发达，农业除了大米和桂油之外也没有值得一提的。商业几乎只有普通消费，只能算是针对乡下的一个商品销售点。虽然杂货铺、绸缎铺、旧衣铺、米店等店铺的数量稍微多一点，但是规模也不大。市场萧条，没有活力，工业也没有数得上的。当地产大米，这是重要且唯一的特产。只有在大米的收获期，资金状况才会发生一丝波动。城内外的各米铺销售的本地大米仅是为了卖给本地人。大米的输出也仅仅在浔江干流和左江的交汇处的江口，经平码行之手出售给广东省等地的商人。在农作物的收获期和播种期资金状况会有所不同，收获期资金状况比较缓和，而播种期资金则比较紧张。

当地收获期是一年两次，而且收获期并不固定。在我进行调查的时候，有的作物第二轮的播种都结束了，但是有的却还在收割第一轮，有的甚至还没开始收割。不同种类作物的收割期和种植期也不相同，所以不能一概而论。但一般第一次播种是在 3 月上旬，6 月收获；第二次播种在 6 月下旬，10 月收获。因此 6、7 份以及10 月份的资金状况比较缓和。然而，在记述梧州的章节中也有记载，6 月是支付期，农家的资金状况可以出现缓和，但商家特别是米店由于支付期的到来，资金状况更加紧张。到了一年结算期的腊月，资金也会紧张。

综上所述，当地人口稀少、生意不兴隆，唯一丰富的物产——大米多在江口地方进行买卖，当地人民多是贫困人口，收入微薄。当地土匪盛行，因为有被抢劫的隐患，所以人们也无法安心存钱。因此没人愿意将钱存入银号，所以当地既没有票庄也没有银号，也没有数得上的资产家。唯一的金融机构就是饷押当铺，利息是 3分。官府体谅贫民的苦处，在 12 月份将利息规定至 2 分 5 厘，这点与梧州相同。

金融机构里面值得一提的只有 3 个饷押，没有更多了。除此之外虽然还有银钱兑换店，但与梧州的没有什么区别，因此我们来看饷押的情况。

饷押有 3 家，其字号如下：信昌、元亭、悦来。

这些当铺的资本金都约为 1 万两，为三四人合股。

要说当铺有特色的地方，那就是即使没有抵押物也可以贷到钱。换言之，放贷是副业。没有信用的人不予放贷。其利息免不了会有所变化，一般的月息是每两 2 分左右。当地没有票庄、银行。由于没有放贷的，所以饷押满足了这项市场需求。

当地有很多银楼。像五甲街这里就有 12 个首饰楼，比较集中。

它们的经营状况与梧州的情况是一样的。要注意的是，在当地兼营银钱兑换的银楼非常少，有的话规模也非常小，其运营资本非常少。

第八章　百色厅的货币

第一节　货币的种类

从南宁起到右江上流的隆安、恩隆、奉议、百色地区一带广东人非常多。这是由于南宁、梧州、广东地区在生意上都有往来的缘故。然而与龙州地区流通法国货币一样，百色与贵州省、云南省自古以来往来频繁，尤其是与云南省的贸易非常兴盛。在流通的货币方面，百色与南宁、龙州有些许不同。与在龙州使用法国货币不同的是，当地通用的货币为云南省铸造的银币。有 1 元银币和半元银币。但是在市场上一般使用最多的是广东 2 毫，香港 10 仙和 5 仙银币居其次。在一些稍大些的商店里可以兑换法国银元，但这种情况非常少。

墨西哥鹰洋也必须是质量良好、没有磨损的，否则无法兑换。

在纸币方面，广西两银票的流通与其他地方无异，相当于 13 毫 80 文钱。至于汇丰银行纸币，也有商人接受它的兑换。只有法国纸币无法流通，这是因为法国的势力还没有影响到百色地区的缘故吧。

1 枚铜钱无法使用。制钱和小银币都用于市场上的小额交易，而且其种类最多。像市钱这种私铸的制钱也非常多。

第二节　货币之间的关系

在西江流域的右江夏季涨水期间，南宁至百色之间的蒸汽小火车是无法通行的。南宁到百色之间利用车船和民用船等进行的交易非常兴盛。因此货币的流通情况也与南宁无太大差别。

法国银元 1 元在龙州相当于 11 毫半，在百色相当于 10 毫半到 11 毫。由此可知法国银元在百色的价值。

云南省铸造的 1 元和半元的银两种货币在市场上流通量很大，仅次于广东 2 毫和香港 10 仙、5 仙。但还无法与小银币直接兑换。

关于百色的货币需要注意的是小银币和制钱的兑换情况。这是由于当地除了官铸的制钱外，在市场上流通更多的是私铸的制钱。当地的兑换店将制钱分为 5 种。最上等的是小银币 1 毫可兑换 96 文，其次就是 1 毫能兑 100 文、110 文、115 文和120 文的，依次等级越来越低。

第九章　贵县的货币和金融机构

第一节　货币

贵县位于梧州和南宁两港之间，是比较繁华的商业地带，辐射附近的浔州、横州、郁林等地，是地位非常重要的港口，并且往来梧州、南宁之间的汽船在这里设有中转港口，还有专门往返贵县与梧州间的汽船。由此可见两地间的交通以及商业交往的情况。再看本地的货币情况，不仅是银票不流通，连铜元也都不流通，只能见到鹰洋、成元这样的大元在流通。

一、货币的种类

在本港流通的全部是本位币，完全见不到纸币的影子。

货币中大元有墨西哥鹰洋，小银币有香港 20 仙、10 仙、5 仙。

广东政府发行的有大元、双毫。

除上述货币之外，还可以使用制钱。但仅限于大制钱。

二、各种货币的换算

1 元鹰洋＝10 毫子＝0.72 两

1 元大元＝10 毫子＝0.72 两

1 毫子＝100－110 铜钱

1 两足金＝44 两纯银

用于称量银两或者大元的是司码平。

三、各种货币的流通额

与梧州和浔州等这些地方相似，本地区使用最多的货币是毫子，尤其是双毫的比例最大，其次是 10 仙、5 仙。

流通中的香港 20 仙银子的数额非常少，也就是混在广东的双毫中使用的程度而已。

正如之前所述，鹰洋之外的大元并不通用。但是鹰洋并不是所有店铺都能用的，只在洋广杂货铺之类的大铺子可以使用。

制钱的流通数额巨大，一般市民买东西时都会使用。本地又不使用铜元，因此可以说使用制钱是必然的结果。上文也提到了制钱，只有大制钱可以用，小制钱无法流通。

第二节　金融机构

一、银号

本地区位于南宁和梧州间，作为一个商业港口，总人口有 2 万多。农、工、商业也都生机勃勃。从此地运走大米、油、糖、豆子等货物，大宗运进布匹、棉线、石油等物品。除此之外矿业方面本地区以出产银铅、白铅、砒石等闻名。此地还是往来梧州与南宁间汽船的中转港口，在本港口与梧州之间往来以及交通运输中的民船在本地区的商业活动中发挥了很大作用。

关于支付期，本地区除了可以随时支付之外，分成四个季度，各个季度末进行结算。因此到了支付期多少还是有些资金紧张，尤其是 6 月、12 月和广东地区的支付期重合，尤其会显得资金紧张。6 月亦是大米的收获期，农家的资金会稍有缓和，但做买卖的商家这时会更显得资金紧张。10 月也产米，但是已经度过了 9 月的支付期，所以一般来说资金紧张的状况会显得缓和一些。

银号的利息在资金缓和期是 1 分半，在资金紧张的时期是 1 分 8 厘到 3 分。本地也实行在腊月减少 5 厘利息的政策。

本地区的人们几乎没有存款。借款的时候双方要讲清利息算法，也需要提供担保。

本地的金融机构有银号、饷押，街上也有银钱兑换店。这跟梧州是一样的。经营银号的都是大商人，另外有其他的经营项目，兼营银行业务。

本地区没有专门经营银号业的，都是在做其他业务的同时兼营此项业务。银行业务包括汇兑、贷款、银钱买卖等。没有存款这项业务。其中有名的兼营者的字号如下：

兴昌（洋烟商）　　怡和（苏杭布匹商）　　永吉昌（苏杭布匹商）
慎兴（苏杭布匹商）　　永兴利（苏杭布匹商）　　启昌（杂货商）

这些商人可以从事汇兑业务，因为本地的商人大都是广东人，并且和省城、香港以及广西各地的商人关系稳固，信用度高，有利于开展此项业务。

贷款的利息在 1 分半和 2 分之间浮动。

二、饷押

饷押的营业状况跟梧州几乎是一样的，因此这里只记述其字号和资金。如下所示当地有 4 家饷押：

致祥　福和　怡生　隆生
资本金大概是一二万两。

三、银钱买卖业

不是所有经营银钱买卖的都是专营此项业务的。很多商家都是有其主业，顺便经营银钱买卖的。多数都是杂货铺兼营该业务，其中有名的字号列举如下：

新昌（杂货商）　　祐昌（杂货商）　　启昌（杂货商）

元昌（杂货商）　　华昌（杂货商）

银钱买卖中的兑换价格在有关货币一节有所叙述。

四、银钱兑换店和银楼

这些店铺的营业状况跟梧州几乎都是一样的，没有必要单独叙述，但是银楼的数量比浔州要少。

第十章 郁林州的货币和金融机构

第一节 货币

本地流通的小银币有双毫、香港 10 仙、香港 5 仙，大元只有鹰洋。

广东大元、日本银元、铜元和纸币不是通用的，像鹰洋虽说可以通用，但实际小铺子会拒收，只有在大铺子才能用。大铺子和其他港口之间有贸易来往，所以可以接收价值比较高的鹰洋。收取的手续费跟风险相比，利益更大，所以店里很愿意收鹰洋。

兑换率与贵县差别不大。

各个小铺子的货币量有差别。大铺子的话大多使用鹰洋、毫子，小铺子使用最多的是制钱，其次是毫子。

第二节 金融机构

本地区位于廉江上流，经博白，船运非常便利。百货的运输多经由此地。最重要的作物是大米，所以到了出货期，农家的资金就会缓和一些，商人会呈现资金稍显紧张的状态。各个支付期多多少少会有一些吃紧，12 月清算的时候是资金最紧张的。

利息在 1 分 5 厘至 2 分 5 厘之间浮动，饷押的话是 3 分，腊月的话会优惠 5 厘。

本地区的人们把经营银行业务的店叫饷押。除此之外金融机构就只有银钱兑换店了。本地没有称之为银号的机构，但是有兼营汇兑、银钱买卖、贷款业务的机构。

饷押有 5 家，其中有名的 3 家如下：

西成 均益 均济

其经营的业务和其他地区基本相同，资本金最多的要数西成，有数十万两。其他的都是一二万两或者三四万两。存期满一年的话其利息是每月两三分，腊月里出于对贫民的体谅，按照官府的规定利息减少 5 厘。

主营洋货铺的同时兼营汇兑、银钱买卖、贷款的情况，只有华盛店一家。

银楼的话，以连茂号最为有名，并且兼营银钱买卖。跟梧州地区一样，其规模不小，资金雄厚，能够进行大额的兑换业务。

市里有很多银钱兑换店，经营小规模的银钱兑换业务。该业务主要是银币和铜钱之间的兑换。

第十一章　长安的货币和金融机构

第一节　货币

本地区通用的货币为墨西哥 1 元鹰洋、广东的 2 毫、中国香港的 1 毫以及制钱。1 元鹰洋等于 10 毫，相当于 1 吊文。1 毫如果只用大制钱换的话，可以兑换 100 个。如果用小制钱来换的话，可以兑换 120 文。

大额交易一般以两为单位，使用九九四平。本地区的银块多来自贵州。

第二节　金融机构

此地的金融机构有银号和当铺。现将银号列举如下：

字　号	经理	资本
均　隆	谭	10 万两
卫　和	李	7 万两
汇　昌	何	9 万两
协　昌	果	6 万两
忠　安	陈	7 万两

这些银号的交易地区包括广州、梧州、佛山、柳州、桂林等地，其中以广州和柳州最多。

这在很大程度上是由于本地区跟广州、柳州商业往来很多的缘故。汇往各个地方的手续费列举如下：

到广州　3 分 5 厘　（1 两的价格）

到桂林　2 分　　　（同上）

到柳州　2 分　　　（同上）

到梧州　2 分 5 厘　（同上）

到佛山　3 分 5 厘　（同上）

并且各个银号除了汇兑业务，也经营贷款、存款业务。

除了汇昌，其他机构的出资人大多是广东人托付给亲戚朋友来经营。汇昌是当地人合资办的，出资人是两个人，一个人出资 5 万两，一个人出资 4 万两。

本地区当铺有共泰和生泰。其资本在 1 万两左右，都是由湖南人创办的。1 两每月 3 分利息，15 个月为期限。其他业务上的政府规定与柳州相同。

第十二章 昭平县的货币和金融机构

昭平县城里有一些值得关注的商业机构。例如下列 5 家银号：

名称	组织方式
信 丰	个人经营
慎 和	同上
广泰和	合资
广同丰	同上
锦 丰	个人经营

这些银号都开在繁华街道，经营兑换、贷款、存款这些业务。资本金从三四万到 10 万。营业范围不能说非常大。钱币兑换以及其他的现金汇款业务都收取一定的手续费。电汇一百元收取三四元的汇费。

用九九七司码平来称量银子。

货币有小银币、铜元、纸币，其中流通最普遍的是纸币。纸币是广西银行发行的，有 5 毫、1 元、2 元、5 元面值。鹰洋和银元使用时不用区分。小银币是广东省制造的双毫和香港政厅制造的单毫、半毫。其中流通最广泛的是铜元和制钱。

第十三章　阳朔县的货币

本地区没有银号票庄。广西银行发行的货币有 5 元、1 元、5 毫，还有双毫、单毫、半毫的小银币，以及铜元和制钱。

本地区称量使用的是九九九司码平，被称作朔平。去往桂林途中的各个地区的店里都可以用。

本地区没有叫兑换机构的地方，而是在邮局等代理点进行兑换。现金汇款可以委托方便的商店办理。

第十四章　马江的货币

马江的居民仅有四五十家。其中多以农业为生。没有什么商业。那里的人生活水平很低，连鹰洋、银元也流通不了。偶尔使用单毫、双毫、半毫这种小银币。更多的时候人们仅使用铜元和制钱。

第十五章　兴平的货币

　　本地区是一个很小的镇，但店铺和房屋的密集程度都不低于阳朔，一看就是商业区。没有银号、票庄，信用度较高的商家经营着钱币兑换业。汇到广东和湖南的钱，100两会收取2两的兑换手续费。

　　银平使用足朔平。货币的种类有广西银行的10元、5元、1元、5毫、1毫纸币以及银元、鹰洋、其他小银币、铜元、制钱。

第十六章　横州和永淳县的货币

本地区与贵县有很多相似的地方，要说不同之处就是这里不流通香港的 20 仙，另外大商铺主要使用的是汇丰、广东发行的纸币（主要是 10 元的）。

此外，货币兑换率、货币流通量等方面也是极为相似的，在这里就不赘述了。在永淳流通的货币情况也是一样的。不同的是此地法国大元可以流通。

图：东兰全景（略）。

第 3 卷

云南省的货币、金融机构和度量衡

第一章　概述

由于对中国的土地测量工作进行得还不完善，因此无法了解云南省的准确面积，但根据国外的调查得知，云南省地域辽阔，面积 19.6 万多平方公里。仅次于甘肃省和四川省，是中国内地第三大省。与青藏高原相连，海拔从六七百米到六千多米高，地势落差大，大江大河贯通南北，水流湍急，多激流险滩。全省大部分地区山峰耸立，北部和东部地区只能依靠马背运送货物，完全依靠人力进行联络。

云南省虽然面积广阔，但是耕地不足，虽与贵州省和广西省相比，耕种条件稍好，但从全省来看，大约十分之七都是不适宜耕种的不毛之地。可以说，云南省并非一个适合发展农业的省份。在水运方面，只有红河条件较好，与越南海防相连，其他河流因为水流湍急，不适合行船，也不适合农业灌溉。全省只有西部和南部地区有一些比较肥沃的土地，平原只分布在东川、昭通、蒙自、阿迷州的一小部分区域。而且，除省会昆明外，其他地区的气候条件也不利于耕作，尤其是禁止种植罂粟之后，除南部种茶外，其他地区仅种植一些廉价的农作物，如玉米、豆类、荞麦等。在一些高海拔地区，也仅能种植玉米，大米的种植量还不到三分之一，而且质量不佳，一半为红米。很多地区不适合种植大米，同时也不产蔬菜，以玉米为主食，因此即使在县城，卖米的地方也很少，只能在旅店买到。

由于以上情况的存在，当地农民的生活极为艰难，恐怕将来很长时间都不能过上好的生活。政府在禁止种植罂粟之后，也想了很多对策，在省会昆明开设了农业学校，从日本聘请了教学专家，培养农业教师，在各县城也开设了农业学校，以促进发展农业，但客观条件有限，举步维艰。

在制造业方面，古时比较有名的有永昌的五色锦、铢纹布，东川的苗锦，临安的通海绸缎，楚雄的梭织布等，但是现在只留其名，不见实物传承。现在蚕丝制造较为广泛，到处开办讲习所，但是发展还很不充分。

云南省没有较大规模的工业制造，除生产茶叶和火腿并销售到其他省份之外，也生产少量的土布。

如上所述，云南省的农业、工业都不发达，但是矿产丰富，自古以来其他省无以能比。目前很多矿产资源还未开发，只有个旧的锡矿和东川的铜矿在开发中，以及北部的一些煤矿资源，但是由于交通不便，很多矿产资源还埋藏在地下，运输完全依靠马背或人力，运费极高，无可奈何。

此外，从贸易方面来看，除了茶叶和火腿之外，没有其他出口的物品，虽然滇越铁路开通，但是运费高，进出口还要交税，因此贸易也不发达，人民生活贫苦，风土人情的变迁较慢，购买力低。

本省的经济落后，还没脱离原始状态，商业也不活跃，就连省会昆明的商业也不兴隆，交通不便，商业不振。

金融方面也受到物产缺乏、交通不便的影响，作为云南省金融中心机构的富滇银行，在各个县城都开设了分行，但是业务范围小，与越南以及外省的交易主要通过法国邮政局或者商人进行。此外，还有中国银行，财务实力不及前者，主要进行官方货币业务。

云南省的金融机构从表面上看属于新式银行，但并非名副其实，业务范围小，仅仅因为发行的银票较有保障，在省内广泛发行，有一些收益，但是政府的监管不严，目前银票泛滥，在兑换上也有一些不正当交易，因此，云南省内的金融业界日渐混乱，票庄、钱庄等很多都终止了营业，当铺之类的民间金融机构，除省会之外，其他地区很少开设，付款时主要还是使用货币。

总之，云南省本地的金融滞后，经济发展缓慢，产业不活跃。

第二章　云南省城的货币和金融机构

第一节　概述

云南府是原云贵总督的驻扎地,又名昆明,位于云南省中西部,滇池东北岸,海拔 1900 多米,除北部稍有起伏之外,地势大体比较平坦,城内密布各种商店,街道呈井字形,干净整洁的程度在整个中国屈指可数。南门外有很多的客栈和餐馆,设有滇越铁路的停车场,还有诸多外国商店、外国宾馆等设施。地处滇越铁路的终点,两日可达越南的东京地区,气候温暖,无酷暑,夏天作为避暑胜地,繁华至极。

城内人口 71600 余人,城外人口 23600 余人,合计 95200 余人。其中,一大半都是从四川省、湖南省移居而来,省会的商业从业人员大多是这些外来人口,四川人、湖南人在省会的势力很强。省城地处四川省到云南省、云南省到贵州省的交通要塞,是云南火腿的集散地,地理位置优越,是云南省政治、经济、交通运输的中心,有日本人 20 余名,大多从事教育事业,或在工厂当技师,在云南省外国人人数中占第一位,在政府和居民中拥有较高的威望。

昆明交通不便,产业不发达,供需薄弱,不富裕,但毕竟是省会城市,在全省看来是商业最旺盛的地方,但是辐射范围不广,与下关、大理、迤西、北部的东川以北的地区经济往来较少,尤其是滇越铁路开通后,物资都集中在蒙自地区。

从市场状况看来,省城最为繁华的地方在三牌坊区域,人员往来频繁,商贾密布,分布有较多的小型店铺,缺少大型商店及批发店,都是一些小商、小贩,由此可见省城的经济状况只能说是一般,而且缺乏与其他省份的交流,处于封闭、独立状态,可以说历来只作为云南省的政治中心而存在。

云南省自古有崇尚政治、不喜商业的传统思想,商业大权掌握在四川人、湖南人的手中,教育制度近年来逐渐完备,有一些高级学堂,但只是表面功夫,并无多少实质内涵。不但省会,本省各个城市的自然环境都比较好,山清水秀,街道整洁。省会为了培养警察还开设了巡警学堂,聘请两名日本人当教师,致力于制度的改革,效果较为显著,专门限定了特定区域开设特定机构,在中国国内尚属罕见。

当地的商贩不太活跃,每天上午早的话 10 点,晚的话直到 11 点才开门营业,而且多数到下午 4 点就闭店歇业。滇越铁路开通之后,货物经由蒙自运送到省城,给当地带来了一些活跃的气息。

第二节 货币

一、银票

省会的银票以富滇银票为主，但法国东方汇理银行的银票信用最高，价格方面也是每百元高出1元，昆明和越南东京的货币兑换也是通过这种银票进行。

除此之外，还有一些中国银行的银票在市面流通，价格与富滇银票一样，作为银元1元使用，价格上无增减。

二、银元

当地的银元主要是本省银元，以7钱2分的价格流通，此外，还有法兰西元、湖北元、四川元等，其中最受人们欢迎的是法兰西元，每百元有2角的差，1元补充2仙的申水。湖北元每元有1钱的差额，四川元是最不受欢迎的，因为曾经出过伪造货币的事件。

四川元在省城以外的北部，即以昭通府为中心与四川毗邻的地区使用较广，四川省的各种货币也在这些区域流通。

据称，四川元在云南全省的流通额达200万元。

三、小银币

本省小银币居多，面额有5角、2角、1角，也有一些湖北省及四川省小银币流通，但四川省的2角银币因近年来假币频频出现，已经不再使用。

迤西地区及大理、腾越地区，还使用印度的卢比，还有相当于云南银币1角、2角面额的缅甸银币，信用度很高。

四、铜币

云南制造的1钱、2钱铜币主要在省城使用，在蒙自、河口地区也广泛使用，但是其他地区并不使用。内地主要使用制钱，邻近的四川地区使用四川铜币。

五、制钱

制钱在全省都流通，钱币的换算方法在昆明以满钱为标准。制钱质量较好，但河口、蒙自一代以铜币代替。

六、银两

云南省城广泛使用的银两是云南锭，又名扁锭，一个重5两左右，成色一般为九十八，形状像拖鞋一样呈扁平状，表面有凹槽。还有四川银锭，一个重8两左右，主要在云南北部使用，此外还有大理府一带流通的银锭，一个重1两左右，呈馒头形状。

有11家银炉铸造银两，如福盛号、庆盛号、天元号等，在云南西部的大理、腾越地区银两的使用更为广泛。

七、云南两

云南省的货币大多以银元为单位计算，不怎么使用银两计算。但是在省会也有市平或者滇平的叫法，来计算银的重量，算法如下：

库平 100 两＝市平 103.6

省会的银元库平 7 钱 2 分，成色为九十，因此，将成色九十八的市平 100 两换算成银元的话，如下所示：

100×（100÷103.6）＝96.525 库平两

（96.525÷0.72）×（98÷90）＝145.97

但实际上按照 1 两等于 1.4 的比例计算，而且库平足银和市平九八成色的银按照以下比例换算：

100×（100÷103.6）×（98÷100）＝94.59

即市平两 100＝库平两 94.59

库平两 100＝市平两 105.7

八、汇票

当地没什么完全称得上汇票的东西，交易都是按照旧办法，如今虽有稍微完善一些的如银行发行的汇票，但也是按照旧办法进行，而且当地目前没有票庄的业务，因此不流通期票性质的庄票。尤其云南的商业交易规模较小，大的批发店数量较少，使用汇票的情形比较稀少。

在当地的棉花商和盐商等商人中，也使用一种类似于期票的汇票，但流通范围有限，总之，关于省会昆明的汇票使用情况，并没有什么特别值得一提之处。

第三节　金融机构

云南省物资匮乏，省会昆明和其他地区商埠的交流较少，经济处于封闭、独立状态，对银行、钱庄等金融机构的需求不大，因此金融机构发展缓慢，和其他省份的大商埠无法比较，尤其是禁止出口鸦片之后，已经处于贸易赤字的状态，尤其是和四川省的贸易关系完全中断，货币兑换业务停止，钱庄没有业务而停业，经营现金存款和贷款业务的机构也转为别的业务，像百川通这样当地最大的票庄也开始把卖药作为副业经营。当地有中国银行、富滇银行等新型的金融机构发行银票，富滇银行由实业司和财政司合办，据称有较稳定的财政基础，这里发行的银票和银元按一样的价格流通，范围普及到云南全省，在各地设有分店，地位稳固，业务范围广泛，在云南省处于经济界的中心地位。中国银行近年来改革之后，与富滇银行一起占据了云南省的金融界。

一、富滇银行

富滇银行于民国元年（1912）设立，是云南省最早的新式银行，是当地政府为了实现本地的产业振兴、发挥调节金融的作用而设立。

如河口一章所述，富滇银行由云南省财政司和实业司一起创办，共同负责，资本金由上述两司出资，如果出现资本不足的情况，由铁路公司以一年 6 分的利息向其借款，有上述规定。现在根据该公司的章程，做以下大致说明。

本银行的设立是为了巩固财政基础，振兴事业，激励国民储蓄，为人民谋利益。组织上由财政司和实业司共同负责，资本额为 200 万元，由以上两司共同出资，资金不足时由铁路公司以年利息 6 分的条件向其借款。

本行专门经营贷款、存款、货币兑换等业务，抵押贷款时不能用动物，只能用贵金属，或以土地、家产等不动产抵押，同时还需要有担保人。

贷款不超过 1 万元，6 个月期满，到期必须还款。

贷款利息依据市场的金融状态而定，最高不超过月利息 1 分，最低不少于 6 厘。然而这仅是文字规定，实际操作中经常会超出这个最高和最低的范围，根据贷款人的信用程度和金融状况而波动。

存款分为定期存款和活期存款，定期存款需半年以上，利息 4 分，一年以上年利息 5 分。

活期存款随时可以存钱，但存钱不满一个月无法享受利息，最低要存 5 元以上，给存款人发放存折，文字上规定年利息 3 分，但事实并非严格按此执行，只是显示了最低利息，一般根据存款数额多少、存款性质等情况，与存款人随时商谈确定。

货币兑换一般只在分店所在地区之间进行，不跨省交易，设有分店的地区有河口、蒙自、个旧、思茅、昭通、东川、腾越、下关等，兑换费用统一规定，每百元收取 5 角的手续费，省内流通的货币几乎都是云南元，没有补水，以元为标准进行，因此也没有货币兑换的行情波动。

本行还发行银票，在各地发行 1 元、5 元、10 元、50 元、100 元面额的银票，发行数额第一年 300 万元，第二年、第三年各 500 万元，准备金大约为发行数额的四分之一，由实业司和财政司共同负责，有一定保障，但是也出现一些问题，准备金数额和实际发行数额比例不一致，有滥发迹象，成为云南金融界的一大问题，但是由于价格跟银元一样，是 7 钱 2 分，在交易上没有损失，非常方便，因此在省内各地广泛流通。

所得利益的两成用来作为预期收益，其中 4 分作为储蓄，2 分作为银行职员的奖金，14 分作为付给财政、实业两司的费用。

决算时间一年一次，决算结果需要报告给都督府、军政部以及财政、实业两司。

该银行的流通资金和营业资金属于机密，无法得知，但是根据银行职员和每年的经费可以推算出来供参考。

银行职员有 25 人，每月工资 455 元，一年就是 5160 元，一年的杂费是 450 元，组织比较完备，营业方针比较实际，业务范围狭小，主要经营官方货币业务，营业状况一般。

二、中国银行

随着 1908 年《大清银行则例》的颁布，云南省将其改名为中国银行，主要经营贷款、存款、货币兑换等业务。此外，也发行纸币，铸造货币，办理国库事务和官方货币事宜，发行国债，有时金融市场状况不好时，融通资金，稳定市场。大清银行属于半公半民的股份有限公司，资本金 1000 万元，总部在北京，在中国的各个主要城市都设有分店，以实现中国的经济和金融统一，以及货币的统一。

辛亥革命之后，由中华民国临时大总统暂时实现统一，但是之前的清朝政府财政匮乏，大清银行在政府和百姓间出现了很大的纠纷事件，中华民国临时政府设立了中国银行作为国立银行，取代了大清银行。

中国银行于 1912 年开业，延续大清银行的事业，也潜藏着很多问题，发展并非易事，在云南和富滇银行一起，在很小范围内发展金融事业。

三、票庄

当地比较有影响的票庄主要是百川通、同庆丰、兴义和及兴顺和等，这些票庄在中国内地各个地区均设有分店，也进行货币兑换。不进行跨国交易。与各地进行货币兑换时，每百元可兑换的金额如下所示：

广东，12 元。上海，12 元。天津，15 元。汉口，13 元。北京，15 元。重庆，10 元。叙州，10 元。

辛亥革命后，各个票庄进行的贷款资金无法回收，而且还遭遇了现金的掠夺，所以现在几乎都停止了营业。革命前没有新式银行，这些机构还进行政府金融业务，辛亥革命后这些官方的金融业务都由新式银行进行。而且，禁止鸦片之后，与四川省的贸易往来也中断了，货币兑换关系断绝，就像百川通、同庆丰这样规模较大的票庄，也几乎不再经营货币兑换的业务。只进行少量的存款以及贷款业务，依靠旧有的关系来维持生计。

四、钱庄

省会的钱庄包括换钱铺子在内有 142 家，但其中只有一家大规模的储蓄钱庄，是换钱铺子的融通机构，并对其进行管理，还利用平时的存款向小型钱庄贷款，对金融市场间接发挥作用。其营业资金据中国人说大约四五万两，但事实上还不到三分之一，据日本人说，也就七八千两。

货币兑换仅在省内进行，随着中国银行的设立，这项业务全部移交给中国银行。省内兑换每百元有 3 元的费用。

五、银炉

当地铸造通称为扁锭的银锭，历来银炉数量众多，其名称以及开设的年月日、资本数额如下所示：

名称	开设时间	资金
福盛号	四十多年前	10000 余两
庆盛号	三十四五年前	8000 余两
天元号	三十多年前	8000 余两
通宝号	三十多年前	8500 余两
万泰号	二十多年前	6000 余两
同兴号	四五年前	5000 余两
镕金号	十年前	2000 余两
裕金号	五年前	2000 余两
裕元号	五年前	5000 余两
庆泰号	十四五年前	7000 余两
宝聚号	六年前	6000 余两

以上 11 家里，镕金号现在已经停止营业，剩余 10 家。各银炉一天铸造的银锭量根据店的规模大小而不同，一个月多的话 6 万两左右，少的话也有 2 万两左右。成色和重量在货币一节已经说过，在此不再详细说明，大部分是市平 5 两左右。成色大概九十八，各店的重量和成色多少都有些差异。这 10 家中信用最好的是福盛号、庆盛号、天元号。

现在这些银炉主要的业务对象有百川通、同庆丰、宝丰隆号、兴顺合号、中国银行，根据这些机构的需求，进行银锭的改铸，手续费每百两大约 2 两。但是，也有这种现象，有的商贩需要对银锭进行改铸的时候，把自己手里的银锭卖给银炉，以换取九八成色的银锭，银炉在铸造时每百两收取 80 仙的费用，从中赚取差额利益。

这些银炉竞争激烈，每家的确切收益不太清楚，经营状况最好的每年有 2000 两左右的收益，也有的不足 500 两。

银炉的改铸方法父传子、师父传弟子，绝不教给外人，想要从事这项工作的人员必须技术高超，有意成为银炉弟子的首先必须考察其技艺如何。技艺优秀的成为银炉弟子，在银炉见习。要开一家银炉的话至少需要工人五六名，多则需要十余名。

这些工人的薪水根据从业时间长短而定，也看技能的巧拙情况。技术最好的每月薪水 10 两左右，差一些的五六两，弟子一年 10 两左右，技术不好、业绩不高的拿 7 两左右。

当地没有公估局，这项工作由这些银炉兼任，在银两上刻着的字号是最有信用的，福盛、庆盛、天元是官方指定的公开估价机构，估价不收费用。在银锭上印有这三家字号的标志，以此为证据，详细记载银锭的成色、重量等，这三家还铸造送往北京的足银。

六、汇兑号

当地没有类似银庄的机构，只有四家机构办理钱庄业务之一的货币兑换事宜，名称为同庆丰（又名天顺祥）、宝丰隆、兴顺和、百川通。其中最有名的是百川通和同庆丰，这四家中前三家是云南人经营，百川通是山西人经营。

鸦片禁止以来，本省物产匮乏，百姓生计艰难，经济停滞，与外省的贸易越发不振，金融业也举步维艰，对这些汇兑号造成打击，以前雇佣 60 余名店员、名声显赫的百川通现在也只留下管家以下的 4 名店员，是几乎要倒闭的状态。

在当地，想要开通票汇业务的店铺，需要提交详细记载其资金情况的申请文件，由 3 名或 5 名有威望的保证人签字后，附上账本情况，等待政府审查，由政府考察其信用情况。现在百川通的资本金大约 20 万两，目前只进行货币兑换业务，贷款、存款、银钱买卖等业务都没有。目前百川通的工作人员如下：

管家，1 人，每月 45 两左右。

伙计，1 人，每月 25 两左右。

跑街，1 人，每月 30 两左右。

先生，1 人，每月 10 两左右。

其货币兑换业务可以向其他地区汇款，手续费如下所示：

北京，每百两，纹银 4 两。

上海，向当地汇款时，换成上海规元，不再支付手续费，赚取上海规元和云南市平的差额。

汉口，每百两，3 两 5 钱。

长沙，每百两，3 两 5 钱。

沙市，每百两，3 两 5 钱。

西安，每百两，3 两 5 钱。

成都，重庆，同上。

现在市场不兴隆，据调查，每天的汇件数量多的话有 10 件，少的话只有三四件。由此也可看出当地经济的不景气程度。如果在昆明和四川之间铺设滇蜀铁路，与四川省的交通方便之后，商业也许会振兴，但滇蜀铁路何时才能开通还不知。

如今的当务之急是降低滇越铁路的运费，对经由越南的货物免除通关税，现在正就此事与法国政府交涉，如果法国政府能答应这一要求，那么云南的进出口贸易量会大大增加，有利于经济发展。

虽然罂粟种植被禁止了，但云南省的天然矿产资源丰富，而且，以前种植罂粟的土地现在改种高粱等，或是桑树，发展桑蚕业，现在砂糖的产量不容忽视，今后如果方法得当，必将实现产业的发达，被视作不毛之地的云南省也可能变得富裕。

同庆丰（又名天顺祥）位于市内南门外，资本额具体不太清楚，据说有 100 万两左右，当时的负责人是王鸿国，是云南第一富豪，管家叫陈赵，雇了伙计及其他 15 名店员，业务仅限于货币兑换，决算三年进行一次，收益程度不太清楚。其主要业务往来的地区和兑换费用与百川通不同，如下所示：

上海，每百两，5 两。

天津，同上。

汉口，每百两，4 两。

重庆，同上。

成都，同上。

本店由本省人经营，在当地的信用要好于百川通，据说每天大约有 20 件的汇票业务。

七、当铺

当地的当铺有政府开设的 1 家，普通商人开设的 17 家，均由政府考察信用情况后许可开设，这 18 家的字号如下所示：

兴文　恒丰　长华　金茂　同顺　瑞丰　长美　豫泰　兴丰　福兴

泰嘉　顺庆　裕元　满美　寅盛　兴茂　悦来　光美

各家资本大同小异不知道具体情况，两三千两至五万两，信用最好的是政府开设的兴文、金茂、恒丰、长华等，对兴文当铺调查的结果如下所述。

兴文的统管是周达清，本地人，现在雇佣店员 17 人，每天上午 9 点到下午 6 点营业，决算一年进行一次，目前每天有 500 两左右的买卖，以下是当铺的规定。

云南当铺章程

1. 总管 1 人，总管管理银钱账目，监督当铺内的各类人员，进行外来宾客的应酬，每月工资 20 两。

2. 负责外部柜台的工作人员 1 人，对所当物品进行估价，管理店内的银钱出纳以及所有账目，每月工资 10 两。

3. 管理普通银两的工作人员 1 人，给银两称重，鉴别成色，管理现有银两，根据当票交付银两，专门管理现有银两，每月薪水 4 两。

4. 负责内部柜台的工作人员 1 人，管理当票，兼收取普通银两、珠宝等，每月工资 4 两。

5. 内柜助理 1 人，辅助内部柜台负责人工作，书写当票交与客人，计算本金利息，管理账本，每月工资 3 两。

6. 外部柜台助理 1 人，辅助外部柜台负责人工作，给物品估价，管理货橱、货柜、货架等，每月工资3两。

7. 核算赎票的人员1人，计算利息，管理货橱、货柜、货架等，每月工资2两。

8. 学习查号人员1人，学习账簿记载，同时管理杂事，每月工资1两。

9. 厨房管理员，管理每日食品及厨房事宜，每月工资2两。

典当物品每月每两有1分5厘的利息，期限为16个月，期满没有赎回物品的，将物品转卖给商人，如果丢失当票，当事人来店内说明某年某月某日某字号的当票，典当物品为何物，工作人员查证属实后，失主通过一名保证人证明，对所丢失的票据做无效处理，期满后，以相同价格赎回所当物品。

以上就是当铺的规定，当票的样式如下所示：

八、银楼

当地做金银首饰生意的银楼有100多家，每家银楼的资金不同，多者1万两以上，少的也有500多两，原材料多是当地的银两和马蹄银，制成品的价格一年四季大体相同，12月因为首饰需求量较大，价格比平时稍高一些。

现在介绍这一百多家中最有名的一些字号，如下所示：

福盛号　启泰号　云森堂　光盛号　裕宝号　松泉号　铨泰号

宝金号　国宝号　荣发号　万泰号　茂昌盛　富顺号　正昌号

源兴号　春茂号　永兴号　松盛号　义茂号　宝裕号　宝祥号

宝花号　详记号　福兴号　福金号　宝铭号　信宝号

根据同行协会的规定，为了防止同行竞争者的增加，弟子不得在师父所在的区域开店，如果到其他区域开店，不能影响其他同行。所以一般是弟子跟随师父学艺，继承店铺。或是得到当地一些财力雄厚的人的支持后才能开店营业，所以一般靠一己之力无法进行。

从当地的情况来看，之所以有这么多家银楼，是因为从事金银首饰生意还是可以获得利益的。有技艺而无资金的人，一般到店铺里打工，手艺好的一天工资5角左右，手艺不好的一天也能赚到2角以上。

第四节　云南造币分厂

当地唯一一家能称得上工厂的是云南官银钱局，现在改名为造币分厂，和机器局相邻，在北门附近，该厂铸造云南省使用的龙元、小银币、铜元等货币，创建于光绪三十三年（1907）11月，现在的总办是云南鹤庆的丁名彦，总工程师是王成甫。

该厂有两栋长二十五间、宽四间的厂房，以及一栋十多间房的建筑，机器都从英国购得，十间房的那栋建筑设有银炉，制作银板，另外两栋二十五间房的建筑设有仓库、作坊和机器工厂。

该工厂的产量随着市场的繁华程度而变化，每天的产量平均大元两万多枚，小元四万多枚，金融极为萧条的时期，视市场情况适量生产龙元，有时铸造铜元，目前雇佣的工人有100多人，除总办之外还有7名委员，管理局内事务。

铸造货币的原料一般根据商人的需求而定，另外还改造藩库的锭银。应商人需求铸造的货币大约一个月有四五万两，每百两收取7两的费用。不但改造藩库的银子，还改造外省的银币和外国银币。

该厂铸造的银元的成色，在货币一节中已经叙述过，大元为九成，即银九铜一的比例，半元的成色是八六，小洋是八二，重量和其他各省一样，大元是7钱2分。

工作时间从上午7点到下午6点，委员职务分工和工厂内各个部门分布如下所示：

委员8人，总办1人，提调1人，座办1人，收支2人，文案1人，化验2人。
9个部门为：

逼码厂　洋砖厂　锉工厂　沙模厂　铁厂　化铜厂　发蓝厂　铜帽厂　木样厂
银炉有4个，一般每天使用1个就够。

官银钱局设立时的章程如下：

财政部云南造币分厂官银钱局交易章程

1. 厂内设立内务科和外务科，本钱局进行银钱兑换，因而分成内务科和外务科，内务科专门管理银钱，外务科专门管理收入和支出。商人若来本局换钱，不得多于现在流通的银元 20 元，不得少于 1 元，价格公布在公告栏上，根据行情进行兑换。每天的兑换时间为上午 9 点到下午 4 点，过期不办理。前来交易的商人必须按顺序进行，不得喧哗，闲人不得入内。

2. 铜币的买卖。本局买卖铜元，同时发行钞票，钞票、铜元依照章程办理，以实现国家富裕和人民方便。铜元和制钱可用于支付各府州厅县的税金、省署局的薪水、营饷等。来本局持铜元进行兑换的人，零头用云南宝云局铸造的官方制钱支付，参照九八制钱进行流通，妨碍正常交易者将严惩。

3. 搭用银票。云南省一向缺乏制钱，周转不畅，督部堂锡良为民分忧，向四川省筹拨巨款，请求代造云字铜元，还印刷纸币，运来云南省，用这些钱财救急。现在每张纸币相当于九八制钱一千文。纸币上都印有本局字样，防止伪造。可以用铜元兑换银票，不延期，价格无增减。来本局换钱的商人，一般本局都会搭用钞票，如果不想要，也不强求。明确交易顺序，以礼相待，工作人员公平办事，树立良好职业道德，为国家、为人民谋利益。

4. 工作人员须遵守本局的规定，故意违法者轻则扣工资，记过，重则撤职。

5. 工作人员须公正、热情、清廉、稳重、谨慎、平和，互相团结，不侵犯他人权利，不偏私。

6. 接待商人要谦和、礼貌、尊重，不争论是非。

7. 外柜从内柜领用银钱、票据时须点清数目，交接清楚，及时登记，不得拖延，从商人那里得到的收入也照此办理，必须仔细避免错误，如有过失要赔偿。

8. 外柜从商人处收到的银元或者生银，必须小心查证，以防收到假货，重量必须准确，不能疏忽。交接票据时必须逐一清点数目，不能分开交付或缺少。如有错误要追究经手人的责任。

9. 银钱款项尤其琐碎，每天出入款项必须在夜间一次结算清楚，并如实登记账本，当日款项必须当日结算完毕，不得拖延。

10. 账本如偶尔有误须及时声明更正，不得藏匿错误，一经发现必重罚。

11. 本局工作人员必须使用真实姓名，在外如有不良行为或使公款蒙受损失必将严惩。

12. 本局工作人员不得有赌博、吸烟、酗酒等不良行为，不得在工作时间频繁外出、怠工。

13. 银钱、票据要有专门负责人员，诸位委员齐心协力，执事之人必须在局中居住，如偶尔有事需要回家，那么由值班司事代替，而且必须得到其他执事许可方可回家，须谨慎遵守。

14. 本局学徒需要有可靠的担保人方可入局学艺，如果能够勤勉工作，日后有机会成为司事；如果懒惰度日，耽误公事，立即驱逐。

15. 本局规定须长期遵守，不得违反，如有未尽事宜，随时增加。

本局铸造从开始到民国二年（1913）11 月末，生产情况如下：

银元 1 元，2891539 枚。

5 角，16697971 枚。

2 角，53747 枚。

1 角，161416 枚。

铜元铸造量：

20 文，645475 枚。

10 文，16661002 枚。

当地有一家叫云南宝云局的铸造制钱的工场，在官银钱局附近进行了实地调查，却并未发现工厂建筑，大门上有宝云局的牌子，进去说明来意后，被告知今年 4 月已搬走，另外，有一个叫张鸿惔的告诉我，宝云局在光绪三十四年（1908）已经停止铸造业务，问其理由，答道，现在铜元使用广泛，旧有的串钱已不能适合市场需求，而且技术落后，原料不足，制造串钱每一千枚需要九钱多银的工本，其他费用支出也很多，所以不得不停止制钱的铸造，现在铜铅业务已搬到劝业道内。

第三章　宜良县的货币

宜良县经济萧条，和阿迷州差不太多，也是同样没有金融机构，也没有什么特殊的商业物产，发达无望。当地靠近省城，位于铁路沿线，但经济一直不景气。

本地属于县城，人口比阿迷州多，因为靠近省城，人们的生活水平比阿迷州稍好，虽没有金融机构，但有 4 家银楼，分别是天宝号、荣美号、如意丰、信成号，虽有一家名为锦悦当的当铺，但现在已经停止营业。

当地的流通货币与在蒙自、阿迷州几章中所说的无差别，只不过纸币在当地不被人信赖，流通不广，只有当地的广东人喜欢用纸币。

除纸币以外，银元、铜钱、制钱等流通情况和其他地方相同，只有制钱的兑换比例和其他地方稍有不同，当地和阿迷州一样，制钱分为大钱和小钱，1000 文构成 1 吊文，用 1 元来比较的话，大钱是 1250 文，小钱是 1430 文。

第四章 阿迷州的货币

阿迷州是滇越铁路中的一站，这趟火车线路从越南海防或云南昆明驶来，在此地停留一晚，第二天 6 点接着从此地出发，乘客必须在此地住宿一晚。因此停车场附近旅馆业发达，有一些别致的西式旅馆。但是这里城内的规模很小，也就是一个小镇的规模。

当地有一些法国官吏和铁道的从业人员，因此城外的停车场附近有卖西洋百货和洋酒的店铺，还有中国邮局，设有进行货币兑换业务的电报局，也有法国邮局，但只是铁道火车邮局，营业时间仅从下午 3 点半到 5 点，早上从 6 点开始也有一小时左右的短时营业。

城内只有一些小型店铺，也有小菜场，卖食品和其他各种物品。

当地流通的货币和蒙自一样，云南省的银元和法国法郎最多，湖北元、四川元等货币也有少量流通，价格都相同。

小银币除了使用云南省、湖北省、法国的银币以外，还有香港小银币，价格都相同。有 5 角、2 角、1 角、5 仙等面额，1 角相当于 12 个铜币，云南省的铜币使用最广，另外还有湖北省、法国等地的铜币。

第五章　蒙自县的货币和金融机构

第一节　概述

　　蒙自位于云南省西南部，是从省会昆明到河口口岸之间唯一的开放市场，根据1888年在天津签订的条约而对外开放。

　　此地位于面积达500多平方公里的蒙自高原的中心，是交通要塞。法国于1889年在此地设置了领事馆，同时建立了蒙自总税局，在铁路开通之前，是云南省的中心市场，也是阿迷州、临安、个旧的物资供应地，商业兴隆，尤其是个旧的锡矿在此地设有根据地，从这里向外出口。运输都是依靠马背或者人力，为方便马匹更替，设立了马政局，日常饲养很多马匹，供给马匹需求，聚集在此地的锡矿资源，通过马匹运输到河口，通过红河到达越南海防，通过香港商人由轮船运到香港。

　　然而铁路开通以来，锡矿的运输开始专门依靠铁路，从蒙自直接运到海防，形势日渐变化，并且由于停车场位于距离蒙自县30里地的地方，蒙自的商业范围日渐缩小，而且蒙自的平原一带荒野遍布，除少量大米之外，没什么较为丰富的物产，此地还未发展为云南南部的中心市场。

第二节　货币

　　蒙自的货币和河口一样，以龙洋为主，其中云南本省元和湖北元最多，也有四川元，与河口一样，尤其喜欢皮阿斯特银元。各种元的价格相同，都是库平7钱2分。

　　河口、蒙自、阿迷州等地的各种银元都是同一价格，其中没有区别。各个地方各种货币的价格不一，各自称重后定价，像商品一样，这种现象在中国很少见。各种货币的1元相当于小银币的10角，使用上省事，在商品交易上计算很方便。

　　小银币方面，云南制造和湖北制造的占多数，法国币和香港小银币也使用，有5角、2角、1角、5仙面额。

　　铜币中最多的是云南省铜元分局制造的那种，同时还使用湖北省和法国铜币，行情大概是1元等于120铜币，1角可换算成11仙铜币，铜币有1钱和2钱面额。

　　当地人不使用制钱，和河口的情况一样，当地与外国人接触机会多，从事采矿业相关的人员较多，收入相对来说比较好，生活水平较高。

当地使用的银票有富滇银行银票、张家口银票和法国东方汇理银行银票，流通最广的是富滇银行银票，信用最高的是法国东方汇理银行银票，张家口银票是中国银行发行的，价格和银元相同，没有增减。

当地使用的银两1元大约蒙秤7钱2分，海关两是开平7钱2分，库平两是6钱6分，与河口是同一比率。

当地有东方汇理机构，即法国东方汇理银行的办事处，只是法国官吏的办事机构，中国人一般无人知晓，此外还有法国邮局。

需要特别指出的一点是，蒙自的官府、旅店等都跟寺庙有关，从这一点可以推断蒙自现在的社会状况。

当地流通的银两只有一种，叫槽银，现在在市场上已经看不到了，不能了解其成色，但据称，通常是5两左右，最低是九十九的成色，行情大致是库平7钱3分可以换算成云南铸造的1元，一个银两是1元3角70文，现在这种槽银很少流通，想要换到这种银两的话，可以去当地的银楼也就是银匠铺兑换。

总而言之，在当地，银两不如银元方便，流通很少，另外，思茅、元江、腾越等地使用的锭银、猛撒银、市场银、公估银等，在此地也看不到使用。

第三节 金融机构

一、银行

当地的金融机构主要是富滇银行分行，营业资金因为属于保密内容不太清楚，但从其工作人员只有3人，银行设在客栈一角办理业务这些情况，不难推测出其营业状况。其营业内容和河口一样，不再详述。

当地的货币兑换与河口相同，不管是针对河口还是针对省城昆明，兑换费用都是每百元收取5角。当地的兑换业务总量不多，虽有几家矿业公司，但兑换货币的需求并不像人们想象的那样多，这些公司一般不通过银行，运送货物时由公司自己派人，不需要进行货币兑换。

富滇银行分行和河口的一样，民国元年（1912）设立，当地除了以上所说的富滇银行之外，没有钱庄等机构，以换钱为业的人员一般在街头摆摊营业。

二、当铺

当地的当铺设立之初不需要地方官府的许可，等发展规模较大时再经过官府的审查许可。比较有名的是文昌公和利济，都设在城里，以下是对这两家当铺调查的结果：

（一）文昌公当铺

开在城内文昌宫内，由政府创办，规模比利济稍大，当地官府出资，资本据称有 5 万两，但是根据现在的状态来看，也就 2 万两上下，虽对外宣称是为了当地百姓的方便而设立的这家当铺，也确实是当地唯一的一家金融机构，但是这只不过是地方官吏为自己谋私利的一个垄断工具，不愿接受民间私立当铺的加入。

这家当铺的掌柜叫刘声，是本省人，在其之下，还有写票、佐当、收拾号等掌管各种事务的人员 16 人，每天上午 8 点开店营业，下午 4 点闭店，每年 1 月进行一次决算。每年拿出 400 两用于支付掌柜的以下 16 人的工资。账簿和其他店大致一样，可拿来当的物品各种各样，除了军需品和危险品以外都可以交易。利息是每月每元 2 分 5 厘，据称一整年的纯收益大概是一千两，当铺的具体规定如下：

1. 每天上午 8 点开店，下午 4 点闭店。

2. 店内必须公事公办，不得徇私舞弊，各位司事进行监督。

3. 店内一切出入账目由经管负责。店内一切具体事务由其他两名司事管理。

4. 店内每年工资发放以及所有的伙食费开支等不得超过 400 两。

5. 给所当物品估价时，一般以其半价定价，如果估价过高将追究估价人的责任。

6. 各位司事的工资在每月月末发放，不得代替。

7. 担任司事的人不得作为担保人进行当物、借款等。

8. 各位司事必须遵守工作时间，认真工作，如有失误，第一次罚 1 两银，第二次罚 2 两银，第三次罚 3 两银，犯错 3 次以上的撤职。

9. 一日事，一日毕，银钱支出和收入情况必须当晚结算清楚。

10. 各位司事家中有急事时必须找好替班的人之后再回家，不得擅自行动。

11. 进店后不得频繁外出。

12. 店内所有人员各司其职，认真负责，如有差错、过失等追究各自责任。

（二）利济当铺

利济当铺也位于城内，比文昌公当铺稍小一些，其组织是行业协会的性质，股东有 60 余人，一股 500 两，因此其资本有 3 万两左右，股东都是本地人，其业务内容和文昌公当铺没有什么大的差别，掌柜的叫侯来朝。眼下金融行业不景气，业务不多，一天交易 20 件左右，一个月大概有五六百两的交易，其使用的账簿也和其他各地几乎相同，有 5 本账簿，记录银钱出入、流水、物品、票根、底账等内容。

从其当票可以大致了解这家当铺的规定。

```
利 济 当 铺

某某人于本当将旧物当去，当银若干元，
遵守此规定。今后每月每元利息为二仙五
厘，限期十四个月，期满不赎回物品者，
将所当物品变卖抵本。认票不认人，当票
遗失不得赎回物品。当票如遇虫蛀、鼠咬、
水火、盗贼等，各听天命。不得有异议，
此票为证。
宣统某年某月某日　蒙自　利济当铺
```

当地当铺唯一的规定就是这个当票上所显示的内容。

三、汇号

当地东门内城隍庙附近有一家政府经营的商业公司，经营个旧锡矿，这是当地唯一一家贸易公司，也经营货币兑换的业务。

这家公司于光绪三十年（1904）成立，是一家资本金大约 10 万两的股份公司，1股 100 两，股数有 1000。个旧的锡矿资源自古就很有名，也是当地唯一的物产，因此这家公司为了方便，也同时经营货币兑换的业务。但其只兑换香港、云南这两个地区的货币，不受理其他地区的货币，手续费是每百元收取 2 元 5 角。

近年来，随着铁路的开通，各地普遍设立邮政局，民间的货币兑换业务有逐渐缩小的倾向。而且最近几年商业萧条，特别是曾作为云南省最有名的物产——鸦片被禁止之后，经济越发不景气，每个月只有四五件商品运到香港，由此可见当地经济有多么萎靡不振。

该公司的货币兑换业务只面向香港分店和云南省城的总部汇款，每百元收取 2元 5 角的费用，钱款到达香港后就按照香港货币 100 元的数额领取，到达省城后就按照当地的 100 元领取。当地不使用两，因此计算上相对来说不太烦琐。

四、银楼

当地的银楼也称作银匠铺，与当地的金融没有什么关系，银匠铺主要进行各种金银的加工。每天上午 8 点开店，下午 4 点闭店。金银原材料大多来自省城，对银两进行改铸，买入当地通用的槽银以及来自其他地区的猛撒银、元江银、云南锭等，作为各种工艺品的原材料来使用。这些银楼进行的金银加工业务与北京、上海等地一样，雇佣具有特殊技能的工匠来进行制作，制成的工艺品装饰在店头。各家店铺都有银炉，自己铸造金块、银块，进行加工。如果有人需要将金块、银块融化重新制造，那么根据要求进行制作，1 两收取 2 分至 3 分的手续费。现在当地的银匠铺很多，有 20 多家，比较有名的是下面几家：

天宝号老板是云南人，资金 5000 两左右。

金成号老板是云南人，资金 3000 两左右。

宝金号老板是云南人，资金 3000 两左右。

这些组织大多是个人营业，在进行商品交易时，一般标记上店铺的名号和商品成色，以增强信用，避免日后产生纠纷。如今各个店铺的营业额各不相同，多的一个月达到 200 元，少的在 50 元左右。

五、钱币兑换店铺

来到当地的人除了看到西门的繁华店铺，也一定能见到在路边撑起的大伞之下，有人摆放着铜币、银币等钱币，这就是当地唯一的钱币兑换店铺，以兑换零钱为业。当地没有像北京、上海等地那样的钱庄，只有这种露天摆摊营业的钱币兑换店铺。

这种店铺的资金很少，不过五六十元到一百元，从上午 10 点到下午 4 点在路边营业，满足商人的钱币兑换需求，每元收取 1 仙至 2 仙的手续费以维持生计。他们与各个杂货店、烟草铺进行生意往来，把换来的银元换成小银币和铜币等。

第六章　个旧县的货币和金融机构

个旧距离蒙自 60 里左右，自古以来以盛产锡而闻名。但在战争时期兵荒马乱锡矿荒废，虽然从大正二年（1913）开始又进行开采，但锡的价格暴跌，仅为普通价格的二分之一，于是停止了采矿，矿工失去了赖以谋生的职业，沦为土匪，个旧和蒙自的交通中断。我这次来个旧之前，也有朋友好言相劝，说这一带土匪出没，于是放弃了去矿山的计划。锡矿在距离个旧 70 里的地方，个旧当地人中有一大半以采矿为业，停止采掘锡矿等于切断了个旧的生命线，于是这些人为生活所困迫不得已沦为土匪。

个旧当地的金融机构有富滇银行分行，但是经营状况萎靡不振，其营业项目和其他富滇银行一样，无须再次赘述。银行存款大概有 10 万元，有 5 名工作人员。从人员数量来看，比河口、蒙自要多，这也表明了个旧与各地的交易联系紧密，尤其与蒙自关系最为密切。

货币兑换手续费与其他银行相同，每百元收取 5 角的费用，办理劳工、商人的汇款业务不多，大部分业务是与蒙自地区的交易。

此地流通的货币有本省银元、湖北银元、法国法郎等，以相同的价格在市场使用。小银币、铜币等的使用情况和蒙自一样，不再赘述。综上所述，个旧由于拥有特殊物产——锡，当地的生活水平、经济状况等总的来说与其他地方不同，甚至有很多乡野之地鲜见使用的奢侈品，这些物品据说是从蒙自传来的。

第七章　河口的货币和金融机构

第一节　货币

河口位于云南省和越南边界，和越南老街隔着一座铁路桥，此地在国防上的位置极其重要，但物产匮乏，只产少量的大米，没有什么产业。这里大多数是广东人，只有十几家商铺，店铺规模较小，主要经营药品、大米、皮具类，商业缺乏活力。有一家商务分会，但是名实不符，实际上只是一个广东人同乡会性质的组织，没有什么商务分会的活动，当地主要是广东人，各种习惯和广东省一样。

当地流通的货币中，最多的是本省铸造的龙洋，法国东方汇理银行发行的皮阿斯特也有很多，此外，香港银元和湖北银元也在使用。1 元是 7 钱 2 分（库平），皮阿斯特的纯度是含银千分之九百，和日本的银元同一重量，甚至连省会昆明都在使用这种货币，比起龙洋来更受欢迎。当地广东人比较多，也有不少港币在流通，法郎越往东部价格越低，湖北银元在云南省各地都在使用，流通数额大，价格也和龙洋差不多。

流通的纸币主要是富滇银行发行的银票，法国银行发行的纸币也有，价格相同，面额有 1 元、5 元、10 元、50 元、100 元，和银元同一价格。

小银币中，本省的最多，其次是湖北省，还有一些法国币和香港小银币在流通，面额为 1 角、2 角、5 角，法国小银币和香港小银币还有 5 仙的，1 元相当于 10 个小银币。

铜币主要以本省和湖北省的为主，也有法国铜币，1 元相当于 120 枚铜币，1 角相当于 10 个铜币。

当地不使用制钱（当地位置靠近越南东京地区），当地人效仿法国人，生活水平比内地其他地区高一些，铜钱只有 1 钱的。

当地没有钱庄和票庄，也没有换钱铺子和当铺，银两是库平 7 钱 1 分为 1 元，1 两是 1 元 3 角 8 钱的比例。

当地设有蒙自海关的分关，根据 1895 年清朝政府和法国签订的条约，取消了设在蛮耗的关卡，于 1897 年在河口设立了海关分关，海关两是 7 钱 2 分为 1 元，因此海关 1 两相当于银元 1 元多。

当地的小户人家手头用钱紧张时，会去找私当，即比较有财力的人用物品抵押借款，利息没有确定的数额，但一般以 18 天为期限。当地的无业游民较多，一般以赌博维持生计，需要借钱的话，一般是去与普通借钱店铺不同的地方。当地没有经政府许可向政府交纳税金的正规的借钱店铺，一般是赌徒的头目开设的借钱店铺。当地之所以赌徒很多，是因为法国官吏为了招徕中国人，将赌博合法化，对面的越南老街至今仍是公开合法的，但在河口中国政府严禁赌博行为。

第二节　金融机构

当地的金融机构有富滇银行分行，总行设在省会昆明，在云南省内各个商埠设有分行，负责调节市场金融，关于其组织结构，在云南府部分已经详细叙述过，该银行由云南省财政局和实业司共同创办，是一家省立银行，有比较稳固的基础。该行发行的银票在云南省各地都通用，在全省的货币流通上发挥作用，下面大致介绍一下河口的富滇银行。

该分行于民国元年（1912）设立，营业所是一栋气派的西式建筑，但其中的大部分由河口警察局占据，银行只占用了两处场所，一处是营业所，一处是住宅，由主任和伙计使用。从这些方面也可大概推测出这家银行的营业情况。虽然从形式上看与内地的各家钱庄、票庄不同，名义上是一家新式银行，但是从实际的营业内容来看，充其量也就是一家小钱庄。营业时间是上午9点到11点，下午2点到4点，只有4个小时，主要业务是存款、贷款、货币兑换和票券交易。

一、存款

由于该银行基础较有保障，因此在中国人中间信用基础较好，而且除此之外没有别的金融机构，所以该银行的交易额比较多，存款也多，确切数额不太清楚，无法具体记录。存款利息如下所示：

定期存款，一年以下、半年以上，年利率4厘（每百元），一年以上，年利率5厘。

活期存款，原则上是年利率3厘，但是还要根据当时的存款数额和交易人的实际情况决定。

二、贷款

贷款方面，由于河口经济发展缓慢，所以该银行的营业方针是一般不办理贷款业务。

贷款有以人担保和以物担保两种方式，主要是以人担保。当地实力较强的商人不多，相互了解对方的底细，一般不会出什么差错。以物担保方面，当地竹商较多，特别规定不得以竹担保，另外，如果是以人担保，甲铺要为乙铺做担保人时，甲铺不得从银行借款。

贷款期限一般规定3个月，这也是根据当事人的实际情况灵活变动的，贷款金额规定同一个人不得贷款超过1万元，利息一般在6厘到1分之间浮动。

在中国一般是这样的行事方式，规则是规则，但也会经常根据不同情况灵活变动，因此所谓的规则不过是表面上的规定，在实际中会根据贷款人的信用情况而使用不同的处理方式。

三、货币兑换业务

货币兑换汇款手续费是往云南省会昆明汇款时每百元收取 5 角的费用，其他各地与此相同。业务办理范围仅限于分行所在的云南省内各个重要商埠，货币兑换方式仅限于汇款，这是由于当地商业不发达，没有较大的电汇业务需求。业务使用的货币也以龙洋为标准，接受汇款的各地的各分行也使用龙洋，不出现差额，因此没有汇率变动。当地实行完全相同的银元本位制，因此市场上流通的各种货币价格相同，都视为同一种货币。而且当地交通设施不太便利，商品交易比较单一。与越南进行交易时使用法郎，其价格也与龙洋相同，没有汇率变动。即便国外的银元汇率发生变化，此地也隔一个月才能得知，因此对此地的货币市场不会产生什么影响，银元被当作货币使用，而不是将其视作商品。

去法属印度支那时，一般是派商务人员或者亲自前往，进行货币兑换的时候不多，设在老街的法国邮政局，一般每百元收取 1 元的费用。

四、票券交易

富滇银行各分行都设有纸币兑换所，办理票券交易和换钱业务，兑换额度有一定的限额，纸币和银元一样信用度很高，和银元同样在市场流通，没有太多兑换的必要，因此兑换额度不高，换钱业务不太繁忙。

第八章 东川府的货币和金融机构

东川是云南省北部的商业城市，位于东川平原的中心地带，盛产铜、亚铅等矿产资源，产额位居全省之首。城市充满活力，商业街道具有一定规模。除了商业兴旺之外，当地大米产量也较好，经常被运往附近区域，但比起商业来，农业对促进当地经济发展的作用并不大。东川是连接云南省与四川省的交通要塞，出云南省一周可达四川省，当地的贸易主要是中转贸易，只有铜作为本地产品被输出到云南省和四川省各地。而且总体来讲，当地交通设施落后，主要依靠马背运输，因此并不能获得很大利润。

第一节 概述

当地没有大规模的商店，交易不活跃，虽有一些中层商人较为富有，生活水平比较高，但是从整体来看并不发达。金融机构只有一家富滇银行分行，没有钱庄，矿业公司自己进行货币兑换。这种情况在云南省很常见，金融机构比较统一，种类不多，因为当地经济发展还比较落后，因此金融机构也比较单一。

第二节 货币

一、银元

在当地银元中本省银元最多，越南坐洋次之，四川银元最少。

除四川银元之外，价格都是 7 钱 2 分，四川元是 7 钱 1 分，此外也有一些零散银两流通。

二、银票

使用的银票是富滇银行发行的银票，与银元按同一价格流通。

三、钱票

当地矿业公司为了调节矿业从业者的金融情况，发行 1 元钱票，在市内信用较好，流通顺利，但是由于其跟银行发行的银票相比，基础较为薄弱，所以信用程度比银行的银票略低，只有 1 元面额，价格是 6 钱 3 分，相当于小钱 1400 文。商人们每天去矿业公司进行现金兑换。

四、制钱

1 元相当于制钱小钱 1600 文，一般在 1500 文和 1700 文之间浮动。

五、小银币

小银币在当地流通较少，尤其 2 角、1 角少之又少。普通日用品的买卖都是用制钱交易，制钱用得最多，当地制钱一般扣除 5 文，100 文视为 95。

当地矿业公司发行的 1 元钱票据说现在发行量是 15 万张，流通区域是各分厂所在地，铁厂分部、落雪分部、矿山分部、汤丹分部、因民分部、省垣分部等。

矿产可以说是当地的生命线，商业也受其影响，因此矿山从业人员的金融状况直接影响到当地的市场状况，矿业公司发行钱票正是为了调节当地金融市场。

当地铜的产量很高，在矿业公司内设立了铜元局，铸造制钱，生产的 200 串均为制钱。

当地有英国传教士和法国传教士，面向叙州和四川省各地的信徒进行货币兑换，后来范围扩大，不再局限于一小部分人，面向矿山所在地进行兑换时一般使用公司发行的钱票汇款。

当地银两由于与昭通关系密切，一般和昭通相同，九七半，库平足银每百两附加 3 两的申水，因此东川市平百两度量的话，银元 136 元为四八三三二。

六、银锭

当地使用的银锭有云南解锭和四川锭，云南锭是九八成色的银，四川锭成色为九七，有一两之差。

四川锭也叫票银，有很多种，通常用的是 10 两和 5 两左右的，呈椭圆形，九七成色，与云南解锭相比较，每百两要低 1 两。当地公估局铸造的银锭就是九七成色的银，因此和此类银价格相同。

还有一种本地人制造的弥都课银，成色为九九，和月亮锭相比较，每百两有 2 两的差，使用的并不多。

第三节　金融机构

一、富滇银行分行

当地的富滇银行分行于 1914 年 5 月设立，据称拥有基本资金纸币和银元合计 15 万元，是当地唯一的金融机构，其营业方针直接影响到当地的金融状况。

该分行有工作人员 5 人，在各地分行中属于营业状况较好的分行，营业项目有贷款、存款以及货币兑换等，下面分别叙述。

该银行贷款一般最短期限是 3 个月，最长是 6 个月，利息每月 1 分，但是也会根据借款人的实际状况而延长或缩短时间。可以用房产、田地和各种证券抵押。

存款分为定期和不定期，定期每月利息 4 厘，不定期存款如果存期不满 1 个月无利息，存 1 个月以上者每月利息 3 厘 5 分。

货币兑换业务仅限于省内，在总店和各地分店间进行兑换，每百元收取手续费 5 角，各地费用相同，无行情波动。

该银行营业项目就是以上这些，此外，还进行纸币的兑换，该银行发行的纸币信用基础良好，在维护市场秩序、稳定人心方面起到了很大作用。

据称该银行目前的存款数额达 10 万元，业绩良好，工作人员业务繁忙。

当地的汇票和其他各地没有很大差别，基本一样，除了银行发行的汇票以外，也有棉花商使用的申请兑换的即期汇票，这些票据如果是面向省城、昭通，那么每百元收取四五角的手续费，如果是面向四川等地，收取 1 元的手续费。

此外，当地商人之间使用一种支票性质的无期限的执票，形式和四川省的一样，为了省去现金交易的麻烦，而在买卖双方、熟人之间使用。没有什么特殊的样式，和借票一样，贷款人是银行一方，形式上和旧有的票据相同。

二、宝东局

我旅行时听说，云南省东川有一家铸造铜钱的工场，叫宝东局，我感觉很有调查的价值，于是专程来到此地，到了之后才发现宝东局在东川府会泽县城的铁厂内。

原来宝东局在东门外炼运京铜局所在之处，三十多年前铸币处搬到了矿山厂内，在此处铸造净钱和小钱，总办是宋体乾。现在铸造的货币主要运往贵州威宁、四川会理和本省的昭通、巧家厅等地，改善当地制钱不足的状况。

矿山厂距离东川有 130 里，需要两日的路程，此地铜和煤的产量很高，但是如果把这些运到东川再进行铸币的话，不方便，如果在原产地进行铸造，可以省去运费，于是把铸币厂搬到了这里。除此之外，当地附近还有落雪、因民铁厂，生产铜、铁等。

三、公估局

当地设有公估局，由官府创建，总办姓王，有如下规定：

1. 东川府的交易银锭以九七成色的银锭为标准，然而近年来有滥造倾向，成色不一，出现了很多低纯度的银锭，由于普通百姓没有鉴别的能力，市面上不同成色的银锭混杂，不统一，因而在交易中容易引发口角和矛盾。因此，特设立公估局，规定不论生意大小，一般都要以九七成色的银锭为标准进行交易，如果使用低纯度的银锭，需要通过公估局对其定价，违反规定者将严惩，以纠正市场的不正之风。

2. 东川府的银锭近年来成色极其不好，有很多七八成色的银锭在市场流通，明确规定以九七成色为标准，超出九七的明确标记加价，低于九七的应当拿到本局进行公估，防止胡乱倾销，以实现银两的整齐统一。

3. 来本局公估的时候，要看银锭的外形、光泽、重量，评估其成色，在上面明确标记"会邑公估"的字样，银锭的持有人在交易使用时无须再来局评估。

4. 居中有标记数目和成色的证物，据此出具票据以示信用。

5. 公估局位于西街，门前挂一横匾，上书"会泽公估处"，还挂有虎头牌一个。

6. 雇佣王鹤亭作执事，负责评估成色、重量等，如果不能公平估价，徇私舞弊，另雇执事。

7. 公估局设有一个银炉，遇到低成色的银锭时，将其改铸，已经知道成色不足的，不得继续在市场使用。持有低成色银锭的人，需要换成标准成色的银锭，可以在本局交易，改铸其银锭，10 两收取火耗费 3 分。私自改铸银锭的，一经查实，将报告官府，进行严惩，其所铸银锭，上面标记"会泽公估倾销"的字样，盖印章以证明。

8. 无论何种商贩均可来本局进行银锭成色鉴定及称重，1 两到 10 两内每两收取 1 文钱的费用，10 两以上、100 两以内，不论多少，均收取 50 文的费用，据此规定进行鉴定后的银两可以在市场使用。如有人故意妨碍公估人的公平鉴定，将告知官府。

9. 本局一年的经费和炉工的薪水均由底金支付，不得挪用公款。

公估局设立的目的和意义如上所述。该局铸造的银锭一个重 5 两左右，表面写有"纹银"字样，以此为足银，成色为九七。

四、当铺

当地有两家当铺，分别叫华品、德兴。这两家都是由几人合办。德兴由两人合办，出资人是吕幼乡和张惠，资金共有 5000 两，这两人都是本地人，目前处于亏空状态，收支不相抵，因此已终止营业。

华品当铺由三人合办，出资人是汤、刘、彭三人，每人出资两千两，此外当地商人还出资六七千两，一年有 5 分的利息。虽说在当地只要得到官府许可便可开业，但是当地并不富裕，很少有人积极开店。据称，本当铺开始亏损很多，如今基础稍稳固了一些，但是除去伙食费、掌柜的以下工作人员的薪水、商人出资的利息这些支出后，仍不足以补偿这三个出资人的利息。

该当铺执事以下有 8 名工作人员，每年薪水共 200 余两，规定和其他当铺相同，当票如下所示：

<table>
<tr><td colspan="8" style="text-align:center">铺 当 品 华</td></tr>
<tr>
<td>宣统元年六月十八日　西大街</td>
<td>当票无法赎回物品，此票为证。</td>
<td>情况，各听天命。认票不认人，丢失</td>
<td>本，如遇鼠咬、虫蛀、朽坏、霉湿等</td>
<td>十个月，过期不取走者将变卖物品作</td>
<td>每月每两收取利息一分五厘，期限二</td>
<td>本当以足色二两一分交易</td>
<td>二百零六号　某人今日将旧物抵押</td>
</tr>
</table>

第九章　昭通府的货币和金融机构

第一节　概述

昭通府是云南省北部最大的市场，和四川省的贸易往来兴盛，关系密切，东川的铜矿大多经由昭通商人之手运到四川省，同时这里也是毛皮的集散地，称作昭通皮，输出到四川省，在叙州、重庆等地闻名。

昭通位于云南省北部最大的平原——昭通平原上，大米和其他各种农作物的产量很高，有很多从四川省到此地出差办事的商人在此居住。此地从四川省输入了很多棉花，附近有名声很好的铜厂，矿业也很兴盛，是云南省和四川省的贸易要塞，所以其市场较为活跃。

当地的金融机构和当地的商业状况一样，发展良好，新式银行有富滇银行分行，此外还有棉花商经营的同德昌、义成公、同喻义等。和其他省的关系比较密切，联系顺畅，但是随着四川省经济走入低迷，当地的商业也受到影响，金融界的状况有所改变，不能保障贸易均衡，货币兑换也转变为单方兑换，费用上涨，现金交易变少。

此地的商品交易主要以从四川省输入的棉线、棉花为主，商业街区整洁宽阔，商店大多是一些棉线店、毛皮店、牛皮店等，有一个专门买卖毛皮的商业街。当地在很早以前便开始与四川省进行商贸往来，进口的西方物品也很多，各种商业交易已脱离了本省的特性，与四川省相似，商业比较活跃。为了促进本地商业发展，创建了实业团，调查各方面的产业特点，对其起到推动作用。当地还设有商务分会，对各种进出口商品进行检查、征税，进行商品状况的调查，以促进商业的整体发展。印花税也在该商务分会进行办理，此外，这里也是一个众商贩聚集起来进行商贸洽谈的场所，比其他地方的功能更加完善。此地还是云南省物产输出到四川省的一个关口，有较大规模的批发店，是把生产者和销售者联系起来的一个桥梁，同时这里也能进行货币兑换。

第二节　货币

当地流通的货币有富滇银行发行的银票、本省银元、湖北元、四川元、墨银元、越南法属殖民地行发行的坐洋等，也流通银锭，1钱、2钱的铜元和大小制钱。

一、银票

富滇银票有 5 种,面额从 1 元到 100 元,当地商贸兴盛,因此这种银票流通也很顺畅,价格是 7 钱 2 分,和银元相同。

二、银元

银元如上所述,有 5 种在市场流通,价格都是 7 钱 2 分,四川银元最多,这是因为当地和四川省的贸易关系密切,交易频繁。越南银行发行的坐洋在此地使用较少,价格和其他银元一样。另外云南银元在本地使用也很广泛。

三、小银币

小银币使用不多,本省的银币最多,另外还有湖北省和四川省铸造的银币也在此地流通。小银币在此地兑换制钱的价格较低,使用较少,10 角相当于 1 元。

四、铜元

当地几乎不流通铜元,商人不喜欢使用,价格也比较低。

五、制钱

当地商人在进行交易时使用制钱、银两和银元,一般的小生意以制钱为标准计算,因此制钱使用很广。由于和四川省关系密切,因此制钱分大钱和小钱,小钱即毛钱,价格和东川相同,95 文相当于 100 文。大钱 80 文相当于 100 文。大钱质量较好,又称为红钱、当头钱,100 文中只掺杂 1 文的毛钱。

六、银锭

当地使用以下 8 种银锭:

四川票银锭(分大、中票银)

解锭银(饱满形状和切割形状)

广锭 月亮锭 图银 珠银 槽银 课银

其中使用最多的是解锭银、票银、月亮银和图银,解锭银、票银和月亮银(东川公估局铸造)的成色和重量等信息在前面的章节中已经叙述过。图银是贵州西部流通的银锭,形状扁平如盆,一个大约二三两,成色为九九,当地标准成色是九七,因此每百两有 2 两的差值。由此看来,图银成色最高,解锭银次之,月亮锭和票银成色相同,并列第三。

从当地向四川省叙州汇钱时按照以下原则进行:

当地的天平和四川省重庆的平相比,每百两要多 2 两 5 钱,因此,从当地买入四川锭或者月亮锭,然后要将其汇到重庆时,在当地视为 100 两的,到达叙州后,用九七川平衡量,就变成了 102 两 5 钱。如果用云南省的解锭银汇款时,由于解锭银是九八成色,所以其汇到昭通后,按照当地标准九七成色衡量的话,就变成了 101 两。如果又将其汇到叙州,那么按照九七川平衡量,就变成了 103 两 5 钱 2 分 5 厘。

七、昭通银锭

当地银锭是九七平，和东川相同，换算成银元时，1000 两相当于银元1364.8332元。

当地衡量 1 元的平有新平和老平，习惯上新平是 7 钱 2 分定为 1 元，旧平是 7 钱（库平）为 1 元。在实际交易的时候，使用新平比较普遍。

当地设有公估局，进行银锭的鉴定和铸造，每两收取鉴定费用 100 文。

当地商务分会的一项业务是征收印花税，这是云南省增加收入的一种方法，在省内各个地区发行，小县城里由县衙负责发行，还有的地方由邮局发行。政府规定，各个商贩在证券上不贴印花即无效，不贴者处以罚金。销售印花者，每天销售达 50 元便可得到百分之七的酬金，50 元以上的可得到百分之十的酬金。

第三节　金融机构

一、富滇银行分行

该银行和其他各地的分行一样，于民国元年（1912）设立，是云南省地理位置最北的银行，比其他各地的分行规模稍大，作为一家组织较为完善的专业的金融机构，在当地人民中的信用最好，据说营业资金有 20 万元，尚未查实。该银行信用度高，业务繁忙，业绩良好，就连业务范围很广的东川银行都无法与之相比。在当地金融界处于中心地位，实力强，堪称金融界的指南针。该银行具有新式银行的特点，工作人员除了一个总负责人之外还有 8 人，营业时间从上午 9 点到 11 点，下午 2 点到 4 点。由于营业时间短，业务非常繁忙，业务内容和其他分行一样，有贷款、存款、货币兑换等。据说贷款额目前达 1000 万元，抵押品、担保物、利息等规定和其他分行相同。

存款数额不多，和其他分行一样分为定期存款和活期存款，利息也和其他各地相同。

货币兑换仅在省内各分店和总店所在地之间进行，不办理和外省的交易。分为对公和对私。一般的货币兑换每百元收取 5 角的手续费。

该银行业务比较繁忙，业绩良好，但营业范围较小，当地与外省贸易往来密切，但这家处于中心地位的金融机构却不办理和外省的交易，这一点显得美中不足。

二、货币兑换机构

同德昌和义成公以推店为主业，同时还做广布的进口生意，另外还可为客商提供住宿，进行买卖中介服务，在当地来说算是较大规模的店铺，信用良好，商业范围广，是四川省和云南省会及东川进行贸易的要害之地。当地还有另外三四家推店，在四川省叙州、重庆等地设有分店和交易所，与东川和省会的关系密切，在这些推店可以进行货币兑换，办理钱庄的业务。但是会根据交易关系，来定是否办理货币兑换业务，有时办理，有时不办理，一般是为了给商人提供方便而进行兑换，手续费没有统一标准，对叙州不收费，叙州的收款人一般是收军票，如果不收银元，那么每千两收取 50 两的费用，对省会和东川每次收取的费用不同，一般是每百元收取 5 角左右。

从四川省自流井运来的盐的交易比较兴盛，因此有的店铺利用盐商客户较多这一点进行货币兑换业务。当地的同兴仁股东是云南府的同庆丰，是当地人和四川省自流井方面的人共同创办的店铺，既经营盐，同时也办理货币兑换业务，其资金大概有一百万两。

其面向各地汇款的手续费如下所示：

叙州　每百两手续费 1 两　　　　　汉口　每百两手续费 4 两
上海　每百两手续费 5 两　　　　　北京　每百两手续费 5 两

当地有一些英国和法国传教士，有时为信徒办理汇款业务，中国邮政局虽可进行货币兑换，但手续费很高，而且规定每天每人不超过 250 元，不能称得上是商业辅助机构。商人在进行大额现金交易的时候，往往通过商务分会派遣专门的护卫人员。

现金交易具有风险，有时会遭到土匪的劫持，为了避免这一风险，通常和铜矿一起运输，进行同样的包装，通过马背进行运送，这作为一个运输机密真是煞费苦心。

三、当铺

当地当铺生意萧条，仅在辕门口有一家，名为华丰，由何干臣经营，有执事以下 8 名店员，据说资本有 1 万余两，目前每天的交易量大概是三四十两，店铺规定和东川等地相同，利息一般是 2 分，下面从当票来了解其店铺规定。

```
华 丰 当 铺

某人今日将旧物抵押，本
当铺付款**
每两收取利息二分，期限
为二十个月，过期不取回
抵押物者，将变卖物品作
本，如遇鼠咬、虫蛀、雨
淋、损坏等，各听天命，
认票不认人，丢失票据无
法赎回物品，此票为证。
宣统二年某月某日　昭通
府辕门口
```

四、公估局

当地作为公估局的官平局，是官府设立的机构，位于宪台衙门外，挂着官平的招牌。当地仅有这一家公估局，招牌上书写着公估局的规定：

堂　正　府

公平买卖　货币鉴定　每两一文

官平

各家店铺　照此使用　避免争端

其规则简单来讲，就是进行货币的成色鉴定，每两收取 1 文的费用。

这家公估局于光绪二十六年（1900）设立，执事叫奏端芝，是本地人，进行重量、成色的鉴定，另外还有写票一人，使用的秤是九七平，以九七成色为足银，公估证明信附后。

在当地换钱时每 10 两收取 4 钱的手续费，这家机构业务繁忙，每天收入 1000 文左右。

公估证明信的样式如下：

秤　官　县　府

计中、大锭半，解锭，月亮，广锭，

图槽洋元

重银

人心不古　贤愚不齐　登时交银

即刻扶秤　恐掉锭件　不与我问

风吹摇动　洪软一分　忙中有错

复秤不取　银色有闻耳

宣统二年某月某日　官秤局　隔记

证明信如上所示。被公估的银子有成色高于标准的，也有成色较低的，根据不同情况，盖上共缺水、验过水、共申水、公估水等字样的印章，在真正重量之上附加一二两。

银锭虽说可以委托银炉进行改铸，但是其价值受到质疑，这时也需要通过公估局进行成色和重量的鉴定。

当地也有几家银楼，和其他地区的银楼一样，不再赘述，对金融市场产生影响的很小。

第十章　大关的货币和金融机构

大关是云南省最北部的城市，物产匮乏，土地贫瘠，平原面积小，大米产量很小，主要种植玉米，几乎没有从当地输出到其他地区的物品，居民生活水平低下，商业落后，现金往来通过邮局进行。几乎没有货币兑换的需求，没有能称得上金融机构的组织，只有两家换钱铺子，由此也可看出当地金融状况的落后。

当地流通的货币主要是富滇银行的银票、本省银元、湖北银元、四川银元等，也有本省和四川省的小银币，但基本不用，因为当地只有一些小本生意，一般使用制钱交易。不流通铜币。大关以北邻近四川省，当地人喜欢使用制钱的大钱，不喜欢使用小钱即"毛钱"。

制钱一般一串七相当于银元一元，大制钱一百文算作九五，当地没有统一的银两，都是以制钱为标准进行计算。

第十一章　河内的经济状态

海防

海防距离香港 500 里，是河内的港口，此地通过滇越铁路和云南省昆明相连。海防多沼泽地，历史上经济萧条，土地贫瘠，气候潮湿。附近有一些岛屿，河流曲折，有很多海盗出没。1884 年法国人占领此地之后，改修河道，规划街道，驱逐海盗，如今已变成一个比较安全的港口，但是仍有海盗出没，有不少人遭其毒手。我从香港出发时，也听从了正金银行分店长的劝告。尽管有些经济上的损失，但比较安全。办理了汇款业务，不随身携带大量钱财。

海防港虽是河港，但水很深，重 4000 吨的大型汽船也能在栈桥停靠。

第 4 卷

山东省的货币和金融机构

第一章　济南城的货币和金融机构

第一节　概述

在济南的新式银行之中，有中国银行、交通银行以及汇丰银行的办事处。山东银行在当地开设了总店，与市场有着最密切的关系，钱庄的经营主要由中国人来负责银行业务。省城中的各家钱庄组建了一个共同的组织，取名为上关。凡是加入此团体的钱庄必须拥有相当数量的资本，必须经过整个团体的认可，此外还应当缴纳京钱二百串作为团费。每天早上 6 点各家钱庄均集会于福德会馆，在此进行银钱的买卖并决定当日银洋的市价，各家钱庄都将市价记在牌子上，之后在实际的市场交易中以此市价进行银洋的买卖。在这个公共制定的市价中，关于银两和银元，形成了 10 文制钱的差价。银元和银两兑换的差价为银 4 厘。

在上关各钱庄的贷款，虽然制作了借用证书，但是并没有使用任何担保。各家银行本身的规则十分严格，但是向省内各钱庄贷款也都一样，不需要担保。

当地有很多钱庄的外汇兑换庄，大部分是由山西人经营的，近年来中外新式银行不断设立，使得对其的依赖也渐渐减弱了。

虽说拥有银炉的银庄总共有 8 家，但是他们的业务十分兴盛、繁忙，因此也只做银的改铸。同在东三省、北京的其他大市场中一样，他们在金融界里掌握的巨大势力已不可同日而语。

第二节　货币

一、银元

在本地市场中流通最大数额的当属北洋银元，站人洋与此不相上下，湖北洋和青岛小银币次之。墨银的流通甚少，由于伪造的很多，因此在市场中难免信用度薄弱。虽然钱庄大多不使用它，但是在天津、青岛等地的新式银行却以此交易频繁，同湖北洋一样，以最高的市价进行买卖。在当地买进该银元，再将其运送到天津、青岛等地使用，由此将出现不小的亏损。并且如果将其卖给其他有交易关系的钱庄时，就不得不忍受不到 2 吊 40 分的低价。

小洋普遍流通，在此地铜板比在山东铁路沿线更加流通，汇率为 1 角大洋换 12

枚左右的铜元。计算山东铁路的运费时，是与青岛相等的，收取 10 钱的大洋（相当于鹰洋的十分之一）。在本地，各货币的汇率都是以制钱（京钱）结算的，但是现在普遍量少且制作困难，所以在小型的交易中都使用铜元而不用制钱。因此制钱在地方小市场中不再有之前的势力，仅仅作为铜元的辅助货币被使用，两者之间的比价为 1 枚铜元相当于 10 枚制钱。

除上述几种银币之外，虽然还有江南元银和大清道币等，但单数数额却很小，钱币业者也并没有对这些钱币建立汇率。

二、钞票

钞票之中有新式银行发行的相关纸币，又有钱业者发行的如同钱票一样的银票。与其称之为纸币，不如称之为无期限的一种期票更为妥当。在济南将钞票分为洋元票、银票和钱票。

发行洋元票的为中国银行、交通银行和德华银行，发行种类为 1 弗、5 弗、10 弗、50 弗、100 弗。它的流通十分顺畅，丝毫没有降价打折的情况，特别是德华银行的纸币信用度极好，近年来流通于中国各大市场。商民们更加喜闻乐见于可靠的新式银行的兑换券，银票、钱票是与其无法相比的。在济南也可见到这样的风气。

银票的种类为 1 两、2 两、3 两、5 两、10 两。发行这些银票的钱庄中资本最雄厚的当为以下 7 家：

山东银行　裕茂号　仁和祥　瑞生祥　惠昌号　恒庆号　大有号

银票的流通额度相比银元票较为少量，相比起便利程度，银元票更加受喜爱。

钱票依赖于 30 余家钱庄发行，是与铜元同样重要的货币，它的种类为 1 吊、2 吊、3 吊、5 吊、10 吊。在其他地方常常有发行额度与资本不相应，从而带来巨大弊端的情况，流通顺利便不会贬值。

三、银锭

当地标准银是足银，宝银的种类有 50 两和 10 两。由于在当地山东省城中形成了西部山东的中心市场，所以由各地运送而来的银锭据说可达 1400 两。从事如此多的银锭改铸以及新铸业务的银炉总共有 8 家，位于济南商会内的公估局。一个 50 两银锭的改铸费会随着不同的时期浮动，大概要 10 个以上的铜元。如今在当地能数得着的银炉有：

开典　开昌　元祥裕　裕升　开升　天升　福生　玄生

在济南市场中用于称量银锭的平叫济南平（又简称为济平），据如今钱庄备有的表格来看，各地平的差额如下所示：

济南府济平 100 两 ＝ 青岛胶平 10160 两
　　　　　　　 ＝ 周村镇周平 9790 两
　　　　　　　 ＝ 芝罘烟台漕平 10064 两
　　　　　　　 ＝ 上海九八规银 10780 两

　　　　　　　　　　= 潍县潍平 9980 两

　　　　　　　　　　= 青城县青城平 9550 两

　　　　　　　　　　= 利津县利津平 9810 两

　　　　　　　　　　= 武定府武定平 10060 两

　　　　　　　　　　= 蒙阴县蒙阴平 10550 两

　　　　　　　　　　= 齐东县齐平 10050 两

　　　　　　　　　　= 济阳县济阳平 10240 两

　　　　　　　　　　= 泰安府泰安平 10200 两

　　　　　　　　　　= 蒲台县蒲台平 9914 两

　　　　　　　　　　= 沂州府沂平 10170 两

　　　　　　　　　　= 济宁州济宁平 9920 两

　　　　　　　　　　= 黄县漕平 1066－1064 两

　　　　　　　　　　= 掖县沙河平 977－979 两

　　　　　　　　　　= 临清州临清平 10310 两

　　　　　　　　　　= 张家口张家口平 9800 两

　　　　　　　　　　= 天津公砝平 10230 两

　　　　　　　　　　= 天津行平 10180 两

　　　　　　　　　　= 北京六厘市平 10260 两

　　　　　　　　　　= 北京七厘京市平 10270 两

　　　　　　　　　　= 北京公砝平 10200 两

　　　　　　　　　　= 汉口佐平 10220 两

　　　　　　　　　　= 新湘平 10450 两

　　　　　　　　　　= 老湘平 10216 两

　　但是这些比较只能作为一个例子，由于各钱庄不同，若说要将这些统一却是很难的。

四、货币汇率

　　当地钱业公会每天早上 6 点集聚，进行银钱的买卖交易，决定当天各货币的价格。大正三年（1914）7 月 31 日的汇率表如下所示：

济平足宝银 1 两	= 3 吊 940 文
德华银行兑换券 1 元	= 2 吊 670 文
湖北铸造银元 1 元	= 2 吊 670 文
站人洋即香港弗 1 元	= 2 吊 660 文
北洋（天津）铸造银元 1 元	= 2 吊 660 文
小洋 10 角	= 2 吊 640 文
独逸白铜货 1 元	= 2 吊 100 文

站人洋 100 元　　　　　　　　 = 济平足宝银 67.51 两

此汇率用于各个钱庄之间，实际市场上与钱庄交易时，常与此汇率有 10 文钱之差，银两的话会有 0.004 两之差。

第三节　金融机构

一、新式银行

金融机构可以分为新式银行和中国旧式银行。旧式银行中又包含钱庄和汇兑庄。

（一）中国银行分行

位于北京城内旧军门巷的中国银行总行在执掌政府金库的同时，还掌管银行的一切业务。内部分为国库股、会计股、文书股、营业股和出纳股。国库股执掌公款的收支，营业股执掌存款、放款和汇兑，出纳股掌管兑换和金钱的出纳，与总行交易关系密切的分店和出差所的所在地如下：

天津 上海 汉口 南京 镇口 苏州 扬州 安庆 芜湖 杭州 福州

开封 彰德 张家口 漯河 信阳 奉天 长春 营口 吉林 大连

哈尔滨 广东 宁波 清江浦 太原的各分行

青岛 烟台 济宁 周村 滕县的各出差所

惠民 兰山（沂州）青州 临清的各国库的派办所

（二）交通银行分行

位于北京商埠升平街的交通银行总店的经营内容除了代理国库外，其他与中国银行大致相同，有交易关系的各地分店有：

东三省：营口 奉天 长春 盖平 孙家台 铁岭 哈尔滨 辽阳 锦县 新民屯

直隶省：天津 张家口 保定 海甸 顺德 北通 唐山 丰镇

山西省：石家庄①大同 阳高

山东省：济南 济宁 枣庄 德州 烟台

河南省：开封 焦作 周家口 郑州 信阳 漯河 彰德 洛阳

江苏省：上海 无锡 浦口 扬州 徐州 镇江

湖南省：长沙

湖北省：汉口

江西省：九江

（三）山东银行

位于西门大街官银号旧址的前清官银号，总管张肇铨、协理牛司照二人在金融界一展宏图，于民国元年（1912）将其改为山东省立银行，代办金库事务。届时总

---

①此处应为直隶，原文误。

管更为袁大启，协理为朱五圆，全部采用新式制度，经营业绩与年俱增。虽然于第二年秋天，与中国银行合并，但是而后又分离，更改体系承继为山东银行股份有限公司。其招募股份，总资本达百万元黄金。总行承继原山东银行的名义及其名下的三十方绩优股全部债权和债务。

（四）谦顺银行

谦顺银行是山东省芝罘（芝罘为山名，位于山东省）的四名商人合办的，资本达 40 万两黄金，在芝罘有总行，分行位于济南。主要经营贷款和存款业务，贷款的利息依据借贷人的信用而定，大致月利息为千分之八九，也可以抵押房产贷款。活期存款利息为每月千分之三，定期存款为月利 2 分，6 个月 5 分利，3 个月 4 分利。

总行经营不当，营利不良，因而信用度也不高。

二、钱庄

钱庄的兴衰更替变化无常，如今能举出名字的钱庄名如下：

钱庄名称	所在地	摘要	钱庄名称	所在地	摘要
三合恒	西门大街		文霖和	旧军门巷	
同福昌	同上		裕　来	西门大街	
益　记	西大街		义太祥	同上	休业
泰和祥	院西大街		广兴恒	同上	
正兴源	同上		益丰源	同上	
永　泰	同上		协泰成	同上	休业
瑞生祥	同上		义昌慎记	同上	
德兴恒	同上		广义成	同上	
协　成	同上		富　恒	西大街	
聚泰祥	天地坛		裕　茂	同上	
仁和祥	院东大街		丰　源	同上	
裕　蚨	同上		瑞林祥	同上	
恒庆昌	同上		祥　泰	同上	×
济泰恒	同上		有　怀	同上	
景　福	府门前		呈　祥	同上	
增　信	同上		蚨　兴	府门前	
源盛公	西门大街		德裕恒	同上	休业
天顺公	同上		恒　升	星亭门	
广茂恒	鞭子巷		惠　元	鞭子巷	
文春恒	同上		义聚长	南门大街	

钱庄名称	所在地	摘要	钱庄名称	所在地	摘要
瑞 春	同上		广成和	南门小洼街	×
晋逢祥	同上		全盛都	西门大街	×
恒 昌	布政使小街		裕蚨恒	同上	改字号为福号
恒 春			双盛泰	同上	
隆福祥	同上		协兴和	同上	休业
华 康	同上		恒 盛	同上	
宏源号	同上		聚成公	同上	
广 昌	同上		丰 祥	同上	
豫和祥	同上		德余泰	西门大街	×
大 有	同上		同 升	布使小街	
鸿 茂	县西巷		永 茂	同上	×
东聚成	东门外		蚨 裕	芙蓉街	
春 泰	同上		裕升昌	同上	×
增 源	同上		蚨聚昌	同上	×
广顺昌	同上		惠 昌	同上	
广 源	同上		德源泰	同上	
景 华	同上		庆泰昌	同上	
恒丰泰	同上		信 义	同上	
西顺成	东门内		合义昌	府学门前	
同 成	同上		同泰昌	役宰门	休业
福 盛	同上		益 源	同上	
福祥恒	大梁阳首		景和成	县西巷	
德源成	按察司街		惠聚恒	同上	
乾亨泰	同上		乾 裕	运署街	
济 昌	筐市街		远昌久	按察使街	
顺成永	同上		乾春泰	南门内	
荣 泰	同上		永 聚	同上	休业
泰 源	同上		同其昌	同上	同上

钱庄名称	所在地	摘要	钱庄名称	所在地	摘要
福成庆	花店街		广兴永	同上	
西增源	西关	改字号为顺城协	同福成	西关大街	
丰盛昌	花店街		泉　祥	同上	
通济昌	趵突泉西花墙		德和祥	同上	
祥玉公	西关筐市街		利和德	同上	
协慎祥	院西大街		德盛求	同上	×
大德源	布政使街		复盛公	筐市街	×
聚　源	东门礼大街		信　裕	同上	
庆成泰	西门大街		泰　祥	同上	
谦益公	西关大街		裕丰恒	西关街大	×
德发祥	西关大街				

以上这些钱庄虽都加入了当地钱业交易公所，但其中有12家闭店休业。钱庄的业务主要以存钱、借贷、银两、外币（主要涉及德华银行）、小银币的交易以及钱票的发行为主，少量有汇兑交易，并且上表中有×标记的19家钱庄不发行钱票，其余90家钱庄全发行钱票，尤其广义成、裕茂、瑞林祥、瑞生祥、仁和祥、恒庆昌、蚨兴、宏源号、同升、蚨聚昌、信义、丰和成、景华、恒丰泰、永聚、信裕、荣泰、西增源这18家钱庄的发行额最多。

钱票中有1、2、3、5、10吊文这5种，无论在哪个市场流通，1吊文的钱票都可以兑换49个铜钱（有时是50个）。

当地钱庄的存钱利息是每月在钱业交易公所制定的，一个月内采用相同的利率。100两的利息最高为1吊500文（月利息4厘2毛乃至5厘）至2吊，最低为500文（月利息1厘4毛左右）。

借贷的利息为一年一成二分左右，每年的10、11、12月，一般是利息上涨的时期，借贷的期限通常为1个月、6个月、1年。

当地钱庄的交易手续费是在取出存款时征收的，有的在转账时1两征收6厘乃至7厘铜钱的手续费，也有根据客户的要求借贷的情况。

据大正二年（1913）7月29日的大德源钱庄的银钱兑换行情表来看，1两值3吊740文，1弗墨银的换算行情值2吊610文（1吊文值50铜元），并且湖北洋与墨银等价，北洋银元和站人洋是比墨银价高的，同样100两的价值要比墨银再附加6两的申水。

各钱庄营业状态很明了，之前记述的18家钱庄是比较大型的钱庄，他们的资金都是七八十万两乃至 100 万两，尤其值得注意的是瑞生祥这家钱庄，该钱庄承继百年，资金雄厚，是由瑞姓的山东人经营的，并且不光在济南，在芝罘、天津、北京等地也有店铺，除了主业经营钱庄以外，也兼营棉丝、布、杂货的生意。

官银号、钱庄曾遭受掠夺，其发行的钱票甚至一时不能流通。那时，曾有瑞生祥被掠夺了四五十万两的传言，即便如此，其发行的相关钱票可以说在遭劫的第二天便立即能够流通，其信用度之高由此可知。

其他各个钱庄的资本大到四五千两，小至二三十两。

三、票号

当地重要的票号大约有 9 家，即：

名称	所在地	名称	所在地
天成亭	西门大街司间巷	志成信	西门里大街
新泰厚	旧军门巷	三晋源	卫巷
大德恒	布政使大街	大德川	同上
协成乾	鞭子巷	功成玉	同上
大德通	西门里大街		

票号不只在山东有，最初以北京、天津、汉口为首，逐渐在各地开出了分店或代理店，彼此关联，以图业务灵活，其中新泰厚、协成乾、大德通票号最大。

各票号的主要业务是针对各地官私银两的汇兑以及针对由其他地方而来的汇兑券的支付，存钱、贷款则属于第二位的业务，因此其收入主要来源于针对汇款而征收的汇兑费，诸如借贷、存款这样的业务交易额非常少，从而这部分的收入也少。

虽然汇兑为票号的主业，但是不只是当地，各地有关汇兑交易的组织都还不成熟，如汇兑资金预先寄存在各地，用作所持基金，如果遇到发送地资金短缺的情况，只能拒绝对此的汇兑，几乎只留汇款汇兑。不采取押汇的汇款汇兑数额很小，当地的各票号大概以五千吊为上限，手续费是在支付时缴纳的，根据汇款金额扣除的情况是可以不需要缴纳的。

从协成乾往北京、天津两地汇兑的手续费来看，1000 两的话，汇到天津收取 22 两，汇到北京收取 30 两，即一千两从济南经票号之手汇到天津，到天津收款人手中实际为 978 两。

然而近来山东、津浦两条铁路一开通，汇款的危险系数显著减退，并且由于最近新式银行的汇兑业务层出不穷，票号唯恐汇兑业务为他人所夺，更改了手续费，变为征收汇款金额的千分之七。

票号收到的存款主要为公款，票号也是官吏们存款的地方，其利息利率与钱庄相比，比较低廉。由于商人的存款较少，存款只分为活期和定期，前者非常少且利息很低，后者占了票号存款的大部分，一般以 6 个月为一期，也有一年的，利息随行情而变，大致为 3 分乃至 5 分利，期限内取出的话不给利息。

票号将因汇款资金、存款而产生的闲置资金贷款给钱庄、官银号、商人，期限一般为 2 个月或 3 个月，利息为五六厘乃至 8 厘（在协成乾票号中），并且针对商人的贷款为抵押贷款，其利率在八九分到十二分之间，抵押多为提取栈单（货主凭栈单可向货栈提取托存货物），有时有担保人也可免除抵押。除此之外，虽然之前的山西票号使用本部的公款获利良多，但是从中国银行设立以来，本部的公款全部委托给了它，票号从前的利益大大地减少了。

当地票号雇佣的店员主要是山西人，工作人员的数量也是与业务的繁忙程度相符的，在十五六名到二十五六名之间，即：

掌柜的（统管人）	1 人
管账的（金银出纳及记账的）	2 人（4 人）
跑外的或跑街的（出外业的）	2 人（四五人）
管事的（办公及实习）	三四人到八九人
厨子	四五人

各票号的经营状态明确如下，除了三晋源、大德川的资本金额为两三万两外，其他 7 家票号都拥有 10 万乃至 20 万的资金。但是我们单单凭借资本的金额不能判断票号的经营状态，因为原本中国人的习惯就不会根据形式上规定的资本额度的大小来区分这个店信用的高低，重要的是资本金额虽小，但是出资者和掌柜的信用高，由此便会提高这个店的信用值，才会使业务兴盛，想来它的组织机构为无限责任机构，其资本家互相联合负有无限责任进行办公。

四、当铺

在当地的当铺主要有：

名　　称	所 在 地
德　丰	按察使街
济　祥	南关朝山街
福　盛	东门里
惠　丰	院东大街
惠　和	西门里
惠　祥	西门剪子巷
永　吉	院西大街
正　立	东门里
通　济	西门大街

在当地开设当铺、关闭当铺，同天津一样，是十分自由的，没有官府的限制。

但是开设时需要得到同行的许可，不这样的话其开业则恐怕会受到同行的阻碍。

当铺有纳税的义务，并且每年都要向知县衙门缴纳一定的费用，除此之外也时不时奉官府之命进行许多的捐赠。

现在实行的同行业的规则是赎出期限为30个月，当票至今的惯例仍为2年期满（也可以说是24个月期满），过期记入变卖作本的内容。虽然自古以来官方规定2年即24个月为期，但是实际上会延期6个月，这是为了穷人便利，也是为了自身的利益着想。并且又有称作留月的赎出当物的延期制度，这是到达常规期限要被变卖的时候，贫民需要自己去当铺详细陈述其理由恳请先暂时延期，可以暂时保留一两个月其当物。一个月的天数是从一个月的倒数第五天开始算起，超过一天就算作第二个月。

每个月的利息不看赎出日期的长短，全部根据货物的种类和用钱的多少来定，每个月2分到3分利为惯例，如下所定：

衣服、金银、工艺品　1吊文以上　2分5厘到3分

　　　　　　　　　　160文到900文　2分5厘

皮货、衣服　1吊文以上　3分5厘

　　　　　　1吊文以下　2分5厘

玉器、铜铁器、书画古董、木器　2分5厘到3分5厘

瓷器、玻璃器、犁、锄、其他农具　2分5厘到3分5厘

夜具、被子类　3分到3分5厘

其他的贷款汇价可见如下：

金银、工艺品、玉器类　　　　　　原价的八九成

衣类　　　　　　　　　　　　　　原价的五六七成

家里的器具、农具类　　　　　　　原价的三四成

在荒年、年末之时，为体恤贫民官府发布命令降低利息。在当地3分降1分利息，2分降5厘利息。并且每年的腊月二十九、三十采用上利换票，即在此期间以低利息支付可换取新的票证。

在此当票上所展示的如出现虫伤、鼠咬则皆为天命，不承担其责任，并且衣类不论新旧，当票上一律常用一破字描述，金银首饰等也必然会用两个字的大小用草书写就一个坏字。

但是新制的东西在当铺期间受到损坏，由物主本人出示证明，则可获得赔偿。其他遭受火灾、被盗时，物主不仅可以不必归还借款，还可以拿到与此同等数额的赔偿。

当票又叫作质札，记述着借出的钱数、当物数、典当的年月日、利息等信息。并且发行当票时就立即记入写票券簿，当票和此账簿有对口印，以便日后作为凭证，现将当时的当票雏形展示如下：

```
西大门街
　通　济　当

瑞字五百十六号某姓某
某今天将自己的书物典当本钱
……吊，以每月三分利息，二
十四个月为期限，过期不取，
变卖作本，若有鼠咬、虫伤听
由天命概不负责，认票不认人。
民国二年七月　日
```

```
济　祥　当

天字五千八百六十二号王姓某某今将自己
原已烂褪毛光的一件长袍估值典当银两
……遵循每月三分五厘的行业利息，期限
为二十四个月，过期不赎，任凭发卖，若
有来历不明或虫伤、鼠咬、发霉等情况听
天命，本当概不负责，认票不认人，以此
为照。
民国二年六月二十日票　南关朝山街
```

各当铺的经营状态明确如下，其中最大的当数济祥当铺，据商务总会的调查来看，济祥当铺的公开资本金额达 30 万元，其他大约在两三万至十几万元之间。

要说济南当铺一年间的银钱支出额度的话，必然因荒年、丰年、市场的稳定程度而不一，但是普通年份一年间的话在 50 万元以上。

五、镖局

过去在山东省一带就有镖局这样的机构，是负责运送银两以及货物的运送业者，商人借此将现银运送至内地的话，大概是最安全的方式吧。

镖局在各沿路驿站都有联络的分店，兼营旅社的业务，镖局的首领会跟马贼等其他团伙串通一气，彼此之间十分默契，托由镖局运送会免于这些盗窃，因此中国商人或旅行的人依靠镖局送钱，如今交通逐渐发达，新式银行在各地开设分店，这些旧式的机构便渐渐绝迹了。

如今从济南向附近各县城送钱时，仍有依靠镖局的。济南现有的镖局有七八家，天津作为济南商人的商品供应地，拥有最重要的市场，其在利用镖局汇款时，据说1000 两的运费为 5 两左右。

六、票据

当地流行的票据有中国银行业者发行的和商人发行的相关票据。即：

中国银行发行→支票→二联汇票

↗庄票

↘三联汇票

商人发行→ 本票

↘支票→汇票

↘支票

上述流行最广的是庄票，并且庄票存在有期和无期的区别，有期的称为期票，无期的称为即票，期票尚且分为一览后期日付和确定期日付。

因社会动荡，钱庄倒闭的情况不绝，发行的相关庄票多只有即票，期票有时虽然也有，但是都不超过五日。

七、汇率

汇率机关有之前提到的各家新式银行以及少数的钱庄，此外中国邮局也办理银元的汇票。新式银行办理银元、银两两种汇率，中国钱庄也仅限于这两种汇率。

现将和济南汇率交易最多的周村、青岛、天津、上海、芝罘的汇率作为例子展示如下：

济南足宝银济平 1000 两＝周村周钱平足宝纹银 979.15 两

同上　　　　　　　　＝芝罘漕平足银 1021.76 两

同上　　　　　　　　＝青岛平足银 984.00 两

同上　　　　　　　　＝天津公砝化宝银 1024.27 两

同上　　　　　　　　＝上海九八银 1082.60 两

虽然说汇率市价是根据市场状况而不断变化的，但这个比价也是有其标准的。

中国内地各地间的汇率和国际汇率的关系是相同的，因此汇票的需求和供给成为决定汇率的有力原因。而且根据其汇率进行买卖，汇兑业者会获得利益，因而无须单独征收汇款手续费即汇水，并且成为中国汇兑业者的惯例，尤其是有将汇水另外设立加收的情况。因此汇水的性质不单是手续费，其中也可窥见汇率的涨落。

现将从济南汇至天津、上海、青岛、周村等地的汇水最大限度展示如下：

汇至上海每一千两付款　　　15.0 两

汇至青岛　　　　　　　　　7.0 两

汇至天津　　　　　　　　　6.5 两

汇至周村　　　　　　　　　3.0 两

八、商办山东银行章程

商办山东银行章程

1. 本银行是由山东商务总会承继原山东行政公署设立的山东银行，另外募集商股改为商办，名称是商办山东银行。

2. 本银行遵照商会公布的行政公署的批准，与中国银行和山东订立出让接收手续，合同继续有效。

3. 本银行以活跃金融市场、促进商业发达为主要目的。

4. 本银行已向农商部申请登记，更为股份有限公司的机制，股东在股金的范围内承担相应责任。

5. 本银行将总店设于济南，将原山东银行在烟台设立的分店与中国银行合并为外济南商埠，承继周村、青岛、泰安、清宁、上海、滕县等地的各家分店，在北京、天津、烟台设立代理店，开展同样的业务，之后在其他地方新设分店、代理店时需经过董事会决议后而定。

6. 本银行的股金为一百万元，分为一万株，每株为一百元，可以北洋或站人洋充之。

7. 本银行的股票分为两种：

一是优先股，一共三千股，由发起人承担，一旦买入的话立即投入营业。

一是普通股，一共七千股，在开业后继续募集。

8. 本银行在必须增加资本的情况下，要经过股东大会的决议再进行募集股份，并且是在得到原有股东的响应后仍然资本不足的情况下才开始募集新股，其方法遵从本章程的第9条。

9. 银行的股票采取记名式，买卖转让应为本国国民，如若违反，一经发现则没收其股票划入公积金之中。

10. 本银行的股票在营业年限未满之前，股东不得将其储值，不得用于担保之用途。

11. 本银行的股份利息账簿如若丢失，应立即与可靠的担保人联合署名，并报告给总行，另一方面将遗失股票利息账簿的金额、号数、遗失地点等登广告寻找，经一个月尚未发现的话，本行另做新的交付股东，但将收取金额的百分之一作为手续费。

12. 本银行的股票一律采取记名制度，一律备有其姓名，因而如若用作担保的用途，又或生出是非，本行一律不承担责任。

13. 本银行的营业种类如下所示：

（1）银票、钱票的发行。

（2）存款和借贷。

（3）汇兑业务。

（4）生金、生银以及各种货币、纸币的买卖。

（5）各种票据的贴现。

（6）贵重物品的保管。

（7）借贷分为：甲 信用借贷　乙 保证付借贷　丙 担保付借贷。

以上三种借贷另有详细规定。

14．本银行除了上述各种经营业务外，不做之外的经营以及经营上不必要的不动产的买进。

15．本银行的经营每个月结算一次，向董事会报告，每年进行一次总决算，并将其结果印刷出来分发给股东。

16．本银行的总协理董事的选举同样采用不记名联级投票法。

17．选举股权不分优先股与普通股，一律为一股一权。

18．总协理董事的任期为四年，但为了防止任期中出现空档再次选举的情况，通常董事总会中都会进行候补选举。

19．总理需持有 50 股以上、协理董事需持有 20 股以上，非此不得当选。

20．投票时本人不能前来的，可将事宜委派给代理人，但其代理人必须是本银行的股东，同时必须提交委任状。

21．本银行的上述选举需要在选举进行的前 30 天通知各位股东，出席人数达到三分之二则选举投票结果生效，总协理董事的得票超过半数则当选。

22．本银行每年 2 月召开一次股东大会，在日期的 30 天前通知召集各位股东。

23．股东有议案时，要将其大意书写于事由书中，应在董事大会前提交给董事会，得到三分之二以上的股东的赞成则有效。

24．出席股东过半数时可达成决议，未出席的股东针对其决议事项不得反对。

25．本银行的全体董事会或十分之三以上的股东在必要之时提议召开董事大会时，要先将其事由报告给总协理，然后择期召开。

26．通常在大会中总理为议长，临时大会时可从他人中公选一人为议长，议长将股东大会的决议事项记录下来，同时拥有评议的权利，大致一切变革的各个事项都要归于董事会，等待与总协理集聚后方能施行决议。

……

（此处原文缺失）

（4）监事负有监察总店、分店以及代理店各项事务的责任，将总店、

150

分店、代理店的账面财产以及营业上的得失随时报告给董事会，每月清点总店、分店的决算账簿。

（5）经理负责营业上的所有事务，负责调度凡是与营业相关的各部门职员。

（6）副经理协助经理处理营业上的一切业务。

33.各分店的职员如下所示：

（1）分店长总理分店的一切事务，负有全责。

（2）副分店长协助分店长进行分店的一切业务。

以上人选均为总理制定，经董事会同意任命的。

34.针对本银行的股票以官方利息一年4厘支付，从买入股金之日起算利息，交与利息收取账簿，半年支付一回。

35.本银行的建立费、营业器物费、纸币印刷费每年消减一成。

36.纯利润处置是将一成作为公积金，一成分配给优先股，两成充当职员奖励，剩余六成根据普通股的数目进行分配，但是此分红是以股金买入月的标准计算的，15天后买入的股票则要从下个月开始计算。

37.本银行的公积金是在营业期满之际进行分配的，并在到期那年做成账簿、在详细调查各股东入股的年限后与之相应地进行分配。

38.本银行的公积金分配之时是以股份数目为标准的，股东以外的人不得参与此分红。

39.本银行奖金的总额分为三等份：

（1）一份分配给总协理、董事、监事，总协理为十分之六，董事、监事得到十分之四，总协理得到的十分之六中总理拿六成，协理拿四成。董事监事的部分也以四和六的比例分配。

（2）其中一部分为经理、副经理、各分店长和副分店长的奖金。其中四成为经理和副经理所得，六成为分店长和副分店长所得，经理、副经理的比例为六和四，分店长、副分店长的分红则由总协理酌情分配。

（3）另外一份分配给总店分店的各职工，分红多少由总协理定。

40.本银行的营业年限为中华民国三年正月，满12年为满期，满期一年前召集股东大会，决议与此相关的一切事务。

41.在满期前一年的股东大会上决议继续营业时，得到许可后会回收各股东的股金，股东也有否决的自由。

42.在本银行解散之际，由股东大会公选出两人以上的清算人。

第二章　青岛的货币和金融机构

第一节　货币

一、银元

在青岛流通的各种货币分为 5 种。流通的弗银之中墨银占大部分，并且德国政厅特别将其作为青岛的标准货币，大小交易一律用之。除此之外也有一些北洋、奉天洋等。

日本、朝鲜的铜币和银币根据 1904 年 7 月 22 日的告示内容规定，绝对禁止使用。如若犯禁使用处以 15 弗的罚金或拘禁 14 天的刑罚，据规定永不得流通。

二、小银币

东三省铸造的 1 角和 2 角的小银币占据了大部分，湖北、江南铸造的也在流通。前者在品质上劣于后者，因此其价格上也有差距，即 1 弗墨银相当于前者的 13 角，相当于后者的 11 角。然而白铜币的发行使得这些小币的便利性为大众所承认，流通额度骤减，一般来说，中国人也十分喜欢使用这种小币。

三、白铜货

中国人没有自身的货币观念，因而墨银对小洋银币的比价时时处处变动不止，青岛政厅捕捉到了这种不便，因此制造了相当于 1 弗墨银的十分之一和二十分之一的货币，即白铜币，最多 3 弗。并且政厅强制其流通，在租借地区内管束其使用，目前也没有止住其势。

四、钞票

在本地流通的纸币大部分为德华银行发行的弗券，日德战争之后，日本军票将其取代。

除此之外，由芝罘的俄亚银行发行的称为俄票的钞票也少有流通，其种类分为 1 弗、5 弗、10 弗 3 种，降价 5 分。此外钱庄也发行庄票，也可见到广德成从 1 吊到 5 吊的钱票。

五、制钱和铜元

制钱和铜元虽都被用于小额交易，在生活水平较高的此地，制钱的使用频率不高，只是用于一些用铜元以下交易的场合。下层中国人经常使用它。

六、银两

当地的元宝有 50 两、10 两、5 两 3 种，名字叫作足色宝银，又称作公估银，大概是经过了公估局的鉴定，并且当地的标准成色为足色。

说起银炉要属广德成最为有名，当地流通的银锭由上海输送而来的最多，夏季输送的最盛，冬季则反之。之后在当地的公估局将其改铸称量进行鉴定。

接着用当地所用的胶州秤来称量，德国总督府将 2 两 7 钱 6 分规定为相当于 100 克，这与胶州的规定相同，现将各地的秤进行如下比较，由于中国人的计算中没有内割、外割之分，此表可能不太精准。

青岛胶平 100 两 ＝ 济南府济平 98.4 两
　　　　　　　　 ＝ 芝罘烟台漕平 99.0 两
　　　　　　　　 ＝ 上海九八规银 105.8－106.0 两
　　　　　　　　 ＝ 周村镇周平 96.2－96.3 两
　　　　　　　　 ＝ 潍县潍平 98.2 两
　　　　　　　　 ＝ 泰安府泰安平 100.5 两
　　　　　　　　 ＝ 沂州府沂州平 96.8－97.0 两
　　　　　　　　 ＝ 诸城县诸城平 95.1 两
　　　　　　　　 ＝ 青州府青平 98.7 两
　　　　　　　　 ＝ 博山县博山平 104.2 两
　　　　　　　　 ＝ 莒州莒平 95.8 两
　　　　　　　　 ＝ 蒙阴县蒙阴平 103.7－103.8 两
　　　　　　　　 ＝ 海阳县海阳平 99.0 两

济南府济平 100 两＝青岛胶平 101.6 两

芝罘烟台漕平 100 两＝青岛胶平 101.0 两

上海九八规银 100 两＝青岛胶平 94.0－94.2 两

周村镇周平 100 两＝青岛胶平 103.7－103.8 两

潍县潍平 100 两＝青岛胶平 101.8 两

泰安府泰安平 100 两＝青岛胶平 99.5 两

沂州府沂平 100 两＝青岛胶平 103.0－103.3 两

诸城县诸城平 100 两＝青岛胶平 104.9 两

青州府青平 100 两＝青岛胶平 101.3 两

博山县博平 100 两＝青岛胶平 95.7 两

蒙阴县蒙阴平 100 两＝青岛胶平 96.2－96.3 两

海阳县海阳平 100 两＝青岛胶平 101.0 两

第二节　金融机构

青岛与金融机构近来的发展息息相关。银行业方面，在中国旧式银行的发展到来之前，已经在此地设立了外国银行以及中国新式银行的分店和外地办事处了，数量上一共有8家，而钱庄也不过5家。金融一般来说是新式银行的核心部分，钱庄完全是中国人的金融机构。

一、外国银行

如今在当地营业的外国银行一共有5家，名称列举如下：

汇丰银行　正金银行　俄亚银行　麦加利银行　正隆银行

正金和汇丰两家银行在此地设立办事处的时间为1913年，致力于资助自己国家在此经商的商人的出口贸易金融。俄亚银行1912年在芝罘设立代理店，办事处设于当地的捷成洋行之中。这些银行的业务主要是对自己国家以及中国各相关地之间的汇兑，兼顾对在此的本国人进行保护，促进其发展。

我们正金银行是受大藏省的任命，在此设立办事处的。同哈尔滨九江的分店一样不看重利益，只是因为此地为国际上的重要地点而在此开设，然而设立以来也应有些成绩。

二、中国新式银行

在青岛开始营业的中国新式银行有中国银行分店和山东银行分店。山东银行的总店设于济南，掌管一般的银行业务，以存款和贷款为主，是专为中国人办的金融机构，如今山东银行借贷出去的总额达到40万两银、30多万两银元。

三、钱庄

如上文所述，外国银行和中国新式银行已然很发达，钱庄渐渐没有了发展的余地，现如今它的数量也渐渐只有5家了，并且这些钱庄与各大市场关联店间的汇兑管理以及汇兑业务也都成为外国银行所掌之物。先将其字号列举如下：

犹泰银号　广德成（监管银炉）　德盛永　德顺祥

四、银行的竞争

银行的竞争与当地最近的发展相关，加上新式银行是除了德华银行以外，于1912年这两三年间突然增加的，因此他们之间营业上的竞争是不可避免的。中国人经营的谦顺银行曾经与德华银行竞争激烈，但最终破产，接着中国银行、山东银行如今仍和德华银行共同掌管海关的金库，并相互竞争。中国银行向财政部申告，主张山东银行作为一个地方银行，任命其负责管理作为财政的一部分的海关税是十分不合理且危险的，想要将其业务收归己手。由于山东银行的总理与财政总长周自济的关系不错，便轻易达成了其目的，办成了事情。如今德华银行、中国银行、山东银行指挥海关将存款收入己手相互竞争，税关已成放任自流、毫无存款的状态。

五、汇兑

各外国银行办理各自本国同中国各重要地点交易店的汇兑业务，其汇率的基准常常以上海的汇率为准，本地进口商人的债务决算也大多在上海进行。

关于弗汇率，100 弗的汇费记述如下：

上海宛　1 弗半

天津宛　1 弗

芝罘宛　1 弗

作为此地长久以来常用的方法，德华银行的支票直接发送，没有邮费，现将 7 月 5 号钱庄五日拂汇票的价格列举如下：

芝罘拂　101 两 74（青岛 100 两做对照）

上海拂　106 两 16（同上）

在汇兑机制里仍然对 100 弗收取 5 角的手续费，除此之外，钱庄处理普通汇钱业务时，它的汇费是随时发生变化的，现将最高和最低金额展示如下（以 1000 两为例）：

济南宛　最高 7 两　最低 7 两	
潍县宛　最高 5 两　最低 5 两	
芝罘宛　最高 10 两　最低 7 两	
天津宛　最高 20 两　最低 10 两	

如下所示，由于汇兑费不低，因此往近处送钱时，多运送现银。

下面是青岛标准 100 两银与各重要地区的两之间的比价：

芝罘（漕平足银）	101.33
上海九八银	106.09
天津化宝银	100.52
周村（纹银）	96.18
济南（足银）	98.24

独乙邮局的汇兑在与中国设立独乙邮局的地方之间，10 元英洋的话收取汇兑费 1 角，一张汇兑票的额度仅限 400 弗。

山东境内与中国邮局的汇兑管理局总局有汇兑交易关系的如下所示：

胶州　坊子　青州　博山　淄川　高密

上述每 10 元英洋付 1 角手续费，一张的额度限为 200 元以内。

第三章　芝罘的货币和金融机构

第一节　货币

芝罘的法定货币大致分为银元、银元票子、钱票、竹票、外国小银币、中国小银币以及铜元制钱。

一、银元　兑换券　外国小银币

现将银元、兑换券、外国小银币列举如下：

英洋（同墨西哥银和鹰洋相同）

北洋（即北洋造币局铸造的相关的北洋银元）

大俄（与俄亚银行发行的俄货相对的兑换券，又叫俄票）

中俄（大俄一票价值 50 留或 100 留，中俄一票价值 5 留、10 留）

半元洋（俄亚银行发行的一种货币，相当于 10 角小洋的银元币）

日票（日本旧纸币，印有菅原道真的日本纸币）

小日洋（日本小银币，即 10 钱、20 钱、50 钱的银币）

小洋（即 10 角的小银币）

江湘洋（江南和湖北造币局发行的银元）

吉林洋（吉林造币局发行的银元）

奉天洋（奉天铸造的银元）

日洋（日本银元）

俄金洋（代替 1 留金货的银币）

俄洋圆（俄亚银行发行的银元）

墨银兑换票之中，流通额度多的有汇丰银行的弗票子，中国通商银行、俄亚银行、当地的富商顺泰号发行的兑换票。其中，汇丰银行、顺泰号流通的最多，并且面值金额主要为 1 弗、5 弗、10 弗。

除了顺泰号在芝罘发行的兑换票以外，其他小银行的兑换票都是在上海发行的，在当地是一张都没有发行过的，顺泰号作为当地屈指可数的富商，拥有几万资本，除了银行业务之外，还经营杂货店，兼营柞蚕纸和豆素面的制造。在国内、国外人中的信用度非常高，该店发行的洋银票在当地普遍通用，在黄县、龙口、沙河、文登、莱阳等地也盛行。

二、小银币、铜元和制钱

芝罘市场上的小银币与青岛市场上的差别不大，大多为东三省铸造的，湖北、江南铸造的次之，由于每年在东北打工的山东人都从同一个地方带回，因而汇率也比其他地方铸造的要便宜，1 弗大概有 12 角以上的差价。

铜元如今的市场价值的详情很难知晓，据我们三井洋行职员的调查显示，拿五百万元来说，对于去年整年墨银的平均汇率而言，大约超过 132 枚。近来通用的是山东都督府发行的中华民国的新铜元，其品质相比从前劣质，因此不少中国人都拒收这种铜元。

制钱是中国第一位的货币，在本商埠开始的人早就以此为每天汇率的基础。

制钱之中，有官府铸造的，也有民间铸造的，被称为私钱。在当地使用的主要是官钱，官钱规定是以铜 54、铅 46 的比例铸造的。但由于年份不同，大小厚薄也不尽相同。康熙、雍正、顺治这三代的制钱形状较大，带有白黄色，品质较好。乾隆、道光、嘉庆、同治、光绪这五个时期的制钱形状较小，品质低劣。乾隆、道光、光绪的诸类通宝最多，除此之外，不少私钱以及日本的宽永通宝大小不一、品质混淆地流通于市面之上。

三、制钱计算法

在当地，1000 文京钱并不是 1 吊文，作为惯例，常常减少数量，将 994 文看作1000 文，称之为 1 吊文。并且截止到 499 文，虽有 499 个，但是说是 500 文的时候就要减去 3 文成为 497 文。因此就有了 499 文实际上是比 500 文要多的奇怪现象。还有599 文都是减少 3 文，而 600 文以上则要减少 6 文的惯例。

以上所述，在中国人之间有他们自己固有的一种计算用语，现将其列举于此。这不只是芝罘，也是山东省东部普遍通用的惯例。

1. 大钱　　与私钱相同，混有私钱。

2. 清钱　　和制钱相同，是专门用于店铺交易的一种名称。

3. 毛钱　　100 文之中混有 5 文的私钱。

4. 一九钱　　100 文之中混有 10 文私钱，在当地还有二八钱、三七钱、四八钱等。

5. 对开　　归类于五五钱 这类制钱和私钱以 50 文对 50 文的比例混合，即各为一半时称之为对开，比对开更进一步的是私钱更多一点时，就在名称中附加一个倒字，如有倒四六、倒三七钱这样的称呼。

毛钱以下截止到四六钱，称之为方钱，用于一般的交易。对开以下用于饭店、茶馆、鸦片馆、理发店等。

还有其他一些叫作中钱、京钱或津钱的，这些共用一个计算单位，1 个制钱以 2文称呼并计算。

实际上没有这样的钱，是直隶省、山东省的中国人在说起物价时，一定要用几百几十文大或者几百几十文京或津来说。这里的京是北京的京，津是天津的津，大是相对于京津钱，制钱称为大钱才这样称之。

四、钱票

钱票是有信用的钱庄、钱铺以及商店发行的制钱的兑换支票，票纸采用中国纸，在纸面上印有制钱的金额、兑换的内容、发行的日期以及商店名等。其金额少则 1 吊文，多则 50 吊文。如芝罘钱业公司发行的钱票大多为四五十吊文。发行钱票的商店根据其相应的发行额，最少要有三成以上的准备金，因而一些小资本的商店由于缺乏准备金，直接兑换的话不堪其繁杂，宁愿停止其发行的为多数。

在当地最有信用的钱票是顺泰号，还有其他数十家发行此钱票，但现仅残余 18 家，其余全部破产或休业，因此目前其流通额很少。

当地钱票的使用曾流通一时，最盛时有 200 余万吊，不必说近处，远至宁海、莱阳、蓬莱、栖霞、文登都有使用。但是清末起逐渐衰退，现如今仅有 70 多万吊。

当地钱票的起源是谦益丰。钱庄在光绪二年（1876）发行了 1000 吊，此后渐长，光绪二十二年（1896）激增，到光绪三十四年（1908）发行钱票的钱庄达到 50 家，每家平均不下 2 万吊，共逼近百万吊，但是商务总会最终决议，要缴纳与其相关的保证金，此时纸币又突然衰退，商务总会将其与纸币的作用视为相同，允许民间自由选择发行哪种。此时金融界疲软紊乱，也给统一制币带来了很大的障碍，因而也有先交纳一定的保证金，并且规定期限，之后全部回收再次发行这样的主张。

如今发行银票的有 18 家钱庄，现将他们的名号以及发行额展示如下：

聚春盛	80000 吊	和昌泰	30000 吊
中和兴	60000 吊	圭诚信	20000 吊
厦来兴	55000 吊	蚨聚号	70000 吊
恒德源	20000 吊	东德增	10000 吊
恒聚茂	40000 吊	恒成和	20000 吊
洪 泰	78000 吊	福顺泰	40000 吊
德顺泰	6000 吊	东洪泰	40000 吊
同来泰	70000 吊	福顺洪	20000 吊
源发长	20000 吊	丰泰永	15000 吊
合计	694000 吊		

发行墨银票子的有 2 家：

顺泰号	60000 元	萃芦号	5000 元

五、竹票

竹票也叫竹钱，是芝罘和山东境内的一些驿站和骡车的住宿店铺发行的制钱的交易支票，在长方形的竹片上用油或漆涂抹，表面刻有发行店名和交易金额，每张竹票限 500 文到 1000 文之间，在各地交易店铺里可以随时兑换成现金，由于携带方便，因而在往内地运货物的赶骡人和骡店间盛行。在黄县、沙河、莱阳等地也可使用。

```
┌──────────────┐
│     表里      │
├──────────────┤
│  ·       ·   │
│  第       六   │
│  八       底   │
│  百       钱   │
│  二       一   │
│  十       千   │
│  三       文   │
│  号       复   │
│          来   │
│  复       兴   │
│  来       记   │
│  兴          │
│  记          │
└──────────────┘
```

六、银两

在芝罘常用有名的芝罘漕平两，它的银锭有元宝、中锭、小锞银之分，如今流通的各种主要银两如下：

东海关白宝银　每个芝罘漕平相当于其 55 两，用升水 1 两 2 钱在芝罘银炉铸造。

营口锦宝银　一个五千两左右，升水 1 两 2 钱。

吉林大翅锦宝银　一个五千两左右，大翅是银两两侧有突出如翅膀一样的东西而得名。

湖北方槽白宝银　一个 50 两左右，升水 9 钱 5 分到 1 两 2 钱，方槽是上部四个角如同槽的形状。

潍县白宝银　一个 50 两左右，升水 1 两 2 钱。

黄县白宝银　同上，同上。

沙河白宝银　同上，升水。

天津卫黑宝银　同上，升水 1 两到 8 钱。

山西黑宝银　同上，升水二三钱到七八钱。

太沽黑宝银　同上，升水最高七八钱，又有去水二三钱，含有铜沙，黑宝银的颜色带点黑。

江海关白宝银　同上，升水 1 两 2 钱。

河南圆底银　同上，升水 1 两左右。

河南次白宝银　同上，升水最多七八钱，去水二三钱。

松江锭　一个 4 到 5 两，作为生丝等其他商品的货款，由北京陆路而来，到达芝罘。

盐课银　一个 10 两左右，来自河南，是山东输送的盐的赔偿。

钱粮子　是小粒银，每个 1 两到四五两。钱粮代表地税，此银两不仅限用于地租，也用于其他。

灯草碗子　一个四五两到七八两，形状如灯盏，因而得此名。

重量小的银两的升水相比同质量的银两没有降价，去水多为加价，这是由于将在银炉中改铸的消耗量计算了进去。

七、芝罘银两的标准

各地马蹄银的成色即其中所含有的纯银的比例不尽相同，因而中国人为了表明这些的成色采用了一六、二四、二七、二八等这样的宝名。他们的含义是把称之为纹银的重约 50 两的马蹄银作为假想的第一品质，用它作为比较的对象来展示其品质的好坏。所谓一六宝银是说对于 50 两纹银有 1 两 6 钱差价的马蹄银。下面以此为标准，大家就都能明白纹银的成色了。印度造币局对上海马蹄银进行了实验分析，结果显示，纹银的成色是 935.374。

含有 2 两 7 钱 5 分升水的重达 49 两 9 钱 2 分的上海元宝银在芝罘检定的话，附了 1 两 1 钱 5 分的升水。相对于上海标准成色的纹银，芝罘则是以一六宝为标准的。即：

标准纹银的 50 两左右的二七五宝的升水　　2.75 两

一六宝以纹银为标准 50 两左右的升水　　　－1.60 两

因而以一六宝为标准的升水为　　　　　　　1.15 两

但是这个计算只针对计算成色，不考虑上海两和芝罘两的重量之差。

从大阪造币局的试验结果来看，上海漕平九八规银和芝罘漕平一六宝银的比较如下所示：

芝罘漕平重量　　　　　　50.80 两

同上　升水　　　　　　　1.15 两

总计　　　　　　　　　　51.95 两

检验此银锭得到如下结果：

50.8 两的重量　　　　　　28639.9 格令（英制质量单位＝64.8mg）

千分纯度之中　　　　　　986.5

1 两的重量　　　　　　　563.77 格令

流通价格 1 两的重量　　　551.29 格令

并且以上海银锭为例：

上海漕平重量　　　　　　50.87 两

升水　　　　　　　　　　2.80 两

总计　　　　　　　　　　53.67 两

根据九八的惯例　　　　　54.76 两（在上海的流通价格）

检验此银锭得到如下结果：

50.87 两的重量　　　　　　28778.8 格令

千分纯度之中　　　　　　985.5

1 两的重量	565.73 格令
流通价格 1 两的重量	525.52 格令

由此，这两个银锭的纯度之比如下：

$551.29 \times 986.5 = 543.84$ 格令

$525.54 \times 985.5 = 517.91$ 格令

$100 \times \dfrac{543.84}{517.91} = 105.006$

因此芝罘漕平一六宝 100 两＝上海漕平九八规银 105.006 两，并且只看其重量的话：

$100 \times \dfrac{563.77}{565.73} = 996.53$

因此芝罘漕平重量 100＝ 上海漕平重量 996.53

然而中国人未必会和这个结果有一样的比较，或者是

芝罘漕平一六宝 100 两	＝ 上海九八规银	104.50 两
同上	＝ 同上	104.88 两

无外乎是根据各种汇率并且力求自己利益最大化而定的。根据如今中国人所说的，芝罘两和各地两之比见下：

芝罘烟台漕平 100 两　　＝ 青岛胶平 101.0 两

　　　　　　　　　　　＝ 济南府济平 99.36－99.40 两

　　　　　　　　　　　＝ 上海九八规银 104.5－104.88 两

　　　　　　　　　　　＝ 黄县漕平 105.6 两

　　　　　　　　　　　＝ 宁海漕平 105.52 两（又说 103.02 两）

　　　　　　　　　　　＝ 羊角沟漕平 103.4 两

　　　　　　　　　　　＝ 威海卫漕平 101.57 两

　　　　　　　　　　　＝ 莱州府莱州平 94.697 两（又说 96.3 两）

　　　　　　　　　　　＝ 利津县利津平 97.5－97.6 两

　　　　　　　　　　　＝ 蓬莱仙蓬莱平 100.6 两（登州府）

　　　　　　　　　　　＝ 蒲台县蒲台平 98.5 两

　　　　　　　　　　　＝ 周村镇周平 97.3－97.4 两

　　　　　　　　　　　＝ 东昌县东昌平 99.2 两

　　　　　　　　　　　＝ 文登县文登平 98.0 两

　　　　　　　　　　　＝ 荣城县荣城平 98.3 两

　　　　　　　　　　　＝ 莱阳县莱阳平 95.0 两

　　　　　　　　　　　＝ 昌邑县昌邑平 96.2 两

　　　　　　　　　　　＝ 潍县潍平 99.2 两

　　　　　　　　　　　＝ 寿光县寿光平 98.35 两

                = 齐东县齐平 99.0 两

                = 北京六厘市平 102.0 两

                = 天津行平 101.15 两

                = 金州 100.4 两

                = 海城 100.85 两

                = 营口 101.4－101.2 两

                = 岫岩 100.7 两

                = 奉天 101.76 两

                = 盖州 100.85 两

                = 辽阳 100.38 两

                = 豺子窝 100.25 两

八、芝罘两和海关两

当时在海关用于征收税金的海关两和芝罘漕平两的比例是，海关两 100 两的话对于外国人则要芝罘漕平两 104 两 4 钱，中国人的话芝罘漕平两要 106 两 4 钱。区别于国人和外国人，二者之间有 2 两的价差。这是据 1863 年大清国向外国支付时，清国政府弄错了银换算法，海关两 100 两付与芝罘两 104 两 4 钱，而海关两实际上是相当于芝罘两 106 两 4 钱，自此之后留居于此的外国人皆以 104 两 4 钱、中国人以 106 两 4 钱进行纳税，一直沿用至今。

九、各货币间的比较汇率

在当地流通的货币的汇率即铜元的汇率在每天早上七八点和下午 3 点左右变动两次。当地的钱业者集聚于大街天后宫（大庙）内商定汇率。其他的洋钱等的汇率由钱业交易所确立，钱庄、银行、银号以及外国银行集聚钱业交易所决定其汇率。交易所不只决定兑钱的汇率，也决定汇兑的加价和减价。大正元年（1912）7 月 15 日的汇率列记如下：

英洋	1 元	芝罘两 0.710
北洋	同上	芝罘两 0.700
大俄票	同上	芝罘两 0.774
中俄票	同上	芝罘两 0.744
小俄票	同上	芝罘两 0.742
牛庄票	同上	芝罘两 0.700
半元洋	同上	芝罘两 0.615
日老票	1 元	芝罘两 0.720
日洋圆	同上	芝罘两 0.685

边洋圆	同上	芝罘两 0.700
小洋圆	10 角	芝罘两 0.587
江南圆	同上	芝罘两 0.695
吉林洋	同上	芝罘两 0.645
奉天洋	10 角	芝罘两 0.645
小日洋	10 个 10 钱银币	芝罘两 0.700
俄金洋	1 元	芝罘两 0.710
小洋钱	1 元	墨银 12 角以上
银元	1 元	铜元 134 枚
铜元	1 枚	制钱 10 枚

第二节　金融机构

一、外国银行

当地的外国银行中有俄亚银行的分店，除此之外都是办事处或代理店，现将其列举如下：

横滨正金银行　盎斯银行代理

俄亚银行

汇丰银行　　　太古洋行代理

麦加利银行　　和记洋行代理

东方汇理银行　同上

有利银行　　　同上

德华银行　　　捷成银行代理

除去正金、汇丰、俄亚银行都专营汇兑业务。

在当地，面向欧美和日本的汇率汇价是以上海汇率为基准算出的，外国银行之间是有汇兑率的，面对上海的汇率一般以 1000 两芝罘银对 1046 两上海银这样的标准作为汇率，根据金融的行情常常会有些许高低起伏。从旧历 1 月到 8 月之间金融行情发展比较缓慢，没有需要汇兑的人，因此上海汇率下跌；而 9 月到 11 月甚而进入 12 月后，金融告急，需要汇兑的人多，因而上海的汇率暴涨。

二、钱庄

当地主要的钱庄有：

谦益丰（兼营中国银行代理店）　据说资本达 100 万两

顺泰　　　　　　　　　　　　　资本金 150 万两

谦益丰是当地著名的一家豪商，除办理银行业务之外兼营公估局的银炉，还保管关税、厘金税以及其他官金，号称资本金总额百万两，在当地分商中信用很高，如今已破产。

顺泰除了主业以外还经营杂货、柞蚕丝和豆素面的制作，掌管山东盐税，在当地中国人和外国人中信用很好，现在来看一下两家钱庄的交易地：

谦益丰：天津　北京　营口　青岛　上海

顺泰号：天津　北京　营口　青岛　香港　上海　仁川　京城　濠州　神户横滨

境内汇兑的期限为 10 日拂，其汇率根据汇兑实况和利息而常常高低起伏，4、5月份时最低，12 月最高，当地的钱业交易所决定的手续费展示如下：

每一千两	汇兑买入费	5 钱（银两）
同上	汇兑交易费	1 两
同上	上海汇兑买入交易费	各 1 两
同上	上海电报汇兑买入费	5 钱

如上所示，如果组织钱业者未遵守规定，将处以 1000 两以上的罚金。

其他钱庄如下：

聚盛号	和兴存	协丰玉	福顺永	恒聚茂	恒德源	东德增	合昌永
和城泰	天义恒	恒祥和	正祥和	政利号	永和丰	和盛泰	同来兴
洪泰号	源发长	同泰利	恒祥茂	中和顺	直方大	恒盛和	恒记号
和昌永	德顺泰	恒盛德	裕成号	协和成	万慎和	东洪泰	中和盛
聚丰存	广泰成	和兴栈	恒源号	义成号	义泰永	裕记号	恒顺炉
聚丰义	天和兴	成顺昌	福顺德	恒生祥	合盛兴	福丰存	恒盛同
恒发裕	永顺栈	大德祥	恒泰裕	协盛同	同来盛	隆泰福	阜兴和
福泰永	恒记栈	宝生同	永丰德	公成顺	双盛泰	福丰祥	恒兴仁
丰泰永	丰顺栈	德成和	同丰祥	斗升恒	庆记德	同记号	义丰和
致和祥	源丰裕	义成东	兴顺得	恒聚栈	大德生	德春盛	德盛永
同升祥	公聚盛	盛兴德	丰升恒	广聚栈	恒盛仁	万春茂	大兴泰
裕增勇	增生东	六合舍	成盛兴	同合公	益丰泰	同盛源	德盛栈
合顺居	聚生东	福顺永	祥兴公	和益栈	聚斗益	恒聚泰	裕晋德
利盛泰	元兴和	西盛泰	双盛泰	利城泰	吉盛泰	永隆德	大昌永
聚盛长	源森公	昌记号	同盛和	蚨聚号	中和兴	源发号	吉盛泰
复来兴	四义成	恒茂盛	合记号	益顺德	长茂盛	同盛和	福顺和
同春福	天益恒	裕和湧	永聚盛	协盛玉	增盛德		

以上 146 家是我们在芝罘街头所见到的，但是盛衰无常，不免时过境迁。

钱庄的业务以兑换和买卖银子为主，大多还兼营杂货买卖等。

在芝罘大型交易采用银两，一般的小生意用铜元、制钱，因而钱庄的一般业务为银两、洋钱的兑换，并且在山东省打工的苦力们大多从芝罘出入，每年平均超过20多万人，虽然这些打工的苦力中有一成甚至两成移居到打工地，但是大部分人常常每两年至三年返乡一次，这些返乡者从西伯利亚和东北各地携带俄国货币、日本货币而来的人不在少数，换钱是钱庄的主要业务之一，因而钱庄的告示板上会写有收买俄帖、兑换银两的文字。

芝罘的金融与上海的金融有密切的关系，银两的汇率、换钱比率的高低、利息都受上海电报的影响。

在芝罘进行买卖的支票大部分是上海的支票，面向天津、牛庄等其他的支票都非常小额。

芝罘到各目的地的支票在各钱庄之间或钱庄和大商店之间进行买卖，当地的钱庄或大商店在上海都有分店、代理店或者交易店，或是有频繁的存款关系。因而芝罘、上海的汇兑十分便利，而和境内其他地方的汇兑关系较少，因此不太方便，汇兑手续费也自然比较贵。

汇率是1000两烟台漕平相当于1045两的上海两，以此为标准汇率。若要计算从芝罘到上海的即期拂的运费的话，一般以此标准来看，上述标准汇率又是怎么决定的呢？原来，芝罘银和上海银实际上的对比是1000两相当于1048两8钱，从中扣除千分之三左右的现银运费，加之银行业者的利益来进行计算。

在芝罘市场上进行买卖的支票是芝罘商人向上海的客户签发，作为汇票，通常是拿到票后10天，并且根据当时金融的繁忙程度和汇兑的偶然变动，在上述的标准汇率之上进行减价，此减价称之为贴色或贴水，与此相反也有加价的时候，称之为倒贴水，但是倒贴水在汇兑界并不是常态，仅限在经济界出现变动之时。

贴水的高低变化很大，但是最低是1两，最高是20两，一年平均下来大约是8两。

从芝罘向天津或牛庄的汇款交易实际上比较少，因此不如上海汇兑那么方便，对于牛庄，双方额度相同，天津的话，要以天津的1000两对烟台漕平的1004两这样的标准。

芝罘的外地商人在购买上海支票时一定会拜托交易的钱庄，支付一定的手续费来求购。然后钱庄根据嘱托来寻求上海支票。这个支票上写有字号、盖有印章，钱庄对支票负有全责。

在芝罘使用的汇票的样式为三联单式，或使用的是一片而成的样式，如下面两款所示：

三联票式样

根　存	票　汇	根　票
民国某年某月某日在烟台汇到某某宝号某银若干两正在汇到某地，见到票后晚几天兑换。　　字　第　　号	兹在烟台汇到某某宝号若干两，明确汇到某地见票晚几天无息交付。若有遗失以此为据。　　字　第　　号	此票根在烟台汇到某某宝号若干两，明确汇至某地后延迟几天。兑还　送交　收去即　　字　第　　号

一片而成的样式

兹在烟台汇到某某宝号若干两九八银平银，正汇至上海，见票延期几天兑换送交收去即将原票缴回，现以此为据。某某丰记　年　月　日　烟台某钱庄　汇票

三联单支票中应该注意的地方如下：

1. 无保不付，即没有保证人的话不支付支票金额，这是因为在中国转让支票时采用空白背书的惯例。为规避支付上的风险，特采用保证人的方式。

2.4 点钟以后以及礼拜天概不挂号，是说每天下午 4 点以后以及礼拜天，在出示支付或承兑的请求时概不应对。

为了规避在国内旅行的人携带现银的不便和危险，且为了在旅行目的地的大商店支取现银，就把现银存入当地的钱庄或商店，拿到兑换券，其形式非常简单，如下所示：

> 今收大洋五百元
> 某某栈　年　月　日
> 某某宝号

这虽然只是一张毛笔写就的纸片，但是却使旅行者可以获得在目的地取出所要现银的便利，其手续费是到即墨县一百元付一元半，到青岛付一元。

除去在大钱庄办理商人的存款以外，在钱庄办理存款之时，以公款为例，收入道台衙门东海关或厘金局等的收入金后，会将其借贷给其他的一般商人。然而在最大的钱庄谦益丰破产以来，处理公款业务移交给中国银行，在一般钱庄中信用降低的那部分商人的存款交由俄亚银行的办事处，因而钱庄的存款业务如下可见：

在当地的某钱庄经营沙金、赤金的买卖，当地集聚而来的沙金远的来自浦盐斯德、哈尔滨或东北各地，近的来自山东省境内宁海县下、捷霞县下等地。其品质较好的较少，如捷霞县下产的叫金四分位，在钱庄买到的块状的叫条金，在钱庄之间进行买卖，最终送到上海制成赤金。

条金的品质与纯度并不是一定的，在买卖之时用试金石观察其光泽，确定其品质的等级。

钱票是代替了铜元的纸币，有 1 吊、2 吊的区别。钱庄只需要举出与其发行相关的 10 个保证人报告给商会，并没有关于发行额度或正币相关的法律上的限制，也没有与钱业公所和商会有什么规定。让发行钱庄完全任意而为的话其危险程度自不必说。但是是根据钱庄一直以来的信用度来发行、借贷、支付的。钱票不仅在芝罘市场中盛行，信用高的钱庄的钱票甚至在芝罘以外的地方也有流通。

发行钱票的钱庄总共 18 家，详情已在前面记述。

三、钱业公所

烟台的钱业公所在宣统元年（1909）所定的规定如下：

烟台自通商以来汉洋交混，钱币常常变动，各种货币混用，恐其弊端越来越深，因而在甲辰年的秋天，同业者在儒林街创立钱业公所，作为同业者集会的场所，首先设立条例，整顿规模，最近钱业交易频繁，日日发达，新开设的钱庄很多，加入本公所的也由此增多。以至于现在房间狭窄、拥挤，也容易喧闹、滋事，因此重新整顿以保全市场的利益，我等先前创始了公所，现也应将当初的志愿继续传承，如今将其迁移至桃花街路西的楼房之中，并且重新整顿同业者集聚的条例规定，凡是同业者都应遵守，如有违反之人按照规章处罚，现将条例规定列举如下：

1. 钞票、洋元的汇率之前就无常，因此之后相互交易有涨落之时，不得互相有异议，杜绝私下争斗。

2. 代替客人买卖洋元之时，要扣除买卖手续费的 2 分，不允许徇私舞弊，不允许争买争卖破坏他人交易，杜绝以此扰乱市场安宁。

3. 代替客人买卖钞票时，扣除手续费，并且英洋与现洋以同样的比率扣除。

4. 代客买卖汇票的手续费是每一千两扣除 5 钱。

5. 代替客人办事时，不准模糊钞票的汇率，要明码实价真实办事，除去欺诈之弊，杜绝争竞。

6. 代替客人买卖俄帖的，俄帖的收支是每一万两扣除 5 两的手续费。

7. 代替客人办事，不准在材料中采用不正当的汇率，如若查明，必将严惩，绝不宽恕。

8. 代替客人办理元宝、锞、碎白银的，每封收取 5 分的手续费，估费、扛费客人自办。

9. 各钱庄的店员入会公所的话，要守规则，不得肆意放荡、喧哗，有失体面。

10. 会首议事时，不允许非会员擅自进入议事所，私自传议议事事项。

11. 要爱护公所中的所有物品，不可一片狼藉，如若损坏，各自赔偿。

12. 如若在交易中不和惹起争端，会首裁定是非进行处罚，如若不遵守，令其退会。

13. 公所中不论银洋、钞票，禁止一切空头买卖，如若违反，众议处罚。

14. 公所的公示由会首酌情考量，不准七嘴八舌或捏造不正当的市价，以此来安定市面，重视商业。

15. 作为同业者且是公所入会者，要遵照各项章程办理，如若未遵守，投票人可送信告发，依照前章加倍重罚，知情不报者，一旦发现，永不得出入公所。

以上是共同商定呈交于公所且经过认可的，各店铺的店员如若违反，每 1000 两征收 20 两的罚金，以此充缴公费。若未遵守，即时退会后不得再次入会，若今后痛改前非志愿再次入会者，需得到公所中若干金员的同意。

四、银炉

在芝罘的一共有 7 家银炉，即：

同泰利　聚丰厚　元兴和　恒聚栈　恒源　丰太永　恒顺炉

化费即铸银费，按一个 50 两元宝需付 1 钱的比例支付。

五、公估局

公估局原本是谦益丰兼营的，其钱铺破产之后，公估局如今独立出来，公估局的估银费即鉴定费，按一个 50 两元宝付 35 文，一个 10 两中锭银付 10 文，二三两位的碎白银每 50 两付 35 文。

由各地输送而来的元宝不能改铸，在芝罘市场流通时，要求在公估局鉴定，要改写在元宝表面留有申水或押印，这个改写费称之为写费，一个 50 两元宝要 35 文。

六、当铺

芝罘的当铺是一种特别的设置，没有独立营业的情况，都是由福山县城的通惠当铺代营的，即典当分店，之所以起名叫接当局，大概是因为接当是代理其他当铺进行当赎的意思。

通惠当铺在距离芝罘西边30余里的福山县城，其财主是黄县的丁氏，当期是28个月，当利是每月2分，即1吊钱，也就是20制钱。

在当地接当局典当的衣服等在一个月内赎回的话没有利息，只收在典当时叫作脚力的几分手续费，脚力根据典当物品的种类价格不一，一般来说是1吊，四五十制钱。

典当的物品一个月没有赎回的话，接当局就将其送至福山县城通惠当铺。当期、当利等都依据规定，接当局每个月末用驴马将这些典当物品送至福山县城，其驴马的费用由接当局负担，赎回之时，到接当局告之，但并不能马上交易，要从福山县送还回来，一般来说需要3天。

开设接当局不需要官府的领帖，只需要福山县衙门的许帖即认可书。拿到许帖需要一些缴费，其数额是不一定的，有时是二百两，有时是四百两或五百两，根据资本的多少在缴纳金额上应该也有些差异。

开设之时缴纳了这个纳银的话，后面就不需要缴纳当税等税了，只需要每年向县衙门缴纳几件贫民衣服就好了，衙门将其给予贫民，这是在其他地方所看不到的，此县下的当铺都采用这个方法，缴纳的贫衣数量各不相同，汇记接当局每年有200套，同记接当局每年180套，这不是一时上交的，分一年四季，在正月、4月、8月和12月上交的，将此叫作贫衣，其质量是很粗劣的。

在芝罘的接当局总共有8家，即：

汇记接当局　汇记接当分局

恒丰长接当局　恒丰长接当分局

大有接当局　大有接当分局

同记接当局　恒发裕接当局

除了以上接当局以外，还有称作小押的小规模、小资本的当铺，以苦力、贫民为接待对象，贷款给他们。

第四章　龙口的货币

龙口这座城市是近来的交通要地，于 1915 年开市，有去往大连等其他东北各港口的定期船只，是山东半岛和东北联络的便捷之路，山东人去东北谋生的全经由此港。

流通货币有各种银元、俄罗斯银元、日本银元、东三省铸造的小银币、各省的铜元，以前用制钱的很多，而现在多被熔解，渐渐消失了其踪迹，但是根据长久以来的习惯，交易中吊还是第一位的，1 吊是 500 文，将其换作铜元时，1 吊是 50 个，各种银币的汇率都以吊来定、来建立各货币之间的汇率。银行的话有中国银行和交通银行的分店，交通银行负责保管关税、发行纸币，除此之外日本人设立的龙口银行也发行 1 吊、5 吊、10 吊、50 吊、100 吊的纸币。

当地流通的元宝银有足银、宝银、吉林大翅宝、锦宝银和黄县白宝银，一个 50 两左右。当地的金融在东边 40 余里，处于黄县管辖范围内，其用的平是黄县漕平。

海关两 100 两 ＝ 黄县漕平 110.5 两

黄县漕平 100 两 ＝ 芝罘漕平 94.4 两

第 5 卷

四川省的货币和金融机构

第一章　重庆的货币和金融机构

第一节　货币

一、银元

四川省的银元起源于 1896、1897 年的时候，由当时的总督鹿传林将湖北银元 10 万元引入四川，并使其在重庆流通而来的。当时银元的面额价格是库平 7 钱 2 分，为了使用银元，需要与银块一样称量重量，鉴定银质，反而使商品交易变得繁杂，于是总督在省城设立了银元局，铸造银元，并采取强制手段使银元按面值价格流通。总督从美国进口机器，并于 1901 年春安装，翌年又在重庆开设了分局。由此，在本省本来当时面值价格可以是库平 7 钱 2 分的银元，由于总督的命令，以渝平银 7 钱 1 分的价格流通。前些年试验性流通的湖北银元 1 枚的银质是 900 位，买价行情为渝平银 6 钱 9 分至 7 钱，而与湖北银元相比，同样重量但银质稍好的四川银元必然会稍贵一些，本是以此为理由的，但该命令执行得并不彻底，商品交易以两或制钱为单位，银元根据银两和制钱的行情决定其价格，与其他省并无差异。

四川省铸造的银元为 7 钱 2 分的 1 元，1 角、2 角、半角的小银币，还有 3 钱 6 分的半元。其中半元铸造的较少。

新铸的四川银元的成色远逊于旧铸造的，非常粗劣，因此旧银元在现在的市场上较少，被改铸成了新银元。

新旧银元中，除了成都、重庆及其附近的城市外，很少见小银币的流通。

二、银两

重庆的银子一般以足色为标准，只有行家靠眼力可以鉴别，因此被称为足银的（或票银）并不一定是足银，其成色不过是以 980 位（即二四宝）为标准。

银两的大小上有元宝银（50 两左右）、大锭（10 两左右）、中锭（5 两左右）及碎银（各种银块的碎片）等，其中元宝铸造的较少，中锭也不多，使用最多的是大锭。

由重庆的倾销铺改铸的大锭最少是以 980 位为流通的标准，与下游各港相比，银质较好。依据银两成色，大体可分为新票、老票、套槽。

所谓新票，是指由倾销铺改铸后直接投入市场的银两，是金融业者的标准货币。因此若使用老票或套槽支付时，需要加以升水。

所谓老票，是原本的银锭的意思，然而新票离开金融业者之手在市场上流转的时候，就失去了新票的性质，被视为老票，不过其品质与新票并没有丝毫不同。老票若想回归到金融业者手里，100两需要升水2钱。也就是说会有2钱的减额，然而在普通的交易中，使用新票还是老票并不会有什么影响，因此对于老票的2钱的减额，与其说是减额，不如说是改铸费用更为妥当。

套槽是指比当地流通的货币成色低劣的不良银锭，一般100两有1两乃至四五两，偶尔甚至到10-20两的减额。套槽在长江附近的各市较多，在其他地方很少见。

鉴定方法非常简单，虽然也有用铁铗夹断，或者用凿子打孔的方式，但这非常少见，一般是通过银子的颜色来判断优劣，可疑的时候，就用优质银两与其相互击打，听其声音来判断品质。各商店的管秤的都有丰富的经验，很少会有鉴定出错的时候，因此实际上很少会去麻烦公估局。

银锭的铸造方法首先用硝石、砒石、硼砂去除其中的杂质，若是怀疑还有锡的成分，则要用树脂除去。若是杂质甚多，全部去除会使银两有明显减量的情况，这时则加入少量的铅。

在重庆通行的平码虽多，但主要还是以渝钱平为主。然而光绪三十三年(1907)，成都商务总会为了统一市场上流通的混杂的平码，商议决定取成都的九七平为制平，随即民国成立，商务总汇努力将此制平推行至四川全省，因而现在使用九七平较多，即使在渝钱平因袭已久的重庆，九七平的势力也在逐渐扩大。

重庆等各商埠一般设有公平局或官平局，掌管银的称量，商人们每次交易都要将银子拿到局里，领取证明书或在银锭的背面记录重量，以此作为价格的标准。然而在局里得到证明的金额并非只有数两、数十两，当涉及数百两的交易时，当然也有人就不再进行这样繁杂的手续，而是用自家的秤来称量。因此，也有不少人认为使用九七平很麻烦，依然使用旧时的渝钱平。

现在，以重庆的成色标准和渝钱平为基准的重庆两与各地的成色和平码为基准的两的兑换价如下：

成都 100 两＝重庆 100.20 两	叙州 100 两＝重庆 101.20 两
泸州 100 两＝重庆 100.60 两	嘉定 100 两＝重庆 101.30（100.98）两
合州 100 两＝重庆 100.93 两	绵州 100 两＝重庆 100.68 两
顺庆 100 两＝重庆 100.27 两	沙市 100 两＝重庆 100.60 两
潼川 100 两＝重庆 100.30 两	贵州 100 两＝重庆 101.21 两
遂宁 100 两＝重庆 100.60 两	云南 100 两＝重庆 100.34 两
南川 100 两＝重庆 101.30 两	宜昌的宜平 100 两＝重庆 97.90 两
东乡 100 两＝重庆 99.92 两	汉口的它平纹 100 两＝重庆 100.30 两

綦江 100 两＝重庆 101.80 两	汉口洋例纹 100 两＝重庆 98.40 两
涪州 100 两＝重庆 100.50 两	苏州的苏漕平 100 两＝重庆 102.31 两
荣昌 100 两＝重庆 102.00 两	湘潭 100 两＝重庆 100.05 两
绥定 100 两＝重庆 101.50 两	长沙 100 两＝重庆 100.35 两
璧山 100 两＝重庆 102.10 两	常德 100 两＝102.20 两
夔州 100 两＝重庆 98.73 两	上海九八规银 100 两＝重庆 95.20 两
西充 100 两＝重庆 100.93 两	天津老钱 100 两＝重庆 100.78 两
自流井 100 两＝重庆 99.62 两	北京京市平 100 两＝重庆 100.00 两
广东司码平 100 两＝重庆 98.96 两	

九七平其名称的意义不明，藩库平 100 两相当于九七平 104 两 4 分，也就是说九七平 100 两相当于藩库平 96.115 两，九七平的名称或者是由于最初库平 97 两相当于九七平 100 两而来的。渝钱平与九七平的比较如下：

渝钱平 100 两＝九七平 99.8 两

九七平 100 两＝渝钱平 100.2 两

在重庆，除了标准的渝钱平和九七平之外，各商家还有其独特的平码，其中用于主要交易的平码比较如下：

货平 100 两＝渝钱平 99.92 两	棉纱平 100 两＝渝钱平 99.92 两
杂货平 100 两＝渝钱平 100.20 两	缎子平 100 两＝渝钱平 99.92 两
棉花平 100 两＝渝钱平 101.43 两	盐钱平 100 两＝渝钱平 99.85 两
药材平 100 两＝渝钱平 100.80 两	水银平 100 两＝渝钱平 99.92 两
广平广货定额平 100 两＝ 渝钱平 100.12 两	

三、渝钱平、海关平和库平

渝钱平相当于库平的 968/1000，现在库平的标准是 575.82 格令（英厘），也就是说：

$$575.82 \times \frac{968}{1000} = 557.394$$

即，渝钱平 1 两的重量可视为 557.394 格令。另外，海关两 1 两为 581.47 格令，则：

$$581.47 \div 557.394 = 1.0432$$

即，海关两 1 两相当于渝钱平 1.0432 两。其标准成色为 980 位即二四宝，海关两的标准为 1000 位，则：

$$1.0432 \times \frac{1000}{980} = 1.0645$$

即，海关两 1 两相当于渝钱平 980 位银的 1.0645 两。海关将此加上改铸费等，规定：

海关两 1 两＝渝钱平两 1.0729 两

海关两 1 两＝九七平两 1.709 两

四、铜元

清代，铸造铜元利润较大，各省都争相铸造。四川省虽在成都设立铜元局，但其铸造金额不多。因此使用了川汉铁路公司的费用，试图在重庆设立铜元局，但当时各省铜元甚为泛滥，因此光绪三十一年（1905）清政府下令局所合并，统一铜元铸造，重庆铜元局的设立也就此流产。因此铜元的流通被限制在以成都为中心的周围短距离区域，然而，其后又在重庆重新设立了铜元局，并装配了制造力为一日 2 万吊文的机器，但是制造额为 3000 吊文，视市面情况，停止铸造的时候很多。

铜元的种类有 200 文、100 文、50 文、20 文、10 文。

四川省铸造的铜元还有大量的锌，呈黄色，且样式各异，不与他省流通，反而他省的铜元流入四川的甚多。

所有的铜元 1 个叫 10 文，100 个为 1 吊文，与他省相同。但与制钱、银元等的汇率每天都在变化。

五、制钱

制钱根据毛钱的有无被命名为以下几类：

红钱 1 个毛钱都没有混入的，用于纳税等。

根据 100 个中含有毛钱 20 个、30 个、40 个等又被分别称为二八钱、三七钱、四六钱等，用于大额交易。

当铺的贷出及支付用人工钱时会使用红钱，而且是满钱，即 100 个算 100 文的算法，一般来说 99 个就算 100 文，497 个算 500 文，795 个算 800 文，994 个算 1000 文。

四川省的主要货币为制钱，一般的交易都是靠制钱来完成。因此，以吊文为标准，每天规定与其他各种货币的汇率，举个例子：

银锭 10 两＝21 吊 500 文（2150 个左右的 10 文铜元）

银元 1 元＝1 吊 480 文（148 个左右的 10 文铜元）

第二节　金融机构

一、票号

当地的票号除了天顺祥以外，其他的都停业了。曾经的票号有如下 10 家：

云南帮　天顺祥　仁和堂

山西帮　宝丰隆　三晋堂　晋丰泰　蔚丰厚

　　　　蔚长厚　大德恒　大德通　百川通

票号的实权渐渐转移到钱铺手里。

天顺祥收支官银，变乱之际不同于山西帮的倒塌，独自存活下来，在当地金融界乃至其他事业界都不可小觑，其势力之大，往往可以左右都督。

二、钱铺

票号拥有百余年来的信用，其存立根基深厚，资本额亦大，而钱铺仅仅是存立于票号与资金需求者之间，收益少许利益。时间久了，钱铺的信用日益增加，资本也越来越雄厚，终于在票号崩塌之际取代了票号。票号与钱铺之间的借贷和票号与其他资金需要者之间的借贷不同，每个比期（每半个月的决算期）都会进行决算，而钱铺和商人之间的借贷一般是短期且小额的，回收比较容易。

现在，可称为钱铺的有如下 16 家和成都裕商公记。

义厚生	陕西街	协心和	陕西街	谦敬胜	陕西街
永顺成	陕西街	和　济	陕西街	德厚生	状元桥
源远长	状元桥	利生恒	打铜街	同升福	打铜街
谦祥益	打铜街	集成亨	千厨门	荣　记	千厨门
集文祥	接圣街	恒　丰	曹家巷	元丰长	曹家巷
正大昌	曹家巷				

但是这些钱铺的兴废很常见，算上其他的兑换银钱的铺子，其数量有几百之多，基本以银钱的买卖和小额贷款为业。

三、新式银行

除濬川源银行（接圣街）、铁道银行（半边街）、保泰银行（陕西街）以外，还有晋丰银行、晋丰银行的总行在江津县，是小银行。由股东 15 人合资，成立于清末。资本金 10 万两，其营业内容与钱铺没有不同。汇丰银行也派中国人代理，专门负责关税的收存，与金融方面关系甚少。

第三节　汇兑

由于重庆左右着四川省的贸易，因此四川省的对外汇兑由重庆掌握。汇票分为电汇（电报汇票）和普通汇兑，普通汇兑又分为现票即见票即付和出票后定期付款。出票后定期付款又分为出票后一个月付款和出票后两个月付款。大多数是出票后一个月付款，其次是现票。

重庆汇兑的汇率是以银行的卖出汇率为基准开票的，所谓其他地区的1000两相当于渝钱平的多少，即支付结算的形式，手续费会加入市场价中，这一点与一般情况相同，小额交易也会需要手续费。

上海汇兑是以952两为底子，即平价，根据棉丝商人的说法，上海汇兑（见票即付）以960两左右为黄金输送点，重庆、汉口之间的银块运费每千两如下：

重庆到宜昌　民船运费　钱1吊文
宜昌到汉口　汽船运费　银1两8钱2分
宜昌到汉口　保险费　　银1两2钱5分
　　合计　　　　　　　银3两7钱8分

即银3两7钱8分左右。下表以平常年份的汇率举例，以上海九八规银和汉口洋例足纹银各1000两对重庆渝钱平两的汇率，前者为952两，后者为984两。

	汇往上海（上海银1000两）		汇往汉口（汉口银1000两）	
	1个月支付	3个月支付	1个月支付	3个月支付
1 月	897.7	897.7	944	943
2 月	869.3	867	916	913.3
3 月	895	896	943	943
4 月	871	871	918	918
5 月	885	885	932	932
6 月	908	892	955	942
7 月	930		976	
8 月	927		975	
9 月	929	924	975	970
10 月	930	928	976	972
11 月	947	935	994	984.5
12 月	952	936	1000	987

钱铺汇率

	汇往上海		汇往汉口	
	1 个月支付	3 个月支付	1 个月支付	3 个月支付
1 月	895.3	890.6	941	936.3
2 月	867.3	864.6	913	906.6
3 月	894	894	943	943
4 月	870	870	916	916
5 月	883	883	930	930
6 月	906	890	953	940
7 月	928		974	
8 月	925		973	
9 月	927	919	973	965
10 月	931	924	977	968
11 月	946	930.5	993	980.5
12 月	951	932	999	981

　　重庆与外省的汇率变动一直非常大，以至于有贸易者以汇率上下变动来做投机生意。反之，对成都及四川其他地区的汇率则比较平稳，没有什么汇率变动，只是平价加上一定的手续费，但手续费有高低不同。

　　外省的汇率变动与许多原因有关，其中与扬子江的水量增减有较大关系。也就是说，枯水期船容易航行，贸易也会较为繁盛，需求增加，因此汇率上涨。而水位最低时船航行困难，需求减少，因此汇率下落。正月、2 月水位最低，贸易不景气，汇率较低或平稳。3 月、4 月开始涨水，汇率稍微上涨，6 月由于贸易繁盛，汇率高涨，7 月是决算期，而 9 月、10 月是枯水期，需求增加，贸易繁盛，汇率高涨是常事。11 月、12 月交通不便，贸易不振，汇率本该下落，但由于是决算期，当地的债务者必须支付债务，因此有需求，汇率不会下降。

　　重庆的贸易大多有些贸易逆差，在禁烟之前，由外省直接流入的鸦片货金较多，不但能调节贸易，而且使四川全省处于贸易顺差，上海汇率渝平 952 两（九七平 955两 5 钱）以下为常态，然而现如今禁止栽种罂粟，而改为种植桑棉等，农业与种植罂粟时不能比，因此贸易业终于呈现逆差，加上禁止现银出口令的颁布，汇率市场异常高涨，特别是最近受欧洲战乱的影响，本省输出的货物堆积在上海，结果引起了从未有过的汇率高涨，上涨至平价的一百二三十两，汇率由各钱铺协议，每半个月定一次，然而实际上各钱铺的汇率各不相同，1915 年秋一般汇率如下：

　　向上海 1220－1230 两　　　向汉口 1230－1240 两　　　向沙市 1220－1230 两

向太原 1250—1260 两　　　　向北京 1300 两

第四节　贷款与存款

　　银行及钱庄的贷款期限一般为 3 个月以内，利息与汇率相同，每半个月由金融业公所协定一次，以此为例，再由各钱铺考虑借款人信用及必要程度决定。民国四年（1915）11 月的利息为 1 分 3—4 厘，每年旧历 3 月左右，蚕丝、药材及山货上市，金融方面紧迫，利息有时会达到 2 分以上。

　　贷款分为定期和便期（不定期），便期贷款从一开始就不设定偿还日期，利息比定期高出两三厘。上述的 1 分 3—4 厘是定期（3 个月）的利息。

　　对于存款，钱铺基本只是保管，没有附加利息。对钱铺来说，存款并不一定是其贷款资金的重要部分。

第五节　票据

　　在重庆，票据有相当于本票的执照票、汇票及借票。

　　在中国虽有法律，但执行情况较差，而且法律并不完善，因此在票据方面，承兑保障、转让、票据的权利和义务并不能受法律保护，导致票据并不能完全得到本质上的流通，这也是不言而喻的。因此无论执照票还是汇票，其信用程度不高的话不能交易，对于前者，必须弄清其发行者的信用，以及发行者是否真正发行了该票，对于后者必须弄清支付者的信用水平，当然，这样票据之所以为票据的理由就被大大抹杀了。

一、执照票

　　执照票又可称执票，以流通为目的，俗称通票或转票。

　　执票是无利息、定期支付的票据，大多以半个月或 1 个月为期限，但也有 2 个月或 3 个月等为期限的，对期限没有一定限制。

　　发行的形式有 2 种，一种是写有发行的实际日期，并标明支付期限的；另一种是以发行日期为支付日期，票据上不写明支付日期。而后者应该是在到期后见票立即支付的，虽说如此，但发行时并没有多少见票即付的。执票一般都是普通商人在买卖或需要现金授受时发行的，因此从发行目的上看就是单纯的本票性质的票据，那么以定期支付为原则也就不奇怪了。

　　执票为无记名式，持有人可以随意转让，然而要接受这种票据的人，首先需要在发行者那里确认其是否发行，然后再接受。其流通区域也甚窄，只是凭借发行者的信用流通。

　　标明支付期限的执票如下：

```
                        第   号

凭票兑新票银壹仟两正此
        其银限六月末日见票无息交兑
执照

                    己酉  四月初八日  义盒长票
```

未标明支付期限的执票如下（发行日期即为支付日期）：

```
                        第   号

凭票即兑票银位百两正此
        执照

                    己酉  四月初十日  刘兴记票
```

二、汇票

汇票是最为普通的票据，多用于支付金钱，也会用于收钱的情况。

汇票都是记名式的，分为当地发行和当地兑付。当地发行的汇票极少在当地流通，当地兑付汇票即在当地进行支付的定期汇票，会在当地两三人手中流转。由于当地钱庄很少会给定期汇票打折扣，因此渐渐形成了在知己间转让汇票的习惯。

汇票上，写明了委托支付人在支付地以一定成色的银若干两支付，以及一定的日期和开出汇票的年月日，其文本有以下几种：

简单的汇票（见票即付）

```
          第十八号  合票为凭

凭票汇到
某某先生上海规银壹仟两整见票
    无息交兑  此致
茂生记宝号  台照
                    丁未四月初二  〇〇合票
```

书简的汇票（见票即付）

```
渝字第五十号　存查　此据倘有遗失中外人拾得均作为废纸
敬启者兹收到
吉利宝行上海规银贰仟两正汇至上海分记取兑书交此函为览至祈
验明照交撤信涂销勿误此请
某某仁兄大人筹安
                                                    李耀廷
                                                    傅蓝田　拜
丁未八月初八                                        渝城　天须
                                                        祥记　泐

渝字第五十号　汇函亥封
```

三、借票

借票可以说恰如有利息本票，是在借贷之际由借贷人发行的带利息的记名式票据。从其形式来看，只是担保的简明的指名债券证，应该说不该被称为票据。然而有时也会有流转的情况，这时，从不需要对债务者进行通知或承诺的方面来看，借票又有类似票据的性质。

借票的式样

```
                        借到
票银贰仟两正其银借至五月底期兑
每月每仟两利息艮�N照算
德生义宝号台照                    借字人　张仁卿票
```

最后，为了保证这种票据，有时候转让人会给接受转让的人一种叫包票的东西，这个虽说是票据的保证，但与我们的票据保证即连带保证并不是一回事。

第二章　成都的货币和金融机构

第一节　货币

一、银两

在成都，流通的银平有九七平、九八平、九八三平和九八五平等，自光绪三十三年（1907）以来，统一使用九七平。从商务总会可领取砝码，城内四门设有公码局，以称量交易的银锭。禁止使用私平以来，不仅在成都市内，而且时至今日九七平已经扩展到全省范围。

银锭为足色银即票银（980 位左右的即为二四宝），并不铸造元宝形状的银锭，商品交易都用 10 两左右的大锭，中锭、碎银也继续被使用。然而由于不兑现纸币的猖獗，当地一般情况下银很少，甚至传言三分之二的金银块都被深埋于地下了。

二、银元

银元是由当地造币局挖掘会理及其他矿山的银块，加上旧银币改铸而成的四川银币。其品质甚为粗劣，不能与外省银元相比。听闻军政府为了发行军票，见到市场上的银元减少，因此命令缴纳银锭千两的人，交付相当于 1010 两的银元，继续发行算入了造币费和中饱私囊的费用后的粗劣银元。

鉴于此种趋势，银元并非只是对银两形成增额，不仅难以保持 7 钱 1 分的价值，与旧银元相比也有几分的差异。

（一）军票

1911 年，四川都督命四川银行发行军票 300 万元，发行时曾宣布发行额不可超过此额，然而第二年又发行了 300 万元，之后又发行过两三回，总额高达 1200 万元。同时，军政府又发行了一种大汉四川币，与纸币以同一价格流通。银币有 1 元、5 角、2 角、1 角及半角 5 种，军票则发行了 5 角、2 角、1 角 3 种。军票数量进一步增加，然而 5 角以下的军票在其后被回收，现在在市场上已不可见。利用钱庄发行了小面额纸币以取代之。

军政府虽然为了维持军票和银币的价格而努力，但由于滥发，其价格明显下落，军票 1 元相当于 800 文，银元 1 元相当于 1 吊 500 文。四川连年发生变乱，虽然政府出台了种种回收军票、银票的政策，但还未见明确的成案。

（二）铜元票

与军票相同，铜元票也十分盛行，其发行所为财政厅直属机构，于民国三年（1914）6 月设立于总府街，从事军票的兑换，其目的是回收军票，然而一时无法做到同额兑换，于是先以军票 1 元换铜钱 400 文、铜元票 600 文的汇率兑换，成为钱票的发行所。然后随着要求兑换者的增加、铜元的减少，变为只以钱票兑换，钱票就与军票一起成为了另一种不兑现的纸币。

（三）铜元和制钱

铜元和制钱也随着军票和铜元票的泛滥渐渐从市场消失，仅在百文以下的交易或计算零头时，可见少量的流通。购买日常用品很少用到铜元等。

民国二年（1913）秋的汇率如下：

银两 10 两	20 吊文	军票 25 元
银元 1 元	1 吊 400 文	军票 1 元 700 文（与铜票相同）
军票 1 元	780 文	

第二节　金融机构

一、票号

四川的票号陆续关张，很多贷款无法收回，待得混乱稍微平息，很多票号立即试图复建，现在开业的票号有：

蔚盛长（新街）	蔚泰厚（新街）
百川通（东大街）	日升昌（东大街）
蔚丰厚（走马街）	宝丰隆（老古巷）
蔚长厚（暑袜街）	

而云南帮的天顺祥，山西帮、新泰厚、天成亨、协同庆、存义公等依然处于停业状态。

这些票号的汇兑，汇往上海是 1080 两至 1100 两，汇往汉口是 1300 两左右。与上海的平价是 954 两，与汉口洋例纹的平价是 986 两。另外，当地中国人会委托外国传教士汇款，在四川省的外国传教士一半是属于天主教的法国人，一半是属于新教的英国人，这些外国人与上海的来往不绝，在汇款往来方面必不可少，因此很多天主堂或福音堂负责办理对上海的汇款，由天主堂负责的汇款在上海徐家汇、由福音堂负责的汇款在上海汇丰银行接收现银。

他们并不收取任何手续费，而汇款必须使用银元，这类汇款需要将较大额的银元安全送达，不言而喻，这种方式对于汇款者来说是最有利的。

其他新式银行也不得不开展汇款业务，然而开展业务时间尚短，未见有什么经营上的进展。

二、濬川源银行（四川银行）

濬川源银行（四川银行）设立于清末，是四川省的官方银行，依照其章程，本银行以公款400万为资本，经营可靠、扎实，然而，由于变乱蒙受巨大打击。民国二年（1913），四川省议会谋筹重建本行，并于同年正月16日开业，试图逐渐恢复在万县、泸州、沙市、宜昌、汉口、上海、北京的分店。

本行受财政厅委托，负责处理全省金库的事务，与四川银行异名同体。发行军票时濬川源银行未开业，于是以四川银行的名义发行了军票。

三、四川川路有限公司附设阜川银行

由于川汉铁道工程的延期，为了能在其他有利的方面利用资金，川路公司阜川银行成立了。

本行自民国二年（1913）5月开始营业，主要业务有贷款、汇兑。据称贷款额有70万元。在重庆、泸州设有分店，对宜昌、汉口、上海、北京开展汇款业务。其章程如下：

第一章　总纲

一　本银行由川路公司拨款组建，性质为有限，故定名为川路公司附设阜川银行。

二　本银行以活动金融和存放路款为目的。

三　本银行在成都设立总行，待总行经营有成效后，可在本省各道商业繁盛地择要设立分店或代理店。设立时呈报财务司立案，并分报各该分行所在地方官。

四　本银行资本自川路公司股款内专项提出现银100万元。

五　本银行预定营业30年，后视经营情况决定是否续办，由川路公司股东总会议定并呈由财政司核准。

第二章　营业

六　本银行于铁道未开工以前，遵照银行通行则例所载办理3个月或6个月的短期借贷，以及存款、汇兑、拆息、兑换金额等业务。

四、钱庄

阅览商务总会宣统三年（1911）银号注册簿，摘录如下：

商号	资本主	原籍	管事	资本金额	设立时间	地址	分号
金盛元	马金盛	陕西	党功三	17万两	嘉庆	西顺街	城内有金盛泰、金盛同、金盛惠、金盛和、金盛贞、金盛丰6处分号

商号	资本主	原籍	管事	资本金额	设立时间	地址	分号
兴盛长	郑三聚	陕西	张祺	4万两	嘉庆	南新街	城内有兴盛源、兴盛魁、兴盛慧、兴盛生、兴盛块、兴盛长6处分号
义兴和	常五福	陕西	王介乡	12万两	光绪	皮坊街	城内有义兴恒、义兴盛、义兴冷（同名2店）、义兴惠、丰裕森7处分号
鼎新合	史三畏	陕西	程福寿	4万两	道光	提督街	
永聚公	翁三余堂	浙江	孟湖树	2万两	光绪	北新街	
德城裕	郝浴德堂	山西	张元淑	2万两	同治	西东大街	在龙泉、合州有分号
永盛明	黄厚堂 黄福录堂 黄德厚堂 王荫三堂	山西	王寿山	3.5万两	光绪	中东大街	在内江有分号
宝丰厚	乔三多堂	山西	甲喜畯	4万两	光绪	学道街	在简州、龙泉有分号
天长厚	郝振镛	山西	李后陞	4万两	光绪	东大街	在金堂、绵州、资州、简州有分号
四达亭	范濂	山西	许清	3.2万两	光绪	半边街	
恒丰裕	焦协和	陕西	郭淳五	10万两	道光	南暑袜街	在崇宁（垣丰和）、彭县（恒丰荣）、新津（恒丰彩）、新都（恒丰顺）各地有分店
裕川厚	孙广信	贵州	刘策臣	2万两	同治		
恒兴裕	平祥增	丰宁县	赵殿发	不明	光绪	暑袜街	在崇宁县有分号
世德辉	李克省	陕西	冯税和	0.8万两	道光	西东大街	
聚川元	宋宝树	江西	祭洁泉	1万两	光绪	西顺城街	
长裕元	刘子康	陕西	扬仲里	5000元	光绪	南书院街	
道德源	渠渭南堂	山西	曹集亭	2万元	光绪	南新街	在内江县有分号
新元裕	冯焕	崇宁县	本商	不明	光绪	北暑袜街	
永顺兴	柏惠氏	陕西	张德三	8万元	同治	什邡县南街	在新都、绵竹、安县、石泉、绵州各县有分号
达顺明	郭房东堂	山西	成克友	1万元	光绪	西东大街	在江油县有分号
同泰蔚	孟继孔	山西	王重仁	2万两	宣统	学道街	在嘉定、温江县有分号
天来庆	宝荫三堂 廖四知堂 张叙伦堂	山西	王鹤龄	3万两	宣统	中东大街	在嘉定有分号
长祭祥	刘蕰山	本地	本商	1万两	宣统	簇桥场	

商号	资本主	原籍	管事	资本金额	设立时间	地址	分号
源利通	依人堂 凝道堂 爱善堂 古香堂 怡蓝堂 厚荣堂 守岸堂 万利堂		王森林	4万两	宣统	北新街	拟分号资阳、隆昌、绵州、中所坝、潼州、内江、眉州

上述各家钱庄如今并非都景气，但完全闭店歇业的也少，可期待形势平稳后以图复兴。这些钱庄如今营业范围非常窄，其分号所在地的情况不一定与总店相同，有的完全歇业，也有的反而更加繁盛。

第三章　双流县的货币

双流县的银两使用九七平足银为标准，同时也使用银元、军票、铜元票、铜元、制钱。米油店兼职兑换银钱，除此之外没有钱铺。每月3、6、9日在一般日用品的集市上会有银市。

兑换汇率：

银锭10两　　19吊200文

银元1元　　　1吊360文

军票1元　　　790文

第四章　新津县的货币和金融机构

新津县使用九七平票银为标准，也使用银元、铜元、制钱、军票，但几乎不可见铜元票。

兑换汇率：

银两 10 两　　　19 吊 200 文

钱元 1 元　　　1 吊 360 文

军票 1 元　　　820 文

新津县有 4 家钱铺，每家都因自从军票流通以来贷款很难收回而苦恼，几乎处于停业状态。贷款以 6 个月为 1 期，月利 1 分四五厘，利息会因借款人的信用调整利息高低，钱铺的字号等如下：

商号	资本主	帮别	资本金	地址
恒丰彩	焦氏	陕西人	6000－7000 两	正街
同庆堂	武氏	陕西人	2000－3000 两	正街
义泰裕	马氏	陕西人	2000－3000 两	正街
永聚公	孟氏	山西人	2000－3000 两	正街

第五章　保宁府的货币和金融机构

以银元、铜元、制钱为主要流通货币，其中制钱的流通最为广泛。1 角相当于 12 个铜元，10 角为 1 元。保宁府虽为大城镇，然而钱铺数量甚少，仅在城外有 2 家，城内有 2 家，而且这些钱铺虽然名义上叫钱铺，实际上只能兑换制钱，不能兑换铜元。

因此若有大量银子想兑换，只能去街上的大商店。东关大街上有家叫利生号的小钱铺，若去这里兑换 100 钱（约 3.75 克），1 两的重量为 9.73 钱，100 钱则为 10.27 两，1 两可兑换 165 个铜元。

在学通街上有家当铺叫正佑堂，为山西人所开。资本规模小，1 期 24 个月的月利为 3 分。

第六章　昭化县的货币和金融机构

　　昭化县的流通货币有制钱、铜元、银元、小洋（小面额银币）、军票、外省银元等。铜元有 10 文、20 文和 50 文的。小洋有 1 角、2 角和半角的。外省银元中可见北洋造银元流通，其价值与 1 元银元相同，相当于 120 个铜元。1 吊为 97 个铜元，1 两银为 170 个铜元。军票相当于 1 吊钱，银元为 117 个铜元，10 角为 1 个银元，1 角为 12 个铜元。

　　本县没有可称为钱铺的地方，在较大的商铺可以以 1 两银子 1700 文的汇率进行兑换。

　　昭化县公署的东边有 10 余所小当铺，其门户上写着县正当设立。

第七章　广元县的货币和金融机构

广元县有银元、军票、小洋、铜元、制钱流通，小洋有 1 角、2 角和半角的。兑换时银 1 两相当于铜元 162 个（1913 年 9 月 26 日），1 角的十分之一被称为仙金，1 角相当于铜元 10 个，1 银元相当于 10 角。

在城外的下河街有如下钱铺：

万顺成　利义生号　福顺号

这些钱铺虽然号称以 1 两 160 个铜元兑换，实际上并没有铜元，而是以制钱代替，其他的商店也可以进行兑换。这些钱铺只是从事银的买卖，而没有发行票子、汇款等业务。

在城内衙门旁边有当铺，名曰广元县便民公当，是官设的当铺。类似的当铺在嘉陵江沿岸诸城有很多，其组织规程如下：

1. 于习艺所外铺房四间开设质肆（即当铺），名曰广元县便民公当。

2. 会银 1000 两专作当铺本资，照市易钱备用，地方上无论什么时候都不可挪用。

3. 每当银 1 两取月息 3 分，钱亦照此类推，钱价高低不一，可酌情一二折合，每当钱 1 串，月息 40 文，免除零头。

第八章　顺庆府的货币和金融机构

第一节　货币

　　顺应府与其他地方相同，使用九七平足色银，除了四川银元外，少见其他银元流通，湖北银、北洋银元与四川银元之间有 10－30 文的差。军票可在商务总会兑换，对于军人，1 枚可兑换 1 吊文，对普通市民，只能兑换市价 860－880 文，因此市场上不见军票流通。

　　兑换汇率：

银两 10 两　　　18 吊 600 文

银元 1 元　　　1 吊 340 文

军票 1 元　　　860－880 文

　　制钱是九八钱，将 98 文按 100 文计算，这与前述各县情况相同，由于没有扣除吊提 2 文，1 吊钱为 980 文。

　　关于九七银平，有官平公平局和商平公平局，负责称量事务，每 10 两抽取 3 文，并交付证书。

第二节　金融机构

　　之前打着兑换银钱招牌的金融机构有数百家，后来大多数以兑换（纸币）为主要业务，有时也做贷款业务，但其额度极小，范围也仅在认识的人之间。如此可见，当地的所谓钱铺只是比较低级的金融业者，在大额商品交易上并无影响力，而金融界的实权不如说是握在大宗出产的蚕丝、绢布业者手里，钱铺是这些大店铺的后援。钱铺中稍大的有：

东裕恒　　　资本金 5000 两

泉寿恒　　　资本金 2000 余两

德泰荣　　　资本金 1000 两

赵德裕　　　资本金 1000 余量

冯荣森　　　资本金 1000 两

　　剩下的不足一记。

在绢布、棉纱等买卖交易中需要汇款时，会委托药帮、棉帮等大字号。由于不直接与扬子江下游城镇做交易，这些大字号经常将汇款委托给重庆。向重庆汇款的手续费是每 1000 两十五六两乃至二三十两，因此很多人宁愿冒着途中被土匪打劫的危险，直接将钱送至重庆。

第九章 蓬州的货币

蓬州的流通货币有制钱、铜元、银元、钞票等，其中银币有半角、1 角、2 角、5 角、10 角之分，与广元、昭化、保宁等地所见相同，最值得注意的是，蓬州与南部的保宁相同，制钱流通甚广，以九七平为标准，也有九八平、九六平等。

蓬州没有钱铺，换钱可在商店进行，也没有当铺、票庄。

第十章 广安县的货币

在广安县，军票不在市民之间流通。银两以九七平足色银为标准，但实际上交易时使用的银锭多为补水 1 钱的大锭。

制钱名为广安钱，以 98 文算作 100 文。1 吊文会再扣除 2 文的吊提，1 吊文与其他各地相同，以制钱 100 文用绳子穿起来并对折，使 500 文为 1 列。吊提从最底下的一对扣除，关于提子的计算方法，在进行小交易时，40 文以上、79 文以下提子算 1 文，39 文以下没有提子，80 文以上、139 文以下提子算 2 文，140 文以上、179 文以下提子算 3 文，比如，购买 170 文的商品，实际上只支付 167 文即可。但是在支付下层人民工钱的时候，是按足银（即 100 枚算作 100 文）计算的。

兑换汇率：

银两 10 两　　19 吊 20—30 文

银元 1 元　　 1 吊 340 文

四川省、湖北省铸造的银元以及北洋、英洋皆可通用。

第十一章　邻水县的货币

邻水县没有钱铺，盐价交易的货款基本都是直接现金交易，需要日常资本融资的时候，则是商人之间相互借贷。

据说当地流通的铜元票约有 3000 张，400 吊文，流通的银元主要是四川银，也有湖北银、北洋银，与四川银并无差异。

兑换汇率：

银锭 10 两　　　19 吊 500 文

银元 1 元　　　1 吊 380 文

铜钱是以 99 文算作 100 文，每吊另外扣除 6 文的吊提，称之为九九六提。

铜元在市场上甚为少见，在兑换铜元时，会比市场价高出几分。

第十二章　岳池县的货币和金融机构

在岳池县，军票不用于市场上的一般性交易，银元只有四川元，北洋、湖北银很少。铜钱为九八钱，与广安相同，为22提。

公平局以九七银平为标准进行称量并收取手续费，当地公平局有协义公、同乐园、大夫茅，每10两征收4文手续费。

兑换汇率：

银锭10两　　　19吊文

银元1元　　　1吊330文

本地没有钱铺，若说金融机构，有因利局，因利局是专门为下层人民提供小额贷款的机构，清朝时在县内各地都可见之，对下层人民很有好处，但现在仅在本县还能见到。商务分会的因利局有30家，如下所记：

人名	地址	商号	番号	基本数目
柏潇如	本城	信义公	第一号	1000 钏（吊文）
宋菁华	本城	道生傅	第二号	1000 钏
萧沛如	本城	吉福春	第三号	1000 钏
慕中和	本城	中和恒	第四号	300 钏
胡仁杰	白庙场	协合公	第五号	600 钏
杨正兴	白庙场	协成公	第六号	400 钏
毛吉祥	场柳铺	义生合	第七号	400 钏
罗怀珍	棕把场	长盛公	第八号	400 钏
罗裕通	西溪镇	协义公	第九号	600 钏
寇洪轩	西溪镇	不详	第十号	300 钏
会殿臣	坪滩场	日新恒	第十一号	1000 钏
雷锡先	兴隆场	兴利公	第十二号	300 钏
金吉成	兴隆场	同春公	第十三号	300 钏
徐和孚	清溪场	丰和通	第十四号	400 钏
毛颖乡	小坝场	去来公	第十五号	300 钏

人名	地址	商号	番号	基本数目
罗铭乡	龙孔场	荣发森	第十六号	400 钏
罗让泉	龙孔场	元万殊	第十七号	300 钏
赖和△	镇乡场	通义祥	第十八号	400 钏
刘渐达	石垭镇	善日乐	第十九号	600 钏
毛毓秀	金家场	长发祥	第二十号	300 钏
膝继祖	黎△镇	大生昌	第二十一号	1000 钏
唐令德	赛龙场	维新恒	第二十二号	500 钏
李建中	赛龙场	同义生	第二十三号	300 钏
陈伯担	肃家场	和生同	第二十四号	500 钏
张瑞廷	阳和场	同义公	第二十五号	600 钏
英云达	苟角镇	变通九	第二十六号	600 钏
英养成	高兴场	高宜丰	第二十七号	300 钏
甘树棠	木城	德昌永	第二十八号	300 钏
张东沟	高陡场	同陡公	第二十九号	300 钏
龚显模	板桥场	两义公	第三十号	500 钏

除去以上 30 家外，城内有家叫王成公的，是资本金 1000 吊的集股组织。各因利局大约 1 个月贷出 200－600 吊，贷出时使用九八钱，而收回时使用满钱，贷款方法是：由有信用的人充当保证人，事先商定好利息（大体上 1 个月 3 分利），然后本金和利息分 21 次分期付清。

第十三章 叙州府的货币和金融机构

第一节 货币

在与云南省贸易方面，叙州本是债务者的集中地，然而自从禁止鸦片以来，这里转而站在了债权者的位置，同时对重庆成为债务者，因此可以说，叙州府商业的消长，基本上是随着重庆变化的。辛亥革命之后，盐业行商的相关制度有了很大变化，四川省盐的销路向云南省大大扩张，与此同时，棉、纱及杂货的销量也愈发增加，而云南省对于这些产品的流入，只能以药材、兽皮之类来结算清账。

第二节 金融机构

在叙州，军票的流通较为盛行，但也被限制于大宗交易，铜元票完全不流通，反倒是钱铺或其他商品发行的钱票较为常见，这些钱票只有 1 吊文的面额，发行店铺约有 70 家，其中叙商公记（发行数 1 万吊）为最大，多的时候发行 23000 吊文，少的时候发行 2300 吊文。

发行钱票的店铺如下：

叙商公记	兴顺和	聚成和	谦益源	万发号
泰源祥	五福公	复权永	谢衡谥	正昌祥
金益源	永庆祥	德厚长	鼎 记	永盛源
周洪顺	福昌公	廖广顺	马福春	财盛公
天佑恒	周供昌	廖荣兴	发顺长	洪发源
扬洪发	列荣陞	锡炳亭	裕昌新	李治策
德顺祥	万兴源	孙福恒	源盛公	庆丰荣
张兴盛	蒲玉泰	莫万发	三兴荣	黄永盛

票号只有云南帮和元顺祥，以汇款、贷款业务为主。如前所述，在对重庆的贸易方面，本地处于债务者的地位，每年本地内汇款或直接送达的货款高达 120 万－150 万两，汇款除了委托天顺祥之外，还可以委托钱铺、棉纱花疋头等土货帮。当下汇率以各地 1000 两为例如下：

汇往成都（周行银）　　　　1020 两

汇往重庆（周行银）　　　1004－1005 两

汇往汉口（估实银）　　　1300 两

汇往上海（九八规银）　　1250 两

汇往北京（市平足银）　　1300 两

汇往广东（番银）　　　　1250 两

贷款利息为 1 分 2 厘－1 分 5 厘，贷款期最长不超过半年。

第十四章　叙永厅的金融机构

叙永厅位于永宁县，通过赤水河与贵州省和云南省南部相连，为交通要道，与毕节相对，是黔蜀贸易的关卡，商业繁荣，以中转为主。近来由于省境处有土匪出没，影响了商业贸易，然而金融方面还是很有活力，金融由钱庄、运入运出业者及批发商所左右。

单纯从事钱庄生意的业者只有两三家，规模比较大，业务包括兑换、发行钱票、放款、存款以及汇款。列举其牌号及资本情况如下：

牌号	本职及兼职	总资本金
章泰鑫	专业钱庄	5 万两
开泰荣	专业钱庄	1 万两
吴达发	烟庄	20 万两
易德发	杂货	15 万两
金长发	杂货	10 万两
天福玄	布铺	10 万两
岳长发	杂货	10 万两
雷洪春	杂货	5 万两
悦丰福	盐业	5 万两
吉和镇	盐业	5 万两
懊椿菜	盐业	5 万两
许吉辉	布铺	3 万两
泰顺隆	布铺	3 万两
鸿春号	布铺	3 万两

其他可以兑换的铺子有 20 家。钱庄的业务中最有利益的是发行钱票，其放款、存款的金额皆不大，从事汇款业务的有吴达发、易德发及章泰鑫等。本地钱庄很少，有信用的商店皆可发行钱票，发行者可达 50 家。商务会的总理曾说："各钱庄发行钱票很多，而商务会仅在出大事的时候才会给予严厉处罚，平时则是放任自流。于是各户都按自己的信用度发行钱票，以 1 张 1 吊文为主，发行额高达 4000 —

6000吊。"

　　汇款以汇往泸州、毕节的为多，而对重庆、叙州的汇款会经泸州中转。汇款没有什么复杂的方法，有汇往泸州的汇票时，只要出示汇票，不用问任何人，即可直接以现银交售。而汇票也并没有固定形式，举例子如下：

> 凭票汇到九七平生银七十六两正其银以生银兑付不以军票作抵引
> 本年旧历七月　日在泸县大河街水神祠对门复兴荣药店兑交不谬
> 某某某先生　　　甲寅七月十五日　　　永宁　达发发票
> 　　　　　　　　　　　　　　　　　　　　　　锡三经手亲笔

第十五章　合州的货币和金融机构

在合州，银元有半角、1 角、2 角、5 角、1 元 5 种，铜元有 1 仙、2 仙、5 仙、10 仙、20 仙等。另外还有其他制钱和小银币流通。1 角相当于 13 个铜元，1 元为 10 角。

银平有九五、九六、九七、九八平，其中最常用的是九六、九七平。

合州城内有兴信号和德泰源钱铺，现如今已关门歇业，但其附近可以兑换铜元、银元及制钱。除此之外，小钱铺多不胜举。另有当铺如下：

厚记　位于柏树街，厚生之所创，其抵押期限为 80 日，利息为 3 分。

云记　位于柏树街，秦青云所创。

源记　位于梓桥街，唐文轩所创。

协泰　位于孝义街，杨协泰所创。

义记　位于大足街，袁集生所创。

益合　位于孝义街，泰益令所创。

廷记　位于南津街，秦显延所创。

有两个公砝局，一个在饼子街，一个在苏家街。公砝局使用的 1 两的重量相当于日本的 9.5 钱 (35.6g)，标准重量使用九七平。

在丁市街上，有一处叫作斗息局的地方，据说城内所用的升（斗）都是由此地鉴定。

第十六章　涪州的货币

　　当地通用的银两种类有大锭（大锭是 10 两左右，中锭是 5 两左右）、中锭、珠子、块头、件数等种类，使用的银平为九七平，根据银子的成色，分为老票、新票、麻面等，老票和新票在使用上不受影响，但麻面使用时会打折扣。日常的交易大多使用制钱，虽然可见铜元的流通，但其流通不广，原因是供给较少，而外省铜元完全不在此地流通。计算方法为九八钱，八个底子（吊提，扣除一枚叫底子钱），1 吊文即 972 文，银与市场比较，10 两为 17 吊 120 文，银元为四川省银元，比价是 1 元为 1 吊 200 文，不见银票、钱票类流通。涪州是四川省的鸦片交易中心，以前此地金融机构的规模、汇款的交易不容小觑，但自从禁止鸦片交易以来，本地的贸易额还不及原来的十分之一，因此值得讨论的金融机构也就不存在了。

第十七章　酉阳州的货币

酉阳州不过是山间一偏僻的州城，也没有什么发达的金融机构，当地通货主要为铜元，也可见一些制钱的流通，但并不广泛。日常交易时，以 1 个铜元相当于 10 个制钱的标准来换算，但实际上 10 个制钱并不能等于 1 个铜元，银 10 两可换算成铜元 20 吊文，但若换算成制钱，只能换到十六七吊文的制钱。在日常交易中，1 吊文为九五钱四底（吊提），即 946 文。

钱票为铜元票，有从 1 吊文到 3 吊文数种，其面额一般不大，发行票子的铺子可不受限制地发行，其数量有 20 余家，由于发行票子的铺子信用度不高，其流通期限非常短，一般只有两三日。

银元方面只有四川省的银元流通，其流通范围不算广，与铜元的汇率是 1 吊 350 文。

银锭有川锭和方锭，方锭多是从湖南、湖北传入的，但并不一样，川锭是 9—10 两，银平为九八平。

酉阳州不是没有从事钱庄业务的铺子，但其数量极少，一般被称为钱铺，只有兑换业务，与其类似的业务多由杂货铺兼营。

第十八章　龚滩的货币

　　龚滩为一个山间小驿，出入贵州和酉阳地区的货物中有一部分会走黔江的水路，便会路过此地，仅此而已。因此龚滩的金融并不发达，日常交易所使用的通货主要是铜元和制钱，而制钱的流通更广泛。铜元中虽有四川省的铜元，但大部分是湖南省、湖北省的铜元，外省的铜元按1个铜元相当于8个制钱的汇率流通。

　　在本地，银元的流通并不广泛，银元与本省铜元和制钱的换算汇率为1吊180文，1吊文为九九钱四底，即986文，银两的价格比其他地区低廉，银两与铜钱的换算为10两换16吊文至17吊文，银锭种类有大宝计（船型的，50两左右），小锭（稍小，9－10两），方锭，门麻银。银平为九九市平，但也使用库平，两者的换算汇率为九九平103两等于库平100两。此地没有钱铺、钱庄等金融机构，也没有纸票流通，钱铺的一些业务由杂货铺兼营。

第十九章 梁山县的货币

梁山县有 9 家钱铺，分别是：

天道生　　恒通号　　德兴号　　源丰号

丰益号　　同福银　　文心堂　　时兴号

厚记号

每个铺子都发行约 1000 两的票子。梁山县只是小城镇，没有太大的交易，因此汇兑方面也没有特别需要记录的。钱铺中以天道生、恒通号信用最好，发行的票子是其他钱铺的 2 倍，票子以 1 两、5 钱、1 钱为多。

兑换汇率：

银两 10 两　　　20 吊文

银元 1 元　　　1 吊 380 文－400 文

第二十章 夔州府的货币和金融机构

第一节 货币

夔州以九七平足色银为通用银的标准，一般使用重量10两左右的银锭。公估局会鉴定银的成色，然后在其凹面刻下文字以证明银两的品位。

其记号为：

足甲、乙、丙、丁、戊、己、庚、辛、壬、癸。足为足色之意，按甲乙丙丁的顺序品位依次下降千分之一。

银元方面四川银和湖北银并用，两者市价几乎没有差别，其他银元会有30—40文的折扣。

在夔州四川军票的流通比较稀少，只是在给军人发工资、纳税等时才会使用，并没有在市场上流通，给军人发工资时由征收局进行兑换，纳税时直接交给省城。

纸币方面，有当地著名的钱庄发行的兑换券，另外，除了钱庄外，其他店铺发行钱票的情况也非常多，其数量达到40家。其中以永泰源（广货铺）、延发永（山货铺）为主，前者共发行了约2万吊文，且与保泰银行联合，信用良好。福春钱铺据说也发行了1万数千文。这些钱铺在重庆、万县有分号，汇款很方便。

另外，据说这些商贾的钱票发行额在1千至1万之间，假设按平均3000张计算，其数量约为12万吊文，即6万余两。

兑换汇率：

银两10两　　19吊800—820文

银元1元　　1吊400文

银两汇率皆按10两银锭为单位，银元汇率按1元为单位，铜元比铜钱汇率稍高，因此，若需要铜元时，每吊要增额七八文甚至十五六文。制钱和铜元之间的差异随着各兑换钱铺的规定而不同，没有定值。

第二节 金融机构

夔州府有被称为新式银行的保泰银行，在总办王海峰、王春如之下，有28位股东组成的股份有限公司。据说资本金有10万两，其开设时间是民国元年（1912），但得到政府认可，正式作为新式银行开始经营是在民国三年（1914）正月，因此还未见其成绩。保泰银行的性质是商业银行，号称业务有汇兑、贴现、存款、贷款，实际上也不过是旧式的钱庄改了名称，其业务与一般钱庄并无差别。业务只有汇兑和货款。保泰银行在重庆和万县设有分店，其业务中利益最大的是发行钱票，据说发行总额高达 3 万吊文，这些钱票在云阳及其他附近地区的大店铺里可以使用。

其他的主要钱铺有：

福　春	王万福	周福态	福裕公
义盛祥	亿成永	同福祥	福昌隆
永　合	陈祥盛	牟双发	福新顺

这些钱铺都有数万的资本，发行钱票，从事贷款业务。然而近年来四川省军票泛滥，这些金融业者都陷入苦境，特别是在民国二年（1913）熊克武之乱以后，各家钱铺的衰落非常严重，如今这些钱铺都表面上更改了业务，假装不再从事钱铺行业，而实际上也确实有不少钱铺关门转行，比如福春改行经营布行，亿成永、同福祥改行经营米行，其他钱铺也有很多不再专门做钱铺生意。

关于贷款的利息，听闻福春庄是 1 个月 1 分 2 厘至 2 分，本地有公估局一所，以证明银子成色和重量。

第二十一章　巫山县的货币

北方山间的药材集于此地的市集，因此本地比归州、巴东稍显活力，但也不过是巫山峡、瞿塘峡之间的小城镇，没有金融机构。

在巫山县，银两以九七平足色为标准，使用 10 两左右的银锭，银元则主要使用四川银、湖北银，但也使用北洋银。

兑换汇率：

银两 10 两　　　19 吊 600－700 文

银元 1 元　　　铜钱 1 吊 360 文

　　　　　　　铜元 1 吊 350 文

第二十二章　万县的货币和金融机构

第一节　货币

万县的银两以九七平足色为标准，银元有四川银、湖北银、鹰洋等，在大型交易时完全不使用其他种类，而在小型交易时，偏好使用四川银和湖北银，不见纸币的流通。

万县有公估局张、王两家，都位于城外西河西岸的商业区域，公估局会给自家鉴定的银子刻上字以示品位，这一点与奉节县相同。例如，其中的张家会在银两上，从足色起，成色每下降千分之一，依次刻字足、子、丑、寅、卯、辰、巳、午、未、申、酉、戌、亥。而另一家王家会依次刻足、少、小、须、勤、学、文、章、可、立、身，以此来证明银的成色。

公估局按大锭 1 个 8 文、中锭 1 个 4 文来征收手续费，称量重量后在小纸片上记录，并扣上"商会公估九七砝码"的印。一般的交易按此证明支付银两，但商家自行借秤称量银子交易的情况也很多。

兑换汇率：

银两 10 两　　20 吊文
银元 1 元　　　1 吊 420 文

第二节　金融机构

现在万县不见一家有钱铺外观的金融机构，山西票号乾盛亨已经撤离此地，还在的金融业者主要如下：

保泰银行（南津街）是奉节县保泰银行的分店，交易额在夔州、重庆、万县的 3 家店铺中最高，1 年可达二十五六万两，本行最大的业务是汇兑，其次是贷款。除了对奉节县、重庆之外，对汉口也有汇兑业务。据说秋冬季 1 个月交易额可达 2 万－3 万两，夏季 1 个月达 6000－7000 千两。

濬川源银行（邱家巷）是四川官银行的分店，后来关张，现在张少甫、吴子才专门回收当时贷出去的款子，据说至今未能回收的贷款金约 7 万两。

永川源（南津街）由金宝田出资，张明甫负责其业务，资本金 1 万两有余。1 年的交易额高达 35 万两至 50 万两，在当地钱铺中信用最好。其主要业务是对汉口、沙市、重庆的汇款业务，当然也从事贷款业务，但资金融通范围极小。

大德森（杨家街）由谭息九出资，资本金五千零数百两，以汇兑为主要业务，年交易额二十七八万两，与重庆的交易最多，其次是汉口。

祥记（南津街）由文春山出资，资本金六七千两。现在已经转行为绸缎定头铺，但仍在旧交之间做些贷款和小额汇兑的生意。

永泰益（城内东门）由万秋月出资，资本金四千零数百两，一年的交易额为 10 余万两，但是现在没有管事人，处于停业状态。

卫永丰（东门外）的主业是山货、棉花等的批发，资本金 15 万两，由于同时提供低利息的融资，使这家店赢得了很高的信誉。但近来由于兄弟分家，该店处于停业状态，东家是卫晴谷。

德顺仁是由王文清出资的，资本金六七万两，主业是山货批发，兼职融资。

祥顺泰是由刘福田出资的，资本金 5000 两，一年的交易汇款额有二十五六万两。

巨泰和是由钟杨武出资的，资本金约 5000 两，一年的交易额有 25 万－30 万两。

敦信是由谭云波出资的，资本金 3000 两左右，比起前几家，这家店的信用低得多，一年的交易额有 6 万－7 万两。

永盛公比起上述的敦信规模更小，资本金约 2000 两，一年的交易额为 1 万－2 万两，东家是王揖三。

各种交易半个月有一次小决算，这叫比期，在这前后金融业者会较为忙碌。以上数家金融机构通用的利息是：3 个月以内，月 1 分 3 厘至 1 分 5 厘；6 个月以内月 1 分至 1 分 2 厘；其他的根据日期长短和借款人的信用而变化，大体上是在 1 分至 1 分 5 厘之间。借款期间 6 个月的较为稀少，大部分是以 3 个月为限度的，这是由于小资本的金融业者从事的交易范围非常广。

一般来说，交易繁忙期是从下游地区购入大米等粮食的时期，所以商人到上游来是在冬季，而桐油的制造也是在这个时期，而地方上的购入都是以现银交易的，乍看上去，这时与下游地区的汇款交易应该多，但事实却正与此相反，对重庆的汇款占了全部汇款交易的约七成，对其他地方的汇款极少。

对重庆的汇款民国三年（1914）8 月是 880 两，但是万县使用不混杂军票的明银（或称净银），而重庆使用周行银（即混用三成军票），因此随着军票市价的涨落而变动剧烈。

万县的钱铺对汉口、沙市的汇款平价规定为：

沙平　　　1000 两＝九七平 1003.5 两

汉口洋例　1000 两＝九七平 981.5 两

第二十三章 潼川府的货币和金融机构

第一节 货币

潼川府的通用银是九七平足色银，为了称量银锭，设有一家公估局，按大锭1个6文征收手续费。

银元以四川银为主，在进行大额交易时，外省银元也可以与四川银同样使用，但在兑换铺，外省银比四川银要打 30—40 文的折扣。还有一种叫藏元的银元，在交易时往往被混用，藏元是清朝时铸造的，在西藏境内使用，相当于银3钱2分的小银币。

比起其他地方，在潼川府军票的流通稍广，其价格户户不同，大概在 840 文至 900 文之间。

铜钱是九九钱，1吊文附加6文串提，60文至159文减1个提子，串提则是200文以下减1文，300文以下减2文，500文以下减3文，700文以下减4文，800文以下减5文，1吊文减6文。

兑换汇率：

银两 10 两	19 吊 600 文
银元 1 元	1 吊 400 文
军票 1 元	840 文 — 900 文

第二节 金融机构

潼川是蚕丝的集散地，是四川重要的市场，境内有 10 余家制丝工厂，交易额很大。但 1911 年以来蒙受了打击，金融业者的活动也明显减少，现如今有 10 余家钱铺，大部分是以银块的买卖为主要业务，贷款都是小额度的。

在上南街有一家三台丝殖业银行筹备所，资本总额为 10 万元，于民国二年(1913) 11 月发起，但却止于计划，未见业务上的进展。

聚福源也位于上南街，东家叫何鼎丰，从事茶业、丝业，兼营金融业。据说资本金总计 20 万两，与上海等地的茶、蚕丝贸易较多，因此也方便进行汇兑。

天王成位于上南街，资本金 3000 余两，对乡下地区放贷较多，作为钱铺信誉很高，东家是陈朗恒。

除了上述之外，还有 10 多家钱铺，大体上都是与丝厂等往来，提供短期贷款。

招牌	资本主	地址	资本金
广顺森	谢达三	上南街	两千零数百两
奎文阁	冯清奎	上南街	三千余两
天顺福	罗徽五	上南街	两千余两
福生厚	颜锡齐	上南街	一千余两
茂兴昌	魏策孝	上南街	六七百两
天德祥	杨希三	上南街	五六百两
泰丰永	毛永章	上南街	五六百两
聚昌荣	冯运明	上南街	五六百两
正兴源	李炳南	上南街	五六百两
双成隆	马文轩	上南街	五六百两
永兴长	陈永久	下南街	五六百两
王茂和	文清和	西街	五六百两

关于贷款利息，没有一定的标准，而是根据期限长短、金额的多少、借款的信用程度而定。一般来说，1 个月是 2 分 5 厘，3 个月 2 分，6 个月 1 分 5 厘，1 年 1 分左右（以上皆为月利）。

第二十四章 中江县的货币和金融机构

第一节 货币

中江县的通用银是票银九七平，银元是四川银元，制钱是满提减 6 个串提，200 文以上减 1 文，300 文以上减 2 文，500 文以上减 3 文，700 文以上减 4 文，800 文以上减 5 文，1 吊文减 6 文。公估局每称量 1 个大锭征收手续费 6 文。

第二节 金融机构

中江县有钱铺 40 余家，主要如下：

招牌	东家	地名	招牌	东家	地名
裕丰魁	刘裕太	南街	王兴源	何氏	南街
金源泰	列氏	南街	德新昌	林温山	南街
裕茂祥	河炳元	南街	万源合	姚氏	南街
元明号	钟正元	南街	万泰隆	刘氏	南街
忠义合	李氏	南街	汇丰源	林又生	南街
正丰隆	谭正国	南街	永兴泰	谢氏	南街
华江源	赵氏	南街	金洪泰	列氏	南街
肇兴合	王氏	南街	揖江魁	徐乾齐	南街
福中隆	陈言喜	南街	天成生	封氏	鼓楼街
道生隆	罗氏	鼓楼街	祥兴太	张氏	鼓楼街
瑞生荣	林氏	鼓楼街	信合号	赖氏	鼓楼街
德森源	田氏	鼓楼街	恒荣号	谢氏	鼓楼街
鸿顺成	赖氏	鼓楼街	荣茂泰	林氏	鼓楼街
涂森荣	不明	鼓楼街	怡和祥	不明	北街
广信恒	陈氏	半边街	益泰源	朱氏	北街

招牌	东家	地名	招牌	东家	地名
吉亨号	陈氏	半边街	新顺隆	蓝氏	北街
荣发和	雷氏	半边街	永森号	吴氏	鼓楼街

除了裕丰魁以外，这些钱铺从事银块的买卖和短期小额贷款，贷款需要在城内居住的有相当信用的人做保证，利率根据各种情况而定，没有定值，大体上在 7 厘至 1 分之间，期限有 10 日、15 日、20 日、1 个月、2 个月、3 个月、4 个月、5 个月、6 个月等，期限至半年以上的非常少见。

在商务分会（位于城隍庙内）内设有商务分会借贷处，是由商会 72 行（并非真的有 72 种行业，只是各种商家的意思）联合设立的，资本金有 500 吊，专为贫民提供无担保贷款。期限是 3 个月，每吊 3 个月的利息是 300 文，按月支付，其实就是一种高利贷，据说月贷款额可以达到百余吊文。

第二十五章　赵家渡的货币和金融机构

赵家渡是中江县城与成都间的大镇，位于成都平原水路四通八达之处，是砂糖、药材的集散地，沱江及其他运河的民船经常聚集于此。赵家渡的对岸是一个叫焦山驿的贫寒小村，约有 20 户人家。

赵家渡使用的银两是九七平足色银，银元使用四川银，不用外地的银元，在小买卖时，也会按市场价使用军票，但商人很不喜欢收到军票。铜钱和铜元都是主要的通货，都是满钱，没有提子。

兑换汇率：

银两 10 两　　　19 吊 800 文

银元 1 元　　　1 吊 360 文

军票 1 元　　　860－870 文

在本地，以前经营钱铺的有 9 家，然而因受到军票滥发的影响，都已歇业，现在没有残存的钱铺。在集日会有银市，可兑换银钱，平时没有此类机构。

旧时的钱铺现状如下：

招牌	东家	现从事行业	招牌	东家	现从事行业
同茂森	杨氏	山货铺	德兴长	巫氏	绸缎
福泰生	苏民	糖栈	德昌恒	赵氏	药材
三益源	伍氏	药材	元顺和	税氏	油米
永顺生	陈氏	烟铺	源顺隆	黄氏	油米

第二十六章　蓬溪县的货币

　　在蓬溪县，以前曾有 10 余家兑换银钱的钱铺，受军票泛滥的影响，现在都撤了招牌，一家也不见了。军票可以在征收局进行兑换，但在市场上未见流通。

　　本地使用的银元以四川银为主，湖北银、北洋银等甚为少见，这些相对于四川银要打 10 文至 30 文的折扣。

　　制钱是九八八提，即 98 文算作 100 文，对于 1 吊文，要再扣除 8 文的吊提。使用制钱的时候，39 文以下的没有提子，40 文至 79 文扣 1 个提子，80 文至 139 文扣 2 个提子，而串提是九八钱，400 文以上的另扣 4 文，600 文以上的扣 8 文。

　　兑换汇率：

　　银两 10 两　　　19 吊文

　　银元 1 元　　　　1 吊 340 文

第二十七章　太和镇（潼南县）的货币

太和镇的通用银是九七平足色银，使用的银元是四川省造的银元，外省的银元很少见。在兑换时，对湖北银有约 10 文的提子，对其他银元有 34 文的提子。

使用的制钱是九九钱，每 100 文有 1 文的提子，对 1 吊文，扣除 3 文的吊提，也就是说将 987 文按 1 吊文计算。

军票可在商务分会进行兑换，一般少见使用。

兑换汇率：

银两 10 两　　19 吊 400—500 文

银元 1 元　　　1 吊 360—370 文

军票 1 元　　　820—830 文

本地没有钱铺，兑换银钱的地方有四五家，而这种资本金只有两三百两的兑换店，在金融方面毫无势力，在需要汇兑的时候，通常会委托给有实权的棉花商等。

第二十八章　嘉定府的货币和金融机构

第一节　货币

嘉定府是成都平原上的第一商埠，又是绢布、白蜡的著名产地，是四川省屈指可数的市场。但或许是因为离成都较近，并未见什么金融机构。在进行蚕丝、绢布、白蜡、牛羊皮、生丝、茶油、木油等大宗货物交易的时候，会使用周行银（三成军票和七成洋银混合），而在进行市场上的小交易时，几乎不见军票的流通，完全不见铜元票的流通。

兑换汇率：

银两 10 两　　20 吊 500 文

银元 1 元　　1 吊 450 文

军票 1 元　　800 文

本地使用的铜元为九九铜元，制钱为满钱六提制度。

第二节　金融机构

据说清末本地有两家山西票庄，现在已经不见踪影，可以进行汇兑的机构只有濬川源银行分行的分店。该银行位于五通桥，其主要业务是在盐商缴纳盐税的时期贷款给盐商融通资金，又在当地设立分行。然而，由于贷款使用军票，故需要大量洋银，该分行在当地还未能充分发挥其功能，现在两家银行总共贷出款额为 20 万两。

汇款方面以对重庆、成都的汇款为主，民国三年（1914）11 月的汇率如下（每千两）：

重庆汇款　银行卖　1010 两　　银行买　1000 两

成都汇款　银行卖　1008 两　　银行买　1002 两

今年，对重庆的汇款汇水最多达到了 50 两（5 月、6 月时），这是由于当地特有的大盗匪出没，以至于无法直接送款导致的，而对成都的汇款方面，通往成都的道路平坦，距离较近（3 日半路程），往返容易且没有危险，因此汇率不常有变动。

濬川源银行的汇款交易额为，汇出五六十万两，汇入十余万两，对重庆的汇款比对成都的稍微高一些，这是因为由五通桥戳税局征收的盐税是通过这里汇出的。

本分行设立于民国二年（1913），五通桥分行的经理是杨哲夫，手下有 6 名事务员。各地分行都有 3 名事务员。

兑换银钱的钱铺有：

永利源　徂徕松　鸣发和　靖和堂

吉盛长　隆兴泰　吉兴长　泰兴长

唐大兴　恒心正

约 20 家，资本金从一二百两到五六千两都有。

第二十九章　邛州的货币

邛州使用的银两以九七平足色银为标准，也有银元、铜元、制钱等流通，不太接受纸票。

兑换汇率：

银两 10 两　　19 吊 800 文

银元 1 元　　1 吊 400 文

制钱是满钱六提制度，提子是满 200 文扣除 1 个，满 300 文扣除 2 个，满 500 文扣除 3 个，600 文以上按全提（扣除 6 个）计算。铜元是九六铜元，将 960 文算作 1 吊文。500 文以上扣除 20 个提子，1 吊文扣除 40 个提子。

在邛州，油米商兼职兑换银钱，有 10 多家。除此之外没有钱铺。

第三十章　泸州的货币和金融机构

第一节　货币

与泸州的城镇规模相比，泸州的交易规模不大，也不能与叙州相比，但泸州北部有自流井的盐井，沱江流域的货物也在此地集中，是南江、贵州的交通要塞，在此地，山货、棉纱等的大额交易也不少。泸州有4家票号，钱铺也多。

民国二年（1913）熊克武叛乱之际，利用分钱庄用铜元票兑换军票，强行保持铜元票的制钱100文或200文的表面价格，结果导致制钱影响渐弱，物价高涨。但市面上流通的票子并未远超所需，在小额交易上，未见纸币和制钱有太大差别，商民也不会忌讳纸币，因此，市内的各钱铺在兑换时很少准备制钱，都是用铜元票。

兑换汇率：

银两10两　　三十二三吊文

银元1元　　1吊650文

军票1元　　900文（每10两军票为25元）

铜元是满钱，制钱以1010文为1吊，这是因为制钱中混有许多质料低劣的钱币。

第二节　金融机构

四川铁道银行汇兑局（会津门城墙）开办于民国三年（1914）11月12日，至今未见营业成绩，目前，只有对成都、重庆、上海、汉口、北京的汇款业务，将来随着铁道银行分店的增设，计划打开与沙市、顺庆、万县、自流井、叙州府、打箭炉的交易路径，同时扩展业务范围，按照本行的章程开展各项业务。

宝丰隆票号（会津门城墙）是山西帮票号，创建于六七年前，到最近为止，一直独占当地的汇款业务。

晋丰泰票号（会津门城墙）也是山西帮票号，开设于民国三年（1914）3月初，信用度还不高，该票号在自流井、重庆设有分号，可进行交易。资本主是米少章。

裕商公记（钮子街）是银号，但现在很少从事贷款业务，只做汇兑，与成都、重庆、上海、汉口之间有交易往来。

据说，上述各票号对上海的汇兑是周行银1250两至1300两，对汉口的是1220

两至 1280 两。对其他各地的汇兑，宝丰隆所需的手续费如下（每一千两）：

对成都	23 两	对重庆	二十三四两
对自流井	十二三两	对雅安	二十七八两
对打箭炉	30 两	对巴塘	40 两

对重庆等地的汇费较贵的原因是由于民国三年（1914）地方上不安稳。对于重庆的汇款，特别要注意的是重庆的现金交付与接受是按每月 15 日至月末的比期划分的。因此银号、票号等虽然看上去不从事贷款业务，但在关期（与重庆的比期相同，指从月半到月底的决算期，大月是 13 日到 27 日，小月是 12 日到 26 日）前后需要短期贷款的情况不少，这 20 余家兑换银钱铺会提供这种贷款，利息是月 1 分乃至 1 分 5 厘。

第三十一章　雅州府的货币和金融机构

第一节　货币

　　雅州府使用九七平足色银为标准银，也使用银元、铜元和制钱，可见钱票的流通，钱票有 1 吊文和 2 吊文 2 种，城内发行钱票的钱铺和店铺有 30 余家。其发行数量不确切，但据说多的可达五六千吊文，少的有 1000 吊文。发行钱票对金融业者很有利，军票发行所遭受的损失可以由发行钱票来弥补。

　　兑换汇率：

银两 10 两　　　20 吊文

银元 1 元　　　1 吊 400 文

军票 1 元　　　840 文

　　铜元使用九六铜元，制钱是满钱六提制度。外省银中湖北银、云南银较多，皆扣除二三十文。

第二节　金融机构

　　雅州府本有山西票号宝丰隆，但已停业。现在需要进行汇兑时，一般会委托给福生源、广发泰、何金顺等大药材铺。这是由于本地的大宗交易是药材和茶的交易，与重庆之间的汇款最多，有这等汇款之便的只有药材行，茶行跟重庆的联系较少。

　　钱铺有如下所记的 10 余家，主要从事贷款和汇兑业务，其中茶业与药材业者有不少相关业务：

招牌	姓氏	地点	招牌	姓氏	地点
天井同	余氏	石牌坊	开泰号	陈氏	东正街
鸿恩祥	陆氏	石牌坊	郭恒兴	郭氏	大北街
积玉和	陆氏	道门口	荣华号	曾氏	大什字
聚庆昌	肖氏	小什字	乾顺祥	姜氏	大什字
安贞吉	姚氏	东正街	周恒发	周氏	外东

招牌	姓氏	地点	招牌	姓氏	地点
聚成福	罗氏	东正街	槐庆号	王氏	外东
文永兴	文氏	东正街			

　　其中开泰源、聚成福规模较大，资本金约 2 万两，其他的大体上从两三千两至 1 万两。

第三十二章　天全县的货币

天全县使用九七平足色银为标准银，银元使用云南省和湖北省的，也使用铜钱和制钱，在市场上少见军票流通。

兑换汇率：

银锭 10 两　　　19 吊 400 文

银元 1 元　　　1 吊三百五六十文

军票 1 元　　　800 文

制钱是满钱六提制度，铜元使用九六铜元。

本地没有钱铺，也几乎没有汇兑的需求，不得已需要汇兑时可委托药帮。

第三十三章　清溪县（汉源县）的货币

清溪县不过是大相岭麓的贫寒小城，是往返道路上的小站。

兑换汇率：

银锭 10 两　　　18 吊 700 文

银元 1 元　　　1 吊 300 文

军票 1 元　　　700 文

铜元使用九九铜元，制钱是满钱六提制度。

汉源距离清溪和泥头共 10 公里，清溪县改名为汉源县本就是根据同一地区的名称来的，但也不该忘记清溪和汉源的文字中的意义。

第三十四章　打箭炉（康定县）的货币和金融机构

第一节　货币

　　每日有数百名苦力从四川平原背茶和洋货等来此地，他们的工钱中有一半是在本地支付的。支付工钱需要大量的铜元，沉重、价值却偏小的制钱比较少。在本地银、铜的比价与平原地区有很大差异，因此使用银较多的倾销铺有 15 家，物价也较高。

　　在进行大额交易的时候，本地与其他地方一样，都以两为计算单位，但做小买卖的时候，基本上以藏元 1 块为单位。藏元是清朝时四川省铸造的银币，其形状、设计完全依照印度的卢比银币，只是把卢比上英语的"1rupee"改为"四川省造"，把维多利亚女王的肖像改为了光绪帝而已。在日常的流通中，使用 1 元的情况较多，但也有使用半块、四分之一块藏元的时候。藏元 1 元的重量是库平 3 钱 2 分。另外，在本地 1 元银元的流通不少，军票的流通也较多。

　　兑换汇率：

　　银两 10 两　　　17 吊 500 文
　　银元 1 元　　　　1 吊 280 文
　　藏元 1 元　　　　470 文
　　军票 1 元　　　　710 文

　　铜元使用九九铜元，制钱一般是满钱六提制度。

　　银元重 7 钱 2 分，藏元重 3 钱 2 分，在重量上，银元是藏元的 2.25 倍，因此当藏元的价格是 470 文的时候，银元的价格应该是 1 吊 57 文多，但实际上并非如此，这是因为藏元多而银元少，银元在其他地区也可使用，而藏元除了在本地或本地以西的地区，就无法流通，是藏元的品质比银元低劣导致的。

第二节　金融机构

　　宝丰隆票号在陕西街上设有分号，是本地唯一的金融机构。随着对西藏贸易的衰退，该票号的经营也非常消极，比如汇兑仅限金额在一千两以下的。该票号与成都、重庆、雅安、自流井、巴塘、泸州、汉口、山西等有汇款。

　　兑换钱铺有约 20 家，属于在路边摆上钱盘进行兑换的那种，不足一提。

第三十五章　泸定县的货币

泸定县以九七平足色银为标准银，银元以四川省造为主，也有湖北省、云南省造的，除了铜钱、制钱和军票外，也使用藏元。

兑换汇率：

银锭 10 两　　18 吊 400 文

银元 1 元　　1 吊 270 文

军票 1 元　　720 文

藏元 1 块　　440－470 文

制钱是满钱六提制度，铜元是九九铜元。

本地完全没有金融机构。

第 6 卷

甘肃省的货币和金融机构

第一章　兰州府的货币和金融机构

第一节　货币

货币使用的天平称为兰州平，1两的重量相当于日本9.5钱。货币有钱票和银票，钱票的样式比较简单，有1吊文和500文2种，1吊文的实价是满钱900文。

到钱庄用钱票兑换银子不受欢迎，因为钱庄里1吊文钱票是920文，因此有20文的损失。

钱票的纸张质量不好，有时候辨别不清字迹。此外还有钱庄发行的相关钱票，用类似油纸的纸张制作，同样也有1000文和500文2种，样式也很简单。

甘肃官钱局发行的钱票如下：

钱票由兰州的甘肃都督府发行，有1两、3两、5两、10两4种。但是，其价格却不以票面金额流通，通常是根据命令，一千文左右，要与现金一样，以票面金额通用。明确说明公共缴纳时应按票面金额接受，但也没有效果。

银票的样式如下：

在天义兴，大正二年（1913）10月15日，1两是1160文，1吊是920文满钱。

制钱的串联方法并不是1串920文，而是460文，即虚钱500文。因此，使用的时候可以从460个里面去掉10个，就成了450文。买500文的东西时支付450文即可。例如，50 个虚钱支付 45 个就够了。普通交易都使用此算法。

库平与兰州平相比，库平的 1 两相当于兰州平的 1.0416 两多。

制钱、银子、银票、钱票的兑换比例如下：

钱　　票	1 吊文	＝900 文
银　　票	1 两	＝1000 文
洋　　钱	1 元	＝银子 0.75 两
1 两银子		＝1160 文、1180 文

第二节　金融机构

甘肃省的官钱局可以进行银元兑换，并且北洋元、香港元、光绪元宝，与 0.75 两银子通用，墨西哥元在信用上要低于前面两种洋元。

虽然没有专门从事换钱的钱庄，但是拥有店铺的杂货店都非常愿意换钱。乾源通、天义兴、老裕号等都可以兑换。在这些店铺，1 两银子可以兑换 1150 文钱。

山西有 4 家票号，他们在把兰州的羊毛贩卖到重庆、西安一带时，也开展兑换业务，但后来就停业了。

当铺有官立的兰州公当，给民间的日用品做担保，以此来进行资金的融通。利息大概是 2 分 5 厘，时间是 24 个月。

其他民间当铺有两三个。但资本不大，利息也比官立的高。

第三节　兰州府的度量衡[①]

一、度

有裁尺、工尺、木尺。木尺与工尺长度相同。与日本的尺度相比如下：

裁尺　1 尺 ＝ 日本 1.16 尺

木尺　1 尺 ＝ 日本 1.04 尺

二、量

单位为斤。官斗 1 升相当于日本 1.622 升。

三、衡

日常买卖交易时，普通货物使用 1 斤 16 两。1 斤的重量相当于日本 156 钱。白盐、烟草等买卖采用 20 两 1 斤的衡。相当于日本 195 钱。羊毛织物等买卖采用 32 两 1 斤的大两。1 斤的重量相当于日本 312 钱。

---

①此节在原书中为教页内容，因其内容与本章内容联系紧密，为阅读方便故排在此处。

兰州无钱铺。商人兑换时使用铜元。四川铸造的铜元较多，买卖时以制钱六兑换铜元四的比例交易。另外，四川发行的票子也流通，但如成县那样，信用较低，交易量应该不大。

1两银可以兑换17个铜元。这里银价较高，因为此地为陕西省、四川省、甘肃省的交通要道，货物流通量较大。

第二章　狄道州的货币

日本 37 钱的银子在兰州是 3.99 两，在狄道是 3.82 两，因此，日本的 1 斤相当于兰州的 10.04 钱，相当于狄道的 10 两。

作为流通货币，有制钱和银锭两个种类，兑换比例是，1 锭银子是 1090 文，九五银和九六银流通最好。

作为钱庄，复兴隆专门经营杂货店，同时也兑换银两。通常民众都到有信用的商人那里用银子换钱。一般情况下，银子需求量小的地方，其价格就极低。

第三章　渭源的货币

当地的流通货币有制钱和银子。银锭 1 两在 1180 文至 1200 文之间，990 文为 1 吊文。

没有钱庄，有盛隆当和信裕当当铺，资本都不大，担保的都是些日用品、衣服之类的东西，利息是 2 分，用以融通资金。

第四章　平凉府的货币和金融机构

第一节　货币

平凉位于甘肃大道旁，在泾州和兰州府中间，北经固原与通往宁夏省的大道相接，是甘肃省南北物产运往外省的集合地。因为集散到兰州的货物都经过此地，所以人家比较稠密，但原本就是偏僻的一个小邑，没有什么值得一提的商业，相应货币也不发达。

一、流通货币的种类

平凉府使用的货币分为银锭、制钱、钱票。

以上货币最常用的是制钱，银锭用于较大的贸易或税租。钱票只是在平凉府内的大商人之间使用。

（一）银锭

平凉府使用的银锭都是从外面引进的，本地不铸造银锭。当地没有府城，也没有银炉。使用最多的是陕西省省城西安府铸造的足纹银和甘肃省省城兰州府铸造的锞子。但是，西安府铸造的足纹银是二八宝，甘肃锞子是二九宝。

当地使用的银子，其重量有50两、10两、9两、8两、5两、4两、3两以及称为碎锞子的2两以下的碎银子等几种。其中使用最多的据说是5两和10两。50两、9两以及其他的种类使用较少。

据说现在西安府的足纹银与甘肃锞子的换算比例是，甘肃锞子99两换西安府的足纹银100两，补水为1两。

（二）铜钱

平凉府使用的铜钱也是1000个为1吊文，但是这里的铜钱都是大钱，几乎没有小钱。虽说如此，也是尽可能不用小钱。有时1吊文中也混入10个以下的小钱。小钱也不是不流通，只是商人不愿意收，如果用两个小钱顶一个大钱似乎才肯接受。另外，1吊文中的制钱个数也未必是1000个，通过买卖或者有狡猾的钱铺从100文中抽出两三文，也当100文流通，因此，虽说是1吊文，往往只有九百七八十文。另外，1吊文中，有时还混有古钱或清朝以前铸造的相关制钱以及日本宽永通宝等二三十个。

（三）钱票

平凉府发行具有兑换券性质的钱票的地方是钱铺，其兑换券不兑换银两，专门兑换制钱，现在见到的发行兑换券的钱铺有以下 13 家：

庆泰源号	鸿庆协号	恒顺诚号
东盛成号	天盛祥号	双盛祥号
协力成号	万义恒号	永盛和号
义成全号	瑞兆丰号	寿泰和号
万盛通号		

这些钱铺各自发行的钱票都是 1 吊文的票子，其样式各种钱票都不太一致，但基本上都如下所示。

下面列举的是义成全号的钱票样式。

下图的钱票约长 9 寸，宽 5 寸，用布作为衬底，见下图的样式。如果将之用豆油凝固结实，则经得住长期使用。其他各钱铺发行的钱票虽然图式不同，但相同点是：一定都明确记载了发行号数、字号、发行日期、金额。

关 东 凉 平		
号 全 成 义		
宣统贰年伍月念伍	凭贴取钱 壹 吊 文	人字 第陆拾号

发行量最多的是拥有大量资本的天盛祥，发行了 1000 张以上。其他的大约发行 300 张到 500 张。总流通量应该是 6000 吊文左右。

钱票都只限于 1 吊文的票子，没有西安及其他地方那种 500 文的票子或 1 吊文以上的票子，且流通区域只限于平凉府内、东关内以及城外一两公里以内的地区才通用，其他地区一概不流通。

二、各种通货之关系

平凉府通用的货币有银两、制钱、钱票，观其换算关系，如果把西安府铸造的足纹银 1 两在当地换算成制钱，则是 1 吊 180 文。如果换算成甘肃锞子，则是 1 吊 190 文。另外，把制钱换算成银两时，足纹银是 1 吊 200 文，甘肃锞子是 1 吊 210 文。

1 吊文的钱票换钱时，应去其发行钱铺。平时这种钱票应该换大钱 1 吊文。不会像西安府一样，因为乱发钱票，其价格会下跌，表面上 1 吊文的票子只能换大钱 700 文。因此，1 吊文的票子就是 1 吊文的票子，其中没有任何折扣等就能够换 1 吊文的大钱。再看银两与制钱的交换比例，越往甘肃里面走，其比值越大，究其原因，甘肃省土地贫瘠，民众没有多余财富，使用的货币几乎都是制钱，偏远山区的供给量也不充足，因此根据其需求关系，制钱价格似乎较高。

第二节　金融机构

平凉府经营金融业者，有 1 家当铺、21 家钱铺和几家银楼。一般府城都有票庄，但这里没有见到。至于金店、公估、银炉、官银号等机构，当然没有，尤其是银楼，其业务也是微乎其微，因为与金融关系不大，因此省略。

一、当铺

平凉府的当铺只有一家，是位于城内中部南侧的世兴当铺，东家姓董，西安府人，光绪十七年（1891）创立，因为官许便民而开设，资本金号称 5 万两，但极不可信，也就只有 2 万两左右吧。一个掌柜的、一个副掌柜的及手下十五六个伙计，使用学徒工办理业务。

抵押物的种类按规定有金银、首饰、衣服、农具等。但实际上几乎没有金银首饰，因为当地人的生活水平太低，因此很少有这些装饰品。另外，衣服也都是土布制作，没有绸缎和真丝衣物抵押，因此，这家当铺的抵押物都是些居民所拥有的土布、衣物及农具类的东西。

抵押期限表面上是 24 个月期满，但允许再保留 6 个月，以给民众提供方便，这与其他地方相同，即抵押期开始 30 个月之后如果不来赎回，才成为死当卖掉。

利息每月两三分，明确记载在当票上，但在冬月、腊月即 11 月和 12 月这两个月，居民一般年底资金周转困难时，苦于没有融资渠道，因此，根据官方命令，给予优惠，月息降至 2 分。

月数的计算，从抵押日算起，到第二个月当天算 1 个月，如果赎回日在抵押日后 5 天之内，按超过天数计算。5 天以后，哪怕只多 1 天，也按照抵押 1 个月计算利息。

虽然也有虫吃、鼠咬、漏湿、霉烂等情况，但当铺一概不予赔偿。这在当票上都有明确记载。现在世兴当辅使用的当票显示如下：

平凉　　　　世兴当　　　城内

来字陆佰六十九号　姓张　今将	自己原旧衣裳两件	当本壹千伍佰文	定例银每月每两叁分钱每月每佰叁文行息月不过五期至	贰拾肆个月后满如过期不赎任凭本铺变卖抵本倘有来历	不明有虫咬鼠伤雨湿霉烂不与本铺相涉认票不认人为据

宣统贰年六月念五　　票

二、钱铺

平凉府的城内与城外相比，城外的旧城即东关地区的商业反而比较繁荣，大的商家鳞次栉比，因此钱铺等金融机构都在东关，大约有 17 家。城内与此相反，有县知府两个衙门，商业不兴旺，钱铺只有 4 家，其中东关的钱铺如下：

瑞兆丰号　山西人　　　双盛祥号　本地人

安成福号	山西人	复盛祥号	山西人
东盛成号	本地人	协力成号	山西人
天盛祥号	本地人	永盛和号	山西人
德盛祥号	本地人	乾泰和号	山西人
福心祥号	山西人	万盛通号	山西人
义成金号	本地人	西盛成号	山西人
万义恒号	山西人	锡裕丰号	山西人
德盛明号	山西人		

东关有以上 17 家钱铺，城内共 4 家，如下：

庆泰源号	山西人	鸿庆协号	山西人
天心德号	山西人	恒顺诚号	山西人

观其经营者，山西商人占第一位，有 10 家，其次是回族 6 家、本地人 5 家。

最大的钱铺是东关的天盛祥和双盛祥，其他都在伯仲之间。这两家的资本金都有五六千两，其他的钱铺都是以六七百两到两千两的资本金营业。然而最大的天盛祥和双盛祥并不专营钱铺，而是杂货商兼营钱铺。

钱铺的业务有兑换、借贷、发行兑换券等，兑换说的是银两与制钱的兑换。虽然也进行借贷，但额度较小，最多一百两。借贷利息月息 2 分 5 厘左右。发行兑换券的钱铺，在上述 21 家中有下面 13 家。

庆泰源号	鸿庆协号	恒顺诚号
东盛成号	天盛祥号	永盛和号
义成金号	万义恒号	协力成号
双盛祥号	瑞兆丰号	乾泰和号
万盛通号		

兑换券的发行量以天盛祥为第一，总发行量为 1000 多张。其他钱铺在二三百张到 500 张之间。因此，平凉府的总流通量在 6000 张以内。现在假设发行 6000 张，每张兑换券为 1 吊文，那么流通量应看作 6000 吊文。当时的价格是，1 两银子换 120 吊文，换成银两时，应为 5000 两。这些兑换券只要出了平凉城一步就不流通了，因此，可以看成是 5000 两的兑换券在平凉府内流通。

第五章　瓦亭的货币

　　瓦亭是一个荒废的小村，位于六盘山的半山腰，没有称为钱铺的铺子，有 2 个兑换钱的小铺，流通的货币只有制钱，1 两银子换 1320 文。

第六章　静宁州的货币

本地区的流通货币是制钱和银两，兑换比例为 1 两银子换 1180 文，银两有九五银和九六银。我们从北京带去的银子比这里用的品质优良，因此在这里他们很愿意换钱。

大街上买卖杂货的商店也进行银、钱的买卖和兑换，有 3 户。

第七章　隆德县的货币

本地区的流通货币是制钱和银两，有用于称量货币的天平，1 两相当于日本 9 钱5 分多。流通的银两是九六银和九五银。甘肃省与四川、陕西、河南等省相比，流通的银子品质相当恶劣。

没有像样的钱铺，只有杂货店低价买入银子、高价卖出赚取利益。以此为业的有 3 户，1 两银子换 1280 文到 1300 文。

第八章　固原州的货币和金融机构

第一节　概述

固原直隶州城位于距离平凉府西北 90 公里的山区，在青水河的上游，平凉府到宁夏府的大道旁。人口号称有 5 万，其实不过有 2 万左右。但应将其作为山区城市看待，城市分内外两部分，城内专门住的是汉人，城外是回族的居住地，回族占总人口的七成，汉人仅占三成，商业跟人口不成比例，不太发达，只是作为当地物产的集散地或外来杂货的供给地经营一点商业，当地居民大宗购买力极低，作为买卖中介的货币类的业务不发达，属于相当落后的地区。

第二节　货币

一、流通货币的种类

固原州城里使用的货币有：银两、制钱、钱票。

上述货币中最常用的是制钱，用于民间的小买卖。银两只用于大买卖即外来商人或当地人之间的买卖。至于钱票，通用区域极小，只限于城内、城外大商店之间有大的交易时使用。另外，据说交给衙门的税金也多用这种钱票。

（一）银锭

固原州使用的银锭都是外面引进的，没有当地铸造的银锭，其中使用最多的是兰州府铸造的小宝银和西安府铸造的盐锞。其他也有各种外来银两，但数量极少。

关于银子的成色，兰州铸造的小宝甘肃锞子是二九宝银，西安府铸造的足纹银是二八宝银。

银锭有 50 两、10 两、5 两、4 两、3 两及碎锞。50 两的银子，只有兰州小宝银有少量流通。

（二）制钱

固原州使用的制钱也是 1000 个为 1 吊文，100 个为 1 组，10 组串联在一起是 1 吊文。1 吊文虽然号称大钱，但其实也含有小钱。100 文中如果有三四个，1 吊文中就达三四十个之多。但这些制钱大都是清代铸造，几乎没有古钱和日本宽永通宝之类的东西。

（三）钱票

据说固原州使用的钱票只有一种，就是钱铺发行的钱票。当地的钱票也跟平凉府一样，衬底为布，上面涂蜡，质地坚固，可以使用 10 年、20 年。钱票只限于 1 吊文的钱票，不发行 500 文钱票和 1 吊文以上的钱票。虽然也发行类似票据的钱票用于商人临时借贷，但与其称作兑换券，倒不如称为票据更恰当，因为其不具备兑换券的性质。

当地发行兑换券、钱票的钱铺有 17 家。城内有如下 6 家：

新盛玉号　　积厚德号　　长顺德号

复兴昌号　　泰生和号　　义兴福号

城外有如下 11 家：

复兴通号　　庆丰源号　　复顺桂号

义盛生号　　天盛元号　　两仪和号

天盛复号　　天顺和号　　新兴旺号

义盛福号　　永盛祥号

虽然各号发行的钱票样式有些差异，但都明确记载了发行编号、日期、金额等必要条件。此外，为了防止伪造，还画出了各种图样。下面是南关永盛祥和城内新盛玉号发行的钱票。

号 玉 盛 新

扫字壹九号　认票不认人

近有无赖之徒暗刻假印票图书防补换真字

本号凭贴取钱

壹仟文整

号诸公细心查明倘有慌忙错收本号不认祈勿怪

光绪三拾肆年贰月拾六日

固原新盛玉号票

二、各种通货之关系

固原州使用的货币换算比例如下：首先是把银两换成制钱时，甘肃锞子1两换制钱1吊235文。西安府铸造的足纹银1两换1吊200文。与此相反，把制钱换成银两时，在上述比率基础上，每两再增加10文的手续费方可得到1两银子。

其次是把钱票换成制钱时，如果不把钱票拿到发行钱票的钱铺，而是拿到其他钱铺，需要交一些手续费，但如果拿到发行钱票的钱铺换钱，1吊文的钱票换1吊文大钱。相反，到发行钱票的钱铺把制钱换成钱票时，大钱1吊文换1吊文的钱票。

另外，将银两换成钱票时，只给1吊文的整数钱票，零钱用大钱支付，比率与制钱、银两的换算比率相同。购买商品支付货款时，拿钱票与拿大钱一样，1吊文钱票与大钱1吊文通用，没有打折等问题。

第三节　金融机构

固原州城的金融机构有当铺、钱铺、银楼。

称作当铺的只有东街1家，至于钱铺，城内城外一共有24家。但钱铺没有专营者，都是一边卖杂货或卖布，一边兼营换银、换钱等业务。官银号、银炉、公估局、票庄等机构一概没有。银楼有4家，但都不值一提。下面介绍一下金融机构。

一、当铺

固原直隶州城经营当铺的只有城内东街的仁发当，东家姓雷，四川人，光绪二十年（1894）开业，资本金号称10万两，其实不过两三万两。掌柜的姓王，雇佣副掌柜的及其他手下19人。

关于抵押物品，根据咨询他们，作为规定，是金银首饰、衣服类和农具类。但因为当地普通人的生活水平太低，有金银首饰等装饰品的人几乎没有，衣服类的绸缎即真丝料子的穿着者也没有，因此，抵押物都是土布制作的衣服，抵押物中的十件有九件都是这些土布制作的衣服。至于农具，因为附近乡下都是回族人，他们从事畜牧业，不从事农耕业，因此农具很少，所以这类的抵押物也很少。

抵押期限官定是24个月，与各地相同。只是为了穷人的方便，24个月后，还设置了4个月的犹豫期，从抵押开始经过28个月仍然没有赎回变成死当时，才将抵押物拍卖，与其他地区无异。当铺规定利息每月每两银3分、每百文3文，即月利率为3分，并明确记在当票上。但年底的11月和12月，由于资金紧张，抵押赎回频繁，因此官衙通常每年命令仁发当在这两个月给穷人提供便利，利息降为2分。即每两银2分、每百文2文的利息。与平凉的世兴当完全相同。

抵押物如果霉烂或遭到虫伤鼠咬，当铺一概不负责任，这与其他地区相同。现在如果问掌柜的几月份抵押最为频繁，答是5月、11月、12月。7月、8月、9月最少。考虑其原因，5月是小麦收割前，穷人苦于金钱者较多，没处借钱的人便通过向当铺抵押进行融通。另外，11月和12月抵押的人也多，当然都是年底受金融所迫而来，各地状况相同。7月、8月、9月抵押者较少，是因为此地的物产——小麦、荞麦等刚刚收获，当地居民此时生活比较富裕。

此外，据说这里一年平均营业额为一万六七千余两。

仁发当使用的当票如下。

当　发　仁

福字叁佰六十号　姓刘

今将自己原衣裳

对面言定当本

壹仟文

言明每月银每两叁分钱每佰叁文行息贰拾肆个月

为定期外留肆个月为满如过不赎任凭本铺变卖抵

本当物倘有霉烂虫伤鼠咬不与本典相干如来历不

明与本铺无涉认票不认人执此票为据

宣统贰年陆月初五　座落固原城内东街

二、钱铺

固原的钱铺有 24 家，城里的钱铺有以下 8 家：

店名	出资人	店名	出资人
新盛玉号	本地人	义兴福号	本地人
积厚德号	本地人	长顺德号	外省人
复兴昌号	本地人	魁盛祥号	外省人
复顺德号	本地人	春生和号	外省人

城外有以下 16 家：

店名	出资人	店名	出资人
复盛通号	本地人	两仪成号	本地人
庆丰源号	本地人	义盛福号	本地人
微益福号	本地人	微益祥号	外省人

店名	出资人	店名	出资人
复顺桂号	本地人	益盛生号	外省人
复盛积号	本地人	新兴旺号	外省人
天盛复号	本地人	天顺和号	回族人
庆丰长号	本地人	生盛玉号	回族人
天顺元号	本地人	永盛祥号	本地人

钱铺中号称资本金最多的是城里的新盛玉号和城外的复盛通号，其资本金为四千两。由此看来，其他钱铺不过是五六百两到二三千两的小本经营。这些钱铺都不是以钱铺为主业，而是一边买卖杂货或服装，一边兼营钱铺。

这些钱铺的业务有银两与制钱的兑换、借贷、发行兑换券等。兑换券即钱票，并非以上 24 家都在发行，而是只有其中的 16 家发行，发行兑换券的钱铺如下：

新盛玉号	积厚德号	长顺德号
复兴昌号	春生和号	义兴福号
福盛通号	庆丰源号	复顺桂号
义盛生号	天盛复号	天顺和号
新兴旺号	天顺元号	两仪生号
义盛福号		

估计各钱铺发行 500 张，因为都是 1 吊文的票子，所以合计发行额有 8000 吊文。按照当时的行情 1 两兑换 1 吊 200 文，共计 6600 余两。因此，多少可以以此来促进金融业的发展。借贷也是如此，但额度有限制，据说最多 50 两，利息是月息 2 分 5 厘左右。

三、银楼

固原州的银楼有 20 多家，但其资本金都极少，只是用于制作金银首饰等装饰品，规模也很小，几乎不值一提，稍微有点规模的为德盛楼、顺兴楼、仁义楼、天盛楼。

第九章 泾州（泾川）的货币和金融机构

第一节 货币

泾州是清朝时期的直隶州，位于西安至甘肃省省府兰州的主干线上，相当于进入甘肃省境内的重要城镇。人口不到 1 万人，为过境贸易之地，也是地方物资的集散地。因为有衙门存在，只有一条小的市街，几乎没有值得一提的商业，属于通货不发达地区。

泾州所用货币的种类只有银两和制钱。没有见到一张钱铺发行的钱票和商人发行的纸币等。习惯现金交易，比较大的买卖用 5 两、10 两的银两交易，小的买卖用制钱交易，这与陕西地区相同。

泾州使用的银两只有京曹宝，西安府铸造，品质为二八宝银。银两的重量分别是：10 两、5 两、4 两、3 两，这几种最多，其他还有些小的散碎银块。天平称之为泾州布平，其 1 两相当于日本 9 钱 8 分。

制钱也跟陕西地区一样，一律使用 1 吊文，但很少包含小钱，因此，与银两换算的比率也高。

将泾州使用的京曹宝 1 两换成制钱时，当时的市价是 1 两银子换 1 吊 220 文。将制钱换成银两时，钱铺通常每吊收取 20 文的手续费，以 1 吊 240 文换 1 两银锭。据说一年平均下来，布平 1 两银是 1 吊 250 文。

第二节 金融机构

泾州的金融机构有 1 家当铺、10 家钱铺和 3 家银楼。官银号、新式银行、公估局等都没有。钱铺虽然号称钱铺，但不是大城市那种专业钱铺。至于银楼，小的几乎不值一提。

一、当铺

泾州的当铺只有北城门内西侧的永积当。系一人出资，当主是陕西省礼泉县人，姓罗。资本金号称 2 万两，但实际只有 1 万两左右。有掌柜的 1 人，是泾州市内屈指可数的资本家。雇佣副掌柜的和 12 个伙计、学徒。

抵押物比较固定，金银首饰、衣服和农具 3 种。其他器具财物一概不予抵押，这与其他地区相同。其中衣服类抵押最多，农具和装饰品次之。官定期限为 24 个月期满，但为了便民，有 6 个月的犹豫期，称为"留月"，前后共有 30 个月的抵押期。过期之后成为死当才拍卖。

抵押利息每月每两是 3 分，不分年底节日，一年四季相同。

永积当的制钱全部使用大钱，不用小钱，门前挂有"本典钱规"，规定如下：

当面清数大钱　出门见小不认

意思是抵押时要检查好是否混入了小钱，出门以后如果发现了小钱，当铺也绝不给换。相反，赎回当品交付当铺的利息时，会一一认真检查，如果没有小钱，马上收下，如果有小钱，哪怕只有一个，也被要求换掉。

作为当铺的规定，明确记载，抵押物腐烂、破损、遭受鼠害以及来历不明者，当铺一概不负责任。

下面是永积当的当票。

```
                    当    积    永
            水                      泾
┌──────────────────────────────────────────────────┐
│ 宣  不  任  照     当本钱     原来     迎         │
│ 统  与  本  例               衣裳     字         │
│ 年  本  典  每     壹仟文     三件     第         │
│ 月  当  变  月                        号         │
│ 日  相  卖  叁                                   │
│     干  作  分                        今据       │
│     认  本  行                                   │
│     票  倘  息                                   │
│     不  有  期                                   │
│     认  霉  至                                   │
│     人  变  贰                                   │
│     执  虫  拾                                   │
│     行  咬  四                                   │
│     为  鼠  个                                   │
│     据  伤  月                                   │
│         以  为                                   │
│         及  满                                   │
│         来  如                                   │
│         路  过                                   │
│         不  期                                   │
│         明  不                                   │
│         并  赎                                   │
└──────────────────────────────────────────────────┘
```

二、钱铺

泾州的钱铺有以下 10 家:

复顺和号	天盛和号	庆顺泰号
双兴泰号	庆顺生号	合盛恒号
恒裕益号	同兴永号	广兴永号
同春永号		

这些钱铺都在泾州南门外,以个人资本,一边经营杂货店,一边兼营兑换银钱的业务。没有一家专职钱铺。资本金多者一千两,少者不过五六百两。

钱铺也有贷款业务,但因资金量太小,也不能进行大的融通。通常情况下多则借贷 50 两,少则 10 两。

贷款利息比例,每月从 2 分到 2 分 5 厘不等,与陕西地区相比略高。不发行兑换券。

三、银楼

泾州的银楼城内有 2 家:

天顺银楼　天吉银楼

南门外有 1 家:

德兴银楼

无论资本还是业务,规模都较小,雇佣两三个徒弟。银楼从事金银加工、首饰等装饰品的制作等,但没有贷款业务,与金融业没有直接关系。

第十章　巩昌府的货币和金融机构

巩昌府的流通货币有制钱和银两，流通九五银和九六银。日本的九八钱相当于这里的 10 两。九九钱的马蹄银也相当于这里的 10 两，但我们换钱时，按 10.9 两计算。

1 两银子是 1200 文。1 吊文，在 1000 文中去掉 24 文，以 976 文为 1 吊文。因此，支付 100 文时，只需支付 98 文即可。

巩昌府城没有钱铺，有 6 家当铺：

信成当	义兴典	裕盛典
荣盛当	大义当	泰富典

这些当铺资本都不大，抵押品都是衣服、日用器具等，以 2 分 5 厘的利息用于资金融通。

第十一章　安定县的货币

安定县的流通货币有制钱和银子，兑换比例是，1 两银子相当于 1250 文。通用的是九五银、九六银，1 两相当于日本 9.6 钱。

钱庄有 3 家，字号如下：

广大号　仁信号　大裕号

这些钱庄只从事换钱业务。

当铺有 5 家，其中一家号称定公当，是五家之中最大的当铺。资本金据说约五千两，都是以民间的日用品作为抵押物进行资金的融通。期限 24 个月，利息在 2 分至 2 分 5 厘之间。

第十二章　会宁县的货币

会宁县有用于称量货币的天平，1两相当于日本9.65钱。流通的货币有制钱和银子，兑换比率是1两银子换1270文。

钱铺位于县城东门到西门之间的大街上，进行兑换业务的钱铺只有7家，但其主要业务是买卖杂货。

当铺有1家，称为长盛当，利息为2分，促进了民间金融的繁盛。银炉有1家。

第十三章　西巩驿的货币

西巩驿的流通货币是制钱和银锭，有用于称量货币的天平，1 两的重量相当于日本的 9.67 钱。

具有钱铺功能、只进行兑换业务的机构有 1 家，1 两银子换钱 1250 文。名义上是 1250 文，实际上是虚钱。

第十四章　宁远县的货币和金融机构

宁远县有用于称量货币的天平，1两相当于日本 9.8 钱。1 两是 1200 文。这个地方的 1 吊文是 996 文。

宁远县把制钱和银两作为通货。福女海号发行的钱票也流通。距离宁远县西部 20 公里的地方有个赵家坪，此地虽然没有什么商户，但有福女海号，发行纸币。

纸币有 1 吊、2 吊、3 吊、4 吊、5 吊、10 吊的在宁远县内流通，比较有信用，其样式如下。

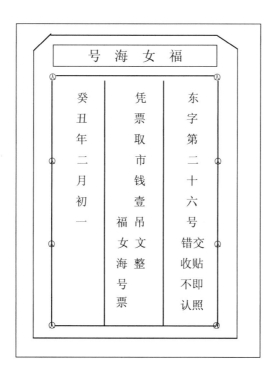

用紫色在布上书写。

没有钱铺，做买卖的商家进行换钱业务。有大钱和小钱，如果用 10 两换钱，可换 5 吊至 6 吊大钱，其余是小钱。

第十五章　西和县的货币

西和县用于称量货币的天平，1 两相当于日本 9.8 钱。制钱和银子是流通货币。流通九五银和九六银。

西和县有 16 家钱庄，位于县城的北门外。永兴昌号、世庆和号较大。当铺有 3 家，其中最大的一家叫永昌荣，但利息都是 2 分 5 厘，以器物和衣物等作为抵押进行融通。

第十六章　成县的货币

成县有用于称量货币的天平，1 两相当于日本 9.9 钱。进行棉花买卖的店铺很多，这些店铺大多可以兑换银子。成县的 1 两银子是 1300 文，都是大钱。

在松鹤丰号将日本的 99 钱银子换成钱时，相当于 10 两，可以说是 10 两 2。1 吊文，在 1000 个制钱中去掉 4 个，是 996 个。成县城内进行银钱兑换的店铺很多，加上西门外的店铺，共有 20 多家。

这些地区，从陕西东部运来棉花，往兰州方向运出纸张和酒，因此为了金融上的方便，大的店铺都兼营兑换业务。

当铺有 3 家：

嘉隆当　成义当　松茂当

利息是 3 分。期限为 12 个月。

第十七章　石家关的货币

　　石家关用于货币的天平与西和县相同，没有专业的钱铺，多数是买卖棉花的店铺张贴兑换银子的告示。距离石家关 15 公里处有一个小川子镇，这里钱铺众多，发行的纸币在成县大为流通，广为民间使用。白马关也流通这种纸币。这些纸币上有鸿世昌、全庆、福兴、兴盛源、积善昌、余庆长等记号，且都是 1 吊文的。其样式如下：

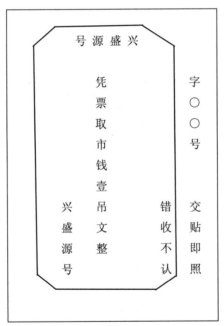

　　用油纸制作。

第十八章　白马关的货币

（原文此章内容缺失）

第十九章　礼县的货币

礼县的流通货币有制钱和银子，通用九六银和九五银。

钱铺有嘉隆号和信兴号，以兑换为主业。1 两银子相当于 1200 文。两个钱铺位于城内中央大街。

当铺也有称为礼县公当的铺子，为县所设，利息 2 分。

第二十章　宁夏府的货币和金融机构

第一节　货币

宁夏府是甘肃省内仅次于省会兰州府的第二大城市，也是中国西部为数不多的大城市之一。紧临流过长城的黄河，地理位置优越。拥有宁夏和宁朔两个县城。有将军、道台、知县等官衙。还有高等学堂、中学堂、工艺学堂等学校，各种机构齐全。宁夏靠近黄河流域，沃野千里，五谷丰登，乡下农民也很富足，人们的生活水平远远高于甘肃其他地区。因此，人们的购买力也很强，毛织品等制作非常繁荣，市区也很有活力。杂货、绸缎、布匹、杂粮等店铺在横贯东西的大街上鳞次栉比。加之有黄河水运，通过包头，经过陆路张家口，可与天津进行贸易，近来商业有发达之势。因此，当地使用的货币与其他地方相比，较为复杂。按其发展来想，应该货币很发达才对，其实不然。当然，银两和制钱流通很多，但没有钱票流通，很不方便。一家钱铺也没有，因此不能发行钱票。

如此，宁夏府的货币还处于落后状态。

一、银锭

宁夏府使用的银两都是外面的银锭，当地没有铸造地。外来的银锭大多是来自兰州和山西潞安府铸造的盐锞（又名足宝银）。

银锭的重量，除了兰州铸造的大宝 50 两以外，都是小宝，最常用的是 10 两、5 两、4 两以下的碎银子。兰州铸造的足纹银是二九宝，潞安府铸造的足宝银比之质量稍差，二者换算的比率是，兰州足纹银 99 两半相当于潞安府足宝银的 100 两。后者为二八五宝。

二、制钱

宁夏府的制钱与其他地区相比极为复杂。制钱称为九八钱，98 个制钱为 100 文。九八钱有 2 种，一种叫官钱，另一种叫市钱。

官钱是 98 个制钱中有 78 个大钱、20 个小钱。因为是由官衙所定，因此得名。市钱是 98 个制钱中有 68 个大钱、30 个小钱。因为是由市场所定，因此得名。前者又称二八钱，后者又称三七钱。

形成这两种算法并掺杂一定的小钱，是有原因的。陕西省西安府只使用大钱，完全不用小钱。到了西安以西的甘肃省，泾州、平凉、固原等地的制钱也几乎都是大钱，有时候也会见到小钱，但质量很差，因此忌用小钱，商店几乎不收小钱，所以各地用的很少，小钱在人们生活中的地位也逐渐下降，被驱逐到了蒙古地区，现在几乎都集中到了宁夏附近。

从各地集中到宁夏的小钱年年增加，刚开始，1个大钱与1个小钱等价使用，但因其数量越来越多，1个大钱与1个小钱不能再以同一价格通用，小钱价格逐渐降低，2个小钱相当于1个大钱。现如今已经降到3个小钱相当于1个大钱。因此，当付款100文时，或被要求付大钱100文，或被要求付大钱80个、小钱20个。大钱和小钱的比例因时间、因人而异，因此每次支付金钱时总是纠纷不断。衙门对此也不能坐视不管，终于在光绪二十年（1894）时出台了标准，以避免纠纷，即大钱80个和小钱20个为100文，可当100文支付。

但其后不久，小钱的数量仍逐年在增多，其价格又有所下降，许多良币大钱被驱逐，等于大钱的实际价格越来越高，如果仍然使用官定的标准不再合适，因此，经过市民协商，提高官定比例，以大钱70个、小钱30个为100文，当作100文支付。以后随着小钱的增加，官衙将先前规定的大钱80个减为78个，与此同时，市民也协商将市钱的大钱70个减为68个，直至今日。

但是这种算法给商业带来很大不便。到商店去买东西时，问了价格后，如果不商量好是官钱支付还是市钱支付，有时会突然被要求按官钱的二八钱比例支付。因此，买东西时，每次要问清是哪种算法，是官钱价还是市钱价，然后再判断物品价格的高低。这是小买卖的例子，大宗交易的商店里据说经常因此引起纠纷。

如果手里只有大钱，支付100文时该怎么办呢？大钱与小钱的交换比例是，以3个小钱换1个大钱。因此，只用大钱支付官钱100文时，即应该支付78个大钱、20个小钱时，只需要另付7个大钱，共计85个大钱就够了。同样，如果只用大钱支付市钱100文时，即应该支付68个大钱、30个小钱时，通常只需要另付10个大钱，共计78个大钱就够了。

如上所述，官钱与市钱相比，官钱85个大钱相当于市钱78个大钱。其比例是，市钱每百文比官钱便宜7文大钱。

以上说的是九八制钱100文的时候。但支付100文以下时，例如支付50文，以九八比例支付官钱（即二八钱），以大钱8个、小钱2个的比例支付，即支付大钱40个、小钱10个即可。支付市钱（即三七钱）时，以大钱7个、小钱3个的比例支付，即支付大钱35个、小钱15个即可。其他数目的算法以此为标准。

并且，说官钱1吊文时，是把大钱78个和小钱20个统括成1串，10串是1吊文。说市钱1吊文时，是把大钱68个和小钱30个统括成1串，10串是1吊文。说大钱、满钱1吊文时，是指把100个大钱统括成1串，10串合在一起称1吊文。

三、银两与制钱之关系

宁夏府使用银两和制钱，二者的换算关系如上一节所述。当地没有专门从事换钱业务的钱铺，绸缎店、杂货店等都能随意换钱，因此，也不像钱铺那样正规，都是店员根据客户和市场（即银两与制钱的市价）行市的高低决定。因此兑换比率未免有些差异。但根据平均情况，一般市价比率如下：

省城兰州府铸造的小宝甘肃锞子换钱时，这种锞子 1 两如果只换大钱，相当于 1 吊100 文。但满钱 1 吊文如果正是 1000 个制钱，其制钱数量就是 1100 个。如果换成官钱，就是 1 吊 300 文，按照 100 文中 78 个大钱、20 个小钱的构成比例，1 吊 300 文中，应该有 1014 个大钱和 260 个小钱。如果换成市钱，就是 1 吊 400 文，按照市钱 100 文中 68 个大钱、30 个小钱的构成比例，1 吊 400 文中，应该有 952 个大钱、420 个小钱。

将潞安府的足宝银换钱时，与甘肃锞子相比，每两少大钱 10 文，官钱少 30 文，市钱少 40 文。按照这个比例，1 两的行情是：大钱 1 吊 90 文，官钱 1 吊 270 文，市钱 1 吊 360 文。

第二节　金融机构

宁夏府的金融机构有当铺、票庄、银楼。

新式银行自不必说，官银号、公估局、金店等金融机构一概没有。且中国到处都有的金融上不可或缺的钱铺，在当地也一家都没有。问其原因，说是原本当地也像现在这样商业繁荣，但到了同治年间，宁夏府遭受兵荒马乱，此后几十年商业逐渐衰微，一切商店停业。多年以后，随着商业的复苏，率先开设了服装店，但还没有出现钱铺等经营现金业务的店铺。市民感到非常不方便，只能到大的杂货商或服装店去换钱或借钱。但多年以后便形成了习惯，在很多商店都可以换钱，因此便没有钱铺之业兴起，直至今日。

进行换钱的商铺，只要资本足够融通，各店不管是什么行业什么店都可以换钱。因为宁夏没有钱铺，所以也不发行兑换券等信用证券，都是现金交易。总之，宁夏的金融机构颇为落后。

一、当铺

宁夏府城里有 21 家当铺，其中属于宁夏县的当铺有 13 家，属于宁朔县的有 8 家，大多数都位于贯通东西的大街上或贯通南北的羊肉街上。其中属于宁朔县的当铺如下：

仁义当	永顺当	吉庆当
通泰当	兴顺当	复顺当
万镒当	天成当	

属于宁夏县的当铺如下表，列举了当铺名、掌柜的、雇佣人数及资本金额：

当铺名	掌柜的	雇佣人数	资本金额
三源当	湃 华	7 人	10500 两
吉盛当	武建权	6 人	8300 两
裕丰当	殷克勤	6 人	7500 两
复兴当	殷遴才	10 人	10000 两
和合当	王德明	12 人	13000 两
同心当	蒋 怀	7 人	7500 两
万盛当	王 云	6 人	7400 两
大盛当	王经庭	5 人	3200 两
和盛当	王德馨	8 人	8300 两
广泰当	李光成	11 人	10500 两
豫丰当	邵茂才	7 人	5200 两
义盛当	陶 江	5 人	4000 两
和顺当	梅 俊	9 人	8500 两
合计 13 家		99 人	103900 两

宁夏县共 13 家当铺，总资本金额达 10 万余两。并且宁朔县的 8 家当铺如果平均有 7000 两的资本金，那么资本总额就是 5.6 万两，两县总额达 15.99 万两。

当铺中最大的是和合当，其一般情况是，当铺位于羊肉街西侧，比邻郃阳会馆，掌柜的王德明是陕西人，雇佣 12 个伙计、学徒从事当铺工作。资本银为 1.3 万两，每年的抵押物营业额达 8000 两。虽说不能算是高额，但是在 21 家当铺当中所占数额最多。一年当中业务最忙的时间与各地相同，是年底的 11 月和 12 月。抵押物有衣服类、金银首饰类、农具类等，与各地无异，但还有当地特有的物产——皮革和毡货。毛毡、玉器、玛瑙、钟表等也作为抵押物经营。其中抵押最多的是衣服和农具。衣物抵押较多的原因与各地几乎相同。农具较多是因为黄河流域土地肥沃，与甘肃省其他地区相比，这里的居民从事农业耕作者居多，因此，农民资金窘迫时很多人就会抵押农具。

利息每两银子每月 3 分，每百文 3 文，即每月 3 分的比率。这是普通官定的利息。尤其是 11 月和 12 月年底节日时，官方命令月利息减少到 2 分。计算抵押月数时，从抵押日开始，5 天以内为宽限期，按日付息。超过 5 天时，按 1 个月付利息。抵押期限与各地相同，24 个月期满，但为了方便贫民，还有 4 个月的犹豫期。通常从抵押日开始 28 个月后仍然不来赎回时，才作为死当转卖。据说衣服大多批发给估衣店即旧衣店，其他东西在固定时间进行拍卖。

当铺的支出采用九八钱的官钱支付，收钱采用九八钱的大钱收取。期间有强行收取利息以外利益的恶俗。另外，当铺把大钱和小钱同样按 1 文对待。

除了以上 21 家当铺以外，还有三盛、德盛等两三个小押，但资本都很少，不值一提。

现在和合当使用的当票如下：

```
            夏        宁
         当     合     和

运  破  当    照  不  伤  宣
字  旧  九    例  赎  与  统
第  外  八    叁  由  本  贰
   洋  钱    分  本  典  年
号  布        行  典  无  八
             息  变  干  月
   叁  贰    限  卖  涉  初
   件  仟    贰  倘  此  六
             拾  有  票  日
      文    肆  来  存
             个  历  默  初
             月  不      六
             为  明      日
             满  鼠
             过  咬      票
             期  虫
```

二、票庄

宁夏府经营兑换业务的票庄只有 1 家，是大街上的协同庆号。总店在山西省太原府，掌柜的叫闰善述，山西人，雇佣伙计、写信的、算账的等 12 人从事业务工作。资本号称 40 万两，但不足信，看样子差不多有 20 万两。作为宁夏府的第一票庄，建筑物非常宏伟。

询问协同庆号在中国各地的兑换业务办事点，据说有如下地点：

北京	上海	天津	广东	梧州	河南	长沙	汉口
西安	三原	成都	汉中	重庆	太原	兰州	凉州
甘州	厦门	福建	苏州	济南	沙市		

现在，通过同一票庄，从宁夏往上海汇款时，对于上海的 100 两，需要支付宁夏府足纹银 120 两。不过其中包括汇费。

协同庆票庄除了经营兑换业务以外，还针对商人、官吏开展借贷业务。问其借贷利息的比率，是每月每两1分5厘至2分。此外，同一票庄还有保管府库现金等存款业务。但这些业务并非常有。

同一票庄在全国各地的经营点之间使用的天平大小列表如下：

地点	平码名称	比较数目
北京	五厘京市平	100两＝宁夏平98.30两
	京贰两平	100两＝宁夏平96.30两
	京公砝平	100两＝宁夏平98.90两
	京库平	100两＝宁夏平102.40两
天津	津钱平	100两＝宁夏平98.30两
	津公砝平	100两＝宁夏平98.21两
	老钱平	100两＝宁夏平99.07两
	新钱平	100两＝宁夏平98.60两
上海	申漕平	100两＝宁夏平100.68两
	申公砝平	100两＝宁夏平100.40两 或100.35两
广东	司码平	100两＝宁夏平102.60两
	藩库平	100两＝宁夏平102.56两
汉口	汉钱平	100两＝宁夏平98.60两
	公砝平	100两＝宁夏平98.70两
	洋例平	100两＝宁夏平98.70两
	漕平	100两＝宁夏平100.10两
沙市	沙钱平	100两＝宁夏平98.88两
	老钱平	100两＝宁夏平98.92两
长沙	长沙平	100两＝宁夏平98.70两
	二九库平	100两＝宁夏平102.80两
	二八库平	100两＝宁夏平104.50两
开封	汴行平	100两＝宁夏平102.70两
	二九汴平	100两＝宁夏平100.30两
	藩库平	100两＝宁夏平102.35两
	道库平	100两＝宁夏平101.79两
曲沃（山西）	沃钱平	100两＝宁夏平99.60两
	杂货平	100两＝宁夏平100.121两
	商用花平	100两＝宁夏平99.88两
三原（陕西）	泾布平	100两＝宁夏平100.93两

地点	平码名称	比较数目
西安	陕公议平	100 两＝宁夏平 98.40 两
	陕库平	100 两＝宁夏平 102.34 两
汉中	郑钱平	100 两＝宁夏平 99.10 两
成都	川九七平	100 两＝宁夏平 98.50 两
	藩库平	100 两＝宁夏平 102.50 两
重庆	渝钱平	100 两＝宁夏平 98.30 两
兰州	兰市平	100 两＝宁夏平 97.30 两
	老兰平	100 两＝宁夏平 98.82 两 或 98.0 两
	新兰平	100 两＝宁夏平 98.20 两
	旧兰平	100 两＝宁夏平 98.80 两
	新湘平	100 两＝宁夏平 98.26 两
	兰库平	100 两＝宁夏平 102.45 两
甘州	甘钱平	100 两＝宁夏平 99.75 两
	甘库平	100 两＝宁夏平 102.45 两
凉州	凉纹平	100 两＝宁夏平 98.77 两
	凉行平	100 两＝宁夏平 98.17 两
济南	济钱平	100 两＝宁夏平 100.46 两
	济库平	100 两＝宁夏平 102.60 两
苏州	新苏漕平	100 两＝宁夏平 100.76 两
	旧漕平	100 两＝宁夏平 100.62 两
	藩库平	100 两＝宁夏平 102.48 两
福州	新议平	100 两＝宁夏平 99.52 两
	壹议平	100 两＝宁夏平 99.82 两
	藩库平	100 两＝宁夏平 102.30 两
厦门	厦钱平	100 两＝宁夏平 101.80 两
	漳钱平	100 两＝宁夏平 102.20 两
湘潭	湘平	100 两＝宁夏平 98.60 两 或 98.50 两

地点	平码名称	比较数目
	乡湘平	100 两＝宁夏平 98.93 两
	湘公布平	100 两＝宁夏平 98.46 两
张家口	口南平	100 两＝宁夏平 100.90 两
	口北平	100 两＝宁夏平 101.08 两
平遥（山西）	平街市平	100 两＝宁夏平 100.60 两
	街市平	100 两＝宁夏平 99.30 两
	新街市平	100 两＝宁夏平 99.30 两
汾州（山西）	关平	100 两＝宁夏平 101.10 两
太谷（山西）	庆泰隆平	100 两＝宁夏平 100.78 两
	谷公平	100 两＝宁夏平 99.78 两
祁县（山西）	晋恒通平	100 两＝宁夏平 101.70 两
	祁公平	100 两＝宁夏平 100.70 两
迪化（新疆）	新湘平	100 两＝宁夏平 98.26 两
归化城（山西）	归化城平	100 两＝宁夏平 97.75 两
梧州（山西）	筏平	100 两＝宁夏平 97.78 两
甘肃	藩库平	100 两＝宁夏平 102.68 两
	盐锞平	100 两＝宁夏平 102.54 两
	大平	100 两＝宁夏平 102.52 两

三、银楼

宁夏府的银楼有十几家，但资本都很少，规模都很小，几乎不值一提。其中稍大一点的有以下 7 家：

忠信楼	福兴楼	广福楼
宝华楼	发盛楼	恒盛楼
义和楼		

这些银楼被称为自金局，制作首饰、手镯及其他各种装饰品，但是与金融业几乎没有关系。

第二十一章　灵州的货币

灵州属于宁夏府管辖，位于宁夏东南55公里处，在黄河左岸。灵州的铜钱与宁夏府不同，在此稍作讲述。

灵州使用的铜钱不像宁夏那样掺杂小钱，只有大钱。并且大钱的价格比其他地区高，因此，当地支付100文时，支付87个大钱即可。灵州将之称为八七钱。

付款100文以内时，相对于100，不使用八七比率，而采用100∶90的比率。例如，支付50文时，支付45文大钱即可。其他数额以此为标准。但付款10文以内时，不使用这个比率。商品说是5文时，必须付5文大钱。买东西时，一件定价5文，如果买8件，就是40文，也必须支付大钱40个。因此，前面所说的九折支付，只限于10个价格在10文以上的时候。

灵州市场上使用的铜钱，一般都是文钱。此外，所谓的满钱，就是100文由大钱100个构成。所谓的八七一吊文，是把87个大钱总括成1串，共10串。满钱1吊文，就是把100个大钱当作100文1串，共10串。铜钱与银两的换钱比率是，每两满钱1吊120文，八七钱1吊290文左右。

第7卷

陕西省的金融货币和金融机构

第一章　概述

陕西省作为自古以来汉人的发祥地之一，与河南省、山西省共同成为中国文化的发源地，特别是以省城西安为中心的一带作为帝业之都，以开启人文荣华之梦而引以为豪。为此，应以西安府为中心，观察其经济状况和金融界状况。陕西省北面山峦重叠，感觉其生活状态也就是刚刚摆脱自足经济的状态。延川一带的石油由美国标准石油公司获得开采权，虽然多年以前已经着手开凿，但因业绩不好而中止开采。因此，本来预想该地的开发应该比较快，但如今已失去机会，北部一带不会享受其恩惠。而且，要想了解陕西省的货币和金融界的情况，首先必须了解其省城的金融界。因此，在叙述各地状况之前，先叙述省城西安的货币和金融界情况，然后依次论及相对未开发的地区。

第二章　西安的金融机构和货币

第一节　概述

西安府作为自古以来的中国大都市，曾经是东方文明的发源地。尽管后来其势力逐渐东进转移到了北京，但三千年前的隆盛余波仍存，直至现在仍然是陕西省的政治、经济、文化中心。因此，叙述此地的经济状况，可大体了解陕西省整体的经济状况，而且容易了解金融界的情况。而要想了解金融界的情况，首先必须研究其经济界。在说明现今西安府的金融界之前，首先就西安府自民国元年以来的经济状况以及与此有极大关系的银票发行制度的沿革进行叙述。

民国以来，西安府的经济状况经过了极其复杂的演变。最初在清朝时期，陕西省的经济维持了相当好的状态。后发生革命，民国获胜。他们虽然一举夺取了省城，但无人能提供用于施行新政的资金，于是强制征购百万两银元的省债，并发行了相当于三百万两银元的兑换纸币。因没有本位币准备，这就意味着就是不可兑换的纸币。其结果当然给财界带来混乱，对经济造成了重大打击。

民国二年（1913），民众拿着政府发行的兑换纸币到银票发行所——秦丰银行要求兑换，被告知在富秦钱局（官办钱局）办理，银行不予兑换。而富秦钱局正值现银短缺，故推三阻四，不承担兑换之责。兑换券当时尚未完全丧失信誉，相对于现银 1 两为 1 吊 450 文，1 两纸币可换为 1 吊 350 文。1 两兑换券相对于现银的差额仅仅在 100 文左右。但由于政府不按上述交换率予以兑换，民国二年（1913）夏季以后，纸币的价格逐渐下跌，相对于 1 两现银，1 两纸币的差额高达 2 钱，进而跌至 5 钱（即半价），到了民国三年（1914）春天进一步下跌，差额高达 7 钱，即面额为 1 两的纸币的市场通用力只相当于现银 3 钱，陷入无法救济的状态。于是，当时的民政长官提出以一个月 20 万两为限，按市价 10 钱来回收的方案。尽管向普通市民发布公告，但民众却不相信。而敏锐捕捉到商机的商人却争相将自己持有的纸币向政府兑换现银，还以 3 钱的市价收购纸币，向政府兑换现银。由于手续非常繁杂，结果以抽签方式进行兑付。从同年夏天到第二年春天，富秦钱局掌理该业务，而且为了提高在市场上的价值，宣布赋予银五钱的强制通用力，违反者予以处罚。但当时市场上钱铺每日的纸币价格由总会确定，在店头张贴，不执行政府的命令。事态到了如此境况，财政厅担心其方针、政策也会遭到破坏，责令钱铺以银五钱来处理。于是，店铺知道将对其不利，有些就关闭了，有些则不公布行市，由各家店铺随意兑换。政府的命令丝毫未被执行，政府对此也几乎无计可施。

于是，财政厅提出了一个方案，宣布从民国三年（1914）下半年开始，纳税时其税额的一半可以使用纸币，而且1串纸币作为1吊进行处理。以此防止纸币市价的跌落。然而，该方法的施行却弊害百出，当时纸币的市价为银3钱上下，地方长官丝毫不顾忌省内经济的紊乱，只顾中饱私囊。九十个县的地方官员向农民课税时让其以现银纳税，然后拿到省城收购纸币，而向财政厅则以纸币纳税，从而赚取其间的差价。财政厅看出其弊害，最后不得不废除了该方法。

值此多事之秋，财政厅厅长被替换，而民国元年征购的省债又临近偿还期限，向政府请求返还的事情频频发生，而财政厅的银库空空，无法履约，因此只能每年返还30万两，3年还清。首先作为当年的返还部分，用纳税收上来的纸币进行返还，于是怨声四起，官方的威信扫地，商人的困难不可名状。在此期间获取利益的只有一部分官吏和奸商，而其他守信的商民则蒙受了巨大损失。中产以上的人隐匿财产，小资本家则频频破产。

如此，经济界极其混乱，钱铺不再经营汇兑业务，而只选择单纯的业务。其间，哥老会形成的镖局（以汇兑为主业的组织）利用这个机会，独占汇兑业务，不正当交易频发。

此时，当地有名的白狼大显淫威，在省内造成的损失约为3000万元。民不聊生，国库空虚。于是该省向中央政府恳请拨付100万至200万元，而中央政府只答应提供50万元，并且从中扣除了该省购买兵器的货款，仅仅提供了30万元，根本不能实现对该省财政的救济。

省财政厅此时决定逐步节约行政经费，将军队38个团减少为9个团，对文官也进行了大更换，并且对全体官员减薪两成。尽管如此，仍达不到收支平衡。为了开辟财源，省府投入100万元在东门外修筑大道，建造房屋租赁给民众，以收取房租等，采取了各种各样的方法。尽管如此，还是经常出现七八十万元的财政缺口（陕西人将这一时期称之为军政时期）。

从清朝时期就规定陕西省每年向中央政府纳贡90万元，但这个规定一直没有完全执行，特别是民国以来，只不过在民国三年（1914）支付过5万元。

民国三年（1914）7月，财政厅长官由赵某变更为陆某，民政长官也变成巡按使吕某，由此，在财政方面进行了一大改革。

首先着手的是撤销教育司和实业司，合并司法司和内务司，再次进行文武官员的淘汰，由此削减经费，但仍未实现收支相抵。于是再次征收车船税，增加屠宰税、房产税，征收附加税，加征两成的盐税和地税，民国三年（1914）下半年增设契税（登记税）等，通过花样百出的手段，总算是获得了70万元的收入（半年的收入），于是终于能向中央政府支付少许税费了。

就这样，在普通民众处于贫困的状态下，征购了三年公债或者四年公债，并强制募集救国储备金，人民的贫困达到了极点，经济界的不振和金融界的紧迫已经到了如此地步，政府不得不尽快设法救济，振兴市场，调整经济界的紊乱和金融界的不振，让人民安居乐业。但何时可以实现这一愿景？无法预知。

第二节 金融机构

当地作为陕西省的大都会，旧时为中国文化的中心，商业也相应发达。但后来中国对外国开放港口，商业方面的势力逐渐转移到开港之地，而且与商业兴隆与否关联极大的金融机构也在开港之地得到了长足的发展。在连舟船都缺乏的当地，则看不到进步。

物产方面只生产少量棉花，这些物产的交易也是以铜元计价，不使用铜钱或钱票子。

如今，西安府的金融机构，新式的有中国银行陕西分行，按照新模式运营的有秦丰银行，旧式的则有镖局、票号、钱庄、当铺，下面逐一进行解说。

一、中国银行陕西分行

该行为国立银行，注册资本为2000万元，先由财政部增资1000万元，总行设在北京，各省设分行。陕西分行于民国四年（1915）3月1日成立，如今在当地开展的营业项目和经营状况如下：

代理国库发行国币，收购外汇、期票，经营存贷款，但现在不往外贷款。

发行1元、2元、3元的兑换纸币，从1914年3月1日开始发行，由军政部、警察等发布命令，赋予强制通用力，该纸币在纳税、粮捐、捐赠等所有用途上都可通用。并且不论是中央发行的还是其他省发行的，都可在全省通用。但其他省银行发行的纸币在该省要付贴水，随时可兑换成现金。

如今汇费上涨，该行为减轻汇费，廉价办理。而且相对于该行的钞票、铜钱，使用纸币实行特别汇费。

该行定期、活期存款的利率为：

1年定期利率为5厘；

半年定期利率为4厘；

3个月定期利率为3厘；

活期利率为2厘。

该行的汇费和银洋的市价每日揭牌公布。

该行除星期日和节日以外，每天上午9时至下午4时营业。

下面是各省分行的所在地：

北京——胜芳、霸县、芦台、海淀、涿县、密云、静海、通州

直隶——天津、泊头、保定、邢台、濮阳、唐山、磁县、滦县、沧县、祁县

山东——济南、滕县、青岛、烟台、惠民、周村、临清、济宁、潍县、泰安、

桑园、益都、临沂

　　山西——太原、运城、归化城、新绛、大同

　　福建——南台、福州、厦门

　　浙江——杭州、宁波、兰溪、温州、嘉兴、湖州、绍兴

　　江苏——南京、镇江、上海、清江、下关、扬州、无锡、苏州、徐州

　　湖北——汉口、宜昌、沙市

　　广东——广州、江门、潮州、琼州、汕头、韶州、佛山

　　东三省——奉天、营口、安东、吉林、哈尔滨、长春、大连、锦州、铁岭、黑龙江

　　安徽——安庆、芜湖、大通、蚌埠

　　江西——南昌

　　河南——开封、漯河、周河口、道口、洛阳、信阳、彰德

　　四川——重庆、成都、泸州

　　湖南——长沙

　　如上所述，虽然是从民国三年（1914）3月开始营业，但恰逢当时金融界混乱，特别是富秦钱局经办的由政府发行的兑换纸币失信于民，搞得人心惶惶。而且强制发行救国储备金，民众对政府金融机构的不信任达到了极点。因此，当初虽然中国银行经营着大资本的业务，但仍然不被民众信任，不肯接受该行发行的纸币，在外汇、储蓄等方面也不去银行办理。

　　后来，人们逐渐认识到中国银行的信用程度与富秦钱局不同，其业务的势力范围明显扩张，之前由富秦钱局掌握的有关国库的所有业务都由其承接，专门由其经营。民众也逐渐放心在市场上使用该行发行的纸币。大家都知道银行在外汇和储蓄方面也比其他的钱庄、票号安全有利，出现了全部委托该行办理的趋势。

　　因此，在不久的将来，中国银行会压倒那些旧式金融机构，毫无疑问会在该省奠定不可动摇的根基。

　　二、秦丰银行

　　该银行本来是旧式银行，但银行条例公布之后，其遵守该条例，成为陕西的半官方银行。资本金号称有200万两，但据说实际在100万两以下，最初被指定为陕西省的支付金库。因此，除办理地方向财政厅的国税、地税征缴外，还根据财政厅的命令，经办向军人、官府、学校、官吏发放工资和军饷的业务。中国银行在此地设立分行以来，这些业务逐步转给了中国银行。这是由于该省金融界的混乱与该银行有很大关系，而且如前所述，有关纸币和现银兑换的事宜，存在着即使是以自己银行名义发行的纸币也根本不予兑换等不当行为。

　　营业项目如下：

　　贷款　贷款只限于对有切实担保的人进行，利率为每千两一年5-6分，经济界

出现混乱以来，贷款中止。

储蓄　储蓄利息按活期存款，每两每月2厘，3个月以上为3厘，6个月以上的长期存款为4厘。

汇兑　虽然经办，但由于对方银行和自身准备的资料不全，有时会拒绝办理。

汇费相当高，假如要向汉口或天津汇1000两，就必须另外支付20两乃至25两，有时甚至不支付40－50两就不予办理，用户亏损很大。

如此，该银行的一部分业务已经转给了中国银行。由于该行随着经济界的混乱而丧失了信誉，其一部分业务不得不中止，只作为储蓄银行而存在。

三、票庄、票号

票庄和票号属于异名同类，经营汇兑业务。业主多为山西人，陕西人不多。和钱铺相同，都是因山西人善于理财而在全国开设店铺，经营汇兑业务，这是众所周知的事实。在陕西省的西安、三原、泾阳、凤翔、汉中、兴安、渭南、同州、潼关等地都有分店，与天津、北京、汉口、上海等商埠进行交易，目前除西安、三原外，在该省内的营业处于中止状态。

在西安府，不存在拥有大资本的票号。号称有数十万、数百万资本的都是指本店的总资本。陕西省的票庄、票号都没有大额的准备金，最多也不超过10万两。汇费非常高，每千两要求支付25两乃至30两，而且金额过大的往往被拒绝。西安著名的票号都在盐店街。它们是：蔚秦原、大德恒、大德道等。

不过，以上只是之前的状态，情况时时刻刻都在变化。特别是由于中国银行和邮局开始汇兑业务后，毫无疑问给票号、票庄造成了很大恐慌。

四、镖局

镖局和票庄、票号不同，承担现金的运送并加保险，以收取运送费外加保险费。其费率通常为向北京或汉口运送1000两现金，要征收银25－30两作为运费和保险费。当然，金额越大，其费用比例就越小。

人们通常认为运输现金途中的危险是很大的，其实不然。按规定，如果途中遭遇土匪，现金被掠夺，镖局当然要负责赔偿，但据说只要是镖局运送，就不会遭到抢劫。这是因为有一个私下约定，即该镖局平时已经收买了沿途各地横行的土匪、无赖，与他们互通信息，以暗号联络，确保平安。而且经营这个业务的镖局大多是中国有名的秘密结社哥老会的会员，从这个意义上可以说是盗贼的魁首在经营这项业务。因此，不得不说是出乎意料的安全。

如今市面上开业的镖局都在盐店街上。

目前该行中有名的镖局有大德通、大德恒、宝丰隆、大成亨、百川通、蔚泰厚、蔚丰厚7家。都是哥老会在经营。

尽管如此，在中国银行和邮局开始汇兑业务以来，除非特殊情况，都没有必要支付高额的手续费运送现金了。因此，该项业务不可避免地逐渐衰落了。

五、富秦钱局

该钱局属于所谓的官办钱局。预先准备好政府的资金，专门办理兑换业务，即将纸币兑换成现金，将现金兑换成纸币，以赚取差价为营业之基本。然而，该钱局在民国元年（1912）发行纸币后却不答应将此兑换成现金，就算是兑换，也与其额面价格差很多。其没有为商民带来方便，反而造成了损失。大家都对其有所认知了。

六、钱铺

在西安城内经营钱铺的有 100 多家。这些钱铺与原来的钱铺的营业方法相同，弊害极多。一般商民需要日常所需的零碎现金或者要将现金兑换成携带方便的纸币时，要收取一种可看作手续费的费用。但并不一定能满足普通民众的要求。正如民国元年（1912）富秦钱局发行的纸币，其信用丧失，在政府赋予纸币强制通用力的情况下，店铺随即关张，不予兑付。民国元年（1912）以来，小资本的钱铺随着金融界的混乱而蒙受损失，因为看到破产的钱铺不断出现而感到了恐慌。

他们使用的秤分卖秤和买秤，在这一点上又有很大的利润。

营业主以山西人居多，陕西人很少，但据说不少在营利方面很敏锐的官吏们稍稍有些余财，就在这些钱铺融通资金，或者以他人的名义开设钱铺。

七、当铺和邮局

除了以上叙述的一至六之外，与金融界有密切关系的还有当铺和邮局。

（一）当铺

所谓当铺就是抵押店，指资本金较大的店铺。除此之外，资本金额少也同样经营抵当生意的，叫法很多，有押、质、典等。

当铺要向政府申请，支付一定的费用，拿到许可证才能开始营业，而其他押、质、典则不需要。而且当铺有保管衙门公款和地方公债的义务，但据说没有履行该义务的。

利息在之前为 3％，由于金融界吃紧，变成 7％甚至 8％，不知道哪里是底线。而且抵押期限有些是 4 个月，有些则是 6 个月，各家店铺不同。通常期满后再给予七八个月的宽限期。

当地开业的当、押、质合起来有 100 多家，其中最大的有如下几家：

字号	资本	总理	司事	徒弟数
富秦公当	3 万两	局长（兼任司事）		41 人
官秦丰分当	2 万两	崔云松	1 人	31 人
亿众公当	3 万两	张成仙	1 人	36 人

以上为官营，其他还有万成恒、永顺当、普通当等当铺。为半官半民组织。

目前其营业收支情况如下：

用银锭或者中国银行发行的纸币。但不使用 1 元以下的小银币，钱庄也不答应将之兑换成其他货币。银元的流通程度极其灵活，当地普通使用的银元当中，信用度最高的是宣统元宝（湖北省发行）和光绪元宝（北洋及湖北省发行），后者比前者市场流通量稍大。

至于站人银元，比前者要加铜元 4－5 钱的贴水，墨银则即使加 10 钱以上的贴水，其流通也比较困难，因为这些毕竟信用度低。

近来，袁大头（印有袁世凯像的银元）的使用也很普遍。

宣统元宝对铜元的兑换市价每日不同。普通铜元从 130 个到 140 个不等。银元在当地使用，起因于白狼匪事件。事件之前所有交易只限使用制钱、铜元，从为了征伐白狼匪，中央派遣了很多士兵入省开始使用这些银元以来，使用银元比使用制钱、铜元方便，自然就在市场上流通至今。

四、银锭

该省内使用的银锭为泾阳锭（铸造地陕西泾阳）、泾阳槽子（陕西私锭）、定纹银（铸造地西安）。泾阳锭为洋例平的 5 两左右，泾阳槽子为洋例平的 3 两至 5 两。以前日常使用得很多，但现今如果不是棉花交易期，市场上几乎不流通。这是由于纸币的信誉比旧时大有恢复，而且在西安府城使用的主要是足纹银。

在一两个旧式银行和当铺，出纳使用两种平。在省城使用的银的标准平称作议平。如果和上海漕平比较，则：

上海漕平 100 两＝议平 99.35 两

如果议平和库平比较，则：

库平 100 两＝议平 102.21 两

将此和三原县的布平比较，则：

布平 100 两＝议平 102.26 两

五、银元票子（纸币）

银元票子开始在此地流通是中国银行开设以来的事情。如今由于富秦钱局掌理的钱票信誉扫地，虽然使用中国银行发行的票子，但对其信誉还是有所怀疑。而且由于生活水平大大低于南方诸市，市面上只是大宗交易使用，日常很少使用。当地使用纸币的种类有 1 元、5 元、10 元的。

10 元纸币随时可以在中国银行兑换银元 10 元。虽然可以看到市面上有各种面额的纸币按其价格流通，但只限于陕西省发行的。其他省中国银行发行的纸币即使可以兑换，但通常要加 5 钱或 6 钱的贴水。

六、富秦钱局发行的钱票

富秦钱局发行的钱票的种类有 1 吊文和 500 文。市面上流通的大多是 500 文的。但发行状况由于上述原因，其信誉极不稳定，尽管政府对之赋予了强制通用力，但几乎没有按其面额价格兑换的。左右其价格的是钱庄的总会，每天决定其市价，而且通常 500 文的只能兑换铜元 45 至 46 个，有时会跌落到意料之外的地步。

正因为如此，如果要兑换成硬币，扣除手续费只能兑换 460 文左右。如果想购买 500 文以上的物品，根据强制通用力可使用 500 文的。而购买 500 文以下的物品使用时，则按照 460 文左右计算。1 吊文的也是如此。

第三章 咸阳县的金融机构

咸阳县城位于陕西省西安府以西 25 公里，三原县西南 40 公里，临渭水河畔，是西安和三原的货物通过陆路进入甘肃省的中转地。

再加上渭水的水运以此地为终点，可通到下游的潼关，所以其占据了非常有利的位置，而且附近渭水流域的土地比较肥沃，盛产谷类及其他产物。其他地方为高原，土地贫瘠，产物亦不多，仅出产少量粟麦。因此，当地民众的生活水平较低，缺乏购买力，只有小资本的杂货商、盐商等从事商业活动。

其理由如上所述，从西安、三原进入甘肃省的货物以及从甘肃省运往外省的货物数量不多。此地只相当于通过地，并不是这些货物的直接消费地或者集散地。再加上离西安和三原不足 50 公里，大商人都汇集在那两个地方，此处没有拥有大资本的商人。这些商人之间不可或缺的金融机构尚不发达，只有方便一般民众的三家当铺、数十家钱铺以及数家银楼。山西票庄、金店、公估等金融机构一家都没有。现就以下四类机构进行简述。

一、当铺

在咸阳县城经营典当业的有世德当、正顺当、义昌当。

这些当铺由数人合资成立，一人为掌柜的，统管业务。使用十几个伙计开展业务。掌柜的由熟悉典当业务的人担任，不像其他地方那样，不雇用资本家以外的人担任掌柜的。

质押利息为每月每两银 2 分。官定质押期限为 24 个月，过了这个期限，当然就成了死当的物品。为了方便贫民，给予 4 个月的宽限期，称作留当。即从质押日算起，经过 28 个月不赎回才按死当处理，转卖给估衣铺、古玩铺、古董店等。

质押物有金银首饰、古董、衣服、杂粮、农具，其中最多的是衣服，其次是金银首饰，再次是杂粮、农具，古董数量最少。军需品一律拒绝质押。

二、钱铺

钱铺以银锭和制钱的兑换、储蓄、借贷为主营业务，其他还发行兑换券，但咸阳的钱铺不发行。现在城内经营钱铺的有 14 家：

德茂大号　协盛昶号　正福生号　昌益隆号　隆顺老号　积成亨号
益元生号　义盛隆号　宝泰吉号　致远成号　晋胜德号　永积茂号
万丰源号　大成祐号

各家钱铺的资本都是一二千两，其中据称最大的协盛昶号也不过四千两。由此即可推测其他钱铺的实力。而且这些商人并不把钱铺当主业，大多以茶行或者杂货铺为主业。故不会将上述资本全部投入钱铺业务。因此名义上资本金一千两，实际也不过二三百两。而且其少部分存款也当作资本，信誉不一定可靠。据说商人、官吏经常会考虑到万一，很少到这里储蓄，其金额也极少。

各家钱铺的借贷一般是 10 两至 20 两，最多不过五六十两。借贷额超过百两的钱铺几乎没有。这些钱铺的现金库存不足，其资金的大部分用于借贷，因为经营换钱行业没有利润。贷款利息一般都是每月 2 分。

三、银楼

咸阳县经营银楼的有四五家，但其资本额很少，据说资本最大的三兴银楼也只有区区 200 两的资本。打造首饰和其他装饰品，对金融机构业务的影响很小。

第五章 泾阳的金融机构和货币

第一节 概述

泾阳不像三原、西安那样市内商业发达，但它是陕西省棉花、牛皮、粗布、药材的集散地，与其他地方的交易隆盛。特别是棉花的输出额据说年平均达 300 万元，其主要发往地是汉口。

因此，棉花生产的丰歉与当地的金融界有密切的关系。丰年时市场活跃，凶年时金融不振。大正四年（1914）由于天旱，棉花产量减少两成，市内商情不振。但一般情况下棉花都要卖出，故金融机构比较发达。

第二节 金融机构

一、钱铺

虽然没有新式银行，但钱庄特别发达，无论资本还是业务经营量都不可小觑，因为该地是棉花的集散地。

这些钱铺中较大的有下列几家：

长庆和号　积顺裕号　日 升 号　吉盛福号　益 盛 号

天锡成号　积盛祥号　丰成西号　积厚昌号

除上述钱铺以外，市面上还零散分布着十数家旁边经营杂货店的钱铺。以钱铺为主业的除了积厚昌号外，还有两家，其他都在旁边经营杂货店、油坊。资本最大的也是积厚昌号。该号是单一股东，其他都是两人或几人共同经营，但其资本金以及经营的业务量远不及积厚昌号。这些钱铺大部分都在三原或西安拥有分店。

积厚昌号资本金约 2.5 万元，长庆和号次之，约 1.5 万元，其他从 1 万元至五六千元不等。尤其是这些钱铺中有些开设油坊，其油坊的资本金达数万元。但钱铺和油坊的资本是分开的。

看他们日常经营的业务，有货币的兑换、生金银（银锭）的收购，以及和三原县同样，只限于棉花输出时经营一般汇兑业务，但不发行钱票子。还有以棉花为担保物进行的资金借贷。作为棉花商来说，棉花行情下跌时，做棉花生意往往会亏损，与其贮存货物，不如得到资金投入其他有利的业务中。

二、汇兑和平

当地没有票号，经办汇兑的是邮局和两三家钱铺。邮局经办汇兑有一定的规定，即用于汇兑的金钱必须是品质上等的美金、银币。品质低劣的银元则按时价计算，支付时视汇款当日的行情而定。这是依据邮政的规定，在此省略。下面就钱铺的办理方法进行叙述。

钱铺经营的汇兑业务并不是一年四季都可办理，如上所述，只有棉花出货期才经办。但汇兑的对象并不能遍及全国，只限于汉口、天津、上海等地，而且手续费大约是汇款金额的2%。据说钱铺在汇兑业务之外，还特约代办交易两地间的货款结算。

目前，从当地向上述这些地方汇款时，与平的关系如下（汇兑交易使用的货币为普通银锭，用银元时根据时价计算）：

如果向上海汇款，就要比较上海漕平和当地使用的议平，议平99.4两等于上海漕平100两。因此，在上海收取100两，在当地汇99.4两即可。

向汉口汇款时，议平98.9两相当于汉口漕平100两。因此，要收取用于汉口棉花的资金100两时，需要汇议平98.9两。

向天津汇款时，用议平97.08两即可得到天津钱平100两。

在此情况下收取既定的手续费时，如果银锭的品质低劣，根据其程度要收取申水。

三、会馆

有泾阳会馆、泾阳新馆，都是向会员以外的人借贷资金。这种情况下，需要两名会员作为保证人，返还期限为3个月，收取复利。而且利率不是四季相同，春冬时节利息低，秋季一般为高利率。这是因为夏秋季节是棉花的收获期，金融界资金紧张，故而上涨。

两个会馆都是棉花商合伙设立的，以前他们在暗地里互相争斗，后来发现这样争斗毫无益处，于是开始合作了。现在，泾阳会馆的会员很多都是新馆的会员。

四、当铺

当地钱庄或者会馆的资金借贷机构完备，但这些都是当地中等以上的相当有信誉的阶层使用的机构，下层民众使用的金融机构，首推当铺。当地依靠主要物产——棉花维持生计，因此不像其他地方那样贫富差别巨大。虽说是当铺，但很少有典当日常用具、衣服之类的。

拥有大资本的当铺是荣臣号，其经营的物品主要是棉花、皮毛。据称资本达数十万，而且信誉也比较好。农民和棉花行由于各地棉花丰收或其他原因，棉花价格下跌，觉得当年卖出会造成亏损时，为了避免大量资金被占压带来不利，就将其作为担保，融通资金。因此他们将棉花存入像荣臣号那样拥有大仓库的当铺。

担保的棉花有直接存入当铺仓库和封存在棉花行保管两种方式。资本金大的棉花行可以根据钱庄的信誉融通资金。当铺的利息要比钱铺的利息高。

第三节　货币

当地制钱的日常流通额不大，10 个制钱相当于 1 个铜元。

当地日常主要使用的是铜元，因此，一般日常交易也是以铜元来计算，而且 1 吊文按 99 个铜元和 5 个制钱计算。

大洋（1 元银元）流通较多，小洋银在市面上不使用。大洋相当于 1 吊 380 文。

日常也能看到使用银锭，其品质良好的议平 1 两相当于 1 吊 950 文，因此，与三原县相比，不卖银锭有利。

这里需要特别提及的是，私铸的或者税关铸造的银锭也在流通，前者称为泾阳槽子，后者称为泾阳锭子。前者的分量为汉口洋例平 5 两上下，后者为洋例平 3 两至 5 两。

第六章 三原县的金融机构和货币

第一节 概述

三原县与西安府城相距不远，两地间不仅交通便利，而且不论金融界还是经济界，都与西安府有密切的联系。三原和泾阳同样，都是陕西省棉花的集散地，因此和远方的汉口、上海等地交易频繁。市内的生意也很发达，交易活跃。据说古时候市内商业的繁盛程度远比西安高。在此情况下，经济非常发达，金融机构和货币流通亦相当活跃。

第二节 金融机构

当地的金融机构只有中国银行支行、钱庄、当铺。票庄在当地则受到挤压，全集中在西安府。据说之前有两三家，民国后都关闭店铺，转移到西安了。

该县有南城、北城两个城，南城为商业中心，分南关、东关、西关，其中南关最繁华，大商号都集中在此，因此，钱庄也鳞次栉比。逐一检视在南关开设的店铺，其字号如下所列：

官 钱 局	笃盛和号	福兴魁号	新成复号	利益成记	福 聚 店
谦益成号	义隆秦号	顺天成号	复成和号	乾秦升号	新兴魁号
义丰永号	长庆玉号	永成玉号	德盛裕号	玉宝源号	立盛祚号
天得德号	铜钱老局	聚信丰号	万福隆号	益丰祥号	长义长号
共 和 店	福 兴 茂	积胜魁号	义长兴号		

上述店铺中资本较大的是新成复号、利益成记等。它们在西安府设有总店、分店，在附近四五个县城设有分店。其营业状况为综合经营，根据和其他店铺比较，可以推测其拥有三四万两的资本。这些店铺的出资者为单个人，几乎没有共同出资的。

主要经营钱币兑换、银锭买卖业务。除此之外，和泾阳同样，在棉花出货期还经营汇兑业务。另外，不少还兼营杂货店。

而且，金融的轻重缓急根据季节有所不同。当地金融最紧张的时期是2月。这个时节，商人都在从事棉花的采购。12月决算期的金融也比较紧张。还有，被称为暗八会的12月8日举办的年市也是金融界繁忙的时期。此外，3月、6月、9月为小决算期，稍微活跃。

第三节　货币

一、制钱和铜元

尽管交易旺盛，金额较大，但根据旧有的习惯，都是以制钱计算。然而，最近小额交易使用制钱，交易金额稍大就用铜元。10 个制钱折合 1 个铜元。当地将制钱称作麻钱，铜元叫铜子儿。1 吊为 994 文。

二、银元

当地不流通小洋银元，而流通北洋（1 元银币的总称），1 元折合 1 吊 260 文。

三、银两

和西安相同，当地使用的银锭为泾阳锭、泾阳槽子、足纹银。当地的平称作布平，比其他地方的平大很多，而且银的价值极低，布平 1 两合 1830 文。当地之所以不卖银，就在于平的兑换率，需要承受双重损失。与西安相比，其差价很大。还有一个原因是输出棉花、棉布时，银的流入量很大，因此，市面上银的供需不平衡。

四、钱票子和纸币

钱铺不发行钱票子，只有富秦钱局发行的 1 吊、500 文的票子。而且，当地和西安府一样，用这些票子购买物品时，是以其额面价格流通，但拿到钱铺兑换时，1 吊的票子要折扣 50 文，即只能兑换 944 文（在平安府折扣为 40 文）。

五、汇兑和平

票庄都集中在西安，故没有汇兑业务。但在钱铺子中，只限于棉花出货时向汉口办理汇兑业务。其手续费因棉花的丰歉、客户的种类而有所不同。

中国银行分行在办理普通储蓄以外，还办理汇兑业务，手续费为 5%。

在邮局办理要收取 9% 的手续费。

当地称量银的平称为布平，布平 100 两相当于议平 102 两。

第七章 潼关、华阴州、渭南、临潼的金融机构和货币

第一节 金融机构

	潼关	华阴、华州	渭南	临潼
钱铺	顺福德	协盛长号（华阴）	富秦钱局	富秦钱局
	大裕	富秦钱局（华阴）	余庆生号	怡盛公
	大有		三盛合号	日新成
	裕生		庆顺泰号	合泰倍
	大通元号		万顺号	
	西成正		庆春号	
	德盛公		恒秦号	
	镇兴泰			
	集和成			
业务	换钱	换钱	换钱	换钱
当铺		益顺典（华阴）		

第二节 货币

	潼关	华阴、华州	渭南	临潼
通货种类	铜钱、铜元	铜钱、铜元（少许）	铜钱、铜元	铜钱、铜元
	银元（港币、光绪通宝）		银锭（少许）	银元（北洋、光绪元宝）
兑换率	银1两＝160个铜元	银1两＝167个铜元	银1两＝167个铜元	1两＝1500文
平	潼平 1两＝9.5钱	华平 1两＝9.7钱	临平 1两＝9.7钱	

第八章 醴泉、永寿、大裕的金融机构和货币

第一节 金融机构

	醴泉	永寿	大裕
钱铺	祥盛成号	世兴隆	无
	永积德号	隆泰昌	
	协众兴号	大德堂	
业务	换钱	换钱	

第二节 货币

	醴泉	永寿	大裕
通货种类	铜钱、铜元、银锭、1 两票子	铜钱、铜元、银锭、1 两票子	铜钱、铜元
兑换率	银 1 两＝1500 文＝150 个铜元 票 1 两＝1350 文	银 1 两＝1500 文＝150 个铜元 票 1 两＝1340 文	银 1 两＝1500 文＝150 个铜元

第九章　龙驹寨的金融机构和货币

此地为汉江支流——丹江上民船可通航区域的终点，越过秦岭向北运输的所有货物都要在此地卸货。运输业被数家大商人独占，因此市面出奇的安静。

第一节　金融机构

富秦钱局在该地也设有支局，经办一般兑换，内城外城合起来有 20 余家钱铺，和商州同样，有专业做钱铺的，也有在一旁兼营杂货店的。主要店铺如下：

秦盛合（资本 5000 元）　　　　兴顺合（资本 5000 元）

秦盛德　　恒泰合　　茂盛合　　正兴合

秦盛成　　万成协　　同兴裕　　协盛祥

第二节　货币

主要使用铜元，其次使用制钱，小洋银币不流通，大洋银币在市场上使用的很多。当时的行情为大洋 1 个相当于 1 吊 320 文，1 吊为铜元 99 个。

银锭使用的相对多，其行情是 1 两（砦平）合 1 吊 750 文。但山货出货时以铜元计价，因此行情变动极大。

银票子绝对不流通。只有富秦钱局发行的钱票子在市面上流通，将此在钱铺或者富秦钱局兑换成铜元时，1 吊合 950 文，因此票面价格和实价之间会产生 50 文的差价。

平为市平，该地将之称为砦平。至于平的实价和商州的没有不同。

第十章 同官的金融机构和货币

该地比起陕西省北部诸县，无论是人口还是繁荣方面，都大大好于那些县，但是没有主要物产，不过是一个偏僻的县城。

第一节 金融机构

该地连一个银号都没有，也没有银行、钱庄。即便有钱铺，也兼营杂货店。下面介绍其中几个主要的钱铺：

南街　　恭顺成　　　答新成　　　桂林通

西街　　义盛成

北街　　永发隆　　　德盛永　　　通顺成

上述恭顺成、义盛成的资本为 5000 元上下，属于最大的。其业务只限于换钱和银锭的买卖，不经营汇兑等特殊业务。

第二节 货币

各项交易都是使用铜钱，铜元的市场流通不多。

虽然市场不流通站人银元，但在钱铺可以用 1 吊 300 文以内买入。

银锭称作锞子，量很小。1 两的对价在 1 吊 800 文至 1 吊 900 文之间浮动。

至于钱票子，虽然钱铺不发行，但经常可以看到。

平则是不同钱铺使用各种平，而且没有准确的标准，其制度相当宽松。

第十一章　中部县的金融机构和货币

此地一带是古汉族的发源地，特别是四千年前，在传说中的黄帝时代就是汉族发展的中心地带，但繁华只是过眼烟云，现在连繁华的影子都看不到，不过是一个人口稀少的乡村。因此生意也不兴盛，农民只是从事农业，与外地的生意很少。只不过定时有集市，进行少量交易，而且是以物换物。在此情况下，金融机构非常弱小。

第一节　金融机构

金融机构只有杂货店旁边兼营换钱的店铺，没有钱铺、当铺、首饰店。

现列举杂货铺的字号如下：

中庆魁　　吉庆堂　　增盛源　　大顺魁　　益庆福

其中中庆魁最大，据称资本金 5000 元；大顺魁次之，为 4000 元；再次为益庆福、吉庆堂，增盛源最小，据说不过 2000 元左右。

第二节　货币

制钱在当地是最主要的通货，铜元如果不是比较大的生意一般不用。杂货铺是用铜元采购商品，因此会流出铜元，减少市场的存量。如今处于不能满足一般需求的状态。为此，铜元相对于制钱的价值很高，即相当于制钱 1000 个、铜元 95 个。

银元在市场没有流通，但钱铺按 1 元兑 2 吊 400 文收购。

不是资本比较大的钱铺不收购银锭。1 两的行情是：铜钱为 3 吊，铜元为 2 吊 100 文。

当地不发行钱票子，因此市场上不见流通。

第十二章 耀州的金融机构和货币

由于距离大都会近，因此耀州在县城规模上比起北部地区各县相对较大，表现出与山西省汾阳县同等程度的繁荣，而且交易量也接近三原。受其影响，东西南北各大街道上非常热闹。

第一节 金融机构

当地的繁荣状态如上所述，既有票庄、银号，还有很多在钱铺旁边经营杂货店的。这些钱铺不经营汇兑业务，只能换钱。

钱铺的字号有：

西街 恒兴祥 盛兴德 义兴盛 富秦钱局

南街 盛行德 新兴盛 张益源 福盛元

北街 义和诚 积兴昌 根新涌 德顺成 全顺成 义兴盛

东街 万寿昌

这十几家中以换钱为专营业务的是富秦钱局和义和诚。义和诚的资本在8000元左右，其他为5000元至3000元不等。还有些不挂着钱铺的招牌但经营换钱业务的，不胜枚举。说杂货店都经办这些生意并不言过。

当铺也相当发达，最大的是祭当铺，号称有10000元的资本。

当铺以外的首饰店分布在各大街上，其中最大的是新兴楼和天成楼。

第二节 货币

尽管生意兴隆，但日常通用的货币种类只限于制钱、铜元。和宣君、同官地区同样，称制钱为麻钱或毛钱。

银元则通用小洋银元，但专用于换钱。将之拿到杂货店是不予兑换的。大洋银元中站人洋往往在市场上具有通用力，大洋银元1元的行情为1吊240文。银锭被称为四川锭子或地丁锞子。根据其成色，价格当然会上下波动。质量好的1两可换1吊900文。离西安府越远，银锭的价格会逐渐升高，这是不争的事实。

钱票子除富秦钱局发行的以外不流通。即便是富秦钱局发行的，如果不附加一定的申水也不能流通。

汇兑方面，没有银行、票庄，虽然有邮局代办所，但并不经办。因此，如果想办理汇兑，就必须到三原或西安去。

第十三章　商州的金融机构和货币

商州位于秦岭山脉的中央，占据相当于中国南部和北部交通枢纽的秦岭要点，因此稍微可以看到一些商业行为。而且近来出产油漆，故仅仅处于驿站经济的状态。数年前有些地方遭受白狼匪的袭扰，市面尚未恢复。

第一节　金融机构

有富秦钱局的分局即官钱局，不专门办理一般的汇兑业务。其他有崇兴隆（资本 3000 元）、泉源合（资本 4000 元）等，城内外一共有 15 家钱铺。

当地的钱铺专门依靠兑换维持生计，一般杂货店等习惯上不办理换钱业务。这也是有别于其他地方，钱铺制度相对发达的原因。

第二节　货币

当地与蓝田相同，市面上使用的主要货币为银元，其次为制钱。也使用银锭或富秦钱局发行的票子，大洋银元 1 元的市价为 1 吊 340 文（1 吊为铜元 99 个和制钱 5 个，这是根据制钱和铜元便于携带来计算的），因此，大洋银币按铜元 133 个和制钱 4 个来折算，而银锭 1 两为 1 吊 940 文（按铜元 192 个、制钱 10 个折算），至于北洋银元，其在此地没有流通力。

当地钱庄不发行票子，因此可看到富秦钱局的票子在流通，最让我们感到奇异的是富秦钱局在西安发行的 1 吊文票子要附 40 文左右的贴水来兑换，而且这种票子的信用度不高。但在当地却不需要任何担保，1 吊文票子可以当 1 吊文使用，500 文票子可以当 500 文使用。

银票子即便有陕西省发行的，也很少看到使用。据说只有大生意才使用。

当地钱庄使用的平称为市平，将此与日本的衡器比较，日本 1 钱相当于市平 1 钱 3 厘。而且，议平比市平大，议平 1 两相当于市平 1 两 1 分 4 厘。

第十四章　乾州的金融机构和货币

第一节　金融机构

乾州属于原来的直辖州，位于西安府以西 80 公里的一片高地上，人口不超过 8000 人，附近一带土地贫瘠，看不到什么物产，只有一些小麦、粟子以及其他杂粮集散。而且其商业不繁荣，金融机构也非常弱小。

一、当铺

在乾州经营典当业的当铺有 5 家。

字号	地点	所有人
敬义当	东门口	吴某
广顺当	南门口	段某
源丰当	西门口	刘某
庆丰当	北门口	成某
三云德		

各当铺都是合资创办，资本金都在二三万两。现就敬义当叙述其概略。

敬义当是乾州为数不多的资本家，所有人姓吴，是当地人。一百多年前开设，承担公款的保管。其信誉度最高，掌柜的使唤着 20 名伙计和学徒，热心地开展业务，因此在当铺中经营量最大，年营业额据说有 1 万两左右的借贷。

典当物同各地相同，主要是衣服、金银、首饰以及农具，衣服类最多。关于当期，官定期限为 24 个月，但为了底层人民的便利，有称之为留月的 6 个月的宽限期。利息为每月银 2 分，即每月 2 分利。但每年年末之际，为了照顾贫民，根据官府命令，下调为 1 分 5 厘。敬义当的门规有如下表述：

当门查钱出门不补，四百止一百短底二文

换六百止一百短底四文

即，对于典当物，规定在 400 文以内，每 100 文少 2 文，600 文至 1 吊，每 100 文少 4 文，即支付 96 文。对于典当人来说，交接后如果不当面点清现金，后来发现有差错一概不补。而且在接受典当时，当铺以贷款额为满额要求还款。除每月 2 分的利息以外，还会得到每 100 文 2 文至 4 文的利益，因此其收益很大。

二、钱铺

乾州经营钱铺的有 10 家：

长成裕号　　天成亿号　　三成涌号　　永积昶号　　广太生号

长顺亭号　　德丰厚号　　晋盛祐号　　乾享秦号　　富秦官钱局

这些钱铺都位于州街门前连接南北的大道上。专业从事钱铺的只有乾享秦号和富秦官钱局，其他都兼营杂货店。

兼营钱铺的各家资本额都很小，号称资本最多的长成裕号也就是5000两，其他即可推测不过两三千两。而且如上所述，投入钱铺业的资本也就是一半。利率一般为存款每月1分5厘，贷款3分。

当地钱铺经营的业务为贷款和兑换，票子由富秦钱局发行，而且贷款额度最高在一百两左右，主要作为商业资本借贷，期限很少超过一年。存款虽然不得不承办，但其额度很小，据说几乎不做。

三、银楼

除去上述的当铺、钱铺以外，在乾州可以勉强称作金融机构的还有银楼。这些银楼的资本很少，只打造少许银制首饰及其他装饰品，没必要作为金融机构特别介绍。

第二节　货币

在乾州使用的货币为银锭、钱票子、铜元及制钱，商业不太繁荣，交易额也不大，使用制钱最多。一般情况下，大的交易使用银元，小生意使用制钱，铜元、票子的流通很少。

一、银锭

当地使用的银锭称为京曹宝，属于二八宝。最大的50两，还有10两、7两、6两、5两、4两、3两以及碎银等多种。其中使用最多的是10两和碎银，其他的少有使用。银锭大多来自西安和三原县，属于足纹银，名称为京曹宝，品质与西安、三原县的足纹银完全相同，属于二八宝。1两的对价为铜元150个。

二、制钱

当地使用的制钱如同西安府，只有大钱。大体是1吊文，中小钱50个至80个，包括100文在内，将10个连在一起即为1吊文。虽然称作100文，但准确地说不是100个制钱，大多以97－98个为100文，在一般交易过程中使用。狡猾的钱铺收取这2－3文的利益。看这些制钱的铸造年代，乾隆、康熙、道光的最多，无论品质还是形状，都远比其他年代铸造的好。1吊文中有20－30个日本宽永通宝混杂在其中。

三、票子和铜元

富秦官钱局发行的钱票子称之为龙票，有1吊文和500文的，1吊文的对价比较高，可兑换1吊340文，500文的则为494个制钱。但如上所述，1吊文中包括60－70个小钱。

铜元在市场上很少出现，1个铜元可换10个制钱。

第十五章　邠州的金融机构和货币

第一节　金融机构

邠州原来属于直辖州，位于陕西省最西边的僻远之地。州城建于深山幽谷之中。虽然是通往甘肃省城兰州的大道沿线，但由于交通不便，从遥远的外省输入货物极少。附近生产的小麦、粟子等可供当地居民食用，没有向外省运出的物产，只是向附近一些村落供给少许杂货。因此，虽然有以小资本经营杂货的店铺，但金融机构很不发达。

在邠州，实际从事金融业务的只有 1 家当铺、6 家钱铺，但感觉这些都是以杂货业为主，钱铺为辅，只经办换钱业务。

一、当铺

在邠州经营当铺的是北街的便民当，从前有个叫致远当的当铺，很久以前就倒闭了。如今这个当铺是为了方便小民的生活，市内有余财的商民共同出资成立的，取名为便民当。于宣统元年（1909）正月开业。

其资本如上所述，是由市内被称作富豪的六七个人合资创办的，资本据称有 2 万两，但其言并不可信，如果说有 8000 两则不会有大的出入。一名掌柜的和十几名伙计、学徒从事该业务。

该便民当正如其名所示，专为方便小民所设。希望大额融资的人并不能得到方便，实际上也看不到其必要性。典当的物品有限制，以衣服、农具为主，金银首饰次之。

以官定期限 24 个月为满期，当票上也有明确标记。但实际上为了方便小民，另加 6 个月的留月，即从典当之时算起，经过 30 个月仍不赎回时再将之转卖。

利息方面，通年都是月利 2 分，没有年末、节日特殊降低利率的规定。

现就便民当使用的当票上写的简略字罗列如下，以资参考。

潜（一）　林（二）　淡（三）　何（四）　言（五）　海（六）　善（七）
芥（八）　重（九）　菜（十）　道（十一）　季（十二）　珍（十三）
果（十四）　光（十五）　夜（十六）　称（十七）　珠（十八）　保（十九）
巨（二十）　号（二十一）　剑（二十二）　冈（二十三）　昆（二十四）
出（二十五）　至（二十六）　水（二十七）　利（二十八）　住（二十九）
金（三十）

当票中使用这些暗号，比如"潜"为正月，"言"为五月。故正月典当的话，当票上写潜字，如果到五月还不赎回时，当铺的挂牌上就标注"言（五）"，据此和当票对照，说明抵押了5个月，则计算5个月的利息。这是为方便计算而做的规定。下面就是便民当使用的当票。

邠州　便　民　当　北街

潜字

破烂

当本钱

遵例二分行息，以二十四个月为满，如过期不赎，任本

铺变卖作本，如来历不明、虫咬鼠伤与本铺无相干，认

票不认人。此票为凭

宣统　年　月　日

号　姓　陈寓林

文　每月

二、钱铺

在邠州经营钱铺的有如下几家：

仁义诚号	东街	泰昌瑞号	东街
长顺元号	同	福盛锡号	西街
余原丰号	同	德顺裕号	同

如前所述，并不是专营钱铺，而是在经营杂货店的同时兼营钱铺，其金融业务几乎只是换钱。资本最大的不过1000两，少的五六百两。

不经办存款业务，其信用也没有达到发行兑换券的程度。虽然搞借贷，但50两

左右为最大额，没有达到 100 两的。一般每月每两收 2 分的利息。

第二节　货币

邠州位于西安府西北 160 公里处，接近甘肃边境。比永寿县还要深入山中，人口不超过 3000 人。附近没有任何物产，商业本来就不发达，因此金融货币也很落后。

邠州使用的货币只限于银锭和制钱，没有钱票。稍微大一些的交易使用银锭，小的交易都使用制钱，现金交易。

一、银锭

在邠州，将使用的银锭称作小宝儿，是西安府铸造的足纹银，品质为二八宝。通用银锭的重量为 10 两、6 两、4 两、3 两、2 两、1 两及碎银，10 两、5 两、1 两用的最多。市平 1 两相当于日本 9 钱 7 分 5 厘。

二、制钱

邠州使用的制钱以 100 文汇总，10 个相连为 1 吊文。1 吊文并不是制钱 1000 个，大体 100 文由 98 至 99 个组成，因此，1 吊文不过 990 文或 980 文。使用这种制钱，支付 1 吊文以上时可作为 1 吊文通用，但支付 1 吊文以下出现零头时，商人就必须一一清点，着实不方便。

三、银锭和制钱的关系

在邠州要将银锭换成制钱时，需对照时价。市平 1 两银子合 1 吊 260 文。但通年平均换算率为 1 吊 300 文左右。反之，要将制钱换成银子，钱铺常常要每两收取 20 文作为手续费。即一般是收取 1 吊 280 文，交付 1 两银子。

第十六章　长武的金融机构和货币

第一节　金融机构

长武虽说是县城，却只有 1 家钱铺，字号叫同心公，办理银子、铜元、制钱的兑换业务。这里使用的平为布平，1 两相当于日本 9.75 钱。

当铺有 1 家，叫长胜奉，又称便民当铺。虽说是县衙设立的，但资本很少，业务不太兴隆。开铺时间也没有规定，有需要随时都可以办理。

利息为 2 分 5 厘，期限为 34 个月。本来是以便民为目的设立的，但据说应该给予 2 个月的宽限期却不给宽限，到期即将物品变卖，用于资金周转。

其规定如下：

当铺的设立是为了方便民众，使金融顺利运转。本县原来曾设立过当铺，但由于国乱，致使停业，使人民蒙受了极大的损失。现重新设立开张，特此告知。凡受理、提货须公平处理，不得粗暴对待，特以当票和银两公平处事。现予公告，共同遵守。本当铺和其他当铺同样，一概不受理军用品。

第二节　货币

除制钱、铜钱、银子以外，还流通龙票（秦丰银行即现今的中国银行发行的票子）。龙票 1 两具有 1300 文的价值。本县没有富秦官钱局，故不流通该钱局发行的钱票。

1 两银子合 1440 文，1 个铜子相当于 10 个制钱。

第十七章 凤翔府的金融机构和货币

第一节 金融机构

在凤翔府作为金融机构应该列举的有钱铺、银楼、当铺。一年当中金融最紧张的是 2 月和 12 月。12 月是决算期，各钱铺和其他债权人都要收回贷款，2 月再往外借贷。此地的钱铺不发行票子，对商人则办理贷款和存款，而存款利息为七八厘，贷款利息为每月每两 1 分左右。钱铺的数量很多，总共有 30 余家，其中有名的列举如下：

金盛亨	长源东	双盛德	谦益东	德盛福
义盛福	福顺成	恒裕丰	万泰成	

本地没有票庄，但据说向西安府汇款由长源东、双盛德、谦益东代办。故如果要从此地向天津、北京、汉口等地汇款，可以委托这三家钱铺先汇到西安府，然后由西安府向目的地办理汇兑。

银炉有纯发德、敬泰店、恒祥店。它们受钱铺的委托铸造元宝，但主业是存款、贷款。

打造首饰的银楼有 23 家，规模都很小，有两三个员工，只不过做一些金银细加工。其中最著名的是丰宝、秦宝、秦豫、德丰。

当铺有 4 家，其字号以及所有人如下：

字 号	所有人	字 号	所有人
怀德当	马（西安人）	长泰当	马
恒启当	谭	敬泰当	吕

怀德当于 70 年前设立，店员总共 10 名，典当物的期限为 24 个月，当利为每月每两 2 分。典当物以衣服、首饰居多。据说 2 月、3 月、12 月这三个月业务最繁盛。

第二节 货币

凤翔府通用的银锭是足银，称量银块用的是老广平，比库平小，为 2 两 4 钱，而老广平相当于日本 49 钱。

日常使用的是制钱，其名称有花钱、铜钱。被称作铜钱的 1 吊定为 1000 文，但事实上不足，差 4 文。花钱 1 吊为 800 文。故用花钱换成吊或者购买商品时，需要将这两者明确。通常称作 1 吊的都知道是铜钱的 1 吊。此地看不到票子的流通。

第十八章 汉中的金融机构和货币

第一节 金融机构

汉中位于陕西省、四川省的交通要道，从四川省到陕西省各府以及从陕西省各地到四川省的商品必须经过此地。因此，大商人自然会在此地驻足，故金融机构也比其他地方完备。作为金融机构应该列举的有官钱局、钱铺、汇兑庄、当铺等。

一、官钱局

汉中的官钱局于光绪二十四年（1898）设立，财东姓吴，打听其资本但秘而不宣，故无从了解。店员总共有12人。决算为两个月一次，年底进行大决算。店员的工资不预先确定，而是根据当年纯利润的多少，按一定的比例支付。

官钱局由原道台直接管辖。其营业内容如普通钱铺，办理存款、贷款、兑换券的发行。贷款只对钱铺，不直接对商家。其利息因市场利率而不同，一般每两每月8厘至1分。另外还发行钱票供贷款及官府的支付，而且根据道台的命令支出其经费。同时办理官吏的存款，利息相当低，因此没有人存款。

二、钱铺

钱铺不发行钱票，专营存款、贷款、换钱。存款主要来源是商人，付每月8厘左右的利息。贷款都是面向有信誉的商人发放，很少写字据，但信誉低的商人要立字据。每月每两要付1分5厘的利息。在汉中，大小一共有数十家钱铺，其中最有名的如下：

元大盛　广顺合　公祥明　益祥金　大兴合

这些钱铺的资本不详，据说三五千两。

三、票号

此地有4家票号，即晋升平、协同庆、蔚大厚、同豫恒。其中晋升平和同豫恒经营当地和汉口之间的汇兑，汇水为每百两2两。蔚大厚和协同庆专门经营当地和北京、天津之间的汇兑，汇水为3两多。这些票号大多将剩余资金借贷给钱铺，以增加利润。

此外，当地没有银炉、金铺等，银楼有十五六家，但和金融没有任何关系，故省略之。

四、当铺

汉中有 5 家当铺,现将其字号以及所有人列举如下:

字 号	所有人	字 号	所有人
秦盛当	张(汉中人)	隆盛当	毛(三原人)
乾元当	窦(汉中人)	裕丰当	毛(三原人)
荣丰当	孙(汉中人)		

现就秦盛当的调查情况记述如下:

设　　立　光绪三年(1877)

典押期限　24 个月

当　　利　每月每两 2 分 5 厘

典 当 物　衣服、金银、首饰、古董

店　　员　27 名

责　　任　当铺作为债权担保,具有占有抵押物的权利,同时有保管抵押物的义务。

　　　　　但由于鼠咬、虫伤造成的损害不可归咎于当铺,当然也免除其责任。在当票上明确写明"鼠咬虫伤,各听天命"。但由于自身的过失造成的其他损失则不能免其责。比如由于失火、失盗等造成的损失,当铺应当赔偿。晚上 10 点以后禁止任何人出入,并放十几条猛犬,以防失火、失盗。

当　　死　超过期限后,当铺可以将典当品变卖用于还债。典当品的变卖金额超过本利,其差额也不归还典押人;而变卖金额不够本利,其不足部分也不得向典押人追缴。

当　　票　当票是典当时由当铺交付给典押人的典押证书。赎回典押物时必须持该证书,以此赎回典押物。该当票很粗糙,记载事项为:

　　　　　1. 典押物　品名、数量及品质。

　　　　　2. 利息　月息几分。

　　　　　3. 期限　写明规定期限,超过期限而不赎回时可变卖。

　　　　　4. 当铺的责任。

　　　　　5. 典押日期。

关于当税,据说是一年 40 两。

第二节　货　币

　　汉中府通用的银锭为足银,称量时用汉平,1 两相当于日本 7.82 钱。纸币为官钱局发行,种类有 770 文和 500 文 2 种,据说其通用范围在以汉中为中心的 7.5 公里以内。

　　银锭 1 两为大钱 1 吊 630 文，而大钱 1 吊称为 1000 文，实际上差 4 文。一般所说的 1 吊为 770 文。

第十九章　略阳的金融机构和货币

第一节　金融机构

略阳县的钱铺如下：

重兴华　乾丰元　复兴隆　宽裕成

钱铺用 167 个或 168 个铜元买入 1 两银子，而卖出时则以 170 个乃至 174 个出售。因此，钱铺可赚取差额。虽说略阳 1 两银子相当于 168 个铜元，但其实有买卖两个行情，1 吊并没有 1000 文，而是 994 文。此地没有当铺。

第二节　货币

铜元和制钱为本地的通用货币。虽然也看到有四川省制造的光绪元宝在流通，但远不及前者。

各种货币兑换比例如下：

制钱 168－187 个＝1 两银子

铜元 1 个＝制钱 10 个

1 银元＝100 个铜元

第二十章　宜川的金融机构和货币

宜川人口有 1500 人，比较起来，在人口方面占优势。但商业方面和北部地区没有差别，反而有些滞后。比如石楼，没有主要物产的产出，因此感觉金融界也不发达。连在杂货店旁边经营的钱铺都没有，只有城内的店铺应顾客的要求进行换钱。自古以来的习惯可以说是一成不变。交换率方面各店没有不同，有时会因货币的供需关系而有些变化，但据说这种情况很少出现。

第一节　金融机构

各店应各人的要求随时给予兑换。这主要是由于没有与其他地方的交易，市场通用的货币总是维持一定的量，没有变化。而且用于交换的货币很简单。仅有两三家油坊发行钱票子，东门的福盛号和西关的正顺泰号、万兴德号就是发行钱票子的油坊。但其发行额极少，据说就算最大的正顺泰号，其发行额也不过 50 吊。

当铺和买卖土银的首饰店当然也不存在。

第二节　货币

制钱和铜元都是当地日常不可或缺的通货，其交换比例为制钱 10 个折合铜元 1 个。

银元大洋、小洋在当地都不流通，将之拿到油坊，实际称量，以其额面标注的库平按 4 分 4 厘换钱，2 角的小银币可以兑换 30 个铜元，但油坊有时怀疑其到底是不是银而不予兑换。

当地将银锭特别称为银子，1 两相当于 2 吊。

钱票子在市场上的流通力很坚挺，自古以来的习惯就是资本大的油坊发行，而且只看到 1 吊、2 吊的钱票子在市面上流通。银票子没有流通力，现将此地钱票子的雏形展示如下：

（正面）　　　　　　　　（背面）

银子

宜
正本

顺号

川
秦

中华民国三年七月初一日就

取钱

市　街

二吊文整

第二号

318

第二十一章　延长的金融机构和货币

当地和延川一样，是一个近年来因石油而闻名于世的地方。前些年美国标准石油公司设置了新机械，准备开采石油，但因效果不理想而不得不中止了。

第一节　金融机构

当地的金融机构只有钱铺，而且只是在杂货店的旁边经营。没有一家当铺。穷人偶尔需要费用时，除了变卖手镯、衣服之类，别无他策。

因此，估衣铺稍微发达一些。首饰店有一家大点的，商号为安吉卢。

现将杂货铺的商号列举如下：

协盛永　谦益冯　同心合　同合盛　新盛张　万盛魁

顺盛隆　恒盛魁　天顺仁　王顺德　议盛张

上述店铺中较大的是协盛永和谦益冯，资本在 3000 吊左右。而且各店铺都根据其资本发行 1 吊的钱票子，协盛永和谦益冯发行 20 吊的钱票子。

第二节　货币

铜钱在当地一般是大钱，即制钱，其行情为大洋银 1 元相当于 1370 文。与外地的交易都用制钱，通过马背搬运。铜元也在日常市场中使用。其他地方是以制钱为单位，称作 1 吊、2 吊，但在当地习惯上以铜元 100、铜元 200 计算。

小洋银元除在邮局办理以外，其他方面并不流通。大洋银元在市场上有通用力，但在当地流通的只限于北洋和光绪元宝（造币总厂）。

银锭称之为锞子或单纯叫银子。在杂货店经办。关于银锭的平和成色没有特别的规定。

银票子是陕西省发行的，但并不通用。

钱票子则是各杂货店都有发行，政府没有设定条件。市面上通用的大多为 1 吊、2 吊，也看到有 20 吊的。钱票子都是用粗糙的纸张印制的。

第二十二章　延川县的金融机构和货币

第一节　金融机构

当地既没有钱铺也没有当铺，杂货铺为解决日常不便而办理换钱业务。

这些杂货铺的名称有：

积庆余　同心诚　中心明　祥盛魁　兴盛公

上述杂货铺资本也看不出有多少，大概在 1000 元至 2000 元。

第二节　货币

本地流通的铜钱大多为大钱，即制钱，而且由于生活水平低，日常交易只限于必需品，使用制钱和铜元最多，铜元 1 个相当于制钱 10 个。

大洋银元在市场上流通，在杂货店可兑换 1 吊 300 文。1 角、2 角的小洋银具有通用力，铜元 20 个折合 1 角。

银锭在杂货店不办理，如果恳请兑换，要付较大的贴水。没有钱票子和银票子。

第二十三章　洛川的金融机构和货币

洛川位于陕西高原的中部，人口不足 500 人。距西安遥远，交通不便，因此反而和山西省北部交往频繁，进行杂货及其他物品的交易。

城内的商业比较发达，日常的交易用铜元远比用制钱多。然而，由于缺少主要物产，交易额少，因此感觉不到拥有完备的金融机构的必要性。就连钱铺子这样的专业店铺都没有，只是杂货铺兼营。也没有当铺。杂货铺中资本较大的经营估衣业，进行旧衣服的买卖。

第一节　金融机构

兼营钱铺的杂货铺如下：

永兴源　福兴和　乾盛元　清顺成　广兴成

其中最大的是乾盛元，资本号称有 5000 元。永兴源次之。

第二节　货币

制钱和铜元都在日常交易中使用，而且是以制钱为单位使用铜元，兑换比例是制钱 10 个折合铜元 1 个。

市场上没有银元流通，但到杂货铺请求换钱时，小洋银元（2 角的银元）可换 29 个铜元；大洋银元可换 1 吊 450 文。以此可向其他地方兑换少有的高价银。

银锭特称为银子，1 两折合 2 吊 150 文。

由于没有专业的钱铺，由这些杂货铺兼营的换钱铺发行票子。其种类从 1 吊到 10 吊有多种。市面上流通最多的是 1 吊和 2 吊，而 10 吊的票子相对于日常生活来说属于巨款，因此市面上很少流通。

票子的发行方法，比起其他地方来说发达很多。不像其他地方的票子用纸制作，而是用木棉做成白色的或者黑色的。其形式并不固定，不用骑缝印，而是将制钱作为符板。这些票子的信用度极高。

第二十四章　宜君的金融机构和货币

宜君的人口不满 300 人，不过是沿路的一个驿站发展起来的村子。因此，看不到商业贸易，居民主要以旅店业和农业维持生计。只有七八家杂货铺以及两三家饭店。故居民的生活水平极低，因此金融机构非常弱小。

第一节　金融机构

作为金融机构，只看到有 4 家经办换钱的杂货铺，而且这些杂货铺的资本极少，仅仅办理将银锭和铜元兑换成制钱的业务。特别是只有一家能把银锭换成制钱。现将杂货铺的字号罗列如下：

福履成　永茂昌　永盛祥　天顺合

其中，福履成最大，资本有 2000 元左右，是唯一做银锭买卖的铺子。

第二节　货币

制钱在当地属于主要货币，所有交易都要用制钱。很少使用其他货币。铜元的流通比制钱少，其额度远远比不上制钱。大洋、小洋银元都不流通。拿到杂货铺也不予兑换。经营银锭的如前所述，只有福履成一家，其他铺子不经营。行情是 1 两换 1 吊 950 文。

第二十五章　绥德州的金融机构和货币

作为陕西省北端的直辖州，位于通往北榆林府的交通要道上。四面群山环绕，自古以来屡遭匈奴的侵扰。从地理位置上没有商业价值，流向东南的无定河流域有少许平地。虽然生产少量杂粮，但域内的规模甚小，市场上民众买卖的主要是山盐、蔬菜之类，还有从北部运来的皮货。因此金融状况很不活跃。

第一节　金融机构

当铺和钱铺为当地主要的金融机构，没有钱庄、官钱号、票庄及其他。

专业经营这些业务的店铺有 3 家：

字　号	地　址	资本金
庆泰昌	南大街	3000 吊文以下
光裕公	同上	
协和兴	同上	

其他各杂货店都备有称量器，兼营银钱买卖及换钱业务。但上述 3 家是最大的。各店铺都发行钱票子，补充市场上的通货。资本金虽说像庆泰昌那样只有区区 3000 吊文，但信用度很高。这些钱票在市场上通用，没有任何障碍。

当铺则在南街上有文兴当，资本金号称有 5000 吊，属于官办当铺。主要是办理当地的银行业务，处理公款。运用各个官府的保管资金支持金融。

利息方面，据说长期的为 2 分，短期的为 3 分。2 年为满期。

货物主要是衣服、首饰、农具等。日出开门，初更关门，由 1 名掌柜的和 7 名伙计处理事务。就像满洲方面的当铺一样，屋内养着几条猛犬，以防盗贼。其设备甚为牢固。

该当铺发行的当票样式如右图：

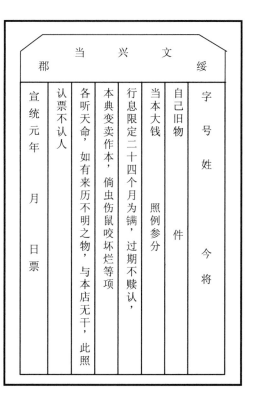

郡　　　当　　兴　　文　　　绥

字　号　姓

自己旧物　　　　　　　　件　　今　将

当本大钱　　　　　　照例参分

行息限定二十四个月为满，过期不赎认，

本典变卖作本，倘虫伤鼠咬坏烂等项

各听天命，如有来历不明之物，与本店无干，此照

认票不认人

宣统元年　　　月　　　日票

第二节 货 币

此地使用的货币主要是制钱，钱铺发行的钱票子亦有流通。银锭的种类颇多，主要是大额交易的场合使用。

一、银锭

其种类如下：

名　　称	平　名	重　　量	成　色
元宝（马蹄形）	老广平	50 两	990 左右
小元宝（马蹄形）	同上	10 两	
大锭（船形）	同上	10 两	
小锭（船形）	同上	5 两	
同上（船形）	同上	4 两	
同上（船形）	同上	3 两	
大珠（中高馒头形）	同上	2 两	
小珠（中高馒头形）	同上	1 两	

其他还有称作大滩的棍状银块，重量并没有预先设定，形状也不同。其所有人根据需要随意切断，卖给钱铺，换成制钱。银色为二七五宝。

和制钱的兑换率为 1 两折合 1 吊 300 文（吴堡县为 1 吊 250 文）。

关于行情，虽然有行业公会，却和没有一样，是根据市面上银的多少，由掌柜的决定，随时变更。1 吊按 996 文计算。

二、钱票子

在绥德州，钱铺利用其信誉发行钱票子，以此谋求通货的融通。种类有 400 文、500 文、800 文的。因信用度高，当地居民很乐意使用。但通用区域狭窄，只在城内及其附近通用。

昌　泰　庆

青的飞飞万世传须知片纸代金钱

泰字四参号凭帖到绥郡

本号取指兑钱八百文

宣统　年五月十一日县绥庆泰昌记

往来悦似乾坤转换取犹如日月

第 8 卷

河南省的金融货币和度量衡

第一章 开封的金融货币和度量衡

第一节 金融机构

当地的金融机构可分为钱庄、票庄、当铺、银炉、新式银行。

一、钱庄

其数量颇多，现将加入钱业工会的列举出来：

万泉长	万泉文	感泰恒	义震恒	恒豫丰	世盛信	瑞丰祥	乾元亨
增源恒	协和恒	源　丰	龙泉九	豫和成	茂盛长	恒昌公	阜源长
万聚永	阜泰恒	聚兴隆	泉茂德	同聚德	德篯长	协丰玉	豫和永
永丰恒	鸿茂恒	宝源成	大昌信	永兴县	豫丰德	德永泉	福义长
齐和恒	阜和长	裕和恒	永兴同	永康新	义兴隆	庆茂德	世盛信
泰丰成	德聚和	乾茂恒	广盛昌	义聚德	协盛兴	广聚恒	永豫祥
永盛昌	晋泉通	玉兴永	玉丰号	咸泰恒	恒兴文	厚生和	义和恒
泰茂号	谦信厚	庆升隆	厚生德	增减恒	大同信	元亨利	宝聚丰
义元城	协盛永	大德玉	巨茂永	宝聚通	晋源恒	丰　成	源生德
相庆和	丰瑞永	汇源隆	大同文	豫丰同	乾元恒	裕永祥	源和永
万元盛	源兴和	同德公	和合茂	万川源	巨顺玉	裕茂昌	恒裕丰
散泰昌	骏源盛	福聚同	广益长	祥宝厚	大兴恒	协庆和	王茂永
王盛永	晋泰恒	信义隆	天福和	源通大		

其中，泉茂德、庆茂德、龙泉九、厚生和四家最大，号称资本金 50 万两左右。它们都是专门以兑换为主业。上述四家据说多少也做一些存贷款业务，但都是小额。打听其利率为：

贷款利息　每 1000 两　每月 10 两至 12 两

存款利息　每 1000 两　每月 5 两

即贷款利息相当于月 1 分至 1 分 2 厘，存款利息相当于月 5 厘。定期存款利率稍微高一点，期限为 1 年、6 个月、3 个月，但实际根本没有 3 个月的。

二、票庄

大多是山西人经营，称为山西票号。一个时期其势力遍布中国各地，出现了独占金融市场的态势。但随着中国银行、交通银行的成立并在各地设立分行，山西票号的业务逐渐被夺占，随后变得根本没有立足之地了。因此，当地的票号在民国元年（1912）尚有 10 余家，而如今只剩大德通和大德恒了。而且，设立于山西省祁县的总店已经倒闭，当地的汇兑业务也几乎完全中止，只办理小额贷款、存款业务。

三、官银号

官银号有豫泉官银局，专业做公款的出纳、兑换以及银钱纸币的发行。然而，随着中国银行分行的设立，这些业务大部分被夺走了。目前业务量不大，其纸币尚有信誉，可看到附近有不少流通。

四、新式银行

当地有中国银行和交通银行的分行，其营业项目和总行没有大的差异。当地中国银行还经营如下业务：

民国三年内本利返还国债、公债。

代理中实银行股金的支付。

代理中华模范医院税金的支付。

代理募集江西币制公债。

印花发售。

代理华昌营造公司股金的支付。

而交通银行分行除经营总行同样业务以外，还办理：

新华储蓄银行奖票代理销售。

陇秦豫海铁道短期公债代理募集。

然而，到了大正五年（1916），两银行在北京的总行都处于财政紊乱状态，再加上南方的动乱尚未平定，人心惶惶，银行在民众心目中的信誉极低，其发行的纸币几乎在市场上没有流通，业务极其凋零。

第二节　货币

当地流通的货币除 10 文铜币、1 文制钱外，还有如下种类：

一、银元

有湖北银元、北洋银元、新币、站人银元 4 种。和铜元的换算率都在 126－130 个间，但每天行情都在变化。墨银在当地虽然流通，但价格极低。和其他银元相比，大约差 10 个铜元，商人不愿接受。因此可以说该货币并不通用。

二、银锭

元　宝　重量 50 两，自古以来就作为大宗交易的交换媒介物使用。

小元宝　圆锥状，重量 10 两，如今使用并不广泛。

小　锭　馒头状，据说 5 两的流通量大。

三、银元票

交通银行发行　1 元、4 元、5 元、10 元、50 元、100 元票。

中国银行发行　1 元、4 元、5 元、10 元、50 元、100 元、500 元票。

纹银相对应的银票

湖北官钱局发行　1 元、5 元、10 元、50 元、100 元票。

河南豫泉官钱局发行　1 元、4 元、5 元、10 元、50 元、100 元票。

其中，银元票流通最多，两银票不多，外国银行的银元票完全不流通。在银元票中，中国银行和河南豫泉官钱局发行的信用度高。

在该地旅行时（1926）正值兑换停止问题喧嚣之际。自然，当地的中国银行、交通银行发行的纸币处于完全不流通的状态。

四、钱票子

豫泉官钱局发行 1、2、3、5、10 串文。

也有当地钱庄发行的钱票子，其中泉茂德、庆茂德、龙泉九、大德通、厚生和发行的信用度高。都是 1 串文的票子。

五、平和两

当地的标准银是足宝，即纯银。以汴钱平计算。汴钱平又称汴平。据当地中国银行分行行长介绍，和汉口洋例纹、上海规元比较，则：

开封标准银　1000 两＝汉口洋例纹 1034 两

同上　　　　931.5 两＝上海规元 1000 两

而据大德通票庄主人说，开封标准银 935 两＝上海规元 1000 两。

说法不一，应该相信哪个？让人迷茫。为此，根据实测情况进行了比较计算，首先和市内 7 家钱铺配合实测的情况是，称量相当于日本 54.5 钱的中锞，结果各家都有些许差异，平均下来得出：

日本 54.5 钱＝汴钱平 6.65 两

因此，汴钱平 1000 两相当于日本 9 贯 646 钱。而

1 格令＝1.728 厘

即，汴钱平 1 两相当于 558.2 格令

据此和上海、汉口漕平比较，则：

上海漕平 1 两＝565.679 格令

所以：

565.7÷558.2＝1.0134

558.2÷565.7＝0.9867

即，上海漕平 1000 两＝汴钱平 1013.4 两

汴钱平 1000 两＝上海漕平 986.7 两

另，上海漕平 995 两＝汉口漕平 1000 两。

$1000 : 1013.4 = 995 : X$

$X = 1008.3$

即，汉口漕平 1000 两＝汴钱平 1008.3 两。

又，上海漕平 997 两＝申公砝平 1000 两。

由此可知，

申公砝平 1000 两＝汴钱平 1010.4 两

接着就银色进行比较。在开封所说的纯银，在上海为纹银，其品位比为：100 : 106。

即，如果以上海标准银色为准，则 开封银 $= \dfrac{1060}{1000}$。

如果以开封标准银色为准，则 上海银 $= \dfrac{943.4}{1000}$。

由此，如果求开封标准银和上海标准银的平价，则：

$\dfrac{943.4}{1000} \times \dfrac{986.7}{1000} = 0.93085$

上海标准银 1000 两＝开封银 930.85 两

$\dfrac{1090}{1000} \times \dfrac{1013.4}{1000} = 1.0842$

开封标准银 1000 两＝上海银 1084.2 两

即，开封标准银 1000 两＝上海规元 1106.3 两。

开封标准银 903.9 两＝上海规元 1000 两

接着就洋例纹比较：

上海规银 1000 两＝洋例纹 970.4 两（以上海漕平 100＝漕估平 101.9295 为基准）

由此，$1000 : 970.4 = 1084.2 : X$

$X = 1052.1$

即，开封银 1000 两＝洋例纹 1052.1 两。

再和天津通用银比较：

天津平化宝银 1000 两＝上海银 1035.7 两

由此，$1084.2 : 1000 = 1035.7 : X$

$X = 955.3$

即可知，开封银 1000 两＝天津行平化宝银 955.3 两。

据此计算，开封标准银 1000 两为洋例纹 1052.1 两。按照中国银行分行长的说法，会产生 18 两的差，而按照大德通主人的说法，则差 38 两。同样，上海银每 1000 两，开封标准银有 30 两左右的差。因此，中国银行和钱铺是如何计算平价的？哪个是正确的？难以推断。

第三节　度量衡

一、度

当地有木尺、裁缝尺 2 种。木尺指的是营造尺，专门用于房屋建造及其他手工。裁缝尺是在布匹买卖以及做衣服时使用。量棉布、麻布时有的用 1 尺 8 寸的白布尺，而且其长度没有同样的，各家多少有些差别，无法详细了解其依据。具体如下：

木尺　（县衙门放置的）1 尺＝日本 1.04 尺
同上　（商务总会）　　1 尺＝日本 1.05 尺
同上　（商家）　　　　1 尺＝日本 1.04－1.06 尺
同上　（同上）　　　　5 尺＝日本 5.24 尺
裁缝尺（同上）　　　　1 尺＝日本 1.16－1.167 尺

二、量

以斗为单位，使用非常粗糙的 3 分厚的木板制成的方形斗。其内径为：

口边　日本 1.00 尺
底边　日本 0.98 尺
高　　日本 0.58 尺

1 斗合日本 8 升 7 合 6 勺。

不过，这只是展示了大体的标准，实际上各家的容器多少都有些差异。制作的斗也非常粗糙，已经有裂缝的就用铁皮包住使用。因此要准确比较是很难的。

用这种容器计量的只限于谷物。但实际到市场上买卖谷物，除去一部分大生意以外，大部分以斤来计量。现将斗和斤的换算比例列举如下：

麦子　1 斗＝21 斤
粟子　1 斗＝21 斤
豆类　1 斗＝18 斤
芝麻　1 斗＝16 斤
米　　1 斗＝36 斤

三、衡

当地使用的衡以 16 两为 1 斤。在米店称量 1 斤，等于日本 137 钱。但这些也是大体情况。询问十家，十家都不同，之间多少有些差异。除此之外，还有称量棉花、羊毛使用的衡。其名称叫二十两称，以 20 两为 1 斤计算。两的重量和上述相同。

下面看看量酒用的提子。有用铁皮做的，也有用锡做的。锡使用的是 5 分厚的锡板。测量称作 1 斤提子的尺寸，结果为：

高　　日本 3.5 寸
周长　日本 9.7 寸

把的周长　日本 1.1 寸

现以此为基础计算其重量，首先要算出其半径

$2\pi R=97$ 分　$\pi=3.1416$

$R=\dfrac{97}{2\pi}=1.542$ 寸

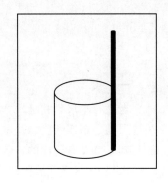

即，其半径为 1 寸 5 分 4 厘，容积为

$(15.4)^2$ 分 $\times 3.1416=745.06$ 平方分

745.06×35 分 $=26077.1$ 立方分

同样计算其把的容积

$2\pi R=11$ 分

$R=1.75$ 分

$1.75^2\times 3.1416=9.62$ 平方分

9.62×35 分 $=33.67$ 立方分

再求两者的差，得出：

$26077.1-33.6=26043$ 立方分

即可得知，称作 1 斤的提子的容积是日本 26043 立方分。而日本 1 升是 64827 立方分，因此其 1 斤相当于日本 4 合多。

计算 1 斤酒的重量，河南汾酒 1 立方厘米 $=0.922$ 克左右，而 1 立方厘米的容积为：

$(3.3)^3$ 分 $=36.937$ 立方分

$26043\div 37=703.8$ 立方厘米

$704\times 0.922=949.088$ 克

而 1 瓦相当于日本 0.267 钱。

$649\times 0.267=173.283$

即可得知 1 斤酒合日本 173 钱。再有，度量油使用的用锡板做成的提子有 2 两、4 两、8 两、1 斤、2 斤等 5 种。

第二章　陈留的货币和度量衡

第一节　货币

一、硬币

当地流通的货币有元宝、碎银、大洋元、铜元及制钱。48两至50两的元宝银流通最多。碎银的流通量大，使用的样式也是各种各样。

当地没有钱业公所，因此其行情就靠各家面谈商定。以开封的行情为标准，大洋元中站人洋、北洋、湖北洋、英洋等均以1串308文流通。但其中的站人洋及龙洋信誉度最高，居民不喜欢英洋。小银币完全不通用。铜元用的最多，比制钱都多。河南省的铜元和开国纪念币按10个制钱通用，其他省的铜元都是9个制钱，但几乎看不到流通。

二、纸币

有中国银行、交通银行的银元票和官钱局发行的银票、钱票等。银元票一般为1元和5元，银票则额面不定，都以当地行平和汴平的差额折扣使用。

三、平和两

当地流通的两为标准银行平足银，比开封汴平大。每100两差2两6钱，即行平100两为汴平102两6钱。当地流通的银元的行情为行平7钱2分，1两相当于2串文。

第二节　度量衡

一、度

裁衣尺1尺相当于日本1尺1寸6分左右，以1尺8寸为1尺，是量棉布、麻布时用的。木匠用的木尺1尺相当于日本1尺3分。

二、量

有1升、5升、1斗、5斗的量器，有方锥形和方形。1升相当于9合多。交易量在1斗以上时，有用秤计量和用升计量的方法。米面类以1石为250斤计算。

三、衡

通常交易使用的衡器为漕平，16 量为 1 斤。1 斤相当于日本约 128 钱。称量芝麻类则是以 20 量为 1 斤。

第三章　杞县的货币和度量衡

第一节　货币

一、硬币

本地有元宝、碎银、大洋银、铜元、制钱。元宝因不便携带，近期不太使用，流通甚少，时兴以大洋银取代元宝使用。因此，元宝的流通更加衰退。反之，碎银的流通很多，大多民间交易使用。这可能是由于小洋银尚未流通，或者银元的需求甚大而数量不足，尽管努力引进，仍然感到不足所致。因此，洋钱相当贵，洋元1元为1串400文，比开封大约贵100文。1个铜元相当于10个制钱，因此将1元换成铜元时，为138个。外省铜元的行情是9.5个制钱。打听其原因，说是当地位于开封和归德的中间，开封的外省铜元相当于8个制钱，在归德则按10个制钱流通。如果在当地将外省铜元按10文使用，就会产生2文的损失，而且运送到归德难免还要缺损，因此加上运输费就定下了如此行情。

看当地的洋钱行情，信誉最高且流通最好的是站人洋、北洋，湖北洋次之，大清银币和造币局的再次之。其行情均为1串400文。

二、纸币

流通的纸币大多为交通银行的银元票，有1元、5元、10元的。河南地方银行的钱票也有流通，但金额不大。银票的流通额也不多，外国银行发行的纸币没有流通。

三、平和两

流通两为杞平足银，即二八宝，和汴平比较，102两6钱相当于杞平的100两。据说杞平比库平小2两6钱。大洋1元合7钱2分。

第二节　度量衡

一、度

当地有裁尺、木尺、白布尺。1裁尺相当于日本1尺1寸3分，白布尺1尺为裁尺的1尺5寸，量麻布时使用。木尺的1尺相当于日本1尺6分。都是以10尺为1丈，但有时以木尺的5尺为1丈。

二、量

量器有 1 升、5 升、1 斗、5 斗。1 升量器的构造一般为口边大的样式。上边 7 平方寸，底边 4 平方寸，深 2 寸 5 分。1 升相当于日本 1 升 2 合 5 勺。5 斗的量器为方形，1 平方尺，深 4 寸 8 分。5 斗相当于日本 7 斗 4 升。

三、衡

在杞县，一般的交易是用秤。与库平相比，每两少 2 分 6 厘。库平 100 两相当于秤的 102 两 6 钱。有时是以 16 两为 1 斤，有时是以 20 两为 1 斤，这叫大斤。大米的大宗买卖用之。

米、麦、豆　　　1 斗　　　36 斤

高粱　　　　　　1 斗　　　31 斤

粟子　　　　　　1 斗　　　26 斤

而秤的 1 斤相当于日本 144 钱。

第四章　禹州的金融机构

当地经营钱业的有 15 家，它们很团结，组成了钱业公所。现将主要钱庄列举如下：

钓茂　同豫　裕通　涌益　义盛　同德

虽说是比较大的，但资本不过 3000 元。

有中国银行的分行，按营业内容分若干科：

会计科　文书科　营业科　储蓄科/放贷科　出纳科（现银）

钞票可以通用，没有任何问题。中国银行还在正常营业，通用银锭为足银，但并没有统一规定。平为禹平和禹会平，后者在市面上流通多。

此地距离铁路较远，现银运输费用较高。运往北京每 1000 元收取 6 元 4 角，运往汉口收 4 元 4 角，运往开封收 3 元。不论运往哪里，都不直接确定行情，而是参照开封、上海、汉口等地的行情，根据运输现金的缓急制定费用标准，然后加算。1 元为银锭禹会平 6 钱 7 分 5 厘。向开封汇款的手续费为 8％（1926）。

本地使用的平为市平、会平。两者的比如下：

禹市平 1000 两 ＝ 禹会平 1015 两

根据中国人的计算，与各地平的比较如下所示：

禹市平 1000 两 ＝ 二六汴平（开封）1018 两
　　　　　　　＝ 京公砝平（北京）1029 两
　　　　　　　＝ 洋 例 平（汉口）1015 两
　　　　　　　＝ 行 化 平（天津）1027 两

第五章　郑州的金融货币和度量衡

第一节　金融机构

当地的金融机构有钱庄、官银号、当铺、新式银行。票庄和银炉并没有独立存在。以前有些钱庄兼营票庄的业务，如今很少，汇兑业务完全依靠交通银行办理。

一、钱庄

当地加入钱业工会的有 28 家，即：

豫顺和	源和胜	德润成	豫丰和	新泰永	运兴祥	合成末
复兴长	永泰昶	鸿泰源	豫盛永	宝兴永	泰和恒	永泰祥
豫大庄	正大号	豫通长	益昌厚	义聚昶	大亨通	运庆隆
宋庆隆	德　记	同庆昶	济成又	錞兴振	德聚长	源运昶

其中资本最大的是豫大庄、鸿泰源、永泰昶、豫顺和。据说前两家是老字号，后两家是新号。豫大庄的资本金约 10 万两，主业是存款、贷款、汇兑。鸿泰源是店员共同出资的合资组织，据说资本金 30 万两，除存款、贷款、换钱以外，近来还经营汇兑业务。而豫顺和的资本据称有 5 万两，作为中国银行的代理，办理存款、贷款、换钱及汇兑业务。永泰昶据说资本金 5 万两，经营存款、贷款、换钱业务。并且和铁路建筑工程的承包公司有特约，根据其需要给予资金融通。平时还代为保管其游资，故运转额很大，可从中获利。关于利率，贷款利息为 9 厘至 1 分 1 厘，存款利息为 4—6 厘。除上述四家以外，资本都不大，只办理换钱业务，不经营存贷款业务。

二、官银号

当地有一家官银号，发行 1 串、2 串、1 元、2 元、3 元、4 元、5 元、10 元、20 元、40 元、50 元的纸币。

三、新式银行

当地有交通银行和作为中国银行代理店的豫顺和。

四、汇兑手续费

就以元汇款时的汇兑手续费事宜，向交通银行进行了咨询。说每 1000 两汇到汉口需要 12 元，到天津 14 元，到洛阳 8 元，到开封 7 元。当然，电汇还要另加电报费用。

第二节 货币

一、硬币

（一）银元

站人洋、北洋、新洋、大清银币、造币总厂制银元等都一样，兑换铜元 120 个，折合 1 串 160 文。

鹰洋因为不明真伪，苦于鉴定，因此其价格为 1 串左右，换铜元 120 个左右。

（二）小银币

湖北、江南、东三省、广东发行的小银币有流通，将之换成铜元时，为 1 角 12 个，12 角为 1 元。小银币相对于银元，比价较低，因此旅行者都携带银或者银元。2 角的小银币流通力最弱。

（三）铜元

有本子儿和杂子儿。本子儿 1 个合铜钱 10 文，杂子儿 1 个合 8 文。所谓本子儿是土语，指河南省发行的铜元。外省发行的叫杂子儿。外省的有武昌铜元局、安徽省铜元局、北京铜元局发行的，本省的是开封铜元局铸造的。

（四）制钱

有乾隆通宝、康熙通宝、嘉庆通宝、道光通宝、宽永通宝。其形状有大小 2 种，并不统一。

（五）银锭

元宝银 50 两左右，马蹄形。

（六）中锭

10 两，秤锤形。

（七）小锞

5 两，馒头形。

（八）碎银

重量、形状都不一定。

二、纸币

有中国银行、交通银行发行的 1 元、5 元、10 元、50 元、100 元的纸币，但交通银行的纸币比中国银行的势力大。这是由于中国银行在当地没有分行的缘故。

还有豫省官钱局发行的票子也在流通，其种类如下：

银票 1 两、2 两、3 两、4 两、5 两、6 两、7 两、8 两、9 两、10 两、20 两、30 两、50 两、200 两、500 两

银元票 1 元、5 元、10 元

制钱票 500 文、1 串文、2 串文

三、平和两

当地称量银两的衡器有 2 种，一种叫汴平，另一种叫郑州平。

汴平也叫汴钱平，在河南省城开封使用。郑州平只限于在郑州使用，相比天津公码平，每 100 两大 2 两 8 分；和汉口漕平相比，每 100 两大 5 钱 6 分；和户部库平相比，每 100 两小 1 两 7 钱 2 分。钱庄的使用情况如下：

$$
郑州平 1000 两
\begin{cases}
= 天津公砝平 1020.8 两 \\
= 汉口漕平 1005.6 两 \\
= 库\ 平\ 982.8 两
\end{cases}
$$

第三节　度量衡

在京汉线开通之前，使用和开封完全一样的度量衡，但受天津、汉口的影响，多少有些差别。不过大体上和开封没有大的差别。不同的是量，有大斗和小斗，小斗是大斗的一半。无论哪一种，都是上部小、底部大的方形量器。

大斗的尺寸为：

口面积　53.29 平方寸

底面积　189.69 平方寸

高　8.9 寸

因此，1 斗为 (53.29 平方分＋189.69 平方分) ÷2×89＝1081261 立方分。

而日本的 1 升为 64827 立方分。

1081261÷64827＝16.691

即，1 斗＝日本 16.691 升。

然而，实际上在谷物买卖特别是大宗交易时，当地很少使用这种大斗、小斗类的量器。一般小量买卖都用斤来计算。其换算比例为：

粟类　大斗 1 斗＝38 斤

豆类　大斗 1 斗＝32 斤

关于衡器，一般使用以 16 两为 1 斤计算的秤。据说其分量和天津的 16 两秤一样。棉花交易时和汉口一样，使用四帮秤。

第六章　许州的金融货币和度量衡

第一节　金融机构

许州为清朝的州城，有一家名为元丰的制蛋工厂，是一家新式制造公司，据说资本金在100万元左右。

当地的钱庄有数十家，现将其中主要的几家列举如下：

福瑞久（两人合资，当地人）	源远长	谦益同
豫盛乾	福兴公（两人合资）	同义长
同庆义	中兴久	天庆公（资本1万串）
同泰茂	长茂祥	天兴聚
福聚公		

当地有中国银行的分行，钞票以若干折扣可以通用。当地通用银为足宝银，河南宝、上海宝、碎银等都可通用。从当地向其他地方运输现银的手续费如下：

根据实地调查

运往北京	每1000元	5.23元
运往汉口	同上	3.43元
运往开封	同上	1.30元

根据中国银行五年报告

运往北京	每1000元	4.50元
运往汉口	同上	2.50元
运往开封	同上	1.00元

汉口、上海是按直接行情。汇兑手续费当时为20两（每1000两）。

第二节　货币

一、硬币

当地新洋、站人洋、北洋、大清银币、造币总厂制银元、鹰洋等都有流通。1元折合铜元128至129个，其中鹰洋换120个。

1角、2角的小银币流通很少。

铜元一般都有流通。

制钱一般小生意使用。

银锭的使用情况和信阳相同。

二、纸币

中国银行、交通银行的纸币（1元、5元、10元、50元）可以流通。但钱庄、钱铺发行的纸币不流通。

三、平和两

本地钱庄使用的平砝和其他地方的平砝的比较情况如下：

许平 1000 两 ＝ 二六汴平（开封）1016 两

＝ 津公砝（天津）1030.3 两

＝ 津行平（天津）1026 两

＝ 津洋例 1052 两

＝ 九八平（九八兑）1058 两

＝ 估平（汉口）1032 两

＝ 泾布平（汉口）1008 两

＝ 禹市平（禹州）1001 两

在许州的中国银行调查结果如下：

洋例平 1052 两 ＝ 许平 1000 两

汴 平 1016 两 ＝ 许平 1000 两

第三节　度量衡

一、度

裁尺 1 尺＝日本 1.160 尺

木尺 1 尺＝日本 0.986 尺

匠尺 1 尺＝日本 1.155 尺

船尺 1 尺＝日本 0.985 尺

裁尺为足尺，是标准，木尺是木匠使用，船尺是造船使用，匠尺为官尺。

二、量

粮店用的量器有 1 斗、1 升。1 斗相当于日本 7 升 2 合，1 升相当于日本 7 合 2 勺。而且量器有集斗和店斗的区别，前者是卖出时使用，1 斗为 30 斤；后者是买入时使用，1 斗为 31 斤。

三、衡

当地一般交易用的秤和日本的秤比较结果如下：

1 两＝日本 8 钱 9 分

1 斤＝日本 142 钱 4 分

1 石＝日本 14 贯 240 钱

一般买卖中 1 斤为 16 两，主要在谷物交易中使用。

第七章　漯河镇的金融货币和度量衡

第一节　金融机构

此地位于京汉线堰城站和堰城县城之间，离车站 0.8 公里，距县城约 1.6 公里。临漯湾河，自古以来以谷物的集散地而闻名。先是堰城县城呈现繁荣，而漯河随着铁路的开通，在陆运方面占据了很大优势，因此，虽然民船贸易的繁盛受到削弱，但商业的发达极其显著。再加上近年来芝麻开始出口，外国人也来此地采购。为此，站前出现了运输公司，客栈也开始新建，同时芝麻等杂粮行的业务也得到振兴。市内经常是热热闹闹，金融机构也比其他地方健全。

当地有中国银行、交通银行以及豫晋官银号，益昌银号兼营钱庄和票庄。钱庄有文茂昌、德盛公、天顺德、天升福、裕隆恒、豫兴长、天德恒等数十家。

进行现银运输时当然是利用京汉线。向周家口运输则是依靠陆路马车。运往汉口的运费为每千两 1 两，运往北京为 2 两 3 钱，运往郑州为 4 钱。建有直接汇兑行情的是北京、天津、开封。向汉口汇款的手续费为每千两 12－15 两，汇往周家口要 3－4 两。汇兑业务最忙的季节为 10 月至 1 月、2 月芝麻出货期。

第二节　货币

一、硬币

（一）银元

有新洋、湖北龙洋、站人洋、北洋、大清银币、造币总厂制银元、鹰洋。换成铜元时都是 128 个，市面流通则是以 130 个交换。但鹰洋的流通较少，换钱比例为 126 个。

（二）小银币

湖北、江南、广东、东三省发行的小银币有流通，全部为 1 角，没有 2 角的。

（三）铜元

开封、武昌、天津、北京、福州等地的铜元局发行的 10 文铜元有流通。

（四）铜钱

有乾隆通宝、宽永通宝、康熙通宝、道光通宝、嘉庆通宝。

当地流通的铜钱根据其形状大小、质量高低，可分为库铜钱、大钱、小钱。库铜钱品质最好，大钱次之，小钱也称为耗钱，形状偏小，质量粗糙，商人们一般不愿意接受。

（五）银锭

有元宝、中锭、小锞、碎银等。

总体来说，当地 1 角、2 角的小银币较少，制钱的流通量大。100 两为 147 元，即 100 元为 68 两，1 两为 195 个铜元。

二、纸币

只有中国银行、交通银行河南省分行的纸币在流通。有 1 元、5 元、10 元、50元、100 元。官钱局的凭票有 1 串文票和银 1 元票。没有钱庄发行的纸币。

三、平和两

计量货币的杆秤种类分为库平、漕平、市平。库平是称量官府公款时使用。漕平和官制没有任何关系，商人之间一般使用漕平。所谓市平，是商民间通用的杆秤的总称。

现介绍换算成汉口洋例纹的方法：

堰平为"漕〇一二"（与汉漕平相比，品位同等，堰平大 0.012 的意思）。

堰平 1000 两 ＝ 汉漕平 1012 两

＝ 汉估平 1026 两

＝ 洋例平 1047 两

但根据银质，要另加毛水或申水。前者是换成 50 两的元宝时直接扣除，后者是由估平换算成洋例文时每千两直接加算若干分量。

第三节　度量衡

一、度

裁尺有大尺和小尺，大尺是量粗布时使用，小尺是量洋布时使用。大尺又称为白尺，小尺一般称为裁尺。即普通所说的裁尺是狭义的。这个狭义的裁尺是各种尺度的基础，1 尺相当于日本 1 尺 1 寸 7 分。将各种尺度换算成日本的尺度，结果如下：

裁　尺 1 尺 ＝ 日本 1.17 尺

白　尺 1 尺 ＝ 日本 2.0475 尺

木　尺 1 尺 ＝ 日本 1.1015 尺

算盘尺 1 尺 ＝ 日本 1.15 尺

船　尺 1 尺 ＝ 日本 1.19 尺

营造尺 1 尺 ＝ 日本 1.07 尺

二、量

当地使用的量器为圆形，和日本的量器比较的话：

1 升 = 日本约 1 升 3 合

量器的种类有 1 升、5 合、2 合 5 勺。这些量器和斤量的关系如下：

小量器（2 合 5 勺）　　12 两

中量器（5 合）　　　　24 两

大量器（1 升）　　　　48 两

平常买卖使用的秤是 16 两为 1 斤，1 斤相当于日本 152 钱，故可以得出如下计算结果：

小量器（2 合 5 勺）　日本 114 钱

中量器（5 合）　　　日本 228 钱

大量器（1 升）　　　日本 456 钱

被称为标准斛的 25 斤量器也会根据交易货物的不同而造成 1 升的斤两不同，即米面以 30 斤为 1 斗，芝麻则是以 25 斤为 1 斗，青豆、黑豆、绿豆以 28 斤为 1 斗。

三、衡

本地使用的秤大体可分为：

普通商用　1 斤＝16 两

行秤 { 1 斤＝18 两
　　　1 斤＝20 两

一般使用的是 1 斤为 16 两的秤。谷物是用这种秤称量。行秤则是批发商在批发毛织物、油类等物品时使用。

和日本的衡器比较，则：

普通商用 1 斤＝日本 152 钱

行秤 { 1 斤＝日本 120 钱
　　　1 斤＝日本 171 钱

外商从粮行购买芝麻时则使用磅秤（以 17.2 两为 1 斤），有些使用浙宁秤（16.8 两为 1 斤）。

第八章　周家口的金融货币和度量衡

第一节　金融机构

周家口距漯湾河（镇）水路70公里，位于漯湾河与贾鲁河的交汇点，因此市区分为河北、河南、河西三部分，分属商水县和淮阳县。作为依靠船运的农产品集散地，以前是河南省屈指可数的商业区，生意非常兴隆。现在仍然有很多芝麻、豆类、杂粮、皮货的批发商，市场充满活力。山西、陕西的商人势力大，都在河北建有气派的会馆，还在汉口设有商店的办事处。在河南有15家钱庄，主要有：

世泰永　广泰昌（广东人经营，号称资本50万元，建筑物也最大）

中和成（两人合资）　天泉德（两人合资）

隆盛厚（单个股东）　天德成（三人合资经营）

玉泉泰（较大，山西人经营）

河北有5家：

恒兴祥（资本500元左右）　隆茂昶（资本500元左右）

谦益恒（资本5万元左右）　豫茂恒　聚源昌

新街大德路有票庄。

当地距京汉线有50公里，交通不便。到开封每千两运输费需要4两，故汇费涨落的范围大，向汉口的汇款手续费有时会涨到30两。这是由于交通不便和途中危险多的缘故。

根据当时（1926）对周家口唯一的票庄大德通调查的情况，汉口洋例票1000两在当地相当于南平足银958两，另加根据当时行情确定的汇水，当时是18两（参照货币项下的平和两）。

汇款大多在春秋两季办理，主要是在农产品出货期发生。当地票庄办理向下述地方的汇款：

北京　天津　上海　汉口　开封　济南　周村　彰德

张家口　归化城　西安　长沙　祁县（山西）　营口　沙河　安东

在满洲有大豆的交易，而山西省则有毛皮的买卖。

当地新街有中国银行，西新街有交通银行，但都处于停业状态，不肯接待。

大德通使用的汇票形式如下：

汇券

凭票汇到

某某宝号某银色若干两整，言定汇主

某处某月某日，本号见票照数无利交付

勿误此据

未转砠码某平照某平比兑

某名经手

某某书

年

月

日

立

第二节 货 币

一、硬币

（一）银元

可看到新洋、北洋、站人洋、湖北龙洋的流通。其换成铜元的价格为 128－129 个。没有墨银和日本银元的流通。

（二）小银元

1 角、2 角的都有流通，但数量很少。换成铜元时，1 角换 8－9 个。这是铜元的需求量大、小银币的需求量小的缘故。由此即可察知当地流通货币的一般情况。

（三）铜元

一般都有流通，有可换 10 文的和可换 9 文的。

1. 可换 10 文的是由政府铸造的。

2. 可换 9 文的是河南省铸造的。

（四）制钱

一般交易中使用。

二、纸币

有中国银行和交通银行发行的 1 元、5 元、10 元、50 元、100 元的纸币，但目前不流通（1926）。还有官银号发行的 500 文、1000 文、2000 文的凭票。1926 年 7 月

13 日当天官银号的行情如下：

南平行平　　1 串 950 文

站人银元　　1 串 290 文

北洋银元　　同上

汉口洋例银　1000 两＝959.7 两

下面是河南省官钱局的 500 文凭票

2 寸 5 分

<table>
<tr><td rowspan="2">3
寸
5
分</td><td>南</td><td></td><td>河</td></tr>
<tr><td colspan="2">局钱官泉豫</td><td></td></tr>
</table>

南　　　　　　　　　　　河

局钱官泉豫

光绪二十二年十一月十五日　　凭票取制钱五百文整　　字第　　　号

三、平和两

汉口估平 4 两 1 钱 6 分相当于汴平 4 两 1 钱 1 分。周家口南平每千两比上海申公平大 4 两 2 钱 8 分，故上海申公平 100 两为南平 95 两 1 钱 8 分。

钱庄使用的平与各地平的计算结果如下：

汉口洋例银 1000 两 ＝ 南平银 958 两（汇水 18 两）

上海规元 1000 两 ＝ 南平银 927 两（汇水 18－20 两）

北京市平 1025.2 两＝ 南平银 1000 两（汇水 16 两）

津公砝平 1025 两 ＝ 南平银 1000 两（汇水 25 两）

开封二六汴平 1000 两 ＝ 南平 992 两（汇水 20 两）

彰德名九九银，彰平 1000 两 ＝ 南宝足银 986 两（汇水 15 两）

第三节　度量衡

一、度

周家口是河南省东部的物产集散地，沙河贯穿市区，分为南岸、北岸。虽然两岸使用的秤不同，但使用的尺子却相同。

裁　尺　为标准足尺。

木　尺　为八五尺。

船　尺　造船业使用。

匠　尺　也叫官尺。

和日本的尺度比较，则：

裁尺 1 尺 = 日本 1.16 尺

木尺 1 尺 = 日本 0.986 尺

船尺 1 尺 = 日本 0.986 尺

匠尺 1 尺 = 日本 1.155 尺

木尺 5 尺称为 1 杆，故木尺 1 杆相当于日本 4 尺 9 寸 3 分。

二、量

当地使用的量斗的容积并不一定。一般买卖使用的量器和日本的比较结果为：

1 升 = 日本约 1 升 2 合

1 斗 = 日本约 1 斗 2 升

1 斛 = 日本约 3 斗

1 石 = 日本约 1 石 2 斗

在周家口，1 斛相当于 1 石的四分之一。

一般情况下很少用量，比如米就是用斤，规定 1 斗为 28 斤。但此两者的关系并不总是一定。商品不同，比例也不一样。都叫 1 升，但重量不一样。比如 1 斗米为 28 斤，1 斗麦就是 30 斤，而 1 斗豆则更多，达 33 斤。

批发商使用的量器分集斗和店斗。集斗是卖出时使用，为 30 斤。店斗是买入时使用，31 斤为 1 斗。店斗 1 斗相当于日本 5 升 8 合 7 勺 2。

三、衡

将当地南岸和北岸的秤与日本的衡器比较，则：

南岸 1 斤 = 日本 165 钱

北岸 1 斤 = 日本 150 钱

即北岸的秤比南岸的秤略小。

第九章　和尚桥的货币和度量衡

第一节　货币

一、硬币

有站人洋、北洋、龙洋、新大洋、大清银币、造币总厂制银元流通。1 元可换铜元 128－129 个。鹰洋虽然也流通，但换铜元 125－126 个。

小洋银的流通很少，行情是 1 角为 10 个铜元。制钱一般都在流通，有乾隆通宝、宽永通宝、道光通宝、嘉庆通宝、康熙通宝。

二、纸币

中国银行和交通银行的 1 元、5 元、10 元、50 元、100 元等纸币在流通，但流通额不大，而且只有河南省的纸币流通。

三、平和两

当地称量银锭使用的衡器叫估平，比开封使用的汴平大，每 100 两多 2 两。

第二节　度量衡

一、度

裁尺 1 尺 ＝ 日本 1.18 尺

木尺 1 尺 ＝ 日本 1.16 尺

工尺 1 尺 ＝ 日本 1.16 尺

各家的尺度并不一定和上述相同，多少有些差异。

二、衡

作为衡量标准而使用的秤名为平秤。和汉口的钱平一样，16 两为 1 斤。所有货物都用这种秤称量。还有比平秤每 100 两大 5 两的秤。中国人将此称作大秤，将前者叫小秤。即：小秤 100 两＝大秤 95 两。

第十章 归德的金融货币和度量衡

第一节 金融机构

本地钱庄有 11 家，其字号如下：

天顺成	西街	义泰恒	南街	显茂昶	南街
同茂号	南街	大顺隆	南街	惠丰水	北街
广顺昌	北街	同泰和	北街	同和号	北街
福茂昌	北街	谦茂恒	北街		

以上都是个人经营，其资本最大的号称有 10000 两左右，一般都是 5000 两左右，但并不确实。业务主要是换钱、货币的称量等，营业范围颇小。

第二节 货币

一、硬币

有元宝、中锭、小宝、碎银、大洋元、铜元、制钱数种。元宝在当地市场用得最多。即使是比较大的生意也不做信用交易，全部是现金交易，因此元宝的需求量大。大多是 49 两多的，其纯度为二七银。中锭的使用量次之，有 5 两和 10 两的，形状都是圆锥形。5 两的特称为小宝。碎银有各种各样的形状，虽然在市场上有流通，但数量不大。大洋银有站人洋、北洋、湖北洋、鹰洋，都是合 1 串 370 文。站人洋、北洋信用度最高。大清银币、造币总厂制银元、江南洋、广东洋的市价是 1 串 360 文，比较便宜。铜元无论外省的还是本省的都可自由兑换成 10 个制钱。制钱作为所有交易的标准，用得最多。和其他地方一样，1 串为 1000 文。对于银元的两，其行情有官价和市价之分。官价为 7 钱，市价为 6 钱 7 分。

二、纸币

当地纸币的流通甚少。一般是交通银行的银元票，其中 1 元、5 元较多。中国银行的纸币较少。都不需要打折即可流通。但其他钱票和银票 1 串要付 10 文左右的贴水才能流通。

三、平和两

当地的标准两称为宋平，为足银。据说与开封的汴平相比，每百两大 1 两 5 钱，比睢县的行平小 1 两 1 钱。官厅计算宋平 1 两为制钱 2 串 90 文，但市面则按 2 串 60 文流通。

第三节　度量衡

一、度

尺有裁尺、白布尺和木尺。白布尺的 1 尺相当于裁尺的 1 尺 5 寸，量麻布、土布时使用。木匠用的木尺相当于日本 1 尺 7 分。当地的裁尺用竹子制作，形状和日本的尺子差不多，但很厚而且粗糙。棉布的 1 匹为 30 尺左右，万寿绸则是 1 匹为 18 尺。

二、量

量器有半升、1 升、5 升、1 斗、5 斗几种。虽称为秋量和麦量，但数量完全相同。

实测 5 合的量器，口边 6 寸，底边 3.5 寸，深 1.5 寸。1 升量器为口边 6.8 寸，底边 3.8 寸，深 3 寸，相当于日本 1 升 4 合 4 勺。另外，还有一种称作胡斗的圆锥形量器。

三、衡

当地一般交易中使用的秤，据说相对于库平 100 两，相当于 104 两 4 分。普通 16 两为 1 斤，1 斤合日本 168 钱。而大量交易时使用以 18 两为 1 斤或 20 两为 1 斤的秤。作为谷物交易的习惯，粮行采用的方法有加 1 斤、加 2 斤、加 3 斤、加半斤、切半等。比如加 1 斤就是以 11 斤为 10 斤、以 110 斤为 100 斤计算。所谓切半就是 1 斤加 4 两（1/4）。这个方法在签订合同时就规定好了。而当地名产万寿绸在买卖时不用尺子量，而是以 18 两为 1 斤计算。谷物的买卖习惯就如大米一样，确定 1 斗的斤两，小麦、芝麻、黄豆也同样。

大米　　1 斗　　40 斤

小米　　1 斗　　40 斤

芝麻　　1 斗　　30 余斤

黄豆　　1 斗　　30 余斤

第十一章 彰德的金融货币和度量衡

第一节 金融机构

彰德是河南西北部的大城市，靠近京汉铁路。附近棉花产出多，有一家规模很大的广益纱厂，由中国人经营，比较规范。当地有电站，除了供照明以外，还向一家姓袁的宅邸供电。该地还有中国银行的办事处办理业务，交通银行也在营业。钟楼前的大街上有大德通票庄。钱庄主要有：

源庆永（本地人经营）	裕隆昌（本地人经营）	谦益同（本地人经营）
天顺永	豫太昌	鸣发祥
裕洪元	谦和祥	庆贞祥（山西人经营）

据称都有一万串以上的资本。

第二节 货 币

一、硬币

站人洋、北洋、龙洋、新洋、造币总厂制银元等都以铜元 130 个的比价流通，鹰洋则是以 120－122 个来交换。

小洋有 1 角、2 角，1 角为 10 个铜元。

铜元的行情比郑州便宜，1 元在郑州可换铜元 122 个，在当地为 130 个。

二、纸币

有中国银行、交通银行 1 元、5 元、10 元、50 元、100 元的纸币。1 元纸币都是 123 个铜元。虽说都是 1 元，但硬币 1 元为 130 个，纸币 1 元为 123 个。其间有 7 个铜元的差额，而在铁路上无论硬币还是纸币，都是以同一价格流通，因此用纸币支付有利。所以，如果能准确鉴别纸币的真伪，则将硬币换成纸币使用，即可赚取其间的利润。

在官钱局的票子中，可看到平市钱局的铜元一百票、豫泉官钱局的洋元票、铜元票、二六汴平银票等在流通。

三、平和两

根据中国人的计算，各地平的比较结果如下：

彰平 1000 两 ＝ 天津公砝平 1028 两
　　　　　 ＝ 北京公砝平 1024 两
　　　　　 ＝ 汉口洋例纹 1024.8 两
　　　　　 ＝ 汴平 1012 两
彰德名九九银 彰（德）平 1000 两 ＝ 周家口口南宝定银 986 两

第三节　度量衡

一、度

裁　尺 1 尺 ＝ 日本 1.1700 尺
木　尺 1 尺 ＝ 日本 1.1015 尺
白　尺 1 尺 ＝ 日本 2.0475 尺
算盘尺 1 尺 ＝ 日本 1.1500 尺
船　尺 1 尺 ＝ 日本 1.1900 尺

一般使用裁尺。白尺用来量粗布，木尺是木匠用来量木材和竹子类材料的。

二、量

当地使用的量器有 1 斗、1 升、5 合、2 合半。这些量器和斤量的关系如下：

2 合 5 勺　　　 12 两
5 合　　　　　 24 两
1 升　　　　　 48 两
1 斗　　　　　 408 两

16 两为 1 斤。1 斤相当于日本 152 钱。

三、衡

当地位于京汉线的中央，其物产向南运往汉口，向北运往北京、天津。因此，汉口来的商人使用汉口的磅秤（17.2 两为 1 斤），天津的商人则使用十六两洋秤（16 两为 1 斤，1 斤相当于日本 152 钱）。

第十二章　睢县的金融货币和度量衡

第一节　金融机构

当地经营钱铺业务的有 5 家，其字号和资本金情况如下：

源太隆　5000 两　　元茂昌　3000 两　　厚生德　1000 两

恒德昌　2000 两　　同心德　300 串

上述店铺中，只有同心德是专业做钱铺，其他都兼营粮行。资本也是和兼业合并的数额，用于钱铺业的资金额并不明了。据说都是专门做换钱业务。

第二节　货币

一、硬币

有元宝、碎银、大洋元、铜元、制钱。市场上流通最多的是碎银，形状并不一样。使用元宝的很少，大买卖中才使用。据当地人讲，当地使用的元宝重量为 50 两，叫九八九兑。中国人称足银而纯度为 989 左右即九八九，实际纯度在 978 左右，当地人称之为足宝银。

大洋元比元宝流通多，按照其信誉度顺序排列如下：站人洋、北洋、湖北洋、大清银币、造币总厂制银元。

行情都是 1 串 400 文。当地流通的两相当于行平 6 钱 9 分。小洋完全不流通。铜元只有本省的和开国纪念币行情是 10 个制钱，外省的为 9.5 个制钱。制钱有多种，都可自由流通。

二、纸币

纸币的流通甚少，其中最多的是交通银行发行的纸币，中国银行的次之。两者的行情一样。官钱局发行的都是每元打折 1—2 分。中国银行、交通银行的只有银元票，官钱局的有银元票和钱票。

三、平和两

用作货币标准的两的重量为行平，用于称量足银。公署用的是库平。一般和其他地方一样，相对于行平，库平每百两大 3 钱，即行平的 100 两 3 钱相当于库平的

100 两。

第三节　度量衡

一、度

白布尺　1 尺 ＝ 裁尺 1.50 尺（量麻布、白布）

木尺大尺　1 尺 ＝ 小尺 5.00 尺

木尺小尺　1 尺 ＝ 裁尺 1.00 尺

裁尺　1 尺 ＝ 日本 1.16 尺

二、量

量器有 1 升、5 升、1 斗、5 斗等。又分为麦枡和秋枡。麦枡的 1 升为口边 7.5 寸，底边 4 寸，深 3 寸，容积合日本 1 升 6 合 7 勺。秋枡的 1 升为口边 7.2 寸，底边 4 寸，深 2.5 寸，其容积合日本 1 升 3 合多。

麦枡是量荞麦、小麦、芝麻等粮食时使用，秋枡是量大米和豆类时使用。

这两种量器只有在小量交易时使用，大量交易时大多以重量计算。1 升为 5 个筒子。

三、衡

市面上使用的衡器都是秤，库平 100 两为当地秤的 103 两。小生意 16 两为 1 斤，但大量交易则是 18 两为 1 斤。看当地的交易习惯，米的交易主要以斤计算，而小麦的买卖则用斗。下面显示的是几种谷物的重量比较：

大米　　1 斗　　36 斤

小麦　　1 斗　　44 斤

高粱　　1 斗　　33 斤

芝麻　　1 斗　　30 斤

第十三章　新乡的金融机构和货币

第一节　金融机构

交通银行汇兑所　位于新站（新设停车场）附近，与焦作的汇兑所一样，以汇兑为主要业务，进行兑换券的兑换。汇兑业务有普通汇兑和倒汇，不做其他折扣。大多为汇票，不使用期票，只有即期票。汇费因市面情况而异。1925 年的汇费如下（每 1000 元）：

北　京	6	营　口	10	奉　天	10	长　春	10
吉　林	10	哈尔滨	12	辽　阳	14	孙家台	12
盖　平	12	铁　岭	12	锦　县	10	新民屯	12
天　津	6	张家口	8	保　定	5	海　甸	8
顺　德	5	北通州	5	唐　山	6	乐　镇	6
石家庄	5	大　同	10	阳　高	10	济　南	6
济　宁	8	枣　庄	8	德　州	6	烟　台	10
开　封	4	焦　作	4	周家口	8	漯　河	6
道　口	4	彰　德	4	郑　州	4	信　阳	4
洛　阳	4	上　海	10	无　锡	10	浦　口	10
扬　州	10	徐　州	10	镇　江	12	长　沙	4
汉　口	10	九　江	12	广　州	30	新加坡	35

钱铺有隆盛裕、瑞星魁、瑞盛长、义源长、裕泰成、复茂盛、协汇昌、三和楼、宝源长等，前两家较大。

第二节　货币

此地位于京汉线和道清铁路的交叉点，因此无论通货还是习惯都有些不同。

一、硬币

制钱为九六钱，市场上交易很少使用，但和内地交易时经常使用。

铜元取代制钱及小洋，使用较多。1 个铜板为 10 文。

小洋很少使用，1 毫钱合 11 个铜板。

北洋、站人洋、民国新币、湖北省造银元、鹰洋等银元都可通用。1 元相当于 139 个铜板。

二、纸币

除了中国银行、交通银行和官钱局的铜元票以外，市面上看不到其他纸币的流通。而焦作和新乡有交通银行的汇兑所，可兑换自行发行的纸币。

三、平和两

根据在交通银行汇兑所调查的情况，当地使用的平叫新平，与京公砝平比较的结果如下：

新平 1000 两 ＝ 京公砝平 973 两

道清铁路关于货币的规定如下：

民国四年（1915）8 月 11 日起

本路银钱出入价目列于下

入价　北洋⎫
　　　站人⎬银元　每元作行平白宝银 6 钱 9 分算，每元合铜钱 1360 文。
　　　湖北⎭

出价　同上　每元作行平白宝银 6 钱 9 分算，每元合铜钱 1360 文。

出入行平白宝银　每两合铜钱 1971 文。

汴洛铁路关于货币的规定如下：

·货物的运费可使用大洋钱，但运费或者运费的零头不满 5 角时，可使用小洋。

·使用小洋时，每角付 2 个铜元的贴水。

·如有特殊情况，必须用铜元支付运费时，应取得火车站的允许。客人不得强求。

第十四章　道口镇（卫河流域）的货币

　　制钱是卫河流域一带最主要的流通货币，一般交易几乎都使用制钱来结算。制钱有大钱和小钱之分，小钱相当于普通 1 文钱的二分之一。有些地方将小钱叫 1 文钱，1 个铜板为 20 文。如果说物价为 500 文，则意味着普通制钱 250 文、铜板 25 个。

　　铜元是此地的主要货币，不过不像制钱那样，其流通额不大。

　　除制钱、铜元外，有各种各样的纸币，一般来说 1 串到 5 串的较多，但流通范围只限于其发行地域内，在其他地方不能通用。

　　银元有新币、北洋、站人洋，换算成铜元为 132 个。

第十五章　怀庆的金融货币和度量衡

第一节　金融机构

当地没有可称作新式银行的机构，只有钱庄、银炉、当铺。如果列举加入钱业工会的钱庄的话，只有：宏盛裕、泰兴和、聚泰和、玉兴和。其他只不过是在杂货店的旁边多少做一些换钱的生意。上述四家当中，前三家还兼营银炉。四家的资本都不小，在 5 万两左右。虽说专门做换钱生意，不过前两家还经营存款、贷款业务，也经营汇兑业务。听说其利率为贷款 1 分左右，存款月息 5 厘左右。关于汇兑业务，两者都不多，其范围也不同。宏盛裕主要是办理向天津、汉口、上海的汇款，其他开封、洛阳方面也办理，但很少。汇款手续费为：汇往天津、汉口每千元 12 元，汇往上海每千元 15 元。泰兴和当然也办理向天津、汉口、上海的汇款，但相对来说，办理开封、洛阳、泽州、太原方面的多。其汇款手续费为省内及泽州每千元 8 元、太原 13 元。

第二节　货币

一、硬币

当地的通货有制钱、铜元、银元、银锭、纸币。制钱作为使用最方便的货币被广泛使用，但随着铜元的流通加大，其用途逐渐减小，如今只在最下层民众中少量使用。主要有乾隆、康熙、嘉庆、道光、宽永等制钱，和其他地方同样，以 1000 文为 1 串计算。

铜元是使用最多的通货。开封、武昌、天津各铜元局铸造的占大多数。安徽、北京的次之。大部分当十、当二十和当五的几乎看不到。

当十当然是指 1 个可换制钱 10 文。银元则是人头洋、北洋、站人洋等为主要通货，人头洋的信用度最高，流通量也最大。光绪元宝虽然也有使用，但比其他便宜 5－6 钱。当时（1926）人头银元的兑换率为：

1 元 ＝ 制钱 1300 文　（铜元 130 个，孟粮平 0.715 两）

小洋几乎不使用。

二、纸币

纸币是中国银行发行的，根本不流通。据说只有正金银行、汇丰银行、德华银行等外国银行的在流通。有各种银锭在大生意中使用。

货币的行情由加入商务公会的钱业公所来决定。据说钱业人每五天聚一次，根据开封的中国银行分行和商务总会的电报进行议定。1926 年 8 月的行情如下：

1 两 ＝ 制钱 1850 文　铜元 185 个

1 元 ＝ 制钱 1300 文　铜元 130 个

三、平和两

当地的标准银成色为纯银，平则使用孟粮平。根据调查，孟粮平相对于汴平、申公砝平、洋例平的比例如下：

孟粮平 1000 两 ＝ 汴平 990.4 两

同上　1000 两 ＝ 申公砝平 1006 两

同上　1000 两 ＝ 汉口洋例平 1028 两

如果以此为公正的话，当地标准银与开封标准银比较，两者都是以纯银为标准，其比例如上所述，为：

怀庆标准银 1000 两 ＝ 开封标准银 990.4 两

相对于洛阳标准银，其关系如下：

洛阳标准银 1000 两 ＝ 开封标准银 1028 两

怀庆标准银 1000 两 ＝ 洛阳标准银 963.4 两

第三节　度量衡

一、度

木尺有好几种，分别是：

木尺 1 尺 ＝ 日本 1.160 尺

　　　　＝ 日本 1.155 尺

　　　　＝ 日本 1.145 尺

求其平均数，则：

木尺 1 尺 ＝ 日本 1.155 尺

裁尺大体相当于日本 1 尺 1 寸 5 分，和木尺没有差异。

关于地理尺，则是以里为单位，里又分为大里和小里。将此实测，平均为：

大里 1 里 ＝ 870 步

小里 1 里 ＝ 700 步

现假设 3 步为 1 间（日本建筑柱子和柱子的间距，约 1.82 米），则：

大里 1 里 ＝ 日本 4 町 50 间（日本的 360 尺为 1 町）

小里 1 里 ＝ 日本 3 町 52 间

二、量

以斗为单位，1 斗量器用木头制作，形状为圆筒状，上中下部有铁箍。其尺寸为：

周长　日本 32.8 寸

高　　日本 8.9 寸

直径　日本 10.4 寸

据此计算其容积：

$(10.4÷2)^2×3.1419＝8495$ 平方分

$845×89÷94827＝11.633$

即，1 斗 ＝ 日本 11.633 升

实际上除一般谷物的大量交易使用量器外，小麦、豆类等小买卖也使用。其他的粟子、米类、豌豆则使用斤。即：

粟子 1 斗 ＝ 22 斤

豌豆 1 斗 ＝ 20 斤

三、衡

试着实测了以 16 两为 1 斤的秤，结果为：

1 斤 ＝ 日本 151.6 钱

但称量棉花和羊毛使用的秤和洛阳一样。

在酒和油的买卖中使用的量器其形状和洛阳相同，尺寸如下：

油 1 斤的量器

周长　日本 11.80 寸

高　　日本 1.75 寸

酒 10 两的量器

周长　日本 7.90 寸

高　　日本 1.30 寸

酒 1 斤的量器

周长　日本 11.90 寸

高　　日本 3.18 寸

第十六章　清化镇的金融货币和度量衡

第一节　金融机构

当地的金融机构除了经营换钱的业者以外，还有经营汇兑业务、铸造银锭的业者。称之为银炉的也意味着是这个行当，所以是经营汇兑还是经营换钱业务，单靠字号是无法区分的。现列举主要店铺及业务如下：

字　号	业　务	所有人
德和成	钱票发行、换钱、汇兑	
福泰成（银炉）	钱票发行、换钱、汇兑	钱
裕盛长	钱票发行、换钱、汇兑	魏
王盛恒	汇兑、换钱	孔
益盛长	同上	路
通顺成（银炉）	换钱、汇兑	曹
福泰成（银炉）	换钱、汇兑	王
光裕恒（银炉）	换钱、汇兑	王
信义长	换钱、汇兑	

除上述店铺之外，作为副业经营换钱业务的还有：

王盛德　义德长　泰盛永　豫兴长　中和元　裕盛长　积顺和
庆和公　泰　玉

当地的汇兑业务是在邮局、钱庄办理。通顺成不办理期票，全部为即期票，使用三联票。汇兑手续费为，汇往上海每千两10两。其他票庄也大体相同。

第二节　货币

当地作为商业重镇，各种交易都非常繁盛。因此，相对于银元、银锭，纸币这种单位大的货币的流通非常盛行，少量交易是通过铜元计算，但常常以制钱的名义表示价格。应当注意的是，有些直接以铜元显示价格。

一、硬币

（一）制钱

制钱在交易中作为铜元的辅助来使用，都是使用大钱，小型的不流通。

（二）铜元

铜元是少量交易中使用的主要货币。当地如果说铜元 1 串即为九九钱，指铜元 99 个。本省铸造的铜元和开国纪念币各占一半，完全看不到其他铜元的影子。

（三）小洋

小洋完全不通用。在换钱铺 1 角可换 6－7 个铜板，在邮局则不能使用。

（四）银元

当地商人最喜欢的是站人洋，北洋也以同等价格通用，但民国新币在钱铺则要求付 1 个铜板的贴水。换钱率因钱市或钱铺不同并不一定，1 元一般为九九钱 1 串 400 文，也可换铜元 140 个，或者制钱 1 串 410 文。湖北省铸造的银元、大清银币、造币总厂银元比北洋和站人洋要便宜 10－20 文。其他鹰洋、吉林省铸造的银元的行情是 1 串 105 文。

现将邮局关于各种通货的规定揭示如下：

河南邮务管理局通告

如今，清化镇银洋涨价，邮局售票亦酌量加价，以免亏耗。兹于民国四年 5 月 15 日起，出售邮票每百分收取银洋 1 元、制钱 1450 文。

民国四年 5 月 13 日

在邮局 15 文可以购得 1 分的邮票。

二、纸币

当地只有银元票和铜元票。市面上看不到相应于铜钱和银锭的票子。

银元票中中国银行和交通银行的票子用得很多，不用贴水即可通用。

铜元票为新式的，河南官钱局发行的相当于当十铜元 100 个的票子有流通，但有时也有不接受的。考察其理由，说是兑换不方便。然而，当有人拒绝接受时，如果告到衙门，衙门会强制其接受。

三、平和两

元宝、中锭、小锞都在使用。

为调查当地平的基准所在，着实费了很大的劲。走访了四五家钱铺，称量同一中锭，都没有显示相同的量。是因为钱铺使用各自的平呢？还是虽然是同一平但衡器不准呢？还是买卖上为讨价还价而虚报重量呢？总要有一个理由。然而，综合考虑一下，当地使用最多的平称为清平，与公砝平的比为：

公砝平（北京）10.018 两＝清平 10.09 两

这是比较正确的。

实地称量的结果如下：

在钱铺　　　　北京公砝平 10.15 两 ＝ 10.10 两

同上　　　　　同上 ＝ 10.08 两

在大商店　　　同上 ＝ 10.09 两

在同盛祥有规定：

清平比库平每 100 两小 6 钱，比申公砝平每 1000 两小 8 两。

京公砝平 10.015 两＝10 两 08 分

足银清平 7 钱 1 分＝大洋 1 块

在钱铺计算时：

清平比申公砝平每 1000 两小 8 两，比库平每 100 两大 3 分。

清平 1 两＝九九钱 1980 文

京公砝平 10.015 两＝10 两 01 钱

在海味代销店使用的秤是：

京公砝平 10.015 两＝清平 10.009 两

各店均不一样。

第三节　度量衡

一、度

(一) 尺度

当地使用的尺度有裁尺、大工尺、白布尺。裁尺专用于织物的买卖或者供裁缝用；白布尺是布匹批发商、织物批发商、绸缎店之间交易用的；大工尺则用于建筑。

将这些尺度和日本尺度相比较，结果如下：

裁 尺 1 尺 ＝ 日本 1.150 尺（十三期生调查）

　　　　　　　　　1.230 尺

白布尺 1 尺 ＝ 日本 2.334 尺

大工尺 1 尺 ＝ 日本 1.107 尺

　　　　　　　1.050 尺（十三期生调查）

而三者之间的关系为，大工尺是裁尺的 9 寸，白布尺是裁尺的 1 尺 8 寸。

(二) 里程

1 步 (5 尺) ＝ 日本 5 尺 5 寸 3 分 5 厘

1 里 (360 步) ＝ 日本 5 町 32 间 6 寸

1 铺 (10 里) ＝ 日本 1 里 19 町 21 间

（三）地积

1 弓（5 平方尺）＝ 日本 30.636 平方尺 ＝ 0.851 坪

1 亩（240 步）＝ 日本 6 亩 24 坪

二、量

使用木制圆筒形量器，1 斗量器的内径 8 寸，高 6 寸 7 分（曲尺）。据此算出其容积约 5 升 2 合。

1 升的量器整体为木制，口部半径为日本 2 寸 5 分，底部半径为 2 寸 1 分，高 3 寸 6 分。据此算出合日本 8.26 合。

三、衡

当地的 1 两相当于日本 8.79 钱（焦作的度量衡与此地相同）

第十七章　焦作的金融机构和货币

第一节　金融机构

焦作以煤矿而出名，交通银行特别在此设立了汇兑所，据说清化镇的商民很多来此地办理汇兑。

钱铺有福泰成、恒源、同茂、丰秦成。前两家资本较大，只有福泰成专业做钱铺。

交通银行汇兑所位于道清铁道监督局旁边，除了汇兑业务以外，自己银行的钞票可以不要贴水兑换。

就其汇兑业务进行了调查，其经办汇款、倒汇。票子有期票和即期票，也要打折扣。大洋元、银锭都可办理。每1000元的普通汇兑手续费如下：

汉口　15元　　　上海　20元　　　南京　20元

天津　10元　　　北京　10元　　　开封　6元

这比当地邮局的汇水、补水合计额低很多。

第二节　货币

一、硬币

当地有湖北省造、北洋、站人洋、民国新币等银元在流通。1元相当于1串400文，但换钱则比这个比例低1—2文。

铜元是小生意的单位货币，不以制钱记数。

铜钱为九九钱，10文相当于1个铜板。

二、纸币

当地有中国银行、交通银行的银元票和官钱局发行的铜元票流通，没有其他纸币流通。

三、平和两

此地使用的平称作行平。

行平比汴平　每 1000 两小 9 两
汴平比库平　每 1000 两大 13 两
一般称作白宝银，十成即为足银。

第十八章 洛阳的金融货币和度量衡

第一节 金融机构

当地的金融机构有钱庄、当铺、银炉、官银号、新式银行。其中银炉比较多，不由得让人想起了旧币制的遗风。

一、钱庄

加入钱业公会的有如下 34 家：

天义道 裕竹源 瑞典隆 广曲元 贵曲元 义端永 泰和祥 王 厚 恒 典 相益长 三义道 大德厚 永 裕 义庆昌 于聚社 永升泰 三泰元 双和隆 益聚恒 天茂道 德源通 崇良通 源大恒 义公恒 公茂祥 益 源 王茂东 升泰裕 德 典 恒顺通 同典利 义 顺 益 隆 裕 长

没有加入当地公会的有天协泰、洋毓厚。上述钱庄中最大的是瑞典隆，据说资本金有十五六万。其他多的四五万两，少的两三千两。

二、官银号

有豫泉官钱分局，但在当地并不发行纸币，官银的经营额也极少。

三、新式银行

有中国银行和交通银行的分行。

由于临近汴洛铁路，故现银运输就依靠这条铁路和京汉线。到开封的运费为 1 元 1 角 2 钱。中国银行的汇兑行情如下（1926）：

汇往北京　1006 元

汇往天津　1006 元

汇往汉口　1006 元

汇往开封　1003 元

1 元合洛平宝银 6 钱 66。

第二节　货币

一、硬币

银元有站人洋、北洋、龙洋、新洋、大清银币、造币总厂制银元等流通，1 元可换铜元 128 个。流通价格为 130 个。

鹰洋的流通不多，换钱则为 125 个，市场上以 126 个通用。

有 1 角、2 角的小洋，行情是 1 角为 10 个铜元，小生意一般使用制钱，1 串文为 50 个铜元。

二、纸币

有中国银行、交通银行 1 元、5 元、10 元、50 元、100 元的纸币以及官钱局 1 串、2 串、500 文的票子。

三、平和两

当地标准银的平是洛平，银色使用的是十足色银，即纯银。根据在瑞典隆对洛平的调查结果，

洛平 1000 两 ＝ 汴平 1028 两

相对于洋例纹的平价

洛阳标准银 942 两 ＝ 洋例纹 1000 两

由此得出：

洛阳标准银 1000 两 ＝ 洋例纹 1061.5 两

而据中国银行当地分行行长讲：

洛阳标准银 1000 两 ＝ 洋例纹 1062 两

第三节　度量衡

一、度

试着走访了市内五家工匠尺商店，验证了其尺度，分别为：

木尺 1 尺 ＝ 日本 1.095 尺

　　　　 ＝ 日本 1.080 尺

　　　　 ＝ 日本 0.980 尺

　　　　 ＝ 日本 1.085 尺

　　　　 ＝ 日本 1.050 尺

没有一个统一的标准，其平均值为 1 尺＝日本 1.058 尺。

再说裁缝尺，几乎没人使用 1 尺的尺子，大多用的是 8 寸尺。和日本的尺度比较结果如下：

裁缝尺 0.8 尺 ＝ 日本 0.933 尺

裁缝尺 1.0 尺 ＝ 日本 1.166 尺

二、量

以斗为单位。量器的形状有两种，大多是口边和底边相等的大枡，口边大的是小卖枡。量器都是用粗糙的木板制作，角上包着铁皮，用得都有些破损。5 升量器的尺寸、容积如下：

口边　日本 8.4 寸

底边　日本 8.4 寸

高　　日本 4.5 寸

$84^2 \times 45 \div 64827 \approx 4.899$

即，1 斗相当于日本 9 升 7 合 9 勺 8。

口边大的 1 升量器为：

上　部　日本 6.5 平方寸

底　部　日本 2.8 平方寸

斜角长　日本 3.3 寸

但实际上谷物是以 5 斤为单位买卖，其他也是一样。根据中国人的说法：

粟麦类　1 斗 ＝ 28 斤

将之实测，小麦 1 斤相当于日本 4 合。

三、衡

使用最多的是 16 两为 1 斤的秤。相对于日本衡器的比例：

1 斤 ＝ 日本 137 钱

但在棉花的交易中使用四帮秤，羊毛则使用天津十六两秤。

第十九章　新安的货币和度量衡

第一节　货币

当地流通的货币种类、计算等与洛阳没有大的差别，只是制钱占大部分，铜元次之。银元方面，人头洋、北洋、站人洋以及其他各种银锭都可通用，但人头洋的信用度最高。光绪、龙洋、小洋只能在铁路上使用。鹰洋和纸币则根本看不到影子。货币的行情是各自任意决定。1926 年 8 月的行情为：

1 元 ＝ 制钱 1320 文（铜元 130 个）

至于平、色则和洛阳完全相同。因为几乎没有和其他地方的交易，所以也不须汇兑。

第二节　度量衡

一、度
裁尺 1 尺 ＝ 日本 1.17 尺
木尺 1 尺 ＝ 日本 1.04 尺

二、量
谷类即白米、小麦、豆类等，以 1 升为单位买卖。1 升相当于日本 0.572 升。

三、衡
日常用品交易中使用的衡器 1 斤的重量相当于日本的 153.28 钱。棉花之类的商品也都使用这种秤。

第二十章　渑池的金融货币和度量衡

第一节　金融机构

此地的钱铺只是经营换钱业务，不经办存款、贷款等业务。由于商业不振，通货也只限于铜元和制钱流通，看不到纸币流通的必要性。现将钱铺的字号列举如下：

万顺长　义和厚　义心泰　同兴永

第二节　货币

此地的通货有制钱、铜元、银元、银锭。制钱用得最多，1000 文为 1 串，其种类和洛阳使用的差不多。接下来使用较多的是铜元，1 元可换制钱 10 个，其种类和洛阳相同。由于生活水平低，银元用得很少，但也看到有人头洋、北洋、站人洋流通。和其他地方一样，人头洋的信用度最高，1926 年 8 月的行情为：

1 元 ＝ 制钱 1300 文（铜元 130 个）

鹰洋则完全看不到影子，小洋只是在停车场少量使用。据说有中国银行、交通银行的纸币通用，但实际上看不到使用。

货币的行情都是各自参考洛阳等地的行情随意决定，没有一定的标准。1926 年 8 月的行情为：

1 元　买入 1300 文　卖出 1315 文

当地的标准银在色方面使用纯银，在平方面使用渑平。渑平和洛平一样。实际上当地标准银和洛阳的标准银完全相同。

第三节　度量衡

一、度

木尺和洛阳的相同，但裁缝尺有少许差异。即

裁缝尺 1 尺 ＝ 日本 1.16 尺

二、量

在大的交易中，谷物以斗为标准计算，以斤计算的只限于小买卖。其 5 升量器用二分板制作，比较粗糙，角的外侧都钉着铁皮。其尺寸如下：

上部　日本 12.1 平方寸

底部　日本 5.3 平方寸

高　　日本 6.0 寸

因此，其容积可以下式计算：

$(12.1^2 + 5.3^2) \div 2 \times 6 = 523500$

$523500 \div 64827 = 8075$

即，1 斗 ＝ 日本 16.15 升

斗与斤换算，据说 1 斗相当于 40 斤，只能相信之。

三、衡

与其他地方相同，16 两为 1 斤。与日本的衡器比较，则：

20 两 ＝ 日本 185 钱

1 斤 ＝ 日本 148 钱

第二十一章　陕州的货币和度量衡

第一节　货币

通货方面几乎和渑池一样。由于生活水平低且偏僻，制钱流通最多，小洋根本不使用。银元的兑换率为：

1 元 = 制钱 1300 文　铜元 128 个

标准银的色用纯银，平则用苏唐平。苏唐平与洛平的比如下：

苏唐平 1000 两 = 洛平 980 两

陕州标准银 1000 两 = 洛阳标准银 980 两

第二节　度量衡

一、度

裁尺是商人在量布时使用，1 尺相当于日本 1 尺 1 寸 7 分。木尺是木匠使用，1 尺相当于日本 1 尺 4 分。

二、量

用于量谷类的量器，1 升的容量相当于日本 8 合 5 勺多。

三、衡

棉花交易时使用的衡器，1 斤相当于日本 156 钱，白盐等商品则使用 20 两为 1 斤的衡器，相当于日本 195 钱。

第二十二章　南阳府的金融货币和度量衡

第一节　金融机构

南阳府临白河的西岸,是河南的大城市,因此商业呈现出活力。特别是该地以盛产绢而闻名。南关商家鳞次栉比,湖北人在此开业的颇多。湖北省铜元以大钱7文和8文的行情自由流通,金融比较活跃。

钱铺数量多达50户,其中主要的列举如下:

永德昌　南门大街	太兴成	荣聚源　察院对门	
太兴衔	永源昌　南门大街	久聚长　南门大街	
太和永	德聚衔	天德祥　南门大街	
同茂恒　东门大街	天泰公		

上述钱铺中信誉最高的是荣聚源,据说其资本达到5万两,其他大体为一二万两。

银炉(实炉)有2家,分别是天盛、锡兴厚。

当铺有1家,叫富有。月利2分,30个月为满期。

第二节　货币和度量衡

南阳的货币、度量衡和赊旗镇的相同。

第二十三章 赊旗镇的金融货币和度量衡

第一节 金融机构

赊旗镇古时为唐河的支流水域，当时出入南方诸省和北方诸省的货物都要经过此地，码头上经常是白帆蔽日。如今，唐河的水逐年减少，聚集于码头上的白帆数量屈指可数。再加上铁路贯穿河南，连通了汉口和北京，赊旗镇的繁荣急转直下。但是，赊旗镇的形势绝不可轻视，各类商业依然比较发达。比如银炉还有 4 家，以此即可估测其商业概况。

钱铺有十数家，主要的列举如下：

恒兴源　本地人　位于佛寿街

恒昌永　山西人　位于钟器街

晋源永　山西人　位于北磁器街

六谦祥　本地人　位于长春街

福临协　本地人　位于山货街

据说以上各家资本都在 1 万两左右。

当地银炉有：

道保炉　恒庆人　关帝庙街

广兴炉　山西人　长春街

天顺炉　恒庆人　豆什街

永禄馆　　　　　马神庙街

各户都有三四座炉，接受委托铸造元宝时，每两收取 3—4 文，每百两收取 2 两。

第二节 货币和度量衡

当地流通的货币有银锭、河南省铜元、外省铜元、制钱等。河南省铜元可换 10 个制钱，外省铜元换 8 个。制钱以 990 个为 1 串计算。

度尺称作十三位算盘尺，因其长度和十三位算盘的长度相等。1 尺相当于日本 1 尺 1 寸 6 分。

斗量方面，当地黄豆 1 石约 300 斤。衡器叫漕零二六，即当地的 100 两相当于漕平 102 两 6 钱。

第二十四章　唐县的货币和度量衡

第一节　货币

元宝银、湖北龙洋、北洋、站人洋、台票、铜元、明钱都在流通。银元好像除大铺子以外，鲜有人知道。日常的交易不论大小，全部使用铜元和制钱，特别是制钱最多。鹰洋绝对不能通用，其行情也低。台票为湖北省官钱局发行的 1 串文票。

当地通用货币的行情如下：

北洋　1250 文

站人洋　1250 文

当地交易大部分是用明钱，铜元次之（1 铜元为 10 文）。

当地元宝银计量的秤为漕零三二。下面将之和汉口洋例纹的换算方法介绍如下（选择不需要付申水及毛水的元宝银，按中国人说的计算）：

唐漕平 1000 两 ＝ 汉口漕平 1032 两

唐漕平 1000 两 ＝ 汉口估平 1046 两

唐漕平 1000 两 ＝ 汉口洋例纹 1066 两

第二节　度量衡

一、度

裁尺 1 尺 ＝ 日本 1.16 尺

木尺 1 尺 ＝ 日本 1.76 尺

二、量

各个商人使用的并不一定相同。和中国各地的斗量制并无不同。看其使用最多的量器的平均数，1 升相当于日本 1 升 3 合。

三、衡

所有货物一律使用同样的衡器，但根据制作人或者店铺难免有些差异。街上使用的秤与日本的衡器比较，1 两相当于日本 10 钱多，和各地相同，16 两为 1 斤。

第二十五章　泌阳县的金融货币和度量衡

第一节　金融机构

本来就没有专业的钱庄，由当地的京货铺兼营。所谓京货铺就是绸缎铺，各铺子之间发行和庄票（期票）同样的票子即本票，普通商人签发支票。这些庄票、支票都能流通。同时，这些京货铺也发行相当于兑换券的钱票。现将发行钱票的京货铺商号列举如下：

荣茂利　广升源　牛与太　源兴全　增茂号　德合长

而且其钱票有 1 串、2 串、5 串、10 串、100 串的，但一般流通的是 1 串和 5 串。

除京货铺的钱票以外，还有湖北官钱局发行的 1 串钱票子，叫台票。在所有钱票子中流通最多。

第二节　货币

当地流通的货币有元宝、龙洋、站人洋、钱票、铜元、明钱，看不到鹰洋和本洋的影子。铜元 1 个为 10 文。钱票子有湖北官钱局的台票和当地京货铺发行的钱票。前者有 1 串文的，后者有 1 串文、5 串文的。大元宝为九十色，用漕平计量。实际上没有相当于百分百色的银锭，是假定的，也就是名目货币。此地称为足银的是指平常流通的九十色的银锭。现将流通货币的行情列举如下：

龙洋　1250 文

站人洋　1250 文

一两　2000 文

铜元　10 文

上边的两是指此地漕平的 1 两，库平的 1 两是 1960 文。这是因为漕平 100 两比库平大 2 两。

中国人将此地的秤叫漕零四二，另外，相比汉口九八平，100 两大 9 两 6 钱。根据其说法，与汉口洋例纹的换算方法如下（通常，当地每百两要付申水 2 两）：

泌阳漕平 1000 两 ＝ 汉口漕平 1042 两

汉口估平 1000 两 ＝ 汉口漕平 986 两

故：

泌阳漕平 1000 两 = 汉口估平 1056 两

而汉口估平 1000 两为汉口洋例纹 980 两，申水每百两 2 两，因此：

泌阳漕平 1000 两 = 汉口洋例纹 1096 两

第三节　度量衡

一、度

裁尺 1 尺 = 日本 1.1650 尺

木尺 1 尺 = 日本 1.9805 尺

二、量

有 1 合、1 升、1 斛、1 斗、1 石的量器。当地的 1 斛为 2.5 升，4 斛为 1 斗。其 5 合相当于日本 2 升 8 合。

三、衡

计量米、麦等粮食以及油类的秤都一样，因货物不同难免多少有些差异，但大体是一定的。现取实际买卖中使用的秤与日本的衡器比较，结果如下：

1 两 = 日本约 9 钱 8 分

1 斤 = 日本约 157 钱 3 分

1 担 = 日本约 15 贯 730 钱

第二十六章　邓州的金融货币和度量衡

第一节　金融机构

邓州是有 7000 人口左右的城市，位于老家口和南阳府中间，以盛产烟草出名，因此应该观察其市场情况。在南关，大小商铺鳞次栉比，井然有序，成为一大商业区。此地距湖北比较近，因此各省铜元的流通很多，金融比较活跃。

一、钱铺

钱铺大小有 20 余家。现将其字号、兼营的种类以及资本额列举如下：

宝和昌		1000 两	同兴和	杂货	1000 两
万兴茂	棉花	1000 两	明德昌	土烟	3000 两
信益谦		2000 两	全兴成		2000 两
大成福	土烟	3000 两	泰兴瑞		2000 两
万盛玉	杂货	1000 两	德和成	土烟	800 两
元丰泰	杂货	1000 两	隆兴成	杂货	1000 两
永茂生	土烟	3000 两	公盛昌	杂货	3000 两
万盛德	杂货	1000 两			

当地钱铺中势力最大的是大成福、永茂生、明德昌、公盛昌，信益谦、全兴成、泰兴瑞次之。

兼营的钱铺虽然在同一店铺内，但会计完全独立，柜台和掌柜的都分开，各自营业，其景象颇为奇特。店内还办理钱票发行、存款等业务。

二、银炉（实炉）

银炉有 1 家，称为官宝炉，位于南关。铸造银锭。

三、转当铺

这些转当都位于南门大街以及南关的商业区，本当铺在新野县。对于典当物，先发行自家的当票，日后将典当物送往新野县的本当铺，接受当票，然后将之转交给抵押人。就是说，转当铺处于本当铺和抵押人之间，充当媒介，收取一些脚钱作为手续费。即转当铺每 100 文收取 6 文的脚钱，而实际的脚钱仅 2—3 文，剩下的 3—4 文就成了转当铺的收入。

当期为 30 个月，有 6 个月的留月。因此，经过 36 个月方能转卖。

现将邓州转当铺的字号和资本列举如下：

同盛公　800 两　　　聚隆成　800 两　　　双茂永　300 两

同盛永　1000 两　　　双兴恒　1000 两

第二节　货币和度量衡

当地的货币有银锭和制钱。银锭的银色为足银，平则使用漕零二五，制钱 980 个为 1 串计算。

度尺使用十三位算盘尺，斗量在当地 1 石米为 300 斤，衡器以 16 两为 1 斤，据说其 1 斤等于钱平的 15 两。

第二十七章　裕州的金融货币和度量衡

第一节　金融机构

在京汉铁路尚未铺设之前，南方诸省与北方的北京、天津等地的交通是沿唐河逆流而上，途径赊旗镇运输时，裕州的市场情况非常繁盛。但随着京汉铁路的开通，南北交通几乎都依靠铁路，唐河的水也逐年干涸，赊旗镇的繁荣化作过眼烟云，裕州也一起衰落了。

当地没有独立的金融机构，钱铺都没有。通货几乎只有铜钱。在此地要出售马蹄银，除了卖给有需求的粮店以外，没有其他途径。

第二节　货币和度量衡

当地通用货币以银锭和制钱为主。银锭的银色使用足银，平是漕加三，但很少通用。制钱以 990 文为 1 串文计算，500 文为 1 束。

当地的 1 尺相当于日本的曲尺 1 尺 1 寸 6 分。量斗以当地的斛斗计量，芝麻 1 石为 700 斤。一般商店的衡使用老光秤，比当地钱平大 6 两。

第二十八章　舞阳县的金融货币和度量衡

第一节　金融机构

该地距京汉线的堰城站、西平站各 45 公里，可经由大道到达。西面 100 公里即为南阳府。此地只生产青豆、芝麻、小米等。但随着京汉线的开通，堰城的市场面貌焕然一新，舞阳县就成了这个市场的农产品供应地。

一、钱铺

当地钱铺有：

和盛栈	山西人	掌柜的姓杨
万聚和	本地人	掌柜的姓孟
和兴栈	山西人	掌柜的姓张
协泰玉	本地人	掌柜的姓郭
义茂德	本地人	掌柜的姓王

这些钱铺的资本都在两三千两，特别让人感到奇怪的是，钱铺的字号使用栈这个字。这不由得让人联想到是不是仓库（旅店更合适）业者在经营钱铺。这些钱铺主要是经办存款和马蹄银的兑换，贷款虽然也办理，但额度极小。

二、当铺

在南街有一家叫泰吉的当铺，当利为月 3 分，16 个月为满期。

第二节　货币和度量衡

当地的通用货币有银锭、河南铜元、制钱，但河南铜元的数量很少。

银锭的银色用足银，平用漕加二五。

河南铜元可换制钱 10 个，外省铜元换 8 个，但外省铜元在市场上几乎看不到。另外，制钱以 990 个为 1 串文即 1000 文计算。

当地的度尺 1 尺相当于日本曲尺 1 尺 1 寸 6 分。

斗量为当地的斛斗，芝麻 1 斗为 32 斤。

第二十九章　遂平的度量衡

度量衡

一、度

裁衣尺 1 尺 ＝ 日本 2.50 尺（缝制衣服用）

木尺 1 尺 ＝ 日本 1.17 尺（量木材用）

布匹尺 1 尺 ＝ 日本 1.14 尺（购入布匹时使用）

工尺 1 尺 ＝ 日本 1.17 尺（木匠用）

此外，度量绸缎使用的尺子为：

1 尺 ＝ 日本曲尺 1.15 尺

二、衡和量

杂粮用的是抬平斛，1 斗为 68 斤，1 斤为 16 两。当地的秤和日本的衡器比较结果为：

1 两 ＝ 日本 8 钱 9 分

1 斤 ＝ 日本 142 钱

1 石 ＝ 日本 14 贯 240 钱

薪炭、煤、食盐等的买卖也是用秤。一般都使用衡器，而不用量器。

第三十章 确山的货币和度量衡

第一节 货币

一、硬币

银元有北洋、站人洋、龙洋、新洋，都可兑换铜元130个，鹰洋因难辨真伪，流通力小。

1角、2角的小洋几乎没有流通，故直接换铜元，造成1角、2角的小洋价值低，铜元的价值高，1两的比价为铜元194个。制钱称作明钱，在一般交易中使用。

银锭有马蹄银、中锭、小锞、碎银等。

二、纸币

纸币有中国银行的，也有交通银行的，但大多是50元的，100元的纸币较少。主要用50元的。有一家钱庄，但不发行纸币。铜钱的种类较多，也能看到日本宽永通宝的流通。

三、平和两

当地将称量银锭的平称作确平，为漕零二四，比汉口的漕平大24‰，即：

汉漕平　1000 两 ＝ 确（山）平 976 两

估　平　1000 两 ＝ 确 平 962 两

洋例平　1000 两 ＝ 确 平 942 两

以上是将申水忽略来计算的，实际使用的是以比962两少6两的956两为标准。但是，5钱5分以上的申水会下调到3钱，3钱5分以上的申水则按规定付。

第二节 度量衡

一、度

裁衣尺1尺 ＝ 日本2.25尺（缝制衣服用）

木　尺1尺 ＝ 日本1.17尺（量木材用）

工　尺1尺 ＝ 日本1.17尺（木匠用）

布匹尺1尺 ＝ 日本1.14尺（购入布匹时使用，卖出时用的尺子小）

二、量

杂粮交易时使用的量器称作抬平斛，1 斗为 68 斤（1 斤＝16 两），2 斗相当于汉口斛的 1 石。

豆类的交易不用斛，而是装入麻袋过秤。1 包 130 斤，以此为 2 斗。该 1 斤为 16 两 8 钱。

在米面销售店卖米时，上等米 75 斤为 1 斗，普通是 70 斤为 1 斗。杂粮的小量买卖用 1 斤、2 斤的量器，油类大多使用 1 斤的量器，煤油则使用洋铁皮做的圆筒形量器。

比较附近各地大豆 1 斗的重量，结果如下：

确山 驻马店   65 斤   1 包 2 斗
遂平   74 斤   1 包 2 斗
堰城   27 斤   1 包 5 斗

三、衡

货物的买卖都用钱秤，1 斤为 16 两，日信洋行、元丰、顺丰等榨油厂从当地粮行购买大豆、芝麻时使用的秤叫漕秤或浙宁秤。

第三十一章　驻马店的金融货币和度量衡

第一节　金融机构

此地为当地生产的大豆和其他杂粮的集散地，每年从当地运出的大豆数量超过十五六万包。实际运出的大豆数量占京汉铁路沿线第一位，使用的通货为明钱。钱庄在卖给采购大豆的商人时，每 1 串文收取 6 文的手续费。此地 1 串文为 998 文，按手续费 6 文计算，卖出 1 串文的明钱，实际交付 992 文。因此，当地钱铺的主要业务就是买卖明钱。大豆出货期业务最繁忙。

钱铺有合昌钱铺和鸿福昌钱铺，其他在杂货店旁边兼营换钱的还有两三家，还有些人在车站前的路边摆一个摊子进行换钱。当时新币 1 元换铜元 132 个（1926年）。

第二节　货币

一、硬币

银元有新洋、龙洋、北洋、站人洋、湖北银，1 元换铜元 128－129 个。鹰洋在停车场几乎不通用，一般交易中更不使用。强行要求接受的话，1 元只能按铜元 120 个左右计算。制钱和 1 钱铜币的流通量大，小银币的流通量小，行情是 1 角换 12 个铜元，1 串文 86 个铜元。1 串文为 998 文。

二、纸币

当地没有中国银行和交通银行，但两行的纸币有少量流通。有一家钱庄，但不发行纸币。

有湖北官钱局的制钱 1 串文票子，真伪不明的票子价值 56 个铜元，真的铜元 100 的票子需要付贴水 2 元。

三、平和两

计量货币的秤的种类有库平和漕平。库平为官用，漕平为商贸用。库平和日本的衡器比较，库平 100 两等于日本 999 钱。漕平和汉口漕平比较的话，驻漕平 100 两为汉漕平 102 两。另外，将驻马平和汉口估平比较，驻马平 100 两等于汉估平 103 两

8 钱。

当地流通的元宝银每 50 两付申水 3 钱，故每 1000 两的申水为 6 两。

驻平 1000 两 = 汉口估平 1044 两

而汉口洋例纹 1000 两相当于估平 980 两，故驻平 1000 两为汉口洋例纹 1065 两，即汉口洋例纹 1000 两为驻银 938 两多。

第三节　度量衡

一、度

裁尺 1 尺 = 日本 1.17 尺

木尺 1 尺 = 日本 2.475 尺

木尺 1 尺 = 日本 1.115 尺

二、量

集散的物产全部用斤称量，不用斗量。比较附近各地芝麻 1 斗的重量，结果如下：

驻马店　58 斤　1 包 2 斗

周家口　20 斤　1 包 6 斗

三、衡

如上所述，小买卖用斤（秤）而不用量。现将普通使用的杆秤和日本的衡器做一比较：

1 两 = 日本约 8.89 钱

1 斤 = 日本约 142.4 钱

1 担 = 日本约 14 贯 240 钱

第三十二章　信阳的金融货币和度量衡

第一节　金融机构

信阳位于京汉线沿线，是富饶的平原，因此是农产品的集散地，也是河南省离汉口最近的城市，其交易情况往往受汉口的市场情况左右。外国杂货也从该地运入，如今，在店头可以看到日本的朝日啤酒、汽水等商品。

物产主要有大豆、大米等，皮革也在此地集散。最明显的特征是此地有日本商人在汉口开设的三宜洋行的分支机构在大量买卖。应当特别关注的是，在其他地方的办事处都被撤销的夏季，仍有两名日本店员留在此地。该地有县衙门、中学、师范学校等机构，商务总会就在街区的中央。

当地钱庄主要有如下几家（根据县长和商务总会主管的说法）：

裕通恒　5000 元　　瑞　康　2000 元　　义生恒　3000 元
三　新　2000 元　　义　利　3000 元

当地有中国银行和交通银行的分行，但我们旅行之际（1926 年 7 月）都停止了兑换纸币，后来应该恢复营业了。但纸币并不是绝对不能使用，1 元如果付 5－6 钱的折扣，钱庄会予以换钱。

当地没有票庄，因此汇兑大多依靠上述两家银行办理，如要委托钱庄办理，必须是经营汇兑业务的钱庄，而且金额不能太大。另外，近处虽然没有票庄，但时不时有四五百串的小条在使用。三宜洋行等也使用小条。根据情况会委托钱庄办理汇兑，因为据说这些钱庄的手续费比新式银行便宜。

现银运输有京汉线行李车厢，运费为：

北京　每千元　　3 元
汉口　同上　　2 元 5 角
开封　同上　　3 元

第二节 货币

一、硬币

(一) 银元

新洋（刻有袁世凯头像）1 元折合铜元 130 个

龙洋	1 元折合铜元	130 个
墨银（鹰洋）	1 元折合铜元	120 个
北洋	1 元折合铜元	130 个
湖北洋	1 元折合铜元	130 个

墨银的势力在上海附近并不大，可是在停车场却以同一价格流通。流通力最大的是新洋、龙洋。据说日本伊藤、日信、三宜洋行的买卖都是用新洋、龙洋。除上述 1 元银币外，还流通小洋、铜元、制钱。铜元有武昌铜元局制、开封铜元局制、天津铜元局制、北京铜元局制、福州铜元局制。

小洋有湖北省发行、河南省发行、东三省发行、广东省发行、吉林省发行的。

(二) 制钱

乾隆通宝　嘉庆通宝　康熙通宝　宽永通宝　道光通宝

(三) 银锭

元 宝 银	重量 50 两，马蹄形
中　　锭	又名小元宝，重量 10 两左右，秤锤状
小　　银	重量 5 两左右，馒头形
碎　　银	没有一定的重量和形状
日本银元	没有流通

二、纸币

中国银行、交通银行发行的 1 元、5 元、10 元的纸币有少量流通，也有 50 元和 100 元的，但一般买卖中并不使用。有钱庄发行的钱票和武昌造币厂发行的凭票，一般都能使用，1 串文为 950 文。

三、平和两

当地衡量银锭使用的平叫申平，或叫漕加二八平。申平与汉口洋例纹比较，每千两大 64 两，漕加二八平与汉漕平比较，大 2 两 8 钱。

申平 1000 两 = 汉漕平 1027.8 两　将之设为 1028

申平 1000 两 = 估 平 1042.4 两

申平 1000 两 = 洋例平 1064 两

漕加二八平 1000 两 = 洋漕平 1028 两

漕加二八平 1000 两 = 估 平 1042.6 两

漕加二八平 1000 两 ＝ 洋例平 1064.2 两

由此可知，申平和漕加二八平是同一平。

第三节　度量衡

一、度

营造尺 1 尺 ＝ 日本 1.06 尺（官府衙门使用）

裁尺 1 尺 ＝ 日本 1.16 尺（裁缝铺及一般民间用）

大尺 1 尺 ＝ 日本 0.38 尺（土布买卖用）

工尺（又名竹尺）1 尺 ＝ 日本 1.13 尺（木匠及竹器制造用）

木尺 1 尺 ＝ 日本 1.15 尺（木材用）

二、量

杂粮用的斛叫四十人筒，名称的由来是用竹筒作为量器，将装 1 斤半的竹筒的容积称为 1 筒，40 筒为 1 斗。从康熙年间设立标准斛以来，用竹筒的很少了，但 1 斗的量器到现在依然沿袭旧名，称作四十人筒。

将之与日本的斗量换算，为 1.628 斗。1 斗量器的尺寸如下：

口的面积　49 平方寸

底的面积　191 平方寸

深　　　　8.8 寸

食盐不用量器，都用汉钱秤称量。小买卖以 1 斤为标准，大买卖以百斤为标准。

三、衡

一般使用钱秤，1 斤为 16 两。大生意用浙宁秤，16 两 8 钱为 1 斤。食盐店使用汉钱秤，比汉口的钱秤每 100 斤大 5 两。

第三十三章　罗山的货币和度量衡

第一节　货币

一、硬币

元宝在此地几乎不流通，只有银元、铜元、制钱流通。银元有北洋、湖北洋、英洋、站人洋，行情都一样，但信用度最高的是湖北洋，北洋、江南洋次之，英洋信用度最低。银元的行情都是1串360文，通用两的6钱7分。各省的各种铜元及制钱都在流通，交易中使用最多。

二、纸币

当地的钱庄不发行钱票，市面上流通的是交通银行和中国银行发行的5元和1元，特别是1元的使用最多。此外还有湖北省官钱局的钱票，称为尚华票。固始的堂号中还流通由一两个有信誉的商人发行的钱票，但其流通额不多。

三、平和两

当地所用两称作罗平，为二七宝，比标准的漕平每百两多4两。即罗平100两相当于漕平104两。根据中国人的计算，汉口洋例平1000两为罗平940两。

第二节　度量衡

一、度

裁尺和木尺相同，1尺相当于日本1尺1寸6分，但在量土布时，以裁尺1尺8寸为1尺计算。

二、量

普通使用的量器为1升和1斗，1升相当于日本8合多。最普遍的是以24筒为1斗。

三、衡

杂货交易中使用16两为1斤的秤。18两和20两在特殊商品交易中使用，比如在金银首饰店使用。其1斤相当于日本160钱。

第三十四章　光州的金融货币和度量衡

第一节　金融机构

一、钱庄

当地的钱庄有：

字　号	所在地	资本金	发行钱票数
周复昌	北城同龙	5000 元	1000 张
周振昌	南城凝安保会家巷	5000 元	1000 张
信大恒	南城大巷街	5000 元	2000 张
普　丰	同上	55000 元	3000 张
同庆源	北城大顺门	2000 元	700 张
裕　丰	南城大巷街	5000 元	1000 张

当地原来有 20 余家钱庄，但遭遇白狼匪的袭击，蒙受了损失，有几家化为灰烬。后来军队在此横行跋扈。比如拿 1 元银元到钱庄强行要求兑换 1 串 900 文，如果不答应，就叫来同伴施暴。这不过是一个例子，像这样的事情经常发生，钱庄为此受到了严重打击。如今（1914 年）加强了对军队的管理，以图一扫其弊害，市面逐渐得到了恢复。

当地钱庄经营的业务主要是换钱、兑换券发行、存款、汇兑等。存款利息约 9 厘，不承诺发行支票。

二、票据

当地发行的票据大体和固始相同，期票是大商人之间使用，即期票是钱庄和商人之间使用。

三、汇兑

除邮局外，汇兑机构只有钱庄。当地钱庄向信阳、汉口、固始的各家交易钱庄办理汇兑。汇兑以元办理，但更多是以两办理。当地流通的两称为光平，标准是漕平。漕平比光平每 100 两少 2 两 2 钱。根据当地中国人的计算，汉口和当地流通两的平价为，相对于汉洋例 1000 两，当地光平两 938 两。汇水因距离而不同，也根据行情的变动而定。当地的银锭如果下跌到 938 两以下时，不用付汇水，上涨到 957 两时，付 1 两。额面在 500 两以上时才开始收取汇水。

第二节　货币

一、硬币

当地的流通货币有元宝、中锭、碎银、大洋、小洋、铜元、制钱。元宝的流通量少，只有大量的现金交易使用。大多为湖北官钱局 50 两（当地平 49 两 8 分）的，也使用 5 两、10 两的中锭，碎银最少。大洋元有龙洋、英洋，本洋在交易中不得不使用，但钱业公司不确定行情。在龙洋当中，湖北洋信用度最高，北洋、江南洋次之，其他则看不到流通。钱业公司因交易不旺盛，一周只聚会一次。1924 年 7 月 29 日确定的行情为：

龙洋 ＝ 1 串 380 文

英洋 ＝ 1 串 360 文

1 两 ＝ 2 串 29 文

小洋（银角子）有 1 角和 2 角的，但流通甚少。江南、湖北、安徽各省的小洋最好流通，广东省和东三省的不流通。制钱 110 文相当于 1 角。各省的铜元都在流通，合制钱 10 文，流通量最大。制钱作为小生意的标准货币流通也很多，1 串文为 1000 文，各种制钱均在流通。

二、纸币

当地流通的纸币种类颇多，其中最多的是当地钱庄发行的钱票，大多只是在县城内有信誉，很少拿到城外，但在信阳的交易店也能看到使用。仅当地就有 1 万张 1000 文的纸币在流通。其他纸币中，交通银行和中国银行的 10 元以及 1 元的洋钱票最好流通，信用度也高，汇丰银行的纸币信用度也颇高，不亚于前者。在光州城内，福音堂的势力很大。其他如汉口官钱局的票钱也可通用，花旗银行的亦有流通，但额度不大。汇票和票据同样在市面上有流通。

三、平和两

当地流通的两为光平二七宝，比标准漕平每 100 两多 2 两 2 钱。根据中国人的计算，洋例平的 1000 两为光平的 938 两。

第三节　度量衡

一、度

尺有裁尺和木尺，其长度相同，都合日本 1 尺 1 寸 5 分。木尺的形状为直角，三条边上都有刻度。两种尺子都很粗糙。

二、量

当地有半升、1 斗、5 斗等量器。实测 1 升量器的容积,深约 2 寸 5 分,口边和底边都是 6 寸,减去手柄的平均厚度 1 分,相当于日本 1 升多一点。

三、衡

当地杂粮交易大多用漕平,日本 150 钱相当于其 1 斤(16 两)。

第三十五章　固始的金融货币和度量衡

第一节　金融机构

一、钱庄

根据商会的调查，当地的钱庄如下：

字　号	所在地	资本金	钱票发行数
鸿泰源	东关北大街	1800 串	1000 串
卢天成	同上	2800 串	2000 串
天源长	同上	3000 串	1400 串
天裕恒	东关清家街	2400 串	2000 串
乾大生	东关北大街	1800 串	1100 串
智德长	同上	2000 串	1700 串
鄨　家	同上	2000 串	1500 串
龙同生	同上	2000 串	1000 串

当地各家钱庄资本都不多，但都经过整顿，信用度很高，多少都发行一些钱票。在光州、信阳等交易店铺间还办理汇兑业务，此外还办理存款、贷款。贷款方面一般都需要提供切实的抵当，对于大商人则提供信用贷款。钱庄很少办理活期存款，因此，虽然很少发行支票，但作为惯例，办理定期存款比较多。对于活期存款，为计算方便，使用和定期存款同等的利息，定期利息也就是活期利息。平均每两的贷款利息为1分，存款利息为9厘。

二、票据

票据的流通不太多，但各种票据都有流通，即期票的流通最多，常在当地大商人之间使用。钱庄见票后两天至三天即支付。商人之间一般还使用期票，即一个月支付的票据。除此之外，大商人还以自己的信誉发行堂号或钱票。钱票和钱庄发行的完全相同，堂号为支票。

三、汇兑

当地的汇兑机构有钱庄，没有新式银行和票庄。邮局只办理限定洋元的汇兑。钱庄办理的汇兑最远限定于到汉口，近处也是除信阳、光州以外，其他地方不办理。

而且不收取汇兑手续费，大多是义务办理。汇往汉口每千两收 1 两左右。很少有从当地往外地汇千两以上的，汇款额度超过二三百两的也不多。

第二节　货币

一、硬币

有元宝银、银元、铜元、制钱。元宝有湖北官钱局制和安徽省的，重量为 50 两。中锭有 5 两、10 两的，但流通不多。至于当地的银元，品种杂乱，各地的都可通用，行情也都相同。听当地人说，当地有很多商人集散，南面有信阳、汉口，北面有北京，东面有六安、正阳关等，各地的商人汇集于此。由于银元缺乏，造成各种银元都可使用。可看到湖北洋、北洋、站人洋、广东洋、大清银币、英洋、人头洋、江南洋等在使用。其信用度没有厚薄，可同样使用。根据当地钱业公所的规定，1924 年 7 月 23 日的行情如下：

本洋 = 1 串 350 文

花洋 = 1 串 350 文

龙洋 = 1 串 350 文

1 两 = 2 串 41 文

大洋 1 元 = 6 钱 6 分

在银元当中，造币局制银元用得不多，几乎看不到银锞子的流通。铜元使用得最多，大有挤走制钱之势。各省的铜元都可使用，1 串文为 1000 文。

二、纸币

当地流行的纸币有湖北官钱局的票子，是汉口商人带来的。1 串票子根据市场行情有好有坏，据说从 1 串 20 文到 970 文或 980 文间浮动。此外有交通银行的银元票，分别是 1 元、5 元、10 元，都没有打折或贴水。

其他也有当地钱庄发行的钱票流通，但只限于城内，城外不通用。当然是在与光州、信阳当地钱庄的交易中以及钱庄之间使用。也有使用票据的，钱票上有商会的骑缝章，以资保证，信誉度很高。此外，堂号和大商人的钱票也有流通。

三、平和两

当地流通的两为固平二七宝，标准平是固平，比漕平每百两大 2 两 4 钱，按照中国人的计算，汉口洋例纹 1000 两相当于当地流通两 935 两。固平比汉漕平每百两大 2 两 8 钱。据此，上述平价的依据是：

固平 100 两 = 汉漕平 102.8 两

然而，当地流通银为二七宝，汉口标准银是二四宝，因此，每百两有 6 钱的成色差。

当地流通两 1000 两 = 汉漕平 1034 两

当地流通两 1000 两 ＝ 洋例纹 1069 两

洋例纹 1000 两 ＝ 当地流通两 935 两

第三节　度量衡

一、度

当地有木尺和裁尺，长度一样，约合日本 1 尺 1 寸 8 分。在布店打听所谓 1 匹的长度，结果如下：

土布 1 匹 ＝ 30 尺或 70 尺

绸缎 1 匹 ＝ 40 尺

麻布 1 匹 ＝ 32 尺或 33 尺

二、量

当地有半升、1 升、1 斗、5 斗等量器。1 升合日本 8 合多，22 筒子为 1 斗。

三、衡

一般交易使用漕平，称量杂货是 16 两为 1 斤，有时也用 18 两或 20 两为 1 斤的。16 两 1 斤合日本 150 钱。

第三十六章　汝州的货币

汝州银为足银，平为汝平，100 两相当于汉漕平 102.15 两。

现将各种制钱的比价列举如下：

汝银（十足银）1 两 ＝ 上 制 钱 1 串 330 文
　　　　　　　＝ 上中制钱 1 串 350 文
　　　　　　　＝ 中 制 钱 1 串 400 文
　　　　　　　＝ 下 制 钱 1 串 500 文
　　　　　　　＝ 下下制钱 1 串 600 文

商人都不愿意接受每两 1 串 500 文以下的制钱，只有在饭馆或露天店可以通用。

铜元在市面上流通不少，市民因其使用方便而爱用。对制钱的比价为铜元 100 个换中等制钱 1 串文，而外省的则不过 800 文。

第三十七章 鲁山、南召的货币和度量衡

第一节 货币

银使用足宝银，平为市平，比当地公议平每百两大6钱。所谓公议平是称量绢丝使用的衡器，每年9月15日要到山陕会馆（山西人和陕西人的联合会馆）进行校验，与该会馆备置的正平对照，不合格的必须改造。因此，当地的平比较规范，钱庄、丝行的衡器皆可视为相同。现将市平与汉口漕平比较如下：

市平100两 ＝ 汉漕平106两

鲁银（足银）100两 ＝ 汉口标准银107两2钱

鲁山每年输出的绸子和蚕丝高达百万余两，因此银的输入很多。为此，制钱对银维持比其他地方相对较高的价值，其变动也不明显。明治四十一年（1908）9月上旬，足宝银1两为制钱1串380文，标准银即足宝银。而市面上足宝银较少，通用九八银、九六银，这些银对制钱的比价为九八银1两换制钱1串330文，九六银1两换1串300文。

鲁山的金融比较活跃，制钱、银宝的授受不便，故钱铺、丝行、酒店、盐厂等交易额稍多的生意就使用制钱票子。该票子市场上也在流通，其种类有1串文、2串文、3串文，使用最多的是1串文。通用区域遍及鲁山、禹州、南召。现列举发行票子的商店名如下：

通盛祥　钱店兼营丝行

中和吉　钱店兼营丝行

长顺永　钱店兼营丝行

乾盛长　丝行

宝正兴　丝行

豫立恒　丝行

聚瑞店　丝行兼营酒店

永盛源　酒店兼营盐厂

票子的发行量不大，发行量最大的通盛祥、中和吉也仅2000余串文，其余各店大体超不过500－1000串文。其中，钱庄和丝行发行的最有信誉，据说可以与制钱以同一行情流通，而酒行等发行的就不免要多少打一些折扣。

鲁山的金融虽然因货物的输出旺盛而活跃，但没有票号。为此，鲁山商人办理汇兑业务就需依靠开封府的票号。鲁山与开封之间需要运输现银，现银运输就必须委托镖局。从开封到鲁山需要 5 天的行程，运费明细如下：

每 1000 两　向镖局支付　25 两
　　　　　　保镖的工钱　10 串文
　　　　　　轿车费　　　15 串文
　　　　　　合计　　　　45 两

第二节　度量衡

一、度

当地有大尺和宽尺，大尺相当于日本 1 尺 8 寸 1 分，宽尺相当于日本 1 尺 1 寸 5 分。宽尺量绢和进口棉布用，其他则用大尺。

二、量及衡

当地量比较大。

鲁斗 1 石 ＝ 赊旗镇 1 石 1 斗 3 升 6 合 3 勺 6
　　　　＝ 汉斗 2 石 4 斗 8 升 4 合 8 勺 776
　　　　＝ 汝斗 9 斗

丝行使用公议平，其他包括钱铺都使用市平。其比率为：

市平 100 两 ＝ 公议平 100 两 6 钱

即市平每百两大 6 钱。

［中国各省金融全志］

清末民初日本对华金融调查资料

ZHONGGUO GESHENG JINRONG QUANZHI

QINGMO MINCHU RIBEN DUIHUA

JINRONG DIAOCHA ZILIAO

中册◎

戴建兵／主编

杨月枝 等／译

河北出版传媒集团

河北教育出版社

第 9 卷

湖北省的金融货币和度量衡

第一章 汉口的金融货币和度量衡

第一节 金融机构

汉口距离长江口 600 里，位于中国大陆的中心。长江水缓缓流经汉口南部，最后注入东海。因此，大型船舶可通过这里，易于和海外直接贸易，再加上汉水流经汉口西北，汇入长江，更具水运便利，自古以来被誉为"九州通衢"。周围的大平原物产富饶，人口密集，历来雄踞天下四镇之首。汉口是京汉铁路的终点，来自山西的货物汇集汉口北部；汉口的粤汉铁路可达广东，今后川汉铁路开通之后，汉口更进一步的繁荣值得期待。汉口最近的贸易额达到了一年两亿两。汉口的商业繁荣，品类极为丰富，这里的商会涉及面很广，多达"三百六十行"，经营的品种涉及盐、茶、药材、各种杂货、油、谷物、棉花、棉布、皮革等，因此，这里的通货也比较复杂，金融机构颇为发达。

一、钱庄

汉口的钱庄列表如下：

钱庄名	开办后历经的年数	股东	经理人	资本金（千两）
德安庆	2 年	郭人漳	陈春棠	40
谦 益	清朝老牌	刘鸹臣	张心臣	40
承 康	新开	李柴云 彭两田	蔡田义	100 40
裕 川	新开	胡 某	曾燮臣	200
德 兴	3 年	德厚荣	王善臣	30
怡 康	清朝老牌	徐菊生	赵衡参	20
久 和	3 年	蔡子乡 扬文乡	商寿山	20
汇 通	4 年	倪端方　徐庄山 宗怡章　黄达夫	徐再山	20

钱庄名	开办后历经的年数	股东	经理人	资本金（两）
德 丰	3 年	陈春棠　苏仲卿 徐少卿　朱 楚	陈春棠	20
怡 祥	3 年	陵心俞	王舜庭	20
同 德	2 年	上海 朱两良	朱两良	20
恒 和	2 年	余德馨 孙萼庭	孙萼庭	10
泰 昌	2 年	龚寿珍 李柳泉	龚寿征	20
怡 大	新开	翁经标	夏致贤	20
德 懋	新开	沈子贞 孙恒甫	朱锡庚	20
大 和	清朝老牌 （祥 丰）	毛树堂 万勉堂	万勉参	20 500
乾巽裕	3 年	镇江帮	陈品珍	10
谦孚太	3 年	湖南帮	同庆堂	20
丰 记	2 年	合成上　李子云 陈渭蓝	万松涛	20
启 泰	3 年	杜树堂 王柏年	邱楚卿	20
惠丰裕	3 年	郑永甫	徐信墀	15
致 和	3 年	潘有臣 程纯一	程纯一	10
瑞 和	3 年	崔芽川　汪子贞 黄锐彩　汪叶对	汪子贞	10
敦 义	2 年	江南帮	萧和卿	20
恭 义	2 年	刘子香	胡铁卿	150
瑞 源	2 年	柯季文	膨清泉	20
裕 和	2 年	高仲和	高仲和	20
泰茂甡	3 年	康丽生　金包才 程郎如	康茂龄	10

钱庄名	开办后历经的年数	股东	经理人	资本金（两）
荣 茂	3 年	陈茂亭	安欣然	10
和 祥	3 年	宋怡章　张丽云 胡芹生　徐菊生	史复生	20
周 发	3 年	福成原（多个股东）	刘玉章	10
广 大	2 年	阜昌张房	常春甫	10
和 昌	2 年	道胜张房 麦加利张房	三璁卿	10
兆 昌		吴玉书	胡敬廷	10
天 顺	1 年	沈敬之	沈敬之	50
协 和		王志安	罗竹卿	50
增 祥		计耀堂	计耀堂	10
恒 昌		吴静轩	吴静轩	50
永 裕		郑曾夑杨、 汇川西帮股东	白莲芳	10
恒 丰		汤政甫	汤建清	10
保 昌		周慎甫 袁化堂	何吉人	10
华 丰		兴业银行司员美 最时银行账员	周干章	10
裕 通	2 年	李朗宣	李朗宣	10
大 康		熊文品	熊兰生	50
久 康		李咏奎 柳梅卿	黄梅卿	5
兆 光	2 年	善兴庆	刘香甫	5
振 昌		邝老回	万肇文	8
宝 廷		叶子方	叶子方	5
永 茂	2 年	江西帮		3
乾 源	1 年	戚受之	方舜卿	5

钱庄名	开办后历经的年数	股东	经理人	资本金（两）
源　昌		王松山	王耀亨	5
同　昌		同康牛皮行 陈子明	陈子明	5
华　盛	2 年	李寿山	李寿山	5
永太祥		刘松轩	陈松轩	5
守　康		刘松兴	黄戴时	8
同　丰	4 年	朱老修	关客鉴	10
乾　升		吉兴永	黄锦衡	5
义　和	1 年	广义 祥土帮	乔雨亭	5
联　和	元年	姚春亨	杜伯卿	6
德　康	3 年	吉安庆 不明	熊德华	5
济　源		陈莲甫	陈莲甫	2
和　丰		吴少云	吴少云	3
蔚　泰	2 年	刘子卿	胡正甫	8
永　义	3 年	刘幼麟	裴璞臣	5
慎　康		王文炳	王文炳	6
德　成	4 年	南昌帮		5

上述钱庄列表是民国二年（1913）前后的调查结果，实际上，汉口的钱庄经常发生变化，现在的钱庄与调查时相比，一定发生了很大变化。参考 1916 年 5 月上旬汉口帝国领事馆的调查结果列表如下：

钱庄名	所在地　省籍		信用等级	钱庄名	所在地　省籍		信用等级
百川盛	汉口正街	湖北	甲	葆　康	汉口正街	湖北	乙
宝　泰	汉口正街	湖北	甲	汇　通	汉口正街	浙江	甲
广　大	汉口前花楼	湖北	乙	德　丰	汉口一码头	浙江	乙
德　兴	汉口正街	湖北	乙	启　泰	汉口正街	浙江	乙

钱庄名	所在地　省籍		信用等级	钱庄名	所在地　省籍		信用等级
和　昌	汉口正街	湖北	乙	裕　和	汉口正街	浙江	乙
瑞　和	汉口正街	湖北	乙	荣　康	汉口正街	安徽	甲
裕厚德	汉口正街	湖北	甲	恒　裕	汉口正街	安徽	乙
吉兴永	汉口正街	湖北	甲				

（注）信用等级甲指的是资本或财产在 10 万两以上的钱庄，信用等级乙指的是资本或财产在 3 万两以上的钱庄。

中国商人习惯平时持有大量现银，很少将其存入银行。银行对于活期存款（浮存）一般不给利息。如果商户在钱庄已开设了活期存款账户，便可以自行开具支票。这类支票不用于流通。如果收到这类支票，随即可到支票署名的钱庄兑付现金。在钱庄办理活期存款时，在折子上填写收到的金额以及相应的利息。定期存款则称为"常存"，钱庄给开具"常票"。

贷款分为：活期贷款（浮缺）和定期贷款（常缺）。钱款收付频繁的汉口商人多接受活期贷款，抵押贷款业务（押款）在汉口却少有开展。洋钱的买卖并不如上海盛行，在本次调查中不足以单列为一个类别。汇兑业务和汇票开具等相关内容将在后面的章节中详细介绍。

钱庄不办理各类贴现汇票业务，这是因为受到了国内新式银行的打压，钱庄的经营状况一般趋于萎靡。自短期信用贷款未还事件之后，钱庄与外国银行的关系一直不和睦。

二、票庄

因社会动荡，票庄也深受影响，有的陷入困境，能再次重整旗鼓的也数鲜见。但其中也有凭借几百年培养的基础，随着社会秩序的恢复而重整开业的票庄。汉口现存的票庄列表如下：

名称	所在地	原籍	信用等级	名称	所在地	原籍	信用等级
浚川源	汉口汉润里	北京	甲	协成乾	汉口汉润里	北京	乙
蔚长厚	汉口法租界	同上	甲	天顺祥	汉口黄陂街	安徽	乙
天成亨	汉口汉润里	同上	甲	三普源	汉口黄陂街	北京	乙
蔚丰厚	汉口汉润里	同上	甲	百川通	汉口法租界	北京	甲
大德通	汉口黄陂街	同上	乙	蔚泰原	汉口黄陂街		乙
大德恒	汉口汉润里	同上	乙				

（注）信用等级甲指的是资本或财产在 20 万两以上的票庄，信用等级乙指的是资本或财产在 10 万两以上的票庄（1916 年 5 月汉口帝国总领事馆调查）。

票庄的业务主要是汇兑，原来的公款汇款被中国银行夺走后，票庄的客户都在地方，所以票庄在汉口的业务只剩下商人的汇兑业务了。官员的存款业务很少，所以贷款和投放资金也很少。

三、中国开办的新式银行

汉口主要的新式银行列表如下：

名称	所在地	省籍	信用等级	名称	所在地	省籍	信用等级
中国银行	汉口兴业里	北京	甲	湖南银行	汉口扬子街	湖南	甲
交通银行	汉口伟英里	同上	甲	赣省民国银行	汉口黄陂街	江西	甲
殖边银行	汉口俄租界	同上	甲	鄂州兴业银行	汉口汉润里	湖北	乙
浙江兴业银行	汉口一码头	浙江	甲	黄陂实业银行	汉口永升平	湖北	乙

（注）信用等级甲指的是资本或财产在100万两以上的银行，信用等级乙指的是资本或财产在50万两以上的银行（1916年5月上旬汉口帝国总领事馆调查）。

中国银行的主要业务是办理关税，此外，还吸收存款，使资金在国内商人之间流通顺畅。中国银行还发行纸币。在外国贸易方面，依然受外国银行的压制，其发行纸币的流通情况并不好，一遇到社会动荡，兑换者蜂拥而至，纸币从市场上消失得无影无踪。

交通银行和浙江兴业银行一样，发行纸币。此外，还办理一些汇兑业务。

殖边银行开设时间较短，位置在英租界旁边，以不动产贷款业务为主，业务范围很小。

浙江兴业银行是浙江铁路公司在光绪三十四年（1908）设立的股份制银行，资本金百万元中的一半资金筹齐后，在杭州设立了总行，分行设了汉口、上海、浙江铁路沿线商业发达的各个城市，除了一般业务之外，还发行兑换券。

湖南银行由省官钱局改名而来，总行在长沙。汉口的湖南银行是作为湖南省的财政机构开展业务的机构，同时也兼做一般业务。

赣省民国银行总行在江西南昌，资本金是200万两，其中120万两来自民间，剩余的80万两来自政府出资，1912年设立，上海、汉口等地均设有分行，办理一般银行业务。

鄂州兴业银行是湖北官钱局分离出来的机构，以股份制的形式组建，设立之初，市场不景气，其经营也并不如意，一时间濒临关门，后来又重新开展业务。

黄陂实业银行紧随大银行之后，发行兑换券，市面上很少见到流通，信誉度不高。

四、外国银行

北京的外国银行只代办借款业务，上海的外国银行主要是办理外国汇兑业务，汉口的外国银行不同于北京和上海的，不仅为地方的小额贷款从中努力，也办理外国汇兑。但是，其大半业务摆脱不了上海的代理店或办事处的性质，汇往外国的业务也必须经过上海分行。辛亥革命之前与钱庄联手对内地的汇兑业务，在辛亥革命之后就停止了。

汇丰银行在香港有其分行，很久之前在国内就已开展业务，现在是信用最好、势力范围最广的外国银行。上海、汉口、厦门、福州、北京、天津有分行或办事处，资本金 1500 万元（每股 125 元）已全部筹齐，拥有 1500 万元的责任准备金，储蓄存款共 1500 万英镑和 1800 万元。

汇丰银行于 1864 年设立，1867 年在上海开设分行，已在国内打下了牢固的基础，随着英国对中国外交的成效及经济势力的扩张，掌握着绝大部分对中国进出口贸易的英国商人，连同其他外国人一起，都与汇丰银行有业务往来。汇丰银行汉口办事处的设立是在 1867 年。

麦加利银行于 1857 年在中国开设，是外国银行中开设最早的，其总行在英国伦敦，1853 年设立。资本金 120 万英镑（每股 20 英镑，共 6 万股）已全部筹齐，此外，还有 120 万英镑的责任准备金，储蓄存款 180 万英镑。香港、汉口、上海、福州、青岛、天津有分行或办事处。汉口的办事处是 1863 年开设的，地点在英租界，营业活动较多。

俄亚银行于 1896 年设立，总行在俄国首都，香港、上海、天津、青岛、芝罘、大连、营口、哈尔滨、长春等地有分行或办事处。在分行合同中明确，资本金由俄国一方出资 600 万卢布，清政府方面出资 500 万库平两。作为俄国远东政策的执行机构，其业务涉及铁路铺设、税金催缴，这些均与俄国在中国的政府工作有关，从事政治相关活动的同时，也办理商业事务。就在其资本金准备增加到 1500 万卢布，并试图扩大其势力范围的时候，日俄战争爆发，俄国的远东政策失败的同时，给俄亚银行也带来了挫折，昔日的繁荣不再，其营业方针也被迫转向与其他银行合并，俄国持资 4500 万卢布，中国方面出资减少到 350 万两，此外，还有 2200 万卢布和 174 万 3000 两的存款积累。汉口的俄亚银行于 1896 年在俄国租界成立。俄亚银行汉口分行 1896 年在德国租界开业以来，由于距离商业中心较远，营业萎靡。

德华银行于 1889 年设立，总行在上海，分行设在北京、天津、济南、青岛、汉口、广州、香港，资本金 750 万上海两，已全部筹齐，每股 1000 两，共 7500 股。其业务范围很多在山东。第一次世界大战后，其在山东的势力范围被日本夺走，因此，德华银行的业务基本上处于有名无实的状态。

东方汇理银行于 1896 年在中国设立分行，总行在巴黎。资本金 800 万法郎，一直以来，在中国也占有相当重要的地位。1902 年东方汇理银行在汉口设立业务员，作为与法国资本家的联络员，在借款方面开展工作，进出口汇兑金额不多。

花旗银行于 1901 年设立，总行在纽约，上海、汉口、广东、北京有分行。资本金 6500 万美元，其中的一半已经筹齐。此外，还有 3250 万美元的责任准备金。1909 年在英租界设立办事处并开始营业，银行职员只有两三人。

正金银行于 1880 年在横滨创立，资本金 4800 万元中的 3000 万元已经筹齐。在中国的分行或办事处有 17 家，分别在上海、香港、汉口、广东、天津、北京、青岛、营口、大连、旅顺、辽阳、奉天、铁岭、安东、长春、哈尔滨、济南。1906 年在汉口英租界开设了上海分行的办事处，作为分行独立了出来。正金银行和日本人的关系密切，最近，随着日本直接进出口业务的庞大，正金银行实现了稳步发展，其业务包括从日本进口棉纱、布、铜的汇兑，也包括向日本出口棉花、杂粮、肥料等业务，此外，也有涉及其他外国人的业务，特别是在向伦敦的汇兑业务方面，在汉口尤其活跃。

有利银行于 1892 年在伦敦创立，资本金 150 万英镑中的 56 万 2500 英镑已经筹齐，设立的主要目的是在印度开展业务。有利银行在香港设有分行，上海、汉口有代理店。汉口的代理店只办理汇兑业务。目前，代理店名为怡和银行。

台湾银行于 1895 年在台北设立，在中国的分行或办事处分别设在福州、厦门、汕头、广东、香港、上海、九江、汉口等地。资本金 2000 万元，此外，还有 508 万元的存款积累。近几年在汉口的英租界开业，除了发行纸币，还发行银元，其业务日渐活跃。

住友银行的资本金 1500 万元，此外还有 147 万元的存款积累。在上海和汉口有办事处。汉口的办事处于 1916 年设立，地点在英租界。

上述各家银行的主要业务有吸收存款、汇兑买卖、借款的中介、担保贷款、开具支付票据（现在只有两家银行办理）等。与中国人打交道较多，由于与当地钱庄特别的交易习惯，各家银行一般彼此设置买办。

综上所述，外国银行在外国汇兑方面最投入精力，特别是在春秋两个出口旺季，往往有多个经纪人，活动频繁。不过，汉口不像上海那样有投机商，只有商业汇票的买卖，汉口凭借踏实的民风，将来其进出口贸易会进一步发展，从而带动汇兑市场的繁荣，这一切非常值得期待。

五、汇票

钱庄开具的票据称为庄票。庄票分为期票和即票。期票是由钱庄开具的在约定期限内兑现的票据，即票是带有纸币性质的银行票据，与纸币不同的是，即票的金额不固定。

作为汉口的特有习惯，这里的庄票称作"比期"。庄票兑换现金时，需要至少提前一天或提前几天通知对方，取现日期一般为月中或月末。虽然名为即票，也并非当即可以兑换现金，而是需要在开具后隔一段时间并提前通知对方后才能兑现，多有不便。后来才逐渐改为出示票据当场即付的期票。以下是有期庄票的样本：

四寸左右	序号（	一 尺 左 右
		计交洋例四百四十三两五钱
		荷月半（期日 太和 ） 条

此外，有的商人也会开具类似上述期票的票据，这种票据具有支票的性质，商人之间使用频繁，其样本如下：

序号 骑缝印
凭条祈交洋例纹九百二十五两五钱
（收款人名）收去此请
谦益宝庄照付
六月半　　　厚记　条
序号 骑缝印

当地用于交易的庄票支付日列举如下（出示票据后）：

棉纱　七天至十天	棉布、人造丝、火柴　两周
棉花、大豆　即日付	

上述两种票据中均有"交"字的注明，文字本身的意思是"给"，按照汉口当地的习俗，"交"还有"支付"的意思，需要将现银送到收款人的住处。除此之外，有的票据使用"兑"字，意思是在钱庄的账房处支付现银。"交"多用于数额较大的票据。

六、汇兑

（一）国内汇兑

汉口的通货在日常交易时，需要进行龙洋、新币、日本银元等货币之间的相互兑换，其中最为复杂的兑换莫过于二四宝银两与洋例纹之间的兑换了。

公估平二四宝是 50 两重的大元宝，在上海，每个元宝兑换时需要收取 2 两 7 钱的申水。汉口与上海类似，元宝兑换时也需要从其流通价格中减去 2 两 4 钱的申水，故名"公估平二四宝银"。

洋例银不是实际存在的货币，而是假想的名义上的货币，在外商交易时使用。除了账尾结算使用之外，汇兑时也以洋例纹为标准。公估平二四宝银 980 两按照洋例纹 1000 两计算。元宝的兑换行情涨落较大，所以，有人专以运送现银获利。运往长江沿岸的，多通过船只运送现银；运往北京、天津、河南等地区的，多通过京汉铁路或其他铁路运送。现银运费列表如下：

运往北京	每千元收取	6 元 8 角
运往信阳	每千元收取	1 元 7 角 5 仙
运往上海	每千元收取	3 元 1 角

龙洋、英洋、北洋等银元的运费换算为汉口洋例纹均在 1 元 7 仙至 1 元 9 仙之间，所以参考各个项目的数额和下表（关于中国银行汇兑的报告），可以算出平价及现送点，上海、重庆、长沙、沙市等有直接汇兑牌价，这些地方均参照上海的行情牌价确定当地的行情牌价。

汉口各种平砝对照表

平砝名称	比较数目（两）	平砝名称	比较数目（两）
估平	980.00	＝ 洋 例	1000.00
估平	1044.00	＝ 库 平	1000.00
估平	1050.00	＝ 盐库平	1000.00
估平	974.00	＝ 九八平九八兑	1000.00

汉口平砝与外地平砝对照表

平砝名称	比较数目（两）	平砝名称	比较数目（两）
估平	1017.00 两	＝ 申公砝平（上海）	1000.00 两
估平	1000.00 两	＝ 长平（长沙）	1000.00 两
估平	1002.00 两	＝ 沙平（沙市）	1000.00 两
估平	974.00 两	＝ 宜平（宜阳）	1000.00 两
估平	1001.00 两	＝ 中平（汉中）	1000.00 两
估平	996.00 两	＝ 渝平（重庆）	1000.00 两
估平	998.00 两	＝ 九七川平（成都）	1000.00 两
估平	1013.00 两	＝ 汴平（开封）	1000.00 两
估平	1042.00 两	＝ 赊平（河南赊旗镇）	1000.00 两
估平	1032.43 两	＝ 卫平（卫辉）	1000.00 两
估平	996.00 两	＝ 陕议平（西安）	1000.00 两
估平	1010.00 两	＝ 公估平（贵阳）	1000.00 两
估平	1000.00 两	＝ 泾布平（三原）	1000.00 两
估平	1033.00 两	＝ 筏平（广西）	977.00 两
估平	1021.60 两	＝ 口南平（周家口）	1000.00 两
估平	1026.59 两	＝ 漯平（漯河）	1000.00 两

平砝名称	比较数目（两）	平砝名称	比较数目（两）
估平	1000.00 两	＝司库平（杭州）	963.32 两
估平	1025.60 两	＝皖平二八（安庆）	1000.00 两
估平	1002.00 两	＝京公砝平（北京）	1000.00 两
估平	1004.00 两	＝行平（天津）	1000.00 两
估平	1022.00 两	＝济平（济南）	1000.00 两
估平	1000.00 两	＝津公砝平（天津）	1001.00 两
估平	1000.00 两	＝沈平（奉天）	999.50 两
估平	1000.00 两	＝吉市平（吉林）	1002.40 两
估平	1014.62 两	＝扬漕平（扬州）	1000.00 两
估平	1000.00 两	＝营平（营口）	997.50 两
估平	1006.85 两	＝台新议平（福州）	1000.00 两
估平	1003.85 两	＝城新议平（福州）	1000.00 两
估平	1000.00 两	＝九九七司码平（广州）	963.50 两
估平	1000.00 两	＝陵漕平（南京）	987.66 两
估平	1000.00 两	＝苏漕平（苏州）	985.55 两
估平	1000.00 两	＝镇二七平（镇江）	983.21 两
估平	1025.00 两	＝保市平（保定）	1000.00 两
估平	1000.00 两	＝曹估（烟台）	1008.00 两
估平	1017.00 两	＝芜漕平（芜湖）	1000.00 两
估平	1000.00 两	＝锦平（锦州）	977.71 两
估平	1038.07 两	＝省太平（太原）	1000.00 两
估平	1000.00 两	＝胶平（青岛）	994.00 两
估平	1000.00 两	＝迪化平（新疆）	1000.50 两
估平	1000.00 两	＝申平（信阳）	963.00 两
估平	1000.00 两	＝洛平（洛阳）	960.00 两
估平	1027.05 两	＝府平（南阳）	1000.00 两
估平	1031.06 两	＝高市平（禹县）	1000.00 两
估平	1029.05 两	＝许平（许县）	1000.00 两

平砝名称	比较数目（两）	平砝名称	比较数目（两）
估平	1000.00 两	＝ 掖平（掖县）	936.44 两
估平	1027.05 两	＝ 漯河平（漯河）	1000.00 两
估平	1000.00 两	＝ 材钱平（周村）	957.00 两
估平	959.91 两	＝ 黄平（龙口）	1000.00 两
估平	1000.00 两	＝ 宁平（济宁）	970.00 两
估平	1022.44 两	＝ 潍市平（潍县）	1000.00 两
估平	1043.68 两	＝ 惠市平（惠民）	1000.00 两
估平	1042.08 两	＝ 滕库平（滕县）	1000.00 两
估平	1035.07 两	＝ 沂平（临沂）	1000.00 两
估平	1013.52 两	＝ 镇平（安东）	1000.00 两
估平	1006.00 两	＝ 江市平（龙江）	1000.00 两
估平	1000.00 两	＝ 运市平（运城）	972.90 两
估平	1034.66 两	＝ 城钱平（归绥）	1000.00 两
估平	1000.00 两	＝ 口钱平（张家口）	958.00 两
估平	1017.03 两	＝ 茶平（库伦）	1000.00 两
估平	1008.00 两	＝ 九三八平（南昌）	1000.00 两
估平	1000.00 两	＝ 二五浦平（清江）	994.05 两
估平	1000.00 两	＝ 滇平（云南）	1000.00 两
估平	1000.00 两	＝ 药市平（祁县）	994.00 两
估平	1000.00 两	＝ 同平（大同）	970.00 两

（二）上海及九江方向的汇兑

据汉口人说，上海规元 100 两换算为汉口洋例纹 97.037 两。如果正金银行自行从上海运送现银到汉口，实际上上海规元 100 两可换算为汉口洋例纹 97.1047 两。也就是说，上海与汉口之间的汇兑平价按照以下公式换算：

1. 在汉口支出结算的平价

上海规银 100 两　　汉口洋例纹 ＝ 97.037 两

　　　　　　　　　　　　　　 ＝ 97.1047 两

2. 在汉口收取结算的平价

汉口洋例纹 100 两　　上海规银 ＝ 102.9816 两

实际运送现银时，如果从上海运到汉口，上海规银百两需要运费洋例纹 4.089

钱；如果从汉口运到上海，上海规银百两需要运费洋例纹 4.228 钱。因此，在汉口汇兑的涨落范围用算式表示如下：

```
支出结算   上海规银百两
输出点   97.1047＋0.4228 ＝ 97.5275（洋例）
输入点   97.1047－0.4089 ＝ 96.6958（洋例）


收取结算   上海规银百两
输出点   102.9816－0.4484 ＝ 102.5332（上海规元）
输入点   102.9816＋0.4337 ＝ 103.4153（上海规元）
```

（注）从上海到汉口的运费标准是：上海规银百两收取的运费换算成洋例纹是 0.4089 两，汉口洋例纹百两收取的运费换算成上海规元是 0.4337 两。从汉口到上海的运费标准是：汉口洋例纹百两收取的运费换算成上海规元是 0.4484 两。

如果按照汉口洋例纹千两可换九江通用银 959.82 两、海关百两可换九江通用两 104.38 两来换算，台湾银行运送汉口洋例银千两得到九江通用银 965.309 两，从汉口至九江运送现银的费用是洋例纹千两收取九江两 3.792 两。从九江运到汉口是九江两 3.985 两，在九江和汉口之间汇兑的涨落范围用算式表示如下：

```
在汉口收取结算的汇兑平价
洋例 1000 两     九江通用银 ＝ 965.309 两

在汉口收取结算的汉口洋例纹 1000 两
输出点     九江通用银   965.309－3.792 ＝ 961.517 两
输入点     九江通用银   965.309＋3.985 ＝ 969.294 两
```

综上所述，从汉口汇出到上海或九江的汇兑行情，需参考中国市场、外国银行行情及各银行自身的金融状况等多方面，在此基础上研究出没有实际损失的交易行情。

（三）外国汇兑

汉口汇到国外的行情与汇到国内各地的行情类似，以汇丰银行所定的牌价为准，然后公示给其他各家银行。汇丰银行在当地的汇兑行情，以每天早上接到上海发来的行情电报作为汇到上海的行情，然后换算出汇到其他地区的价格。实际上，这种做法未必合理。特别是汇到美国和日本的行情，与其他相比，很奇怪的是，在没有任何特殊理由时，汇丰银行会随意增减汇兑价格。

下面来看看正金银行汇到英国的行情的计算方法：每天上午 10 点 40 分左右接手上海的认购行情，再根据汇到上海的电报买卖行情，换算成汉口的行情，将有利于自己的行情公示给中间商或老主顾，而其计算比例从来不固定。

从汉口汇到日本的行情计算方法与上面类似，但是，银行总店的认购行情与汇到英国的行情的价格差，与上海规定的汇到日本的标准差不同时出现，不受此限制。

汇到英国的行情，依据最近接手的各国对英国利率等必须参考的项目，换算之后得出行情。

以上介绍了正金银行汇兑行情的计算过程。

银块的行情和上海汇到各地的行情等信息，均是每天上午收到上海发来的加急电报后，再结合汉口市场的情况，然后确定汉口的汇兑行情。但是，汉口的各家银行并非仅以上海为唯一标准，汇到伦敦的，以汇丰银行为准；汇到日本的，以正金银行为准。也就是说，行情的公示，一般根据当地的交易所经纪人协会把汇丰银行的行情直接印刷公布。

第二节　货币

一、硬币

（一）银元

汉口流通的银元列举如下：

1. 大清银币　　1 元　武昌银元局铸造

2. 湖北省银元　1 元　武昌银元局铸造

3. 江苏省银元　1 元　南京银元局铸造

4. 安徽省银元　1 元　安徽省安庆银元局铸造

上述四种银元总称"龙洋"，这些都是辛亥革命之前流通的货币。清朝末期，政府为了统一银元，命各地银元局以相同重量铸造。现在流通最多的就是龙洋，龙洋 1 元等于 11 角 5 仙，也就是 126 仙。

5. 新洋　为纪念辛亥革命而发行的银元，银元上有袁世凯的头像，所以谓之"新洋"。新洋的流通很多。

6. 日本银元　台湾银行新设立以来发行的银元。与其他新币流通不畅不同，日本银元流通很顺畅。这得益于在汉口日本租界内的商伟兴公司可以把日本银元与其他银元等价兑换，再加上日本邮局对各种银元的兑换不设差别，而且电报局也接收日本银元的支付，这些情况都促进了日本银元的流通。

7. 墨银　墨银是上海信誉度最高的银元，在汉口却是各种银元中信誉度最低的，这大概是因为伪造、仿造太多，导致真假难辨。墨银的行情是一元便宜两三仙。

8. 北洋　北洋是为了纪念辛亥革命发行的银元，银元上有黎元洪或孙中山的肖像，流通数量少。

（二）小银币

小银币是湖北、江南、福建、东三省发行的，面值有 1 角、2 角之分。在汉口，小银币的流通少。偶尔可以看到香港和广东的双毫和单毫，其兑换比率低于上海，在 11 仙至 12 仙之间。

（三）铜元

武昌铜元局铸造的当十（相当于 10 个制钱）铜元。在汉口的市面上，也可以见到南昌、开封、福州、长沙等地铜元的流通使用。日常的小买卖、工人的工资、用工费用等的支付时多使用铜元。曾有一段时间铜元的行情很高，到了 1905 年铜货泛滥，铜元行情跌落，现在 1 元银元可以兑换 135 至 137 个铜元。

（四）铜钱（制钱）

包括乾隆通宝、嘉庆通宝、康熙通宝、道光通宝，极少的时候也包括日本的文久通宝和宽永通宝。一般人喜欢铜钱很大的外形，日常买卖时大钱和小钱均有流通。

二、纸币

在汉口流通的可以称为纸币的银行券是由外国银行和两三家中国银行发行的，从严格意义上说，见票即付的银行票据不能称为纸币，但是在流通中其具备和纸币同等的作用，一般也被当作纸币对待，当地人称其为票子。

（一）中国的银行发行的纸币

1. 中国银行纸币　中国银行原封搬用大清银行时期的纸币，把"大清银行兑换券"7 个字涂黑后，改为"中国银行兑换券"。纸币的面值分为 1 元、5 元、10 元，1元纸币对硬币的兑换升水为 3 仙或 4 仙。

2. 交通银行纸币　面值分为 1 元、5 元、10 元，但流通较多的是 5 元和 10 元的纸币。1 元纸币与硬币的兑换升水为 6 仙或 7 仙。

3. 浙江兴业银行纸币　面值分为 5 元、10 元，在外国人中信誉度低，几乎没有流通。

（二）官钱局发行的纸币

1. 湖北省银元局纸币　票面标有"凭票取银元一大元"字样的 1 元纸币，辛亥革命之前广泛使用，之后曾一度下跌到 30 仙。现在在武昌偶尔可见其流通。

2. 湖北官钱局纸币　该纸币可兑换制钱 1000 文，即铜元 100 枚，纸币表面有"凭票一串文"的字样。该纸币流通广泛，在中国人中信誉度最高。该纸币与铜元兑换时，一般可兑换 98 枚铜元。由此可见，湖北官钱局纸币的身价不如铜元高。

上述两种纸币均为日本印刷局印刷，湖北省银元局纸币是 1899 年受湖北总督张之洞的委托发行的，1906 年又再次向日本印刷局订制发行。湖北省官钱局纸币亦是如此，因此比钱庄发行的钱票信誉度更高。

（三）钱庄发行的票子

钱票是汉口、武昌、汉阳等地如繁星般遍地存在的钱庄发行的，是可以兑换制钱 1000 文的凭票。根据钱庄的信誉度，各种钱票的流通并不相同。辛亥革命之前广为通用的钱票，到了 1916 年，其流通逐渐减少，并有逐步退出市场的趋势。甲钱庄的钱票可以兑换制钱 840 文，而乙钱庄发行的钱票却可以兑换 850 文，这些凭票不同价。

（四）外国银行发行的纸币

1. 德华银行纸币　面值分为 1 元、5 元、10 元、25 元、50 元。欧洲战乱之前，是汉口外国银行纸币中流通最普遍的，欧洲开战后，随着德华银行的关闭，其纸币不再流通。

2. 汇丰银行纸币　面值分为 1 元、5 元、10 元。

3. 麦加利银行纸币　面值分为 1 元、5 元、100 元，其中，5 元、10 元的流通最多。

4. 俄亚银行（华俄道胜银行或俄清银行）纸币：面值以 5 元、10 元为主。

5. 花旗银行纸币　面值分为 5 元、10 元。

6. 横滨正金银行纸币　汉口的正金银行并不发行纸币，而是使用上海的正金银行发行的纸币，主要以 1 元、5 元、10 元的为主。

三、平

（一）平的种类

汉口市使用的平种类繁多，有同业者之间使用的，有与外地商人交易时使用的，有根据交易物品种类使用的，其种类可达数十种，但均以汉漕平为标准，再以与汉漕平换算比例分别命名，例如，九七八平，其意思是汉漕平的千分之九百七十八。主要的平名列表如下：

平名	与汉漕平的换算比	用途
公估平	九八六	钱庄用
洋例平	九八六	外商用于棉布、石油、煤炭、牛皮、茶、人参
钱　平	九八五	钱庄、盐市、米市、皮油、豆油、菜油、皮货
九七八平	九七八	杂粮
九八〇平	九八〇	海产品、金属制品、漆、火柴、纸
九八二平	九八二	生丝、漆、米、木耳
九八三平	九八三	绢织物、棉布
九八七平	九八七	药材、陶器、麻、木油、杂货
九八九平	九八九	黄州的生丝
九九〇平	九九〇	棉花
九九一平	九九一	香油蜡
九九二平	九九二	茶油、江西帮
九九三平	九九三	油布
九九七平	九九七	秀油、桐油

（二）平的比较

汉漕平的 100 两比上海漕平轻 5 钱（千分之五），上海漕平的重量标准是 565.7 谷，汉漕平的重量标准是 562.87 谷，所以标准的汉漕平与上海漕平的比值如下：

$$100 \times \frac{565.7}{562.87} = 100.502$$

$$100 \times \frac{562.87}{565.7} = 99.499$$

也就是说，上海漕平 100 两 ＝ 汉口漕平 100.502 两（取 100.5）

汉口漕平 100 两 ＝ 上海漕平 99.499 两（取 99.5）

然而，正金银行汇款所依据的汉口漕平和上海漕平的比值（依据汉口公估局公布的称量结果）如下：

上海漕平 449.18 两（9 个的重量）＝ 汉估平 457.08 两

所以，上海漕平 100 两 ＝ 汉估平 101.76 两

＝ 汉漕平 100.33536 两

通过上述对比可以看出，正金银行使用的上海漕平和汉口漕平的比值与标准的两平比值相比，少了 1 钱 6 分 7 厘。如果正金银行使用的比值是常用的，那么就可以断定，汉漕平的重量标准不应该是 562.87。但是，作为惯例，标准的两平比值更为常用，所以，还是按照这个比值认定更为妥当。

四、银两

（一）种类

汉口的洋例纹采用九八六平、二四宝的九八兑（98％），主要是当地的外国人之间使用，在汇兑、外国杂货、棉布、牛皮、煤油、茶、鸦片、煤炭、人参、猪毛、船运费等的支付时使用。钱平、其他纹银主要用于盐、麻油、皮油、豆油、菜油、皮货等的支付。公估平足纹银是钱庄或银号专用的。诸如此类，其种类繁多。以下列举其标准成色及其平名的对比。

种类	与汉漕平的比值	标准成分	种类	与汉漕平的比值	标准成分
公估平足纹	九八六平	二四宝	五金、砂糖等	九八〇	二四宝　九八
洋例平足纹	九八六	二四宝　九八兑	漆、木耳、粮食等	九八二	二四宝　九八五
钱平、其他纹银	九九五	二四宝　九八七	四川布匹等	九八二	二四宝　九八
杂粮用	九七八	二四宝　九八	香油等	九九二	二四宝　九八七
绸缎、棉布等	九八三	二四宝　九八	茶油、江西帮等	九九三	二四宝　九八七
瓷器、药材、杂货	九八七	二四宝　九八	油布等	九九七	二四宝　九八七
木油等	九八七	二四宝　九八七	桐油	九八七	二四宝　九八七

种类	与汉漕平的比值	标准成分	种类	与汉漕平的比值	标准成分
麻等	九八七	二四宝 九九七	四川帮	九七九·五	二四宝 九九七
黄州生丝等	九八九	二四宝 九八	云贵帮	九七九·五	二四宝 九八六
棉花	九九〇	二四宝 九九	浙江帮	九八〇	二四宝 九八五
棉花	九九〇	二四宝 九七	江西帮	九九二	二四宝 九八七
棉花	九九〇	二四宝 九九七	白蜡等	九九一	二四宝 九九七

（二）换算方法

1. 标准银（汉漕平二四宝）与其他平色的换算。若要将洋例纹 1000 两换算成标准银，按照洋例纹采用九八六平、九八兑，其算式为：

$$100 \times \frac{986}{1000} \times \frac{986}{1000} = 966.28$$

即，洋例纹 1000 两 ＝ 汉漕足纹 966.28 两。

中国人常用的简便算法的公式如下：

公式　　　（平＋兑）－ 1000 ＝ 标准银

实例　　　（986＋980）－ 1000 ＝ 966

2. 各种平兑不相同时的换算。例如，若要将钱平它纹九八五平、九七八兑换算成洋例足纹九八六平、九八兑，其算式为：

$$1000 \times \frac{985}{986} \times \frac{987}{980} = 1006.1214$$

中国人的实际换算方法有以下 3 种：

（1）

设	换算之前的银两数是　　M	换算之后的银两数是　　　N
	换算之前的平是　　　　A	换算之后的平是　　　　　A'
	换算之前的兑是　　　　B	换算之后的兑是　　　　　B'

公式　　　　　$M \times \dfrac{(A+B) - 1000}{(A'+B') - 1000} = N$

实例　　　　$1000 \times \dfrac{(985+987) - 1000}{(986+980) - 1000} = 1006.211$

即钱平它纹 1000 两 ＝ 洋例足纹 1006.211 两。

（2）

公式　　　　$M \div \dfrac{1000 - \{(A+B) - (A'+B')\}}{1000} = N$

实例　　$1000 \div \dfrac{1000 - \{(985+987) - (986+980)\}}{1000} = 1006.036$

即钱平它纹 1000 两 ＝ 洋例足纹 1006.036 两。如果（A＋B）小于（A′＋B′）时，则使用以下公式。

$$M \times \frac{1000+\{(A'+B')-(A+B)\}}{1000}=N$$

（3）

公式
$$M \times \frac{1000+\{(A+B)-(A'+B')\}}{1000}=N$$

实例
$$1000 \times \frac{1000+\{(985+987)-(986+980)\}}{1000}=1006.0$$

即钱平它纹 1000 两 ＝ 1006.0 洋例足纹。

上述公式只不过是为了计算方便而使用的公式，未必正确，而且，上述三种算法所得的结果也各不相同。在实际使用时，根据生意伙伴的关系亲密程度，会在合同中注明采用哪一种换算公式，生意双方也明白其损益得失。

洋例银与上海规银的比较：

上海漕平 100 两 ＝ 汉口漕平 100.5 两

＝ 汉口估平 101.9269 两

所以，其流通价格如下：

上海漕平	100＝ 汉口估平 101.9269
申水之差	$(5.4-4.8) \times \dfrac{101.9269}{100}=0.6115$
∴	$101.9269+0.6115=102.5384$
然而，按照习惯，	$102.5384 \times \dfrac{100}{98}=104.631$

因此，根据上述演算可以算出上海漕平 100 两二七宝的流通价格是 107.551。

$$100 \times \frac{104.631}{107.551}=97.285$$

上海规元　100 两 ＝ 汉口洋例纹　97.285 两

汉口洋例纹　　100 两 ＝ 上海规元　　102.790 两

在上述换算中，因为上海是二七宝，所以每 50 两附加 2 两 7 钱的申水；汉口是二四宝，所以每 50 两附加 2 两 4 钱的申水。如果是 100 两，申水分别是其二倍的 5.4 两和 4.8 两，也就是说，申水差是 0.6 两，再乘以估平，换算后可得 0.6115 两。

以上的计算仅仅是原则性的算法，实际上未必与此一致。1913 年 1 月正金银行汇款上海九八规元 189624.94 两，到了汉口，换算成了洋例纹 193845.20 两。照此计算，上海规元 100 两 ＝ 汉口洋例纹 97.1047 两。这种情况应该不是常态。

汉口通用货币之一的海关两与洋例纹的换算如下：

海关平 100 两 ＝ 汉口洋例纹 108.88 两

这个换算数字的推导过程如下（首先把海关 100 两换算为上海九八规元，然后再换算成洋例纹）：

海关平	100 两
海关平与上海漕平之差	2.800
102.8 两的成色差	6.168
铸造费	0.204
	109.172

$109.172 \div 98 = 111.40$ 两

即，海关两 100 两 ＝ 上海九八规元 111.40 两。而上海九八规元 100 两相当于洋例纹 97.28 两，所以海关平 100 两换算成洋例纹的算式如下：

$$\frac{97.28 \times 111.4}{100} = 108.36992 \text{ 两}$$

汉口洋例纹	108.36992
改铸及汇兑手续费	0.51008
	108.88

即海关 100 两相当于汉口洋例纹 108.88 两，根据汉口的习惯，海关 100 两 ＝ 汉口洋例纹 108.75 两。实际上，并没有与海关两成色相对应的银两，换算时却需要比较成色和平兑两个方面，考虑到海关两作为通货的正当性，所以海关的官员采用上述的计算方法时，虽然调查未能全面，但还是添加了改铸费、汇兑费、手续费等项目的费用。

第三节　度量衡

一、度

种类	用途	中国 1 尺与日本（寸）的换算	备注
算盘尺	标准尺	11.500	也有的把九五尺或九八尺当作标准尺，本调查以算盘尺作为标准尺。
九五尺	小商人用	10.900	
绸缎尺		11.400	
竹器制造用尺		11.100	
竹　尺	卖竹子时使用	10.800	
滩　尺	量木材用	11.400	也有测量周长或长度的滩尺

种类	用途	中国1尺与日本（寸）的换算	备注
九八尺	绸缎商、皮货商	11.270	
广 尺	棉布商、赶货用	11.100	
度 尺	棉布商、批发用	11.700	
街上零卖用尺		10.800	
栏杆尺	丝带等使用	11.560	
大工尺	量木材用	11.560	
裁缝尺		11.600	有相同长度的裁尺和布头尺
广东尺	海关用	11.818	依据中英通商条约

二、量

种类	用途	中国1斛与日本（升）的换算	备注
公 斛		28.650	康熙朝代制定，2斛为1石
汉 斛	谷、米交易用	29.862	
樊 斛	米、麦交易用	39.417	汉水沿岸使用
衡 斛	湖南船的米麦交易	40.311	
杂量斛	杂谷交易	30.140	

小笔买卖时使用竹筒量器，有大、中、小3种。大的是1升，相当于日本5合7勺，这里的1石称为小石，1石2升叫大石。

三、衡

种类	用途	中国1斤与日本（钱）的换算	备注
钱 秤	市场常用	153.590	16两为1斤。千两为漕秤的九八五两
漕 秤	标准秤	158.198	
加一秤	绿茶、果实	166.110	比漕秤大一成
加二秤	绿茶、粉茶、漆店	181.200	比漕秤大二成
公议秤	油类交易店	146.870	

种类	用途	中国 1 斤与日本 （钱）的换算	备注
四帮秤	棉花的大宗交易	175.670	又名十八两三秤，也叫行秤，以财神庙所藏的铜器为基准
浙宁秤	关税、红茶、牛皮、烟草、苎麻、白蜡、羊毛、海产品、樟脑、推茸、人参、麻大黄、甘草、蓖麻子等的交易	167.270	百斤相当于海关的 1 担
苏　秤	皮油交易	143.990	
建　秤		163.180	
闽行秤		158.390	
磅　秤		165.100	

　　当地的日本人进货时，习惯上把浙宁秤 100 斤按照钱秤 106 斤计算，而实际上 105 斤才是正确的。也有的把钱秤的 108 斤算作日本的 100 斤，实际上相当于日本的 587 钱多。这样一来，都是日本人占便宜。

第二章　沙市的金融货币和度量衡

第一节　金融机构

金融方面与沙市联系最密切的是汉口，沙市与汉口的汇兑业务也最频繁。每年1月、2月结算期过后，货物的供需减少，市场上的农产品也随之减少，金融进入了呆滞期。到了3月、4月、5月，开始大小麦、中药和蚕豆的交易，5月份是半年的结算期，也是金融的困窘时期。8月之后，再次进入繁忙期，棉花、胡麻、大豆的生意红火。

一、钱庄

沙市的商人把平日里的卖货款存入钱庄，5月、8月、12月的结算期时取出来用于结算，钱庄的利息高于一般的票号，利率低的时候，每月约8厘，高的时候可达1分2厘，所以商人极少把钱存入票号，更愿意存入钱庄。沙市的主要钱庄列举如下：

字号	组织	资本（串文）	字号	组织	资本（串文）
集庆昌	（黄州）个人	5万	裕盛昌	（安徽太平帮）股份（每股2000串）	3万
集庆生	（黄州）个人	5万	裕厚昌	（安徽太平帮）股份（每股2000串）	3万
长　源	（黄州）个人	2万	德　源	（安徽太平帮）股份（每股2000串）	2万
瑞　生	（江西）个人	2万	蔚和泰	（本地）个人	5万
裕成美	（江西）个人	10万	蔚厚长	（本地）个人	3万
增　益	（江西）个人	5万	同　济	（本地）股份（每股200串）	5万
德盛长	（江西）个人	5万	裕　通	（本地）股份（每股200串）	5万

上述表格中，有三家属于太平帮的钱庄，各有七八名出资人，本地人经营的钱

庄较少，股份制的钱庄较多，有的多达 50 股。蔚和泰、蔚厚长两家钱庄发行 1 串文票子，蔚厚长的总店设在汉口，有 1 个老板、8 个管账、8 个先生、2 个徒弟。据说大钱庄可达十五六人。

主要办理换钱业务的钱庄列举如下：

义　生	大成生	万顺德	庆和祥	宝　康	吉　兴	集厚昌
义和永	同顺恒	德成厚	巨　昌	集成福	瑞泰裕	德　厚
同庆长	永　康	义生荣	同兴亿	正大美	恒茂和	复运昌
裕茂得	同义生	光明生	鼎新长	裕成美	福泰源	聚美成
永义长	德生炳	裕泰祥	天成玉	亨　泰	蔚合泰	祥　源
协　成	炳兴升	大　昌	德　成	恒　丰	义丰祥	同顺成
协盛钰	宝　丰	大有恒	庆春钰	同义长	庆和泰	庆昌元
吉　祥	蔚　升	正大祥	德　康	巨成美		

沙市的贷款全部是担保贷，不需要担保物，很少办理汇兑和贴现票据。因为行情变动频繁，所以钱庄会投机抛售或购买，据说盈亏不在少数。只受理百两以上的存款。

每年清算一次，三年进行一次大清算。其纯利润的六成归资本持有者，四成当作其他人员的赏钱。

二、票庄

辛亥革命后沙市票庄的经营状况不佳，其业务逐渐转到新式银行或钱庄，关门停业的很多，以下列举主要票庄：

百川通	蔚泰厚	大德通	蔚长厚	新泰厚
蔚盛长	蔚丰厚	日升昌	天成亨	

现在仍在营业的票庄有上述 9 家，其中百川通最大。

三、中国新式银行

在沙市，有中国银行和交通银行分行。根据其定期存款的规定，银锭 1 年的利息是 6 分，半年 5 分，3 个月 3 分。铜元 1 年的利息是 5 分，半年 4 分，3 个月 3 分。据说沙市的中国银行分行的资本金约 40 万元。

四、汇兑

沙市的汇兑业务主要针对汉口，所以主要是沙市两和洋例两之间的换算。调查沙市的支付账目得知，票据上显示的单位是洋例两。

根据汉口商人的介绍，确定沙钱平和洋例纹之间的平价时，沙钱平按汉漕平九八八计算，标准银的成色按二四宝计算，所以洋例平一千两与沙平的推算公式如下：

沙 平 1000	= 汉漕平 988
汉漕平 986	= 估 平 1000
估 平 980	= 洋例纹 1000
洋 例 1000	= 沙 平 X

由上述换算公式可以推算得知，洋例纹 1000 两等于沙平 978 两。另根据对钱庄的调查得知，沙平按汉漕平的九九平计算，称为足兑。足兑的推算公式如下：

沙 平 1000	= 汉漕平 990
汉漕平 986	= 估 平 1000
估 平 980	= 洋例纹 1000
洋 例 1000	= 沙 平 X

由上述换算公式可以推算得知，洋例纹 1000 两等于沙平 976 两。所以，钱庄对外公布的"沙平比洋例纹的 1000 两少 24 两"这种说法是正确的。然而，实际汇兑时，按照洋例 1000 两 = 沙平 978 两办理。

平价推算方法如上所述，然而沙市的平价行情始终是 978 两。汇兑手续费（汇水）根据供需关系经常变动，最低的每千两收取 5 两，最高的收取 30 两。

钱庄是办理汇兑的主要机构，票庄极少办理汇兑。

五、当铺

沙市以前有十几家当铺，动荡时期，有的当铺遭抢，有的被官家掠夺，多数破产，幸存下来的最大的当铺是庆成典，源昌典、源章典次之，当铺的经营者多是满洲人。

按照规定，当铺的利息是每月 3 分，到了经济最紧张的 10 月、11 月、12 月时，不允许超过 2 分。当期是 20 个月或 24 个月，20 个月的当期多可以延长到 24 个月。

当铺之外还有押铺，利息是一成，一般的期限是 3 个月。

沙市的当铺与其他地方的当铺不同，这里的当铺发行钱票，在市面上的流通数额很多。其中，一大元的最多，大部分是源昌典、源章典发行的。

第二节　货币

一、硬币

（一）湖北龙洋

湖北银元局铸造的银元在长江一带获得了极高的信誉，和墨银一起流通。墨银的银质好，但赝品多。与墨银相反，湖北龙洋没有赝品，往往龙洋的行情更高一些，但是当地人更喜欢墨银。

（二）墨银

最初墨银的流通很多，随着龙洋的流入，墨银逐渐减少。

（三）日本银元

信誉不及龙洋，被打刻后的日本银元上碗状的花纹还有些许存在。

（四）小银币

沙市的小银币种类与汉口并无差别。在沙市，湖北省造的小银币信誉度更高，总的流通数额不多。

（五）铜元

铜元实际上占了当地通货的半壁江山，但并非所有交易都用铜元，觉得硬通货不方便的，有时也用铜元票。6月、7月铜元的行情最高，到11月份，逐渐回落。

（六）制钱

制钱的流通额呈现出逐渐减少的趋势，但作为通货之一，极其重要。

二、银钱票子

（一）官票

湖北官钱局在沙市设立分局以来，发行了1串文票子，信誉度高，大部分的商家交易接收官票。

（二）私票

私票是大钱庄或当铺发行的钱票，湖北官钱局在沙市设立分局时，命令在五个月内全部收回私票，但实施起来并不容易。直至今日，从石首县流入的1串文私票还在流通，数额已经不多了。

湖南官钱局发行的钱票在市面上偶尔可见，但很少被接收。

三、银两

沙市的两称作沙平，又称沙钱平，银的成色以二四宝为标准。沙市的钱庄把九九平算作足兑，汉口的商人把九八八算作足兑。按照汉口商人的计算方法，沙平的计算公式如下：

	= 汉估平　1002.0两
沙平　1000两	= 洋例两　1022.4两

四、行情

1914年7月20日各种通货的行情列表如下：

湖北龙洋　1元	= 1370文
北　　洋　1元	= 1360文
墨　　银　1元	= 1350—1360文
四川省弗　1元	= 1350文

一　　　元	＝ 沙平两 7 钱 3 分
现　铜　1 串文	＝ 5 钱 2 分 3 厘
官　票　1 串文	＝ 5 钱 2 分 7 厘 ＝ 铜元 100 ＝ 980 文
私　票　1 串文	＝ 5 钱 2 分
沙　圆　1 两	＝ 1 元 3575 ＝ 1 串 8932
银　圆　1 弗	＝ 现通货 139.5 个 ＝ 票子 138.5
日本货 1 圆	＝ 湖北省银 1.218 元

第三节　度量衡

一、度

沙市一般使用广尺，用于绸缎、棉织品、土地的测量。木匠往往也使用广尺，换算成日本的曲尺，每尺长 2 寸。量土布时，使用 1 尺 3 寸的尺子。各种尺子列表如下：

船　尺	1 尺	＝ 日本 1.150－1.140 尺
木　尺	1 尺	＝ 日本 1.160 尺
洋货铺用尺	1 尺	＝ 日本 1.127 尺
街上小买卖用尺	1 尺	＝ 日本 0.980 尺
裁衣尺	1 尺	＝ 日本 1.135－1.170 尺

二、量

沙市称量米谷的量器有 1 斛、1 斗、1 升、5 合。1 斛是 2 斗 5 升，1 升相当于日本 5 合。在沙市，计量油等液体的量器是根据重量制作而成的，其容量分别是 1 斤、8 两、4 两、3 两、1 两，1 斤相当于日本 3 合 5 勺。量器每年由官员检查一次，作为其准确性的证明，在量器上加盖烙印。

三、衡

钱庄用	1 两	＝ 日本 10.29－10.42 钱
街上小卖商用	1 两	＝ 日本 14.05－16.78 钱
杂货店用	1 两	＝ 日本 9.76 钱

鱼行用	1 两	＝ 日本 10.06 钱
粮食行用	1 两	＝ 日本 10.12 钱
蔬菜及肉类用	1 两	＝ 日本 11.87 钱

　　在沙市有一种公议平，是商人们协议时参照的标准秤，会馆里摆放有公议平，是判断其他秤是否准确的标准。一般以 16 两为 1 斤，100 斤为 1 担，与其他地区相同。

　　鉴定银锭时，以咸丰年间公估局确定的沙市天秤为准。

第三章　宜昌的金融货币和度量衡

第一节　金融机构

一、银行

宜昌的新式银行有中国银行、交通银行、濬川源银行的分行，与当地30多家钱庄有业务关系，借贷期大多较长，利息一般是每月7厘至8厘不等。

二、钱庄

钱庄和商家的借贷期一般为3个月，据说利息在1分以上。钱庄也办理存款，活期存款利息是二三厘，定期存款利息是五六厘。

下表列举宜昌的主要钱庄：

协通（所堂街）	罗复隆（河街）	义昌（鼓楼街）	福盛长（白衣庵）
集和祥（所堂街）	玉大（南正街）	厚康祥（南门）	王鸿盛（河街）
致和祥（南门）	聚生（鼓楼街）	广生同（所堂街）	鼎丰（县正街）
谦泰祥（所堂街）	同大（南正街）	福元正（北正街）	裕通（南正街）
履泰	荣成	黄泰裕	王万镒
罗裕太	大顺生	鸿盛昌	立生
积厚昇	同兴生	恒和	义正隆
巨兴昌	吉盛公	升昌元	同福隆
裕通厚	谦泰恒	晋昌泰	王积盛
福生全	义兴祥	鼎成	蔚和祥

宜昌的钱庄发行庄票和支票。庄票具有期票的性质，支票在本地具有汇票的性质。宜昌的支票有两联支票和三联支票。宜昌的商人发行本票和支票。本票和庄票的性质相同，支票具有汇票的性质。

各个钱庄几乎都发行1串文钱票，和官钱局发行的台票一起流通。但官钱局发行的5串文、10串文的大额钱票大多不通用。

三、汇兑

中国银行可以办理沙市和汉口的汇兑业务。对沙市的汇兑业务收取4分的手续费，对汉口的汇兑业务收取 6 分的手续费。

根据汉口商人的计算，宜平 1000 两相当于洋例纹 1000.7 两。沙平按汉漕平九八八计算，宜平按汉漕平九六七计算，所以宜平的 1021.72 两相当于沙平 1000 两。沙市以二四宝为足兑，所以宜昌的二四宝九九兑计算的话，沙市的 1000 两相当于宜昌的 1032 两。

汇兑业务的七成是汉口和四川，剩余的三成是上海、湖北、河南等地。

第二节　货币

一、银元

各银元中流通最多的是英洋，各种银元等价使用。1 元银元相当于宜平两 7 钱 2 分。银元与铜元的比价是 132 个。

二、小银币

1 角和 2 角的小银币较多，湖北省铸造的小银币之外的小银币流通较少。有时会出现少量升水。和汉口相同，小银币和银元之间没有比价差，10 角算作 1 元，少于 1 元的支付使用铜元会更受欢迎。这也是小银币受欢迎的原因。

三、铜元

当十铜元较为多见，1 个当十铜元等于 10 文。

四、制钱

宜昌的习惯是 99 个制钱算作百文，1 串文需另外扣除 4 文。但小额支付时不再严格计算，而采用满钱计算，多出的少量不再计较。

五、票子

票子主要有以下种类。1 元、5 元、1 串的票子流通最多。

湖北官钱局发行的　银元票和钱票	交通银行发行的　银元票和钱票
中国银行发行的　银元票和钱票	钱庄发行的　钱票

六、平和两

宜昌流通的马蹄银有 5 种，分别是川锭、汉潮、荆沙锭、元宝银、锞马蹄形或扁圆形的银锭。川锭是四川省流入的银锭，有 10 两重的大锭和 5 两重的小锭。汉潮、荆沙锭是 5 两重的银锭。元宝银是 5 两重的银锭。锞马蹄形或扁圆形的银锭重量是 3 钱或 4 钱左右。

标准银采用宜平，银色采用二四宝的九九兑，所以宜昌的银锭又称宜平九九银。据当地人介绍，宜平与汉漕平的换算比是 967，依据这个比价演算，可以求出宜昌银与汉口洋例纹的比较，演算过程如下：

宜昌银　1000 两	＝ 汉漕平 967 两
汉漕平　986 两	＝ 汉估平 1000 两
汉估平　980 两	＝ 洋例 1000 两
洋　例　1000 两	＝ X

由上述换算公式可以推算得知，宜昌银 1000 两 ＝ 洋例纹 1000.7 两。海关两 100 两 ＝宜昌平足银 109.65 两。

第三节　度量衡

一、度

裁尺	量土布尺（足尺）	1 尺	＝ 日本 1.160 尺
	量洋布尺（足尺的 9 寸）	1 尺	＝ 日本 1.044 尺
木　尺	（足尺的 8 寸）	1 尺	＝ 日本 0.928 尺

二、量

1 升相当于日本 6 合 4 勺。卖谷物时的习惯做法是，尽可能装满量器。

1 斗	＝ 日本 6 升 4 合
1 斛	＝ 日本 3 斗 2 升
1 石	＝ 日本 6 斗 4 升

三、衡

宜昌用的秤总称为花秤，花秤的 1 斤是 19 两 2 分，但不能一概而论。不同物品 1 斤的重量列举如下：

普通物品　　1 斤	19 两 2 分
牛肉　　1 斤	16 两
鱼肉、猪肉、棉花　　1 斤	20 两
各种油、酒　　1 斤	18 两

花秤（16 两）的 1 斤相当于日本 151 钱 5 分，其他的 1 斤可以推算得出。

第四章　孝感的金融货币和度量衡

第一节　金融机构

孝感没有称为钱庄或钱铺的金融机构，当地的杂货铺有对祥盛、郭同支、茫又盛。这三家杂货铺除了主业之外，还可以换钱（当地方言叫"对钱"）。据称，其资本均超过 1 万两。

湖北洋 1 元可换铜元 120 枚，或换制钱 1220 枚。孝感也没有票号，在北门有一家名为庆泰的当铺，自称资本金是 7 万两，以 35 天为 1 个月计算，当期以 24 个月为满期，期满可保留两三个月，利息每串每月 2 分，期满后保留期内每月 3 分。

第二节　货币

一、银元

孝感流通的银元有龙洋（湖北洋、北洋造洋等）、站人洋、香港元、鹰洋。

二、小银币

孝感流通的小银币有 5 种，湖北省造、东三省造、广东省造、湖南省造、香港银元。

三、铜元（当十）

孝感流通的铜元有 5 种，列举如下：

武昌铜元局发行	开封铜元局发行
北京铜元局发行	天津铜元局发行
福州铜元局发行	

四、制钱

孝感流通的制钱有 5 种，乾隆通宝、嘉庆通宝、康熙通宝、宽永通宝、道光通宝。

五、银锭

孝感流通的银锭有 4 种，元宝银（50 两左右）、中锭（10 两左右）、小锞（5 两左右）、碎银（前三种银锭的碎银，重量不等，用于支付零头）。

上述银锭的品质和重量需要公估局的鉴定，再加上这些银锭具备货币的要素，在和银元一起流通的过程中，银锭数量逐渐减少，只有元宝银和弗银元共同用于交易。

孝平采用漕零二，也就是与汉口漕平成色等同。平是零两零二大，所以汉漕平100 两相当于孝平 98 两，孝感也使用洋例纹。

六、官票

孝感使用的官票中信誉度最高的是，武昌铜元局发行的凭票制钱 1 串文和武昌官钱局发行的凭票取银 1 串文。

七、钱票

孝感没有钱庄，因此，没有钱庄发行的钱票。大商店可以换钱，大商店还发行钱票。

孝感流通的国内银行发行的纸币有：交通银行发行的纸币和浙江兴业银行发行的纸币。上述纸币不能在城内流通，停车场买票时也不能使用。特别是交通银行发行的纸币，在各停车场均有办事处，为的是方便换钱。

孝感流通的国外银行发行的纸币有：横滨正金银行纸币、东方汇理银行纸币、德华银行纸币。这些纸币在城内和停车场均可使用。

第三节　度量衡

一、度

造营尺	1 尺	＝日本 1.065 尺
算盘尺	1 尺	＝日本 1.156 尺
裁衣尺（汉尺）	1 尺	＝日本 1.140 尺
木　尺	1 尺	＝日本 1.180 尺
工　尺	1 尺	＝日本 1.17—1.18 尺
大东升买尺（足尺）1 尺		＝日本 1.170 尺
九八尺	1 尺	＝日本 1.146 尺

据说造营尺保存在知县衙门的仓库里，并没有核准用尺。市场上的尺度标准是算盘尺，与汉口相同。裁衣尺在本地也叫汉尺，裁缝使用。工尺为木匠用尺，木尺和工尺在当地经常混用，两者间无明显差别。大东升买尺是当地的大东升绸缎庄从汉口购买绸缎和洋货时使用的尺子，又称足尺。卖洋货时不使用足尺，而是使用九八尺，长度是足尺的 98%，因此得名。

二、量

当地使用的量器分为大额交易用和零售用。杂货店使用的量器有 1 斤和半斤。

1 斤	下底面积	16.00 平方寸（日本曲尺）
	上口面积	25.00 平方寸
	高	2.50 寸
半斤	下底面积	10.20 平方寸
	上口面积	17.64 平方寸
	高	2.00 寸

当地零售菜油、麻油时，使用上述 1 斤的量器；零售煤油时，使用白铁皮做成的圆筒形 1 斤、半斤、4 两装的量器。

米行批发使用的量器有：一种是比汉口的汉斛每石小 6 升 9 合的量器，另一种是比汉口的公斛每石少 7 升 2 合的量器，这里的 1 石相当于日本 5.7591 斗。米的大额交易以斤称重时，每 135 斤算作 1 石，1 斤按 16 两计算。

在孝感，大豆、青豆、芝麻等杂粮均使用上述量器计量。

三、衡

孝感的衡器标准是钱秤，从米、麦、豆、芝麻到各种粮食均以钱秤来计量。1 斤为 16 两，相当于日本 153.59 钱。

棉花交易时，有时使用 18 两 3 钱秤（四帮秤），但绝大多数时使用钱秤。

各种皮货买卖时也使用钱秤。牛皮、油类、棉花交易由买主决定使用钱秤还是使用浙宁平。

使用顺昌米店的钱秤实际称量发现，其 1.5 斤的重量等于日本 225 钱，按此换算，1 斤等于日本 150 钱，与常说的孝感的钱秤与汉口的等量这种说法不一致，实际上有 3.59 钱的差异。

第五章　广水的金融货币和度量衡

第一节　金融机构

作为铁路沿线一个偏僻的村庄，广水的商业萧条，所以这里没有可称得上金融机构的机构，唯一一家名为泰兴的盐店在卖盐的同时也可以换钱。当地出产白布、米、芋叶，这些物产大量上市时便有商人前来采购，此时，会有湖北洋流入此地，可以兑换成制钱或铜钱。

第二节　货币

一、制钱

广水流通的制钱有 5 种，乾隆通宝、嘉庆通宝、康熙通宝、宽永通宝、道光通宝。

二、铜元（当十）

广水流通的铜元有 4 种，列举如下：

武昌铜元局发行	开封铜元局发行
北京铜元局发行	天津铜元局发行

三、银锭

广水流通的银锭有 4 种，马蹄银（50 两左右）、中锭（10 两左右）、小锞（5 两左右、呈馒头形）、碎银（有一定的形状，但重量不等）。

四、银元

广水流通的银元有 3 种，龙洋（湖北洋、北洋造洋等）、站人洋、鹰洋。

五、小银币

广水流通的小银币有 4 种，湖北省发行、江南省（南京）发行、东三省发行、广东省发行。

银元和小银币在这里流通不多，铜元和制钱使用最广。大笔交易时元宝银币比大银元更受欢迎。

六、官票

广水使用的官票有湖北铜元局发行的凭票制钱 1 串文和湖北官钱局发行的凭票取银 1 串文。

七、交通银行发行的纸币

交通银行的纸币不能在城内流通，停车场换钱或买票时可以使用。

当地的平叫广平，采用的是漕零二，广平与洋例纹的换算比和孝感县相同。

第三节　度量衡

一、度

裁衣尺　1尺	＝ 日本 1.140 尺
木　尺　1尺	＝ 日本 1.170 尺
工　尺　1尺	＝ 日本 1.170 尺
布匹尺　1尺	＝ 日本 1.155 尺（进货用）

上述所列各种尺子并非绝对标准，但均是调查期间从信誉度高的店铺测量所得。

二、量

广水米谷交易时使用的量器是汉口的公斛（抬子），1 斗为 24 斤，粮食零售时有专用的 1 斤或 2 斤的量器。油的零售使用 1 斤的量器，大额买卖用秤计量。煤油的零售和孝感相同，使用白铁皮做成的圆筒形 4 两、半斤、1 斤装的量器。

三、衡

孝感的衡器标准是钱秤，16 两算作 1 斤。

第六章　黄陂的金融机构和货币

第一节　金融机构

一、实业银行

据称，实业银行的资本金为 50 万两，汉口有其分行。其组织结构为新式银行，但在黄陂，实业银行的业务与普通钱庄无异。汉口和黄陂之间买卖的清算多在实业银行办理。

二、钱庄

黄陂的钱庄字号及其资本金列表如下：

益大　2 万两	大阜　3 万两	泰昌　2 万两	恒和兴　2 万两

这些钱庄都是合资创办，其经营项目有：存款、贷款、汇兑、换钱等。

第二节　货币

黄陂的通货有马蹄银、银元、小银币、铜元、制钱和票子。

马蹄银很少用于普通的买卖。此地的平采用九三八平，银的标准成色是二六宝。黄陂流通的银元多是国内铸造的，在汉口通用的银元在黄陂基本也可以通用。铜元流通最多，制钱多在日常小买卖付钱时作为零头使用。

黄陂有官钱局发行的票子在流通，没有钱庄发行的票子。

第七章　新堤的金融货币和度量衡

第一节　金融机构

新堤有 4 家钱庄，其字号分别是有益、同生、裕元、源茂永，除办理贷款和存款之外，还办理新堤和汉口之间的汇兑。不发行钱票。

新堤有 2 家当铺，其字号分别是聚成、聚泰。对于普通百姓而言，当铺是极好的金融机构，当期为 24 个月，月利 2 分。

第二节　货币

新堤的通货有元宝银、银元、小银币子、铜元、制钱和票子。银元主要是鹰洋和龙洋，1 元银元可换 1270 文。票子主要有：当地商会发行的钱票（铜元 10 枚票子）、湖北省官钱局发行的台票、湖南银行的兑换券（银票）、湖南官钱局发行的（铜元 1000 枚的票子）钱票。其中，除了湖南银行的银票流通不好之外，其他的票子均按面额通用。

当地的银两与汉口洋例纹的换算公式如下：

新堤平 1000 两 ＝ 汉口估平 1010 两。

　　　　　　＝ 汉口洋例纹 1030 两 612

当地人按照新堤平 1000 两 ＝ 汉口洋例纹 1030 两计算。

第三节　度量衡

一、度

新堤使用的量具全部称为裁尺。木尺、铜尺、竹尺等各种材质的尺子长度均与裁尺相同，裁尺的 1 尺相当于日本曲尺的 1 尺 1 寸 8 分。

二、量

新堤使用的量器一般为筒形，方形的很少见。新堤的 5 合相当于日本 2 合 9 勺，1 升相当于日本 5 合 8 勺。

三、衡

1两	＝ 日本 9 钱 8 分
1 斤（16 两）	＝ 日本 156 钱 8 分

第八章　钟祥县的金融货币和度量衡

第一节　金融机构

一、官钱分局

官钱分局可以兑换。此地流通的钱票数额很少，所以官钱分局的业务很清闲。

二、钱铺

此地钱铺的招牌和其他地区的不同，独具特色，其样式如下：

涂 义　　　制　钱 和

有钱铺招牌的只有复顺永一家，其业务规模不大，大多是杂货店、土栈的副业。
以下列举其字号和副业的类别：

涂义知　杂货	松茂荣（在南门外）土栈	大　有　土栈	聚庆隆　杂货
益太合　土栈	复顺永（在南门外）杂货	夏玉盛　土栈	

三、当铺

此地共有 3 家当铺：复兴义、天成、顺兴。当期为 24 个月为满期，月利 2 分。

第二节　货币和度量衡

钟祥县的通货有银锭、铜元、制钱、龙洋、台票等。

此地使用的尺子有汉尺和布尺。布尺相当于汉尺的 1 尺 1 寸，1 汉尺相当于日本 1 尺 1 寸 5 分。量器使用樊斗。

此地采用正漕平，正漕平的 1000 两等于汉口钱平 1015 两。1 斤等于日本 155.893 钱。

第九章　荆门的金融货币和度量衡

第一节　金融机构

荆门算得上金融机构的有一家名为恒昌祥的钱铺，此外还有一家名为永聚典的当铺。当铺的当期是 24 个月，月利 2 分。这里流通 1 串文钱票，钱票是距离荆门 120 里之外的一家当铺发行的，这家当铺名为元章裕，位置在拾回桥。

第二节　货币

荆门的通货有元宝银、银元、铜元、制钱和票子。

银元中有湖北龙洋、本洋和鹰洋。本洋和鹰洋作为外国货币在流通中不受欢迎。流通的票子有台票（1 串票子）、大板纸洋（1 元银票）、小板纸洋（1 元、5 元的票子）、元章裕当铺发行的钱票。大笔交易时使用元宝银。标准银的货币叫足银，足银不需要加算申水。

湖北龙洋　1 元	＝ 一串 300 文
本　　洋　1 元	＝ 一串 250 文
鹰　　洋　1 元	＝ 一串 250 文
银　　锭　1 两	＝ 一串 800 文

荆门的银锭计算以沙市为标准，采用漕零二。荆门漕平没有与汉口漕平相对应的换算。荆门漕平 100 两等于沙市漕平 102 两。沙市宝银 100 两相当于荆门宝银 98 两。

上述表格中的换算不包括毛水或申水。

第三节　度量衡

一、度

当地使用的尺子有土布用尺和洋布用尺之分，土布用的尺子名为裁尺，洋布用的尺子名为广尺，广尺为八五尺。其中，有的洋布店为了竞争，使用了比普通八五广尺稍长的九零尺。除裁尺和广尺，还有木尺和弓尺。木尺是木匠自己制作的，长度难免有些差别。弓尺是用于丈量土地面积的尺子，1弓尺等于2尺5寸。

各种尺子与日本尺的对比数据如下：

裁　尺　　　1尺	＝ 日本 1.40 尺
广尺（八五尺）　1尺	＝ 日本 1.19 尺
广尺（九零尺）　1尺	＝ 日本 1.26 尺
木　尺　　　1尺	＝ 日本 1.14 尺
弓　尺　　　1尺	＝ 日本 3.50 尺

二、量

1升 ＝ 日本 0.83 升	1斗 ＝ 日本 8.30 升
1斛 ＝ 日本 41.50 升	1石 ＝ 日本 83.00 升

三、衡

荆门的秤多为钩子秤。一般常用的秤与日本的对比数据如下：

1斤（16两）＝ 日本 156 钱
1斤（19两）＝ 日本 185 钱

第十章　沙洋镇的金融货币和度量衡

第一节　金融机构

沙洋镇与汉口的水路距离是 650 华里，位于汉水南岸，是运河通往沙市的要道，所以这里的大小船只总是穿梭忙碌，再加上这一带棉花产量丰富，商业比较兴盛，金融随之繁荣。

一、钱铺

主要的钱铺如下：

肖福太	高大有	鼎升号	惠　记
仁和祥（兼土栈）	邳春阳	正　大	陈致大
吉芳洪	万镒生		

二、当铺

沙洋镇有 2 家当铺，均为山西人开设，其字号和所在地如下：
永安宜（城南河家嘴）　大城祥（码头街）
当期是 24 个月期满，月利按 2 分收取。

第二节　货币

沙洋镇的通货有银锭、铜元、制钱和票子。当地没有银炉，无标准银，采用沙市银九九兑，或以汉口的估宝为标准银。沙洋镇的平名为漕平，沙洋镇的 1000 两相当于汉口钱平（九八五平）的 1000.15 两。

沙洋镇流通的铜元以武昌铜元局铸造的铜元为主，外省的铜元也通用，制钱流通很广。目前，当地的交易主要使用铜元。流通的票子是湖北官钱局发行的 1 串票子（台票）。

第三节　度量衡

一、度

广　尺　1尺	= 日本 1.15 尺
加一尺　1尺	= 日本 1.045 尺
竹　尺　1尺	= 日本 1.075 尺

二、量

沙洋镇使用的量器是樊斗。

三、衡

沙洋镇采用漕平。漕平比汉口的钱平大1两5钱，除了漕平之外，还有酉平，酉平和漕平相比，每16两的酉平比漕平大6钱。支付时以漕平计算，收取时以酉平计算，沙洋镇把这种习惯称为"出则漕平进则酉平"。桐油商使用广平，比漕平的百两小五两。

漕平　1斤（16两）	= 日本 155.893 钱
酉平　1斤（16两）	= 日本 161.738 钱
广平　1斤（16两）	= 日本 148.460 钱

第十一章　当阳的金融货币和度量衡

第一节　金融机构

当阳有永兴福和关兴福 2 家钱庄，除了贷款、存款之外，还兼做票号的业务，其业务主要是汇兑，多是当阳和沙市两地间的汇兑业务。当阳有家名为益盛典的当铺，随着这家当铺的兴盛，钱庄的业务被其夺走。益盛典可办理钱庄和票号的业务，发行 1 串的票子。当品主要是衣服，金银不少，当期为 24 个月，利息是每月 2 分。

第二节　货币

当阳的通货有元宝银、银元、铜元、制钱和票子。元宝银主要用于大宗交易。流通的银元有龙洋和鹰洋。被称为"盗板"的银元指的是钱庄打刻后的银元，龙洋的盗版不能通用。当阳流通的票子只有台票。当地的元宝银与沙市的纹银兑换时，需要附加 4 两的申水。

当阳银换算为沙市银的换算公式是：当阳银 100 两 ＝ 沙市银 104 两，沙市银 100 两 ＝ 当阳银 96 两。

第三节　度量衡

一、度

裁尺分为 2 种，一种是量土布用尺，即狭义的裁尺，也叫足尺；另一种是量洋布用尺，也是裁缝用尺，又名八五尺。此外，还有木尺，用于量木材、竹材，当地人称木尺为八零尺。实际调查时发现，所谓的八五尺或八零尺，与标准尺均不符合。

裁　尺　1 尺	＝ 日本 1.13 尺
八五尺　1 尺	＝ 日本 1.16 尺
木　尺　1 尺	＝ 日本 1.10 尺

二、量

1 升	= 日本 1 升 1 勺
1 斗	= 日本 1 斗 1 合
1 斛	= 日本 5 斗 5 合
1 担	= 日本 1 石 1 升

三、衡

当阳使用的秤与荆门并无大的差别，与日本相比数据如下：

1 两	= 日本 9 钱 5 分多
1 斤（16 两）	= 日本 152 钱多

有的货物按 1 斤 18 两或 20 两计算。

第十二章　樊城的金融货币和度量衡

第一节　金融机构

樊城的钱庄列举如下：

康泰信	赤　泰	乾盛光	庆兴福	晋昌合	义顺森
汪义茂	兴顺永	徐仁记	永长义	钟盛玉	

规模较大、信誉度高的钱庄也兼营票号的业务，发行票子。

樊城兼营票号的钱庄有 4 家，分别是庆兴福、晋昌合、兴顺永、钟盛玉，主要业务是向汉口和老河口汇款。

樊城的当铺生意兴隆，这里有鼎顺、集祥、广信、信窑丰等当铺。当期为 24 个月，月利 2 分。多数是钱庄和票号之间的交易，为的是资金周转。

樊城的新式银行有中国银行的代理店。从湖北官钱局设立分局开始，钱庄发行的钱票逐渐从市场上销声匿迹。本地商会也发行钱票，并且与金融界关联度很大。

第二节　货币

樊城的通货有元宝银、银元、铜元、制钱（明钱）和票子。元宝银主要用于大宗交易，以 50 两的银锭为记账单位。流通的银元有鹰洋、龙洋和本洋。铜元相当于10 文。票子主要有 3 类。

1. 湖北官钱局发行的票子：

（1）钱票　有 1 串、5 串、10 串 3 种。

（2）银票　有 1 元、5 元 2 种。名为"小板纸洋"。

2. 湖北银元局发行的票子，名为"大板纸洋"，全部是 1 元的银票。

3. 樊城商务分会发行的票子，有 100 文、200 文、400 文、600 文 4 种。

元宝银的标准使用漕平，成色采用足银。每个元宝银需加算净水（去水）5 钱3 分。

樊城元宝银的计量采用漕平九二零，所以，与汉口洋例纹的换算方法如下：

樊城漕平 1000 两	= 汉口漕平 920 两
	= 汉口估平 934 两
	= 洋例纹 953 两

第三节 度量衡

一、度

樊城的裁尺是足尺（标准尺），木尺又名九五尺。与日本尺的比较数据如下：

裁尺 1 尺	= 日本 1.17 尺
木尺 1 尺	= 日本 1.15 尺

二、量

樊城的量器称为樊斛，在汉水沿岸各个市场均有使用。从汉水贸易中心的老河口一直到汉口，樊斛是重要的称量用具。可是，樊斛与在汉水停泊的船上进行米谷交易时使用的衡斛不同。公斛是康熙年间的通用量器，与樊斛、衡斛的对比如下：

公斛	与公斛相比	5 斗
樊斛	与公斛相比	6 斗 6 升
衡斛	与公斛相比	6 斗 6 升 5 合

市场使用的 1 升相当于日本 7 合。

樊城进行大笔交易时，1 石杂谷的重量各不相同，具体列表如下：

芝麻 1 石（樊斛）	160 斤	豌豆 1 石（樊斛）	210 斤
黄豆 1 石（樊斛）	200 斤	蚕豆 1 石（樊斛）	190 斤
小麦 1 石（樊斛）	190 斤	绿豆 1 石（樊斛）	220 斤
黑豆 1 石（樊斛）	200 斤		

三、衡

樊城的秤种类很多，取最常用的秤与日本的比较数据如下：

1 两	= 日本 9 钱 6 分
1 斤	= 日本 153 钱 6 分

第十三章 宜城的金融货币和度量衡

第一节 金融机构

一、钱庄

字号	资本家	资本金
孟日盛	山西人 广东人	约 2 万两
蔡祥茂	四川人	约 1 万 8 千两
同茂永	本地人	约 1000 串文
永兴鸿	本地人	约 5000 串文

钱庄发行钱票，与其他地区无异。

二、当铺

宜城只有一家当铺，字号是世盛典，山西人开设，资本金 5 万两左右，月利是 3 分，24 个月满期，6 个月的保留期。10 月、11 月、12 月的月利可降低到 2 分。上税额是每月 1 串文。

第二节 货币

宜城流通的银元有鹰洋、湖北龙洋、北洋。1 元鹰洋比其他银元便宜 100 文，1 串 100 文，小银币的 1 角可兑换 130 文。票子有大板纸洋，但行情不佳，大板纸洋的 1 元票可换 90 枚铜元，小板纸洋可按其面值流通，但不太受欢迎。

宜城当地采用漕零二五，当地的元宝与汉口的洋例纹对比数据如下（没有加算申水，毛水以银子确定）：

宜城漕平 1000 两	＝ 汉口漕平 1025 两 ＝ 汉口估平 1039 两 ＝ 洋例纹 1059 两

第三节　度量衡

一、度

裁尺　1 尺	= 日本 1.17 尺
木尺　1 尺	= 日本 1.15 尺

二、量

1 升	= 日本 0.85 升
1 斗	= 日本 8.50 升
1 斛	= 日本 4.25 石
1 石	= 日本 8.50 石

三、衡

与日本的权衡比较数据如下。

1 两	= 日本 10 钱多
1 斤	= 日本 160 钱多

第十四章　枣阳的金融货币和度量衡

第一节　金融机构

枣阳县盛产四乡土布，远销山西、陕西各地，这里的芝麻远近闻名，经由樊城运到汉口，数量很多。土布交易以银结算，芝麻的交易以铜元结算。除了春秋两个交易旺季之外，这里的金融机构多处于闲散状态。充当金融机构的钱铺多由土布店或粮店兼营。

一、钱铺

规模较大的钱铺商号和资本金列举如下：

义生桂　1 万 2 千串文	三厚栈　8 千串文	义顺同　1 万多串文

上述的资本数额包括钱铺的正业资本。钱铺的业务有存款、贷款、汇款等。存款利息是每月从 7 厘到 1 分 2 厘或 1 分 3 厘不等。土布店或杂粮批发店在交易旺季仰仗钱铺在资金方面的周转支持，几乎没有贷款或存款。

汇款业务主要是汇往汉口，每两收取铜元 2 串文左右作为汇水。

二、当铺

枣阳有一家名为鸿顺典的当铺，号称资本金 10 万两，当铺月利 3 分，10 月、11 月、12 月的月利可降低到 2 分。当期 24 个月满期，6 个月的保留期。

第二节　货币

在枣阳的土布交易旺季，也收取元宝。其他时候，可以说几乎没有元宝。

标准银锭的平采用漕零二平，银色采用足银，与汉口的洋例纹对比如下：

漕零二平 100 两	= 漕　平 102.0 两 = 估　平 103.4 两 = 洋例纹 104.6 两

一、铜元和纸币

铜元与 1 两银锭的比价大约是 2 串文。湖北官钱局发行的银票到处受欢迎，高出铜元两三文。

德安的 2 家当铺和枣阳县的 3 家钱庄发行铜元票，信誉度低，有 200 文、300 文、500 文、1 串文 4 种。

二、制钱

除了纳税之外，制钱还用于小笔交易。制钱有曲钱、市钱 2 种，980 文算作 1 串文。

第三节　度量衡

当地 1 石杂粮的重量列表如下：

黏米　1 石	230 斤	绿豆　1 石	280 斤	大麦　1 石	160 斤
糯米　1 石	230 斤	豌豆　1 石	280 斤	红豆　1 石	220 斤
黄豆　1 石	200 斤	小麦　1 石	230 斤		

在枣阳，只有在棉花交易时以 24 两为 1 斤，5 斤为 1 捆，相当于 16 两秤的 7 斤 8 两。

第十五章　老河口的金融货币和度量衡

第一节　金融机构

一、钱铺

老河口有 52 家钱铺。主要的钱铺和所在地列表如下:

逢源(正兴街)	恒茂	钱丰(正兴街)	人和	同丰(三义街)	同发
天生(正南街)	德盛(吉庆街)	增盛(正南街)	立昌	乾丰(潭家街)	裕大
泰昌	谦德	怡隆	森茂	聚玉	广盛

钱铺的业务有存款、贷款、庄票发行等。活期存款和活期贷款均不计利息,长期存款的月利从七八厘到 1 分 2 厘不等,长期贷款的利息从 1 分 2 厘到 2 分不等。钱铺利息的涨落会影响钱铺的生意,钱铺的顾客层次(分为福、禄、寿、喜四类)也会对钱铺产生影响。钱铺对一般顾客的业务只不过是换钱而已。

二、票庄

老河口作为汉水上游的交易场所,山货的交易量很大,由此形成的票庄业很发达。主要的票庄有天茂、天生、瑞记等,汇兑业务仅限于汉口和上海。汇水(汇兑的手续费)因本地商业的忙闲和对汉口运出运入的状况而有涨落。汇总 1915 年的汇水情况(汇往汉口的一个月兑付的汇票每百两收取的手续费)列表如下:

	最低	最高		最低	最高
1 月	2.0	2.0	7 月	5.0	5.8
2 月	2.0	2.0	8 月	5.0	5.0
3 月	3.0	4.0	9 月	6.0	8.0
4 月	4.0	5.0	10 月	6.0	9.0
5 月	4.0	4.0	11 月	5.0	5.2
6 月	2.5	5.4	12 月	2.0	

每月 15 日之前开具的汇票,均在下个月 15 日之前汇兑;每月 15 日之后开具的汇票,均在下个月底前汇兑。

如果把洋例纹 1000 两的汇票卖给当地钱庄，按照老河口"百两银小一两一钱"的惯例计算，可得河口银 989 两，在此基础上，再扣除 20 两的汇水，实际可得969 两。

三、当铺

老河口的当铺有 5 家，其资本金从 2 万两到 5 万两不等，月利 3 分，当期 24 个月，可保留 6 个月。主要当铺列举如下：

保和（后街）	顺和（牌坊街）	宏昌（谭家街）	宝兴（正兴街）	聚兴

四、银炉

老河口有 4 家银炉，均为河南墩庆府人开设。对万兴银炉调查得知，此处的 4 家银炉为吹炉，以煤为燃料，有十几名工人。制作的马蹄银是九八平的 40 两左右。上缴的税额分别是，1 两银缴纳 3 分，100 两银缴纳 2 两。以下是 4 家银炉的字号：

万成	忠信（上五福楼）	万兴（谭家街）	天德（三义街）

五、湖北官钱分局

湖北官钱分局位于牌坊街，掌管铜元票子的发行和兑换。

六、钱业公所

钱业公所位于谭家街万兴银炉内，金融从业者每天午饭后汇聚于此，商定各种货币的换算行情。

七、银行

老河口有中国银行和交通银行的代理店，所以银行发行的票子在这里没有折价，可以按照面额流通。

第二节　货币

一、制钱

在老河口，制钱和私钱混用，所以其品质极差，现在用于交易的制钱极少。制钱与一枚铜元换算比在九和十之间。

二、铜元

老河口的山货和棉花交易时的成交价均以铜元定价，所以生意旺期时的铜元行情随之走高。特别是在 3 月、4 月、5 月山货的出货期，需要动用大额的铜元，导致铜元价钱变高。

三、银元

大洋、小洋、银货在老河口均有流通，但流通数额远远比不上铜元。

四、银锭

老河口的银锭多是由其他地区流入的，市面上流通的银锭列举如下：川白（9 两左右）、湖北元宝（50 两）、老宝、荆沙锭（5 两左右）、陕西流入的足纹银、泾阳锭、武昌关铸造的武昌关锭（4 两或 5 两）、昌关子（从 3 钱到 1 两）、河南流入的次白宝银（50 两左右）。

银锭中很多是经过当地银炉改铸后再投入流通的，这些银锭称为老宝。

五、票子

老河口的钱铺发行票子，但均被湖北官钱局发行的铜元票压制，所以铜元票在老河口的信用度极高，甚至在湖北省各地广泛流通。

六、纸币

中国银行、交通银行发行的银票应用较广，但是，各种交易的定价均使用铜元，所以银票与铜元的换算价格很少有变动。

七、平

老河口采用的平又被称为老平，老平与上海漕平的换算方法如下：

上海漕平　100 两	＝ 老平　102.33 两

但是，老河口的钱庄采用的平也有的叫老平，可重量却有差别，且多种多样。

第三节　度量衡

一、度

老河口自古以来就是山货的集散地，和外地人的交易频繁，所以这里的度量衡比较规范。

度尺　1 尺	＝ 日本 1.170 尺
裁尺　1 尺	＝ 日本 1.134 尺
匠尺　1 尺	＝ 日本 1.115 尺

二、量

零售用　1 升	＝ 日本 0.47 升－0.49 升

此外，老河口还经常使用樊斛，与樊城使用的樊斛相同。

三、衡

老河口使用的衡器有 4 种，汉秤、半汉秤、加二秤、河口秤。与日本的对比数据如下（因称量物品不同而有差异）：

汉 秤　1 两	= 日本 9.97 钱
半汉秤　1 两	= 日本 9.73 钱
加二秤　1 两	= 日本 8.31 钱
河口秤　1 两	= 日本 9.50 钱

汉秤用于白蜡、黄蜡、薄荷、漆、油的称重，还用于沙洋镇、兴安府两地运来的花生、茶叶、片麻的交易，其 100 两算作河口秤的 105 两。

半汉秤用于白糖、黑糖、冰糖的称重，其 102 两算作汉秤的 100 两。

加二秤用于河南运来的花生、木耳、生漆的交易。

河口秤在老河口一般的交易中使用，其用途很广。

第十六章　郧阳的货币和度量衡

第一节　货币

郧阳市场的交易价格标准是马蹄银，纹银称量使用的平叫郧平，郧平的百两算作库平的 99 两 6 钱。如果把库平一两的重量算作 575.82 格令，那么，郧平的重量就是 573.51672 格令，以此与申漕平对比时，郧平百两相当于申漕平的 101 两多。

郧阳通用银的种类列举如下：湖北元宝（50 两）、川白（9 两左右）、老宝、陕西流入的足纹银、泾阳锭、锞银等。其中，湖北元宝和川白最多，并无墨银的流通，有人头洋的使用。

流通的钱票是湖北官钱局发行的 1 串文票子和当地商会发行的 50 文、100 文、200 文的票子。

第二节　度量衡

一、度

郧阳府使用的尺子与日本尺的对比列表如下：

匠尺　1尺	＝ 日本 1.05 尺
裁尺　1尺	＝ 日本 1.16 尺
度尺　1尺	＝ 日本 1.10 尺

二、量

郧阳府使用的量器与其他地区相同，有斗、升、碗、半碗等。2 个半碗算作 1 碗，4 碗为 1 升，1 升相当于日本 7 合 7 勺。

三、衡

郧阳府称量货物使用戥子，戥子 1 斤相当于日本 170 钱，货物种类不同，有的货物 16 两算作 1 斤，也有的 20 两算作 1 斤。

第十七章　安陆的金融货币和度量衡

第一节　金融机构

一、钱铺

根据1910年安陆县的统计数据，此地的钱铺列表如下：

	资本额（元）		资本额（元）
元裕森	10000	合盛成	3000
池方记	30000	恒春德	5000
方祥太	1000	济太福	500
恒裕森	1000		

湖北官钱分局的业务由一家名为和泰典的当铺负责代办，主要负责推广湖北官钱局发行的票子。大部分的兑换业务是铜元票，也办理马蹄银的换钱业务。

二、当铺

安陆有和泰典、源安典2家当铺，其资本额号称有20万两，月利2分，当期20个月，期满后保留3个月。

第二节　货币

安陆银锭的衡器有漕零一五、漕零二三，这两种均为钱庄使用；当铺采用漕零三秤；银楼采用的是名为汉平的九八平，银色以十足为标准，所以与洋例平的换算公式如下：

漕零一五秤100两	＝ 漕　平 101.5两 ＝ 估　平 102.9两 ＝ 估　宝 104.15两（换算为二四宝） ＝ 洋例纹 106.2两

第三节　度量衡

一、度

算盘尺　1 尺	= 日本 1.17 尺
布　尺　1 尺	= 日本 1.16 尺
洋货尺　1 尺	= 日本 1.15 尺
大布尺　1 尺	= 日本 1.20 尺

二、量

当地的量器称为公仪斗，圆锥形，1 斗的重量是 23 斤（16 两为 1 斤）。1 升的重量是 2 斤 8 两（米）。府秤用于称量油等货物。

本地称量杂谷的习惯做法是：以标准斗为依据，计算出斤数。各种杂粮 1 石的斤数列表如下（16 两为 1 斤）：

黏米 1 石	230 斤	豌豆 1 石	240 斤	蚕豆 1 石	240 斤
糯米 1 石	240 斤	小麦 1 石	230 斤	粟 1 石	220 斤
谷米 1 石	170 斤	胡麻 1 石	170 斤	黄豆 1 石	240 斤
大麦 1 石	170 斤				

第十八章　随州的金融货币和度量衡

随州的钱铺有兴盛和（土药商）、祥盛号（土药商）、裕昌号（杂货店），此外，还有两三家规模很小的钱铺，只办理换钱业务，存款、贷款、汇兑等业务一概没有。如果要从随州运款到外省，先运到德安是最为便利的途径。

随州有同治五年（1866）开业、至今依在营业的名为益庆当的当铺，资本金1万两，月利2分，当期是24个月。

随州的土布远销到山西、陕西，所以季节性地有收兑元宝的旺期。随州的平砝是漕零四，成色以十足为标准，按此换算，漕零四平100两＝漕平104两，如果汉口二四宝漕平100两流入随州，其换算公式如下：

漕平……………………………100两

申水（足银）………………1.2/98.8两

104：988＝100：x

x＝95两

即，汉口二四宝漕平100两流入随州，按95两流通。

各种杂粮1石的斤数列表如下（16两为1斤）：

黏米1石	240斤	绿豆1石	250斤	大麦1石	150斤
糯米1石	147斤	豌豆1石	250斤	大豆1石	220斤
谷米1石	120斤	小麦1石	220斤	红豆1石	200斤
黄豆1石	230斤	胡麻1石	150斤	蚕豆1石	50斤

第十九章　应山县的金融货币和度量衡

第一节　金融机构

应山县没有钱庄，有一家名为福顺当的当铺，资本金1万两，月利2分5厘，即使在年底也不会减少利息。当期20个月，每1串文收取保管手续费20文。

第二节　货币

应山县没有兑换券流通，就连湖北官钱局发行的铜元票也没有流通。

使用银锭交易的情况几乎没有，首饰店备有称银重量的秤，名为应秤，比百两洋例平小5分。

第三节　度量衡

一、度

算盘尺　　1尺	＝日本1.17尺
洋货尺（汉尺）　1尺	＝日本1.15尺
大布尺　　1尺	＝日本1.20尺
绸缎尺　　1尺	＝日本1.15尺

二、量

当地1石杂粮对应的重量如下：

黏米1石	215斤
荞麦1石	160斤

第二十章　黄州的金融机构和货币

第一节　金融机构

一、钱庄

字号	资金	组织	业务
殷恒丰	3 万串文	个人出资	存款、贷款、汇兑
慎　裕	5 万串文	合　资	同上
合　益	3 万串文	合　资	同上

二、当铺

同　寿	8 万串文	个人

月利 2 分（1 个月以下的，月利 1 分 7 厘，当期由双方协定，超期保留 1 到 2 个月）。

三、钱业公所

当地钱庄组织了钱业公所，每天上午 8 点和下午 3 点聚集到钱业公所，议定汇兑行情和各种流通货币的换算行情，行情以汉口行情的电报为标准。

第二节　货币

黄州流通的货币有 5 种：马蹄银、银元、小银币、制钱和票子。当地既没有银炉，也没有特定的平足，而是原封使用汉口的平足。银元有龙洋、鹰洋和本洋，市内均有流通，本洋较少，鹰洋没有龙洋信誉度高，1 元英洋换成铜元时比龙洋少 20 或 30 文。铜钱每 200 枚、100 枚或 50 枚串成 1 串，用于金额比较大的交易。

有湖北官钱局发行的票子流通，没有庄票。

第二十一章　武穴的金融货币和度量衡

第一节　金融机构

武穴的钱庄有：

字号	资本	组织	业务	字号	资本	组织	业务
忠信利	8千两	个　人	存款、汇兑贷款、换钱	同　慎	4千两	4人合资	存款、汇兑贷款、换钱
义　成	5千两	个　人	同上	裕　通	4千两	3人合资	同上
慎　成	3千两	2人合资	同上	义　聚	2千两	个　人	同上
永　享	2千两	个　人	同上				

　　武穴有一家唯一的外国金融机构，就是三井洋行。三井洋行做采购麻的生意，武穴的机构是三井洋行汉口分行开设的办事处，三井洋行每年在武穴采购麻多达一百万元，这部分费用并非以现金支付，而是使用三井洋行开出的票据。这种票据不仅在武穴使用，还流通到了黄石港、兰溪、太子庙、兴国、韦源口、蕲州、广济等地，这些地区都是与武穴有麻生意往来的地区。这些地区的商人收到三井洋行的票据后，可携带或邮寄到汉口的三井洋行分行兑换现银，也有人把票据卖给钱庄，换取现银。

　　票据的形式极其简单，由存票、汇票和票根三联组成，存根保存在办事处，汇票一联由买主交给卖主（买主为买麻的一方，卖主为卖麻的一方），票根交给汉口的三井洋行分行。以下是票据的样本。

（存票）　No	宝号　　　　（金额）　　　　整 （约一个星期） 票期阴历　月　日　　兑 汉口三井洋行办事员 阴历　月　日 阳历　月　日	Hankow　Tls —only

（汇票）　No	凭票汇付 宝号洋例银　　　　　整 言定至汉口 订期阴历　　月　　日无利照兑向 汉口三井洋行如数缴兑勿误此据 　　　　　　　汉口三井洋行办事员	Hankow Tls — only
（票根）　No	阴历　　月　　日 阳历　　月　　日　　立票 宝号洋例银　　　　　整 票期　　　年　　月　　日　兑 阴历　　月　　日 阳历　　月　　日 　　　　　　　汉口三井洋行办事员 汉口三井洋行分行御中	Hankow Tls — only

第二节　货币

在武穴，龙洋、人洋、鹰洋和湖北洋以相同的行情流通。小银币并非不通用，只是流通数额很少，市面上几乎看不到。1915 年的行情是 1 元换 11 角。

在武穴，使用最多的货币是铜元，日常小额交易时的定价单位是铜元，以文为单位的也不少，制钱和铜元同样流通。1 元可换 1 串 400 文左右。

直到 1914 年，钱铺发行的票子一直有流通，现在已经绝迹，取而代之的是湖北官银号发行的官票。

武穴使用的银两又名武平银，其 94.69 两相当于汉口的洋例纹百两。但是，武穴进行大额交易时，相比于武平银，汉口的洋例纹更为多用。

第三节　度量衡

一、度

据说武穴使用的是官尺，其长度却不固定。规定绸缎庄所用的官尺 1 尺 1 寸相当于日本鲸尺的 1 尺，但实际上使用的尺子长度并不符合规定。

二、量

武穴的量器有瓢箪形的，也有圆筒形的。1 斛为 3 斗 5 升。量器的种类有 1 斗、1 升、5 合、1 合等。

三、衡

此地使用的称重工具有盐秤、麻秤、合秤。盐秤 17 两为 1 斤，麻批发商购买麻的时候使用，卖出时使用 16 两 1 斤的秤，称为合秤。还有 18 两为 1 斤的秤，在与韦源口、大冶、太子庙等地进行麻的交易时使用。

第二十二章　石首的货币和度量衡

第一节　货币

石首的通货有鹰洋、龙洋和铜元，没有纸币、银锞的流通，制钱的流通也极少。鹰洋和龙洋等价流通，1 元可换铜元 130 枚左右，1 串可换铜元 100 枚。

第二节　度量衡

一、度

木　尺　　1尺	＝日本 1.160 尺
工　尺　　1尺	＝日本 1.100 尺－1.190 尺
裁衣尺　　1尺	＝日本 1.80 尺
杂货店　　1尺 用　尺	＝日本 1.145 尺－1.160 尺

二、量

卖米和卖谷使用的量器有 1 斗、1 升、5 合 3 种。1 升合日本 6 合不到。液体的量器根据重量制作，1 斤等于日本 4 合不到。

三、衡

杂货店用　　1两	＝日本 9.79 钱
米、谷用　　1两	＝日本 10.12 钱
货币称量用　1两	＝日本 10.29 钱
街上零售商用　1两	＝日本 17.08 钱
鱼行用　　1两	＝日本 11.25 钱

第二十三章　藕池口的货币和度量衡

第一节　货币

通货的绝大部分是铜元，几乎见不到小银币的流通。在杂货店或布店可以换钱，龙洋 1 元可以兑换铜元 128－130 枚，鹰洋 1 元可以兑换铜元 120 多枚。商铺不同，可兑换的数量略有不同。在藕池口，纸币没有流通，据说商店并不拒绝接收纸币。

第二节　度量衡

一、度

工　尺　　1 尺	＝ 日本 1.080 尺
裁衣尺　　1 尺	＝ 日本 1.130 尺－1.140 尺
木　尺　　1 尺	＝ 日本 1.135 尺
船　尺　　1 尺	＝ 日本 1.180 尺－1.190 尺

二、量

米谷计量使用 1 斗、1 升或 5 合的量器。1 斤约等于日本 5 合 2 勺或 3 勺。油等液体的量器根据重量制作，1 斤约等于日本 3 合 4 勺。

三、衡

街上零售商用　　1 两	＝ 日本 15.05－17.09 钱
粮店用　　1 两	＝ 日本 10.59 钱
杂货铺用　　1 两	＝ 日本 9.68－11.28 钱
货币称量用　　1 两	＝ 日本 10.42 钱

第二十四章 归州的货币和度量衡

第一节 货 币

归州是一个 300 户的小镇，没有金融机构，平日里的买卖几乎不使用银，此处的通货好像被限定为铜元和制钱 2 种。湖北银元和四川龙洋也有流通，兑换行情是：银元 1 元可换制钱 1 串 380 文，铜元 1 串 350 文。

第二节 度量衡

一、度

尺子很少有寸以下的刻度，偶尔有 5 分的刻度。

加一尺　等于日本 1 尺 2 寸 5 分，土布用尺比官尺大一成。

官　尺　等于日本 1 尺 1 寸 4 分，绸缎庄使用。

二、量

谷物零售时以 1 碗或 1 升为单位。1 升约等于日本 1 升 2 合，1 碗约等于日本四分之一升。通常使用的量器有 1 合、1 碗、半升、1 升、1 斗。

三、衡

一般情况下，16 两算作 1 斤。但因为 1 两的重量各异，所以此处的 1 斤换算成日本的重量也不同，从 152 钱多到 157 钱不等，难以找到标准。

第二十五章　巴东的货币和度量衡

第一节　货币

银元以四川、湖北的龙洋为主，湖北官钱局发行的台票也时有流通。银元 1 元可换制钱 1 串 380 或 1 串 390 文，可换铜元 1 串 360 文。

第二节　度量衡

一、度

官 尺　　1 尺	＝日本 1.14 尺　绸缎、洋货用
土布用　　1 尺	＝日本 1.26 尺不到

二、量

1 升相当于日本 1 升 2 合。4 碗算作 1 升。

三、衡

平　秤	一般交易用。16 两为 1 斤，1 斤相当于日本 151 钱
度　秤	平秤的 105 斤算作度秤的百斤，山货买卖时使用
加二秤	平秤的 120 斤算作加二秤的百斤

第二十六章　仙桃镇、脉旺嘴、塘港的金融货币和度量衡

地名	金融机构		通货	度量衡
	钱铺	当铺		
仙桃镇	益永顺 复顺昌 德昌祥	2 家 月利 2 分 当期 24 个月	银元、小银币 铜元、制钱 钱票	
脉旺嘴	太　昌 宗　益 大　顺	洪太、公恩 月利 2 分 当期 24 个月	银元、铜元 制钱、票子	
塘　港	无	无	银锭、铜元 制钱、票子	度：广尺（日本 1.15 尺）、木尺 （日本 9.32 寸） 量：樊尺

第二十七章　罗田、蕲水、麻城的金融机构和货币

地名	金融机构		通货
罗田钱铺	四　顺	资本 1000 两	银锭、银元 铜元 制钱（罕见）
		兼营杂货	
		换钱和汇兑	
	义成福	资本 500 两	
		换钱、杂货	
	鼎　和	资本 300 元	
		换钱、杂货	
蕲　水			银元（龙洋、鹰洋）、铜元 制钱、票子
麻城钱铺	和顺魁	资本 2 万元	银锭、银元（龙洋） 铜元、票子
		兼营杂货	
		发行钱票（1 串）	
	公　益	资本 2 万元	
		发行票子	
		兼营盐业	
	晋　泰 正兴恒 永　康	资本 15000 元左右	
		发行票子	
		兼营杂货、米、盐	

第 10 卷

湖南省的金融货币和度量衡

第一章　概述

湖南省的币制比其他省更加混乱，其原因之一是缺少硬货。票子滥发情况严重，不用说金融机构，就连面馆也在发行票子。尤其是骚乱频发，居民缺乏安全感，储藏的银锭大多流向外省，以至于市场流通完全没有了银两的踪影。银元那样的货币，系所谓的"有伤银元"，是因刻印而变形、损毁的银元，是被外省驱逐的劣币。小银币很少在各地流通，但南部各县与广东贸易通用的是毫子。铜元、制钱等一般现货也很少。因此，可以断定，湖南省的通货大部分是票子。

币制状况既然已经如此，金融行业确保信用者也很少。不过最近前身是湖南官钱局的湖南银行正在进行币制改革。为了振兴实业，很多地区设立了湖南实业银行，以资助普通金融界。他们共同发行票子，致力于消除滥发私票带来的危害。省政府禁止发行私票，并于 1914 年 11 月 5 日出台了钱业管制办法。禁止虚假兑换买卖，对现金带出本省加以限制等，这些币制改革还未见成效。

第二章　长沙的金融货币和度量衡

　　长沙的金融因为最近一次又一次的动乱，陷入市场混乱状态，加之硬货的极度缺乏，导致票子的无度滥发。最终引起了恐慌，致使钱庄、大商店不断倒闭。因此，政府禁止发行纸币，努力建立新式银行，制定了严格的钱业管制法。虽然力度很大，但陈年陋习很难矫正。又因缺乏硬货，中央政府也无救济良策，因此，汇兑换钱等极为混乱。由于资金紧迫，很多钱庄陷入窘地。

第一节　金融机构

一、新式银行

　　当地的新式银行与钱庄、票庄一起活跃在金融界，但自成立以来时间还不长，活力不足。现将各银行资本、发行纸币、总经理及其他情况记录如下：

　　（一）湖南银行

　　湖南银行以前叫湖南官钱局，负责湖南省官金收支。

　　其营业状况如下：

资本金	官款		800000 两
经理人	湘鄂会办	唐人寅（浙江人）	
	坐办	钱葆青（湖北人）	
	营业经理	刘凤标（江西人）	
两票	已发行额		2800000 两
	未发行额		4200000 两
银元票	已发行额		800000 两
	未发行额		800000 两
铜元票	已发行额		28000000 串
	未发行额		——
存款月息	5、6、7 厘等根据存款金额不等		
贷款月息	1 分　现无贷款		

　　湖南银行的章程内容如下：

湖南银行暂行章程

第一章　总则

第一条　湖南银行由湖南官钱局改设，隶属财政厅。

第二条　湖南银行的资本金，有官钱局拥有的资本50万两和财政厅拨付的足纹银50万两，合计100万两。

第三条　凡本省各埠已设的官钱分局均改为分行，隶属分局的支局均改为分行的支行。上海、汉口的两个官银号则改为湖南银行汇兑处。

第四条　本省现在没有设置分银行，重要地区通过本行领导协商呈报财政厅后，再设置分行或分行的支行或代理机构。

第五条　湖南银行对于湖南官钱局总局、分局、支局及上海、汉口两个官银号的债权债务一律予以承认。

第六条　本行、分行均请都督府颁发规定，以昭信守。

第二章　职务和营业

第七条　湖南银行的职务和营业范围如下：

　　　　甲　普通商业银行业务

　　　　乙　库款出纳

　　　　丙　钞票发行

　　　　丁　公债经营

第八条　湖南银行不得以不动产做抵押贷款，湖南银行除了本行、分行使用的房屋及因倒账收入的不动产以外，一概不购入房产。

第九条　湖南银行经营的库务（省里的金库业务），一切收入均需另册登记，不得与其他业务混同。

第十条　湖南银行的钞票，应把其发行额的四分之一现款储存起来，当作准备金，其余四分之三可用于活动项目以确保信用。其发行详细章程由财政厅长另定。

第十一条　湖南银行设立公储钱局的业务和账项。为了不与本银行混同在一起，另外设立一个部门进行处理。

第三章　职员及其权限

第十二条　湖南银行本行的职员如下：

（一）总经理、坐办各一人　管理本行所有业务，包括各分行、支行以及上海、汉口湖南银行汇兑处，拥有随时指挥监督权。

（二）总稽查一人　负责稽查本行各个银行的业务，检查公文，兼管本行相关产业业务。

（三）专任科员　分四个科

甲　库务科科长一人　管理经由财政厅出入的款项业务（凡各种公共

机构款项、经由财政厅的款项均属此科管理)。

1. 入库科 掌管一切库款收入事项及账簿。

2. 出库科 掌管一切库款支出事项及账簿。

乙 营业科科长二人 正副各一人 与营业相关的业务均归其管理。

1. 存款科 管理各商店或个人的存款业务。

2. 贷款折息科 听从科长命令,掌管贷款及折扣事宜。

3. 汇兑科 掌管本行的兑换款项及各分行的账务事宜。

4. 交通科 检查有交易关系的各商店的票据及商业情况,并向各科汇报。

5. 公债科 掌管公债的一切经营业务。

6. 核算科 复核本科各款项账目,并计入日记账簿。

丙 出纳科科长一人 管理本行钞票及银钱兑换、银炉铸造宝锭相关事务。

1. 收纳科 公私各项银钱均归收纳科处理。

2. 支出科 公私各项银钱支出均归支出科处理。

3. 兑钱科 掌管银与钞票的兑换业务。

4. 兑银科 承担银与票据的兑换业务。

5. 倾淳科 掌管改铸毛银、制造宝锭事宜。

6. 票币科 掌管制造票币事宜。

(四)总务科科员

甲 簿记员四人 汇总各科账目,将之填入原账,并进行统计。

乙 庶务员二人 管理工人、杂务,记录本行杂用账目。

丙 管库员二人 保管本行金库钥匙,每天进行总核查、收管。

丁 文秘二人 编纂公务文件。

戊 书信员二人 书写各分行书信。

已 书记员五人 掌管誊写本行各项公文、公信、表册等事宜。

(五)杂务数人 负责本行一切杂务。

第十三条 各分行重要领导由本行总办、坐办决定后,呈报财政厅审批任命。

第十四条 湖南银行各种职务工资由财政厅决定。

第十五条 湖南银行的总办、坐办、总稽查以及分行的专办均属重要领导。凡银行重要事项必须由重要领导协商决议后,各科科长才能进行实施。抵押、利息、放款、汇兑四项业务,各科科长必须向总办、副办汇报得到认可后才能实施。科长、科员有责任审核真伪并调查商人底细。

第十六条 总办、副办对财政司负责。总稽查及各科科长对总办、副办负责。各科科员对各科科长负责。

第十七条 湖南银行各重要领导如有不尽职者,由总办、副办呈报财政厅撤换。

第四章 结算及报告

第十八条 湖南银行每年6月底、12月底为结算期。结算后立即制作借贷对照表和财产目录，呈报财政厅审查后登报公布。

第十九条 结算后，总办、副办应把本期营业情况及所有详细项目制成表册，汇总呈报财政厅接受审核。

第二十条 本行每期的结算期，总办、副办先呈请财政厅派遣总核算二人来进行核算。

第二十一条 湖南银行除了第十九条规定外，每天把实存银钱数目登记在单，报财政厅备查。

第二十二条 湖南银行把每期所得税纯利润分为十成，一成作为公积金，九成为官方收入，存入本行，供财政司随时提用。

第二十三条 每期结算后，如果本行、分行、支行的纯利润超过资本金的百分之五，可作为本行、分行、支行职员的半期奖金支付。

第二十四条 公积金除了扩充营业资本或补充营业损失外，不得流出使用。

（二）实业银行

本银行的经营者很多是留学日本的青壮年，采用了先进的经营方法，其营业状况如下：

资本金	官股	500000 两	
	商股	600000 两	
经理人	总经理曹训农 （湖南人）	助理陈鸿渐 （湖南人）	营业经理饶树云 （江西人）
两票	已发行额	1000000 两	
银元票	已发行额	5000 元	
	未发行额	95000 元	
铜元票	已发行额	800000 吊	
存款月息	5、6、7厘不等		
贷款月息	1分		

（三）宝庆矿业银行

宝庆矿业银行是主要在矿业界活动的特殊银行，但也经营普通业务。

资本金	官股	400000 两		
	商股	20000 两		
经理人	总经理	谢重齐（湖南人）	助理	钱欠恂（湖南人）
	营业助理	陈梓丹（江苏人）		
两票	已发行额	1000000 两		
铜元票	已发行额	1200000 吊		

交通分银行是交通银行的分行。

资本金	从总行拨款 40 万元作为开办费			
经理人	总经理	蔡湘乔（广东人）	助理	朱子涛（安徽人）
洋元票	已发行额	600000 元		
	未发行额	400000 元		
存款月息	2、3、4 厘			
贷款月息	7、8 厘			

（四）中国银行分行

与前面所记各银行大同小异，无特别记述事项。

（五）中日银行

最近因为湖南动乱，湖南银行的兑换券疯狂告跌，银行的声望顿时下降，失去了金融界的霸主实权。因此，民国七年（1918）以中日合办形式在太平门外设立了中日银行。资本金 100 万元，存款储备四分之一。主要出资人是台湾银行，重要领导安排了三名日本人，一名中国人。主要是普通银行业务，不发行纸币。

（六）其他金融机构

木业钱局	资本 10 万两	农商钱局	资本 10 万两	兴业银行	
米业银行	200 万两	木业银行	300 万两	湖南商钱局	400 万两
铁路银行	电灯公司（兼营银行业）				

湖南木业银行暂行章程

第一章　总纲

第一条　本银行的目的是发展林业，振兴木业，活跃金融。报请都督，已经制定业务执行法，并批准立项，名称为湖南木业银行。

第二条　本银行为股份公司。

第三条　本银行总行设在长沙小东门。其余设在洪江、常德、益阳、宝庆、湘潭、衡州、郴州、汉口、沙市、宜昌、成都、重庆、江宁、上海、洛阳、北京、天津等地。凡林业发达或市场繁荣之地，均设有分行、支行或代理机构，逐步扩大规模，谋求发展。

第四条　本银行将营业年限暂定 60 年。期满后召集总公司董事局股东，经过决议，可延长营业期限。

第五条　本银行资本金总额为 200 两，将之分为 4 万股。每股金额 50 两。临时存款金额为 5 两，先由发起人负担 1 万股，再募集其余 3 万股。

第六条　本银行在股东存入股金时，发行股票，每年 6 厘利息。

第七条　本银行为了维持股票信用，将资本金全部存入银行时，用 100 万两买入不动产，担保资本金及利息。

第八条　本银行的股票全部是记名式。股东只能是中国人，不接受外国人，股东不允许将股票转卖给外国人。

第九条　本银行所得利润，除了资本金、利息及一切费用外，其余纯利润分成 12 份，2 份为法定积金，2 份为职员奖金，其余 8 份于总决算期充当股东红利。

第十条　本银行以木业为主要业务，但市场金融活跃时也可兼营普通商业银行业务。

第十一条　凡购买木材或运输木材，可以进行抵押借款。另外，希望以山林作抵押在本银行借贷者，经过本银行的调查后，再确定可否贷款。但要按时价计算，不能超过其价格的十分之六。

第十二条　凡股东在营业上从本银行借款时，必须以本人股票作抵押保存在银行以明信用。但不能超过股票价格的十分之八。以土地房屋作抵押贷款，如果是充当木业经营资本，本银行可以办理融通，但贷款人需要找保证人进行短期借贷。待签好合同进行调查后再确定是否放贷。抵押证券也可作为证据文件，但如果非木业商人，即使抵押土地房屋，本银行也概不借贷。如果将土地房屋按照时价购买募集的股份，经本银行许可，可以购买。但如果调查该土地房屋不够条件时，其调查费用必须由保证人赔偿。

第十三条　本银行除了发展木业、经营银行业务以外，还自己购买森林，研究木艺，制定各种森林保护法，以期有利于土地。其森林即作为本银行的基本保证，凡树木采伐、运输、贩卖等随时由本总公司制定办理方法。

第十四条　本银行有发行债券特权。一切手续临时决定。

第十五条　本银行每年 6 月底和 12 月底为决算期。

第十六条　本银行重要领导于决算后制成借贷对照表和财产目录，召集股东大会审查报告。

第四章是职员及其权限，第五章是股东大会，第六章是附则（第十二条）、分科营业暂行规定（十五条），在此省略。

各银行营业状况如下：

1. 存款：定期存款与一般国内银行没有差异，活期存款有附加条件，即大额取款一千元以上时，每月有两个时间是取款日。这个时间叫"比期"，是 15 日和月底。如果比期以外的时间支取，要以支票形式支取。

存款有两、元两种，大额存款主要是两的存款，元的存款属于特殊情况。

对于活期存款，原则上不能进行短期透支。只限于信用好的商人，或由商人特别向银行申请才可以。

利息一般是每月 4 厘。透支利息小额是 8 厘左右，1 万两以上约 2 分。比贷款利息高 1 分至 5 厘。定期存款利息一般都是从 8 厘到 1 分。3 个月、5 个月、8 个月、1 年，因时间而异。

2. 贷款：贷款只在市场平稳时才设立户头。不动产担保的贷款，有时也能设立账户。但市场不稳定，银行的存款减少时，或营业方针严格的银行，不主动设立贷款户头。最近，长沙金融比较窘迫，很多银行不能进行此项业务。因此，只对当地金银或到期日较近的证券进行贷款。小额贷款，确认交易准确时，利息每月 8 厘。没有信用者，利息可达 2 分。市场上畅销的商品锑，银行倒是愿意贷款，贷款额约市价的六成，用现银。

3. 汇兑期票：货物汇兑，还没有经营机构，但最近听说湖南银行有设置之意。不进行票据贴现，也不能使用预约汇兑。

关于票据应该注意的是日期。商家习惯是月中、月底。这个月的月中、这个月的月底，下个月的月中、下个月的月底等，持续 3 个月。有时也会有 2 个月以上的期限，但银行、钱庄等规定不予受理。尤其需要注意的是，票据发行者的名下写有"上票"时，这是一种空头票据，是融通票据，到期时不能兑取之虑较大。因此，收取这种支票时，可直接对付款人说不予接受。大正三年（1914）以后，据说规定票据要贴邮票，但未执行。

4. 兑换：银行一般规定不进行兑换业务。只有大额资金在钱庄不能兑换时，或有特别行情时才进行兑换。

二、钱庄、票庄

票庄以山西票庄为起源，但后来失去营业实力，业务逐渐被钱庄取代，现在已没有票庄。

钱庄的主要业务有兑换、贷款、存款、发行支票等。票庄还像普通商人一样，利用其游资，向有利方向融资，做钱庄以外的业务。目前锡等自欧洲大陆战乱以来价格猛增，据说钱庄作为投机材料也在经营。

大正二年（1913）以前，各商店的票子非常多，到了极端之时，甚至饭馆、面铺等也在发行钱票。因此，物价高涨，带来很大弊害。大正三年（1914）春天，政府采取了管制行动，只允许半官半商股份银行发行元、两纸币。到了后半年，钱票只允许湖南银行、实业银行发行。市场稍被整顿。

贷款为抵押贷款，大正元年（1912）、大正二年（1913）时，也进行不动产贷款，但因不想回收，如今绝对不再进行此类贷款。只有当地金银及畅销商品可以抵押。利息1个月8厘到2分之间，但金融紧张时，有时也会超过3分。后来，据说又高了一成。存款、汇兑与银行相同。贷款1万两以上不放款。

存款比银行利息高，贷款比银行利息低。

钱庄的资本一般都是合资，有1万两至2万两，多的可超过10万两。现在长沙的钱庄（含钱局）的商号及信用程度如下（三井洋行调查）：

商号	信用程度	所在地	商号	信用程度	所在地
怡庆祥	40万两	坡子街	庆和祥	10万两	坡子街
义昌厚	30万两	坡子街	大亨贞	10万两	坡子街
谦和厚	20万两	坡子街	庆丰祥	30万两	坡子街
益昌厚	20万两	坡子街	天甲福	40万两	坡子街
福和厚	20万两	坡子街	达 顺	100万两	坡子街
福盛祥	30万两	坡子街	复庆祥	20万两	坡子街
裕源长	300万两	坡子街	义 兴	10万两	坡子街
同福和	30万两	坡子街	米业银行	200万两	樊西巷
德昌和	60万两	樊西巷	保 昌	1万两	南门正街
义昌厚	1万两	南门正街	裕大和	2万两	南门正街
永 隆	5万两	南门正街	信义成	5万两	南门正街
茂 生	20万两	南门正街	福 泰	10万两	南门正街
同庆丰	10万两	南门正街	隆裕昌	10万两	南门正街
同 茂	5万两	太平街	远来号	2万两	太平街
同 顺	10万两	太平街	谦 裕	10万两	太平街
福 成	5万两	太平街	万 源	2万两	太平街
振 大	5万两	草湖门正街	大 丰	2万两	大西门正街
协昌义	10万两	草湖门正街	庆昌隆	10万两	大西门正街
湖南商钱局	400万两	万福街	祥 盛	5万两	大西门正街
贞利和	2万两	理门街	宝 新	5万两	北门正街
同 兴	2万两	理门街	鼎 昌	5万两	北门正街
祥 生	2万两	理门街	煤业钱局	2万两	北门正街
同庆祥	2万两	理门街	源 盈	2万两	北门正街
郑洪盛	2万两	理门街	谦大恒	2万两	北门正街

商号	信用程度	所在地	商号	信用程度	所在地
振 昌	2 万两	理门街	同 利	5 万两	北门正街
豫 泰	5 万两	北门正街	义昌祥	10 万两	洪家井
恒 兴	2 万两	北门正街	鼎兴裕	10 万两	洪家井
福 昌	2 万两	北门正街	大成裕	20 万两	坡子街
木业钱局	10 万两	小东门	元利丰	20 万两	坡子街
致和祥	50 万两	洪家井	厚和福	10 万两	坡子街
裕商银行	100 万两	洪家井	农商钱局	10 万两	南正街
吉康和	50 万两	洪家井	吉顺长	5 万两	太平街
钧 裕	10 万两	洪家井	裕 通		

第二节　货币

大宗贸易使用的货币是银两，日常买卖用的是银元、小银币、铜货（1 仙）、制钱等。日常几乎用的都是湖南银行的两纸币、银元纸币、铜元纸币。很少有现金，这是因为缺乏现货。

一、制钱

制钱也叫老钱，580 个为 1 串文。其作为买卖交易的单位称呼使用，但实际上使用铜元。制钱流通不多。

二、铜元和铜元票

当十铜元意思是相当于 10 个制钱，但其实价是 8 个制钱左右。日常买卖几乎都用票子，因此流通不多。铜元主要是湖南、湖北铜元局铸造，全省流通额10095303625 个（1913 年 11 月底财政部报告）。目前长沙铜元局的大部分原铜料从日本古河、三菱买入，正在紧急铸造新币。

铜元票系湖南银行、实业银行发行，百文以上的支付都用此支付。用铜货支付的属于特殊情况。铜元票有以下几种：

50 文　　100 文　　200 文

300 文　　500 文　　1 串文

上述铜元票中 50 文的很少。铜元与票子的区别是：100 文纸币相当于 9 个铜元，1 串文纸币相当于 99 个铜元。

三、小银币

小银币有 1 角、2 角 2 种，其中 1 角较多。与银元的比率根据时间偶尔有行情变化，但平时价格几乎都是平价。

四、银元和银元票

长沙的银元有各省的伤银（因刻印而变形损毁的银元）、日本银元（因刻印而变形损毁的银元）、香港元、墨银等十几种杂银。当地没有银元局，因此，没有湖南银元。在这里可以看到有被各省驱逐的劣币流通。一般龙洋最多，被称之为常洋或花边。

银元票对于普通的买卖，流通行情与银元相同。但钱业者之间需要 1 分的贴水。银元票的发行虽然不像铜元票那样滥发，但因为现银很少，所以数额也在上升。民国三年（1914）政府只允许粤汉铁路局、交通银行、湖南银行、实业银行发行银元票。除交通银行以外，不发行 1 元票。银元票有 1 元、5 元、10 元 3 种。此外，银元有的也叫光洋，是各省的龙洋、日本银元、墨银等没有伤的银元，比花边贵 2 至 4 个铜货。

五、银两和银两票

银两自战争以后，与银元、铜元相比急剧减少，市场上几乎难觅踪影。但大宗交易还是以银两为标准价，因此，关于两、平另外详述。

银两票一旦遇到事情，几乎变得没有价值，因为有此担忧，其暴跌与汇兑关系很大。大宗交易不拘泥于银两票。银两票与银锭不能兑换。银两票的种类有 1 两、3 两、5 两、7 两、10 两 5 种。仅限于官设银行和与政府有关的两三家公司发行。不允许湖南银行再发行银两票，官衙接受的银两票仅限于湖南银行、矿业银行的纸币。

六、平和两

长沙的标准银两，于天平来说与汉口估平相同，将其称之为九八六长沙钱平，其成色叫九九七色，也叫九九八色。还有其他名称是用项银、省平银。清朝时，有布政使衙门纳入的银，人们将之称为介项银。其中还有正解宝、杂解宝、正介方、杂介方，都有实际银锭。杂解宝是所谓的马蹄银，其他两种为方形。

长沙的库平叫四二库平，每一百两比长沙钱平大 4 两 2 钱。解宝银曾经是湖南布政使制定的银炉即万远源、李源茂、能信盛三家铸造的银两，或者是经过其手的银两，银锭面上刻有"布二家"的印，比用项银每两大 3 钱。杂解宝是上面两家银炉以外铸造的银两，比用项银每百两大 3 钱。正介方也比用项银每百两大 2 钱。杂介方锭比用项银每百两大 1 钱。

但目前长沙的银两很少如上述实在，几乎都是以两票为代表，因此平色上的计算不能当作实际上比价计算的基础。

现在汉口洋例纹和用项银比较，其比价如下（作为九九八兑）：

汉口洋例纹 100 两 ＝ 用项银 98 两多

对汉口外商支付 1000 两时，只需支付 980 两即可，上述只不过是银的平色上的计算。事实上自民国二年（1913）以来，长沙已没有银两，只有两票通用。因此，有较大的贴水行情，不管长沙两的行情如何好，通常就是附加 200 两。1915 年 7 月的比价是，汉口洋例纹1000两相当于长沙平1500两。虽说是长沙两，实际是对两票的比率。

七、汇兑

长沙的汇兑行情一般都是相对汉口，其次是上海。与汉口汇兑相比，上海汇兑低二成。以此为例，例如，对于汉口附加500两的贴水时，对于上海就是400两。

1915年7月，对于汉口，附加650两的贴水。

对于汉口估平两1000两，显示长沙钱平600两的贴水时，汇洋例纹1000两时的计算如下：

1000×0.98×1600＝1568

即对于汉口洋例纹1000两，必须汇长沙钱平1568两。

另外，对于长沙钱平1000两，用洋例纹汇时：

长沙两1000÷1600÷0.98＝637.75

即汇洋例两637.75两。

1914年对于汉口1000两的汇兑行市如下：

月次	最高	最低	月次	最高	最低
1 月	1920 两	1810 两	7 月	1280 两	1125 两
2 月	1920 两	1620 两	8 月	1595 两	1220 两
3 月	1620 两	1310 两	9 月	1720 两	1585 两
4 月	1730 两	1520 两	10 月	1770 两	1640 两
5 月	1710 两	1515 两	11 月	1694 两	1640 两
6 月	1505 两	1325 两	12 月	1795 两	1760 两

第三节　度量衡

一、度

长沙使用的尺度与日本的尺度比较如下：

木尺（原名武尺）　1尺	＝ 日本 1.16 尺
裁　尺　1尺	＝ 日本 1.17 尺
绸缎尺　1尺	＝ 日本 1.13 尺
卖布尺　1尺	＝ 日本 1.16 尺
算盘尺　1尺	＝ 日本 1.17 尺
广东尺　1尺	＝ 日本 1.18 尺

上述尺寸各家多少有些差异，这里列举的是公认比较精确的尺寸。与外国人的买卖原则上使用米突尺或英寸。

二、量

米、麦、豆等谷物重量，在与外国人进行买卖交易时，用斤计量或以笼为单位。也使用斗等量器，但只限于市场上中国人之间的买卖和小额买卖。

长沙市场上使用的量器如下：

一筒（五合）：上边的直径是月寸 2 分至 3 分，深 4 寸 4 分，底部是直径 2 寸的圆筒形。用竹子制作，外侧用铁箍围上。五合，相当于日本 2 合 4 勺，但计量时会装得很尖满。

一升：形状与一筒相同，上边的直径是 2 寸 9 分，深 9 寸 3 分。相当于日本 5 合 3 勺。测量的方法与五合相同，装得尖满。

一斗：为木制斗，侧面分上、中、下三段，用铁箍固定，有两个把手。上边直径 4 寸 6 分，深 9 寸 5 分。中间的铁箍周围长 2 尺 7 寸 1 分。底部直径是 8 寸 3 分，周围长是 2 尺 6 寸 1 分。装入 10 升的计量方法是使用斗搔，将上部装平。

一斛：与一斗形状相同，能装 2 斗 5 升。上边直径是 6 寸 5 分，深 1 尺 3 寸 5 分，底部直径 1 尺 1 寸 1 分。以 4 斛为 1 石。

除以上这些外，还有与外国人进行杂粮买卖时用的竹笼或藤笼，确定 4 笼为 100 斤。1 石为 480 斤。豆类以 130 斤为 1 石。液体使用量斤的舛。

三、衡

长沙一般用于货物称量的衡是钱平。蓝市、米市、皮油、豆油、菜油、皮货等都用钱平。秤的种类有多种，1 斤 8 两、5 斤、6 斤 4 两、10 斤、50 斤、200 斤、700 斤、1400 斤等。以 16 两为 1 斤，相当于日本 132 钱。但各商铺的秤未免多少有些差异。有的 1 斤相当于日本 148 钱。还有以钱平 17 两为 1 斤的小菜平。

另外，也使用广东平，广东平 16 两相当于长沙两 17 两。

三井洋行在与中国人的贸易中，把中国的 100 斤计算为日本的 90 斤，没有大的差别。杂粮有的以相对于 1 石的斤数计量，使用方法如下：

米	1 石	148 斤
豆、菜油	1 石	135 斤
茶油、桐油、漆油	1 石	33 封度
麻	17 两	1 斤

第三章　岳州的金融货币和度量衡

第一节　金融机构

一、新式银行

（一）湖南银行

本行在长沙设有总行，当地的支行介于汉口、长沙之间，因此非常受重视。其汇兑业务也主要是针对长沙和汉口。现金的缺乏确实是湖南币制的缺点，此地也未免其灾。私票发行泛滥，因此本银行期待灭绝私票。当地虽不发行票子，但总行发行的票子在流通。种类有钱票、银元票、两票，有 100 文、200 文、300 文、500 文、1 串文、5 串文以及 1 元、5 元、1 两、5 两的票子。当地与长沙相比，兑换准备额多，因为现银与票子的差距较大。

（二）岳州商业银行

本行在当地城外天岳山街设有总行，没有支行。发行相对于铜货的票子，200 文、1 串文的票子流通较多，流通范围较小，没有出岳州。其暂行章程的内容显示，资本金为 30 万元，以 500 元为一整股，50 元为一小股。营业项目有存款、贷款、当地金银及期票买卖、保管证书及物品、购买公债股票、汇兑、办理货物汇兑、发行兑换券以及其他许多不过是名目的业务。

二、钱庄

（一）概况

在当地，很少有纯粹经营钱庄业务的店铺，多是兼营。兼营钱庄的店铺有兑换业务，也发行兑换券。但没有存款及贷款类业务。专营钱庄如下：

商号	所在地	组织	资本金
恒　昌	街河口	股份	100000 两
同宏泰	街河口	个人	40000 两
宜昌利	街河口	个人	30000 两
裕泰恒	街河口	个人	20000 两

除上述钱庄以外，还有以前的几家，但业务缩小，兼营其他商业。恒昌是老铺，

在中国人中最有信用，裕泰恒业务疲软，与前三家无法比。

其他兼营钱庄的店铺经营汇票、发行票子，店铺列举如下：

裕昌祥（绸缎庄）	合义盛（杂货商）	义合兴（染坊）	同顺（漆店）
明远斋（洋货店）	马洪泰（杂货店）	恒升茂（米店）	徐裕生（粮食行）
协泰（绸缎布店）	益丰太（绸缎布店）	锦泰昌（绸缎布店）	永吉太（绸缎布店）
普利（米店）	协成和（绸缎庄）	周茂盛（杂货铺）	

（二）营业

钱庄的主业是兑换。根据行情，以铜货买银元，随着银元行情上涨，再换成铜货，或根据银元票的行情变化获取利益。这是各钱庄的努力之处。

钱庄中也开展存款、贷款业务，但只有恒昌、同宏泰、宜昌利有此业务。这三家钱庄处在钱庄与新式银行中间，也经营汇兑业务。存款称为用银，贷款称为放银。存款的利息一般一个月5厘，贷款利息一般是1分。

第二节　汇兑

一、对汉口的汇兑

（一）平价

当地银两的平兑是九七八平足兑。即使在当地，根据商店和商品的种类，也会使用不同的两，不能一概而论。据说九七八平是钱庄使用的两的标准。关于岳州平，叫五八九平或九七二平，或叫九七五平、九八五平等，不知道以哪个为准。询问中国人，说是计量货币时秤的种类不只限于一种。汇兑时也因办理的店铺如何而异。

根据现在九七八平足兑，与汉口洋例纹的平价显示如下：

岳州平	1000＝汉漕平 978
漕　平	986＝估平 1000
估　平	980＝洋例 1000
洋　例	1000＝岳平 x

根据此算式，可知岳州平 988 两的情况。因此，汇票的需求与供给一致时，在岳州把 988 两支付给钱庄，可以购得记录洋例两的票子 1000 两。

（二）市场行情

在汉口，虽然收取岳州两的支票，但多数情况下不能获取现金。与此相反，寄往汉口的支票到了汉口肯定能够得到现金。因此其需求通常超过供给。根据对钱庄的调查，以现银购买寄往汉口的支票时，钱庄每 1000 两征收 22 两的手续费，最低时手续费 5 两（1913 年）。

但实际上购买寄往汉口的汇票时，几乎不使用现金，多使用湖南银行的两票。兑换行情以长沙市价为准。即从当地对汉口的汇兑，行情由长沙决定。因此，岳平两的平价与汇兑没有直接关系。

二、对长沙的汇兑

（一）平价

长沙的标准银两是九八六平九九七兑。现在，如果求钱庄的九七八岳州平和长沙省平的平价，是长沙用项银 980 两＝汉口洋例纹 1000 两。岳州两（九七八平）988 两＝汉口洋例纹 1000 两。因此兑换比率是，省平两 1000 两对岳州两 1008.16 两。但中国人以省平两 1000 两＝岳平两 1008 来计算。

（二）市场行情

平价如上所述。但实际上购买支票时，是以相对于省平两的铜货换钱价格购买。并且拿着省平两的汇兑支票到了长沙，也不能获得银两，不过是按照当时的市价得到票子。

第三节　货币

当地流通的货币是制钱、铜元、银元以及与之相对应的票子。银元中最有信用的是龙洋、墨银。另外，票子有台票（湖北省官钱局）、官票（湖南银行）。

打洋的市场行情，官票为 1470 文（1913 年 7 月 28 日），因为刻印数量太多，成为碗状。交通银行发行的银元票市价是 1470 文。但一般行情是，没人愿意接受，有时会贴水。江南洋、北洋来自湖北，信用较低。以上都称作常洋，换钱价格相等。

日本旧银元成了伤银就被列入打洋的行列。光洋市场行情是 1500 文。其是无伤的湖北龙洋，在当地最有信用，墨银也在此行列。与常洋的差别大概是 3 个铜元。

湖北纸币（官票）是湖北官钱局发行的 1 元的票子。在当地信用不高。湖南纸洋是湖南官钱局发行的 1 元票子，其市场行情与常洋大致相同。

湖南省两票的市场行情是 1840 文。相对于湖南、长沙的标准两，湖南官钱局（现在的湖南银行）发行的票子，市场流通量极少。湖南银行逐渐回收，执行流通银元票的方针，要把有几乎不换纸币观的票银从市场驱逐出去。

小银币从汉口方面进入而来，数量不多。

见到有汇丰银行票的流通，信用稍差，通常附加贴水。

铜元、制钱的流通量最大，与代表它们的各种票子一样，都是重要货币。它们与票子的差距较小，也就是说，当地的兑换准备比长沙完善。

第四节　度量衡

一、度

有裁尺和木尺。裁尺有量土布的和量洋布的 2 种。与现在日本的尺相比如下：

裁尺（土布用）　1 尺	= 日本 1.27 尺
裁尺（洋布用）　1 尺	= 日本 1.03 尺
木尺　1 尺	= 日本 1.15 尺

二、量

当地专门使用的斗量是筒子，几乎见不到方形的量器。

与日本的斗量相比显示如下：

1 升 = 日本约 6 合

1 斗 = 日本约 6 斗

1 斛 = 日本约 3 斗

1 石 = 日本约 6 斗

三、衡

秤的数量很多，最常用的秤与日本的比较如下：

1 斤（16 两）= 日本 156 钱

1 担 = 日本 15 贯 600 钱

根据不同的货物，1 斤的两数也不同，主要以 16 两、18 两、20 两为 1 斤。

第四章　湘潭的金融货币和度量衡

第一节　金融机构

一、钱铺

当地的钱铺有协兴和、李生和、吉庆祥、顺银号、协和成钱号、乾丰和、惠生和、怡顺阜、昌祥、丰经和、豫泰厚等。但主要是经营兑换业务，还没有办理各地的汇兑业务，因此资本额不多。只有以下钱铺发行 1 串文的票子：

惠生和　怡顺　阜昌祥　丰经和　豫泰厚

二、新式银行

作为当地的新式银行，有吉安公钱铺和湖南银行。吉安公钱铺有资本金 7 万两，是股份形式，一股 500 两，由吉安人设立，民国二年（1913）3 月开办。有存款、贷款等业务，发行票子，经营汇兑。票子有 500 文（铜元 50 个）、1 串文（铜元 100 个），通用但不贴水，发行总数号称约 1000 串文。

三、当铺

此地的当铺有 11 家，其商号如下：

典当	丰盛典	仁和典	义元典	瑞昌典
小典	晋益（十总）	德泰（十三总）	乾元（城内）	怡昌（黄龙卷）
	太和	永康（蒙竹街）	馥金铨（新街口）	

据说月息是 4 分，期限 10 个月。另外，大宗的月息是 2 分 5 厘，期限 16 个月。此外还有小的抵押，征收一成利息，期限为 3 个月。

据说作为当捐而交到警察署的金额，一个月为 640 文。营业状况是，由于人口多、富裕户少，是当地金融上不可或缺的金融机构。另外，每年要向财政局纳税 12 两 5 钱，有的不收到警察署。

第二节　货币

一、硬币

银元跟湖南各地相同，伤银较多，无伤银元叫光洋，价格较高。湖北省银元流通最多，但墨银、日本银元也流通。当然铜元、制钱也是主要通货，其中铜元需求量较大，但因为硬货缺乏，买卖大概都是使用铜货 50 个、100 个的票子。银两仍然是用于大宗交易。湘潭平比长沙平每百两小 3 钱 2 分，称之为三九八三八平。另外，湘潭银的成色是九九五左右。

二、票子

湖南银行发行的两票、银元票、铜元票流通很多。作为私票，有各钱铺发行的 500 文、1 串文票子通用。

第三节　度量衡

一、度

工尺　1 尺	＝ 日本 1.155 尺
布尺　1 尺	＝ 日本 1.170 尺
鲁班尺（木工用）　1 尺	＝ 日本 1.140 尺

二、衡

用于苎麻	日本七三钱 ＝ 7 两 8 钱
用于药材	日本一五钱 ＝ 1 两 3 钱 5 厘
用于白糖	日本七三钱 ＝ 8 两
用于烟草	日本六五钱 ＝ 6 两 6 钱

第五章 醴陵的金融货币和度量衡

第一节 金融机构

一、钱庄

醴陵虽然有钱庄，但没有票号，现在列举主要的钱庄如下：

惠丰祥	乾 丰	永和隆	咸亨震	华 丰
德丰和	同德厚	德厚福	义 源	期 美

上述钱庄中较大的是惠丰祥、乾丰、华丰、期美，以钱业为专业，其他多是兼营。大的钱庄资本有 2 万两，其他是五六百两到一千两的合资形式。其业务是，办理汉口、长沙、湘潭等地的汇兑。存款月息五六厘，定期存款（长存）1 个月 1 分，3 个月、6 个月或 1 年的稍多。贷款利息短期是月息 8 厘，长期是月息 1 分 3 厘。也发行钱票，但很少，流通力不大。

二、当铺

醴陵的当铺有同升号、怡昌号。现在记录的对于同升号的调查是，资本 1 万两，期限是 20 个月为满期，留月有 2 个月，利息当价是 1 串文以上时，每月 5 分，10 串文以上时，每月 4 分。贷出时用九八钱，接受时用满钱，因此，除了利息以外，还有差额利益。

第二节 货币

一、硬币

醴陵通用的硬货与株洲无异，但使用制钱时，鳌金十足，即 1000 文为 1 串文，市面上一般采用的是将 956 文作为 1 串文计算，此外也有采用 976 文计算的。

二、票子

软货流通力最大的是湖南银行的官票，以前各钱庄都发行银票、钱票，但现在几乎都被回收，不再流通。

三、银两

醴陵的银两使用醴平，比长沙平每百两大 1 两，兑付使用九二八色。

第三节　度量衡

一、度

当地使用的尺度有裁尺、木尺，木尺也被称为公议尺，也可用来量丝绸。

木尺　1 尺	＝ 日本 1.00 尺
裁尺　1 尺	＝ 日本 1.16 尺

二、量

当地有官斗。官斗的容量相当于日本 5 升 7 合。其他还有 5 升的、1 升的。实际调查其 1 升的容量，相当于日本 5 合半。

官斗为圆筒形，木制，五升量器是竹子制作的，圆筒状。

三、衡

有正秤、油秤、乡秤。正秤分大小 2 种，小的是 10 斤，大的可称 1 担半（1 担 100 斤）。油秤也有大小 2 种，但乡秤只有一种小秤。

正秤　1 斤（16 两）	＝ 日本 162 钱
油秤　1 斤（16 两）	＝ 日本 148 钱
乡秤　1 斤（16 两）	＝ 日本 156 钱

其用途是，正秤用于米谷、棉花，油秤、乡秤用于肉类、蔬菜。

第六章　株洲的金融货币和度量衡

第一节　金融机构

当地商业不发达，市场状况日益衰落，没有钱庄，只有以下几家钱铺：

瑞兴　义生厚　瑞芳

其资本约 3000 元到 5000 元。钱铺主人是当地人。业务有换钱、贷款、存款等，但主要是换钱。贷款期限多为 6 个月，月息每一百元六七厘。账户存款利息是6 厘。

第二节　货币

一、硬币

硬币有银元、铜元、制钱等。没有小银币。银元里湖北龙洋最多，墨银、日本银元同时也有流通。仅次于银元的是制钱，分典钱、行钱 2 种。典钱 1 串相当于银 9钱 6 分，行钱相当于银 7 钱 3 分。典钱十足，即为满钱，以 1000 个为 1 串文。行钱以 990 个为 1 串文。

二、票子

当地流通的票子没有私票，只有湖南银行发行的官票。量票中最多的是钱票，银元票次之。作为钱票，100 文、1 串文、10 串文等最多。

第三节　度量衡

一、度

木工尺　1 尺	= 日本 1.20 尺
裁　尺　1 尺	= 日本 1.12 尺
鲁班尺　1 尺	= 日本 0.93 尺

所谓的鲁班尺，形状类似日本的曲尺，其中一面是骨制，上面有刻度，长的有 1

尺 5 寸，短的有七八寸。

二、量

株洲的量器使用长沙称为省斗的斗。实际调查其 1 升相当于日本 4 合多。事实上与省斗不同。

三、衡

株洲使用最广的秤与日本相比如下：

正秤　1 斤	＝ 日本 162 钱
加秤　1 斤	＝ 日本 158 钱

正秤是 16 两为 1 斤，加秤是 17 两为 1 斤。1 担都是 100 斤。观其用途，正秤用于油类、米谷、棉花，加秤用于盐、肉等。

第七章　益阳的金融货币和度量衡

第一节　金融机构

益阳位于资江下游的关键处，市埠繁荣，船舶数量充足，因此金融也呈盛况，银行、钱业类机构很多。

一、新式银行

当地银行、钱庄多位于二保街。湖南银行、实业银行、赣省民国银行、矿业银行等都在此地。市况空前繁荣。目前新式银行状况如下：

湖南银行的营业科目与总行相同。这里不再记述。

实业银行是官商合作银行，为了给实业界提供资金而设立，其营业兴旺状况仅次于湖南银行。

赣省民国银行即江西民国银行分行，以江西省财政补充为目的而设立。

矿业银行是以湖南省尤其是资江流域采矿资金供给为目的而设立，经营状况不佳。

交通分银行是官设交通银行的分银行，营业成绩较好。资本金库平一千万两。以兑换、汇票、存款、纸币发行等为主要营业项目。

宝庆矿业银行在长沙有总行，系官设银行，经营兑换、汇票、存款等业务，但自设立以来，信用较低，营业状况不佳。

二、钱庄

其主要钱庄列举如下：

人　和	裕恒益	吉祥瑞	同　庆
喻　义	德　昌	照　武	汇　丰
乾丰祥	怡　生		

钱庄的组织形式多是股份制。资本从 2 万元到 10 万元。各钱庄中信用最高的是裕恒益，照武、汇丰次之。这些钱庄都发行票子，最大程度润泽金融，但一直以来由于没有关于发行票子的任何限制法规，造成滥发，弊害越来越大。受这种情况逼迫，当局紧急加以限制，组织商业工会，资本金达到 10 万元以上者才被允许发行票子。

第二节 货币和度量衡

作为当地通货，硬货流通较少，多是以各种票子进行买卖。湖南银行发行的银元票、钱票占第一。此外，也有实业银行、赣省民国银行、交通银行发行的票子及各钱庄发行的小票在市面流通。

当地所用的秤是长沙钱平，度使用的是公议尺，相当于日本 1 尺 2 寸 5 分。

第八章　东坪的金融货币和度量衡

第一节　金融机构

东坪是住户不满三百户的小镇，但市容稍显殷实，现列举钱庄如下：

商号	所在地	商号	所在地	商号	所在地
集源隆	正街	裕　泰	横街	旭日升	正街
德　大	正街	宝聚通	横街	同升福	横街
宝裕隆	正街	正顺福	横街	蒋正昌	横街
源远长	正街	中孚信	横街	晋丰祥	横街
刘彦昌	正街	谋裕康	横街		

　　上述钱庄中营业状况良好、信用很高的有中孚信、德大、同升福等。其次是宝裕隆、宝聚通、正顺福、集源隆、蒋正昌等各钱庄。资本以德大、中孚信的一万串为最高。其他不祥，好像有一两千串到五六千串。这些钱庄中很多还兼营绸缎铺、酱园等，即钱怡顺、正顺福、蒋正昌、普丰祥等几家一边经营绸缎铺，一边发行票子。

　　其业务不太一定，但大多经营汇兑、换钱、存款、贷款（利息每串 1 分）业务。

　　汇兑有以纸币进行汇兑的方法和以正货汇兑的方法，但仅限于少的交易用汇票汇款，机会很少。汇兑手续费一般不征收，但汇到汉口据说每百两征收 3 两 4 分。

第二节　货　币

　　本地有银元、毫子、制钱流通。但现在几乎已在市场绝迹。独占市场的是各种票子和铜元。

　　票子数量很多，多种多样，买卖交易时极为繁杂，但一般商人却很喜用。将其大致分类的话，有台票、常票、实业银行票、市票。

　　台票也称省票，系湖南银行发行，常票是常德各钱庄发行的票子，100 文的票子流通最多。

　　实业银行票系湖南实业银行发行，市场上通用的有铜元 100 文、50 文、30 文、

20 文、10 文。

其他系本地及安化县各钱庄发行的市票及安化票等，都是维持票面价格，买卖交易时没有优劣。

第三节　度量衡

当地所用的衡器是九七六漕平。尺度使用算盘尺，相当于日本 1 尺 1 寸 5 分。

第九章　津市的金融货币和度量衡

　　津市位于沣水河口，出入上游的石门县、慈利县、永定县、永顺县等地的货物都经过此地，因此，应该有些商业。但沣水沿岸地区对外来货物的购买力很小，一年的贸易额也不超过五六十万两。经过此地的物产，主要是永定县的麻，往汉口、长沙方面运送的时间是农历7月到12月。其次是桐油、茶油等，运出时间是农历12月到次年5月。这样，因为要从原产地买入运送来的货物，金融界也于年底最紧张，钱的利息平时也就七八厘，年底有时达到5分。

　　当地硬货极为缺乏，不只是银元，铜元也很少。这样，普通的交易都使用民间发行的铜元和湖北官钱局、湖南银行发行的票子，流通额实际上达到10万串文。在津市，发行这些票子的商者是钱铺、当铺、银楼、油行、山货行、榨坊、槽坊、花行、盐行、绸缎行、布店、杂货铺等，有60多家。这样，对于信用差的店铺发行的票子，自然在钱纸之间产生差距，因此大宗贸易时，例行每串文三四十文的贴水。后来颁布了禁止私票发行的命令，滥发之弊逐渐消失，但据说仍有信用好的商店发行的票子在流通。

第一节　金融机构

一、钱庄

　　津市钱庄很多，所以汇兑业也是钱庄的主要营业项目之一。钱庄里有信用的有5家，即蔚茂恒（湖南省宝庆）、德厚昌（江西）、豫顺兴（山西）、汇丰祥（江西）、崇兴公（山西）等。

　　存款一个月的利息是8厘，定期存款一般是十二三个月，但合议上有时留置到两年。贷款一个月利息一分二三厘。同业者之间通常是便宜二三厘。多是信用贷款，没有抵押贷款，当地因为没有票庄，官金业务也由钱庄管理。因为远远低于民间利息，只有三四厘，因此不在此存款。钱庄的客户只限于汉口、长沙、湘潭、常德、沙市等。汇往上海、广东、天津的，需要在汉口转账，汇往重庆的，需要在沙市转账。

二、当铺

　　当地当铺有3家：源顺典、源还典、源隆典，均系山西人经营。当利是2分5厘。但从12月1日开始70天之内，减息至2分。当期以24个月为满期。但满期后2

个月之内还继续保存抵押物，期间没有利息。

第二节　货币

一、铜元

津市是沣水一带的货物集散地，但附近居民购买力低，运出物产较少，贸易主要靠铜元，极少使用银两。可以说整个市区的买卖交易都是铜元本位。

二、银两

银两使用的秤是估平，对于汉口漕平是九八六。与汉口的平估一样，银色是九九兑，即以二五宝为标准。将之与汉口洋例纹相比，平是一样，但在银色上，汉口洋例纹与二四宝的九八兑相反。津市银是九九兑。

三、票子

民间发行铜元纸币，一时间达到了 10 万串文，系钱铺、当铺、银楼、油行、山货行、榨坊、槽坊、花行、绸缎铺、布店、杂货店等发行，有 60 多家。但禁止私票发行以后，逐渐被回收。

此外，还有湖南银行、湖北官钱局的铜元票，这些铜元票的信用有保证，但与汉口地区的交易只限于麻店，因此，湖北官钱局的票子主要在他们之间使用。

第三节　度量衡

一、度

包头尺（八五尺）　1 尺	＝ 日本 1.070 尺
九寸尺　1 尺	＝ 日本 1.110 尺
布尺　1 尺	＝ 日本 1.240 尺
栏杆尺　1 尺	＝ 日本 1.160 尺
公议尺　1 尺	＝ 日本 1.175 尺
才尺　1 尺	＝ 日本 1.204 尺
绸缎尺　1 尺	＝ 日本 1.175 尺
木工尺　1 尺	＝ 日本 1.100 尺

包头尺主要用来测量当地特产包头布即布面使用的尺，小的买卖使用包头尺，九寸尺用于批发。布尺用于土布，公议尺只用于洋布。

二、量

当地的标准量器是铜升，1 升米的重量是 1 斤 4 两（16 两 1 斤）。还有官斛，1

斛即 2 斗 5 升。1 斛的重量（米）是 32 斤。

官斛是 1 石的四分之一，因此 1 石的重量是 128 斤。米、杂粮的交易以此为重量单位确定石数。但杂粮有加六的习惯，其 1 石是 128 斤加 6，即 136 斤。这些重量都是以 16 两为 1 斤。

三、衡

米、杂粮使用 16 两 1 斤的秤如上所述。其他商品列举如下：

麻	16.0 两	棉花	17.5 两	桐油	17.0 两
茶油	16.0 两	土药	16.0 两	药材	16.0—17.0 两
水烟	16.0 两	盐	17.0 两	酒	16.0 两
茶叶	16.0 两	木油	17.0 两	梓油	17.0 两
油漆	17.0 两	菜油	16.0 两	麻油	16.0 两
棉油	16.0 两	皮油	16.0 两	肉（猪牛）	16.0 两
鸡肉	17.0 两	卤水	16.0 两		

上述药材根据种类使用 16 两或 17 两的秤。此外据说还有加一、加二、加五等习惯。

第十章　安乡的金融货币和度量衡

第一节　金融机构和货币

安乡没有钱庄和钱号，兑换业务都去各种杂货店办理。

安乡流通的货币种类有龙洋、鹰洋、马蹄银、票子、铜元等。买卖交易使用最多的是铜元和票子，马蹄银用的极少。鹰洋、龙洋的行情，都是在铜元1串28到1串30之间。这些行情都是以常德的行情为基准。票子流通最多的是湖南银行发行的，其他也有常德的大商店及当地的杂货店袁太和发行的票子，有100文、200文、300文、500文、1串文等几种。没见小银货和制钱流通。

第二节　度量衡

一、度

木尺　1尺	＝日本1.140尺
裁衣尺　1尺	＝日本1.167尺
工尺　1尺	＝日本1.170—1.175尺
船尺　1尺	＝日本1.150尺

二、量

安乡使用的量器比较统一，量器的表面烙上"较准"印记，表示检查结果正确。量器的种类有1斗、1升、5合。1升等于日本5合多。油类都以量斤的量器计量，1斤相当于日本3合6勺。

三、衡

杂货铺用　1两	＝日本9.87钱
货币称量用　1两	＝日本10.42钱
米谷用　1两	＝日本11.08钱
鱼行用　1两	＝日本10.65钱
街上小买卖用　1两	＝日本14.28—16.40钱

第十一章 永定的金融货币和度量衡

第一节 金融机构

永定县位于沣水的上游凌江河流域，凌江河流经津市，通过洞庭湖，通往汉口、长沙，但因为其贸易区域非常狭小，沣水的水利浅滩较多，船舶往来不便，因此地方贸易不发达，只有永定县的麻在运出时多少受金融界的影响。这样，除了夏季到秋季以外，金融界比较清闲。因此，没有专营钱庄的店铺，多是麻店、布店、油行等大商家作为副业进行通货兑换。日常交易都用铜元，铜元票有 1 万串文以上在市场流通。

一、钱铺

大商家兼营的钱铺有十几家，主要的钱铺有大成永（麻店）、王恒泰（布店）、裕成源（布店），都发行银元票，有 1 串文、500 文、300 文、100 文 4 种，只有换钱业务。

二、当铺

永定有官当 1 家，押当 1 家。押当叫公益典押店，是合资经营，拥有资本 2400 串文，有公益学堂和公益典押店半折股份，一股 50 串文。抵押利息每月 6 分，抵押期 6 个月为满期。

当铺有世昌当，系山西人合资开设，抵押额达 2 万串文。利息 2 分 5 厘，但 12 月份减息至 2 分。当期据说是满 2 年。

当铺实行抵押贷款，不仅供应民间融资，也发行铜元票供给通货，其发行额约 2 千串文，以非常好的信用不断流通。

第二节 货币

永定市况比较繁荣，有麻运出。但这些都以铜元进行交易，银两使用极少。此地汇兑不便，赴其他地区采购商品时必须携带大量现钱。因为携带大量铜元未免危险和不便，因此，兑换成元宝以弥补此缺憾。

市场存在的银两有川曹（十足）、方曹（二九宝），是 10 两、5 两的银锭。有称之为大宝的足银 50 两元宝存在。用于称量的秤是省平九八六平，即与长沙省平九八六相同，市上的标准银色都是足银。

铜元是所有交易的主要通货，每两银对铜元2串文左右。

永定与津市往来频繁，因此湖北省官钱局的铜元票也通用。但主要的还是湖南银行及钱庄发行的铜元票，都非常有信用。至于私票，也都是拥有大资本的麻商发行，与官钱局发行的票子具有几乎相同的流通力，甚至远达津市，但仅限于麻店使用。私票有500文、300文、100文等，其他额面都是1串文。

将银元作为当地金钱卖出，市价是七钱一二分。但未见其在市场流通。

制钱只用于小买卖，是九八钱，但旧衣商以九九为1串文。

第三节 度量衡

一、度

算盘尺　1尺	＝日本1.16尺
布　尺　1尺	＝日本1.24尺
木工尺　1尺	＝日本1.10尺
绸缎尺　1尺	＝日本1.17尺

二、量

永定的标准量器叫官升，是用于计量谷物的圆筒状的1升，其容量相当于日本3升4合9勺多。1升米谷的重量定为1斤8两（16两1斤），因此，1斗为15斤，1石为150斤。谷物的大宗交易以石数决定。另外，杂粮的交易加一成，有加一成的习惯，即1石实际容量是1石1斗。酒、油等小买卖有特殊的容器斛。1斛相当于日本8升7合3勺，并且下面有4两、2两、1两斛等。4两斛相当于1斛的二分之一。

三、衡

当地的秤，因货物不同，一斤的重量也不同，具体如下：

米杂谷	16.0两	麻	18.0两	酒	32.0两	茶	18.0两
土药	16.0两	药材	16.0两	卤水（曹达）	19.2两	桐油	17.6两
茶油	17.6两	烟草	17.3两	肉	17.6两		

第十二章　宝庆的金融货币和度量衡

宝庆位于资江上游，因有船楫之便并居于重要水域，金融机构也比较完善。

第一节　金融机构

一、湖南银行分行

湖南银行是当地唯一的新式银行，总行在长沙。前些年，以本省财政整理为目的，财政厅厅长陈炳焕将长沙官钱局改为湖南银行，将各地分局改为银行分行。其营业方法与总行完全一致，在此省略。

二、钱庄

当地共有钱庄十几家，现将主要钱庄列举如下。

名称	所在地	组织形式	名称	所在地	组织形式
喻义昌	府正街		正　大	东门街	股份制
敦　信	府正街	股份制	福益昌	府正街	个人
玉　和	东门街	股份制	信　昌	老县门口	股份制
谦慎祥	东门街	股份制	同　兴	东门街	股份制
义祥隆	东门街	个人	晋长源	城外	股份制

上述钱庄中最大的是府正街的喻义昌，资本金约20万元，信用最好。其他大同小异，与喻义昌相比营业范围较小，信用也没有保证。资本一般都是一千串到几千串，主要业务有汇兑、发行票子及换钱，也有存款、折扣等业务。以上十几家中兼营钱庄者居多，如玉和、敦信、谦慎祥、福裕昌等，主要业务是煤炭运输。这些钱庄发行的票子广泛流通于市场，与湖南银行发行的台票并行，但在私票市场上，各钱庄、商户发行的票子（又称街票或小票），其流通范围只限于府城，没有流向其他地区。

第二节　货　币

作为当地通货中的硬货，通用各省的龙洋数量不多。小银币的双毫、单毫及湖南、湖北的小银币以前曾流通，现在在市场上几乎已经绝迹。有时交易以折扣形式通用，有时被彻底拒绝。

铜元、制钱在市面的流通额很小，有的只用于兑换类。各种货币的交换比率是，大洋 1 元 1370 文，1 毫 12 仙，1 仙 10 文。

湖南银行发行的纸币是两票和铜元票。价格有 1 元、100 个（铜元）、500 个（铜元）、10 个（铜元）、20 个（铜元），这几种流通最多。此外还有上述各钱庄发行的票子。

现在试看一下 1912 年 8 月中旬各种票子的通用价格，作为其纸币，实际通用时，额面 1 串文有 30 文的扣水（折扣），即当购买商品时，以 1 串文纸币付款，实际上可以被当作 970 文对待。并且当被要求以此换成铜元时，会减得更多，可到 920 文。

票子滥发的弊害就是这样，因此政府想要回收。但一般商户已经习惯使用，又没有其他可替代的硬货，所以通常要缩水四五十文，但仍然可以看见其在市场流通。

当地所用的银锭，一个重量约五十二三两。一两的价格相当于铜元二百二三十个。墨银和日本银元不流通，据说多作为称量货币被使用，但有时被拒绝使用。

第三节　度量衡

当地所用的衡器叫湘平，与省城长沙的大同小异。当地绸缎铺等使用的卖尺是公尺，用钢制作，相当于日本 1 尺 1 寸 7 分。

第十三章　新化的金融货币和度量衡

第一节　金融机构

新化位于资江左岸，是一个县城，介于宝庆、益阳之间，相当于运输大量货物的中转港。因此金融状况比较活跃，通货也呈多样化。

一、钱庄

此地的钱庄主要列举如下：

商号	组织形式	资本	所在地	商号	组织形式	资本	所在地
永　升	个人	10 万串文	南正街	美　记	个人	5 千串文	永兴街
外　记	个人	1 万串文	南正街	仁　记	股份制	10 万串文	南正街
致中和	个人	20 万串文	青石街	福厚长	个人	3 万串文	毕家巷
寿　康	股份制	不详	毕家巷	乾大庆	个人	10 万多串	东门外
益美祥	个人	1 万 5 千串	毕家巷	履　泰	个人	10 万多串	东门外
厚安福	股份制	1 万 5 千串	毕家巷	惠　泰	个人	不详	南正街
永大福	个人	不详	大码头	盛记庄	不详	不详	东门街
谢长益	个人	不详	大码头	庆　记	个人	不详	毕家巷
仁　钰	股份制	10 万多串文	东门外				

以上钱庄中营业状况最好、最有信用的是位于青石街的致中和钱庄。

钱庄的业务主要是当地的金银买卖、汇兑、贷款、兑换及发行票子，其中最多的业务是发行票子。

当地票子的发行方法，各钱庄自不必说，对于其他各大小商铺，根据资本的大小、是否有信用等，分为上中下三等，营业成绩较好的商铺被允许自由发行票子。市场上被认为是中等的商铺，有的被特许发行纸币，有的不被允许发行，并不固定。对于营业范围较小的小商户，由于信用没有保证，因此没有发行票子的特许。

二、宝庆矿业银行分行

资江流域中，在宝庆与新化县之间，尤其是小溪市、漩塘湾地区富藏煤炭。虽质地粗劣，呈褐色，但产量很大，从民船到西岸，到处可见。

新化附近的游家湾因有锑矿而有名，并且这些矿物要先用小船运到新化，再从新化换船顺资江而下，抵达汉口等开放港口场地。

新化附近如上所述是矿产之地，因此，一是为了采挖矿产融资，一是为了调节当地金融，而设立了矿业银行。创设之际，在湖南省商业界有实力者之间广泛募集股份，营业是半官半民所谓官督商办形式，以资本金贷款、兑换为主要业务，但创业时间尚短，还不能知道其业绩如何。如果将来营业基础稳固，有信用保证的话，一定会给矿业带来更大的方便和利益。

第二节　货币

作为当地通货，除了上述各钱庄、商铺发行的多种小票以外，还使用台票的 1 串、5 串、100 个、200 个、300 个、10 个、30 个、50 个等多种票子。因此，市场几乎只使用票子。大宗买卖自不必说，小的买卖也都使用票子交易。因此，单毛、双毫的小银币被市场完全驱逐出去，不见踪迹。即使铜元、制钱类也很稀少。

另外，称作花边的墨银、银元及各省铸造的 1 元银货，以 1 串 470 文的价值流通，但数量很少。

第三节　度量衡

以漕平为基准使用，但其量不定。店铺使用的尺子称为卖尺，相当于日本 1 尺 1 寸 7 分。与宝庆使用的相同。

第十四章　城步的金融货币和度量衡

第一节　金融机构

城步是边湘山里的一个古驿站，商业不值一提。因此，不用说票庄，就连钱铺也没有。只有兼营换钱业务的店铺4家，同庆斋（布行）、同和福（布行）、周生和（杂货行）、庆来享（首饰店）。资本金没有超过1万串的，汇兑需要到武冈办理。

第二节　货币

制钱在当地称为明钱，流通广泛。花边1元相当于制钱1400文。铜元是主要货币。龙洋1元相当于铜元132个。银毫子流通广西省造的。2角相当于铜元24个。龙洋1元相当于11角50文。

茶油及其他物产的集散期，据说有时会见到10两的小银锭。

第三节　度量衡

一、度

裁缝尺　1尺	= 日本 1.18 尺
布　尺　1尺	= 日本 1.15 尺
木　尺　1尺	= 日本 1.16 尺

二、量

以3筒为2升，1筒相当于日本的2合4勺。用竹子制作，形状不定。1升量器的形状一定，为方形，上边4寸7分，底部3寸9分，深2寸3分5厘。1斗桝一般圆锥形的比较多，也使用方形的，圆锥形的量器与长沙的相同，上边直径是5寸1分，深9寸3分，下部直径9寸9分。方形的是上部敞开的量器。

三、衡

市上使用的秤称公平。公平的1两相当于日本的11钱5分。公平也称之为天平，量油时16两8钱为1斤。桐实以17两为1斤，铁、药材等以18两为1斤。

第十五章　新宁的金融机构和度量衡

新宁是一个小县城，可经资水到宝庆。此地的商人往来只限于武冈、宝庆，没有大宗买卖，需要汇兑时，据说需要到武冈或宝庆办理。

第一节　金融机构

钱铺都是兼营，没有专业钱铺，是正街的药铺、布行兼营，且只有两三家，兼营兑换业务。主要兼营店铺如下：

商号	本业	资本	所在地
刘顺	药铺	5000 元	正街
洪一	布行	2000 元	正街

第二节　货币

当地银两使用武冈平。据说比省平每 100 两大 3 钱 6 分。

制钱是主要通货，以 970 个左右为 1 串。但质量不同，质量不好的被拒绝接受。据说流通额的四分之一属于不良制钱。

铜元的流通额不多。龙洋 1 元相当于铜元 132 个。因离武冈较近湖南银行的票子偶尔也见流通。但 1 串需要 100 文至 500 文的贴水。

当地没有私票。广东的单毫、双毫都通用。

第三节　度量衡

一、度

用途不分明，多为混用。

新宁尺（公尺）　1尺	＝日本1.11尺
裁缝尺　1尺	＝日本1.19尺
买布尺　1尺	＝日本1.18尺

二、量

商用斗斛与官斗相比，每石少1斗5升。形状是方形或圆锥形。此地的一斗相当于日本4升2合。

三、衡

使用叫武冈平的平，比库平每100两小3两2钱。此地的1斤实测相当于日本157钱。

第十六章　衡州的金融货币和度量衡

衡州位于耒水与湘水交合点附近，陆路可通达宝庆府，相当于去往广西之冲。乘小蒸汽船约 12 小时可达长沙。

此地不仅是米、麻、桐油等物产的集散地，最近，随着矿山业的发展，城市越来越繁荣，商业发达，金融机构完善。

第一节　金融机构

一、新式银行

列举当地银行如下：

湖南银行支行	道后街	交通银行分行	马嘶巷
宝庆矿业银行分行		实业银行	马嘶巷
广西银行	（大东华门）		

湖南银行的业务是存款、放款，发行的票子信用也非常高。广西银行因与广西交易较多、与广西商人往来频繁而设立，但在银行中信用最低。

二、钱铺

钱铺的字号及营业状况列举如下：

豫顺祥（金银巷）：合资组织形式，资本金 10 万元，经营各地汇兑，为各客户店贷款（约 2 万元）、存款（7 千元），信用最高，营业已经 7 年。

怡丰厚（南门河街）：个人组织形式，资本金 2 万两，因为自古从事金融业，信用较高，贷款约有 5 千两，利息每月 1 分 2 厘。

维新（朱琳巷）：合资组织形式。资本金说是 6 万两，但事实也就 3 万两。进行汇兑业务，办理与长沙的往来汇兑，贷款不多。

瑞庆祥（铁炉门）：合资组织形式，资本金 2 万两。

还有瑞远（铁炉门）、茂隆（朱琳巷）、恒隆（沔街）。

上述为较大钱铺，有存款、贷款业务。另外，当地还有多家资本金 2 千元到 5 千元的大小钱铺，在沔街鳞次栉比，沔街因此也被称为银号街。稍大些的钱铺列举如下：

衡　一	北门城外	集　生	北门城外	万元福	长街	裕成光	长街
元　昌	长街	祥　记	沔街	永　衡	沔街	德　大	沔街
永　衡	沔街	德　大	沔街	胜　云	沔街	荣茂昌	沔街
瑞　祥	沔街	春　森	沔街	德　茂	沔街	德　和	沔街
惠　源	沔街	义通祥	沔街	忠和顺	沔街	福成和	沔街
广　源	沔街	胜　隆	沔街	福茂和	沔街	永　茂	沔街
德　益	沔街	楚木钱局	沔街		沔街		沔街

三、当铺

当地的当铺商号列举如下：

乾盛　福茂　恒泰　乾丰　恒孚　乾益

上述当铺中，乾盛、乾丰等较大，月息2分5厘到4分，其贷出率约为抵押品价格的四成。

四、汇兑

湖南银行、豫顺祥、怡丰厚经营汇兑，但一般商人通过邮局汇款，不会去银行、钱铺办理汇兑。龙洋据说也是以票子的形式居多。邮局的手续费每元为2仙到3仙。

第二节　货币

制钱在市场上流通额颇多，约以九八五为1串文。铜货现存额不足，市场交易多使用湖南银行发行的铜元票。湖南银行的票子因为是支行所在地，比较有信用，但两票流通较少。市里的店铺不能发行票子，因为以前曾饱受私票滥发之害。

这里的行情，每天早晚两次与城外的国宝堂联系，根据供给需求协商而定。据1915年7月调查，当日的行情如下：

龙洋1元 ＝ 票子1串412文

　　　　＝ 铜元1串390文

鹰洋比龙洋低20文。

湖南银行1串票子 ＝ 铜元980文

　　　　　　　　 ＝ 制钱980文以下

蓝、麻集散期通常铜元的行情高涨。

关于银两，当地有平色银、足色银、炉底银3种。平使用衡平，衡平100两相当于省平的98.6两。银两是当地的沈致、生泰两家铸造的，每10两收150文工钱。

第三节　度量衡

一、度

木作尺　1 尺	＝ 日本 1.17 尺
布尺（裁尺）　1 尺	＝ 日本 1.23 尺
买零碎尺　1 尺	＝ 日本 1.11 尺（买 7 尺以下绸布时用）
公叉尺　1 尺	＝ 日本 1.16 尺（公许尺，民家多用）

二、量

此地使用的量器是竹筒，称为 1 筒，相当于日本 3 合 5 勺。计量时装的尖满，因此相当于日本 3 合 8 勺到 9 勺。底部是竹节，凹凸不平，因此很不准确。用于量豆、米、麦。

1 斗量器是木制的，用铁箍在上下围箍，两侧附有把手。上边直径 6 寸 1 分，底部直径 9 寸 5 分，深 9 寸 4 分，以 20 筒为 1 斗，以 10 斗为 1 石。

三、衡

当地使用的平与日本的平相比如下：

衡平 1 两 ＝ 日本 9.57 钱

1 斤（16 两）＝ 日本 153.122

第十七章　衡山的金融货币和度量衡

沿着湘水从长沙逆流而上 190 公里处，有一个小县城衡山。因这里距离南狱很近，只有夏天人们来参拜时市里才稍显热闹。金融上没有值得一提的机构。

第一节　金融机构

这里作为钱铺独立营业的只有衡山商钱局。其他都是兼营。衡山商钱局是股份制，持股人有 50 个。资本号称 3 万两，但也就有 1 万多两在运营。

其他规模较小经营兑换业的店铺如下：

和丰	布行	保康	布行
颜福昌（北门）	布行	颜聚昌（南正门）	布行
林德盛（南正门）	首饰店	朱益祥（南门正街）	杂货铺

这些店铺几乎没有汇兑业务，只有商钱局办理一些小额汇兑，但业务也极少，且只限于长沙，因为此地商人只与长沙进行贸易。最近小蒸汽船往来自由，15 个小时可到长沙，商人多自己携带现银去往长沙，不需要汇兑。因此，钱铺的业务只是票子、银钱的兑换。据说只有和丰、保康、商钱局进行少量贷款业务。利息是 1 分 3 厘左右。这些钱铺不发行票子。

关于行情，从湘潭、长沙获得通知，然后由商人各自决定。各店的龙洋 1 元换铜元的行情也不固定。

第二节　货币

这里的货币以制钱、铜元为主，银元、小银币极少。湖南银行的铜元票最多，铜元的现货流通很少，票子与铜元的差距比长沙多 20 文。

此地的染坊有新泰、福烟铺 2 家，发行私票，有 100 文、200 文、300 文 3 种。只在域内流通，一旦出了城，便没有了信用。银元几乎不见流通，由湖南银行的票子代替。至于银两，不用于交易，据当地人说，当地没有。其换钱率如下：

花边即龙洋 1 元 ＝ 票子 1 串 440 文

＝铜钱 1 串 350 文

以票子换银元，行情是 1 元换 1 串 470 文。没有光洋，制钱也很少，约以 98 换 100 文。

第三节　度量衡

度量衡与府城衡州相同，可参照衡州。

第十八章　耒阳的金融机构和货币

当地出产煤炭，挖掘都使用土方法。耒阳临着郴水，运输便利，但物产少，运出不多。因当地物产较少，经济不发达，没有支撑金融的钱庄，当地可见的只有当铺信成典一家。

利息每月 2 分 5 厘，贷款期限为 27 个月。

通货只有硬货，未见票子通用。银元即花边，1 元花边是银 7 钱 2 分。小银币是11 毫 80 文。小银币流通较多，主要是广东省的毫子。此外还有铜元、制钱，铜元以12 个为 1 毫，制钱 10 文（1 仙）为 1 个铜元。

第十九章　常德的金融货币和度量衡

常德是仅次于省城长沙的商业地之一，是经沅江远至贵州省的门户。此地的金融除了湖南银行以外，几乎由票庄及一两家钱庄支撑，可以起到内地生产商与汉口进货商之间的中介作用，但后来，湖南银行首先撤退，票庄完全停业，从此金融机构改变。

此地的金融界于少水期商业交易处于停滞状态，不太活跃，但到了增水期，由于汽船、民船往来频繁，这里也热闹起来。对当地银块行情带来影响的时期是茶、棉花、豆类、油类的进货期，这时候所有的商人都把银子换成铜元去进货，到原产地出差，因此，银、铜之间的行情就失去了平衡，铜元价格猛增，这是惯例。

增水期以及外国棉纱、纺织品的进口期，尤其是棉纱的进口额较大，需要巨额交易资金，可以想象资金一定紧张。但汉口和常德的商人之间的价款支付日期是45天，相对于此，汉口与常德之间的运输日期只不过两天多，不仅如此，常德的商人之间的价款支付日期是15天，因此，对于进口商人，给予了充足的时间进行资金周转。且相对于棉纱、纺织类等洋货的进口，与牛骨、油类、蓝等的出口，可以取得进出口的平衡，在这些外国货物的进口时期，据说常德的金融界并不像想象的那样资金短缺。

如上所述，与外界无关，常德金融界的不安时期是农历8月及12月。8月份未清的债务还可以延期到12月份的大季节，因此，金融紧迫情况并不严重。但到了12月份的大季节，每年钱铺、票子发行店等有不少家倒闭。

当地的市场行情，于每天上午10点、下午三四点在城外大河街的财神庙，钱业负责人集合商议决定。信用贷款的利率，一般一个月从5厘到1分5厘。高利率据说一个月2分左右。贷款日期最长也不超过半年。作为当地的金融机构，还有新式银行、银炉、钱店、票号等。

第一节　金融机构

一、新式银行

新式银行，采用外国银行的范式而设立，但办理业务、状态等还未脱离旧套。这些银行的业务有发行兑换券、存款、贷款、汇兑。存款几乎都由当地的批发商、钱铺及其他商店在商品交易时为了支票支付上的方便而收揽了。贷款不过是银行自己对客户店临时进行的垫付。至于汇兑，经营范围只限于长沙、汉口，但汇兑从来都是票号独占，新式银行办理的还很少。这些银行的主要且有利润的业务是发行纸币。

湖南银行常德支行是长沙湖南银行的支行，营业资本金80万两，业务是存款、汇兑、贷款、发行兑换券。兑换券有1、5、10、20、50两，1元、5元，100、200、300、500文，1串文等。发行额号称大约200万串文。在常德市场最有信用。

实业银行系最近设立，同样在长沙有总行。营业资金110万两。本行发行兑换券只有1串文一种，发行额约10万串。

矿业银行支行是宝庆矿业银行的支行，以投资矿山开采为目的而设立，但未见活动。营业资金42万两。发行1串文票子，发行额据说达10万串文。

普益商钱局是股份制形式，资本金以前是30万两，增加资金后50万两。发行的票子有500文、1串文2种，发行额约200万串文。信用继湖南银行、实业银行之后。

赣省民国银行是作为江西财政厅的金融机构而设立的，在此地创立时间还很短，未见其活动。但作为在常德市场有势力的江西商人的机构，将来作为常德的金融机构也许会占有重要位置。

二、钱庄、票庄、银炉、公估局、当铺

（一）钱庄

钱庄也称为钱号，虽然有的经营基础欠佳，但除了票庄，当地没有其他独占金融的势力。其业务有兑换、存款、贷款、汇兑等，也发行钱票。存款主要是当地的大商店，作为商业习惯，中国人在大买卖交易时几乎不用现金，都使用自己存到关系钱铺的票据结算。因此是为了方便而存款，一是游资储蓄，二可以起到自己付款票据保证金的作用。没有大额贷款，多是为自己的客户商店临时垫付。

当地钱铺的重要商号列举如下：

义源泰	普　益	泰昌恒	顺康乾	存　义	亨大利
大顺祥	祥茂永	吉庆裕	万泰恒	福生祥	荣丰康
庆元祥	竟成永	德兴诚	晋泰隆	仁丰泰	宝　丰
源丰裕	义兴祥	同兴泰	东升永	乾大亨	永　康
公　益	协　成				

以上是资本较大的钱铺，其他经营兑换的有20多家，主要如下：

鼎盛昌	傅贵华	瑞兴和	蒋万新	万利衡	林茂盛
李亨泰	亨盛元	张景荣	恒昌盛	阁泰亨	商钱局
三益恒	仁　祖	裕泰长			

钱庄中义源泰最有信用，有资本 50 万两。普益把事务所分为银行部、钱号部两部分。上述钱庄中进行兑换业务的不过四五家。

（二）票庄

新式银行相继成立，但以前金融都是靠票庄、钱庄支撑。虽说设立了银行，但除了湖南银行、实业银行、义源泰、普益以外，没有实力强大的金融机构，兑换大部分都在钱庄进行。当地的票庄都是山西人经营，有五家，如下：

蔚泰厚　百川通　宝丰隆　蔚泰厚　蔚昌厚

蔚泰厚最有信用。宝丰隆系新设。由于战争，山西票庄都很恐慌，当地银行也不敢贸然营业而采取消极手段，一时间几乎处于停业状态，贷款业务也一概停止。

（三）银炉

当地有 2 家银炉，张祥顺、正顺，都位于河街。其业务是将从贵州、四川等地进来的银锭改铸成常德使用的银锭或进行银锭鉴定。

（四）公估局

公估局有一个。公估局的收入一年约三四百两。有两人进行银子鉴定，据说一个元宝银的公估费是 20 文。

（五）当铺

当地的当铺除了典当外，也发行钱票，但最近被禁止。主要当铺列举如下：

裕庆当　鼎兴当　瑞兴当　同丰当　乾丰当　益广当

钱业负责人、绅商集中在城外大河街的财神庙，确定每天的汇兑行情和物价。办理最多的是与汉口之间的汇兑。其次是上海、云贵、山西，还有一些长沙的业务。

到上海、汉口的汇兑，是棉纱、布匹类运入货物的货款，汇往云贵的多是油类、冻绿皮（用于染料的木皮）的货款，汇往山西的是羊皮等毛皮类货款占大多数。现将汇至汉口、长沙、云贵等地的汇费列举如下：

汉口	每 1 千两	40 两
长沙	每 1 千两	22 两
贵阳	每 1 千两	45 两
云南省城	每 1 千两	67 两

汇兑办理店有新式银行、邮局、票号、大钱铺。湖南银行、实业银行只办理交易店所在地的汇兑，但普益商钱局、票庄办理各地汇兑。大的钱庄也办理汇兑，以汉口、长沙为主，上海次之。

邮局汇兑的汇费每元为 2 分，常德局管辖范围内的邮局办理的汇兑，有岳州、津市、辰州、洪江、沅州、麻阳、沅江 7 个地方。

办理云南、贵州的汇兑，要有信用保证，最好依靠营业范围较大的票庄。

第二节 货币

银两、铜元、票子都流通。日常市面的交易以铜元为本位，以票子为媒介。据中国人说，硬货流通额不明，但各种票子合计近 100 万串文。湖南银行调查的当地流通的湖南银行的票子约 75 万串，其他二十五六万串可以估测是其他机构发行的票子。

一、银两和银元

银锭和银元多用于大宗买卖交易。银锭作为银炉、公估局交易的媒介，以中锭为主，其次是元宝、小锞。至于碎银，几乎没有。另外，还有湖南银行用生银在湖南银行常德支行铸造的银锭。有 1 两、5 两、10 两、50 两 4 种。与宝银之间几乎没有贴水。但在实际交易中，很少使用这种银锭。

银元以湖北龙洋为第一，有各种中国银元流通。其他只见过鹰洋，日本银元据说偶尔从宜昌过来，但没有在市场上流通。一般银元有光洋、中洋，市价行情不同。所谓的光洋是无伤银元。中洋指的是打刻过的银元。民国政府发行的有袁世凯头像的人头洋行情也相同。信用程度是，湖北龙洋第一，其次是各种中国银元。换算率几乎相同。鹰洋比中洋便宜二三分。现将其比率列举如下：

光洋 1 元　140 个铜元左右

中洋 1 元　130 个铜元左右

小银币流通非常少，用 2 角银货换成铜元时，换十八九个。这样，小银币不过用于纳税或衙门、电信局等。

二、铜元和制钱

铜元很多，以 100 文即 1 串文为本位形成市场行情。铜钱即制钱，在市面上几乎见不到，被称为九八钱，但实际上计算时用的是九七二钱。

常德市面流通的票子有两票、银元票、钱票 3 种。两票有 1 两、5 两、10 两、20 两、50 两。银元票有 1 元、5 元。钱票有 100 文、200 文、300 文、500 文、1 串文。

银元票、两票只限于湖南银行常德支行发行的流通。相对于长沙用项银而发行的长沙湖南银行的两票可在常德流通。

纸币的发行以新式银行为首，各种商店都可发行。其中信用高的是湖南银行支行、实业银行支行、矿业银行支行、普益商钱局的钱票，当地商会发行的钱票据说也有信用。商会因纸币不流通，作为救济手段，在各大商店的保证下发行了 100 文、200 文、300 文的票子。所幸在商民中获得了信用，对维持市场很有力度。但市面稳定后，便停止了发行，所以现在流通量不多。原本发行票子利润很大，因此各商店都私自为之，其发行额逐渐增加，最后终于让人们对兑换感到了担心。没有信用的票子遭到拒收的情况比比皆是。

钱铺及其他商店票子的发行额一般都超过了资本金，除了上述的新式银行、商钱局、商会以及两三家钱铺以外，信用较低的店铺倒闭危险较大。因此，各大商店一天卖货款中的钱票、银元票等，直接派店员到该票子的发行店，让其换成铜元或湖南银行支行的票子，然后存到银行账户，据说这是惯例。

可以发行钱票的商店（银行、钱庄以外的发行钱票的店铺）列举如下：

店名	营业种类	所在地	店名	营业种类	所在地
鼎丰森	纸店	上庆大街	恒泰茶楼	茶	
王宝兴	皮货店	府门口街	仁盛祥	布行	
源大昌	洋货	仁智桥	公和纸号行	纸店	东门外
宝源祥号	花行	仁智桥	熊泰顺	米行	东门外四铺
戴德盛号	杂货	北门外正街	同馨茶号	茶	府门口外
辜万茂	屠行	考栅正街	龙园茶楼	茶	
文兴隆	屠行	小河街	刘景兴	杂货	东门外
阜彰广	广货	大高小巷	刘春茂	花行	仁智桥
鼎新号	广货	沅清街	瑞丰斋		大关庙街
最新	广货	县门口街	熊天祥	银楼	大西街
恒泰源	绵带	下大庆街	杜洪盛	屠行	大兴街
郭泰昌	绵带	府门口街	万义盛	屠行	大庆街
大砚茶楼	茶	华严菴	周寿记	广货	大高山巷
醉春号	杂货	小西门外	时新号	广货	道门口街
马万隆号	确坊	大关庙街	伍启昌	布店	下大庆街
蒋谦和	确坊	东门外	万益茂	布店	大西街
益昌和	确坊	大西街	钧泰昌	布店	大西街
鼎盛元	确坊	大西街	乾裕协	布店	大西街
庆丰衡	确坊	大西街	吉大祥	布店	大西街
庆丰祥	确坊	大西街	裕昌和	布店	大西街
万和祥	确坊	府门口街	大和盛	布店	大西街
锦丰增	确坊	府门口街	泰丰裕	布店	常清街
德茂祥	确坊	府门口街	裕茂永	布店	常清街
天生成	确坊	府门口街	益丰仁	确坊	常清街

店名	营业种类	所在地	店名	营业种类	所在地
晋大舛	确坊	府门口街	鼎盛和	广货	常清街
盛美泰	杂货	常清街	王昌斋		东门外
大观楼	茶楼	常清街	同吉布号	布店	常清街
义昌祥	杂货	常清街	义泰诚	布店	东门外
刘水荣号	确坊	青阳阁街	乘春盛	布店	东门街
松裕盛	确坊	府庙正街	义盛泰	布店	上大庆街
元镒荣号	确坊	大西门街	仁丰祥	布店	上大庆街
新盛仁号	确坊	长巷子	可泰祥	布店	上大庆街
杨荣泰	杂货	大关庙前	顺昌公	布店	上大庆街
成美泰	杂货	大河街	陈永立	布店	大关庙前
镰益酱园	酱油	右稷宫街	益丰仁号	布店	鹅鸡巷
丁亿中号	杂货	电祖殿	鼎丰祥号	杂货	东门外
万盛恒号	确坊	府庙街下	黄广盛	蛋行	东门外
谦泰隆号	杂货	下南门内	荣丰厚	布店	大高山巷
义昌祥号	杂货				

三、平和两

银两通常称作常平，常平与长沙钱平相比，每百两大1两7钱2分，将其叫作九八二八平，其银色是九九七兑。常平也叫老漕平，对于长沙用项银，相当于17两7钱。对于汉口估平，按以下关系为原则：

汉口估平足纹银1000两 ＝ 常平997纹银985.75两

常平997纹银1000两 ＝ 汉口估平足纹银1014.45两

但当地商人多按如下计算：

长沙钱平（省年）1000两 ＝ 常平982.08两

汉口估平纹1000两 ＝ 常平982.04两

洋例纹1000两 ＝ 常平962.04两

常平用于当地及沅江流域，乃至湘西一带，范围很大。这里还有洪江平、辰平、沅平等各种平，但大的交易都使用汉漕平或常平，并遵照上述价格标准，但据说实际交易上绝对没有这种银块。

第三节　度量衡

常德是湖南西北部的大市场，这里生产的桐油、棉花、牛皮、蓝、谷物贸易很活跃，用于这些买卖的度量衡，根据各种货物而不同。尺度与沙市地区大同小异。

一、度

大布尺　1尺	＝日本1.32尺　洋布用
绸缎尺　1尺	＝日本1.21尺　绸布用
布　尺　1尺	＝日本1.26尺　土布用
算盘尺　1尺	＝日本1.17尺　标准尺
木工尺　1尺	＝日本1.17尺　木工用
栏杆尺　1尺	＝日本1.17尺　带子类用

二、量

斗量叫石、斗、升、合、勺，都是十进制。米、杂粮的交易通常使用相当于2斗5升的斛，称为常斛。

常斛一斛的容量是2斗5升，以4斛为1石。常斛的容积相当于日本1斗4升3合。但大的交易不使用斛，而是根据相当于一个标准斛容积的米谷的重量。其标准斛的重量是，1石是144斤，1斗是14斤7两3。并且这个重量单位用于米及各种杂粮的买卖，1斤是18两。

小买卖用竹筒，有大、中、小3种，大即1升，中即5合，小即1合，其容积多少有些不同，自然不太精确，大约如下：

大筒（1升）＝日本4.721合
中筒（5合）＝日本2.810合
小筒（1合）＝日本0.472合

三、衡

常德用的最普通的秤是16两秤，其他根据货物不同而不同。现在列举名称及1斤的两数：

桐油	18.56两	棉纱	17.60两	牛皮	16.30两
蓝	24.00两	秀油	18.56两	漆油	16.00两
棉花	17.30两	茶油	17.44两	皮油	16.00两
皮货	20.00两	菜油	17.44两	棉油	20.44两

蔬菜	32.00 两	麻油	17.44 两	木油	16.00 两
鱼类	20.00 两	梓油	17.44 两	石羔	16.00 两

根据商业上的习惯，同样使用 16 两秤的，有时以加上一成的重量为 1 斤。

第二十章　桃源的金融货币和度量衡

第一节　金融机构

钱庄称钱号，只有兼营性质的小资本钱号，以换钱为主要业务。现列举可看作钱庄的机构如下：

积庆永：3 年前开业，合资形式。资本金 5 万两。经理李金泉、孙敏文，营业状况顺利，发行 1 串文票子。

陈顺兴：已开设 22 年，个人经营，财主是陈子庄，资本金 5 万两，系兼营，此外还经营油、盐、菜等货物。

彭永祥：个人经营，经营者彭祖商，资本金 5 万两，开业 23 年，主业是油、盐批发。

仁义厚：个人经营，主人王辅朝，资本金约 5 万两，开业 25 年，作为老铺子信用第一。

以上四家营业顺利，除换钱外，还发行 1 串文纸票。曾经也经营汇兑业务，但现在不再办理。存款、贷款只对有特殊关系的人。贷款无担保时月息 1 分 5 厘，有担保（房契）时 1 分 2 厘。存款利息是 8 厘。存款、贷款都没有关于长期、短期的细则。

第二节　货币

交易几乎都是铜元，称呼时叫文。制钱以九八钱为 1 串文，但据说实际也没有执行。银元有少量在市面流通，以湖北龙洋为主，其次是鹰洋。票子系湖南银行发行，此外是上述四家钱庄发行的 1 串文票子及商务总会发行的 1 串文票子在流通。这些票子很有信用，在县城内外使用，此外据说还有常德普益商钱局发行的票子也在流通。

第三节 度量衡

一、度

该县城使用的尺度器具有才尺、匠尺、街市尺 3 种。才尺又称裁尺,服装店、裁缝店使用。匠尺是木匠尺,木匠或经营木材者使用。街市尺是普通桃源人日常使用的尺。当地商务会公定的桃源尺比营造尺小 1 寸。

才尺 = 日本 0.83—0.815 尺	
匠尺 = 日本 0.82—0.810 尺	
桃源尺 = 日本 0.90 尺多	

二、量

有粮器、液器 2 种。粮器计量米、麦、芝麻、豆类,有大小 3 种。最小是竹制圆筒,1 合到 5 合。中型的是木制方形,计量 1 升。大型的是壶形的,用竹子制作,容纳 1 斗、2 斗。液器用来确定酒、油的重量,是竹制圆筒形量具,容量不固定。

粮器	1 升 = 日本 5 合 5 勺至 6 合
液器	1 升 = 日本 4 合 8 勺至 5 合

三、衡

一般使用杆秤,杆、秤砣等不固定。

天平	4 两至 3 两 9 钱 = 日本 40 钱
杂货	4 两 3 钱左右 = 日本 40 钱

第二十一章　沅江的金融机构和货币

沅江位于资江口，与上游益阳贸易频繁，是去往常德、长沙之间汽船航行的要路，市况繁荣。

一、商钱局

商钱局系商务会设立，股东是 10 个绅商，局长是傅输章，其章程规定贷款给各商家时，不得逾期 3 个月，利息均临时面议。

钱局的营业项目与普通银行大同小异，以汇兑、兑换、存款、贷款、发行票子、现金买卖等为主。形式是无限责任公司，资本金有 20 万元。

二、钱庄

当地钱庄有刘仁丰、衡山两家。但营业状况不佳。

三、货币

当地硬币很少，多数是以票子进行买卖结算。

钱票有市票、小票、台票。市票系各店铺自由发行，其弊害很大。小票系商钱局发行，与公票一起，具有很大的流通能力。

第 11 卷

江西省的金融货币和度量衡

第一章　概述

　　江西省的通货可以分为有形通货和无形通货，有形通货可再分为硬通货和软通货。江西省内流通的有形硬通货共有以下 8 种：

　　铜元　制钱　墨银　日本银元　户部银元　江南银元　湖北银元　香港银元

　　铜元和制钱是江西省内各地流通的主要货币。铜元指铸有"当制钱十文"字样的铜板，即 1 仙铜币；制钱指的是 1 文钱。江西省内流通的铜元较复杂，有赣省都督府新铸造的，也有各省铸造的，这些铜元混杂使用。流通的制钱和铜元相似，各省铸造的混杂使用。

　　上述墨银之后的 6 种银元均以元为单位，使用时另有其他具体名称。经常使用的名称有英洋、龙洋、烂洋。英洋又称无伤墨银，在九江、饶州、南昌、河口等地使用；在九江，把无伤湖北银元、江南银元和户部银元统称为龙洋；在河口地区，除了日本银元和香港银元加上产地命名之外，全部称为银元。

　　烂洋是各种杂银的总称。除日本银元之外，打刻后的墨银、香港银元、湖北银元、江南银元、户部银元，只要打刻过的，都叫烂洋。

　　辛亥革命后，纸币的发行权归民国银行，禁止一般的商贾钱庄发行票子。但是，在民国银行未开设分行或办事处的地方，或未完全回收已发行纸币的地方，民间发行的纸币继续流通的情况并非没有。

　　赣省民国银行发行的纸币有市票和洋票 2 种。市票是代表铜元的纸币，分为 100 文和 1 串文 2 种，1 串文的市票又细分为"九五扣"（1 串文纸币可兑换 950 文制钱，100 文纸币可兑换 95 文制钱）和十足（又称满钱，可兑换与面额相等的制钱）。

　　洋票分为龙票和英洋票。龙票的纸币可以与日本银元兑换，英洋票的纸币可以与墨银兑换。这两种洋票都有 5 种面值，分别是 1 元、5 元、10 元、50 元、100 元。最近，市票纸币的市场需求尤其旺盛，但因九五扣的市票不方便计算，停止了增量发行，全部改为发行十足纸币。洋票纸币中 1 元、5 元、10 元面值的在市面上流通最多，而 50 元和 100 元面值的流通稀少。

　　综上所述，民国银行发行的纸币，在其总行、分行、办事处等网点之外的金融机构不受欢迎，即便勉强有人接收，也需有一定的折扣。即使在银元票的发行所在地，流通也并不多见。特别是在民国银行，因兑换准备金数额有所限制，导致银元票流通不畅，其流通区域主要在吉安和樟树地区，这两个地区的日本银元势力很弱，龙洋纸币流通多见，其中又以英洋票的纸币为主，但不过是从南昌总行方面流入的数额不多的纸钞。

　　无形通货的名称来源于其特殊的计量方式。虽然规定了计量单位，但并无与之相应的实际货币，所以在实际交易时，与各种硬通货换算之后才可用于记账。在江西省，无形货币全部以两为单位结算，地方上各主要城市的计量方法各不相同。南昌将其称为九三八平，与九江漕平相比，每1千两约轻9两。

　　一般货币市场的行市由各地的钱业公所议定，以当日该地的虚银两为标准来确定当日行市。

第二章　九江的金融货币和度量衡

第一节　金融机构

辛亥革命之前，九江的金融机构主要有永大、永成、祐宁、江西官银号、大清银行等，其放资数额可达一百几十万两，金融业较受重视。辛亥革命之后，这些金融机构纷纷倒闭，一时间，九江的金融机构仅剩小钱庄。后来，随着赣省民国银行的成立，台湾银行、交通银行的相继开业，九江的金融业逐渐恢复到了辛亥革命前的水平，以下简要介绍九江的金融机构。

一、赣省民国银行

赣省民国银行接管了江西官银号的债权和债务后，准备成立纯粹的商业银行。计划以 200 万元（比例为官四商六）的资本总额，进行官商合股（有限责任每股 5 元，共 40 万股），但是，入股者寥寥。不得已，最后以政府资本（对外宣称是 80 万元，实际数额不明）开业。除了一般的业务之外，作为江西省财政厅的机关银行，赣省民国银行负责发行纸币、管理库银等业务。因为省财政枯竭，大量资金（一时间曾多达 550 或 560 万元）被挪用到省库，银行的经营很不如意，再加上银行不能兑换已发行的纸币，同行之间的信用随着纸币价格的跌落而一落千丈。1914 年 9 月之后，国库银的管理收归中国银行，赣省民国银行基本处于歇业状态。

赣省民国银行发行的纸币数额如下：官票 1200－1300 万串文，洋钱票 200 万串文左右，随后逐渐回收。据说 1916 年的流通数额分别是，钱票 700 万串文（换算后约 260 万或 270 万元），洋钱票六七十万串文。如前所述，纸币价格自 1915 年以来跌落态势巨大，货币市场几度被扰乱，却无整顿方法。

赣省民国银行的总行设在南昌，分行设在北京、九江、上海、汉口、长沙、景德镇、河口、吉安、赣州、抚州、吴城、樟树、萍乡、义宁、建昌，办事处设在镇江、常德、武宁、袁州、奉新、武昌等地办理汇兑和纸币的兑换业务。在万安、会昌、南康、瑞洪、余干设有代理点。自南昌总行的营业状态萎靡以来，分行、办事处、代理点等分支机构基本处于停业状态。

二、交通银行

之前大清银行在九江设有分行，营业很活跃。大清银行停业之后屡屡传出风声说，中国银行打算梳理其债权和债务后再开分行，最终却未能实施。北伐军入浔后，赣省民国银行随即倒闭。北伐军深感军用资金筹措的不便，当时的江西镇抚使段芝贵督促赣北观察使钮元伯等人，为中国银行开设分行之事四处奔走，却没有结果。到了10月，汉口的交通银行忽然派职员到九江，修缮原来的宝庄生钱庄，开设了交通银行的分行，成了北伐军的金融机构。后来随着北伐军的撤离，公款业务停止，而商业方面的客户交易还未展开，其业务很冷清。

三、台湾银行

台湾银行在民国二年（1913）创办，在九江的业务信誉度很高，作为一家可靠的银行，其汇兑和汇兑行市依旧支配着市场，交易范围逐渐辐射到地方。台湾银行除了一般的业务之外，还负责发行纸币和货物担保贷款、押汇。与钱庄不同的是，台湾银行不办理换钱业务，也没有铜元的相关业务。

四、钱庄

根据东家不同的出身，九江的钱庄主要分为以下3类：

安徽帮（安徽出身）　南昌帮（南昌出身）　九江帮（九江出身）

安徽帮的钱庄在九江的资本金最多，以存款、贷款及大额汇兑买卖为主业。

南昌帮的钱庄的资本金仅次于安徽帮，办理存款、贷款和汇兑买卖的同时，兼营杂粮、苎麻、棉花的交易。

九江帮钱庄的资本金最少，主业是换钱，副业是杂粮交易。

下表中列出九江的钱庄。

（一）安徽帮钱庄（等级参考的是钱业公所的记录。等级顺序是元、享、利、贞）

钱庄名	东家	股东	经理	正资本	副资本	所有资产		开设年限	副业	等级
						东家	股东			
瑞庆裕		刘炳生 黄冕周 胡礼庭	胡礼庭	1万两	3万两		刘20万两 黄3万两 胡2万两	2年		元
丰业	许玉田		金景辉	1万2千两	2万两	10万两		9年	绸缎庄	元
慎昌		胡明瑞 江楚鸣	胡明瑞	1万两	1万两		江十几万两 胡1万两	3年	换钱	元
源通裕		胡礼庭 黄冕周 程继实	黄荷甫	1万6千两	1万5千两		胡2万两 黄3万两 程1万两	1年		元
长和		孙跣如 江辅卿 邱星农	孙跣如	1万6千两	1万两		孙2万两 江1万两 邱2万两	1年		元

钱庄名	东家	股东	经理	正资本	副资本	所有资产 东家	所有资产 股东	开设年限	副业	等级
查永昌	查某		陈国祥	1 万两		2 万两		40多年		利

（二）南昌帮钱庄

钱庄名	东家	股东	经理	正资本	副资本	所有资产 东家	所有资产 股东	开设年限	副业	等级
三泰	吴仰三		吴仰三	5 千两	5 千两	1 万两		10 年	杂粮 棉花 苎麻	元
汇通源		那瑞南 余翼生	余翼生	5 千两	1 万两		那 2 万两 余 4 千两	2 年	同上	利
裕兴永	樊永泉	陈义山	樊永泉	4 千两	4 千两	5 千两	陈 1 万两	4 年	同上	利
晋泰		辜竹平 马澄波	辜竹平	4 千两	3 千两		辜 4 千两 马 4 千两	2 年	同上	利
顺祥	郑琴舫		张凤岐	3 千两	3 千两	五六万两		2 年	同上	利
福成		罗同仙 江荣 李荣	罗同仙	5 千两	1 万两		罗 1 万两 江 1 万两 李 1 万两	20多年	主要以戎克船为主顾开展汇兑	利
晋和	辜幼齐		辜幼齐	4 千两	3 千两	3 千两		5 年	杂粮 棉花 麻	利
怡成	郭步青		郭步青	4 千两		1 万两		1 年		利
和兴	胡晴高		陈鸿宜	2 千两	3 千两	4 万两		2 年	杂粮	利

福成以下的四家钱庄只有换钱业务。

(三) 九江帮钱庄

钱庄名	东家	股东	经理	正资本	副资本	所有资产		开设年限	副业	等级
						东家	股东			
裕康	潭谷臣		潭谷臣	1万两		2万两		10多年	主要以换钱为主	利
晋康	马锦堂		马锦堂	5千两		5万两		30多年	换钱	利
宝泰	马华三		马华三	5千两		2万两		10年	杂粮	利

为参考起见，以下分别列举钱庄发行的期票。也就是早期的即条和期票的样式。

第一类　钱庄开具的即条（见票即付的形式，持有人支付）

```
第　号
    计漕平二四银贰百五拾两正

                壬　子　即　┌─────┐
                           │九  福成条│
                           │江      │
                           └─────┘
```

第二类　钱庄开具的期票

1. 只填写支付日期，不填写开票日期，持有人支付的期票。

第一款样式的期票：

```
第　号
            大平
    计漕平二四　　银二千零拾八两正

                癸　丑　腊月念五日　┌─────┐
                                  │九  汇通源│兑
                                  │江      │
                                  └─────┘
```

第二款样式的期票：

```
第　号
    凭票取二四漕　银壹万零贰百四十两正



                民国五年六月　伍号　┌────┐
                                  │驻民国│兑
                                  │浔银行│
                                  └────┘
```

2. 填写开票日期、支付日期、利息的期票，即记名式期票，类似于日本的借用凭证。其样本如下：

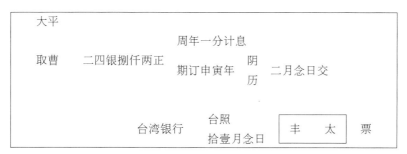

第一款的样式为常用的期票样式，第二款的样式极为少见。商人开具的期票和钱庄开具的期票差别很大。

第三类 存款人开具的支票

（序号由钱庄填写）

第四类 借用凭证

若有担保物件或保证人，需增加相关担保或保证的语句。

五、汇兑

九江与上海的进出口交易最为密切，其次是汉口。自从鸦片禁运以后，九江与汉口的生意锐减，九江与南昌及其他地区的生意也不足一提，所以，九江大部分的汇兑业务与上海有关。

（一）上海汇兑（申票）

之前九江与上海的汇兑业务每年不低于一千万两。后来金融机构纷纷倒闭，一段时间里，只剩下民国银行、三泰钱庄等一两家还可以办理汇兑，但汇兑额极少。随着社会秩序的恢复，作为专门的汇兑机构，安徽帮钱庄纷纷开设，台湾银行也于民国元年（1912）10 月在九江设立，并逐渐支配这里的金融市场。这样一来，九江与上海的汇兑业务逐渐恢复。现在九江与上海的汇兑业务每年可达六七百万两，其中大约一半是台湾银行办理的。

（二）九江本地商人的汇票

九江本地商人所做的进出口业务货值每年可达六七百万两，其中，进口货值远远超过出口货值。特别是九江的外国商人，多数只做进口生意，做出口的外国商人只有俄国的茶商，这些茶商和汉口有资金关系。由此看出，九江当地商人的进出口业务与上海产生汇兑关系的数额每年在三百万两左右，其中，汇出远远多于汇入。

（三）外来的汇票

九江是个中转港口，采办货物的大部分生意由上海和汉口的商人包揽。相关的采购资金和出口关税，与把现银从上海或汉口带到九江相比，在九江当地用汇票结算要方便得多，所以外地商人在九江采购时，会直接开具申票或汉票（以申票为主），如此一来，货款和税费可以一并结算。九江作为中转港口的一个普遍现象，就是外地商人经常在钱庄使用汇票。

在南昌与上海间的汇兑业务中，前半年多是入超，后半年多是出超。九江与南昌不同，茶叶的出港在前半年，到了后半年，棉纱、绸缎、海产等杂货的入港量骤增，这种现状导致两地的金融忙闲期不同步。汉口大部分的进出口交易和九江相似，多与上海有关，但是，不同于南昌和九江的是，汉口的经济范围辐射到湖北、河南、湖南、四川等省，进出口交易的繁忙时期始终与九江不同步。南昌或汉口钱庄的商人，有时会根据行市的变化，不在货物采办当地使用申票结算，而是直接运送现银到九江进行交易，这样可以获得更多的利益。从以上介绍可以看出，九江当地通过申票结算的交易额，比起其他地方要多一些，数额每年可达三四百万两。

流入九江的汇票，来自远处的，有镇江、芜湖、常州、玉山、广信、景德镇、乐平、祁门、婺源、义宁、饶州、南昌、汉口等地；来自近处的，有吴城、武穴、孔垄、兴国、宿松等地。这些外来的申票，大部分用于结算采购货款，所以九江的买汇比卖汇要多得多。如果把九江当地的汇票与外来申票汇总起来测算的话，买汇依旧超过卖汇。这种倾向伴随着九江金融业的发达日益明显，所以九江的金融一年到头始终感到紧迫，由此可以认为，九江相对于上海而言，始终处于债权者的地位。

按照钱业公所的规定，申票的兑付期限有 2 种，一种是见票后 10 日内兑付的，另一种是见票后 7 日内兑付的，实际上多是 10 日付的申票。这是因为，江水涨落导致邮件发出和到达的日期不定，上海的外国银行营业时间短，上海到九江之间的航行需要 3 天的时间，这三个原因叠加在一起，使得现在九江兑付的申票实际上是 13 日付了。

（四）汇兑行市

茶上市期间的汇兑行市最便宜，这是因为绿茶的季节性很短，对汇兑市场影响很小，采购红茶的 4 月、5 月、6 月是全年中汇兑行市最低的时期，最高的时期是阴历年底结账前以及 1 月和 2 月。下面属于比较极端的情况，规元 1000 两的见票 10 日付最高行市是 939.5 两到 932 两左右，而最低行市则是 930 两到 926 或 927 两。九江与上海、汉口之间的交易均使用银锭，相互之间的黄金输送点固定。以下数据是台湾银行对黄金输送点的调查结果。

按照上海两 1000 两兑换小平二四漕平 937.56 两计算。

台湾银行黄金输送点	从上海到九江		从九江到上海	
九江租界通关税的千分之一	九江两	0.937	九江两	0.937
运费	九江两	2.009	九江两	2.009
箱子等打包费用	九江两	0.287	九江两	0.287
公估局鉴定费	九江两	0.302	九江两	0.302
保险费	九江两	0.470	九江两	0.470
上海埠头税	九江两	0.282	九江两	0.282
上海浚泄费	九江两	0	九江两	0.423
苦力费办理手续费	九江两	0.200	九江两	0.300
现金运送费用合计	九江两	4.487	九江两	5.010
规元 1000 元的黄金输送点	二四漕平	933.073	二四漕平	942.570

从以上表格可以看出，上海 1000 两在九江与上海之间的兑换行市从 933 两到 942 两 5 钱不等。

钱庄黄金输送点按照规元 1000 两兑换二四漕平 937 两计算。

从上海到九江			从九江到上海			
			手续费		邮局信函	
运费	上海两	2.50	上海两	2.500	2500 文按照 130 纹银 6 钱 9 分的市价，折算成九江两，得出上述价格	
上海埠头税	上海两	0.30		0.300		
上海浚泄费	上海两	0		0.450		
公估局鉴定费	上海两	0.40		0.400		
九江、上海苦力费	上海两	0.30		0.300		
现金运送费用合计	上海两	3.50		3.950		
上述换算　九四	上海两	3.29		3.713	九江两	1.326
黄金输送点	九江两	933.71	九江两	940.713	九江两	938.326

（由于箱子可以在两地之间多次重复使用，所以箱子费用不包括在其中）

从以上表格可以看出，钱庄的黄金输送点的小平见票即付数额从 933.7 两到 938.3 两或 940.7 两之间。如果是大平见票即付，数额超过 940.5 两，以银锭现金运送比较常见。

(五) 汉口汇兑 (汉票)

正如前面的内容中提到的，自从鸦片禁运以来，九江和汉口之间的货物往来交易锐减，所以一年的汉票买卖额不过四五十万两。在九江，汉票的使用主要有两个渠道，其一是武穴卖给汉口的部分盐款需在九江兑换，其二是红茶上市期间茶栈的买汇。就数额而言，第一种渠道比第二种渠道要多得多，所以九江的汉票一年到头始终是卖汇远远多于买汇。在茶上市期，运到汉口的红茶交易额每年可达 200 万两 (上海两)，而汉票在九江的交易额如此之少的原因，在于茶栈的总店几乎都设在上海，红茶的采购资金也几乎都通过申票结算，本来应该在汉口收取的预付款或垫付款等费用，实际上在上海就已经清算，所以，通过汉票买汇的那一部分款项，只不过是应支付茶叶生产者的预付款之外的差额而已。

汉票的汇兑行市在茶上市期最便宜。红茶出口之后进行汉票买汇，其底值比申票晚一个月，通常在 5 月、6 月、7 月。汉票的汇兑行市最高的时期，一般在 3 月、4 月，此时是武穴盐款汇款最多的时期。总起来说，汉票的汇兑行市波动较小，见票 3 日付洋例 1000 两最低可兑换二四漕平 961 两，最高可兑换 969 两。根据钱业公所的规定，汇票有见票 3 日付和 5 日付，常用的是 3 日付。

以下数据来源于台湾银行对九江、汉口之间黄金输送点的调查结果。

按照洋例银 1000 两兑换小平二四漕平 965.307 两计算。

台湾银行黄金输送点	从汉口到九江		从九江到汉口	
运费	九江两	1.449	九江两	1.449
保险费	九江两	0.348	九江两	0.348
九江苦力费及通关手续费	九江两	0.210	九江两	0.210
箱子等打包费用	九江两	0.300	九江两	0.300
九江通关税	九江两	0.966	九江两	0.966
汉口埠头税	九江两	0	九江两	0.193
汉口苦力费及通关手续费	九江两	0.200	九江两	0.200
公估局鉴定费	九江两	0.319	九江两	0.319
现金运送费用合计	九江两	3.792	九江两	3.985
黄金输送点	二四漕平	961.513	二四漕平	969.294

从以上表格可以看出，见票付的兑换行市从 961.5 两到 969.3 两不等。

钱庄黄金输送点按照洋例 1000 两兑换小平二四漕平 965 两计算。

运费	洋例银	1.500	洋例银	1.500
苦力费（九江、汉口）	洋例银	0.100	洋例银	0.100
公估局鉴定费	洋例银	0.350	洋例银	0.350
汉口埠头税	洋例银	0	洋例银	0.200
现金运送费用合计	洋例银	1.950	洋例银	2.150
以上的换算@96.60	九江两	1.884	九江两	2.077
黄金输送点	九江两	963.116	九江两	967.077

从以上表格可以看出，钱庄见票付的兑换行市从963.1两到967两不等。然而，汉口与九江之间的距离较近，现金外运更为简单，所以，汉票比申票受黄金输送点的支配更大。

在九江，除了申票和汉票之外，到日本、中国北方和南方各地区的汇兑业务并非没有，但其数额极少，汇兑行市根据上海汇到各地的行市或九江汇出到上海的行市综合测算。

南昌的钱庄商人在九江支取申票、汉票的成交额的情况很少，所以说，九江和南昌两地之间几乎没有汇兑业务，这样说也未尝不可。仅有的兑换业务，其兑换以两地之间的申票行市为准。

第二节　货币

九江通货中的硬通货有银锭、银元、铜元、制钱和小银币等，流通的纸币有洋钱票和钱票等。

一、银锭

九江通用的银锭大多是50两的，而作为实银实际流通使用的，只有采购茶叶时义宁地区使用的五六两的银锭，其他重量的银锭在市场上见不到。马蹄形的银锭较多，方形的很少。大部分银锭来自上海，一部分来自武汉。银色最差的有一八宝和二分之一宝，最好的是二九半宝，还有二五宝、二六宝乃至二七宝，二八宝最多。

银的成色一般由公估局肉眼鉴定，不过很难期待各地公估局鉴定结果的一致性，但由于有多年的鉴定经验，各地的鉴定结果倒不至于出现大的出入。特别是九江公估局的鉴定员，有多年在上海的鉴定经历，再加上九江和上海间现金运送频繁，所以，九江的银锭鉴定比较可信。

九江两的标准银成色是二四宝，九江的通用银锭是漕平二四宝。漕平与九江公估平之差是千分之二点四，也就是说，一个50两的银锭换算为九江两时需加上1钱2分。九江公估平的重量是50两的银锭，如果银的成色分别是二二宝、二四宝、二八宝，与九江两的换算关系如下：

估平两	与标准银色之差	估平与漕平之差	九江通用银锭
二二宝 50	−0.20	+0.12	49.92
二四宝 50	±0	+0.12	50.12
二八宝 50	+0.40	+0.12	50.52

银锭的重量一般是估平 50 两左右，其重量并不固定，包括两个可上下浮动的项目，一个是银的成色，另一个是平砝差，两个浮动项目相加减后，按照净重 50 两的银镴计算。

估平重量与其平砝重量之差是千分之二点四，钱庄和国内商人之间交易时按此计算，也就是说，按照一个银锭减去 1.2 钱的重量计算，这种计算方法叫小平。洋行（包括外国银行）和茶栈之间的交易按千分之二计算，也就是说，按照一个银锭减去 1 钱的重量计算，这种计算方法叫"大平"。所谓的大平和小平，其每百两的差是 4 分。同样的道理，二四漕平也有大平和小平之分，但其差别微不足道。九江汇到上海的业务多使用汇票，钱庄的汇兑业务需要从生意方收取手续费（当地行话称之为"要贴"），手续费一般是每规元 1000 两收取 1 钱 5 分到 3 钱不等。上海汇兑的买卖不论生意方有几个人，都按照小平计算。很久以来形成的习惯做法是，二四漕平的汇兑行市（钱业公所的汇兑行市根据小平确定）中，对规元 1000 两增加二四平 3 钱 7 分（按照汇到上海的行市是 93 两或 94 两计算，3 钱 7 分相当于千分之四）。

洋行、茶栈与钱庄的生意大部分是汇到上海的交易，所以，外国人和茶栈对上述无意义的商业习惯觉得不可思议，并且计算起来需要很高的水平。鉴于这种情况，在钱业公所，为了计算上的便利，对洋行、茶栈的生意均使用大平，即把小平的兑换行市转换为大平的兑换行市，汇到上海的业务不再收取 3 钱 7 分。

在上海，以纹银作为标准银色，公估平采用漕平，九八兑是上海的通用银两。在九江，二四漕平是通用银两，二四漕平比九江公估平少 2.4。按照漕平 50 两二七宝的银两，从理论上比较上海和九江的算式如下：

上海　　（漕平两 50＋2.7 宝）$\times \dfrac{100}{98}$＝ 上海两 53.7755

九江　　｛漕平两 50＋标准银色之差（2.7−2.4）｝＝ 九江两 50.30

上海两 100＝$\dfrac{50.30}{53.7755}$＝ 九江两 93.536

运送 60 个银锭，上海漕平（上海公估平）与九江公估平的比较如下：

上海估平两 2992.66＝ 九江估平两 2994.350

即 上海估平两 100 ＝ 九江估平两 100.05647

从以上算式可以看出，上海两每百两，九江估平比上海估平（即漕平）轻 0.05647。按照上海两每百两的九江通用的漕平比上海漕平轻 0.29647 两（0.05647 ＋ 0.24＝ 0.29647）计算，上海漕平 50 两重的二七宝在上海九江公估局鉴定后，如

果没有银的成色的差异，那么，两地通用银两比较时，

上海（上海漕平两 $50+2.7$ 宝）$\times \dfrac{100}{98}$ ＝ 上海两 53.7755

上海漕平两 $50+\dfrac{0.29647}{2}+$ 标准银色之差（$2.7-2.4$）＝ 九江两 50.4482

∴ 上海两 $100=\dfrac{50.4482}{53.7755}$ ＝ 九江两 93.8172

以下两个实例是 1914 年 11 月下旬两地通用银两的换算比。

（1）九江公估局 60 块银锭尽最大可能每一块做到精准，对照上海估平两的银色：

上海两 3221.997 ＝ 九江两 3022.45

即 上海两 100 两 ＝ 九江两 93.80

（2）把 960 块银锭以普通的方法进行称量，并进行银色鉴定时：

上海两 51542.816 ＝ 九江两 48324.58

即 上海两 100 两 ＝ 九江两 93.7561

接下来，采用与海关两的对比行市，两地通用银两的换算比。

海关两 100 ＝ 二四漕平 104.38（大平）

海关两 100 ＝ 上海九八规元两 111.40

即 上海两 $100=\dfrac{104.38}{111.40}\times 100$ ＝ 九江两 93.6983

如果换算成小平，其算式是：

九江两 $93.6983\times \left(1+\dfrac{4}{10}\right)$ ＝ 九江两 93.7537

从上面的分析可以得知，上海两与九江两之间的平价是，规元每百元相当于二四漕平 93.73 或 93.74 到 93.8 之间。

二、银元

在九江，银元中流通最多的是英洋，龙洋次之，龙洋指的是湖北洋、江南洋（大清银币、户部银元）等。除了英洋、龙洋之外，还有烂洋（打刻后的日本银元和各种杂银），但数量极少。总之，各种银元在九江均有流通，但日常生活中的买卖是以铜元为单位，江西、安徽、九江采购农产品时才使用银元。因此，可以概括地说，九江的银元主要在与九江之外的地区交易时使用。

（一）英洋

九江银元中势力范围最大、行市最高的是英洋，英洋也叫墨银，其实叫"鹰洋"才是正确的，江西使用的是"鹰"的同音字"英"。英洋的流通区域覆盖长江沿岸各地，由于九江的交易往来多与上海、镇江、扬州、南京、芜湖、大通、汉口等地相关，所以英洋的范围也辐射到了上述地区。九江与江西省内的生意往来最多的是景德镇、乐平和南昌。

经过九江出口的产品主要有安徽的茶、景德镇和乐平地区的粗纸和瓷器，每到这些产品的采购季节，英洋就会从九江运到上述相关地区。另一方面，上述地区所需的货物多从南昌购入。如此一来，英洋实际上是从九江流入了南昌，南昌的钱庄办理进出口款项的结余，需要汇往九江。总之，九江的大部分英洋实际上是在九江、景德镇、乐平、南昌之间流动。

（二）龙洋

汉口是龙洋（湖北洋）的主要控制中心地区，龙洋在九江的流通仅次于英洋。湖北洋的通用区域仅限于属于九江商圈的湖北省内地区，以货款汇兑的形式从九江流入了汉口，而从汉口流入九江的情况几乎没有。龙洋与英洋相比，每百枚便宜1铜元或2铜元，两种银元的行市有时也会持平。平时小额交易时，龙洋和英洋可等价使用。

江南洋和湖北洋的汇兑行市几乎等价，但是，江南洋的流通区域主要是安徽北部和靠近南京的江苏一带，也就是常说的江北一带，这一带与九江的生意往来很频繁。每到九江从江北采购烟草、豆类的时期，江南洋的需求就会增加。江南洋和湖北洋相似，主要是从九江流出，而流入九江的却很少。

大清银币、户部银元的兑换行市与湖北洋相同，却不受欢迎。

（三）日本洋

日本洋在九江的流通极少，在南昌附近流通较多，主要是与地方交易时使用。

日本洋主要用于采购福建的茶叶，或和烂洋一起作为铸造银锭的原料，所以，从南昌经由九江运到上海的日本洋的数额不少。日本洋主要是从南昌流入九江，所以兑换行市受南昌的控制，日本洋与英洋相比，每百枚便宜1两到2两5钱不等。值得注意的是，九江的日本洋几乎都是打刻过的，偶尔有未打刻过的，使用时与打刻过的并无差别。

自台湾银行努力推广银元以来，日本洋的行市有上升趋势，但是，终因使用范围有限，现在打刻的银元和未打刻的银元未能实现区别对待。

（四）烂洋

南昌钱庄与上海之间汇兑的尾款多以烂洋结算，用于实际交易的烂洋数额很少，烂洋从九江运到上海多是作为铸造银锭的原料。烂洋与日本洋相比，总是便宜1两左右。

（五）北洋银

因银元紧缺，北洋军强迫在汉口和九江推行使用北洋银。一时间，北洋银和日本洋的兑换行市持平。北洋军撤离后，北洋银随之销声匿迹了。

三、铜元和制钱

铜元是九江地区日常生活必需的通货。当十铜币指的是可当10文钱使用的铜元。铜元种类繁多，有湖南、湖北、福建、广东、江西、安徽、江南等地铜元局铸造的，也有户部铸造的，现在又新增加了中华民国的开国纪念币铜元。在九江地区，铜元是小笔买卖的定价单位，所以铜元的需求量很大。铜元多是从南京、镇江、大通、芜湖等长江一带运来，运输铜元时多以 100 串文、150 串文、300 串文为单位装进粗制的箱子里。整箱购买铜元的行市是，100 串文需要 52 两到 56 两不等，1 元英洋或龙洋可换 1300 文，1 元日本洋可换 1250 或 1260 文（1 串文 ＝ 铜元 100 枚）。

制钱指的是 1 文钱，随着生活水平的提高，现如今已经很少用制钱了。除了下层百姓之外，已很少使用，制钱的兑换行市不固定。流通时以制钱 10 枚算作铜元 1 枚。

四、小银币

小银币分为 10 仙、20 仙 2 种，10 仙也叫 1 角，20 仙也叫 2 角。小银币未能在九江广泛通用的原因，是铜元的流通极为普遍造成的。在地方上，小银币的使用较多。可是，在九江附近的村落付钱时有时被拒绝使用小银币。银元 1 元可换 11 角小银币。江南、湖北、江西铸造的小银币最多。

五、银元票

银元票分为英洋票和日本龙洋票。

（一）英洋票

英洋票是代替鹰洋的银元票，有民国银行发行的银元票和台湾银行发行的银元票 2 种。

民国银行的英洋票是由作为江西省机关银行的赣省民国银行发行的，和日本龙洋票加起来的发行总额为一百万元左右。

台湾银行发行银元票的缘由如下：应牯岭公司的要求，为了给到牯岭避暑的客人提供方便，台湾银行发行了只在当地使用的银元票，后来由于避暑客人减少，台湾银行英洋票的流通额也随之减少。但是，在赣省民国银行的纸币恢复信用之前，台湾银行英洋票的流通比较顺畅，银行方面也给予了很高的关注，在南浔铁路沿线派驻了大仓组，今后在便捷通往九江的地区，台湾英洋票可能实现更进一步的流通。

（二）日本龙洋票

日本龙洋票是代表日本银元的纸币，由赣省民国银行发行，主要流通区域在南昌、江南及江西内地。由于日本银元在九江的流通极少，所以日本龙洋票也难得一见。

上述三种银元票（民国银行的英洋票、台湾银行的英洋票、日本龙洋票）有 1 元、5 元、10 元面值。

六、钱票

九江流通的钱票有以下 4 种：

九五扣官票　旧江西官银号发行的钱票（100 文、1 串文 2 种）
九八扣官票　旧江西官银号发行的钱票（100 文、1 串文 2 种）
当千赣省民国银行铜元票（100 文、1 串文 2 种）
当十钱庄铜元票（1 串文 1 种）

九五扣官票意思是，铜元 950 文可与官票 1 串兑换；九八扣官票的意思是，铜元 980 文可与官票一串兑换。之前的付费习惯是，在南昌，所需费用的 95％需要使用铜元支付；在九江，所需费用的 98％需要使用铜元支付，其余部分才可使用钱票。现在的南昌和九江已没有这种习惯。江西官银号为了适应这样的市场习惯，发行了钱票。后来赣省民国银行成了各地官银号的后盾，为了统一江西省的纸币，作为第一步棋，赣省民国银行自行发行了当十铜元票（1 串文钱票），这种钱票可以随时兑换。后来，逐步允许各地官银号也发行当十铜元票，目的是换回九五扣官票和九八扣官票。但是，由于缺乏兑换资金，当十铜元票的发行并未取得实际效果，发行量达到了 600 万串文的铜元票却不能兑换到铜元，只能用于缴纳税租。江西省各地的日常小买卖几乎都是以铜元为单位，而铜元的数量相对于需求却显得很少。

钱庄发行的是当十铜元票，发行钱票的钱庄有三泰、福成、晋泰、查永昌、晋和、慎昌、怡成、裕兴永、汇通源、和兴、宝泰。战乱前发行数额达到了 10 万串文左右，经过一段时间的兑换，现在钱庄的铜元票数额不过两三万串文。由于钱庄发行的钱票随时可以兑换，所以信誉度很高，孔垅地区的棉花交易、瑞昌地区的麻和烟草交易、九江一带的物产采购时，多使用钱庄发行的钱票。

在江西，物产采购时多使用铜元和九五官票。在九江，官票的买卖却不多见。官票的兑换行市一般是 100 串文换二四漕平 50 两左右，后跌为 100 串文换二四漕平四十二三两。赣省民国银行的兑换行市是 1 串文换铜元七百五六十文。

第三节　度量衡

一、度

九江裁缝铺使用的尺子有竹尺、木尺和铁尺，尺子的长度不统一。常用尺子的长度与日本尺的对比如下：

裁尺 1 尺 = 日本曲尺 1.15 尺

二、量

米行使用的量具共有 5 种，分别是二半升斛、半升斛、一升斛、一斗河斛、二斗五河斛。前三种为竹制圆筒形，后两种为木制四棱台形。各种量具之间的换算关系及与日本量具的对比列表如下：

二半升		= 日本 1 合 5 勺
半升	= 二半升的 2 倍	= 日本 3 合
一升	= 半升的 2 倍	= 日本 6 合
一斗	= 一升的 10 倍	= 日本 6 升
二斗五	= 一斗的 2.5 倍	= 日本 1 斗 5 升

4 斛称为 1 石，也叫 1 担。换算为斤的单位，约为 160 斤。

三、衡

当地使用的秤与日本秤的换算关系列表如下：

海产品用秤　1 两	＝日本 9.6 钱
京货店用秤　1 两	＝日本 8.6 钱
钱庄用秤　　1 两	＝日本 10.0 钱

在地方市场上买卖薪炭、杂粮时，一般把 18 两算作 1 斤，与外国人交易时，把 16 两算作 1 斤，砂糖商把 15 两算作 1 斤。不同的交易，一担的重量也不同，有的是 100 斤，有的是 96 斤。量取酱油等液体类物品时，使用装半两、1 两、2 两、半斤的量具，1 斤为 16 两，约等于日本 4 合半。

第三章 南昌的金融货币和度量衡

第一节 金融机构

南昌的新式银行有以下 4 家：赣省民国银行、中国银行、储蓄银行和劝业银行。其中，赣省民国银行在纸币清理业务方面已经焦头烂额，导致其正常营业更为萧条，即将被埋没在南昌金融界中。中国银行在南昌只专门办理国库资金业务，并无投资和储蓄业务。储蓄银行和劝业银行在南昌金融界不占重要地位。最近，南昌振商银行设立，殖边银行的分行也在南昌开业，其营业活动会在将来展开，但前途未卜。因此，现在南昌金融界占主要地位的依然是钱庄。以下概要介绍南昌的金融机构。

一、新式银行

（一）中国银行

中国银行接手解散后的大清银行，以建立政府中央银行为目的，根据民国二年（1913）4 月 15 日颁布的《中国银行则例》而成立。资本总额为 6000 万元（其中到位的 1000 万元全部是财政部出资）。中国银行总行设在北京，南昌分行于民国二年（1913）6 月设立，除了一般业务之外，还负责发行纸币和办理国库业务 [民国三年（1914）9 月以后]。南昌分行的主要业务是办理国库资金，一个月的公款收入额可达三四十万元乃至六七十万元，这些公款全部转送到上海。中国银行南昌分行没有投资业务。票子的发行额分别是兑换券二十余万元和汇兑券二三十万元。汇兑业务主要与上海有关，除了上述公款的收入款项的买汇之外，一个月的汇兑买卖不超过二三十万两。贷款业务和存款业务一样，数额极少。

（二）赣省民国银行

九江金融机构一章中，已经介绍了赣省民国银行，本章不再赘述。需要特别说明的是，赣省民国银行的南昌总行设有清理处，办理纸币回收业务，不办理其他业务。

（三）殖边银行

按照民国三年（1914）3 月 8 日颁布的殖边银行条例，以协调边疆金融和振兴实业为目的设立了殖边银行。殖边银行是股份制的特种银行，具有纸币发行权，其资本金定额是 2000 万元（每股 10 元，共 200 万股）。殖边银行总行设在北京，分行设在天津、上海、汉口、奉天、吉林、张家口、成都、南昌、重庆、哈尔滨、杭州、汕头、云南等地。殖边银行分行原本计划 1914 年 2 月在南昌设立，实际上 1915 年的 11 月 1 日才开始正式营业，临时营业点设在了南昌商务总会内的振商银行筹备所。最初计划的业务项目有活期存款、定期存款、储蓄存款、贷款、贴现票据、汇兑、押汇、土地金银买卖、贵重物品保管、开具信用证等，现如今并没有像样的业务。

（四）南昌振商银行

南昌振商银行由当地的权势者发起组建，这些权势者分别是包金波、萧褒然、毛佩玉、罗伯农、余金山、鲁中苹、龚梅生、傅子清、吴李卿、曾平齐、涂渭滨、陶阶平、章润齐、雷菊甫、邹都齐、邹毅丞、涂松园、胡建公等。南昌振商银行是股份制的普通商业银行，1915 年 4 月 1 日开始营业。根据其组建章程，资本金总额为 50 万元（每股 100 元，共 5000 股），其中的 2000 股（20 万元）由认购者购买，如果认购达到四分之一（5 万元）即可开始营业。据说在当年 10 月底时，入股资金是 10 多万元。

由于该银行开业时间较短，其营业情况难以得知，不过，从其章程可以了解到，业务范围主要有汇兑、存款、土地金银买卖、以金银货币或有价证券为担保的定期贷款、票据贷款的讨要以及贴现票据和押汇等。

（五）台湾银行代理店

若非开拓市场的需要，一般没有外国银行在南昌开设分行。南昌商业发达，与其他地区的生意往来密切。正是因此，九江的台湾银行于民国四年（1915）7 月 7 日在南昌城内的洪正记（主人是洪正卿）设立了代理店，主要业务是汇款。

二、钱庄

南昌有大大小小 120 多家钱庄，主要业务是汇兑，兼营棉纱、棉布、盐、木材、杂粮、牛油、菜油、夏布的生意。各钱庄的业务并不完全一致，既有主营贷款、存款、汇兑等类似于银行业务的钱庄，也有在地方农产品上市期间根据行市进行交易的钱庄。这里介绍贷款、存款、汇兑、通货买卖等钱庄的主要业务。

（一）贷款

南昌放贷额最多的是裕盛隆和裕厚隆（裕盛隆在福祥钱庄内，裕厚隆是棉纱商，均为吉安富豪周扶九经营），这两家钱庄的放资额都可达二三十万元。实力属于一流的钱庄，其放资额一般是七八万元乃至十二三万元；实力属于二流及以下的钱庄，其放资额一般是三四万元乃至五六万元。放贷对象一般以棉纱、绸缎、杂货的进口商为主。关于贷款方法，台湾银行在九江开设以来，可以使用烟叶、苎麻、芝麻、大豆等其他农产品，和土地一样作为不动产进行担保。南昌的贷款则以信用贷为主，很少有担保贷。这是因为当时的中国人有一种观念，认为在接受贷款时提供担保是非常不光彩的事。

由于放贷对象多是物产商，所以多是活期贷款。定期贷款也有不少，贷款期限一般是 4 到 6 个月，也有一年期的贷款，利息从每月 6 厘到 9 厘不等。金融形势紧张时，据说利息可达 1 分 4 厘或 1 分 5 厘。以下介绍的是南昌贷款凭据的样式（也叫"折票"，相当于日本的"贴现票据"）。

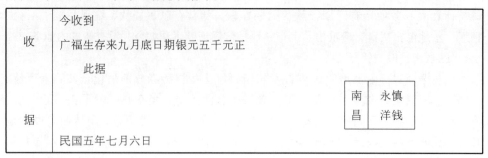

贷款的结算期一般在年底，一次结清，利息一般在月底结清，也有时 6 个月结算一次利息。

（二）存款

钱庄一般都会提供高利息吸收存款。一家钱庄有 1 到 2 万元存款的极为少见。商人一般都与钱庄有生意往来，有存款余额的却极为少见，每当有资金需求时，临时透支的情况倒是比较多见。南昌的市场很大，与此相对的是金融始终处于困窘状态。普通人的资金较少，可用于储蓄的也少。而有钱人却把资金存到了上海、汉口等基础稳固的外国银行，这样做可确保安全。钱庄的存款分定期和活期，活期存款利息一般是每月 3 厘到 4 厘，定期存款利息一般是每月 6 厘到 7 厘以上。

如上所述，吸收存款是钱庄最大的困难，因此钱庄为了资金正常运转，除了正资本之外，还会根据需要由资本持有人提供资金以维持正常运转。钱庄对商人的活期存款每个月计算利息后，填写到存折上。

（三）汇兑

在以九三八平市银为记账单位的时期，钱庄借着行市的涨落，投机性地进行了大额汇兑的买空卖空。民国三年（1914）8 月开始禁止使用九三八平市银以来，南昌向各地的汇兑业务伴随着货物运进或运出的实际交易，钱庄的汇兑交易分为买汇和卖汇，与和外国银行交易情况并无不同，买卖汇兑主要是无担保汇兑的形式，几乎没有押汇。有关汇兑详情，在后面的内容中将单独介绍。

（四）通货的买卖

南昌流通的货币有以下诸多种类：足宝、盐封、日洋、英洋、烂洋、香洋（站人洋）、本国龙洋、铜元、纸币等。这些通货的用途和需求季节各有不同，因此，通货买卖甚为盛行。通货买卖是钱庄的主要业务之一，《汇划公所规定》中没有任何关于通货买卖的规定。向钱庄支付日洋、香洋或烂洋时，钱庄根据当日汇划公所的行市，按每 1000 两便宜 1 元折算；如果以足宝、盐封支付，则按每 1000 两便宜 2 元折算。

钱庄名	资本所有者	原籍		经理	资本（万元）
乾　裕	万肇吉	江西省	丰城	万肇吉	1
阜通祥	章润齐	江西省	进贤	万吉祥	1
乾大信	陈筱梅	江西省	靖安	萧筱吾	不详
德大信	陈筱梅	江西省	靖安	毛品臣	不详
泉　亭	舒子涛	江西省	丰城	章益之	2
同　茂	余金山	江西省	南昌	余桂臣	3
宝丰昌	曾嘉麾	江西省	南丰	傅九令	3
广生隆	吴风朔	安徽省	徽州	余昌禄	1
寿　昌	曾平齐	江西省	南昌	龚寿臣	2
永慎祥	王缓之	江西省	南昌	许燮生	2
惠　安	蔡郁朋	江西省	南昌	蔡北恒	2
大有恒	韩引之	江苏省		许汉臣	3
福慎安	龙梅生	江西省	南昌	曾明仲	1
福康祥	袁芳池	江西省	丰城	袁瑶池	1
恒安昌	邹毅丞	江西省	南昌	邹毅丞	2
德　盛	包金波	江西省	南丰	余清臣	4
合昌盛	朱潜齐 涂渭演	江西省	奉新	邹晓峰	2
仁昌祥	王文焕 侯勋臣	江西省	吉安	侯勋臣	2
义长厚	舒宽中 余　鸿	江西省	靖安 南丰	余鸿轩	2
裕盛隆	周扶九	江西省	吉安	刘仰泉	不详
怡和隆	傅俊臣	江西省	靖安	杨笠樵	1
广福生	雷菊甫	江西省	清江	雷菊甫	1
德　和	张汉忠	江西省	吉安	曾明庭	1
升　大	赵干乡	江西省	南丰	徐瑞甫	2
福　祥	李字煌	江西省	靖安	刘仲严	1
毛大生	毛东哉	江西省	吉安	万式金	1

钱庄名	资本所有者	原籍	经理	资本（万元）
庆昌成	胡美成 庐馥富	江西省　清江	庐馥富	1
元　隆	章殿华 袁泊涛	江西省　靖安	朱祖福	1
惠　康		江西省　吉安	晏旭初	1
广丰大	曾北书	江西省　南昌	曾北书	1
义成和	魏显臣	江西省　吉安	罗金波	0.8

第二节　汇兑

一、交易现状

南昌涉及进出口的汇兑业务中，汇往上海的最多。光复前南昌货物拥挤时期，自然银两的需求很大，行市涨落没有规律，除进出口借贷结算之外，投机性的银锭或票据的买卖较多，其数额一年可达三千万两。由于光复后商界不景气，银锭的行情大不如前，投机性买卖停止了，汇兑市场趋于平淡，但是 1915 年年内汇往上海的数额依然没有低于六七百万两。由于禁止鸦片进口，汇往汉口的数额据说不超过一百五六十万两。根据季节不同，南昌和九江的大额银币都是现银直接外运，结算后的尾款通过与上海或汉口的汇兑买卖进行结算，所以南昌和九江之间的直接汇款非常少。

二、九江到南昌的现金运费

南昌通往九江的航路运费由各公司协议定价，即便是同一家公司，不同季节的运费也不相同，旅客运费也始终不固定。现金运费根据协议多有变化，据说一般每一千两（元）至少支付 1100 文的运费，最高可达 1500 文（钱庄和船运公司协商），所以，1300 文左右的运费是较为常见的。

南昌和九江之间的航线以往没有保险。经过与三井洋行协商，现金装船后，随行一名银行员工在船上负责提醒注意，并以 1/8％ 的比例作为附加保险。现在，九江和南昌之间每一千两日本银元的现金运费计算，可参照下表。

运费	1300 文（一三七换）	＝ 0.95 元
南昌苦力费用	40 文（一三七换）	＝ 0.03 元
九江苦力费用	40 文（一三七换）	＝ 0.03 元
保险费	（1/8％）	＝ 1.25 元

| 九江租界通关税 | 2.00 元 |
| 总计 | 4.26 元 |

经由九江运往南昌时，如果在九江卸船上岸，则需要缴纳两次通关税，因此，一般经由九江时不再卸船，如此一来，也就不再需要支付苦力费用。

三、南昌到上海的现金运费

据说每一千两（元）需支付上海两 4 两的运费，其详情不得而知。从南昌往上海运送现金时，需要委托九江的钱庄或朋友重新装船，相关诸项费用再全部从上海方面转账到南昌。

第三节　南昌的货币

南昌流通的硬通货有银锭、银元、小银币、铜元、制钱等，流通的纸币有银元票和官票。

一、银锭

南昌流通的银锭又细分为足宝和盐封。

（一）足宝

足宝是重量约 50 两的银锭，是中国人通常说的元宝，外国人称其为 Sycee。足宝的外形像马蹄，方形的足宝较为少见，成色在二六宝以下的为普通足宝，成色在二八宝以上的极为罕见。南昌市面上流通的银锭多为各地流通而来，根据足宝流入源头的不同，又有东宝（从上海流入的足宝）、粉宝（从汉口流入的足宝）、槐宝（从四川流入的足宝）等名称。自 1914 年 8 月南昌禁止九三八平市银交易之后，各种银锭统称为足宝。

以上海、汉口为例，银锭的成色由当地公估局鉴定后确定，而南昌并没有公估局，所以银锭的成色只得由钱庄各自肉眼鉴定，鉴定者不同，鉴定结果出现差异在所难免。钱庄甲鉴定为二八宝，在钱庄乙被当作二五宝的情况并非没有。如果甲乙钱庄共同鉴定，可能不会导致上述的较大差异，现实情况是，0.5 宝乃至 1.0 宝的鉴定差异始终难免。

上海以纹银作为标准银成色，九江以二四宝作为标准银成色，南昌却没有当地的标准银成色。由于各个银锭的成色各有差异，与标准银成色比对后，斟酌各个银锭成色再折算其纯银含量。如上所述，银色鉴定并不严格，同样是一千两足宝，很多时候其纯银量其实并不相同，这是完全合乎情理的。可是，足宝的价格一般是以足宝昌平一千两可兑换英洋的数量来表示，再以足宝一千两中所含纯银量的多寡确定兑换行情。

昌平，指的是在南昌称量足宝时使用的器具名称，昌平又名九三八秤。

昌平 1000 两	= 库平 970 两
昌平 1000 两	= 二四漕平 995.2 两
昌平 1000 两	= 估平 992.8 两（上海九江公估局秤）

自从江西省的税租等课税缴纳全部改为银元以来，实际上只有盐局还在使用库平银。在盐局，库平和昌平的换算公式为：

昌平 1000 两	= 库平 967 两

可以看出，昌平与库平相比较，每一千两就会产生 33 两的差别（中国人所谓的里加外减）。

1914 年 8 月之前，银锭可用于各类交易，自从禁止九三八平市银交易之后，银锭的使用渠道骤减，目前实际使用足宝银锭的只有盐局，库平则以一百两为一包，包上有封印，所以称为盐封。除了盐局和其分销商之间使用外，武宁、义宁两地在茶叶采购时期也在使用。

（二）盐封

盐商（盐的分销商）从盐局买盐时使用的银锭，一律以库平百两为一包，然后加盖盐局的封印。在盐局，昌平一千两换算为库平 967 两，所以，一包盐封银的重量换算成昌平银就是 103.3 两（中国人所谓的里加外减）。而实际上，每包盐封银重量只有昌平两 102.9 两，差出的 4 钱在盐局封印时就已私下扣除，成了盐局的收入。如此一来，一包盐封银未开封时可以作为库平银百两使用，一旦开封，却只有库平银 99.6 两。

在盐局，被鉴定为二六宝成色以上的银锭，才会用纸包好并加盖封印，其一包所含的纯银重量如果在两个钱庄之间有分歧，还可以用每包盐封与英洋的换算行市来确定纯银的含量多少。

二、银元

南昌流通的银元种类极多，大致可以分为 5 种：英洋、日洋、烂洋、香洋、本国龙洋。

（一）英洋

如前所述，南昌使用的银锭主要有足宝和盐封，由于其使用渠道被限定在特殊交易中，所以足宝银和盐封银的流通并不多。一般的银行业务、商人货款的结算等日常交易则多使用英洋。汇往上海、汉口的行市，以及足宝、盐封、日洋、烂洋、香洋、铜元等各种通货之间的行市，均以英洋作为换算单位。在南昌，英洋实际上已经占据了基础货币的地位。这里值得注意的是，在九江，刻痕少的墨银可以作为英洋用于交易，而在南昌，墨银上即使有很少的刻痕，如果不做打折处理，便不能流通。如上所述，南昌的英洋占据了基础货币的地位，据业内人士说，英洋的流通数额和日洋、烂洋的流通数额难分伯仲，可以说是银元中的三分天下。据说，日洋、烂洋的流通数额有时会超过英洋。认真分析英洋的流通区域可以看出，英洋以汉口以东的长江各地为主要流通区域，并占有绝对优势。在整个江西省，以南昌为分界线，南昌以北地区的九江、景德镇、乐平等小范围区域为英洋的流通据点，南昌以南的吉安、赣州地区，以及以东的抚州、建昌、广信等地区并不使用烂洋毫子，所以才会较多地使用日本银元或英洋。

吉安、赣州、建昌、广信等地是烂洋和日洋的流通区域，上述地区的进货采买地是南昌，所以，烂洋和日洋作为货款流通到南昌。随着南昌市场上烂洋和日洋数量的逐步增加，英洋数量逐渐开始少于烂洋和日洋。英洋的流动状态是，往景德镇、乐平采购瓷器和茶叶时，多从九江送去现银，而上述地区从南昌购买物品的费用货款，则送现银到南昌。送出送入的余款则送到九江。

（二）日本洋

在汉口和九江，一般把湖北银元、湖南银元、户部银元称为"龙洋"，而在南昌，则把日本银元称为"龙洋"，也叫"日洋"，又称"日本洋"。市场上流通的日洋，以有刻痕的居多，但是，因多次打刻导致损伤或严重变形的日洋又会被当作烂洋对待。最初，偶尔遇到完好无打刻的日洋，却因为不便于流通，钱庄会当场打刻。到了现在，没有刻痕的日洋反倒开始受欢迎了。日洋的行情与英洋相比，每一千元贴水五六元乃至十五六元，有时比价也会持平，也有的时候会升水两三元乃至四五元，这种情况极为少见，很难持续两三天。

抚州和建昌两地是江西省日本银元流通范围最大的地区，日本银元占了这两地全部通货的六七成；在广信府，日洋占全部通货的五成；在江西西部的袁州府，日洋占全部通货的四成；在吉安和赣州，日洋占到三四成；到了北部的九江、饶州、景德镇和乐平一带，就成了英洋的势力范围，日洋流通骤减。有关日洋的流通状况，综合各种说法得出以下分析。与江西省毗邻的是福建和广东，从地理角度来看，河流湍急，水运不便，土布、杂货等各种必需品的供应如果仰仗福州或广州，很不现实。而江西省内的河流舒缓，便于水运，所以物资的供应依靠江西省内更为实际。江西邻省的福建和广东是日洋的流通区域，日洋与其他银元（烂洋、毫子）一起作为货款流入南昌，再作为从抚州、建昌采购大米、瓜子、杂谷、烟草的货款，从南昌流出到抚州和建昌，最后流入和流出的货款相抵后剩余的部分再运到上海。

通过上面的分析可以看出，南昌的日洋与其说是市场使用货币，不如说是临时的流转货币更为贴切，烂洋和英洋亦如此，很多时候是流入南昌，随即又从南昌被运送到上海或九江。特别是在一些地区日洋需求增加、地方货物上市旺期时，日洋行情就会上涨。再加上有的地区对日洋有特殊的偏好，导致伪造的银元很多。但总体上日洋数量不多，对于没有鉴别能力的农民而言，可以放心使用。

（三）烂洋

烂洋是所有有伤杂银的总称，因为打刻而导致损伤或严重变形的居多。之所以要打刻，是因为各地流通的银元成色有差异，也有伪造和仿造的，钱庄收付银元进行鉴定时，打上刻痕以证明其品质。如果是钱庄自行打刻的银元被别的钱庄认为品质差，或者被认作是伪造、仿造的银元，可以拿回打刻的钱庄换取品质好的银元。总之，银元打刻是为了流通顺畅。银元打刻的习惯在江西远离大城市的偏远地区尤其普遍，所以，形状损坏、重量减轻的银元在南昌和九江如果不折价就不能流通。在南昌，每一千元烂洋比英洋便宜七八元乃至二十四五元。烂洋中的墨银、日本银元、香港元、法国领地的印度本位货币，湖北、江南、广东铸造的银元，户部银、大清银币等银元均是相互混淆的。日本银元，香港元、法国领地的印度本位货币等烂洋也在广东省和福建省流通，所以，江西省的烂洋在南昌以南一带流通的同时，在吉安、赣州、广信等地区也较为多见。烂洋的流通情况和日洋近似，是江西省与毗邻的广东省和福建省相互采购所需物资的证明。烂洋作为杂粮、木材的采购资金从南昌流入吉安、赣州，剩余的烂洋则被运到上海，作为银锭的铸造原料。九江的台湾银行不接收烂洋，所以烂洋在九江流通的很少。

（四）香洋

香洋指无打刻或打刻少的香港银元，打刻严重的被称作烂洋。与英洋、日洋、烂洋相比，南昌市面流通的香洋数量要少得多。香洋的流通过程与日洋、烂洋等一致，在此不再赘述。

（五）本国龙洋

湖北银元、江南银元、广东银元、福建银元、安徽银元、大清银币、户部银、北洋银、民国新造的大总统银元（人头）等统称"龙洋"。《淮划公所规章》中规定，本国银元与英洋等价流通。而实际上，一千元本国龙洋比英洋便宜五六元乃至七八元，不但如此，同为本国银元，不同银元的兑换行市也有高低。南昌流通最多的本国银元是湖北银元和江南银元，兑换行情最高的是湖北银元、户部银，福建省、广东省、安徽省铸造的银元流通数量少，且兑换行情低。随着军队入城，南昌城内一时间有大量的北洋银流通，军队撤离后，北洋银流通随之减少。大总统银元的流通与南昌中国银行分行的推广有关，大总统银元与英洋等价流通，但流通数额不大。

三、小银币

在江西省南部的赣州地区，从广东省流入的小银币（单毫、双毫）流通很多，在江西省其他地区，小银币的流通极少，南昌也很少。英洋1元可兑换小洋11角左右。

四、铜元和制钱

当十铜币即可当10文钱使用的铜元，是小额交易时使用的单位。铜元的种类较多，有户部铸造的大清铜币，还有湖北、湖南、江西、浙江、广东、福建、安徽等各省铜元局铸造的光绪元宝，新造的开国纪念币也属于铜元。现在南昌一般的买卖均使用民国银行发行的官票，所以铜元的流通额极少。

可以看出，铜元已经成了采购地方产品时专用的通货。铜元的现金外运时，使用可装 100 串文、150 串文、200 串文铜元的粗制木箱运往各地。1 串文（百枚铜元）可换英洋 7 角左右。

制钱指的是 1 文钱，作为小额交易找零时使用。10 枚制钱可换 1 枚铜元。

五、银元票

银元票分赣省民国银行发行的银元票和中国银元发行的银元票。

（一）赣省民国银行发行的银元票

这种银元票又细分为英洋票和龙洋票。这两种银元票有 1 元、5 元、10 元面值。英洋票是可替代英洋银元的纸币，主要在南昌、九江等英洋流通的区域通用。龙洋票是可替代日本银元的纸币。主要在江西南部日本银元流通的区域通用。在南昌和九江地区龙洋票极少。

银元票的发行数额在一百五六十万元乃至二百万元，后来逐渐收回，据说市面上的银元票不过六七十万元。银元票中盖有九江字章的，其流通额少。后来，赣省民国银行九江分行可以随时兑换银元票，盖九江字章的银元票与现银同价，却要求南昌总行发行的银元票兑换额限制在百元以内，且 1 元银元票需打折 1 到 2 仙才能流通。

（二）中国银行发行的银元票

这种银元票又细分为兑换券和汇兑券。兑换券是中国银行南昌分行开设时发行的，可代表英洋，面值有 1 元、5 元、10 元。发行数额是 20 万元左右。中国银行在纸币发行方面始终非常谨慎。对所持兑换券可以随时兑换，所以银元票流通极为畅通，其流通区域在南昌一带，还未推广到地方。

汇兑券是中国银行为了回收赣省民国银行发行的纸币而发行的银元票。当时的赣省民国银行发行了纸币（尤其是钱票），却没有充足的专项兑换资金。事实上，当时的赣省民国银行几乎不换纸币，所以纸币很快便失去了信用。1914 年 6 月开始禁止使用纸币缴纳关税，导致其价格暴跌，面对可能引起的市场恐慌，江西省纸币整顿成了有识之士探讨的问题。然而，财政困窘中难以筹措兑换资金，于是有人提出，借助中国银行的信用（大大好于赣省民国银行的信用）发行纸币，用于回收赣省民国银行的银元票和官票，于是中国银行发行了汇兑券，用于回收赣省民国银行的一部分洋钱票，后来停止了回收。汇兑券的发行数量不过三四万元。汇兑券和兑换券等价流通，流通区域仅限南昌。

六、官票

官票又称钱票，南昌市面上流通的官票有以下 4 种。

九八钱票	江西省官钱局发行
九五钱票	江西省官钱局发行
九五钱票	赣省民国银行发行
当十铜元票	赣省民国银行发行

上述钱票的面值有 100 文和 1 串文。1 串文的九五钱票可换铜元 95 枚，1 串文的九八钱票可换铜元 98 枚，钱票的名称由此而来。之前的付费习惯是，在南昌所需费用的 95％ 需要使用铜元支付，在九江所需费用的 98％ 需要使用铜元支付，其余部分才可使用钱票，现在已没有这种习惯。江西官银号为了适应市场需求，发行了钱票。之后，赣省民国银行成了各地官银号的后盾，为了统一江西省的纸币，作为第一步棋，赣省民国银行自行发行了当十铜元票（1 串文钱票），当十铜元票可以随时兑换。逐渐地也允许官银号发行当十铜元票，目的是换回九五官票和九八官票。但是，由于缺乏兑换资金，当十铜元票的发行并未取得实际效果，只不过是以赣省民国银行的九五票换江西官银号的官票而已。

综上所述，现如今南昌流通的钱票，多是赣省民国银行发行的九五钱票，其他的钱票流通很少。钱票的发行额最多时有一千两三百万串文，现如今的发行额是七百万串文左右。

因为不可兑换的原因，导致钱票价格严重下跌，并扰乱着南昌的市场。都督府在民国二年（1913）发布命令，1 串文钱票可作为南昌市银 5 分。直到民国三年（1914），该命令未被执行，却助长了钱票的下跌态势，民国三年（1914）8 月，钱票市场曾一度恐慌，随后虽然逐渐平稳，从民国四年（1915）的 8、9 月份开始，钱票价格继续下跌，现在的 1 串文钱票可换英洋 3 角 7 仙或 8 仙，铜元 1 串文可换英洋 7 角左右。钱票的实际价格只为其面值的一半。

第四节　度量衡

南昌的度量衡没有一定的标准，因为各商家使用着各种不同的度量衡器，导致调查颇为困难，未能探究到真实情况。以下内容记录了对两三家店铺的实际调查结果，以期作为参考。

一、度

鲁班尺可以看作是南昌的标准尺，也叫广东尺（或算盘尺），此外，还有称作九八尺或九五尺的。事实上，鲁班尺的尺度并不明确。除了鲁班尺之外，还有裁尺和木尺，用途不同，其长度也不相同，令人捉摸不透。根据对两三家店铺的实际调查结果，与日本尺的对比数据如下：

鲁班尺　1 尺	＝ 日本 1.20—1.21 尺
裁　尺　1 尺	＝ 日本 1.16—1.17 尺
木　尺　1 尺	＝ 日本 1.15 尺上下

布匹店和一般的裁缝店使用裁尺。在南昌尺子的用途不固定，经常混用，往往根据其用途再给出不同的名字，所以裁尺的用途并不明确。木尺同样，一般是木匠

和营造使用，名为木尺，主要是木制或竹制，也有黄铜做的尺子。

二、量

调查得知，粮店使用的量具有河桶、河斗、升、半升、二半升。其换算关系是，二半升的2倍是半升，半升的2倍是1升，1升的10倍是河斗（容量是1斗），河斗的2.5倍是河桶（容量是2.5斗）。以下内容记录了对两三家店铺的实际调查结果。

	二升	= 日本 5 合 7 勺
甲店	二半升	= 日本 2 合 8 勺
乙店	二升	= 日本 5 合半

升、半升、二半升的量具是竹制的，呈圆筒形，河桶、河斗是木制的，呈四棱台形。如上所述，1升的容积各家店均不同，差别最大的，有的1升居然只有5合2勺。

对一家店铺的量具进行了测量，其尺寸列表如下：

量器名称	深度	口径	底边
1 升	木工尺 5.6	木工尺 2.8	
半 升	木工尺 4.9	木工尺 2.1	
二半升	木工尺 3.6	木工尺 1.7	
河 斗	木工尺 9.1	木工尺 5.7	8.4
河 桶	木工尺 13.1	木工尺 7.1	10.2

如果将1石换算为斤的单位，从146斤到148斤不等。除了上述量具之外，还有米店专用的小斗。小斗为方形，被分割成五个区，一个区的容积是4合，两个区的容积是3合，剩余的两个区的容积是1合。

三、衡

（一）钱庄用

钱庄使用九三八平，1斤为16两，100斤为1担。

1 两	= 日本 9.6 钱

（二）杂货店用

1 两	= 日本 9.3 钱

（三）砂糖店用

1 两	= 日本 9.3 钱

有的1斤是16两，也有的1斤是14.8两。

称量酱油、煤油时，使用1两装、2两装、3两装、4两装、半斤装、1斤装的马口铁或竹制的量器。称量煤油时，半斤算作 12 两，1 斤算作 24 两。1 斤酱油为 16 两。

煤油 1 斤	＝日本 9 合 2 勺
酱油 1 斤	＝日本 4 合 7 勺

除了上述量具之外，还使用以下的称量用具。

卖丐秤	15 两为 1 斤，约等于日本 145 钱，挂面店使用。
菓 秤	12 两为 1 斤，点心铺使用。相当于英国 1 磅，约等于日本 120 钱。
马 秤	18 两为 1 斤，卖药的使用。也有的马秤以 16 两算作 1 斤使用。

第四章 丰城的金融货币和度量衡

第一节 金融机构

丰城只有钱铺可以换钱，钱铺属于各种批发店的副业。资本金一般在两三千元上下，除了换钱之外，也有少量贷款，起到了金融调节作用。丰城可以换钱的钱铺有以下几家：吉顺、福顺发、同泰、大新、恒丰等，比较大的钱铺当属吉顺。除了钱铺之外，一些油盐商或绸缎庄也可以换钱。

第二节 货币

丰城流通的硬货币有银元、铜元和制钱。银元中流通数额最大的是日本龙洋，其次是花洋，花洋是烂洋的别称，烂洋是湖北洋、江南洋、户部洋、安徽洋和打刻墨银的总称。此外，英洋和香港洋也有流通，但数额不多。流通的铜元很多，制钱比较少。流通的票子有官票和钞票，官票是民国银行发行的面值100文和1串文的铜元票。日用品的价格均以官票单位定价。

钞票也是民国银行发行的，分为英钞票和龙钞票，然而流通极少。中国银行发行的钞票在市面上可以见到。除了庄票之外，第一节内容中介绍的当铺发行的钱票也有流通，可与10个铜元兑换。当地并无金融业的行业组织，所以，均依据南昌的行市。

英洋、龙洋一般可兑换143个铜元。烂洋始终比龙洋便宜1仙。此地的龙洋和烂洋总称"花边洋"。

丰城流通的官票和南昌相同，100文的小票可以兑换95个制钱。6个铜元可以兑换100文小票，也就是说，1枚铜元相当于16文。

丰城使用的标准平叫广平。广平百两与各地两的换算列表如下：

南昌九三八平100两	＝广平102.5两
九江漕平100两	＝广平102.2两
汉估平100两	＝广平104.8两

第三节　度量衡

一、度

丰城使用的量具有以下几种。

木材店使用的尺子叫九八尺。这种尺子用削下的竹子外皮做成，用以量取木材的长度和周长。测量树木的周长时，以距离地面五尺高再加上一揸的高度测得的周长为准。

九八尺 1 尺	= 日本 1.14 尺

木匠使用的尺子叫鲁班尺，形状类似于日本的曲尺。

鲁班尺 1 尺	= 日本 1.18 尺

也有的鲁班尺长度合日本 1.13 尺。

在布店，以算盘的长度作为 1 尺。

算盘尺 1 尺	= 日本 1.15 尺

然而在绸缎庄，使用的是称为广尺的木制尺。

广尺 1 尺	= 日本 1.16 尺

二、量

米店使用的量器有半升、升和斗。半升和升是竹筒做的，斗是木制的，呈圆锥截去头部的形状。与日本的量器相比，1 升相当于日本 4 合。各米店使用的量器没有什么差别。1 升算作 1 斤，1 石算作百斤，属于十进制的重量单位。但是，1 斛是 2 斗 5 升。

各量器的尺寸列表如下：

量器名称	深度	口径	底边
半升	深 3.8 寸	口径 2.1 寸	
升	深 6.1 寸	口径 2.3 寸	
斗	深 7.6 寸	上口径 4.9 寸	底面直径 7.6 寸

三、衡

称量纱线、白糖、京货时使用秤。丰城的秤与日本秤的比较如下：

纱线店 1 两	= 日本 7.8 钱
白糖店 1 两	= 日本 8.3 钱
酱油铺 1 两	= 日本 8.6 钱

一般情况下，16 两算作 1 斤，也有的时候 14 两算作 1 斤。售卖酱油时，使用竹制或马口铁制的量器，有 1 两、2 两、4 两、半斤（8 两）、1 斤装的。称量煤油时也使用上述量器。

1 斤装的量器	＝日本 4 合半

第五章　樟树镇的金融货币和度量衡

第一节　金融机构

一、钱庄

樟树镇钱庄的资本金一般在一万两至两三万两之间，钱庄数量共 12 家，其名称如下：

宝　源	春源永	永　仁	涯兴永	珊　永	宝　昌
长　安	仁和信	义茂隆	怡同祥	厚昌仁	志　成

其中，最大的钱庄是宝源。除了春源永、永仁外，其他钱庄的主业是批发淮盐和棉纱，副业是钱庄。钱庄的生意红火，换钱是其主要业务，此外，还办理贷款和存款。贷款分为活期贷款和定期贷款，活期贷款的利息是每个月每元 10 厘（半个月 5 厘），定期贷款的利息是每月每元 5 厘。钱庄的存款额很小，活期存款没有利息，半个月以上的定期存款才有利息。如果是上半年的定期存款，利息是每月 3 到 5 厘。下半年是当地金融的紧迫时期，贷款的月利息上涨到每月 1 分 7 厘或 1 分 8 厘也并非稀罕事。

樟树镇的钱庄没有汇兑业务，全部是现金运送。各钱庄自己发行票子，票子的面值是一百铜元，各钱庄之间彼此接受其他钱庄发行的票子，商人之间钱的流通很顺畅。

二、赣省民国银行分行

赣省民国银行分行在民国元年（1912）设立，分行行长是江西人载明先，营业资本金 5 万两，贷款是主要业务，据说贷款额约四五万两。活期贷款每个月 1 元的贷款利息是 1 分，定期贷款每个月 1 元的贷款利息是 9 厘上下。几乎没有存款业务。

该分行不发行纸币，当地流通的官票和钞票全部是商人从其他地区带来的。在该分行，只兑换总行发行的 1 串文官票，可换 60 个铜元，不兑换其他的钞票或官票。办理洋钱的买卖和汇兑，有时根据顾客的请求，也开具信用证。

三、汇兑

如果需要向其他地区汇款，钱庄可以运送现银，也可以到民国银行办理汇兑手续，汇兑行情按照南昌的行市确定。

第二节　货币

樟树镇的通货中，硬通货有银元、铜元、制钱，还有钞票、官票、钱庄票和当铺票等票子。银元中流通数额最大的是烂洋，当地称烂洋为"新洋"。银元中流通数额较大的是香洋和龙洋，英洋、户部银元、江南银元、湖北银元、广东银元也有流通，但数额很小。平日里日用品买卖一般使用官票或铜元，所以流通货币中铜元的数额巨大。制钱也是流通货币，但数额不大。

元宝也是樟树镇的硬通货，一般是50两一个的马蹄银。此外，樟树镇还有以前曾使用过的名为"吴镜"的元宝，主要是药材买卖时使用，吴镜元宝每个重10两，现在不能直接使用，而是换算成元的单位后再支付使用。

吴镜　91.6两	= 烟平　100两

银元票是赣省民国银行总行发行的票子，面值分为1元、5元、10元的鹰洋票和龙洋票。而樟树镇的赣省民国银行分行却不受理银元票的兑换，因此，银元票的流通极少。官票也是赣省民国银行总行发行的，面值有100文和1串文。在樟树镇的赣省民国银行分行，可以用10张小票兑换1张大票，或者用60个铜元兑换1张大票，因此官票的流通稍多。除了钱庄发行的票子之外，还有当铺（长庆、长宁、宝兴）发行的当铺票，当铺票只有1种百文票，可兑换10个铜元。

烟平是樟树镇的标准秤。当地进行交易时，有"七二花边"的特殊风俗，指的是每一千元银算作720两烟平。在借贷结算时，将日本银元或铜元按照当日兑换行情换算之后再付款。花边是银元的总称。

当地的标准平是七二平，名为"烟平"，烟平百两与其他银两的换算列表如下：

烟平　100两	= 九三八平　100.9两
烟平　100两	= 九江漕平　112.0两

第三节　度量衡

一、度

大致可分为裁尺和木尺。绸缎庄使用的尺子又称为广尺，布店使用的尺子名为广尺，还称为九五尺。也就是说，广尺的9寸5分为1尺。木尺与船尺、工尺的长度相同。

裁尺1尺	= 日本 1.160 尺
布尺1尺	= 日本 1.135 尺
木尺1尺	= 日本 1.150 尺

二、量

樟树镇米店使用的量器种类很多，有半升、升、斗、斛。半升和升是竹制圆筒形的量器，斗和斛是木制的四棱台形量器。

这些量器之间容积的换算方法与南昌相同，10 升为 1 斗，2.5 斗为 1 斛，4 斛为 1 担。斛又分为零售用斛和批发用斛。零售用斛又称作步桶，用步桶量出的 1 担重量为 125 斤。批发用斛又称作河桶，河桶比步桶大，河桶量出的 1 担重量为 138 斤。有的时候，步桶量出的 1 担再添上 1 斗，便可视为河桶量出的 1 担。在有的粮店里，步桶 1 担算作 124 斤，河桶 1 担算作 142 斤。上述各种量器的形状和尺寸如下：

升	深合日本 6.3 寸	径 2.6 寸	合日本 5 合
半升	深合日本 3.5 寸	径 2.3 寸	
斗	深合日本 8.8 寸	口沿 4.8 寸	底边 8.1 寸
斛	深合日本 13.5 寸	口沿 6.0 寸	底边 10.2 寸

量谷物时一般使用半升或升，如果需要用斗或斛，则以 7 升或 8 升算作 1 斗。

| 谷物用斗 | 深 8.3 寸 | 口沿 4.9 寸 | 底边 7.6 寸 |
| 谷物用斛 | 深 12.0 寸 | 口沿 4.8 寸 | 底边 9.4 寸 |

三、衡

钱庄用烟平 1 两	= 日本 9.8 钱
药材店用公平秤 1 两	= 日本 10.9 钱
首饰店 1 两	= 日本 10.1 钱
杂货店 1 两	= 日本 9.7 钱
酱油店 1 两	= 日本 9.0 钱

各店铺均把 1 斤看作 16 两，1 担等于 100 斤。

酒、酱油、煤油都以重量计算，量器是白铁制或竹制的，容量分别有 1 两、2 两、4 两、半斤、1 斤（16 两）。

| 1 斤装的量器 | = 日本 4 合 9 勺 |

第六章　义宁的金融货币和度量衡

第一节　金融机构

义宁的金融机构主要有赣省民国银行分行、钱铺和当铺。

赣省民国银行分行的业务范围很窄，只受理该银行总行发行的纸币兑换、贷款和存款业务。存款数额平日里并不大，可是，到了茶叶出口时节，会有大量现金流入，据说这时会有 20 万两以上的存款。存款的利息是每月 5 厘①，贷款额不同时期会有变化，6 万至 15 万两之间的贷款，每年分为 3 期，每期 4 个月，贷款的利息是每月 8 厘。

钱铺的资本金数量微乎其微，这里的钱铺只办理换钱业务，在此无须赘述。

义宁的当铺只有元和、永和，也兼做钱庄的生意。永和的资本金是 20 万串文，属于股份制，其业务主要是发行票子、银钱买卖。发行票子最有利可图。其发行九八票 1 串文和 100 文。在茶叶交易旺季发行的票子数额可达 8 万串文，其他季节的发行量是三四万串文。当铺发行的票子又名花票。这里没有信用贷款，一定需要担保物才能得到贷款，贷款利息一般与当铺每月 2 分的利息相同。当铺的存款很少，存款利息在每月 8 厘上下。

第二节　货币

义宁的通货有马蹄银、铜元、制钱和钱票。英洋、湖北龙洋并非没有流通，只是其数量很少，日常交易时很少见到英洋或湖北龙洋。

本地流通的马蹄银只有一种，名为"二六宝"，其重量大约是 50 两，其成色比十成纹银低 2 两 6 钱，每 50 两银子需付申水 2 两 6 钱。义宁采用九三八平。据赣省民国银行调查，九三八平的 91.3 两相当于上海漕平的 100 两。义宁的 100 两相当于九江的 110.2643 两，或相当于汉口洋例纹 114.4 两。

制钱在义宁使用广泛，有乾隆通宝、嘉庆通宝、康熙通宝、宽永通宝、道光通

---

①此处日语原文是"每日"5 厘。每日 5 厘的存款利息，高于义宁地区"每月 8 厘"的贷款利息，这明显不符合金融规律，所以，译者译为了"每月"5 厘。

宝等，品质差的制钱不受待见，但是，依然可以以相同价格在市场上流通。100文等于1串文。铜元使用最广，主要是湖北或江西铸造的。

义宁流通的票子有赣省民国银行发行的官票和各当铺发行的花票。江西官票是九五制钱，也就是说，950文为1串文。官票与铜元或制钱兑换时，可以用950文或940文兑换。有九八制钱算作100文的花票，还有980文算作1串文的花票。发行花票的主要商家有源信、隆谦、福仁、元和、永和等。平时多以串为单位，如果用作支付货款，一千文的官票比花票可以多算30文，如果是平时生活的买卖，官票和花票均可以实际面额支付。

第三节　度量衡

一、度

义宁使用的量具有以下2种：

广尺（裁尺）1尺	＝日本 1.16 尺
鲁班尺 1 尺	＝日本 1.044 尺

广尺一般又称裁尺。鲁班尺1尺相当于广尺9寸，为建筑用尺。

二、量

乡桶 1 斗	＝日本 18.1141 升
河桶 1 斗	＝日本 19.5966 升

10斛为1石。河桶与乡桶相比，每石多出1斗。河桶和乡桶究竟应该用几斗量，需要根据不同契约单独规定。

三、衡

义宁使用的衡器有以下几种：

	以广秤为标准，每斤的分量（两）	与广秤百斤比较		以广秤为标准，每斤的分量（两）	与广秤百斤比较
广秤	16.0	100.00 斤	司马秤	17.0	107.25 斤
道秤	16.0	100.00 斤	茶秤	20.0	125.00 斤
务秤	16.3	101.87 斤			

通常情况下使用广秤或道秤，盐的买卖用务秤，茶叶装箱时用司马秤，买卖茶叶时用茶秤。

第七章　景德镇、浮梁的金融货币和度量衡

第一节　金融机构

作为金融机构，值得在此介绍的有银行、钱庄和当铺。在景德镇，只有赣省民国银行分行这一家银行。

一、赣省民国银行

景德镇的民国银行分行的相关内容，在九江的章节中已经有所介绍，在此不再赘述。

二、钱庄

景德镇的钱庄有53家之多，其中比较大的10家钱庄可办理汇兑业务。此地的钱庄多有贷款业务，也有的钱庄通过与九江的汇兑业务维持着经营。景德镇的钱庄列表如下：

钱庄名	资本家	管 事	正资本（万元）	开设后经历的时间（年）
永　贞	许协铭	俞辉庭	10	20
恒　大	洪味三	张启甫	10	10
大有恒	胡筱棠	孙美蕃	5	10
元兴昌	胡德兴	黄德隆	6	30
隆　元	吴星垣	同左	3	30
万和昌	胡以山	同左	2	10
广　友	何庭芝	同左	1	20
坤　和	程辉庭	同左	1	5
镇　达		同左		
元　康				

钱业公所是景德镇钱庄的行业组织，每天早上举行早会，决定当天的兑换行市。浮梁没有钱庄。

三、当铺

一般每个月 1 元的利息是 2 分，以 2 年为一个当期。景德镇有泰和、庆怡 2 家当铺。据说资本是三四万元。浮梁没有当铺。

第二节　货币

景德镇流通的硬通货有英洋、龙洋、小银币、铜元和制钱，纸币有元纸币和九五票。

一、银锭

现如今在景德镇已经完全没有银锭流通了，英洋和龙洋替代银锭是自然趋势，但在旧习惯依旧保留的地区偶尔还有银锭使用。

二、银元及小银币

流通的银元主要是英洋，龙洋在景德镇也可以以面额流通使用。而小银币的使用则很少，在祁门完全没有小银币的流通，其他地方的小银币很低廉。英洋和龙洋的兑换行市如下：

景德镇不再使用银锭之后，英洋的使用甚为频繁，原来使用银锭的交易换算为英洋支付。一般情况下，上海规元千两可以换算为英洋 1360 元左右，实际交易时多以"元"为单位。

景德镇 1 元	= 141 铜元 1410 文
1 元	= 143 铜元 1410 文
浮　梁 1 元	= 140 铜元 1400 文

三、铜元及制钱

铜元在景德镇是物价的标准货币，只有 1 仙的铜元。在景德镇各个地方，1 个铜元等于 10 文制钱，制钱是铜元的辅助货币。这里把 100 文称作 1 串文。

四、票子

景德镇流通的票子有代表英洋的银元票和九五官票。银元票是中国银行发行的票子，信任度最高，银元票的面额有 1 元、5 元、10 元的。九五票是赣省民国银行发行的铜元票。1 串文官票可兑换 950 文铜元，但是，其行情下跌，流通逐渐变少。

第三节　度量衡

景德镇的度量衡与浮梁很相近，并无大的差别。

一、度

布尺 1 尺	= 日本 1.15 尺
大尺 1 尺	= 日本 0.92 尺（布尺 8 寸）

二、量

称量谷物时，升和秤并用。液体的买卖使用以斤为单位的量器。

谷物 1 升（漕平 1 斤半）	= 日本 6 合 3 勺
液体 1 升（漕平）	= 日本 3 合 6 勺

三、衡

此地使用的衡器有漕平和九五平。

漕平 1 斤（16 两）	= 日本 160 钱
九五平 1 斤（15 两 5 钱）	= 日本 150 钱 5 分 7 厘

以斤为单位称量液体的量器，其容量如下。

酒 1 斤	= 日本 164 钱或 3 合 6 勺
酱油 1 斤	= 日本 188 钱或 3 合 6 勺

漕平主要用于酒、米、豆、油、酱油、肉、火柴、茶、鸡蛋等，九五平用于白糖、杂货等。

第八章　余江的金融货币和度量衡

第一节　金融机构

余江没有钱庄，称得上当铺的，只有在小南门名为"王仁和米老行"的一家，售卖米谷的同时，还可以换钱。

第二节　货币

余江的生活水平很低，这里流通的只有制钱、铜元和银元，没有银锭和票子。制钱10文可换1个铜元，这里的1文是大钱。余江和南昌相同，不使用小钱。在余江，英洋和龙洋使用最广，1元银元可换铜元1420文，而其他买卖时的行市则是1400文。台湾银行发行的银元也被称作龙洋，与英洋的市价相同。这里没有小银币。

第三节　度量衡

一、度

余江的量具长度全部采用官尺，可是不同店的尺子名称不同。

裁尺为竹制或木制，裁尺的1尺约等于日本1尺2寸，还有一种裁尺的长度约等于日本1尺1寸6分。

木尺是木匠铺用的尺子。木尺的1尺约等于日本1尺1寸，还有一种木尺的长度约等于日本1尺4分。所以标准并不统一。木尺虽然是曲尺形状，但只有短边上有刻度。

二、量

余江的量器用于米、谷、豆类的买卖。

升为竹制圆筒形，高7寸3分，直径1寸7分。5升为1斛，合日本2斗8升。

三、衡

余江的衡器种类繁多。秤砣有铜制的、铁制的。秤杆的长度也不相同。也就是说，除了官家准许的称重用具外，各家还有自己做的秤，名为盘秤，用于称量青菜、盐、茶、烟、面等，1斤是16两，1两合日本12钱半或10钱。1斤等于160钱至300钱不等。油、酒、酱油等液体用1斤的量器售卖。

第九章　广信的金融货币和度量衡

第一节　金融机构

广信没有新式银行，只有以下 6 家钱庄：

张仁村	杨济川	舒申立	江象周	邓桂材	邓国材

这些钱庄的资本金均不超过六七千元，有钱庄业的行业组织。钱庄一般可以换钱、贷款和存款。

第二节　货币

广信流通的银元中，英洋最多，日本银元次之，江南、湖北、浙江铸造的银元有流通，但数额不多。1 元银元可兑换铜元 140 枚到 144 枚，各银元之间兑换无差别。此处没有制钱的流通，小银币几乎也没有。作为纸币，钞票也有流通。

第三节　度量衡

一、度

官尺 1 尺	＝ 日本 1.16 尺
裁尺 1 尺	＝ 日本 1.18 尺

二、量

广信的河桶呈鼓形，高 6 寸 3 分，上沿周长 2 尺 2 寸，腰部周长 3 尺 3 寸 7 分，底部周长 2 尺 3 分。5 升的量器常用，5 个 5 升算作 1 桶，或者叫 1 斛。4 斛为 1 担，其重量约 150 斤。量米时用"升桶"，相当于日本五六合。

三、衡

理戥 1 两	＝日本 10 钱　　药房用
烟秤 1 斤	＝日本 172 钱
油秤 1 斤	＝日本 150 钱

秤盐使用盘秤，一斤是 16 两 4 钱。据说秤有三纽，头纽 10 斤起，可称 25 斤。二纽 1 斤起，可称 10 斤；三纽 1 两起，可称 1 斤。

第十章　玉山的金融货币和度量衡

第一节　金融机构

在玉山，有一家中国银行分行，其营业状态不佳。此地有以下多家钱庄：仁寿、瑞源、怡大、乾泰、厚康、源平、恒通、义生、宝源、聚平、亨巨等。此地的富豪有张氏（财力为 200 万元）、潘氏（财力为 20 万元）、许氏（财力为 20 万元）、陈氏等，上述的几大姓氏是钱庄的资本家，或有贷款业务，在金融界有影响力。钱业会馆规定各家钱庄的市价行情。从玉山经陆路运现银到常山时，每 1000 元需要 7 角乃至 1 元的费用。

第二节　货币

一般流通的有英洋、龙洋。1 元英洋可兑换 134 个铜元，1 元龙洋可兑换 140 个铜元。小洋没有流通。铜元流通最为普遍。制钱很少有流通，纸币则完全没有流通。

第三节　度量衡

一、度

正尺 1 尺	= 日本 1.16 尺　布店、裁缝铺等使用
各尺 1 尺	= 日本 1.09 尺　木匠使用

二、量

半升	= 日本 1.28 合　米店零售使用
升子	= 日本 2.56 合
五升	= 日本 6.40 合

其他杂谷使用乡桶。

三、衡

盘秤 1 斤	＝ 日本 195 钱或 18 两
油秤 1 斤	＝ 日本 145 钱或 14 两
盐秤 1 斤	＝ 日本 153 钱或 16 两

第十一章 弋阳的金融货币和度量衡

第一节 金融机构

弋阳没有钱庄，只有两三家铺子可以换钱。

当地的硬通货及行市如下：

货币种类	换铜元	换小银币
本国龙洋	141 枚	11 角 9 仙
英　　洋	144 枚	12 角
日本龙洋	142 枚	11 角 10 仙
小　银　币	仅有 1 角的小银币（相当于 12 枚铜元）通用	
制　　钱	几乎没有	

虽然有中国银行和交通银行发行的纸币，但流通很少。

第二节 度量衡

一、度

木尺 1 尺	＝ 日本 0.96 尺	木材用
裁尺 1 尺	＝ 日本 1.02 尺	量棉布，家庭用
板尺 1 尺	＝ 日本 1.76 尺	丈量板材用

二、量

河升 1 升	＝ 日本 4.7 合	谷米用

河升为 1 斤半装，还有装 50 斤的河桶。

三、衡

盘秤 1 斤	＝ 日本 157.6 钱或 1 斤 16 两
油秤 1 斤	＝ 日本 163.2 钱或 1 斤 14 两

一般商家使用盘秤。

第十二章　建昌的金融货币和度量衡

第一节　金融机构

当地没有像样的钱铺，只在南门内有家名为义昌祥的铺子可以换钱。建昌的当铺有同和典、天升典。同和典的资本金是 2000 两，当铺的当期是 24 个月，月利4 分。

第二节　货币

建昌的通货与抚州几乎相同。这里没有元宝，赣省民国银行发行的官票比抚州少，但是制钱、铜元远远多于抚州，英洋的市价很高。

第三节　度量衡

一、度

建昌使用的尺子有裁尺、木尺、木工尺、竹尺等，这些尺子与日本尺子的长度对比数据如下：

裁尺 1 尺	= 日本 1.10 尺
木尺 1 尺	= 日本 1.12 尺
木工尺 1 尺	= 日本 0.65 尺
竹尺 1 尺	= 日本 0.93 尺

裁尺和木尺为木制，木工尺和竹尺为竹制。

二、量

建昌的量器和抚州相同，并无米行用秤和街市用秤的区分。街市用秤被称为公议平，是斗量的标准。也有 1 升、5 合的量器。各量器之间的换算关系都是成倍数的。5 合的 2 倍是 1 升，1 升的 10 倍是 1 斗。出售粮食时，一般盛到量器上端平面为止，不会高出量器上端呈山形。

1 升	= 日本 5 合多

升的量器是圆筒状，斗的形状是三棱台形。

三、衡

建昌的称重器具有街秤和杂货秤，两种秤都是依据同一种衡器刻的刻度。街秤的 1 斤是 16 两，杂货秤的 1 斤是 16.8 两。

街　秤 1 斤	＝ 日本 140 钱　米、油、盐使用
杂货秤 1 斤	＝ 日本 157 钱多　其他杂用

第十三章　新城的金融货币和度量衡

第一节　货币

新城的通货与抚州、建昌并无大的差别。但是，日本银元在新城流通极为普遍，这可能是因为新城靠近福建的缘故。因此日本银元的行市很好。官票流通很少是因为这里远离省城。

第二节　度量衡

一、度

此地使用的尺子与福建相同，竹尺使用很多，也有裁尺、工尺等，没有船尺。

竹尺 1 尺	= 日本 1.03 尺
裁尺 1 尺	= 日本 1.17 尺
工尺 1 尺	= 日本 1.02 尺或 1.05 尺

二、量

新城的量器名为方斗，木制的方形量器。还有竹筒做的升和半升量器。

方斗 1 斗	= 日本 4 升 8 合 8 勺

三、衡

只有一种市面上用的秤，名为新秤。

新秤 1 斤（16 两）	= 日本 140 多钱

第十四章　抚州的金融货币和度量衡

第一节　金融机构

抚州的钱庄字号列表如下：

裕 荣	宏 兴	成 坤	同 太	永 元	惠昌祥	发 源
晋 源	宝 生	瑞 安	福 慎	益 全	厚昌成	致荣厚
合 益	同信厚	和 全	贞和信	信恒昌		

钱庄中较大的有发源、同太、合益、益全等。资本金在 6 万至 10 万两之间便可算作大钱庄了。其次是成坤、和全、晋源等，资本金为四五万两。钱庄的业务是存款和贷款，汇兑业务只和南昌相关。现在不发行钱票。定期存款的存期是 1 年，利息是 4 厘。活期存款又名"往来"，1 分 5 厘的利息。贷款又名"放银"，虽说是长期贷款，期限最多是 6 个月，贷款利息由合同规定。发源、同太、合益、益全、成坤、和全、晋源这 7 家钱庄发行票子。

抚州有 4 家当铺，分别是源成、德和、泰合、中盛。

第二节　货币

抚州流通的硬通货有元宝、银元、铜元和制钱。此地所说的元宝，指的是足银，10 两、20 两等分量小的元宝居多，50 两的大元宝少见。可是，各种元宝加起来的总存量极少。

流通的银元有英洋、湖南龙洋、日本银元、江南银元、安徽银元等。其中，数量最多的是湖南龙洋，英洋和日本银元次之，江南银元和安徽银元数量最少。大笔交易时主要使用银元。湖北龙洋、日本银元最受信任。铜元的流通数额相当多。制钱又被称为九六钱，960 文兑换 1 串文。

流通的票子有赣省民国银行发行的官票和各钱庄发行的钱票。官票流通时兑换成 1 串或 5 串的钱票使用。禁止市票发行之后，没有再发行新的票子，也没有回收原来发行的市票。原来的纸币一直在流通，1 吊文和 500 文的居多。

第三节　度量衡

一、度

抚州使用的尺子有大布尺、小布尺、营造尺、算盘尺。这些尺子与日本尺的比较如下：

大布尺 1 尺	= 日本 1.10 尺
小布尺 1 尺	= 日本 1.05 尺
营造尺 1 尺	= 日本 0.85 尺
算盘尺 1 尺	= 日本 1.13 尺

抚州出产夏布，买卖时应该使用大布尺还是使用小布尺，需要特别协商后确定。

二、量

最常用的量器有乡斗和场斗。米行进货时使用乡斗，市场批发时使用的量器叫场斗。乡斗和场斗都是圆筒形，两者比较时，乡斗的九成七是场斗。5 斗是 1 斛，2 斛是 1 石。抚州量器的换算方法与其他地区不同。

乡斗 1 斗	= 日本 5 升不到
场斗 1 斗	= 日本 4 升 8 合多
1 升	= 日本 4 合 8 勺

三、衡

抚州有行秤和十六两秤。行秤以 17 两为 1 斤。十六两秤以 16 两为 1 斤。十六两秤的 1 担是 100 斤。行秤的 110 斤是一担。

行　　秤 1 斤	= 日本 160 钱　棉花、油、米使用
十六两秤 1 斤	= 日本 150 钱　布、其他杂谷用

第十五章　临江的金融货币和度量衡

第一节　金融机构

临江没有正规的钱庄，只不过是在主业之外兼营钱庄的业务而已。其商号如下：

永　顺　　裕顺祥　　利　发　　协昌荣　　源　发

这些钱庄的资本金均在 2000 两左右。永顺、利发、协昌荣、源发以经营油、盐、杂货为主业，裕顺祥以经营花布为主业。规模较大的钱庄是利发、协昌荣、源发，主要办理换钱业务，也办理贷款和存款。贷款分为活期贷款和定期贷款。1 元贷款的月利是 3 厘 9 分左右。存款的利息与贷款相差无几。几乎不办理汇兑业务。进货需要的现银由进货人自己随身携带。钱庄从前发行过票子，现在已停止发行，在努力回收发行的票子。

第二节　货币

临江流通的货币中数额最多的是铜元，铜元是这里的标准货币单位。银元的流通额较少，流通的银元中多是烂洋。烂洋在临江被称作"札洋"（也写作"杂洋"）。龙洋和站人洋（香洋的别称。因为其表面有站人肖像，故名"站人洋"）的流通仅次于烂洋。英洋和没有打刻的湖北银元、江南银元、江西银元、广东银元、户部银元等极少。

流通的票子有民国银行发行的官票（一百文官票和一串文官票）和钞票，但是流通数额不多，都是商人从其他地区携带而来的，票子可兑换铜元 6 枚。除了钱庄发行的票子之外，当票也有流通。临江有家官绅合办的当铺，名为大同公典，该当铺对入当人开具的票据即为当票。当票在当地信用度很高，市场广为流通，可兑换铜元 10 枚。

临江没有钱业组织，行市参照南昌。临平是当地银两的计算标准，这只是空头称呼。临江和南昌相同，以花边洋和英洋为本位货币。日用品等小额交易时以铜元定价。银两行市并不以临平表示，而是以铜钱的行市表示。民国四年（1916）7 月 26 日银元与铜钱的行市列表如下：

花边英洋 1 元	1435 文	花边站龙洋 1 元	1430 文
花边烂洋 1 元	1420 文	花边站人洋 1 元	1425 文

现在，临平与南昌的九三八平的换算公式如下：

临　平 100 两	= 九三八平 101.1 两

第三节　度量衡

一、度

木匠使用九五尺和鲁班尺。九五尺为竹制，鲁班尺为木制。也有的石匠使用鲁班尺。这两种尺子与日本尺子的长度对比如下：

九五尺 1 尺	= 日本 1.10 尺
鲁班尺 1 尺	= 日本 1.14 尺

木材商量取木板时使用算盘尺，量取木材时使用四六尺。

算盘尺 1 尺	= 日本 1.17 尺
四六尺 1 尺	= 日本 1.09 尺

四六尺指的是，将算盘尺的四尺六寸当作五尺。量取周长时使用利正尺。利正尺是由竹子薄皮制作而成的。一般量得的周长是一尺时，直径按三寸计算。

利正尺 1 尺	= 日本 1.13 尺

绸缎庄使用的尺子是竹制或木制的九五尺，与算盘尺长度相同。

二、量

临江的谷米店和零售店使用的量器有半升、升、斗。批发店除了上述量器之外，还有斛。1 升、半升为竹制圆筒形。1 斗为木制四棱台形。斛与南昌的相同，1 升量器的容积与日本的对照如下：

1 升	= 日本 5 合多

1 石为 10 斗，200 斤。

三、衡

杂货店用秤 1 两	= 日本 11.2 钱
药店用临平 1 两	= 日本 9.9 钱

1 斤为 16 两，100 斤为 1 担。临平的百两比赣州所用的赣平重 1 两 2 分。

煤油商用正平 1 两	= 日本 9.3 钱

量取煤油、酱油等液体时，以重量为单位制作的量器与其他各地相同。

第十六章　新干的金融机构和货币

第一节　金融机构

在新干，作为金融机构的钱庄、钱铺和银行等一概没有，只有在以卖杂货为业的称作"钱摊"的地方可以换铜元。钱摊只有两三家。

第二节　货币

新干流通的货币几乎都是硬通货，流通的银元数额少，其中比较多且有信用的是日本银元，即龙洋，龙洋的元是当地的通货单位。除了日本银元之外，杂洋（也叫札洋）也有流通。除了无刻痕的日本银元、英洋、站人洋之外，湖北、江南、广东、安徽、四川、云南、吉林各省铸造的银元，再加上打刻过的英洋、日本银元和站人洋，统称为杂洋。站人洋也有流通，但是英洋的流通极少。

新干几乎不流通票子，虽然出现了官票市场，但是官票并不多见，官票1张可换6枚铜元。如果当地钱摊不给兑换的话，日常的买卖只收取铜元。

新干的货币以日本银元为单位，物价以铜元为单位。各种银元的行市以可兑换的铜钱为换算单位。以下是民国四年（1915）7月28日的行市。

龙洋（日本银元）1元	＝ 1440 文
札洋 1 元	＝ 1430 文
站人洋 1 元	＝ 1430 文

滏平是此地称量银两的平名，与南昌的换算公式如下：

滏平 97.9 两	＝ 南昌九三八平 100 两

第十七章　新喻的金融货币和度量衡

新喻的钱铺有正兴顺、合昌，主要业务是换钱、贷款和存款。贷款利息是每日 5 厘，存款利息是每月 5 厘左右。

新喻的通货有银元、铜元、制钱和官票。银元中有英洋、湖北银元、安徽银元、北洋银元、四川银元，其中，英洋、安徽和湖北铸造的银元最多。日本银元虽然很受欢迎，但是数量并不多。980 文制钱算作 1 串文。乾隆通宝、文久通宝等也比较多。银两的称量单位称为"喻平"，喻平与南昌平相比，每百两大 15 两。银的成色与南昌相同。

新喻使用的尺子有裁尺、庄尺和鲁班尺。裁尺主要用于纺织物的买卖或裁缝使用。庄尺主要是布匹批发店使用，鲁班尺主要是木匠和泥瓦匠使用。与日本尺的比较数据如下：

裁　尺 1 尺	= 日本 1.16 尺
庄　尺 1 尺	= 日本 1.21 尺
鲁班尺 1 尺	= 日本 0.95 尺

新喻的量器以斗为最大。比斗小的有半斗和 1 升。斗也称为河桶，河桶是四棱台形，半斗和 1 升都是竹筒形。

1 斗	= 日本 4 升多

新喻所用的衡器叫喻平。大秤可称 250 斤，小秤可称 20 斤。

喻平 1 斤	= 日本 146 钱

第十八章　峡江的金融机构和货币

第一节　金融机构

峡江的很多商人做的是小买卖，只有几家稍大的粮行。与新干相比，市场更加缺乏活力。在当地，钱庄、钱铺、钱摊儿等全部没有，银元、铜元、制钱在市面上均有流通，但数额不大。银元与铜元兑换，需要到油盐店、杂货店或绸缎庄去，如果兑换不成，只好再到别的地方。如若不然，只好买些物品，再请求用铜元找零钱。峡江没有汇兑机构，如果需要寄钱，就要自己带着现金送去，或者托人给带过去。

第二节　货币

流通的货币中龙洋较多，打刻过和没有打刻过的龙洋同价使用，龙洋的信誉度很高。站人洋和烂洋仅次于龙洋，英洋少见。当地流通的烂洋多是湖北、江南、广东三地的银元和打刻过的英洋。打刻过的龙洋和站人洋不被作为烂洋对待，而是换算成铜元后使用。通货中数额最少的是制钱，数量不多。

有时在市场上可以看到官票的踪影，但不能兑换成铜元。官票和钞票均不能流通。

峡江的市场很小，因此，不用每天明确各种货币之间的行市。一般是根据吉安四五次的货币行市平均之后确定。银两的行市以铜钱定价。

第十九章 瑞州的金融货币和度量衡

第一节 金融机构

掌管瑞州金融业的是钱店和当铺，但是生意并不大。钱店只有 4 家，其资本不过 5000 两。当铺有 3 家，对外宣称其资本是二三十万两。钱店的存款利息是每月八九厘，1 元贷款的月利息是 1 分。当铺的月利是 2 分，当期是 26 个月。现有的钱庄列表如下：

豫 元　　厚 生　　德 兴　　裕 和 叙

其中，最大的钱庄是豫元，厚生次之。

豫元是一家合股钱庄，资本金约 5000 两。办理定期存款，存期为 3 个月、半年或 1 年，存期 1 个月的，数额多在一二百两到 1000 两之间。豫元发行 100 文及 1 串文的钱票，钱票面额为 5000 串。汇兑业务只与南昌有关，现金运费是每百两收取 8 钱，如果是汇票的汇兑业务，则收取 3 钱的手续费。如果汇出的是银元现金，每百元收取 6 钱的运费，要是银元汇票的业务，则收取 3 钱的手续费。

厚生钱庄钱票子的发行额是 2000 串左右。

瑞州有 3 家当铺，分别是胡玉成、胡信成、谦裕利。

第二节 货币

瑞州的通货分别是马蹄银、制钱、铜元、票子和各种银元。马蹄银又分为东宝和粉宝。瑞州的标准银成色是九三零，银的计量使用"瑞平"。听说在豫元钱庄，瑞平的 100 两比南昌的九三八平 100 两少 4 钱。东宝（上海来的元宝）、粉宝（武汉来的元宝）需要参照豫元钱庄的标准确定其流通价格。

在瑞州，银元也有流通。在小额交易时，英洋、湖北龙洋和日本银元的使用几乎没有差别，其与铜货的比价是大约每元换 1 串 320 文。如果换算成两，上述各种银元之间就会产生差距，英洋和龙洋的 1 元 3 角 5 分可以兑换 1 两，日本银元则需要 1 元 3 角 7 分才可兑换 1 两。

在瑞州，制钱使用极为普遍。其计算方法与义宁相同。

此地江西和湖北铸造的铜元流通最多，均以面值流通使用。

流通的票子有江西官票和钱庄发行的钱票。票子面值有 100 文和 1 串文。

第三节 度量衡

一、度

广 尺 1 尺	= 日本 1.201 尺
木工尺 1 尺	= 日本 1.105 尺

二、量

名称	与河桶比	名称	与河桶比
吉桶 大	5 升	妙公桶 小	4 升
火桶 小	5 升	观 桶 小	1 斗 5 升
河桶 1 斛 = 日本 1.74 斗			

1 石为 4 斛，1 斛为 2 斗 5 升。具体使用哪种量器多由契约规定，常用的是河桶。

三、衡

瑞州采用瑞平。市场上零售使用的称量器具种类繁多，没有固定标准。瑞平与南昌的九三八平相比，每百两小 4 钱。

第二十章 袁州的金融货币和度量衡

第一节 金融机构

袁州专业的钱号少，其商号名称列表如下：

德顺昌	宏裕祥	合成祥	元茂成	福太隆	怡丰和	合 丰	永成茂

最大的钱号是德顺昌，元茂成次之，元茂成兼做棉布生意。德顺昌可办理汇兑业务，汇出地一般是南昌、吉安、萍乡、樟树。宏裕祥、永成茂也可办理汇兑业务。每一千两贷款的日利息是 6 厘或 7 厘，存款的日利息在 4 厘到 6 厘之间。

第二节 货币

袁州几乎见不到元宝，通货只有银元、铜元和制钱。1 串文铜元算作 900 文制钱。湖北银元的市价最高，英洋和龙洋次之。

袁州流通的票子中，官票占大部分，还有少量市票（钱票）。官票中 1 串文的最多，可换 945 文。市票有 1 串文和 100 文 2 种。

计量银两使用正平，正平比省城的九三八平大 6 两。据说采用九九五成色。

第三节 度量衡

一、度

袁州产夏布。夏布交易时使用的尺子叫布尺，此外还有工匠尺和京货尺。这三种尺子与日本尺的对比如下：

布 尺 1 尺	= 日本 1.10 尺
工匠尺 1 尺	= 日本 0.95 尺
京货尺 1 尺	= 日本 1.20 尺

二、量

袁州使用斗，不使用斛。有一种斗名为行斗，当地人俗称为"起米斗"（牙行使用）。还有一种斗名为铜天平斗，当地人俗称为"出米斗"，为米店使用。起米斗为圆形，出米斗为上大下小的倒圆锥形。

起米斗 1 斗	= 日本 4.75 升
出米斗 1 斗	= 日本 4.50 升

粮店零售谷米使用的升是以出米斗为标准的，出米斗等于日本 4 合 5 勺左右，粮食盛到与斗沿持平为装满。

三、衡

袁州使用盘秤和老秤。此外还有大小秤，大秤可称 2 担，小秤可称 85 斤。

盘秤 1 斤	= 日本 145 钱　零售用
老秤 1 斤	= 日本 150 钱　油、盐、粮食用

盘秤 16 两为一斤，老秤 18 两为 1 斤，有时 17 两为 1 斤。

第二十一章　萍乡的金融货币和度量衡

第一节　金融机构

萍乡有 5 家钱庄，其商号名称列表如下：

福泰厚	福星临	公兴祥	惠　福	老万昌

从福泰厚调查得知，萍乡钱庄的业务项目有存款、贷款和汇兑。存款业务有活期和定期，利息不固定，每年 6 分到 8 分不等。作为吸收存款的方法，有时会上浮一成的利息。贷款有活期和定期，利息不固定。抵押贷款收取一成的利息，无抵押贷款收取一成五的利息。

萍乡除了钱庄之外，还有赣省民国银行的分行，主要负责萍乡矿山局的业务，其财力有余时，也贷款给钱庄。

第二节　货币

萍乡的硬通货有元宝、银元、铜元和制钱。其中铜元和制钱最多。

银元中英洋、湖北银元、日本银元较多，其他省的银元有江南银元、北洋银元、浙江银元等，但是流通较少。

萍乡的大小制钱混用。使用九八钱，1 串文为 980 文。多数是顺治通宝、康熙通宝、雍正通宝、乾隆通宝等。

此地的票子以赣省民国银行发行的官票为最多，钱庄发行的钱票不多。此地的官票多换成钱票使用，有 5 串文、1 串文、500 文等多种。市票有 1 串文、300 文等，已经停止发行，原来发行的已基本收回，市面通用数额极少。

第三节 度量衡

一、度

木　尺 1 尺	＝ 日本 1.20 尺
裁　尺 1 尺	＝ 日本 1.14 尺
算盘尺 1 尺	＝ 日本 1.12 尺

算盘尺是绸缎庄使用的尺子。

二、量

萍乡的商家主要使用斗，很少使用斛。斗又分为谷斗和米斗。谷斗用于米以外的粮食，米斗是卖米的专用斗。谷斗每石比米斗大 2 升。谷斗和米斗均是批发用斗，零卖时使用升或筒。

1 升	＝ 日本 5 合
1 筒	＝ 日本 2 合 5 勺

三、衡

萍乡的秤有州秤、加一秤、加二秤。州秤以 16 两为 1 斤，州秤有二百斤秤和六十二三斤秤。

上述秤与日本的对比数据如下：

州　秤 1 斤	＝ 日本 159 钱 16 两
加一秤 1 斤	＝ 日本 178 钱 17 两
加二秤 1 斤	＝ 日本 180 钱 18 两

州秤主要是售卖谷米、油、铁制品时使用，加一秤主要是售卖山货、棉花使用，加二秤主要是售卖药材使用。

第二十二章　吉安的金融货币和度量衡

第一节　金融机构

一、钱庄

吉安是位于江西省中部地区的中心市场，这里做的多是大笔生意，规模较大的钱庄如下：

裕　通	仁　和	万盛隆	同兴祥	恒　兴	仁鑫祥
元　茂	信义祥	慎　记	嘉　兴	丰　年	丽　兴

其中，裕通的资本金约 20 万元，其实力即使在南昌也没有任何一家钱庄可与其能比。裕通的信用可靠。前些年，民国银行在吉安开设分行之际，同行的钱庄也曾认为银行分行的设立会与裕通形成竞争。裕通的资本主是周扶九，他兼任钱庄的经理。裕通的实力到底如何不得而知，但是在南昌、上海、长沙、汉口、扬州、镇江、杭州、广东均有分店，业务甚是活跃。裕通在最初阶段和其他钱庄一样，兼营棉纱生意。

在吉安，只有民国银行和裕通能与各地做汇兑业务，其他钱庄的资本金不详，估计一般的钱庄可以做小宗的汇兑生意。

仁鑫祥兼做棉纱生意，除了换钱之外，还有贷款业务。贷款多是担保贷，1 元花边洋的贷款月利息是 7 厘乃至 9 厘，贷款额度不大。仁鑫祥没有存款业务，不发行票子。万盛隆也兼做棉纱生意，除了换钱之外，有少量存款业务和贷款业务。1 元贷款的月利息是七八厘左右。汇兑业务方面不开具信用证。恒兴主要做钱庄业务，也办理兑换、存款、贷款业务，一百元贷款的日利息是 2 分。

吉安各钱庄对活期存款一律不支付利息。这里的习惯是，一个月以上的定期存款才协商给一定的利息，每年的阴历 1 月到 4 月，是金融运行最为缓慢的时期，月利息平均是 3 厘或 4 厘，从 6 月开始到年底，月利息平均是 7 厘或 8 厘，最高的时候可达 1 分 4 厘或 1 分 5 厘，但这种情况很少。各钱庄根据不同主顾和数额大小，随时商定利息的多少，若非遇到行情可能会暴涨的情况，贷款主要是信用贷，辛亥革命后多要求有相当数量的担保。

二、民国银行分行

民国银行分行在民国元年（1912）设立之初，主要办理贷款业务，贷款多是信用贷，也对该地的商人或钱庄放资。活期贷款开具名为"立票"的贷款合同，定期贷款使用折子。定期贷款以 3 个月到 6 个月为期限，1 元定期贷款的月利息是 7 厘至 9 厘。贷款合同的样式如下：

借 票	今　借　到 赣省驻吉分行　　　　　（英洋贰佰元）整 其（洋）议定按月（七厘）行息 订 明年阳历三月（二十一）日本利一并 归还此据 　　　　　民国四年 阳 　　　　　　　　 阴 历七月（三十一）日立借票（某某）

借票是印刷好的凭据，用括号空出的空白，其内容手写填入。如果上述借票中借的不是英洋，而是铜元，则"其"之后的（ ）中填写"铜"字。折子是可以折叠的凭证，给借款人保存，折子上填写贷款金额，每还款一次，则在空白处填写剩余的金额。该分行还办理存款业务，但额度不多，1 元存款的月利息 6 厘至 8 厘不等。汇兑是该分行的主要业务，主要和上海方面做交易。此外，还开具信用证、银元买卖、保管国库银，但不发行票子。

第二节　货币

银元中的英洋尽管势力得到了加强，但其流通额并不大，流通最多的是龙洋，烂洋次之。烂洋包括打刻后的英洋、人洋及各省铸造的银元。刻痕少的日本银元被当作龙洋使用，刻痕多的日本银元被当作烂洋对待。

铜元是日用品买卖时不可缺少的，所以流通数额多。制钱的流通数额不多。

官票在吉安没有流通。只有少量钞票在交易时使用。民国银行分行设立之前，钱庄各自发行过票子，后来停止发行，努力回收已发行的票子，现在基本全部收回。

50 两的银锭少量流通，银锭计量采用南昌的九三八平。在吉安，以七三花边为本位货币。本地的 1000 元相当于南昌九三八平的 730 两，吉安的行市均以此为准。实银的收付根据当日行市换算。吉安有钱业公所，每天早上 6 点，金融从业者聚在一起，商定当日市价。以下是民国四年（1915）8 月 2 日的市价表。

龙洋每百元加手水 6.5 元	收付日本银元时，每百元升水七三花边 6 元 50 仙。
香洋每百元加手水 6 元	收付香洋时，每百元升水七三花边 6 元。
烂洋每百元加手水 5.2 元	收付杂洋银元时，每百元升水七三花边 5 元 20 仙。
铜元七三花边 1 元	1353 文

吉宝	吉安的元宝数量很少，因为收付使用不多，所以只是偶尔确定其行市。 1 元七三花边洋相当于吉宝的 6 钱 6 分。
申票	上海规元 1000 两兑换七三花边 1450 元。 兑换龙洋 1380 元。
汉票	汉口估平 1000 两兑换七三花边 1520 元。
湘票	兑往长沙的行市，长沙银 1000 两兑换七三花边 970 元。

上述市价表中没有涉及英洋，英洋当天的行市是，百元英洋升水七三花边 7 元。各种银元与铜元的换算行市如下：

花边洋 1 元	1353 文	英洋 1 元	1430 文
龙洋 1 元 （不论有无刻痕）	1430 文	人洋	1425 文
烂洋 1 元	1420 文		

第三节 汇兑

由于吉安需要从上海直接采办棉纱、洋杂货、煤油等，所以吉安汇到上海的业务很多，每年平均不下二百万元。吉安发往外地的主要是土布，主要发往福建、广东。发往外地货物后收回的货款大部分是现银。由于上述实际情况，主要办理的是汇到上海的业务，偶尔的汇入业务是钱庄之间的投机买卖，这些投机买卖也是现银。吉安的汇兑行情随南昌的行情波动。汇到上海的行情是，英洋 1370 元乃至 1390 元相当于上海规元 1000 元。吉安到南昌的现银运输费是每千元收取 1 元乃至 2 元，名义为船力费。吉安汇到汉口和南昌的业务也有，但不足一提。

第四节 度量衡

一、度

吉安一般使用的是广尺，建筑使用九五尺，广尺在布店也称作正裁尺，与日本尺的对比数据如下：

广 尺 1 尺	= 日本 1.170 尺
九五尺 1 尺	= 日本 1.111 尺

二、量

吉安的量器一般使用河桶和乡桶。乡桶的 1 桶按 2 斗 5 升计算，河桶的 1 桶按 3 斗计算。

河桶 1 斛	= 日本 17.30 多
乡桶 1 斛	= 日本 14.40 多

三、衡

吉安的衡器一般使用广秤、估平、七三秤。估平和七三平用于货币的计量。广秤的 16 两算 1 斤。

广秤 1 斤	= 日本 154.6 钱

1 担米或谷按河桶计量，1 担 130 斤。1 担籼米 92 斤。

第二十三章　泰和的金融机构和货币

第一节　金融机构

泰和有 2 家钱铺，字号分别为正大、鼎丰豫。钱铺的副业是换钱，正大主要是粮食买卖，鼎丰豫以售卖酱油为主业。

第二节　货币

泰和的市场很小，相应地流通数额甚少，通用货币是铜元。正大钱铺铜元的存款总额不超过 40 元。银元中流通最多的是龙洋，烂洋次之。刻痕的龙洋又被称为"蔴元"。香港洋被称为"拐元"，又名"寿板"。

泰和流通的铜元多数是江南或湖北铜元，也掺有北洋、广东、安徽、云南、吉林、奉天等地铸造的铜元。但是，泰和拒绝接收四川省铸造的铜元。

除了上述通货之外，还有称为毫洋的广东和香港的小银币，毫洋和制钱一样，少有流通。官票和钞票完全没有流通。泰和没有钱业公所，行市以吉安的为准。

第二十四章　万安的金融机构和货币

万安没有钱庄和钱铺。换钱需要到杂货店、布店或米店。

万安流通的银元有大花边和小花边。大花边包括英洋、龙洋、拐洋、烂洋，但是全部被作为烂洋对待。小花边是小银币的别称，又称毫洋。毫洋在泰和地区流通较多，在万安当地流通更多，可是万安以南的地区却没有毫洋的流通。在上海，毫洋称为"小洋"，上海的 1 角小银币称为"单毫洋"（简称"单毫"），2 角小银币称为"双毫洋"（简称"双毫"）。广东省和香港的小银币信誉度很高，其价格也略高。湖北、福建、江南的小银币信誉度较低。香港的小银币除了单毫、双毫之外，还有称为"五丝洋"的小银币，五丝洋是单毫的一半。小银币的行市是，广东和香港的单毫算作 125 文，其他地区的单毫算作 120 文。

通货中最多的是铜元。制钱也叫"明钱"，数额少。票子没有流通。

万安没有钱业公所，行市参照吉安和赣州。市场流通花边洋较多的时候，减去 10 文乃至 20 文。反之，则增加 10 文乃至 20 文。因为万安的市场很小，所以花边洋的流通数量并无明显变化，行市变化每年只有几次，行市主要由商店视花边洋的多寡而决定。从民国四年（1915）7 月的行市可以得知，1 元烂洋相当于 1400 文。英洋、龙洋、中国洋一律被视作烂洋。

万安县知事为了收税，另行规定了兑换行市。

英洋 ＝ 1430 文	龙洋 ＝ 1410 文
烂洋 ＝ 1390 文	拐洋 ＝ 1390 文

纳税需要使用英洋，不能使用中国洋。使用烂洋缴税时，需多加 40 文。市场上不采用这种换算方法。花边洋 1 元可换毛洋 11 毛 2 仙，1 仙等于 10 文，没有当地所用的银两。

第二十五章　赣州的金融货币和度量衡

第一节　金融机构

赣州是江西省南部的商业中心，金融机构比较完备。作为新式银行，有赣省民国银行分行，还有 14 家钱庄及数家钱铺。

一、赣省民国银行分行

赣省民国银行分行在民国元年（1912）设立，据说在当地的资本金约为 10 万元。以汇兑、贷款为主业。汇兑业务主要针对南昌和上海，该行有过月营业额超过 3 万元的记录。汇票采用的是三联单。赣州汇往南昌的手续费是每百元收取 5 毛乃至 7 毛，汇往上海的手续费是每百元收取 11 毛左右。与赣州分行有业务往来的仅限于各地的民国银行分行。如果是汇到没有民国银行分行地区的业务，则全部委托上海的民国银行，转汇到外国银行或国内银行。

贷款为主要业务之一，据说该分行会把当地的全部资本金用于贷款。贷款分为有担保贷和无担保贷，担保物一般是地产和房屋。贷款还分为活期贷款和定期贷款，多面向钱庄和其他银行放贷，无担保贷款居多。定期贷款的期限多为 3 个月或 5 个月，1 元贷款的月利息是 9 厘乃至 1 分 2 厘。存款业务几乎没有，银元买卖也很少。当地流通的民国银行纸币是总行发行的。英洋票很多，且信誉度高，价格也高。九五官票以五十六七文兑换，十足官票以 60 文兑换。

二、钱庄

赣州的钱庄商号名、资本持有者及所在地列表如下：

商号名	资本持有者	所在地	商号名	资本持有者	所在地
裕盛隆	周扶九	瓷器街	天　顺	李西亭	瓷器街
永　康	李左生	同上	同　聚	邹汇川	同上
元　春	魏鑑湖	同上	和　丰	刘心余	同上
恒　和	邵荫藩	同上	元　成	刘舫伊	同上
永　聚	王继棠	同上	任丰厚	刘茨阶	州前街
协　隆	彭柏龄	同上	生　发	蒋佃琴	同上
恒　敬	魏某	同上	协　祥	黄显州	瓷器街

上述表中的裕盛隆是当地最大的钱庄，资本持有者是江西第一富豪。经营钱庄的同时，还兼做棉纱批发生意。裕盛隆钱庄的业务有兑换、汇兑、贷款、银元买卖。贷款主要是担保贷，1元贷款的月利息7厘到9厘之间。存款很少，不发行票子。资本金数额不详。

永康的资本金约为7千元。主要是汇到上海的业务，偶尔也有汇到广东的业务。1个月办理的金额最多时可达7千元。贷款时多以土地房屋作为担保物，1元贷款的月利息为1分2厘。不发行票子。

元成除了汇兑之外，还办理贷款和存款。1元贷款日利息是3厘到3厘半，并需要担保。存款数量不多，1元贷款的月利息是5厘。

同聚仅办理汇到南昌的业务。贷款月利息是9厘左右。存款不值得一提。此外，作为副业办理汇兑的钱庄如下：

商号名	本业	所在地	商号名	本业	所在地
德　隆	樟脑油	瓷器街	万丰恒	油、蜡、粮食	瓷器街
春元发	油盐	同上	广　豫	粮食	同上

第二节　货币

赣州流通的硬通货有大花边、毫洋、铜元、制钱，流通的纸币有钱票和银元票。大花边又名银元。相对于赣州的大市场，大花边的流通数额不大。龙洋、香港洋、中国洋可以以面值流通，鹰洋除了有刻痕的之外，流通数量较少。没有打刻的鹰洋和中国洋统称为英洋，赣州流通的银元称为烂洋名副其实。英洋（没有打刻的鹰洋和中国洋）的价格最高，龙洋、香洋、烂洋的价格依次降低。小银币又称毫洋，是赣州的标准货币。小银币的流通是各种货币中最多的。在广东、香港、河南、湖北、福建、江南、浙江等地流通的小银币大多数是广东的小洋，香港小洋次之。但香港小洋的行市最好，广东小洋和中国小洋位居其下。毫洋分为双毛、单毛和5仙，可是，5仙的小银币在市面上几乎看不到。

当地流通的银元票是民国票行发行的龙票，英票的流通数量稍多。钱票（官票）极少。钱庄发行的票子和典票没有流通。

赣州没有钱业公所。这里的金融从业者每天聚集到民国银行，确定当天的行市。本位货币是七三花边洋，即烂洋。

当地采用的标准平称为"赣平"，相比南昌的九三八平少1钱。赣平的99两9钱相当于南昌九三八平的100两。

第三节 度量衡

一、度

赣 尺 1 尺	= 日本 1.1830 尺　赣尺又名正裁尺
木匠用 1 尺	= 日本 1.0884 尺

二、量

市面上使用的量器有以下 3 种：

行桶　　1 石 = 140 斤

正桶　　1 石 = 136 斤

九三桶　1 石 = 144 斤

据商务总会介绍，河桶与店桶有别。赣州的习惯是，行桶用于杂谷的买卖，正桶用于米的买卖。92 斤粗米算作 1 石，120 斤豆子算作 1 石。

三、衡

赣州使用赣平，16 两算作 1 斤。在零售市场，18 两算作 1 斤。

第二十六章　信丰的货币

　　信丰流通的大花边洋数额少，毫洋的流通最多。拐洋、龙洋、中国洋、英洋也在流通，几乎全是打刻过的。流通比较多的是拐洋，刻损严重的烂洋因信用差没有流通。大花边中龙洋最受欢迎。毫洋是定价单位，广东省铸造的较多。五丝洋之外的小银币很少见，其他各省铸造的小银币不流通。铜元多，制钱少。不流通纸币、银锭。信丰没有钱业公所，所以，各种钱币的换算，商人们以赣州为参考自行决定，换算数额不一致。烂洋除外的大花边不论有无刻痕，一律换 11 毛。兑换铜元时，1毛等于 125 文，1 元等于 1375 文。毫洋的行市与万安相同。其他省的小银币有流通，福建小银币的市场上，单毛换算便宜 25 文。信丰没有像样的金融机构。

第二十七章　会昌的金融货币和度量衡

　　会昌没有钱庄，只有民国元年（1912）在赣州开设的赣省民国银行分行的代理店，这家代理店只办理存款、贷款、汇兑和换钱等业务。汇兑业务极少。这家代理店的主要业务是推广总行发行的兑换券。会昌流通的兑换券有 1 元、5 元、10 元 3 种，从赣州市区到会昌的流通并不顺畅。1 元存款的月利息是 1 分，贷款利息是 1 分 8 厘。会昌只有位于铁炉卷街名为宝兴当的一家当铺，光绪十五年（1889）开业，当期 14 个月，收取月利 3 分。

　　通货的种类和瑞金相同，流通赣省民国银行设立以来发行的兑换券。

　　会昌使用的量具如下：

裁衣尺 1 尺	= 日本 1.22 尺
工　尺 1 尺	= 日本 1.12 尺
木　用 1 尺	= 日本 1.00 尺

米和豆的称量使用 1 合、2 合半、5 合、1 升的量器。

1 升	= 日本 4 合半或 5 合（谷、米用）
1 升	= 日本 5 合 8 勺（豆类用）

　　谷、米用的量器 100 斤算 1 担，1 斤（12 两）相当于日本 275 钱。杂货商用的秤，1 斤相当于日本 190 钱。卖糖用的秤，1 斤相当于日本 220 钱。绸缎铺用的秤，1 斤（12 两）相当于日本 275 钱。

第二十八章　龙南的金融机构和货币

　　龙南的换钱业务主要在两三家大的杂货店，除此之外没有值得一提的金融机构。

　　通货中最多的是毫洋，制钱的流通数额也很大。但是，这里的生活水平很低，如果遇到制钱需求量大的时候，换算成本增高，以9文换铜元1仙。铜元只在市内有少量流通，到了地方铜元几乎没有使用，而全部使用制钱。只有比较大的店铺在进货时才用到银元，市面上银元的流通很少。在龙南，纸币没有信用，买卖时不使用。

　　龙南和信丰相同，广东的小银币流通最多，香港的小银币次之，其他省铸造的小洋完全没有流通。毫洋是这里的标准货币。龙南没有钱业组织，以赣州的行市为标准确定换算比率。

第二十九章　瑞金的金融货币和度量衡

瑞金没有银庄或银号，只有几家店与南昌有生意往来，这几家店把汇兑业务拜托某家店铺。店铺名分别是邱进利、福昌行、泰昌行等。此地的油行办理钱铺的贷款和换钱业务。赣省民国银行自民国元年（1912）以来将其代理店设置在同聚油行内，代收租税。

瑞金流通的银元有安南元、日本银元、江南银元、英洋等。流通的小洋银货以广东省、福建省、湖北省铸造的居多，各省铸造的铜元都有流通，制钱在瑞金也通用。

瑞金使用的尺子有以下 3 种：

裁衣尺 1 尺	＝ 日本 1.21 尺或 1.23 尺

裁尺也称为足尺。木尺使用九八尺。

木尺 1 尺	＝ 日本 1.20 尺
绸缎庄 布庄用　1 尺	＝ 日本 1.21 尺

量谷、量米用的 1 升量器约等于日本 5 合半，也有的约等于日本 4 合半。量油用的量器是洋铁制圆筒，筒深和直径均为 5 寸，容量为 1 斤。瑞金使用的秤列表如下：

苎麻用 5 斤	＝ 日本 790 钱
纸用 6 斤 4 两	＝ 日本 980 钱
油用 2 斤 1 两	＝ 日本 320 钱

称量货币用的衡具称为原戥，1 两 3 分 6 厘约等于日本 13 钱半。

第三十章　南安的金融货币和度量衡

第一节　金融机构

南安没有专门的金融机构。南安的油行与广东省城的交易很多，为了交易上的便利，油行与生意伙伴订立合同，汇货款给对方。汇出的货款数额不多，涉及的商号列表如下：

万　丰	广　顺	仁泰祥	晋　顺	和　顺	同　太
同　隆	幸　隆	临隆昌	丰　太	同　德	广　友

这些商号中，类似幸隆这样很小的商号不办理汇兑，但是各个商号均办理兑换业务。每兑换 1 元小银币和银元之间差出的 10 文，就是油行的收益。汇兑时，作为汇兑费用，每百两收取 2 两 6 钱。

南安的当铺位于北门，名为公济当。当期为 26 个月，利息 2 分。每年需要向衙门缴纳 20 元的当捐。据说这家当铺在同治年间就已经开业了。

第二节　货币

南安有雄秤两和安秤两，但几乎不使用。大宗交易使用英洋或龙洋，小笔交易使用制钱。

流通的小银币是香港的单毫和广东的双毫。南安市面上见不到票子。1 元等于 10 毫银五，1 毫等于铜元 20 个，制钱 180 文。

第三节　度量衡

一、度

裁　尺 1 尺	= 日本 1.25 尺或 1.23 尺
工　尺 1 尺	= 日本 1.18 尺（又名"班尺"九五尺）
营造尺 1 尺	= 日本 1.111 尺

二、量

谷、米的量器有 2 合半、5 合、1 升、1 斗 4 种。1 担等于 250 斤，2 合半、5 合、1 升的量器为竹制圆筒形。斗是木制四棱台形，也叫公议斗。白米斗等于糙米斗的 9 升 5 合。南安米铺使用的量器都一样。这里有专门制作量器的铺子，木匠随时可以制作，外行人难以制作。称量油使用洋铁做的圆筒形量具，1 斤装量具的直径约等于日本二寸零五，深度为 2 寸 2 分 5 厘。

三、衡

谷物使用的量具 10 斗为 1 担，1 担的重量为 250 斤。交易时经常用斗量，很少用斤称。计量银两使用雄平或安平。

第12卷

安徽省的金融货币和度量衡

第一章　芜湖的金融货币和度量衡

第一节　金融机构

一、票号

位于芜湖的山西票号自 1891 年开设以来，就是金融界的牛耳。但随着近代银行和邮政制度的发达逐渐衰落，仅剩下位于三圣坊的三晋源一家票号。

主要业务是汇兑，主要针对上海、汉口、南京、九江、苏州、山西等地。汇往上海的在见票后 10 日内支付，或者在汇兑日后 12 天内支付；汇往汉口的在见票后 10 日内支付，或者在汇兑日后 15 日内支付；汇往苏州的，支付期限为汇兑日后 16 天内；汇往山西的以 17 天为限，禁止超过此期限进行交易。另外，我们看了汇款需要的手续费。寄往上海的 1000 两要加 40 两手续费，汉口要 15 两，南京 10 两，九江10 两。此外，还可以将闲钱出借给官吏、商人、钱庄等，或者进行少量的存款业务。与其他票号无异。

二、钱铺

芜湖的钱铺数量甚多，几乎达到百余家，但规模较小，经营兑换业务，兼营米、豆类的小买卖。资本金在五六百两到 3000 两之间。

三、钱庄

钱庄现有 18 家。其中最有信用的是以下三家：西合泰（2 万两）、万祥（10 万两）、福康（5 万两）。

钱庄的资本所有者是当地的资本家，设有管事（所有人）、副管事各 1 人；经手、跑堂三四人，负责关于公所、商贾、顾客等的市场调查；管账 1 人，管理会计；副管账负责现银出纳。业务内容包括借贷、存款、汇兑、兑换等，与其他钱庄无异。存款有两种业务：定期存款和活期存款。定期存款的期限是 4－6 个月，利息是 5－8 厘不等；活期存款的利息通过计算当天的交易额而定。透支的情况下是一定要征收利息的，其利率每个月都不同。具体如下：

正月　　　　透支不收取利息

2 月　　　　透支按日计算，月收取利息 7 厘

3－10 月　　月利息 1 分 2 厘

| 11 月 | 月利息 1 分 4 厘 |
| 12 月 | 月利息 1 分 5 厘 |

存款者可发行小额支票，但是如果想使该支票在市场流通，必须申请钱庄的印章。在得到钱庄的印章并自己签章之后，才能作为流通支票使用。因为钱庄自身不能发行庄票，因此在芜湖流通的支票只此一种。

借贷也开设活期账目，这是透支的特殊待遇，而且据说如果有发行支票的便利条件，便很少有人特别依赖借贷。一个月有两次决算期：14 日和 20 日。芜湖在之前还有众多钱庄，经由两次动乱之后，大部分都宣告破产。

四、钱业公所

钱业公所位于长街，每月 15 日，业者集会于此商讨汇兑利息和货币行情等。

五、新式银行

此地的新式银行有中国银行和交通银行的分店。

（一）中国银行

位于芜湖的中国银行分店的营业项目有存款、借贷、汇兑、土地、金银买卖、贴现票据、发行兑换券等。此外，还经营公债、邮政关税等公家款项。营业状态：存款额 20—30 万，借贷额约 20 万，汇兑额 60 万。交易对象以上海为最多，行市以上海为基准。

（二）交通银行

交通银行的营业项目与他地无异，即存款、借贷、汇兑、土地、金银买卖、发行兑换券、贴现票据以及储蓄等。该行还发行银元票子，面值有 1 元、5 元、10 元、50 元、100 元的，但 50 元和 100 元非常少见。

六、当铺

位于芜湖的当铺，之前有 5 家，后来因为遭遇战乱、掠夺及其他灾难，有的破产，有的停业，或处于被迫停业的状态。借贷利息每月 3 分，在银根紧张期，按照规定不得超过 2 分，期限是 20 个月，有时延期两三个月。

第二节　货币

芜湖的流通货币有银元、银两、小银币及铜元。制钱在交易中被称为单位，但实际流通中非常少见。关于票子，有中国银行和交通银行发行的在流通。各种货币的行市以上海为标准。

一、银元

银元的种类有本洋、龙洋、鹰洋。本洋（西班牙弗）从前在安徽省各地都有流通，民国二年（1913）新政府下禁令后，流通减少。鹰洋只在与上海有交易的店铺中流通，其他地区并不喜欢使用，与其他货币交换时被请求加价。因此，使用最多的是龙洋。

二、银两

芜湖的标准银锭是估平足银。平是估平，成色采用二七宝。在海关，估平二七宝 103.77 两为海关 100 两。估平二七宝 100 两相当于上海九八规元 107.5 两。依照山西票庄的标准计算，估平二七宝 100 两相当于上海规元 107.4 两。

三、小银币

江南铸造的 1 角银货是流通最多的。湖北、广东、安徽省的银货也以等价进行流通，但是在福建、东三省、湖南，香港银货必须附加 1 仙的加价。

四、铜元

在此地叫铜板。与各省铸造同时流通。小银币 1 角对铜元的比价，在民国四年（1915）相当于 12 个铜元，另加 7 文。

五、制钱

制钱是良恶货币混淆通用的。按照混淆比例，可分为：卡钱、毛钱、西典等。所谓卡钱，1000 文中 974 个是良钱，26 个是恶钱，用于厘金、纳税等。西典，由大小良钱组成，用于诚信商人间的交易。毛钱又进一步以名称来区分，即 19 钱、28 钱、37 钱、46 钱、55 钱、64 钱、73 钱、82 钱等。19 钱由良钱占 9、恶钱占 1 的比例组成，82 钱由良钱占 2、恶钱占 8 的比例构成。

票子有中国银行、交通银行的银元票，流通好，信用高。

第三节　度量衡

一、度

木尺 1 尺＝日本 1.135 尺

工尺 1 尺＝日本 1.155 尺

裁衣尺 1 尺＝日本 0.900 尺

街上小买卖用尺 1 尺＝日本 1.161 尺

市尺 1 尺＝日本 1.127 尺

二、量

量米用的量器将高约 8 寸、直径约 3 寸（非内经）的竹筒设为 1 升。零售买卖杂粮时，使用高约 4.5 寸、直径约 3 寸的量器。用于量米的 1 升，与日本的量斗相比较，相当于 5 合 5 勺到 8 勺。大一些的量器为公斛，1 斛相当于 5 斗 5 升。

三、衡

杂货店用 1 两＝日本 10.00－10.42 钱

米行用 1 两＝日本 10.29 钱

街上零散买卖用 1 两＝日本 12.34－13.85 钱

钱庄用 1 两＝日本 10.42 钱

鱼行用 1 两＝日本 11.25 钱

粮行用 1 两＝日本 11.67－11.89 钱

油行用 1 两＝日本 10.96 钱

一般以 16 两为 1 斤，此外，也有以 14 两 4 分为 1 斤的。

第二章　安庆的金融货币和度量衡

第一节　金融机构

一、钱庄

当地的钱庄数量很多，总商会记录在册的就有 28 家。以下是其商号：吕信孚庄、春祥庄、程怡昌庄、益源庄、同泰祥号、盈昌号、恒发祥号、其昌祥庄、裕源庄、广昌祥庄、裕生庄、仁泰和号、裕泰号、丽新隆号、余隆泰庄、恒太庄、江震泰号、万成庄、同茂祥号、王永号、同茂号、许兴祥庄、同新庄、正素昌号、顺兴号、方仁泰号、同裕号、同新号。

资本家被称为财主。钱庄大多由官吏出资经营，次之为商绅，一般由数人合资经营。资本金 4 万－6 万两不等，没有超过 10 万两的。经营业务包括：存款、借贷。发行庄票为主要业务，这与其他地方无异。在钱庄，定期来存款的几乎只有商人，而且也没有长期的，通常以 3 个月为期限，利息按年七八分计算。钱庄也设有活期存款业务，根据钱庄的估计，斟酌商人的信用度之后，可以进行透支。透支利息比普通市场利息高出 3 个百分点。

二、钱业公所

当地同行业者设置钱业公所，负责制定银两、庄票贸易相关的规则，仲裁纷争，解决与其他业界间的重要事件。开设马蹄银行鉴定所、铸造所等，由钱业公所亲自负责监督。

三、新式银行

当地的新式银行有中国银行。清代前期有大清银行、官钱局等，掌管省城的金融。光复后，安徽中华银行取而代之，掌管省财政。民国二年（1913）成为柏文蔚等左右之地，为满足军需，滥发纸币，导致信用丧失。在柏文蔚亡命的同时，银行也随之关闭，其残留事务由中国银行代理，至民国六年完全关闭。

四、当铺

当地的当铺跟上海一样，没有大型的。以下是在总商会登录在册的商号：同春典、恒丰典、司号、鼎兴号、鼎和号。

此外，还有不少小资本当铺。资本金最多超不过四五万，和钱庄一样由四五个人合资经营。当期为 24 个月，利息为月 2 分，以 35 天记为 1 个月，不满一个月的按一个月收利息。据说大多与钱庄没有交易，主要进行融资活动。

五、支票

用于大款交易。银两因平色各异，而且如果过重，在日常的频繁交易中，使用起来非常不方便。尤其是正货的缺乏，更增加了现金交易的不便。因此，多种支票应运而生。下面列举几种支票的种类：

$$
\text{票（支票）种类}
\begin{cases}
\text{中国银行发行的}
\begin{cases}
\text{庄票（本票、期票）}\\
\text{支票（汇票）}
\begin{cases}
\text{二联支票}\\
\text{三联支票}
\end{cases}
\end{cases}\\
\text{商人发行的}
\begin{cases}
\text{本票}\\
\text{支票}
\begin{cases}
\text{汇票}\\
\text{支票}
\end{cases}
\end{cases}
\end{cases}
$$

庄票是钱庄发行的期票，流通非常好。确定了庄票支付日期的称为期票，见票兑付的称作即票。期票又分两种，一种是签发后数日兑付的，一种是确定日期兑付的。

不过，一般多为 5 天或 10 天兑付，没有超过 15 天的。此外，还有双力和单力之分（力指借苦力之意）。双力用于银行与商人之间交易时的称呼，是指在进行现银支付的时候，将马蹄银送达收取人的费用，规定 1000 两附 200 文（由收款人支付该费用）。单力用于银行之间，费用是前者的一半。这些票据中有的写有"汇划"字样。从事金钱业的有个同行组织，该组织叫汇划庄。该钱庄发行的票上写有"汇划"二字（相当于印章）。属于汇划庄的一般都信用度高，且资本丰厚，为了共同的利益而互相帮助，间接地担负了保证人的作用。因此，这些票据的信用度高，流通也非常便利。人们接手"汇划"以外的票据的时候，会立刻拿到钱庄，以辨别真伪。

发行支票的钱庄有很多，但主要流通于钱从业者间，具有汇票的性质。与庄票一样，有有期和无期，有单双两种"力"。另外，从形式上的不同又分两种，一种叫二联支票，其他的都叫三联支票。二联支票由送单、支票构成，三联支票由送单、支票、存根构成。

安庆的钱庄只开票据，不发行银钱票。

第二节　货币

当地的货币有元宝银、银元、小银币、铜元、票子与制钱等。

一、银元

银元有鹰洋、龙洋、杂洋和本洋。龙洋又称为人头洋、江南洋、湖北洋、广东洋、安徽洋（稀少），站人洋、四川洋、北洋等被称为杂洋。杂洋比龙洋的汇率低三四厘。在大额贸易的支付上，可以允许有低于一成的杂洋混杂其中。

安徽省的本洋流通在清代前期非常繁盛，而且到了让人吃惊的地步。根据中国人的说法，是因为成色好、限额供应之故。光绪十八（1892）、十九（1893）年前后时的汇率为 27 宝银 9 钱左右，光绪三十年（1904）前后为 1 两左右，宣统年间（1909—1912）为 1 两到 1 两 1 钱（每元）。但并没有导致大量货币流入，当地大宗输出米谷的批发商致力于多方收集该货币。然而在辛亥革命后，民国政府在海关、厘金等其他捐税上，拒绝收受本洋，钱庄、当铺等金融机构一时陷入停顿状态（当铺不受当局的影响，但目前也没有看到复兴）。与此同时，曾一度被过于信赖的本洋的真正价值逐渐暴露，伴随着商业机构的刷新，其经营者不一定再是原来安徽一省的老熟人，因此市价逐渐崩落，降到了与龙洋一样的价值。而且，一旦市价宣告下落，在用途方面就会有限制，加上本洋原本数量就不多，所以很快就见不到了。现今，在习惯上，汇率还在，但是看不到必要程度的流通，市场上只能见到少量。日本大正七年（1918）3 月 21 日的行情如下：

本洋 27 元宝　六钱八分四五

英洋 27 元宝　七钱

龙洋 27 元宝　七钱零二五

二、铜元

铜元的使用情况与上海相同，以湖北、江南的最多，浙江、福建次之。

三、小银币

小银币又称小洋或者小锞子，有 2 角、1 角之分。但因为流通面值太小，商人一般不喜欢使用。

四、制钱

制钱又叫小钱。种类繁多，其中最多的是康熙、乾隆以及日本的宽永通宝。1 个为 1 文。所有物价都一律以文为单位，制钱没有 1 个 2 文的。

五、票子

票子与中国银行的银元票通用。另外，据说在码头附近及大型店铺还与汉口、上海的票子通用。

六、银两

当地银两以平来记，成色为漕平，使用二四宝或者二五宝。据关税报告显示，漕平二四宝 104.36 两相当于海关 100 两。二五宝 104.16 两相当于海关 100 两。因此二四宝 100 两相当于上海规元 106.746 两，二五宝 100 两相当于上海规元 106.95 两。

第三节　度量衡

一、度

本地使用的尺子根据用途分为多种，主要有木尺、铜尺、竹尺。木尺专用于木匠，而且也广泛应用于其他一般性事物，用途最广。下面将尺子的长度进行比较：

木尺 1 尺＝日本 1.12 尺

铜尺 1 尺＝日本 1.18 尺

竹尺 1 尺＝日本 1.18 尺

铜尺不单单用于测量铜，也可用于测量一般金属。竹尺主要为竹匠所用。

二、量

测量杂粮的量器叫斛子。斛子并非没有筒形的，只是大多是方形的，在中央用板子隔开。量 1 升的斛子称为升子，量 1 斗的称为斗子，还有更大的叫庹。10 升为 1 斗，25 升为 1 庹，100 升为 1 石。1 升相当于日本 6 合。

三、衡

测量食品等其他物品的权衡器具几乎没有一定之规。本地总商会设立了一个大体的规则，并努力践行。但各种权衡器具的制作非常粗糙，两以下的刻度几乎没有，因此很难有正确的标准。其 1 两相当于日本 10 钱，1 斤相当于日本 160 钱。油的买卖用斤量，将容器称为籥子，有 4 两的、8 两的（半斤）以及 16 两的（1 斤）。

用于称量货币的天平秤有 4 种，分别是库平、漕平、关平、市平。库平用于常关和一般税收，漕平是一般老百姓相互称量的标准，市平是民间通用秤的总称。至于平的制造，没有可称为秤的东西，只不过比一般的戥子更精巧一些。用于当地的漕平与日本相比较如下：

漕平 1 两＝日本 9.166 钱多

第三章　桐城的金融货币和度量衡

第一节　金融机构

当地钱庄有宝善和宝兴。业务繁盛，在当地商人与民众中信用度也很高。不过，比起宝兴，宝善在贸易和信用方面更胜一筹。资本金各家都在 2 万两左右。关于利息，几乎与安庆相同。

第二节　货币

市面上流通的货币种类有银两、票子、龙洋、鹰洋、铜元及制钱。银两很少用于大型贸易。票子只有中国银行的兑换券。小银币在市面流通颇少，据说小商人都不曾见过此货币。铜元中经常混杂其他材质制造的，换钱时一般 1 元中会夹杂 2—3 个。

第三节　度量衡

一、度

该城的尺子根据铺子、交易物品的种类，长度各异。主要有裁衣尺、木尺、铜尺、竹尺等，然而这些并非全部。尤其奇怪的是，即使是同一家店铺，买和卖用的尺子也是不同的，极其繁杂。以上列举的 4 种尺子的相互关系是：裁尺是足尺，即标准尺；与此相对，木尺相当于 95 尺，铜尺相当于 96 尺，竹尺相当于 95 尺。裁尺广泛应用于布类交易，木尺、竹尺专用于木匠，铜尺用于量金属。竹尺、船尺、工尺等与木尺等长，与日本的尺子相比如下：

裁衣尺 1 尺＝日本 1.200 尺

木尺 1 尺＝日本 1.140 尺

铜尺 1 尺＝日本 1.152 尺

二、量

本地使用的斛子与安庆的没有大的差异。至于庰，各地多少有些差异。2 斗 5 升为 1 庰，4 庰为 1 石。量器的构造有缺陷，任凭奸商左右，因此无法得知正确的标准。实地查询得知当地的 1 升相当于日本 7 合。油类都是论斤量。

三、衡

食品以及其他油类，都用权衡。衡的制作很不完备，没有 10 钱以下的刻度，称量非常不准确。1 斤的量也不同，有 16 两、15.3 两、14 两不等。通过对具体商品的调查发现，馒头的 1 斤相当于日本 153 钱，茶的 1 斤相当于日本 176 钱，并没有一定的标准。将日本的权衡与货币称量的漕平相比较如下：

1 两＝日本 8.667 钱

第四章 徽州的金融货币和度量衡

第一节 金融机构

当地以徽州的茶而著称。贸易主要在屯溪镇进行，因此钱庄仅有东门大街的德茂和同茂两家。主要经营项目有存款、借贷、兑换及汇兑等。存款有活期和定期两种。活期存款一般不附加利息，定期存款利息为月7－8厘。借贷利息在8厘－1分之间。不发行银票或钱票。兑换是主要业务。票汇业务主要应用于与上海、芜湖、杭州、安庆、南京、九江、汉口等地的交易，但业务不是特别繁盛。

当铺只有洪隆典一家，位于神山里。据说其规模有些大，资本金约2万两。当期是24个月，月利息2分。

第二节 货币

徽州的流通货币的种类有银两、英洋、龙洋、小洋、铜元、制钱等。银元中流通最多的是英洋，龙洋次之，本洋几乎不流通。1元可兑换小洋11角60文左右，铜元100枚为1串文，小洋1角等于铜元11枚，铜元1枚相当于制钱8个。另外，100文铜钱叫满钱。200文的要扣除1文，1串有986文。银两依然是参照芜湖两。铜元又分为当二十、当十和5文。票子与中国银行发行的银元票通用，有1元和5元之分。

第三节 度量衡

一、度

裁衣尺1尺＝日本1.200尺

工尺1尺＝日本1.160尺

船尺1尺＝日本1.135尺子

木尺1尺＝日本1.010尺

街上小买卖用尺1尺＝日本1.140尺

二、量

米的零售以斤为单位，1斤的量器相当于日本3合5勺，是用竹筒做的。种类仅有这种1斤的量器。称量油类的容器有5合、3合、2合、1合等数种。

三、衡

盐买卖用 1 两＝日本 10.29 钱

称货币用 1 两＝日本 10.42 钱

街上零售用 1 两＝日本 17.86－15.36 钱

杂货店用 1 两＝日本 10.72 钱

粮店用 1 两＝日本 11.28 钱

第五章　休宁的金融货币和度量衡

第一节　金融机构

休宁有两家钱铺：公昌和韦成。两家规模都很小，经营项目有存款、借贷，但是非常不景气。各种货币的汇率都参照屯溪的行情。除了钱铺之外，有杂货店兼营兑换业务，不发行钱票和粮票。当铺只有位于西门的万洪一家，当期为18个月，利息为月2分。

第二节　货币

本地流通货币有英洋、龙洋、银两、小银币、铜元等数种。本洋没有流通，制钱也基本看不到。据说银两是流通的，但实际使用的场合非常少。英洋、龙洋的比价相等。1元相当于小洋11角50文，1角相当于铜元11枚。铜元中可见当10和5文。中国银行发行的1元和5元的票也有流通。

第三节　度量衡

一、度

木尺1尺＝日本1.175尺

工尺1尺＝日本1.140尺

吴服尺1尺＝日本1.150尺

二、量

用于量谷类的容器有1升、5合、4合等数种。1升相当于日本5合8勺。另外，用于计量油类的有1斤、8两、4.8两、3.2两。

三、衡

钱庄用1两＝日本10.42钱

杂货店用1两＝日本10.90—11.21钱

米谷用1两＝日本11.35钱

街上零售用 1 两＝日本 14.33－16.25 钱

油用 1 两＝日本 10.89 钱

粮店用 1 两＝日本 11.00 钱

盐、砂糖用 1 两＝日本 10.76 钱

第六章　屯溪的金融货币和度量衡

第一节　金融机构

屯溪是徽州茶的大型集散地，金融机构也相应很多。没有票号，都是钱庄。钱庄中大的有万康、德源、通禧、吉祥4家，都在大街上，资本金一般都在5万－10万。

钱庄的业务有存款、贷款、汇兑、兑换。存款有活期和定期。活期存款的账目有存入和借出，都不附加利息。定期存款附加月7厘的利息，期限根据签约者不同而不同，通常以6个月为最多。关于利率，根据货物集散时期的不同也高低不同。茶的出产期可升到月8厘，1年进行3次决算。与上海一样，比期一般为每月10日、30日，大多参照最初的合同进行。各钱庄发行期票与支票，与上海相同，以10天左右为期限。这些钱庄不发行钱票。

前面提到的四家钱庄在上海各有分店，进行汇兑交易。下面说说屯溪和上海间的汇兑。从上海以两向屯溪汇款时，大概每100两按照墨银134.1元的行情收取。汇费根据货物集散的情况而不同，大体上每100两为2两左右。从屯溪向上海汇款时，茶的出品为最旺期，紧急需求资金的情况下，钱庄会接受汇款请求，可以获取很大利润，因此，此时不但不收取手续费，还按照每千两10－20两的比率返还给请求者。

在与上海的汇兑中，以见票即付为多。有时也会有期票，根据期票的长短会有折扣，其汇率也不定。期限也由客商随意制定，有持续一个月的。除了上海之外，还与杭州、汉口等地进行汇兑交易。钱庄中，万康庄参照杭州的铜元行市，以当地的铜货现有总量为基础来决定每天的货币行市。另外，没有看到钱业公所组织。除了以上钱庄以外，还有五六家钱铺以及市区的洋货店、杂货铺等，也经营小额汇兑业务。

屯溪有万泰、万源2家当铺，资本金各5万两左右。钱庄与当铺相互融资，都位于后街。当期为18个月，利息为月2分。

第二节　货币

屯溪的流通货币有银两、银元、小银币、铜元、制钱等。本洋流通到光绪二十八年（1902）左右，现今已经完全看不到了。银元中鹰洋的流通最多，其行市与龙洋相同，1元相当于小银币（小洋）1角50文左右。然而，比起鹰洋，乡下地方的土民更喜欢用龙洋。小洋1角相当于铜元11枚，铜元1枚相当于制钱10文。

银两用杭州两，但实际上并未使用，大多在用鹰洋或者龙洋。铜钱采用大钱，1千文为满钱，一串文扣去4文。小银货有1角、2角之分，福建、东三省铸造的，溢价方能流通。

第三节　度量衡

一、度

木尺1尺＝日本1.175尺

裁衣尺1尺＝日本1.140尺－1.170尺

工尺1尺＝日本1.200尺

杂货商用尺1尺＝日本1.150尺

吴服尺1尺＝日本1.150－1.170尺

船尺1尺＝日本1.140尺

二、量

屯溪当地采用的小型量器是用竹筒制作的。1斤相当于日本3合5勺。大型的量器是木制的桶，称为1斗。计量油类的除了1斤之外，还有0.5斤、0.4斤、0.3斤、0.2斤、0.1斤不等。

三、衡

零碎物品店用1两＝日本9.87－10.00钱

兑换店用1两＝日本10.29钱

杂货店用1两＝日本10.89钱

街上零售商人用1两＝日本15.38－16.24钱

盐、砂糖用1两＝日本10.76钱

另外，称量稻谷时，1斤为14两－15两，称量米时，1斤为16两，称量蔬菜等其他水果时，1斤为20两。

第七章　祁门的金融货币和度量衡

第一节　金融机构

祁门既无钱庄，又无店铺，兑换是杂货店等的兼营项目。因此，在此地看不到钱票、银票的发行。如果要与上海等其他地方进行汇兑，那么需要跟黟县、休宁一样，必须去屯溪镇办理。祁门的当铺只有同益一家，位于十字街，当期为 24 个月，当利为月 2 分，不能典当的物品有军器、军衣、古玩、字画、污烂的衣物等。

第二节　货　币

当地流通的货币有英洋、龙洋、小银币、铜元等。英洋流通最多，铜元、制钱适当流通，小银币在市场上比较少见。龙洋、英洋比价相同，即 1 元对铜元 129 枚或 130 枚。小洋 1 角等于铜元 10 枚，铜元 1 枚相当于制钱 8 枚，铜钱称为八九钱，其 980 文为一串文。

第三节　度量衡

一、度

木尺 1 尺＝日本 1.100－1.190 尺

工尺 1 尺＝日本 1.100 尺

裁衣尺 1 尺＝日本 1.180－1.200 尺

船尺 1 尺＝日本 1.135 尺

二、量

用于计量米、稻谷的有 1 斗、1 升、5 合。其中 1 升等于日本 5 合 8 勺，计量五谷杂粮（米谷以外的）及油类都用依据重量划分的容器。1 斤的斗约等于日本 4 合。此外，还有半斤、2 两、1 两等量器。

三、衡

杂货店用 1 两＝日本 10.29 钱

街上零买用 1 两＝日本 17.00－16.83 钱

粮店用 1 两＝日本 10.84 钱

第八章　黟县的金融货币和度量衡

第一节　金融机构

黟县的钱庄有合利、同兴、汇源。汇源稍大，其他两家规模极小。虽然叫钱庄，但主要经营兑换业务，两家都不经营汇兑业务。钱庄有贷款和存款业务，但金额都不大，也不发行钱票和银票。当铺有泰裕典和鼎泰典。利息为月 2 分，期限为 18 个月，可容许 2 个月的展期。

第二节　货币

黟县的流通货币有英洋、龙洋、银两、小银币、铜元等数种。本洋与小银币、制钱在市场上都很少见，铜元的流通最多。货币的行市依照屯溪的相关标准。

第三节　度量衡

一、度

裁衣尺 1 尺＝日本 1.170 尺
工尺 1 尺＝日本 1.170－1.175 尺
木尺 1 尺＝日本 1.160－1.170 尺
杂货店用尺 1 尺＝日本 1.164 尺

二、量

量器都使用圆筒形。有 1 斗、1 升、5 合、2 合 5 勺，共 4 种。其 1 升相当于日本 5 合弱，用于油类的量器有 0.5 斤、0.4 斤、0.2 斤、0.1 斤，共 4 种。

三、衡

杂货店用 1 两＝日本 9.37－10.14 钱
钱庄用 1 两＝日本 10.42 钱
盐行用 1 两＝日本 9.63 钱
街上小买卖用 1 两＝日本 15.00－16.80 钱
粮店用 1 两＝日本 11.20 钱

第九章　绩溪的金融货币和度量衡

第一节　金融机构

绩溪没有钱庄。钱铺是一个兼有杂货店功能的地方。在经营本业的同时，也经营兑换业务。英洋、龙洋、本洋都能换铜货 128 枚到 130 枚，小洋 1 角兑换铜元 11 枚，铜元 1 枚可换制钱 8 枚。当铺有一家，叫正大典。其规模甚小，当期 18 个月，利息为月 3 分。

第二节　货币

绩溪的流通货币的种类与其他地方相同，有银两、银元、铜元、制钱等。银元有英洋、龙洋，而英洋流通最多。此地小洋的流通比较多，其 1 角相当于 10 枚铜元。制钱的流通量较小，铜元 1 枚相当于 8 枚制钱。另外，还可见少量 5 厘铜货的流通。

第三节　度量衡

一、度

裁衣尺 1 尺＝日本 1.175 尺

木尺 1 尺＝日本 1.170 尺

工尺 1 尺＝日本 0.940 尺

船尺 1 尺＝日本 1.130 尺

二、量

1 斤米相当于日本 3 合 4 勺。五谷杂粮的计量也用同一量器。

三、衡

粮行用 1 两＝日本 11.24 钱

街上小买卖用 1 两＝日本 13.50 钱

第十章　泾县的金融货币和度量衡

第一节　金融机构

泾县没有钱庄、钱铺。兑换业务主要在杂货店进行。街上到处可见贴有银元行情的红纸。

第二节　货币

在泾县流通的货币种类有龙洋、鹰洋及铜元。鹰洋与龙洋在市场流通多，而本洋流通很少。龙洋1元可换铜元1串到1串34文。英洋与此基本没有大的差别。一串相当于铜元100枚，小洋流通很少，1角约等于铜元8枚或9枚。

第三节　度量衡

一、度

工尺 1 尺＝日本 1.145 尺

裁衣尺 1 尺＝日本 1.170 尺

木尺 1 尺＝日本 1.080 尺

二、量

量米用的1升约等于日本5合8勺。量五谷杂粮的1升相当于日本3合。油等其他类以斤计量。杂粮用的量器用竹筒制成，与他地无异。量米用的容器是用木头制作的。将1升的量器从中间隔开，形成两个5合大的量器，再从5合量器的中间隔开，这样就将1升分成了$\frac{1}{4}$升，从而制成一个1升、5合、2升5勺并用的量器。

三、衡

杂货店用 1 两＝日本 10.88 钱

粮行用 1 两＝日本 11.54 钱

街上小买卖用 1 两＝日本 13.91 钱

油行用 1 两＝日本 10.97 钱

米行用 1 两＝日本 11.00 钱

鱼商用 1 两＝日本 10.96 钱

第十一章　旌德的金融货币和度量衡

第一节　货币和金融机构

在旌德，没有作为主业专门经营的钱庄。兑换等在大的杂货铺进行。流通货币有龙洋、英洋、铜元等。铜元 1 串 100 枚，龙洋、英洋 1 元可换 1 串 28 文。小银币、制钱等几乎没有流通。

第二节　度量衡

一、度

木尺 1 尺＝日本 1.170 尺

工尺 1 尺＝日本 1.140 尺

裁衣尺 1 尺＝日本 1.175 尺

吴服尺 1 尺＝日本 1.150 尺

杂货用尺 1 尺＝日本 1.164 尺

二、量

用于量米的 1 升量器相当于日本 7 合，种类有 1 斗、1 升、5 合。杂粮用量器 1 升相当于日本 4 合。用于油类的有 1 升、5 合、4 合、3 合、2 合等数种。1 升相当于日本 3 合强。

三、衡

粮行用 1 两＝日本 11.23 钱

杂货商用 1 两＝日本 10.84 钱

盐用 1 两＝日本 10.97 钱

街上小买卖用 1 两＝日本 12.77－13.83 钱

货币用 1 两＝日本 10.42 钱

第十二章　南陵的金融货币和度量衡

第一节　金融机构

南陵有钱庄、票号、钱铺等合计十二三家金融机构，后破产，现今一家也没有了。因此，兑换在各种店铺进行，而且只在铜元有富余的时候进行换钱。知事衙门为了换钱，发布针对龙洋、墨银的行市表，商家以此为依据进行换钱，各自并不明示行市。

第二节　货币

南陵的流通货币有银两、龙洋、鹰洋、小银币、铜元、制钱等。比起其他银元，龙洋的流通较多。基本上见不到本洋的流通，小银币的流通也比较少。用得最多的是铜元，与银元的比价为龙洋 1 元相当于铜元 1 串 350 文到 1 串 360 文，英洋大概在 1 串 330 文到 1 串 340 文之间。但一般人们不喜欢使用英洋。小洋 1 角可以 100 文换算，制钱几乎没有。银两采用芜湖两。

第三节　度量衡

一、度

裁衣尺 1 尺＝日本 0.940－1.100 尺

工尺 1 尺＝日本 1.145 尺

木尺 1 尺＝日本 1.130 尺

吴服尺 1 尺＝日本 1.200 尺－1.170 尺

二、量

称量米用容器，其 1 升相当于日本 6 合弱。称量五谷杂粮用半升的筒，容量相当于日本 3 合。前者用木头制成，从中间用板子分成两部分，各为 5 合的容积。1 升和 5 合的容器共用。称量油类不使用斗，以斤论。

三、衡

杂货用 1 两＝日本 10.87 钱

钱庄用 1 两＝日本 10.42 钱

盐行用 1 两＝日本 10.29 钱

粮行用 1 两＝日本 11.67－10.98 钱

油行用 1 两＝日本 10.14 钱

街上零售商用 1 两＝日本 14.00－13.12 钱

第十三章 池州的金融机构和货币

第一节 金融机构

当地的金融机构有钱铺5家和当铺1家。

一、钱铺

其商号有大丰、元源、源成、元兴、德大等。大丰是合资组织，分成10股，其中5股是当地绅商吴的出资，3股是其分家，剩下的2股是正掌柜所占份额。关于存款利率，活期存款为月4厘，定期存款为月7厘。

借贷只有活期借贷。不借贷给没有活期存款的顾客。透支的限度是预定的，一般不会超过该限度。利率为月1分。每个月的借贷都记录在案，每年进行一次利息决算。汇兑主要在芜湖之间进行。1千两附加汇兑费四五两到七八两。

二、当铺

当地的当铺只有宝厚一家。资本额不明，应该不会超过2万两。利息是月2分，利息的计算方法从抵押当日算起，赎回日也包括在内，如果期限不满半个月，要附加1分利息。半个月以上1个月以内利息为2分。之后，只要是不满一个月都要加2分利息。抵押大多为短期契约，超过3个月的很少，1个月以内的最多。展期6个月后才成为流质。

第二节 货币

当地银两的成色为980位，相当于二四宝，称据说为938平，但很少使用。银元、小银币都在流通。铜元是当地流通货币中最重要的，日常的交易都是通过铜元来决算。南京铜元局铸造的和安庆铜元局制造的各占到一半。行市由当地从事钱业的人聚集在一起决定，1天2次。制钱以100枚为1缗，10缗为1串文。但是据说大抵98枚为1缗，另2枚是作为缗费被扣除了。此外，当地的汤屋（贩卖汤的地方）发行竹票，除了汤屋之外，也应用于茶馆等店铺。

第十四章　大通的金融机构

一、钱庄

此地有中国银行的分店，大小钱庄共 6 家。名号如下：利加、兆裕、聚和、德和、裕太祥、裕慎和。

（一）利加

当地绅商李子嘉出资，对外宣称资本金 1.5 万两，存款额 2 万两。外加自家发行的铜票，在市场上流通的大约 1 万两。存款利率为月五六厘，1 年中没有大的变动。据说针对信用度最高的客户，定期存款的利率可达月八九厘，偶尔会达到 1 分。吸取到的资金都用于放贷，每月收 1 分到 1 分 4 厘的利息，贷款以信用贷为主，基本上不经营担保贷。汇兑仅限于长江沿岸汽船方便的地方。如果往其他的地方汇款，必须借助外埠的钱庄或者票庄。

（二）兆裕

资本金 1 万两，李少崖个人出资，存款额不多。利息定期为 8 厘，活期存款为 5－6 厘。借贷额为 2 万两左右，利息为 1 分 2 厘。店员 10 人，分别为：掌柜 1 人、跑街 2 人、记账员 2 人、伙计 5 人。

（三）聚和

资本金 1 万两。舒介眉为资本主，吸收存款约 8 千两，利率为 5－7 厘。资本与存款的大部分都以一分到一分二三厘的利率借贷给当地有需要的商人。定期借贷以 1 年半为最长期限，3 个月为最短期限。活期借贷是指有活期存款的人临时需要资金的时候进行的活期透支。5 天以内不用支付利息，超过 5 天按照普通的借贷利率计算。本庄使用的店员如下：掌柜 1 人、伙计 3 人、记账员 2 人、学徒 5 人、跑街 3 人。

（四）裕太祥

周植安出资，对外宣称资本金 2 万两，存款额约 2 万两。发行铜票 7 千串文左右。具有相当的信用。

（五）裕慎和

对外宣称资本金 1 万两。李春圃个人出资。在当地钱庄中信用度最高。因此，存款额通常是资本金的好几倍。使用的店员及月工资如下：

掌柜	1 人	30 两
记账员	2 人	20 两
跑街	3 人	20 两
接待员	1 人	15 两

伙计　　5人　　5两到7两

二、当铺

当地有和生和恒裕两家当铺。据称资本金都是5万两，有着宽大的店面，主要面向此地的贫农进行融资。月利息2分，最长期限为1年，超过期限，还有1个月的延期。

第十五章　铜陵的金融机构和货币

第一节　金融机构

当地没有票庄，有 4 户钱庄、2 户当铺以及 1 户银楼。其中银楼资本稍大，但很少给金融界出资，因此特别记录一下。

一、钱庄

下面连同商号和资本金一起列举如下（各家均为合资组织）：

利加　6 万两　　　德昌　5 万两　　　利大　3 万两

如上所示，说明利加是此地钱庄中最大的，本店在大街上，是合资组织，资本约三成由正掌柜出资。利加平常作为民间的金融机构，同时也作为中国银行的代理店收取官金，自创立以来已经有 30 余年，信用度很好，贸易做得也大。虽然也经营汇兑业务，但是与票庄相比，资金还少得多，而且分店、交易店数量非常少，因此一般不从事远距离的贸易。与其贸易最频繁的是芜湖，其他较近的地方一般就直接输送现银。

借贷一般都是信用贷，期限比较短，超过 3 个月的都很少。利率为月 1 分 2 到 3 厘。贷款一般很少用现钱，而是用钱庄发行的庄票。

二、当铺

钱庄一般是商人的金融机构，贫民融资的地方称为当铺。当地有两家当铺，分别是宽厚与厚昌，称资本额都有四五万两。当期最长为 1 年，月利息 2 分。

第二节　货币

当地采用的货币有以下数种：

一、银两

此地的银两与在芜湖用的一样，在此省略。

二、银元

有龙洋和英洋，龙洋流通最多，英洋次之。

三、小银币

通用 1 角、2 角，少见半角混用。

四、铜元

当地主要流通货币，不管大小贸易都以此决算。多是安庆铜元局铸造。

五、制钱

因为当地居民的生活水准还不高，因此还会见到制钱与铜元同时流通。尤其是在茶馆和露天店铺多见。

六、票子

各个钱庄发行的以及中国银行发行的银元票通用，庄票中铜元票占大部分，银票只在极小的范围内通用。

第十六章　太平府的金融机构

一、钱庄

此地有 3 家钱庄，每家都只有 2 万－5 万的资本金。每家都不以钱庄为专门营生，兼营米行。下面列举其商号以及使用店员人数：

德丰　7 人　　　隆昌　15 人　　　恒丰　10 人

钱庄的营业科目有借贷、存款、汇兑以及发行庄票。德丰是个人经营，对外公布的资本金为 5 万两，但是实际上运转资金以及对外的信用远远超出此数。其获取运转资金的途径主要是发行庄票和吸收存款。庄票没有银票，大多是铜元票，分 3 种，即可以分别与铜元 500 枚、200 枚和 100 枚兑换的。流通区域仅限当地以及近郊数里。存款有定期和活期，定期多为 3 个月、6 个月以及 1 年。利息不固定，由存款人和钱庄之间商量决定，在月四五厘到八九厘之间不等。针对存款，要交给存款人一种叫常票的存款证书。

活期存款大概有四五厘的利息。最初想存入的时候，一般由和钱庄交易信用度高的商人介绍，不需要另立担保人，而后得以开始交易。活期存款一般都要给存款人一个存折。取款的时候，事先要在钱庄给的支票上记录金额，开具支票。以一年为截止期，结算收入与支出的差额。交易年限长久且有信用的商人，可容许透支。透支利息要根据交易的信用如何，有 8 厘到一分二三厘不等。

汇兑业务主要针对芜湖、南京、上海。从芜湖输入大米，从南京输入茶，从上海输入诸类杂货，多需要汇款，但汇款手续费因季节而不同，大概 100 两收取 3－4 钱。不过，商人中有很多都是直接输送现金，因此汇兑业务很难说兴盛。

本庄的存款总额在十二三万之间浮动。该存款的大部分用于借贷，作为支付备用金的可控数量极少。此地狭小，商人之间相互熟知，因此很少会遇到紧急提取的情况。另外，金融界大的变动很少，钱庄可以安心地使用存款。贷款有活期和定期两种。前者叫浮欠，后者称为常欠。不过后者一般很少，浮欠的利率在七八厘到一分七八厘之间浮动，主要看交易方的信用度来决定利率。贷款全部是信用贷，没有担保贷。

接下来看隆昌的营业状况。这是一个由 2 人合资的组织，对外宣称资本金为 10 万两，再加上米行的营业资金，应该说是相当富裕了。庄票的发行以及其他业务与前面提到的德丰没有大的差异。下面罗列一下本庄的店员以及月工资。

掌柜	1 人	20 两
跑街	2 人	12 两

副掌柜	1人	18两
管银	1人	10两
外账房管理员	3人	15两
伙计	4人	3—5两
内账房管理员	2人	同上

恒昌是个人经营，对外宣称资本金约 5 万两，经营项目与前面两家相同。

二、当铺

当地有两家当铺。一个叫协顺，一个叫协成，都由同一个人出资。关于资本额，前者是 5 万两，后者是 3 万两。当地的当铺只是贫民的金融机构，基本上不会将闲钱用于给钱庄等贷款，利息为月 2 分，放款期限在入当时协商而定，当期最长为 1 年。

第十七章　庐州的金融货币和度量衡

第一节　金融机构

当地的钱庄仅有利顺公、春生号等两三家。之前还有数十家，后全部倒闭。各家都有资本四五千两，不经营存款、借贷、汇兑业务。可以在邮局办理中国银行和交通银行的代理店业务，木材、茶、米、五谷杂粮全部使用两，也会有往来于芜湖的商人开具的支票，但是只在少数大商人之间流通。钱庄有时会应顾客的请求，与芜湖的贸易店进行一些汇兑业务，但是仅限于小额业务。其他地方都是往芜湖输送现金，据说之后要多致力于汇兑业务。

第二节　货币

当地的流通银有元宝（重 45 两）、中锭、碎银、银元、小铜货、铜元以及制钱等。银两的标准银采用漕平，其成色为二七宝，然而，这个与芜湖的估平相比，每100 两少 4 钱，漕平 100 两 4 钱相当于估平 100 两。不过，根据中国人的计算，估平100 两相当于上海规银 107.4 两，漕平 100 两相当于上海规银 106 两 6 钱 8 分。

中锭几乎看不到，碎银在市面的小买卖中多多少少在使用。银元有英洋和龙洋，本洋也还存在。在行市中特别需要注意的是，在当地，从前由钱业公所来商定银元的市价，因钱庄倒闭的颇多，目前即便是钱业公所依然存在，也是有名无实了，没有能力议定本地的银钱的市价，无奈只好采用芜湖的市价。但是当地的通用银是漕平，而芜湖是估平，因此，针对银元的市价采用银两表示的时候，就不能原封不动照搬芜湖的。所以当地的钱庄不断地关注两地间的银两市价的变动，在此基础上再决定市价，结果在当地将定好了的市价称为"现银子"，将芜湖的市价称为"不现银子"，经常对照着发布两地的市价。

在当地，虽然英洋和龙洋（北洋、江南、湖北）都按同一市价流通，但是居民更喜欢龙洋，小银币都是 10 个铜元 100 钱，江南、湖北的也流通，安徽的最廉价，山东、广东的不流通，小银币的流通额甚少。铜元与较多被采用的制钱一起成为当地的主要货币。各省都统一市价，即 1 枚铜钱 10 个制钱。制钱作为日常交易的标准货币，使用最多，种类也颇多，居民在选择利弊上非常严格。

当地流通的钞票是中国银行的，外国银行的钞票不流通。中国银行设有兑换所，致力于票子的流通，直到前些年，有大清银行纸币、中华银行票和军票流通，后来被中国银行以及安徽省逐渐回收，当今几乎见不到了。

第三节　度量衡

一、度

有裁衣尺和木尺。裁衣尺又称作华尺。两者的用途与其他无差异。现与日本的尺度比较如下：

裁衣尺 1 尺＝日本 1.16－1.18 尺

木尺 1 尺＝日本 1.04－1.12 尺

二、量

量有半升、1 升、1 斗、1 斛的容器。各个容器形状完全不同，一看就能区别开来。1 斛通常是 1 石的四分之一，但在当地看到的是 1 石的二分之一，其 1 升大概相当于日本 5 合 5 勺。2 斗 7 升 5 合应为 1 斛，但是据审查，如果不符合该分量，居民也并不介意。

三、衡

在商业贸易中都使用漕平。通常 16 两为 1 斤，相当于日本 165 钱。偶尔也会采用 18 两为 1 斤。

第十八章　舒城的金融货币和度量衡

第一节　金融机构

此地没有钱庄与钱铺。换钱业务由杂货铺兼营，此外还可以称作金融机构的当铺在此地有一家，即华和，期限为 24 个月，利息为月 2 分。

第二节　货币

流通货币的种类有银两、票子、龙洋、鹰洋、铜元以及制钱。小银币不通用。鹰洋与龙洋相比，信用度低，票子中有中国银行发行的，铜元是各省铸造的混用。铜元中有少量标有户部币名的劣币，制钱中多混杂着日本的宽永通宝。此外，还有乾隆、嘉庆通宝，市面上经常会听到 1 角、2 角的说法，但这是针对大洋 1 元的说法，实际上并没有相当于 1 角或者 2 角的小银币。

第三节　度量衡

一、度

市内所用的尺子很多，列举主要的，大概有裁衣尺、木尺、铜尺、船尺 4 种。还有叫竹尺的，与木尺一样长。各种尺子的用途与其他城市无异，裁衣尺是足尺，以此为标准，木尺为 90 尺，铜尺为 95 尺，船尺为 93 尺，故很难进行准确的比较。与日本的尺度相比较如下：

裁衣尺 1 尺＝日本 1.0600 尺
木尺 1 尺＝日本 1.0440 尺
铜尺 1 尺＝日本 1.1020 尺
船尺 1 尺＝日本 1.0788 尺

二、量

本城采用的升、斗、戽、石的关系与桐城的相同。斗有 3 种，即河斗、挑斗、行斗，并且以行斗为标准。市内各个铺都以此为依据，将三者进行比较如下：行斗 10 升相当于河斗 9 升 7 合，相当于挑斗 11 升。另外，此地的 1 升相当于日本 8 合。

三、衡

该城称量轻重的器具根据米、小麦、豆类等食品类以及油类等同名的市秤来称量。各家难免有些差异。目前，根据当地最大店铺的秤，与日本称量轻重的器具相比如下：

1 斤（16 两）＝日本 156.00 钱

1 两＝日本 9.75 钱

关于称量货币的天秤种类，有漕平和库平。曹码在民间使用，库码用于称量官项，其相互关系如下：库平 100 两＝漕平 102 两。

第十九章　凤阳的金融机构和货币

凤阳并非商业之地，因此没有大的钱庄，现列举其字号、资本：

同人庄　3000 两　　兴源庄　4000 两　　泰元永　5000 两　　庆宜庄　2000 两

裕泉庄　1000 两　　庆昌庄　3000 两　　祥丰庄　2000 两

以上钱庄不发行钱票等。金融稍稍呈现活力的时候是农产品开始收获的季节，最繁盛是在农历 10 月。利息 1 年 1 分左右。

流通货币为漕平二七宝银，有英洋、龙洋、铜元等。列举光绪三十四年（1908）7 月 5 日的市价如下（目前本洋的比价最低）：

二七实银　1.740 文　　本洋　1.690 文　　英洋　1.160 文　　龙洋　1.160 文

在凤阳用得最多的是本洋，但近期龙洋、英洋的比价很高，多为外来流动商人所用。

第二十章　蚌埠的金融货币和度量衡

第一节　金融机构

此地的经济状况完全在怀远的势力范围内，没有独立的金融上的势力。但是自津浦线开通以来开始有了发达的转机，到处能看到新式银行的设立。钱庄有恒大号、生慎号、宝和昌等，资本金为5000两左右，并不经营大买卖，主要是换钱。新式银行中设有中国银行、交通银行、江苏银行等分店，经营一般性业务，因为创业比较浅，还没有看到什么成绩。

第二节　货币

有元宝、银元、小银币、铜元以及制钱等。很少使用碎银，元宝的流通也甚少，几乎都是采用银元，在大的交易中多采用怀远钱铺发行的支票。银元中江南洋最多，北洋、湖北洋、站人洋等仅次之，英洋和大清银币都很少流通，市价都以1元当1串130文通用，小银币的1角当10个铜元用，市面流通的很少。其中江南的比较多，湖北的仅次之，东三省、广东、香港的几乎不采用。关于铜元，各省的都通用，但是近来带有真铑色的铜元在市面上出现，居民都讨厌它，所以并不通用。制钱的流通甚少。

票子中，交通银行的最多，中国银行的也流通。大概是因为督军、省长发布公告强制流通，在津浦线开通后，外国银行和汇丰银行发行的纸币也在通用。

第三节　度量衡

一、度

裁衣尺1尺＝日本1.17尺

二、衡

有16两为1斤的和18两为1斤的漕秤。16两为1斤的用于一般货物的买卖，18两为1斤的称为98折兑，其漕平1担（100斤）净重98斤，因此在交易的时候依据什么标准，要商议而定。

第二十一章　临淮的金融机构和度量衡

第一节　金融机构

此地共有 3 家钱庄，分别为：

永庚（东关）　永和（东关）　曹子凡（西关）

各家的资本都比较小，虽然都经营贷款，但是额度都不大。此地有中华银行分店，但是与总店一样处于罢工状态。

第二节　度量衡

一、度

此地计量洋布主要用码。所用码尺与南京的店铺相同，是一种切口为正方形的木尺（1 寸角），裁衣尺 1 尺相当于日本 1 尺 1 寸 8 分到 1 寸 9 分。

二、量

五谷杂粮 1 石相当于镇江石的 1.28 石，没有特别的名称。

三、衡

当地的权衡有漕平和广称。漕平的 1 斤是 16 两，大约是日本 146 钱，广称 1 斤为 15.3 两。

第二十二章　怀远的金融机构和货币

怀远，从蚌埠沿淮河逆流而上大约两个小时可到达，位于淮河分歧点，西可到正阳关，北可乘船到达亳州。因地处交通要道，各种物产在此集散，商业繁盛，自古以来就是当地的市场中心。但是随着今年津浦铁道的开通，其势力被蚌埠持续抹杀，虽然在金融界势力庞大，其实权逐渐倾向于蚌埠。

第一节　金融机构

此地还没有设立新式银行，钱庄有数家。规模稍大、资本雄厚的钱庄可发行庄票，能吸收到助力交易决算的巨额资本。此外有两家银楼，铸造元宝银和首饰，但是据说前者的铸造逐渐衰微。

第二节　货币

龙洋、英洋都在通用，但是因为后者的市价低廉，因此从此地到亳县之间钱币完全不通用。铜元作为主要的货币被广泛使用，制钱的流通也没有衰退，元宝银很少通用，据说这些银锭都是由当地的银楼铸造。中国银行、交通银行的票子通用甚广，钱庄发行的庄票也通用。

第二十三章　定远的金融机构和货币

　　定远的流通货币有二七宝银、银元、铜元、制钱 4 种，使用最多且信誉最高的是龙洋，铜元的流通也很多。位于定远的钱庄有王荣盛、和兴隆、公义兴等几家，其中最大的是和兴隆，资本金 5 万余两，其他 3 家钱庄资本金比较少，有两三千两。

第二十四章　寿州的货币和度量衡

第一节　货币

当地流通的货币种类有银两、银元、铜元、票子（中国银行票）以及制钱。银两有重量 30 两－50 两的元宝以及 1 两－10 两的碎银。其中二七宝的是品质好的，广泛应用于交易，二四宝的流通范围很窄，用当地漕平称量。两者的比价为：二四宝的银两要低 5 分。其他各种货币与正阳关的相同。

第二节　度量衡

一、度

裁衣尺为足尺，与其他没有差异。与此相对，据称木尺为九五尺，船尺为九三尺，但事实证明它们有所不同。如下所示：

裁衣尺 1 尺＝日本 1.160 尺

木尺 1 尺＝日本 1.150 尺

船尺 1 尺＝日本 1.078 尺

二、量

当地的标准斗量是邵伯筒，为竹制筒状，1 筒半为 1 升，15 筒为 1 量，叫量法的单位。1 筒为 10 合，但是作为标准量，在市面买卖上使用的是方形的容器，下面是与日本的斗量相比较：

1 筒＝日本约 7 合

1 升＝日本约 1 升 5 勺

1 量＝日本 1 斗 5 合

三、衡

秤的标准是钩子，食品、油类等都以此称量。与日本的衡比较如下：

1 两＝日本 9 钱五六余

1 斤（16 两）＝日本 153 钱

1 担（100 斤）＝日本 15 贯 300 钱

第二十五章　凤台的金融机构和货币

当地是一萧条贫穷之地，商业上没有可罗列的特别之处，仅仅是淮河民船的停泊地。如果硬要说此地的物产，那么只有高粱。因此金融界处于不景气状态，银元只有龙洋在流通，英洋如果不溢价的话也不流通，也就是说1元要附加254文左右的折扣。铜元、制钱广泛通用，依然是重要的流通货币，元宝银安全但不通用。虽然有银楼，但都是在经营首饰等的制作买卖，并没有铸造银锭。票子中，中国银行、交通银行的钞票以及钱庄发行的庄票有少量流通。该地有数家钱庄，主要是发行庄票的金融机构，经营存款、换税、放贷等业务，汇兑业务主要与怀远之间进行。

第二十六章　正阳关的金融货币和度量衡

第一节　金融机构

当地的钱庄有十二三家,列举主要的如下:

性陈　义源荣　万源通　仁记　泰生　庆太　豫太　德平　信成　春生

钱庄都是个人经营,资本金各自为四五千两,主营与寿州、怀远等的贸易、钱庄间的汇兑以及发往无锡的汇兑。主要业务是换钱,其他有极小额的存款和借贷业务。借贷必须确保有抵押,存款不发行支票,而是期票。

当地钱庄进行的汇兑要计算当地的通用银和其他地方的银的差价,即贴水和手续费(汇水),这与其他地方相同。当地通用两为估平,为二七宝银,与庐州的流通相比较时,每 100 两小 2 钱,但是如果从当地送往芜湖 1000 两,那么还要在当地流通银 1000 两的基础上再加 2 两的贴水以及经过面谈决定的汇水,支付给钱庄。钱庄出具的汇票(汇兑支票)通常有三联,除此之外,也会承担邮局的汇兑业务。

第二节　货币

当地流通货币有银两、银元、铜元、制钱等。用于大型交易的银锭 50 两的最多,也有 10 两的中锭,但并没有使用。通用银为估平二七实银,与芜湖估平实银相比,每 200 两小 2 钱,银元有北洋、湖北洋、江南洋等,英洋也有同样的行市。当地有钱业公所,上午 11 时各钱从业者集合,议定当日的银钱比价。1 元为 1 串 340 文左右,当地的一串为 1000 文。小银货可换钱,但市场上基本不流通。铜元仅有 1 仙通货,与各省通用。10 个制钱相当于 1 个铜钱。制钱作为小交易的标准货币,使用率最多。近期随着生活水平的提高,逐渐转为以铜元为单位。只有交通银行的票子有少量流通,而且需要打折扣。

第三节　度量衡

一、度

有木尺和裁衣尺。裁衣尺的 1 尺相当于日本 1 尺 1 寸 6 分。木尺为工匠所用,相当于日本 1 尺 1 寸 2 分。裁衣尺为足尺，与其他地方无异。

二、量

斗量的形状略去不说，与庐州的相似，但是容量颇大，1 升量器的容积，从视觉上看，上边 5 寸 6 分、下边 4 寸、深 2 寸 7 分，相当于日本 9.86 合。另外，也用竹筒。

三、衡

当地所用的权衡有漕平与苏平。前者用于店铺的批发，后者用于街上的小买卖。漕平 1 斤为 16 两，苏平 1 斤为 15 两 3 钱。与日本的权衡相比较如下：

漕平 1 斤＝日本约 163.9 钱

苏平 1 斤＝日本约 156.8 钱

第二十七章　宿州的金融货币和度量衡

第一节　金融机构

位于宿州的钱庄大的有 11 家，列举如下：

宝源号　3000 两	益丰号　2000 两	谦泰庄　6000 两
广和庄　2000 两	恒泰庄　1000 两	王聚隆　3000 两
慎怡公　1000 两	谦豫恒　2000 两	恒丰庄　5 万两
丰泰庄　6000 两	蓝田庄　1 万两	

以上最有势力的是恒丰庄，还兼营当铺。这些钱庄发行 1000 文的票子，称为九九四钱，994 文计为 1000 文。

宿州的当铺有谦益豫 1 家。资本主是山西大武氏，资本金 5 万串文。店员有管事的 1 人，副管事的 3 人，伙计 10 余人。管事的俸禄 1 年 100 元，副管事的 80 元，伙计 30 元。光绪十八年（1892）开店以来独霸此地的当铺业，每年都能获取巨额利润。

第二节　货币

宿州的流通货币有银两、英洋、龙洋、铜元等，一般常流通的是龙洋和铜元。英洋只用于从镇江进货的杂货商。用于钱庄的平有两种，即漕平与广平。广平与漕平比较，每百两要大 2 两 7 钱，因此漕平 100 两相当于广平 97.3 两，广平 100 两相当于漕平 102.7 两（相互间的计算要将折扣除外）。

第三节　度量衡

宿州的平有广平与漕平。钱庄用的是广平，一般商业用的是漕平。漕平 18 两为 1 斤，相当于日本 101 钱。宿州的尺子有大尺和裁衣尺，大尺量土布，裁衣尺量洋布。

大尺 1 尺＝日本 1.74 尺

裁衣尺 1 尺＝日本 1.17 尺

宿州用的量器有 1 斗、5 升、1 升 3 种。谷类的 1 斗大约为 33 斤，1 斛为 2 斗 5 升，1 斗的容量相当于日本 9 升 5 合。

第二十八章　颍上的金融货币和度量衡

第一节　金融机构

当地的钱庄有同裕利、裕盛和两家，经营业务以兑换为主，还有少额的存款、借贷、汇兑业务，与其他地区相同。

第二节　货币

流通货币的种类有元宝银、铜元、制钱。元宝银是所谓的实足银，当地以漕平称量，银元除湖北洋、江南洋、英洋以外，还有北洋。所谓北洋，是由河南、直隶省等北方各省铸造的银元，是龙洋的一种。票子是安徽中华银行发行的 1 元票子，虽然流通，但是现在已经被回收，看不到它的影子了。

第三节　度量衡

一、度

所用尺子主要有木尺和裁衣尺。与日本的尺子比较如下：

裁衣尺 1 尺＝日本 1.150 尺

木尺 1 尺＝日本 1.155 尺

二、量

此地的量器有 1 合、1 升、1 斗、1 斛、1 石 5 种。1 斛是 1 石的二分之一，其他的都是遵循十进位率。1 升相当于日本 1 升 6 合 4 勺。

三、衡

权衡的种类繁多。小买卖用的权衡与日本的比较如下：

1 斤（16 两）＝日本约 156 钱

1 担（100 斤）＝日本约 15 贯 600 钱

第二十九章　霍邱的金融机构和度量衡

第一节　金融机构

除利顺公外，还有两三家钱庄。利顺公的资本金也不超过 1000 两，不经营汇兑、存款和借贷业务，仅仅经营换钱业务。大概也兼营其他业务。没有票号和新式银行，汇兑业务在邮局办理。

第二节　货币

当地的流通货币有元宝、银元、铜元、制钱，元宝很少用，主要使用银元，有英洋、北洋、湖北洋、江南洋和站人洋等。龙洋与英洋的行市相同，站人洋较低廉。因为没有钱业公所，因此通过面谈来决定行市，大致依据正阳关的行市。银元中最有信用的是北洋、湖北洋、江南洋。老百姓不喜欢英洋，市面看不到小银币的流通。铜元各省都在流通，可见其地位突出。制钱次之，而且是交易的标准货币。当地的标准两为广平，为二七宝。与漕平相比，每 100 两多出 3 两。与正阳关的估平相比，每 100 两多出 2 两 8 钱。

第三节　度量衡

一、度

当地有裁衣尺和木尺。裁衣尺 1 尺相当于日本 1 尺 1 寸 5 分。木尺相当于日本 1 尺 1 分。

二、量

量器有半升、1 升、1 斗的，形状与正阳关的完全相同，容量也没有大的差异。普通谷物的小买卖用一个叫筒子的量器。筒子的形状各异，大概都是通过将木头的内部挖空制成的。22 筒子为 1 斗，但是量法并不统一，因此难免会有量的不当之时。

三、衡

普通的交易采用漕平，货币的称量采用广平。漕平以 16 两为 1 斤，用于普通杂货的称量，也有 18 两为 1 斤和 20 两为 1 斤的。1 斗米为 35 斤，一般用于计算大宗谷物交易。

第三十章　亳县的货币和金融机构

亳县自古以来就是大都市，交通、商业、金融都比较发达，是皖北的重镇。交通方面，经归德（河南省）可快速到达汴洛铁路，淮河有船到达此地。

第一节　货币

在当地龙洋、国币（人头洋）都等价、通用，市场流通额较大。小银币才开始通用，如果交通便利，商业发达，可能会更早习惯使用它。行市 1 角为 10 文，铜元、制钱的流通应该是最大的。尤其是制钱的现存额已经达到巨额。

元宝银还在流通，一般大宗交易多依赖于此。近期随着银行业的兴起，信用高的票子开始通用，后来又逐渐衰微。票子中仅中国银行的钞票在通用，其他银行的钞票还没有通用。

第二节　金融机构

此地的新式银行仅有中国银行的分店，经营汇兑、存款、借贷等所有的银行业务，钱庄原有的汇兑业务几乎都被夺走。钱庄达数十家，经营发行支票、票据贴现、存款、借贷等业务，同时也兼营洋钱的兑换业务。经营换钱业务的钱铺数量颇多。银楼有数家，且大多规模也很大。元宝银的铸造渐渐衰败，开始倾向于铸造首饰用品。当铺的数量也颇多，经营信用借贷，对金融起到了补助作用，这与其他地方无异，而且也多为大规模的。当地有钱业公所，钱从业者每天集中商议并决定市场行情。

第三十一章　涡阳的金融机构和货币

该城沿淮河经由怀远可通达蚌埠，上游可乘舟到达亳县，交通非常便利。金融界和商界相辅相成，都非常兴隆。这在城市颇多的皖北很少见。

龙洋的流通最广泛，其他银元大多需要打折，或者不流通。市场上见不到小银币，铜元的通用颇多，小交易的决算都依据此。制钱的通用也达到巨额，通常是捆绑计算。票子没有流通。

钱庄有数十家，经营兑换、银元买卖、发行支票、兑换等业务。兑换范围主要是亳县和怀远，还没有涉及其他地方。此外，也有当铺和银楼，不过后者不融资。

第三十二章　太和县的金融货币和度量衡

第一节　金融机构

当地的金融机构有宝源、宝太昌钱庄，以及宝太丰官钱局。但钱庄的业务被官钱局夺走很多，因此不能称之规模大，主要经营存款、借贷业务，以换钱为主。宝太丰官钱局为商办，于民国二年（1913）6 月 26 日开设，资本金 2 万元，目的是经营官金，同时也经营一般性金融业务。以下摘录其简章的主要事项。

太和县裕太丰官钱局简章十二条

第一条　名义（名分）

官钱局以振兴商务、公开权利为宗旨，称为裕太丰官钱局。

第二条　资本　大股为 50 元，称作优先股。小股为 5 元。首先筹集 2 万元资本。其中包括优先股，不附加利息，但可分红。支付缴纳完毕，本局发给股券作为凭证。

第三条　司事　总理 1 名，协理 2 名，外交 1 名，顾问 1 名，以上各个职位由股东投票选举。总理通晓事务，持有 10 股以上的优先股。其他人员由总理委任。

第四条　薪水　总理的车马费为铜元 500 元，协理 400 元。下级各个人员由总协理核定分配，不过，兼职人员的薪水只按照高薪支付。

第五条　选举　本局的经营完全是商办。按照有限责任公司的条例，首先筹集 200 优先股，达到股数的四分之一时即可开业。优先股 1 股附加一张投票纸，为了选举总理以及其他各个人员，要提前 1 天在本局门前公布应募者以及股数。

第六条　资格　持有 1 股优先股，就拥有选举权。持有 5 股优先股，就有被选举权。有 3 股以上优先股，则优先具有委任通信科长的资格。持有 10 股优先股，则不需要选举和委任即可得到监督官的资格，而且还可以将自己的资格让渡给他人。这些情况都应在选举前向上级呈报。

第七条　权限　本局总协理都代表本局，同时监督局内的一切事务。

总协理还主管雇工的进退、银两的出入以及交际事宜等跟贸易相关的一些事务。外交办理交涉事务，顾问担当总协理的顾问，监督员督查本局的一切会计，通信科掌握公私通信以及记录。交际科掌管交际，招待科负责接待来宾。主计科掌管财政收支，庶务科管理以上诸科以外的事务。

第八条　开会　通常每年召开两次会议：2月与7月。必须在会前数日发布公告。如果局中偶有重大事件发生，那么由总协理负责召开特别大会。

第九条　查账　由一般股民选举一名代表，发出通告之后查账。监督员随时调查，总协理派委员代查。

第十条　利益（收益）　收益除了支出额之外，两成作为基本金，三成充到负责人的奖励金，剩下的五成分给股民。

第十一条　信用　每年年末公布岁入岁出各金额以及所得利益，以此表明信用。

第十二条　分行　在局各员工的利益分配由总协理确认功过后查定。

第二节　货币

当地有元宝银、票子、银元、制钱等。元宝银多为50两的。中国银行的票子稍有流通，银元中有英洋、湖北洋、北洋、铜元和制钱，各地各种都有通用。

第三节　度量衡

一、度

太和县使用的尺子主要有裁衣尺和木尺。裁衣尺为足尺，木尺为九五尺。与日本的尺度相比较如下：

裁衣尺1尺＝日本1.160尺

木尺1尺＝日本1.102尺

二、量

本地所用的斗量多为筒形，但也并非没有方形斗。升、斗、量、担等的称呼与寿州无异。特别规定以27筒为1斗。1升相当于日本1升7合8勺。

三、衡

本城通用的权衡叫广平。用于粮食、油类等。与日本的比较如下：

广平1两＝日本约9.06钱

1斤（16两）＝日本145钱

1担＝日本14贯500钱

第三十三章　界首的金融机构和货币

　　此地位于安徽省与河南省的交界处。作为镇江贸易势力的终结地，地理位置非常重要，是从镇江沿颍河逆流而上的最终地。从此地可转运到一个叫梁舫子的小船，也可在八里垛或正阳镇换乘，但在此地换乘较多，有一半以上，因此与河南省周家口交易很密切。钱庄有两家，即长兴号和万广昌，也有其他数家钱店。但此地的金融市场受来往货物的影响，在夏季涨水期最为繁盛，农历 8、9 月份的金针菜，10 月份的牛皮、牛骨的产出多，也因此很繁盛。

　　当地的流通货币大部分是制钱，铜元也流通，是由河南铜元局铸造的，以 10 文的形式流通。其他省铸造的要打 2－3 文的折扣。银元中有龙洋、英洋，本洋不流通。小银币也不被使用。银两采用广称，其成色以足银为标准。

第三十四章　滁州的金融货币和度量衡

第一节 金融机构

当地有 5 家钱庄，在其他粮行也经营兑换业务。虽然叫钱庄，但不过是经营普通的钱铺的兑换业务。当地钱庄不能发行支票。尽管有时会做大量交易，但只需要银两或银元决算，不需要支票。

第二节　货币

银钱行市在钱业公所协商而定。在大量银元流入以后，银两的使用逐渐衰退，并没有建立起行市。银元有龙洋（湖北、江南、广东、北洋）以及英洋流通。也能看到本洋，最有信用的是龙洋，尤其是湖北、北洋、江南三地的。英洋行市（每元为 128 个铜元）与龙洋相等，但老百姓不喜欢使用。小银币流通额甚少，只能看到江南和湖北铸造的。东三省的每角要加 2 仙折扣，而且几乎不流通。最普遍使用的是制钱，其 1000 文为 1 串文。铜元各省通用，11 枚为 1 角，1 个铜元相当于 10 个制钱，1 角等于 110 个制钱。票子中流通最多的是交通银行发行的。汇丰银行的票子，也有很多在流通，都是每 5 元加 2 仙的折扣，才能流通。

第三节　度量衡

一、度

成衣铺使用裁衣尺，裁衣尺是竹制的，用真铃钉画刻度，制作粗糙，其 1 尺相当于日本 1 尺 1 寸 5 分。木尺 1 尺相当于日本 1 尺 1 寸。但以上都是私人制作的尺子，所以很难确定一个标准，一般用两三种量，再取其平均数。

二、量

一般交易采用升，量器有半升、1 升、1 斗。1 升斗的形状有方形和桶形，与南京的相似。在角斛的中央嵌入一块板子，就可以量取半斗的量。板子的厚度为 2 分，可以忽略不计。半升大概相当于日本 4 合弱。

三、衡

用于一般交易的都采用漕秤，以 16 两为 1 斤。但有时也会有以 18 两为 1 斤的。1 斗米在当地会认为是 18 斤。1 斤（16 两）相当于日本 55 钱。

第三十五章　全椒的金融货币和度量衡

第一节　金融货币

当地专业经营钱庄的仅有两三家，其他都兼营粮行的业务。钱庄只经营兑换业务，没有汇兑机构，也不发行支票。

通货有银两、银元、小银币、制钱等。银两有少量湖北、安徽官银局的 45 两元宝，但几乎不在大型贸易中流通。银元中，江南、湖北、北洋的流通较多，英洋的信用不及前者，每元要便宜 1 仙。小银币中湖北、江南的在流通，广东、安徽、福建的没有流通。山东的每角有 2 仙的折扣。制钱作为所有交易的标准，在使用上要优于铜元。铜元相当于制钱 10 文，1300 文可换 1 元。

通常其市场汇率并不公开发布，而是通过与顾客面谈来进行汇兑。据说通用的票子是交通银行的，还有少量中国银行的，主要是 5 元票，5 元以上的就很少见。外国银行的票子仅有少量的汇丰银行的在流通。

第二节　度量衡

一、度

当地有木尺和裁衣尺。裁衣尺比南京的稍长，相当于日本 1 尺 1 寸 5 分。木尺大概介于日本 1 尺 1 寸和 1 尺 1 寸 2 分之间。

二、量

量器有半升、1 升、1 斗、5 斗的。其他的还有叫做筒子的容器，是竹筒做的半升量器，还有的容器是方形的、桶形的，容量与滁州的没有太大差异。

三、衡

应用于货币的平，采用了南京漕平。平常的小买卖就用市漕秤，1 斤（16 两）相当于日本大约 133 钱。不过在大量的谷物交易中有时按 18 两为 1 斤来进行交易。市漕平的 100 两相当于南京漕平的 96 两。

第三十六章　和州的金融货币和度量衡

第一节　金融机构

兑换店在其招牌上标记为某钱庄，一般被称为钱店。在当地那样的一个小城，仅仅靠兑换就能维持生计是不可能的。因此，这些钱庄都兼营其他如盐、砂糖、杂货等小买卖。在当地有 5 家钱店。其商号如下：

万源　金聚缘　仁寿堂　焦同泰　黄同泰

5 家都由本地人开设，运转资金只有一两千两，几乎没有存款、贷款等业务。当铺有江公典、元昌典两家，资本不过一两千元，用铜元交易，满期为 27 个月。3 个月留月，当利月 2 分。

第二节　货币

此地的通货有银两、银元、铜元等。银两以漕平二七宝为标准银，但几乎看不到流通。银元中，龙洋为主、英洋次之，本洋也还能见到。小银币也在流通，但额度不大。铜元应用最普遍，没有使用铜钱。南京的官票子通过溢价（贴水）可使用。

第三节　度量衡

平采用漕平的 16 两为 1 斤。下面列举当地以斗量得的各种谷类的斤数：

豌豆　156 斤　　蚕豆　130 斤　　米　140 斤　　麦　140 斤

第三十七章　六安的金融机构和货币

第一节　金融机构

当地的钱铺列举如下：

帮名	商号	组织
旌德帮	吕德成	合资
	汇源	个人
	信诚	合资
	恒丰厚	合资
	慎大	合资
	万福长	合资
	汪钜源	个人
	王政和	个人
	吕德元	个人
徽州帮	宝源	个人
	复聚成	个人
	宝兴	合资

以上钱铺中汇源、恒丰厚是最大的，但是资本金也不超过 1 万两。

当铺有位于西门大街的乾庆典一家。27 个月为期满，有 3 个月流月，月利息 2 分。资本金据称有 2 万两，雇工十几人。此外，当地还有钱业公所。钱从业者每日在此集合 2 次，决定银两的比价，即所谓的早市、午市。另外，有一家叫张复兴的银炉（铸造宝银的机构），一个元宝要征收改铸费四五十文。

第二节　货币

此地采用的货币有银两、银元、铜元、制钱等。银两的标准为平。漕平为银色，采用足银。关于当地的漕平，据中国人所言如下：

102.60 两＝库平 100 两

92.50 两＝上海九八规元 100 两

100.50 两＝芜湖估平 100 两

100.30 两＝正阳关估平 100 两

100.36 两＝安庆漕平 100 两

银元中，本洋自古以来就使用较多，但现今却不见其流通。与各地相同，龙洋最受欢迎，其中人头洋占最多。英洋虽然也通用，但人们一般不喜欢用它交易。交易最主要还是以铜元为媒介。制钱也不再是主要货币。各种银钱的比价在钱业公所决定，分上午、下午两次决定行情。行情以标准银两表示，将对应 1 两的制钱数相乘就可以算出当日的通用价。

第三节　度量衡

用当地的斗量称得的 1 石米的斤数为 180 斤，秤采用 16 两 1 斤的漕平。

第三十八章　天长、盱眙的流通货币

此地的流通货币中铜元最多，普通的交易都用它。混用各省的当十。制钱也在流通，但不是主要货币，小银币 1 角、2 角都在用。银元有英洋、人头洋、北洋、江南、站人洋等，其中英洋的流通最多。与各地铜元的换算率如下（1916 年 7 月调查）：

天长县 138 枚　　盱眙县 134 枚

银两几乎不流通。市场上看不到钱票、银票以及外国银行的纸币。

第 13 卷

浙江省的金融货币和度量衡

第一章　杭州的金融货币和度量衡

第一节　金融机构

一、钱庄和钱铺

在杭州城内，大的钱庄约有 10 家，中等的约 20 家，小钱铺有百余家。如果列举加入钱业公所的店铺，即成为汇划庄（客帮）的店铺，则如下所示（数字为一年的营业额，单位为万元）：

裕源（清河坊）	开泰（大井巷）40	义昌（清河坊）20	鼎记（清河坊）
启源（荐桥直街）	同兴（珠宝巷）	衢源（珠宝巷）	惟康（珠宝巷）60
阜生（广兴街）	惠兴（长处街）	生昌 40	花源（湖墅）20
泰生 60	安孚 30	庆和（清河坊）25	晋义
微源	豫和	寅源（清河坊）20	元泰 40
谦豫 10	宝华	瑞宝	谨记
延泰	裕宝	赓和	同和
晋泰（太平坊）70	广大裕	信昌 40	怡源 30
志成 10	源泰 15	德昌 15	交泰 15

以上为应当称作钱庄的店铺，资本金有 1 万元乃至五六万元。其中，开泰、惟康、广大裕等最大。钱铺的资本金不过五六千元，其业务以兑换为主，列举如下：

恒盛	鼎泰	盈丰	信恒	怡和	寿康
广记	泰源	道生	德生	永裕	鼎裕
济康	静源	德润	祥丰	裕康	久余
同庆祥	镇康	义孚	冲康	永丰	福康

钱庄一般经营普通的银行业务，外汇在中国内地各省都可以经办，但据说在上海和杭州之间，进口商等钱庄内外同业者之间会进行外汇转账业务。金融繁忙的时期为春秋两季，因为春季是茧的出产盛期，秋季是蚕的出产盛期。钱庄发行期票，也叫本票。对于到期之前支付的期票，要进行贴现。和其他地方一样，经营活期存款者发行支票。

二、新式银行

在杭州的新式银行有中国银行分行、浙江兴业银行、浙江地方实业银行、殖边银行分行、浙江商业银行、交通银行分行六家。在清代前期曾经有大清银行分行、八旗兴业银行、浙江兴业银行，辛亥革命之际，前两家倒闭，被现在的银行取而代之。

（一）中国银行分行

民国二年（1913）开设，前身是清代的大清银行，经营中央金库代理、关税、盐款的办理以及其他一般存款、放款、外汇等业务。存款主要是大宗公款，放款则多是与可靠的钱庄进行交易。其发行的钞票有 1 元、5 元、10 元面额。流通最高额达百万元。在宁波、绍兴、嘉兴、温州、湖州、兰溪及海门设有汇兑所。

（二）交通银行分行

民国四年（1915）开设，当初作为上海分行的分店只做汇兑业务。民国六年（1917）改为分行，将国库的一部分（即与交通部有关的业务），比如铁道、电信、邮政等出纳完全划归该银行掌握。流通钞票最多时曾经发行过三四十万元。

（三）浙江地方实业银行

在清代宣统三年（1911）创立之初称为官民合办浙江银行，在上海、广东两地设有分行。但由于社会动荡蒙受了巨大损失，一时关闭。后由官厅派出委员，和当事者配合进行了账簿整理，将以往的股票全部降价 40％，进而将该 40％以新股充抵。同时，改名为中华民国浙江银行。民国元年（1912）1 月开设了杭州总行、上海分行，关闭了广东分行。当时，杭州尚未开设中国银行分行，由该行代理国库收支以及办理盐款，此外还代理发行军队钞票。后来，为了方便官府资金的办理，又在宁波、海门、温州等地增设了分行。民国二年（1913），随着中国银行分行的开设，国库事务于同年 7 月转由中国银行分行办理。当时，该行由浙江省官厅垫付的资金多达 100 万元，后以分期返还的方式逐渐整理，宁波、温州等地的分行关闭。民国四年（1915）7 月，又改名为浙江地方实业银行。发行的钞票在民国四年（1915）以中国银行兑换券逐渐回收。

该行在杭州城内北部及东部分别开设了营业所，对经营生丝、绸缎、谷类的商人进行抵押贷款。从 1914 年以来，业务逐渐发展，在 1915 年决算时获得了超出预想的利润。如今（日本大正五年，即 1916 年）的资本金有 100 万元，其中官股占六、商股占四，缴付金额为 71 万元。

该行的监督官为浙江省财政厅厅长，设董事 9 名（官 4、商 5）、稽查员 2 名（官商各 1 名）、经理（杭州总行）等。

（四）浙江兴业银行

本行是在光绪三十三年（1907）由浙江铁路公司发起成立的股份制银行。总行设在杭州，在上海、汉口、北京、天津、奉天和其他浙江铁路沿线的要冲设立了分行。民国四年（1915）因营业需要，将上海分行改为总行，组织了总办事处，以发展铁路沿线的商业为宗旨，经办普通商业银行的业务。该银行的资本金为100万元，还被赋予了发行银券的特权。虽然其流通良好，但根据统一纸币的目的，以中国银行券被全部回收，转而经营各种存款、放款、贴现、汇兑以及银行的所有业务。近来，作为业务扩展的一环，该行在杭州东街开办了仓储业务，对经营生丝、绸缎的商人办理抵押贷款以及物品委托保管。

1. 存款

定期存款要事先约定取款的期限。银行在收受存款时在定期存款单上写明存款人的姓名、取款期限、存款天数、利率，交给存款人。到期出示该存款单，即可收取本金和利息。利率为存满1年，年利7分，1年以内则根据时机酌情决定行情，一般存满6个月则年利为6分。

往来存款（活期存款）不设期限，可以随时存取。在该银行出具的活期存款簿上写明存款额，另外还发给一本支票簿，存款人如果要使用支票，须写明所需的数目以及收款人的姓名，盖上印章，即可向该银行要求支付。衙门、学堂以及其他商人经常利用支票。利率根据行情并不是一定的，经常是随时确定利率。

所谓随时存款（特殊活期存款）为活期存款，据说不给存款人发放支票簿。其性质就在于储蓄，因此利率也比往来存款高。

所谓嘱托存款（委托存款）则是声明用于灾害准备金、创业资金、婚嫁费用等一定的用途。当条件成熟之际支取存款，利率根据其性质随时斟酌算定。

2. 放贷

大体是向该银行提供担保，借用现金，称之为抵押（抵当借贷）。银行将担保物按照时价打折抵当。此时，应向银行交付货物证书。现将可以用作担保物件的物品列举如下：

（1）货物栈单（仓库保管证书）　附有保险证书的物品；

（2）货物（不接受危险品）　市场销路广的物品，没有市价的涨跌，即使经过时日也不会损失的物品；

（3）金银　原料金银、首饰等；

（4）股票　可靠的股票。

信用借款（信用贷）不需要抵押，只要是商业殷实的商户即可作为担保，根据其信用度给予贷款。

所谓透支是指超额支付活期存款。根据抵当或者信用度预先协商透支限度。

3. 贴现（折扣）

如果将尚未到期的支票提交给该银行，则该银行随时决定利息，根据天数进行计算并相应扣除，交付余款。

4. 汇兑（外汇）

汇兑方面办理普通汇款、电汇以及押汇。有分行和代理店的地方都能办理，但尚未推广。可办理的地名如下：

杭州　湖州　绍兴　宁波　嘉兴　兰溪　衢州　温州　汉口　上海

5. 储蓄

最低存款额需要 1 元以上，而后并不限制存款额，利息为存够半年年利率 5 分，存够 1 年为 5 分 5 厘，2 年 6 分，3 年 6 分 5 厘，4 年 7 分。7 分以上则不再增加。每年 6 月或 12 月提交存款簿计算利息（复利法）。

现以浙江兴业银行为例，将储蓄章程详细介绍如下：

浙江兴业银行储蓄存款章程

储蓄存款　将此分为 2 种，第一种是定期存款，第二种为零星存款。

定期存款　进一步分为 3 种，即零存整取、整存零取、整存整取。

零存整取　每月存入一定额，到一定期限后返还本利。如果每月存 1 元，则计算如下：

期　限	本　利	期　限	本　利
1 年	12.326 元	25 年	593.943 元
5 年	68.200 元	30 年	828.646 元
10 年	155.519 元	40 年	1513.884 元
15 年	267.310 元	50 年	2637.164 元
20 年	410.456 元		

整存零取（按月付还存款）如果一次存入洋银 1000 元，分 10 年每月支取，则每月支付 10.58 元；如果希望每年支取一次，则一次支付 129.89 元。

整存整取（定期存款）为设定期限的存款方法。如 100 元的定期期限以及本金如下：

期　限	本　利	期　限	本　利
1 年	105.063 元	25 年	343.714 元
5 年	128.010 元	30 年	439.984 元
10 年	163.862 元	40 年	720.966 元
15 年	209.759 元	50 年	1181.389 元
20 年	268.570 元		

修学预备储蓄　不论男女，从出生第一个月起每月将 1.78 元存入本银行，满 17 岁时付还 600 元，以资就学。或者从出生的第一年起每年存入 21.98 元，满 17 岁时付还 600 元。

学费储蓄　不论男女学生，在本银行一次性存入 530.54 元，5 年内每月付还 10 元，以此作为每月的学费。

婚嫁预备储蓄　不论男女，从出生第一月起每月存入本银行 1.21 元，满 20 岁时付还 500 元，用作婚嫁费用。或者从出生第一年起每年存入 14.29 元，满 20 岁时亦付还洋银 500 元。

养老储蓄　不论男女，从少壮时每月将 2.43 元存入本银行，20 年后付还 1000 元，以此作为养老金。每年存入 28.59 元，亦可在 20 年后付还 1000 元。

零星存款　也称为活存，不论金额多少、日期长短，可以随时存入，随时支取。存款期限达到半年以上的按年利率 5 分支付利息。

零星存款存款期限不满半年的，第一、第二两个月按年利率 2 分，第三个月按年利率 2.5 分，第四个月按年利率 3 分，第五个月按 3.5 分支付利息。

零星存款于上午到本银行存款时，从当日计算利息，下午存款从第二日计算利息。支取时，利息计算至支取前一日。

每年 6 月和 12 月分两次计算利息。其利息于每年 7 月及正月分两次记入账簿转账。

每年 6 月结算的账簿截止到 5 月末日，12 月结算的截止到 11 月末日。

存款人应得的利息于正月、7 月按复利法记入本金，但存款期限不满半年的不能享受此规定。

零星存款如果满 1 年尚未支取本息时，在每年一次结算时按复利法计算利息，此外另加每年 5 厘利息，以此鼓励存款。满 2 年尚未支取时，再加 5 厘的年利息，合计年利率为 6 分。满 3 年尚未支取时，再加 5 厘。以此类推，逐年增加至 7 分为止。

凡是工厂的男女职工以及商店的雇员与其资本主或者主人同行约定存款时，按照规定的期限付还，用作营业资本。另外，用作婚嫁、养老的则不论长期和短期，按照零星存款特别加增利率年利 5 分计息，以示体恤。

各学校、教会以及各公所的积存钱款在本银行的存款利息随时议定，将特别增利以助其善举，但年利率不得超过 7 分。

6. 新式银行使用的支票

支票来源于中国旧有的习惯，形式大致一定，但并不是完全依照外国的支票。而且虽然纸质看着有所改良，但字体是用特殊的笔法，造成授受者鉴定相当困难，想来是依靠印刷精巧来避免仿造。但如果对照以往的例子，这样的印刷法并不能绝对避免仿造，因此不得不变换笔法，将字体写得模棱两可，以期便于鉴定真伪。

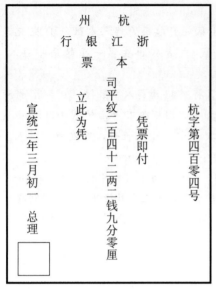

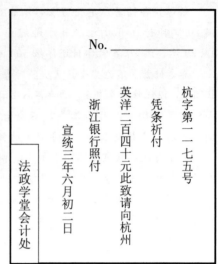

见票即付本票举例　　　　　　　　又称为上单的支票举例

（五）殖边银行分行

该银行于民国三年（1914）设立，其业务主要是辅助政府，专注于中国银行金融范围以外的边疆地方。最初投资于实业，后来作为普通银行在各省开设了分行。该分行和其他银行的不同之处在于所有损益计算都是自己进行，和北京的总行没有任何关系。其发行的钞票约 10 万元。

（六）华孚商业银行

由杭州的商人发起成立，为资本金 30 万元（第一期缴付半额）的股份制组织，是最近创业的纯粹的商业银行。

三、钱业公所

位于城内翠井巷，宣统三年（1911）由开泰、裕源、元昌、晋义 4 家商铺发起成立。所属钱庄有 24 户，钱铺 25 户。每日在规定时间集合，确定行情。其后会员逐渐增加，在把握商机的同时灵活运作，在金融界拥有很大的势力。

其规章规定，"会员必须遵守本所规定的规则运营，若有违反，罚款 20 元。该罚金的一半作为举报人的报酬，余额用作全义会的义举。会合限于下午 4 时之前，节假日下午 1 时闭会"。

四、金融用语

（一）现水

在辛亥革命以前已经有了现水这个名目，有一个限制就是现水的变动不得超过掉期数量，因此对市面的影响比较小。辛亥革命后，该限制被解除。即辛亥革命时，现金缺乏，不能满足需求。结果各钱庄业者出现巨额亏损。民国成立初期，通过各钱庄业者会议决议，改为所有出入以划洋（改以往银两计算为以银元额计算）为本位，每天各钱庄根据其需要量评定英洋（以洋银 100 元为标准）的价额。比如将英洋银 500 元存入钱庄，当日的现水为 5 角（每百元有 50 分的差额）时，钱庄在存单上记入存款 500.25 元。如果次日从其中支取英洋银 200 元，假设当天的现水为 4 角半，钱庄在支取者的存单上记入支取英洋银 200.9 元。

市面上英洋银相当缺乏时，钱庄可以此为由，针对存款者要求的付还额，向其指定人开具支票。如果一定要求支付英洋，则根据当时的市面行情支付，对于其现水多寡不负任何责任。在这种情况下，英洋几乎和货物同样看待，划洋完全作为其他物品对待。这种状态对于各种营业者来说，具有极为重大的关系。

各家新式银行的存款都以英洋计算（根据客户的要求也有用支票的，但数量不多），和行情无关，以货币表示价额授受。因为拥有一定的准备金，可以弥补因行情涨跌造成的损失。

（二）龙水

指的是龙洋（中国银元）对英洋的行情差额。此前就英洋（墨银）曾经叙述过，在此就龙洋对划洋进行解说，然而，其行情大体和英洋同价。比如现水 3 角的情况下，龙水也是 3 角。

（三）规元

以 1000 两为标准。比如规元的市价为 1385 元时，在杭州可以 1385 元的划洋向上海兑换规元 1000 元。其行情高低依据杭州、上海的两个行市确定。

（四）绍汇

杭州和绍兴间的汇兑称谓，以 1000 元为标准。比如当日的市价，绍汇的去水（行情的打折差额）为 86 元的情况下，向绍兴汇 1000 元时，向杭州钱庄交付扣除了 86 元的数额即 914 元即可。如果在杭州汇 1000 元，在绍兴即可支取 1094.092 元。

（五）宁汇

面向宁波的汇兑称谓，其汇兑的形式以及行情计算和绍兴相同。

（六）苏汇

和上述绍汇和宁汇相同，其行情多少有些差别。

（七）掉期

在杭州，每月的利率是以掉期为依据来决定。辛亥革命以前，每月 3、6、9 的日子为掉期，其利率最高是 3 角（100 元的存款利息为 3 角）。一个月有 9 次掉期，月利 2.7 元，即 2 分 7 厘的利率。辛亥革命后改为以奇数的日子为掉期，最大利率为每 100 元每期 1 角 5 分，以每月 15 次掉期计算，最高利率的月息为 2 分 2 厘 5 毫。如前所述，前后制度下有变化，但其利率并没有出现大的差别（上述为最高利率，实际上只要没有特殊情况，并不会轻易看到如此高的利率）。利率是在钱业公所按照掉期每月月末议定。

（八）毫头

将存款、借款的利率称为毫头。毫头在钱庄同业者以外的交易中使用，在同业者之间都是在每个掉期进行结算。

在杭州，每年4、5月份鲜茧、生丝、茶叶商人需要资金高达300万元，10、11月份米商和油商需要资金达200万元，因此，其利率也是上述几个月最高的。

（九）角子

是指小银币对大洋银的行情。比如市价为88时，小洋1元（10角）兑换大洋88分。

第二节　货币

杭州市场上的通货有银元、小银币、铜元、制钱、票子等。其中在商业交易中作为计价单位而占据重要地位的是银元。此地的交易中现银授受较多，像宁波那样使用称之为划账的转账结算很少。存款者使用钱庄发行的支票流通较多。

银锭只是地方官府、银行家收藏，在商民间不使用。银元中使用最多的是墨银，湖北、江南等地的龙洋在市场上亦有使用，都可以用作纳税用银。但香港银元在当地并不通用。银辅币只限于2角、1角，除湖北、江南铸造的以外，也有福建、广东、安徽省铸造的，但信用度较低，流通困难。铜元以户部以及各省铜元局铸造的1分铜元为主，和现有的制钱混用，而且可以说有一种稀有现象，即2分、5厘、1厘的铜元在通用。铜元局本来计划发行这4种铜元来排挤现有的制钱，但从上海向当地大量流入私铸铜元，结果当地市场上一时铜元充斥，为此其价格逐渐降低，当初1分铜元100个可换银元1元，却突然就低至125个左右换1元。因此，制钱排挤案就归于画饼，不过据说也看到了制钱减少的趋势。

钱庄不发行钱票。纸币则是流通浙江兴业银行发行的1元、5元、10元票，其后中国银行、交通银行的钞票都可通用。而且上海外国银行发行的货币在市场上也能看到，但在币制统一问题发生以来，除中国银行、交通银行的钞票外，很少见到外国银行的货币流通。

第三节　度量衡

一、度

杭州使用的尺度主要有裁尺、庄尺、鲁班尺。所谓裁尺，是专门用于织物的买卖，或者供裁缝用。庄尺是在布匹批发、织物店以及绸缎小卖店的交易中使用。鲁班尺则是木工、泥工等使用。这些尺子的1尺和日本的尺度比较结果如下：

裁尺1尺 = 日本1.16尺

庄尺1尺 = 日本1.21尺

鲁班尺1尺 = 日本0.93尺

杭州的织物因其质量不同，1匹的长度也不同。如宁绸缎子的熟货大体是5丈为1匹，像纺绸湖绉这种生货则是4丈为1匹，其他也有3丈为1匹的，还有1匹为8丈、10丈的。至于幅宽则有3尺5寸、2尺2寸、1尺6寸、1尺4寸、1尺2寸等，因质量而异。

二、量

杭州使用的斛子有好几种，其量法使用斗、合、勺、抄、撮、横、圭、票等名称。以十进制为原则，但多少有些增减。通常 5 斗称为 1 斛，2 斛称为 1 石，6 斗 4 升称为 1 釜，1 石 6 斗称为 1 瘦，16 斛即 8 石称为 1 秉。谷物的交易以斛来计量，而在小卖店则用斗。这些量器都要经过米业会馆的检查，将此称为官斗或是定斗，有些称作斛。官斗 5 斗为墅斗 1 斛。白米 1 石以官斗计量时，其重量为 140 斤（库平 16 两），用墅斛时为 134－135 斤。

与日本斗量比较如下：

自家用 1 石 ＝ 日本 5 斗 6 升

收租用 1 石 ＝ 日本 6 斗

墅斛 1 石 ＝ 日本 6 斗

墅斛 1 斛 ＝ 日本 3 斗

官斗 1 石 ＝ 日本 5 斗 8 升

三、衡

杭州使用的衡器有多种，用作其标准的是称量纳税、漕米银两的库平，即官定的衡器。现将库平 16 两（即 1 斤）和各种秤以及日本的衡器进行比较如下：

名　　称	将库平 16 两用各种秤计量的两数	将各种秤（16 两）用库平计量的两数	相对日本 160 钱（1 钱＝3.75g）
染业工秤	16.00 两	16.00 两	156 钱
中勾秤	16.05 两	15.95 两	153 钱
细丝秤（丝行用）	17.00 两	15.06 两	144 钱
肥茶秤（同）	16.00 两	16.00 两	158 钱
买业秤	18.00 两	14.22 两	140 钱
天秤	15.75 两	16.25 两	160 钱
漕秤	15.37 两	16.66 两	164 钱

据说外国商人在买卖生丝以及绢织物等贵重物品时，称量墨银 100 元相互进行衡器的比较，然后才买卖。在各同业公会或者会馆，同业者之间进行衡器比较检查，在其衡器上刻上表明是钱业公所或者会馆公秤的文字，显示其是正确的。如有使用不合格衡器的人，将会对其采取严厉的处罚措施。此等公会规约由来已久，成为商业上德义制裁的根源，在业者之间拥有最高的强制力，因此很少有人使用不合格的衡器。

第二章 宁波的金融货币和度量衡

第一节 金融机构

一、新式银行

此地的新式银行有四明银行、交通银行、中国银行。

（一）四明银行

在宁波信用度最高的是四明银行。四明是宁波的别名，是纯粹的商业银行，成立以来已经十数年。

四明银行在上海、温州设有分行，资本金150万两，以实现宁波、上海等地商业发达为宗旨，其营业科目与一般普通银行并无差异，而且办理官银业务。其利率如下：

商业科 活期存款月息2厘，定期1年月息5厘。

储蓄科 活期存款月息3厘，定期1年月息6厘，定期2年月息7厘。

（二）交通银行

交通银行是光绪三十三年（1907）在邮政部的主导下，以谋求汽船、铁道、邮政以及电信的发达为目的而设立的。最初的资本金为500万两（5万股），政府占六成，剩余四成应该是一般商民出资。后续资本额增资为库平足银1000万两，将此分割为10万股，即该银行为股份制银行，由官民共同设立。根据民国三年（1915）4月7日公布的该银行章程开展业务。股东归所有中华民国国民。宁波分行于民国四年（1915）年初设立，其信誉度尚不及四明银行。

规定中的营业项目如下：

1. 本国和外国的汇兑、押汇。

2. 存款。

3. 贷款。

4. 国库证券和商业票据的贴现。

5. 外国货币的兑换和地方金银的买卖。

6. 票据的托收和贵重物品的保管。

7. 其他外汇银行和实业银行经营的所有业务。

8. 掌理特殊公司（铁道、电信、邮政的会计）的国库金。

9. 金库的分理。

10. 借款的处理。

11. 兑换券的发行。

宁波分行的利率如下：

定期存款 1 年　　　　6 厘（月息）

定期存款半年　　　　4 厘

定期存款 3 个月　　　2 厘

活期存款　　　　　　2 厘

（三）中国银行

中国中央银行于光绪三十一年（1905）由户部设立，以户部银行起家，光绪三十四年（1906）又改名为大清银行，资本金由 400 万两增资为 1000 万两，具备了银行的雏形。然而在 1911 年辛亥革命之际，营业中止，其善后工作托付于共和政府。政府在整理后于民国二年（1913）10 月 6 日将此改名为中国银行，发布了中国银行章程，据此开展业务。并将资本金增加为 6000 万两，分割为 60 万股，其中一半为政府持股，成为半官半民的股份制组织。该行严禁外国人成为股东。该银行的营业年限为从总行开业当日算起满 30 年，期满之际根据总会决议延长期限。

宁波分行于民国三年（1914）设立，创业日期尚短，其信用度和其他银行比较最低。该银行的利率如下：

定期存款 1 年　　　　5 厘（月息）

定期存款半年　　　　4 厘

定期存款 3 个月　　　3 厘

活期存款　　　　　　2 厘

现将该行规定的营业项目列举如下：

1. 国库券、可靠期票、汇票的贴现及买入。

2. 外汇经营及期票的发行。

3. 地方金银及外国货币的买卖。

4. 存款、证券、证书及其他贵重物品的保管。

5. 针对交易银行、公司及个人的货款托收。

6. 金银货币及地方金银的担保贷款。

7. 以公债证书、政府发行证券或者政府保证的各种证券为担保的定期及活期贷款，但其金额以及利率必须经过总裁、副总裁、董事及监事随时商议，取得财政总长的认可。

8. 公债证书的买卖，须经财政总长认可。

9. 兑换券的发行，须遵照兑换券规程。

10. 国库的经办，公债的募集、偿还。

11. 国币发行。

二、钱庄

宁波的钱庄中比较大的有 24 家，大多是本地人经营。宁波人历来到外地打工的很多，特别是在金融界执牛耳者甚多，因此很多中国钱庄的实权掌握在宁波人手里。当然，外地人在宁波从事这一行业的很少。

主要钱庄大多集中在双街、滨江庙及钱行街一带营业，因此该地区就成了商业中心。这些钱庄中大的主要以汇兑、存款、兑换等业务为主。他们组织了钱业公所，每天早上钱业者集合起来，参照上海的行市决定当天的行市。

钱庄的资本额甚少，大多在 3 万两左右，这成了税赋的标准，即公称资本。中国人的习惯就是尽可能减少税赋，常常从经理或者东家那里随时获得副资本。钱庄大体上是两人乃至几个人的合资组织。而且，各钱庄在下午 4 时即开始清算账簿，相互冲抵借贷，余额以现金结算。各地的汇兑（大多是上海）在每月末进行账尾结算，对上海的透支和存款的差额付 4 厘 5 左右的月息。

现将宁波的主要钱庄列举如下：

钜康	瑞余	恒源	裕源	敦裕	慎康	余丰	元亨
晋恒	成丰	泰源	泰涵	泰巽	鼎恒	震恒	元益
钜丰	升源	恒升	慎丰	源康	瑞康	泰深	益康

钱庄的开业和歇业都是自由决定，不需要经过官厅的许可，但开业时需要得到同业公会的许可。在两三个可靠保证人的见证下缴纳若干公所费而获得许可。店员方面，大的店铺也不过使用 20 人，其称呼如下：

正经手　副经手　正账房　小伙　学生

和上海一样，存款有浮存（活期存款）和长存（定期存款）。浮存在存款业务中占很大比重，利率因时期而异，并不确定。高利率在年 5 分上下，利息通常是存入本金中。当地的习惯是 1、2、3 月不付利息。存款的支取在上海是使用等额的支票，支票有见票即付支票和期票，另外有三联支票和二联支票两种，前者由存根（留在自己手头的）、支票（交给对方的）和送单（给对方银行的通知单）三张组成；后者没有送单，其他相同。

长存则依据契约，期限有长有短，3 个月、6 个月的占多数，最长也不超过 1 年。利息并不确定，据说大约为年利六七分。

贷款称为放账，有浮缺（活期贷款）和长缺（定期贷款）。大多是信用贷，也有用商品作担保贷款的。长缺期限通常为 3 个月或者 6 个月，没有超过这个期限的。利息以月利计算，一般是 5—7 厘。钱庄对各交易店预算其一年的贷款金额，对于预算额以内的减轻利息，大多为年利五六分，额外的贷款利息则依据当时的行情另行决定。另外，钱庄针对交易商店在月末进行小决算，在年末的 12 月 24 日前进行总决算。钱庄在经营上述两种业务之外，还经营汇兑、兑换、铜元票的发行。

钱业公所位于行街，每天早上 9 点，各店的代表集合在这里，议定贷款的利息，这称之为银折或者洋折。大体上每 1000 元日息为 10 仙至 30 仙，在此基础上降低 5 仙即为活期存款的利息，增加 5 仙即为活期贷款的利息。

三、汽船公司

汽船公司亦可看作金融机构。此地的分支机构有太古、宁绍、怡和、招商局等，此外还有以宁波为起点开往奉化、舟山群岛、温州等各地的小蒸汽船公司。其中，太古、招商局、宁绍最大，这些汽船公司招商竞争的一个策略就是通过买办向商人借贷资金，以此谋求增多自己的运输量。卖出之际也要提供相当的证人或者担保进行放贷。也有的将自己仓库的货物作为担保，从而融通相当多的资金。

四、当铺

当铺对于贫民来说是必要的金融机构，其种类因资金的大小分为当、押、质、典。当最大，看其利率、期限，与上海的 1 年不同，一般为 1 年 8 个月乃至 2 年，利率普遍是月息 2 分。

在宁波，同文当铺最大，资本金有 5 万两。此外还有 18 家。如今在中国各地，此等当铺逐渐衰退，变为规模更小的押、质、典等，但与此相反，此地设立了当铺公所，基础强固。

第二节 外汇和押汇

在宁波办理汇款和押汇统称为申票（对上海的支票）。押汇在上述的汽船公司发行，而汇款业务主要由银行或者邮局经办。一般上海两 100 两合宁波两 109.7 两左右，可换算英洋 135.7 元左右，需要 1.7 元的汇水。

根据民国三年（1914）9 月 1 日发布的规定，通过邮局汇款，每票最多汇 100 两。规定汇费在同一区域内为 2 分，跨区为 2 分加补水费。

第三节 货币

此地的货币，硬币有银锭、银元、小银币、铜元、制钱，纸币有银元票、钱票。

一、银两

宁波由于距上海很近，有银锭的流通。从交易关系上采用最方便的方法，以至于和上海完全相同。也就是使用和上海同样的纹银作为标准银，以九八兑作为通用银。

然而，应当看作本地固有的标准银是二九宝纹，使用的称量器具为江平（宁波漕平），和现在上海规元的平价比较的话，结果如下：

海关两 100 两 ＝ 上海规元 111.40 两 ＝ 宁波江平纹 105.83 两

故 上海规元 100 两 ＝ 宁波江平纹 95.23 两

宁波江平纹 100 两 = 上海规元 105.25 两

称量银锭的平还有库平，用于向官衙缴纳税金，和江平的比例如下：

库平 100 两 = 江平 105.41 两

如上所述，日常也在使用银两，但数量很少。一般只是以上述比例确定行市，依据该行市换算成英洋进行交易。银锭与其说是货币，莫如说只是作为一个银块，以其实价进行交易。从来没有法定价格的强制通用力，在交易时每次都要检查其纯度、重量，进行比较、评价，很不方便。在本省很少使用，在内地也不以银锭作为行情标准，只有宁波由于和其他口岸的关系不得不将此作为行市标准，但总体来说还是以英洋进行决算。

现在，宁波的英洋和银两的行情比例通常如下所示（1915 年 7 月）：

规元 100 两 = 英洋 139.63 元

元宝（通用银）100 两 = 英洋 148.03 元

二、银元

银元中流通最多的是英洋，龙洋、江南洋次之。龙洋中的湖北洋和日本银元等很少流通。

三、英洋（墨银）

本地规定为标准价的都是英洋，作为通货占有重要的地位。

四、龙洋

龙洋中江南洋使用的较多，但流通量不如英洋大。因此其行情相对英洋来说常常要附贴水。现在大体行情如下：

英洋　7 钱 2 分 8 厘 5 毫　11 角 2 仙 4 文

龙洋　7 钱 2 分 8 厘　　　11 角 1 仙

观察这些银元的行情，最高是在 4、5、6、7 月，最低在旧历年末以及年初。前者是绿茶（在天台方面特别明显）卖出时期，银元的需求量增加；后者是银元作为结算资金从其他地方流入，因此市场中存量较多。但是，大体上是被上海的行情支配，并不是单纯依据此地的需求关系。

五、铜元和制钱

铜元是当地人民日常生活中必不可少的通货，其种类有湖南、湖北、福建、广东、江西、浙江、安徽、江南铜元局铸造的以及近来铸造的中华民国开国纪念币等。相对于大买卖的元、两，这些铜元是作为小买卖的货币。天台方面茶叶买卖中比较大的交易有时也使用铜元。其行情为 1 元折合 1400 文左右，和上海没有大的差别。

制钱即所谓的 1 文钱，随着生活水平的提高，目前数量大减，被铜元取代。在下层民众中还喜欢使用，但并没有公定的行情，只是在习惯上以 1000 文为 1 串文，10 文相当于铜元 1 枚。

六、小银币

小银币有 1 角、2 角面额，相比铜元，其流通甚少，但多于制钱。江南、湖北、广东、安徽铸造的最多，至于福建及东三省的小银币则要附 1 个铜元的贴水，其行情是 1 元相当于 11 角左右。

七、纸币

纸币有银元票、钱票，没有银两票。银元票（此地叫洋钱票）即代表英洋的票子。在宁波的银行当中，四明银行发行的信用度最高，其次为交通银行票。中国银行票因分行成立时间短，流通量少。银元票在宁波可以自由流通，但到了乡下就很少使用。在内地反倒是中国银行发行的比较多。一般 1 元、5 元、10 元的最多，50 元、100 元的很少。

所谓钱票是当十铜元的票子，由钱庄发行。

第四节　度量衡

本地的度量衡和中国其他各地的相同，其制造并没有一定的限制和检查，什么人都可以自由制造贩卖。一般商人使用的度量衡大多是粗制滥造，在同一名称下说是同量，其实难免多少有些差异。商家为避免受损，各自设定私斛、私尺、私秤，在米粮商、绸缎商、棉花商等同业者之间商定私斛、私尺、私秤。更有甚者在货物贩卖之际使用的衡器和购买之际使用的衡器都有所不同，以赚取其间的差额。其种类繁多，不胜枚举。

一、度

宁波的尺度很多，大多为竹制，使用 1 尺和 2 尺。1 尺相当于日本尺度 1 尺 1 寸 5 分。地积测量中是以 8 寸为 1 尺。

裁尺 1 尺 ＝ 日本 1.15 尺左右

土尺 1 尺 ＝ 日本 0.92 尺左右

然而，在各个商店实际查看后，更是没有一致的尺度，有些是相当于日本 1 尺 1 寸，有些是 1 尺 1 寸 3 分、4 分、5 分、6 分甚至多达 8 分，没有可以当作标准的。不过，可以看作 1 尺 1 寸 5 分左右。

而地积的单位规定有 1 尺（10 平方寸）、1 步或者 1 号（5 平方尺）、1 丈（10 平方尺）。

二、量

量器中大多是量谷物的，使用竹制或木制的量器。其形状为方形、圆筒形、壶形、上边小的方形等。有 1/4 升、半升、1 斗等，和日本的比较如下：

宁波 1 升 ＝ 日本 5 合 6 勺

量器也多是自家制造，在同一市场内同名的量器很难出现同样的量。

液体的量器一般是黄铜或锌制的盆状或圆筒状容器，带把手。有 1 斤（16 两）、8 两、4 两、2 两等。实际查看各种量器，与日本的量器比较如下：

2 两　日本 9 勺

4 两　日本 1 合 5 勺

1 斤（16 两）　日本 4 合 9 勺

三、衡

宁波一般使用的衡器为漕平和天平，有 5 斤、8 斤、16 斤、50 斤、60 斤、100 斤等多种。而且同一秤上有漕平、天平等，通常可以称量两种以上的刻度。和日本的比较，1 两（16 两为 1 斤）相当于日本 9 钱 3 厘。此外，还有特殊的秤，现列举如下：

官　　秤　　15 两 3 钱 1 斤　　官厅用

药　砝　秤　　15 两 7 钱 1 斤　　药店用

尺　　秤　　13 两 6 钱 1 斤　　水果、蔬菜买卖用

广司马秤　　16 两 1 斤　　棉花商用

第三章 温州的金融货币和度量衡

第一节 金融机构

一、新式银行

新式银行中有中国银行、浙江银行、四明银行的分行，而且在这三家银行中，虽然中国银行成立时日尚短，但其经营活动积极，因此压倒了四明银行，其发行的纸币完全可以通用。从信用度来看，中国银行最高，浙江银行次之。

中国银行在民国四年（1915）5月设立，除了经办海关的官银以外，其业务经营方面可参照宁波的章节。

二、钱庄

温州的钱庄有20家，其经办的业务有兑换、支票发行、汇款、存款及贷款（几乎没有）等。向上海汇款每100元需要支付20－40仙的手续费。但年末或茶叶出口季节由于资金紧张以及来自上海单方面的汇兑增多等原因，钱庄在这个时期汇款时不收手续费，有时反而会返回20仙左右。

现将大的钱庄列举如下：

商　号	资本金	所在地	商　号	资本金	所在地
垣　康	七八千两	东门	厚　康	七八千两	南门
汇　禄	五六千两	同上	公　一	一万两	同上
盈　源	四五千两	同上	徽　信	四五千两	同上
汇　康	三千两	同上	愿　一	六七千两	同上
华　通	三千两	同上	镇　泰	六七千两	同上
志　大	两三千两	西门	通　益	三四千两	同上
震　康	五六千两	同上	恒　生	二千两	同上
怡　生	一万两	南门	恒　升	三四千两	北门
沅　元	六七千两	同上	元　康	三四千两	同上
公　济	两三千两	同上	沅　华	三四千两	同上

上述钱庄中，公一原来在福建道台，由吕文起经营，当初有 1 万两以上的资本。辛亥革命以来直至中国银行设立之前，一直经办海关的官银。

关于钱庄开业以及歇业的手续，在温州只要有同业公会的许可即可。首先要有两三名或者四五名钱庄业者或者可靠的大商贾的联名保证，缴纳一些公所费，即可获得开业许可。钱庄若是歇业时，财东要负担无限连带责任。钱庄的资本很少仅靠一个人出资，大多是由几个人合资成立。钱庄店员的名称举例如下：

正经手 1 人　　　副经手 1 人　　　正出街 1 人　　　　　　副出街 1 人
正账房 1 人　　　副账房 1 人　　　上柜手、下柜手三四人　学生 2 人

使用的账簿有如下几种：

现兑草登（现金兑换账）点存（活期存款账）晚存（定期存款账）
银钱流水（现金出纳账）总集（总账）

存款和其他地方一样，有浮存（活期存款）和长存（定期存款）。存款者有商人，也有官吏，但后者数量颇少。浮存和长存的利息并不确定，通常前者为月息五六厘，后者为 1 分。长存的期限依照当事人之间的契约，有 1 个月、2 个月、3 个月等，在此情况下，会向存款者交付写有存款金额、期限、利率等内容的票子。

贷款的利息根据浮缺（活期贷款）和长缺（定期贷款），利率不同。前者大体月息 1 分 2 厘，后者 1 分 5 厘。而且在做活期贷款时，需要担保。定期贷款有 1 个月、2 个月、3 个月等，最长不超过 1 年。除了信用贷以外，还有押款和抵当贷，其利率较高。这种情况下常常要向钱庄交付合立票和签名的契约。

贴现称为更票，利息通常是月息 1 分 2 厘。此外，钱庄还进行银元的买卖。

三、钱业公所

钱业公所在城内，每天上午 11 时，各钱庄的经手在此集合，进行银元买卖、支票交换等。钱庄加入钱业公所要缴纳英洋 50 元，无非就是用由此产生的利息充当公所的经费。加入公所者如果要歇业或者转往他地时，会退还其缴纳的会费，此外还会馈赠 5 元到 10 元作为喜银。

四、邮局和民局

邮政局和民局（信局）都是通信机关，同时作为汇款机关有金融方面的关系。温州的民局有如下 7 家：

协兴　福润　全盛　永利　正大　靗顺　永义昶

业务有书信、包裹的投递、汇款（现金输送）等。

五、当铺

当地的生活水平甚低，像当铺这种小资本的店铺较多。本地有 3 家，资本金据称有两三万两。

善贽（南大门）　　　德丰（小南门）　　　通济（北门）

这些当铺收取的利息为月息 2 分左右，一般以 2 年为最长期限。

六、汽船公司

在温州靠岸的汽船有招商局的，除上海、宁波航路外，还有往返于香港、大连、牛庄的怡和洋行的汽船。这些汽船公司的分店有洋棚（仓库），进行买办。多少进行一些投资，以此为自己的汽船收集货物。收集货物的竞争相当激烈，但放贷额不多。

第二节　汇兑

汇款主要是委托邮局，但也有委托银行、钱庄办理的。向上海、北京、杭州、镇江、处州、台州的汇款是直接划汇，向其他地方的汇款则要经过上海。汇款有普通汇款和电汇。和上海之间的汇兑是用两地的通用银或标准银，故只是加减平的差额。一般手续费如下：

银行　每 100 元　60 仙
钱庄　每 100 元　20—40 仙

此外，作为汇款机构还有民局。这些机构在邮政局设置以来大大衰退，但尚有 7 家在营业。以松阳方面为主，经营现金运输。手续费为向上海运输每元付 1 分，其他本省各地为 5 厘。

第三节　货币

此地货币中硬币有银锭、银元、制钱等，纸币有银元票。奇妙之处是此地没有铜元的流通。究其原因，据说当初也引入了铜元，但相比制钱 10 个，其分量和价值都小，就不愿意使用，直至现在这种观念也没有改变，不肯使用。

一、银锭

温州的日常生活水平低，其标准货币是制钱。银锭在以前曾经使用过，但现在看不到流通，只是对照行市全部换算成英洋交易。现将海关两的上海规元和英洋进行比较如下：

温州的银两和上海同样，以纹银为标准银，以九八规银为通用银。
海关两 100 两 ＝ 温州两 103 两 ＝ 上海规元 111.4 两
故
温州两 100 两 ＝ 上海规元 108.155 两
上海规元 100 两 ＝ 温州两 92.458 两
而且，将温州两 100 两换算成英洋时，一般相当于 138 元 8 角。
此地没有银两的行市。

二、银元

在温州流通力最大的是英洋，此外还有龙洋、新袁洋、日本银元等。

（一）英洋

英洋在银元中流通力最大，其行情通常在 11 角至 11 角 30 文之间。

（二）龙洋和新袁洋

龙洋中湖北洋最多。所谓新袁洋（大头）是作为袁世凯就任纪念币铸造的，虽然强制性地要求流通，但评价不高，逐渐在市场上就看不到其影子了。但是在海关则与英洋以同样的行情通用。龙洋和新袁洋在市场上都比英洋价值稍低，通常有 10 文至 20 文的差距。

（三）日本银元

日本银元是由于日本和中国台湾买卖关系最深，被厦门、福州的商人带到了温州。大多打有刻印，一般每 100 元附 20－30 分的贴水进行交易。据说这些银元大多被送往上海，无法流通的就用于银锭铸造或在其他银楼使用。

三、小银币

湖北省铸造的 1 角银币信用度最高，广东、福建、江南的次之。但福建、江南的 1 角要附五六文的贴水才可以流通，其行情是 11 角至 11 角 30 文兑 1 元。年末、年初其行情会上涨。

四、铜元和制钱

（一）铜元

铜元有清代前期铸造的和开国纪念（中华民国）铸造的，但据说根本不通用，只有在东门外的港口附近有流通。虽然有人想进口，但达不到收支相抵。

（二）制钱

此地一般人的生活水平低，由于不使用铜元，所以多使用制钱。物价的标准都是以制钱衡量。

制钱在钱庄、当铺、布匹商及其他大商铺作为大钱对待，制钱的行情最高，流通范围最广的有红钱（日本宽永通宝、道光通宝）、白钱（顺治通宝、康熙通宝）、永乐钱，以及各铸造局的制钱、卡钱（用于纳税的）、典钱（当铺使用的）等。这些相对于小洋 1 角，其行情为 96 文至 98 文。

其他称作市钱，是在官钱中混入私钱进行流通，比如说所谓的冲头是指混入的私钱占 5％－6％。另外，称为一九钱的制钱是相对于官钱九成，有一成是私钱。如果是五五，就叫对开。如果私钱的比例大，就冠以"倒"这个字，叫倒四六的就是官钱四成、私钱六成。随着私钱混入比例的增大，行情下跌，甚至到 1 元值制钱1500 个。更有甚者还有沙卖（混入沙子铸造的）、风皮（极薄的）、鱼眼（极小的），只在最下层民众中通用。这些都被称为小钱，规定物价是以大钱核算。

但是有一种习惯是在大钱中允许含有少量小钱流通，其比例是以大钱 100 文中小钱 10 文为限。此地制钱 1000 个为一束，但一束的价值不一定是 1000 文，叫 1 串文。一般根据相对英洋 1 元的大钱的行情来进行交易。

五、纸币

此地流通的有银元纸币，中国银行和浙江银行发行的有 1 元、2 元、5 元面额，四明银行的近来不通用。除这些以外，外国银行中汇丰银行、道胜银行、正金银行、渣打银行、东方汇理银行、花旗银行等发行的纸币在钱庄可以打折换钱。币制统一问题发生以来，只限于中国银行、交通银行的纸币，其他纸币都看不到了。

第四节　度量衡

温州的度量衡种类极多，各种类关系复杂，且制造粗糙，要想发现一定的标准颇为困难。

一、度

当地使用的尺度有鲁班尺、裁尺、布尺。以裁尺为标准、鲁班尺为七五尺，布尺为九五尺。大体是以裁尺的七五成或者九五成为 1 尺，但这个比例不一定可靠。与日本的尺度比较如下：

裁尺 1 尺 ＝ 日本 1.20 尺

鲁班尺 1 尺 ＝ 日本 0.90 尺

布尺 1 尺 ＝ 日本 1.14 尺

里程　以步、里、铺计算，其关系如下：

鲁班尺 5 尺 ＝ 1 步 ＝ 日本 4.5 尺

360 步 ＝ 1 里 ＝ 日本 4.5 町

10 里 ＝ 1 铺 ＝ 日本 1 里 9 町

地积　1 步 ＝ 1 弓 ＝（1 平方步）

1 亩 ＝ 240 弓

1 顷 ＝ 100 亩

1 弓为鲁班尺 5 尺，鲁班尺 1 尺相当于日本 9 寸，1 步为 20.25 平方尺（即 0.5625 坪）。

二、量

使用石、斗、升的十进制。量器有 1 斗、1 升、5 合，1 斗量器为木制，其他为木制、竹制。容量和宁波相同。

三、衡

当地通用的秤有如下几种：

名 称	1斤的两数	用 途	名 称	1斤的两数	用 途
天 平	16 两	一般	同安公称	16.3 两	白糖
对子秤	14.026 两	粮食	药行秤	16.8 两	药材
司马秤	16.8 两	茶叶	尺秤	16 两	蔬菜
北货秤	15.5 两	海味、山东枣			

上述秤中常用的是天平，其 1 两相当于日本 7.7 钱。

第四章　奉化的金融货币和度量衡

第一节　金融机构

奉化县位于奉化河的上游，距宁波 87 华里，属于小城市。没有值得瞩目的产业，商业甚为闲散，农产品稍多，从产地直接用民船运往宁波。因此金融机构也不发达，为方便市内小民，只有 4 家钱庄和 1 家当铺。

一、钱庄

虽说是钱庄，其实不过是一个小小的兑换店。存款、贷款也只是在有信誉的市内商人、官吏之间进行，因此其利率也不定。当然看不到支票等的发行。现将其字号、资本金列举如下：

永余 400 元　钜源 3000 两　同元 200 元　源生 200 元

上述资本金也是中国人之间的说法，日常运营的金额甚少，各家都是存款在 200 元左右，贷款在 300 元左右。据说汇兑业务也基本不做，大多去宁波办理。

二、当铺

当地的当铺只有 1 家，字号叫源达号，资本金据称 2 万两，当利为月息 2 分，期限为 18 个月。掌柜的 1 人，伙计数人。获得官厅特许而开设。据说开业之际缴纳了特许税 200 元。此外还有称之为乡的小质押店 2 家，分别叫福成和顺祥。

第二节　货币

当地的流通货币比较单一，看不到银锭的流通，只使用墨银、小银币、铜元、制钱。

一、铜元

这是本省铸造的，而且只有 1 分的铜币。和 1 元的兑换率当然是因日而异，在 132 个铜元左右。和制钱的兑换率大概是 8 文换 1 分。

二、制钱

制钱在当地称为方钱，各种钱币混用。根据形状大小分为 2 种，大钱大概 1 元换 1000 枚，小钱换 1300 枚。铜元制钱的比价每日变动，大体上是依据宁波的行情。

三、小银币

小银币使用最多的是湖北省铸造的，其次是江南、广东的。据说有时需要附贴水。其他各省的不流通。

四、银元

银元只有墨银，看不到龙洋、日本银元等。

第三节 度量衡

一、度

此地的尺度有裁缝尺、鲁班尺（木工尺）。

木工尺（鲁班尺）1 尺 = 日本 0.944 尺（曲尺）

裁缝尺 1 尺 = 日本 1.180 尺

里程以弓、里、铺计算。

5 尺（木工尺）= 1 弓（步）

360 弓 = 1 里

10 里 = 1 铺

当地的 1 华里相当于日本 4 町 43 间 2 尺。

无法了解当地地积确切的数据，根据当地居民所说汇总如下：

1 步 = 1 平方弓（1 平方步）

1 亩 = 240 步

1 顷 = 100 亩

所谓 1 弓即 5 工尺，1 平方弓相当于日本 22.2784 平方尺，即 0.6188 坪。

二、量

量法使用石、斗、升的十进制。量器为竹筒制，有 1 升、5 合之分。木制的则是 1 斗量器。

当地的 1 斗米重量为 150 斤（合日本 149 斤）。

三、衡

当地使用的衡器称之为江秤，1 斤（16 两）合日本 156 钱。

第五章　象山的金融货币和度量衡

通货的种类有银元、铜元、小银币、制钱、票子等。银元中墨银最多，龙洋一般不受欢迎。制钱称为方钱，是此地的主要通货。方钱和私钱（小钱）混用时，称为市钱，通常相对 1 元的行情比方钱低 100 文。铜元的行情低，1 分相当于制钱 8 文，12 个铜元可换 1 角，即 1 角合 96 文左右。

作为汇兑机构，只有茂丰钱庄办理和宁波之间的汇款业务。每百元收取 4 元的汇水。除钱庄以外，和宁波交易时还利用大丰布庄。承诺汇兑委托的还有永守长行（信局）和邮政局。而且作为汇兑手续费，银元、小银币、制钱都可接受。当地的支票有凭票（也称为凭单票，一般市民之间使用）、过票（农家之间使用）、祈票（商铺之间使用）等。不需要背书即可授受。

第六章 台州的金融货币和度量衡

第一节 金融机构

台州位于灵江的上游，小汽船通往河口海门，交通相对便利，但商业尚不发达。此地作为大米产地，每年向外港的销售量不小。通常是从原产地用民船直接运抵海门，在此地集散的量很小。因此，没有可以看作金融机构的店铺。当地实际从事金融业务的只有当铺和钱铺。虽说是钱铺，不过是在主业旁边办理换钱而已，因此没有一家专门从事钱铺业务的。

当铺在此地就算是金融机构了，这说明当地生活水平很低。有蒋裕昌（资本金2000元）、仁济（资本金1500元）两家当铺。期限方面，两家都是30个月，利率方面，前者是月息1分8厘，后者是1分6厘。掌柜的1人，伙计十几人。每年缴纳税金180元（正税）。

当地办理汇兑的有岑震元（药店）、官淮盐店，和宁波、温州的钱庄相互联络，办理汇兑业务。据说这两个店也办理存款、贷款，但不过是在买卖关系上提供方便而已。

第二节 货币

当地也不流通银锭，作为通货只有墨银、小银币、铜元、制钱。

一、制钱

流通的制钱有多种，根据其形状和大小区别为大钱、小钱。和1元的兑换率大约是大钱1000枚，小钱1300枚左右。

二、铜元

铜元只有1分的铜币，各省的铜币在混用。

三、小银币

小银币只有湖北铸造的，以票面价格使用，其他省的如果不附贴水就不能流通。

四、银元

外国银元只有墨银，兑换率每日变动，大体在11角2钱。

第三节　度量衡

一、度

有木工尺、裁缝尺，和日本的尺度比较如下：

木工尺 1 尺 ＝ 日本 1 尺 1 寸 1 分

裁缝尺 1 尺 ＝ 日本 1 尺 1 寸 7 分

二、量

用石、斗、升的十进制。量器有 1 斗、1 升、5 合之分，1 斗量器为木制，其他为木制或竹制。

三、衡

衡器是使用江秤，和日本的衡器比较如下：

1 斤（16 两）＝ 日本 162 钱

第七章　金华的金融货币和度量衡

第一节　金融机构

此地的金融机构有钱庄、当铺、信局等。虽说是钱庄，但资本甚少，业务的范围也窄。汇兑业务主要是和杭州来往，再从杭州向各地转汇。以兑换为主业，存款、贷款不多，只是向火腿业者多少进行一些融资。主要的钱庄有：

乾康（南门外）　稽源（南门外）　广知（县署前）　信大（城内）

此外，汇兑机构还有两家信局，分别是：

老正大（南门外）　鸿源（西门大街）

当铺有广济（西市邱家潭）、同庆（莲花井）两家，当期为 3 年，利率为月息 2 分 8 厘。

第二节　货币

此地的通货和在兰溪一节中记述的相同，只是制钱的行情比兰溪高。如果就相对于 1 元的对价进行比较，则结果如下：

兰溪 1 元　大钱 1200 文　小钱 1300 文
金华 1 元　大钱 1100 文　小钱 1200 文

第三节　度量衡

一、度

布尺 1 尺 = 日本 1.170 尺
土尺 1 尺 = 日本 0.936 尺（布尺的 8 寸）

二、量

谷物 1 斤 = 日本 4 合
液体 1 斤 = 日本 3 合（油是以净重 88 斤为 1 担）

三、衡

此地使用的衡器有京平、砝平、漕平，但大秤的同一秤杆上有这三种平的刻度。

现就其比例列举如下：

京平　15 两 5 钱 1 斤　95 斤为 1 担 (谷类使用)

漕平　16 两 1 斤　　　100 斤为 1 担 (液体使用)

砝平　17 两 1 斤　　　100 斤为 1 担 (糖类使用)

和日本的比较如下：

京平 1 斤 ＝ 日本 147.16 钱

漕平 1 斤 ＝ 日本 154.17 钱

砝平 1 斤 ＝ 日本 159.33 钱

第八章　兰溪的金融货币和度量衡

第一节　金融机构

此地应当看作是金融机构的有银行、钱庄、邮政局、信局、当铺等，将在下面详述。

一、银行

在兰溪有一家中国银行支行，至于其经营的业务在宁波一章中已经详述，这里就省略了。

二、钱庄

当地钱庄经营的业务和其他地方并无不同，汇兑没有直接对上海的，通常是经由杭州。没有势力太大的钱庄，相对来说数量也少。现将主要钱庄的商号列举如下：

穗茂（西门）　瑞亨（西门）　晋昌（南门）　瑞祥源（南门）　同康（南门）
阜昌（水门）

以上几家当中，穗茂、瑞亨、晋昌三家较大，据称其资本金在 10 万两左右，存款的吸收并不多。

三、信局

兰溪的信局有如下几家，对交通不便的地方办理汇款及书信投递。

全泰盛（南门大街）　协兴（西门直街）　协泰（水门大街）　恒利（水门大街）

四、当铺

有公和、万通两家。资本金都不足 10 万两，月息 2 分，留置期限为两年。

五、汇兑

在兰溪，汇兑业务由银行、钱庄以及信局办理。其手续费为上海间每 100 元 2 元左右。邮政局的手续费如下：

同一区域内　1 元或 1 元以下　2 分

外区域　　　1 元或 1 元以下　2 分（另加补水费）

第二节　货币

此地的通货有银元、小银币、制钱、银元票等。观察银元的进口和铸造，其形状、品质等大体稳定，因此具备了货币形式，以前使用的银锭只不过是银块，但比较其纯度、重量的差别时，颇为便利，因此在当地因为历史的原因尚有银两的名目，但实际的授受是换算成银元进行交易，因此很多地方有银两的行情。兰溪属于商业区域，距杭州不远，由于这层关系，往往参照杭州的行情，以库平确定行市。不如说更多是依照英洋的行情。关键是银锭几乎不使用，偶尔以两换算成英洋使用。如今所有的评价都是以英洋为准，纳税时也不用两计价，而是以元（即英洋）计算。

一、银元

此地叫银元为银稞子，如前所述系主要通货，其中英洋的流通最多，龙洋次之。虽说龙洋和英洋是同价通用，但通常都要附一两个铜元的贴水。进入民国以后，有了袁洋（人头洋）的流通，如今已经看不到龙洋的影子了。

英洋 1 元的行情为小洋 11—12 角，制钱大钱 1200 文，小钱 1300 文左右。而且是参照杭州的行情确定银元对两的比例，一般库平纹 100 两兑换英洋 134 元左右。

二、小银币

此地称为小洋，有 1 角、2 角面额。有各省铸造的，广东、香港铸造的需要 5 文至 8 文的贴水，而东三省的则不通用。和制钱的比价为 800 文左右。

三、制钱

制钱是此地的标准货币，很少用文单位，直接用元单位。看其不使用分、角的单位，足见其流通范围之广。

在兰溪，1 串文为 1000 文，1 两为 1500 文左右。

四、纸币

此地流通的纸币都是中国银行发行的代表英洋的银元纸币，其种类有 1 元、5 元、10 元面额。没有其他纸币。

第三节　度量衡

一、度

关于尺度在温州部分已经叙述，没有大的差别。现与日本的比较如下：

布尺 1 尺 ＝ 日本 1.150 尺

土尺 1 尺 ＝ 日本 0.915 尺

二、量

斗量有用容器量的和用秤称量的，液体的物品以斤表示，使用一定的量器。其容量和温州的没有大的差别。斤量和日本的斗量比较如下：

谷类 1 斤 ＝ 日本 4 合 3 勺

液体 1 斤 ＝ 日本 3 合 6 勺

三、衡

市场所用的种类甚多，主要使用官平、天平、漕平等，在米市则使用广平。而且各种平的 1 斤分量不同，具体如下：

广平 1 斤 ＝ 15 两 3 钱

天平 1 斤 ＝ 16 两

漕平 1 斤 ＝ 16 两 8 钱

与日本的衡器比较如下：

广平（米）1 斤 ＝ 日本 154 钱

天平（酒）1 斤 ＝ 日本 161 钱

第九章　江山的金融货币和度量衡

第一节　金融机构

此地看不到银行、钱庄等金融机构，只有以下两家多少经办一些金融业务。

仁记　4000 元　　源茂　3000 元

前者兼营盐仓，后者兼营杂货店。根据对仁记号的调查，主业是期票的发行和汇兑。贷款如有可靠的保证人可以办理。期票的样式如下：

期票大多为 5 日支付。在货物进口期的 10 月、11 月，其发行量最大。

汇兑以汇往衢州、杭州、宁波、绍兴的居多，和常山没有交易关系。汇往巨州的手续费为每元收 2 角。春夏（绿茶采收期）比较平稳，10－12 月资金最紧张，因此这个时期的汇兑手续费最高。汇票的样式如下：

汇往兰溪的手续费为每 1000 元 1 元左右，向杭州的汇款最多。

此地附近道路险恶，还有抢劫行为，有些聘请镖局进行现金运输。运往杭州的运输费每 1000 元大约需要 5 元。

某某宝庄台介　某某英洋　元向上海　凭单汇付

月

日单

第二节　货币

银元的种类有英洋、龙洋、人头洋、大清银币、日本银元等，其中流通最多的是大清银币，日本银元流通量不大。都是1元兑换铜元142枚左右。在铜元142枚的行情下兑换小银币11角8仙。

铜元的流通额甚多，但制钱一般不通用，只是用于布施。

纸币则是使用浙江省发行的钞票，据说换钱时多少需要打点折扣。有中国银行发行的纸币流通，看不到交通银行的。

银钱比价的变动是参照常山、杭州、衢州的行情，由商会临时议决。现将民国四年（1915）8月至民国五年（1916）6月的行情列表如下：

	小银币每角	银元每元	铜元每枚
1915 年 8 月 15 日	124 文	1400 文	10 文
10 月 1 日	120 文	1360 文	10 文
11 月上旬	118 文	1400 文	10 文
12 月上旬	120 文	1340 文	10 文
12 月中旬	120 文	1360 文	10 文
1916 年 1 月 1 日	122 文	1380 文	10 文
4 月中旬	124 文	1400 文	10 文
6 月上旬	124 文	1420 文	10 文

第三节　度量衡

一、度

各　尺 1 尺 ＝ 日本 1.105 尺　一般用

裁缝尺 1 尺 ＝ 日本 1.140 尺　根据公议

二、量

此地有 5 合、1 升、1 斗、1 石的量器，1 斗为 2 升，1 石为 2 斗。1 升容器的容量相当于日本 5.75 合，1 石合日本 2 升 3 合。

三、衡

有盘秤、盐秤、油秤。盘秤 1 斤为 15 两，合日本 145 钱；盐秤 16 两为 1 斤，合日本 154 钱；油秤使用以重量为单位的圆筒形量器，量器因煤油和菜油而不同。具体如下：

称量煤油的油秤　1 两　直径 1 寸 2 分　高度 1 寸 2 分

　　　　　　　　2 两　直径 1 寸 6 分　高度 1 寸 3 分

　　　　　　　　4 两　直径 2 寸　　　高度 1 寸 9 分

称量菜油的油秤　1 两　直径 1 寸　　　高度 1 寸 8 分

　　　　　　　　2 两　直径 1 寸 5 分　高度 1 寸 9 分

　　　　　　　　7 两　直径 2 寸　　　高度 3 寸 1 分

第十章 常山的金融货币和度量衡

第一节 金融机构

此地没有专门从事金融业的机构，只有两家贩运山货兼营汇兑的店铺。一家叫天宝，资本金约 3000 元；一家字号为仁裕，资本金约 2000 元。如果要委托大额汇款，则要到衢州或者江西省的玉山，在那里的钱庄办理汇兑。此外有一家资本金 700 元左右的盐店，不过只办理换钱业务。

资金紧张的时期为旧历正月以及物资运输期，平时很闲散，上述兼营的钱铺办理向各地的汇款业务，其中汇往杭州的最多。

第二节 货币

此地的通货有铜元、小银币、银元，根本看不到制钱和票子的流通。银元中龙洋、英洋、日本银元以同一行情流通。银钱行情是以银元为本位，每月初一、十五各业者在商会集合，议定行情。

民国五年（1916）1 月至 6 月的银钱比价如下：

	银元每元	小银币每角		银元每元	小银币每角
1 月 1 日	1340 文	120 文	1 月 15 日	1360 文	122 文
2 月 20 日	1380 文	124 文	3 月 1 日	1400 文	125 文
5 月 15 日	1420 文	126 文	6 月 1 日	1420 文	124 文
6 月 15 日	1420 文	124 文			

第三节 度量衡

一、度

此地的尺度有 2 种。一种是裁尺，又称为三元尺，1 尺相当于日本 1 尺 1 寸 5 分，在成衣铺或者布店使用。另一种为鲁班尺，也叫木尺，1 尺相当于裁尺的 1 尺 1 寸 8 分，为木工、泥瓦工、家具店使用。

二、量

有正行升、正行斗。行升为上边 5 寸、下边 4 寸 4 分的方形，高度 2 寸 3 分。相当于日本 7.8 合。而且为了便于量半升，用木板从中间一分为二。1 升米的重量定为 1 斤 10 两，其行情是以斤量为单位。

行斗为上边 7 寸 3 分，下边 1 尺 1 寸，高度 6 寸 1 分，其容量为日本 8 升 2 合。如果对比 1 升的容量，约有 4 合的差异，这是量器制造不精巧的缘故，但居民不在意这个差异。1 斗米为 17 斤，1 石为 1 担。

三、衡

除去米以及其他谷物，都是用衡来买卖，这和其他地方一样。买卖茶油、菜油、桐油、麻油用的是一种称为油提的黄铜制的带把手的锅形容器，有 1 斤、8 两、4 两、2 两、1 两的。1 斤的直径 5 寸，深度有 1 寸 6 分。量煤油的油提有以下 4 种：

8 两的油提	直径 2 寸 6 分	高度 2 寸 4 分
4 两的油提	直径 2 寸	高度 1 寸 7 分
2 两的油提	直径 1 寸 7 分	高度 1 寸 3 分 5 厘
1 两的油提	直径 1 寸 3 分	高度 1 寸 3 分

用漕秤以及土秤称量同一物品时，漕秤的 30 两为土秤的 31 两，相当于日本 290 钱。

银秤（漕平的别名）在药材买卖中使用。据说买时以 18 两为 1 斤，卖时以 16 两为 1 斤。其 1 两相当于日本 9.7 钱。

天秤是在银楼即首饰银铺使用，有漕秤和库秤，其重量为日本 9.8 钱。

白盐、白糖、烟草的买卖使用 16 两秤，而苎麻、茶竹、碱水（煎桐子壳制作的东西）的买卖则分别以 16 两、17 两、18 两为 1 斤。一般将大的衡器（100 斤、150 斤）叫公秤，小的叫手秤。

第十一章　处州的金融货币和度量衡

第一节　金融机构

此地没有钱庄，金融只是依靠大商铺办理，通货大部分是制钱。兑换业也不旺盛。虽然有信誉高的商铺发行的钱票，但不能看作一般通货。对其他省份的汇兑都要经过温州，大多就成了对温州的汇兑。贷款既有信用贷款，也有抵押贷款，比较多的是通过商店融通，利息相当高，1个月3分左右。

第二节　货币

作为通货，通用墨银和小银币，但金额很少，而且奇怪的是没有铜元。大宗买卖使用大商店的钱票，但据说希望兑换时打折。主要是以市钱做交易决算。

各种货币的行情，大体上是1元银币相当于小银币11角，制钱1串文即大钱1000枚。市钱混有私钱，1串混入50文至200文。1串混入100文的为普通交易中的行市。邮局和其他税捐是以制钱交割。

第三节　度量衡

一、度

处州使用的尺度有裁尺、木匠尺、石匠尺，与日本的曲尺比较如下：

裁尺1尺 ＝ 日本1.15尺

木匠尺1尺 ＝ 日本0.80尺

石匠尺1尺 ＝ 日本0.92尺

二、量

当地量的种类和温州的相同，但以斤量计算时，要确定和斗量的比例，1升相当于1斤半。和日本的比较如下：

谷物类1升 ＝ 日本6合

液体1斤 ＝ 日本4合8勺

三、衡

当地使用天平，有钩的叫手秤，用盘的叫盘秤，将秤锤叫戥，都是 16 两为 1 斤。和日本的比较如下：

1 两 ＝ 日本 9.5 钱

1 斤 ＝ 日本 152.0 钱

第十二章　各地的金融货币和度量衡

一、石浦

当地通货的种类和象山的完全相同，只是行情方面有些不同。

1 元 ＝ 11 角 3 分 ＝ 1300 文

1 角 ＝ 铜元 11 元 3 文

1 分 ＝ 10 文、市外 9 文

上述行情是参考宁波的市价，由当地商人根据大体的需要确定的。

此地没有钱庄和其他金融机构，只是在布店、杂货店办理兑换。票子除军用票以外不通用。汇兑业务是在永义昶信局办理，只限于温州、宁海、宁波、象山、上海，手续费较高，每 100 元收取 2 元左右。

二、定海

此地的主要通货为墨银。龙洋由于居民不喜欢，因此流通困难，在大商店每 100 元折扣 5 分。银锭则根本不流通。制钱在此地称为方钱，其行情如下：

1 元 ＝ 11 角 6 分

1 元 ＝ 130 铜元 ＝ 1100 方钱

1 角 ＝ 140 文

1 分 ＝ 10 文

软币中军票使用最广，其他票子几乎不流通。只有中国银行和交通银行的两种纸币稍有流通。此地没有汇兑机构，只能到宁波办理。

三、天台

此地没有可看作金融机构的店铺，只有 2 家当铺，为下层民众融通资金。商号分别为成大、长兴，据称资本金有五六千两。当期为 30 个月，月利 2 分左右。

四、宁海

此地通货的种类、行情与石浦相同，因此在此省略。此地没有一家钱庄，货币金融方面什么也看不到。汇兑只能依靠邮政支局。有一家当铺，商号为聚成，资本金 2 万两，系宁波人经营。

五、海门

此地通货和台州的没有差异，龙洋的信用度低，与英洋相比，每 100 元低 2 角。而且其行情是参照上海的行情确定。

1 元 = 11 角 6 分 = 130 铜元 = 1150 文

1 角 = 铜元 11 元 2 文

票子有军票和浙江银行券,汇兑机构除邮政局外,还有一家信局,承揽向宁海、石浦、温州等地的汇款。手续费为每 100 元 3 角。

六、太平

太平是一个偏僻的地方,没有钱庄、信局等设施。兑换主要是在各商铺中根据当天的需要进行,没有一定的行情。通货的种类和海门同样。票子除军用票以外一概不通用。

七、永康

此地没有金融机构,通货和兰溪的相同。

度　布 尺 1 尺 = 日本 1.140 尺

　　土 尺 1 尺 = 日本 0.912 尺（布尺的 8 寸）

量　谷 类 1 斤 = 日本 4 合 1 勺 4

　　液 体 1 斤 = 日本 3 合 4 勺

衡　使用天平,16 两为 1 斤。1 斤相当于日本 150.6 钱。

八、武义

此地可以看作金融机构的只有一家当铺,叫厚丰,据称资本金 1 万两左右。由于永康没有当铺,所以据说很多人在此地质押。利率和期限与兰溪相同。

度　布 尺 1 尺 = 日本 1.150 尺

　　土 尺 1 尺 = 日本 0.915 尺

量　谷 类 1 斤 = 日本 4 合 2 勺

　　液 体 1 斤 = 日本 3 合 3 勺

衡　使用天平,16 两为 1 斤。1 斤相当于日本 151.2 钱。

九、淳安

此地有 5 家当铺,分别是胡成春、万生、泰山、葆仁、同仁。胡成春最大,据称资本金有 3 万两,其他都是 1000 两左右。其期限、利息等和兰溪相同。没有其他金融机构。

度　此地一般将布尺叫三元尺,土尺叫鲁班尺。和其他地方一样,后者是前者的八折。

　　布 尺 1 尺 = 日本 1.14 尺

　　土 尺 1 尺 = 日本 0.915 尺

量　谷 类 1 升 = 日本 6 合 2 勺

　　米 1 斤 = 日本 4 合 2 勺

　　液 体 1 斤 = 日本 3 合 1 勺

衡　此地使用的衡器有天平和漕平，天平的 1 斤为 16 两，漕平的 1 斤为 15 两 5 钱。和日本的衡器比较如下：

天 平 1 斤 = 日本 155.5 钱

曹 平 1 斤 = 日本 150.6 钱

天平用于称量米粮类，漕平大多用于称量酒等液体。

十、严州

此地没有钱庄，汇兑等只能在兰溪的钱庄办理，而且据说和兰溪的钱庄有生意来往的商家只有 10 家左右。换钱是杂货铺的副业。通货以制钱为主，铜元的流通极少。行情为小银币 1 角合 87 文，铜元 1 分合 8 文。

当铺有一家，叫庆丰，资本金据称有 2 万两。利息、期限等和兰溪完全相同。

度　布尺 1 尺 = 日本 1.160 尺

　　土尺 1 尺 = 日本 0.928 尺（布尺 8 寸）

量　谷类 1 升 = 日本 6 合

　　谷类 1 斤 = 日本 4 合（140 斤为 1 担）

　　液体 1 斤 = 日本 3 合 2 勺

衡　使用天平，16 两为 1 斤。100 斤为 1 担。但习惯上米是 140 斤为 1 担。

此地也发现同一天平差异很大。即：

1 斤 = 日本 153.816 钱

1 斤 = 日本 157.419 钱

像这样竟有 4 钱的差异，源于衡器的制造不精巧。大体上看作日本 150 钱即可。

十一、瑞安

此地的通货和温州的相同，但纸币有中国银行、浙江银行的兑换券和军票通用，外国银行的纸币只有汇丰银行的兑换券，每百元付 5 角的贴水，少量流通。现在，除中国银行 1 元、5 元、10 元票以外，其他都不流通。

汇兑则是经过温州向上海、宁波各方面汇款。汇往上海的手续费为每百元收取 1 元，宁波为 1 元 5 角。

十二、乐清

钱庄、信局都没有，在邮局办理汇兑业务，但大商人则是雇佣武装壮丁运送现银。一般人委托他们的话，每百元收取 4 角。

十三、平阳

既没有钱庄，也没有信局，寄钱如果不能运送现金，就只能委托邮局。没有汇票，也不流通庄票以及其他票子，专门使用不便的制钱交易。此地的小银币几乎都是广东省铸造的。

十四、玉环

本县为雍正年间开拓，没有设置钱庄、邮政局、信局，只有药铺作为兼业做一些换钱业务。该药铺作为邮政代办局处理事务。本地的特产只有鱼类，在西方炊门有福建会馆，这是由于本县的渔民都是福建人。

十五、富阳和桐庐

富阳的钱庄资本金都不大，后倒闭的很多，如今只剩四家。通货以银元、制钱为主，小银币和铜元的流通很少。银元中英洋、龙洋都是以同价流通。此外、票子使用的是杭州钱庄发行的庄票。民国二年（1913）2月通货的价格如下：

银元 1 元 1000 文　　小银币 1 角 88 文　　铜元 1 仙 7.5 文

桐庐的通货种类、行情等和富阳相同。

十六、龙游和衢州

（一）龙游

小规模的钱庄有 4 家，以换钱为主业。其他没有专营钱庄业务的，大多是兼业。通货的行情以兰溪为准。

（二）衢州

此地的钱业除钱塘江流域以外，和江西省的玉山、福建省的浦城等地也有交易，因此稍显盛况。之前有 12 家钱庄，现在还剩 9 家。银钱行市在事变前是根据杭州、兰溪的行情来协定，现在不做行情的公定。此地使用铜元比钱塘江一带都多，1 角的小银币也以相当好的行情流通。民国元年（1912）5月的行情如下：

银元 1 元 1280 文　　小银币 1 角 110 文　　铜元 1 仙 10 文

钱庄的贷款利息为月息 1 分至 1 分 2 厘，存款为月利 8 厘左右。当地的税金由钱庄保管，故资金周转通畅。

第14卷

福建省的金融货币和度量衡

第一章　福州的金融货币和度量衡

第一节　金融机构

福州的金融机构可以大致分为：福建官立银号、钱庄、当铺及外国银行。福建官立银号主要掌管公款的收支，另外也兼营一般的银行业务；钱庄办理一般商业银行的储蓄、贷款、汇兑及兑换等业务；外国银行处理各国在华人员的金融业务的同时，也插手中国对外贸易。

一、官立银号（福建银行）和中国银行

清朝前期为了管理关税的收支开设了税关银号，为了管理政府的收支开设了官立银号，专门掌管公款的授受情况。而且这些官立银号有特别的功绩，或者允许他们不用缴纳多余的钱款，存入公款基本不用支付利息。利率极低，因此官立银号的收益很大。

辛亥革命之后，政府动用 30 万元资金开设了福建银号，在福建省的三都澳、延平、建宁、漳州、惠州等重要都市设立了分号，在涵江、宁德、洋口等地设立了代理处，专门管理国库资金的收支情况，官立银号全面停业。政府在民国二年（1913）5 月发布国库规定，福建银号管理与国库有关的金银币的出纳，除去国库事务还经营一般的银行业务，并且发行番票，发行额高达 30 余万元，虽然内部机构和以前的钱庄相差无几，但是按照新式银行的经营方式经营，在营业时间结束后特别设立银行事务学习科，教授银行簿记、商业、数学、外语等，致力于培养员工。当地的中国银行在南台泛船浦，分行设立在城内的杨桥港、下杭街，业务比较繁忙。

二、钱庄

（一）钱庄的种类

钱庄作为金融机构在福州占有最重要的地位。当地也设立票号，票号的运营以及营业范围全部依靠钱庄。财力大、信用好的钱庄会发行番票，其交易繁盛，但不发行番票的钱庄也全部可以进行货币交换。

发行番票的钱庄列举如下（单位：万元）：

商　号	资　本	辅助资本	番票发行额（概数）
福建银号	50		30
恒　余	4	6	7
厚　坤	5	5	11
瑞　泰	5	5	7
崇　裕	5	5	11
天　泉	2	3	11
恒　春	3	4	4
昇　馀	2	1	3
资　春	2	1	3
复　馀	2	1	3
宝　源	2	1	5
开　泰	2	1	5
恒　宜	2	3	10
常　馀	1.5		2
汇　馀	2		2
天　吉	1.5		2
慎　昌	3		3
久　和	1		2
资　丰	2		4
仁　泉	2		2
裕　光	2	1	6
源　泉	3	1	3
永　康	2	2	3
崇　康	2	1	3
润　厚	2		3
昇　和	2	2	5
仁　兄	2	2	8
厚　余	2	1	6
源　生	2	3	3

商　号	资　本	辅助资本	番票发行额（概数）
慎　源	2	1	4
崇　吉	2	1	3
隆　慎	2		6
源　隆	2	1	4
坤　泰	2	1	4
福　祥	3	1	2
祥　康	1	0.5	2
隆　和	1	1	0.3

（二）钱庄的构成

钱庄基本都不是由一人出资组建的，大部分为数人合资。股东对钱庄具有无限连带责任。钱庄的信用是依据其资本金额、各出资者的全部财产以及经理人的本领和声誉来评判的，可以从经理人所承办的工作中观察营业情况。除特别事务以外不受出资者的干涉，所以掌柜人选是否适当直接和营业情况有很大的关系，在选任时要谨慎。单独营业设东家（资本主）1人、掌柜（经理）正副各1人，伙计有管账（会计2人、出纳2人）、看银正副各1人，货帮、住宿（总务人员）7人左右，跑街（外勤）3人，学徒数人等。跑街包括外勤管理银币和汇兑交易以及对外的一般业务，看银即鉴定、称量银币。

（三）钱庄的业务

交易一般采用延长交易的方法，钱庄各个客户的贷款全部是信用贷款，也存在少数的抵押贷款。这些是和商业交易有关的长期贷款，往往会发生难以回收的情况，因此钱庄会有意避免这种情况。普通的贷款利息由一日4钱增加到6钱，大多是由2钱8厘增加到4钱，其计算方法是统计每天的利息，年末时结算。

钱庄发行一种可以称作番票的银票，面额有1元、2元、3元、5元、10元、20元、50元、100元、1000元不等。这些是人们为求平稳而选择的流通量大的货币。因为以前没有任何的正币准备，所以其信用一度被质疑，最初还偶尔发生扰乱市场的情况。除此之外还发行了通用于城内的400文、500文、1串文等钱票。

三、外国银行

（一）汇丰银行及渣打银行

福州在中国是屈指可数的茶集散地，每年会向欧美各国出口茶叶，出口额平均不会低于400万美元。为了处理面向欧美的茶汇采购事务，以及外国茶商应该向中国茶商交付的定金事务，设立了汇丰和渣打银行；为了资金调配，除与香港、上海进行货币交易之外，基本不与普通商人进行交易往来，并且也完全和钱庄没有来往。

辛亥革命时废除了税关银号，汇丰银行分行承接关税收入，同银行的势力增强，并超过渣打银行。

（二）台湾银行

位于南台海关，分行位于城内南街。在福州，由于原来汇丰、渣打两家银行的限制，外国银行对于银币授受有不同的标准，并且也可自由决定汇兑行市等。自从台湾银行设立以来，一方面为普通商人谋取便利，另一方面向钱庄提供与其信用相符的资金等。这就展现了所谓的母体银行的态度，钱庄之间的交易才得以顺利开展，逐渐巩固其基础，信用程度也在日益增强。然而社会的动荡却使得台湾银行获得了较大的发展，这也是福州当地钱庄发展基础薄弱的原因。由于动荡，番票持有者对此表示深深的怀疑，要求把番票换成现银，存款者取出所有的钱款，甚至存入信用可靠的台湾银行，因此台湾银行存款大大增加，定期存款数额达到了以前的十几倍，虽然如此，该银行也不需要提供贷款、买汇票的资金，仅福州吸收的存款就足够了。今后要重新对贷款进行充分的研究，如果得到信用可靠的投资的话就完全可以期待销售的发展。由于各种阻碍，发行支付票据并不能充分达到其发行目的，总之在当地台湾银行的发展确实是顺利的。

四、当铺

当地的当铺列举如下：

悦和　通源　同益　协记　谦享　瑞成

毋庸置疑，当铺组织是有一定模式的。一般由家长、头手、二手、三手各一名组成。要求抵押品大多是动产，主要是家具、商品、衣服等，一般期限是 20 个月，定期期限是 6 个月，利息为 3 分左右。

当地当票形式如下：

宪例规定期限为二十个月，期满不交利息；不赎回，由本铺变卖。如遇虫鼠毁坏或遭遇洪水火灾，纠纷掠夺，皆看物主造化。来历不明物品与本铺无关。赎时认票不认人。特立此据。

月
日

当钱

号 银 奉

第二节　汇兑

如今，各国基本都以金币为本位，所以金币国相互之间的汇兑率是法定的货币比价，行市很少发生波动。像中国这样以银币为本位的国家，很难决定与以金币为本位的国家之间的法定货币比价。因为伦敦银块行市及其他的缘由，汇兑率经常会发生波动。在中国因为各个地区的货币有不同的种类（包括两、平、色），每天的汇兑行市宛如国际行市般波动较大。

而且福州以南的贸易结算在香港进行，福州以北的贸易结算在上海进行，因此汇款几乎只汇往上海、香港。主要钱庄在香港和上海都有各自的交易地点，通过它们来接收每天的电报和邮件，得知行市的涨落，以此来决定当地的市价。

一、汇兑交易中使用的货币

汇兑交易中使用的货币是福州新议平 741 两 6 钱，换算成福州法定货币为 1000元，汇往上海的汇兑需购买上海规银，香港方向的需要购买香港通货汇票。与外国银行、钱庄标准相同，从其他地方发往钱庄的支付票据额以新议平两来登记。所以用番票支付时，要按照 1 元等同于新议平 7 钱的比例来换算，如果是金属货币，则要根据当日的市价支付。

二、汇兑交易名称

（一）洋兑

福州和上海之间的汇兑称为洋兑，是以福州新议平 741 两 6 钱的棒银为基准，大量购买上海规银的行为。

（二）香港兑

流通于当地的各种银元会被转运回香港，购入香港纸币，用当地 1000 银元便可得到 994 元香港通用货币，并且在开往香港的班轮出发前一天，即邮件截止日期，才会决定香港的市价，而不是在其他日期。但是大阪商船公司的班轮在截止日期当天不去钱庄进行外币交易，因此市价就确定不了。

汇往香港的汇兑行市会有从 1 分到 4 分的加价，平时在 2 分左右。

三、汇兑市价的定价方法

汇兑市价的定价方法在于汇往上海、汉口的汇款，以福州的千元货币为基准，以此来确定上海和汉口之间通用银两的换算率。对于香港、广东、厦门、汕头等各南部沿岸港口的汇款，1000 元的票据面额会存在溢价（贬值）。汇往日本方面的汇款是合计从福州汇往香港的交易汇款超额部分，以及从香港汇往日本的交易汇款超额部分，并以此为基准。进出口贸易的增减、信贷的缓急程度以及其他金融业诸多现象，造成每天的汇兑行市的波动。倘若汇兑行市的面额超值超过现银运送费用，就依据现银运送或者转账结算法进行汇款决算，例如汇往上海的汇款下跌超过运送界限时，是否还向同地区运送现银，或者福州、香港之间的汇款交易处于有利地位，香港、上海之间的汇款交易对香港有利时，收购福州汇往香港的汇兑，再进一步购入香港汇往上海的汇兑，或者香港、福州之间的汇兑交易对日本不利时，往香港运送现金，收购香港汇往上海的汇兑，结清福州、上海之间的汇款金额，这就叫转口。

四、汇兑与贸易

从贸易关系来看，经常是福州出超，厦门入超，所以应该是福州正币入超，厦门正币出超。由于汇兑市场关系不只是现银的运送，福州这样的地方向中国北方出口比较密切，与之相反，进口就少之又少，所产生的差额通常会和运送北京的政府收入金相抵。厦门处理南洋移民的汇款比较多，因此运出入贸易必定和正币的进出口不一致。

从总体来看，福州和北方的贸易在上海进行结算。通常由于出超，从上海进口正币的情况比较多，与香港之间的贸易则是从当地进口货物较多，在当地决算运往外国的茶出口汇兑，并且因为移民汇款等事务，正币入超的情况比较多，在厦门地区从香港进口的外国货也比较多，故移民汇款正币进口较多。

福州、厦门两地间的正币多从福州出口到厦门，这就表示厦门常常会出现正币出超的情况。最近两年间正币（包括地银和元宝）的进出口额对比如下：

福州正币进出口统计表（单位海关两）

进出口区域	1916 年		1915 年	
	进口	出口	进口	出口
香 港	130.650	72.345	773.572	500.884
日 本	347.179		162.630	
上 海	250.247	1607.414	951.210	205.133
厦 门	559.455	494.488	436.865	963.430
三都澳	34.710	37.375	2.275	
汕 头			63.050	26.585
总 计	1322.241	2211.622	2389.602	1696.032

以上正币进出口中，日本银元是最多的。无论是从日本进口还是从香港进口，日本银元都占大部分。从上海进口的有墨银、日本银元、中国货币。厦门、福州之间银元进出口比较多。

福州、厦门两个港口多向香港出口 20 仙银币。汉口、镇江多向厦门出口铜币。福州税关禁止进口小银币以及禁止出口铜币。

五、外运费

以从福州到厦门的银钱外运费为例，列举如下（金额为 10 万元）：

箱子费	5.00 元
运费	158.00 元
保险金	50.00 元
小蒸汽船（到马尾）	12.00 元
杂费（苦力费）	6.61 元
（海上运输利息和在厦门的苦力费）	18.39 元
总　计	250.00 元

即运送 10 万元需要 250 元的外运费（台湾银行实际考察）。

此外，中国银行的调查如下：

到上海每千元银元运费	1 元 7 角 5 分
到香港每千元银元运费	1 元 6 角 8 分
到厦门每千元银元运费	8 角 4 分

六、福州的"平"

台新议秤　七一七洋平　台二四库平　七四一六秤　台二二库平
城新议平　城二七库平　台二五库平　城二八库平

福州各种平比较

台新议平	1024.00＝台二四库平 1000.00
	1022.00＝台二二库平 1000.00
	1033.00＝七一七洋例平 1000.00
	1000.00＝城新议平 1003.00
	1034.40＝七四一六平 1000.00

福州平砝与其他地方平砝比较表

台新议平	1000.00＝京公砝平 1008.00
	1000.00＝中公砝平 993.00
	1000.00＝厦市平 980.00
	1000.00＝司码平 972.00

第三节　货币

福州银两、硬币、纸币的种类列举如下：

银两：新议平两、洋例平两、海关两、二七库平两、七三湘平两。

硬币：龙银、墨银、英银、杂银、小银币、铜元、制钱。

纸币：番票、台湾银行支付票据（番票、银票、钱票）。

一、银两和银块

（一）新议秤两

在福州钱庄和商家用来称量银两的器具叫新议秤。用新议秤称量杂银 741 两 6 钱（新议秤 1 两为日本 9 仙六七，所以 741 两 6 钱相当于日本 7 贯 167 仙二四）为一千元的福州货币，因此也称为七四一六秤。以前中国人之间的交易单位以两为标准，而外商与中国人之间及外国银行以元为价格标准。

（二）洋例平两

福州汇丰、渣打等外国银行银币入库时使用新议秤，而银币交易时洋例平 717 两等同于福州货币 1000 元，而且洋例秤 100 两相当于新议平两 103.3 两，所以 1000 元货币兑换新议秤两计算如下：

$$100：717＝103.3：x \quad x＝740.66$$

即 1000 元可得到新议秤的 740 两 6 钱 6 分。因此假如存入汇丰银行 1000 元，取出时应该收到如下金额：

$$(1000×740.66)÷741.6＝998.73$$

即 1000 元可以产生 1 元 27 仙的差额，这就是汇丰和渣打银行买办所得的源头。银币处理手续费归于存钱者的损失。本来福州的外国银行只有这两家，由于这种计算方法造成了垄断不正当利益的局面，并且成为常态，近来外商得知其恶劣影响，还是希望和台湾银行有交易往来，其中外国商人以茶商为主，因此不得不中止茶汇兑以及和茶有关的资金往来。然而大正三年（1914）9 月台湾银行在伦敦设立办事处，开始茶汇兑的交易，截至同年 12 月，其交易金额达到 5.6 万余磅。

（三）海关两

用于海关、常关的进出口税以及检验货物的两叫海关两。辛亥革命后当地关税办理委托给了汇丰银行，办理手续费占税额的一成，征收来源为纳税者。而且海关两 1000 两等同于新议平两的 1038 两 8 钱，所以 1000 两的税金使用福州元缴纳的话，计算方法如下：

$$(1000×1.1×1038.8)÷741.6＝1540.83$$

（四）库平两

库平两是用于各个官衙的出纳、课税等官厅计算的两的名称，不是代表实体硬币。所以在实际纳税等情况可以使用龙银和墨银，或者是称量杂银之后再上缴，并且库平两的 1000 两相当于新议平的 1024 两。现在库平 1000 两换算成福州货币（元）公式如下：

$$(1000×1024)÷741.6＝1380.80$$

（五）湘平两

湘平两是湖南地区使用的两，在当地用于发放湘南雇佣兵的薪水，除此之外用途很少。规定湘平两必须是 3 分小银、7 分杂银构成，所以在当地也被称为七三湘平两（100 两湘平两相当于新议平的 99 两 1 分）。

二、硬币

（一）龙银

日本政府铸造的 1 元银币表面有龙纹，所以在当地被称为龙银、龙番或者龙洋。尤其是龙纹符合当地人的喜好，所以不管是成色还是重量都优于墨银，占据当地银元流通额第一位。龙银千元的重量为新议秤的 742 两半，市价通常在 742 两半与 748 两之间波动。特别是到了新茶上市时期，茶商为了在原产地交易必定会携带银元，所以龙银的需求量增加，一时市价上涨也是常有的事。龙银市价千枚 745 两换算成福州元如下：

$$1000 \times 745 \div 741.6 = 1004.58$$

（二）墨银

福州市场中的光洋、光鹰和鹰洋都是指的墨银，因为表面有鹰的图案才得此名。在当地除了闽江下游鱼类交易使用之外，普通的商业交易很少使用。原本墨银是上海的主要货币，与上海的汇兑结算困难时，或者汇往上海的汇兑率高于运输费用时，则利用墨银作为借贷结算的手段发往上海，所以墨银的需求量有时会增加。由此在福州墨银流通量少，收集十分困难，因此其市价上升在银元中位列第一。100 枚墨银是 744 两新议秤，因此市价在 744 两至 750 两之间波动。

（三）英银（香港元）

英银主要是在香港流通的新加坡银，英洋又称作杖番。和上述两种硬币相比市价稍低廉。英银在当地需求最多，和日本银元并列使用。1000 枚英银的重量是新议秤的 742 两 8 钱，并且与前两者不同的是，英银市价会随着市场供求发生变动。其市价高低变动与龙银步调一致。744 两 5 钱的 1000 枚英银换算成福州元如下所示：

$$1000 \times 744.5 \div 741.6 = 1003.91$$

（四）棒番（杂银）

各省铸造的银元、压花甚至墨银、英银各种各样的银元，在当地称作棒番或者棒银。杂银作为福州通用银两以及钱庄发行的七兑番票的根基使用，各个钱庄的番票发行准备金也全是杂银。福州货币 1000 元的票据在钱庄和银行换算的话，用新议秤称量，应该收取杂银 741 两 6 钱。

（五）小银币

福州市场流通的小银币有 5 仙、10 仙、20 仙的，又根据铸造地不同可以分为广角、福角、官角、新角。广角由广东省铸造，虽然在市内流通的数量较少，但在地方城市中广角使用较多。

福角原本是由当地的绅士孙某私自设立的银元局铸造的。到明治三十三年（1900）银元局改为福建省官营，改称福建官银局。同局铸造的福角也就叫官角。官银局时期由于小银币滥发，价格低下，被终止铸造。但在辛亥革命之后重新铸造，叫新角。

福角的 10 仙相当于库平 7 钱 2 分的重量，按照银 82％、铜 18％的比例铸造，但由于是民营，渐渐成色下降为银 75％、铜 25％的比例，因此行情下跌。通常官角的市价和和福角相比差值维持在 1 元 4 厘乃至 5 厘，由此可知官角的成色优良。至于新角的成色则不及福角。

一般市内小银币的行市，以 1000 元小银币和番票之比表示的话，称作当日市价九九五，也就是说，1000 元的小银币相当于番票的 995 元。因此换算成福州元如下所示：

(995×700×100) ÷741.6＝939.18

（六）铜元

福州通用的铜元是明治三十四年（1901）前后，由福建官银局下令铸造流通的。包括 20 文、10 文、5 文面额，即使规定铜元 10 文相当于 10 枚 1 文钱，但并没有实行，辛亥革命后，官银局一直计划铸造新的 10 文铜元，并强制其流通。

（七）铜钱

铜钱包括样钱、制钱、私钱。清朝户部及各省总督下令以铜六、铅四的比例铸造样钱，储藏于户部官库，这是专门为了预防变故而准备的，所以基本不在市内流通。

制钱虽说和样钱一样是官方铸造货币，成分为铜 54％、铅 46％，但重量相当于样钱的四分之三。当今各省流通的制钱中康熙、雍正、顺治年间铸造的成色良好，乾隆、道光、嘉庆年间的成色稍差一些，另外 1 元番票相当于制钱 1000 文左右。

私钱也叫市钱，属于民间铸造，质量形状不定，清代为了去除市内的劣质钱币，以铜元代替市钱流通。因为当地贫民较多，劣质钱币使用较多，所以去除劣质钱币无论如何也实现不了。辛亥革命之后福建省铸造并发行的新 1 文钱和以前的市钱没有区别，成色较差。

（八）金块

福州钱庄交易使用的金块统称为赤足，呈长方形，重量为新议平 10 两。金块为钱庄铸造，表面刻印自家商号和重量，10 两以内把金块切断进行交易。台湾银行基隆分行把赤足金块加工后结果如下：

重量	日本称重	9 钱 6 分 8 厘
	溶解减少	2 厘
	剩余	9 钱 6 分 6 厘

成色	纯金	0.9857
	银	0.0140
	杂质	0.0003

三、纸币

（一）番票

在大型交易中相应的交易银币重量比较大，所以十分繁杂。加之为了补充通货不足，便由信用高的钱庄发行见票即付的票据——七兑番票，并且在市内流通。虽说原来是由于上述原因才发行番票，最终却成为钱庄筹集资金的唯一来源。资本金额为两三万元的钱庄，发行二三十万元的番票，凭此获得放贷和汇兑交易的资本。

而且番票的性质和纸币有许多相同之处，番票是见票即付期票，同时也是信用票据，并且根据要求无论何时都可以和杂币进行交换，从这方面来看番票是十分稳定的。

番票不能作为正币使用，如果去发行钱庄交易的话，应该按照番票 1000 元等同于新议平称量的杂银 700 两的比例支付，因此番银即杂银的 700 两相当于番票的 1000 元，如今 1000 元番票换算成福州元结果如下：

$$1000 \times 700 \div 741.6 = 943.91$$

发行番票在法律上没有任何限制，没有官衙监督。由于是所谓的自由发行，番票发行全凭钱庄的信用以及经理人的道德心，所以存在极其危险的可能性。为了相互制约，各钱庄之间制定了一个不成文的制裁规定，绝不滥发番票。如果无信用的钱庄发行番票的话，立刻会遭到挤兑，不仅不会流通，甚至还会导致巨大损失。

与番票自由发行相同，其发行所需准备没有限制，全靠钱庄经理人斟酌，而且每天兑换的实际银币数额很小，以供钱庄间决算用，因此不会备有充足的储备货币，所以一旦发行的钱庄破产，持有者为了兑换持有的番票就会聚集到钱庄门前。如果钱庄的交换资金兑换完了，番票持有者会随手带走钱庄的物品。曾经有钱庄破产，出现过 1 元番票持有者拿走百元天秤的情况，这是对钱庄自然的制裁，官衙也采取默认的态度，不做任何干涉。

番票的流通范围只限福州市，不包括近郊。而且即使在同市，南台的小钱庄发行的番票也不能在城内通用，只有下杭街（钱庄中心）信用好的钱庄发行的番票才能在南台、城内流通。

（二）台湾银行支付票据

台湾银行分行发行的支付票据包括番票和龙银票。

1. 番票

此番票与另项记载的钱庄发行的番票相同，也是番银 700 两等同于银币 1000 元的付款票据，该票据从明治三十九年（1906）3 月开始发行，发行之初钱庄反抗最为激烈，最后达成绝不接受此番票的决议。从那之后就并不怎么流通了，但这只不过是过渡时期产生的暂时的情况，之后该银行势力变得稍牢固，信用程度也得到了普遍承认，全国钱庄之间逐渐产生了带头的银行。虽然如今表面上不反抗，但同行增发支付票据直接对这些钱庄造成了致命的伤害，所以暗中多少会增加干扰，但从现在的形势来看，没有必要执着于这些小问题。发行支付票据能防止钱庄滥发票子，有助于福州经济界的完善发展，近来就会明显致力于增发番票，并且台湾银行的支付票据原先只有 1 元券、5 元券，参考了普通交易者的意见之后，为了银行的前途，应该会准备增加发行 10 元券、50 元券。

2. 龙银票

龙银票是台湾银行特有的一种代表日本银元的见票即付票据，当地的标准货币如上所述，日本银元可以被看作是一种决定番银市价的商品。现在福州市场流通的日本银元，只不过是主要为了满足中国内地的需求，然而在检查银币种类的同时，也需要仔细斟酌银币印刻的程度。即使龙银票是代替日本银元的支付票据，但对于不信任纸币交易的中国人来说，在普通交易中使用实物也是不可避免的。这种情况下最好的方法就是宣称其发行的支付票据是日本银元的兑换票据，作为可靠的商品票据流传。对普通交易者来说，兑换可靠并且方便，谁还会非得携带十分不便利的现银呢？如此，台湾银行银元票据渐渐流入内地。

第四节　度量衡

福州没有法定的度量衡，由于使用各种度量衡，即使是同种的物品，大小也几乎不同等。如今市区中使用最多的度量衡列举如下：

一、度

种　类	比　　较	用　途
裁　尺	1 尺＝日本 1.250 尺	吴服及裁缝用
京　尺	1 尺＝日本 1.125 尺	丝织品用
平　尺	1 尺＝日本 1.000 尺	粗布用
鲁班尺	1 尺＝日本 1.000 尺	木匠、泥瓦匠、木工用

二、量

种　类	比　　较	材质及形状
平斗	平秤 16 斤 4 两＝日本 5 升 7 合	木制方形　口径
2 平	平秤 3 斤 4 两＝日本 1 升 4 勺	木制方形　也有竹制圆筒
1 平	平秤 1 斤 10 两＞日本 5 合	木制方形　口径
半平	平秤 13 两＝日本 2 合 6 勺	同上
府斗	平秤 17 斤 8 两＝日本 5 升 6 合	同上
2 府	平笋 3 斤 8 两＝日本 1 升 1 合 2 勺	同上
1 府	平笋 1 斤 12 两＝日本 5 合 6 勺	同上
半府	平笋 14 两＝日本 2 合 8 勺	同上

三、衡

平　秤	1斤为16两	平常交易用
红花秤	1斤为22两	茶、米店、鱼店、杂货店用
片　秤	1斤为19两	批发用

此外，当地的衡器还有油商所用的油秤、药种商人所用的药秤、钱铺所用的新议秤。

第二章　厦门的金融货币和度量衡

第一节　金融机构

厦门的金融机构分为新式银行、钱庄、钱店（专营兑换业务的小钱庄）等。

一、新式银行

当地的新式银行包括台湾银行支行、汇丰银行办事处、中国银行支行、渣打银行代理处、荷兰小公银行代理处等。

台湾银行除了办理银行的一般业务之外，还发行见票即付的付款票据。厦门的台湾银行于明治三十三年（1900）5月开业，处理日本和中国南洋各地的支行之间的汇兑业务，吸收普通存款，对可靠的商贾给予融资，营业极其顺利，在国内外拥有较高的信用。

汇丰银行办事处最初依靠50万元的资金组建起来，以外商以及中国的大商人为顾客，发行只在厦门流通的纸币，以西班牙元（本洋）为计算标准的交易对于一般商人来说不便利并且十分复杂，因此逐渐脱离实际市场交易，据说如今营业极其消极。

中国银行分行于民国四年（1915）6月开业，除吸收普通存款外还有汇兑、放贷业务。放贷仅限于短期透支。汇兑业务如果不符合交易的话，交易额会变得极其少。其他的外国银行代理处只处理汇款交易和支付。

二、钱庄

钱庄吸收存款的方式和新式银行略微相同，包括存款和期款，前者是活期存款但不开具支票，通过存折存钱和支钱，后者是定期存款不开具证明，只用一本小册子记录。钱庄还管理沿岸各地之间的汇款交易事项。以前普通商人在钱庄交易结账都是用两，近来有不少改为使用龙银交易。在当地信用比较好的钱庄大约有25家，资金从1万元到数十万元不等，交易金额巨大。如今当地钱庄情况如下：

商　号	资本（万元）	营业地点	组织形式	开业年数	信用程度
建　祥	10	水仙宫	个人独资	13 年	甲
建　兴	15	同上	同上	50 年	甲
建　源	5	大史巷	合资	23 年	甲

商　号	资本（万元）	营业地点	组织形式	开业年数	信用程度
捷　顺	5	番仔街	个人独资	12 年	甲
美　源	2	老叶街	同上	7 年	甲
德　源	4	港仔口	合资	8 年	乙
建　镒	8	崎须宫	同上	4 年	乙
建　隆	2	计美	同上	10 年	乙
镒　祥	8	镇那街	同上	3 年	乙
心　记	6	大史巷	个人独资	9 年	乙
推　成	8	洪本部	同上	4 年	丙
豫　丰	3	镇那街	合资	10 年	乙
协　裕	3	恒胜街	个人独资	10 年	乙
义　裕	4	洪本部	同上	7 年	乙
信义孚	3	提督街	同上	5 年	乙
庆　茂	2	番仔街	合资	10 年	乙
丑　大	4	同上		8 年	乙
恒　吉	6	布袋街	合资	2 年	丁
东　昌	3	庆前街	个人独资	10 年	丁
永　元	2	打铁街	合资	5 年	丁
资　通					丁
裕　通					丁

还有信用程度不祥以及小额资本的钱庄，鼎美号（资本金 10 万元，开业 2 年）、大兴（营业 3 年）、万吉（资本 6 万元，营业 5 年）、美南、茂发、宜美、新哲记、协顺益、盛益、福广、公益、愈茂、线泉、泉发、纵经、裕益、镒源、图章、义昌、利胜美、利清等。

二、票号

票号称为汇兑庄，又称为汇号庄，专门管理汇兑业务，此外还经营存款、贷款业务。汇兑业务主要限于内陆地区，但外出打工的人有很多，所以南洋和香港也包括在内。资本最高 30 万元，最低 6000 元，如今当地主要票号如下：

店名	国籍	资本（千元）	汇兑交易地
炳 记	美	300	上海、香港、福州、汕头、吕宋
新泰厚	中	100	中国各地
合 胜	英	50	南洋
转一局	中	40	安南、新加坡、爪哇，上海、香港
朝 记	日	40	上海、香港
悦 仁	英	40	安南、新加坡，香港
东 昌	英	40	南洋
源 昌	中	40	上海、香港、吕宋
金裕德	英	40	上海、香港
福锦记	英	30	香港
广 兴	日	30	新加坡、安南
协 裕	中	20	香港、上海、台南
洋 记	英	20	兰贡
蔡同胜	中	10	上海、香港，新加坡
信 成	日	10	台湾、福州
开南兴	中	6	南洋
德 春	中	6	同上

上述票号中只有新泰厚一家可以称作纯粹的票号，其余的还兼营钱庄的业务。新泰厚总号在山西太原，虽说是山西票号，在中国各省的偏僻地方也设立分号或者交易处。中国各官衙没有承办商，租税、厘金等公款使用都要通过票号，因此深得人们信赖。当地人到华北开展贸易、在同票号取款方便，业务比较兴盛。

同票号的存款只有定期存款，期限为 3 个月、4 个月、6 个月或者 1 年。存款者几乎只有官吏，因汇款和存款而产生的游资不会停滞，当金额达到相当大的数量时就会被当作汇款资金，以低利息存入交易钱庄（恒吉、捷顺、鸿记），其中有大约3000元为无利息的放置资金以备不时之需。如果有富余的话就贷款给钱庄商人、官吏，期限为 1 个月、3 个月、6 个月、1 年不等，同票号不收取任何现金，在上述所有票号付款、贷款时要求使用借券（借用凭证）。

汇款等其他的情况则需要把凭条（给交易钱庄的支票）交给收款人，收款人则带着凭条去收款钱庄支付现金。

其他的票号多是由居住在当地的内陆人出资设立，以面向南洋一带的汇兑业务为主业，并且还管理当地商人以及务工者的金融事务，这些票号分为汇兑庄（又称汇票庄）和批局（又称批郊信局），虽然前者是一般性的称呼，但为了和批局区别开来，把它作为狭义的称呼来使用，而且也只管理普通商港口的汇兑事物。后者管理通商港口以外地区的汇款业务，由于交易方的信赖还配送书信。例如在南洋的务工人员（厦门附近的内陆地区外出务工人员）想要给家里寄钱，他们可以依靠南洋的票号帮助他们寄钱和寄信，然后南洋票号通过厦门的交易票号配送。厦门票号会派人将钱和信送到指定地址，并且还配送来往书信，因此叫作批局。这些票号除了汇款业务之外还兼营一般钱庄的业务，因此新泰厚和的营业状态不同，在雇工、存款、贷款等方面则和钱庄无异。

三、钱店

钱店以货币兑换为主要业务，各种货币的市价时常会发生变动，因此大银元（龙银）、小银币、铜元、制钱、各种纸币（钞票）和金币根据每天的市价进行兑换，其贴水的差额就是盈利，此外钱店也经营存款、贷款业务，交易时使用两和龙银计算。钱店规模远远比钱庄小，资金最多 8000 元，最少 500 元，一般资金是 2000 元至3000 元。如今当地主要钱店如下：

泉　成	8000 元	盛　隆	3000 元	恒　昌	2000 元
永协兴	8000 元	会　昌	3000 元	洋　镒	2000 元
建　丰	5000 元	万　选	3000 元	万　集	2000 元
瀛　通	3000 元	集　和	2000 元		

第二节　外汇

一、交易范围

因为当地商业发展和移民的关系，汇兑区域广泛，包括：安南、菲律宾、爪哇、新加坡、暹罗、日本等国家及上海、台湾、香港、汕头、福州、兰贡、伦敦、纽约等地区。其中往来最为密切的是上海、香港、福州、汕头、台湾、南洋各地。

当地常年交易进口 1600 万海关两，出口二三百万两。由于过去的 10 年间在同一领域产生了入超，从日本等地经常进口物资，尽力维持着汇兑关系，这样结算就变成了调节当地外出打工者寄往老家的汇款或者归还金的资金。只是当地的这些汇款和归还金每年的金额也不会低于 2000 万元，但由于近来银币行情暴涨，汇款金额达不到其一半，当地金融界因此受到了不小的打击。

二、汇兑行市

行市的构建方法只有香港通过付款账户交易，其他则通过应收账款账户进行交易。如今汇兑行市举例如下：

香港	卖 4‰ Prem	买 3‰ Prem	卖香港元 1000 相当于厦门货币 10004 元
汕头	750 区	752 区	厦门货币 1000 元相当于汕头货币 750 两
福州	1063 元	1064 元	厦门货币 1000 元相当于福州新议秤 1063 元
上海	707.50 两	709 两	厦门货币 1000 元相当于上海两 707.50 两
日本	103 日元	105 日元	厦门货币 100 元相当于日本货币 103 日元

（上述来源于 1916 年 5 月 5 日台湾银行分行）

三、现银运送点

厦门、香港之间的现银运送费用列举如下（现银 1000 元）：

1. 运费　班轮 1 箱 1000 元　1 元 80 仙（但是日本便船需要 1 元 50 仙）

2. 厦门市内以及装船各种费用　1 箱　20 仙（小洋）

3. 海上保险（中国保险公司办理）1000 元　40 仙

4. 新箱费用　1 个　1 元二三十仙至 1 元 50 仙

5. 香港停船地点以及各种费用 1 箱平均　1 元

合计　约 5 元

从厦门运往福州、汕头的费用基本相同，只是在运费和保险费上有少许差别。最新的运送费用如下：

　　到上海　6 元 50 仙　　　　　到汕头　2 元至 2 元 50 仙

　　到福州　2 元至 2 元 50 仙

第三节　货币

厦门的货币大体为龙银、纸币、小银币、铜元、制钱。龙银是日本银元和数种一元银币混合的称呼。纸币有台湾银行厦门分行发行的见票即付票据和汇丰银行发行的银券。虽说因为有规定限制小银币、铜元的收支量，不能被称为辅币，大体上广泛使用于小额交易。由于制钱授受比较少，也可以说基本不流通。

虽然中国各地市场都流通钱庄发行的票子，但在厦门还流通着自古以来钱庄发行的票子，也可以说是一大奇观。

虽然如上所述，货币种类很少，但在交易中和其他中国地区市场相同，有时也会使用抽象的单位，即以个数为单位授受的龙银计算，此外还有以西班牙元为基准的西元计算；按照重量计算的两计算，极其复杂。货币和流通情况以及计算本位如上所述。

一、货币种类

如果细分货币的话，硬币有龙银、小银币（2 角、1 角、5 仙）、铜币（1 镭），制钱分为铜钱和文钱，纸币称作银纸或钞票，还有台湾银行支付票据以及汇丰银行券。

（一）龙银

龙银本来是日本银元的名称，但现在是市场中等同于 1 元的数种银币混合之后的名称。以下五种完全作为龙银流通。

种类	分量	成色	流通所占比例	摘要
日本银元	26.9563	900	二成五	龙银（狭义为龙洋）表面刻有一圆的文字
英银	26.9560	900	五成	实叩银，叩银或称杖洋，新加坡铸造，一面刻有一圆，一面刻有 One dollar。
新墨银	27.0300	不明	一成	光洋，也叫重英或者新英，墨国铸造，一面有鹰的图案，另一面刻有 One peso。
安南银	27.0000	900	一成	西光银，又称刺头银或者七角番银，一面刻有 Indo China Francaise 和 Piastre Commerce。
新王银	26.9950	不明	半成	没有别名，一面一圆 One Dollar 和 Straits Settlement，另一面刻有英国先帝 Edward Ⅶ 的肖像。

以上各种货币其分量和成色虽有些许差异，但习惯按照同等价格通用。日本银元表面有龙的花纹，符合中国人的喜好，所以最为常用，此银元是前几年台湾银行为了应对兑换中国南方各个分行发行的票据而新铸造并流通的，因此当地的流通额在逐渐增加。

虽然与其他四种货币相比新墨银分量较重，但从开始伪造就比较多，并且设计不符合中国人的爱好，因此与其他相比流通不太好，尤其在边陬地区不能充分流通，与 10 角小银币价格大约相同。

白鹰银（旧墨银）混在贸易银、新宋银、香港银等龙银中流通，但数额极小，特别是白鹰银是上海货币，在集中大量金额时运送到上海，多会产生利益，汇兑行市就会维持高利率的价格，因此经常会被驱逐出市场。

中国铸造的银元很少会混淆，全部可以区别开来，只不过要减价 2 厘至 4 厘。

一般各省铸造的银元在成色、重量方面不像法定的那样，广东省、湖北省的银元质量稍优良，但由于信用的原因不能在厦门流通。

龙银（即混淆银）会有刻印损坏，程度比较轻微的话也可以看作是完整的龙银，与日本银元（称作白龙）并用，损坏程度严重的叫作花银，对于混合银来说，每千元要减价 1 元至 3 元才可流通。

有很明显的破损或者是重量轻的银币以前也称作破银或者破碎银。交易时要称量,后来逐渐失去流通性,如今完全是作为金属来交易。

上述货币在交易时按照个数计算,所以在平常交易时不需要称量。当交易金额比较大时为了避免计算烦琐,使用千元、350元、百元等秤器,使用的秤器不一样,因此各个店铺(主要是钱庄)称量的重量不均。例如甲店称量龙银1000元为718两7分,乙店则是715两5分。

(二)小银币

虽然小银币的流通量不太详细,除了福建省铸造的银币之外,广东省铸造的银币也广为流通,广东省铸造的与其他省份相比质量优良,有2角、1角、5仙面额,2角、1角流通最多,5仙属于香港铸造,很少能见到。有时也会混合使用湖南省、湖北省、浙江省、新加坡以及香港铸造的银币,只不过这些流通性不太好。

(三)铜元

铜元也叫铜镭或者铜爪,只有一镭(制钱10文)一种。当地多流通福建官局铸造的铜元,其他省份铸造的铜元也混合流通,只不过数额很小,形状类似于日本一钱铜币,其中一面中央刻有大清铜币、光绪元宝、中华元宝等文字。规定铜占95%,亚铅占5%,但实际上并不统一。

(四)制钱

制钱只有1文钱这一种,虽然大约有30种混合流通(包括日本的宽永通宝),但只有一镭以下计算时才使用,所以制钱不是重要的货币。

(五)台湾银行支付票据

台湾银行在厦门发行的交票即付票据分为1元、5元、10元、50元面额,代表日本银元和龙洋。1904年7月台湾银行在厦门发行此票据,从那之后逐渐被中国人承认,在南方各地开始增设分行,并且设立票据交换所,以此促进了票据的增发,流通范围逐渐扩大,1914年1月达到了56.4万余元的发行量,并且还在日益增加。

(六)汇丰银行券

汇丰银行(香上银行)在厦门发行的见票即付票据有1元、5元、10元、50元、500元面额,这些银行券代替在厦门办事处所使用的计算本位——西班牙元,通用货币龙银的价格经常会发生变动,所以交易时避免不了会不方便,虽然具体的流通额不清楚,但大概是5000元。

(七)其他银行券

除了台湾银行支付票据和汇丰银行券之外,大清银行、交通银行也发行见票即付票据(前者从1910年1月开始发行,后者从1911年1月开始发行),有1元、5元、10元面额,全部可以代替龙银。当时两家银行票据的流通额合计约为36万。两家银行在辛亥革命期间倒闭了,还未兑换的纸币也不再在市场上流通了。

二、各种货币的关系以及其市价

所有的货币面额价格是固定的,但如果与其真正的价值或者与其单位价值相比还是会有不同，另外与供求不相符就会产生市价，这就是货币行市。如上所述厦门的主要货币是龙银，其他的货币行市以龙银为基准，下面是各种货币的关系以及市价：

（一）龙银、台湾银行支付票据和汇丰银行券之间的关系

如上所述汇丰银行券代表西元，然而如今厦门已经不通用西元。以前流通粗银时，1000 枚西元的重量为 733 两银，这就是西元计算的千元单位。即使现在粗银消失，但还是银行的标注货币。西元与市场货币龙银的单位价值不同，因此银行券与龙银之间还会产生市价，并且根据金融市场状况其行市经常会发生变动，在计算本位部分时会详细介绍。

（二）龙银、台湾银行支付票据和小银币、铜币、铜钱的关系

在中国，小银币、铜元、制钱原本不是辅币，所以收支额会有限制。然而依照厦门的习惯，这些货币也被当作是辅币，前者通用于一部分银行、公司以及外国商人，后者则在零售时通用，其范围很广，因此小银币就像主币一般使用，与龙银之间产生市价并且经常会随着供求关系发生波动。铜元与龙银之间也存在市价，铜元通用于零售商之间，其授受额度极其小。至于制钱，只有在 1 镭以下计算时才会使用，因此就不存在市价。各种货币的市价如下：

种类	最高市价	最低市价	平均市价
龙银	关于这两种货币的市价之后会介绍		
台湾银行票据			
汇丰银行券（龙银 1000 元）	976.56 元（24‰ Prem）	1037.34 元（36‰ Dis）	992.06 元（5‰ Prem）
小银币（龙银 100 元）	1040 枚（一角）	1100 枚	1060 枚
铜元（龙银 1 元）	107 枚	145 枚	130 枚

零售中小银币与铜元之间的价格不同时，小银币的 1 角的十分之一叫 1 点，和铜币的 1 镭有明显的区别，然而 1 点没有代替货币，只不过是一个空称呼。授受硬币时则根据市价使用铜元和制钱。例如当市价为小银币 1 角加铜元 12 镭时，1 点对应铜币 1 镭和铜钱 2 文，8 点对应铜元 9 镭和制钱 6 文。

当地报纸刊登的银价行情（即货币行情）如下所示，仅供参考：

种类	行情	
龙银		7 元 65
广东角	每百元加价	9 元 7 角半
日本银角兑大银	每千元	直行
福建小银	每百元加价	9 元 7 角半
新吕宋银	每百元加价	4 元半

种类	行情	
拐白银	每千元加价	2 元

三、计算本位

厦门在交易时采用的计算方法有西元计算、两计算和龙银计算。

（一）西元计算

汇丰银行和厦门办事处采用西元计算，而且还是厦门、汕头、广东等地广为流通西元时使用的计算本位。在粗银广为流通的时候，大秤称量粗银 733 两当作 1000元，但后来粗银渐渐消失，龙银便流通开来。龙银的重量不定（如果按照西元本位来说的话，龙银大秤价格是 717.7 两），一边考虑供求以及香港汇兑行市制定龙银的市价，龙银需求旺盛时提高价格，供给自由时降低价格；一边采取自卫策略。因此使用龙银的市场交易者就经常处于不利地位，他们使用同行的支票来尽可能平稳货币收支，于是支票基本就像商品一样因为行情需要而辗转交易。

此银行券、支票的行情，一是基于市场中龙银的多少以及对银行券和支票的需求缓急，例如龙银需求紧张时，不仅支票的购买力会下降，支票持有者也会拿支票与龙银交换，因此其行情会下跌。

（二）两计算

由于海关的规定，厦门货币采用其他的计算方法，介绍如下：

厦门缴纳关税时使用以龙银或西元为基准的汇丰银行券或者支票，海关的转换率是固定的，需要换算成海关两的真实价格。其转换率是海关两 100 两相当于龙银、西元（成色为九百）的 110 两，或者是龙银 1000 元的重量为 714 两，1000 两西元的重量为 720 两。使用龙银缴纳税款和使用汇丰银行券或者支票缴纳情况如下：

1. 使用龙银缴纳时 $1000 \times$【$100 \times (1+0.1)$】$/714 = 154.06$。

2. 使用汇丰银行券或者支票缴纳时 $1000 \times$【$100 \times (1+0.1)$】$/720 = 152.77$ 元。

即海关 200 两相当于龙银 154 元 6 仙，汇丰银行券或者支票为 152 两 77 仙，但是规定超过海关 200 两要使用后者。

龙银两计算是龙银千元（千枚）以用两表示的假想价值为基准，主要在和钱庄交易时使用。此价值与商品行情一样会随着龙银的供求以及香港银币行市的状况发生变动，这就叫作两行市。虽然对于两计算的银币重量没有疑问，龙银 1000 两的重量即两行市的平均点果真是几两或者无处可查的数据，坊间说法也各不相同，毫不怀疑的是此平均点是市场中使用的小秤重量的 728 两或 730 两，稍微可以确定的是大秤重量的 733 两为 1000 元，并以此为基础。

两行市在钱庄公会这种固定场合根据金融状况会有不同，但一般都在 790 两至740 两之间浮动。其价格高低与两计算的交易者有很大的利害关系。如今龙银 1000 元的市价上涨到 725 两至 730 两时，换言之用两衡量龙银的价值上涨到 725 两至 730 两时，1000 两换算成龙银如下所示：

两行市 725 两　1000/725×1000＝1379.31 元

两行市 730 两　1000/730×1000＝1369.86 元

1000 两的假定价格就会降低到 1379 元 31 仙至 1369 元 86 仙，其差额关系到交易者是亏损还是受益。

而且两行市上涨时期是茶的上市期，以旧历中元节（旧历七月十五）和年终为例，这种暂时的情况是从南洋开来的汽船驶入港口，因此需要大量的汇款，沿岸地区龙银上涨。

（三）龙银计算

与其他计算方法不同，龙银与其代表的一枚台湾银行票据经常当作 1 元来计算，其实行范围最广，并且不断在扩大。

第四节　度量衡

一、度

厦门使用的尺度为下列 5 种，用途如其名称所示：

裁尺 1 尺＝日本 1.025 尺

木工尺 1 尺＝日本 0.991 尺

雕刻尺 1 尺＝日本 0.983 尺

造船尺 1 尺＝日本 0.991 尺

金属工艺尺 1 尺＝日本 0.941 尺

二、量

厦门使用的量器包括合、管、升、斗，10 合为 1 管，2 管为 1 升，10 升为 1 斗，但是大米、豆子以及其他杂粮多使用斤量，其使用范围不大，其 1 斗的容量相当于日本 5 升 5 合，1 担（百斤）米为 133.3 磅。

三、衡

厦门民间平常使用的衡器如下：

天　秤　15 两 3 分 1 斤　银币、称量用、平常用

百四砣　16 两 1 斤　普通用

百八砣　18 两 1 斤　买卖蔬菜用

红花秤　18 两 1 斤　茶、樟脑交易用

英　镑　75 斤秤　贸易、批发用

第三章　三都澳的金融货币和度量衡

第一节　金融机构

当地的金融机构有中国银行分行管理关税的收支情况，与福州的交易密切。三都澳没有钱庄，当地人在粮食店、杂货店等店铺进行换钱。

第二节　货币

三都澳的货币以硬币为主，只有在银行办理业务时才使用票子。当地生活水平高，所以制钱流通量极少，在福州流通的番票、日本银元也不通用，即流通的银元为鹰洋和人头洋（有袁世凯肖像的硬币），小银币包括福建省官局铸造和湖北、湖南、广东省铸造的银币，及民国纪念币等，并且在当地通用。混用乾隆、道光、宽永、咸丰、康熙等年间的制钱。

第三节　度量衡

一、度
裁尺 1 尺＝日本 1.00 尺
木工尺 1 尺＝日本 1.15 尺

二、量
与福州相同。

三、衡
衡器有平秤，1 斤 16 两，普通买卖使用。

第四章　闽清的金融货币和度量衡

第一节　金融机构

　　闽清没有设立钱铺，杂货铺、米店、盐店兼营换钱，据说必要时还会处理汇往福州的汇款。信用良好的店铺有协利、晋丰、同益、生辉等，这些店铺还发行1角、2角、3角的票子。

　　闽清与外界的交易以福州为主，因此也只是闽清和福州之间需要汇款。从闽清运出送往福州的货物比从福州运进来的杂货多的话，通常需要从福州向闽清运送现钱，由闽清运出当地货物时，货主必须赶赴福州进行贸易谈判，交易结束后亲自携带现银返回闽清。由于这种情况比较多，汇款就不是特别必要了，这就是当地没有钱庄、票号的原因。只有在特别必要的情况下，和福州交易往来密切的店铺为了方便起见，100元收取1元乃至1元20仙的手续费，这只是对汇款采取的回应措施。

第二节　货币

　　流通的银元有日本银元、香港元、英洋，英洋流通额极少，日本银元最多。流通的小银币是由福建省、广东省铸造以及民国新铸造的。习惯上广东省2角银币会稍微减价流通。当地通用各省铸造的铜元。只有清代铸造的制钱不通用，票子包括各商店发行的1角、2角、3角的纸票，只在城郊内通用，银行基本不发行钞票、番票。

第三节　度量衡

一、度

木尺（木匠用）1尺＝日本1.00尺

裁尺（裁缝用）1尺＝日本1.12尺

二、量

　　当地斗量的单位有广、升和斗。3广为1升，3升为1斗。广和升的量器为竹筒制品，斗为木制，呈太鼓形状，其1斗为日本3升1合多。

三、衡

　　当地一般使用的衡器有盘秤，1斤16两，相当于日本163钱。

第五章　水口的货币和度量衡

第一节　货币

　　硬币有银元、小银币、铜元、制钱，日本银元、墨银共同流通，只不过墨银要求有戳记，哪怕是轻微的损坏也不允许流通。小银币流通情况与福州地区情况相同，但广东省铸造的1角银币比较稀有；铜钱有制钱和市钱，日常的副食品价格以市钱来定价，所以使用小银币支付的话，首先要把市钱换成制钱，以制钱与小银币之比来进行支付。举例如下：

　　购买价值市钱1500文的商品，假设当天的市钱市价为180文，小银币市价为98文，根据以下算式需要支付小银币8角、制钱47文。

　　(1500÷180×10）÷98＝8角47文

　　水口和黄田地区同样盛行发行票子并流通。票子如下图：

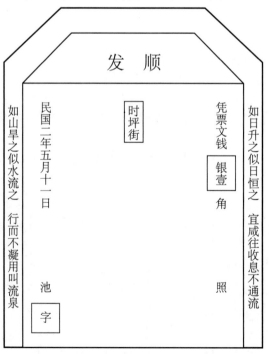

此票使用的是长 8 寸多、宽 3 寸的薄唐纸，发行店铺如下

金丰（杂货、米油店）	乾丰（茶店）	宝丰（杂货店）	茂春（雨伞店）
万利（箔店）	宝美（杂货店）	昭记（肉食店）	桂春（鱼店）
隆昌（鱼店）	同美（炭货栈）	双兴（鱼店）	亨记（酒铺）
义和（鱼店）	和顺（杂货、京货店）	大兴（糕点店）	祥兴（杂货店）
同兴（灯烛店）	祥美（杂货店）	春记（杂货店）	瑞春和（杂货店）

以上店铺中信用程度最高的有金丰、隆昌、宝美、和顺、瑞春和等，其中金丰规模最大。

水口的票子是对于小银币来说的，面额仅有 1 角、2 角、3 角，流通范围以水口为中心，一百里以内。

每家店铺的发行金额在 200－150 元之间，原来水口一带硬币比较少，作为补充才发行票子，因为发行时间比较久，存在假票（伪造）的现象。

第二节　度量衡

一、度

当地使用的尺子有：船尺、裁尺、竹尺、木尺，工匠尺、绸缎尺，其长度与日本的尺度相比较如下：

船尺 1 尺＝日本 1.00 尺

粗布尺（平尺）1 尺＝日本 0.94 尺

粗布尺（裁尺）1 尺＝日本 1.27 尺

石匠尺 1 尺＝日本 1.13 尺

木尺 1 尺＝日本 1.20 尺

竹尺 1 尺＝日本 1.20 尺

绸缎尺 1 尺＝日本 0.98 尺

二、量

水口地区使用的量器分为 1 斗、1 升、半升，1 升、1 斗量器呈方形，半升量器是竹筒制的，三者之间为十进制算法。

经过实际观察，1 升量器深 2 寸 2 分 5 厘，各个口边为 4 寸 3 分 5 厘，其容量为 42、575.625 立方分米。

三、衡

水口地区使用的衡器为红花秤，分为大秤、小秤，大红花秤 16 两为 1 斤，小红花秤 14 两为 1 斤。当地 1 担等同于大红花秤 100 斤。大小秤与日本的比较如下：

大红花秤1斤（16两）＝日本147钱 称稻米、小麦、盐用
小红花秤1斤（14两）＝日本128钱 称棉花、杂货用

第六章　黄田的货币和度量衡

第一节　货　币

黄田流通硬币，其中银元包括日本银元、香港元，小银币有福建、广东、香港三种。其他的制钱、铜元等和其他地区情况相同。制钱有大、小两种，小钱称作民国钱，大钱和小钱的市价为大钱 10 文对应小钱 11 文。

黄田由钱庄和大商铺（杂货店、粮食店等）发行票子并流通。发行店铺列举如下：

荣丰　茂芬　长春　成利　垣坤　和丰　赛芬　康泰

其发行不受任何机关干涉，全凭个人自由。主要是小银币的发行额度最低为 1 角，也有 2 角、3 角、5 角的。流通区域以黄田为中心，五十里以内。黄田近几年才开始发行票子，伪造还不是很多，信用程度较高。

银　圆　1 元　小银币 10 角和铜元 8 个

铜　圆　1 枚　制钱 大钱 8 个　小钱 9 个

小银币　1 角　铜元 12 枚

第二节　度量衡

一、度

当地使用的尺子总的来说可分为裁尺和粗布尺。与日本的尺度相比如下：

裁尺 1 尺＝日本 1.08 尺

粗布尺 1 尺＝日本 1.10 尺

二、量

当地量器有广、斗、石，10 广为 1 斗，10 斗为 1 石。1 广相当于日本 2 合 5 勺。1 广由竹筒制作，1 斗形状似壶，附着金属零件，极其坚固。

三、衡

黄田地区使用的衡器和水口地区相同，为红花秤。

第七章　福清的金融货币和度量衡

　　福清没有设立银行，有一家钱庄，规模小，发行纸币并流通于当地及附近地区。普通五谷店、杂货店、油店等兼营兑换业务。商业不繁盛，金融市场冷清。

　　流通的银元有鹰洋、银元。流通的小银币有湖北铸造、江南铸造的小银币以及民国纪念币。生活水平低，因此制钱比较多。

　　福清使用的尺度有裁缝尺、木工尺，与日本的尺度相比如下：

裁缝尺 1 尺＝日本 1.00 尺

木工尺 1 尺＝日本 0.98 尺

衡器一般使用红花秤，1 斤为 22 两。

第八章　泉州的金融货币和度量衡

第一节　金融机构

虽然当地设立了钱庄，但资本金只有两三千元，以货币兑换作为主业。一般不通用银行券，台银票、汇丰银票在钱庄的兑换率为 10 文至 30 文。当地主要钱庄、信局如下：

钱庄　丰瑞　晋和　天益泉

信局　如鸿　若花　天一　亦宜安

钱庄还办理黄金、白银相关的业务。

第二节　货币

泉州与厦门之间联系密切，其出口货物全部经由厦门，所以流通货币与厦门相差无几，当地流通货币有银元、小银币、铜元、铜钱及票子。

当地流通番银，极少使用马蹄银，此地称银秤为天平秤，相当于九九五库平秤。以此秤称量泉州两为成色 900 银。

当地流通的银元包括墨银、日本银元、英银、新王银，其中新王银价格最高，其次为英银，龙银和墨银价格大体一样。此外还流通杂银，包括四五银、爪哇银，但流通额小而且价格比较低廉。

小银币分为 1 角、2 角、5 仙面额，广东、福建铸造的最多，江南、新加坡的银币很少，一般也不授受。铜元流通额比较多且价格较高，市价为铜钱 12 文。由于铜元流通量增加，制钱价格下降了两成。虽然大商人交易使用外国银行券，但一般是不流通的。

明治三十九年（1906）6 月当地规定的货币价格如下：

龙洋	每千元	735 两	印叩光（有破损的新加坡银一圆）	每千元	735 两
新光鸟（新墨银）	每千元	735 两	广角	每千元	710 两
老光鸟（旧墨银）	每千元	736 两	官角	每千元	710 两

叩光（新加坡银一圆）	每千元	740 两	福角	每千元	707 两
新王（新铸布里奇银币）	每千元	806 两	十铜元	每万	60 两
叩角（新加坡小银币）	每千元	786 两	紫铜钱	每 10 万	61 两

第二节　度量衡

一、度

鲁班尺 1 尺＝日本 0.99 尺

裁缝尺 1 尺＝日本 1.15 尺

二、量

当地使用的斗量单位包括合、升、斗、石，采用十进制法。有大、中、小三种，与日本的相比如下：

小斗 1 斗＝日本 2 斗 4 升

中斗 1 斗＝日本 4 斗 4 升

大斗 1 斗＝日本 6 斗

三、衡

16 两为 1 斤，有大秤和小秤，分别以 70 斤、10 斤为衡量限度，以 130 斤为 1 担来计算。与日本的相比较如下：

1 斤＝日本 133.28 钱

第九章　同安的金融货币和度量衡

同安在被禁止种植罂粟之后就衰落了，金融机构只有当铺。没有钱庄，街上只有小资本的钱店开展制钱、铜元、小银币之间的兑换业务。

当地流通的银币有日本银元、英洋、杖洋，小银币由福建官局、广东省、江南铸造，制钱流通量少，钞票由台湾银行发行并流通（有台湾银行兑换所）。

同安地区使用裁尺、木匠尺，前者相当于日本 1.025 尺，后者相当于 0.95 尺。此地 1 斗对应日本 5 升 5 合，100 斤为 1 担。衡器使用英镑，1 斤相当于日本 165.1 钱。

第十章 金门的金融货币和度量衡

虽然金门生活水平比较高，但基本没有金融机构。人们在米店、杂货店换钱，除此之外只有小摊兑换小金额的制钱、铜元。

当地与厦门之间每日都有小蒸汽船往来，所以市场稍有活力。流通的银元有日本银元、英洋、杖洋等，江南、民国纪念币、福建省和广东省铸造的小银币在当地通用，但其中福建官局铸造的小银币流通性最好。金门不流通票子，铜元、制钱相对流通较多。

当地使用的尺度与日本的相比如下：

裁尺 1 尺＝日本 1.025 尺

木匠尺 1 尺＝日本 0.991 尺

1 斗相当于日本 5 升 5 合，1 担为 100 斤、133.3 磅。衡器与同安相同，都使用英镑。

第十一章 建宁的金融货币和度量衡

第一节 金融机构

作为建宁地区的金融机构，福建银行分行于民国四年（1915）年末设立，其努力扩充业务，逐渐取得了相当大的成果。传统的钱庄有 30 多家，其中大部分是汇总店。大钱庄有宝盛、福昌、万有、协丰、让裕，特别是协丰，资本金足足有 7 万元，市场信用程度最高，其他的不论哪一家资本金都在 2 万元左右。

上半年利率是日利七八厘，下半年特别是到年末，利率涨到 1 分四五厘也不足为奇。钱庄不发放普通无担保的贷款，以 3－6 个月为期限，活期存款不另加利息。

当地像这样的钱庄有许多，汇往其他省份的汇款多经由福州。汇往各地的汇款中，上海的金额占据第一位，汇往香港的次之。一年的交易金额应当不低于 200 万元。

当地的大型当铺有裕丰、裕和、元升、启源，资本金皆为 1 万元左右。放款期限 36 个月，8 元以上者利息每元 2 分 4 厘，8 元以下者 3 分，但对于货品来说利息为 5 分。

第二节 货币

当地流通的硬币有日本银元（龙洋）、香港银（杖洋）、大清银币、小银币等，铜元很少，不通用鹰洋，龙洋与其他银元相比市价比较高，大约高出 2 钱，并且维持在这个程度。流通的小银币为福建、广东、江西、湖北省铸造，其中福建、广东省铸造最多。铜元有福建、江西、浙江、湖北、江南、户部铜币，福建省和户部铸造的较多，但一般铜币流通额极少。一般制钱 8 文就可换取铜元 1 个，由此可见商人对铜元的态度比较冷淡。

至于通货行市以无形的标准货币为基准，称作芝平或者建平。福州新议秤百两相当于芝平 99 两 4 钱，建平 100 两相当于新议秤 100 两 6 钱。

龙洋 100 元为芝平 74 两，因此规定芝平 100 两相当于龙洋 135 元 13 仙。如今此地各种市价列举如下：

小洋 68.6　表示小银币 100 元相当于芝平 68 两 6 参。

铜元163　　表示1两芝平附加163枚铜元。

省票74.6（20日元）　　福州的汇兑行市中，74.6就是龙洋100元可购得芝平74两6钱汇往福州的汇票的意思。

在福州因为没有和芝平相适合的秤，所以同地交付票据时，以支付人的意愿为准。以上述的芝平和新议秤之比为依据，把票据面额换算成新议秤，支付捧银或者当日银元市场中成交的银元。

第三节　度量衡

一、度

绸缎尺 1 尺＝日本 1.10 尺　　　　裁缝铺、布店铺

裁尺 1 尺＝日本 1.15 尺

木尺 1 尺＝日本 1.32 尺　　　　木匠用

大象尺 1 尺＝日本 1.22 尺　　　　一般用

二、量

米广（五谷用）1 升＝日本 3 合 6 勺

其他的量器还有 1 斗、1 斛、1 箩、1 担等，分别可称量 7 斤、35 斤、70 斤、140 斤。

三、衡

建秤（秤银用）1 斤＝日本 158.4 钱

小秤（平常用）1 斤＝日本 154.0 钱

此外还有朱项（秤金属用）、广戥（药材用）。

第十二章　建阳的金融货币和度量衡

第一节　金融机构

建阳没有钱铺，也没有金融机构，只有钱粮房发行兑票（发行额1000元），在建阳一带通用，汇款由同恒、慎立记、致和隆、发记等布店管理，当地只有一家当铺，叫顺裕号。放款期限为36个月，规定月息为2分。

第二节　货币

当地的主要通货是日本银元，英银稀少，两者市价相同（银币7钱4分左右），在建阳通用。墨银流通不好，一般兑换所也会拒绝兑换墨银，其市价维持在小银币10角，即银币7钱2分左右。小银币有广东铸造的1角，福建官局铸造的2角、1角，其他的一律不通用，一角银币为96文，铜元市价为7文至8文，虽说制钱是名义上的称呼，实际上不大量流通，铜元的流通量很大，1元可兑换一百三十四五枚制钱。

第三节　度量衡

一、度

建阳地区的尺度为以下4种，与日本尺度相比较如下：

裁尺 1 尺＝日本 1.195－1.125 尺

京尺 1 尺＝日本 1.14 尺

鲁班尺 1 尺＝日本 1.10 尺

卖板尺 1 尺＝日本 1.215 尺

买卖洋布使用裁尺，买卖绸缎使用京尺，造船、建筑等使用鲁班尺，木材交易使用卖板尺。鲁班尺 5 尺为 1 间（日本尺的贯法度量衡制的长度单位，约为 1.818 米）。

二、量

平常使用的 1 斗、5 升、1 升等为木制太鼓形状，口径镶嵌着铜，少量商品贩卖使用竹筒制作的量器，其计算方法是 10 管为 1 斗、5 斗为 1 桶、2 桶为 1 石。

三、衡

  建阳使用的福州新议平 1 两为日本 9.8 钱，药铺的天秤 1 两为日本 9.6 钱，其他的交易使用 22 两 1 斤的大秤，库平 16 两 1 斤的平秤使用也较普遍。

第十三章　浦城的金融货币和度量衡

第一节　金融机构

当地的新式银行是中国银行分行，其业务未达发展标准。当地钱庄有：

坤记　永安厚　泰和　正源　永昌　擢居　无雅居　福其

这些钱庄经营换钱、汇兑、贷款等业务，汇款多是汇往福州、建宁、上海、浙江、江西方向的。上述钱庄组成钱业公会并且商定市价。

当地使用的汇票三联单样式如下：

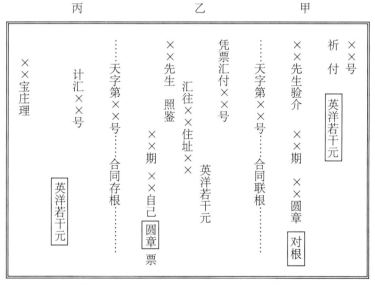

甲是对根，交给汇款办理人，乙是本票，要邮寄给领款人，丙是钱庄存根。

第二节　货币

当地流通的货币有英洋、龙洋、小银币和铜元，英洋价格通常要比龙洋（当地也称日本银元为龙洋）高出 1 个铜元，龙洋 1 元为 140 多片（1 枚铜元叫 1 片）。当地使用广东、福建、湖北、江南铸造的 1 角、2 角小银币，而且还会混用香港的 5 仙、1 角银币。当地不流通纸币。

货币价格根据钱业公会规定在每月 1 日和 15 日按照以下形式公布，浦城与建宁相同，使用建平作为标准。

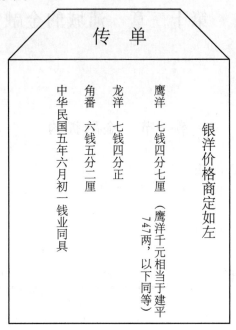

传　单

银洋价格商定如左

鹰洋　七钱四分七厘（鹰洋千元相当于建平747两，以下同等）

龙洋　七钱四分正

角番　六钱五分二厘

中华民国五年六月初一钱业同具

第三节　度量衡

一、度

木尺（木匠用）1 尺＝日本 1.04 尺

苏尺（鞋商用）1 尺＝日本 1.02 尺

裁尺（量衣料用）1 尺＝日本 1.15 尺

二、量

竹筒材质的斛（大）（五谷用）1 斛＝日本 5.700 斗

竹筒材质的斛（小）（五谷用）1 斛＝日本 2.850 斗

四角斛 1 斛＝日本 1.225 斗

三、衡

平常使用 16 两秤，1 斤相当于日本 153.39 钱。

第十四章　政和的金融货币和度量衡

第一节　金融机构

政和没有任何的金融机构，只有极小规模的钱店和普通的商店从事小银币、铜元、制钱之间的兑换业务。

第二节　货币

银元只流通日本银元，另外福建、广东铸造的小银币以及民国纪念币在当地通用，然而后两者比较廉价，2 角只值两三个铜元，福建官局铸造的小银币流通性良好，8 个制钱可兑换 1 个铜元。前清时期的大钱信用程度最高，1 个铜元称作 1 片，附近地区都如此，当地不通用任何纸币。

第三节　度量衡

一、度

裁尺 1 尺＝日本 1.2 尺

木工尺 1 尺＝日本 1.0 尺

二、量

政和和寿宁地区相同，除管、升、斗之外，称量液体的容器还有酒川、半川，酒川相当于 2 半川。

三、衡

一般使用平秤，附加着 16 两为 1 斤的盆秤。

平秤 1 斤＝日本 99.36 钱

第十五章　松溪的金融货币和度量衡

第一节　金融机构

松溪没有银行、钱庄这种专门的金融机构，普通商铺从事小银币、铜元、制钱的兑换业务。

第二节　货币

英洋、日本银元的流通额最高，流通的小银币由福建、广东、湖北铸造。福建、广东、湖北、浙江四省铸造的铜元在松溪通用，制钱流通量极少，不通用纸币。

第三节　度量衡

一、度

裁尺 1 尺（原文缺）

木工尺 1 尺＝日本 1.0 尺

二、量

当地量器有 1 斗、半斗、筒子等，5 筒子为 1 半斗，2 半斗为 1 斗。

三、衡

一般使用的衡器有黄戥，又叫苏戥，形状稍小，1 斤相当于日本 200 钱，根据构造大小可分为天秤、平秤、厘秤。

第十六章　延平的金融货币和度量衡

第一节　金融机构

延平的金融机构有福建银号、中国银行分行，主要处理公款事务。近来也管理商人之间的交易，特别是汇往福州的汇款多是通过福建银号。当地没有单纯的钱铺，也被称作代报铺，在此换钱，主要店铺如下：

恒和　天全　信成　成和　吉通洋行（日商）

代报铺一边经营布匹店、鱼店、杂货店等本职业务，一边经营汇款、换钱等业务。

每当大型商铺有闲置资金，代报铺就会以存款的形式吸收这些资金，在必要的时期会发行汇票，代办与其他地区（主要是福州）的决算业务。此外，发行购买商品的定期汇票，在交付时使用，并且转让自由，形式如下：

凭条支小洋〇〇〇正　支

办理贫民金融业务的当铺只有聚成号一家，嘉庆六年（1801）设立，由于是老字号，信用良好。店员有 13 名，业务兴隆（资本金额不详），抵押期限为 26 个月，利息为一个月 2 分 4 厘，按照 1 元等于制钱 860 文计算。据说正税一年 80 元，贾捐 50 两。

第二节　货币

当地货币为银元、小银币、铜元、制钱，银元中日本银元占多数，英洋占少数。墨银不在市场中流通，日本银元和英洋的流通比例为 8：2。日本银元行市则是若干番票或者新议平两，因为供求关系及其他情况行情涨落不定，上涨最猛时期是茶和木材上市期。英洋与日本银元同价并混用。

小银币有福建、广东铸造的 1 角、2 角，香港的 5 仙、1 角比较罕见。市场上铜元流通甚多，因此价格比较低廉，一般是七八文，和 1 元的比价为 130 枚左右。

延平使用的制钱分为大钱和私钱，小额交易和纳税使用大钱，除去康熙、乾隆、道光年间的大钱之外，大量日本宽永年间的大钱也混合使用。私钱又称为小钱或铆钱，属于民间铸造，大小重量不定，主要是下层人民使用，因此大型商铺不接受私钱。由于延平生活水平低，其流通比较繁盛，当地大钱和小钱流通比例为三比七。

此地使用的标准秤是建番（建平两），100 两相当于新议秤 100 两 6 钱。

第三节　度量衡

一、度

裁尺（裁缝用）1 尺＝日本 1.250 尺

裁尺（卖布用）1 尺＝日本 1.200 尺

京尺（绸缎用）1 尺＝日本 1.225 尺

鲁班尺（木匠用）1 尺＝日本 1.000 尺

二、量

延平地区较多使用平斗，同时也使用芜斗和府平。平斗包括半平升、1 平升、2 平升、平斗，府斗也是如此，此外还包括 3 府升，全部都是木制的。平斗、府斗为太鼓形状，芜斗呈尖头方形，此外零售使用竹筒制的 5 合、2 合，多在乡村使用。日本的斗量与其对比如下：

平斗 1 斗＝日本 5.33 升

芜斗 1 斗＝日本 4.60 升

府斗 1 斗＝日本 5.75 升

三、衡

当地使用的衡器中，一般交易使用平秤，米铺、鱼铺、杂货铺使用红花大秤，批发商使用片秤。日本的衡器与其对比如下：

平秤 1 斤＝16 两＝日本 156.8 钱

红花大秤 1 斤＝18 两＝日本 176.4 钱

片秤 1 斤＝17.5 两＝日本 171.5 钱

第十七章　沙县的金融货币和度量衡

沙县没有大型钱庄，只有十几家钱铺经营兑换以及其他业务。住在福州的广东商人购买当地的木材、烟草、茶、竹笋、竹纸这些货品，习惯于通过延平的钱庄融通一半的金额，这应该就是沙县没有大型钱庄的原因。

沙县有一家当铺，叫恒源。设立于嘉庆十六年（1811），店员12人，如下：

管事2人　掌柜3人　票事3人　管理服装3人　做饭1人　差使2人

资本金为1.2万元，期限为26个月，利息为月利3分。特别规定30元以上利息下降为月利2分4厘。

第一节　货币

当地流通货币有银元、小银币、铜元、制钱，不流通票子。流通的银元中日本银元流通量最大，当地人不是很喜欢墨银，流通量很小，只有一两家钱铺给予兑换。小银币只流通福建、广东铸造的1角、2角，市场上看不到湖北、江南铸造的小银币。铜元的流通量较大，制钱（主要是私钱）使用繁多，银元1元市价大约是十角三四十分、一串四五十文。

第二节　度量衡

一、度

布匹店和厘金局使用的裁尺相当于日本曲尺1尺1寸7分，裁缝店使用的裁尺相当于日本1尺2寸1分，至于其他的京尺、鲁班尺，总的来说与延平的尺度相同，不同之处是一般的京尺叫店尺，另外家尺相当于日本1尺7分，适用于竹纸。

二、量

沙县地区多使用府斗，也许是因为此地商人多来自福州，以5合为单位，10合为1升，2升称为斗，2斗为石，5合等同于平秤14两的重量，相当于日本二合八勺七五，并以此为标准。此外10升为1斗，虽说是政府规定，但不在一般交易中使用。

三、衡

当地一般交易使用的是16两1斤的平秤，竹纸、烟叶、竹笋、茶叶交易则使用

18 两 1 斤的大秤。大秤 138 斤的烟叶为 1 荷，140 斤米为 1 荷。

衡器有栳和厘戥，栳包括大秤、小秤，大秤称量 150 斤至 400 斤，小秤称量 50 斤至 200 斤。厘戥又叫称子，配有石块或者秤砣，使用有一点难度，按照惯例其 105 斤相当于栳 100 斤。

第十八章　尤溪的货币和汇兑

第一节　货币

当地主要和福州有交易往来，偶尔还会与厦门进行交易。当地流通的货币日本银元占据第一位，偶尔会有在厦门流通的英洋。墨银信誉全无，基本不会在市场上出现。当地大商人还兼营钱庄的业务，还会发行一种叫台状的票子，在大小型交易中使用，票子面额从 100 元到一两角不定，这些票子只在尤溪县城流通，每到清算日期这些店铺就要全部集合到福州会馆交换台状，这样就形成了使用台状决算的习惯。

当地流通的小银币有官角、福角、广角。尤其是广角 1 角特别多，占小银币流通额的一半，偶尔还会看到香港 1 角。尤溪流通铜元和铜钱的情况与福州相同，交易的价格单位是台状 1 元，有时代表小银币 10 角，有时代表制钱 1000 文，前者在与福州商人交易时使用，后者在与本地农民或者小工业者之间使用。

流通货币市价如下：

银元 1 元（换小银币）10 角 6－7 仙

小银币 1 角（换制钱）89－90 文

铜元 1 仙（换制钱）10－8 文

尤溪的制钱除分为制钱和市钱之外，还有大钱和小钱之分，规定小钱百文相当于大钱的 80 文。

第二节　汇兑

尤溪县汇出的汇款分为福州汇款和延平汇款，全部是大商人营业的一部分，根据面额和时期不同手续费也不同。对于顾客来说，有时这些手续费全不征收。汇往福州的汇款额面全部被记载为福州货币，即番票几元，对此要使用日本银元交易。汇往延平的汇款记载为尤溪的台状，所以额面是一定的。从这两地汇往尤溪的汇票是各发出地的标准货币，换算成尤溪货币再支付。而且当地的大商人与福州和延平的票号、钱庄的汇兑交易会约定好期限和交易额，在期限内接受委托，期限日当天结清借贷账目，余额则通过现金运送的方式返还。

第十九章　顺昌的金融货币和度量衡

第一节　金融机构

顺昌没有钱铺和钱庄，资本通融全由富人放贷，利息高达月利 6 分，这主要是面向贫民的放贷，所以收回资本应该比较困难，普通的借贷年利为 2 成左右。

第二节　货币

当地货币只有硬币，以日本银元、香港元、铜元、制钱为主，顺昌银元流通额较大，多用于大型交易。

广东、福建、香港的 1 角、2 角小银币最多。货币市价参照洋口市价列举如下：

香港元 铜元 128 枚　　　铜元 1 枚 制钱 10 枚

日本银元 铜元 128 枚　　　一角 铜元 12 枚

第三节　度量衡

一、度

当地使用的尺度有：裁尺、京尺、木尺。此外还有一种虽说叫工尺，但尺度和裁尺相同。

裁尺 1 尺＝日本 1.14 尺　裁缝用

木尺 1 尺＝日本 1.10 尺　木匠用

京尺 1 尺＝日本 1.15 尺　布匹交易用

二、量

顺昌量器有 1 升、1 斗、1 桶，1 升为竹筒制作，其容量与邵武地区相比小得多，相当于日本 2 合 5 勺。1 斗为木制，上面敞开，呈方形，相当于日本 1 升 2 合 5 勺的容量，1 桶也是木制的，呈壶状，边口、中部镶嵌有金属，构造牢固，容量是 1 斗的 5 倍，适用于称量大米、小麦、豆子。

三、衡

在顺昌使用铜盘秤，还有公秤，与邵武地区的不同，顺昌的铜盘秤用浅的小篮子代替铁盘使用。铜盘秤 1 斤为 17 两，公秤 16 两为 1 斤，与日本的相比较如下：

铜盘秤 1 斤＝日本 152 钱

公秤 1 斤＝日本 140 钱

铜盘秤用于称量盐、粮食，公秤适用于称量小杂货、肉、蔬菜。

第二十章　洋口的金融货币和度量衡

第一节　金融机构

近来洋口因为商业发达起来，虽说是福建省内的市场，但还没设立金融机构，只不过有专门的大商铺兼职管理，汇兑应该是在延平、福州、邵武等地区处理。

第二节　货　币

洋口不流通纸币，硬币有龙银（日本银元）和杖银（香港元）、铜元、制钱、小银币，流通的银元中日本银元占七成，但全部是有破损的，破损十分严重的则需要通过称量来交换，在这种情况下，7 钱 4 分为 1 元。

福建、广东铸造的小银币流通最多，香港铸造的小银币流通量甚微，小银币只有 2 角、1 角。制钱分为大钱和小钱，原来洋口流通的制钱一种是康熙、乾隆年间及日本宽永年间的制钱，一看就是红黑发亮并且质量优良的制钱，另一种是福建省新铸造的 1 文、2 文的极其劣质的制钱。优质的称作大钱，劣质的称作小钱，因此大钱比小钱的市价高 1 铜元 1 文。

称量龙银使用洋口平，与附近各地相比结果如下：

	=福州台平 100 两 6 钱
洋口平 100 两	=光泽市平 100 两 2 钱
	=邵武平 100 两
	=建宁平 99 两 5 钱

洋口没有银两，1 两银即用洋口平称量前面所讲的有破损的银元为 1 两。如今当地各种货币行情列举如下：

洋　　口 1 两　银元 1 元 3 角 5 钱　铜元 1 枚　制钱大钱 8 枚、小钱 9 枚

日本银元 1 元　铜元 8 枚　　　　　日本银元 1 元　铜元 128 枚

票据多为期票，期限以 10 日为单位，额面货币多使用龙银，主要是为了应对商人购入货物时支付现钱找余额而发行的。

第三节　度量衡

一、度

当地尺度有以下几种，主要使用裁尺、木尺、船尺、工尺。

裁尺 1 尺＝日本 1.20 尺

船尺 1 尺＝日本 1.10 尺

工尺 1 尺＝日本 1.10 尺

木尺 1 尺＝日本 1.08 尺

粗布用尺 1 尺＝日本 1.25 尺

绸缎用尺（京尺）1 尺＝日本 1.15 尺

二、量

当地量器有 1 斗、1 升，1 斗又叫作米行斗，6 升为 1 斗。与日本的相比如下：

1 斗＞日本 1 升 5 合

1 升＝日本 2 合 5 勺

三、衡

洋口作为闽江上游的交易中心，与其他地方相比使用的衡器也多种多样，有铜盘秤、栳秤、红花秤，栳秤和红花秤大多作为同种衡器使用。零售使用小秤，卸货使用大秤，小秤秤盘为篮筐，20 斤为大秤 150 斤。

铜盘秤、栳秤、红花秤全部按照 16 两为 1 斤使用，与日本的相比如下：

铜盘秤 1 斤＝日本 152.0 钱 盐用

栳秤 1 斤＝日本 149.2 钱 粮食用

红花秤 1 斤＝日本 156.6 钱 油类、杂货、鱼类用

第二十一章　永安的金融货币和度量衡

第一节　金融机构

永安是福建木材的集散地,从清流县运来的木材通过永安运往福州,因此永安和福州之间在金融方面关系十分密切,所以木材商在金融方面起重要作用,而不是钱庄。然而,这和普通商人基本无关。

当地木材商不是通过汇款或运送现银获得资金,而是从福州木材商在当地的分店暂时得到融通资金,木材销售到福州之后再偿还给本店,根据交易关系的深浅利率也不固定,一般为月利2分左右。然而据说这只是凭借信用借贷,以木材作为担保,每次回收资金都比较困难。本店和分店在6月、12月通过现金运送结清借贷账目。永安没有钱庄,人们在杂货铺兑换货币。有3家当铺,其结构形式、放贷方法与其他地区相同,月利2分,期限为3年。

第二节　货币

永安流通货币与连城大致相同,日本银元势力较大,当地完全不通用湖北2角银币,因为交通不便与其他地区交易,1角要额外附加五六文的费用,可以和福建、广东、香港的小银币交换。用永安平计算日本银元为7钱3分,小银币为6分8厘。

第三节　度量衡

一、度

木尺1尺＝日本0.95尺
布尺1尺＝日本1.15尺
京尺1尺＝日本1.11尺

二、量

永安使用合、升、斗、石,全部按照十进制方法计算,1升不足日本4合。在大米交易中按照1斗米8斤换算。

三、衡

永安使用官秤、花秤、木材用秤，官秤 1 斤为 16 两，并以此为标准。花秤 1 斤为 18 两，但实际是 16 两。花秤与官秤相同，用于纳税，只是用于商业交易的名称不同。在山区进行交易时使用木材用秤，1 斤为 20 两，因此官秤 125 斤为木材用秤 100 斤。官秤 1 斤换算成日本的权衡 175 钱，木材用权衡 218.75 钱。

第二十二章　汀州的金融货币和度量衡

第一节　金融机构

汀州的金融机构只有 20 家钱铺，并且只经营兑换业务，并不是以钱铺为专业，还管理盐的交易，主要钱铺列举如下：

谢秀和　广义昌　谢豫大　泰兴昌　泰昌兴

黄德昌　汤广亨　益太昌　骏昌兴　谢豫泰

当地有一家质铺叫均利号，本来有一家宏通当铺，因为生意不好停业了，之后也没有设立当铺，给百姓的生活带来诸多不便，因此开设了一家小资本的质铺，当价为抵押物品价格的一半左右，规定一个月的利息为每两 2 分 5 厘，即 36 文（大钱），通常为 20 文。

当票形式如下：

均利质铺

姓今将（姓）（抵押物品）

按月收取利息，每两二分五厘，按照新历执行，二十个月期满，过期即废由质铺变卖，倘若发霉，虫鼠咬坏，来历不明物品，与质铺无关，认票不认人

民国　年　月　字　号

旧历　月　日

日汀城三官堂前大街

第二节　货币

当地流通的货币有名义货币关平两，流通的银元有龙洋、英洋、吉林，全部按照银币 7 钱 5 分的价格流通。这些与小银币兑换可得 10 毫半 24 文。小银币包括香港的 5 仙、10 仙，广东的单毫、双毫，福建的 1 角、2 角，其中 1 角可兑换 7 分银币。制钱包括大钱、市钱，大小两种形状的市钱混合使用，只有大形状的大钱，其市价分别为小钱银币 1 分 16 文、大钱 1 分 15 文。

因此 1 角小银币为 120 文市钱、105 文大钱，汀州不流通铜元。银元打磨较多，有损坏会折价，在大买卖交易中通过称量授受金钱。

第三节　度量衡

一、度

裁衣尺 1 尺＝日本 1.23 尺

绸缎尺 1 尺＝日本 1.22 尺

木　尺 1 尺＝日本 0.91－1.14 尺

工　尺 1 尺＝日本 0.94 尺

二、量

称量五谷使用的合、升、斗、石全部采用十进制法，1 合为日本 5 勺半，称量油类使用以重量为单位的量器，包括 1 两、2 两、4 两、8 两、16 两，1 两相当于日本 2 勺。

三、衡

当地使用的衡器记载不完全。当地用石子做砝码，衡量稻米使用担，其惯例为 14 斤为 1 斗，14 两为 1 斤，相当于日本 135 钱。

粗布使用的秤 1 两多于日本 11.3 钱，货币用的天秤又叫关秤，相当于日本 9.85 钱。

第二十三章　宁化的金融货币和度量衡

宁化没有设立钱庄和当铺，只在洋货铺进行日常所需的货币兑换。

当地流通的货币有银元、铜钱、制钱。银元包括龙洋、英洋，全部按照宁化平 7 钱 5 分计算，因此 100 两宁化平为银元 133.33 元。小银币包括香港、广东铸造的 1 角，也有湖北的 2 角银币，铜钱的市价相当便宜，1 铜元为 8 文。

布匹使用竹制的尺子，1 尺为日本 1 尺 1 寸 2 分。量器方面与日本的相同，使用石、斗、升、合、勺，包括 1 斗、1 升、5 合、2 合 5 勺、1 合 2 勺半，1 升量器为高 6 寸 1 分、直径 2 寸 6 分的竹筒，升以下也同样是竹筒，1 升的容量相当于日本 5 合，容量为 5 合 2 勺左右。

当地以花秤为标准，除此之外虽然有市平，但重量不定。花秤 16 两为 1 斤，其 1 斤相当于日本 157 钱。

第二十四章　上杭的金融货币和度量衡

上杭没有金融机构，流通的货币与峯市相同，市价为 1 元 10 毫 76 文，1 毫是 170 文。

当地使用的尺子有绸缎尺、鲁班尺、裁衣尺，绸缎尺的大尺 1 尺为日本 1.307 尺，小尺为日本 1.23 尺。鲁班尺 1 尺为日本 1.022 尺，裁衣尺 1 尺为日本 1.18 尺。

称量大米的量器分为 1 合、3 合、1 升 5 合、1 斗几种，1 合为日本 7 勺。称量豆类的量器有 1 合、3 合、5 合、1 升，其 1 合为日本 1 合 2 勺。称量油类时根据油类重量使用不同的量器，分为 1 两、2 两、4 两、8 两、1 斤。

适用于五谷的衡器叫司马秤，其 1 斤为日本 160 钱，其他还有适用于绸缎铺的秤 (1 两＝日本 9.88 钱)，货币用杭秤 (1 两＝日本 9.79 钱)。

第二十五章　连城的金融货币和度量衡

连城没有金融机构，只有米商和杂粮商管理换钱业务，因此不办理存款、贷款业务，邮局办理汇款业务。

当地货币有银元、小银币、铜钱，银元包括日本龙洋、英洋、香港元。龙洋流通最好。小银币包括湖北、福建、广东铸造的1角、2角，当地不使用江南铸造的小银币。在宁化通用的湖北2角银币在汀州根本不通用，但是在连城通用，并且还通用于永安，也可以说是很稀奇。1元为连平7钱6分、7.1分小银币，所以连平100两为131.58元。此地也不流通铜元，铜钱中私钱流通较多，这一点与其他地区相同。

此地斗量有石、斗、升、合。1石为10斗，1斗为10升，1升为6合。1合是深5寸5分、直径为2寸2分的圆筒，其容量约等于日本3合2勺。

在连城使用的秤有：正秤、行秤。正秤16两为1斤，是标准秤，其1斤为日本157钱，行秤1斤为15.28两，其100斤为正秤的95.5斤，行秤的1.5斤为日本150钱。

第二十六章　峰市的货币和度量衡

第一节　货币

当地没有设立金融机构，主要流通货币为银元、小银币、制钱。流通的银元包括新王银、安南元、日本银元、香港元、英洋等，市价为 10 毫半 7 文。小银币叫小银锞子。福建的 1 角、2 角，广东的双毫、单毫，香港的 10 仙在峯市通用，市价为 1 角 98 文。

第二节　度量衡

一、度

木尺 1 尺＝日本 1.13 尺

裁衣尺 1 尺＝日本 1.23 尺

工　尺 1 尺＝日本 1.15 尺

二、量

称量谷类的量器有 1 合、5 合、1 升、1 斗，1 合相当于日本 9 勺。称量油类的有 16 两（1 斤）、4 两、8 两、1 两，1 斤相当于日本 4 合。

第二十七章　兴化的金融货币和度量衡

第一节　金融机构

兴化没有一家金融机构，只有几家小钱庄和当铺，而且这些钱庄只限于换钱，不涉及其他的银行业务。据说当地商人需要汇款、存款时依靠涵江的钱庄。

第二节　货币

宁化使用的货币有银元、小银币、铜元、铜钱。银元有墨银、日银、英银，其中日银最多，英银次之，墨银最少。小银币有 2 角、1 角、5 仙，还有广角、官角，福角（福建省铸造）不通用。铜元流通额极小，铜钱的价格颇高，在泉州地区大洋与铜钱的兑换率为 1250 文，在兴化超不过 1000 文，也不通用其他外国银行发行的纸币。

第三节　度量衡

一、度

当地使用的尺度包括裁缝尺、鲁班尺，布匹商和裁缝使用裁缝尺，制作者不同其长度也不一。裁缝尺与日本尺的比较标准不定，有时是 1 尺 2 分，有时是 1 尺 1 分。在当地，鲁班尺叫作炉公尺，木匠、泥瓦匠和旗帜店使用，1 尺相当于裁缝尺 8 寸。

二、量

在当地大米、豆类这些物品使用斗量，不使用称量交易，并且当地使用的秤 10 斤为 1 斗，10 斗为 1 担。

三、衡

兴化的衡器与泉州情况相同，因此省略。

第二十八章　涵江的金融货币和度量衡

第一节　金融机构

涵江与兴化相距20里，由于与泉州、厦门之间有蒸汽船往来，商业势力逐渐超过兴化，金融业也稍显势头。

涵江还不是特别发达，因此没有专门的钱庄，也没有商人需要兑换、贷款、存款，只有一家中国银行支行，但是其势力比较小，专门收受公款，并以此为主业。中国银行发行的纸币不在涵江通用。涵江运至各地的现银输送费用如下：

至福州　每千元1元8角　　　至上海　每千元7元2角

至厦门　每千元4元1角8分　至宁波　每千元5元7角

第二节　货币

银元包括日本银元、英洋、香港元，但日本银元、英洋流通最多，本省、湖北、广东铸造的小银币共同流通，其他省的小银币则要以2角银币外加2个铜元的价格削价流通。铜元流通额较多，制钱流通比较少。日本银元、英洋、杖洋价格相同，为11角4仙（136仙），小货银12个铜板为1角。

第三节　度量衡

一、度

裁尺1尺＝日本1.02尺　布匹店、平常用

鲁班尺1尺＝日本0.90尺　木匠、泥瓦匠用

二、量

1牙＝日本的6合5勺　粮食铺用

1斗（10牙）＝日本40斤

1担（36牙）＝日本144斤

三、衡

涵江秤 1 斤＝日本 185.44 钱　平常用

米重秤 1 斤＝日本 161.30 钱

油重秤 1 斤＝日本 106.00 钱

第二十九章　仙游的金融货币和度量衡

第一节　金融机构

仙游没有银行和钱庄，人们多通过行家（大商铺）进行汇款。其中汇往福州的汇款比较多，另外汇往涵江的汇款则要通过中国银行，有时会通过外运。处理汇款的主要是糖店，这是因为自古以来仙游就是有名的白糖产地，且出口额比较多，此外烟叶、干龙眼运出时也多需要汇款，布匹店、药铺、苏广店自行雇佣劳力进行现银运送。

第二节　货币

仙游使用的秤与福州相同，为新议秤即七四一六秤，主要货币为银元，所以市价 11 元就是新议秤银元 11 元。当地除了龙银之外还流通杖洋、民国袁头洋，市价全部是 11 角 3 铜片。

流通的小银币由福建官局和广东省、福建省银币铸造处铸造，人们不接受表面文字有磨损的银币。此地铜元叫铜片，流通较多，20 枚为 1 角，铜钱流通不多，分为大钱、小钱，9 文可得 1 个铜元。仙游不流通纸币。

第三节　度量衡

一、度

京尺 1 尺＝日本 1.27 尺

本地尺 1 尺＝日本 1.22 尺

鲁班尺 1 尺＝日本 0.98 尺

二、量

仙游使用的量器有 1 合、1 升、1 斗、1 石，计量大米、杂粮使用，1 石相当于足秤 100 斤。

三、衡

仙游使用足秤、行秤，足秤称量盐、米、白糖、油，称量水果、蔬菜使用行秤，足秤 100 斤相当于行秤 106 斤，行秤 100 斤相当于足秤 94 斤。

第三十章 邵武的金融货币和度量衡

第一节 金融机构

邵武没有设立钱庄，其业务由以下商铺代营：

聚亨　协成　隆丰

这些商铺进行洋货、海产品交易，聚亨资本金为 4 万余元，协成为 4 万元，隆丰为 5 万元。这些商铺以汇款为主要业务，汇往福州的汇款每千元需要 20 元左右手续费。

邵武有文彬典和永吉典两家当铺，开业资本在 2000 元左右，放贷期限为 30 个月，金额不同利息不同，10 元以上利息为 1 分 6 厘，10 元以下利息为 3 分左右。

第二节 货币

邵武通用的货币基本与光泽地区相同，但邵武地区完全不流通墨银。货币使用的平与洋口相同，各种货币市价如下：

日本银元　铜币 128 枚　　1 角　铜元 12 枚
香港元　　铜币 127 枚　　铜元 1 枚　铜钱 10 枚

第三节 度量衡

一、度

当地使用鲁班尺、算盘尺、木尺，与日本尺度相比如下：

鲁班尺 1 尺＝日本 1.01 尺
算盘尺 1 尺＝日本 1.05 尺
木　尺 1 尺＝日本 0.98 尺

木匠使用鲁班尺，算盘尺以算盘的长度为基准而得名，多在布匹店使用，木尺用于度量木材。

二、量

在邵武使用公斗计量大米、小麦，使用豆斗计量大豆，之所以拿口、光泽也使用公斗、豆斗，是因为邵武向拿口、光泽供应大米，斗之下还有 1 升，其容量如下所示：

公斗 1 升＝日本 5 合 2 勺

公斗 1 斗＝日本 5 升 3 合

豆斗 1 斗＝日本 5 升 8 合 8 勺

三、衡

邵武地区一般使用铜盘秤。本来只用于买卖盐，后来逐渐普遍适用于各种货物，小的铜盘秤一端带有秤盘，大的带有钩子，1 担为 130 斤，其 1 斤相当于日本 152 钱。规定在盐务所使用铜盘秤，在闽江流域多是专门在盐交易中使用。

第三十一章 光泽的金融货币和度量衡

第一节 金融机构

光泽是位于闽江上游山谷的一座城市，虽说是处于福建、江西两省的交通道路上，但商业并不繁荣。当地没有钱庄，以下三家商号在经营本店的同时还经营着钱庄的业务：

永泰 宜昌 聚丰

虽然都是杂货店，但永泰资本金为 1.5 万元，宜昌为 5000 元，聚丰为 5000 元左右。接待处理换钱、汇款等业务，汇往江西抚州、建昌的汇款比较多，主要是处理江西当地布匹的运入问题。

当地没有设立当铺，复升、利源两家店铺兼营抵押业务，虽说是布匹店，但资本金有五六千元。放贷期限为 1 年左右，月利息为 3 分。

第二节 货币

光泽地区流通的货币有日本银元、香港元等银元，还有广东、福建两省铸造的小银币、铜元和铜钱。日本银元信用良好且流通额较大，大体上都会有损坏，没有完整的。香港元是在市场中流通仅次于日本银元的货币，和日本银元相同都有损坏，大多呈盘形。

此外，虽然当地市场有时会出现流通于江西的湖北银、墨银等，但需要减价流通。康熙、乾隆、咸丰年间的铜钱流通的较多。

光泽地区使用的银两平叫光泽市平，10 两相当于日本 94 钱 5 分，只是名义上的货币。各种货币价格如下：

日本银元 1 元	7 钱 5 分
	10 角 铜元 5 个至 7 个

1 角 铜元 12 枚　　1 铜元 铜钱 10 枚

票据以银票居多，是面向当地的大商人发行的，主要为期票，一般期限为 20 天左右。

第三节　度量衡

一、度

当地使用的尺子主要有木尺、工尺、船尺、八八尺。其尺寸与日本相比如下：

木尺 1 尺＝日本 1.02 尺

工尺 1 尺＝日本 0.95 尺

船尺 1 尺＝日本 1.21 尺

八八尺 1 尺＝日本 0.89 尺

光泽位于山谷，木材产出多，因此木尺的使用范围较广，包括 1 丈和 5 尺各种长度的木尺，八八尺是当地自古以来就使用的尺子，与造营尺相对。在造营尺固定的基础上，那八八尺也应该是恒定的，实际上并不是这样的。一般使用八八尺，近年多用于量丝带等绳子类。

二、量

光泽地区使用的量器与邵武地区相同，所以省略对此的介绍。

三、衡

当地使用光秤和盘秤，光秤 16 两 1 斤，盘秤 17 两 1 斤，与日本的相比如下：

光秤 1 斤＝日本 138 钱　盐用

盘秤 1 斤＝日本 152 钱　五谷、油用

当地 1 担为 120 斤。

第三十二章 漳州的金融货币和度量衡

第一节 金融机构

漳州的金融机构有钱庄、当铺、土客、水客，近来钱庄的业务逐渐繁荣，土客、水客在金融界的作用变小，如今当地主要有以下 8 家钱庄：

启源 天元 豫源 汇通 建隆 连记 生记 福源

建隆可以称作是厦门台湾银行的代理处，开业资本为同行共同出资，营业成绩优良，同行管理纸币流通，处理兑换业务。建隆与上海的福记、美记以及香港的建源有汇兑交易往来。福建银号委托启源代理其发行票子，其他的钱庄主要经营兑换业务，除此之外还有汇兑、放贷业务，工作量比较大，因此要在厦门办理漳州商人的资金融通事务。

土客指的是当地大型商铺。土客作为中介处理国内商人和厦门之间的交易，代办汇款、现银运送和汇票托收业务，手续费为每百元大约 2 角，此外怡和、谦益两家土客处理汇往福州的汇款，费用在千分之十五左右。

为了采购货物及其他业务而来漳州的外地商人叫水客。漳州和各地之间都有贸易往来，所以水客会代办现金运送和汇票托收，陆路手续费是 100 元附加每 10 里 2 仙，水路费用是其一半。水客对于在漳州的同乡商人来说是一种保证。随着外汇机构的发展，这些土客、水客的代办业务逐渐衰退，另外人们逐渐倾向于使用邮局办理小额汇款。

当地有咸吉饷、益泰、泰成 3 家当铺，其中成立于光绪四年（1878）的咸吉饷规模最大，开业资本金为 4 万元，有 17 名店员，业务繁忙。其他的当铺资本金 2 万元，各自开展与之相符的业务。利息根据典当物品分为月利 2 分或 3 分，期限为 3 年 4 个月，即 40 个月，当价一般为原价的一半。

一般借贷中信用贷款比较多，而且通常存在于朋友之间，月利为 1 分至 2 分半，多是联名担保，期限不定，一般是 4 个月左右，过期不能偿还则按规定方法处理。

年末至来年 3 月是金融繁忙时期，夏季 5、6、7 月生意冷清。

第二节 货币

当地流通的硬币有银元、小银币、通关、制钱，纸币有台湾银行发行的纸币、福建银号纸币。银元中日本银元流通性最好，英银与日本银元等价，在当地通用；此外英洋、杖洋、安南元、新王银流通金额不大。一般交易决算使用小银币。其中本省（官角）及广东1角、2角的流通较多，有时市场中还会有香港、新加坡铸造的小银币，其他省份以及福建省铸造的1角银币需要减价18文才可流通。近来铜元使用量增加，且逐渐超过制钱，以福建铸造和户部铸造为主。铜钱有制钱、私钱，但据说近来有许多商铺拒绝接收私钱。流通的纸币中台湾银行发行的纸币信用最好，由于启源号的信誉使得福建银号纸币产生了使用差额，一般纸币仅限于特殊人群之间使用，可以在钱庄兑换汇丰银行券。

第三节　度量衡

一、度

本地尺1尺＝日本1.00尺　平常用

连尺1尺＝日本0.92尺　木匠用

鲁班尺1尺＝日本0.98尺　木匠用

裁尺1尺＝日本1.25尺　裁缝用

京尺1尺＝日本1.15尺　绸缎用

码尺1尺＝日本12英寸

二、量

当地计量谷物使用官斗、加1斗、加2斗、加3斗量器，制作材料各种各样，有竹笼的，有木制的，官斗1斗相当于11斤，加1斗为12.5斤，加2斗为13.5斤，加3斗为14.5斤。计量液体的量器是竹筒制的，有半斤、1斤两种，半斤等同于日本2合1勺的容量。当地使用竹筒制的量器计量菜籽油，计量石油使用锫力制的量器，分为半两、1两、2两、4两、8两几种，其中8两相当于日本1合6勺。

三、衡

百六秤1斤＝日本197.5钱

漳　秤1斤＝日本158.0钱

第三十三章　漳浦的金融货币和度量衡

第一节　金融机构

漳浦没有设立钱庄、票庄、新式银行等金融机构，只有丝绸商铺和鱼产品批发商兼营货币兑换的业务，主要有宝山、豫丰、联记、协兴等几家。

第二节　货币

漳浦流通的货币有银元、小银币、铜元、铜钱。银元以日本银元为主，小银币中只流通1角银币，以当地衡器衡量的话，龙银1000元相当于730两。虽然各种货币的换算率会发生变动，但一般龙银1元为小银币10角50文，铜钱1050文，龙银以此形式在漳浦流通。近年来才开始流通铜元，所以其流通额还不是很大。

第三节　度量衡

一、度

裁尺1尺＝日本0.875尺

京尺1尺＝日本1.125尺

二、量

谷物类主要根据重量进行交易，合日本2合的重量按照1斤计算。根据油类重量使用不同的竹筒制量器，即半两、1两、2两、4两、半斤5种，半斤等同于日本1合的容量。

三、衡

天秤1斤（16两）＝日本160钱

第三十四章　诏安的金融货币和度量衡

第一节　金融机构

诏安城内有一家吉成钱庄，资本金不超过 1000 元，在城外有华亭、北关有源美钱庄，资本金不详，规模比吉成小，这些钱庄共同发行票子、发放贷款以及货币兑换，本来还包括存款业务，但是盗贼横行，所以货币保管比较困难，月利息为 1 分至 2 分，期限不超过 1 个月，一般多是信用贷款，陌生人贷款则要求担保。

第二节　货币

当地流通货币为银元、小银币、铜钱，不流通铜元和票子，银元以香港元为主，日本银元混在其中流通，小银币以广东铸造的单毫、双毫为主，偶尔也会流通香港铸造的 10 仙、5 仙。近年来当地才开始通用小银币，所以市场份额还不是很大，铜钱的使用量比较大。

第三十五章　云霄的金融货币和度量衡

第一节　金融机构

云霄没有设立钱庄、票庄、银行，恒丰、通弘、瑞利、全利、全安、恒利、恒泰、长安、茂德、福记兼营货币兑换业务。福记开业资本金为 2 万元，其他在 500－5000 元，可以对信用良好的商人进行暂时的垫付和贷款，但是期限不超过 7 天。

第二节　货币

云霄毗邻广东省，属于汕头贸易圈，以生产砂糖而闻名。当地主要货币为银元，其他还有香港元、美国银、小银币、铜钱，不流通铜元、票子，所以非常不便。平常交易使用银元计算，只有在砂糖买卖时人们才使用六银钱，即银元 1000 元等同于 600 两，使用当地衡器（牙项秤）衡量银元 1000 元为 730 两。

当地小银币主要使用广东省的单毫、双毫，各种货币的市价为 1 元附加小银币 10 毫 90 文，换成铜钱的话通常是 1015 文，一般市价很少发生变动。

第三十六章　霞浦的金融货币和度量衡

第一节　金融机构

霞浦只有一家钱庄，发行1角、2角的票子，通用于附近一带，小钱比较多，人们在货摊可兑换票子和小钱。

霞浦临近海岸，通过小蒸汽船与福州来往，因为附近为茶叶产地，一到产茶期，金融市场就比较繁盛。

第二节　货币

霞浦流通的货币有银元、小银币、铜元、制钱。银元流通额少，当地以小银币为主要货币，因此1元也就相当于10角。各种买卖均以小洋来决算。铜钱中小钱居多，同时也流通相当多的钞票。

第三节　度量衡

一、度

木匠尺1尺＝日本1.23尺

二、量

霞浦使用的量器有府斗、酒川，府斗有竹筒制、木制、太鼓形状的，酒川用于计量液体，形状如图所示。

三、衡

当地一般交易使用平秤，1斤16两相当于日本100钱。

第三十七章　福鼎的金融机构和货币

第一节　金融机构

虽然福鼎物产丰富，商业繁荣，但没有设立金融机构，虽然有大商店兼营货币兑换业务，与其他县不同的是大商店并不处理汇款，不过布匹店在交易的基础上会处理汇往福州、上海的汇款，贸易繁盛时还会运送巨额现金。

借贷存在于所有人之间，虽说借贷需要可靠的保证人和抵押品，但现实中比较注重信用，商人之间的利率普遍是 1 个月 1 分 5 厘，民间利率是 2 分左右。

第二节　货币

福鼎与浙江省平阳府往来密切，所以福鼎流通的货币中制钱数量最多，铜元流通额相对较少。银元以英洋为主，还有龙洋，但龙洋价格比英洋低廉（平阳县不流通铜币，所有的小额交易都使用制钱），各种货币市价如下：

英洋 1 元	132 铜元
	大钱 1020 文
	11 角 4 分
龙洋 1 角	12 铜元
	90 文
	11 角

第三十八章　福安的金融货币和度量衡

第一节　金融机构

福安以砂糖产地而闻名,但其交易在距福安东南方向五里的阳头进行,因此在当地见不到任何金融交易,货币兑换在大型布匹店、粮食店、杂货店进行,而且因为较多使用制钱,可以在货摊兑换制钱、铜元、小银币,但其资金极其小,就不从头论述了。

第二节　货币

银元中龙银和杖洋流通较多,福建、广东、湖北、湖南、江南制造的小银币市场份额较大,其中最多的是福建省官局、广东省制造的小银币。各省铸造的铜元在福安通用,但数量不多。制钱分为大钱和次钱,其中次钱流通量较大。

第三节　度量衡

一、度

裁尺 1 尺＝日本 1.00 尺　布匹用

木尺 1 尺＝日本 1.12 尺　木匠用

二、量

福安使用的量器有 1 斗、1 斛,1 斗相当于 27 斤,1 斛相当于 35 斤。

第三十九章　寿宁的金融货币和度量衡

第一节　金融机构

寿宁没有设立银行、钱庄等机构,杂货铺、酒铺、粮食铺兼营兑换业务,并且发行半角、1角、2角额度不等的纸票,通用于寿宁及附近地区。由于当地生活水平偏低,制钱和铜元流通量较多,街上的货摊上摆放着小钱、铜元来应对小额货币兑换。

第二节　货币

在寿宁通用龙洋、英洋,福建、广东、湖北、江南铸造的小银币较多,铜元流通额很小,制钱使用比较多,1个铜元市价为7个制钱(7片)。除此之外还流通前面所讲的半角、1角、2角的纸票。

第三节　度量衡

一、度

裁尺1尺＝日本9寸8分

木匠尺1尺＝日本9寸9分

二、量

当地使用的量器有1管、1升、1斗,2管为1升,5升为1斗。

第四十章　永春的金融机构和货币

第一节　金融机构

永春商业萧条，物产稀少，只生产少量漆器，因此金融机构也不发达。永春没有一户钱庄，换钱等主要是在杂货铺进行，而且只管理市内普通人的金融业务。当地有数十家当铺，主要当铺如下：

德丰　丰裕　荣华　振丰　丰源　益来

资本金在 3000－6000 元，规定利息一个月 2 分，期限为 2 年半。

一般借贷包括信用贷款、抵押贷款，前者一般是熟人之间借贷，期限为 4 个月，月利 2 分；后者期限为 1 个月，月利 1 分 5 厘，期满后不按期偿还需要更换凭证，抵押物品一般是田地、房屋等，按时价的半价放款。

第二节　货币

当地货币有银元、小银币、铜元、制钱。

银元包括日本银元和新加坡银，奇怪的是当地不流通墨银，如果使用墨银的话，需要减价三四仙才能使用。日银和新银市价相等，其流通额不详，但其中日本银元最多。

福建官局铸造的小银币占据第一位，广东省铸造的小银币次之，偶尔也会混用香港小银币，而且这些小银币市价相等。永春只流通 1 仙铜元，和制钱的兑换率一般是 7 文半或者 8 文。以前的兑换率在 14 文左右，之后铸造量逐渐增加，直至近年来铸造量过剩，造成了上述局面。当地不流通银两，制钱流通情况和福州无异，不再赘言。

第四十一章　大田的货币

　　大田通用的银元有日本银元、墨银、英洋，基本按照同等价格流通，偶尔还流通安南银。流通的小银币有福角、广角、香港角，不流通官角，交易标准是 10 角为 1 元，与其他地区无异，也就是说其 10 角相当于 900 文，规定市价皆以制钱为标准。

　　日本银元银币 1 元可换得铜钱 980 文。

　　铜币流通少，所以没有建立流通市场，交易标准为 1 仙相当于制钱 8 文。

第四十二章　龙岩的金融货币和度量衡

第一节　金融机构

龙岩没有设立票号、钱庄这样的金融机构，各杂货商处理汇兑业务，协发、怡发通过和漳州的泰山、福记联系来管理漳州的汇款。对于潮州来说，则是利用与成发号的交易关系处理裕合、福建、升裕、丰恒的汇款，汇款费用会根据相互之间的协议实时发生变动，一般手续费为1分左右。

通常普通借贷月利是1分至3分，商业借贷利息在8厘至1分2厘之间。当抵押田地、房屋时，按时价的一半贷款，普通利率为2分左右，商业利率在1分以下。

第二节　货币

日本银元的流通量大约占银元的八成左右，英洋和墨银占两成。小银币的1角全部是广角，不流通福角和官角。铜元流通情况和漳州完全相同。铜钱分为制钱和市钱，两者比价是制钱100文相当于市钱180文。小洋10角作为番银1元使用，并以此作为价格的标准单位，所以在交易时有合同要求则用番银来规定交易价格。然而也存在特别条件下使用龙银交易的情况。另外应该注意的是纳税等使用的货币叫两，番银1元相当于两的6钱9分，以银元1元相当于两的7钱3分计算为例。

各种货币价格与漳州相同。

第三节　度量衡

一、度

龙岩州使用的尺子如下：

裁尺1尺＝日本1.17尺　裁缝用、卖布用

店尺1尺＝日本0.91尺　卖麻布用

京尺1尺＝日本1.12尺　绸缎用

家尺1尺＝日本1.07尺　造纸用

鲁班尺1尺＝日本1.00尺　木工用

二、量

当地很少使用大型容器，多是根据重量进行交易，而且零散的买卖大多使用竹筒。交易时还会使用木制的 1 府和 2 府，1 府的容量是 2 筒半，2 府的容量为 25 筒。1 府的上半部分为方形开口，上半部分相当于日本 4 寸 2 分 5 厘，下半部分相当于 3 寸 4 分，高 2 寸 5 分，2 府上部分为 9 寸 1 分，下半部分为 7 寸 6 分，高 5 寸 4 分。2 筒直径为 2 寸 7 分，高 4 寸 7 分，呈圆锥形。各个容器与日本的相比较大致如下：

1 府＝日本 0.57 升

2 府＝日本 5.85 升

3 筒＝日本 0.23 升

三、衡

一般交易使用的是 16 两 1 斤的司马秤，火柴、煤炭交易时使用 18 两 1 斤的针秤，买卖肉类、蔬菜、水果时使用 15 两 1 斤的秤，全部以司马秤为标准。

第四十三章　漳平的货币

日本银元在当地货币流通额中占据第一位，英洋次之，墨银完全不在市场中流通。小银币中广东省铸造的最多，香港角次之，流通的福角、官角较少，特别是福角的 2 角银基本不流通，这是因为与福州没有商贸往来的缘故，加上从未见过铜元，所以才会如此重视。当地的铜钱全部是制钱，规定 1 元为 1000 文，并以此作为交易的标准价格。

现今流通的货币市价，1 元可换得银币 10 角外加 60 文，1 角可换得 100 文制钱。

票子流通稀少，福建官银号偶尔会发行银票。

第四十四章　宁洋的金融货币和度量衡

宁洋没有设立钱庄和当铺，杂货铺经营换钱业务。

当地流通的货币与永安相同，其中日本龙洋流通最多，此外还有英洋、香港元，全部按照银币 7 钱 4 分计算，即当地 100 两为 135 两 13 银元，小银币相当于银的 7 分，有广东、香港的 1 角、2 角。宁洋流通铜钱，但不流通铜元。

［中国各省 金融全志］

清末民初日本对华金融调查资料

ZHONGGUO GESHENG JINRONG QUANZHI

QINGMO MINCHU RIBEN DUIHUA

JINRONG DIAOCHA ZILIAO

下册 ◎

戴建兵 / 主编

杨月枝 等 / 译

河北出版传媒集团

河北教育出版社

第15卷

江苏省的金融货币和度量衡

第一章　上海的金融货币和度量衡

第一节　金融机构

一、钱庄

（一）种类及字号

关于上海的中国旧式银行即钱庄的数量，属于钱业公会的所谓汇划庄的钱庄，北市有 39 家，南市有 21 家，共计 60 家。同属于钱业公会的所谓跳打的钱庄有 30 家。其他称为零兑的单纯的兑换商，不能看作银行的有 100 余家。个人营业的有四五家，大多是由 2—8 名无限责任出资者组成的公会组织，资本金少的 1 万两，多的 10 万两，平均四五万两，雇佣 30—40 名职员，每天早上六七点至上午九十点营业。职员中首席者 5—6 名有各自掌握的客户，每日前去拜访，在听取有无商用的同时，监视客户的营业状况及商情。

钱庄和外国银行一样，都是商业交易中不可或缺的金融机构，交易都是使用钱庄发行的称为庄票的无记名式期票结算。钱庄的营业状况如何，内外商人都在关注。现将大正六年（1917）3 月当时汇划庄的商号资本主及经理名列举如下。

位于南市的钱庄：

商　号	资　本　主	经　理	资本金
元　春	裘信甫、杨子馨、周益大、汪宽也	钱荫康	40000 两
乾　元	阜成、郭源茂、姚佑生	王舒卿	40000 两
衡　九	梅子和、杨子馨	周叔堂	40000 两
源　升	叶聘候、叶理君、邵根堂	周子文	40000 两
元　昌	朱经张、郑冠卿、徐如恒、杜庭三	冯馨泉	40000 两
致　祥	严同春	王伯勋	40000 两
益　慎	王佩之、胡裕昌、王永林	沈荻庄	40000 两
元　善	徐鹤笙、方蓉州、董仲生	陈松甫	33000 两
茂　丰	林成记、裕记、源和	刘然青	40000 两
源　恒	彭祥记、施再春、恒来、万源昌	陶善祥	30000 两
敦　祥	郭煜盛、郭源茂、长丰	徐凤鸣	40000 两

位于北市的钱庄：

商　号	资本主	经理	资本金
汇　康	方民老、三房、方式如、方叔森、谢纶辉	魏馥昌	80000 两
承　裕	屠云峰、方善长、黄公续、陈笙郊	谢韬甫	80000 两
永　丰	陈春兰、王月亭	陈益齐	80000 两
鼎　康	王驾六、叶翰甫	李丽州	80000 两
元　姓	周锦夫、戚延年	沈景芳	80000 两
恒　兴	恒丰昌、顺成李、秦钧安	王钦华	80000 两
存　德	江永波、谢联钰	谢联钰	80000 两
兆　丰	陈春澜、谢纶辉	王志衍	80000 两
恒　祥	苏玉森、王子展、谢纶辉、冯伯康	邵兼三	80000 两
瑞　昶	瑞康盛、德昶	冯子珊	80000 两
同　余	王子展、姚仲南、陈莲舫、陈蓉曙	邵燕山	60000 两
福　康	程觐鹤	钟飞滨	80000 两
豫　源	程觐鹤	秦润卿	80000 两
顺　康	程觐鹤	李寿山	80000 两
赓　裕	方姓四兄弟、黄公续	盛莜山	80000 两
信　成	郭聚安、信和、阜成、郑洽记	陈梅伯	80000 两
源　余	盛星桥、沈文鉴、谢崇生、周永葭	盛眉仙	60000 两
安　康	方式如	赵文焕	80000 两
安　裕	方李杨、黄公续	王鞠如	80000 两
怡　大	胡氏、何丹书、胡耀庭、孙直齐	周赓南	60000 两
志　庆	王驾六、沈炎麟、万梅峰	刘恂如	80000 两
鸿　胜	鸿泰、敦和	陈炳权	80000 两
永　余	新昌土行、王莜籁、田永祥、和裕土号、何长康	何长康	80000 两
元　盛	陈彦青、周济堂、刘俊卿	蒋福昌	60000 两
信　元	信和、郑仁记	邵勉臣	60000 两
润　昶	邱渭卿	卢厚山	100000 两
信　裕	鸿泰、信和、郑仁记	傅松年	80000 两
衡　通	施再春、衡隆、徐庸义、姚仲南	陈焕传	60000 两

商　号	资　本　主	经理	资本金
鸿　祥	秦润卿、鸿泰、郭和、冯受之	冯受之	100000 两
滋　康	瑞康、咸康	傅洪永	120000 两
泰　康	奚鹤年、蔡鉴堂、张荣江、杨叔英	张雨生	60000 两
聚　康	聚成、信和、晋和	王蔼生	100000 两
益　大	聚成、源大、益和、郑仁记	何亮甫	80000 两
义　生	张燕山	周子馨	100000 两
宝　丰	邵淮卿、陈春澜、薛宝润、陈益齐	赵漱荺	80000 两
祥　生	汪赞周	孔鲤庭	40000 两
信　孚	合记土行、陈青峰、郑鉴如	胡纯荺	80000 两
振　泰	戚翼谋、赵雨亭、杨叔英、吴耀庭	金少云	80000 两
长　盛	孙吉孚、徐莜初、张骧云	张清卿	60000 两

（二）营业

钱庄的营业作为受信式业务，办理存款、庄票及支票的发行、折票等；信用式业务方面，有贷款、折扣、附属性业务，还办理汇兑、洋银买卖、兑换、货款垫付、支付委托，等等。

1. 存款

存款的种类有定期存款（常存）和活期存款（浮存），前者一般期限为 6 个月，利率大体是年息 5%－6%。活期存款会交付折子（存折），在上面填写存款的存取金额。办理支付时开具支票，或者根据存款人的要求，发行具有无记名期票形式的庄票。利率则由钱庄业者商定，各钱庄之间就活期存款余额按利率的 95% 计算利息。各汇划庄保有的存款额平均为 30 万两至 40 万两，钱业公会所属汇划庄整体的存款总额为 2000 万两左右。

2. 庄票发行

所谓庄票是钱庄发行的期票，从资金借贷到钱庄的支付都用此法，这和银行支付中更多使用钞票（兑换券）一样。上海整个钱庄的庄票发行额高达 3000 万两左右，其中汇划庄发行的大约有 2000 万两。至于即期汇票（即票），其性质和银行兑换券完全相同。庄票的发行额历来未设限制，屡屡会超过自家的信用度而滥发。现在上海的外国银行、中国新式银行都各自有准备金，有切实可以兑换的纸币流通。因此，这种庄票不带有通货的性质，只限于商人之间交易使用。

3. 期票（定期支付）

有见票即付和见票后期支付，其发行方法一般根据存款人的要求开具，原则上是在其存款额以内发行。有时根据存款人的信誉会发行存款额以上的期票。此地期票的期限一般为从发行日起算10天，像鸦片这种特殊交易则是5天。票面金额倒是没有限制，一般不超过1万两。期票有时也有伪造的，如果可疑，就必须到发行钱庄查证真伪。这种手续称之为照票。

4. 支票发行

有支票和拨票，拨票由存款人发行，类似支付对方为钱庄的即期支票，但不如支票流通顺畅，因此一般人们不喜欢接受拨票。与支票的二联式不同，拨票是三联式，分存根、凭票、支票三部分。存根留在开具人手头作为备份，凭票是对收款银行的通知书，支票则是交给收款人的证书。

5. 折票

所谓折票，一般指各钱庄之间的决算余额。这种情况下是外国银行向钱庄借贷的一种信用贷款，期限是2天一结，必要时随时可以要求返还。

折票的利息称为银折。其利率因贷出时资金的宽紧以及其他条件而不同，每1000两的日利最低5—6分，最高5—6钱，在此之间浮动。在发生暴乱事件时，甚至有暴涨至3两的事例。后来钱业公会规定了一定的限度，为7钱以下。银折是每天早上在钱行议定，但实际的利率是由中介者、买办个别商定，总是比公定利率要高。而且外国银行向钱庄的贷出金额有时会高达1000万两以上，一个钱庄也就是80万两的折票，因此，上海的金融界有时完全被外国银行左右，钱庄的死活就掌握在他们手中。如此享受折票恩泽的钱庄虽然不少，但近年来叶澄衷一家经营的钱庄陆续倒闭，影响甚大，外国银行的损失高达100万两，此后，外国银行担心受损失，终于停止了折票。

近来出现了可以说是折票的变种，即以银元作担保，从外国银行借入银锭，用以融通资金，周息较低，为1两左右。

6. 贷款

贷款（缺款、缺银、放赈）分长期贷款（长缺）、活期贷款（浮缺）、抵押贷款（押款）等，其中以活期贷款为主。所谓活期贷款是指对活期存款的透支，据说各钱庄都有20万—30万两乃至70万—80万两的活期贷款。定期贷款有3个月的，也有6个月的，期限不一定，利息大约7—8厘，最高1分。

抵押贷款在钱庄的交易中很少。以信用贷为主，因此虽然要提供担保品，但往往极为宽松，会融资原价的八成左右。将庄票或者汇票作为抵押而借贷的叫掉票，从票面金额扣除贷款利息后的余额交付给借款人。此外，还有称为控票的，即以借款人开具的期票为抵押，扣除期票期限内的利息贷出。

7. 贴现

钱庄很少进行贴现。买入期满之前的庄票或者汇票，将钱转入活期存款账户，或者开具新的庄票，或者交付现银。

8. 汇兑

汇兑不过是钱庄的附带业务，这是由于票庄、新式银行是以汇兑为主业，如今钱庄可以做汇兑业务的地方为江苏、浙江各地。天津、汉口、福州、广东、烟台、芜湖等地的汇兑机构完备，钱庄的势力逐渐衰微。汇兑有两种，一种叫信汇，是以书信通知收款钱庄已经付款；另一种称为票汇，为一般的汇兑法，根据委托人的要求发行汇票。一般来说，汇款收取人向收款银行提交汇票，即可收款。和期票相同，完成这些手续的支票称之为照票。

9. 洋银买卖

在钱行进行银元的买卖，交易时要确定各种银元、小银币、铜元、制钱以及银锭相互间的行情。在上海，分别于上午和下午进行交易，市面上都以早市的收盘价格作为货币行情。从事交易的只限于钱庄业者，外人一概不许参与。洋银买卖毕竟属于投机生意，有些是根据自己的计算，有些是根据捎客的计算。依靠后者时需要收取 2% 的买卖保证金。

10. 兑换

兑换大体上属于零兑业务，都是大钱庄兼营。

11. 货款垫付以及委托支付

此业务主要是距离远的同业者之间为交易双方办理。有些是根据单方面的书信，有些是根据结算方式，手续费也没有统一规定。

12. 决算和业绩

决算期因钱庄而异，一般为一年一结，就是说在阴历 12 月进行。此外也有三年一次或者一年两次的，一年两次分别在端午节和中秋节结账。钱庄的决算和银行的决算方式不同，其业绩如何对以后的营业有很大的影响，决算期前后倒闭的钱业者不在少数。

利润通常叫"红利"，让人理解为纯利润或者奖金的意思。分配方法一般是三分之二给出资者，剩余的折半分给正副经理和店员。另外还有一种分配方法，即把利润分为 15 股，按东家 10 股、经理 1 股半、副经理 1 股、其他店员 2 股半的比例分配。

现将民国五年（1916）公布的主要钱庄的利润列表如下（单位：千两）：

恒 祥 23	承 裕 30	信 成 42	元 姓 15
怡 大 25	志 庆 36	存 德 15	元 盛 14
源 余 20	汇 康 40	鸿 祥 21	鸿 胜 25
豫 源 34	乂 生 30	聚 康 17	永 丰 46
衡 通 36	安 康 42	安 裕 28	瑞 昶 21
信 元 25	滋 康 53	赓 裕 23	永 余 20

润 昶 20	益 大 25	信 裕 8	福 康 16
宝 丰 30	兆 丰 35	鼎 康 8	同 余 15
恒 兴 20	顺 康 16		

二、票庄

票庄是以汇兑为主业的金融机构，也称为票号、汇兑庄，以前在中国全域拥有绝对的势力，执金融界之牛耳。自从清初山西人康某创业以来，大半为山西人经营，山西票庄广为人知。其规模之大，信用度之高，几百年来无人可与之抗衡。历来都是负责官衙资金的保管、吸收官吏存款，并且独占国内汇兑业，因此利润颇丰。其向钱庄融通资金，成了金融界的霸主。但由于社会动荡而承受了无法挽回的打击，21 家山西票号中 6 家倒闭，其他亦损失巨大，无法继续营业，陷于不得不停业的状态。由于在事变勃发的同时，财界秩序出现紊乱，各地分店遭到掠夺，事变后受各省纸币滥发、新式银行设立等多重影响，终于导致其无法存续。而究其原因，尽管有上述事变之近因，但在之前已经出现征兆，即由于资金回收困难、经费过高等原因难以维系，只好利用多年的信誉勉强维持至今。

在上海的票庄有 22 家，除汇兑以外还经营押汇等，成为不擅长与外国银行打交道的地方的主要汇兑机构。但如今全面停业，如不进行根本性改组是难以复业的。在此情况下，其善后策略就是计划将这些票庄合资设立一个新式银行，但目前尚未实施。关键是有一种观点认为，票庄是与清朝一起兴亡的。关于其组织以及经营方法在此省略。

三、银炉

马蹄银的铸造所称为银炉或者炉房。银炉是私设的营利事业，专门接受别人的委托，收取一定的手续费铸造马蹄银，其工作就是保证所铸造的马蹄银的纯度和分量。想来在中国市场上流通的通货，政府铸造的极少，从外国进口的也作为地方官府铸造。民间私铸的很多，其种类因地方而不尽相同。马蹄银毕竟不过是一种银块，其重量和纯度并不确定，再加上作为其单位的两亦种类繁多，故一旦转到其他地方，就不能作为通货流通。由于各地银锭的纯度、重量不同，其表面记载的价格没有任何意义。这些马蹄银作为兑换的媒介物，在市场上流通的理由只是相信铸造者所证明的重量和纯度。于是，在不被信任的地方，由该地有信誉的业者进行改铸，如果对其重量和纯度不负责任的话，当然就无法再作为货币流通。这也就促进了中国各地银炉的产生。

（一）所在地和组织

上海开设的银炉，以前有 20 余家，现在有所减少，有如下 11 家：华源（北京路福兴里 71 号），华泰（北京路福兴里 76 号），生源茂记（北京路福兴里 74 号），同源恒记（北京路鸿生里 134 号，麦加利、俄亚、华比三行买办），联甡（北京路福兴里），协泰丰（宁波路吉祥里 7 号，汇丰银行买办），勒泰（山东路 335 号，东方汇理银行买办），泰亨源（北京路福兴里 73 号），宏久（北京路福兴里 4 号，横滨正金银行买办），瑞和（北京路庆顺里），久丰源（北京路庆顺里，汇丰银行买办）。

这些银炉都是由 3 人以上合资成立，而且在上海要开业银炉，需要向公会缴纳 700 两的加入费。

上海的外国银行经常需要进口银块，改铸成元宝银后，再将之投放到市场上。因此开设银炉进行改铸亦可获利。为此，各银行都自行买办，开设银炉，将之作为专属银炉。一家银炉大概需要 20 余名员工。其名称如下：

经手　1 名　司账　1 名　跑街　2 名　称银　1 名　学徒　数名

以上这些是负责银炉业务的。此外在炉房就业的人员如下：

司务　1 名　熔银司务　10 余名　送银出店司务　2 名　烤炭　1 名

银炉的业务是以马蹄银的铸造为主，不做贷款、汇兑业务，但很多经营存款业务，发行和庄票同样叫作本票的支票。

（二）铸银的公率

铸银有时是自己计算采购原料银，但大多是接受他人的委托而铸造，而且主要是接受外国银行以及各钱庄的委托。钱庄委托的原料品位低，重量和形状大多都不适合上海市场。此外，从四川、山西、陕西、天津、烟台、牛庄、汉口等地运来的银锭有些是咸丰、同治年间以前铸造的，由于精炼不充分，银宝中含有少量的金，据说其比例占 1％－3％。钱庄为了提炼这些银锭中的金，也会委托银炉进行改铸。另外，在广东、福建流通的外国银元在该地流通授受时，为了容易判明其质量，会在银币表面打印，造成中间凹陷，呈酒杯形状，这些被称作烂银或者花洋，流入上海时也需要改铸。

至于外国银行委托的银块铸造，根据其汇率变化，从英美进口银块，委托银炉代铸。进口银块的品位以 998 为标准，有时会有 999 的，或者 997 甚至 995 的，并不确定。银炉的接单金额包括铸造工费。998 银 100 广东两以上海规银 101.2 两接单。品位每上下浮动一个百分点，加减 0.1 两。比如：

999 品位	100 广东两的情况下	上海规银	111.30 两
998.5 品位	同上	同上	111.25 两
998 品位	同上	同上	111.20 两
997.5 品位	同上	同上	111.15 两
997 品位	同上	同上	111.10 两

如上按照公率接单铸造。银炉本来就是私营的铸造业者，有时会出现铸造率的波动，发生 998 的银块低于 111 两的事情。

在公估局进行银两鉴定时，大约 50 两的马蹄银中含有 1 两的不纯物，即将 980 品位的作为二四宝，二七宝就是 986 品位的标准，在银炉铸造银块时也是依据这个标准。委托铸造外国进口银块的情况下，则依照外国政府造币局证明的纯度。如果是 998 品位的银，将此混合，随意改铸的话，就会产生难以流通的劣质元宝，或者含有铜铅之类。大体按照标准元宝铸造的话，998 品位的银块 100 广东两可以铸造出上海规银 111.5 两，扣除其中规银 111.2 两和公估局鉴定费 0.033 两，银炉的铸造工费即可获得约 0.267 两。如上所述，银块的接受率以 998 品位为准，在 111.00－111.20 两之间波动。如果是 111.2 两，银炉的工费是 0.467 两；111.1 两时，工费是 0.367 两。

银炉不仅根据市场金融的状况上下调整其铸造工费，而且对于外国政府造币局明白刻印了品位的银块，有时也会讨论银质的好坏，拒绝根据公率接受铸造委托。还有，在不得不变更外汇对价计算的基础时，在上海开设的外国银行为了维持外汇对价计算的公式，就要求银块铸造的公率维持恒定，由此造成了银炉业务的萧条，以至于银炉被收买。上述 11 家中，四五家变成了外国银行买办出资的银炉，其实权属于外国银行。

于是，归属于外国银行经营的银炉的银块铸造是否接受公率，就不能由银炉自由支配了。大体上是在对照外汇汇率的高低时调整接受公率，但由于银行的外汇事务和银炉的铸造事务归属同一营业者，上海银锭铸造的实权全部由外国银行掌控，对其规定的汇率计算公式不会造成丝毫影响。

（三）铸银的种类

从外国进口的银块为银条，其形状就像砖头，大小有 3 种。重量最大的 1000 两，中等的有 600－700 两，小的 100 两左右。银质的好坏以标号确定，银色从 999 到 998、996、990，总体上是 995 以上占多数。这些银条英美产的最多，从日本也有少量进口。

其他从天津、牛庄、芝罘、长江一带、香港、汕头、广州、厦门等地流入的鹰洋以及从四川、云南、杭州、苏州、广东等地流入的银元、银锭或者从广东、福建流入的花洋（烂银）等，银质各不相同。元宝中含金的就送往药水厂提炼黄金，然后改铸。其他不含金的元宝，不需要改铸的就直接经公估局鉴定后换算成上海规银流通。

（四）铸银法

用银条铸造元宝的情况下，首先要将之投入热火中，加热后切成宽 2 寸、长 3 寸左右的约 30 个小块，称量总量，然后搬运到熔银场，投入大熔解炉中，与铜、硝石一块熔解，铜马上就会和银化合，硝石则加快银块的熔解。溶解后的银流入白沙铸模中，待凝固后浸入水中，冷却后司务观察其银色，确定重量，将相对于标准银的申水或毛水记在马蹄银表面。而且银炉对此鉴定负绝对的责任。因此炉房信用度高的情况下，可以以其鉴定的纯度、重量直接到市面上流通。将此送公估局请求鉴定也会认可。

烂银的改铸是首先在熔解炉中去除铅、紫铜等不纯成分，制成长 1 尺五六寸、宽 2－3 寸的半圆柱体形状的纯银，再改铸成马蹄银。烂银 1 元中含有 6 分 5 厘左右的铜、铅，据说英洋、本洋银币中含有金，其比例为 75 两中约有 2 分。

一天的铸造量因银块的供货量而异。其能力为 1 小时熔 1 炉，1 炉铸 3－4 个。如果按 1 天工作 10 个小时计算，1 天 1 个炉子可以改铸 30－40 个。泰亭源有 5 个炉子，1 天就可铸出 150－200 个。

（五）利润和决算

银炉收益的方法主要是收取改铸工费，1 个 50 两的元宝收取 1－2 钱，除此之外，含有的金、铜可以卖掉，还有鉴定费等。

决算是一年 1 次，在正月进行。利润分红是将之分为 16 股，东家 10 股、员工 6 股。再将 10 股分开，东家得 6 股，经手以下得 4 股。但并不确定。

四、公估局

在中国，作为价格标准的银锭因地方而不同，其重量和纯度也有差异。因此，各地马蹄银作为通货的价格也不得不有所增减。在百货汇集的中心市场，如果各地来的马蹄银都要在银炉改铸的话，就无法流通，因此会白费时间，无法灵活交易。为此在上海、汉口等大市场设有称之为公估局的特殊机构进行银锭的称量、鉴定，确定其对标准银的比价，这样就可省去改铸的工费。

（一）沿革

经过对上海公估局由来的调查得知，在上海还没有开港之前，中国北方的贸易盛行，山东、牛庄等地的商人势力最大。这些人交易中收受的元宝都是从各地流入的，经常会就品位的好坏发生争议。为避免这种不便，商人们共同在城内城隍庙附近（现在的豆市街 83 号）设立了公估局，聘请精通银质鉴定的人专门做银锭的鉴定。经过其鉴定后的银锭就不会被拒绝授受。后来市场上对成色的争议就没有了，也没有欺骗的行为，为普通人提供了方便。后来上海为开展国际贸易而开港，内外商业有了长足的进步，特别是以英租界为中心的钱庄一时勃兴，针对城内外旧市街钱业者的南市钱庄，组织了北市钱庄。其经营也随着上海的发展而逐渐发展，终于压过了南市。北市钱业者因北市商人都要仰仗已经设立的南市公估局进行鉴定，感到很不方便，于是由北市钱庄、银炉和一些绅商共同在天津路开设了公估局。以至于在南市公估局鉴定过的银锭，如果不经过北市公估局的鉴定，就不能在北市流通。

如上所述，北市公估局是新上海的钱庄、银炉以及一些绅商开设的，所以如果说上海公估局，指的就是北市的。当时就呈现出如此盛况。此外还有关山东公估局，由关山东北五帮成立，大东门内 31 号。

（二）验银方法

验银的方法分称量和鉴定。将称量者叫管秤的，将鉴定者叫看色的。他们的实际做法是，首先由管秤的称量、擦拭干净的马蹄银，大声报出其分量，另一个人将其重量写在马蹄银的凹部。然后看色的根据其色泽，用肉眼判断成色的好坏。对照标准银决定申水或毛水（也叫去水或者耗水，请参照货币银两篇），同样记在元宝中央的凹部。看色的如果有疑问，就用大方锥打入内部，检查银色。标记的方式是使用特殊的笔法，以防他人模仿。

就这样，鉴定完全靠肉眼，看一眼外观就能决定申水、毛水，毫无差错，这完全是靠他们多年的经验。以前在大阪造币局要先鉴定，然后再检查银锭。和这种方法几乎没有差异。经过公估局鉴定证明后的银锭，就可以在市场上自由流通了。

上海流通的银锭以二七宝居多，品位是二四宝以下的全部委托银炉改铸。而品位是二八宝以上的几乎都看作足银，但认为用于支付会受损，因此在市场上很少流通。公估局将如下 8 种记号当作鉴定刻印：

记号	公	平	交	易	财	源	足	仪
宝种	24	24.5	25	25.5	26	26.5	27	27.5
公估局标准品位	980	981	982	983	984	985	986	987

对于零散银块的鉴定，则是在纸片上写上该银的净重，盖上众商漕平公估图记的印章。

（三）申水或毛水的附加方法

银锭只不过是一种银块，没有特定的形状重量，因此将之作为货币成为交换的媒介物时，务必要将实际的银锭和当地特有的标准银对照，以确定价格。其方法是，首先用规定的量器称量银锭的重量，再就品位确定相对纹银的贴水或折扣表示其重量。将此和标准银比较，其差额就称作申水或毛水。加减银锭的重量就成为标准银的重量。

申水和毛水的表示方法原则上是就一个银锭进行斟酌后确定其重量，但一般来说只是根据品位上的优劣确定，未必根据重量来增减。

（四）鉴定费

公估局的鉴定费是马蹄银 1 个收取 22 文，即 100 两收取 44 文（约 0.033 两）一个 10 两左右的银锭通常要收取 7 文。公估局对其鉴定结果负有绝对的责任，如果发现有误差，必须交换相当价格的银锭。大概是在中国没有法币，而且都是私营的银炉铸造，各地作为标准的平色各不相同，再加上市场上流通的银锭也是大小、形状、品位各不相同，因此，公估局的鉴定是极为重要的。其鉴定如果错误，影响的范围很大。所以，理所当然要对鉴定结果负绝对的责任。鉴定费的支付有即付和期付，即付是鉴定的同时收取，期付则是在有信用的商人之间做，习惯是每年付 3 次。

五、银行

（一）外国银行

在上海势力最大的外国银行是汇丰银行和麦加利银行。其设立久远，前者有 50 年，后者拥有 60 年的根底，信誉最高。而日本银行在上海开设的是横滨正金银行，设立以来已经有 25 年。再有就是 1911 年开设的台湾银行。最近，住友银行、三井银行、三菱银行、朝鲜银行等相继开设，在上海金融界增添了一大势力。

在上海的外国银行的一个特点就是利用买办以及实行切普贷款制（面向钱庄的打折贷款）。买办的主要任务是鉴定货币、期票的良莠，视察市场行情，调查客户的信用程度等。这些人物的手腕如何，直接关系到营业的盛衰。切普贷款制现在已经处于停止状态，但从前在金融界曾经有过极大的影响。这在以前已经叙述。

上海的外国银行办理以获得利权为目的的借贷，至少是作为普通的商业银行，主要是以外汇为主业，以促进外国贸易的开展。各国银行实业家联合组织的银行团在上海有支店，还有接受铁道、矿山等外债的特殊银行资本团等。现就主要的列举如下：

中英银公司　汇源银行　义品放款银行　达兴银公司　中国兴业公司　美丰银行　东亚兴业会社　中日实业公司

除以上列举的特殊银行以外，经营一般银行业务的银行名称、所在地、开设时间如下：

银 行 名	所 在 地	分行开设时间
汇丰银行（香上银行）	黄浦滩 12 号	1876 年
汇丰银行分行	百老汇路 9 号	
麦加利银行（渣打银行）	黄浦滩 18 号	1857 年
华俄道胜银行（俄亚银行）	黄浦滩 15 号	1896 年
花旗银行	九江路 A1 号	1902 年
东方汇理银行（印度支那银行）	黄浦滩 29 号	1898 年
华北银行	黄浦滩 2 号	1902 年
嚙嚼银行（和兰银行）	黄浦滩 21 号	1903 年
中法实业银行	法租界外滩 1 号	1913 年
有利银行（印度商业银行）	南京路 7 号	1893 年
德华银行（德亚银行）	黄浦滩	1889 年（当前停业）
美丰银行		
横滨正金银行	黄浦滩 31 号	1893 年
台湾银行	黄浦滩 16 号	1911 年
住友银行	九江路 1 号	1917 年
三井银行	福州路 3 号	1917 年
三菱银行	广京路 9 号	1917 年
朝鲜银行	南京路 7 号	1918 年

银 行 名	所 在 地	分行开设时间
亚细亚银行（友华银行）	九江路 15 号	1919 年
菲律宾银行	黄浦滩 1 号	1919 年

上海外国银行的营业项目为存款、贷款、外汇买卖、银元、地方金银买卖、银行券发行等。

1. 存款

上海的现金总额相对于庞大的贸易量来说是很少的，其存款利息比钱庄低，因此外国银行的存款额不多，不把存款当作主要业务。近来由于政局不稳，有些钱庄倒闭，导致到外国银行存款的人有增多的趋势。

存款有定期和活期。比如香上银行、台湾银行等，还办理储蓄存款以及小额活期存款。存款使用存折，支取使用支票。因通货的原因，分为美元结算和银两结算。由存款人自由选择。现将大正元年（1912）正金银行、台湾银行的存款额列举如下：

	定期存款	活期存款	特殊存款	小额活期存款
正金银行	10312435 日元	201205282 日元	1056571 日元	—
台湾银行	639042 两	26570576 两	7239769 两	297927 两

定期存款的期限一般为 3 个月、6 个月、1 年。最近的利率为：3 个月为 5 分，6 个月为 5 分 5 厘，1 年为 6 分。活期存款为 2 分，小额活期存款为 3 分。

2. 贷款

贷款有普通贷款、活期透支和贴现。以普通贷款为主，大多是向钱庄贷出。以前切普贷款最多，辛亥革命时切普贷款的总额达到了 1000 万两。后着手回收，但到 1914 年还有 198.15 万两未回收。因此，外国银行在辛亥革命后停止了所有切普贷款。如果没有可靠的担保，就不给贷款。由此造成了钱庄资金融通困难，以至于拿银元做抵押，借入银两。这就是所谓的银元押款。一般相对于银元 1.4 万元贷出 1 万两左右。据说还要另外提供证书。

此外还对于货物存单办理贷款。货物存单是由汽船公司发行的，与仓库存单不同，由于没有流通性，只能库存。如果要出售，必须发行出库指示书。这样，向银行担保的货物出库就必须有银行的出库指示书或者银行背书的出库指示书。除了要向银行提供货物存单以外，还要提供收款人为外国银行的期票、担保证书以及火灾保险单才给贷款。

贴现虽然也在做，但金额不大，即对钱庄发行的庄票做贴现。定期支付期票只限于发行后 3 天以内的才给予贴现。从前 5 天以内的、10 天以内的也办理，但如前所述，辛亥革命以来钱庄的信用度下降，贴现时庄票发行者信用如何，完全靠买办的保证，庄票的真伪也是由买办判断。

现将大正元年（1912）横滨正金银行、台湾银行的各类贷款额列举如下：

	定期贷款	活期贷款	外汇活期贷款	贴现票据
正金银行	22221975 日元	14265524 日元	5725716 日元	2347946 日元
台湾银行	1424607 两	2640693 两	—	3338529 两

3. 外汇买卖

在中国的外国银行最主要的业务就是外汇买卖。1917 年上海的国际贸易额达到了 2 亿 7000 万两以上，居各贸易港的首位。因此就成了中国的外汇中央市场。中国各港口的外汇市场也是以上海为准确立对外行情。本来中国采用的就是银本位，因此金银比价的变动就是以对金币国的外汇行情作为决定性因素。相比金币国家之间的外汇，如果行情的变动明显，根据其运用方法，可以获得巨大的利润。上海外国银行的外汇行情裁定常常是由各自的经理自行判断。

（1）外汇的种类　外汇有卖方外汇和买方外汇之别。买方外汇是商人的反向收汇和押汇。押汇所需的文件除期票、装船证书、保险单、信用证以外，还需要产地证或者领事证明书。

卖方外汇属于利用电汇、信汇或信用证进行的进口押汇。卖方外汇有每次商定行情的，也有远期外汇。远期外汇是预约将来一定时期内买卖的外汇行情，用以防止由于外汇市场的变动造成损失。期限依据协定，并不确定，一般有 30 天、60 天、70 天、80 天等。进口押汇中大多是付息票据。对日本的票据以及由伦敦开给上海的票据大体属于这一类。

外国银行经营的对内汇兑范围很窄，只是向分行、代理店所在地汇出。这是由于中国国内银行的汇兑业务很发达，还有一个原因是外国银行的交易习惯、缺乏关于行情、货币的知识，只能经过买办的手来办理。

（2）交易的手续　外汇交易的手续一般和外国的做法没有不同，但由买办作为交易中介属于特例。此外，经过纯粹的相当于外汇中介人的经纪人办理的也不少。英国经纪人有 30 多名。

（3）外汇市场　对外外汇行情是以伦敦银块行情为基准，综合考虑外汇的供需、贸易状况、外债关系等构成外汇市场变动原因的诸多情况，确定对伦敦的电信外汇行情。以此作为根本，再根据伦敦对各国的外汇行情算出上海对各国的行情。

而在上海，习惯上是以汇丰银行决定的外汇行情作为一般银行的依据，并作为公开行情。汇丰银行的外汇行情计算方法采用了根据以往经验的公式。公式有两个，都是算出上海 1 两对伦敦本位银的比。公式如下：

公式 1：

x＝1 上海两

上海两 111.2＝100 广东两

广东两 82.7814＝100 特洛伊盎司

特洛伊盎司 100 ＝ 100.9 加算伦敦、上海间的银块运输费

上海进口银块 100 ＝ 107.8829 伦敦本位银

伦敦本位银 1 ＝ ？伦敦银块行情

$$\therefore \ x = \frac{1 \times 100 \times 100 \times 100.9 \times 107.8829}{111.2 \times 82.7814 \times 100 \times 100 \times 1} = 1.183$$

公式 2：

x ＝ 1 上海两

上海两 100 ＝ 100.9 加算伦敦、上海间的银块运输费

上海两 100.2 ＝ 100 广东两

广东两 1 ＝ 579.84 格令

伦敦本位银品位 222 ＝ 222＋17.5 进口银品位

格令 480 ＝ ？伦敦银块行情

$$\therefore \ x = \frac{1 \times 100.9 \times 100 \times 579.84 \times 239.5}{111 \times 111.2 \times 1 \times 222 \times 480} = 1.065$$

以上两个公式的结果都显示上海规银 1 两相当于伦敦本位银 1.183 盎司。根据这个结果决定行情，即乘以当日伦敦银块市场上相当于上海 1 两的 1.183 就可以得出上海向伦敦电汇的行情。比如，将银块市场当作 24 又 1/4 先令，根据 1.183×241/4 ＝ 28.6878 ＝ 2411/16，得出当日的行情应为 2411/16。

作为参考，现将 15 年来伦敦银块的行情列举如下：

年份		1月	2月	3月	4月	5月	6月	7月	8月	9月	10月	11月	12月	平均
1900	最高	2711/16	273/4	2711/16	271/2	275/8	289/16	289/16	287/16	291/4	303/16	2915/16	297/8	281/4
	最低	27	275/16	277/16	275/16	271/2	279/16	273/4	2715/16	287/16	297/8	297/16	291/2	
1901	最高	299/16	281/2	283/4	2715/16	275/8	279/16	271/4	271/8	27	237/8	261/2	253/4	273/16
	最低	273/4	277/8	275/16	2615/16	273/16	271/4	2613/16	263/4	267/8	263/8	253/8	2415/16	
1902	最高	261/8	251/2	257/16	247/8	24	247/16	249/16	247/16	241/8	2315/16	231/4	225/8	241/16
	最低	257/16	255/16	2413/16	235/16	235/16	2315/16	243/16	241/8	239/16	231/4	2111/16	2113/16	
1903	最高	223/8	225/16	227/8	251/16	251/4	249/16	251/2	263/16	279/16	281/2	275/8	267/16	243/4
	最低	2211/16	217/8	221/8	225/8	245/16	241/8	241/4	255/16	261/4	271/16	261/4	25	
1904	最高	275/16	271/2	2611/16	251/2	2515/16	261/8	27	27	267/8	2615/16	271/4	289/16	263/8
	最低	251/2	255/8	251/2	247/8	251/8	255/16	263/8	263/16	26	261/2	263/4	273/8	
1905	最高	283/4	285/16	2711/16	265/8	275/16	271/8	275/16	283/4	283/4	2815/16	305/16	305/16	2713/16
	最低	279/16	275/8	2513/16	257/16	261/16	271/16	267/8	28	285/16	2815/16	293/8		
1906	最高	301/4	3013/16	307/16	309/16	313/8	311/8	307/16	3015/16	313/4	329/16	331/8	333/8	307/8
	最低	2911/16	301/8	29	295/8	309/16	299/16	2913/16	297/8	3015/16	3111/16	32	319/16	
1907	最高	327/16	321/8	321/16	301/2	311/8	311/8	3115/16	321/4	319/16	307/8	281/16	263/4	303/16
	最低	315/16	311/2	307/16	30	2915/16	305/8	31	311/8	311/16	277/16	261/2	243/16	

年份		1月	2月	3月	4月	5月	6月	7月	8月	9月	10月	11月	12月	平均
1908	最高	27	265/8	2613/16	251/2	2413/16	253/8	247/8	243/8	243/16	24	235/16	233/16	243/8
	最低	247/8	253/8	257/16	245/16	24	241/4	243/16	235/16	239/16	231/16	223/16	22	
1909	最高	243/4	247/8	233/8	247/16	247/8	211/2	237/8	24	237/8	2315/16	235/16	245/16	2311/13
	最低	233/16	235/16	231/16	231/4	241/8	2315/16	233/8	237/16	235/8	231/16	231/8	239/16	
1910	最高	241/8	241/8	241/8	2415/16	2415/16	243/4	255/8	245/8	2413/16	261/4	26	253/8	245/8
	最低	241/16	233/8	233/16	24	2411/16	245/8	245/8	241/2	245/16	247/8	255/16	25	
1911	最高	253/8	243/8	241/2	2415/16	2411/16	245/8	247/16	24	241/4	253/8	2515/16	2511/16	249/16
	最低	241/2	2311/16	241/4	241/4	241/2	245/16	233/8	24	241/8	241/4	25	25/16	
1912	最高	2613/16	277/8	271/8	28	281/4	289/16	283/16	2813/16	297/16	295/8	293/16	2911/16	281/25
	最低	253/8	2613/16	263/4	263/4	2711/16	2715/16	275/8	275/8	287/8	29	2813/16	283/4	
1913	最高	293/8	2813/16	277/16	281/16	283/16	2711/16	271/2	279/16	2811/16	287/16	2711/16	271/4	279/16
	最低	285/16	271/16	261/16	267/16	275/8	265/8	2613/16	273/16	277/16	271/2	267/16	2615/16	
1914	最高	269/16	2611/16	27	267/16	2713/16	2613/16	261/16	273/4	25	241/8	23	231/4	255/16
	最低	261/2	261/2	261/16	261/16	261/16	255/8	247/16	24	243/8	223/16	223/8	223/8	
1915	最高	233/4	231/16	241/4										
	最低	225/8	221/2	221/16										
1917	最高	375/16	381/4	371/2	375/8	381/8	397/8	411/4	46	55	49	453/4	431/2	
	最低	36	375/16	3511/16	361/2	373/4	38	391/2	397/8	46	417/8	423/4	423/4	

（1913 年之前是根据 1914 年发行的中国股份检查书的记载）

汇往英国、法国、德国相对于上海 1 两用作收款结算，汇往美国、荷兰、印度等国相对于上海 100 两用作收款结算。汇往日本和中国香港则是以支付结算确定本国货币对上海两的汇率。

4. 银元和地方金银的买卖

主要是用墨银、其他外国货币及地方金银来交易。银元的买卖是根据银元和银锭或者银块的行情如何而进行频繁的交易。外国银行在市面上银元流通多，且价格下跌的情况下，用进口银块铸造马蹄银，将之卖到市场上。看到银锭价格下跌，就将银锭出口，进口银元。银元的买卖如果不能观察供需而敏锐地处理的话，要想获取利润是困难的。

进口银条中英美货最多，伦敦本位银纯度 17.5/240 左右品质好，其行情用广东司码平计量，以 100 两计价，规定广东司码平的 1 两为 579.8 格令。进口银块的行情为上海两 111.2 两（即相对于广东司码平 100 两）。在银炉以此比率铸造元宝。

地方黄金的买卖根据外汇行情和上海金块行情的关系来进行。金块的行情由开设金号的钱业公所每日决定，主要是以汇往日本的电汇行情为基础，参考市场的动向决定。即当天汇往日本的外汇行情乘以 4.80，以此为标金（上海漕平 10 两）的标准行情，在此基础上参考现货供求关系以及市场动向，决定标金（上海铸造金块）、兑赤（北京铸造金块）、足赤（纯金）、沙金等各种金的行情。

标金品位在 978 左右，实物重量有 70 两左右（7 条）。但实际上品位一般在 974－975，重量也不足 70 两。其差额的对价另行收付。兑赤的重量是 1 个 565 格令，金店（经营兑赤的店铺）保证的品位为 980 左右。现将最近 3 年上海进出口金银的统计列表如下：

上海金银进出口表（单位：海关两）

1915 年						
		进　口	出　口			进　口	出　口
欧洲	金			日本	金	711938	3073663
	银	150732			银	3471908	
美国	金	21190	12007433	西伯利亚	银		8388809
	银	4199027	359706	中国各港口	金	984541	28800
印度	金		78800		银	10572780	26264366
	银		550592		银		367552
中国香港及澳门地区	金	59102	1438086	合计	金	1776771	16626782
	银	2207933	9210370		银	20602380	45141395

1916 年						
		进　口	出　口			进　口	出　口
欧洲	金			日本	金	8870333	611091
	银	168152	2148331		银	3340045	
美国	金	10616545		马尼拉	银	3139830	
	银	6533214	438215	西伯利亚	银		6886965
印度	金		712311	西贡东京	银		272788
	银	237096	31934570	波斯	银		328443
中国香港及澳门地区	金	76530	6016488	爪哇	金		773
	银	11393916	2531079		银		133223
中国各港口	金	1263067	402350	合计	金	20826475	7743013
	银	17792614	22342306		银	42604867	67015920

1917 年							
		进　口	出　口			进　口	出　口
欧洲	金		73837	印度	金		603962
欧洲	银		49825	印度	银	34386	28463543
美国	金			西贡东京	银		1390377
美国	银	7085651			银	5388	84948
加拿大	银	470182		中国香港及澳门地区	金	18400	2930484
非洲	银	393		中国香港及澳门地区	银	4586751	5760769
中国香港及澳门地区	金	76530	6016488	爪哇	金		1293
中国香港及澳门地区	银	11393916	2531079	爪哇	银		113967
中国各港口	金	1263067	402350	日本	金	12686492	16216
中国各港口	银	17792614	22342306	日本	银	6351168	2044030
西伯利亚	银		135741	中国各港口	金	332722	579870
符拉迪沃斯托克	银		3900987	中国各港口	银	18382364	12716960
				总计	金	14377211	10624500
				总计	银	66102813	79534532

上表显示的是金和银的进出口国家分布情况，整体进出口量如下表（单位：海关两）：

年　份		进　口		出　口	
		总　额	金银币	总　额	金银币
1915 年	金	1776771	773435	16626782	237654
1915 年	银	20602380	9792446	45141395	18352651
1916 年	金	20826475	11386889	7743013	153826
1916 年	银	42604867	28643428	67015920	13982160
1917 年	金	14377211	12719225	10624500	430564
1917 年	银	66102813	16633493	79534532	17857144

分析最近 10 年来上海对外金银的进出口，1908 年金的进出口合计是 1424 万两左右，为历史最高。而 1915 年为 1750 余万两，1916 年为 2350 余万两，逐年增加。1911 年银的进出口量是 4390 余万两，为历史最高，1916 年一跃激增为 7000 万两。

各年度进出口额比较如下：

最近 10 年上海金的进出口额对照表

年　份	主要进口区域	进口额	主要出口区域	出口额	合　计
1907 年	日本、欧洲	8270628	欧洲	5754431	14025059
1908 年	日本	1506758	同上	12735641	14242399
1909 年	日本、其他	993214	欧洲、日本、其他	7660340	8653554
1910 年	同上	3459043	欧洲	4466062	7925105
1911 年	同上	3942198	同上	2439645	6381843
1912 年	日本，中国香港	9162257	同上	1798297	10960554
1913 年	日本	2947800	同上	4370161	7137961
1914 年	日本，中国香港	843071	日本、美国、欧洲	13295343	14138414
1915 年	日本	792230	日本、美国、中国香港	16716393	17508623
1916 年	日本、美国	16099468	中国香港、印度、日本	7430663	23530131

最近 10 年上海银的进出口额对照表

年　份	主要进口国	进口额	主要出口国	出口额	合　计
1907 年	中国香港，欧洲	2131445	印度、中国香港	18868901	21000346
1908 年	欧洲、美国，中国香港	9240994	中国香港、欧洲	11864097	21105091
1909 年	欧洲，中国香港	20400806	中国香港、印度	7624544	28025350
1910 年	欧洲、美国，中国香港	31994359	中国香港、印度	11046981	43041340
1911 年	中国香港，欧洲、西贡、东京、印度	36240451	中国香港	7754342	43994793
1912 年	欧洲、美国，中国香港	23301321	欧洲、中国香港	12469530	35770851
1913 年	欧洲、美国、日本	35082901	中国香港、印度、欧洲	9333173	44416074
1914 年	中国香港，日本	3773561	中国香港、日本欧洲、印度	13487507	17261068
1915 年	中国香港，美国、日本	10029600	日本、印度	18887029	28916629
1916 年	中国香港，美国、日本、马尼拉	24812253	印度、中国香港、欧洲	45191575	70003828

5. 银行券发行

纸币发行也是外国银行业务中有利的一项，有银元券和银两券。这些纸币完全是靠发行银行的信用来流通，当然不会成为中国的法币。其准备金、发行额都属于各行的秘密，不得而知。其信用度比较高，而且比硬币方便，因此发行流通量不小。现将1913年各银行发行推定额汇总如下：

银行名	种　类	推定发行额	银行名	种　类	推定发行额
汇　丰	银元券（1、5、10、50、100元5种）	1800000元	正金	银元券（1、5、10、50、100元5种）	1200000元
	银两券（1、5、10、20两4种）	200000两	俄亚	银元券（1、5、10、50、100元5种）	700000元
麦加利	银元券（1、5、10、50、100元5种）	800000元	花旗	同	400000元
	银两券（1、5、10、20两4种）	100000两	汇理	同	500000元
华　比	银元券（1、5、10、50、100元5种）	300000元	德华	银元券（1、5、10、25、50元5种）	500000元
荷　兰	同	300000元		银两券（1、5、10、20两4种）	50000两

然而，上表的推定额有些偏少。正金银行1912年实际发行额达到了5498457元，大约是推定额的4倍半。台湾银行也在分行开设以来发行纸币，大正元年（1912）发行银两票419686两。

（二）中国国内银行

现将上海的中国新式银行列举如下：中国银行分行（汉口路3号），中国通商银行（黄浦滩6号），四明银行分行（宁波路3号），交通银行分行（四川路35号），江苏银行（江西路51号），浙江地方实业银行分行（北京路39号），浙江兴业银行（南京路476号），殖边银行分行（南京路33号），广西银行分行（南京路同乐里），中华汇利银行（九江路5号），湖南银行分行（江西路51号），赣省民国银行分行（北京路），直隶省银行分行（后马路），山东银行分行（河南路铁马路桥），华侨积聚兴业银行（四川路45号），中华实业银行（江西路9号），信成银行，聚兴诚银行分行，中孚银行分行（1917年开设），金城银行分行，工商银行分行，上海商业储蓄银行，金星银行，通惠银行，华商贸易银行，民业银行。现就几家主要的银行情况叙述如下：

1. 中国银行

属于中国的中央银行，从光绪三十一年（1905）设立的户部银行起家，光绪三十四（1908）年改名为大清银行，民国二年（1913）3月开业，继承了大清银行的业务，遵循民国二年（1913）4月15日公布的《中国银行章程》开展业务。上海分行以金库事务、对内汇兑、银行券发行为主业，营业活动相当活跃。尽管1916年5月殖边银行的支付被停止，另外根据政令，中国银行纸币发行及存款的支付被命令停止，但上海分行考虑到会扰乱财界，断然决定继续营业，没有对金融造成任何不良影响。

2. 交通银行

根据民国三年（1914）4月公布的《交通银行章程》营业，资本金为1000万两，属于官商公办的股份制组织。业务上的特殊之处是办理纸币发行、关税、地租及有关铁道、电信、邮政、航运业的纳税科目。然而其利润大的业务是对内汇兑，利润的大部分来自于此。

3. 殖边银行

根据民国三年（1914）3月8日公布的章程，同年12月6日开设了上海分行，总行在北京。名义资本金为2000万元（截至1915年缴付300万元），为股份制组织。主要是谋求边境地方的金融便利，是以投资实业为目的而开设的，但在上海的营业和一般商业银行一样。由于业务萧条，1916年遭遇了被停止支付的悲惨境遇。

4. 中国通商银行

为中国新式银行的先驱，总行在上海，光绪二十三年（1897）创立。由盛宣怀等人发起，资本金500万上海两（缴付350万两）。其经营完全依照外国银行的方式，员工中使用了大量的外国人，深得国内外人士的信任，和外国银行同样营业。辛亥革命之际，外国银行拒绝接受中国国内银行发行的兑换券，唯独该行的毫无障碍，继续可以通用。据说1913年的纸币发行额大约为100万元。分行所在地为汉口、天津、北京、广东、香港地区和新加坡等。现将1913年下半期的营业报告列举如下：
（单位：两）

负 债		资 产	
已缴资本	2500000.00	现有资金	2128001.87
纸币发行额	1250650.36	贷款	5388903.20
存款	3898031.62	贴现	396942.43
支付期票	217101.04	分行结算	996076.50
当期纯利润及递延	1057889.53	土地建筑	10748.55
		物品	3000.00
合计	8923672.55	合计	8923672.55

损益计算

前期转来	936600.46	股东分红（年8分）	100000.00
当期纯利	121289.07	下期递延	957889.53
合计	1057889.53	合计	1057889.53

一开始规定股东分红为年 8 分，其余作为公积金，但长期以来一直是 6 分的分红，1913 年才开始改为 8 分，公积金还没有。

5. 江苏银行

原来是旧江苏官银号，民国元年（1912）2 月改组为新式银行。资本金有银元 100 万元，其中 60 万元由江苏财政司出资。业务为省金库事务、汇兑、存款等。汇兑、存款大部分是办理官府资金。

除上述之外，在本地开设的银行及其概要如下表所示：

银行名	开设年份	资本金	营业种类	组织形式	备　　考
金星金行	1916 年 11 月	500 万元	商业银行	股份制	
浙江兴业银行	1906 年	100 万元	同上	同上	以沪杭宁铁路沿线的实业振兴为目的，于 1915 年将总行从杭州迁移到上海
上海商业储蓄银行	1915 年 6 月	30 万元	同上	内外人股份	利润分红 7 分 5 厘至 8 分
信成银行	1906 年	200 万元	同上，储蓄，银行券发行	股份制	中国民营银行的先驱，由周舜臣发起，信誉高
中华实业银行	1913 年 5 月	600 万元	矿山，铁道投资，商业银行	股份制	南洋华侨出资 450 万元
通惠银行		100 万元	商业银行		
华商贸易银行	1917 年 10 月	100 万元	同上	合资	
民业银行	1917 年 10 月	1000 万元	同上	股份制	

在此地设有分行的银行还有：

四明银行　浙江地方实业银行　湖南银行　赣省民国银行

山东银行　直隶省银行　中孚银行　金城银行

对内汇款在中国新式银行的业务中是最有利的。从前是由山西票庄独占，辛亥革命以来，完全转到新式银行手里了。

本来中国各地的银锭其成色就不同，各地的汇兑货币也不同，和外国的汇兑同样，两地间的汇兑也要核定各种银锭的平价。因此，在公估局这种能够鉴定银质、称量重量的机构，可以顺利地算定平价，而在没有这种机构的地方，则难以发现算定的基础，历来延用下来的各地间汇兑平价也少有合理的，大体上是根据习惯进行交易。

汇款的种类以普通汇款、电汇为主，近来反向汇款、押汇也有办理，但金额还不大，而且原则上作为计算基准的上海九八规银 100 两相当于汉口洋例 97.285 两。并且，中国人实际使用的是汉口洋例纹 97.037 两。另外，以正金银行现金汇款为基础的计算结果是汉口洋例纹 97 两 4 厘 7 毛。这些都微不足道，事实上按照中国人所称的比率计算，没有什么大的问题。现将中国人用作上海九八规银和主要开港市场平价的计算结果归纳如下：

地　名	相对于上海规银 100 两	地　名	相对于上海规银 100 两
厦门	91.338 两	九江	93.689 两
芝罘	95.512 两	牛庄	93.397 两
镇江	93.310 两	温州	92.460 两
福州	98.743 两	宁波	95.000 两
宜昌	98.429 两	北海	99.225 两
天津	94.255 两	汕头	98.878 两
芜湖	93.510 两		

第二节　货币

上海通用的货币中，硬币有银两、银元、小银币、铜元、铜钱等。软币有外国银行纸币、中国国内银行纸币、钱庄发行的钱票等。

一、银两

上海的大宗交易主要是使用银两或者代表银两的庄票，市场上银元也大量存在，因此银两作为上海的通货占有主要地位。这些银两由于不具有固定的品位、形状、重量，因此要进行称量、鉴定非常不便。尽管如此，它们仍然作为通货使用。其理由就在于银两和银元的行情每天变动，通过这两者的交易、改铸，能够获得很大利润。因此，现状就是本应废止的银两难以一扫而光。而且，在上海流通的银锭既有上海的银炉铸造的，也有从外地流入的。后者需要由公估局测定其品质、重量，计算其在上海的流通价格。前者前面已经叙述。

而且应当表示为流通价格的所谓上海两并不是实实在在的单位，只是根据银的重量、成分、习惯来计算的想象的单位，称之为九八规银或者规元。规银（税银的意思）这个词出自以前进口较多的情况，用于满洲大豆纳税。所谓九八是指习惯上流通价格为 100 的银的实际成分，按实际重量的 98% 计算。上海两在重量方面以漕平为单位，成分方面以纹银为标准。下面就漕平、纹银进行详细叙述，由此即可理解上海两的性质。

所谓平，意味着称量银锭的衡器。漕平（漕平）出自向中央政府运送漕米使用的衡器。因此，自古以来和漕米相关的上海、镇江、扬州、安庆、九江、南京、汉口、杭州、苏州、烟台等地都是用漕平。各地的漕平本应是同一平，但由于习惯多少有些差异。上海的漕平叫申漕平（申是上海的别名），其1两的重量标准在汇兑关系上颇为重要，外国银行、外商对此进行了很多研究。由于衡器的精巧程度不同，无法发现一定的标准，所以要通过数十次检定求其平均值。各个检定者的标准如下：

海关测定	上海漕平 1 两	= 565.6375 格令
同上		= 日本 9.774216 钱
印度造币局测定	同上	= 565.697 格令
大阪造币局测定	同上	= 565.73 格令
汇丰银行测定	同上	= 565.73 格令

如上所述，一般为了计算方便，就当作 565.7 格令。现将以申漕平为主要市场的平比较如下：

$$
申漕平 100 = \begin{cases} 北京公砝平 & 101.80 \\ 天津行平 & 101.58 \\ 汉口漕平 & 100.50 \\ 广东司漕平 & 97.56 \end{cases}
$$

此外还有称之为申砝平的平，供山西票庄汇兑用，比上海漕平每 100 两少 6 分。

作为上海两标准银的纹银并没有与之相应的实际存在的银，它是中国人设想的假定的东西，相对于此纹银，实际存在的银锭品位好的要确定申水（也叫加色或升水），品位差的则要确定去水（也叫扣色或毛水）。在其实际的分量上加减申水和去水，算定其流通价格。关于纹银的品位，按照中国人的说法，纹银重量 50 两加申水 3 两（即 6%）的为足银（纯银），从足银减 3 两的叫纹银。当然这两者结果不同。这属于可以忽视的内比（加价/原价）和外比（加价/加价＋原价）的关系，总的来说，纹银的品位如下所示：

$$
足银 - 足银 \times \frac{6}{100} = 纹银
$$

$$
1000 - 1000 \times \frac{6}{100} = 940 \ 左右
$$

根据印度造币局对上海通用银长达一年的分析，测定纹银品位的结果为 935.347 左右，可以作为一般计算的基础。然而，在银炉也是将 940 左右的纹银改作 932 左右来确定各种银锭的品位。实际上市场上流通的银锭很多比纹银的品位高，因此一般都会附加申水。根据申水的多少而用"宝名"对银质进行区分，具体如下（相对于漕平 50 两）：

宝　名	申　水	百分比	银炉所定品位
二四宝	2.4	4.8%	980
二五宝	2.5	5.0%	982
二六宝	2.6	5.2%	984
二七宝	2.7	5.4%	986
二八宝	2.8	5.6%	988
二九宝	2.9	5.8%	990
足银	3.0	6.0%	992

上海的银锭大多为二七宝。二七宝漕平 50 两的银锭的流通价格计算公式如下：

上海漕平　　　　50 两

二七宝申水　　　$\dfrac{2.7+52.7}{52.7}$　$52.7 \times \dfrac{100}{98} = 53.7755$

即二七宝 50 两的银锭有 53 两 7 钱多的流通价格。

要想求其他地方的银锭的对价，基于如上各项理由，进行两地使用的平和成色的比较。下面以天津行平化宝银（992 称为标准）和上海九八规银的对价计算为例（关于汉口洋例纹请参照第九卷）：

上海漕平 100＝天津行平 101.58

申水差 $(5.4-5.2) \times \dfrac{101.58}{100} = 0.203$

101.58＋0.203＝101.783

故 $100 \times \dfrac{101.783}{107.551} = 94.64$

天津化宝银是以 992 为标准，故将之看作二六宝，计算申水的差。

二、银元

(一) 鹰洋

鹰洋为墨西哥元，亦称英洋，日本人取名叫墨银。上海流通的银元中数量最多，在居民中的信用最高。此 1 枚称作 1 元。墨西哥法定重量为 417.8 格令，品位为 992。本来如果由墨西哥造币业者铸造的话，重量、品位都不确定，而且市场上伪造、变造的也很多，因此在授受时需要一个一个根据声音进行鉴定，非常麻烦。而之所以对墨银爱好有加，是由于相比其他银元，鹰洋行情高、流通久远以及数量多。

(二) 银元

所谓银元是日本政府发行的 1 元银币。在福建一带称其为龙洋，为主要通货。在上海流通是由于 1911 年以来开设了台湾银行上海分行，流通量逐年增加。1913 年以前在上海郊外通用，现在在上海全市通用，逐渐侵蚀了墨银的势力。重量为 416

格令，品位为 900 左右。

（三）龙洋

所谓龙洋，在上海意味着中国银元。银币表面雕刻着龙的图案，因此得名。同时还刻有各地银元局的名称，以局名进行区别。其重量、品位等并不确定，比墨银行情低。根据大阪造币局的检定，结果如下：

湖北铸光绪通宝	重量 419.9372 格令	品位 899.8
江南铸光绪通宝	重量 413.20108 格令	品位 895.0
江南铸宣统通宝	重量 415.051708 格令	品位 900.0

此外，上海还流通北洋（天津银元局铸造）、圆洋（1914 年铸造，刻有袁世凯头像）等，特别是圆洋的流通范围近来有明显的扩张。

三、小银币

小银币相对于将银元称作大洋而被叫作小洋，而且在上海通用的小洋主要是各省银元局铸造的 1 角、2 角的银币。其中，江南、湖北、广东的占多数，香港的小银币也有流通，但数额不大。本来小银币就是作为银元辅助货币而铸造的，但中国人对于货币的观念常常是作为一个商品来对待。由于小银币的实质较差，和银元的换算不按十进制，而是根据银质和重量的差异以及小银币的市场存量多少等进行评价，相对于银元的行情每日都在变动。

四、铜元

上海的铜元是各省铜元局铸造的 1 分铜币。江苏、浙江、湖北、广东省的占大部分，大多用于工人工资的支付、找零钱等。从苏州、杭州、汉口、广东等地流入巨额的铜元，原有制钱的流通显著减少。近来民国铸造的铜元也有流通，铜元的重量原则上是 112－115 格令，但实际上很多是 107－110 格令以下；成分也应当是铜 95、锌 5 的比例，但实际上铜最多 92，甚至还有 80－60 的，特别是 1904 年、1905 年各铜元局滥铸，因此市价暴跌，只能维持铭价当十（相当于制钱 10 文的意思）的水平。

五、铜钱（制钱）

上海的铜钱由于人们生活水平的提高和铜元的盛行而流通额显著减少，如今只不过用于香火钱、茶水钱。但由于它是旧有的主要通货，还作为货币行情以及小买卖的计算单位而使用。其种类极多，有康熙、乾隆、嘉庆、道光、咸丰、同治、光绪等各种通宝，其中光绪通宝最多。日本的宽永通宝也在混用。品质、重量等差异极大，私铸的叫私钱，劣质货很多。制钱 980 文为 1 串（1000 文）。

六、纸币

上海流通的纸币主要由外国银行和中国新式银行发行，钱庄发行的庄票中见票即付的和兑换券性质相同，但其流通只限于商人之间，还不能看作一般的纸币。

纸币从货币的关系上分为代表银元的银元票和代表银两的银两票。根据银行不同而发行其中一种或两种都发行。其票面的种类和发行额在银行章节中已经叙述，这里省略。

七、货币行情

上海的货币行情是由钱业者的钱行公会（北市）来决定，即以早市的银钱买卖的收盘价格作为当天的货币行情来公布。下面是 1917 年 12 月 30 日的行情表：

龙　洋	7 钱 2 分 2 厘	市　钱	150 串文
英　洋	7 钱 2 分 3 厘	钱　找	1 串 200 文
银　币	7 钱 2 分 2 厘	衣　牌	1 串 290 文
小　洋	6 钱 4 分 8 厘 5 毛	八　开	115 文
铜　元	179 串文 8 分	小洋贴水	每角 14 文

注：上表中相对于龙洋、英洋、银币等银元的行情被称为洋找。全部为相对于 1 元以九八规银表示。即当天龙洋 1 元的行情为九八规银的 7 钱 2 分 2 厘，作为相对于小洋 10 角的九八规银的对价。铜元以 1 个为 10 文计算，作为对九八规银 100 两的行情。所谓 179 串 800 文，意思是 17980 个铜元。所谓市钱，说的是制钱对九八规银 100 两的行情。所谓钱找是相对于 1 元的制钱行情。所谓衣牌，表示相对于 1 元的铜元行情。八开是相对于小银币 1 角的铜元行情。而小洋贴水是指小洋对大洋（银元）的贴水，每角加 14 文，意思是相当于银元的十分之一。

八、缴付关税用通货

在上海缴纳关税应当依据海关两。当然，本来海关两就是抽象的货币，实际缴纳税金时使用的是上海的通货，即以银锭、银元等代用。将这些通货支付给中国银行，向海关提交收据，从而完成关税的缴纳。现在，向中国银行支付的方法有如下几种：

1. 从在中国银行开设的两个结算账户中支出。

2. 使用外国银行买办和中国钱庄发行的划条（横线支票的一种。不受理普通支票）。

3. 使用上海两（马蹄银或者纸币）。

4. 使用墨银、美元（银元和纸币）。

5. 使用中国铸造的银元。

海关两和上海两的换算比例则是公定海关两 100 两为上海两 110 两。以墨银或者其他银元缴纳税金时，按照当日的市场行情（中国钱行公会行情），将美元或元换算成上海两，将上海两金额以上述比例再换算成海关两。关于这个比例，是和领事或者商人团体协商而定。

九、货币改革问题

在没有统一的通货制度的中国，任何人首先感受到的就是通货的不便。全国暂且不论，单看上海，各种通货的关系就颇为复杂。居住在这里的人日常感受到特别不方便。最近有一种说法，有议员提出，作为消除这种不便的措施，由当地市议会的工部局开设造币局，发行新货币，可以只限于租界地内流通。关于这个方案，赞成意见和反对意见都有。反对方的主张主要是：第一，让上海的工部局独立发行货币，会侵害中国的宗主权；第二，劣质币驱逐优质币，从而将中国货币从租界地废除，不让其流通，无论如何是行不通的。同时，两法并行采用也是行不通的。汇丰银行的总经理史蒂芬则是该案的热心赞同者，他认为实行这个方案表面上不存在任何疑虑。现将他的论点列举如下：

1. 如果说中国在上海租界地有宗主权的话，货币也应该同样。中国当局者在租借当初就忽视了，其结果就是当地的主要通货常常是用外国货币，像墨银，像外国银行纸币，都不是中国货币，银锭也属于民间银炉铸造，并不是中国政府发行的。从这几点看，很明显，上海从其租借当初就拥有了发行租借地专用货币的权利。

2. 新货币发行之际，持有人得到的不是一个商品，而应是实际货币。现在当地的通货实质上不过就是进行交换的一个商品，不能保证偿还。铜元、小银币等也可以在市场上买卖。应当消除相对于标准银而根据其实际价值的多少进行交易的弊端。

3. 关于有危险这一点，在于新货币的发行必然会导致中国人储蓄新货币，从而导致其发行额的增大。这完全可以通过发行流通所必需的最小额来防止。而且关于新货币流出上海以外这种危险性，可以依靠和中国当局的协约，与厘金局联系，作为禁止品对待的话即可防止这种危险性。

4. 新货币不可避免需要一定的时日才能正常流通。如果让人们了解，和现今的通货相比，新货币具有良好的购买力，可以购买和 10 分银币或 10 分铜元完全相当价值的物品，谁都会高高兴兴地接受新货币。

除上述之外，从涉及工人工资的关系以及兑换店所蒙受的影响等，都持乐观态度。对此，上海电车公司总经理马库乌尔提出了有力的反驳。其要点如下：

1. 即使新货币能无障碍流通，但不可能涵盖整个中国，起不到缓和币制的作用，反而会使货币更加复杂化。

2. 物价会伴随着新货币的出现而上涨，结果仅会增加工人的支出。

3. 工部局不可能用优质货币将中国劣质货币从市场上驱逐出去。

并且解释说中国人的国民性就是比起每元 100 枚铜元，更愿意获得 140 枚。

关键是这个问题仍是悬案，对于持有者来说具有颇为重大的关系。不仅需要在市议会当局者之间商议，而且需要任命委员，从各方面进行研究。

第三节　度量衡

一、度

在中国，度量衡制度的错综复杂程度不用赘言，在上海亦是同样的状态。因此，不仅在交易上不方便，而且外国人和中国人交易时不愿意使用中国的度量衡，一般使用英国的度量衡。如果要使用中国的度量衡，也要预先设定其换算率，然后决定价格、数量。而在中国人之间的交易中依然使用历来的度量衡。应当看作尺度标准尺的官尺（或者部尺）的使用范围最广。现将上海使用的尺度种类以及和英尺、日本尺的比较列举如下：

	相对于官尺1尺	英尺	日本尺
官　　尺1尺	1尺	12.60吋	1.056尺
海　　尺1尺	1尺	12.60吋	1.056尺
抚　　尺1尺	9寸8分	12.60吋	1.077尺
苏　　尺1尺	9寸5分	12.85吋	1.111尺
宁　　尺1尺	9寸7分	12.99吋	1.088尺
京　货　尺1尺	9寸3分	13.54吋	1.135尺
木　　尺1尺	8寸	15.75吋	1.320尺
板　　尺1尺	7寸6分	16.58吋	1.389尺
造　船　尺1尺	—	15.69—15.769吋	1.3151—1.3217尺
关　税　用尺1尺		14.098吋	1.1816尺
收税用地尺1尺		13.181吋	1.1048尺
木　工　尺1尺		11.140吋	0.9337尺
裁缝店用尺1尺		13.850—14.050吋	1.1609—1.1776尺

租界的地积面积单位是7.260平方呎为1亩。

二、量

上海使用的量器无论大、中、小，还是形状、种类等极为复杂。和外国人相关的大宗交易全部使用磅秤。以斤两为例，中国人之间大宗交易使用的有海斛、庙斛、漕斛等。海斛和庙斛的比较是相对于海斛1石，庙斛为1石1斗1升。各种斛以5斗为单位，海斛5斗相当于庙斛5斗5升5合。海斛5斗为日本6斗多。此外，小买卖中使用的也有4种，现将这些量器的容量与日本的比较如下：

升罗3合3升量器 ＝ 日本约2合2勺
小斗3升3合量器 ＝ 日本约2升4合
中斗6升6合量器 ＝ 日本约4升4合
大斗1斗 ＝ 日本约6升6合

而且这些量法是用斗刮将表面一半刮平，由于计量者的手法，难免有增减。并且各种量器的关系如上所述，中斗的二分之一为小斗，十分之一为升罗。各种重量的比较不一致，源于这些量器制作不精巧以及将其制造委托于市人，缺乏监督造成的。据说容积大的量器，里面会贴上纸布，或插入木片，以减少容量。

三、衡

外国人交易或者外国人和中国人之间进行交易时多使用英式衡器，中国人之间的交易多使用旧的衡器。现将市面上使用的秤名及其比较列举如下：

名　　称	以 1 斤天秤为标准的分量	相对于天秤 100 斤	各 100 斤的磅数	各 1 斤的日本钱数	用　　途
天　　秤	16.000 两	100.000 斤	126.9841 磅	153.590 钱	一般
漕　　秤	16.000 两	100.000 斤	126.9841 磅	153.590 钱	主要是银锭
新会馆秤	14.400 两	90.000 斤	114.2856 磅	138.231 钱	一般
老会馆秤	15.600 两	97.500 斤	123.8095 磅	149.750 钱	很少使用
司马秤	16.800 两	105.000 斤	133.3333 磅	161.269 钱	棉花业，其他
公　　秤	17.000 两	106.250 斤	134.9206 磅	163.189 钱	棉花
莱阳秤	16.300 两	101.857 斤	129.3650 磅	156.469 钱	油，豆粕
拆　　秤	15.200 两	95.000 斤	120.6349 磅	145.910 钱	
部　　秤	15.552 两	97.250 斤	123.4285 磅	149.289 钱	油，豆粕
磅　　秤	12.600 两	78.750 斤	100.0000 磅	120.952 钱	出口商品
砝　　秤	9.600 两	60.000 斤	76.1905 磅	92.154 钱	广东客商用
浙　　秤	12.800 两	80.000 斤	101.5873 磅	122.872 钱	
烛　　秤	14.800 两	92.500 斤	117.4603 磅	142.070 钱	蜡烛店用
茶食秤	13.600 两	85.000 斤	107.9365 磅	130.551 钱	茶食店用
油饼秤	15.696 两	98.722 斤	124.5714 磅	150.671 钱	主要是油
拔　　秤	27.200 两	170.000 斤	215.8730 磅	261.103 钱	煤炭

第二章　南京的金融货币和度量衡

第一节　金融机构

一、钱庄

此地钱庄的商号、组织、资本、营业状态如下所示：

商　　号	所在地	设立时间	资本金	公积金	营业内容
通　知	坊口大街	1904 年 6 月	5000 两		兑换银洋、放款
康　源	承恩寺	1912 年 1 月	5000 两	2000 两	同上
中　和	评事街	1912 年 7 月	5000 元	2300 元	同上
义　盛	评事大街	1904 年	5000 元	3000 元	同上
保　余	上海街	1913 年	6000 元		同上
大　昌	南门大街	1912 年 6 月	5000 元		同上
和　记	上海街	1912 年	2000 元		同上

上述钱庄属于所谓的汇划庄，但看其实际业务，却逐渐舍弃了本来的业务，只是办理银洋兑换。大概是由于近来中国新式银行发展很快，再加上邮政局也发展较快，因此原来汇划庄所办理的汇兑业务、存款、贷款、期票发行等都归这些机构办理了。

二、票庄

此地的票庄在辛亥革命以前有相当的势力，但由于新式银行的发展和山西票庄的倒闭，当地票庄也不再办理以前的业务，现仅仅是换钱，和钱铺没有区别。

三、银号

如今根本不存在。

四、银楼

当地有十几家银楼，做元宝银、首饰器具等的铸造，但在金融界没有太大势力。

五、新式银行

南京的新式银行有江苏银行、中国银行、中孚银行。以前曾有过交通银行分行，现在已经关闭，搬到了对岸浦口。

（一）江苏银行

该银行总行设在上海，在苏州、南京、镇江、扬州、无锡、常州等地有分行或代理店。为股份制组织，民国元年（1912）创立。资本金100万元，由江苏财政局出资60万元，其他由商民集股。

经营业务除一般的汇兑、存款、贷款、兑换以外，还负责江苏省金库业务的一部分以及省债发行。贷款要有可靠的抵押比如生丝、茧、棉花等作为担保才办理。此外还负责政府军需资金及其他的贷款，为有信用的钱庄融通资金。据说由于蒙受了甚大打击，利润不多。该银行不发行票子，营业地点在黑庙大街。

（二）中国银行

该银行于1912年在当地设立分行，专门从事大清银行的兑换券回收。因其营业状态不好，曾一度关闭，后来于1914年2月重新开业。

营业除普通银行的业务以外，还作为江苏省金库办理该省财政的出纳。贷款除对可靠的商人或者官吏办理外，主要是抵押贷款。利率经过面议决定，营业所在珠宝廊。

（三）期票发行

在之前还见过期票、支票、汇票的流通，但后来由于各钱庄的势力以及信用下降，商家倒闭，银票和钱票的流通力丧失。接着曾经在大商人之间流通的期票也完全失去了势力，因此南京的票子处于绝迹状态。现在仅仅是各新式银行发行的用作活期存款的支票在流通。

第二节　货币

一、硬币

本地硬币有银元、小银币、铜元、制钱在流通。

（一）银元

在该市场流通的银元有英洋、龙洋、新币、日本银元、本洋、站人洋等。其中英洋最多，且行情总是高1分。其次是龙洋、新币。银元虽有流通，但很少使用。本洋、站人洋流通的也不多。

（二）小银币

湖北省铸造的1角、2角的流通最多，行情也高。广东、东三省的不通用。

（三）铜元

只有1分的铜元。江南铸造的最多，湖北、浙江、福建、安徽诸省次之。

（四）制钱

现时流通的很少，据说大部分都流往其他地方了。

二、纸币

此地没有和银两对应的纸币，主要是银元票。主要有以下几种：

中国银行票 50 元、10 元、5 元　　交通银行票　　　5 元纸币最多
中国通商银行票 以平价通用　　　　外国银行票（汇丰、正金）同上

现今，进出口关税的缴付可以收取软硬各种票子及银元，其单位为海关两，行情是相对于海关两，墨银为 153 元。而且在当地海关办公楼内设有中国银行的派出机构办理出纳事务。因此，该行的支票可用于税金缴纳。

海关收受的通货为各种银元。银元中有英洋、银元、龙洋。纸币除了中国银行、交通银行的以外，也有上海的外国银行发行的，5 元、10 元的流通最多。为了方便向上海汇款，邮局等除了收受墨银以及上海外国银行纸币外，也收受上述几种币种。一般在市场上，银元、龙洋以及当地中国国内银行（中国银行、交通银行）发行的纸币深受欢迎。

海关不收的通货是上述各种银元中品质粗劣的部分。因此，这些粗劣银元在市场上的流通额以及信用程度很低。

第三节　度量衡

一、度

此地使用的尺度为竹制。有刻度用黄铜钉上的，也有两段切成斜面的以及半圆形的，没有统一的。除裁尺和木尺之外，还有称为宁尺的用于量绸缎的尺子，其用途不广。进口洋布全部使用码尺。木尺也是竹制，形状有些像日本的曲尺。现将裁尺、木尺和日本的尺度比较如下：

裁尺 1 尺 = 日本 1.10－1.19 尺
木尺 1 尺 = 日本 1.04－1.07 尺

二、量

谷物等小量交易用的量器有 5 合、1 升、1 斛，其形状为方锥形（就好像切去头部的形状）、鼓形、方形等。而且在计量时是用斗刮刮平，其容量有时候会不一样。根据数次实际测量后平均计算，5 合相当于日本 6 合。这些量器都是小生意使用，大宗交易一般是使用衡。谷物的标准重量如下（相对于 1 石的斤数以南京漕平表示）：

米 138 斤　黄豆 132 斤　蚕豆 115 斤　菜豆 140 斤
以上标准因谷物的质量而并不确定。比如 1 石米的重量一般为 136－140 斤。

三、衡

谷物、液体、其他粮食等用的是漕平。此外，交易中使用市平。两者都是 16 两为 1 斤。和日本的衡比较如下：

漕平 1 斤 = 日本 153－155 钱
市平 1 斤 = 日本 140－144 钱

第三章　苏州的金融货币和度量衡

第一节　金融机构

当地的中国新式银行有江苏银行、中国银行、交通银行。经营一般银行业务。中国银行和交通银行还发行兑换券。

钱庄有永豫、裕源仁、鼎裕、源康裕、仁昌裕、永丰、晋生、顺康、鸿源、永生、保大、怡丰等。其业务随着新式银行的发展而逐渐缩小，主要业务不过是进行存款、贷款、换钱等。汇兑大多依靠银行、邮局办理。钱庄的经营额不大，也不发行庄票。

第二节　货币

通货主要是银元。英洋的流通最多，江南、湖北、广东的龙洋和新币（圆洋）次之。北洋如果不附加少量贴水就不能通用。至于安徽、东三省的银元，此地根本不用。小银币为1角、2角，铸造地及流通状况大概和银元相同。铜元有各省铸造的在流通，2分的铜币也有使用。但流通额不大。制钱很少见。纸币有中国银行、交通银行发行的银元票，流通顺利。而且向海关直接纳税时，1两银兑换1元50分，大多以银元缴付。

第三节　度量衡

一、度

此地使用的尺度的名称、用途与日本的尺度比较结果如下：

裁尺1尺 = 日本约1.14尺　绸缎店小生意用

织物尺1尺 = 日本约1.54尺　织布店使用

庄尺1尺 = 日本约1.29尺　绸缎店从织布店进货时使用

营造尺1尺 = 日本约0.80尺　营造用

此外，只用于织物的还有三色尺、五色尺，其用途不广。

二、量

城内使用的是九九三斛，城外一般用的是枫斛。后者的使用范围广，比前者每石大 7 合。这些量器都是在粮食等小生意中使用，大量交易大多按斤记数。

三、衡

用于称量一般货物的市平是 16 两为 1 斤，但火腿、煤炭等是以 14 两为 1 斤。此外，生丝使用的是丝秤。

第四章　镇江的金融机构和货币

第一节　金融机构

镇江距离上海很近，水陆交通都很方便，因此，两地的交易非常旺盛。金融机构有银行和钱庄。现将主要的列举如下：

银行有中国银行分行、交通银行分行、江苏银行分行。

中国银行和交通银行经营一般银行业务，中国银行还掌理国库事务。江苏银行作为江苏省的省行，经管官府资金。

钱庄有道生、复泰、裕润、晋生、升泰、沅祥、晋源、立丰、甡记、慎康、永生、元生、阜康。

上述钱庄资本金在 1 万元左右，此外大多还经营钱铺业务。看其营业内容，办理属于一般钱庄业务的贷款、兑换、票子发行等。贷款利息一般为日息 3 厘，但钱庄相互借贷是日息 1 厘。

而且在调查上海、镇江间的汇兑行情后，发现相对于上海规元 1000 两，镇江一般为 930 两。有时以 975 两往来。该行情是同业者一天两次在钱业公所会合商定。

第二节　货币

此地的通货和上海没有大的差别，英洋最多，龙洋、北洋、新币也不少。小银币有 1 角、2 角，大多为江南、湖北、广东各银局铸造。其他地方的一般需要贴水。铜元是日常小生意中不可或缺的通货。制钱则有逐渐减少的趋势，只限于在农村使用。纸币为上述银行发行，一般都在流通。钱庄发行的票子也相当有信誉，市场上有流通。

镇江流通的银两的平是估平。成色大多为二七宝，杂货及其他交易是以二四宝为标准。在海关，以估平二七宝 104.26 两或者估平二四宝 106 两为海关两 100 两。因此，估平二七宝 100 两应该折合上海规元 106.84 两。而根据山西汇兑庄的计算，估平二七宝 1000 两等于上海规元 1074 两。

第五章　崇明的金融机构和货币

第一节　金融机构

该岛属于纯粹的农产地，制造工业不发达。因此，金融方面也没什么缓急之分，唯有米粮、棉花出口时节稍微有些紧张。但本来就是小小的部落经济，其紧张程度并不大。然而，该岛有丰富的农产品，居民一般比较富裕，因此可以说金融界也相应比较丰润。当地的金融机构有钱庄、票庄、银楼。

一、钱庄

此地有数家钱庄。其商号、资本金以及营业状况如下：

商　　号	资本金	营业状况	商　　号	资本金	营业状况
中和号	1000 元	一般	大隆昌号	500 元	盛大
恒昌字号	1000 元	一般	信昌号	不详	一般

二、票庄

当地只有一家票庄，叫龙共恒昌。虽说现在还存在，但有逐渐衰微之趋势。这是由于邮政局设置以来，其业务的大部分都被夺走了。

三、银楼

当地有一家银楼，叫元和银楼。资本金不明，据称有 500 元左右。

第二节　货币

该岛流通的货币中最多的是银元、小银币、铜元，制钱流通很少。

一、银元

英洋、龙洋流通最多，其他银元要打折才能通用，日本银元、北洋等则完全不通用。

二、小银币

本地除了广东省、东三省铸造的以外，其他小银币都同样使用。

三、铜元

铜元作为本地市场一般生意中最便利的通货使用，大概是通货中最多的。

四、纸币

该岛本来在金融上属于上海圈，受上海的影响，上海的中国银行、交通银行以及外国银行发行的纸币流通很好。

钱庄除庄票以外，还发行相当于 1 文、2 文、5 文的竹片，也有当铺发行的。其形状如右图：

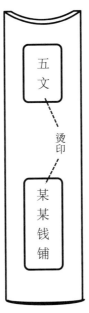

第六章 常州的金融货币和度量衡

第一节 金融机构

一、银行

当地虽然有实业勃兴的机运，但看不到完备的金融机构。

常州商业银行属于开设在上海的山海商业银行、汇丰银行、正金银行、东方汇理银行的代理店，汇往上海的汇款手续费为每100元2角。

当地的纺织业规模大的不多，但数量很多，再加上通讯运输机关完备，作为商业和工业地未来会有大发展。因此，金融界必定会发达，将来对上海的汇兑业务会越来越繁忙。最近也开始办理电汇业务了。

二、钱庄

当地有数家钱庄，但不发行庄票，主要业务只是兑换银洋，在金融界没有大的势力，其商号如下：

永利祥　聚昌　康泰　协大　友泰　元泰　庆源　汇源

三、银楼

当地的银楼有新宝成、沈正和、天兴。虽说兼营银楼的业务，但不铸造50两的元宝，而是铸造3两、5两、10两的洗面盆形状的银锭。

四、当铺

此地的当铺如下：

久大　信成　济丰　济恒　新盛　德源

这些当铺都资金丰厚，大多兼营油业。在金融方面对市民的帮助不小。

第二节 货币

此地的通货和上海没有大的差别，其行情也是依据上海的行情，基本相同。

一、银元

英洋、龙洋都在使用，其他虽然通用，但要打折。

二、小银币

本地除了广东省、东三省的以外，其他小银币都有流通。

三、铜元

各省铸造的铜元都在流通。

四、制钱

小生意中常常使用。

五、银锭

当地银锭有 3 两、5 两、10 两的。没有 50 两的元宝。品位为二七宝，相对于上海规银 1000 两，当地银为 933 两。

六、纸币

中国银行、交通银行以及外国银行票都通用，但中国国内银行的票子有时要打折扣。

第七章　无锡的金融机构和货币

第一节　金融机构

当地的金融机构比较完备，除新式银行外，还有大的钱庄，对金融界贡献较大。

一、新式银行

当地新式银行有如下 5 家：

中国银行　交通银行　江苏银行　上海商业银行　中孚银行代理通汇所

银行经营一般业务，和其他地方的银行没有不同，这里不再赘述。

二、钱庄

此地经营钱庄业的很多。现将据称资本金有 1 万两以上的钱庄列举如下：

恒生　德丰　永丰　裕和　义庄　咸昌

达源　源庄　徐源　福泰　亿丰　谦务

允裕　宏大　余源　协泰　同春　源丰仁记

这些钱庄都发行庄票，商业交易大体都是用庄票结算。

三、银号

当地有一家叫瑞昶润的银号，处于营业不良状态。

四、当铺

当地当铺的数量较多，作为大多穷人的金融机构，在当地有一定的势力。现将主要的列举如下：

济通　济顺　公顺　保泰　春华　保永

东通　保兴　保大　保济　保康　源兴

五、钱业公所

当地设有相当于钱庄公会的钱业公所，每日举办钱市，公布行情。但以上海行市为基准。

六、庄票

当地庄票流通颇为旺盛，这也象征着其工商业的繁荣。很多为当地当铺、钱庄发行。

第二节 货币

此地和上海的交通频繁，因此，通货的种类、行情和上海没有大的差别。

一、银元

英洋流通最好，龙洋次之，港元、日本银元不通用。

二、小银币

本地除广东省和东三省的以外，其他小银币都可通用。

三、铜元

各省的均有流通。

四、制钱

使用极少。

五、纸币

流通的纸币除中国银行、交通银行的以外，江苏银行、殖边银行的纸币也通用，但相比前者必须打1分左右的折扣才能流通。而外国银行的纸币不需打折也可通用。

第八章 江阴的金融机构和货币

第一节 金融机构

当地没有新式银行。

一、钱庄

当地有数家钱庄。此地由于没有新式银行，因此，钱庄的业务范围广，除兑换外，还办理存款、贷款、期票发行。其商号如下：

丰泰源　协成　大康　永康源　同记

二、票庄

当地有 2 家票庄，但交易额不大，处于逐渐衰退的状态。

三、银楼

宝成银楼最大。虽然不铸造银锭，但做银锭的买卖。

四、钱业公所

上午、下午开两次钱市，每天在报纸上公布行情。

第二节 货币

此地没有银锭的流通，货币行情主要以上海的行情为基准，其差别不过 1－2 分。

一、银元

当地银元英洋、龙洋流通最好，其他不通用。

二、小银币

除广东省、东三省铸造的以外，其他小银币都可通用。

三、铜元

各省的铜元都有流通。

四、制钱

制钱在小生意中使用，流通额极少。

五、纸币

外国银行票以票面流通，但中国银行、交通银行票在 1917 年底调查时要打三折才能通用。钱庄票流通较多。

第九章　清江浦的金融货币和度量衡

此地位于江北大运河的要冲，在运河利用最繁盛的时代，其商业兴隆。但随着运河水运逐渐减少，昔日的繁荣逐渐凋零，如今几乎看不到了。

第一节　金融机构

新式银行有中国银行分行、交通银行分行，都属于金融的中枢。一般商人利用更多的是钱庄。现将几家资本金较大、信用较高的钱庄列举如下：

同昌号　赠源泰　律生　同宝源

其他还有数十家钱庄，但规模较小。上述几家资本约 7000－10000 元，经营存款、贷款、汇兑、银钱买卖、庄票发行等业务。

第二节　货币

当地英洋、龙洋都有流通。大宗生意使用银锭，小买卖使用铜元。这和其他各地没有两样。行情据说是以镇江的行情为基准进行交易。银两以浦平二五宝为标准，上海漕平 50 两（二七宝）相当于此地平的 50 两 5 钱 3 分。

钱庄发行的票子也有流通，有 1 串文、500 文、100 文，流通量不大。中国银行、交通银行发行的银元票亦有流通，但一般商人不喜欢用。此地有造币厂，但据说近年来没有铸造。

第三节　度量衡

一、度

日常使用的主要尺度有裁缝尺、木工尺、土尺。裁缝尺是官定的尺子，是各种尺度的标准。裁缝店使用，丈量绸缎、洋布等也使用，因此还叫庄尺。而且，该裁缝尺和京货尺、杭尺、苏尺几乎是同样的长度，因此用途广泛。在此地，营造尺也是使用这种尺子。木工尺又叫木行尺，木工、木行使用。土尺是专门量土布使用的。

看这些尺子的做法，裁缝尺是木制的，木工尺是在木头上贴上骨头，在骨头上刻刻度。至于土尺，就如同天秤秤杆，大多为竹制。其比较结果如下：

裁尺 1 尺 ＝ 日本 1.17 尺

木工尺 1 尺 ＝ 日本 1.053 尺　裁尺 9 寸

土尺 1 尺 ＝ 日本 1.755 尺　裁尺 1 尺 5 寸

此外，据说还有鲁班尺、管弓尺、滩尺、篾尺、大尺等，但日常几乎不用，或者是同长异名的东西。比如所谓的篾尺，就是和现在鞋铺使用的木工尺同样长度。

二、量

当地量器都是十进制，称为石、斗、升、合，与日本相同。称量谷物、液体时大多是按分量而论。

1 斗量器为木制桶状量器，外面嵌有铁箍，用钉子钉住，好多都穿透到里面。上面架着铁板，有斗刮。其容量相当于日本 5 升 3 合。

1 升量器用竹筒制作，上下两端嵌有铜箍。相当于日本 5 合 2 勺。计量时不用斗刮，习惯上稍微堆起一些。

5 合量器是竹制的，酷似 1 升的量器，只是小一些。容量相当于日本 2 合 6 勺 4。

三、衡

此地使用的衡器有天平、秤子、戥子。天平最准确，主要是钱铺、银楼、银炉等使用。所谓戥子是一种小型的杆秤，大的就叫秤子。用天平称量叫平，用戥子称量叫缴。

当地天平有浦平、正平、库平、漕平。据说库平为官衙使用，其他是日常交易中使用。浦平每百两比漕平小 7 钱，漕平每百两比库平小 2 两，正平每百两比库平小 1 两 2 钱。而此地的库平 10 两相当于日本 100 钱。

戥子最多能称量五六斤，秤子可以称量 10 斤乃至 1 担。

浦平 1 斤为 15 两 3 钱 ＝ 日本 140 钱

第十章　盐城的金融和货币

当地没有银炉，市面上通用的银锭都是从外埠流入的。从清江浦来的最多。清江浦的银锭以二五宝为基准，重量大多在 50 两左右。此地使用的平每千两比公佑平小 17 两。铜元的流通额逐渐增加，可以代表铜元的铜元票也有发行。钱票由复顺、同椿永、永茂兴等钱庄发行。复顺和永茂兴的钱票最有信用，票面都是 1000 文。此地的习惯是铜元 98 个为 1000 文。因此，票子的实价也是按铜元 98 个计算。

第十一章　海洲（包括新浦）的
　　　　　　金融货币和度量衡

海洲是东海县城和新浦的合称。海洲建港传下来的叫新浦，一般说到海洲，应当包括新浦。海洲作为外洋航行之中国帆船的根据地，从青岛、上海等大市场直接将货物运来，因此是当地的一个主要港口。

第一节　货币和金融机构

当地没有银炉，流通的银锭都是外来的。普通使用的是来自清江浦的二五宝，和银元的行情是 7 钱 3 分左右。作为物价的计价单位，使用最多的是英洋和龙洋。大多数交易都是使用它。小银币和制钱的流通不多，铜元的流通额较大，有 1 分和 2 分的，光绪元宝、北洋铜元局铸造的占大部分。

票子为铜元票，和板浦一样，流通量很大。现将市面上使用的钱票的发行铺子列举如下：

复泰仁 （钱庄、布店）	裕隆恒 （布店）	恒顺公 （杂货店）	万庆泰 （钱庄、布店）	同盛恒 （钱庄、布店）
鼎太兴 （杂货店）	义昌号 （杂货店）	隆庆恒 （布店）	牲茂永 （钱庄、布店）	义昌永 （钱庄、布店）
裕源永 （布店）	仁泰昌 （钱庄、布店）	裕昌恒 （钱庄、布店）	德丰号 （杂货店）	

以上都是东海县城内的店铺，新浦也有裕兴祥、鼎昌杂货店发行钱票。各种票子的样式几乎相同，票面为 1000 文的和 85 枚（铜元）的。此外，县下凤城的兴泰恒（杂货店）发行的面额为铜元 85 枚的也在通用。

钱庄业务中存款较少，贷款也只是向有可靠抵押的人借贷，贷款利率通常为月息 1 分 2 厘左右，主业是兑换和票子发行。

第二节　度量衡

一、度

当地尺度的种类和清江浦相同，和日本的尺度比较如下：

裁尺 1 尺 ＝ 日本 1.16 尺

木尺 1 尺 ＝ 日本 1.02 尺

土尺 1 尺 ＝ 日本 1.71 尺

此外还有鲁班尺、管弓尺、滩尺、篾尺、大尺、工尺、庄尺、京货尺、造营尺等名称，但大多是日常使用的以及同名异长的尺子。

二、量

此地使用的量器有 1 斗、1 升及四分之一升，前两者为木制，后者是竹筒。

1 升量器也叫 2 斤 12 两量器，合日本 1 升 5 勺；1 斗量器（28 斤）能容纳日本约 1 斗 6 合 5 勺；四分之一升（11 两）大多比较粗糙，因此容量难以确定，相当于日本 2 合 5 勺。

三、衡

天平为漕平，每百两比库平小 2 两。还有湘平，100 两相当于漕平的 98 两。普通使用的杆秤 1 两相当于日本 8.727 钱。根据习惯，称量各种货物的斤数，米粮类是用 16 两为 1 斤的秤，1 斗以米麦 28 斤、大麦 24 斤、豆 33 斤为标准计算，此外使用 16 两秤称量的还有煤油、茶、水果、蔬菜等。习惯上高粱酒是 24 两为 1 斤，酱油是 18 两为 1 斤。而液体称量则制作相当于斤两的量器使用。

第十二章　板浦的金融机构和货币

　　此地的通货有银元、铜元、铜钱、小银币、铜元票。银元有英洋以及江南、湖北铸造的龙洋；小银币也是湖北、江南铸造的，但其流通范围小，只不过是勉强授受。反而是铜元、铜元票的流通量大，特别是铜元的量很大。一般来说，在江苏省北部麦类、豆类、高粱和其他农产品以及食盐的产量大，作为这些货物交易市场的板浦、海洲等城乡，到了出货期，现金会流往乡下，经常出现货币不足的状况。因此，在市场上信用可靠的大店铺发行数倍于自己资本的兑换券，以补充市面。

　　在板浦，发行铜元票的店铺不只限于钱铺，有相当资本且信用度高的布店、杂货铺也同样发行钱票。现将发行钱票的店铺名列举如下：

通和（钱庄）	福升（布店）	兴泰（布店）	和丰公（布店）
源泰（布店）	庆有（布店）	庆云祥（钱庄）	隆云祥（杂货）

　　上述店铺中，信用度最高的是通和、和丰公，其发行额在第一位。据说此地流通的钱票最初发行是在清代咸丰年间，后来使用时间久远，磨损破旧的回收后重新发行新票，一直使用至今。然而后遭到土匪的洗劫，钱票很多被损毁，据说残存的不过十之三四。

　　钱票的面额都是铜元85枚，各铺发行的形状大同小异（长7寸9分，宽4寸），流通区域只限于本地区。

　　此地的金融机构，除了上述钱庄外，也有外国银行的支店，办理一般业务，兼营兑换券发行，但1917年停止兑换以来，只能是维持现状。

第十三章　扬州的金融机构和货币

第一节　金融机构

当地的金融机构有新式银行、钱庄等。

一、新式银行

有中国银行分行、交通银行分行、江苏银行等。信用最大的是中国银行，办理盐税。交通银行不如中国银行兴旺。

二、钱庄

此地的金融机构最多的就是钱庄，现将信用度高、资本金较大的钱庄列举如下：

怡大　德裕　恒泰祥　同元信　德春　晋源　庆源　庆和

上述 8 家中资本金最多的是怡大。

第二节　货币

当地银锭、银元、小银币、铜元、纸币都在流通。银锭流通的一般为 10 两左右的二七宝。银元是外国银元和中国银元并用，龙洋、北洋流通最多。英洋往往有赝品，所以信用度低，与前者相比往往要差 2－3 个铜元。大宗生意中使用银锭，而小生意中一般以银元作为通货。小银币有 1 角、2 角的，虽有流通但数额不大。东三省的小银币则根本不流通，福建省的要加贴水才能使用。

铜元在日常小生意中使用，流通量颇大。纸币则有中国银行和交通银行发行的在通用，但交通银行的不太受欢迎。种类有 1 元、5 元、10 元。

钱票由钱庄发行，相对于铜元，票子流通比较多，其种类有 1 串、5 串、10 串。发行钱票的钱庄中，晋源、德裕等最大。此地的两使用扬平，如果将之与上海规元比较，扬平 1000 两＝上海规元 940 两。

第十四章　瓜州的金融机构和货币

　　瓜洲位于江北大运河注入长江的地点，是与镇江隔江相望的一个小城镇。比起运河通商的往昔，渐显衰退。此地的商业状况几乎不值一提，金融机构也没有值得特别提及的。钱庄的业务大多是兼营，主要是兑换，在烟草店、布店进行。通货和镇江相同，英洋、龙洋都有流通。日常小买卖中使用铜元。两和镇江的相同。

第十五章　海门的金融机构和货币

第一节　金融机构

此地还没有新式银行。

一、钱庄

此地有七八家钱庄，营业状况还可以。资本金在 1000 元左右，信用度可靠。当地不仅是米、棉的产地，而且生丝工厂多，产品丰富，商业繁盛，因此钱庄的生意也多。

二、票庄

此地有两三家票庄，但业务归属邮局后一蹶不振。

三、银楼

此地有数家银楼，但不铸造元宝银，只是打造首饰、银器，所以和金融没有大的关系。

第二节　货币

此地银元中英洋流通最好，龙洋次之，其他一般流通不畅。小银币是广东省、东三省铸造的，必须多少打一些折扣才能通用。铜元则是各省铸造的都可通用。制钱在小买卖中使用，尚未衰退。元宝平以通州二七宝为标准，但据说实际交易中并不使用。

中国银行、交通银行的票子要打折扣，外国银行的则照票额流通。钱庄发行的庄票在大宗生意的结算中使用，因此流通额颇大。

第十六章　通州的金融机构和货币

第一节　金融机构

此地作为通州棉花的集散地，自古以来就很出名，再加上近来以大生公司为首的几家制造工厂设立，产业隆盛，在本省排在第三位。市场繁盛，内外商品丰富，交易盛况属于地方少见，因此，金融机构也比较发达。此外，还组织了钱业公所，决定银钱的行情。

一、新式银行

当地有中国银行、江苏银行，都是民国四年（1915）设立的。营业主要是存款、贷款、汇兑等，业务繁盛。汇兑主要是向上海汇款，手续费为每 100 元 2 角。此外还有电汇，需要另加电报费。在棉花的出货期，汇兑极为频繁。计价单位不用两，而是用元。

二、钱庄

当地有恒丰、永昌林、豫丰、源昌福、九和、顺康、得记等 20 余家钱庄。营业颇为兴旺，大多资本雄厚。很多钱庄发行庄票，用以交易结算。

第二节　货币

当地硬币主要是银元，很少使用银锭。银元中英洋、龙洋流通最好，其他要打折才能通用。但日本银元、本洋、站人洋等不流通。小银币除广东省、东三省的以外都可以流通。铜元也不失为重要的通货。

制钱还叫钓钱，使用不多。银两以二七宝通州平为标准，上海规元 100 两相当于通州银 93 两 2 钱，相对于海关两 100 两，通州银为 103 两 8 钱。

纸币有中国银行、交通银行的纸币以及外国银行的纸币在流通，但前两者信用较低，在 1917 年调查时，每元要付 1 分的贴水。钱庄发行的庄票利用很多，但在中国银行、江苏银行的分行设立以来，其营业范围逐渐被侵蚀。

第十七章　徐州的金融货币和度量衡

第一节　金融机构

此地的金融机构有新式银行和钱庄。

一、新式银行

此地有中国银行、交通银行、江苏银行，占据了金融界的中枢。银行除了经营一般业务以外，还发行兑换券。此地位于津浦线的中间位置，处于铁路金融的要冲，交通银行的业务量比较大。

二、钱庄

之前本地有树恒成、永京义、普同庆、德生太、丽生、西裕隆、文和、万蚨祥、三宝裕、福聚同、成典太等12家钱庄，经营存款、贷款、汇兑、银钱买卖、票子发行等。但由于当时社会动荡，悉数倒闭，处于发行的票子完全不能流通的状态。后市场逐渐恢复，有几家重新开业或新设，其中加入钱业公会的有普同庆、万蚨祥、春泉、树恒成、乾德典、锡丰庆等，业务不如往昔兴隆，以兑换为主业。

第二节　货币

当地硬币中银元的流通较多，龙洋、英洋、站人洋、人头洋等通用。龙洋中湖北、江南、广东铸造的占大部分，英洋、人头洋近来使用增多。小银币有东三省、广东、江西铸造的1角、2角的在流通，其对银元的比价低。铜元为1分的铜币，属于主要通货。制钱使用小钱算法，即小钱2枚按制钱1枚计算，习惯上制钱49枚为100文，其10倍计为1串小钱。纸币有中国银行、交通银行的少量流通，有银元票、钱票两种。据说上海的外国银行券也有流通，但市场上很少见。

银锭现在仍在大宗生意中使用，货币的行情是每天下午由钱业者在商店协定。现将大正五年（1916）8月的行情列举如下：

1两 ＝ 制钱 2000 文 ＝ 铜元 200 仙

1元 ＝ 制钱 1340 文 ＝ 铜元 134 仙

1角 ＝ 制钱 110 文 ＝ 铜元 11 枚

第三节　度量衡

一、度

此地的尺度种类和其他地方没有不同，有裁尺、木工尺、土尺等。和日本的比较如下：

裁尺 1 尺 ＝ 日本 1.170 尺

木工尺 1 尺 ＝ 日本 1.053 尺

土尺 1 尺 ＝ 日本 1.872 尺

二、量

此地的量器有 2 合半、5 合、1 升、1 斗及 5 斗（1 斛），前 4 种一般在粮店使用，而 1 斛量器只限于在牙行谷物市场上使用，由两人抬着计量。1 斗和 1 斛的量器使用斗刮。现将各种量器的容量和日本的斗量比较如下：

2 合半量器 ＝ 日本 1 合 5 勺 5　　5 合量器 ＝ 日本 3 合 8

1 升量器 ＝ 日本 6 合 3 勺 7　　1 斗量器 ＝ 日本 6 升 4 合 7 勺 2

1 斛量器 ＝ 日本 3 石 3 斗 2 升 8 合 1

三、衡

当地称量银的天平有漕平、湘平、正平、卡平等。卡平比漕平每百两小 2 钱，湘平比漕平每百两小 2 两，正平小 3 钱。漕平 1 两相当于日本 9 钱 8 分 9 厘。

一般货物使用的杆秤 1 两大约为日本 9 钱半，看一般货物斤两的两数，米 1 升一般为 1 斤半，1 斤为 16 两 3 钱。酒、酱油、洋油、烟草、白面粉也是以 1 斤 16 两 3 钱计算。

第十八章　宿迁的金融货币和度量衡

第一节　金融机构

宿迁的金融机构有钱庄、当铺、银楼、银炉等，但除钱庄以外，其他在金融界作用不很大。

当地的钱庄又叫钱店或者钱号，资本并不是很大，但信用度很高，因此交易额也大，执当地金融界之牛耳，其势力不可等闲视之。而且其财东还有其他店铺，还发行票子，故融通力较强。现将其中主要的商号列举如下：

牲泰永　立大　宝徐　德隆　康泰　福和恒　恒生　元和

以上 8 家当中，有几家还兼营其他业务，如宝徐兼营玻璃制品，牲泰永兼营杂货。

这些钱庄都是个人经营，由几个人合资成立。一般情况下搞不明其资本，大多将财东的财产称作资本，不能一概相信。大体在 2000 两至 1.5 万两之间。

第二节　存款、贷款和汇兑

当地钱庄办理的汇兑只限于徐州、清江浦、上海、镇江等几个地方。活期存款不付利息或者利息极低。定期存款以 1 个月为基础，利息在 8 厘左右。贷款不多做，利息比较高，月息 1 分 5 厘以上。分为短期贷款和长期贷款，前者以 6 个月为限，月息 1 分 5 厘，后者为 6 个月以上，一般月息为 1 分 8 厘。押款即抵押贷款，在当地很少做。

一、银钱买卖

银钱买卖是一个重要的业务，主要在龙洋和银锭之间进行，其利润是钱庄的大宗收入，在商民官吏之间广泛开展。

二、兑换券的发行

当地钱庄中发行票子的有立大、宝徐、恒生、福和恒、元和，都是 1 串文即铜元 992 文的钞票。按照当地的习惯，资本金达到 1 万两的可以发行 1 串文票子 2 万张。达不到 1 万两的不能发行。因此，上述钱庄的资本金一般认定为 1 万两以上，其中用于钱庄的不超过 5000 两。

发行的票子主要用于支付或者贷款、兑换等。如宝徐的玻璃公司支付就使用票子，元和经营的当铺借贷时也使用。从来没有准备金，只是靠财东、掌柜的信用和本事。据说票子的发行量都达到了数千张以上，特别是宝徐钱庄在耀徐公司的支付中使用，其票子发行量特大。票子不是木版印刷的粗糙的东西，印刷很精巧。

第三节　度量衡

一、度

裁尺 1 尺 = 日本 1.170 尺

土尺 1 尺 = 日本 1.755 尺

木工尺 1 尺 = 日本 1.050 尺

篾尺、小尺、庄尺和裁尺相等，木尺、木行尺和木工尺相同，土布的 1 匹为土尺 32 尺，花布的 1 匹为 24 尺。

二、量

此地的量器有半升、1 升、$\frac{1}{4}$ 升、5 斗，5 斗叫 1 斛。1 升量器为竹制，合日本 7 合 9 勺多，$\frac{1}{4}$ 升亦为竹筒，合日本 1 合 9 勺，而半升量器相当于 3 合 9 勺多。

三、衡

天平大多用漕平，比库平每百两小 2 两 4 钱，比估平每百两小 4 钱。另外也用漕砝平，比库平每百两小 2 两 8 钱。当地的漕平 1 两相当于日本 9.4375 钱。

白糖 1 斤	15 两 2 钱（漕平）	木炭 1 斤	12 两
钉铁油麻 1 斤	同上	米 1 升	1 斤 12 两
茶酒酱油 1 斤	16 两	小麦 1 升	1 斤 12 两
柴 1 斤	17 两	杂货、果子 1 斤	15 两 3 钱

原则上 16 两为 1 斤，15 两 3 钱为 1 斤的只限于习惯上使用漕平的物品。其他大体使用漕砝平，漕砝平每斤比漕平小 7 钱。

第16卷

贵州省的金融货币和度量衡

第一章　概述

贵州省全省几乎全是山地，耕地少，特别是水田只出现在由重庆到贵阳的道路、由贵阳到西边的云南的道路，以及由贵阳经镇远到湖南的道路附近的山间。农产品少，其他的矿物、工业品等也因为交通不便没有值得一提之处。特别是该省重要的物产鸦片被禁止栽培后，生产业一蹶不振，该省的经济形势更是每况愈下。该省的金融货币和度量衡等没有特别值得记录的内容。

一般中国人对货币的观念与当今的所谓货币的意义不同，具有货币形态的东西并没有普遍地按照法定的价格流通，而是作为一种商品进行授受交易。

特别是在贵州省，各处货币的价值各不相同，而且有的货币的流通局限于一些区域。例如四川省铸造的铜元在贵州省除了毕节外完全不能通用，这是因为贵州财政长官严禁劣质的四川省铸铜元的流通，其他铜元的流通较为顺畅。贵州西南部各县是苗族居住地，在这些地区苗族连一钱铜币的流通也不允许，这证明了他们还处于落后的经济状态。

在兴义流通的清朝铜币——二钱铜币在距离兴义一日行程、大约八十里的坡脚尚可使用，一旦过了南盘江进入广西就完全不能通用。在南盘江约三町之隔的两岸，出现了一方通用的二钱铜币，在另一边就拒绝接收并一定要求制钱的奇观。

被视为通用货币的铜元况且如此，纸币等的使用则完全局限于局部地区。现在虽然有贵州银行发行的钞票，但是仅在贵阳和其他两三个城市使用，而且普通民众并不使用。

在贵州省银元的通用额不及银块的买卖额，各县城的大交易悉以银块进行，而且每次交易都不厌其烦地逐一将银块称重。如苗族，对制钱也要称重，根据重量支付价格。因为在苗族中流通的铜钱非常劣质，因此将其逐一称重竟成了理所当然。铜钱最劣质的地方是贵州西南部，有传闻说在这个地方收到品质好的制钱时就会埋到地里藏起来。

在中国内地特别是贵州省等地旅行时携带银块是最为便利的，银元等也可以。唯独纸币，携带任何种类都不方便。而且在滞留地必须调查下一个地方的通用货币的状态，如果熟知其状态，能够容易地利用各地货币的交换价值，节约旅费并非难事。

第二章　贵阳的金融货币和度量衡

第一节　概述

过去贵州省以鸦片为唯一的产品，通过输出鸦片能够维持贵州省的金融财政。自禁烟以来，贵州省失去了其原动力，金融疲弱，加上战争接踵而至，钱庄陆续倒闭。因此财界紊乱严重，不知颓势何时终结。

近来督军为了救济省中的民众，努力振兴养蚕业以取代过去的鸦片种植业，并制定了新式的兴业计划，因此较过去的面貌稍有改观。

第二节　金融机构

一、银行

（一）贵州银行

贵州银行是光绪三十四年（1908）3 月成立的，资本最初是 10 万两，后来追加投资 50 万两，渐渐兴隆起来。战争爆发后，为筹集军费向民间借了巨额借款，遂增加纸币的发行量。当再次需要巨额军费时，省内的财政疲弱达到极限，民国二年（1913）10 月宣告停业。期间发行的纸币总额高达 300 万元。

贵州官钱局将作为资本的库平银 10 万两从粮储道库的存款中支取，处理国库事务，1912 年更名为贵州银行。由于没有公开其章程，所以不能悉知其内容，但是通过查阅民国三年（1914）5 月贵州官钱局监理官向财政部提交的报告，足以窥视该银行的实际情况。因此在说明其营业项目之前，先译述其报告如下：

贵州官钱局监理官呈财政部文稿

奉命兼任贵州官钱局监理官，至民国三年（1914 年）1 月 5 日处理事务，今呈述的调查包括辛亥革命前的情形及辛亥革命以来的经过，包括唐都督归云后的进款以及政府当局应对该局势的政策等事项。

经查，贵州官钱局于光绪三十四年（1908 年）3 月设立，其资本库平银 10 万两由粮储道库的存款中支取，发行银票 558055 两，以此等利息维持经营。开业当初以经营普通银行业务为目的，因此为了吸收普通存款并从事公私金的汇兑，在安顺、毕节、遵义、正安、镇远、铜仁、古州、三江、重庆、汉口等地设立分局，由于当时禁烟令尚不严格，商务尚盛，获借贷利润甚多。由于该局的储备金只有 10 万两，即使是已经印刷的纸币也不敢多发。发行银票以公估平计算，与市平两比较，稍微有利。因此一般百姓欢迎此银票，信用大增，流通甚为良好。印刷未发行的纸币 278058 两，存储的储备金 18000 多两，这是辛亥革命前的概况。

辛亥九月黔省革命前夕，各业绅商公举贵州财政长华之鸿为总经理，改名为贵州银行，择定章程，以期继续维持。由于当时财界秩序紊乱，投资较少，遂未能实行。而后虽然该局的招牌沿用官钱局的称号，并未变更，但是依据前项提议，将该局命名为贵州银行，道库存银收入 25 万余两，与储备金 18000 千余两、银票 278000 余两合并，资本合计 546000 千两。公款出纳悉归其经理。

时逢社会动荡，军费耗费巨额，存款不足 10 日的融通，因此再次劝说绅商存入巨款，但是无人响应。储备金告空，民众持纸币要求兑换，但是十余天都难以解决。因此总经理华氏拿出私人财产 5 万两供兑换使用，才渡过难关。

壬子正月，社会形势虽稍有平息，但国家税收却无稳定的收支，此外该局的预存余额全无。虽然由政府通融付息，稍填补军备金，但是这些钱款的用途已经确定，所以难以成为新财源。不得已由都督电请总统，以都督的名义发行了纸币 100 万元，但是在民国元年（1912）8 月起 6 个月间停止了兑换纸币的发行。这样一来该局的大部分业务都停止了，只是一个国库的收支机构。

已经发行的纸币的流通陷入令人担忧的情况，市面上停滞的纸币很多。该局为统一币制并实现收支平均，再次呈请政府由该局新发行纸币 200 万元。其中 100 万元用于回收之前的银票，100 万元用于准备国家支出的军资和政费。当时省内尚未安定，虽然丁粮厘金与前年相比稍有改善，但是这些现款悉数充当地方的军资，没有富余充当该局的兑换储备金。因此，新纸币也难以应付兑换，市价下跌，几乎停止，由此失去人心，军队动摇。该局每月支出数万元，以抽签的方法兑换纸币，勉强免于破产。

时逢江西、江南动乱，为支援四川军、阻止湖南军而出动了军队，军费骤增，因此以该银行的名义向绅商借了 3 万余两，以解一时之急。市面纸币的价格日益下跌，面额 2 元的纸币不能换 1 元实银，纸币的滥发达到极限。虽然奉唐都督之命到云南借款，但是仍不能筹足军费，从中央政府领的 20 万元救济金也不够用。于是再次向绅商借款 3 万余两，并发行了纸币 20 万元。虽然补救了一时，但是金融愈发窘迫，纸币每元不抵实银 3 钱。这就是辛亥革命爆发以来的状况。

云南军归滇后，军费稍有减少，金融形势亦稍平静。但由于素来没有剩余，该局切盼借款的成立，各地方县也常借款，妨碍中央统一之途。大数额的银元并不容易集中，因此纸币的市价日益下跌，遂于民国二年（1913 年）12 月停止其发行。

该局已经抽签兑换的有银票 10 万余元、本行支行所有的税捐金 362000 余元、尚未盖章签字的纸币 883800 元、回收的前清票 182000 余两、省内外流通的前清银票 372000 余两、银元票 2188182 元，此外再算上盖印未发行的银票 100628 串 800 文、从财政司借用的 2329836 两 8 钱 2 分。由于各局没有报告整理其他私人的存款和贷款，因此不能得出准确的结果。中央政府确定的该银行的纸币发行额是 300 万元，现在发行的尚未超过上述定额，所存的纸币仅 80 余万元，其后每月支出的国费不是巨额。这就是唐都督归滇后的状况。

从上述情况来看，辛亥革命以来虽然名为贵州银行，其实际业务完全是代理国库事务。从其收支情况来看，起初呈现出完全没有收入的状况，但是该银行及其经理人获得信用商款，虽说有少许收入，但是不足以弥补其支出。因此银行的信用一落千丈，无处可借，不得已发行纸币解了燃眉之急。收款虽稍有增加，但是缴纳的诸款大多是纸币，缴纳的现金鲜少，由于战争花费巨大，该银行已经深陷危机。所幸通融公款数十万，勉强维系。

该银行代理国库事务以来，所得资本和利益用于国家支出，更背上了数百万元的债务。这是该银行为国家背负的债务，该银行的信用坠落实为国家信用的坠落。因此要想恢复国家的信用，必须先恢复该银行的信用，然后让其代理国库收支。作为使之取得实际成绩的方法，提高纸币的价格，增加资本以重振业务，由国家来负担该局为国家承担的债务，或者免除其代理国库收支所承担的无限制的责任，以拯救财界混乱如麻的状态。为了实行上述计划，必须整理该银行的所有债务，确定严格遵守上述计划的基础。协理就职以后，就振兴该局进行协商，由戴民政长官公布该银行的下列八条办法。

一、银行发行的纸币及过去的各种借款全部属于国库收支的性质，承认其是政府委托该银行代办的事务。

二、该行旧资本及业务的利益除了第八项规定的各款之外，如果借给政府，在返还时依据情况收取利息。

三、该行的商民存款中借给政府的以及受政府的委托以该行的名义向商民借款的款项，由政府有息返还。

四、凡是以官钱局和银行的名义发行的纸币均由政府设法回收。

五、辛亥革命后政府委托该行发行纸币的诸杂费以及委托事务增加的业务人员的俸给等，全部由政府支给。

六、作为军费从官钱局支出的钱款应当由中央政府支出，有其证据理由的，或者经政府调查属实的，由政府负担。

七、凡私人或者团体向该银行借的贷款，不论有无信用担保，由该银行自理。但是该银行回收时如果遇到困难，可以向政府要求代收。

八、凡银行与私人及团体之间进行的汇兑、借款、存款、放款，无论有无利益，均由银行自理。

依据以上八条办法，将银行的业务明确地区分为独立业务和政府委托事务，以此切实地进行整顿。关于银行业务的详细办法，另由财政司和本行总经理会面筹划。该银行与财政司的关系根据上述戴民政长官固定的办法职责平分，相信其基础已经奠定。

前述财产目录及对照表等因为该省交通不便，各分局的报告一时不能寄来，因此与银行总经理面商，向蔡政府申请斟酌延期。"在银递日报告表"虽然当初预定了制作旬报，但是由于上述困难，改为了月报，以期其精确没有误算。

兹谢报告延迟之罪，据实陈述伏请核查。谨呈财政部。

本银行的一般业务是汇兑、存放两款兑换及证券买卖等，也仅限于处理兑换，汇兑仅限于处理支行间的公款汇款。

1. 放款

主要是向各地有信用的商人放款，原则上无担保，区分为 3 个月以下的短期和 3 个月以上 6 个月以下的长期贷款，都是定期贷款，利息是日息，每两的日息是 1 分 5 厘。

2. 存款

存款分为活期、定期（短期、长期）。

3. 汇兑

仅限本支行间的经营汇兑业务，处理方法也较简单，依据各平色等银两的差异及行市的变化，不调整贴水和升水，而是通常使用公估平（贵州银行的计算比库平每两小 1 分 2 厘）将各地的两换算，作为面额收取。

今该银行使用的各地平的比较如下：

		镇远平	98 两 2 钱
公估平	百两	贵阳平	100 两 6 钱
		毕节平	98 两 5 钱

将以上作为标准，进而根据成色酌情，进行银块的汇兑。洋银（银元）、纸币、铜元、铜钱等各种汇兑记入其面额足以。

4. 汇水（汇兑费）

依据支行间的距离决定，其汇率是一站每百两付 7 分。例如：

自贵阳至镇远 7 站	自贵阳至毕节 8 站
自贵阳至安顺 3 站	自贵阳至铜仁 11 站
自贵阳至遵义 5 站	自贵阳至正安 9 站

如前所述，如今处理的汇兑仅限于公款，本行民国二年（1913 年）的成绩是各地方分行的总额——50 万两，但是由贵阳到毕节仅有数万两。

在贵州银行的营业停止以及兑换暂停的同时，作为对普通商人的汇兑交货原则，无论领取款即面额金的种类如何，均以同银行纸币支付，因此完全没有普通商人委托汇兑，但是汇公款不适用此原则。

（二）中国银行

中国银行在民国三年（1914）在当地开设分行，由于骚乱曾暂时歇业，现在因贵州银行的停业而信用大增。

发行的钞票有 1 元、5 元、10 元面额，发行额高达百万元。民国六年（1917）存款 60 万元，该分行有以下六部：

一营业部	存款、放款、汇款	7 人	
二营业部	会计部	会计	7 人
三营业部	出纳部	现金出入	10 余人
四营业部	国库部	本省年收入款项	5 人
五营业部	文书部	处理函件	4 人
六营业部	庶务部	杂务	3 人

二、钱庄

此地的钱庄中规模比较大的如下：

字号	所在地	营业年月	营业资本 （商务总会调查）	组织
余德兴	北街一品坊	16 年	600 元	单独
卢济丰	东小什字街	21 年	600 元	同上
雷隆元	同上	同上	600 元	同上
陈隆兴	南门口	12 年	600 元	同上
郑义和	北街一品坊	25 年	450 元	同上
李义成	新城菜市口	30 年	450 元	联合
陈义顺	北门月场	14 年	450 元	单独
熊德鑫	新黑石头	1 年 6 个月	450 元	同上

字号	所在地	营业年月	营业资本（商务总会调查）	组织
金云赋	新普定街	1 年 5 个月	450 元	单独
熊正顺	东十字街	19 年	900 元（社会评价总财产 5000 两）	联合
黄拍顺	兴隆街	16 年	900 元	同上
黎泰丰	西街	25 年	900 元	单独
文光裕	新城南京	22 年	900 元（总资产 10 万两）	同上
大有余	——	——	500 元	同上
缑永昌	——	——	——（1 万两）	同上
董方益	——	——	——（1 万两）	单独
黄永昌	——	——	——（7000 两）	同上

此外还有货币兑换店约百家。

上记钱庄中专营钱庄不过三四家，以布店、盐庄、药店、杂货铺为主业，在柜台兼营钱庄业务。因此难以分别其向商务总会报告的营业年月、营业资金是基于其何项业务，关于总财产也是说法不一，只能折中记述。

作为营业项目虽然有兑换、贷款、存款等，但是汇兑方面，虽然文光裕、大有余、黄柏顺等曾在七八年前面向四川、云南、湖南、广西各地受理过，但是现在全部不受理，其原因是银行和邮局的汇兑发达。贷款、存款方面，由于自光复以来金融窘迫、资本匮乏，也很少见，存款的利息以一分上下为惯例。

钱庄营业状况极为萧条，由于银行的失信和天顺祥票庄的倒闭，钱庄取而代之了左右贵州省城金融的地位。但是由于钱庄资金不足，只是作为货币兑换的机构，并没有形成足以干涉一省财政的势力。

三、票庄

以云南票庄自居以对抗山西票庄的天顺祥在光绪七年（1881）3 月向此投资 20 万两成立了票庄，掌握了蜀、黔、滇的金融。但是各省宣告独立后，支持共和新政的天顺祥的主人捐出全部财产作为财源，钱庄也就倒闭了。

天顺祥的营业方针与山西票庄大同小异，没有特别之处。此外，作为山西票庄的百川通和兴顺和两家也因为资金调配失败而倒闭。

四、当铺

与此地的票庄、银行、钱庄等势力一蹶不振相反，当铺成为金融界一大势力，有缓和财界的能力，其商号的所在地、设立年月、资本等情况如下：

字号	所在地	设立年月	资本金	日息定率	一年贷出额	各户存款
裕通当	新城广东街	光绪二十六年冬	6000两	每两每月2分5厘钱每百元每月3文	15871两（22050元）	5040两（7000元）
李复元当	花牌坊	光绪二十四年冬	11000元	2.5%	43910元	15000
李元盛当	福德街	光绪十八年二月	11111	2.5%	34610	10000
李鼎丰当	颜家巷	光绪二十一年三月	9000	2.5%	22030	9000
泰丰典	悦来巷	光绪年十二月	21000	2.5%	35500	16000
文广裕典	北门外新顺馆街	光绪二十八年	4000	2.5%	10700	4000
刘德昌当	大南门口	宣统三年三月	6000	2.5%	22390	公款4050存款7500
王正兴当	大坐牌	光绪二十六年十一月	12000	2.5%	22000	9000

第三节　汇兑

从事汇兑的只有银行和邮局，省城贵阳府的这种情况确属异类。虽然努力地进行了调查，但是只是打听到过去票庄和钱庄经营过汇兑业务。汇兑业务低迷的原因之一是贵州物产匮乏。在鸦片种植兴盛的时候，收支持平，但是禁止种植罂粟以后，贵州产出的只有药材、牛皮，产生了难以填补的巨大赤字，因此陷入窘境。

从四川、云南到贵州省的汇兑票据虽然开票很多，但是完全没有在贵阳的卖汇票。根据汇兑的情况，还处于不能代替不方便的现金运输的情况。

现列出各邮局的费用（补水）供参考：

地区	费用
安徽、福建、湖南、河南、甘肃、江西、浙江、满洲蒙古、山东、山西	各局 1 角
山西、新疆、云南、西藏	各局 1 角
直隶、上海、成都、重庆	各局 5 分
汉口、汉阳、武昌	各局 3 分
贵州	各局 2 分
桂林、连州（广东）	各局 1 角 2 分
顺庆（四川）	各局 1 角 4 分

第四节 货币

贵阳位于连接四川、湖南、云南、广西等地的道路的中心点，因此会有混用这些省份的货币的情况。特别是贵州省没有造币局，只有贵州银行发行的钞票，因此在大额交易时经常使用银锭，在日常买卖中使用制钱。单位的称呼方面，在大额交易时一般使用两、元，在日常买卖中一般使用文。由于使用碎银比较多，以钱分为单位的情况也不是没有。

一、银锭

银锭可以分为银锭、银元和银屑。银锭最常使用，与银票通称十两或者五两左右的大银锭，片子次之，元宝银数量极少，行市是虽然以十色贵平建成，但是如后述的那样，成色并不是纯的，市场上流通的银块几乎都被认为是足银。

	换铜元 1 串 630 文－1 串 650
票银 1 两（十足贵平）	
	换制钱一串 700 文
片子 1 两	换制钱 1 串 600 文

所谓片子银，是将打刻银等其他银块改铸成 2 两、1 两大的东西，一般用于日常买卖。

银元中湖北洋、袁像银、云南洋最多，而且信用大，四川洋、广东洋、大清银币等次之。外国银元中法国的安南元最受好评，其信用也在银元中高出一筹。这显示了法国在云南的实力强大。日本银元经过四川传入，因为品质好、重量准而受到欢迎，但是在普及程度上在钱庄中也仅限于两三家。

各银元的公定行市是 6 钱 8 分。鹰洋并不广受欢迎，从广西方面来的广东元、香港元中打刻银比较多，几乎都含有两成，因此这些多改铸为片子银或者在换算中减去五分。

小银币中有云南半元和毫子。前者作为云南元的半元流通，毫子是1角、2角的小银币，在湖南、湖北、广东、云南等地通用。最需要留意的是没有大洋、小洋的区别。湖北毫子10角可以换成湖北银元1元，因此如果从其他地方进口小银币，那是有利可图的。

碎银是把打刻银或者片子银打碎得到的从一二钱到七八钱大小的银屑，因为方便旅行者携带而盛行。碎银通过比较精密的贵平戥子来计算。

二、铜元

在市场上铜元流通的存量不大，换钱之时一家兑换店准备10串铜元的并不多见。

三、制钱

各个兑换店将铜钱分为典钱、用钱、毛钱。典钱也称为青钱，品质良好，形状大。用钱的品质稍劣质，与典钱的差距不大，市场交易全部使用这种铜钱。毛钱是挑出的劣质钱币，在贵阳不使用，在安顺、黔西、大定流通。特别是苗族使用的都是这种劣质钱币。

上述各种铜钱全部是九九钱（九九控），即以990文为1串。

典钱	1串	银6钱
用钱	1串	银6钱6分
毛钱	1串	银6钱2分—3分

四、票子

虽然纸币有贵州银行发行的两、元、钱票，但市场上流通的几乎全部是一元票子，除了纳税及官场使用之外，在市场上流通量很大。贵州银行的章程虽然规定可以随时兑换，但实际上仅每月抽签兑换，其支出都使用票子，所以市价日益下跌。最近商总会召开了纸币维持会，由绅商投入资本金20万元致力于纸币的流通，但是成效不显著。现在纸币的行市如下：

一元票	公定行市	6钱1分	实际行市	5千5分多
一两票	同上	8钱3分	同上	8钱多
一串铜元票	同上	5钱6分	同上	8钱8分多

没有军票、私票和外国纸币等的流通。

第五节　两

贵州银行发行票子以来，设置了元为买卖单位，但是大部分的媒介物都以银锭进行。调查贵阳的两就足以知晓贵州省的两的大体情况。首先要说的是称量银块的称器。使用被称为贵平的天平，与公估平比较，每百两小 6 钱。根据实际调查，贵平 1 两相当于日本 9 钱 5 分 4 厘左右。

对与贵州银行的调查相关的各地平兑的比较如下：

比成都平大	每百两大 1 两 3 钱
比重庆平大	每百两大 1 两 5 钱
比长沙平大	每百两大 1 两 1 钱
比洪江平小	每百两小 6 钱
比镇原平小	每百两小 1 两 8 钱
比毕节平小	每百两小 2 两

就成色来看，在中国各地成色的鉴定是以依据"看色的"（即鉴定人）的经验肉眼鉴别为基础，推断出的那些所谓纯银值得怀疑。

当地人以十足为通用的标准。依据这种极为简单的鉴定在市场上流通的银块中的大部分没有任何折损地辗转，因此很明显在标准的十足的意义上并不是纯银。依据印度造币局的鉴定结果，在上海一带流通的足银是 992，品位之低自不待言。即使不经过科学实验，通过将品位明确的流通银元与所谓足银的流通价格比较，可以发现由纯度九百的安南银元改铸的片子 1 两的流通价格是制钱 160 枚左右，而所谓十足银 1 两相当于 170 枚制钱，由此也可以作出推断。

第六节　度量衡

一、度

作为此地的尺度，使用中国尺、米突尺等。后者只在官衙、邮局等能见到。中国尺又使用公议尺、裁尺、鲁板尺、绸尺等多种，与其他各地无异，而且用途也相同。

公议尺刻有合省正尺几个字，虽说是贵州省定的，但是各县宣称的公议尺的长度并不相同。

现将这些尺度与日本尺度比较，结果如下：

公议尺 1 尺 = 日本 1.17 尺
裁尺 1 尺 = 日本 1.20 尺
鲁板尺 1 尺 = 日本 1.15 尺

二、量

此地的量器与其他地方相比容积甚小。在米升中，批发店中使用的是斗型的，授受的分量是一定的。小卖店中使用大小两种升，买入卖出时区别使用。

大型米升 1 升 ＝ 日本 8 合 4 勺（买入用）	
小型米升 1 升 ＝ 日本 8 合（卖出用）	

以四碗（或者合）作为 1 升，1 石是二百五六十斤。

量豆子的升和米升相比稍大一些，其比较如下：

米升 1 升 1 合 ＝ 豆升 1 升

计量茶油、种油使用竹筒。计量石油、酒等使用洋铁制的筒。其容量各不相同：

酒用（洋铁制）4 两 ＝ 日本 9 勺半
石油（洋铁制）4 两 ＝ 日本 9 勺
茶油（竹筒制）4 两 ＝ 日本 1 合
药用（洋铁制）4 两 ＝ 日本 1 合 1 勺

三、衡

市上使用被称为贵平的戥子（16 两 1 斤），在称比较重的商品，例如烟草、蓝纸、片银、鸦片等时使用。其制作方法简单，使用方法和台秤类似。在一个杆子上随意地使用两种分铜（砝码），可以称 1 钱和 1 两。其与台秤相似，而且衡器比较准确。钱业者使用贵平、公估平等天秤。

公估平的一百两相当于贵平的一百零六两，贵平的一两相当于日本的九钱五四。

贵平普及到黄平、思州、安顺、都匀、贵阳、黔西、大定诸县，作为普通商人的标准秤使用，并且在特别需要精细称量的鸦片买卖中使用，可以说是比较精确的。

能够一下子称盐或者米等大量货物的贵平虽然是自制的，但是是根据官衙的规矩制作的，有公定的重量。其秤锤有 25 斤、50 斤之分。

第三章　贵定的金融机构和度量衡

第一节　金融机构

贵定是在镇远、贵阳之间位居第一的市场，而且是到都匀的歧路要道，因此市场充满活力。此地的钱铺如下：

牌号	组织	资本	开业年限
宫六昌	个人	600	7 年
裕丰斋	合伙（2 人）	500	5 年
朱福崇	个人	400	1 年
陈裕盛	合伙（2 人）	400	4 年
刘履太	个人	500	6 年
芝义盛	个人	300	1 年
陈光晋	个人	400	5 年
安福隆	个人	200	4 年

营业状况以兑换钱庄为主，从事贷款、存款业务的只有宫六昌、裕丰斋、朱福崇。其方法是贷款和存款时，以 1 串文作为 5 钱 3 或者 5 钱 2 计算，以其中的差银 2 分乃至 3 分作为利息。贷款以信用贷为原则，有时候需要担保。

除了邮局之外没有其他机构从事汇兑。到各地的费用（补水）如下：

到达地点	费用
安徽、浙江、直隶、福建、河南、湖南、内蒙古、山西、山东、云南	各局每元 8 分
汉口、汉阳、武昌、兰州、上海、西安、新疆、江西（除了九江、南昌）	1 角
桂林、广东省城	1 角 2 分
顺庆	1 角 4 分
东北三省各局贵阳县	2 分

第二节　度量衡

一、度

此地虽然宣布以公议尺为标准，但是其所谓公议尺经查实并不统一，从相当于日本 1 尺 6 分的到相当于 1 尺 1 寸 2 分的，长度各异。此外，杂货店的 1 尺相当于日本 8 寸 9 分。

二、量

虽然大米和豆子号称使用同一量器，但是经查实，米升较小。

米升 1 升 ＝ 4 碗 ＝ 日本 1 升
豆升 1 升 ＝ 4 碗 ＝ 日本 1 升 1 合

作为当地物产的大宗烟草使用贵平计量。

第四章　开州的金融货币和度量衡

开州在贵阳的东北方向150里的地方，市街建在高原，是有大约五千年历史的一个县城。

此地与附近的交通不便，市场并不活跃。市街虽然相对宽敞，但是人家稀少，不见什么大的商家。从金融上看没有值得一提的地方，只有店头摆着铜钱提供兑换的店铺。此地铜元的通用很少，1元可以兑换1650个铜元。

此地的度量衡与日本的相比：

1尺 ＝ 日本1.2尺	
1升 ＝ 6碗 ＝ 日本1升3合	
1斤（16两）＝ 日本128钱	

第五章　玉屏、清溪的金融货币和度量衡

两个县城都是滇湘的门户，城墙庄严，但是市面甚是萧条寂寥，没有任何值得调查的地方。商业、金融业完全在镇远的势力之下。

票子完全不流通，湖南银行的票子以晃州为限，没有侵入此地的势力。制钱是主要货币，铜元次之。制钱 985 个作为 1 串文，与铜元的差距是 1 串文换 50 文左右。银元虽然在日常市面上不流通，但是换钱的汇率如下：

地点	汇率
玉屏	龙洋 1 元＝铜元 135 枚
清溪	龙洋 1 元＝铜元 133 枚

两地的尺度、度量衡中有许多不准确的，和湖南省沅州的情况没有大的差别。

量器 1 升相当于日本 1 升，沅州 1 升相当于日本 7 合左右，比较大型。米 1 石是 250 斤，以 4 合作为 1 升。所谓"合"明显不是依据十进制的合，容量也并不统一。

清溪的衡器更大，其 1 升相当于日本 1 升 2 合半，以 5 合（碗）作为 1 升。米 1 石宣称有 300 斤以上，但是经过调查是 300 斤左右。

第六章 思南的金融货币和度量衡

思南的钱庄有恒清厚和瑞升振两家。其资本额都很小，且来源不详，没有发行的票子。通用货币与德江是一样的，但是没有纸币的流通。汇兑是在邮局进行，手续费本省内是 1 元收取银 2 分。

此地市面普遍使用的 1 尺相当于日本 1 尺 1 寸 2 分。

量器有半碗、1 碗、1 升。经对米店的实际调查，1 升的量器是方形的，上边是 5 寸 9 分 5 厘，下边是 6 寸 7 分 9 厘，深 3 寸 8 分。依据这个测量容量，相当于日本 2 升 3 合 8 勺。由于以 8 碗为 1 升，可以量 1 碗 2 合 9 勺余。然而这是理论上的计算，实际上由于量器的制作方法并不精巧，不一定一致，大概可以视为 3 合左右。

普通市面用 1 斤	= 16 两
油类用 1 斤	= 17 两 3 分
皮类五倍子漆 1 斤	= 20 两

普通以 16 两为 1 斤的话，相当于日本 132 钱。

第七章　德江的金融货币和度量衡

德江的兑换店铺主要有以下几家：玉斗顺、何长春、刘恒兴、玉明星、戴海延。

通用银元有以下几种：相板、湖北板、云南板、大清板、四川板。

相板即所谓袁像银元。票子方面，贵州银行发行了 10 元、5 元、1 元的纸币，这些是通用的。此外还有由北京发行的国家兑换券，但并不通用。换钱在市面上是自由交易，没有专门从事换钱的店铺，上述的 5 家店铺也有其他的主业。将 1 元换成铜元时，虽说能换 150 枚，但是在玉明星只能换 147 枚。关于汇款，据当地商会长说，或者在邮局进行，或者委托法国的天主教传教士代办。虽然听说玉明星也从事汇款，实际上大多是通过输送现银的方法。

此地的量法是以 9 碗（1 碗相当于日本 2 合半）为 1 升，10 升为 1 斗。衡器是 1 斤（16 两）相当于日本 115 钱。

第八章　镇远的金融货币和度量衡

镇远是沅江民船航行的终点。通过滇黔大道运输的云南、贵州两省的物产在此地装上民船送往湖南。过去极为繁荣，客栈、船行等非常兴隆。随着云南铁路的铺设和贵州重要物产鸦片的禁止栽培，这里渐渐衰退，现在只是作为输入和少数输出品的中转地苟延残喘。虽然贵州银行在这里有分店，但是名存实亡。

第一节　金融机构

在门前悬挂兑换银钱招牌的店铺在城内有近 300 家，但是以钱业为主业的只有以下几家：

店铺名	资本
全兴隆	资本 5000 两（兼盐业）
李明顺	资本 5000 两
福顺和	资本 3000 两
李豫盛	资本 3000 两

以上店铺只是兑换银钱票子，不从事汇兑、贷款、存款等业务。

作为票庄虽然有云南人开的天顺祥、山西人开的百川通，但是由于市场状况萧条，百川通先关闭了，辛亥革命后天顺祥也倒闭了，没有再开张。

据当地商会说，盛大镒行、长青行、刘春茂布店、杨茂兴布店发行票据即期票。但是直接到这几家调查，不见发行票据。在过去金融繁荣时期也许有过票子的流通，但已经不见踪迹。但是前两家的行栈做中介的期货交易中，有制作类似票据的契约书的情况，即约定买主在一两个月乃至三四个月之后支付，行栈做担保交给买主，买主并没有将其用于流通，而且其形式也不确定。

第二节　汇兑

当地从事汇兑的只有贵州银行分店和邮局两家。关于贵州银行的汇兑，虽然在谈到贵阳的汇兑时已经提到过，但是公估平和镇平有以下区别：

公估平 100 两 ＝ 镇平 98 两 2 钱
公估平 101 两 ＝ 镇平 100 两

按照上述比例计算，在不分内割和外割方面与中国一般地区无异，其业务区域分汇往分店和总店，汇往分店的有时会遭拒绝。汇费（汇兑费用）是每站路一百两收取 7 分，从当地到总店及各分店的站路数如下：

至贵阳 7 站	至安顺 10 站	至毕节 11 站	至铜仁 4 站
至三江 5 站	至正安 13 站	至遵义 6 站	

邮局制度遵守《中华民国邮政章程》，各地收费相同，当局的费用和银钱换算如下：

地点	费用
直隶、安徽、浙江、福建、河南、湖南、内蒙古、山西、山东、西藏、云南	各省局每元 3 分
湖北、江苏、广西、广东、贵州、陕西、四川（除了下列几个局以外）	各省局每元 3 分
汉口、武昌、汉阳、上海、西安、成都	1 角
桂林	1 角 1 分
广东	1 角 2 分
贵阳	2 分
甘肃、江西（南昌、九江 3 分）	1 角
东北三省（除了下列几个局以外）	2 分
安东、哈尔滨、锦州、宽城子、吉林、奉天、牛庄	3 分

各地之间关系复杂，参照每月各地的金融状态由贵州银行进行调整。

该邮局的银钱换算率如下：

光洋银（龙洋、英洋）1 元 ＝ 银 6 钱 8 分
银元 1 元 ＝ 铜元 140 个
银元 1 元 ＝ 明钱 1400 个

银两的成色以十足银为标准，与贵阳无异。十足银的意义并非纯银，与贵阳相同。秤器称为镇平，如前述与贵阳公估平比，每百两大 1 两 8 钱。依据现在中国人的计算，与各地平的比较结果如下：

汉口平 100 两	= 镇平 98.0 两
洪江平 100 两	= 镇平 98.2 两
常德平 100 两	= 镇平 99.0 两
铜仁平 100 两	= 镇平 98.4 两

第三节　货币

当地以铜元为日常交易的中心货币，在大宗交易时使用银两。交易时是两种并用，也使用贵州银行的元票子，称为角仙。

铜钱的市场库存数量很少，虽然使用 996 钱，但是几乎废除了，以 1000 枚作为 1 串文。铜元的流通多，1 串相当于 100 枚，与铜钱兑换时大多差异不大。银以银块为主，称为票银。经常使用的是中锭型 10 两左右的银块，元宝虽然少但是也有相当的流通量，此外还有龙洋、光洋（龙洋无损伤）、云南洋、四川洋和几种外国洋。其兑换率如下：

银 1 两 = 铜元 2 串左右
龙洋 1 元 = 银元 2 串 380
英洋、四川洋 1 元 = 银元 2 串 350

在银行、邮局等收入货币的比率是铜元四成、银块二成五分、银元一成五分、票子五分。票子用于当初贵州银行贷款（1 万两）及驻屯军队的费用、民间公债的本利支付，虽然也出现在市面上，但是信用很低，价格也低。因此纳税钱回付到贵阳府的比较多，其他存放在兑换铺，并不在日常买卖中使用。现在其价格如下：

1 元票子 = 铜元 1 串 100 左右 = 银 5 钱 5 分
1 两票子 = 银 8 钱

外国银元有英洋、安南洋（法国）、香港元和日本银元等。其中安南洋最多，从云南输入，其信用在各种银元中也位居第一，与龙洋并用，其势力不容小觑。香港元的身价处于下风，与英洋兑换率相同。日本银元的流通稀少，银元是从四川进入贵阳的，其兑换率比英洋更低。

小银币除了湖南、湖北、云南等的 1 角、2 角和广东的单毫之外，有时还能看到法属安南的 10 仙、20 仙。在与大洋之间的兑换率上并无差别，与贵阳相同。

第四节　度量衡

一、度

尺度使用裁尺（布尺）、绸尺（绸缎尺）、鲁班尺。其用途与各地并无差异。

裁尺 1 尺 ＝ 日本 1.19 尺－1.20 尺
绸尺 1 尺 ＝ 日本 1.15 尺
鲁班尺 1 尺 ＝ 日本 1.16 尺

二、量

此地的量器比较大，相当于湖南辰州地区的两倍。与日本的斗量比较如下：

谷器 1 升 ＝ 日本 1 升 5 合 2 勺

虽然以 6 碗为 1 升，但是经过实际调查 1 升相当于 6 合半，称量液体的结果如下：

石油 4 两 2＝ 日本 1 合不到
茶油 4 两 1＝ 日本 1 合

酒 1 斤相当于日本 180 钱，石油 1 斤相当于日本 170 钱。

三、衡

钱铺使用街市秤，与库平相比小一些，通常是 2 分。小戥子使用司马秤，与日本的权衡相比较结果如下：

街市秤 10 两 17＝ 日本 100 钱
司马秤 10 两 17＝ 日本 100 钱

第九章　施秉、新黄平、重安司、清平的
金融货币和度量衡

第一节　金融机构

这几个地方介于镇远和贵定之间，由于地处山间僻壤，市场寂寥，物产也不丰富。新黄平向北35里就是老黄平，因为地处云贵街道和老黄平之间的交点，市况稍好。重安司是周边地区的商业中心，重安江连通沅江，夏季的民船航路可达湖南省洪江，能够运出大米，运入棉布。清平最为衰落，人家只有数十户，没有钱庄、银行、票庄等独立的金融机构，只有几家兑换铺。

第二节　货币

当地的通货以制钱为日常主要货币，铜币虽然次之，但是与镇远相比，这里使用的铜币都是小额。虽然听闻在大宗交易时使用银，但是非常稀少。农民一年的收入不足一百串文，生活水平很低，其收支都使用制钱。

制钱在施秉使用九九八钱（九九、九九、九九、九九、九八、九九、九九、九九、九九、九八十缗）钱。其他地区使用九八六钱，中等品质的比较多，与铜元相比一串相差不出三四十文。

银元在市场上流通稀少，龙洋、云南洋、安南元等兑换率相同，各地银元的换钱率如下：

地区		铜元	制钱
1元	施秉	1串340	1串360文
	新黄平	1串270文	1串330文
	重安司	1串300文	1串330文
	清平	1串280文	1串300文

票子仅仅是在纳税的时候兑换贵州银行的票子，在新黄平1元票子可以兑换铜元1串100文。

这里通货的状态受镇远和贵阳等市场的影响比预想的更多，这与来往的旅人有

非常大的关系，总体来说可以判断各地的通货关系大同小异。

第三节 度量衡

一、施秉

施秉的尺度极为繁杂。公议尺是贵州省定的尺度，此外还有九八尺、九五尺等。以公议尺为标准，出现了九八尺、九五尺的称谓，但是经过实际调查并不一致。此地的尺度与日本相比结果如下：

种类	与日本比较
裁尺 1 尺	日本 1.21 尺
公议尺 1 尺	日本 1.22 尺
九八尺 1 尺	日本 1.18 尺
九五尺 1 尺	日本 1.14 尺
鲁班尺 1 尺	日本 1.17 尺

量器方面，称量谷类、液体等的量器都与镇远相同，衡器也类似。比较结果如下：

拱平（比库平大二分）10 两 5＝ 日本 100 钱
所谓库平 10 两 1＝ 日本 100 钱

二、黄平

黄平的绸尺与裁尺相比短 1 寸，鲁班尺与裁尺相比小 5 分。经过实际调查：

裁尺 1 尺 ＝ 日本 1.18 尺
绸尺 1 尺 ＝ 日本 1.06 尺
鲁班尺 1 尺 ＝ 日本 1.12 尺

称量谷类的量器以 4 合（碗）为 1 升，相当于日本 1 升。1 担（石）约 250 斤。

衡器一般使用贵平。其 10 两 37 相当于日本 100 钱上下。此地的酒 1 合如以贵平称量大约是 4 两 2 钱。

三、清平

此地的尺度使用裁尺、公议尺（1 尺相当于日本 1 尺 1 寸 4 分）和鲁班尺。衡器有贵平和街市平，称量米豆及其他谷类以 6 合为 1 升，1 升相当于日本 1 升 5 合，这与镇远相同。

第十章　安顺的金融货币和度量衡

此地的换钱铺子很小，主要有：吴金顺、一利号、杨义兴、仁合隆、吴棉丰。资本都在一两百元左右。虽然挂着兑换银钱招牌的只有上述几家，但是露天店铺还有 20 多家。这些露天店铺将两串乃至十串制钱摆在桌子上，在市场最繁荣的地方从事兑换。

此地使用最多的是银锭。不仅商人，买东西的人也自备戥子（秤）挂在腰上，在买卖的时候逐个称量银锭。所谓银锭其实是碎银，大的有直径一寸的圆形的，小的有条形的，甚至有粉末状的。这里的物价都是以银两支付，单位有几毫、几分、几钱。1 分相当于铜元 2 枚。此地换钱的兑换率是 1 元等于 10 角，1 角等于 14 个铜元。将 1 元直接兑换为铜元时，1 元兑换铜元 145 枚。如果换制钱，汇率是 1 串600 文。

因为此地的市面上铜币很少，其价值稍高。实际上用铜元支付时，可能比上述的兑换率要少一些。中国人习惯将授受的铜元和制钱一个个严密地检查。流通的银元中湖北、云南的最多，这两种比其他的汇率要高，1 元要高 2 分。湖北、云南的小银币 10 角可以换 1 元，其他的要 12 角才能换 1 元。汇率如下：

广东 1 角 ＝ 6 分 ＝ 12 个铜元
湖北、云南 1 角 ＝ 6 分 2 厘 ＝ 14 个铜元

此地的度量衡与日本相比，如下：

1 尺 ＝ 日本 1.2 尺
1 升 ＝ 6 碗 ＝ 日本 168 升
1 升 ＝ 16 两 ＝ 日本 121 钱

第十一章 镇宁的金融货币和度量衡

镇宁商业不振，换钱铺也没有挂着招牌的店面，只是在街上摆出的露天店进行小额换钱，在镇宁特别值得记录的只有一周一次的集市。

集市当日除了县城内外的商人，偏远乡下的农夫及有需要者等一大早就聚集起来，以城内大街的中央城楼为中心在南北市开市。买卖者主要是苗族，身着美服的苗妇往来，不失为一个奇观。

此市场交易中值得关注的是制钱的授受中五六文以上的金额通常各自用戥子称量支付。镇宁县的制钱磨损程度严重，不能将之作为一文支付，故人们习惯用戥子称量，与完整的制钱比较，以此确定支付。

在此地开市不仅方便了小民的买卖供求，也有助于缓和都市商人和地方生产者的金融。

镇宁的换钱行市是袁银 1 元等于 10 角，换成铜元的时候等于 140 个，换算成制钱是 1500 文左右。

此地的天秤 1 斤相当于日本 135 钱，戥子 1 两相当于日本 7 钱。

第十二章　古州的金融机构和货币

在古州没有开设专门的金融机构，只有 5 家小资本的兑换铺。而且收取木材等大宗交易产生汇款时，惯例是让汇款者送到长安的银号，再通过托信人领取。

在古州的通货有香港元、广东省造的双毫、香港的单毛子及铜钱，其中重要的货币是广东造双毫及铜百文，1 两等于 1400 文。

此地通用的银两被称为九八贵州银，用于大宗交易。

第十三章　清镇的金融货币和度量衡

在清镇没有银行、钱庄、票庄等金融机构，有十余家兑换银钱的铺子，没有作为钱铺的字号，主业皆是客栈或者杂货铺，在店头放着"兑换银钱"的招牌。这种铺子有的只是在店头挂一缗制钱来代替招牌。现在主业是客栈兼营兑换的有以下几家铺子：荣陞、金荣泰、同春、乾顺、油海、云安。

这些铺子都资本较少，没有超过百元以上者，因此在很多时候不能在一家兑换10元。此外街上设有露天店，以伞为顶，在桌子上摆着制钱10串文左右以供兑换。这些当然都没有招牌，露天店的兑换素来只见于商业落后之地，由此不难推测清镇的市况。此地碎银的买卖兴盛，其大小多为直径1寸2分、厚度1分，形状如皿，用戥子称量，兑换成铜元再用于支付。而且戥子的量目是1斤兑换16两、1两兑换10钱、1钱兑换10分、1分兑换2个铜板。因此1两相当于铜元200枚。

第十四章　平坝的金融货币和度量衡

在平坝由贵阳通往云南的主路上有一条街市，不知为何店铺只经营食品，是非常悠闲安静的县城，兑换铺子主要有以下 6 家：黄源顺、张陈臣、黄章五、文周发、何兴盛、人和店。

这些虽然称为店铺，但不过是挂着招牌，吊着制钱，兑换两三元。与清镇一样，在道路上设有露天店，摆着两三串制钱，从事兑换。

1 元的兑换汇率是铜元 150 枚，与制钱 1 串 600 文比价。

尺度有裁尺和卖布尺。前者相当于日本鲸尺 1 尺 1 寸 6 分，后者相当于日本曲尺 1 尺 1 寸 4 分。1 升有 6 碗，相当于日本 1 升 8 勺。1 斤（16 两）相当于日本 121 钱。

第十五章　兴义的金融货币和度量衡

　　兴义位于贵州西南部，是最大的县城，在高原地带，其附近的水田较为广阔，而且与南方的广西有密切的经济关系。

　　此地与其他地方的制钱与铜元的比价情况不同。一般以 10 个制钱兑换 1 个铜元，但是在兴义 20 个制钱兑换 1 个铜元。这足以说明此地制钱的粗劣程度。与贞丰相比，实价不过是四分之一左右。

　　在银元中，云南银元的流通最好，袁像银元次之。兑换银钱的铺子虽然有五六家，但是都不值得一提。贵州银行发行的票子在市面上流通数额较少，而且 1 元作为 9 角流通。现在此地的换钱汇率如下：

袁像银元 1 元 ＝ 137 个铜元 ＝ 制钱 2440 文

　　此地一般用尺的 1 尺相当于日本 1 尺 1 寸 5 分，1 升是 6 碗，相当于日本 1 升 6 勺。此地衡器的 1 斤相当于日本 132 钱。

第十六章　贞丰的金融货币和度量衡

贞丰县的物产有瓷器、纸、桐油、棉花、茶、砂糖、石炭等，这些与此地的金融有重要的关联。上述物产与镇宁的情况相同，在位于城内中心的市场中交易。此地的金融受市场盛衰的影响很大。

贞丰的制钱都良好，看不到一个磨损的旧钱。但是这些完整的制钱也不按照个数交易，而是称重交易。与镇远的劣质制钱的比率是二比一。

现在此地的货币兑换比率是袁像 1 元换制钱 13 斤（各铺子之间略有差异），换铜元 120 枚。经过实际调查：

制钱	1.0 两＝约制钱 8 枚
	1.5 两＝铜元 1 个

因此可以得知，理论上的 1 斤相当于铜元 9 个、制钱 128 枚。

此地的尺度有裁尺和卖布尺。两者与日本尺度的比较结果如下：

裁尺 1 尺＝日本 1.25 尺
卖布尺 1 尺＝日本 1.13 尺

斗量以 10 碗为 1 升，相当于日本 1.1 升。

第十七章　湄潭的金融货币和度量衡

在湄潭没有银行和钱庄，有 10 多家换钱铺，主要的有：双合号、海江号、同心号、永泰号、丰恒号。

通用的银元有广东、云南、四川、湖北、江南、北洋、民国银元（袁像银）。其中，民国银元的流通最好，湖北银元次之。此地的通用票子有两种，一个是贵州银行唐都谕的纸票，另一个是中央政府发行的贵州用国票。两种都分 1 元、5 元、10 元面额。国票比贵州银行纸票每元高五六钱。

1 元可以换钱 1750 文左右，当时铜元在市场上比较少，因此换成铜元时大约换160 个左右。

在湄潭 1 串文不是指 1000 文，即铜板 100 枚，而是 99 枚，即 990 文为 1 串。小钱的 1 串也同样指的是 999 文。现在湄潭通用的当十铜元的种类主要有：光绪元宝、大清铜币、中华民国当十铜元。制钱在市场上流通最多。

四川省铸造的铜元在此地是禁止流通的，但是尚有 20 文的铜元在流通。

汇兑在邮局进行，但是使用的人不多。

此地的度量衡与日本相比如下：

1 尺＝日本 1.27 尺
1 升＝6 碗＝日本 1.32 升
1 斤＝日本 1.28 斤

衡器有戥子、称和秤。戥子也叫厘秤，比较小，砝码有 10 两、5 两、1 两。称用来计量粗重的物品。秤是天秤，用于金银的称量。

第十八章　凤泉的金融货币和度量衡

凤泉没有钱庄和票庄，只有小规模的换钱铺子：戴兴顺、黄光延、敖王成。

这些铺子的资本都较少，在 300 元左右。作为兑换券在市面上流通的有贵州银行的 1 元钞票，但是其流通的金额极少。市面上使用的全部是铜元、制钱这种说法也是没有错误的。此地 1 元的兑换比率是 1650 文左右。

此地的 1 尺相当于日本 1 尺 1 寸，斗量 1 升等于 6 碗，1 升的量器经实际调查是上口边较大的方形，上口的一个边是 6 寸 5 分 5 厘，下口的一个边是 5 寸 9 分，深度是 3 寸 2 分，因此其容量相当于日本 1 升 5 合 1 勺。但是因为量法不同，因此原本就难以统一。1 碗的容量相当于 3.183 余合，实际上相当于日本 2 合 5 勺。1 斤（16两）相当于日本 131 钱。

第十九章　大定的金融货币和度量衡

第一节　金融机构

这里过去是黔西一带的行政中心，虽然街市的设施完备，但是现在商业毕竟已经衰落，没有值得一提之处。钱庄仅从事货币兑换，金融被与四川做生意的布业者们左右，汇兑除了邮局之外没有从事相关经营者。在邮局进行汇兑的金额每年约有1000元，其中汇往永宁的有200元，其他途经贵阳送往湖南、江南、云南等地。

第二节　货币

以片子银和用钱为主，铜元也略有流通。虽然货币兑换店接受银元，但是在市场上仅以银5分左右的比例勉强流通。制钱有用钱和毛钱，其流通各占一半。因为存在用钱更受欢迎的倾向，因此毛钱的使用正在衰退。

用钱 1 串 ＝ 片银 5 钱 5 分—5 钱 7 分
毛钱 1 串 ＝ 片银 3 钱 3 分—2 钱 5 分
铜元 1 串 ＝ 用钱 1 串 100 文
银元 1 元 ＝ 片银 6 钱 8 分

此地的银两使用大定两，准用贵阳两、毕节两。而且此地的商业习惯是以贵阳两为准。

大定两的成色以片银即票银的九六色为标准，与黔西一样在平兑方面与大定平即公估平比较，每百两大 5 钱。

当地平对外平的比较结果如下：

大定平 101 两 ＝ 贵平 100 两
大定平 100 两 ＝ 毕节平 101 两

大定平也被称为义森隆平，在与四川的买卖中、特别是在绸缎布庄中使用。它的由来是大定平当初在此地首屈一指的绅商义森隆的铺子里使用，后逐渐成为大定与四川在该行业的交易习惯。

第三节　度量衡

一、度

以合省公议尺的九五尺为大定公议尺，虽然普遍使用大定公议尺，但是唯独布号不一定以之为准，而是随意使用九八尺、九六尺。

九五尺（大定公议尺）1 尺 = 日本 1.11 尺
九八尺（比官尺小 2 分）1 尺 = 日本 1.14 尺
九六尺（比官尺小 4 分）1 尺 = 日本 1.12 尺

二、量

谷类量器比较大，与斗量比较结果如下：

谷器 1 升 = 日本 2 升 1 合

以 6 合（碗）为 1 升，1 担作为六百斤左右进行买卖。液体依据种类的不同，量具各不相同：

桐油 5 两 = 日本 1 合
茶油 4.7 两 = 日本 1 合
洋油 4.3 两 = 日本 1 合

三、衡

戥子有贵平、街市平和大定平。但是大定平戥子只在名目上存在，实际上并不使用。街市平的使用比较广泛，它虽然被称为九九平，但是其标准并不明确。其一两相当于日本八钱九三。天平全部使用大定平，其秤砣经实际调查如下：

大定平 1 两 = 日本 9.7 钱多

第二十章 黔西的金融货币和度量衡

从清镇县到云南、四川的两条路岔开，向西北走 131 华里到达黔西县，此地的通货状况与滇黔大道不同，普遍极其萧索，虽然有镇西、滥泥沟的镇店等，但皆是寒村。日常使用的货币以制钱为主，特别在鸭池以西全部使用毛钱，用钱、银元、铜元等一概不流通，呼值单位是"1 枚鸡蛋值 4 个毛钱"。

黔西是一个县城，但是生意不振，位于贵阳、四川商圈的交叉点上。

第一节 金融机构和货币

此地没有专营钱庄的铺子，只有兼营货币兑换的铺子。流通货币主要是毛钱和碎银，典钱、用钱只在兑换铺的门面挂着两三串。毛钱的质量低劣，外形小，而且有许多已经破损。虽然有这些缺点，但是主要流通的货币就是毛钱。现在铜钱的兑换比率如下：

毛钱 1 串 = 银 2 钱 5 分 − 2 钱 7 分
典钱 1 串 = 银 6 钱 7 分 − 7 钱

贵州银行的纸币在此地完全不通用。

黔西银两的成色方面，街市两以片子银为标准，片子银与票银（十足银）的比率是九六色，虽然各地的一般惯例是将黔西两 104 两算作贵平 100 两，但是在此地汇款时，先将街市银换算成票银，惯例是将黔西两 200 两算作贵平 202 两。

在此地原来的平中，有与贵平是一样的平、有贵平的九三八平、有比公平估每百两少 1 钱 5 分的平，等等。实际上使用的衡器全部是贵平，实际上与贵平是一样的。

第二节 度量衡

一、度

虽然称以公议尺为标准，但是并没有实行，各店铺随意地自制相对于公议尺的九八尺、九五布尺等，此外还有裁尺、布尺、鲁班尺等在使用。

九五布尺 1 尺 ＝日本 1.130 尺
裁尺 1 尺 ＝ 日本 1.175 尺

二、量

当地的习惯是将米的 1 合称为 1 斤，以 4 斤为 1 升。1 合的量与贵阳方面有所不同：

1 合（称为 1 斤）＝ 日本 145 钱 ＝ 日本 3 合 7
1 升 ＝ 日本 1 升 5 合

当地还使用斗概，盛得满满的，经调查其满满的 1 合相当于日本 155 钱，因此将 1 合称为 1 斤并没有太大的差异。

三、衡

以贵平为标准，在一般买卖中依据贵平，黔西规平的戥子使用的比较少。

黔西规平（戥子）＝ 10.303 两＝ 日本 100 钱
杂秤中有 10.7 两等于日本 100 钱者

第二十一章　毕节的金融货币和度量衡

第一节　金融机构

此地地处与四川、云南交易的要道，因此市况活跃，商业之繁盛远远凌驾于大定、黔西之上，能与四川省永宁抗衡。此地的商业比较特别，离开了贵阳的势力，混合了四川的习惯，转口贸易尤为兴盛。

此地的金融机构虽然有贵州银行和钱庄，但是规模较小，金融街的实权掌握在从事转口贸易的客栈、批发商的手中。钱庄全部是作为副业经营兑换点的铺子。没有以钱庄业为本业的铺子。

第二节　汇兑

省内的汇兑在贵州银行进行，面向外省的汇款则通过邮局。虽然有时有进出口的省内现成汇兑，但是极少。

现列举邮局的补水如下（单位是每元）：

地区	补水
汉口、汉阳、武昌、兰州、上海、新疆、江西、西安	1角
连州	1角2分
贵州各局、满洲各局	2分
顺庆	1角4分
其他各省各局	8分

据对邮局的调查，当地邮局一年的汇兑额是2万元左右，其中以四川省为主，永宁不过2千元左右，这实际上是因为运输现银比较便利。

近年四川、贵州省界附近土匪频繁出没，受其危害者甚多。因此永宁、大定、毕节的商会联合起来组织商队，不仅保护行路的旅客，在支付一定的费用时也护送现银。

通过邮局汇款，汇往永宁的是1元汇水2分，补水8分，共计需要一成的手续费，但是依靠商队时每百元支付一两元的护送费足以。而且其运送方法也比较可靠，多将地方商人的直接现银包装起来运输，据说民国三年（1914年）前半期委托毕节商会的已高达 50 万元。

第三节　货币

此地的通货以银和铜钱为主，还使用量、钱、分、文等。铜钱有用钱和典钱（香钱），都使用九八钱。

用钱 1 串 ＝ 银 5 钱 5—6
典钱 1 串 ＝ 银 6 钱 2—3

银子有大银、片子和银元。所谓大银是银票的称谓，以 10 两左右为主，成色方面被称为"十色"者居多。片子多用于市场小额交易。

兑换汇率如下：

大银 10 两 ＝ 片子银 10 两 3 钱

银元也称雪花银，在各种中国的银元中最受好评，其次是法属安南洋。日本银元、中国香港元以及鹰洋的信用逊色很多。

这些银元的汇率如下：

湖北、四川龙洋 1 元 ＝ 大银 7 钱
安南洋 1 元 ＝ 大银 6 钱 8 分
日本银元、香港元 1 元 ＝ 大银 6 钱 5 分—6 分

此地近四川，因此四川军政府铸造的被称为当钱二十文、当五十文、当百文的铜钱流通很多，在前往四川的沿线道路上可以毫无阻碍地通用。铜元 1 串可以换银 6 钱 2 分。

钞票只能在县城内使用，贵州银行的元票、钱票虽然有，但是仅用于纳税及官衙用的收支。

1 元票 ＝ 银 5 钱 7—6 钱

流通银有大银和片子银，在与外地的交易和大额交易中全部以大银为标准，其成色虽然被称为纯银，但是正如在贵阳足银中已经叙述过的那样，其品位较低。

毕节平与公估平相比，每百两大 1 两 5 钱，毕节平的 100 两与各地平兑的比较结果如下：

公估平大 1 两 5 钱
重庆平大 3 两
贵平大 2 两
大定平大 1 两
成都平大 3 两

上述数字并不精确。如果毕节平与公估平相比每百两大 1 两 5 钱，应当比贵平大 2 两 1 钱。所谓成都平、重庆平是否指的是九七平、渝钱平，这个问题也并不明确。此地的银行、大贾绅商等多习惯采用上述比率进行计算。

第四节　度量衡

一、度

当地没有标准尺度，各店铺各不相同。

绸缎用公议尺 1 尺 = 日本 1.125 尺
布行公议尺 1 尺 = 日本 1.1 尺
裁尺 1 尺 = 日本 1.18 尺

二、量

谷用斗量方面，米、玉蜀黍、豆等全部使用同一量器，4 合（又称四同）作为 1 升，米的"石"的重量是 360 斤。

1 升 = 日本 1 升 4 合多

经实际调查液体的量器情况如下：

酒 4 两 2 = 日本 1 合
桐油 4 两 7 = 日本 1 合
茶油 4 两 5 = 日本 1 合

三、衡

在市场流通的戥子使用毕节平、贵平、九九平。毕节平多用于钱业、药材等，贵平作为杂用，九九平多用于谷类、布丝业者。但是九九平在大定等地其标准并不明确。

戥子毕节平 10.05 两 = 日本 100 钱
戥九九平 10.37 两 = 日本 100 钱
戥杂平 10.40 两 = 日本 100 钱

经调查毕节平的天平情况如下：

毕节平天平 10 两秤砣 = 日本 98 钱 2—3

贵平比公估平大很多。

第 17 卷

山西省的金融货币和度量衡

第一章 太原（阳曲）的金融货币和度量衡

第一节 金融机构

此处称为太原，指的是太原府城即阳曲县，也被称为山西的北京。它作为省城，不仅拥有各种设施，商业亦很繁荣，特别是正太铁路开通后，发展更加快速。出口货物从此地用铁路经正定运往北京、汉口、天津等地。山西的主要客商大多集中在此地。左右此地金融界的机构主要有钱铺、银行、钱局等。

一、钱铺

当地的钱铺几乎都是山西人经营，钱铺大多机构完整。现将主要的列举如下：

字　号	资本额	资本主	伙计人数	主要业务	所在地
锦源懋	8000 串	曹氏（太谷）		银元买卖	直顺巷
晋生源	7000 串	范氏（祁县）		同上	同上
和合生	4000 串		7	同上	帽儿巷
同心德	4000 串	财主 4 人	5	换钱	院前街
蔚锦恒	7000 串	周氏		同上	麻布街
谦和公	5000 串	财主数人		业务不振	南市街
晋源川	6000 串			银元买卖	直顺街
锦泉和	8000 元	曹氏（太谷）		同上	
复盛泰	10000 元	银股 5 份，人股 5 份	10	同上	南市街
德兴昌	8000 元	赵氏（徐沟）	10	同上	同上
正心诚	4000 串	王氏（榆次）		换钱	同上
桐生豫	10000 元		10	银元买卖	南门街
义顺成	4000 串	许氏	7	换钱	东羊街
生记钱局	6000 串			银元买卖	按司街
世兴钱庄	6000 串			同上	大中寺街

字　号	资本额	资本主	伙计人数	主要业务	所在地
普利生	4000 串			换钱	钟楼底
庆祥诚	6000 串			银元买卖	红市牌楼
永泰恒	7000 串			同上	钟楼底

上述钱铺以前发行了多额的钱票，当地官钱局支店、晋胜银行、中国银行分行开设后，这些钱票逐渐被回收，市面上流通的比从前减少了很多。

二、银行

当地的银行有中国银行分行、山西晋胜银行、裕丰银行分行。

（一）中国银行

当地中国银行分行位于估衣东街，由李氏经营。其组织并不具备新式银行的架构，内部组织结构还是中国式的，交易并不频繁。有关该银行的营业在北京章节里已经详细叙述，而当地分行的特殊业务为：

以该分行名义发行票子　该分行发行的票子以票面金额流通。

山西省新华银行储蓄票代理所　1914、1915 年的国债、公债的本利返还。

印花税票的发行　运营公司的股金代收。

平常办理最多的是汇款。其汇款手续费如下所示：

到北京每 1000 元收 10 元　　到天津每 1000 元收 13 元

到汉口每 1000 元收 2.5 元　　到大同每 1000 元收 15 元

到张家口每 1000 元收 15 元

向其他地方的汇款也有办理，但生意极少。

（二）晋胜银行

总行设在当地帽儿街，总经理叫贾俊臣。该行员工有 17 名。银行建筑为中洋结合式，外表是洋式，内部是中式。该行发行票子，但去年兑换停止以来，信用尚未恢复。下面是其章程，由此即可了解其概况。

山西晋胜银行章程

第一章　总纲

第一条　本行由阎大都督发起，以维持市面、搞活全省金融为宗旨，取光复晋之大义，特命名为晋胜银行。

第二条　本行总行称为晋胜银行，各地分设的机构取名为某处晋胜分行。

第三条　本行根据本省总商会以及各行政署的协议，营业年限为 40 年，在财政工商部注册，遵照定章办理。

第四条 本行首先由阎大都督支付股金 10 万元而率先提倡，其余股额概由本行募集。

第五条 本行依照有限公司办法，即使有亏损也不再向股东追缴。

第六条 本行为纯粹商办性质，遵守商家的惯例，不沾染从前官办的恶习。

第七条 正如本行立名为光复后晋胜，有关军事的会格外优待，收支存储及军人储蓄各款，本行代为管理。

第八条 本行总行地址暂定在太原帽儿巷路，之后将选择别地建设。

第二章 股份

第九条 本行股份以 50 元为 1 整股，5 元为 1 零股。每整股在股东会召开之际有 1 个投票表决权。

第十条 本行的股额为 20 万零股即 2 万整股，合计资本额为 100 万元。

第十一条 本行股金募集第一期为一年截止，从民国二年（1913）1 月起至 12 月止，凡在此期间入股者均享有第一期股东的权利。

第十二条 凡加入本行股份者，首先给予收据，然后给予股票及分红折帖。不论官款公款，本行全部以股金对待。

第十三条 本行委托各处有信誉的商铺募集股金，凡入股者在各处该商铺应募，首先取得收据，然后交换股票、红折。

第十四条 本行对于募集到零股 1000 股以上者赠送红股 50 股。

第十五条 已经缴纳股金后，在本行营业年限结束之前，无论何人何款，唯允许以股票向别人转让。不得以股券向本行要求返还股金。若要将之作为抵押请求借款，可根据市面金融情形商定。

第十六条 本行设股份总册，登记股东的姓名、籍贯。如将股票让售给别人，须有原主自行持股票、红折，同受让人一起到本行申明，经查无讹方能签字注册。

第十七条 收据、股票、红折如果遗失，首先到本行申明，立可靠之保证人接受补发。同时登报声明原票证无效，不论中外任何人拾得，进行任何交涉，原主应自负其责。

第十八条 本行首先募集股金 20 万元，由股东选举经理开办。达到应募额 100 万元时，再次召开股东大会，进行正式选举处办。

第三章 职员

第十九条 本行设总理 1 名、协理 1 名、正理事 1 名、副理事 1 名、总司账 1 名。其余使用人的多寡根据营业的繁闲酌情决定。

第二十条 总协理在股东大会上投票公举，正副理事由总协理选任，总司账以下人员由总协理及正副理事协商任用。分行的正副理事由各地股东大会公举 1 人，可由总协理选任。

第二十一条　总理统管全行，为使用人及所有营业的责任人。协理辅助总理统筹，正副理事专管营业事务，总司账主持营业账目之事务。

第二十二条　本行的薪水、日用杂费等的支付均须总协理督饬正副理事，首先做出概算表，以防浪费。若营业上有特别事项应当支付者，由总协理协商酌定。

第二十三条　本行的营业决算每月一小结，年终一大结。各分行向总行报告决算情形最迟不得超过规定期限10天。

第二十四条　本行设查账员，不论总行、分行，均可定时稽核或临时检查。

第二十五条　本行总协理的任期为3年，可以连任。

第二十六条　本行人员应积存保证金。总理2000元，协理1000元，理事以下薪水达到30元的，每年扣除其三分之一至500元止。依照储蓄章程计算利息，中途辞退者，随时返还保证金。

第二十七条　本行的职员若有营私舞弊、挪用银钱之事，以保证金充当，根据情节轻重予以惩办。因通常的过失被辞退者不在此列。

第二十八条　正副理事以下除应缴纳保证金外，还需各自立有信誉的保证人，对其一切行为进行担保。

第二十九条　本行人员的薪水，除总协理由股东会公定以外，正副理事由总协理酌定，理事以下由总协理及正副理事协定。若在尚未结账分红之时辞职者，只能收到应得的薪水，不得牵涉分红。

第四章　营业

第三十条　本行专门办理军饷、军用各款及各行政署、公司、学校、局所等的款项事宜。

第三十一条　本行代收各地方钱粮、税赋及捐款。

第三十二条　本行的存款和贷款有定期、活期、通知各款，其利息根据市面金融情形临时酌定。

第三十三条　本行特别处理对商家的贷款和存款，有关军事、军人等，加减特别利息1厘以示优待。

第三十四条　本行兑换国币，贴现尚未到期的期票，进行具有可靠担保的抵押贷款，并办理外汇及其他各种公款。

第三十五条　本行设储蓄柜台，凡储蓄现金1元以上者，满1个月后即付3厘的利息。

第三十六条　本行暂时发行山西省通用的1元、3元、5元、10元的兑换纸币，凡公司交易以及完粮纳税均可通用。

第三十七条　凡欲兑换本行纸币者，均可即时兑换，决不拖延，以证明本行之信用。

第五章 董事长和查账员

第三十八条 本行股东经过定期会议可选举董事8名、查账员4名，监督本行业务的进行。

第三十九条 本行若有营私舞弊或金融恐慌的情况，经董事、查账员过半数同意，可以要求召开临时股东会，协议处理。

第四十条 若本行一时陷入危殆状况，没有时间召开股东会，或者不一定要召开股东会时，根据全体董事、查账员的决议维持解决。但事后必须向各股东报告。

第四十一条 查账时必须至少有2人以上出席。查账分定期和临时，定期为月末决算、年末决算时，若查账结果没有算错或不正当行为，即加盖印鉴，由该查账员完全保证。

第四十二条 董事、查账员的住所必须在总行、分行开设地的近邻，以便监督。

第四十三条 董事、查账员的任期均为1年，可以连任。一般不发给薪水，但给予每人红股100股。

第六章 结账分红

第四十四条 本行每年末大决算时，须由总经理和各理事逐条载明财产目录、存钱对照各表、该年度营业损益情况、分红额、公积金数目等，以供众览。

第四十五条 结账后红利分11成，1成为公定公积金，3成分给职员，7成向股东、董事、查账员、经理、招股员等分配。

第四十六条 结账后印刷第四十四条规定之事项，分送给各股东，以备在召开股东会时研究。

第四十七条 本行会通告各股东并登报声明结账期。各股东持红折到本行领取应分得的利润。

第七章 会议

第四十八条 本行的股东会分定期和临时，定期为每年末结账后三个月之内召开，报告前一年的营业情况，并议决尔后的进行事项；临时会议协议临时发生的事项。

第四十九条 凡向本行投资股金者，均给予股东会议的表决权。拥有10零股即1整股者，有1个表决权，百股以上每增加50股增加1个投票表决权，但不得超过100个投票表决权。

第五十条 定期会议上，总协理必须就一年的财产目录、存缺对照各表、营业盈亏情形、分红、公积金数额以及今后计划发表意见，全体股东会同酌议。

第五十一条 临时会议在总协理或董事、查账员10人同意，认为是本行的紧急事件时，以及由持有本行应募股数十分之一以上的股东具备事由，要求召开会议时召开，总协理应准备召集，将开会地点及日期等事项预先通知各股东。

第五十二条　定期会议召开之际，股东应选举董事、查账员17名，但被选者的资格只限于入股50股以上者。

第五十三条　出席会议者人数超过全体股东的半数即可召开，选举会议主持人。议案以投票多数表决，但必须是超过出席股东投票数一半方可有效。若赞成和反对各占一半，根据主持人1票判决。

第五十四条　总协理、董事、查账员等有违规行为时或者有增减薪水或股份等事项时，在大会上议决施行。属于总协理以下人员的案件时，由总协理遵照议决案执行。

第五十五条　凡是经过会议议决的事项，应写在会议纪要中，列出与会人员名单，重要职员需要签字。

第八章　杂则

第五十六条　本行所有营业内容及现金存缺各项，除应当进行报告外，可要求行内人员保守秘密，不许随意向外人传告。

第五十七条　本行所存各项存款、进款，不论官绅商民公私交易，应在本行有原始单据，经查账无讹方可融通。

第五十八条　本行职员若非本行业务上的案件，不得乱用本行款项，或者假借本行名义从事各项商业活动，或者代替他人提供保证。

第五十九条　本行职员不得挽留亲友等在行闲住。

第六十条　本行职员在本行办事虽无错误，但在行外发生名声频频招致非议等败坏使用人名誉的事情时，将据实调查，根据情况予以辞退。

第六十一条　凡是本行收支的现款及各种汇划款项，必须经过数次反复详查无讹，各自盖章后方可发行，以此避免错误，并显示慎重。

第六十二条　本行出入款项，无论巨细均逐日记入流水账，然后归入总账。以便月末决算核查。并方便了解收支款项的多寡以及当日银行营业的盈亏。

第六十三条　本行现款自不待言，其他所有要紧证券、凭据等均需收入铁柜保管，另行制作账簿，记载出入情况。非两人以上会同，不得擅自开取。

第六十四条　本行所用一切账簿、票据、印鉴、各号往来折件均需在夜晚临睡之前检点齐备，协同管库人开库保管，翌日早上取出，以备当日履行业务。其他零星物件不需入库者，须存入账房保险柜，以防意外之虞。

第六十五条　本行应设置股东姓名簿2本、各行友姓名簿2本、股东会议纪要1本、月结簿1本、年结簿1本、收保底簿1本、股本底簿1本、日记流水账簿1本、总计账簿各1本、现存银钱簿1本。其余账簿临时酌添。

第六十六条　总行于月底、年终各结账一次，其他各分行将月底、年终的结果报告总行。若有不符之处，随时盘问。该分行应立即详细答复。两面的账目须核对无误。

第六十七条　本行职员的薪水除应扣除的保证金外，均按四季发放，不得透支。若有不足等事宜，司账员及本人偿还，倘若不能还清，由保证人偿还。

第六十八条　本行的息存、浮存款项以及流通银元、兑换票等应随时逐一查明，按照存款数目酌留三分之一之准备金存入金库。不得尽数贷出，以免难以周转，丧失信用。

第六十九条　总分行在办理重要事项之际，须互相通报，连贯周知，以便事先筹划。若遇特急需款，彼此应相互维持，不得旁观。

第七十条　本行的贷款不论官家、公私、商号等，务必详细审查，未经股东认可为可靠之营业，不得应允。

第七十一条　总分行或交易各行之间若有电汇款项或者紧急事件，应使用暗电或明电报告，其后发信时仍需附加电报稿，以防电码错误及误译之虞。

第七十二条　本行职员每年有半数人员可以交替探亲一个月，其期限为从银行出发之日算起到乡里出发之日为限。期满不得借故不归。若不能按时归行，按日扣除月薪。如遇婚丧、疾病等不受此限。探亲路费100里之内1元，200里之内2元，其余渐增。

第七十三条　本行职员结婚者，赠送贺礼5元；若遇父母丧事，送奠资10元。

第七十四条　以上章程若有不尽妥善之处，或者应当改进之处，可以随时酌定，但必须经过股东会议的决议方可施行。

（三）裕丰银行分行

裕丰银行总行设在山西省朔县，在大同、太谷、忻州、天津四个地方也设有分行。其营业状况、组织、章程等在总行开设地朔州有详述。

三、钱局

此地有山西官钱局和兴业钱局。

（一）山西省官钱局

该钱局是在金融界凋零之际，接受省长的命令，以振兴金融为目的而设立的。位于太原府城院东街。其一般状态根据下面揭示的章程即可得知。而且作为特殊业务，山西省官钱局经营军票、印花税票，发售1元、3元、5元、小洋10角、100铜元、50铜元等各种票子。

山西官钱局现行章程

第一章　总则

第一条　本局是在辛亥之年义军兴起之际，因市面凋落、金融涩滞而奉地方长官之命，以维持市面、活跃金融为目的而设立。

第二条　本局命名为山西官钱局，在山西省城将军行署门前开设。

第二章　资本

第三条　本局的资本总额为 100 万元，先经地方长官许可，以地方公款及本局的支出额合计大洋 481116.524 元为基础，其余用本局营业所得利润陆续补充。如果营业发达，发生资本周转不足时，再由官府筹款增补，但以 100 万原额为限。

第三章　业务

第四条　本局营业范围如下：

1. 国库证券的贴现或买入

2. 商业期票的贴现或买入

3. 汇票的贴现或买入

4. 办理汇兑

5. 发行期票

6. 买卖地方金银

7. 买卖各国货币

8. 吸收各国存款

9. 代理保管属于交易性质的公私商业及个人发行的各种票据

10. 办理抵押贷款

11. 代理公私商业团体熔铸宝银

第五条　本局设立之初，奉长官之命，以维持市面为目的，发行小洋 1元、3 元，大洋 5 元的纸币。已经发行的大洋票 69992 元、小洋票 41797 元依旧通用。将来发行或销毁时，接受监理官监督。

第四章　职员

第六条　本局设如下职员：

• 总理　1 名

• 协理　1 名

• 科长　4 名

• 科员　无定编，但可设定等级

• 司事　4 名

• 练习生　4 名

第七条　本局设下述各科分掌业务

- 营业科掌理本局的营业以及有关营业方面的交际事务。
- 文书科掌理公私文牍的撰拟、编纂、缮写事务。
- 会计科掌理所有账簿的填写、整理、计算事务。
- 出纳科掌理营业上的银钱以及地方金库的出纳并报销事务。

各科的办事细则另行规定。

第八条　本局经财政厅厅长许可，可以在商业繁盛的地区设立分局。分局办事章程由总局规定。

第五章　责任

第九条　本局总理由财政厅厅长委任，主持全局事务并负全责。

第十条　本局协理接受财政厅厅长委任，辅佐总理帮办全局事务。

第十一条　本局科长由总理具保证书及推荐书报请财政厅厅长委任。管理各科内所有事务并负全责。

第十二条　本局的科员、司事、练习生等由总理决定其进退赏罚。

第十三条　分局经理员中的高级科员由总理任用，对总局负全责。以下各员由总局分别派遣，分局经理员无权决定其进退。

第十四条　本局总理因故不能履职时，由协理代行其职权。但总理、协理不得同时兼任。

第十五条　本局各科长、分局长经理员因故不能履职时，由总理选定1人代理。

第六章　决算

第十六条　本局各项营业每半年决算一次，报告财政厅。

第十七条　本局每次决算期后获得的利润，提取十分之一作为公定公积金，其余为相对于资本的纯利。纯利相对于资本额达到百分之一以上时，应作为本局职员的奖金酌情发放。但奖金额不得超过纯利润的百分之三十。

第七章　附则

第十八条　本局请求民国元年（1912年）前的总理周渤雕刻山西省官钱总局石印一枚并启用，以照信守。

第十九条　本章程若有未尽事宜，由总理随时呈报财政厅厅长增减修改。

第二十条　民国二年（1913）12月13日呈报行政署立案的章程从本章程被批准施行之日起废止。

（二）兴业钱局分局

该钱局总局设在山西省运城，当地的营业所在按司街。其主要业务为汇兑、存款、贷款等。

1. 汇兑

与中国银行太原分行章节已经叙述的一样，稍微区别的是大多在山西省南部经营，因为该钱局的总店在南部的运城。

2. 存款

6个月以下为短期存款；6个月以上为长期存款，利息为1个月4厘。

3. 贷款

贷款分为短期贷款和长期贷款，6个月以内为短期，利息比存款稍高，为1个月7厘。

4. 钱票

该钱局发行1串、2串、3串、5串的钱票。

下面介绍该兴业钱局的规定，以供参考。

太原兴业分局简章

· 本分局设总经理、副总经理各1名，正司账（会计科主任）1名，副司账1名。除正副司账由本局选聘外，其余帮办、伙计等俱由副总经理斟酌任用。

· 本分局受总局总理的领导监督。

· 本分局若有特别重大事务时，必须首先通知总局，在得到本局的许可后方可办理。

· 本分局员工除月薪以外，和总局人员同样发放奖金。

· 本分局执事人员及干部兼接受正副经理的管束。如违背规章，随时予以辞退，总局并不干预。但辞退的理由应告知总局。

· 本分局职员由副总经理选任，必须秉公无私。总局分局员工都不得推举亲戚朋友，以免影响业务。若违反规章，总局有权质问。

· 本分局除提供月报和季报以外，还应当每年一次向总局报告年度收支总册以及营业损益说明书。或者总经理、副总经理年内亲自前往面商事务。

· 本分局之间的书信往来以总经理的名义进行，司事人员均不得参与。

· 本分局如遇属权利范围之外的特别交涉事件，由总局派员与地方行政官直接交涉。

四、票庄和当铺

山西票庄历来在中国全国金融界占有绝对的优势，进入民国以来，随着新式银行、邮局等汇兑机构的发展，其势力逐渐衰弱，不断出现倒闭现象。此地的票庄也被大德通、大德恒、蔚盛长、日升昌、合盛元、义成谦等祁县帮势力占领。如前所述的理由，除大德通、大德恒两家外，其他悉数倒闭。而且残存的两家以前曾发行钱票，在金融界很有信用，但后来停止发行，只能在银行、邮局的势力范围以外经营汇兑业务。作为金融机构的价值逐渐式微。

与各地一样，当铺为下层人民的金融机构，主要商号如下：

广益当　晋安当　聚集当　乾恒当　晋兴当

以上几家当铺中，广益当在附近各地设有四家分店，利率因贷款金额而异，为5－9分，期限为6个月，没有留期的规定。

第二节　货币

当地流通的货币主要有银元、小洋、铜元、制钱、票子。银锭的流通几乎没有，各地都逐渐摒弃。以下依次加以说明。

一、银元

当地在进入民国以来，银元的流通在增加。如今，站人洋、北洋、人头洋都一律同价流通。此外，湖北洋稍有流通，英洋则不见其踪影。

二、小洋

小洋有1角、2角，东三省的较多，1角的流通甚少。民国三年（1914）铸造的刻有人头的1角、2角小银币也有流通。

三、铜元

铜元作为日常的通货流通量很大，而且由于购买土产流出较多，其价值也较高。

四、制钱

当地使用最多的制钱是民国以前的。辛亥革命后不过是在一般贫民当中使用。这些制钱和铜钱的换钱大多在路旁的露天店里进行。

五、钱票

当地的钱票多是以前由钱铺发行的等同于制钱的钱票，自从兴业钱局分局以及官钱局设立以来，逐渐被回收。据说发行钱票的钱铺只留下三四家。与此相反，兴业钱局的1串、2串、3串、5串各种钱票流通甚多，而且这些钱票只要交2－3个铜元的手续费即可兑换成现钱。

六、银元票

当地有中国银行分行发行的1元、5元、10元、20元的票子和山西官钱局发行的1元、3元、5元以及小洋10角的票子在流通，信用都很好。

当地的货币行情是每天由各钱业者商定。即当地的中国银行、晋胜银行、裕丰银行以及钱局、钱铺等各钱业者于每天下午4时左右在官钱局集合，商定第二天的银两、银元、铜元以及制钱的行情。调查当时（1918年8月）的行情如下：

红封平1两 ＝ 1830文

大洋 1 元 ＝ 12 角 ＝ 125 个铜元 ＝ 1280 文

第三节　度量衡

一、度

当地有官尺、木京尺。官尺在绸缎铺、布行等处使用，木京尺为木匠使用。与日本的比较结果如下：

官尺 1 尺 ＝ 日本 1.150 尺　木京尺 1 尺 ＝ 日本 1.045 尺

二、量

当地的斗量器有斗、升、半升，其形状、尺寸和太谷的相似，1 斗合日本 1 斗 2 升。在当地总商会内看到的斗量器形状为：

上部弦的长度：日本曲尺 1 尺 2 寸 8 分

底部边长：日本曲尺 6 寸 6 分

高度：日本曲尺 7 寸 6 分

1 升量器和半升量器的比例并不一致，大多情况下因量法而有所增减，居民使用时并不在意。

	上部边长	下部边长	高度	日本容量
1 升量器	5 寸 7 分	3 寸 4 分	3 寸 7 分	约 1 升 2 合 5 勺
半升量器	4 寸 6 分	2 寸 9 分	2 寸 9 分	约 6 合 6 勺

三、衡

当地衡器的标准是 16 两为 1 斤。因贩卖品不同，与日本的衡器比较，分量也不同。如下所示：

茶 1 两 ＝ 日本 10 钱　　蔬菜 1 斤 ＝ 日本 162 钱

盐 1 斤 ＝ 日本 153 钱

当地称量银两的平有如下三种：

红封平（又名太平）　新湘平　老湘平

各种平的比较如下：

红封平 1000 两 ＝ 新湘平 938 两 ＝ 老湘平 960 两

据说红封平的重量和库平相同，使用最广。

第二章 太原县的金融货币和度量衡

第一节 金融机构

太原县位于太原府城西南 40 里，市面萧条，商业不旺盛。因此，虽然有作为金融机构的中国银行支行及钱铺，但营业量不大。钱铺大多是杂货铺的兼业，经营钱票发行、兑换。现将其商号列举如下：

万顺成　德茂成　恒合裕　万成协　谦盛永

乾元发　积升西　祥德和　松庆成　德生源

以上钱铺中，谦盛永最大，据称资本金为 8000 元。此外，也有人在街上开露天店办理换钱业务。

第二节 货币

此地的通货是制钱、银元、小银币等，看不到铜元流通。

一、制钱

日常的交易都是用制钱，以满钱即 1000 文为 1 串。对小银币 1 角的兑换比例为 105 文。

二、银元

在该县城流通的银元有站人银、光绪元宝，鹰洋在市场上根本看不到。

三、小银币

当地小洋币 2 角的较多，1 角的也有流通，但上市的很少。而 2 角的小银币大多是东三省发行的，有信用。小洋 12 角换 1 元。

四、钱票

中国银行、晋胜银行发行的银元票只有在大宗交易中才使用，日常交易中使用钱铺发行的 1 串、2 串钱票。山西官钱局发行的要附一定的贴水才能通用。市场上出现最多的是 1 串钱票，这是生活水平低导致的自然结果。票子的用纸比较好，其样式如下：

第三节　度量衡

此地的度量衡和太原府城的完全相同，在此省略。

第三章　榆次的金融货币和度量衡

第一节　金融机构

当地属于正太铁路的一个车站所在地，进出太谷的货物都要经过此地。金融机构有钱铺和当铺。现将钱铺的字号列举如下：

东升昌（北大街）	惠增信（南大街）	恒心泰（中大街）	永全昌（南大街）
复升泰（中大街）	桐生豫（同上）	恒益庆（南大街）	逢源涌（南 关）
聚和玉（南大街）	吉履谦（北关外）	谦和永（同上）	大张义（北关外）

以上钱铺中，恒心泰、复升泰、恒益庆、永全昌、逢源涌还兼营花店，吉履谦兼营杂货铺。钱铺资本都在五六千串左右，大的也不超过 2 万串，专门从事银元买卖和换钱。恒益庆、聚和玉、谦和永、惠增信、桐生豫做贷款，东升昌还做钱粮业务。贷款全部是信用贷，利率据说是年息 7 分 5 厘。只有恒心泰、恒益庆两家钱铺发行钱票。

当地的当铺字号如下：

大成当　复兴当　永吉当　庆升当

利率从 12 月 1 日至第二年 3 月 1 日期间为 2 分 5 厘；其他月份为 3 分。期限为三年满期，过期即流质。

第二节　货币

此地的通货有银元、小银币、制钱、钱票等。银元中北洋、站人洋、民国新币流通最好，行情为 1 元等于 1 串 420 文或小洋 11 毫 70 文，大清银币要贴水 30 文，湖北省造银元贴水 60 文。小洋 1 毫的最多，1 枚相当于制钱 110 文，制钱为九七钱，铜元没有流通。

第三节　度量衡

一、度

当地使用的尺度和太谷的相同，实测结果如下：

裁尺 1 尺 ＝ 日本 1.30 尺　　木尺 1 尺 ＝ 日本 1.05 尺

二、量

谷物 1 斗量器相当于日本 9 升 8 合 6 勺略少，1 升相当于日本 9 合 2 勺略多。

三、衡

当地使用的戥子 1 两相当于日本 11 钱略多。

第四章　太谷的金融货币和度量衡

第一节　金融机构

太谷距太原南面 110 里，当地的金融机构有票号、银号、钱铺等。下面就主要的金融机构进行说明。

一、票号

当地是自古以来有名的山西票庄太谷帮的总店所在地。高楼大厦巍然耸立，一看就让人想到是富豪聚集的地方。当地的山西票庄主要有：

大德玉　大德川　锦生闰　志成信　协成乾

这些票号之前在各省都有分号，在中国金融界曾经有绝对的势力，后悉数倒闭，陷于悲惨境地。各总店都派代表到北京恳求政府救济，得到政府的保证，决定启用外债，共同组织一大新式银行。据传 1914 年 4 月已经与澳大利亚萃利公司签订了 5000 万法郎的借款合同，但最终没有成立。

就这样，以当地票庄为首的山西票庄全部处于停止营业的状态，如果不采取什么救济措施的话，无论如何也不能恢复。其资本庞大，除了组成新式银行以外，别无他途。毕竟山西票庄是和革命一起毁灭的，现在没必要就其组织及营业方式进行赘述。

二、银号

如前所述，从前当地票庄的势力非常兴盛，没必要开设银号。票庄衰微后，开设银号就有利了。开设的银号有中孚银号、通谷银号。

（一）中孚银号

该银号为民国二年（1913）设立，位于当地西街。以前是开布行的，财东叫智子蝉，主要是经营汇兑。从当地汇往北京、天津的汇费为每百两 2 两半。

（二）通谷银号

该银号为民国四年（1915）设立，和中孚银号同样位于西街，总办姓藉。据说是官办。

三、钱铺

当地钱铺有 30 余家，现将其主要的列举如下：

字 号	所在地	资本主	字 号	所在地	资本主	字 号	所在地	资本主
乾元胜	东街	武人鹤	协元成	西街	协成就	万合荣	南街	贾业荣
振元传	西街	数 人	中知德	同上	曹外一家	誉庆和	北街	曹 家
大德祥	同上	常运元	德生厚	东街		大顺裕	南街	
富泉涌	东街	白殿召						

这些钱铺以兑换为主业，钱票发行最兴盛。

第二节 货币

当地主要的流通货币为银元、小银币、铜元、制钱及票子等，其中票子的流通最多。

一、铜元

当地从前根本看不到铜元流通，但现在各省铸造的都在流通。

二、银元

银元中北洋流通最好，人头洋次之。北洋1元在调查当时（1918年2月）为1串350文，小银币12角。

三、制钱

当地制钱为九九钱，现钱只有1串以下时才使用，1串以上时全部使用钱票。

四、小银币

1角、2角的小洋在流通。民国新币的1角、2角（刻有袁世凯肖像）流通不多。小洋1角相当于铜元11个。

五、票子

当地票子特别是钱票流通很多。当地流通的纸币可以区分为钱票和银元票。

（一）钱票

钱票是相对于制钱的票子，1串、2串的最多，有清朝时发行的和进入民国以后发行的，前者流通较多。钱铺和大商铺都在发行，其样式和榆社一节介绍的相同。

（二）银元票

中国银行太原分行发行的票子和太原晋胜银行的1元、3元、5元、10元各种钞票都在市上流通。

这些纸币在钱铺兑换时都需要收取1分或2分的手续费。

第三节　度量衡

一、度

当地有裁尺、木京尺。裁尺是绸缎店在买卖中使用，木京尺是木工、瓦工、木材店使用。与日本的尺度比较如下：

裁尺 1 尺 ＝ 日本 1.150 尺　　木京尺 1 尺 ＝ 日本 1.045 尺

二、量

当地的量器称为官斗，大多是太原制造的。谷物用斗量的 1 斗相当于当地标准秤 30 斤。1 斗量器的下面有 1 升、半升。其容量和太原的相同，不再赘述。

三、衡

当地使用的秤以 16 两为 1 斤。1 斤相当于日本 122 钱略多，一般都使用这种秤。但水果、蔬菜使用的 1 两相当于日本 10 钱。贩卖盐使用的 1 两相当于日本 8.75 钱。

第五章　徐沟的金融货币和度量衡

第一节　金融机构

此地的金融机构有钱铺、钱局。现将主要的商号列举如下：

世义成　广和隆　万泉茂　谦泰公

这些钱铺都在城内。只有广和隆是专业做钱铺，其他为兼业。开业之际不需要官府许可。各家都发行钱票，也都办理汇款，还经营存款、贷款。据说其利率和太谷县相同。

此地的钱局称为济徐公钱局，在商会内附设。民国三年（1914年）3月设立，主要是发行钱票，目的是补充现钱的不足。发行的钱票有1串、2串的。使用新式的票子，为天津北马路加藤印局印刷。发行额据说超过1万串。

第二节　货币

此地的通货有制钱、银元。制钱称为九八钱，但是以976枚为1串。因此在换钱铺收取的制钱100文是以97枚或98枚当作100枚。铜元不流通，小银币可以通用，但市面上看不到。

银元有站人洋、北洋、民国新币流通。行情是1元买入1串345文，卖出1串365文。鹰洋贴水95文，湖北银元贴水45文，吉林银元贴水185文，可以和流通银元交换。

票子有钱票和银元票。钱票是相对于制钱1串、2串来流通，由钱铺和有实力的商铺发行，有清朝时发行的和进入民国后发行的。主要是旧式的票子，但当地济徐公钱局发行的是新式票子，即纸质和中国银行钞票一样，印刷亦精巧。中国银行、交通银行的银元票也在流通。

称量银两的平叫老公砝平。据说和库平比较小2两。北洋1元相当于此地的7钱1分。

第三节　度量衡

此地的度量衡和太原的相同。

第六章　交城的金融货币和度量衡

第一节　金融机构

作为金融机构，只有钱铺，而且这些钱铺的业务只是将银元换成老钱（制钱）。因此其资本金也少，据说只有 6000 元或 5000 元，实际上不过其三分之一。现将钱铺的商号及资本额列举如下：

福成源号 5000 元　大顺永号 6000 元

永源厚号 5000 元　宏 成 永 5000 元

汇款要到汾阳办理。

第二节　货币

制钱为当地的主要通货，全部以制钱计价。其种类和太原县一样，满钱为 1 串文，称为 1000 文。和太原县同样，铜元完全不流通。银元有站人洋、光绪元宝。小银币是 2 角的多，1 角的很少。

钱票是钱铺发行的制钱票子，流通很好，信用极高。但只限票额价格 1000 文的。由于羊皮的交易很旺盛，因此银锭也使用的较多。其行情是银锭 1 两相当于银元 17 角多。

第三节　度量衡

此地的度量衡和太原县城的一样。

第七章　文水的金融货币和度量衡

第一节　金融机构

当地没有金融机构，商民都是到一般店铺请求交换，店铺也出于好意给予兑换。

第二节　货币

当地称制钱为文钱，和交城一样，日常交易中都是用制钱。说物价时称一千文钱、两千文钱，而不说 1 串文。而且其相对银元或银锭的比价只是每年两三次受他县的影响而出现涨落。由于没有以钱铺为业的人，当然各店的换算率也不同，随时面谈决定，没有一定的行市。最常见的市价为 1 毫换 105 文。

和交城一样，铜元不流通。但北京、太原府城有生意的杂货商等同意使用，不过价格极为低廉。银元的流通额极少，很少用于日常交易。小银币也多少有流通，银锭则根本没有。

由于此地没有钱铺，因此也就没有钱票。往往是他县的钱票流入，但其实价不及票面价格的一半。

第三节　度量衡

此地的度量衡和交城、太原的一样。

第八章　平定的金融货币和度量衡

第一节　金融机构

此地一般称钱庄为钱局，据说资本为 5 万至 10 万串文，但从店铺的营业状况来看，难以相信。现将其商号及其他内容列举如下：

德泰兴　位于东门，道光年间设立，专做兑换。

恒盛公　位于市自街，同样为道光年间设立，兑换为主业。

积庆裕　位于东门内，本业为布行，一旁兼营兑换。

溥　艾　位于市自街，原为平定的官钱局，除换钱以外，还办理天津、太原的汇款。

第二节　货币

一、制钱

说市中通用的货币只有制钱并不过言，因此，制钱的价格高。乾隆、道光通宝最多，康熙、光绪、同治、嘉庆通宝等次之。制钱如果叫大钱，就是九六钱，960 枚为 1 串，授受之际不需要——细查。

二、铜元

当地根本不用铜元，和制钱的行情也不一定。

三、小银币

小银币根本不流通，但买卖上有 1 毫的称呼。这种情况下的 1 毫钱相当于 120 文（在白羊墅停车场为 110 文）。

四、银元

大宗交易一般使用银元，很少用银锭。此地人叫银元为洋元，当作交易价格的标准。北洋、站人洋、民国新币（人头洋）最多，外省的银元、大清银币等行情稍低。此地银元的行情为大洋 1 元折合制钱 1 串 440 文，实数为 1382 枚。

五、票子

此地没有钱票的发行流通，只有中国银行、交通银行的钞票附贴水得以流通。

第三节 度量衡

一、度

木尺 1 尺 = 日本 1.04 尺　漆店、棺材店使用（竹子或木制）

裁尺 1 尺 = 日本 1.16 尺　绸缎铺用

二、衡

各店使用不同的衡器，其标准难以确定。现将主要店铺的秤的实查结果列举如下：

药　店 1 斤 = 日本 149.76 钱　面粉店 1 斤 = 日本 149.28 钱

印染店 1 斤 = 日本 142.40 钱　蔬菜店 1 斤 = 日本 131.68 钱

第九章 盂县的金融货币和度量衡

第一节 金融机构

此地的钱铺又叫钱号，店铺宏大的很多。此地的商贾中有的势力很大。现根据其信用度依次列举商号如下：

靖原水 宏 远 庆有泰 邃和公 德新永

义隆盛 永太成 恒裕泰 义盛长 惠盂水

上述几家中，永太成以下为小钱铺，信用也不高。各钱号的业务全是专门换钱。据说庆有泰也做资金融通。

第二节 货币

此地的通货主要是银元、制钱，铜元根本不流通。

一、制钱

制钱也叫大钱，又叫老钱。一般小型的不能通用。此地的 1 串称为九七钱，即制钱 970 枚。

二、小银币

市面上流通少，但不是不能通用。1 毫钱合 110 文，12 毫为 1 元。

三、银元

近年来银锭的使用逐渐减少，银元取而代之，流通最多的是北洋和站人洋，由于地域偏僻的关系，民国新币的流通尚未繁盛。

如今，银元的行情如下：(1915 年调查)

在宏远号 北洋、站人洋、民国新币 兑 1 串 390 文

　　　　　大清银币、光绪通宝　　　　　1 串 350 文

　　　　　鹰洋、湖北、吉林省造　　　　不换

在庆有泰 北洋、站人洋　　　　　　　1 串 390 文

在邃和公 同上　　　　　　　　　　　1 串 395 文

但钱铺在卖出银元时，都是按 1 串 400 文以上。

四、票子

中国银行、交通银行的钞票在当地看不到影子。有的钱铺不付贴水也给予兑换，但有的店铺则根本不予兑换。

钱票由各商铺或钱铺发行，流通量大，主要是清朝时发行的，几乎看不到进入民国后发行的。光绪年间的最多，宣统年间的次之。形式因各发行者而异。

五、银两

如前所述，银两的使用逐渐衰微，据庆有泰钱铺说，当地使用的平叫半苏半广，和北京公砝平比较如下：

北京公砝平 102 ＝ 半苏半广 100

所用银相对于纹银为九三规银。

第三节　度量衡

一、度

当地布店用的裁尺长度为 3 尺，木制，着色漂亮。

布店用裁尺 1 尺 = 日本 1.053 尺

市场上用 1 尺 = 日本 1.030 尺

市场上卖丝用 1 尺 = 日本 1.150 尺

二、量

形状一定，1 斗量器是以弯曲面围起来的，难以计算其体积。木制，有把手。形状如图所示：

盂县的 1 升量器

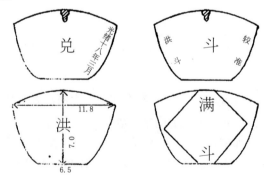

三、衡

此地的 1 斤有大小两种，小斤（平秤）以 16 两为 1 斤，大斤（大秤）以 20 两为 1 斤。

贩盐用 1 两 = 日本 10 钱

露天店贩丝用 1 两 = 日本 9 钱略少

第十章 寿阳的金融货币和度量衡

第一节 金融机构

此地的金融机构有钱铺，现将信用好的列举如下：

商　号	组　织	资本主	开业年限	商　号	组　织	资本主	开业年限
德逢泰	个人	张某	12 年	义泰奎	个人	崔某	12 年
福星蔚	合资	张（总办）	20 年	福源兴	个人	崔某	20 年
天贞泰	个人	潘某	18 年	天泰成	合资	潘（总办）	20 年

而作为副业经营兑换业务的店铺名如下：

天盛福　德逢水　德兴义　庆逢源　信义公　裕泰永　集成义　德永成

这些钱铺的开业并不需要官府的批准，只要通告商会即可。此通告也不是绝对必需的，但据说如果不通告，在业务开展上会有障碍。

营业内容有换钱、存款、贷款、汇兑等，其中换钱是主业，大小钱铺都在办理。兑换率各铺多少有些差别。存款只有大钱铺办理，分活期存款和定期存款。活期存款使用折子，写上现银的出入，都是无利息。没有用支票的。定期存款的利率为年息 1 分。贷款也是大钱铺办理，主要是信用贷，抵押贷很少。汇兑也是大钱铺办理，大多是汇往太原，汇往天津的先要到太谷，然后再汇往天津。此地使用的期票样式如下所示：

见
条
付
银
若
干

太谷某某宝号鉴

何字第　　　号

年
月
日
字
号

汇款手续费为到太谷每 1000 两 3 两，从太谷到天津每 1000 两据说要 28 两，使用公砝平。此外，钱铺发行对应制钱的钱票。

第二节　货币

此地的通货中制钱、钱票最多，银元、小银币也有流通，铜元则根本不通用。

一、制钱

为九七钱，49 文当 50 文。

二、小银币

湖北、浙江、东三省、吉林、广东等各省铸造的都可流通，主要使用 1 毫的，有时也通用半毫的。但应当注意大洋 1 元如果换成小银币的话，换 11 毫半。将之换成制钱，则换 1 串 380 文。另外，1 毫换 150 文。因此，银元直接换成制钱是不利的。

三、银元

当地即使大宗生意也不使用银锭，而是使用银元。银元中北洋、站人洋及民国新币最好流通，湖北省铸造的银元及大清银币等的行情相当差，相当于小银币 10 毫、制钱 1 串 150 文。鹰洋及其他各省的银元根本不通用。

四、克钱

当地有克钱的制度。所谓克钱买卖，可以看作过炉银法的变则，为交易习惯。此地因现金少，在货物买卖时也不做现金的授受，而是采用在一定的支付期限内做账簿上的借贷结算这种方法。这种情况下，以兑钱计价进行交易，称作克钱。但并没有实际的货币，不过是对制钱 1 串文按 1 串 200 文的交换率计价的名义上的货币。

五、票子

本地的票子为商民发行，作为对应制钱的钱票使用。银元票有中国银行和交通银行的钞票在流通。

六、银两

使用称为西公砝平九八规银的银两。测定当地所用的平，北京公砝平 1000 两 ＝ 西公砝平 978.83 两，西公砝平 6 钱 9 分 5 相当于大洋 1 元。

第三节　度量衡

一、度

木尺 1 尺 ＝ 日本 1 尺　　裁尺 1 尺 ＝ 日本 1.15 尺

二、量

当地使用民国三年（1914 年）指定的官斛。

三、衡

贩卖烟草、水果用 1 两 ＝ 日本 9.33 钱

贩卖盐用 1 两 ＝ 日本 8.75 钱

第十一章　忻州的金融货币和度量衡

第一节　金融机构

此地的金融机构有裕丰银行支行、钱铺等。从前有票庄、晋忻公益银行等，但后来倒闭，裕丰银行取而代之左右当地的金融。

一、裕丰银行

裕丰银行总行设在朔州，除忻州外，在大同、太原、天津等地设有分行，为资本额 10 万元的股份制组织，民国二年（1913 年）1 月开设。该行属于商业银行，主要经营汇兑业务，此外还经营存款、贷款，但金额并不大。虽然发行钱票，但据说被钱铺发行的钱票压制，流通量不大。详细内容在朔州总行一章已经叙述。

二、钱铺

此地有 7 家钱铺，资本都在三四千两。从前也经营过存款、贷款等，但裕丰银行支行开设以来，这些业务转移到了银行，它们就主要经营兑换和钱票发行了。现将其商号列举如下：

○德兴恒　○义兴恒　○选青源　○崇义永　义隆永　义源厚　义源涌

带○记号的店铺发行钱票。

第二节　货币

此地的通货以制钱为本位，制钱和钱票的流通量大。以前大宗交易使用银锭，后银元取而代之。银元中北洋、人头洋最好流通。钱票 1 串、2 串、3 串的最多，不是一般店铺发行的。小银币、铜元则根本不流通。

第三节　度量衡

一、度

此地的尺度有木尺、裁尺。各店的尺度都多少有些差异，没有可以认作标准的。和日本的尺度比较如下所示：

木尺 1 尺 ＝ 日本 0.94－0.95 尺　　裁尺 1 尺 ＝ 日本 1.145－1.160 尺

二、量

当地计量谷物的量器有 1 斗、1 升、半升的。1 斗量器的容量合日本 1 升 6 合，1 升容器相当于 8 合 8 勺。而 1 升量器的量法是隆起来，这样两者的比例就大体一致了。液体的 1 升量器为圆筒形，直径 3 寸 2 分，高度 3 寸，相当于日本 3 合 7 勺 2。

三、衡

当地称量银的秤叫苏广平，一般使用的秤子则没有名称。苏广平 100 两 ＝ 秤子 113 两，秤子的 1 斤（16 两）相当于日本 152.2 钱。

第十二章　静乐的金融货币和度量衡

第一节　金融机构

此地的钱铺有如下几家：

字　号	所在地	业　务	资本（元）
永益成	南关	不做汇兑，主营兑换、钱票发行	1000
义成德	东关	汇兑、兑换、钱票发行	700
普利通	西关	兑换、汇兑（和太原交易，每年数十次）、钱票发行、兼营杂货铺	1000
瑞徵祥	南关	兑换、钱票发行（很少用），不办理汇兑	500
普济生	东关	汇兑、兑换、钱票发行（少量）	300

第二节　货币

当地流通的货币有如下几种：

一、银元

银元只有民国新币、北洋、站人洋，都以同样价格流通。

二、小银币

当地离太原比较近，因此可看到小银币流通，流通的是 2 毫、1 毫、半毫的。1 毫的大多是吉林省铸造的，2 毫的几乎都是东三省铸造的。

三、制钱

当地使用七十钱，以 700 枚当 1 串文计算。流通制钱中有被称为小钱的形状小的制钱，虽然也可流通，但大多是小额支付时混进去的，卖家不愿接受。小钱大多是嘉庆、道光、光绪、宣统通宝。当地绝对没有铜元流通。现将各种货币的交换比例列举如下：

银元 1 个 ＝ 12 毫 ＝ 2 串 330 市钱 ＝ 实数 1631 枚

小洋 2 毫 ＝ 380 地片钱 ＝ 266 满钱（实数）

小洋 1 毫 ＝ 190 地片钱 ＝ 133 满钱（实数）

小洋半毫 ＝ 95 地片钱 ＝ 66 满钱（实数）

四、银锭

当地很少使用银锭，流通的大多是从太原、太谷等地流入的重量为 50 两左右的元宝，品位一般在九八至九五之间，据说纯度最差的为八九。当地平的 50 两元宝据说相当于 72 元半。

五、钱票

当地各钱铺发行的钱票有 500 文、1 串文、1 串 500 文、2 串文、2 串 500 文、3 串文、3 串 500 文的。现将其雏形举例如下：

第三节 度量衡

一、度

裁尺是洋布买卖或裁缝店使用，其 1 尺相当于日本 1 尺 1 寸 5 分。粗布买卖以及木匠用的是木京尺，其 1 尺相当于日本 1 尺 9 分。

二、量

当地使用的量器有 1 升、1 斗。1 升相当于日本 1 升 3 合 5 勺。前者为方锤形，后者与崞县章节中图示的相同。

三、衡

称量物品的衡器只有一种，并不会因货物不同而异。1 斤为 16 两，相当于日本 154.3 钱。将称量银的天平和太原的平比较，据说太原平每 100 两大 6 钱（普利通钱票调查）。

第十三章　代州的金融货币和度量衡

代州在很早以前是个繁盛的地方，其城墙、钟楼完好，比起崞县，市况活跃得多。

第一节　金融机构

当地的钱铺主要有以下几家，以兑换为主业。

天德恒　大德昌　巨和德　裕德厚

第二节　货币

当地的流通货币有银元、铜元、制钱，和崞县没有大的差别，但当地制钱是用八〇钱，800文为1串，这点和其他地方不同。

调查当时（1918年）的行情如下：

大洋 1 元 ＝ 140 个铜子 ＝ 1 串 750 个制钱

第三节　度量衡

一、度

当地有裁尺、木京尺。裁尺是成衣铺使用，木京尺供木匠使用。和日本的比较如下：

裁尺 1 尺 ＝ 日本 1.08 尺　木京尺 1 尺 ＝ 日本 1.14 尺

二、量

当地量器有1斗、1升的。斗量器带有把手，用斗刮。1升的容量合日本9合6勺多。

三、衡

当地所用的秤为天平，秤戥没有名称。16两为1斤。两者的关系是，天平100两＝秤戥105两15，而秤戥的1斤相当于日本146钱。

第十四章　崞县的金融货币和度量衡

第一节　金融机构

崞县位于山间偏僻之地，城墙大半已经损毁，商业萧条。钱铺等只是在主业旁边做一些银元的兑换。

第二节　货币

当地的流通货币可分为如下几种：

一、银元

当地流通的银元和其他地方一样，以北洋为主，人头洋次之。很少有吉林省铸造的。北洋及人头洋几乎是同等价格流通，吉林省造的据说要低 10 个铜元。

二、铜元

铜元在当地流通不多，日常多使用制钱。

三、制钱

当地制钱以 90 个为 100 个，制钱 900 个为 1 串。

第三节　度量衡

一、度

裁尺（成衣铺用）1 尺 = 日本 1.07 尺

木京尺（木匠用）1 尺 = 日本 1.14 尺

二、量

当地的斗和忻州的完全相同，当地 1 升量器实测的结果相当于日本 1 升 3 合 4 勺。其形状如图所示。特别值得一提的是，当地有张有恒等官许的量器店数家，制作的量器在忻州、平鲁县、朔平附近一带销售。在当地，崞县量器很有名。

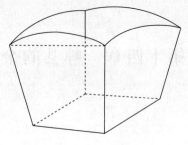

崞县的 1 升量器

三、衡

当地所用秤的 1 斤相当于日本 150 钱。

第十五章 平阳的金融货币和度量衡

第一节 金融机构

当地的钱铺有 20 家,稍大的有 5 家。资本都不大,在 500 元至 3000 元之间。汇兑要经过绛州、解州办理。

第二节 货币

当地主要通货为制钱、铜元、银元、银锭及票子。

一、制钱

据说直至几年前还只使用制钱,没见过铜元、银元。现在在钱铺,制钱堆积如山。此地的 1 串文为 994 文。

二、铜元

现在当地铜元最受欢迎,但市场流通量很少,因此其行情较高。

三、银元

和银镄同样,在大宗生意中使用,但市场存量不大。只有站人洋、北洋、民国新币通用。

四、银锭

根据实测,平的 1 两合日本 8.9 钱,比其他地方的明显轻,银色则称为足银。

五、票子

当地除大钱铺源隆公发行票子之外,还有三四家钱铺从前发行过票子,但由于准备金不足,信用丧失,民国三年（1914）中国银行支行在绛州设立后就不见踪影了。中国银行票子每元打折 2−3 个铜元可以通用。

第三节 行情

当地行市每隔 5 天在商会协定。民国六年（1917）调查的行情如下:

1 元 ＝ 铜元 135 个 ＝ 制钱 1 串 420 文

1 两 ＝ 铜元 185 个 ＝ 制钱 1 串 900 文

第四节 度量衡

一、度

此地的尺度有布尺、裁尺、木尺。和日本的尺度比较结果如下：

布尺 1 尺 ＝ 日本 1.16 尺   木尺 1 尺 ＝ 日本 1.12 尺

裁尺 1 尺 ＝ 日本 1.21 尺

二、量

此地的量器有斗、升、4 合、5 合。1 升量器有两种，一种是通常的 1 升，另一种是将内部分割成 5 合、2 合 5 勺的量器。1 升折合日本 5 合 8 勺。

三、衡

天平有 1 斤、10 斤、20 斤等各种。

称柴火用 1 斤 ＝ 日本 170 钱   称白糖用 1 斤 ＝ 日本 144 钱

称谷物用 1 斤 ＝ 日本 158 钱

第十六章　洪洞的金融货币和度量衡

第一节　金融机构

此地大的钱铺有 16 家，据称资本金在 3 万元左右，大多是山西票庄的平遥帮出资。主业是汇兑及纸币发行。现将主要的商号列举如下：

星云钱局　　三今顺　　裕和兴　　洪生长　　义盛永　　公信益
晋源昌　　　庆丰泰　　源利亨　　裕兴永　　蔚新厚　　晋生长

第二节　货币

当地流通的货币以银锭、银元、铜元、制钱及票子为主，最受欢迎的是银元、铜元，银锭次之。制钱上市数量最多，但一般不喜欢使用。银元有站人洋、人头洋、北洋。铜元的行情通常是银元 1 元折合 120−130 个。制钱 1 串为 985 枚。

此地的钱票如前所述，为钱铺发行。各家发行量不超过 10000 串，大体为 7000−8000 串，票面大多是 1 串、2 串、3 串、5 串，很少看到 10 串的。票子的样式极为简单，和上海钱庄发行的期票相似。可以随时按票面价格兑换成现金，因此其信用度很高。从北面的霍州到南面的平阳都以平价流通。

据说中国银行和交通银行的票子在民国五年（1916）以前每元折扣 2−3 个铜元，一般可以通用。现将民国六年（1917）调查的通货行情列举如下：

1 两 = 制钱 2 串 70 文 = 200 个铜元
1 元 = 制钱 1 串 450 文 = 130 个铜元

第三节　度量衡

一、度

官尺 1 尺 = 日本 1.15−1.16 尺
裁尺 1 尺 = 日本 1.18−1.21 尺

二、衡

盐 1 斤 = 日本 153 钱　茶 1 斤 = 日本 156.8 钱
谷类 1 斤 = 日本 171 钱

而棉花是 20 两为 1 斤、100 斤为 1 担计算，其他大体是 16 两为 1 斤，杂粮 40 斤换算成 1 斗。

第十七章　曲沃的金融货币和度量衡

第一节　金融机构

钱庄有如下 23 家：

永兴顺	源隆公	丰盛协	协兴焕	万和隆	源泰涌	德盛昌	广顺合
隆泰顺	兴泰昌	德泰永	兴盛合	顺天成	天丰享	信义诚	隆兴裕
元泰永	新和厚	元泰恒	日照鳞	源盛大	福兴茂	复立享	

资本在 1000－2000 两间，只做兑换，完全不做存款、贷款。此外有银炉，铸造银锭。

第二节　货币

当地制钱、铜元、银元、银锭都在流通，有一种银锭此地称为元，是扁平的馒头形状，每个多少有些差异，一般直径约 8 分，最厚的部分有 5 分。这种银锭为此地银炉铸造，是只在此地通用的特种货币，但流通量不大，品位不明。比此地的标准银（称为纯银）品位差。1 个的重量在 1 两左右，其行情根据品位计算。1 两折合铜元 160 枚，而此地标准银 1 两可换 196 个铜元。因此，如果标准银的成色为纯银的话，算下来是 800 左右的银质。

此地由于没有钱业公所之类的机构，因此通货的行情没有公定。现将民国五年 (1916) 调查的当时的各家行情列举如下：

1 两 ＝ 制钱 2000 文 ＝ 铜元 196 分

1 元 ＝ 制钱 1420 文 ＝ 铜元 136 分

银锭的成色如上所述为纯银。平使用九八三平。所谓九八三平，是由于闻喜平 1000 两相当于此地的 983 两而得名。实测衡器，其比例并不一致。此地天平的 1 两相当于日本 9.66 钱。

第三节　度量衡

此地的度量衡和闻喜的没有大的差别，斗量的斤两换算比例多少有些差异，即麦类的 1 斗为 32.3 斤，豆类为 30 斤，米类为 33 斤。

第十八章　翼城的金融货币和度量衡

第一节　金融机构

此地专门从事兑换的钱庄商号如下：

德盛和　积盛厚　万顺魁　祐和兴

然而，挂着"兑换金珠"招牌经营宝石类，一旁兼营兑换的店铺有如下 6 家：

王和楼　盛兴楼　增兴楼　万兴楼　增成楼　德茂楼

第二节　货币

此地通货有制钱、铜元、银元、银锭等，银元中站人洋、北洋、人头洋等使用的最多，据说光绪元宝亦不需打折而可以使用，但流通甚少。听说各种通货的行情是每 5 日由钱业者集会商定，但实际上各家的行情并不一致，因此是任意变更。现将民国五年（1916）调查的行情列举如下：

1 两 ＝ 制钱 2015 文＝铜元 199 分

1 元 ＝ 制钱 1380 文＝铜元 136 分

银锭很少使用，使用翼城天平。实测天平其 1 两相当于日本 9.782 钱。

第三节　度量衡

一、度

此地的尺度有木尺、石尺、裁尺。

木尺 1 尺 ＝ 日本 1.045 尺　　　　石尺 1 尺 ＝ 日本 1.065 尺

木尺（涂黑的）1 尺 ＝ 日本 1.060 尺　　裁尺 1 尺 ＝ 日本 1.155 尺

二、量

此地的量器主要是在谷类的大量买卖中使用，小买卖是用斤称量。因此，量器比较大，有 1 斗量器和 4 斗量器。1 斗量器的容量合日本 1 斗 3 升 8 合 8 勺，4 斗量器容量合日本 5 斗 7 升 1 合 1 勺。即两者的比例与日本有 1 升 5 合 9 勺的差异，但是这些差异由于在实际使用中量器上附有木片或是量法上有些增减，常常在计算上没有大的差异。

第十九章　霍州的金融货币和度量衡

当地的钱铺有 12 家，发行票子，字号如下：

德生长　东生长　裕成通　福顺长　福顺享

笃广源　大有衡　天生长　晋升义　泰丰义

当地票子的发行量据说大多不超过两三千串，有些不足两三百串。票子有 1 串、2 串、3 串的，2 串的最好流通。中国银行的票子不流通。

现将民国六年（1917）调查的换钱率列举如下：

1 元 ＝ 制钱 1 串 320 文 ＝ 130 个铜元

第二十章　蒲州的金融货币和度量衡

第一节　金融机构

当地仅有 7 家钱庄，即：

积盛永　公合盛　同裕厚　天德昌　恒顺源　永兴协　庆泰和

这些钱庄都加入了钱业公所，专门从事兑换，不做存款、贷款等业务。

第二节　货币

由于此地和其他地方的交通不频繁，因此通货的种类也简单，只有制钱、铜元、银元、银锭在流通。因生活水平低，制钱使用的最多，其流通额远远超过铜元。乾隆、康熙、嘉庆等各种通宝多，按 1000 文为 1 串计算。

铜元主要是开封、武昌、天津、北京各铜元局铸造的，当十铜元最多，很少看到当二十铜元。相当于 5 分的不通用。

银元大部分是人头洋，据说站人洋、北洋也使用，但几乎看不到其踪影。没有小银币、票子的流通。银锭有多种，但只是在大宗交易中使用。

货币的行情是在商会内的钱业公所由各钱业者集会，参考太原、潼关等地商会的电报，每 5 天协商 1 次议定，实际上有机关行情和流水行情两种情况。只有前者按照议定的行情执行。所谓机关行情，指的是对军队、衙门等官衙兑换时的行情。所谓流水行情是对一般商民兑换时的行情。而后者是依照前者任意决定。民国五年（1916）调查的机关行情如下：

1 两 ＝ 制钱 2010 文＝铜元 197 个

1 元 ＝ 制钱 1480 文＝铜元 138 分

银两成色为足银，以蒲平为标准。蒲平 1 两的重量根据商会的天平，相当于日本 9.837 钱；而积盛永钱铺的天平，则相当于 9.819 钱；永兴协钱铺的则是 9.784 钱。各不相同。因此，应该以哪个为标准无法确定。

第三节　度量衡

一、度

此地的尺度很少有各家同样长度的，实际调查的结果如下：

$$
木尺 1 尺 = \begin{cases} 日本 1.160 尺 \\ 日本 1.120 尺 \\ 日本 1.170 尺 \end{cases} \qquad 裁尺 1 尺 = \begin{cases} 日本 1.155 尺 \\ 日本 1.150 尺 \end{cases}
$$

此地应当注意的是，裁缝尺 1 寸的刻度是 8 分。

二、量

当地以斗为单位，1 斗量器的形状和运城的一样，但容积多少有些差异。其尺寸上部相当于日本 11.1 平方寸，底部为 7.45 平方寸，高 8.65 寸（但上平面垂直的部分是 4.5 寸）。

根据上述尺寸计算大体的容积，其 1 斗相当于日本 1 斗 4 升 2 合 72。实际上只限于谷物的大宗生意才使用量器，小买卖都是以斤计量。这和其他地方一样。根据中国人的说法，麦类 1 斗按 30 斤换算。

三、衡

当地以 16 两为 1 斤。其 1 斤的重量都不一定，试着测量的结果，相当于日本 139 钱、147 钱、149 钱、154 钱、155 钱等。

第二十一章　虞乡的金融货币和度量衡

第一节　金融机构

当地的金融机构只有杂货铺兼营的兑换店：合义永、德厚长、忠义诚。不做存款、贷款等业务。

第二节　货币

当地的通货几乎和蒲州的一样，银元中光绪元宝不流通。货币行情由各店随意决定。现将其平均行情列举如下：

1 两 ＝ 制钱 2060 文 ＝ 铜元 190 个

1 元 ＝ 制钱 1440 文 ＝ 铜元 137 个

银两的标准银色为足银，平则是使用虞平。而根据实测，虞平 1 两相当于日本 9.837 钱。

第三节　度量衡

一、度

木尺 1 尺 ＝ 日本 1.075 尺　　裁尺 1 尺 ＝ 日本 1.160 尺

二、量

此地的 1 斗量器和运城的相同，1 斗容量相当于日本 1 斗 3 升 1 合 9 勺。麦类的 1 斗按 30 斤换算。

三、衡

此地的 1 斤（16 两）相当于日本 133.3 钱。

第二十二章 解州的金融货币和度量衡

当地的金融机构有 9 家钱庄，以兑换为业。钱庄名如下：

天泰成　永盛源　福兴源　和顺东　永典元

协盛长　丰盛永　自立源　新庆和

此地的通货大体和蒲州相同，银元中光绪元宝不流通。货币行情因没有钱业公所等设施，各店任意决定。现将民国五年（1916）调查的行情列举如下：

1 两 ＝ 制钱 2100 文左右 ＝ 铜元 194 分左右

1 元 ＝ 制钱 1400－1440 文 ＝ 铜元 135－136 分

此地的标准银为足银，银两的称量用解平。检查其 1 两的重量，相当于日本 9.767－9.837 钱。

此地的木尺 1 尺等于日本 1.06－1.075 尺，裁尺 1 尺等于日本 1.15－1.17 尺。量、衡和蒲州的同样。

第二十三章　运城的金融货币和度量衡

第一节　金融机构

此地的金融机构有钱局、钱庄、银炉、新式银行。

一、钱局和钱庄

加入钱业公所的钱局、钱庄列举如下：

福庆和　集义昌　晋源昌　敬胜永　聚盛源　福美庆　乾镒永　天庆隆
宝盛裕　万顺隆　崇义敬　志益成　永兴泰　斌生祥　福昌公　同信成
恒昌永　裕成源　永顺源　厚盛奎　同心水　兴业钱局

以上商铺中，兴业钱局在太原有分局，办理存款、贷款、汇兑等业务（详细请参照太原部分）。其他钱庄的资本在 5000 两左右，专门从事兑换，不做存款、贷款业务。至于汇款则全部委托钱局和新式银行办理。

二、新式银行

当地的新式银行有中国银行分行，主要业务是存款、贷款、汇兑。但在一般商民中的信用还浅，因此其业绩不太好。关于汇款手续费，据分行行长说，省内汇款每 1000 元为 8 元，陕西、河南、山东以北为 25 元，以南为 35 元。

第二节　货币

当地流通货币除制钱、铜元、银元、银锭外，也有纸币，小银币不流通。

一、制钱

制钱使用乾隆、康熙、嘉庆通宝等，但随着商业逐渐发达，用途在缩小，如今其流通额远远不如铜元。1000 文按 1 串文计算。

二、铜元

铜元作为最便利的货币被广泛使用。大部分是开封、武昌、天津、北京各铜元局铸造的。当十铜元最多，当二十的也有，但相当于 5 分的没有。和其他地方一样，当十铜元 1 个可换制钱 10 文。

三、银元

银元被称为大洋，人头洋、北洋、站人洋、光绪元宝等都通用，但大部分是人头洋。其他三种不多。银元 1 个（1916 年调查）可换当十制钱 1400 文、铜元 135 个。

四、票子

纸币有中国银行发行的，但在市场上不按票面价格通用，要附一折的贴水才能流通。钱票则根本没有。

五、银两

当地标准银为足银，以运平为平。大宗生意都是以银锭结算，故还在大量使用。银锭 1 两的行情为制钱 2100 文、铜元 198 个（1916 年），然而，称量银镪使用的运平却往往衡器不一定，其 1 两相当于日本 9.784 钱或 9.749 钱。没有能作为标准的。而且中国银行采用的各地平兑的比也因各地衡器不同而不一致。

通货的行情在由各钱业者组成的商会内的钱业公所决定，据说是每隔 5 天根据太原总商会的电报决定。

第三节　度量衡

一、度

木尺 1 尺 = 日本 1.05 尺　裁尺 1 尺 = 日本 1.16 尺

二、量

此地的量器只是在谷物的大宗交易中使用，以斗为单位。而且 1 斗的量器有大斗和小斗之分，其形状如下图。大斗容量相当于日本 1 斗 4 升零 3 勺，小斗容量为日本 8 升 4 合 6 勺多，相差达 5 升 5 合 7 勺。不明白其用途有何不同。而习惯上小买卖时换算成斤计量的比例是，豆类 1 斗 26 斤，麦类 1 斗 18 斤。

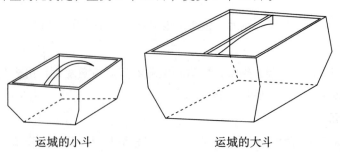

运城的小斗　　　　　　　　　运城的大斗

三、衡

关于衡，此地和其他地方一样，16 两为 1 斤，1 斤相当于日本 142 钱。

第二十四章　闻喜的金融货币和度量衡

第一节　金融机构

此地的金融机构专门做兑换业务，有 8 家钱铺，具体如下：

金源合　德庆源　静得长　义兴合　义兴信　永成德　泰和通　德庆长

第二节　货币

此地制钱、铜元、银元、银锭等都在流通。其中铜元的流通额最大，银元次之，票子根本不通用。银元有北洋、站人洋、人头洋等。现将各种通货的行情列举如下（1918 年调查）：

银元 1 元 ＝ 制钱 1 串 350 文 ＝ 铜元 135 个

银锭 1 两 ＝ 制钱 2 串文 ＝ 铜元 200 个

银两以足银为标准，以闻喜平称量。根据实测，闻喜平 1 两的重量相当于日本 9.8 钱。

第三节　度量衡

一、度

木尺 1 尺 ＝ 日本 1.06 尺　裁尺 1 尺 ＝ 日本 1.16 尺

二、量

量器有 1 斗、1 升、5 合各种，但各店使用的量器形状不同，实测的结果也不一致。没有可作为标准的。试着用一个 1 斗量器测量，相当于日本 1 斗 5 升 5 合 5 勺。谷物的小买卖通常是换算成斤量交易。现就其比例说明如下（每斗）：

麦子、米、绿豆 30 斤，高粱 24 斤。

三、衡

此地的戥子是 16 两为 1 斤，相当于日本 124 钱。

第二十五章　潞安的金融货币和度量衡

第一节　金融机构

此地的钱铺叫银钱局。主要商号如下：

德和成（南街）　恒兴茂（东街）　德盛裕（南街）　官钱局（德和城内）

万顺源（南街）　德义长（东街）

各家都发行钱票，只有官钱局办理汇兑。

第二节　汇兑

汇兑在官钱局办理，邮局和其他钱铺不办理。官钱局在上海、汉口、太原、天津、北京、太谷、清化镇、归化城等地有交易店，到上海、汉口的汇款手续费为每1000两收30两左右，到太原为28.7两。汇款使用银锭、银元兼可。

第三节　货币

在当地除了银锭，银元、铜元、制钱等均可流通，也使用小银币。

一、制钱

当地制钱为九九钱，流通额很大。

二、铜元

当地1个铜元相当于10个制钱。为中华民国的当十铜元及河南省铸造的，流通额各占一半。

三、小银币

当地1毫换10个铜元，但市面上看不到。

四、银元

当地北洋、站人洋、民国新币等都在流通，和制钱的比价一般为1串440文，也有的店铺为1串450文。通常卖出为1串460文（九九钱）。而1元银元换铜元时，换142个加制钱6文。由于当地没有钱市，所以换钱率因钱铺而异，并不统一。

五、票子

当地称钱票为帖子，有 1 串到 5 串的 5 种，10 串的也有。

六、大洋票子

大洋票子即银元票。中国银行和交通银行的钞票都有流通，但流通额不大，而且使用时在小店铺不受欢迎，常被要求贴水。一般和外地有交易关系的按票面收取。另外，在大宗交易中也使用太原晋胜银行的钞票。

七、银两

当地在羊皮、潞酒等物产的交易中只使用银锭。所用的平叫潞安街市平，比库平小 3 两，成色称为九八成银。

第四节　度量衡

此地的度量衡和沁州相同。

第二十六章　汾州的金融货币和度量衡

第一节　金融机构

此地的金融界由于羊皮、酒类的交易隆盛而生气勃勃，金融机构也比较发达。在城内外有钱铺13家、当铺16家，此外还有官钱局。但还没有设置中国银行、交通银行的分行。

一、官钱局

官钱局近年在山西票庄倒闭后设立，除了办理官衙款项外，主要经营汇兑业务。一般不办理换钱，和钱铺一样，不办理存款业务。

二、钱铺

当地的钱铺极其发达，自古以来叫钱铺为交换场。现将这些钱铺中规模较大的列举如下：

快原昌　李本德　宋秩西　刘崇义　赵兴枫　冯恩魁

华金纶　岳　陶　能如璋　阎宏义　能建中

其中信誉最好的是宋秩西、赵兴枫、华金纶、能如璋，据称资本为10000元，乃至18000元，主业是银锭和其他通货的交换，有时也以羊皮做抵押放贷。此外还发行1串文的票子，通用力很强。

三、当铺

当地属于贫民的金融机构有如下几家：

永　瑞　永　益　王尽臣　李连城　韦乖鸾

董履吉　赵云台　吕白田　高其向　向兆魁

资本都在8000元左右，其中规模大的是王尽臣、韦乖鸾、赵云台。

第二节　货币

此地的通货有制钱、银元、小银币、银锭、票子等。

一、制钱

此地的制钱和文水一样，也称为文钱。此地看不到铜元的流通，有时叫铜子儿。

日常的交易都是使用制钱。民国四年（1915）调查的行情为：小银币 1 角换文钱 100 个，1 元换 1 串 33 文。

二、铜元

铜元虽然在当地市场上没有通用力，但在钱铺可以兑换。1 个铜元换制钱 6 个左右。

三、银元

银元的通用力比文水、交城大得多。站人洋使用最多，其行情是 1 元相当于小毫钱 13 角，据说此比例在当地已经很久没有变动了。

四、银锭

此地与内蒙古及石楼地方的羊皮交易旺盛，因此各种银锭的使用也较多，处于凌驾于银行发行的纸币之上的状态。10 两左右的银锭，其行情以制钱计价，而不是以银元计价。银锭 1 两折合 1 串 900 文。

五、票子

当地钱票、银元票都在流通。钱票只有 1 串文的，1 串以上的交易使用中国银行、交通银行的纸币。流通区域很广，信用很好。特别是赵兴枫、宋秩西等几家钱铺发行的，在府城外都能通用。

虽然没有中国银行、交通银行的分行，但由于和其他地方有生意往来，市面上有这些银行发行的 1 元、5 元、10 元的钞票，且信用极高，不需要贴水即可流通。

第三节　度量衡

一、度

裁尺 1 尺 ＝ 日本 1.16 尺　　木京尺 1 尺 ＝ 日本 1.04 尺

二、量

此地的量器有 1 斗、1 升、5 合、2 合 5 勺几种。实测其 1 斗量器相当于日本 1 升 4 合。量器的形状为方形，但 1 斗量器中也有圆锤形的。

三、衡

称量银使用的官平是 12 两为 1 斤，相当于日本 154 钱。杂货等日常用品使用的平称作街平，16 两为 1 斤，相当于日本 200 钱。

第二十七章　平遥的金融货币和度量衡

第一节　金融机构

此地是山西票庄的发源地，富豪甚多。山西票庄中属于平遥帮的有蔚泰厚、新泰厚、蔚丰厚、百川通、蔚长厚、协同庆、天成亨、日升昌、宝丰隆、蔚盛长、永泰昌 11 家。各家都在蒙受了很大打击后，几乎处于停业状态。日升昌已经倒闭。

只有蔚丰源变更组织，成了资本 300 万元的股份公司，据传 1915 年 5 月在北京设立了事务所，正在募股。在当地已经以蔚丰厚为中心，十数家合资设立了资本 30 万两的蔚丰银行，经营汇兑及票子发行。该行信用颇高，发行的票子不仅在本地，而且在附近城市都大量通用。当地的汇兑业务只限于蔚丰银行和邮局办理。汇往北京、天津、上海等地的手续费（汇水）据说是每千两 3 两。

除以上票庄以外，钱庄的数量很多，有 40 余家，都发行钱票。

第二节　货币

银两在当地大宗交易时使用，但无法了解其市场存量。成色以足银为标准。平是使用平遥平，和太原的红封平比较的话，平遥平 1000 两＝红封平 994 两。根据实测，其 1 两相当于日本 9.5 钱。

银元有北洋、站人洋、人头洋，小银币只有 2 角银流通。这些银币在此地通用是最近的事情。现将民国六年（1917）调查的行情列举如下：

1 元 ＝ 12 角 ＝ 132 个铜元 ＝ 1400 文

2 角 ＝ 20 个铜元

当地铜元很少，小银币之所以能流通是因为铜元不足。制钱丰富，一般在小买卖中使用，1 串为 985 文。

此地票子的流通甚多，其中蔚丰银行发行的票子最多，据说达到了 10 万串。其他当地 47 家钱庄都发行票子，票面有 1 串、2 串、3 串、5 串几种。样式很简单，虽说写着只要提交即可兑换现金，但实际上多少要打些折扣。而且据说在大额的情况下，需要 4 天至一周后才能支付现金。因此，有些外地的商人将票子拿到发行钱铺确认其真伪。

第三节　度量衡

一、度

官尺 1 尺 ＝ 日本 1.16－1.17 尺

裁尺 1 尺 ＝ 日本 1.21－1.27 尺

二、量

当地有 1 斗、1 升、5 合、2 合半等量器。其 1 升相当于日本 6 合。

第二十八章　石楼的金融货币和度量衡

第一节　金融机构

此地有几家杂货店兼营的钱铺，现将其商号列举如下：

吉生合　庆合厚　庆和长　衡兴堂　王兴合　和祥成　三和长

钱铺资本在 500 串至 3000 串，只有三和长据称在 1 万串以上。汇兑在羊皮出货季节往太原汇款较多。

当铺在城外有两家，资本在 8000 元左右，主要经营日常用具、衣服的典当等。在毛皮出货季节，很多该县城的男人用小车向汾州搬运，习惯上是返回后才支付运费，因此途中所需的费用据说很多人需要将衣服或日常用具抵当来获得。所以，在初夏及初秋，当铺很繁忙。而且，虽然也买入银锭，但比钱铺的行情要低。

第二节　货币

当地制钱和铜元都流通很多，日常的小买卖都是用制钱和铜元。银元在市面上流通也很多，但没有公定的价格，靠交易双方商定。据说在每年毛皮出货期行情变动较大。

银锭虽然在日常交易中不使用，但钱铺很愿意买入。由于供应过多，比其他地方价格低。1 两合 1540 文。

此地大的钱铺发行钱票，但只有 1 串文的。中国银行发行的银元票在钱铺需要附贴水。

第三节　度量衡

此地尺度、斗量各店都不一样，秤是竹制或木制（甚至用麻秆）的，画上刻度，秤锤是用石头做的。无法确定标准。

第二十九章　中阳的金融货币和度量衡

第一节　金融机构

此地没有可看作金融机构的店铺。只有杂货店出于好意，为一般商民进行兑换。

第二节　货币

由于此地和其他地方没有通商，因此货币的出入也很少。货币行情极少变动。制钱是当地的主要通货，铜元 1 个兑 10 个。在汾阳都不流通的铜元在此地通用。此地还有大清铜币和开国纪念币。市场流通的比例为：大清铜币 1 个相当于开国纪念币 5 个。

银元虽然不通用，但杂货铺很喜欢给予兑换。兑换比例不一定。银锭也和银元一样，可以在杂货铺交换。但市场上不通用。1 两换 1 串 703 文。

第三节　度量衡

此地的度量衡和汾州的没有大的差异。

第三十章　沁州的金融货币和度量衡

第一节　金融机构

此地没有可以称作钱铺的设施，仅在广生和杂货铺可以兑换。但发行钱票的店铺不少，这将在后面叙述。

第二节　货币

在当地，商会和官府关于通货有各种管制。根据当地商会的第十一条规定，如果将大额的铜元运出县外谋取私利，该会调查逮捕，除对告发者给予格外奖赏外，对有违法行为的店铺，公会要审议处罚，以此维持公义。此地的通货有制钱、铜元、银元、票子等，小银币不流通。制钱为满钱，1 个铜元相当于制钱 10 文。流通的银元有北洋、站人洋、民国新币等。其他银元如果要换钱，收 100 文以上的贴水。

中国银行、交通银行的钞票虽然在市面上看不到，但不用附贴水就可以通用。而且在民间不兑换，大都是在衙门兑换。

各商家都发行对应铜元或制钱的兑换券。对发行有严格的规定，而且都能力行这些规定。这得益于衙门和商会的监管。现将当地商会的规定列举如下：

沁县商会通告

众所周知，由于本县金融紧张，对商业及租税缴纳造成了阻碍，所有人都深感不便。兹经本商会所属的会员协商，确定了救济方法。县城和乡村的商铺根据其资力，相互订立保证，发行铜元票，均可在市面流通。在该券面上加盖商务联合会印章，以维持其信用。为此决议十二条规定，已经得到县长认可。特请协力遵奉，方便商民。议定各条如下所记，请各自遵守，不得违反。特此通告。

第一条　为方便联合发行的票子在市面流通，所有盖有商会印章的票子在纳税、一切买卖交易、房屋质押买卖时，一律可以通用。不得随意拒绝其授受。

第二条　本来发行本票子是为了补充铜元之不足，提示票子请求兑换者不得超过两千文，或者通过多次而达到两千文以上。若有大额的票子，可根据当时的行情兑换成银元和银两。绝不允许要求兑换铜元，故意引起骚乱。

第三条　票子发行商铺由商会选定，而且资力大的拥有票子发行资格的店铺不得借故推诿，资力小的没有票子发行能力的不得私造票子。这些都与公义相关，不可推诿私造，以此配合一致，防止出现滥发之弊。

第四条　会员不得相互请求票子的兑换。若有奸商为自己的私利，委托他人请求兑换铜元，本会一经查获，将公同议罚。

第五条　若外来客商向发行店出示票子请求兑换，其额度不得超过两千文。两千文以上应根据当时行情兑换成白银，该商号不得拒绝，使客商蒙受损失，以此维持信用。

第六条　各商铺在发行票子之际，首先在本会调整额度并盖章，每年检查一次票子，若有破烂，将之废弃，重新发行同额票子以资使用。待铜元充足之时，此等票子应一律回收。

第七条　发行商铺中若有破产、关张者，本会作为其保证人负责赔偿，以此保证商民免受损失。

第八条　若有无赖狡诈之徒私造票子使用，当即查获起诉，依法进行严厉处罚。

第九条　印刷纸料及原版藏于本会，除收取每张五十五文的制造费外，另征收各商铺发行额的百分之一充作本会经费。

第十条、第十一条　省略

第十二条　本规则若需修订或变更，由本会增删修改。本规定自通告之日起施行。

民国三年八月十八日　挂牌本会门首

而且要在商会预留票子发行记录，每次发行都要填写。

现将票子发行店的商号以及发行限额列表如下：

商　号	金　额	商　号	金　额	商　号	金　额	商　号	金　额
复生当	3000	复生兴	2000	信成义	200	广生和	500
义合泰	1000	和顺楼	500	广茂源	500	义和德	300
义和长	500	万顺久	500	铜兴隆	500	万亿昌	500
益盛源	500	春和昌	300	万沁魁	800	同生裕	300
同心茂	300	同聚源	300	天盛魁	500	德逢厚	100
集义诚	不详	王运亨	100	丰泰当	3500	太谷馆	200

商　号	金　额	商　号	金　额	商　号	金　额	商　号	金　额
天德庆	500	利用亨	200	广济生	500	德生泰	500
德合当	3000	休休永	500	隆兴厚	500	天义永	300
锦生春	300	万顺德	300	丰益昌	500	复合当	3000
万盛厚	100	瑞生昌	200	义生昌	100	酒如泉	500
长盛久	100	中和育	100	中兴德	500	广泰成	200
万庆永	500	逢源永	500	永源长	500	元吉长	500
万和楼	100	同心恒	300	逢源久	300	和合聚	200
长盛永	500						

下面是流通票子的样式：

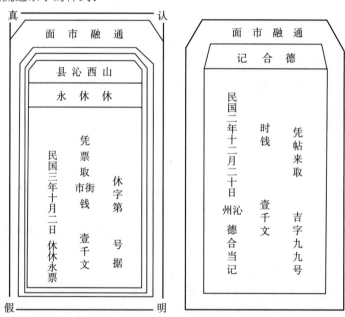

近来极少使用银两，所用平称作街市平，每百两比库平小1两8钱，银色为十成银。

第三节　度量衡

一、度

木尺1尺 = 日本1.04尺　裁尺1尺 = 日本1.15尺

二、量

有 1 斗和 1 升量器。1 升量器内部分成 1 合、2 合、3 合、4 合四部分。如图所示。也有同一形状但内部不区分的 1 斗量器，上边 1 尺 7 寸，下边 1 尺 2 寸，侧面高 6 寸。

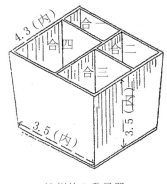

沁州的 1 升量器

三、衡

此地戥子的 1 两相当于日本 10 钱，但因店铺不同，难免有些差异。

第三十一章　泽州的金融货币和度量衡

第一节　金融机构

此地的金融机构有钱铺和新式银行。

一、钱铺

当地称钱铺为银钱局，专门以兑换为主业，不做存款、贷款。现将加入钱业公所的钱铺列举如下：

隆泰东　荣太原　兴隆昶　泰兴成

据说资本金在 5000－30000 两之间。此外还有没有加入公会的，分别是：天长有、天长合、德兴成、景泰号、同义协、丰泰镒、德兴昌、大有丰等。

二、新式银行

裕信银行是此地唯一的新式银行，民国三年（1914）设立，是一个资本金 100 万元的股份制组织。总行设在南街。该银行曾一时轰动中国金融界，是山西票号在辛亥革命后由于新式银行的兴起而大恐慌，为应对破产困境而设立的。与其他私立银行一样，由于种种原因，徒有其名，实绩并不太好。据说在股票招募期间应募的不过三分之二。现在虽然还在营业，但业务很闲散，存款很少。

现将其理事介绍的汇兑手续费列举如下：

每 1000 元　省内 17 元　外省北方 23 元　南方 30 元

但据说几乎没有办理过。对于一般商民来说，该银行的信用还不高。据商会的说法，既没有设立分行，也没听说过发行纸币。

第二节　货币

当地的通货有银元（洋钱）、铜元（铜锞子）、制钱、银锭、票子等，根据交易大小，都在使用。

一、制钱

从前为九九钱，近年使用的是制钱 1000 枚为 1 串的满钱。在市面上的流通量虽然不及铜元，但 1 分以下的零头大多使用制钱。铜元 1 枚相当于制钱 10 文。

二、铜元

本地铜元为主要通货。小生意几乎都是用它。铜元的种类有河南省造和中华民国当十铜元，流通量各半。

三、银元

当地有北洋、站人洋、民国新币在流通，其中站人洋最受欢迎。1元折合133个铜元(1916年调查)。除以上银元以外，其他银元不付贴水不能通用。具体贴水金额如下：

大清银币5文　湖北省造2文　吉林省造7文

四、小银币

当地市面上没有小银币流通，但不论哪个省铸造的，1角都可以按10个铜元通用。

五、票子

当地分别流通对应银元的钞票和对应制钱的钱票。

（一）银元票

尽管市面上流通的银锭相当多，但所谓的银元票几乎没有。只有中国银行、交通银行的钞票可以不付贴水而流通。

（二）钱票

1串、2串的钱票最多，是清朝时及民国年间当铺或钱铺发行的。大多是用木版印刷在粗糙的纸上，金额用手书的旧式钱票。需要注意的是，当地使用的是满钱，但钱票大多是以前采用九九钱时期发行的，用票子支付1串文时，必须用1串的票子再加上10文制钱。没有对应铜元的票子。可以用制钱票子兑换铜元。宣统年间发行的票子是九八钱的，但却和现今的九九钱票子同价格通用。

第三节　平兑和平价

此地标准银的成色为纯银，以泽州天平计量。关于泽州天平，调查了两三个钱铺，各店称重的都不一样。实测其衡器也不同，无法判断其标准。不仅各地各店使用的衡器不精确，而且起算的基础也不讲数理观念，大多是遵从流传下来的习惯。银锭的使用逐渐衰退，银元取而代之。这可看作是自然趋势。

作为参考，现将钱铺所称的平兑和实测的结果对比如下（泽州天平：1000两）

	同义协		大有丰		隆泰东	
	自称	实测	自称	实测	自称	实测
阳城平	1003.5两	996.5两	1003.0两	996.5两	——	1003.5两
孟粮平	1016.0两	991.3两	1010.0两	991.3两	1080.0两	998.2两

（注）实测计算是以日本 54.5 钱的重量在同义协是 5.75 两，在大有丰同样是 5.75 两，在隆泰东是 5.71 两为基础。在阳城的实测则是根据日本 54.5 钱＝阳城平 5.73 两＝孟粮平 5.7 两。

以上的差异和关于各地的平价一样，无法找出应当作为标准的东西。关键是各钱铺都沿袭惯例，只在一定的顾客间使用这种计算方法。这并非当地的特殊现象。不能断绝银两的使用，是和其他地方没有频繁交易的一般地区的通病，在较远的将来也不能断绝。因此需要深入研究。

第四节　度量衡

一、度

木尺 1 尺 ＝ 日本 1.045 尺　　裁缝尺 1 尺 ＝ 日本 1.150 尺

二、量

当地以斗为标准，1 斗量器的形状为圆锥形，将上部和底部平行截断，四个部位箍上铁条，中腹部的内侧加上木片，便于操作。其尺寸为：上部直径 7.5 寸，底部直径 11.6 寸，高 1 尺 1 寸，相当于日本 1 斗 2 升 7 合。小买卖中小麦、豆类、粟类的 1 斗为 20 斤。

铁
带
把
手

泽州的 1 斗量器

三、衡

当地 16 两为 1 斤，1 斤相当于日本 132 钱。

第三十二章 高平的金融货币和度量衡

第一节 金融机构

此地的金融机构比较完备，钱铺的数量多。现将其商号列举如下：

义丰永　恒泰瑞　积余堂　晋盛恒　德泰恒　德生恒　恒义久
瑞泰恒　英盛德　万顺源　义升明　恒泰义　成德永　金生永

兑换为主业，也经营汇兑、存款、贷款等。与其他地方的钱庄一样，发行钱票。

第二节 货币

此地的通货主要是制钱、银元、钱票，铜元和小银币不流通。制钱称为九九钱，99 枚为 100 文，但 1 串为 986 枚。制钱分大钱和小钱，规定 100 文（99 枚）中 90 枚是大钱，其他可以混入小钱。银元有北洋、站人洋、民国新币通用，其 1 元折合九九钱 1 串 450 文左右。此地钱铺发行钱票，1 串票流通的最多。

第三节 度量衡

一、度

当地的尺度和泽州的一样，使用裁尺和木尺，其用法亦和泽州相同。和日本的尺度比较结果如下：

裁尺 1 尺 ＝ 日本 1.15 尺　木尺 1 尺 ＝ 日本 1.04 尺

二、量

各店铺私造自家用的量器，因此各种量器难以统一，但差异很小。现将各种量器的平均尺寸列表如下：

	上　边	底　边	高	日本容量
1 合量器	2 寸 3 分	1 寸 2 分	1 寸 3 分	0.062 升
5 合量器	4 寸 1 分	1 寸 7 分	2 寸 2 分	0.334 升
1 升量器	5 寸 3 分	2 寸 6 分	3 寸	0.863 升

以上各种量器的用途是粟、玉米等的小买卖使用，其容量比一致，但大多在量法上有些出入，据说并不奇怪。

三、衡

此地戥子的平均 1 两相当于日本 9.7 钱。

第三十三章　阳城的金融货币和度量衡

此地的金融机构有以下几家钱铺，专门从事兑换。

大有恒　泰盛诚　天成永　长顺永　裕盛永

通货主要是制钱、铜元、银元、银锭等。银两的成色为足银，平使用的是阳城天平。各家的衡器都不一样，且与各地的平兑比较也是形形色色，无法明确标准。而且银锭的使用也逐渐衰退，被银元取代的趋势和别的地方没有不同。

现将民国五年（1916）调查的通货行情列举如下：

1 两 ＝ 制钱 1900 文 ＝ 铜元 187 分

1 元 ＝ 制钱 1350 文 ＝ 铜元 133 分

此地的尺度也是有木尺和裁尺，与日本比较如下：

木尺 1 尺 ＝ 日本 1.040 尺　裁尺 1 尺 ＝ 日本 1.145 尺

当地有两种 1 斗量器，都是上部大的方形，一种扁平，把手粗。虽然都称为 1 斗，但根据实测，两者之间有日本 7 合多的差异。扁平的比较大，合日本 8 升 7 合 3 勺。小麦一般按 38－40 斤，豆粟类按 32 斤计算。此地衡器的 1 斤相当于日本 143 钱。

第三十四章　沁水的金融货币和度量衡

此地没有应当称作钱铺的设施，仅仅是永兴福杂货铺可以兑换。

通货有制钱、铜元、银元等，银两的使用很少。根据实测，此地天平 1 两相当于日本 9.714 钱。现将民国五年（1916）调查时的行情列举如下：

1 两 ＝ 制钱 1923 文 ＝ 铜元 181 分

1 元 ＝ 制钱 1390 文 ＝ 铜元 134 分

尺度有木尺、裁尺，与各地没有不同。与日本的尺度比较如下：

木尺 1 尺 ＝ 日本 1.04 尺　　裁尺 1 尺 ＝ 日本 1.14 尺

量器有 5 升量器，上边 1 尺 2 寸，底边 8 寸 6 分，高 5 寸 5 分，上部带把手。其容量相当于日本 7 升 5 合 5 勺，因此，1 斗相当于 1 斗 5 升 1 合。当地规定小买卖时和斤量的换算率如下（每斗）：

芝麻 29 斤、小麦 34 斤、豆 35 斤、粟 36 斤。

第三十五章 辽州的金融货币和度量衡

辽州被东太行山脉的支脉环绕，西部是所谓山西的高原，别有一番天地。当地往昔是殷盛的地方，但现今城墙破败，牌楼倾斜，商业也颇为闲散。

当地没有钱庄或钱铺，换钱是别的店铺兼营，流通货币有北洋、人头洋以及铜元、制钱等，小银币不通用。而且北洋和人头洋是同一价格。调查当时（1916 年 8 月）的行情如下：

北洋造 1 元 ＝ 铜元 138 个 ＝ 制钱 1 串 460 个

当地所用的尺度为裁尺，据说主要是丈量绸缎类时使用。

裁尺 1 尺 ＝ 日本 1.09 尺

斗量是以 1 斗为标准，即称为准斗。此地以 24 甬为 1 斗，10 升也是 1 斗。测量此地的 1 斗量器，上边长 1 尺，底边长 6 寸 3 分，厚度以四张 3 分的板组合而成。根据实测，约日本 5 升多。

16 两为 1 斤的是标准衡器。米以外的谷物大多用它来称量，面粉的 1 斤相当于上述标准衡器的 6 两。

第三十六章　榆社的金融货币和度量衡

当地没有可以称作钱庄、票庄的设施，有下述 12 家钱铺：

吉祥斋　义聚长　休谦吉　谦和昌　万盛成　谦和涌

恒太昌　魁盛成　谦昌厚　义盛公　谦升通　东生义

流通货币有北洋、人头洋、铜元、制钱、钱票。特别是对应制钱的钱票的流通量大，种类也多。有 100 文、200 文、300 文、500 文、1000 文、2000 文的票子，而且大多是清末发行的。

制钱称为满钱，1000 文为 1 串。1 角的小银币流通较少，当 110 文通用。银元的行情是 1 串 400 文左右。

当地的度量衡器大多从太原引进，因此可以看作和太原相同。

第三十七章　大同的金融货币和度量衡①

大同府位于山西省的北部，铁路和东北方向的张家口相连，西北通达丰镇。在羊毛交易的季节，商业特别活跃。左右当地金融界的主要是中国新式银行。其次是相当于辅助机构的钱铺。

一、新式银行

当地的新式银行有中国银行分行、交通银行分行、裕丰银行分行以及晋胜银行分行。

（一）中国银行大同分行

该分行在大南街，有职员 16 名。其业务在《中国银行条例》中有规定，但主要是汇兑、存款、贷款等。另外还发行 1 元的票子，但票子的市场价值较低，不能以票面价格流通，折合现银 6 角左右。

（二）交通银行大同分行

该分行在北街，职员 9 名，业务闲散。因京绥铁道属交通部管辖，限定铁路乘车券 1 人份用当地分行发行的票子采购，所以对其流通有所帮助。但是在市场上价值很低。

（三）裕丰银行大同分行

该行和前两者相比，感觉规模更小。以办理向北京、天津、张家口、太原、忻县、朔县等地的汇款为主要业务。其汇款手续费和其他详细情况在朔州总行部分详述。

（四）晋胜银行大同分行

总行设在太原，当地分行的职员有 4－5 名。办理向北京、张家口的汇款，但平常每日不过两三笔，业务很闲散。

二、钱铺

当地没有山西票号和银号，故钱铺业务较忙。据说除办理换钱业务以外，无限制地发行钱票，以运转资金。钱铺有 25 家，其中主要的如下：

商　号	所在地	资本金	商　号	所在地	资本金	商　号	所在地	资本金
中兴永	大南街	10000 元	广生栈	大北街	—	芝兰盛	大西街	—
广巨源	同上	1000 元	万巨源	牌楼东街	500 元	德馨恒	同上	—
晋元盛	牌楼东街	—	德盛荣	大西街	—	德兴永	同上	—
源盛厚	大西街	—	庆和成	同上	—	天元荣	同上	—

---

① 原文装订时出现错误，将其他章节的部分装错。故通货和度量衡内容没有。

第三十八章 怀仁的金融货币和度量衡

第一节 金融机构和货币

此地比山阴的市况活跃。怀仁的钱铺也大部分是副业，大多为杂货店兼营。主要货币是制钱、银元，小银币和铜元的流通很少。银元流通最普遍的是北洋、人头洋，以同样价格通用。制钱采用九七钱，970 枚为 1 串。

第二节 度量衡

一、度

木京尺 1 尺 ＝ 日本 1.03 尺　老裁尺 1 尺 ＝ 日本 1.15 尺

二、量

当地量器有 1 斗、1 升的，用木板组装而成。其 1 升相当于日本 1 升 2 合。

三、衡

衡器有天平和秤子，都是 1 斤为 16 两。秤子的 1 斤相当于日本 150 钱，而天平 100 两相当于秤子 115.7 两。

第三十九章　山阴的金融货币和度量衡

　　此地没有应当视为金融机构的设施，换钱是杂货铺兼营，通货亦很简单，仅流通银元和制钱。制钱 500 文为 1 串文，其中还混有 5－6 个不好的。

　　此地的尺度有木尺、裁尺、布尺。木尺 1 尺相当于日本 9 寸 8 分，裁尺 1 尺相当于日本 1 尺 8 分，布尺 1 尺相当于日本 8 寸 9 分。量器有 1 斗、1 升的。1 斗为 24 桶。1 升相当于日本 1 升 2 合 3 勺。衡器有天平、戥子。天平 100 两相当于戥子的 105 两 3 钱。1 斤为 16 两。戥子的 1 斤相当于日本 145.6 钱。

第四十章　阳高的金融货币和度量衡

第一节　金融机构

此地的新式银行有交通银行支行，由于民国五年（1916）4月末停止兑换，因此停止营业了。没有其他新式银行。钱铺如下：

德庆永（西街）　万泰和（南街）　德顺永（南街）

以上几家中最大的是德庆永，资本额在20000元左右，办理此地衙门的公款。各钱铺大体有12－13名使用人，大多为山西人出资。不办理汇兑，主要是经营换钱。此外还发行类似期票的票子，但只是在相信该钱铺的人之间流通，据说使用范围不出该县城。大多是一两个月的期限。汇款常常要到大同去办理。

第二节　货币

此地日常买卖中使用的都是制钱，其次是银元。

一、银元

当地流通的银元有北洋、站人洋、新币。和制钱的比价后面叙述。

二、制钱

此地流通的制钱良莠不齐。良币称为老铜钱，劣币称为宣统钱。老铜钱10个相当于宣统钱12个。换算成1元时，老铜钱要4缗4，而宣统钱要4缗8。当地1缗为320个制钱，因此，1元折合老铜钱1408枚，折合宣统钱1536枚，之间有128枚的差距，即相对于1元，宣统钱要便宜约1角。

三、其他

此地市场上小银币和铜元不流通，但偶尔能见到铜元。据说其行情是1元折合135－136枚。银锭则根本不流通。

第三节　度量衡

一、度

当地无论是木匠还是绸缎铺都是使用木京尺。其1尺相当于日本1尺4分，裁缝店使用的裁尺 1 尺相当于日本 1 尺 1 寸 1 分。

二、量

此地的 5 升量器根据在城外停车场前的谷物批发商永和店实测的结果，相当于日本 7 升 5 合 2 勺，1 升量器相当于 1 升 6 勺。两者的比例并不相符。1 升量器的量法不用斗刮，通常是隆起来。5 升量器有方形和纺锤形的。量粟时，优质粟 1 斗为 38 斤，劣质的为 33 斤。这是买卖的习惯。

以上说的是当地城外的斗量。城内则在叫永新店（南街）的谷物店测量了半斗量器，相当于日本 7 升 2 合 8 勺 6，1 升量器的容量合日本 1 升 3 合 5 勺，其比例大体一致。城内 1 斗的量法不隆起来，两者的形状都和城外的一样。

三、衡

此地日用品买卖中使用的秤 1 斤为 16 两，但卖高粱酒是按 1 斤 14 两计算。与日本的衡器比较如下：

1 斤（16 两）＝ 日本 150.4 钱

据说当地使用的老广平比北京平每两大 4 分。

第四十一章 天镇的金融货币和度量衡

第一节 金融机构

此地没有专业钱铺，各店铺都有少许铜元，只是办理将铜元兑换成银元的业务。也没有办理汇兑的机构。

第二节 货币

当地流通的货币为银元、铜元、制钱，主要货币是制钱。银元以民国新币、北洋为主，站人洋也同样可以流通，但很少看到。铜元是第二位的货币。据说行情是银元1元折合135个铜元。

制钱为当地主要货币，使用九六钱。即960个为3缗，320个为1缗。1个银元换成制钱时，换4缗2。当地制钱的行情一个月也不变，维持同一行市。

第三节 度量衡

一、度

此地木工、泥瓦工使用的木京尺相当于日本1尺3分5厘。老裁尺是裁缝店使用，其1尺比木京尺长1寸，绸缎铺使用的京裁尺比木京尺长5分。

二、量

当地面粉等使用的1斗相当于30斤。1斗为42惯儿6，1升为4惯儿26，10升为1斗，10斗为1石计算。

三、衡

当地戥子的1斤（16两）相当于日本125.33钱。平的名称叫半私半官平（半苏半广平），据说和北京的京平相比，每100两大5两5，比张家口的老广平（口钱平）大1两。

第四十二章　宁武的金融货币和度量衡

第一节　金融机构

此地有一家钱铺，叫天顺长。据称资本 12000 元，使用 16 名伙计，店铺的构造比较宏伟，在地方官民中信用很好。经营的业务除汇兑外，还做存款、贷款（放款）、兑换（洋钱买卖）等。市中各商人因换钱而手头积攒下银元时，就到天顺长交换制钱。而且该钱铺还办理一般的换钱。大商人大多在需要将大额的银元换成制钱时也去天顺长兑换。每月一次将执帖送达各商人，作为换钱时的凭证。

除以上业务之外，还发行 500 文、1 串、2 串、3 串的钱票。存款、贷款只是对上述大商人融通资金。现将执帖的样式揭示如下：

帖　　　　　　执
中华民国　年　月　日　号（商人名）　预告阖郡诸君，知悉此条开出，诚恐现时不取，或转乎他人，存放不便，待整顿，街市来取，与本人言明，无论何时，照条所写之名目开付。　天顺长宝号　祈台见条付与去人　文钱　上　字第　号

第二节　货币

当地所用的货币有银元、银锭、制钱。

一、银元

当地流通的银元以北洋最多，民国新币、站人洋次之，很少看到吉林省造的。上述银元为同等价格，1元相当于1串500文。

二、银锭

当地所用的银锭是祁县、太谷县铸造的，重量大多为50两的元宝，纯度一般为九七宝银。

三、制钱

当地采用九十钱，即以制钱900个为1串文。银元1元合1串500文，故实数是1350文。此外，钱铺还发行1串、2串的票子。小银币完全没有流通。

第三节　度量衡

一、度

当地使用的尺度有木京尺和老裁尺。木京尺为粗布、土布买卖及木匠用，其1尺相当于日本1尺6分；老裁尺是洋布买卖、成衣铺使用，其1尺相当于日本1尺1寸5分。

二、量

当地量器有1升、1斗的。10合为1升，10升为1斗。其1升相当于日本1升6勺。

三、衡

当地称量物品的衡器只有一种，不会因物品的种类而不同。其1斤相当于日本154钱。所用天平的1两相当于日本9.9钱。

第四十三章　朔平的金融货币和度量衡

第一节　金融机构

此地属于归化城商圈，归化城与当地的交易额比与大同的交易额都大。现将当地的钱铺列举如下：

商　号	所在地	资本金	商　号	所在地	资本金
恒盛源	大南街	3000 串	天锡源	大南街	1000 串
兴盛号	大北街	3000 串	道生钱庄	同上	3000 串

以上各家中兴盛号最大，业务除发行钱票和兑换外，有时还向归化城汇款，但生意不多，一般来说业务是闲散的。

除以上钱铺外，还有 11 家兼营钱铺和杂货的店铺，其商号如下：

三义成　德成信　恒义公　聚义涌　天锡泰　天义德

永和元　忠信永　泰和祥　瑞林祥　广庆源

所在地都在大南街，以谷物、杂货、绸缎等为主业，同时经营换钱，资本额很少有超过 1000 串的。

第二节　货币

当地的主要通货也是制钱和钱票，银元用得不多，小银币、铜元则根本不用。银元的种类有站人洋、民国新币、北洋，其中北洋最多。1 元折合制钱 1 串 400 文。

制钱以 800 文为 1 串，铜元 1 个为 10 文，但实价是 8 个制钱。半串的缗法如下图所示。这样，1 元说起来是 1 串 40 文，但实数是 1120 个。制钱中乾隆通宝流通的最多。

小银币、铜元虽然没有流通，但打听其行情，结果如下：

1 元 ＝ 小银币 13 毫半 ＝ 铜元 175 个

1 毫 ＝ 铜元 12 个 ＝ 制钱 96 个

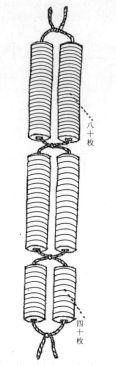

八十枚
四十枚

朔平的制钱（半串文）

第三节　度量衡

一、度

当地丈量洋布用的是京裁尺，其1尺相当于日本1尺1寸。木匠和土布买卖用大布尺，1尺相当于日本1尺3分，比成衣铺用的京裁尺长5分。

二、量

此地的量器都是从崞县买的，1斗、1升、半升都和崞县的相同。各商家从崞县购入量器后都到商会登记，并烫上商会的印记，以此为证。

三、衡

当地的天平和戥子重量相等。戥子的1斤（16两）相当于日本56.8钱。

第四十四章 朔县的金融货币和度量衡

第一节 金融机构

此地的金融机构有作为新式银行的裕丰银行和作为钱铺的义信亨。

一、裕丰银行

该银行由此地和太原的富豪发起设立，民国二年（1913）1月成立，在天津、太原、大同、忻州四个地方设有分行，是资本达10万元的股份制商业银行。其业务中汇兑主要是面向天津、太原、大同、忻州，分行所在地以外的地方不办理。其汇款手续费如下（每百两）：

天津2两5钱，大同1两5钱，太原2两，忻州2两。

存款6个月以内为短期，以上为长期，利率如下（每百两一个月）：

短期存款2厘，长期存款4厘。

贷款的利息为长期一个月9厘，短期为1分（和存款一样，6个月以内为短期，以上为长期）。担保贷款和信用贷款都做，但以土地房屋这种不动产做担保的贷款不做。大多以商品担保，担保贷款和信用贷款的利率相同。

下面是裕丰银行的章程，由此可了解该行的基本情况。

山西朔县裕丰银行试办简章

第一条 本银行名称为裕丰银行。

第二条 总行设在山西朔县，在各地设分行，名称为某地裕丰银行。

第三条 本银行依据商法的股份公司规定，成立后向农商部申请，请求注册。

第四条 本银行的总资本额暂定为大洋10万元，股金集满后即开业。

第五条 本银行的股份分为两种，大洋10元为1零股，大洋100元为1整股。

第六条 本银行的股金常年年利率为6厘，从缴款第二日开始计息。

第七条 本银行的性质为普通商业银行。

第八条 本银行的营业种类如下：

存款　贷款　汇兑　期票贴现　地方金银买卖

第九条　本银行设总理1名、监理1名、经理1名、营业各科长1名、各科员人数及学生（见习）的人数根据业务的繁闲由总理和监理协商决定。

第十条　本银行分下述各科开展业务：

营业科　会计科　出纳科　总务科

第十一条　本银行的总理总揽银行的一切事务，监理检查业务，经理在总理、监理的管理下指挥各科，并管理本行的一切事务。

第十二条　各科科长接受经理的命令，管理本科的一切事务，科员应服从科长指挥，履行业务。

第十三条　各科的学生应服从科长、科员指挥，恪尽职守。

第十四条　本银行分行设经理1名，科长及科员人选根据经理、监理的命令，酌情决定。

第十五条　本银行每年定期召开股东大会，有特殊事由时召开临时股东大会。

第十六条　本银行的决算除每月结算外，半年做一次小决算，年末做大决算。每月的结算不得不延迟到下月时，应当向董事局报告。

第十七条　在领取本银行的利息、分红时，各股东应当持股票、利息券到本行凭证办理。

第十八条　各股东若要转让股票时，转让人和受让人要一起来本行制作证书，签名盖章，以作以后之凭证。

第十九条　上条所述的转让人或因事故，或因路途遥远无法到本银行所在地时，应亲笔书写委任书，委托被委任人代为签名盖章，但该被委任人必须是有一定资本的人，万一的情况下需要代替赔偿。

第二十条　各股东如果遗失股票、利息券，必须到本银行申报，公告三个月后，带上具有一定资本的商人的保证书，申请再次发行股票、利息券。遗失的股票、利息券无论拾得者为中外任何人，均视作无效。

第二十一条　本银行的行长、董事依据现行商法确定。

第二十二条　本银行决算后有纯利润时，将之分为100份，10份作为公积金，45份作为股东的利润，45份分配给总理、监理、经理、各科长、职员及行长、董事。

第二十三条　本银行的图章为木质，雕刻山西朔县裕丰银行之印，谨慎保管。

第二十四条　本简章未定事宜，依照商法办理。

第二十五条　本银行的办事细则，由总理、监理、经理会商后另行规定。

第二十六条　本简章中如有需要增减的部分，召集股东大会议决修改。

二、义信亨

义信亨是此地唯一的钱铺，有资本 10000 两。资本金分为五股，是一个各出资 2000 两的合资组织。这些出资者不干预营业，店里的一切事务委托给经理，经理根据其手腕假定出资额，在义信亨看作持股三分之一的出资者。利润分配时，将利润分成 81 份，其中 50 份为资本主取得，剩余部分经理取得。而且习惯上出现亏损时，只是资本主负担，经理不负担。决算期为一年。

本钱铺不做汇兑业务，因为汇兑都是在当地的裕丰银行办理，因此专门从事银钱的买卖。也发行其他票子，票子的种类有 1 串、2 串、500 文。由于当地没有其他钱铺，义信亨钱铺的资本又大，因此没人能与其竞争。

第二节　货币

此地的通货以制钱为主，铜元和银元都不通用。大宗交易时使用银元，银元大多是人头洋、站人洋、北洋，江南、湖北的银元要多少打些折扣才能通用。

银元和制钱的交换率为 1 元换 1 串 400 文左右。当地制钱使用满钱，1000 文为 1 串。

第三节　度量衡

一、度

当地成衣铺使用的裁尺 1 尺相当于日本 1 尺 8 分 5 厘，洋布店使用的兰柜尺相当于日本 9 寸 9 分，木匠用的木京尺 1 尺相当于日本 1 尺 1 寸 3 分。

二、量

当地所用的量器和崞县的相同，有 1 斗量器和 1 升量器。根据实测，其 1 升相当于日本 1 升 2 合 9 勺。

三、衡

当地 1 斤为 16 两，相当于日本 126 钱。

检测当地所用的天平，其 50 两相当于日本 500 钱。而义信亨使用的当地平和外地平的比较结果如下：

$$
朔州平 100 两 = \begin{cases} 太原平 101.02 两 \\ 归化城 100.70 两 \end{cases} = \begin{cases} 大同平 100.70 两 \\ 忻州平 98.60 两 \end{cases}
$$

第四十五章 平鲁的金融货币和度量衡

第一节 金融机构

此地没有一个可看作金融机构的设施，仅仅是在杂货铺换钱而已。

第二节 货币

此地的主要通货是制钱，银元次之，银锭据说在近年土匪来袭时被掠夺了，已经绝迹。

当地的制钱使用满钱，和 1 元的比价为 1 串 340 枚，银元以民国新币和北洋为主，很少有站人洋流通。

第三节 度量衡

一、度

此地木匠、裁缝店用的是木京尺，其 1 尺相当于日本 1 尺 5 分。木工用的木京尺和日本的曲尺形状相同。绸缎和洋布买卖用尺的 1 尺相当于日本 1 尺 1 寸 8 分。

二、量

1 斗、1 升量器都和崞县章节中图示的一样。当地 1 升的实测结果相当于日本 1 升 3 合 4 勺。

上述 1 升、1 斗量器都来自崞县，由官许的量器商制作。另外，此地也有当地制作的 1 斗量器，与上述的 1 斗量器相比，相当于日本 5 合，据说用于白米的购买。

三、衡

此地天平的 1 两相当于日本 10 钱。与朔平的平相比，每百两大 1 两。一般买卖中使用的秤的 1 斤为 16 两，相当于日本 154 钱。

第四十六章　归化城的金融货币和度量衡

第一节　金融机构

此地的金融机构有钱铺、银号和中国银行分行。

一、钱铺

此地钱铺大多为富豪经营，店铺的构造宏伟。主要有如下 29 家：

瑞升庆　谦益永　大成兴　恒升昌　义生德　恒吉昌　大丰玉　只兴厚

法中庸　隆盛厚　太和昌　大厚玉　谦益恒　德生昌　大甡玉　万昌咏

裕盛厚　双盛成　长盛馨　邃泉同　永和号　天亨玉　义太祥　德太和

元言太　复泉茂　隆昌玉　协和成　大德咏

开办钱铺需要得到有信誉的钱铺的保证，向等同于同业公会的宝丰社提出申请，还要得到乡耆公所的许可，需要缴约 100 两的开业费。各家的资本在 5000 串至 20000 串之间，大多将此分为几股，有数人合资成立。据说此资本以外还需要缴纳称为护本的资金，由同一资本主出资，以备资金紧张以及其他钱铺急用时随时运用。对于护本，支付每月 4 厘的利息。

观察其钱铺的组织，资本主基本不参与经营，一切店务都委托给掌柜的（经理）。掌柜的至少 2 名，多的设 6 名，确定各自的顺位，分掌店务。其他店员有通事、伙计，还有学买卖的徒弟。通事根据各自的任务，其名称分别叫管账的（也叫写账的，专门负责记账）、跑街（巡游市场，探听商况）、内柜（银钱出纳）、银柜（银锭鉴定）等。

业务有存款、贷款、钱票发行等，与钱铺有交易关系的商贾之间的借贷、账簿上的决算、变更等称之为拨兑。存款办理浮存（活期）、常存（定期），通常对浮存不付利息，常存以普通票期（请参照归化城的商业机构）为期限，有半年的和一年的，月息为 6—7 厘。

贷款期限在 3 个月到 1 年，没有短期。只做信用贷，利息为月息 7—9 厘，同业借贷时通常是 5—6 厘。

钱票在此地称为钱帖子，1 串文票发行的最多。兑换在银号办理，原则上钱铺不办理兑换。

二、银号

此地的银号没有规模大的，大多兼营银炉，还经营存款、贷款、拨兑、票子发行。现将主要的商号列举如下：

兴盛号　元成生　永兴号　吉泉长　升恒义

万盛永　恒和祥　德成兴　德成号

三、中国银行分行

中国银行分行主要经营汇兑业务，从清朝户部银行时代就在此地有分行。

第二节　货币

此地的通货有元宝、制钱、钱票子等。银元虽然有北洋、站人洋等流通，但不多，需要付贴水才能通用。元宝、银锭、碎银都使用。此地的元宝纯度据说为九九五左右。所用平为城钱平。张家口钱平100两相当于城钱平100两7钱5分。

制钱称为老钱，大钱、小钱混用，220文为1缗，将之称为1串文。小钱的混入比例是1串文中限度20个，如果超过，则会打很大折扣。此外，也有称为满钱的以1000文按1串文计算的。500文为1缗，2缗为1束。100文中可混入13个小钱，或全部是大钱，但交换比例不同。大钱有乾隆、康熙、道光、雍正通宝，小钱大多是光绪、同治、咸丰、嘉庆通宝。还有很多唐、宋、元、明时期铸造的大个铜钱，钱质良好，行情多少有些差异。

被称为钱帖子的钱票为钱铺、银号、粮店、货栈、当铺等店铺发行，流通甚广。其样式简单，各店多少有些差异，原则是兑换必须到发行店去办理。

第四十七章　包头镇的金融机构和货币

第一节　金融机构

此地金融在票期（货款支付期）和春秋两季贸易最盛期呈现繁忙状态的票庄有 8 家。这些票庄在清朝时就已设立，进入民国后，主要是钱铺。此外还有银号、当铺等金融机构。

一、钱铺

此地的钱铺规模比较大的有如下 14 家：

复巨恒　公和源　复盛西　公和泰　广义和　广顺长　兴盛号

广顺恒　聚兴亨　兴顺恒　德厚源　复兴隆　于和成　巨川汇

这些钱铺主要是太原、平遥、忻州人出资，资本大的不过五六千两，交易范围广，像复巨恒、巨川汇、复兴隆等，在口外蒙古地方也有交易伙伴。据说存款、贷款总额的四成来自这些地方的顾客。营业以存款、贷款、票子发行为主业，顺便还经营兑换。存款利息是定期存款 500 两以上月息七八厘乃至 1 分，活期存款不付利息。贷款只做信用贷，月息为 7 厘至 1 分。

二、银号

此地银号的资本不及钱铺，但兼营银炉，办理兑换，还办理存款、贷款等。各家都拥有三四家银炉，铸造 50 两左右的包银。铸银费据说是每 50 两收满钱 150 文。现将银号的主要商号列举如下：

西盛公　德兴号　广兴亨　中孚号　广义和

三、当铺

此地当铺有复盛西、复西公、复盛全，据称资本在 7000 两左右，为道光年间设立。当期为 24 个月，有 1－2 个月的宽限期，利息在 12 月、1 月、2 月为月息 3 分。

第二节　货币

银锭、制钱、票子等都有流通，还有 50 两左右的元宝、碎银、银锭，银质比归化城的品位低。所用平称为包平。各店的重量都不一致，无法确定标准。制钱称为老钱，900 文为 1 串。1 串中允许混入 200－300 文小钱。此外也有用满钱即 1000 文为 1 串计算的。相对于满钱，前者称为地皮钱，各种交易中用哪一种无法区别。钱票除钱铺外，粮店、当铺等也发行，但据说除钱铺发行的以外，其他钱票在市场上的信誉低，流通额不大。

第四十八章　丰镇的金融货币和度量衡

第一节　金融机构

此地势力最大的是忻州人，钱铺、当铺等大多是忻州人经营。4、5、10、11月四个月金融比较繁忙。利息一般为月息6厘左右，上述四个月的月息为7—8厘。

此地钱铺的商号和自称资本如下：

谦益玉　10000两	日新当　6000两	义丰恒　5000两	西盛隆　5000两
聚义兴　4000两	万义元　3000两	丰恒泰　1000两	胥泉涌　3000两

这些钱铺的存款利息为1000两以上月息4厘左右，活期存款不付利息。如果发生透支，金额不大的话，不收利息。贷款只做信用贷，月息7—8厘。

钱铺中的谦益玉、日新当、义丰恒、西盛隆等应客户的要求，办理仅限于张家口和归化城之间的汇兑业务。除这些钱铺以外，还有几家经营换钱的店铺，即晋川通钱局、广元亨、广顺亨、王聚、德广、庆亨等。近年铁道开通后，交通银行支行开设，主要是办理铁路运费等交通部公款，也办理一般银行业务。

当铺有如下8家：

明远长　万成当　万义当　万聚源　德兴明　天兴当　万中源　天德胥

资本为6000两左右，当期2年，月利2分5厘。

第二节　货币

此地大多使用银锭、制钱、票子，银元、小银币不通用，但在钱铺可以兑换。银两据说是足银。平是使用半私半官平。

制钱以82文为100文，其中10个是小钱。钱票分拨兑钱和现钱票。所谓拨兑钱，是指钱铺、当铺发行的钱票，而现钱票则是布行、粮店等有信用的商店发行的。又有称为内兑票的，系以钱铺和当铺之间交易使用为目的而发行的，写有"钱当不附"的文字。这些现钱票是100文中混有10个小钱的地皮钱，与此相反，拨兑票只对大钱发行，因此为了避免混淆，拨兑票以比普通现钱票每100文贵10文左右的高价流通。现将发行现钱票的店铺名称列举如下：

粮食店　丰盛店　丰泰店　谦合店　万义店　源兴店

绸缎洋货店　公义长　晋源涌　新胜玉　富成长　元义长
万庆里　天德成　天顺发

第三节　度量衡

一、度

此地有三种尺度，即木尺、老裁尺（又名大裁尺）、新裁尺（又名小裁尺）。这些尺度和日本的尺度比较结果如下：

木尺 1 尺 ＝ 日本 1.05 尺　小裁尺 1 尺 ＝ 日本 1.07 尺

大裁尺 1 尺 ＝ 日本 1.17 尺

二、量

此地 1 升量器是上面 5.4 平方寸，底面 3.4 平方寸，高 3.4 寸。因此，当地的 1 升相当于日本 1 升 6 勺 7。酒 1 斤为 13 两，用直径 3 寸、高 3 寸的圆筒形量器，相当于日本 3 合 2 勺。

三、衡

当地的银平称为半私半官平，其 1 两相当于日本 10.54 钱。

第四十九章　临晋、猗氏、永宁、应州的金融货币和度量衡

一、临晋

此地有一家作为金融机构的钱铺（此地称钱局），通货以制钱为主，银元、铜元亦有流通，但票子不流通。1 元的行情为铜元 137 个左右。尺度有官尺、裁尺，官尺 1 尺相当于日本 1.16 尺，裁尺 1 尺相当于日本 1.21－1.25 尺。衡器 1 斤为 16 两，相当于日本 150－158 钱。

二、猗氏

此地有三家钱铺。通货和临晋完全相同。裁尺比临晋的稍长，相当于日本 1.22－1.31 尺。量器有 1 斗、1 升量器，形状和运城的一样，其 1 升合日本 6 合半。衡器为天平，16 两为 1 斤，相当于日本 156 钱。

三、永宁

此地没有可以看作金融机构的设施，只不过是在杂货店一旁经营兑换。主要通货是制钱，为九九钱，即 990 枚为 1 串。小银币亦流通，1 毫为 75－80 文。银镪有元宝、碎银，品位不一定，据说用官平称量。银元要付贴水才能兑换。此外流通杂货铺发行的钱票。度量衡与汾州的相同。

四、应州

钱铺有崇德美一家，此外有几家杂货铺办理换钱。当铺有德顺、聚盛，银楼有天德成。通货为制钱、小银币、银锭等。制钱 500 文为 1 串，100 文即 50 个制钱中混有 5－6 个小钱。小银币 1 角折合满钱 75－80 文。银锭很少使用。

此地的尺度有木尺、裁尺、布尺，与其他地方相比，一般比较短。与日本的尺比较结果如下：

木尺 1 尺 ＝ 日本 0.98 尺　布尺 1 尺 ＝ 日本 0.89 尺

裁尺 1 尺 ＝ 日本 1.08 尺

第18卷

直隶省的金融货币和度量衡

第一章　北京的金融货币和度量衡

第一节　概述

北京并不临河海，地理上偏北，仅依靠陆路、铁路与外地交通。而且被天津屈指可数的大商埠压制，商业上的势力不大。北京虽然在商业上没有重要的价值，但其自古以来就是首都，政治方面的设施自不待言，还设有各种机构。

因此，此地尽管不是商业中心，但金融机构仅办理官衙公署的公款就有相当多的业务。另外，现今中国新式银行大都得到政府的辅助后援而设立，其总行都设在北京，统管各地的分行。此外，各外国银行根据本国当权者的意志，为获得政治、经济方面借款的权利，并考虑交涉上的方便，大多将分行设在此地。

关键在于北京是中国的政治中心，也是财政的根据地，此地的金融机构作为全国的心脏，很多都带有政治色彩。

第二节　中国旧有的金融机构

如果区分当地旧有的金融机构，那就是钱铺、票庄、银号、炉房等。这些中国旧式金融机构的势力在辛亥革命之前，经过数度兵乱，大多处于没落的悲惨境地，至今尚未恢复。其业务微不足道，处于营业不佳的状态。究其原因有如下几点：

1. 由于社会的动荡，大额的贷款无法收回。

2. 滥发的钱票遭到挤兑。

3. 外国银行分行的设立。

4. 中国银行、交通银行在政府后援下拥有大量资本，发行纸币，阻断了它们的主要资金融通途径。而且，官银的经办也被其夺走了。

由于上述原因，中国旧有的金融机构营业颇为冷清，甚至濒临倒闭。在各种新式银行的挤压下，将来也很难复活，大多是仅经办兑换业务，苟延残喘。因此在此地金融界明显没有多大价值。

一、钱铺

由于上述原因，如今钱铺多以兑换为主业，拥有大资本的有时经营存款、贷款等。原来钱铺分银钱铺、烟钱铺、钱酒店等，各自的经营业务不同。银钱铺专门进行银钱买卖，大多是直隶、江苏人经营；烟钱铺是做烟草的买卖，同时也做钱铺业务，大多是山西人经营；钱酒店则是做各种酒类的买卖，同时经营钱铺业务，大多是直隶、山西人经营。

这些钱铺在辛亥革命前大量发行钱票，有时其发行量高达资本额的2－3倍。后来钱票的信用扫地，往往遭遇挤兑，有些就逃走了。最终被政府禁止发行。在清朝时，这些钱铺需要写明资本额，并将四家商家的保证书一并提交顺天府衙，才能获得许可。四家保证人称为铺保，其中一家必须是当铺。如今只是到警察厅登记，不需要保证人，有些营业者也没经过官方许可，将此称为毋钱铺，而在路边摆出露天店做小额换钱生意的称为钱棹子。

资本金大的店铺也不会超过10000元，小的也就是1000－2000元。近期钱铺在经营业务的同时，做一种类似"短期拆放"的业务，即钱票业者从当地外国银行买办手里借一定的资金，将之借贷给"按日放款"的需求者，从而收取手续费。现在，北京的钱业者多不胜数，现将主要的字号及所在地列举如下：

恒与（东四牌楼北路西）	茂盛（南池子路西）	尺德恒（北军冈上路东）	祥聚泰（新市口路东）
天兴（东交民巷路南）	恒盛（北闹市口路东）	源兴（菜市口路北）	三合（干水舍路北）
豫丰（东四牌楼）	恒源（东四牌楼东路北）	泰亨（兴隆街路北）	泰和（崇文门外花市）
顺源祥（西四牌楼南路西）	义顺（东四牌楼路南）	镒丰（前门大街）	庆祥瑞（煤市街路西）
茂龙源（前门大街路东）	宝源（东四北路西）	公（西安门内路北）	蔚顺祥（菜市口）
会源（安定门西）	三聚（南锣鼓巷路东）	聚增（阜成门内路北）	德成（北大扇路北）
隆兴顺（安定门路西）	永盛（南闹市口路西）	震兴（前门街路西）	乾云生（西河沿路南）
德丰泰（崇内路东）	兴成（前门大街路西）	德泰（花市路北）	久成公（烟袋斜街路南）
通裕隆（护国寺路西）	裕泰厚（蜡库路西）	庆源（东四牌楼路西）	义和兴（打磨厂路北）
源丰（前门大街路东）	乾盛永（石桥西斜街路东）	乾德（延寿李街路西）	德森（观音寺路北）
恒利（东四牌楼路西）	源和（前门街路西）	春华茂（前门大街）	西和（南横街路北）
天益泰（北新桥路西）	宝兴（崇文门外东夹道）	东和公（南横街路北）	
兴顺德（西便门内路）	裕恒号（通州东路内陆）	秦记（通州鼓楼路东）	

二、票庄

中国的票庄大部分都是山西人经营。山西票号在辛亥革命前垄断了中国的汇兑业，因此现在北京的票庄也大多是山西人经营。此地的票庄在辛亥革命前经办地方向清朝纳税、其他官银的汇款以及官吏转职时的汇款，款额巨大。特别是官吏的存款很多，因此运转资金丰富，业务繁盛。后来变为共和政体，这些关系被杜绝。另外，中国银行、交通银行等新式银行陆续设立，并且外国银行的分行也纷纷设立，各地间的汇兑业务也能切实而敏捷地办理，钱庄在这方面的业务被夺走了。以往作为手续费利用各地两的差异而攫取的暴利，如今由于几乎都是以银元汇款，不仅不像昔日那样有利，而且比委托新式银行费时更长，一般官民不再委托票庄。此外，存款减少，在南方分店的贷款回收不顺，造成资金枯竭。现今的状态在金融界几乎不值一提。

原来的山西票号各地名称不同，即祁县出身者叫祁帮，太谷县的叫太谷帮，平遥县的叫平帮，等等。此外还有南帮，是指山西省以外的南方票庄。清朝时山西票庄有22家，如今只剩11家。这些票庄辛亥革命时曾不得不关闭，之后各帮共同发起救助，推选各家代表向政府请愿，终于得到政府的保证，募集外资，计划成立一家新式银行。

据传1914年4月，曾与澳大利亚的华利公利公司签订了5000万法郎的借款合同，但其实并未落实。后来属于平帮的蔚丰厚自己改组，成立了资本金300万元的股份制公司，1915年5月在北京创立事务所，进行股票募集，成了如今的蔚丰银行。

如上所述，票号处于悉数停止营业的状态，如果不采取什么救济措施的话，无论如何也不能恢复。如今，如果还是采用旧式的营业方法，与经济界的趋势背道而驰，即使再次开业，也必定会以失败告终。除了利用庞大的资本改组成新式银行以外，别无他途。现在他们应当研究其组织以及营业方法。现将现存于北京的票庄列举如下：

属于祁帮的：

名 称	设立年号	所在地	名 称	设立年号	所在地
大德通	咸丰	打磨厂	大德恒	光绪	巾帽胡同
三晋源	同治	草厂九条	大盛串	嘉庆	庆磨厂

属于太谷帮的：

名 称	设立年号	所在地	名 称	设立年号	所在地
大德川	光绪	薛家湾	晋生润	光绪	草厂九条

属于平遥帮的：

名 称	设立年号	所在地	名 称	设立年号	所在地
蔚泰厚	光绪	木厂胡同	蔚丰厚（改组为新式银行）	道光	巾帽胡同
新泰厚	光绪	木厂胡同	天成亨	咸丰	小蒋家胡同
百川通	咸丰	草厂十条			

属于南帮及其他的：

名 称	设立年号	所在地	名 称	设立年号	所在地
天祥顺（云南省人）		长巷下二条	裕源永（安徽省人）		施家胡同
福成德			孚昌贞		
德润兴					

三、银号

银号有银钱店、银号、官银号等多种，其业务大体相同，以银的交换买卖为主业。后二者还经营贷款、存款及官银办理。这些银号在中国银行、交通银行设立以前还发行票子。

贷款的利息不一定，对商人的贷款利息比对官吏的低，月息1分至1分4厘。不做实物抵押贷款。银钱店不做存款、贷款。存款有定期、活期，定期的期限为3个月、6个月、9个月、1年等。月息从五六厘到七八厘。官银的办理主要是政府的存款以及对政府的贷款等。近年，新式银行设立后就不交给它们做了。

开设银号需要警察厅、财政部的许可，关闭时也需要。然而很少有新开设的。如果有一家要关闭，受让该店的股份即可营业。银号是被称为财东的资本主出资，但一般是匿名，并不干预业务。经营者称为领东，在领东下面有管事、伙计、学徒等。这些人员的多少当然是因银号的大小而定。资本额多的四五万元，少的1万元左右。

目前，营业状况比较萧条，不断有关闭的。再加上经过数次动乱，遭受掠夺，有全部消失的趋势。现将此地有名银号的字号及所在地列举如下：

字　号	所在地	字　号	所在地	字　号	所在地
庆成银号	前门外施家胡同祥和栈内	万荣祥号	前门外长巷下头条	祥盛银号	崇文门外巾帽胡同
义顺裕号	四牌楼	宝恒祥记	廊房头条	天聚兴号	廊房头条
恒义银号	廊房二条	德　元	前门外大街蒋家胡同	隆　聚	布巷子
恒　元	四牌楼	义　成	地安门外	宝善仲记	珠宝市

四、炉房

炉房在上海等地称为银炉，主要是做银锭的熔解、铸造。此地的炉房有官炉房和小炉房，前者主要从事上述业务，后者则是打造首饰等，因此和金融界没有大的关系。而且官炉房有18家，不再允许新开设。其业务除上述的以外，还接受存款、办理公款出纳等。自从银元流通盛行以来，银锭的使用逐渐衰退，炉房的业务也不像往日那样兴盛了。作为金融机构其价值并不大。此地的官炉房主要有如下几家：

同元祥　德顺　聚义　义泰源　复聚　万丰　祥瑞兴　宝兴　恒盛

五、当铺

北京的当铺曾蒙受了掠夺，现在开业的不如以前多。其中最著名的是东城东单牌楼的东恒肇、北城东西牌楼的北恒肇、西城阜城内的西恒肇等。当铺的资本较大，像上述三家恒肇据称有 20 万两左右。除质押以外还做金珠、玉器的买卖。

经理叫总管，下面设当家的（掌柜的）、头柜及二柜（相当于伙计）。总管专门办理银钱，往往有的还兼做别的当铺的总管。当家的专门处理店内的事务，头柜、二柜办理质押物的出纳。当铺使用的账簿很多，有千金账、日用账、出入银钱账、出入货物账等。

质押物从前以 3 年为满期，后变成 24 个月，辛亥革命后又变成 8 个月。当利规定为每两 2 分。此外，有些当铺还接受存款，据说每月付 4-5 厘的利息。现将此地主要当铺的字号及所在地列举如下：

通盛（二转桥）	恒盛（崇外小市口）	泰盛（木厂胡同）	长盛（高庙）
往福（蒋家胡同）	惠盛（西柳树井）	和兴（五道庙）	和盛（骡马市）
永丰（米市胡同）	天源（崇外猪营）	宝通（茶食胡同）	濂通（三里胡同）
华裕（长巷三条）	兴盛（西珠市口）	同义（板章胡同）	万盛（驴驹胡同）
万成（烂面胡同）	合元（北柳巷）	同源（延寿寺街）	福和（煤市街）
东恒肇（东四大条）	利源（东安门外）	丰源（王子坟）	天泰（十间房）
承善（南柳巷）	天丰（永光寺中街）	乾丰（北新桥二条）	广恒（顺治门大街）
元盛（汪芝麻胡同）	乾元（海甸灯笼库）	广通（清河）	广兴（东坝）
义兴（海甸老虎涧）	长盛（长辛店）	吉盛（马驹桥）	北恒肇（东四牌楼）

第三节　中国新式银行

如前所述，北京不是中国的商业中心，但作为政治的中枢地，司法、行政、军事等百般实业都是发源于此地。中国新式银行大多在此地设置总行，统管全国的分行，或者开设分行，作为一般官商的金融机构。现将在此地营业的主要新式银行列举如下：

中国银行　交通银行　殖边银行　盐业银行　新华储蓄银行

中国通商银行分行　聚兴诚银行分行　五族商业银行　中孚银行分行

通惠银行分行　大宛农工银行　保商银行分行　华充银行　濬川源银行分行

蔚丰银行　直隶省银行分行　金城银行分行　信成银行分行

一、中国银行

中国银行位于西交民巷，1905 年创立，其前身是户部银行。户部银行后来改成支部银行，1908 年改名为大清银行。进入民国后改组为中国银行。中国银行一开始继承了大清银行的资本 1000 万两，改组后扩大为 6000 万元。将之分为 6000 万股，政府承担了一半，缴款三分之一后开业。但作为一个国家的中央银行尚显不足，于是在 1916 年追加募集了 2000 万元的股份，1000 万股由政府承担，剩余部分从一般商民公募，从而达到了现在的 8000 万元。

但这不过是条文上所说，其实政府承担的数额只缴纳了一部分，再加上普通股的应募者也不多，资本的实数没有任何可依据的资料，内容空洞。

中国银行资产负债表（1917 年 12 月末）

负债		资产	
资本总额	60000000.00 元	股金未缴纳额	47720200.00 元
公积金	2714948.80	定期贷款	28860023.84
活期存款	128394605.11	短期贷款	110640719.95
定期存款	20320360.48	有价证券	4093433.36
兑换券发行额	72984307.42	营业用房屋土地家具	2410892.78
本年度纯利润	2073032.72	开办费	193341.72
		兑换券制造费	1237260.15
		兑换券准备金	72684307.41
		现银余额	18647075.32
合计	286487254.53	合计	286487254.53

中国银行损益表（1917 年 12 月末）

亏损		利润	
杂费	3429142.99 元	汇兑手续费	1166612.00 元
营业用房屋场地家具折旧	285107.81	利息	5120319.00
开办费同	75359.04	杂益	17426.06
兑换券制造费同	420888.95		
杂损	20789.55		
纯益金	2073032.72		
合计	6304357.06	合计	6304357.06

就上表看，纯利润约 200 万元，但对照其发行的纸币正在停止兑换，感觉不可思议。

进一步就最近六年的重要业务成绩进行比较，结果如下：

中国银行营业比较表（单位：百万元）

营业类别	民国元年	民国二年	民国三年	民国四年	民国五年	民国六年
存款	2	18	58	106	114	148
贷款	2	17	50	88	102	139
现银	3	10	34	60	62	91
纸币流通	1	5	16	39	46	73
期票		10	55	160	142	176
有价证券		1	6	13	11	4

现将中国银行分行、营业所的所在地列举如下：

京兆区域：北京　霸县　涿县　通县　密云　海甸
　　　　　宣化　牛栏山

直隶省：天津　保定　张家口　沧县　静海　胜芳
　　　　芦台　邢台　祁县　滦县　磁县　唐山
　　　　泊头　石家庄　青县　献县　肃宁　景县
　　　　吴桥　遵化　迁安　抚宁　昌黎　丰润
　　　　河间　辛集　高阳　正定　栾城　定县
　　　　深县　濮阳　大名　内丘　永年　城新
　　　　冀县　南宫　宁晋　蔚县　涿鹿

东三省：奉天　吉林　黑龙江　长春　营口　哈尔滨
　　　　大连　安东　铁岭　锦县　辽源　黑河
　　　　新民府　洮南　山海关　公主岭　四丰　呼兰
　　　　留守营　绥北　巴彦　宁古塔　海伦　兴城
　　　　庄河　大孤山　沟帮子　法库　辽阳　扶余
　　　　盖平

湖北省：武昌　汉口　宜昌　沙市　武穴

湖南省：长沙

江苏省：南京　上海　苏州　扬州　镇江　清江浦
　　　　无锡　南通县　徐州　下关

山东省：济南　青岛　烟台　藤县　济宁　周村
　　　　惠民　临沂　潍县　临清　泰安　桑园
　　　　龙口　掖县　胶县

山西省：太原　运城　新绛　大同

河南省：开封　信阳　彰德　溪河　周家口　禹县
　　　　许县　南阳　归德　道口　洛阳

福建省：福州　厦门　下杭街　三都　涵江　泉州
　　　　建瓯　延平　浦城　龙岩　漳州
广东省：江门　汕头　琼州　韶州　南雄　北海
　　　　肇庆　复沥　河口　大良　白沙
浙江省：杭州　宁波　余姚　绍兴　嘉兴　温州
　　　　湖州　兰溪　海门
江西省：南昌　九江　赣州
安徽省：安庆　芜湖　大通　鹰洲　六安　宣城
　　　　枞阳　屯溪　三河　亳州　蚌埠
四川省：重庆　成都　万县　自流井　五通桥　泸县
　　　　泸州
陕西省：西安　三原　潼关　汉中
绥　远：归绥　包头镇　察哈尔　丰镇

二、交通银行

交通银行是光绪三十三年（1907）由邮传部设立的。当时为了实现邮传部管辖的铁道、汽船、邮政、电信等事业的发展，将最初的资本金 500 万元分成 50000 股，以官民共同的股份组织形式创设。总管理所设在北京，设总理、协理各 1 名，另选铁道管理人员 1 名辅助。然而，1911 年以来受上海钱庄倒闭的影响，蒙受了巨大的损失，一时处于营业萧条的状态。民国元年（1912）5 月对业务及组织进行了大改革，一步步整理，贷款方面废弃了以往的信用贷，改为需要可靠担保的抵押贷款，等等，经过锐意改革，信誉逐渐恢复，交易范围也逐步扩大。1912 年左右山西票庄大部分倒闭，该行的国内汇兑业务随之增加了。

进入民国三年（1914）4 月后，发布了交通银行章程，将以往的资本库平足银 500 万两增资至 1000 万两。该行原来就发行纸币，在交通银行章程中亦承认了该项特权，并且财政部、交通部同意有关关税、地租以及铁道、邮政、电信、航运业等的纳税以该行的纸币缴纳。虽然到了民国五年（1916）5 月，同中国银行一起被命令停止兑换，但如今还在流通。在中国北方，该行负责保管京汉、京奉、京张等各铁路局的收入，因此信用很好。在南方，由于没有铁道的关系，其信用比中国银行稍低。

根据该行历年的营业报告，其纸币发行额如下：

民国元年：793558 两　　　民国二年：4498762 两
民国三年：5975627 两　　　民国四年：30000000 两
民国五年：21297891 两

现将交通银行的分行、营业所以及代理店所在地列举如下：

直隶省：天津　张家口　保定　海甸　顺德　北通州

　　　　　唐山　石家庄　胜芳　滦县　赤峰　热河

山西省：大同　丰镇（察哈尔）　归化城（绥远）

山东省：济南　济宁　枣庄　德州　芝罘　龙口

河南省：开封　焦作　周家口　漯河　道口镇　彰德

　　　　　郑州　信阳　洛阳　新乡　归德

浙江省：杭州　宁波

江苏省：上海　无锡　浦口　扬州　徐州　镇江

　　　　　苏州　清江浦　板浦

湖北省：汉口　沙市　宜昌

湖南省：长沙　益阳

江西省：九江　南昌

四川省：重庆

安徽省：芜湖　蚌埠　安庆　宜城　合肥　运漕

东三省：奉天　营口　长春　吉林　黑龙江　绥化

　　　　　呼兰　孙家台　盖平　铁岭　哈尔滨　辽阳

　　　　　锦县　新民县　掏鹿　辽源　新集（特别管辖区）

其　他：新加坡　中国香港

现将历年的资产负债表揭示如下：

资产（单位：两）

年份	定期贷款	活期贷款	他行结算	承兑票据	现金
民国元年	1057611		15049456	122897	4653343
民国二年	6792164	20120370	10225140	1212773	8747518
民国三年	8974923	18401622	14652185	1150455	14737807
民国四年	14400596	19188449	15556543	1406273	15813353
民国五年	11547735	20211051	19232800	1128634	9752483

负债（单位：两）

年份	定期存款	活期存款	发行纸币	银行债	纯利
民国元年	5839173	8563635	793558	134320	170563
民国二年	8821417	26611239	4498762	200257	415407
民国三年	12997567	36055109	5957627	619476	1676875
民国四年	13406505	34082881	24863110	1119937	2001843
民国五年	10697697	15094155	21297891	1119937	987526

根据 1916 年 5 月 28 日在北京召开的该行股东大会上发表的民国四年（1915）营

业报告，该年度的纯利润达到 200 余万两，比民国三年（1914）增加了 40 余万两，其中汇兑收益占大半，贷款利益亦有增加。股东分红按定率 6 分，即达到 12％，公积金为 25％。

关于分行和代理店，进入 4 月后在四川省重庆增设了分行，设了 10 个汇兑办理所，即龙口、安庆、宜城、合肥、运漕、锦县、掏鹿、辽源、热河、新集、赤峰、滦县等地。此外对账簿及旧款的整理也取得了很好的成绩。

如上所述，根据发表的报告，营业成绩良好。其实对政府的贷款额巨大，特别是一时停止兑换以来，信誉丧失，几乎处于停业状态。民国六年（1917）2 月，从兴业银行、台湾银行、朝鲜银行组成的银行团借款 500 万元，于同年 8 月再借款 2000 万元，聘请日本人为顾问，谋求业务的振兴。

第一次借款合同的内容摘要如下：

1. 借款期限为 3 年，即民国九年（1920）1 月 19 日期满。

2. 借款利息为年息 7 分 5 厘（即每 100 元 7.5 元）

3. 借款的担保品为下列物件：

（1）陇秦豫海铁路债券，额面 130 万元；

（2）中国政府金库债券，额面 400 万元；

（3）中国政府对交通银行的债券证书，额面 2425687.68 元。

4. 在本借款合同期限内需要从外国借入资金时，应该与银行团商议。

三、盐业银行

盐业银行是民国三年（1914）当时（袁世凯时期）的总统府财政顾问张镇芳以办理盐税为目的而计划的。当时广东派在财界的势力很大，张镇芳的计划未能顺利实施，一时几乎绝望了。其后周学熙成为财政总长，广东派在财界的势力被压制，张镇芳的计划才得以施行，终于在民国四年（1915）3 月成立了。

盐税是中国政府的大宗财政收入，特别是民国以来成为大额借款的担保。通过改革，收入逐渐增加，除偿还借款的逐年本利外，尚有很多剩余。设立该特殊银行的目的就是为了处理这些收入。该银行章程第七条所说的有关属于特殊会计的国库金的办理就是指盐税。原来的盐税在外国银行团的管理之下，规定其收入要存放在规定的外国银行。外国银行设在上海、汉口、天津等要地，若是归盐业银行管理，则可以方便和当局联系而开展活动，也可在各地的盐厂、盐产地办理盐税。由此即可在中国财界占有较大的势力和便利。

该行的出资总额为 500 万元，其中 200 万元由政府出资，300 万元从民间募集。政府的出资额全部缴纳，但民间的募集资金直到开业时才不过四分之一。到民国六年（1917）募集到了 150 万元，从民国七年（1918）开始每年能陆续收到二十分之一即 25 万元，用以扩充资金。其业务除存款、贷款、票据贴现等一般银行业务外，还经办属于特别会计的国库金，受政府的委托管理金库事务、在外资金，等等。

该行的营业成绩比较好。开业以来每年的收益额以及分红比例如下：

年度	纯利润	分红比例	公积金
民国四年	67109.87 元	官余利 1 成	
民国五年	267222.26 元	官余利 1.2 成	138395.67 元
民国六年	425549.72 元	官余利 1.5 成	166702.29 元

民国六年（1917）该行的资产负债表以及损益表如下：

资产负债表［民国六年（1917 年）］

负债		资产	
资本金	5000000 元	未缴资本	3500000 元
定期存款	1907582 元	定期存款	993752
活期存款	6241087 元	定期抵押存款	1374676 元
暂定存款	1290451 元	活期存款	3861581 元
公积金	44196 元	他行结算借款	2433601 元
分红均一公积金	94199 元	暂定借款	544979 元
本年纯利润	488822 元	开办费	14658 元
		营业用器具	17083 元
		营业用土地房屋押租	63738 元
		现 金	2262269 元
合计	15066337 元	合计	15066337 元

损益表［民国六年（1917 年）］

利 润		损 失	
利息	339349 元	各项支出	112082 元
汇兑手续费	108622 元	营业器具开办费分摊	6283 元
汇兑差益	114259 元	总理处支出	23108 元
平色	36902 元	本年度纯利润	488822 元
杂项损益	5328 元		
汇兑处利润	25835 元		
合计	630295 元	合计	630295 元

四、其他各银行

（一）殖边银行

殖边银行由徐超祯、王楫唐、冯鳞需等人发起，于民国三年（1914）7 月呈请财政部，向国会提交章程，请求议决。但还没等到议决，国会就停止了。但徐超祯等人认为本银行的设立是要紧的事项，将银行章程作为条例，连同股金募集章程一同提交财政部，请求大总统认可公布。于是，财政总长将该条例略加修改，呈送大总统，于民国三年（1914）3月6日获得批准。

该行设立的宗旨是，帮助广袤而富饶的中国边境发展业务。其经办的业务和普通银行没有区别，还有发行兑换券的特权。另外，从性质上是着眼于满蒙、伊犁、西藏等边境地区的发展。股票中的60万股为无记名式，此外还计划引入外资。该行资本金为200万元，但开业当时的缴纳总额为82万元。该行于民国三年（1914）4月任命了总理、理事等筹备人员，着手募集股金。同年10月开业，总行设在北京顺治门大街，在天津、奉天、上海、牛庄、齐齐哈尔、哈尔滨、张家口、汉口、重庆、成都、大理、打箭炉、杭州、伊犁等地设立了分行，在其他重要的开港地设立了代理店，在伦敦、巴黎、纽约、华盛顿、中国香港、孟买、大阪、横滨等地也开办了代理店。然而，由于该行上海分行的职员营私舞弊，使该行的信用度下降，终于在民国五年（1916）5月11日遭到挤兑。由于资金匮乏，无法返还存款及兑换纸币，一时停止营业，陷于破产状态。于是在民国六年（1917）9月，该行债权人等组织了债主联合会，设置了事务所，聘请美国人马修为高级法律顾问，要求回收发行的纸币以及返还存款。但之后没有丝毫结果。因此，联合会终于向会审衙门申请破产。为此，其他各分行的营业也受到影响，各地的业务也处于营业不良状态。最近，该行相关人士计划对此进行整理，以求发展。聘请周学渊为总理，募集新股200万元，并且接受了农商部在设立之初的官股70万元，以汉冶萍股金为担保，重新缴纳现金，意图恢复营业。民国七年（1918）4月28日在北京召开了股东大会，杨度主持大会，结果周学渊辞去了总理职务，聘任浑宝惠为新总理。

现将民国六年（1917）上半年的资产负债表列举如下，以供参考。

资产负债表 [民国六年（1917）6月30日]

负债		资产	
资本总额	1730521.64 元	定期贷款	1233276.87 元
定期存款	87628.09 元	定期抵押贷款	1284151.77 元
活期存款	709559.24 元	现金贷款	79590.00 元
特别活期存款	167210.92 元	活期存款	535741.53 元
定期储蓄存款	560.00 元	他行活期存款	1385941.74 元
活期储蓄存款	141.70 元	抵押贷款	9334.59 元
存款证书	748573.74 元	定期外汇	2100.00 元
通知存款	50834.61 元	买入证券	972.03 元
临时存款	2033518.36 元	督促金	271578.57 元

负债		资产	
外汇	68686.76 元	暂时缺损金	433832.59 元
借入金	20136.37 元	兑换券印制费	214617.92 元
他行活期	208203.65 元	开办费	133595.64 元
职员报酬	2349.79 元	所有物	197327.82 元
职员报酬未付金	9579.73 元	有价证券	1058519.63 元
职员储蓄金	3669.95 元	外国货币	66201.99 元
兑换券发行额	4847030.57 元	没收抵押物	1915.17 元
兑换券发行准备金	234095.35 元	兑换券准备金	2870288.80 元
他行存款	4016.58 元	兑换券准备金	338262.02 元
法定公积金	22566.29 元	总分行本年上半年损益	223230.52 元
分行前期总损益	42720.35 元	分 行	1467272.55 元
分行结算	904659.26 元	营业所	1280402.64 元
管内分行结算	968396.26 元	地方金银	87206.25 元
保证金	1333812.58 元	现 金	1091758.07 元
纯收益	117547.36 元	未付金	26090.74 元
		营业所	22809.70 元
总计	14316019.15 元	总计	14316019.15 元

（二）新华储蓄银行

根据民国三年（1914）10 月 11 日公布的《新华储蓄银行章程》，由财政部命令中国银行、交通银行组织成立的。总行位于北京煤市街，在天津设有分行。以增大国民的储蓄意愿，支持发行国库债券，防止外资进入为主要目的。主要依靠储蓄作为运转资金，对中国银行、交通银行负责，对一般商民的贷款期限限定为 6 个月以内，并且只限于国家公债证书的担保贷款。该行资本为 100 万元，除办理储蓄外，还办理一般存款及带补贴金的储蓄债券。根据民国六年（1917）的决算报告，存款金额为 460 余万元，纯利润 215000 余元。

（三）中国通商银行分行

属于中国新式银行的先行者，是由盛宣怀发起创立的纯粹的商业银行。总行设在上海，资本额为库平两 500 万两。经营方式完全比照外国银行。业务很扎实，在中国的银行中，是最受国内外人士信任的银行。

（四）民国实业银行

该银行是以资助实业发展以及改良为目的而设立的。民国四年（1915 年）经蔡锷提倡，于同年 8 月 15 日以大总统申令批准成立。其银行章程以及股金募集章程于同年 8 月 29 日由政府公报公布。根据其章程，资本为 2000 万元，其中 1000 万元由政府出资，其他依靠股金募集。根据章程，应当从一般民间募集，赋予该行可以发行相当于资本额 8 倍的实业债券的权利。其特色是除一般实业银行业务以外，还兼营运输及保险业务。其后变更为政府出资 400 万元，一般民间出资 1200 万元而临时开业。又于民国六年（1917 年）8 月从一般民间追加募集 400 万元，资本额增加为2000万元而着手营业，目前尚未做出可观的业绩。

（五）五族商业银行

该银行于民国七年（1918）7 月设立，资本 100 万元。办理各种汇兑、活期存款、定期存款、抵押贷款、期票贴现、地方金银、有价证券、各国货币的买卖以及其他商业银行的各项业务。总行设在北京前门外煤市街路东，在其他各省的重要城市、商埠设有特约代理机构，经办汇兑等业务。

（六）中孚银行分行

该银行资本金 200 万元，已缴纳 100 万元，经营一般商业银行业务，总行设在天津，在北京、上海、汉口等地设有分行，其他主要地区有通汇处。北京分行是民国六年（1917）3 月成立，位于前门外大街路西。该银行的详细情况请参照天津的金融机构章节。

（七）聚兴诚银行分行

该银行总行在重庆，在北京、上海、汉口、沙市、宜昌、万县、成都、保宁、潼川、绵阳、自流井、哈尔滨等地设有分行。办理汇兑、存款、地方金银买卖、各种钞票的兑换以及所有银行业务。北京分行位于前门外煤市街钟楼洋房内。

（八）通惠银行分行

该银行资本额为 100 万元，总行在上海，北京设有分行。办理一般商业银行业务。营业所在西河沿内排子胡同。

（九）大宛农工银行

该银行由大兴、宛平两县的农工各业发起成立，经财政部批准于民国七年（1918 年）12 月 4 日开业，专门办理对农工业者的担保贷款，兼营各种存款。总行位于北京西城化石桥西首。

（十）保商银行分行

日俄战争后，由于天津商界十分恐慌，外国人对中国商人的无法回收的应收账款达到巨额。为此，该银行以进行救济为目的，于 1910 年 5 月在天津设立。资本为400 万两，其中中国政府出资 200 万两，其他以德国、日本商人等对中国商人的债权充当。计划以营业获得的利润偿还债务。天津总行的营业为一般银行业务，而北京分行（位于前门打磨厂）主要是介于中国政府和外国银行之间，以斡旋借款合同为目的，而不是将重点放在一般银行业务上。汇兑方面也只办理北京、天津间的汇款。详细请参照天津的金融机构章节。

（十一）华充银行

该银行位于前门外珠宝市，民国三年（1914）7月28日开设，资本金5万元，纯粹的商业银行，交易一般较小，存款额也不过2万元左右。

（十二）濬川源银行分行

该银行又称四川银行，光绪三十四（1908）年4月在成都开设。在1911年一时关闭，民国二年（1913）重新开业。号称资本400万元，但据说实际上只有70万元左右的资金。业务主要是省金库事务，此外办理储蓄、汇兑等。此地的分行位于小蒋家胡同，业务量不大。

（十三）蔚丰银行

该银行由属于山西票庄平帮的蔚丰厚改组而成，民国四年（1915）5月在北京设立筹办事务所，计划募集股份资本300万元，其后消息不详。

（十四）金城银行分行

该银行总行在天津，是一家商业银行。此地的分行设在西河沿。详细请参照天津的金融机构章节。

（十五）直隶银行分行

该银行前身是天津官银号，宣统二年（1910）改组为现在的制度。此地的分行设在珠宝市，除金库事务外还办理一般银行业务，有时也办理储蓄业务。详细请参照天津总行章节。

（十六）信成银行分行

该银行于光绪三十二年（1906）由周舜臣发起，在上海设立。当初资本50万元，后增资为200万元。属于中国民办银行业的先驱，营业成绩良好。

除以上列举的以外，现将获得认可但尚未设立或者中止设立的银行名以及其条例、章程公布的年月列举如下：

劝业银行（1914年5月16日政府公报公布）

农工银行（1915年10月8日）

东三省阜新殖业银行（1915年7月27日财政部批准）

恒丰农业银行（1915年）

裕国实业银行（1916年11月4日财政部批准）

华富殖业银行（1915年7月1日）

崇华殖业银行（1916年2月14日财政部批准）

上述银行中，劝业银行和农工银行属于政府提倡，其开业早晚都会实现。其他几家银行都是根据1915年5月签署的日华新协约，为防止日本新势力侵入，以中国资本进行实业振兴为目的而计划的。该协约的签署当时引起了世人相当的注意，后逐渐引发反省，计划大多中止了。

第四节 外国银行

在北京开设总行或者分行的外国银行如下：

横滨正金银行（日） 汇丰银行（英） 华俄道胜银行（俄）

东方汇理银行（法） 花旗银行（美） 华比银行（比） 中法实业银行（法）

中华汇业银行（中日） 德华银行（德）

在北京的外国银行如前所述，大部分都是接受本国政府的命令，与其说是为了商业利益，不如说是为了获得在政治意义上的利权而专做借款，有一种观点认为是纯粹的借款银行。不过，日本的横滨正金银行并不满足于只做借款，还积极地经营一般银行业务，因此，在日本人和中国人中信用最高。下面就日本的横滨正金银行、华日合办的中华汇业银行以及总行设在此地的中法实业银行的概要进行叙述。

一、横滨正金银行

北京的分行设在东交民巷。如上所述，该行经营一般银行业务，因此在行内设有汇票课（汇兑）、外国货币课、定期存款课、放款课（贷款）、银两存款课（银锭储蓄）、洋钱存款课（银元、小银币储蓄）、账房课七个课。调查民国元年（1912）北京分行的营业状况，各种金额达到 1746 万元，贷款 200 余万元，发行纸币 270 万元，其流通良好。

二、中法实业银行

这是在北京唯一一家设有总行的外国银行，在巴黎也有总行。它是在北京注册的股份制银行，是依据法国法律以及民国二年（1913）1 月 11 日中华民国批准的条规设立的。资本金 4500 万法郎，大部分由法国出资。除一般银行业务外，还从事借款。以振兴中国的实业为宗旨。

三、中华汇业银行

近来，中日两国间的经济关系日趋密切，为谋求商业汇兑的敏捷便利而计划设立，历经数年的研究，终于在民国六年（1917）8 月 12 日正式成立。资本金 1000 万日元由日本特种银行团借款，重要职位分别由中日两国人士担任，总行设在北京。通汇地点有上海、天津、汉口、九江、福州、厦门、汕头、广州、香港、长春、奉天、大连、东京、横滨、大阪、神户、门司、长崎、伦敦、纽约等地。当时的借款条款如下：

第一条 银行资本金 1000 万日元从日本借入，其中 500 万日元以股金缴纳。中国方面不缴纳。

第二条 银行业务以汇兑业务为主。

第三条 总行设在北京，分行设在上海。

第四条 发行金银即期汇票。

第五条　总理和协理由中国人担任，总经理由日本人担任。

第六条　银行依据法律规定设立。

第七条　投资银行团由朝鲜银行、兴业银行、台湾银行组成。

民国七年（1918）1月19日在北京陆宗舆家召开创立大会，出席者20余名，陆宗舆为会议主持人，通过了如下决议：

1. 本银行英文名为 Exchange Bank of China。

2. 2月1日开业。

3. 重要负责人：

总理：陆宗舆　专务理事：柿内常次郎

理事：木村雄次、小野英次郎、曾毓隽、姚某

监事：早川千吉郎、小山健三、王克敏、任凤苞、曹汝霖

4. 业务内容如下：

（1）国内外汇兑；

（2）活期存款、定期存款、抵押贷款、汇票贴现、押汇；

（3）地方金银的买卖；

（4）银行所有业务。

北京的营业所位于东交民巷西口户部街。

中华汇业银行发行的纸币有5元、10元面额，从民国七年（1918）11月23日起在市场上流通。

第五节　外国资本团

除以上列举的外国银行外，还有各国资本团以及大公司代表，主要负责对中国投资。现将主要资本团的名称列举如下：

中英银公司　中国中央铁道公司　福公司

美国资本团　（纽约 J. B. 摩根公司、坦洛夫公司、第一国立银行、国立市民银行）

日本银行团　（兴业银行、台湾银行、朝鲜银行）

中日实业公司　南满洲铁道株式会社　三井洋行　东亚兴业会社

大仓洋行　白耳义集团　太平公司　澳国造船造兵公司　瑞记洋行

以上外国银行、公司及资本团承担并办理的借款业务中，一般发表的借款项目如下表（主要是中央政府和直隶省相关的）：

债权人名	借款名义	签合同年	起债额（千两）	利息	偿还年	备考
汇丰银行	银元公债	1894	1635		1913	关税收入担保
	金币公债	1895	3000		1914	同上
	日清战役公债	1896	16000			英德借款
	京奉铁道借款	1898	2300			政府保证及该铁道收入担保
	日清战役续公债	1898	16000			英德借款
	＊赔偿金整理公债	1905	1000		1915	北京落地税，山西厘金担保
	○京汉铁路赎回借款	1908	5000			浙江、江苏、湖北、直隶杂税担保
汇丰银行	×津浦铁路借款	1908	1850			直隶、山东、江苏的厘金，财政收入担保
	粤汉、川汉铁路借款	1911	6000			英、德、法、美借款
	四国币制借款	1911	10000 中的 400			承担一部分
	五国借款	1913	25000			同上
东方汇理银行（印度支那银行）	△邮传部借款	1908	5000			浙江、江苏、直隶的杂税担保
	粤汉、川汉铁路借款	1911	6000			英、美、法、德四国借款
	四国币制借款	1911	1000 中 400			承担一部分
	五国借款	1913	25000			同上

＊德亚银行共同承担　○东方汇理银行承担　×债权人为中国中央铁道公司　△汇丰银行共同承担

债权人名	借款名义	签合同年	起债额	利息	偿还年	备考
横滨正金银行	京汉铁路赎回公债	1910	220			政府保证
	邮传部借款	1911	1000			同上及江苏漕粮担保
	五国借款	1913	25000			承担一部分
	四郑铁路借款	1915	500 万日元			该铁道财产担保
	五国借款预付	1917	1000		1918	盐税剩余担保
	第二次四国借款	1918	1000	年 7 分	1919	盐税担保

债权人名	借款名义	签合同年	起债额	利息	偿还年	备考
横滨正金银行	四郑铁路第二次借款	1918	260		1919	该铁道财产担保
	湖北官钱局借款	1918	100		1919	湖北省保证
	第三次四国借款预付	1918	1000			中国交通银行纸币整理
华俄道胜银行	正太铁路借款	1903	1600 千磅			政府保证及该铁道收入担保
	五国借款	1913	25000			承担一部分
	※ 俄华铁路借款	1916	50000	年 5 分		未发行，无预付合同
德华银行	日清战役公债	1896	16000			英德借款
	同上（续）	1898	16000			同上
	○赔偿金整理公债	1905	1000		1915	北京落地税，山西厘金担保
	津浦铁道借款	1908	3150			直隶、山东、江苏厘金及财政收入担保
	粤汉、川汉铁路借款	1911	6000			英、德、美、法
	四国币制借款	1911	10000 中 400			承担一部分
	五国借款	1913	25000			同上
	德华银行延期借款	1916	95 万元	月 8 分	4 个月	为偿还前合同本利

※从哈尔滨经绥化、海伦到瑷珲约 300 里干线，从干线某一地点到东清铁路齐齐哈尔停车场的铁路铺设使用

○汇丰银行共同承担

债权人名	借款名义	签合同年	起债额	利息	偿还年	备考
中法实业银行	实业借款（五厘公债）	1913	15000 万法郎 6000 千磅			浦口建港，北京市区改造工程费
	钦渝铁路借款	1914	60000 万法郎			钦州建港，连通南宁、百色、云南、重庆的铁路

债权人名	借款名义	签合同年	起债额	利息	偿还年	备考
中华汇业银行	△电信借款	1918	2000万法郎	年8分	1923	全国有线电信所有财产及收入担保
	△吉黑森林借款	1918	3000万法郎	年7.5分	1928	两省的森林矿山担保
渣打银行	×城市公债	1895	1000千镑		1915	关税收入担保
	借款	1912	5000千镑		1952	办理一部分
英清组合（中支银公司）	沪宁铁路借款	1904	2250千镑			铁路收入及特税担保
	同上	1907	650千镑			
	九广铁路借款	1907	1500千镑			同上
	沪杭宁铁路借款	1908	1500千镑			京奉铁路收入担保
	民国借款	1914	375千镑		1934	
中国中央铁道公司	津浦铁路借款	1908	1850千镑			汇丰银行办理
	绵信铁路借款	1913	3000千镑			该铁路财产收入
美国资本团	粤汉、川汉铁路借款	1911	6000千镑			英、法、德、美
	四国币制借款	1911	10000中400千镑			承担一部分

△汇丰银行再向日本银行团请求资金提供　×怡和洋行承担

债权人名	借款名义	签合同年	起债额	利息	偿还年	备考
南满洲铁道株式会社	吉长铁路借款	1908	215千镑			铁路收入担保
	新奉铁路借款	1908	32千镑			同上
	满蒙铁路借款	1913	3000千镑			赤字发行
	吉长铁路改修借款	1917	650万日元	年5分	1949	扣除以前未偿还198万日元
日本银行团	运河借款	1917	总额600万美元日本承担500万		1937	印花税收入充抵，地方收入担保
兴业银行等10银行资本团	水灾借款	1917	500万日元	年7分	1918	和中日实业公司共同承担

债权人名	借款名义	签合同年	起债额	利息	偿还年	备考
三井洋行	北京印刷局借款	1918	200 万日元	年 8 分	1921	印刷局
	棉纱借款	1918	100 万日元	年 7 分	1919	和大仓共同承担
大仓洋行	苏路铁路借款	1912	300 万日元		1914	由银公司偿还
	棉纱借款	1918	100 万日元	年 7 分	1919	和三井银行共同承担
太平公司	单机借款	1918	3000 万日元			针对军机销售的借款
日本银行团	交通银行借款	1917	500 万日元	年 7.5 分	1920	陇秦豫海铁路债权等
	第二次交行借款	1917	2000 万日元	年 7.5 分	1920	
日本银行团	防疫借款	1918	100 万元	年 7 分	1919	
	吉会铁路借款	1918	预付 1000 万日元，建筑费全部			该铁路财产及收入担保
	参战借款	1918	2000 万日元中的 370 万			国库证券
	※满蒙四铁路借款	1918	2000 万日元			
	济顺（济南、顺德 270 里）高徐（高密、徐州）两铁路借款	1918	2000 万日元			

※四铁路：1. 开元、海龙、吉林间（130 里）2. 长春、洮南间（180 里）3. 洮南、热河间（470 里）
4. 从洮南、热河间一地点到海港间

债权人名	借款名义	签合同年	起债额	利息	偿还年	备考
中日实业公司	水灾借款	1917	500 万日元	年 7 分	1918	与除兴业银行外的银行团共同承担
	濠江森林借款	1918	200 万日元	年 6 分		
	山东省借款	1918	300 万日元	年 6 分	6 个月	

债权人名	借款名义	签合同年	起债额	利息	偿还年	备考
东亚兴业会社	江西铁路借款	1912	500 千镑			铁路器械建筑物收益担保
	同上（续）	1913	250 千镑			
	汉口水电公司借款	1916	150 万日元			政府保证
	京绥铁路借款	1918	300 万日元			无有关利权的条款
白耳义集团	京汉铁路借款	1898	5000 千镑		1909	政府保证及该铁道收入担保
	汴洛铁路借款	1903	1000 千镑			
	同上（续）	1907	640 千镑			
	海兰铁路借款	1912	4000 千镑			金额 1000 千镑
	同上短期借款	1916	1000 万法郎	年 7 分	1920	
北京集团（福公司）	道清铁路借款	1905	70 万法郎	年 5 分		政府保证及该铁道收入担保
	同上临时垫付金	1916	4.4 万法郎	年 7 分	1917	为支付前合同本利
瑞记洋行	南京公债	1895	1000 千镑		1915	江苏盐税、厘金及关税
	民国第一次借款	1912	300 千镑		1916	未了
	民国第二次借款	1912	450 千镑		1921	
	民国第三次借款	1913	300 千镑		1918	未了
澳国造船造兵公司（瑞记洋行代表）	斯柯达借款第一次	1913	1200 千镑		1918	未了
	同上第二次	1913	2000 千镑			未了
	同上第三次	1914	500 千镑			未了

第六节　汇兑

一、对内汇兑

北京只是一个消费城市，从贸易的角度看，没有太大的价值。但从政治上看，它是中国的政治中心，因此各省送来的官府资金量很庞大，官吏的汇款也很多。此外，对于从天津及其他各地进口的货物需要办理大量汇款，而从此地出口的货物很少，因此常常是需要单方面汇款，款项的预约颇为困难。对内汇兑从前是山西票庄独占，但辛亥革命后其势力衰落，中国新式银行取而代之，其中，中国银行和交通银行的办理额最大。

现在，可作为对内汇兑行情基准的平价在上海、北京之间求得。在北京，汇兑的单位为公砝平足银，将此和上海的漕平比价的话，

北京公砝平 1 两 ＝ 555.7 格令

上海漕平 1 两 ＝ 565.7 格令

上海漕平 1 两 ＝ $\frac{565.7}{555.7}$ 北京公砝平两 ＝ 1.018 北京公砝平两 ※

故，上海漕平两 1000 ＝ 北京公砝平两 1018

北京公砝平两 1000 ＝ 上海漕平两 982.3

而且据称北京标准银为足银，但事实上是 992 左右，因此，北京公砝平和上海九八规元比较的话，

北京公砝平 1000 两 ＝ 上海漕平 982.30 两

申水 992（二六宝）－940（纹银）＝ $52.52 \times \frac{982.3}{1000}$ ＝ 51.08 两

$$982.30 ＋ 51.08 = 1033.38$$

将此换算成九八规元

则 $1033.38 \times \frac{100}{98}$ ＝ 1054.47

即，北京公砝平标准银 1000 两相当于上海九八规元 1054.47 两。这就是北京、上海间的汇兑平价。现在，从上海送往北京 1000 两现银的运输费如下：

从上海到天津的船运费：九八规元 2.500

从天津到北京的陆运费：1.750

栈桥费：0.370

保险费：0.700

木箱费：0.175

车马费：0.050

利息（6 天）：0.850

合计：6.395

这样，理论上两地间的汇兑行情以平价为基准，现银运送费原则上在 6 两左右的范围内浮动，但实际的汇兑行情要超过这个限度，据说运输费最高达到 80 两，最低也要 40 两。汇兑行情按上海收货结算，即相对于北京公砝平两 1000 两，上海九八规元几两来决定。例如申票 1051 两。

两地间的银元运输利用津浦铁路运到天津，再利用京奉线转运至北京则更有利。1000 元的运输费明细如下：

从上海到天津的陆运费：4.35 元

从天津到北京的陆运费：2.20 元

马车费及木箱费：0.30 元

保险费：0.37 元

利息：0.85 元

合计：8.07 元

银元汇兑的行情如前所述，每 1000 元运输费在 8 元左右。

二、对外汇兑

北京的对外汇兑专门由外国银行办理。其汇款发生的原因如下：

1. 从外国向各国驻北京公使馆汇款。

2. 从中国向在外公使馆、领事官吏以及留学生汇款。

3. 从外国采购物品，比如军火的货款。

4. 中国政府的赔偿金、各种借款的利息支付、借款返还等。

而北京的外国银行决定汇兑行情的标准主要是依据天津对上海、对外国以及对北京的行情。以此分析当地的金融情况，决定对内对外的汇兑行情。现就横滨正金银行分行发布的对外汇兑行情表举例如下：

汇往伦敦	银块行情	26.1/6 先令	电汇	27.9/16 先令	见票即付	29.3/16 先令
	见票 10 日支付	28.3/16 先令				
汇往日本	电汇	77.3/16 两	见票即付	74 两	见票 10 日支付	763/8 两
汇往纽约	电汇	64 美元	见票即付	64.1/4 美元	见票 10 日支付	551/4 美元
汇往法国	见票即付	330 法郎	带票支取	342.5 法郎		

第七节　货币

一、银元

银元中人头洋和北洋最受欢迎，其他鹰洋、站人洋等需要附 2—3 分的贴水才能流通，吉林、奉天等地的一般不受欢迎。

二、小银币

小银币主要是 2 毛、1 毛的，偶尔能看到半毛的。各省的小银币都有流通，其中东三省造的最多。1 毛的在市场上存量不大，因此其价格稍高。民国三年（1914），天津银元局铸造了和人头洋同型号的刻有袁世凯肖像的 2 毛和 1 毛的小银币，按照十进制计算来流通，废除了以往繁杂的计算方法。但其数量不多，在市场上的根基尚浅，其价格未被认可。一般来说这种新币不受欢迎。

三、铜元

各省流通的铜元都以同一价格流通。在清朝时，湖北、北洋、浙江、广东等地铸造的最多，但近来，中华民国开国纪念币最多。

四、制钱

近来几乎看不到制钱的使用，正在被铜元取代。

五、各银行发行的票子

北京的票子是以前的银号、钱庄等发行的，自从禁止发行钱票、银票后，中国各新式银行及外国银行的兑换券流通得更好了。现在市场上流通最好的银行券如下：

正金银行票子　汇丰银行票子　中国银行票子　交通银行票子

这些银行发行的银行券的额面大都是 1 元、5 元、10 元、20 元、50 元、100 元、500 元，其中 1 元、5 元、10 元的最多，其他流通的不多。20 元券只有中国银行曾经发行过。至于 500 元券只是极少数外国银行发行。而中国银行和交通银行的票子在民国五年（1916）5 月 12 日停止兑换以来，就不能按照票面金额流通了。这在金融章节已经叙述过。

六、银锭

从前曾流通过元宝、锞子、小锞子、滴球、碎银、潮银、松江银等。但近期银元取而代之，仅剩少量元宝和松江银，事实上已经不能再称作通货了，只是作为确定交易价格的标准而使用其名字，而实际上的交付是使用银元。而且元宝称之为足银（纯银）的实际上在 992 以下，至于松江银，其银质更差。关于称量此等银锭的各种平将在度量衡章节记述，这里不再赘述。

第八节　度量衡

据说由农商部权度局制定的中国统一度量衡已经实施了，但却是有名无实，在北京都很少使用。

一、度

在北京，尺度以营造尺为标准，有木尺、裁尺等。但各家使用的尺度都不相同，不知道该以哪个为标准。实际调查的结果如下：

营造尺属于中国的标准尺，其 1 尺相当于日本曲尺 1 尺 3 分 5 厘，主要在建筑上使用。

木尺名称不一样，实际上和营造尺相同。

裁缝尺各商家多少有些差异，但其 1 尺相当于日本曲尺 1 尺 1 寸 2 分左右，主要用于商业。

二、量

北京有官斗和门斗。官斗是官衙使用，门斗是民间使用。其 1 升合日本 5 合 7 勺，但日常市场上使用的不准确，因商家而大小不一。实测称量米粮的称作 1 斤的量器，相当于日本 3 合 3 勺左右；称量油类的油墩子带手柄，是锡制的圆筒，有 1 斤、半斤的，1 斤的合日本 3 合 5 勺。称量酒类则是黄铜制水壶状量器，大的可以装 16 两，小的是其一半。

三、衡

北京的衡器很多，因各店铺业务的种类或者同乡的关系而不同，极其复杂。现将在北京使用的最主要的平列举如下：

京平　公砝平　库平　市平　海关平　湘平

京平、市平主要用于普通商品的买卖，有 6 厘和 7 厘的。至于使用的区别则相当杂乱。即使在同一个店里，购入用市平，卖出则用京平。或者同样使用京平，购入是 16 两为 1 斤，卖出则是 12 两至 14 两，各不相同。

货币买卖中使用的平则有市平、公砝平、库平、京平等。以公砝平为标准。公砝平大多用于汇兑以及其他现银的称量。主要商店及内外银行业者都使用公砝平。但其 1 两因秤而不同，难以一定。一般测定为 555.7 格令，以此作为计算的基础。在日本横滨正金银行分行实测公砝平，其 1 两相当于日本 9.6 钱，约 555.5 格令。如前所述，市平、京平都是有 6 厘、7 厘的，库平有官库平、上兑、周流，习惯上收入用上兑，支付用周流。现将各种平的关系列举如下：

$$
\text{公砝平 } 1000 \text{ 两} = \begin{cases} 6 \text{ 厘市平 } 1006 \text{ 两} \\ 7 \text{ 厘市平 } 1007 \text{ 两} \\ 6 \text{ 厘京平 } 1026 \text{ 两} \\ 7 \text{ 厘京平 } 1027 \text{ 两} \end{cases} = \begin{cases} \text{官库平 } 1036 \text{ 两} \\ \text{上兑 } 1032.12 \text{ 两} \\ \text{周流 } 963 \text{ 两} \end{cases}
$$

关于海关规定以及清初、民国四年（1915）政府规定的度量衡，请参照其他章节内容。

第二章　天津的金融货币和度量衡

第一节　概述

天津市场的金融状况从前非常好，但在日俄战争后，由于发生了应收账款无法回收以及长卢盐商破产等事件，金融问题暴露，流通资金比较缺乏。再加上民国五年（1916）发布了中国银行、交通银行的票子停止兑换令，给此地金融造成了极大的影响。一般商人只能将无法使用的大量中国纸币收藏起来，别无他法。其结果是，货物销售顿时减少，对内地汇款的联络完全中断，向内地的货物流动也处于停止状态，接着就是商品的大量囤积。到了同年秋季，两银行的纸币慢慢开始兑换，信用逐渐恢复。而且，中央政府的基础也有所巩固，政治形势显现出了改善的迹象，此地的金融界也大体恢复了平静。此地的金融繁盛期是在解冻后的3—4月，大量内外货物入津，内地商人也云集于此进行采购。相反，11月至第二年2月期间由于白河及其他河流结冰，交通中断，商业一般也趋于平静，成了金融界的休眠期。此外，习惯上在端午节、中秋节、年末进行决算，也是金融界繁忙的时期。

如今，天津的金融机构可以分为中国旧有的金融机构、中国新式银行以及外国银行。

第二节　中国旧有的金融机构

一、银号和钱铺

银号和钱铺基本是个人或几个人合资开办，资本从1万元到10万元不等。此两者中，银号一般比钱铺资本大，业务是存款、汇兑、期票贴现等；钱铺则专门从事铜钱、银元、银锭等的买卖兑换。资本除少部分外，一般来说比银号少，但有些银号也做钱铺的业务，其间没有明显的区别。这些金融机构大多从中国银行、交通银行接受短期贷款，进行资金融通。现将当地30余家银号中重要的店铺列举如下：

店名	组织	资本金	信用程度	店名	组织	资本金	信用程度
洽源	股份制	10万元	最优	益盛源	个人	2万元	最优
志通	同上	10万元	同上	阜通	股份制	7万元	同上

店名	组织	资本金	信用程度	店名	组织	资本金	信用程度
晋丰	同上	10 万元	同上	慎昌	个人	2 万元	同上
敦昌	个人	10 万元	同	隆裕华	股份制（山西人）	10 万元	同上
瑞恒	同上	2 万元	同	利和	个人	4 万元	同上

二、炉房

所谓炉房，是指从事银锭铸造的店铺。其材料主要是碎银或者从他省流入的银锭。将此买入，熔解后铸造成元宝。现今，当地事实上每天从事铸造的炉房仅有如下三家：

阜通（资本 7 万元） 余大（资本 1 万元） 义胜（资本 1 万元）

这些炉房都有二三十名职工，设有 6 个左右的炉，从事铸造。一炉一天的铸造能力据说为 50 两的银块 35 个。其铸造费为每千两 2－3 两。将此送公估局的鉴定费一般为每 50 两 2 分。

二、票号

票号又称汇票庄。如在北京章节所述，从前曾独占中国内地汇兑业务。如今其势力衰微，大多从事普通银行的业务。现将其主要的列举如下：

蔚泰厚 志成信 协成乾 裕源永

第三节 中国新式银行

一、中国银行

中国银行天津分行在法租界 8 号路。其组织、业务和北京总行一样，但在当地有一项特殊业务，就是管理盐税、关税收入（天津以外的直隶省地方部分），办理直隶省金库事务。

二、交通银行

交通银行分行位于北马路，其组织和业务在北京总行章节已经详述，因此在此省略。唯一应该特别叙述的是，中国政府原来是让汇丰银行办理天津海关的关税，但从民国五年（1916）1 月起，归当地的交通银行分行办理，同年 10 月在海关署内设置了该行的收税所，开始办理各种关税收缴和放行单的发行业务。

三、保商银行

该银行总行设在北马路，是在震动天津经济界的应收账款问题发生后创立的。即日俄战争开始后，天津成为军需品的采购地，因此，中国商人以信用而接受了巨额的物资融通，一时间出现了畸形发展。恢复和平后引起天津经济界反作用式的大恐慌，很多中国店铺破产倒闭，结果造成外国商人对中国商人的应收账款回收困难，其金额高达三千数百万两。

为救济天津市场，1909年5月，日、德、法三国领事以及贸易商驻中国通商官以及商务总会代表等设立了在津华洋商务理事会。经过该会苦心研究，第二年5月由中外人士共同设立了资本400万两（尚未全部缴纳完毕）的银行，而且外国人拥有最多额的债权。日本大仓洋行和德国瑞记洋行各出1名代表，辅佐并监督直隶财政厅选任的行长，以求救济中国商人。同时以其收益用以偿还应收账款。在此方针下，营业得以继续。在北京设有分行，其营业科目和一般银行业没有不同。

四、直隶省银行

该行的前身是天津官银号，清光绪末年以办理官银为目的而创立，宣统二年（1910）12月12日改组为现在的银行。资本金继承了包括旧官银号的资本50万两及未缴纳的60万两，合计110万两，后增资为200万两。其营业项目有官银出纳、定期及活期存款、期票贴现、汇兑、不动产担保贷款、兑换等各项。

五、盐业银行和殖边银行

盐业银行和殖边银行的营业、组织等已在北京章节中详细介绍，这里不再赘述。此地分行的营业业绩都不太好。民国六年（1917）上半期殖边银行的损失高达24783.22元。

六、中孚银行

中孚银行是民国五年（1916）11月7日在天津开业的股份制商业银行，资本金200万元，其中缴纳120万元。分别在上海（1917年4月）、汉口（1917年10月）、北京（1917年3月）开设分行，在南京、镇江、扬州、蚌埠、徐州、苏州、宁波、杭州、广东、香港等地设置了代理通汇所。开业以来业绩良好，像天津分行民国五年（1916）11月至民国六年（1917）6月末相互间存款额达到170余万元。民国六年（1917）6月之前的营业业绩如下表所示。

中孚银行资产负债表

负债		资产	
资本金	2000000.00 元	未缴纳资金	980000.00 元
定期存款	353747.23 元	定期贷款	429191.04 元
活期存款	1018639.26 元	定期抵押贷款	518539.92 元
通知存款	41637.75 元	分期贷款	57916.17 元
本票	42762.97 元	活期贷款	199963.90 元
临时存款	319896.53 元	押汇	1360.92 元
储蓄存款	2188.90 元	临时贷款	36168.04 元
应付票据	1300.00 元	有价证券	1165.86 元

负债		资产	
本期纯利润	6724.21 元	总分行交易未记账	7304.48 元
		开办费	28821.47 元
		房屋土地	5093.40 元
		器具整修费	15043.47 元
		各银行存款	1011114.86 元
		现 金	495213.32 元
合计	3786896.85 元	合计	3786896.85 元

中孚银行损益表

损失		利润	
各项支出	28523.92 元	利 息	27121.04 元
开办费分摊	2922.42	汇兑费	487.44
土地房屋折旧	268.07	汇兑收益	14808.47
器具装修折旧	2232.19	有价证券损益	17.50
杂项损益	1684.26		
手续费	79.38		
本期纯益	6724.21		
计	42434.45	计	42434.45

七、金城银行

它是一家总行设在本地的股份制商业银行，民国六年（1917）5 月设立，资本金 200 万元。在北京、上海设有分行，其他各地有代理店。开业当时缴纳的资金为资本总额的四分之一，即 50 万元，营业业绩良好。根据民国六年（1917）的营业报告，各种存款 460 余万元，贷款总额 370 万元。5 月至 12 月 8 个月的纯利润 96000 余元。该年度的资产负债表、损益表、利润分配表如下：

金城银行资产负债表

负债		资产	
资本金	2000000.00 元	未缴纳资金	1500000.00 元
定期存款	891251.41 元	定期贷款	455271.41 元
活期存款	3155661.88 元	抵押贷款	644229.95 元
临时存款	554384.14 元	活期贷款	187291.99 元

负债		资产	
存款票据	9545.38 元	贷款	2495906.71 元
应付票据	8200.00 元	有价证券	27483.50 元
未付利息	5525.04 元	外埠同行交易结算	14085.64 元
本年纯利	96079.51 元	营业用房屋器具	24636.15 元
		地方金银及货币	16820.00 元
		未收利息	11723.63 元
		库存余额	1343198.38 元
合计	6720647.36 元	合计	6720647.36 元

金城银行损益表

损失		利润	
各项支出	37793.00 元	利息	79967.00 元
手续费	425.00 元	汇兑手续费	13162.00 元
营业用房屋家具折旧	5453.00	余水	26742.00 元
本年度纯利	96079.00 元	平色	1325.00 元
		杂项损益	554.00 元
合计	139750.00 元	合计	139750.00 元

金城银行利润分配表

纯利润	96079.51 元		
其中公积金	14000.00 元	分红平金公积金	16000.00 元
本年度分红（12%）	40000.00 元	职员奖金	24600.00 元
后期递延	1479.51 元		

第四节　外国银行

现将天津的外国银行名以及开设年份列举如下：

横滨正金银行　1899 年　　　汇丰银行　1882 年

渣打银行　1894 年　　　　　德华银行　1897 年

道胜银行　1897 年　　　　　华比银行　1906 年

东方汇理银行　1907 年　　　天津商工银行　1912 年

正隆银行　1915 年

这些银行作为外汇银行，在对外贸易上占有重要地位，同时距离北京很近，故大多带有几分政治色彩，参与直接或间接借款，以图本国势力的扩张。在外国银行中最有势力、最活跃的是日本的正金银行和汇丰银行。这是日英两国对天津贸易旺盛的结果。

这些外国银行的业务中最主要的是汇兑，有银两汇兑和美元汇兑。存款则办理活期存款和定期存款。存款者大部分是外国人和中国新式银行。贷款也和存款一样，不直接对中国商人借贷，这起因于以前德亚银行曾放贷 100 万两，由于财界发生了恐慌，出现大量破产者，结果造成了回收困难。此外还办理地方金银买卖、纸币发行等。发行纸币的种类及其他项目如下（1914 年横滨正金银行调查）：

银行名	种类	额面	发行额	发行年份
正金银行	两券	5 两、10 两、50 两、100 两	137000 两	1902
	美元券	1 元、5 元、10 元	500000 元	1902
汇丰银行	美元券	5 元、10 元	200000 元	1907
渣打银行	两券	10 两	260000 元	
	美元券	5 元、10 元、25 元、100 元		
俄亚银行	两券	1 两、5 两、10 两、50 两、100 两	20000 两	1912
	美元券	1 元、5 元、10 元	300000 元	1904
华比银行	美元券	5 元、10 元	180000 元	1913
德华银行	美元券	1 元、5 元、10 元、25 元、50 元	330000 元	1907

这些外国银行的资金运转及营业状况并不容易了解。下面将各银行的内外使用人、买办以及民国六年（1917）9 月 1 日的现金余额对照列举如下，以供了解其业务情况。

银行名	使用人		买办薪水	买办人数	余额	
	外国人	中国人			9 月中银两	9 月中银元
正金	16 人	14 人	350 两	12 人	806000 两	790000 美元
汇丰	8 人	7 人	600 两	20 人	900000 两	1500000 美元
渣打	5 人	6 人	500 两	8 人	400000 两	400000 美元
俄亚	6 人	6 人	350 两	6 人	550000 两	850000 美元
华比	4 人	3 人	350 两	12 人	400000 两	400000 美元
东方汇理	6 人	15 人	500 两	12 人		
德华	现在休业					

下面就日本横滨正金银行、天津商工银行、正隆银行等的业务内容分别进行

叙述。

一、横滨正金银行天津分行

此地分行的营业业绩仅次于上海，业绩良好。民国元年（1912）的存款、贷款业绩如下：

定期存款：8243607 日元　　　定期贷款：4359650 日元

活期存款：133392774 日元　　活期透支：16823066 日元

特别存款：191145 日元　　　　贴现票据：1552349 日元

民国元年（1912）的纸币发行额为，两券 848635 两，美元券 4104771 元。该分行本来是以汇兑为主业，只对有可靠担保的才予以贷款。因此，小商人大多苦于资金的融通。从民国元年（1912）开始，效仿在东北三省的特别贷款的例子，办理针对土地房屋、仓库证券等的特别贷款。

二、株式会社天津商工银行

属于针对在租界常住的日本商工业者的金融机构，民国元年（1912）年 1 月开设。是一家资本金 10 万元的股份制银行。

下面是该银行的章程：

章　　程

第一章　总则

第一条　本银行依据商法以及总领事的命令事项，以经营银行事务为目的。

第二条　本银行名称为株式会社天津商工银行。

第三条　本银行的业务种类如下：

1. 存款和贷款；2. 证券贴现和贷款托收；3. 汇兑和押汇。

第四条　本银行总行设在天津日本专管居住地，逐渐在枢要地区设立分行或者支行。另外，可与别的银行缔结"对应关系"。

第五条　本银行资本金为洋银 10 万元。

第六条　本银行的存立期限为设立之日起 30 年。

第七条　本银行的公告可在天津总领事馆公示的报纸上登载。

第二章　股份

第八条　本银行的股份分为 2000 股，1 股的金额为洋银 50 元。

第九条　股金第一次缴纳金额为 1 股洋银 12 元 50 钱。第二次以后每月 1 股缴纳洋银 1 元，12 个月缴完。每次记入股票，缴满 50 元结束。

第十条　股东如果不缴纳未缴股金，可依据商法规定予以处分。

在此情况下，从应缴日期的第二天起至缴纳日止，洋银每百元每日收取 10 钱的滞纳利息。

第十一条　本银行的股票为记名式，有 1 股和 10 股之分。

第十二条　本银行股票的转让需要经过董事会批准，但继承或者遗赠的情况下不受此限。

第十三条　转让本银行的股票时，可让受让方在股票背面签名盖章，附过户申请提交给本银行。但继承或者遗赠时，只要本银行股票的取得者在股票背面签名盖章，附正式证明书即可。

有前项申请时，行长在其股票背面签名盖章，在股东名单上登记即可。行长有事不在时，其他董事代替。

第十四条　股票损伤、遗失或者灭失时，可写明事由，连同保证人联署的申请书提交给本银行，申请交付新股票。但遗失或者灭失的情况下，请求人自费将其内容公告，经过两个月仍然没有发现时，即可交付新股票。

第十五条　要求股票分合时，将申请书连同股票提交给本银行。前两条的情况下由于新股票损伤需要更换时亦同。

第十六条　前两条的情况下，新股票一张需要缴纳 30 钱的更换费。第十三条的情况下，要征收 10 钱的手续费。

第十七条　本银行每年 1 月 1 日、7 月 1 日召开定期大会，总决算之前停止股票转让登记。

发布临时股东会召开通知之日到股东会结束之前亦同。

第十八条　定期股东大会每年 1 月、7 月召开两次，临时股东大会在必要时召开。

第十九条　除股东大会召集之前预先通知的事项外，可以讨论其他事项。

第二十条　股东大会的主持人由行长担任，行长因故不在时，其他董事代行。但董事都不在，或者监事召集的情况下，或者经股东赞成而召集的情况下，主持人可以从出席股东中选任。

第二十一条　股东的表决权每股 1 个。

第二十二条　股东大会决议赞成和反对同数时，由主持人裁决。但并不妨碍行使自己的表决权。

第二十三条　股东可以委托代理人行使表决权，但其代理人限定为本银行的股东。

第二十四条　股东大会的决议记录在会议纪要中，董事和监事签名盖章后保存。

第四章　干部

第二十五条　本银行设董事 5 名以内，监事 2 名以内。

第二十六条　董事和监事从拥有 50 股以上的股东中选任。但持股数相同时，选年长者，同年的情况下抽签决定。

第二十七条　董事任期为 3 年，监事任期为 1 年，可以连选连任。

第二十八条　董事在任期间，应将自己持有的 50 股股票委托监事保管。前项股票即使本人退职，但还属于其任期的决算报告尚未得到股东大会批准之前，不得要回。

第二十九条　补缺选举的情况下，选任的董事的任期为前任剩余的任期。董事和监事全员同时辞职时亦同。

第三十条　董事由行长和专务董事各互选 1 名。

第三十一条　董事通过董事会决议另行制定规则，任免总经理以下职员。

第三十二条　董事会为了咨询重要事项，可以从股东中委托顾问。

第三十三条　董事和监事的报酬由股东大会决议确定。

第五章　决算

第三十四条　本银行每年 6 月末和 12 月末进行决算，制作营业报告、财产目录、借贷对照表、损益计算表以及利润分配方案。经监事检查后报请股东大会批准。

第三十五条　本银行决算从每期利润扣除总亏损后，扣除相当于 10％ 的奖金，余额作为纯利润。再从其中扣除 10％ 以上的公积金，余额给各股东分配。但根据情况，分红可以递延到后期。

第六章　章程修改

第三十六条　本章程修改时，需要经过股东大会决议，获得总领事的许可。

第七章　附则（省略）

三、株式会社正隆银行分行

该行当初由日本人深水和中国人以 24 万元资本金于光绪三十四年（1908）1 月在营口设立，第二年 2 月在大连开设分行。但经营未能达到预想效果，于是请求安田善二郎支援，于宣统三年（1911）将总行迁至大连，资本增加到 100 万元，业绩大有改观。民国四年（1915）9 月，再增资 200 万元，资本达到 300 万元。在此地及山东方面增设了分行。该行除了经营一般商业银行业务外，还办理储蓄存款以及关东都督府地方税的出纳。特别是小银币结算对于中国商人以及与中国商人做生意的日本商人提供了相当大的便利。

该行在东北三省开创了中日合办金融机构的先河，宣统三年（1911）下半年以来，实现了 8 分的分红，从民国元年（1912）下半期开始，分红达到了一成。分析民国六年（1917）即第十九期决算报告，公积金 313250 元，各种存款 8456062.91 元，纯利润

45555.47 元。虽然此地分行开设的时日尚浅，但正在取得相当好的发展。

第五节　汇兑

天津的汇兑业务大体可分为对内、对外汇兑。对内汇兑中办理最多的是对上海汇款。而天津的汇兑机构有外国银行和中国新旧各家银行，其中，外国银行主要是办理对上海、对本国及其他外国的汇款；中国新旧银行主要是对上海和中国内地的汇款。

天津、上海间的汇兑平价因其使用的平而不同。外国银行的平和中国新旧银行的平各不相同。另外，根据所用货币又分为两汇兑和美元汇兑。

一、两汇兑

天津的外国银行以及中国银行对上海汇兑使用的标准银为天津的行平化宝银对上海的九八规银。现在，要计算其平价，根据标准测定，公砝平 1 两的重量为554.113 格令。公砝平的 100 两相当于行平 99.5 两，因此可以算出行平 1 两约为556.89 格令。而上海漕平 1 两的重量为 565.7 格令，因此，天津行平的 100 两相当于上海漕平的 98.44 两。而天津行平化宝银的纯度为 992，加上和上海纹银纯度的差，将之换算成九八规元的话，其平价为天津行平化宝银 1000 两折合上海九八规元1056.7 两。

而汇兑行情则是参考以上平价、票据供求关系和其他因素而定。外国银行和中国银行是规定每 100 两天津行平化宝银收若干两，中国的银行则是规定每 1000 两天津公砝平收上海两多少。然而，中国的银行即新式银行、票庄、金店等都是根据外国银行的结算行情为基础确定其行情，其间没有大的差异。

汇兑的实际业务中，外国银行又分买入汇兑和卖出汇兑两种行情，并不收取所谓的手续费。而中国的银行除中国银行以外，并没有区别买卖汇兑行情，但实际的办理方法和外国银行没有大的差异。

而且，当一个地方遭遇银块相当缺乏时，往往在平价上另加现银运送费，会超过所谓的正金运送点而上下浮动。如在北京一章中叙述的那样，其现银运送费根据时期及两地金融状况而不同，一般为 5%－6%。

二、元汇兑

外国银行和中国的银行都办理。以前由于中国各地流通的银元因地方不同，其种类、纯度、重量等不一定，并且相对于各地的标准银，每天的行情不同。因此，以前外国银行用两的行情以同样的方法计算元的行情会感到非常麻烦，但近来则不再顾及行情上的少许损失，不计算元的行情，将各地银元的纯度、重量同一看待，收取较低的手续费而办理元的汇兑。

即外国银行汇往上海的银元的汇费平时是每百元 1 元，虽然会因两地间银元的供需关系而多少有些差异，但很少超过 2 元。中国的银行的汇费稍高，一般是 1.5 元左右。

（一）对外汇兑

在天津向欧美、日本的外汇行情会受中国的金融中心上海和伦敦的外汇行情所左右，即在天津要决定汇往伦敦的外汇行情，首先要将伦敦的银块行情乘以1.182而得到上海对伦敦的外汇行情，以此为基础，再根据当天天津、上海之间的汇兑行情，计算上海两1两相当于天津两多少。将得出的结果比照上述上海对伦敦的外汇行情来计算，再参考票据的供求关系才能决定相对于当地行平化宝银1两的伦敦外汇行情。

接下来要决定以日本等金元国为目的地的外汇行情，首先用电报了解各方面当日对伦敦的外汇行情，再配合当天天津对伦敦的外汇行情，决定对各国的外汇行情。现举一例，说明决定对日本外汇行情的计算公式：

相对于天津行平化宝银1两的伦敦外汇行情（T. T.）…………A

相对于日本1元的伦敦外汇行情（T. T.）…………B

日本 1 元 $= \dfrac{A}{B}$ 先令　100 元 $= 100 \times \dfrac{A}{B}$ 两

而相对于天津行平化宝银1两，汇往英、法、德使用收款结算。对美国每百两也是收款结算，而对日本外汇行情则是付款结算。和上海相同，确定日元百元相当于当地若干两。

上面叙述的是对外外汇行情是如何决定的。外国银行等待上海和伦敦的电报，最迟上午11时决定行情。

（二）对内汇兑

外国银行和中国的新旧银行都办理对内汇兑，但外国银行是以分行所在地为主，办理向上海的汇款。票号失去了往年的势力，如今独占对内汇兑业务的是中国银行和交通银行。

关于两的汇兑，中国银行是使用天津行平化宝银，交通银行和其他银行则是使用公砝平计算和各地标准银之间的平价办理汇兑业务。近来，除了上海、芝罘、张家口等地外，大多是办理元的汇兑。在北京，几乎看不到银两的流通，而是以银元为本位币。受此影响，即使在新式银行以外的金融机构如钱铺，其业务中的90%是元的汇兑。

第六节　货币

现在天津的流通货币有银锭、银元、小银币、铜元、制钱以及与此对应发行的各种纸币。

一、银锭

天津的元宝银有化宝银和白宝银。化宝银近来在市场上并不实际流通，只不过是作为一种交易单位使用。而且其品位说是 992，实际上也就是 980 左右，和上海的二四宝没有大的差别。现在流通的银锭是白宝银，称之为纯银，但近来品位下降，为 970 左右。此外还有老盐课银和高足银（1 两至 5 两的小银）等。

二、银元

当地流通最多的银元是当地银元局铸造的人头银元，其次是北洋银。其他虽然有站人洋和各省的龙洋等，但都需要附相当的贴水才能流通。

三、小银币

小银币有新旧之分，面额为 2 毛、1 毛、5 分，但新银币比旧银币的流通量少，而且 5 分的很少。

四、铜元

铜元是日常交易中的主要通货，其种类有 1 分和 2 分，一般 1 元可换 130 个左右。近来内地制钱使用量在减少，地方军队使用铜元数量巨大，因此从天津市场流出的很多。再加上欧战造成的铜价上涨，进入民国七年（1918）后，暴涨为 1 元兑换 115 个，给百姓造成了很大困难。为此，天津总商会和官方配合，采取了各种救济措施。比如制定了铜元维持规则，公定铜元行情，而且限制了商民从天津到外地携带铜元的数量。

五、制钱

中国底层人民还在使用制钱，但有逐渐减少的趋势。

六、纸币

当地流通最多的是中国银行和交通银行发行的银元票。虽然由于一时停止兑换而在市场上的信用有所下降，但由于习惯的关系，使用并没有减少。其次就是正金银行、汇丰银行、渣打银行、俄亚银行等发行的银元票和银两票。其种类以及发行额在金融章节已经叙述。此外，官钱局发行的铜元票也有流通，但其他银号、钱铺等的票子在辛亥革命以后很少流通。

七、关税用通货

当地海关支付进口关税可以使用中国银元和外国银行发行的银元券或者外国银行附有支付证明的票据，其公定行情以一周为期，每天在报纸上刊登。确定比例则由领事或者商人团体协商。在上述报纸上提前一两天刊登下周的公定比例。

此地海关目前不收受的通货为上述用作支付的通货，中国银行、交通银行发行的纸币也不能使用。

第七节 度量衡

一、度

此地的尺度有门市尺、裁尺、铁尺、木尺、地弓尺。门市尺、裁尺、木尺为红褐色的枣木制，厚度约 2 分；铁尺有木制和铁制的。这些尺度和日本曲尺进行比较的结果如下（1916 年 8 月天津商业会议所调查）：

门市尺 1 尺 ＝ 日本 1.12 尺（一般用）

木尺 1 尺 ＝ 日本 1.03 尺（木工用）

裁尺 1 尺 ＝ 日本 1.14 尺（布匹用）

地弓尺 1 尺 ＝ 日本 5.18 尺（地积用）

铁尺 1 尺 ＝ 日本 1.03 尺（织物用）

二、量

此地的斗量有门市升和斗，主要用作谷物的计量。门市升为竹筒制，有 2 斤、1 斤、8 两等各种。其容量 1 斤（16 两）相当于日本 3 合 4 勺。斗的量器为柳条编制的筐，上边嵌有木、竹或者铁箍，1 斗相当于日本 5 升 7 合。

三、衡

衡器有带钩的秤和带盘的天平。秤有洋秤、麻毫秤、大盘秤、小盘秤等，其用途和重量各不相同。其 1 斤的重量与日本的衡器比较如下：

洋秤 1 斤 ＝ 日本 138 钱（和外商交易用）

大盘秤 1 斤 ＝ 日本 131 钱（米粮商用）

麻毫秤 1 斤 ＝ 日本 170 钱（小买卖用）

小盘秤 1 斤 ＝ 日本 128 钱（小商店用）

平有海关平、行平、库平、公砝平。海关平是支付关税用；库平是租税或计量缴纳官府用品用；行平和公砝平则主要用于称量银锭，前者在外国人居留地用，后者是中国市街用。现将其重量列举如下：

海关平 1 两 ＝ 581.47 格令 ＝ 10.047 钱

行平 1 两 ＝ 556.89 格令 ＝ 7.925 钱

库平 1 两 ＝ 575.82 格令 ＝ 9.950 钱

公砝平 1 两 ＝ 554.113 格令 ＝ 7.586 钱

第三章　热河的金融货币和度量衡

第一节　金融机构

此地有热河兴业银行、钱铺、汇庄、当铺、镖局等。

一、新式银行

热河兴业银行的前身即热河官钱局，光绪三十二年（1906）创立。当初资本 8 万两，为官办的金融机构，最近改组为新式银行体制。在赤峰、锥子山、林西等重要市场地设有分行。其发行的票子在各地都有相当高的信用而流通。

二、钱铺

此地的钱铺有如下几家：

裕合德　长义　聚义长　长兴厚　德发祥　天德厚　公顺永　义兴长

大部分钱铺都发行帖子，资本额在 2000 两左右。至于业务则主要是发行帖子，其他还经营一些兑换业务。汇兑、贷款等则在票庄和银行办理。

三、票庄和镖局

票庄有锦生润一家，为山西人曹家出资，主业为汇兑。镖局在此地元成店、隆泰店、永和店各客栈内有派驻机构，从事现银的运输。镖局的总店在北京，每年 1、3、4、5、7、9、10、11 月出差到当地。打听其手续费，说是运往北京每百两银 6 钱，运往天津 7 钱。

四、当铺

当地的当铺有如下几家：

长茂当　永茂当　义成当　同裕当　豫泰当

当利一般为每月 3 分，为保护平民，有些减少为 11 月 2 分，12 月 1 分 5 厘。当期方面，衣料、日用品为 30 个月，高价品为 36 个月。后者根据合同，可以延期 2—3 个月。

第二节　货币

此地的通货有银锭、银元、小银币、制钱、票子等。通货的总额按照帖子核算在 80 万元左右，其中，票子的流通占大部分。

一、银锭

松江银为当地的标准银。由于没有银炉，因此并不能改铸成当地的标准银。根据各自的成色、重量而换算率不同。但使用银元以来就很少使用银锭了。其标准银的 1 两折合 5 串 560 文左右。

二、银元

银元以北洋为主，很少看到站人洋、日本银元。1 元折合 3 串 800 文左右。

三、小银币

东三省造的 1 角、2 角的小银币在流通。小银币 1 元的行情为 2 串文。

四、制钱

此地的制钱 1 个算 2 文，市场存量不大，仅仅是单位的称呼，实际上很少使用。铜元 1 分相当于 25 文。

五、小银币票

又称为毛票，由商会确定的钱局、商户发行，发行单位多达 30 余户。其中兴业银行发行的最多。

六、帖子

帖子是钱铺、当铺等发行的钱票，有 1 串、2 串、3 串、5 串的，和毛票一起占据此地通货的大部分。

第三节　度量衡

一、度

大布尺 1 尺 = 日本 2.016 尺（粗布用）

裁尺 1 尺 = 日本 1.120 尺（一般用）

细布尺 1 尺 = 日本 1.008 尺（细布用）

木尺 1 尺 = 日本 1.065 尺（木匠尺）

二、量

各店使用各样的斗量，因此无法判明标准。根据实测的平均结果，此地的 1 升相当于日本 9 合 9 勺，1 斛为 5 斗，2 斛为 1 石。

三、衡

称量银锭的叫平，称量杂货、洋布、绸缎等的叫秤，称量茶叶等少量物品的叫戥子。平为半苏半广平，1 两相当于日本 9.8 钱。秤、戥子的比例各店使用的不同，每百两戥子约比秤小 2 两。而根据实测，戥子的 1 斤（16 两）相当于日本 139.13 钱。

第四章　隆化县（黄姑屯）的金融货币和度量衡

第一节　金融机构

此地的金融机构有隆商钱局，为民国六年（1917）3 月设立，此地商铺出资。资本有 3 万元，发行帖子（票子）10 万串文，贷出总额达 4 万元，贷款期限最长 6 个月，月利 1 分 5 厘。大多以土地抵押，据说上等地 1 顷（日本 6 町多）可抵押贷款 500 元。

第二节　货币

此地也是硬币的市场存量不大，通货的大部分为帖子和交通银行票。硬币有少许的银元、制钱，几乎看不到小银币和铜元。帖子除上述隆商钱局外，公和酒局也发行。铜元票有 10 枚、20 枚、30 枚、50 枚、100 枚的。货币行情每日由商会决定，1 串文合铜元 13 枚，100 文按制钱 8 枚计算。现将民国七年（1918）1 月调查的行情列举如下：

银元 1 元 ＝ 14 串　　　交通银行 1 元票 ＝ 8 串 900 文

官银号票 1 元 ＝ 90 分　　张三营铜元票 1 元 ＝ 80 分

（注：张三营为旧隆化县城所在地）

第三节　度量衡

一、度

裁尺 1 尺 ＝ 日本 1.10 尺　大布尺 1 尺 ＝ 日本 1.63 尺

二、量

1 升 ＝ 日本 1.30 升

三、衡

1 斤 ＝ 日本 138 钱

第五章　乌丹城的金融货币和度量衡

第一节　金融机构和货币

此地没有像钱票、当铺那样的金融机构，商业交易的结算大多在赤峰办理，日常只有少量的买卖，以现金授受，因此通货甚少。其种类有 5 种，其中最多的是交通票。如今，通货的流通量（概数）和行情如下：

银元：1 元 ＝ 12 串　　流通量 400－500 元

交通票：1 元 ＝ 6 串　　流通量 10 万元

毛票：1 元 ＝ 5 串　　流通量 5000 元

帖子：1 串 ＝ 制钱 190 个　流通量 11 万串

制钱：流通量 1 万串

行情由商会随时决定。

银元只不过是作为军队的一部分薪水每月支取 200 元左右，但几乎没有流入市场。小银币的流通也看不到，行情是银元 1 元兑 1 元 2 角。

毛票是为了方便军队而由商会发行的，交通票 1 元合 1 元 2 角。帖子由各商店发行，发行户数一时曾达 30 余户，现在减少为 20 余户。没有铜元流通，1 个铜元合制钱 11 个。制钱有流通，大多品质粗劣。现将发行帖子的主要店铺名列举如下：

德升亨　德春泰　德和香　荣增德　协庆昌　顺德天　福和祥　福发和

茶升号　福和成　瑞生祥　德恒合　德庆德　福德庆　吉庆昌　三合永

益盛和　裕庆和

第二节　度量衡

一、度

裁尺 1 尺 ＝ 日本 1.09 尺　　京尺 1 尺 ＝ 日本 1.11 尺

布尺 1 尺 ＝ 日本 1.60 尺　　木匠尺 1 尺 ＝ 日本 1.04 尺

二、量

1 升 ＝ 日本 2.70 升

三、衡

1 斤 ＝ 日本 140 钱

第六章　丰宁的金融货币和度量衡

第一节　金融机构

此地的金融机构有钱局，为民国六年（1917）设立。当初因交通银行券行情下跌，由商会会员出资组织，作为军队俸禄的兑换所。资本金 7000 元，不办理贷款，只经营兑换业务。

第二节　货币

此地的硬币流通也不多，主要流通交通票、官银号毛票及本地发行的帖子等。帖子由当地 13 户商店发行，有 2 角、3 角、5 角、6 角、10 角的，发行额不详，但据说县长正在力劝回收。现将民国七年（1918）1 月调查的货币行情列举如下：

银元 1 元 = 8 串 700 文　　银元票 1 元 = 5 串 600 文

小银币 1 元 = 7 串 200 文　帖子 1 元 = 6 串

官银号毛票 1 元 = 5 串　　1 串 = 20 铜元

1 铜元 = 制钱 11 个

第三节　度量衡

一、度

裁尺 1 尺 = 日本 1.1 尺　大布尺 1 尺 = 日本 1.72 尺

二、量

1 升 = 日本 1.35 升

三、衡

1 斤 = 日本 138 钱

第七章　赤峰的金融货币和度量衡

第一节　金融机构

此地占据着直隶和内蒙古贸易的中枢地位，交易极为繁盛。此地的金融机构和林西、经棚、乌丹城等新开发地方的市场不同，有新旧两种金融机构。

一、银行

银行有交通银行和热河兴业银行（旧官银号）。

（一）交通银行

交通银行位于赤峰三道街，民国四年（1915）10月开设。办理汇兑和贷款。汇兑业务一年的办理量高达300万元，和天津、北京的往来最多。汇兑手续费没有一定的规定，但据说一般在4分左右。都是现银汇款，还没有办理押汇。

贷款一般以条子（货物证券）作担保，只为信用好的店铺办理。每年的贷款额为10万元，月息9厘至1分。

（二）热河兴业银行

热河兴业银行由旧官银号改组而成，位于赤峰二道街，专门办理官银，以担保贷款和现银汇兑为主业。交通银行开业以来，汇兑几乎都归该行办理，因此一年不过4万—5万元。向热河、林西、平泉、朝阳、洮南、开鲁、建平、围场、凌源等地汇款手续费为每百元2—4元。没有分行的地方采用反向汇款的方式。汇款以银元为主，如果收款地接受银元票，也可以办理。

贷款每年为7万—8万串，多时10万串。对商人是以条子为担保给予贷款，有时还需要保人。利息和交通银行差不多，也还没有办理存款业务。发行帖子的数额达30万串文。

二、钱铺

钱铺以兑换为本业，也办理汇款及贷款，发行帖子。现将发行帖子的商号列举如下：

字号	所在地	发行量	财东	字号	所在地	发行量	财东
福泉达	三道街	6000	李少赓	善长久	三道街	10000	姓刘
宝成兴	同上	20000	郭徐				

此外，专门做汇款和贷款的有如下几家：

锦生润（二道街）　德益丰　晋生益　宝元大　丽泉生

关于锦生润的营业状况，其资本主为山西太谷县人曹家，一年的贷款额达3万元，利息为月息6－7厘至2分。汇兑业务历来都是每年20多万元。民国五年（1916）4月交通银行券下跌以来，因各地行情的关系，中止了汇兑业务，办理额突然减少。民国六年（1917）汇往北京约2万元，汇往天津不过3万元左右，几乎是停止状态（汇款手续费后述）。下面介绍此地借用证书的形式，以供参考。

商店间使用的借条

注：所谓便还是指支付利息后可以继续贷款的意思。

个人间借款用的借条

立借约文契某人今借到

银子元钱　若干言明按十个月归还不许欠如至

某名下

日不还有保证人一面承管恐无凭立借约文契存证

保证人　某　手押

保证人　某

立借约契人　某　图章

年　月　日

三、当铺

当地的当铺资本一般为帖子 10 万串文左右以及银 3 万－4 万两，而且资本金大体是由热河财政厅借给每户 7000－8000 两，收 1 分的利息。1 年按 10 个月计算，分四期缴纳利息。当铺的流质期限为高价品 36 个月，粗糙品 26 个月。利息平月为 3 分，12 月为 2 分。此地当铺字号如下：

字号	年贷款额（概数）	财东	户籍地	经理
乾元当	200000 串	姓曹	山西	刘汉臣
蔚泰当	190000 串	姓曹	同上	姚效舜
复盛当	13000 串	朱玶珊	赤峰	姓陈
三义当	（帖子发行量 10 万串）			

上述当铺当中最大的是乾元当，据说一年的营业额达到 20 万串，最少也不下八九万串。也发行帖子，额度达到 80 万串文。现将当铺的一部分规则介绍如下，以供参考。

1. 遭遇非常损失比如火灾等变故，典当物蒙受损失时，赔偿 3 分。

2. 遭遇平常损失，比如虫害偷盗时，赔偿 5 分。

3. 过了流质期限后要赎回时，应支付两倍的价格，只有绸缎支付一倍半。

第二节　汇兑

商家汇款依靠钱铺或者银行，还办理反向汇款。所谓反向汇款，是指针对当地皮行或者粮行向天津和锦州运送货物的货款办理逆向汇款，方便向市场销售。而杂货商处于向该地支付采购货款的地位，买入后向供货方汇款结算。这种情况下，在供需关系上会产生汇兑比例的问题，但比例并不高。

此外，作为运送现银的金融机构还有镖局。镖局就是针对沿途匪贼进行保险运输。据说他们和匪贼有联系，可以免遭其难。每年正月、3 月、5 月、7 月、9 月、11 月这几个月从事运输，将此称为镖期。此地定期出动的镖局有：

元成（公升店内）　隆泰（三道街中和店内）　德元（三道街裕胜店内）

镖局的运费为送往平泉、建昌、朝阳、承德等地每百两 7 钱，运往北京 1 两 1 钱，运往天津 1 两 2 分。现在，锦生润采用的运费如下（每 1000 元）：

地名	分号所在地	运费	地名	分号所在地	运费
北京	南城草场九条胡同	20 元	天津	针市街崧懋栈	20 元
奉天	大北崔义泰长	10 元	多伦	福盛街大义店	20 元
张家口	下堡大顺店	15 元			

第三节　货币

赤峰的通货中硬币的流通很少。即使在秋季各种谷物的集散期流通额有所增多，也就是 20 万元以内，硬币和软币各占一半。根据商会的调查，每年帖子的市场流通量为 350 万串，毛票 2 万串，交通银行兑换券 30 万串左右。各种兑换券的换算率有公定，因此没有开设银市。下面就货币的种类进行叙述。

一、硬币

硬币有制钱、铜元、银元、小银币、元宝银。

（一）制钱

制钱又叫京钱或者中福，市场上流通极多，零星交易都是以制钱结算。但由于携带不方便，据说一次支付最多使用 2 角。

制钱的公定换算率为铜元 1 个对制钱 10 个，1500 个合大洋 1 元。与串文的比例如下：

100 文　制钱 48 个　　　　1 串文　制钱 480 个

小银币 1 角　260 文　　　宝元 1 元　3 串 120 文

小银币 1 元　2 串 600 文　1 两　4 串 500 文

（二）铜元

铜元又称为铜子儿，有 1 分和 2 分的。根据公定行情，1 分换算制钱 10 个，铜元 12 个半为小洋 1 角。流通额比较多。

（三）银元

银元只要不是伪造的，无论有无磨损以及纯度如何，各省铸造的同等自由流通。其中流通量最多的是北洋，奉天、两江、两湖的龙洋次之。

（四）小银币

小银币流通最多的是 2 角币，半角、1 角的较少，5 角的没有看到过。根据公定换算率，小洋 12 个合大洋 1 元。

（五）元宝银

市场上不流通元宝银，不过是大宗交易中的一个计价单位而已。1 两为 4 串 500 文。

二、软币

软币有帖子和银票。

（一）帖子

帖子是当地钱铺、当铺等任意发行的以串文计价的票子，并不需要商会的许可，也不需要缴纳保证金。有 1 串、1 串 500、2 串、2 串 500、3 串、3 串 500、4 串、4 串 500、5 串、5 串 500、6 串、6 串 500、7 串、7 串 500、8 串、8 串 500、9 串、9 串

500、10 串等各种。在赤峰市场的信用度很高，交易中大多使用帖子。其流通区域以当地县城为中心，东面到沙河沿、哈喇道口，西面到围场，南面到百里之外的黑水，北面至 180 里的乌丹城。帖子的现有发行量为 300 万串，现在流通没有任何障碍。官方宣布将来要禁止发行，由交通银行负责回收。

（二）银票

银票有分别对应银元和小银币的票子，有热河兴业银行（旧官银号）、商会、交通银行发行的票子。旧官银号发行的是相对小银币的毛票，有 100 角、50 角、10 角、5 角、2 角、1 角的，其中 10 角的最多，随时可以兑换现银。

商会发行的也是毛票，有 1 角、2 角的。交通银行的兑换券为银元票，有 100 元、50 元、10 元、5 元、1 元的，但市场上出现的只有 1 元和 5 元。往往还能看到营口或奉天分行发行的毛票。交通银行兑换停止对当地金融界造成的影响波及大部分流通货币，对当地影响很大。民国五年（1916）10 月，商会为防止兑换券流入，规定将交通银行银元票的行情调低 3 串，从此以后，银元和银元票之间的差距变大，相对于银元 1 元的行情最高 3 串 350 文，最低 3 串 300 文，银元票 1 元最高 3 串，最低 2 串 750 文。但在乌丹城和经棚，尽管官方要求拉开银元和银元票之间的差距，但该两地由于交易上的关系，实际上并没有执行这种限制。

第四节　度量衡

一、度

此地尺度有裁尺、木尺、布尺，和日本的尺度比较如下：

裁尺 1 尺 ＝ 日本 1.11 尺（普通商家用，大布以外的布匹用）

布尺 1 尺 ＝ 日本 1.03 尺（大布、绢使用）

木尺 1 尺 ＝ 日本 1.08 尺（木工用）

二、量

量器分为粗升和细升。粗升是量小米、高粱、豆类，细升是用于瓜子、小麦、芝麻类。

粗升 1 升 ＝ 日本 2 升 5 合　　细升 1 升 ＝ 日本 2 升 3 合

实际上各粮行所用的量器不同，同一粮行也分卖升和买升，容量并不一定。但官斗 1 斗相当于日本 2 斗 8 升。

三、衡

羊毛和麻子油的秤为 18 两 1 斤，其他为 16 两 1 斤。普通 1 斤（16 两）相当于日本 140 钱。

第八章　开鲁的金融货币和度量衡

此地没有可以称为金融机构的设施，现银相当缺乏，除了少许的铜元和银元外，只有帖子以及商会发行的纸币在流通。商会发行相对于交通银行大洋票的小洋票。没有像日本纸币那样在市场上流通，但为了现银运输上的方便而收买，在大商铺即可通用。

第一节　金融机构

当地缺乏现银，因此纸币和现银的差别较大。根据民国六年（1917）调查当时现银 1 元（大洋）可交换商会的小洋票 1 元 3 角。当地的商会只限于和加入公会的大商铺之间进行资金融通，而公会会员以外的一般商人则无法享受这种便利，因此不能称其为合格的金融设施。看其章程，根据会员出资多少区分为甲乙丙三等。贷款限度为甲等 200 元，乙等 150 元，丙等 100 元，月息 1 分。据说此利息用作公会的经费。接受贷款的人要找保证人，并提交保条。保条的样式如下：

今保得某号借到商会名下小洋若干元整，言明月利定章一分生息，按月缴纳利钱，日后商会设有用本钱之时，先行达知使钱商号，限半月为限，过期不交，敝号甘愿依数代为个付不误之，此为据

中华民国六年五月　　　本会所定

商会除了进行上述资金融通以外，为了救济现银缺乏问题，还发行如下纸币：

1 角：1500 元　　　　2 角：2000 元　　　　3 角：3000 元

4 角：3500 元　　　　其他：7000 元

流通区域为白音他拉和绥东县。如上所述，1 角纸币为最小额，而且制钱和铜元几乎不流通，因此买东西不能找零时，就不得不买 1 角以上的商品，很不方便。

第二节　货币

当地物产外运的很少，其他地方的货币流入当地的也不多，再加上从当地向其他地方流出的硬币较多，因此，市场上几乎看不到硬币的影子，一个小银币或者铜元都看不到，也就是完全没有硬币的状态。

因此，在交易上很不方便，为此，当地商会发行相对于交通银行大洋票的小银币兑换券（当地流通的交通银行券为主要通货，东三省官银号票和中国银行票较少）。商会票的种类有 1 角、2 角、3 角、5 角，没有 1 元以上的。其目的主要是为了补充小生意中的通货不足，因此居民常常将交通银行票拿到商会，换成商会票子使用。

大洋 1 元可兑换票子 1 元 2 角。商会票从民国五年（1916）1 月开始发行，计划发行额 10000 元，据民国六年（1917）调查当时发行了 7500 元。各种票子的预计发行额如下：

1 角：1500 元　　　2 角：2000 元　　　3 角：3000 元　　　5 角：3500 元

下面是商会票子背面印刷的内容，供参考。

热河开鲁县商务分会为布告事，兹查故县市井银圆铜币异常缺乏，交易找零诸多不便，为此合会公众议定，拟出小票以资周转，俟街面银圆铜币稍见活动，尽行悉数收回，查此项小票诚为通融地面，而没檄不零换，每凑十二角来会，兑换大洋票，从到随付。决不留难，为此声明以昭信使，谨启

第三节　度量衡

一、度

各商家的尺度都不同，因此很难判断应当以哪个为标准。根据实测的几例，裁尺 1 尺相当于日本 1 尺 1 寸 3 分、1 尺 1 寸 4 分、1 尺 1 寸 5 分、1 尺 1 寸 9 分等，因此看作相当于日本曲尺 1 尺 1 寸 3 分左右则不会有大的误差。而大尺则合日本 1 尺 5 寸 9 分 5 厘、1 尺 5 寸 2 分、1 尺 5 寸 7 分 5 厘、1 尺 5 寸 8 分 5 厘、1 尺 6 寸 1 分 5 厘等，故看作日本曲尺 1 尺 5 寸 6－7 分则不会有大的误差。木尺 1 尺合日本曲尺 1 尺 7 分左右。

二、量

1 斗量器合日本 2 斗 1 升 3 合 4 勺。此地的 1 石比郑家屯的 1 石大 5 升。

第九章　林西的金融货币和度量衡

第一节　金融机构

此地人口有 7000 余人，可看作金融机构的设施仅有民国五年（1916）4 月开设的热河兴业银行（日官银号）一家，本地的店铺大多在赤峰、乌丹城、经棚等地有总店或者与之有密切的交易关系，因此，历来相互间的交易都是依靠冲抵或者现金输送，汇兑机构的设施就没有必要了。据说兴业银行开设以来，利用该行办理汇兑呈现逐渐增加的趋势。

银行的业务主要是贷款、汇兑。民国五年（1916）正月银行开设后，截至同年 11 月，贷出金额为大洋 1 万余元，其利率为每月 1 分五六厘，期限大多为 6 个月，没有抵押物。汇款目的地为赤峰、热河、北京、天津、锥子山等地，汇款手续费为每千元收取 35 元。

此外，普通商人的贷款利息为，有抵押物时月息 1 分 5 厘，没有抵押物时月息 2 分左右。但上述贷款是在所谓的一流商铺之间进行的贷款，中流以下没有抵押物时的月息一般为 3 分至 3 分 5 厘。

第二节　货币

此地的通货中，硬币有元宝银、银元、小银币、铜元、制钱。票子有交通银行票、热河兴业银行票、商会票等。其中使用最多的是票子，硬币的市场存量很少。

一、元宝银

市场中几乎没有流通，只不过是交易时的称呼而已。一般是 51—52 两的元宝，很少有比之再重的。

银元和小银币不像中国南方省份那样不同省份行情不一样，各省铸造的都以同样价格流通。流通量最大的是北洋和东三省铸造的。小银币主要是 2 角、1 角的，几乎看不到半角和 5 角的。

二、铜元

铜元又称为铜子儿，1 个铜子儿和 2 个铜子儿在此地流通，前者的流通量多。

三、票子

票子有北京交通银行票、热河兴业银行票、商会票，交通银行的票子是以大洋为本位，有 100 元、50 元、10 元、5 元、1 元的，一般在市场上出现的是 10 元、5 元、1 元的。

热河兴业银行票是以小洋为本位，有 1 角、2 角、5 角、10 角、50 角、100 角的，其中使用最多的是 10 角和 1 角的。

商会发行的是小洋票，有 3 角、2 角、1 角的。3 角票 2 万张，2 角票 1 万张，1 角票 1 万张，合计 9000 元即 9 万角的发行量。

现将此地各种通货的公定换算行情列举如下：

制钱 12 个 ＝ 铜元 1 个　　铜元 12 个 ＝ 小洋 1 角

小洋 12 角 ＝ 大洋 1 元　　大洋 1 元 ＝ 元宝银 7 钱 2 分

大洋 1 元 ＝ 铜元 144 个　　大洋 1 元 ＝ 制钱 1728 个

第三节　度量衡

一、量

官斗 1 斗 ＝ 日本 13.5 升多

二、衡

1 斤 ＝ 日本 140 钱

第十章　经棚的金融货币和度量衡

第一节　金融机构

此地没有任何设施可作为金融机构，只是商户之间进行普通借贷，其利率据说在没有担保物的情况下一般为月息 2 分。

第二节　货币

通货和林西几乎没有区别，有元宝银（重量为 51 两七八分的最多）、银元、小银币、铜元、制钱等流通。和林西一样，银元和辅助货币小银币的流通极少。为此，当地商会发行的 1 元票（相当于大洋 1 元，可随时兑换）、公益粮店发行的小洋 3 角票（据说总发行量 3 万角）的流通最多。现将此地通货的换算率列举如下：

制钱 10 个 ＝ 铜元 1 个　铜元 12 个 ＝ 小洋 1 角

小洋 12 角 ＝ 大洋 1 元　大洋 1 元 ＝ 元宝银 7 钱 2 分

大洋 1 元 ＝ 铜元 144 个　大洋 1 元 ＝ 制钱 1440 个

第三节　度量衡

一、量

庙斗 1 斗 ＝ 日本 11.25 升

二、衡

1 斤 ＝ 日本 144.2 钱

第十一章　围场的金融货币和度量衡

第一节　金融机构

当地的金融机构有官钱局，和商会一起监视帖子的发行，并经营兑换、贷款、帖子发行。虽然也兼营汇兑业务，但因为市场闲散，看不到官钱局经办汇款业务。

第二节　货币

当地通货中硬币主要有小银币、铜元，制钱的流通很少，几乎看不到银锭。软币有铜元对应的铜元票和串文计价的帖子。

一、小银币

此地东三省铸造的小银币最多，有 2 角和 1 角的，铜元 11 个可兑换 1 角。

二、铜元

此地铜元有 1 分和 2 分的，流通量最大，市场上的日常交易几乎都是用铜元结算。154 个铜元换大洋 1 元，210 个相当于银 1 两。

三、制钱

此地制钱 330 文为 1 串，流通很少。

四、铜元票

铜元票是相对铜元发行的票子，种类甚多。纸面磨损，记载文字无法分辨的交到商会回收整理。

五、帖子

帖子以串文为单位发行，有相当的信用，流通很多。

第三节　度量衡

一、度

裁尺 1 尺 = 日本 1 尺 2 寸 5 分（绢布和裁缝用）

苏尺 1 尺 = 日本 1 尺 8 寸 2 分

二、量

1 斗 = 日本约 2 斗 2 升

三、衡

1 斤（16 两）= 日本 160 钱

第十二章 锥子山（天宝山）的
金融货币和度量衡

第一节 金融机构

当地没有当铺、钱铺等，只有近年开设的热河兴业银行（旧官银号），该银行业务以贷款为主，据说贷款额为六七万元，利率为月息1分8厘左右。主要是作为土地买卖所需的资金而贷出，所以大多是以土地作抵押，期限一般为14个月。汇兑业务大多是依靠镖局、商铺的反向汇款，虽然会产生汇费，但费率并不太高。镖局是3、5、7、9、11月的25－30日之间为结算期，进行现金的运送。运送费为到热河每1000元收6元左右。

第二节 货币

此地也是银锭、银元、小银币、铜元、制钱等硬币甚少，围场县各商铺发行的帖子（票子）占通货的大部分。但现银和票子之间的行情有很大差别，现银1000元相当于票子1550元。此地的通货和铜元之间的换算率如下：

北京交通银行1元票 ＝ 铜元130枚　　　围场商会1元票 ＝ 铜元130枚

热河兴业银行1角票 ＝ 铜元11枚　　　围场商会1角票 ＝ 铜元8枚

银锭1两 ＝ 铜元200枚　　　　　　　银元1元 ＝ 铜元170枚

小银币1角 ＝ 同11枚

第三节 度量衡

一、度

大布尺1尺 ＝ 日本1.61尺　　　　　木尺1尺 ＝ 日本1.04尺

裁尺1尺 ＝ 日本1.26尺

二、量

1斗 ＝ 日本33.6升

三、衡

1斤 ＝ 日本134钱

第十三章　朝阳的金融货币和度量衡

第一节　金融机构

当地的金融机构有当铺、钱铺、镖局等。

一、当铺

此地只有三秦当一家，资本 12 万串（相当于 16000 余元）。当初 1 股 1000 串，为 100 股构成的股份制组织，光绪三十一年（1905）变为山西商人曹家个人经营。民国元年（1912）贷款额达到 36 万串，成为此地十二大行之一，在金融界影响很大。

二、钱铺

此地的钱铺有三隆号、三泰永、益兴号。三隆号的资本为 16 万串，三泰永、益兴号都是 12 万串。帖子发行量为三隆号 7 万串、三泰永 15 万串、益兴号 10 万串。三隆号、三泰永和三泰当为同一资本主，只有益兴号属于朝阳府管内的富豪姜家出资，都名列十二大行之中，应当说是当地金融界的首领。过账交易方面，营口的过炉银属于银炉的首位。所谓过账，是由于市场上现银缺乏而派生出的一种便利方法，即并不实际授受现银，而是在账簿上通过过户账目进行交易结算的方法。三隆号作为山西票庄锦生润的代理，办理赤峰、锦州、天津、营口、北京、上海等方面的汇兑业务。此外，发行帖子的主要店铺有德顺兴、福兴号、春元亨、春元和、德兴和，这些店铺被称为帖庄，在经营杂货铺、粮栈的同时兼营帖子发行和兑换。此外还有几家被称为小帖铺的小规模的帖子发行和兑换店。

三、镖局

所谓镖局是指承担现银运送并保证免受危险的行业。当地没有常住的镖局，当需要运送现银时，从直隶省饶阳（保州）派来，在冬季往返两三次。主要的镖局有元成、隆泰、德源。现将上述镖局协定的运送费列举如下（现银每百两）：

赤峰：0.8 两　热河：1.2 两　　　　北京：1.4 两　天津：1.5 两
山东：1.7 两　饶阳：1.7 两

第二节　货币

此地的货币有银锭、小银币、铜元、制钱、银票、帖子等。

一、银锭

松江银的重量为 4 两左右，也有碎银，但流通不多。行情为 12 串 800 文至 13 串 500 文（1914 年调查）。

二、小银币

此地小银币流通不多，每天行情都在变化。大体上小洋 1 元过账（在钱铺的账面上进行借贷结算，也叫拨兑）为 7 串 800 文，帖子为 7 串 400 文。在街上的小换钱铺进行的帖子买卖中，买入价 7 串 400 文，卖出价 7 串 550 文。偶尔也有银元，买入价 8 串 900 文，卖出价 9 串 100 文左右。小银币的行情一般是春季上涨，秋季下跌，2 角、1 角的最多，1 角可当 12 个铜子儿使用。

三、铜元

铜元在当地是和帖子一样流通最多的货币，通过过账每天决定铜子儿的行情。和串文的换算率为 1 分相当于 62 文，可换制钱 10 个。

四、制钱

1 串以下的计算和铜元一样，但流通额不大。160 个为 1 串文，相当于 100 文的叫十成，10 文的叫一成。对铜元的比率如下：

一成（称为 10 文）2 个	二成　3 个	三成　5 个	四成　6 个
五成　8 个	六成　10 个	七成　11 个	八成　13 个
九成　15 个	十成（称为 100 文）16 个	1 串文　160 个	

五、纸币

此地有奉天官银号票、黑龙江官票、交通银行票等，但流通量很小。小洋票 1 元在市上的小换钱铺的兑换行情为：买入价 7 串 450 文，卖出价 7 串 455 文左右。

六、帖子

当地流通的帖子总额约 133 万串文，单位全部是串文，从最小额 2 串到最大额 38 串共有 37 种。流通最多的是 35 串、30 串、25 串。

帖子是当地最主要的通货，也有锦帖和西帖在流通。锦帖为锦州当铺发行的帖子，常常比当地的串文行情好。西帖是当地西面很远的木头城子、平房子、薄罗池、水泉、梅里营子等地的当铺发行的帖子，比当地帖子便宜。

关于帖子的发行，商会不做任何参与，就是各商店靠自家的信用任意发行。但从其性质出发，发行者自然就会产生限制，即都是在买卖谷物的烧锅粮行以及金融业者或者经营兑换业务的钱铺、帖庄这个范围内。现将帖子发行店的店名列举如下：

和裕泉　信成店　成义涌　成兴店　福德俊　公义店　三隆栈　增兴永

通泰昌　三隆号　德顺兴　三泰永　福兴号　益兴号　春元亨　春元和

德兴和

第三节 度量衡

一、度

大尺 1 尺 ＝ 日本 1 尺 7 寸 6 分（小幅棉布用）

木尺 1 尺 ＝ 日本 1 尺零 2 分

裁尺 1 尺 ＝ 日本 1 尺 1 寸 5 分（大幅棉布用）

二、衡

当地称量银使用的平比普通交易使用的市平大，市平 10 两相当于这种平 9 两 1。

第十四章　阜新的金融货币和度量衡

第一节　金融机构

当地的金融机构有当铺和钱铺。

一、当铺

当铺有公积当和永阜隆两家。公积当是由县内 10 家烧锅组成的股份制组织，兼营谷物批发。资本金 23500 元，1 股 1000 元，共 23 股半。据说民国元年（1912）的利润为 1500 元。

永阜隆资本 16000 元，兼营杂货店和谷物批发。民国元年（1912）的利润据说为 1700 元。两家的利率都是 2 分 5 厘，当期 18 个月，全部以银元为单位。

二、钱铺

没有大的钱铺，仅有店名为永泰隆的一家小店铺，兼营粮店，贩卖煤炭、缸类，一旁经营兑换。银元和银元票卖出收 2—3 分的手续费，买入收 1 分。各地各种帖子的兑换，票面 1 串文按 800 文计算，交付现金。但都是小额兑换，几乎不值一提。

第二节　货币

此地从前银元的流通额相当大，民国元年（1912）秋，营口过炉银暴跌，当地银锭 1 个 52 两 5 钱换 42 元 5 角，行情空前大跌。为此，该地的银元全被营口吸收了，造成了通货的缺乏。于是，根据商会的决议，发行 2 万串文帖子，以资救济。由于其信用不够，只是作为谷物的购买使用。而且接受了帖子的农民马上就要求兑换，因此，未能解决现银缺乏的问题，从而处于市场恐慌的状态。由于银锭、铜元没有流通，从前流入的锦州帖子也被官府要求以票面串文回收，所以通货的不足越发严重。

一、银锭和银元

银锭和银元此地完全没有流通。

二、小银币

此地小银币流通量不大，有 2 角和 1 角的在流通。民国二年（1913）3 月的行情为 1 元合 660 文（制钱 106 个）。

三、铜元

此地铜元几乎没有流通。

四、制钱

此地制钱占据硬币的大部分，1 角以下的计算全部使用制钱。160 个为 1 串文，其计算方法和小库伦一样。

五、帖子

民国二年（1913）13 家合计发行额为 18200 串文（约 2760 元）。现将发行店铺名、发行额等列举如下：

字号	营业内容	资本（串）	帖子发行额（串）	字 号	营业内容	资本（串）	帖子发行额（串）
德增兴	酒、杂货、粮食	130000	2050	德顺增	杂货、果品、粮食	20000	1500
庆升涌	杂货、粮食	20000	2000	裕顺永	杂货、粮食	20000	500
德裕公	酒、杂货、粮食	10000	2000	福合成	粮食、肉、豆腐	10000	2000
恒发祥	杂货、粮食	20000	1000	广泉涌	杂货、粮食	80000	4000
福庆涌	油坊、粮食、杂货	70000	1200	福丰东	同上	20000	500
春芝堂	药材	15000	500	泉发合	粮食	10000	500
世德涌	杂货、粮食	8000	450				

发行帖子需要商会盖章批准，兑换是商会全体会员的责任。按照串文来发行，目前只有广泉涌和福合成两家发行的帖子在流通，其他的都已回收。

此地奉天官银号、交通银行、农业银行等的票子都可以正常流通，其 1 元按 6 串 600 文计算。

第三节　度量衡

一、度

大尺 1 尺 ＝ 日本 2.065 尺　　裁尺 1 尺 ＝ 日本 1.125 尺

木尺 1 尺 ＝ 日本 1.050 尺

二、量

据说交易全是按尖斗（堆起来）进行，1 升量器设置一块隔板。

1 升 ＝ 日本 1.080 升

三、衡

一般 16 两为 1 斤，只有煤炭是 18 两为 1 斤。

1 斤（16 两）＝ 日本 147 钱

第十五章　小库伦（绥东）的金融货币和度量衡

第一节　金融机构

此地没有可称作金融机构的设施，仅由商会每年一次决定公定行情。连当铺都没有。

此地的货币行情虽然是参考新民屯、奉天、锦州三地的行情来公定，但秋冬季金融呈现活跃的时候，各种货币的行情难免会有所波动。各商店之间的借贷一般月息为 1 分 2 厘，对个人的贷款利息在 2 分以上。此地也是现银不足，因此一般情况下也是和过账同样进行账簿上的结算。

第二节　货币

此地大宗交易都是使用银锭，日常交易则使用制钱。不流通帖子和铜元，小银币虽然受欢迎，但流通额不大。

一、银锭

银锭大多从奉天、安东县、营口、锦州等地流入，没有当地铸造的。其中镇口元宝（安东县铸造，1 个的重量按当地平为 53－54 两）、营青儿元宝（奉天铸造，1 个的重量按当地平为 52 两）流通最多。使用时不论银质，只是用当地平秤重，换算成银元或制钱。其行情在民国二年（1913）3 月为 1 两兑换银元 1 元 7 角，制钱 11 串文。当地平相对于营口、奉天的 100 两为 97 两 2 钱，相对于锦州平 100 两为 99 两 5 钱。

二、小银币

此地小银币有 5 角、2 角、1 角、半角的，但 1 角的最多，5 角的很少。小洋 1 元的公定换算率为 6 串 500 文，但市场行情为 6 串 600 文至 6 串 700 文。由于市民喜欢使用，因此市场流通额大。

三、制钱

日常的小量交易都是使用制钱，其计算方法如下：

一成（称为 10 文） 2 个	二成 3 个	三成 5 个	四成 6 个
五成 8 个	六成 9 个	七成 11 个	八成 13 个
九成 15 个	十成（称为 100 文） 16 个	1 串文 160 个	

因此，如果说是 650 文，则按制钱 104 个计算。500 文为 80 个制钱。4 缗为 1 连，其中多少掺杂一些毛钱（小钱），当作 1 连使用时没有任何障碍。但不够 1 连使用时，就要去除毛钱计算。毛钱 2 个当大钱 1 个都没人接受。

四、铜元

此地铜元流通很少，行情是 1 个铜元合制钱 7 个。

五、条子

此地不发行帖子，由于硬币流通不充足，就发行条子代替帖子。所谓条子是一种期票，形式为见票即付。由此地商铺、客商发行，后者大多是在新民屯、奉天等地的自家本店所在地支付，这些客商主要是对客栈使用条子，其信用是靠多年的交情或者客商所在地店铺的信誉，或者请保人等方法，从而融通采购资金。此时，要缴纳相当于从支付地到当地的现银运送费的镖马。奉天、新民屯、锦州以及在此范围内的镖马为每百两 1 两，昌图、铁岭、营口等地则要增加为 2 两。

第三节　度量衡

一、度

大尺 1 尺 = 日本 1.615 尺　　　木尺 1 尺 = 日本 1.04 尺

裁尺 1 尺 = 日本 1.15 尺

二、量

1 升 = 日本 1.48 升

三、衡

1 斤 = 日本 140 钱

第十六章　石家庄的金融货币和度量衡

此地位于正太铁路和京汉铁路的交叉点，这里以前只是一个有三四十户人家的小村落，是由于这两条铁路开通而发展起来的新市街。虽然市街尚未完备，但市况活跃，棉布、煤炭的交易极为繁盛。旧有的金融机构虽然不算发达，但比起其他地方，新式金融机构还算是比较充实的。

第一节　金融机构

当地的金融机构应当分为中国新式银行和旧有的钱铺。

一、银行

作为中国新式银行有中国银行和交通银行分行。

（一）中国银行石家庄分行

该分行位于大街上，依照《中国银行条例》营业。民国四年（1915）之前是货币兑换所，专门进行银元票的兑换。同年将货币兑换所改为中国银行石家庄分行。由于当地曾设立过货币兑换所，以前中国银行发行的银元票不如交通银行的流通顺畅，据说除此之外，可以和交通银行匹敌。其业务除经营贷款、存款及办理国库事务以外，还经营货款托收和汇兑。此地的汇兑业务较多，该地和天津之间的汇兑手续为每千元收取 4 元。

（二）交通银行石家庄分行

此地交通银行的业务主要是办理京汉、正太两铁路的运费以及其他交通部的公款。此外作为一般银行业务也办理汇兑、货款托收，但金额不大。至于存款、贷款、贴现则根本不办理。

二、钱庄

当地的主要钱庄有如下 5 家：

德祥号　德长永　五善长　义昌号　清和源

如上所述，由于当地设置了中国银行和交通银行，所以钱铺的业务受到很大影响。汇兑业务几乎都被银行夺走了。五善长和义昌号在当地钱铺中算是较大的，五善长的资本有 500 元，专业办理银钱买卖。义昌号的资本 200 元，同样只做银钱买卖。其他三家钱铺都是只办理铜元和小洋的兑换。业务萧条的状况比其他地方更甚。

第二节　货币

当地的主要货币为制钱，其他还有银元、小银币、铜元等。

一、银元

此地银元有站人洋、民国新币、北洋、大清银币，其中前三者流通较多，大清银币虽然在其他城市不能通用，但在此地可以使用。吉林、江南、湖南的银元不流通。

二、小银币

当地通用的小银币有 2 毛、1 毛的，都是东三省铸造的。

三、铜元

由于位于铁路沿线，所以此地的标准通货虽为制钱，但铜元的使用量也不小，种类只有 1 分的铜元。

四、制钱

当地使用九六钱，960 个按 1 串文计算。铜元 1 个相当于 10 文。下面是各种货币的行情（1916 年调查）：

银元 1 元 ＝ 1 串 440 文（实数 1384 枚）＝ 136 个铜元 ＝ 12 毛

小洋 1 毛 ＝ 120 文（实数 115 枚）＝ 11 个铜元

上述行情受临近城市特别是获鹿县行情的影响，每天都在变动。

五、票子

自中国银行、交通银行的银元票停止兑换以来，就不能按照票面流通，多少要附一些贴水才能使用。

第三节　度量衡

一、度

此地使用和天津同样的尺度。

二、量

当地使用的 1 升相当于日本 8 合 2 勺，1 斗量器是碗形带手柄。

三、衡

称量普通物品使用的秤只有一种，其 1 斤相当于日本 148 钱。和其他地方一样，16 两为 1 斤。此地称量银锭有特殊平，在必要的情况下据说使用天津标准两的行平。

第十七章 张家口的金融货币和度量衡

第一节 金融机构

此地的金融机构有中国新式银行、钱庄、钱铺等。

一、中国新式银行

在当地开设的中国新式银行有中国银行分行（位于堡里七斜街）、交通银行分行（位于堡里）以及殖边银行分行（位于堡里）。其中经营贷款的只有殖边银行分行，中国银行和交通银行的分行不办理贷款，有时为从北京、天津来进货的商人垫付货款，其主要业务是汇兑业。

当地的汇兑主要是对北京、天津、上海三地办理直接汇款，如果要向其他地方汇款，需要通过上述三个地方之一进行转汇。汇兑行情因大多是在北方办理，因此参照北京、天津的行情，向南方汇款则大多以上海行情为标准。民国七年（1918）当地通用银口钱平 1000 两相当于上海九八规元 1100 两，北京公砝平 1030 两，天津行平化宝 1025 两左右。汇往天津的汇水据说每 1000 两需要 3 两。

当地的殖边银行分行每年亏损，处于业务不振的状态。下面是民国四年（1915）上半期至民国六年（1917）上半期该分行的历年损益表：

殖边银行张家口分行历年损益表

	民国四年（1915）上半期	民国四年（1915）下半期	民国五年（1916）上半期	民国五年（1916）下半期	民国六年（1917）上半期
损失	1733.88 元	8018.70 元	11173.60 元	11693.10 元	16996.99 元

二、钱庄

当地的钱庄大多为山西人经营，资本额一般在 5 万两左右，超过 10 万两的很少。现将当地比较大的钱庄列举如下：

锦泉涌　裕万福　涌元生　源阴成　泉会元　永长德　锦公裕

主要业务为汇兑、存款、贷款等。此地作为山西方面向库伦运送物资的中转地，冬季的汇兑业务特别多。贷款利息根据贷款额、期限、交易关系而难以确定，一般以月息计算，为 1 分 3 厘左右。短期贷款利息较高，据说日息 4 厘。当地不仅在钱庄，即使在普通商人之间也是以 90 天为镖期而确定支付期，连本带利一起返还。习惯上在 4、7、10、12 月的上旬还款。

三、钱铺

当地的钱铺名和所在地如下：

裕源生（北武街城口）	信义德（东关）	长泰隆银钱号（北武城街）	裕源永银号（上壁内圈内）
锦泉兴（下堡内）	祥盛兴（下堡）	公合元（市圈口）	万隆昌（下堡）
天兴昌（大门街）	兴隆达（下堡）	裕通银号（下堡东关）	议舜昌（大门街）
协义城（北武城街）			

这些钱铺的业务和上述钱庄的业务大同小异。

第二节　货币

当地的流通货币有银锭、银元、铜元、票子。

一、银锭

银锭没有在当地铸造的，从其他地方流入的元宝、白纹银、碎银、松江银等各种混用。形状、重量、银色等各不相同。元宝银重量在 50 两以上，市场上交易中使用的并不多。白纹银是 1 两至 2 两的小锭，流通最多。碎银则为三四钱到四五两的杂碎银，银质的差别很大，难以鉴定，授受时颇为麻烦。松江银 1 块的重量有 2 两左右，银色不良，大多用于对内蒙古交易。此地的兽皮交易一般以银两计价。银两的称量使用口钱平，库平 1000 两相当于口钱平 1040 两。根据中国人的计算，当地口钱平与其他地方平的比较如下：

$$口钱平 1040 两 = \begin{cases} 北京公砝平 1040 两 \\ 北京公砝平 1040 两 \end{cases} = \begin{cases} 上海漕平 1025 两 \\ 库伦茶平 1025 两 \end{cases}$$

$$= 归化城钱平 1007 两 5 钱$$

二、银元

当地流通最多的是北洋，其次是人头洋，墨西哥银元几乎不流通。

三、铜元

当地制钱和小银币的流通很少，因此，铜元的流通相当多。银元 1 元一般可换 130 个铜元左右。当地和口外交易较多，因此从前曾经流通过俄罗斯卢布，但现在其价格下跌很多，中国人都不喜欢使用，因此现在不流通。兽皮以外大多习惯以铜元计价。

四、票子

当地纸币的种类有钱票和银元票。从前有如前所述各钱铺随意发行的钱票流通，后来被法令禁止，只有直隶省财政厅发行的铜元票可以流通。其种类有 10、20、40、50、100 铜元票。

银元票有当地中国银行票、交通银行票、殖边银行票。中国银行分行发行的纸币现在价格下跌，1 元票子的市场行情为 7 角左右，交通银行发行的纸币亦是同样价格。据说在欧战卢布下跌以前，票子的流通相当盛行。

第三节　度量衡

当地的度量衡器是官斗总局将天津造的销售到这里的，当地使用的全部是正确的。

一、度

当地的尺度有京裁尺、木京尺、广尺、洋尺等，京裁尺和其他地方相同，在绸缎店丈量宽幅绸缎布匹时使用；木京尺是买卖窄幅（1 尺）布匹时使用或者建筑用；广尺大多在裁缝店使用；洋尺是从前从俄国进口毛织物，在买卖这些毛织物时使用，故取名洋尺，现在已经看不到了。这些尺度和日本的尺度比较如下：

京裁尺 1 尺 ＝ 日本 1 尺 1 寸

广尺 1 尺 ＝ 日本 1 尺（京裁尺 9 寸 1 分）

木京尺 1 尺 ＝ 日本 1 尺 3 分（京裁尺 9 寸 3 分）

洋尺 1 尺 ＝ 日本 9 寸 5 分（京裁尺 8 寸 7 分）

二、量

当地斗量的标准为 1 斗量器。该 1 斗相当于 14 斤，米麦、豆类等多使用。其他量器有按照十进制的 1 升、1 合。当地使用的 1 斗量器如下图所示。底部为边长 6 寸 5 分的正方形，周围的板为同形状同尺寸的木板，木板中间高 7 寸 2 分，侧边 7 寸。上边长 1 尺 5 分，板厚 2 分 5 厘。中央有手柄，计量谷物时用斗刮在 AB 之间刮平，再在 AC 之间刮平。该量器的容量难以用数学方法计算，根据实测相当于日本 7 升 7 合多。

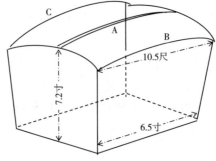

三、衡

如前所述，称量米、麦等是用斗量，称量酒、油、酱油等使用 16 两为 1 斤的衡器。1 斤相当于日本 155 钱。称量铁路货物是用以 75 斤为 100 磅的磅秤。称量其他银锭的天平的 1 斤相当于日本 160 钱。

第十八章　独石口的金融货币和度量衡

第一节　金融机构

当地的金融机构除殖边银行支行之外，几乎没有值得一提的设施。殖边银行支行是民国四年（1915）开设的，办理存款、贷款、汇兑等一般银行业务，但是存款、汇兑业务几乎没有。职员除经理外只有一两名书记，业务非常闲散，因此其业绩当然很差，只不过像一个钱铺而已。

第二节　货币

此地有制钱、铜元、银元、殖边银行票等在流通，看不到小银币和帖子。

一、制钱

制钱有大钱和小钱，但小钱几乎看不到，只是一个单位称呼而已。实际上 3 个小钱当 1 个大钱使用，进行日常的交易。民国五年（1916）调查时，330 个大钱为 1 串，4 串 4 换大洋 1 块钱。1 元的十分之一即大洋 1 毛钱（没有实际货币）相当于 140 个小钱。1 个铜子儿相当于 30 个小钱，日常小的交易常常使用铜子儿。

二、铜元

此地可看到 1 分和 2 分的铜元在流通，但 2 分的不多。如果说 1 个铜子儿，就是指 1 分铜元。1 个铜子儿为 30 个小钱即 10 个大钱，14 个铜子儿相当于大洋 1 毛钱，因此，大洋 1 块即为 140 个铜子儿。

三、银元

此地流通的银元都是北洋，和制钱、铜元、殖边银行票并用。小银币不流通，但在此地的殖边银行，奉天省造的小银币 12 角可换成 1 元。

第三节　度量衡

当地距离张家口有两天的行程，度量衡和张家口使用的完全一样。可参照张家口章节。

第十九章　多伦的金融货币和度量衡

第一节　金融机构

此地的金融机构有票庄、钱铺、殖边银行。

一、票庄

票庄办理向各地的汇款，汇款手续费根据时价，并不一定。一般是每 1000 两最少 20 两，最高达 60 两。此地和天津并不直接进行汇兑，要在北京转汇。一般也办理存款，但 1000 两以下不付利息，1000 两以上每千两最多一期（3 个月）付 20 两。这样的营业者有 7 家，据说其中 4 家有张家口的资本。

二、钱铺

钱铺专门经营钱票的发行和兑换，此外还从票庄借入资本金向一般商人贷款，其利息为 1 个月 1 分，1 期（3 个月）支付 30 两。另外，还经营银块的熔铸。

三、殖边银行

此地的殖边银行是民国四年（1915）7 月 13 日开设的，除经办兑换、贷款、银元票发行以外，没有特别的业务。存款和汇兑在民国五年（1916）调查时尚未开始办理。

第二节　货币

此地的通货有银锭、银元、铜元、制钱、钱票，制钱、钱票流通量最大。银锭有 50 两、5 两的，但重量都免不了有些短缺，俗称喇嘛庙银子。据说其品质不良，因此各地市场都不喜欢使用。即使在此地，日常交易中也几乎不用。

银元流通的比较少，特别是小银币几乎看不到。一般银元 1 元的十分之一称为 1 角，但并不是交易中的实际货币。奉天省造 2 角银币作为大洋 2 角来通用，或者 30 角换 2 元，市场上的比价不同。

制钱称为庙钱，78 文为百文，780 文算作 1 串。钱票流通最多，有 5 户钱铺发行钱票，种类有 200、300、500、1 串、1 串 500、2 串的。此外，殖边银行支行发行的 1 元、5 元、10 元的银元票流通也很多。据说交通银行兑换券在该行兑换停止之前和殖边银行票同样流通。

第三节　度量衡

一、度

木京尺 1 尺 = 日本 1 尺 4 分（木工用或布匹买卖用）

京裁尺 1 尺 = 日本 1 尺 1 寸（窄幅棉布买卖用）

老裁尺 1 尺 = 日本 1 尺 2 寸（裁缝用或宽幅绢、棉布买卖用）

二、量

量器的单位为甬，其容积以各地地方官衙核定的量器为准，但实际上多少有些差异。1 甬相当于日本 3 合至 5 合。此地 36 甬按 1 斗计算。

三、衡

此地有秤和银秤。银秤是称量金银时使用，秤则是称量其他物品。银秤有天秤和小秤，其刻度不同，秤砣也分圆形和方形。此地天秤的 1 两相当于日本 10 钱。

第二十章　其他各地的金融货币和度量衡

一、概述

在以上各章中就北京、天津、张家口、石家庄等省内重要市场进行了叙述，在本章中因纸张的关系，就上述各地之外的主要县邑摘记其要点。为方便理解，将分别按京汉铁路沿线、津浦铁路沿线以及以沧州为中心的地区、以鸡泽为中心的地区、卫河流域、猪龙河流域、归化城开平间各地、内蒙古东部（除已经叙述部分）记述。

二、京汉铁路沿线

地名	金融机构	通货	度量衡
临城	无	北洋、站人洋、新洋、龙洋、大清银币、鹰洋	
琉璃河	无	同上	
周口店	无	同上（除鹰洋）	
定州	平市官钱局、福利钱局（定县官银号）、钱铺 3、银楼 2	铜元（为主）、制钱（少）、银元、小银币、官钱局元票、中国银行和交通银行元票	
正定	钱铺 6 家、正定官钱局（十字街），发行铜元票	银元（站人洋、人头洋、北洋、龙洋）、小银币（人头洋）、铜元、制钱、中国银行和交通银行票、铜元票	木京尺（1 尺相当于日本 1.03 尺）、裁尺（1 尺相当于日本 1.155 尺），1 升相当于日本 8 合 5 勺，1 斤相当于日本 151 钱
顺德	中国银行、交通银行、钱铺 8，其中 2 家发行钱票	主要有银元（北洋、站人洋、人头洋）和制钱，小银币和铜元勉强流通	京裁尺（1 尺相当于日本 1.15 尺），木京尺（1 尺相当于日本 1.08 尺），1 升相当于日本 1.12 升，1 斤相当于日本 153.3 钱

地名	金融机构	通货	度量衡
栾城	无金融机构,兑换在布庄、杂货店办理	银元(人头洋多)、铜元、小银币(人头洋1角多)、制钱(主要货币),无票子	
赵县	银号3(发行毛票)、钱铺4、当铺1	银元(人头洋、北洋、龙洋、站人洋)、铜元、毛票(1、2、3角及2、3、5分6种)	
高邑	无金融机构,在商家兑换	制钱(主要货币)、铜元(少)	
柏乡	有5家布行兼营钱铺,发行钱票	银元(同赵县)、铜元(少)、制钱(主要货币)、钱票(铜元票)	
南和	钱票6,只经营兑换,1家发行钱票	银元(人头洋、站人洋、北洋)、小银币、铜元使用多,制钱流通少,钱票多	裁尺(1尺相当于日本1.15尺)、木京尺(1尺相当于日本1.08尺),1升相当于日本1.5升,1斤相当于日本148.8钱
永年	平市官钱局、钱票5家	银元(同上)、铜元、制钱、纸币(中国银行、交通银行票,官钱局铜元票)	

三、津浦沿线以及沧州为中心的地区

地名	金融机构	通货	度量衡
静海	无	银元(北洋、站人洋、英洋)、铜元、制钱、钱票	
青县	2家钱铺	同上外,小银币流通	
东光	5家钱铺,其中1家发行钱票	同上	
沧州	钱铺32家,大都是兼营,十几家发行票子	银元(北洋、站人洋、英洋)、小银币(东三省)、铜元(多)、制钱(减少)、银锭(白宝银)	裁尺(1尺相当于日本1.14尺)、粗布尺(1尺相当于日本1.71尺),1斤相当于日本148钱,1升相当于日本8合1勺

地名	金融机构	通货	度量衡
盐山	杂货店兼营的钱铺13家	银元（北洋、站人洋）、制钱（主要货币）	裁尺（1尺相当于日本1.15尺）、布尺（1尺相当于日本1.84尺）、木尺（1尺相当于日本1.04尺），1升相当于日本1.83升，1斤同沧州
庆云	钱铺5家	银元（北洋、站人洋）、制钱（主要货币）、钱票	裁尺（1尺相当于日本1.15尺）、布尺（1尺相当于日本1.72尺）、木尺（1尺相当于日本1.03尺），1斤相当于日本137.6钱

四、以鸡泽为中心的地区

地名	金融机构	通货	度量衡
鸡泽	万盛昌、德和玉、乾泰恒3家钱铺	只有银元（北洋、人头洋）、制钱，小银币、铜元不流通	京裁尺（1尺相当于日本1.15尺）、木尺（1尺相当于日本1.05尺），1升为日本9.5合，1斤相当于日本148钱
肥乡	有天锡成、裕丰昌、华丰、万和昌等钱铺，只办兑换	有银元（人头洋、站人洋、北洋）、铜元、制钱（明钱），小银币不流通	
威县	钱铺8家，其中永合钱铺最大，经营贷款，发行钞票	有银元（北洋、人头洋、站人洋）和制钱（京钱），此外流通钱票（2、3、4、5串）	木京尺（1尺相当于日本1.04尺）、裁尺（1尺相当于日本1.15尺），斗量为圆桶状，1升相当于日本3.2合
冀州	有6家钱铺		

五、卫河流域地区

地名	金融机构	通货	度量衡
大名	中国银行、交通银行、保商银行（资本2万元股份制），此外还有5家钱庄，以兑换为主，发行钱票	有银元（站人洋、北洋、人头洋）、铜元、制钱，中国银行、交通银行票在大商人之间通用，此外有铜元票流通	

地名	金融机构	通货	度量衡
南乐	有福泽恒钱庄 1 家，办理汇兑	银元（人头洋，站人洋，北洋稍差）、铜元（主要货币）、制钱（少）	
清丰	兼营钱铺的有 6 家，其中裕丰号大，资本 1000－3000 元	银元（人头洋、站人洋、北洋）、铜元（主要货币）、制钱（有逐渐减少的趋势）	
开州	钱铺 6 家，信用好的有大成、普和成，此外还有中国银行通汇所	银元（人头洋、站人洋、北洋）、制钱的情况和清丰同样，有少量天津发行的中国银行票	
成安	有兼营钱铺的 5 家，其中万盛号最大	银元（人头洋、站人洋、北洋）、铜元（天津、河南、东三省造的多）、制钱	

六、潴龙河流域地区

地名	金融机构	通货	度量衡
容城	有钱铺 6 家，资本 2000 元左右	银元（人头洋、站人洋、北洋）、铜元为主，制钱流通不多，没有小银币	
安兴	有公立质济、元新 2 家钱铺	同上	
蠡县	有钱庄 4 家，都是棉花批发商兼营	同上	
博野	有布庄兼营的钱庄 14 家，业务除兑换外，办理和天津之间的汇兑	银元（人头洋、站人洋、北洋）、小银币（少）、铜元、制钱（减少趋势）、中国银行票（1、5、10 元）	
祁县	除平市官钱分局外，有 7 家钱铺发行期票	银元（人头洋、站人洋、北洋）、小银币（新旧 1、2角）、铜元（最多）、制钱（少）、中国银行票、交通银行票	

七、内蒙古地区及其他

地名	金融机构	通货	度量衡
滦平	无	交通银行票、热河官银号毛票最多，硬币稀少，有裁尺（1尺相当于日本1.10尺）、大布尺（1尺相当于日本1.58尺），1升相当于日本1.2升，1斤相当于日本136钱	
内曼王府	无	小银币1、2角（2角多），铜元稍多，没有制钱，偶尔有奉天交通票	买入量器1斗＝日本1.94斗卖出量器1斗＝日本1.75斗
蒙古镇	无	软币有条子（期票）和帖子，硬币有小银币（2角多）、制钱	大尺（1尺相当于日本1.85尺）、裁尺（1尺相当于日本1.14尺）、木尺（1尺相当于日本1.05尺），1升相当于日本1.68升，1斤为134钱
清河门	无	同上	
怀安	主要钱铺有10家，都是兼营，发行钱票（1吊、1吊半、2吊、3吊）	制钱为主，其他有银元（北洋、人头洋）、铜元（少）流通，票子有上述钱票	木京尺（1尺为日本1.035尺）、京裁尺（日本1.08尺）、老裁尺（日本1.13尺），1斤相当于日本128钱

第19卷

新修四川省的金融货币和度量衡

第三章　金融[①]

第一节　山西票号

四川省的金融业起源于山西票号。山西省出身的雷履泰在天津经营着一家叫日升昌的染料店，他们经营的商品铜绿产自四川省重庆地区。最初，作为交易的决算方法，发行了汇票，代替现银输送。也就是说通过汇兑业务进行交易，非常便利。日升昌也取得了飞速发展。于是，山西人开始模仿，经营汇兑业务的人不断增多，最终出现了所谓的山西票号。另外，当时并没有统一的流通货币，各地有各种各样的流通货币，而且四川省民不太通晓这些货币的换算，山西票号在这个环节中兼营货币兑换业务，获得了很大的利润。当时山西票号在全国也取得了很大的发展，尤其是在华北一带有相当大的势力。在四川省也拥有丰富的财力，对省政府的公款业务，或者省政府的借款，以及各地之间的汇兑业务，都掌握有实权。然而，四川票号并不知道顺应时代的进步，在清朝灭亡等一系列事情上遭受到重大打击。其间，上海、九江地区蓬勃兴起的钱庄，随着扬子江一带对外贸易的兴盛，其势力很快波及四川省。四川人也看到钱庄利益巨大，开始逐渐设立钱庄，而且因为改良了经营方法，钱庄的势力日益发展，山西票号逐渐被钱庄压倒，最终在四川省消失。

第二节　钱庄

钱庄业原本是浙江省绍兴商人创立的。因为在中国各地的流通货币各异，因此有必要进行兑换，而钱庄主要是着眼于此而开展起来的。但是，钱庄主要以兑换为主业，山西票号以汇兑为主业，后来就有人开始二者兼营。随着中国对外贸易的兴盛，钱庄也逐渐扩张了其势力。在民国初年，四川省的山西票号没落之后，钱庄开始兴起，并努力扩张其势力，在全盛时期，重庆有50余家，成都达到30余家，主要面向经营兑换、汇兑的外国工商业者进行融资业务，在金融市场占有势力。但是，民国十年（1921）以后四川内乱频出，经济界也陷入混乱，钱庄接连不断地倒闭。后来，在民国十六年（1927）又暂时复兴，但是因受武汉政变的影响，重庆、万县

---

①　本卷原文以第三章开篇。

地区的钱庄也有很多被迫关闭。同年，在成都因受恶意货币流通的影响，很多钱庄也相继倒闭。之后，省内各地，连同重庆等地的钱庄业，很多因为经营方法不善而倒闭，老百姓也逐渐不再信任钱庄。因此，重庆钱庄同业公会等开始谋求钱庄的改善，试图挽回老百姓对他们的信任，但是大势已定，新设立的银行逐渐成为四川金融业的首领。

四川省各地钱庄业的状况概述如下：

一、重庆

重庆市的钱庄业发祥于光绪初年。最初是兼营兑换制钱、改铸生银、小额存款借贷等业务。经营范围极其狭小。光绪二十年（1894）以后四川省的商业呈现出活跃状态，钱庄业也逐渐有所发展，并最终取代没落的山西票号。宣统元年（1909）设立钱业公所，旨在谋求钱业的发展、发达。此时可称为重庆钱庄业的初期。

民国以后四川省内乱频发，该业蒙受相当大的打击，但是因为获得支持，到民国八年（1919）左右钱庄数达到了50余家。但是到民国八年至九年（1919—1920）受时局的影响陆续破产倒闭，到民国十四年（1925）减少到30余家。同年改组钱业公所，改称钱业公会。之后又暂时复活，到民国十六（1927）年又上升至40余家。但是受国内形势、世界经济状况不景气的影响，以及民国二十年（1929）扬子江下游的水灾，再加上对外问题等的打击，重庆的钱庄逐年剧减，到民国二十四年（1933）仅剩下7家。之后钱庄审时度势，改善了经营方法，总算还能维持着经营。

重庆从民国十年（1921）以来就开始增设银行，在这种情况下，钱庄依然能得以生存，是因为钱庄对工商业者常年实行信用借贷，对商人而言是非常方便的金融机构。

重庆钱庄以及其资本额列举如下（迄于民国二十六年，即1937年）

庄号	资本额	庄号	资本额
益民钱庄	100000 元	复兴义钱庄	160000 元
同心钱庄	100000	谦泰钱庄	50000 元
同盛福钱庄	120000	益友钱庄	50000 元
和成钱庄	150000	义丰钱庄	210000 元
信通和记	100000	和通钱庄	200000 元
集　义	50000	厚　记	50000 元
和　盛	100000	友　康	50000 元
同丰钱庄	50000	庆　誉	50000 元
怡　丰	100000	仁　裕	50000 元
益康祥	60000	益源长	50000 元
濬　记	50000	永　庆	54000 元

二、万县

万县在光绪初年有所谓的"兑换钱铺"五六家，由少数几个人合资组成，服务对象主要是水陆客商及村民，主要经营将铜钱兑换成生银的业务。这可以称为万县钱庄的胚胎萌芽期。后来，有两三家钱铺开始与上下航行的船舶进行交易。民国三年（1914）左右随着三峡航路的开通，商业开始趋向繁盛，钱庄增加到13家。民国七年至八年（1918－1919）因受时局的影响陆续有破产倒闭的，但是随着时局的安定，又都再次复兴。钱庄与各商店，尤其是桐油交易商之间的交易非常兴盛，民国十三年（1924）随着桐油价格的骤升骤降，有数家钱庄因受其影响而关闭。

民国十五年（1926）因开利洋行破产，7家钱庄受其连累。后来因为受武汉政变的影响又有多家钱庄受到影响。之后民国二十二年（1931）因为贸易不景气，很多人开始转而经营钱庄，一时间钱庄数量达到30余家，到次年达到40余家，可以称得上是万县钱庄最兴盛的时期。然而，民国二十三年（1932）金融受匪军以及省政府的统制，再加上上海汇兑暴涨的影响，突然有10余家倒闭破产。从此钱庄再次陷入衰退，仅剩下四五家。据说万县的银钱业联合工会还在规划其组织。

三、成都市

成都的钱庄在民国十七年（1928）以后开始崛起，目前比较重要的钱庄有20家。其名称以及资本额如下所示：

钱庄名	资本额	钱庄名	资本额
惠　川	30000 元	成　益	正资本 30000
			副资本 150000
汇　通	正资本 10000	衡　镒	正资本 30000
	副资本 50000		副资本 40000
和成分庄	100000	和　成	100000
金盛元	正资本 20000	福　川	50000
	副资本 10000		
宝丰分号	20000	南　通	20000
中万利	正资本 3000	和盛分庄	100000
	副资本 5000		

民国十七年（1928），随着钱庄数量的增加，成都的钱庄同业公会开始谋求共同利益的发展，将中国、聚兴诚两个银行吸收进来，成立了成都市银行钱业公会。然而民国二十三年（1932）银行就退出了该公会，仅剩下钱庄来组织成都市钱业同业公会。另外，为了谋求与银行业联系，设置了交易所。

四、自流井

自流井的钱庄的历史可追溯到清雍正、乾隆时期。当时虽然仅有数家，但到了光绪年间，钱庄数量逐渐增加，达到了 30 余家。然而，这些钱庄仅从事将银两兑换成制钱，或者借贷业务。光绪三十三年（1907）山西票号进入自流井，并开始营业，民国以后才收回。自流井的钱庄自此与省内各地的钱庄开始交易，其势力逐渐扩大，钱庄自身有丰厚的财力和信用，但是它过于依赖比较陈旧的信用贷，导致钱庄不断破产，不过也还有 30 余家尚存。然而，现在各种银行成立，逐渐取代了钱庄的位置，钱庄渐渐衰退，到目前仅剩 10 余家。自流井的钱庄号及其资本额如下所示：

钱庄名	资本额	钱庄名	资本额
同德昌	20000 元	达记	18000 元
汇通源	8000	绪 康	20000
聚 丰	10000	富昌美	1000
顺 济	3000	诚 孚	11000
和 益	6000	永 泽	20000
裕 大	4000	？益	19000

贡井市银钱业与白流川银钱业共同组织成立了四川自贡市银钱同业公会。

五、宜宾（叙州）

叙州的钱庄业始于民国三年（1914），之前叙州的交易是通过现银进行的。但是现银交易有诸多不便，于是组织设立了同懋生钱庄。这是叙州第一家钱庄，之后陆续出现同业者，达到 10 余家，在叙州金融市场上占据了非常重要的地位。但是钱庄的经营方法不善，陆续出现倒闭现象。民国十五年（1926）设立了人和、长春、成益三大钱庄，都获取了巨大利润，但是民国二十一年（1930）冬因内乱，以上三大钱庄都破产倒闭，其他的也大都停业。近年随着银行业的兴起，钱庄的业务也逐渐缩小，目前仅剩下以下几家。

和益钱庄 　　资本额 2 万元　　　廉记钱庄 　　资本额 5 万元
厚昌钱庄 　　资本额 1 万 2 千元　　萃益钱庄 　　资本额 2 万元

叙州的钱业公会于民国十八年（1929）组织成立了银行钱业联合公会，它担负着非常重要的任务：与银行、钱庄业共同致力于改善业务经营，共同商议改良交易制度、决算方法以及市场上钱与银的比价。

六、涪陵

涪陵的钱庄业始于光绪初年，有的是从重庆来到当地开设钱庄，也有本地商绅设立的数十家。但是都财力匮乏，主要业务是征收地租。这些钱庄在光绪末年都关闭了。民国二十四年（1935）4 月才又设立了同生福钱庄。

七、乐山（嘉定）

嘉定的钱庄始于民国八年（1919）设立的信成钱庄，但不久就关闭了。源发永在民国十年（1921），以及次年设立了商业钱庄，但是一两年之后就倒闭了。民国十四年（1925）设立人和银号，民国十七年（1928）设立融通银号等，民国二十年（1931）设立德和银号等，这些银号都经营四川省内的汇兑业务，发行无利息存款证。另外，成都的新怡丰银号的分号也开设到本地，自此，钱庄达到其最繁盛的时期。但是一年不到，德和、元亨等因内乱而倒闭，其他的也相继停业，民国二十四年（1935）币制改革之后受银行业打压，仅剩下成益钱庄（资本金10万元）一家。

八、泸县

泸县的天复泰钱庄建立于民国二十年（1931），但是3年后即宣告破产，接着开设了祥昌号，在民国二十四年（1935）业绩非凡，但是自从四川省银行在本地设立以来，其业务相继被抢夺，最终陷入萧条的境地。

第三节　银行

四川省设立银行始于清末的大清银行和濬川银行，这两家银行是由政府设立的，随着清朝的灭亡，两家银行也随之关闭。之后，民国四年（1915）中国银行在重庆设立了分行，同年民营的聚兴诚银行也在重庆开业了。当时因为钱庄的势力还比较强盛，银行业并没有什么发展。从民国八年（1919）开始到民国十二年（1923）间，大中、四川美丰、中和、富川储蓄、四川省银行、四川官银号等先后在成都、重庆两地开设，但是因受分行损失的影响，或受内乱的影响，它们的营业状况都不尽如人意，最终很多都倒闭了。

从民国十九年（1930）到民国二十三年（1934）期间，政局逐渐安定下来，再加上内乱的余波，以及银行的便利等，钱庄业逐渐陷入萧条的境地，银行业逐渐取代钱庄开始兴盛。数年间设立的有平民、川盐、川康殖业、重庆、新业、四川地方、四川建设、四川商业、北碚农村、江津农工、自流井裕商、棠香农村及上海的江海银行分行等13家银行，就这样银行业逐渐繁盛起来。

民国二十四年（1935）省政府改组，并开始实施新的法定货币制度。四川省的金融逐渐进入新的轨道，此时四川银行业迎来了发展期，中央银行、中国农民银行、金城银行等相继在四川省开设分行，四川省银行还设立了金堂农民、垫江农村银行。

之后，随着四川省政局的大致安定，之前为了躲避内乱而投到上海、汉口等各商埠的游资也逐渐返还回来，人们看到银行业可信，于是资金投资到银行，各个银行也因此获得增资。

但是原本号称资金匮乏的四川省，银行资本金已经达到了1500万元，如果继续增资，那么对四川省的经济建设、产业建设方面将会作出很大贡献。几年来四川省内设立的银行总计达到了 28 家，但已经停业的有 15 家，现存的仅 13 家。除此之外，省外在四川省设立的分行有 5 家，本省内有 13 家总行，分行和事务所 110 所，共计 123 所。

一、近年来四川省开设的银行和现存银行

地别	银行名	设立年度	备考
重庆	聚兴诚银行	1915 年	
	大中银行	1919 年	停业
	四川美丰银行	1922 年	
	中和银行	1922 年	停业
	富川储蓄银行	1922 年	停业
	四川银行	1923 年	停业
	重庆平民银行	1928 年	改组成川康平民银行
	川康殖业银行	1930 年	改组为川康贫民商业银行
	川盐银行	1930 年	
	重庆银行	1930 年	原名重庆市民银行
	四川商业银行	1932 年	改组后成为川康平民商业银行
	四川建设银行	1934 年	1937 年一度出现挤兑风波，之后恢复
	四川地方银行	1934 年	改组为四川省银行
	新业银行	1934 年	停业
	四川省银行	1935 年	由四川省地方银行改组而成
	川康平民商业银行	1937 年	由川康殖业、重庆平民、四川商业三家银行合并而成
成都	濬川源银行	1906 年	停业
	四川省银行	1923 年	停业
	裕通银行	不详	停业
	蜀信银行	不详	停业
	西南商业储蓄银行	不详	停业
万县	万县市民银行	1930 年	停业
北碚	北碚农村银行	1931 年	
江津	江津县农工银行	1933 年	

地别	银行名	设立年度	备考
金堂	金堂农民银行	1935 年	
富顺	自流井裕商银行	1933 年	
荣昌	棠香农村银行	1934 年	
垫江	垫江农村银行	1935 年	

四川省现存各银行概况调查表（按照开设顺序）

银行名	总店所在地	设立年份	资本金	分店店数	备考
中国银行	上海	1912 年	4000 万元	208	四川分店 1915 年设置，1922 年重新设置分店，1929 年再次设分店
聚兴诚银行	重庆	1915 年	200 万	21	
金城银行	上海	1917 年	700 万	44	四川分店 1936 年设立
四川美丰银行	重庆	1922 年	300 万	15	开店时美国人有股份，1927 年撤股
中央银行	上海	1928 年	1 亿	45	四川分店设立于 1935 年
川盐银行	重庆	1930 年	200 万	11	旧名为四川盐业银行
重庆银行	重庆	1930 年	100 万	8	旧名为重庆市民银行
北碚农村银行	北碚	1931 年	4 万	3	
中国农民银行	上海	1933 年	750 万	121	四川分店设立于 1935 年
自流井裕商银行	自流井	1933 年	30 万		
江津县农工银行	江津	1933 年	29.9 万	1	
四川省银行	重庆	1934 年	200 万	17	由四川地方银行改组而成
江海银行	上海	1934 年	100 万	2	四川分店建于 1934 年
四川建设银行	重庆	1934 年	100 万	2	1937 年一度停业后恢复
棠香农村银行	荣昌	1934 年	4.8 万	2	
金堂农村银行	金堂	1935 年	5.8 万		
垫江农村银行	垫江	1935 年	3.2 万		
川康平民商业银行	重庆	1937 年	400 万	14	由川康殖业、重庆平民、四川商业三家银行合并而成

四川省在政治不统一、货币制度紊乱、财政没有确立的时代，各个事业都处于畸形发展状态，当时的银行业根本没有做任何积极的活动，仅做一些汇兑投机、公债投资、高利贷等业务，一心一意地为自己获利着想，对农商工业方面的金融毫不关心。直到后来省内政治统一之后，才逐渐与农商工业缔结了关系，在银行内部设立了贸易部，开始与各个商店进行特约货汇业务。设立信托部，还有的兼营仓库业务。另外，在努力吸收存款的同时，还共同投资其他新兴事业，如电力、水泥业、铁路建设等。此外，开始实施农村借贷等银行业本应就有的使命，并变得异常活跃起来。而此时钱庄还在一部分地区残存，银行在全省都开设了分行，各个银行分布在各地形成了金融网。关于重要银行的概略如下所示。

（一）聚兴诚银行

该银行是四川最古老的商业银行，设立于民国三年（1914）10月，杨希仲、杨粲三兄弟以及他们家族人出资经营，在逐渐谋求扩张业务的同时，也在努力充实其资本。最初是资本金100万元的合资组织，到民国九年（1920）增资到140万元，到民国二十六年（1937）由合资变更为股份有限公司，将200万资本额全额投入以谋求充实资本。该银行与其他银行相比较，其信用最高，总店设在重庆。民国十年（1921）为了增加分店，曾暂时在汉口设立了总管理处，两年后又搬回重庆。经营方法最是稳健中正，在民间的信用度很高，占据着西南地区金融的领头军之位。该银行的活动网列举如下：

总行所在地	重庆
分行所在地	重庆、成都、万县
办事处所在地	内江、泸县、新都、成都、重庆
全行职员总人数	374人

（二）四川美丰银行

四川美丰银行创立于民国十一年（1922）4月。英文名为"The American Oriental Bank of Szechuen"。是美国与中国合办的。最初以25万元的资本在重庆设立总行，作为普通的商业银行经营，民国十六年（1927）因美国人退股，成为由中国人支配的银行。民国二十一年（1933）股份资本金为100万元，将其一半又投入账户。到民国二十五年（1936）继续增加资本额，达到120万元，又全额投入以充实资本。次年，为了提升银行信用，进一步发展业务，将本额增加到300万元，并全额投入。该银行于民国二十一年（1932）设立代理部，经营保险、通关、货物证券的买卖等业务。民国二十五年（1936）改为信托部之后，开始逐步活跃。另外，最近还在各地设立办事处和仓库，专门致力于农村借贷以及对零星商业的救济工作。该银行的活动网如下所示：

总行所在地	重庆
分行所在地	成都、万县
支行所在地	重庆

办事处所在地	遂宁、宜宾、泸县、内江、绵阳、太和镇、三台、涪陵、乐山、射洪
全行职员总人数	168 人

（三）川盐银行

该行最初称为盐业银行，主要作为四川盐业者的金融机构而存在。设立于民国十九年（1930），其股份也主要由盐业者出资，他们的投入资本金达到 120 万元，民国二十年（1931）受中和银行破产的连累，而丧失了大部分资产，之后进行了整顿，并改称川盐银行。以稳健踏实为宗旨，不从事任何投机事业，信用也逐渐恢复，民国二十六年（1937）为了扩大银行的业务和信用度，将资本额提高到 200 万元。该银行的活动网如下所示：

总行所在地	重庆
分行所在地	成都、富顺
办事处所在地	内江、江北、江津、合川、合江、涪陵、乐山、泸县
全行职员总人数	120 人

（四）重庆银行

民国十九年（1930）9 月由重庆市政府出资 5 万元，其他由市民承担，在重庆成立了资本金 50 万元的股份银行，并开始营业。之后，陆续完善各种设备，于民国二十一年（1932），在重庆开设了妇女储备部，在成都成立了分行，在内江开设了办事处，在自流井设立了汇兑处。民国二十二年（1933）9 月，将市政府的官股全部让渡给民间，次年又将资本额提高到 100 万元，同时将原来的重庆市民银行更名为重庆银行。

民国二十四年（1935）开设代理部，经营通关、保险、汽船、仓库以及其他业务。另外还联合川盐银行组织成立了盐荷联合办事处，对盐荷进行投资，其担保借贷额高达 100 余万元。

民国二十五年（1936）以后以平稳坚实为宗旨谋求充实资本，结果得到 10 余万元的纯利润。该银行的活动网列举如下：

总行所在地	重庆
分行所在地	成都
办事处所在地	内江、新都、万县、重庆都邮街、三牌坊
汇兑处所在地	富顺
全行职员总人数	116 人

（五）北碚农村银行

江北、巴县、璧山、合川四个县联合出资 1 万元，于民国二十年（1931）10 月，开设了北碚农村银行。主要是为了发展农村经济，推动农村合作。后来该银行的资本金额从 1 万元增加到 10 万元。还设立了贸易部，于民国二十五年（1936）3 月在合川、广安分别增设了办事处。其活动网如下所示：

总行所在地	北碚
办事处所在地	重庆、合川、广安
全行职员总人数	11 人

（六）自流井裕商银行

自流井裕商银行是于民国二十一年（1932）清算川盐银行，重新募集 50 万元资本金，并投入 30 万元，改组而成的。其业务主要是各种存款、贷款、票据贴现、汇兑业务，以及自流井灶公会的征收代理。

| 总行所在地 | 自流井 |
| 全行职员总人数 | 15 人 |

（七）江津县农工银行

民国二十一年（1932）秋，江津县高县长鉴于农村经济眼看着即将陷入破产的境地，于是征得全县的同意，决定设立江津县农工银行，于民国二十四年（1935）1月正式成立。该银行主要向从事农业、工业的人员提供贷款，也兼营各种存款、票据贴现、借贷担保、汇兑业务等。

总行所在地	江津
办事处所在地	江津、白沙镇
全行职员总人数	21 人

（八）四川省银行

四川省银行的前身是四川地方银行，该行是督办刘湘为了整顿全省金融，将资本金 250 万元中的一半拿来投资，于民国二十三年（1934）1月创立的。虽然该银行也发行兑换券，但是因为财力薄弱，不能开展大型活动，于是在民国二十四年（1935）10月，改组地方银行为省立银行，并将资本额定为 300 万元，投入 200 万元重新开始。民国二十五年（1936）在总店设立了储蓄、仓库、信托各个部门，还在南充、达县、绵阳分别增设了办事处，在富顺增设了汇兑处。同年 10 月经省会议决定将资本金增加到 1000 万元，并发行了 1000 万元的辅助货币。

总行所在地	重庆
分行所在地	遂宁、富顺、涪陵、泸县、南充、内江、绵阳、宜宾、达县、乐山、巴中
汇兑处所在地	富顺、射洪、三台
全行职员总人数	190 人

（九）四川建设银行

民国二十三年（1934）春，由唐子晋发起，以 100 万资本金创立。总店设在重庆，专门扶助各种建设事业，主要任务是发展农工商业。民国二十六年（1937）受时局的影响一时萎靡萧条，后来又重新复业。

| 总行所在地 | 重庆 |
| 办事处所在地 | 重庆 |

全行职员总人数　　　62 人

（十）棠香农村银行

民国二十三年（1934）私立荣昌棠香初级中学校长龙树芬，为谋求地方发展，同时也是该校事业之一，出资 10 万元设立。同年 5 月开始营业。

总行所在地　　　荣昌

办事处所在地　　　荣昌大西路

全行职员总人数　　　10 人

（十一）金堂农民银行

该银行是在金堂县行政会议的决议下设立的地方银行，资本金 10 万元，民国二十四年（1935）11 月开业，主要面向农民贷款，但是现在的账户仅 5.8 万元。

总行所在地　　　金堂

全行职员总人数　　　6 人

（十二）垫江农村银行

该银行是一家私立银行。当时垫江农村的金融几近崩溃，该银行由县下有势力的人于民国二十四年（1935）11 月设立。资本金 3.2 万余元，仅用于向农民贷款。

总行所在地　　　垫江

全行职员总人数　　　7 人

二、在四川省没有总店但有分店的银行

在四川省内没有总店，但设置了分店的银行有：中国银行、金城银行、中央银行、中国农民银行、江海银行等。这些银行都拥有雄厚的资金，活跃于四川各地的金融界。

（一）中国银行

中国银行的前身是大清银行，在中国银行的章程指导下，成立于民国初年，逐年增加资本额，民国二十四年（1935）达到 4000 万元，成为官商各自出资一半的股份有限公司。总行设在上海，在各省的城市设立分店，拥有代理国库、发行纸币的特权。民国二十四年（1935）11 月该银行与中央银行、交通银行发行的纸币被定为法定货币，稳定了外币汇兑，整顿了金融。在四川省重庆初次设立分行是民国四年（1915），之后，相继在四川省内各地设立支行和办事处。现列举如下：

分行所在地　　重庆

支行所在地　　成都

办事处所在地　　资中、堆沟港、自流井

汇兑事务处　　重庆、璧山、铜梁、大足、永川、荣昌、合江、江津、綦江、长寿、五通桥、邻水、酆都、合川、内江、富顺、资中、隆昌、自流井、叙州、南溪、江安、筠连、高县、万县、云阳、开县、梁山、奉节、绥定、忠州、涪陵、泸县、成都、嘉定、峨眉

如上所述，该银行在四川省各地铺设了金融网。

（二）金城银行

金城银行于民国六年（1917）5月创立于天津，之后在各地设立分行。民国二十四年（1935）将总行搬到上海。资本金也是逐渐增加，民国二十一年（1932）账户资本额达到了700万元。该银行的主要目的是援助国内外重要工商业，以及谋求发展交通运输业。制碱、精盐、硫酸、小麦粉、棉布等各个工场以及石炭矿山等重要产业都受到该银行的援助，而逐渐发达起来。该银行在四川省重庆市设置分行是民国二十五年（1936）。

（三）中央银行

中央银行是民国十七年（1928）11月由国民政府设立的，民国二十三年（1934）4月资本总额达到1亿元。设有《中央银行条例》，拥有管理国库、发行兑换券、发行铸造国家货币、筹集内外债等的特权。民国二十五年（1936）该银行的业务取得大幅发展，作为国库的代理，除了管理债券的本金利息的支付、关税、盐税、统税、印花税、烟酒税等的收入之外，还致力于稳定外汇业务，为中国金融界打下坚实的基础。该银行在四川省设立分行是民国二十四年（1935），设立在重庆和万县两个地区。

（四）中国农民银行

该银行原本是河南、湖北、安徽、江西四省的农民银行，于民国二十二年（1933）4月在官商合办的基础上，以资本金1000万，账户资金500万元创立。其业务以农村金融为主。民国二十四年（1935）随着业务逐渐发展，在各地设立了分行、支行。因为兑换券的流通区域仅仅限于四省内，非常不方便，因此同年改组为中国农民银行。第二年账户资本增加到750万元。财政部的训令要求其向"土地和农村"进行借贷业务，开发陕西、甘肃、四川、贵州等地。总行设在上海，在四川省以下地方设置了分行、支行以及办事处等，以期协助农村的开发。

分行所在地	重庆
支行所在地	成都
办事处所在地	广元、阆中、乐山、万县、泸县、宜宾、内江、资中、自流井、南充
分理处所在地	重庆、永川、成都、雅安

（五）江海银行

该银行由上海的实业家发起，以100万资本金，创立于民国二十三年（1934）。同年在重庆开设分行，主要经营商业金融。

三、重庆的金融状况

民国二十三年（1934）重庆各银钱业的财力状况如下：银行资本额约885万元，存款总额为42517000元。钱庄资本额为1263000元，存款总额为6875000元。重庆银钱业财力综合为59505000元，是存款资本的5倍半，与全国的银行存款资本相比，其比率还是比较小的。据说民国二十七年（1938）该市的存款额高达 8000 万元。

关于重庆的存款利率，银行的定期存款最高月利息为 1 分 2 厘，最低月利息为 7 厘，普通月利息为 9 厘，活期存款最高月利息为 1 分，最低月利息为 6 厘，普通月利息为 7 厘。如上所述，重庆金融业的资金吸收需要很大的费用，因此贷款利率也非常高。

银行将这些财力运用到借贷、汇兑、投资三方面。民国二十三年（1934）重庆金融机构的借贷状况显示：给省政府的借贷达到了 1998.5 万元，占到实际总贷款额的 51.9%；面向商业的贷款额度为 1232.2 万元，占到总贷款额的 32%；给工业的贷款额仅为 496.7 万元，占总贷款额的 12.9%；给农业的贷款额更少，为 123.2 万元，占总贷款额的 3.1%。银行的总贷款占到了总财力的 74.8%。

钱庄的借贷主要用于商业方面，占其总贷款的 69.5%，省政府贷款为 24.7%，工业贷款为 5.5%，农业贷款为 0.3%，总贷款额占到钱庄财力的 93.8%。

综合观察重庆金融业的贷款状况，银行的贷款主要面向政府，钱庄的贷款多与商业相关。

贷款利率方面，城市与农村各有差异。贷款期限有长期和短期。在城市，长期为 3 个月，短期为半个月。在农村，大体上一两个月为短期，半年到一年以上的为长期。每月的贷款利息，城市里长期贷款利率最高为 1 分 8 厘，最低为 6 厘，普通的为 1 分二三厘，短期半个月的贷款利率，最高达 2 分以上，最低 5 厘以下。这些都是建立在供需关系上的。从种类上来看，贷款利率最高的是政府借款，通常月利息为 1 分 8 厘，甚至到 2 分 5 厘。其次是工商贷款，通常月利息为 1 分一二厘左右。农村贷款普通月利息为二三分，承借人多为农民和当地做小买卖的，借贷人多为当地的小地主、商店、典当业者。因为贷款利息很高，所以对四川省农村的振兴基本上没有起到帮助作用。

汇兑买卖是四川金融业的重要业务之一，民国二十三年（1934）重庆各银行的汇兑总额为 16462.5 万元，钱庄的汇兑总额为 4470 万元。但是很少是贸易方面的，主要用于投机买卖了。因此导致上海汇兑的暴涨。不过自从设立了中央银行重庆分行以来，对此有所抑制，之后该风潮逐渐变弱。四川金融业的投资主要面向地方公债，但是除此之外，也投资土地的购入及进出口货物。民国二十五年（1936）在省内设有总行的聚兴诚银行、四川美丰银行、川盐银行、重庆银行、四川省银行、四川建设银行等有价证券投资额高达 4100 万元以上。

另外，从最近重庆市的金融概况和交易惯例来看，重庆市的银行和钱庄的存款种类大致有三种，即商业、储蓄和信托。其中信托尚未普及。存款额仅重庆市就大约有 8000 万元。

贷款的种类有信用、担保、汇兑。担保借贷率普通月利息为 1 分三四厘，信用借贷的利率比担保利率高出 2 到 3 厘。另外与同业或者商店之间的交易多采用年节制度（各节日前的借贷结算）。借贷对象大部分为各交易地的商店同业者，其次是对个人贷款。过去的借贷偏重信用借贷，近年来该趋势减弱，担保借贷呈增长态势。

汇兑有汇票、期票、电汇。一般情况下多采用期票，汇票除了要花费手续费，还要征收邮政税，电汇需要征收电信费。汇兑手续费一般情况下为每千元5角，考虑到环境和供需情况，虽然差距不大，但各地多少有变动。另外因为有期限制度的习惯，又分到期日支付汇兑和预付汇兑。这两种在商店同业者之间都在应用。

四、成都的金融状况

从最近成都市的金融概况和商业习惯来看，成都市的银行和钱庄两个行业的存款金额高达1500万元。除此之外，各商店、公司等也吸收存款，其利率比银行与钱庄都要高，因此估计其存款金额也不少。存款分活期和定期，活期利率为3分、4分、5分等多种，定期利率为一年九分之一或者十分之一，但是各个商店、公司的存款利率普遍较高，月利率为1分5厘左右。

位于成都的中央、中国、交通、农民各个银行，针对借贷大体采用紧缩方针，四川省各银行的借贷大多与普通钱庄业的借贷一样，是信用贷和担保贷。月利率一般为1分5厘到2分之间，期限以15天为限度，每月的借贷总额有限度，因此可见市场的金融呈现极度枯竭的态势。

成都市的一般银行，面向其他省份，针对汇兑，每千元要征收1元的手续费，省内征收5角。

五、四川省各地的银行公会

四川省各地近来因为银行数量增加，为了联系上的方便，组织成立了公会。民国二十五年（1936）的银行公会状况如下所示：

（一）重庆

位于重庆的银行同业公会始于联合会。民国十五六年左右，银行的数量较少，为了几个银行间的联络以及研究其利弊，开设了联合会。之后，因为银行数量增加，于民国二十年（1931）秋，组织成立了银行业同业公会。该公会"每天在公会开设外汇市场，也经营票据贴现"，还"筹集特别社公债，设立银行联合库，以及票据交换所"，这些都是在代表大会上共同决议的，旨在谋求银行间的共同利益与共同发展。重庆市银行同业公会会员列举如下：

中国银行　　　　聚兴诚银行　　　四川美丰银行
重庆川盐银行　　重庆银行　　　　四川省银行
江海银行　　　　四川建设银行　　川康平民商业银行

（二）成都

民国二十二年（1933）之前成都的银行很少，因此也没有组织银行公会，仅仅设立了银行钱业公会，直到民国二十三年（1934）5月才正式成立了成都市银行同业公会。本会会员列举如下：

中国银行　聚兴诚银行　川盐银行

重庆银行　四川省银行　四川美丰银行

川康平民银行

（三）万县

据说万县银钱业联合会正在组织准备中。

（四）宜宾（叙州）

因为叙州的银行数量没有达到法定数，因此并没有组织正式的公会。民国十八年（1929）银行与宜宾的钱庄联合组织了银行钱业联合会，致力于改善该行业。该会会员列举如下：

中国银行　四川美丰银行　廉记钱庄

和益钱庄　羣益钱庄　厚昌钱庄

（五）自流井、贡井地区

自流井、贡井地区的银行组织成立了四川自贡银钱公会。本会会员列举如下：

银行	中国银行　四川省银行　重庆川盐银行
	重庆银行　裕商银行　川康平民商业银行
钱庄	裕大　怡康　达记　汇通源　永达　恕记
	羣益　荣康　钧记　顺济　积善庆　同新正
	同心昌　利金　同永义　盛祥

第四节　票据交换所

光绪三十三年（1907）重庆的协心和钱庄，鉴于市场交易不断兴盛，现金收支很不方便，因此发行了"收条"，即小支票，用于清算交易。这是重庆票据交换的开端。

民国二十二年（1933）春，银钱业同业公会联合公库正式开始进行票据交换，直到民国二十四年（1935）银行联合会成立之前，一直在此进行票据交换。次年重庆银钱业者将票据交换的清算事务委托给了中国银行，中国银行从其资金中支出300万元，设置了票据交换所处理该事务。

加盟重庆票据交换所的各个银行、钱庄的名称列举如下：

银行　四川省银行　中国银行　聚兴诚银行　四川美丰银行　川康平民商业银行　重庆银行　川盐银行　金城银行

钱庄　同生福钱庄　和济钱庄　复兴钱庄　益民钱庄　通信钱庄　谦泰钱庄　同丰钱庄　义丰钱庄　永庆钱庄　和通钱庄　益友钱庄　和成钱庄

另外，没有加盟票据交换所的有中央银行、中国农民银行、江海银行、建设银行等。

自从这次蒋政权将政府转移到重庆以来，因为政局的变动，交通也陷入困境，导致进出口贸易遭受重大打击。而且伴随着战局的发展证券市场也被迫停止交易，银行业务也已经陷入停顿。各个银行为了谋求各自业务的发展，开发内地产业，陆续在内地各县市镇增设分店、办事处。如四川省这样，瞬间增设大量银行的事情是自古以来少见的现象。四川省各地银行的分布状况列举如下：

地名	银行名称
重庆	省行、聚行、川盐、美丰、川康、重庆、建设、和成、中央、中国、交通、农民、金城、上海、浙江兴业、江海、新华信托储蓄、中国国货、中国实业
成都	中央、中国、农民、交通、金城、上海、省行、美丰、聚行、川康、重庆、和成、川盐、成都市民
内江	中国、农民、交通、省行、美丰、聚行、川康、重庆、川盐
乐山	中国、农民、上海、省行、美丰、川盐、川康、重庆、和成
宜宾	中央、中国、农民、美丰、省行、重庆、川康
涪陵	中国、省行、美丰、和成
南充	农民、省行、美丰、和成
资中	中国、农民、省行
万县	中央、中国、农民、交通、省行、美丰、聚行、川康、重庆、川盐
自流井	中国、农民、交通、省行、美丰、川盐、重庆、川康、裕商
泸县	中国、农民、省行、美丰、聚行、川盐、川康、重庆
新都	聚行、上海、川康、重庆、成都市民
绵阳	中央、交通、省行、美丰
合川	中国、省行、美丰
三台	中央、省行、美丰
太和镇	省行、美丰
江津	省行、川盐、美丰
遂宁	省行、美丰
隆昌	中国、省行
叙永	省行、美丰
永川	农民
江北	川盐
新津	省行
綦江	省行

地名	银行名称
石桥	中国、省行
广元	农民、省行
合江	省行、川盐
巴中	省行
富顺	同上
云阳	同上
广安	同上
奉节	同上
阆中	同上
西充	同上
三汇	同上
中坝	同上
江安	同上
眉州	同上
袭滩	同上
洪雅	同上
灌县	同上
松潘	同上
康定	西康、重庆
西昌	西康、省行、重庆、和成
雅安	中央、交通、农民、省行、西康、川康、重庆

注　省行指四川省银行，聚行是指聚兴诚银行，美丰是指四川美丰，川康是指川康平民商业银行，农民是指中国农民银行，上海是指上海商业储蓄。

以上银行中，四川省银行因为代理省金库，所以在各地设置了办事处。另外，从四川省整体来看，拥有银行的城市是极少数的。而且银行都集中在商业城市，因此容易形成业务上的竞争态势，导致较大资本垄断一切，小资本银行垂涎三尺，只能处于观望状态。另外，不用说，没有银行的地区则是高利贷横行。

第五节　其他金融组织

四川省的金融动脉是前面提到的银行、钱庄等。近年来在四川省的人民中，有很多游历海外的人，他们洞察世界金融界的动向，并学习其新组织。然而，另一方面在偏僻的农村还依然存在旧的金融机构，现简略叙述如下：

一、银公司

四川省原本没有见到有银公司的设立，民国二十六年（1937）3月，为了开发四川省的产业，组织成立了四川盐业银公司。其资本额为500万元，股东有四川省10家银行、16家钱庄以及个人等。业务范围大体上与中国建设银公司相同，主要针对企业公司进行投资。已经向中国木业公司投入70万元，向嘉陵纺织公司投资50万元，向兴华实业公司投资20万元。

二、信托公司

四川省之前在重庆有一家信托公司，但是因为亏损已经于民国二十四年（1935）解体。同年11月，中央信托局在四川省的成都、重庆设立了分局，在万县设立了办事处。该局是由国民政府特许的中央银行创立的，其账户资本达一千万元，主要业务如下所示：

储蓄业务　信托业务　会计采购业务　保险业务　保管业务

三、储蓄会

四川省的储蓄会，之前设立了中法、万国两个储蓄分会，取得了相当的成绩，民国二十四年（1935）根据两会的命令关闭了。之后，设立了中央储蓄会，并从中央信托局得到500万元的投资，专门进行储蓄奖励。民国二十五年（1936）5月，在重庆设立分会，紧接着在成都与万县也设立了分会。

四、典当业

四川省的典当业在清朝时相当发达。当时经营此业的都是陕西帮，经营稳健并取得了相当的成绩。民国初年，受四川省内乱的影响，将资金收回到了陕西。借此机会，四川帮兴起，并陆续开始从事此业，省里也制定了章程，确定公认当铺。受民国十二三年及民国十六七年通货暴跌的影响，典当业饱受巨大打击。但是，到民国十八九年典当业又一时复活元气。转瞬之间，四川经济界整体陷入不景气状态，典当业也入不敷出，大多都相继停业。另外，在四川省典当业作为农村金融机构有着相当的势力，而且普通市民从典当行业参与金融的人比较多，但是典当业依然很不景气。

四川省的典当业有典当和代当。典当的资本额巨大，利息也低，典当期也相对较长。代当也叫转当局，一般散落在农村各地，成为乡镇和城市典当商的中介机构，城市的典当店为了扩展业务常常在镇上设置代当。代当通常会在收入典当物三天之后将其运到城市的典当店，并收取回扣，这个叫小押当。

典当业的组织大多为个人组织，平均资本金为 2.5 万元。典当一般按照典当物的五成借贷给顾客，并给抵押人开局当票。目前四川省农村有四百几十家典当业者。

各个城市的主要典当号和其资本额列举如下：

成都

当铺名	资本额	当铺名	资本额	当铺名	资本额
有庆	3 万元	永丰	3 万元	协济	1.5 万元
协通	1.5 万元	友益	5 万元	惠元	5 万元
元亨	1.2 万元	允新	3 万元	复兴	5 万元
同益	3 万元	民信	3 万元	裕民	3 万元
光厚	2.5 万元	合益	2.5 万元	裕祥	5 万元
荣簏	5 万元				

宜宾

当铺名	资本额	当铺名	资本额	当铺名	资本额
利成亨	0.5 万元	同丰	0.6 万元	庆余	1 万元
百益	0.5 万元	宝丰	0.5 万元	裕昌	0.6 万元
谦益	1.2 万元				
涪陵					
信义	1 万元				

万县

当铺名	资本额	当铺名	资本额	当铺名	资本额
汉昌	0.8 万元	义永	15 万元	义顺	0.9 万元
义济	1.2 万元	永太	1.8 万元	永懋	1.8 万元
永合	1.2 万元	义森	1.8 万元		

乐山（嘉定）

当铺名	资本额	当铺名	资本额	当铺名	资本额
国济	0.8 万元	大亨	正资本 4 万元 副资本 2 万元	信义	6 万元

五、保险业

据民国二十五年（1936）中国保险年鉴的调查显示，四川省的保险业，省内有 1 家总店，省外来四川省设置分店的有 4 家，设置代理处的有 8 家。

华兴保险股份有限公司账户资本金 50 万元，民国二十四年（1935）9 月，在重庆设立总行，在万县、成都、泸县设置代理处。

在四川省设置分公司的有：中国天一保险公司、四川保险公司、华安合群寿公司、实丰保险公司等。

各保险公司在成都、重庆、万县设置了如下表所示的银行作为代理处。

地名	代理者名	公司名称	地名	代理者名	公司名称
重庆	中国银行	中国保险公司	成都	聚兴诚银行	兴华保险公司
同上	郑邦	永安寿险公司	成都	中国银行	中国保险公司
同上	美丰银行	天一保险公司	同上	梁新明	中央信托局保险部
同上	聚兴诚银行	兴华保险公司	同上	聚兴诚银行	兴华保险公司

六、仓库业

据民国二十五年（1936）的调查显示，四川省的仓库业合计有 34 家。依托银行经营的有 20 家，依托批发商经营的有 14 家。仓库列表如下：

地名	仓库名	容量	地名	仓库名	容量
重庆	川康平民商业第一仓库	三四万余包	重庆	和群仓库	三四万包
同上	聚兴仓库第一仓库	1 万余包	同上	白理洋行仓库	400 件
同上	隆茂洋行仓库	——	同上	庆记仓库	——
同上	复兴仓库	——	同上	胜家公司北仓库	6000 余包
同上	施美桐油仓库	6000 余公担	同上	生利桐油仓库	100 吨
同上	中国银行第一仓库	2000 余包	同上	中国银行第二仓库	600 包
同上	中国银行第三仓库	3000 包	同上	中国银行第五仓库	3000 余包
成都	聚兴诚第一仓库	1000 件	成都	聚兴诚第二仓库	500 件
同上	聚兴诚第三仓库	200 件	同上	聚兴诚第四仓库	2000 件
同上	聚兴诚第五仓库	1000 件	同上	聚兴诚第六仓库	1000 余石
同上	聚兴诚第七仓库	3000 石	同上	聚兴诚第八仓库	4000 石
同上	新仓	1800 石	同上	榨油厂仓	2000 石
同上	酱油仓	1000 石	同上	五? 庙仓	1500 石
同上	雷少臣仓	1000 石	同上	昭觉寺仓	1500 石
同上	中国银行仓库	1500 件	同上	聚兴诚银行第一仓库	——
同上	聚兴诚银行第二仓库	——	同上	川康平民商业银行仓库	

七、合作金库

合作金库是政府与合作社共同组织的金融机构，旨在谋求筹集合作资金和发展合作事业，主要是为了促进农村经济建设而设立的。其业务与银行并无差异，但是主要面向合作社，贷款也是长期、低利率。最近发布了合作金库组织通则，尤其是最近在四川省已经开设了37处，在全中国而言，也是最发达的省份了。县合作金库的资本额大体上是10万元。具体情况列表如下［中国金融年鉴，民国二十七年（1938）调查］：

四川省合作金库总、分县库营业概况

库名	成立年月	信用贷款金额(元)	担保贷款金额(元)	存款额(元)
成都总库	民国二十九年（1940）11月	608633	——	63855
达县分库	民国二十六年（1937）7月	202690	28144	17229
灌县分库	民国二十六年（1937）8月	155024	18151	48360
威远分库	同年10月	117220	39235	41220
酆都分库	民国二十七年（1938）2月	31760	—	50210
广安分库	同年2月	74405	2070	18743
泸县分库	同年2月	114358	2600	166
阆中分库	同年3月	84654	9252	23002
顺庆分库	同年4月	160829	9556	14330
大竹分库	同上	22031	——	13640
巴中分库	同上	65019		9401
北碚分库	同上	76666	——	4153
永川分库	同上	129243	——	3400
潼南分库	同上	88181	17385	20429
宣汉分库	同上	61070	190	30409
剑阁分库	同上	92818	——	6317
邛崃分库	民国二十七年（1938）5月	50500	——	6773
荣县分库	同上	7277	22318	2072
绵阳分库	同上	109702	8200	8565
万县分库	同上	213467	——	12061
垫江分库	同上	13982	2027	14954
梁山分库	同上	5355	1380	12781

库名	成立年月	信用贷款金额(元)	担保贷款金额(元)	存款额(元)
南部分库	民国二十七年（1938）6月	41283	——	17193
营山分库	同上	67373	299	12308
岳池分库	同上	66759	1640	27151
长寿分库	同上	52428	——	6677
开江分库	同上	17939	——	1457
温江分库	民国二十七年（1938）7月	8770	10024	40441
西充分库	同上	2699	6008	2555
渠县分库	同上	2775	——	6795
涪陵分库	同上	15983	——	7408
开县分库	同上	6731	——	2283
彭县分库	民国二十七年（1938）8月	5959	——	5959
蓬安分库	同上	22184	3286	3905
宜宾分库	同上	37502	——	40
铜梁分库	同上	8893	5519	3634
广元分库	民国二十七年（1938）11月	10440	——	

第六节　货币

因民国以来四川当局者屡屡更迭，四川省的流通货币每更迭一次，就发行一次，因此存在多种货币种类。比如，银币就有老版、新版、龙纹、人头洋、挂须、大足之分。还有广东、云南、福建、湖北各省制的银币。铜币有新旧、大小、薄厚之别，纸币就更复杂多样了。而且其价值也不固定。流通区域也有区分，给老百姓带来诸多不便。直到民国二十四年（1935）11月国民政府进行了货币制度改革之后，才使得四川省的流通货币大体统一起来。下面是流通货币变迁的概况。

一、四川省初期流通的货币

四川省在光绪二十七年（1901）以前有银元宝和制钱两种流通货币。银元宝因为其重量不定，每锭的重量有十两左右和五两左右的。虽然数量有限，却是很重要的流通货币。制钱是京师宝泉局铸造的，圆形中央有个方孔的铜币当时是作为辅助货币存在的。

二、光绪二十七年（1901）到民国十七年（1928）间流通的货币

该期间的货币有：银锭、银币、纸币、铜元、制钱。

（一）银锭

光绪二十七年（1901）成都设立了造币厂，是银锭铸造的开始。然后逐年减少，到民国以后在市场上基本就看不到银锭了。

（二）银币

该时期银币有如下几种：

清代龙源，袁头银币，新旧汉字大元，5 角旧银币（龙纹），5 角新币（汉字），1 角、2 角、半角银币，云南银币。

成都造币厂在该时期铸造的银币数量列举如下：

1 元	72699138 枚	5 角	40057325 枚
2 角	1037635 枚	1 角	1927493 枚
半角	1240075 枚		

以上的 1 角、2 角、半角自民国以来就不再铸造了。

（三）纸币

该时期四川省内银行发行的纸币有：四川银行的军用票，濬川源、中国、交通、殖边、聚兴诚银行的纸币。据说这些纸币的发行额达到了 2500 万元到 3000 万元。但是，民国八年（1919）四川当局以市价将这些纸币收回，金额达到了 2000 万元。老百姓从中获利。之后，银行发行的纸币逐渐减少。与此同时，成都各地的钱庄发行了一种叫执照的纸币，其种类达到了数百种，最终导致大部分钱庄走向倒闭。

（四）铜币

四川省的铜币种类很多，占全国第一。有汉字形、大清龙纹形、五色国旗形、中华民国形等，而且省内按地方不同也各有不同。铜钱的价格有 10 文、20 文、50 文、100 文、200 文等。

成都造币厂逐年铸造的铜币数量列举如下：

200 文（民国以来）　746923353 枚

100 文（民国以来）　404295260

50 文（民国以来）　373646326 枚

20 文（光绪二十八年到民国十三年）　178826526 枚

10 文（光绪二十八年到民国十三年）　749516902 枚

5 文（民国三年铸造）　556121 枚

（五）制钱

呈圆形，印有光绪通宝、乾隆通宝及年号，圆形中间有个方孔。铜币开始制造之后，制钱就减少了。民国初年 10 张制钱相当于 1 枚铜元。民国十年（1921）以后就不再使用了。

三、民国十八年（1929）到民国二十四（1935）年间流通的货币

这期间，因为各种金融机构各自发行流通货币，四川省的流通货币的复杂程度达到极致。

（一）银币

其种类达到了 26 种，其流通区域如下表所示：

种类	种别	主要流通区域	备考
汉板大洋	大洋	四川各县通用	民国元年（1912）、民国三年（1914）成都厂铸造；民国十七年（1928）重庆铜元局铸造
川板龙洋	同上	同上	有光绪、宣统时期的
江南龙洋	同上	同上	有甲辰、庚子时期的
袁头大洋	同上	同上	有民国三年、民国九年时期的
中山大洋	同上	同上	中央厂铸造
大清银币	同上	同上	
湖北龙洋	同上	同上	有光绪、宣统 2 种
北洋大元	同上	同上	
广东龙洋	同上	重庆通用	
安徽龙洋	同上	同上	
造币总厂币	同上	同上	
北洋机器局币	同上	同上	
鹰洋	同上	同上	墨西哥铸造
开国纪念币	同上	同上	
云南龙洋	同上	各县减价通用	有光绪的大字、小字，宣统的大字
杂色川洋	同上	各县减价通用或拒绝通用	种类最多
川龙半元	半元	江津、合川、永川、古宋、罗江、眉山、潼南	
云南半元	同上	三台、安岳、乐至、潼南、蓬溪、射洪、中江、汉源、富顺	东南以外的各县流通
厂造半元	同上	成都、什邡、新繁、古宋、兴文	

种类	种别	主要流通区域	备考
袁头半元	同上	富顺、自流井、洪雅、眉山	俗称中元
唐头半元	同上	洪雅、汉源、江安、古蔺、眉山、潼南	货币的侧面有双旗，又叫旗枚
杂色半元	同上	在云南半元、厂板使用区减价使用或拒绝使用	云南半元有钢板、厂板、?① 板
广东双豪	角洋	富顺、内江、资中、宜宾、古宋	
龙豪	同上	灌县、荣昌、江安、叙永、古蔺、庆符、兴文、南溪、隆昌	广东、湖北铸造
单角	同上	毫洋使用区域都流通	有龙纹等
杂色毫洋	同上	毫洋使用区域都流通	广西、福建、江西铸造的是二豪，云南铸造的是半龙豪

（二）纸币

民国十八年（1929）到民国二十四年（1935）发行的纸币有钞票、粮契税券、公单、抵解证、交换证、保管证、承兑券、汇划证等8种。

民国十八年（1929）以后，大中、中和、美丰、川康、重庆市民等各个银行，陆续开始发行纸币。发行额分别为：中国银行，300多万元；美丰银行，200万元；川康银行，200万元；重庆市民银行，100余万元。民国二十三年（1934）设立的四川地方银行发行10元、5元、1元券。另外，也发行2角、5角券。万县还发行了铜元券。但是各个银行都储备了兑换预备金。同年省当局组织成立了中国、聚兴诚、地方、重庆、川康、平民、美丰、川盐等8家银行的组合，设立兑换券发行准备库专门负责纸币的发行保管事务。发行额达到900余万元。现银预备金有六成。但是二十一军因为需要军备资金，将准备金支出的同时，继续发行纸币，数额达到3000万元。导致现银匮乏，纸币数量过多，纸币价格下跌，省内的货币制度愈发紊乱。再加上内乱，对外贸易也日渐衰微，上海外汇市场大幅跌落。

省政府改组后为了整顿四川省金融的紊乱状况，各银行决定收回发行的纸币，省财政部将3000万元公债作为担保交付给中央银行四川分行。以此充当地方银行发行的纸币回收基金。因此，中央银行发行印有上海地名的纸币，将民国二十四年（1935）1月省内银行发行的纸币约3076万元的八成，在两个月期限内全部收回。而

---

① 原书此字模糊不清，无法辨识。

且中央银行发行的印有上海地名的纸币是按照国家货币的标准行使的，因此逐渐形成了货币制度的统一。

前面提到的中央银行纸币开始发行，各省银行的纸币开始回收，期间作为地方券发行的有粮契税券［民国十九年（1930）二十一军发行，额度为 900 余万元］，公单［民国二十二年（1933）银钱业联合会发行，额度为 800 万元］，抵解证［民国二十四年（1935）抵解证委员会发行，额度为 100 万元］，交换证［民国二十四年（1935）交换委员会发行，额度为 450 万元］，保管证（同年为了收回交换证而发行），承兑券（同年发行，额度为 200 多万元），汇划证（同年省政府发行，额度为 800 万元）等。

（三）铜币

期间发行的铜币有如下种类：

制钱（当十文用），当十龙纹铜币（当百文用），当十汉字铜币（当百文用），当五十铜币，小型当百文铜币，大型当百文铜币，小型当二百文铜币，大型当二百文铜币，大型当二百文铜币二分之一（将二百文铜币对半切开），大型当二百文铜币四分之一（将二百文铜币分成四份），当四百文铜币（广安一带通用）。

四、四川省法定货币政策的实施状况

民国二十四年（1935）11 月财政部为了救济中国金融界，仿照各国的先例，颁布了紧急法令，规定中央、中国、交通三家银行发行的纸币为法定货币。但是所有的纳税及公私金的收支基本上都仅限于法定货币，禁止使用现银。如果违反该规定就全部没收，有效防止了现银的囤积。民国二十五年（1936）1 月中国农民银行也按照财政部的命令，发行了一亿元纸币，并与前面提到的三家银行一样，作为法定货币来使用。然而，四川省老百姓对此抱着极大的疑问并散布谣言，有人就借此机会谋利，物价暴涨，铜元匮乏，一时间金融市场出现恐慌。省政府严格取缔，逐渐恢复了常态，民间的现银开始多起来，并可以与法定货币进行兑换。其兑换办法如下：

1. 普通银洋　至今一直使用的四川银币 1 元可以兑换法定货币 1 元。银成分含量低，原本在市场上就打折使用的，根据其含有的纯银量进行兑换。

2. 光哑川洋　除铜铅以外都可兑换，需要打折的按照市场价格进行兑换。

3. 云南半元　清朝时铸造的和民国年间铸造的半元，2 枚兑换 1 元法定货币。另外云南新铸造的半元，4 枚兑换 1 元法定货币。

4. 什银　纯银 234934 瓦（市平的 0.75179）可兑换法定货币 1 元。

5. 生金　运到上海估算组成成分，再计算价格。计算方法以上海九七八标准金的组成成分为标准，根据中央银行的每日标准金的行市计算，并扣除运费。从四川到上海、伦敦的运费每条以 15 元计算，比如，标准金市价为每条 1146 元 6 角，扣除15 元的运费，其价格为 1131 元 6 角。

五、各银行、钱庄的法定货币使用额

四川省因为实施了法定货币政策，纸币变得统一起来，四川省各个银行也把接受使用纸币变为主要业务。接受使用的法定货币额度，在民国二十五年（1936）6 月达到了 4430 万元。各个银行法定货币接受使用额度大体如下所示：

聚兴诚银行 100 万元　　美丰银行 1200 万元　　重庆银行 1000 万元

川盐银行 700 万元　　　川康银行 200 万元　　商业银行 600 万元

平民银行 150 万元　　　江海银行 200 万元　　建设银行 50 万元

钱庄方面：

和成钱庄 110 万元　　　通信钱庄 50 万元　　　永庆钱庄 30 万元

宝丰钱庄 10 万元　　　 和通钱庄 30 万元

后来，川康、建设两家银行又各自接受使用了 100 万元，还有，省银行 1000 万元，川盐银行 150 万元，美丰银行 100 万元，各个银行从中央银行领受的法定货币总额达到了 6980 万元（1937 年 1 月）。

六、新辅助货币

四川省旧的铸造辅助货币的种类有数十种，其组成成分各异，流通区域也有限制，使用很不方便。为此，民国二十五年（1936）6 月，中央银行重庆分行发行了新的辅助货币，使用非常便利。国民政府在民国二十五年（1936）1 月公布了关于新辅助货币的条例。摘录如下：

1. 辅助货币的铸造全部在中央造币厂进行，由中央银行担负发行工作。

2. 辅助货币的种类如下所示：

镍币 3 种

| 20 仙 | 镍币 | 总重量 | 6 瓦 | 纯镍 |

20 仙　镍币　　　总重量　6 瓦　　　纯镍

10 仙　镍币　　　总重量　4.5 瓦　　纯镍

5 仙　 镍币　　　总重量　3 瓦　　　纯镍

铜币　2 种

1 仙　 铜币　　　总重量 6.5 瓦　　　组成成分 铜九五　锡五

半仙　铜币　　　总重量 3.5 瓦　　　组成成分 铜九五　锡五

3. 辅助货币根据十进位法，与法定货币 1 枚的对应枚数如下所示：

20 仙　镍币　5 枚　　　　　　　　10 仙　镍币　10 枚

5 仙　 镍币　20 枚　　　　　　　 1 仙　铜币　　100 枚

半仙　铜币　200 枚

4. 辅助货币的发行形式：财政部立案，向行政院提出申请之后，由国民政府公布实施。

5. 辅助货币的接受额度：镍币以每次 20 元法定货币为限度。铜币以每次 5 元法定货币为限度。只不过，赋税的收受和中央银行的兑换不受此限制。

6. 过去通用的流通货币由财政部收回，并改造。在规定的期限内要按照市价使用。关于收回办法和期限由财政部另行规定。

7. 辅助货币经过长久使用会有自然磨损，磨损法定重量的百分之五的货币可以兑换中央银行的新货币，但是故意损毁，或者切取一部分达到减少重量目的的，则失去流通效力，不能再申请进行兑换。

8. 伪造辅助货币，或者做出损害辅助货币信用的，依法惩治。

9. 本条例自公布之日起实施。

通过观察最近流通货币的状况，四川省各地的流通货币全部是法定货币。其中以中国、中央两家银行的纸币最多，中国农民、交通两家银行紧随其后。这与该省银行创立的历史以及各个银行的支点、办事处等的分布状况有紧密关联。另外，在北川地区的各县，今天还在流通云南半元银币，川南地方流通广东 2 毫银币，即使在川东偏僻的少数县区也在使用银币。但是最近各个银行采取了将这些货币作为商品进行回收的措施，它们的流通量逐渐在减少。在市场上流通的铜币的种类极其复杂，而且遍布各个市场，因此中央银行发行的辅助货币的流通也受到很大影响。川南一带相当于二百文强的铜币在流通，川东、西北地区相当于二百文的铜币在流通。

第四章　度量衡

第一节　概述

在四川省，自古以来在物资交易时必需的度量衡，都是由各地方的老百姓自制的，根据职业或者商业贸易的不同，各自使用不同的度量衡。另外，因为地方不同，度量衡也不同，因此给该省老百姓带来很大的不便。

四川省政府为了统一这些度量衡，于民国二十五年（1936）制定了新的度量衡法，想努力改善这种混乱局面，但是常年用惯了的旧度量衡不是那么容易被废除，如今依然在各地使用着。

关于四川省新旧度量衡的概说见下文。

第二节　旧度量衡

旧度量衡没有任何共通的规矩，大多根据各个地方的商业习惯而定。

量器也根据地方不同而不同，大体上有裁尺、公议尺、鲁班尺。裁尺比公议尺长，鲁班尺比公议尺短。市场上采用的尺的刻度为点线式，每隔一寸附有刻度，大多是手工制作的。

量器的使用对象仅限于米、谷类，其用途非常少。一般不用于酒、酱油、油等的液体，而多用于重量交易。当地使用根据重量规定液体1斤、半斤、1两等容量的容器做买卖，乍一看，跟量谷物的量器没有两样。只是它们的基础是根据重量而已。但是液体物品的大宗交易不使用这些容器。

量器是木制方形的。1升以下的物品使用自制的竹筒。

衡器有用于银两的银平和用于商品的天平，以及用于量轻量物品的戥子。银平大概是九七平，根据地方不同，每10两会有数钱的差异，天平是16两为1斤的衡器，据说1两等于银平的一两。实际上每斤会有1两左右的差异，甚至有时1斤会有三四两的差异。另外，根据交易货物的不同，也有以18两为1斤，或者20两为1斤，甚至24两为1斤的。戥子是银平的代用衡。度量衡的单位原则上依据十进位法则。

一、度

10尺为1丈，10寸为1尺，10厘为1寸。另外，根据地方不同，也有的将5尺叫1步，并使用它作为量器。但是这种场合的尺仅限于营造尺。

二、量

当地一般情况下，10 斗为 1 石，10 升为 1 斗，10 合为 1 升。有时将 5 斗叫斛，1 升的四分之一或者六分之一叫 1 碗。

三、衡

当地 100 斤为 1 担，16 两为 1 斤，10 钱为 1 两，10 分为 1 钱。

四川省各地的旧度量衡与日本度量衡对比如下所示：

度

地名	度	日本尺	摘要
双州	官尺	1.15 尺	绸缎、洋纱以及其他一般货物用
	裁衣尺	1.19 尺	土布买卖以及裁缝用
云阳县	官尺	1.14 尺	裁尺的 0.95
	裁尺	1.19 尺	裁缝用
万县	公议尺	1.107 尺	一般货物、进口布帛用
	绸缎帮议定尺	1.14 尺	绸缎用
	裁衣尺	1.19 尺	裁缝用
	鲁班尺	1.10 尺	木匠、石匠建筑用
梁山县	保尺	1.16 尺	绸缎及其他
	裁衣尺	1.21 尺	裁缝、土布用
	鲁班尺	1.09 尺	建筑用
成都	裁尺	1.16 尺	
	公议尺	1.16 尺	货尺、布正尺
	鲁班尺	1.11 尺	工匠用尺
乐山	公议尺	1.13 尺	绸缎、洋布用
	正才尺	1.16 尺	裁衣用
	鲁班尺（营造尺）	1.09 尺	
宜宾	公议尺	1.14 尺	
	正才尺	1.17 尺	
	鲁班尺	1.10 尺	
重庆	公议尺	1.16 尺	
	正才尺	1.19 尺	
	鲁班尺	1.09 尺	

地名	度	日本尺	摘要
泸县	公议尺	1.14 尺	
	裁衣尺	1.13 尺	
	鲁班尺	1.09 尺	
邻水县	官尺	1.155 尺	绸缎、布帛用。相当于裁尺的 9 寸 9 分
	裁衣尺	1.16 尺多	裁尺的 9 寸
	鲁班尺	1.105 尺	大多使用 8 寸的
广安县	商务尺	1.10 尺	裁尺的 9 寸
	鲁班尺	1.10 尺	木匠、石匠用
	裁尺	1.18 尺	裁缝店使用
顺庆	裁衣尺	1.19 尺	
	公议尺	1.15 尺	
	鲁班尺	1.04 尺	木匠、石匠用
蓬溪县	裁衣尺	1.19 尺	
	公议尺	1.15 尺弱	绸缎、布帛、杂货用
	鲁班尺	1.02 尺	
太和镇	裁尺	1.17 尺	
		1.19 尺	
	商务尺	1.16 尺	绸缎、洋布用。相当于裁衣尺的 9 寸 7 分
	九五尺	1.14 尺	编带用
	鲁班尺	1.12 尺	木匠用
射洪县	公议尺	1.17 尺	绸缎、棉布用
	裁尺		与公议尺相同，但是有的要厚 1 分
	九七尺	1.14 尺	官尺的 9 寸 7 分
	鲁班尺	1.12 尺余	也叫九五尺
新津县	裁尺	1.16 尺	
	布帛用（九八尺）	1.14 尺	
	鲁班尺	1.11 尺	

地 名	度	日本尺	摘要
天全县	正才尺	1.17 尺	棉布、绸缎用
	九七尺	1.14 尺	真因纽用
	鲁班尺	1.11 尺	8 寸指
泸定县	正才尺	1.16－7 尺	裁缝用
	公义尺	1.14 尺	布帛用，多是私人制作
	鲁班尺（九五尺）	1.11 尺	
（原文不清晰）县	正才尺	1.17 尺	裁缝用
	九五尺	1.12 尺	棉布、绸缎用
	鲁班尺	1.2 尺	
汉源县	正才尺	1.16－7 尺	布帛裁缝用
	鲁班尺	1.10 尺强	

量

地 名	量	日本量	摘要
双州	1 升	1.73 升	计算方法：1 升＝8 合或者 6 碗（原文不清晰）
云阳县	1 升	1.93 升	同上
万县	1 升	1.97 升	1 斗＝5 斤
梁山县	1 升	1.30 升	1 斗＝32 斤
成都	1 升	1.20 升	1 斗＝30 斤
乐山	河斗（半边街用）		60 斤
	小市斗（高北门用）		48－50 斤
	小场斗（关帝庙用）		32 斤
宜宾	1 升	1.15 升	1 斗＝30 斤
重庆	1 升	1.30 升	河斗＝30 斤
泸县	1 升	1.35 升	1 斗＝36 斤
邻水县	1 升	0.8 升强	四分之一为 1 合
广安县	1 升	2.1 升	米用 1 斗＝40 斤
	1 升	1.20 升	五谷杂粮用

地名	量		日本量	摘要
顺庆	1 升		1.40 升弱	米用
	1 斗			天平 37 斤 4 两。五谷杂粮 1 升＝米用 1 升 3 合
蓬溪县	1 升		1.7 升弱	城外使用 1 斗＝8 升
	1 升		1.45 升	上河街使用 1 斗＝10 升
	1 升		1.65 升	河街使用 1 斗＝9 升
太和镇	1 升		1.2 升	
	1 筒			1 升的四分之一
	1 斗			30＝32 斤
射洪县	1 升		1.3 升	米用
	1 斗			33 斤 五谷杂粮用。每升多 1 合
新津县	1 升		1.3 升	
	1 斗			36 斤
天全县	1 升		1.65 升	
	1 斗			18 斤
泸定县	1 升		1.5 升强	槺的大小不定。在 1.15－1.35 升之间
	1 斗			38 斤
（原文不清晰）	1 升		1.15 升	满满的为 1.3 升
	1 斗			32 斤
汉源县	1 升		1.1 升弱	
	1 斗			28 斤

衡

地名	衡	日本衡	摘要
双州	官秤 17 两	1 斤	加秤 120 斤计算为 100 斤
	加秤		山货 18 两＝1 斤　盐 19 两＝1 斤
云阳县	官称 1 斤	163 钱	棉花、牛羊皮 18 两＝1 斤
	银平 1 两	9.6 钱弱	

地名	衡	日本衡	摘要
万县	平秤 16 两＝1 斤	1 两＝9.325 钱	木耳、桐油、漆油、盐 18 两＝1 斤。
	加二秤 30 两＝1 斤		120 斤＝1 担，用于药材百合根
梁山县	九七平 10 两	95.6 钱	
	天平秤 16 两＝1 斤		广泛使用
	加秤 18 两＝1 斤		菜油、桐油、盐用
	20 两＝1 斤		棉花、木耳、百合用
成都	天平秤 1 斤	150—160 钱	
	九七平 10 两	95 钱	
乐山	天平		广泛使用天平
宜宾	天平		广泛使用天平
重庆	天平 1 斤	约 1 斤	天平 105 斤＝海关平 1 担
泸县	天平		广泛使用杂货 20 两＝1 斤
邻水县	天平秤 1 斤	160 钱	一般称为天平
	九七平 10 两	96 钱	16 两＝1 斤
广安县	九七平 10 两	95 钱	
	天平		16 两＝1 斤
	加秤		20 两＝1 斤
顺庆	九七平 10 两	95 钱强	
	加秤 18 两＝1 斤		盐、面粉用
	20 两＝1 斤		山货、药材用
	24 两＝1 斤		药材用
蓬溪县	天平 16 两＝1 斤		广泛使用
	18 两＝1 斤		山货用
	岳池秤		26 两＝1 斤
太和镇	九七银平十两	约 95 钱	麻布用 1 斤＝161 钱　药材用 1 斤＝155 钱，茶铺用 155 钱
	加秤 20 两＝1 斤 15 两＝1 斤		酱园用 1 斤＝147 钱　小菜、棉花、烟草叶

地名	衡	日本衡	摘要
射洪县	九七银平 16 两	167－140 钱	如上所述有多种
	加秤 17 两 6 钱＝1 斤 20 两＝1 斤		花椒用、棉花用，散卖盐、小菜用
新津县	天平 1 斤	150 钱	广泛使用
天全县	天平 1 斤	150 钱－155 钱	
	双天平		天平的二倍
	前半秤		150 斤为 100 斤
泸定县	天平秤		广泛使用
	加二秤		药帮用
? 县	天平		广泛使用
	加秤		茶帮用
汉源县	天平		广泛使用
	加二秤		石炭用

第三节 新度量衡

如前所述，四川省的度量衡不统一，各地各个行业各自有不同。比如，1 斗米在涪陵用天平秤为 40 斤，在南川是 38 斤，在开江为 27 斤，在大足相当于 25 斤。其差异非常大，佃租的计算因此会产生种种不便。因为度量衡的不统一，农民饱受其苦。还有奸商在此中谋求利润等，弊病超多，鉴于此，省政府根据中央政府的度量衡统一法令，决定采用新制度，民国二十五年（1936）开始致力于普及新度量衡制度。另一方面，计划设立度量衡检定所，培训检定员，设立度量衡制造所等。规定新旧度量衡的换算率等，努力致力于新制度的普及化。但是，因其使用的长久性、地域性及职业性，大家所习惯使用的旧度量衡的改变不是一朝一夕的事情，使得新制度的实施非常困难。

现将重庆、万县及成都的新旧度量衡的对比率，以及使用职业等列举如下：

一、重庆的新旧度量衡对比率以及物价换算表

（一）度

新度器	与旧度器比较	使用职业	备考
市尺 1 尺	公议尺 9 寸 5 分	绸缎业	从前卖价 1 元的变为 9 角 5 分
同上	公议尺 9 寸 6 分	布疋业	从前卖价 1 元的变为 9 角 6 分

新度器	与旧度器比较	使用职业	备考
同上	裁尺 9 寸 4 分	制靴、制帽业	从前卖价 1 元的变为 9 角 4 分
同上	杂货公议尺 9 寸 7 分	杂货业	从前卖价 1 元的变为 9 角 7 分
同上	裁尺 9 寸 6 分	西服业	从前卖价 1 元的变为 9 角 6 分
同上	营造尺 1 尺 4 分	石屋业	从前卖价 1 元的变为 1 元 4 分
同上	鲁班尺 1 尺 1 分	家具业	从前卖价 1 元的变为 1 元 1 分
同上	英尺 1 呎 1 吋	玻璃业	从前卖价 1 元的变为 1 元 9 分
同上	营造尺 9 寸 8 分	制材业	从前卖价 1 元的变为 9 角 8 分
同上	苏裱尺	装裱业	从前卖价 1 元的变为 9 角 6 分
同上	帮尺	机械业	从前卖价 1 元的变为 9 角 6 分

（二）量

（第一表）

新量器	与旧量器比较	使用行业	备考
新斗 1 斗	河斗 3 升 5 合 8 勺	斗息局	原来 1 斗 1 元的东西变为 新斗 1 斗 3 角 5 分 8 厘
同上	市斗 3 升 6 合 4 勺	城内五大米市	原来 1 斗 1 元的东西变为 新斗 1 斗 3 角 6 分 4 厘
同上	门市斗 3 升 7 合 5 勺	城内大型产米所	原来 1 斗 1 元的东西变为 新斗 1 斗 3 角 7 分 5 厘
同上	江北市斗 3 升 7 合 3 勺	江北城内米市	原来 1 斗 1 元的东西变为 新斗 1 斗 3 角 7 分 3 厘
同上	米粮斗 3 升 7 合 6 勺	零售米店	原来 1 斗 1 元的东西变为 新斗 1 斗 3 角 7 分 6 厘

（第二表）

旧量器	新量器斗数	旧量器	新量器斗数	旧量器	新量器斗数
河斗 1 斗	2.7858 斗	市斗 1 斗	2.74 斗	门市斗 1 斗	2.668 斗
江北市斗 1 斗	2.684 斗	米粮斗 1 斗	2.66 斗		

（三）衡

新衡器	与旧衡器比较	使用行业
市斤 1 斤	（旧 16 两秤）0.899 斤	药材业
同上	（旧 16 两秤）0.877 斤	砂糖、生丝业、金属店、皮革业
同上	（旧 16 两秤）0.884 斤	酒业、烟草业
同上	（旧 16 两秤）0.716 斤	肉业、鸡肉店、席业
同上	（旧 16 两秤）0.834 斤	油业
同上	（旧 16 两秤）0.862 斤	山货、干菜业
同上	（旧 16 两秤）0.713 斤	小菜、炭业
同上	（旧 16 两秤）0.904 斤	水果业
同上	（旧 16 两秤）0.879 斤	茶、面业
同上	（旧 16 两秤）0.671 斤	生漆业
市两 1 两	（旧 16 两秤）0.869 两	银珠业
同上	（旧 16 两秤）0.874 两	银楼业
同上	（旧 16 两秤）0.881 两	参茸业
同上	（旧 16 两秤）0.897 两	药材业

新度量衡于民国二十五年（1936）末制定，人们还不习惯使用，仅仅用于砂糖业和米谷业。

二、万县的度量衡

万县是四川第二重要的商业重镇。其度量衡的复杂程度超过了重庆。该县新旧衡器的比较列举如下：

新衡器	与旧衡器的比较	使用行业
市斤 1 斤	桐油秤 12 两 8 钱	桐油进出口业
同上	盐秤 14 两 8 钱	盐业
同上	烟秤 13 两 8 钱	烟草业
同上	杂货秤 14 两 5 钱	杂货业
同上	银耳秤 13 两 9 钱	皮毛、山货业
同上	猪毛、牛皮秤 11 两 1 钱	同上
同上	茶业戥子 12 两 3 钱	同上
市两 1 两	银平 8 钱 7 分	银楼业

新衡器	与旧衡器的比较	使用行业
市斤 1 斤	药秤 13 两 8 钱	药业
市两 1 两	药戥秤 8 钱 9 分	同上
市斤 1 斤	颜料秤 14 两 1 钱	颜料业
同上	油槽秤 11 两 8 钱	油槽业
市两 1 两	盘秤 8 钱 4 分	典当业
市斤 1 斤	猪毛秤 11 两 1 钱	猪毛业
同上	丝秤 12 两 8 钱	生丝业
同上	糖食秤 13 两 4 钱	砂糖、酱油菜
市两 1 两	天平 8 钱 9 分	膏药业
市斤 1 斤	屠秤 14 两 5 钱	屠宰业
市斤 1 斤	菜秤 14 两 9 钱	小菜业
同上	石炭秤 14 两 4 钱（16 两）	石炭业
同上	石炭秤 13 两 8 钱（18 两）	同上
同上	石炭秤 11 两（20 两）	同上
同上	石灰秤 14 两 5 钱	石灰业
同上	水果秤 14 两 8 钱	水果业
同上	食物秤 14 两 8 钱	食物业

本市大多是自民国二十六年（1937）以来开始将市制度量衡应用于各行各业。

另外，各商品的担、石、市斤之间的对比列举如下：

商品名	现用单位	之前用单位	相对于市斤的比值	备考
桐油	担	担	125 市斤	不采用市制
砂糖	市担	担	110 市斤	市担 1 担为 100 市斤
米	市石	石	3.5 市石	
黄牛皮	市担	担	158.48 市斤	市担 1 担为 100 市斤
五倍子	市担	担	149.25 市斤	同上

三、成都的度量衡

成都自新的度量衡制度施行以来，致力于制造新的器具，并推广普及，从民国二十五年末（1936）到民国二十六年（1937），逐渐应用于各个行业。应用于本市各种商品的度量衡的对比表列举如下：

商品名	现用单位	过去用单位	相对于市斤的比值
盐	包	包（天平 182 斤）	208 市斤
棉纱	包	包（天平 323 斤）	369.14 市斤
菜油	市斤 100 斤	天平 100 斤	114.31 市斤
白糖	市斤 100 斤	天平 100 斤	114.31 市斤
米	市斗 1 斗	斗	2.31 市斗
赤金	市两 1 两	九七平	1.148 市两
发动机润滑油	听（罐）	听（罐）	39.71 市斤
石油	听（罐）	听（罐）	33.14 市斤

除此之外，四川省各地，比如泸县、内江、嘉定、宜宾等地也有一部分开始采用新的度量衡制度，但是大部分还在使用旧的度量衡。

第20卷

新修云南省的金融货币和度量衡

第一章　金融

第一节　概述

　　民国初年云南省的金融是极其稳定的。作为中央的银行，这里有中国银行，中国银行是大清银行的后身；作为云南的地方银行，这里有进入民国后设立的富滇银行。无论在哪家银行，都能看到纸币的流通。可是，民国四年（1915）的护法运动以后，形成了仅凭云南一省的力量撑起南方各省全部政治重任的局面，导致云南陷入了极其严重的财政困难，云南省形成了自然通货膨胀状态。随后，这里的护国军起兵，中国银行被迫关闭，富滇银行成了云南省金融的中心。民国九年（1920）之前的这几年间，云南省的金融稳定，外汇市场很少波动。但是，从民国九年（1920）到民国十八年（1929），这期间因为财政收入不足，不仅储备金不足，而且毫无节制地激增纸币发行数额，也导致外汇行情飞涨，货币价值降到了原来的20％，最后不得不停止了现银兑换。以上说明，最初是财政影响金融，紧随其后，金融影响了财政，这种模式形成了云南省金融的最大祸根。因此，民国十八年（1929）云南省政府一成立，随即设立了金融整顿委员会和财政整顿委员会，开拓财源和调节通货是委员会的两项主要工作，云南省的金融逐渐稳定了下来。但是，如果认真分析可以发现，云南省的金融与他省有很大不同，而且与云南省所把持的特殊的政治性密切相关。也就是说，第一，这里的地方封建思想依然非常浓厚，政治上未能与中央彻底合作，中央和地方的政治关系总是不够明朗。第二，这里交通不便，一直以来与其他地方缺少接触，渐渐地成了井底之蛙。在法币的普及、银货的收集、外汇行情的平衡、金融机构的改善等诸多问题上，难以进行整顿。即使在币制改革开始实施以后，云南省的币制依然自成体系。法币的推广在偏远的县里自不必说，即使在省政府所在地的昆明，法币也被打折后流通使用；在汇兑方面，云南纸币有独自的对外牌价，导致法币反而处于从属地位，因此法币的汇兑价格出现差额就在所难免了。在金融机构方面，云南省有自己的运行中心，无论是银货的回收，还是地方银货在偏远各县的流通，都能观察到云南特有的现象。也就是说，云南省的金融带有浓厚的封建色彩，是一种畸形的发展状态。以下是七七事变爆发后的第二年，也就是在民国二十七年（1938）6月之前云南省金融界的实情。

第二节 货币

一、通货的种类和流通额

以下是云南省流通的各种货币

1. 法币
2. 新云南纸币（2 元新云南纸币相当于 1 元法币）
3. 旧云南纸币（10 元旧云南纸币相当于 1 元法币）
4. 云南省银币
5. 云南省镍币、铜币
6. 缅甸的卢比、皮阿斯特币（都在边境地区流通）

在云南全省，流通最广的纸币有旧云南纸币和新云南纸币。旧云南纸币有 7 种面值，分别是 100 元、50 元、10 元、5 元、1 元、半元、2 角。新云南纸币有 5 种面值，分别是 100 元、50 元、10 元、5 元、1 元。旧云南纸币是已经关闭的富滇银行发行的，新云南纸币是富滇新银行发行的。两家银行都是省立银行。旧云南纸币的发行额曾达到了 9 千万元以上。据中央银行的调查报告（1936 年）显示，被回收销毁的旧币大约是 5 千万元（相当于法币的 500 万元），现在在市场上流通的大约是 4 千万元（相当于法币的 400 万元）。云南人有守旧的习惯，市场上一些商品的价格依然以旧币为标准。现在 5 元旧币只不过相当于 1 元新币。

由于富滇新银行没有公布新币的发行额，所以确定的数额不得而知。该银行的现银储备是发行总额的 30%，据中央银行估算，这部分现银储备大概是两三千万元。假设以 2500 万元来推算的话，新币的发行额大约是 8 千万元，但是，想象中比这个数额少，大约是五六千万元（相当于法币的 2500 万元至 3000 万元）。新币的发行是以富滇新银行保有的银币作为准备金的，银货收归国有之前，新币可以兑换成现银。但是，银币国有令公布后，停止了新币与现银的兑换。可是，云南省还在自行收集银货，作为新币发行的准备金，这样努力维持着货币的价值，使得云南省的货币制度在此基础上保持稳定，并自成系统。

云南省内流通的是 5 角银币，重 3 钱 6 分，纯度是 50%。这种银币在昆明以及各大县内已经绝迹，在西南各县还在流通，其数量难以统计。据富滇新银行介绍，西南各县与缅甸接壤，此地居民多蛮夷，文化程度极低，语言文字不通，因对纸币根本没有辨识能力，所以让其使用纸币是根本不可能的。如果强制其使用纸币的话，这些蛮夷可能会逃到英属地区。所以，这些地区短期内完成现银回收的目标是不可能的。

镍币在偏远的各县流通，有 5 毫和 2 毫的。价格不稳定。铜币分大小，38 枚小铜币相当于 1 元旧币。一般情况下，小铜币不太流通。

皮阿斯特币也被称为安南弗，它的重量和品相与香港弗相同（品相 900，重量 415.984992 格令，纯度为 374.386492 格令），从 1895 年开始铸造。这种货币最初和墨银一样属于铸造币，但是，因不讲究重量和成分导致了贬值，现在几乎消失匿迹了，被改造成了现如今的铸造币。

二、法币的流通及法币与云南纸币的比价

由于国民党军队对红军的围堵追击，民国二十四年（1935）前后，法币流入云南省。但是，当地人任意打折后收取法币。法币最初在云南的价格并不稳定。后来，按照财政部政令规定，1 元法币相当于 2 元新云南纸币，或相当于 10 元旧云南纸币。原则上这个比率是固定不变的，可是，还是由于种种阻碍，使得法币始终在法定价值以下流通，甚至有的地方海关也不能按照票面金额对待。如此一来，云南的法币并没有固定的价值，法币的价值变动和普通商品一样，每天都有不同。需要说明的是，所谓的法币，就是中央银行的纸币。如果是中国银行、交通银行、中国农民银行这三家银行发行的纸币，普通商户和百姓是一定会拒绝接收的。

中央银行昆明分行设立以来，法币与云南纸币的比价有所回升，并逐渐走高。民国二十六年（1937）12 月，在中央银行开业之初的市场上，面值 1 元的法币减去 2 分后使用，面值 5 元以上的法币减去 8 分后使用。到了民国二十七年（1938）2 月以后，1 元法币开始按面值流通，5 元和 10 元的法币减去 6 分或 4 分后使用。少数昆明的大商店按照法币面值收取。但是，市场上有谣传说，富滇新银行在采取对付中央银行的策略，不能绝对说法币今后没有下跌的担心。可以肯定的是，要实现法币按照面值流通还需要时日。

以上介绍了云南省政府昆明的现状。但是，在偏远各县也有 1 元以下面值的法币在流通，面值 1 元的法币需要打很大折扣后才收取。若是面值 5 元或 10 元的法币，一般的商家不会收取。所以，大面值的法币几乎没有流通。

三、法币被打折扣的原因及影响

云南省经济的特殊现象，说到底是其政治的反映，法币被打折也源于此。云南省政府当局如果严格执行中央法令的话，法币被打折的现象可能会自然消失。但是，富滇新银行方面对于法币被打折给出了以下三个理由。

云南省一般民众的生活水平极低，与其他省相比，生活费很少。法币的价值很大，不符合民生实情。也就是说，法币不方便使用，不受一般百姓欢迎。

法币流入云南省之初，1 元法币仅相当于 1.8 元云南纸币。两者的比价事实上大于法定比价。除了限制法币与云南纸币兑换之外，富滇新银行没有能力维持法币的法定价值。

贵州省西部的百姓喜欢用云南省的 5 角银币。在贵州省西部地区，用云南省的银币可以以很便宜的价格换到更多的法币。如果把 5 角银币兑换成法币或价差更大的云南新币的话，可以获得高额的利润。所以，投机商人在云南囤购 5 角银币，将

其运往贵州西部地区换取法币，反复操作来获取不当得利。他们为了途中携带方便，往往携带的是大额纸币。在这种情况下，如果富滇新银行不限制大额法币兑换的话，不仅云南省的现银将流失殆尽，还等同于在奖励投机倒把。

由于上述三点原因，法币被打折扣是必然的，也是供需原则体现出来的，不希望按照法定价格兑换时，法币打折扣是不得不采取的手段。同时，富滇新银行和中央银行之间有业务关系，富滇新银行以折扣价收上来的法币，当然不能以面值与中央银行结算，这样的交易会获取不少利益。再从商人的角度来分析，他们大多通过富滇新银行周转资金，不按照法币面值收取不足为怪。

针对这个问题，中央银行原本应该以其经济实力来整顿，但由于其中有政治因素介入，顾虑到可能诱发其他问题，所以不能指望快速整顿。因此，现在采取的手段是消极的，具体做法是，大量发行1元以下的小面值纸币，任其在市场上泛滥，人为地制造对大面值纸币的需求，从而提高大面值纸币的价值。但是，这种反应颇为缓慢，没有效果也是无可厚非的。

法币被打折扣的影响，表面上看似乎不明显，实际上对云南省社会经济的进步形成了不小的阻碍。也就是说，由于法币被打折扣，在其他省对云南省的汇兑业务上蒙受了莫大损失，从而导致资金流入的减少，财源开发艰难，生产缺乏后劲，阻碍社会经济的进步和发展。

第三节　汇兑

一、汇兑业务的概况

云南省的汇兑一般是香港汇兑和海防汇兑。英镑和美元等外国货币不能直接买卖，偶有法郎的买卖，但是数额极少。在云南纸币与国币之间的汇兑交易中，上海汇兑占了大部分。过去云南省的汇兑大部分是东方汇理银行专营的，富滇新银行设立后，香港汇兑和上海汇兑的大部分业务都由其办理。民国二十六年（1937）末，中央银行分行正式开业，汇兑相关业务并未占主要地位。和益华银号、永丰银业公司并列的，还有四五家广东帮的大商店，出口鸦片和锡的同时，也进口棉纱和外国杂货，因其交易额巨大，为了方便也兼营着各自的汇兑。

云南省的汇率没有可以参考的中央标准，各银行采取各自的政策，大多不公开汇率。同一天的汇率也有出入，不同时期的汇率波动就更大了。以下是民国二十七年（1938）6月的各种汇率。

香港电信　　1460元

香港普通　　1455元

上海电信　　1010元

上海普通　　1005元

海防普通　1315 元

中央银行不受理汇往海防和香港的汇兑业务，汇往上海的汇兑业务每百元收取 1 角的手续费。

二、云南纸币汇率的确定

云南纸币的对外价值，一般会根据其发行数量而波动。自中央对富滇新银行发出禁止纸币增发的命令之后，原则上看不到云南省纸币数量的增加了，实际却还在增加，这是由于中央银行无法调查富滇新银行新币的发行额，所以这里需要假设云南纸币数量是不变的。以此为前提，分析云南纸币的对外价值是伴随云南省的对外贸易来确定的，其中，要明确何种商品的影响最大。禁止栽种鸦片之前，云南省最大的贸易是鸦片。所以，当时云南纸币的汇率，最大程度是受鸦片贸易影响的。禁烟以后其影响渐渐减小，取而代之的是锡的贸易。近些年来，云南的汇率几乎完全受锡贸易的支配。个旧的锡的出口是在当地政府极度控制下进行的，准确数字不得而知。根据银行方面的估计，锡的贸易额大约是 2 千万元至 3 千万元法币。锡在云南对外贸易上占有极其重要的位置，云南纸币汇率的阶段性波动大多受其左右。春季时，锡商在市场上吸收资金用于购买大量的锡，对市场资金需求旺盛，外汇高涨，云南纸币的汇率降低；夏季一过，大部分锡商手中的锡即将卖空，外来商人汇钱给当地锡商，开始进入外汇行情下降的周期。

三、法币汇率差额的产生

法币的对外价值即汇率，新通货政策实施的最初，汇率维持在 1 先令 2 便士半。法币的对内价值即货币价值，在国内的任何地方应该是统一不变的，但云南省却是例外。法币在使用时不仅被打折扣，和国内其他地方的汇兑也会产生非常大的差额，云南的锡和鸦片出口数额很大，也是贸易上产生汇兑差额的原因之一。

云南的金融机构凭借锡和鸦片的大量出口（所以云南会出现贸易顺差，云南纸币的对外价值产生升水）操纵着汇率，而云南的中央银行分行总是无法左右。法币汇率差额的产生会直接阻碍资金流入云南，间接地延缓云南省经济生活的进步。但是，国立银行的实力还未充实，只要不剔除中央的政治介入，法币汇率的平衡便希望渺茫。

第四节　金融机构

云南省的主要金融机构是富滇新银行、东方汇理银行云南办事处、劝业银行、矿业银行、实业合作银行、中央银行昆明分行、中央信托局昆明分局、金城银行昆明分行、中国农民银行昆明分行等各大银行，还有信托局和华丰银号、锡务银号、兴文官银号、永丰银业分公司、益华银号等各大银号。在云南没有称作钱庄的机构，作为百姓的金融机构的是当铺。大多数的银行都在富滇新银行的统治之下，营业原则、利率的上下调整也遵从富滇新银行的指示，汇率的确定都是以富滇新银行为标准的。中国农民银行派遣银行工作人员赴昆明进行分行设立准备时。云南省政府曾向财政部提出请求，列出以下理由，要求中国农民银行推迟设立，这充分体现了浓厚的地方封建思想。

昆明的商业规模不大。在金融方面有省立的富滇新银行和中央银行分行两家机构已经足够。

富滇新银行是本省设立的，基金并不大，但信用方面已深受百姓的信赖。如果现在有其他银行新设的话，必定造成两家银行相互敌视，经营上相互竞争的局面。地方银行会受到压迫，不仅会影响市场的金融秩序，富滇新银行也会蒙受巨大损失。

农民银行发行的纸币种类比较多，一旦广泛流通，云南省的百姓一定不能辨别纸币的真伪。从而影响金融界，秩序紊乱也在所难免。

一、银行

富滇新银行民国二十一年（1932）9 月创办。对外公布的资本金是 1600 万新币。直属于省政府，是云南省金融机构的中心。主要业务是存款、贷款、汇兑及纸币发行，省政府授予了其各种特权。每年都有巨额利润，据说每年可净赚旧币 1000 余万元（相当于法币的 100 余万元）。该银行并未公布过年底的决算详情，所以每年的确定数字外部无法知晓。

东方汇理银行云南办事处是法国人经营的对中国的经济机构。本部设在巴黎。主要业务是皮阿斯特币的买卖、吸收存款、汇兑等。据中央银行调查报告显示，以往的海关税收和盐务稽核分所的税金都存入该银行，因不用支付利息，所以其利润非常大。据说仅云南办事处每年可净赚旧币 100 余万元（相当于法币的 10 万余元）。云南办事处的主要职员都是法国人。

劝业银行民国十九年（1930）12 月创办。资本金新币 40 万元。最初在农矿厅的管理之下，农矿厅并入建设厅之后，劝业银行就属于建设厅的管辖了。主要的业务是存款，收支基本相抵。

矿业银行民国二十二年（1935）7 月创办。资本金新币 20 万。业务以存款为主。

实业合作银行民国二十三年（1934）9 月成立。是凭借建设厅的资金开办的。对外公布的资本金是新币 20 万元，但实际上到位的不足一半。主要业务是小额贷款，业绩出色。

中央银行昆明分行民国二十六年（1937）12 月成立，主要业务是代替国库推行法币的流通，使金融很好地运转，同时也兼办存款业务。

中央信托局昆明分局附设在中央银行分行内，和中央银行分行同时开业。主要业务是吸收信托存款、受理团体及军人的储蓄、保险业务的普及、代办各种信托事项等。

金城银行昆明分行民国二十七年（1938）5 月开业。办理商业银行的全部业务，同时办理各种储蓄存款业务。

中国农民银行昆明分行民国二十七（1938）年 5 月开业。主要业务是农业贷款和法币的发行。

二、银号

华丰银号民国二十二年（1933）7 月创办，资本金新币 20 万元。业务主要是存款，同时经营担保贷款和汇兑业务。

锡务银号民国二十二年（1933）8 月创办，股东是锡务公司，目的是吸收存款用于矿业。除存款业务之外，还有少量贷款业务。

兴文官银号民国二十三年（1934）7 月财务厅投资创办，资本金新币 60 万元，业务主要是省库的代理。

永丰银业民国二十三年（1934）8 月创办，资本金新币 40 万元。业务是存款、贷款，同时兼营香港和上海的汇兑。

益华银号民国二十一年（1932）创办，资本金新币 20 万元。业务是存款、贷款，同时还兼营汇兑。

三、利率

大部分贷款是担保贷。富滇新银行的贷款利率是一成至一成五分，各家小银行和银号的贷款利率一般是二成，都是按月计算。中央银行没有贷款业务。

存款的种类大致和其他省相同，存款的总额无法统计。存款利率如下：

1. 中央银行活期存款 2 分至 4 分。

2. 富滇新银行法币存款无利息，云南新币活期存款利率 2 分。

3. 各个小银行和银号活期存款利率是 4 分 5 厘。

由于近期资金从其他省份流入，导致利率整体下降。

以上内容是民国二十七年（1938）春季的大致情况，没有涉及之后的情况变化。例如，并没有涉及中国银行和交通银行以及四川省各家银行进入云南省各地的情况，太平、平安、丰盛这三家保险公司于民国二十七年（1938）4 月在昆明设立分公司并开始营业的情况也没有涉及，昆明的兴文官银号于民国二十八年（1938）5 月升级成兴文银行。

第五节　农业金融

云南省的农业金融可以分为旧式农业金融和新式农业金融。旧式农业金融有典当铺、贮会、商人资本、普通高利贷。新式农业金融主要是富滇新银行。以下分别介绍。

一、旧式农业金融

（一）典当铺

典当铺是中国的旧式金融机构，现如今依然有相当的实力。云南的典当铺分为两种。第一种称作当铺。资本比较丰厚，利息少，普通的月利是 2 分到 3 分。当期比较长，10 到 18 个月不等。受理的多是贵重物品。第二种叫押号，资本少，期限短。一般是 4 到 6 个月。但是，利息比较高，每月 4 分。而且受理的物品大多是比较便宜的。即使价值国币一角钱的物品也受理。

（二）贮会（互助会）

贮会在其他省份被称之为"合会"或"摇会"，云南一般叫贮会。加入贮会人员的集会叫"上贮"。贮会成立时，邀请亲友集体决定总金额，参加者再分别提交现金。主持人称为会头，参加者称为会员。贮会参加人数少的是五六名，多的可达十名。期限从几个月到几年不等。集会期间的费用另行规定。贮会的种类有很多，有的是缴纳琐碎钱数到期后收到整钱数的，也有的是缴纳整钱数可以零星提取的，利息计算也是比较复杂的。

（三）商人资本

农民有时从市里的商人那里借钱。此时，一般约定农民在庄稼收割后用粮食来偿还。它的利息要比一般的利息高出好多倍，而且还要冒着价格变动的风险，农民的处境很苦。

（四）一般的高利贷

缺乏资金的农民会从资金富裕的地主、富农手中借钱。借钱时多有中间人，中间人收取介绍费。借期长短不定，一般是 6 个月和 1 年。期满不能偿还时，先返还利息，本金可以延期，利息计算是很复杂的。利息分为普通谷利和银利（也就是钱利），谷利的利率是非常高的。换算后每月的利率高达 6 分至 7 分。银利的利率各地不同，一般是每月 3 分至 4 分。例如，镇南县的银利利率是每月 3 分，最多不过 5 分至 6 分。弥渡的银利利率最低是 3 分，一般是 4 分至 5 分。大理最低是 2 分 5 厘，一般是 3 分。在昆明县，银利利率分为月利和年利，年利一般是 3 分，最低是 2 分。和昆明相邻的安蜜县的利率与昆明相比，高出数倍，一般月利是 5 分至 4 分。禄丰县的银利利率最高，年利达到了 7 分，一般是 4 分。开远县银利利率的月利最高，达到了 4 分，一般是 3 分，最低是 2 分；年利最高是 4 分 5 厘，一般是 3 分。贷款的形式分为担保贷和信用贷，但是信用贷很少，担保贷一般是不动产。

二、新式农业金融

新式农业金融组织是最近才成立的。云南省政府从农业救济的角度出发，提出工业繁荣政策。从救国基金中支出云南旧币 1 千万元，本打算设立农工银行，后因种种原因没有设立银行，而设置了农工银行基金委员会，以保管这批资金。基金委员会命令富滇新银行代理此业务，该行在民国二十六年（1937）1 月，特地开设了农村业务部。这个机构不是独立的，它附属于富滇新银行，其业务只限于给农村合作事业提供贷款、农业仓库的经营、农村经济的调节等。营业基金全部由农工基金委员会提供。

就此，农村业务部开设后，开始培训农村业务员，为推进农村贷款做准备，贷款以合作社为对象。为此，特地开办了合作训练班，培训合作人才的同时，积极开展农村经济的调查和物价指数的编写工作。以下是农村的贷款状况。

（一）农村贷款

富滇新银行农村业务部开设后，首先在昆明、昆阳、呈贡这三个县实验性地实施了农业贷款。为了推行该业务，各县组成了农村贷款委员会，选出 7 名会员，常务委员兼任农村业务部主任，按照规定，其他各委员分别由县长、建设局长、农事机关主要负责人、乡村师范学校校长来兼任。各县的贷款情况介绍如下。

1. 昆明县

昆明县的农村贷款分为：青苗贷款、合作社贷款、仓库贷款。

（1）青苗贷款

这类贷款是向农民提供的，用于农民雇佣劳动者、种植、购买家畜和农具所需的资金，主要目的是在春耕时为农民提供便利和资金帮助，资金的用途只限于农事。具体的贷款手续，因为依托合作社组织不容易，所以，以村为单位组成指导农民的借款联合会，会员人数为 7 名以上，采用连带保证制。规定每年第一次贷款期限是 8 个月，第二次贷款是 6 个月。贷款金额依据田亩数来确定，每户贷款最高金额是国币 30 元，利率是 1 分。在农村业务部做成明细表，调查农民的耕地亩数、农作物的种类、贷款的用途。从民国二十六年（1937）5 月 20 日到 6 月 29 日成立的借款联合会共 101 个，会员有 1201 名，贷款额多达云南新币 19829 元。这些贷款大多数按期返还，其中也有提前返还的。

（2）合作社贷款

农业贷款的推行应该以合作社为对象，联合会不过是合作社成立之前的一个过渡手段。民国二十六年（1937），农村业务部在昆明组织了 17 个合作社，其中，15 个信用合作、1 个利用合作社和 1 个仓库信用合作社，社员共 259 名。股金总额共 960 元云南新币，同年的借款额达到了 7726 元云南新币。借款用途只限于社员的农事生产和正当消费。利率是每月 8 厘，期限为 1 年。

（3）仓库贷款

农业仓库负责抵押典当品的保管业务，作用是强化农民的经济活动，目的是均衡农产品的价格。民国二十六年（1937）10 月开始了仓库贷款。用来抵当的物品只限农民自己生产的且品质干燥耐久存放的农产品，或自己使用的且完好的农具。到同年 12 月底，贷款额共计云南新币 1536 元，用于抵当的农产品重量超过 323 石，按当时的价格计算，超过了 2570 元云南新币。贷款的用途主要是水利费、种子购买费、家畜费、耕地税、负债的偿还、婚丧费、租种费、交往费等。利息是每月 8 厘，期限是 6 个月。

2. 昆阳县和呈贡县

民国二十六年（1937），昆阳县和呈贡县开办农村业务部，只办理农资贷款。在昆阳县，组织了 30 个借款联合，会员有 300 多名。贷款额共计 7200 元云南新币。在呈贡县，组织了 29 个借款联合会，会员有 419 名。贷款额共计 9636 元云南新币。

3. 其他各县

民国二十七年（1938），农村业务部扩大贷款范围，扩大到了晋宁、安宁、宾川、建水、玉溪等县，贷款额也随之增大。

总之，农村业务部开始贷款，到民国二十七年（1938）10 月底期间，联合会贷款额折合国币 66417.5 元，合作社贷款额折合国币 64565.9 元。两者共计可达 13913.4 元。

（二）联合会和合作社

合作社是农村贷款的渠道，借款联合会是合作社成立前过渡期的应急之策。这两个组织是农村贷款不可缺少的机构。但是，合作社正式成立后，借款联合会就没有存在的必要了。富滇新银行的农村业务部开设后，到民国二十七年（1938）10 月底，成立了 509 个联合会和 332 个合作社。

第二章　度量衡

第一节　新度量衡

　　一直到近些年，中国的度量衡都是非常混乱的，"地各异制，家各异制"，说的就是这种现象。历代的度量衡标准各不相同，一代有一代的标准，而且一代比一代的标准大。例如，周代的 1 尺相当于现在市用制的 6 寸，唐代的 1 尺相当于现在市用制的 9 寸 3 分，清代的 1 尺相当于现在市用制的 9 寸 6 分。周代的 1 升相当于现在市用制的 0.46 斤，唐代的 1 升相当于现在市用制的 1.19 斤，清代的 1 升相当于现在市用制的 1.19 斤。民间也不忠实地遵守度量衡的相关法令，度量衡器的制造一片混乱。再加上民国之后外国度量衡的加入，使得中国的度量衡更加混乱。国民政府成立后，逐渐营造统一度量衡的氛围，以万国公制（米法）作为中华民国权度的标准，规定 1 米（1 公尺）为标准尺，1 升（1 公升）为标准升，1 千克（1 公斤）为标准斤。同时规定，标准尺的三分之一是 1 市尺，1 标准升为 1 市升，标准斤的二分之一是 1 市斤（1 市里是 1500 市尺，1 市亩是 6000 平方市尺，1 市斤是 16 市两。其余的都用十进制），这样一来，确立了市用制。《度量衡法》公布后，从民国十九年（1930）开始实施。

中华民国新旧度量衡换算表

	中国旧制	日本	中国新制 （市用制）	日本
长度	毫	1.0555 毛	市毫	1.1000 毛
	厘	1.0555 厘	市厘	1.1000 厘
	分	1.0555 分	市分	1.1000 分
	寸	1.0555 寸	市寸	1.1000 寸
	尺	1.0555 尺	市尺	1.1000 尺
	步（五尺）	5.2775 尺		

	中国旧制	日本	中国新制（市用制）	日本
长度	丈 引 里（1800尺） （360步） 铺（10里）	10.5555 尺 17.6 间（5.2800 町） 0.1467 里 （5 町 16 间 65） 1.4667 里 （1 里 16 町 46 间 8）	市丈 市引 市里	1.8333 间 18.3333 间 4.5833 町 （0.1273 里）
面积	毫 厘 分 亩 顷	1.8586 合 1.8586 坪 0.6195 亩 6.1952 亩 6.1952 町	市毫 市厘 市分 市亩 市顷	2.0167 合 2.0167 坪 20.1667 坪 6.7222 亩 6.7222 町
容量	勺（漕斛） 合 升 斗 斛 石	0.5740 勺 0.5740 合 0.5740 升 0.5740 斗 2.8701 斗 0.5740 石	市勺 市合 市升 市斗 市石	0.5544 勺 0.5544 合 0.5544 升 0.5544 斗 0.5544 石
重量	毫（库平） 厘 分 钱 两 斤 担	0.9947 毛 0.9947 厘 0.9947 分 0.9947 钱 9.9469 钱 0.9947 斤 （0.1592 贯） 99.4693 斤 （15.9151 贯）	市毫 市厘 市分 市钱 市两 市斤 市担	0.8333 毛 0.8333 厘 0.8333 分 0.3333 钱 8.3333 钱 0.8333 斤 （0.1333 贯） 83.3333 斤 （13.3333 贯）

　　民国政府推行了奖励政策，依据《度量衡法》的新度量衡逐渐占据了优势地位，在海关、税务、盐务、铁道、公路、水位、气象、邮政、电政、航政、土地行政、矿政、市政、卫生、军政、工业等方面，全部采用了新制度。与此同时，从中小学

教科书到体育课上使用的度量衡器，全部采用了法定名称。但是，从全国范围的普及情况来看，各省市的推广速度有的先进，有的落后。云南省自民国二十年（1931）开始实施，按照先官方后民间的顺序推广。民国二十五年（1936）7月，正式设立了度量衡检定所，终于开始从昆明向各县推广。

第二节　旧度量衡

以上介绍了新度量衡在云南省普及的现状。除了新度量衡，旧度量衡依旧同时使用的现状也不容忽视。旧度量衡也有2种，第一种是前面提到的中国的旧度量衡制度，它是一种修订度量衡制度，民国十三年（1924）开始使用"度"和"衡"、民国十四年（1925）使用"量"，此处不再详细介绍。第二种是很久以前普遍使用的度量衡，大体情况如下。

在旧度量衡中，有以下几种尺子。第一种叫官尺，官府测量土地时使用；第二种叫裁尺，买卖纺织物时使用；第三种叫工尺，工匠使用。这些尺子与日本尺对比如下：

官尺　　1尺＝日本曲尺1尺

裁尺　　1尺＝日本曲尺1尺1寸

工尺　　1尺＝日本曲尺1尺1分多

尺度的单位与前面表格中中国旧制相同。

量是用来计量米和其他谷物、豆、油、酒等物品的。计量不同物品不同，使用不同的升。计量米用的升的大致尺寸如下。没有叫一斗升的量具。

1合升　　（上边长4寸4分，底边长2寸7分，深3寸2分）

1升　　　（上边长8寸7分，底边长5寸1分，深9寸6分）

5升　　　（上边长1尺4寸5分，底边长9寸5分，深1尺1寸）

计量米时，8合作1升，10升算作1斗，10斗算作1石。计量其他谷物和豆类时的习惯是，11升算作1斗，11斗算作1石。酒的计量按斤称量，1斤的酒升相当于日本16.7立方寸。计量石油的升同样按斤称量，1斤的石油升相当于日本24.6立方寸。

以下是衡器的种类，其重量如下：

1. 戥子　称重范围从1分到10两。用于称量少量的东西。

2. 天秤　和戥子一样，也是用于称量少量东西的用具。主要称量金银及其他贵重物品。

以上衡器与库平相比，每百两轻9钱。

3. 秤　称重范围从5钱到20斤。主要称量粮食和少量的盐、油等。

4. 大秤　称重范围从1斤到200斤。主要称量木炭、柴、矿石、盐、油等多量的东西。每百斤相当于普通库平的1650两。

5. 节半秤　主要在矿山使用。每百斤相当于库平的1760两到2400两。

另外，以斤称重时，以两为单位。16两（1两相当于日本10钱）算作1斤。两以下的单位是钱、分、厘、毫，全部是十进制。

第21卷

新修贵州省的金融货币和度量衡

第一章　货币·金融

第一节　概述

在清末民初的一段时间，执政当局为了适应贵州省的货币和金融市场，实施了新的货币制度和金融方针。虽然过程曲折复杂，但其中最具划时代意义的是，随着民国二十四年（1935）国民政府的币制改革，贵州省统一了币制，增设和调整了金融机构。最近，受七七事变的影响，中央政府调整内地经济建设政策，货币市场和金融市场均呈现出活力，特别是金融市场的汇兑业务明显增加，金融行业面目一新。

但是，民国二十四年（1935）之前的货币流通市场是币制一片混乱的局面，市面上混用各种各样不规则的铸造货币和纸币，呈现出名副其实的分散币制。民国十五年（1926）为铸造银元临时设置的造币厂不久即被关闭；民国十八年（1929）为铸造铜元设置的造币厂，又因遭遇变故而关门大吉。因此，流通的铸造货币多使用毗邻省份的，导致贵州省内货币制度之混乱达到极限，民国二十四年（1935）以前贵州省的金融机构主要是贫困的贵州银行，所以贵州省内的金融根本无法灵活运转，金融市场依然受到并无统一管理的小规模旧式金融机构的统治。

民国二十年（1931），中央政府进行了前所未有的币制改革，在贵州省也逐渐打破了旧币制，并成功地调整统一了新币制。在短短几年内，不但产生了实效，还实施了类似于近代先进国家的币制，省内开始流通合法的统一货币，从分散货币制度一举实现了中央集权货币制度。

随着统一的货币政策，近代化的金融机构也稳步建立起来，从中央银行分行的开设，到各种近代化的金融机构的陆续开办，贵州的金融业务明显开展起来了。

在此基础上，贵州目前的货币金融政策的重点是农村金融，作为一种新兴农业金融机构，政府鼓励设立合作金库，贵州各产业的发展将大大助推贵州省的建设。另外，货币和金融市场的发展，必然会带动汇兑市场活力的提高，不仅汇出汇入数量呈现出激增的态势，而且贵州省内的货币和金融市场得到了抗战期间重庆国民政府内地开发政策的援助，可以说正处在设置和发展过程中。

第二节　货币

近代贵州省的货币流通状况和货币制度与清末以后中国的地方币制混乱密切相

关。纵观最近四五十年间的变化过程，可以分为两个时期，第一个时期是民国二十四年（1935）之前的银两、银元、制钱、铸币、纸币混用的时期，第二个时期是中央政府政策惠及贵州省之后的时期。贵州货币流通史上需要特别提及的是，民国二十四年（1935）附设在贵州省财政厅筹饷局下面的征税局发行了类似短期借款的票据，这种票据等同于纸币的发行。此外，禁止本省内金融机构发行的通货之外的货币流通，如此一来，其他省发行的纸币不再流通。长久以来，毗邻省份纸币的侵入使贵州省的币制处于分散不统一的状态。例如，贵州省西部各县多流通云南省的货币，贵州省东部各县则多流通湖南省的货币。

在民国二十四年（1935），中央政权管理效应到了西南地区，贵州省实施了币制改革，货币制度基本得到统一，银行券的发行也得到了集中管理，法币的流通到达了省内所有地方。

一、货币市场

贵州省软硬货币（纸币和铸造货币）混用时期，硬通货有以下两类：10 多种银本位货币，以及作为银本位货币的银制和铜制的辅助货币；软通货有银两票、钱票和银元票等。民国二十四年（1935）之后，通货全部统一为法币。

（一）铸造货币

在纸币制度极其混乱时期，铸造货币开始流通。从民国十六年（1927）到二十二年（1933）期间，贵州省实施了巴老政策，这是一项把一直流通的诸如"花票""尾巴票"等纸币全部废除的政策。巴老政策实施之后，发行银币用以取代纸币，导致当时贵州省流通的银元种类极为复杂，辅助货币也极为庞杂，市场上流通的除了少量本省铸造的辅助货币之外，大部分是云南省的"半元银币（50 仙银币）"、广东省的"双毫（20 钱银币）"、四川省的铜货等，并且这些流通中的硬通货的市价涨跌剧烈，令百姓苦不堪言。

1. 本位货币银元

民国十六年（1927）前后，贵州省的纸币流通严重妨碍了人民的货币经济生活，所以，推行了巴老政策。自此，贵州省开始使用银元。流通的银元种类繁多，其中，以"袁头""坐搬头"（注：下面表格中使用了"坐搬庄"）和"四川汉板"最多，银的行情很好。但是，"站班庄"和"飞应"（注：下面表格中使用了"飞鹰"）流通最少。实施废除纸币、采用银币的巴老政策后，铸造了"生大洋（1 元银币）"。在贵州省流通的银币中，"生大洋"所含的银成分最多。据民国十九年（1930）财政厅的调查显示，当时贵州省流通的"生大洋"共 14 种，其名称和可兑换铜元的数量列表如下：

贵州省流通的银币种类表 [民国十九年 (1930) 调查]

种类	每元兑换铜元数	摘要
开国纪念币	4100 文	这种银币的银质最好。自民国十七年 (1928) 开始进入贵州省。最初流通并不好。后来,省政府财政厅指示各县税收部门收取这类银币,自此,开国纪念币广为流通,一般的商家和民间都有使用
袁头	4100 文	这种银币分别在民国三年 (1914)、民国八年 (1919)、民国九年 (1920)、民国十年 (1921) 进入贵州省,银质也很好,市场上流通较多
坐搬庄	4100 文	这种银币的银质极好,进入贵州省市场的时间也最早
站搬庄	3700 文	这种银币银质很好,但是由于进入贵州省的数额少,市场上不习惯使用,导致与铜元的兑换行情始终较低
北洋	4100 文	所含银的成分极其优良,市场有流通
大清银币	4100 文	市场有流通
造币总厂	4100 文	同上
江南龙板	4100 文	同上
湖北龙板	4100 文	同上
四川龙板	4100 文	同上
云南龙板	4000 文	同上
四川汉板	4100 文	同上
广东龙板	4100 文	同上
飞鹰	3200 文	这种银币所含的银成分极差,且进入贵州省的数额甚少,因此,在市场上很少流通,导致与铜元的兑换行情始终较低

从上表可以看出贵州省流通的银币的复杂性。民国二十四年 (1935),中国农民银行和中央银行在贵州省开设分行或支行,银元流通逐渐减少。最终,按照中央银行的规定,中央银行、中国银行、交通银行和中国农业银行发行的法币取代银元,至此,银元退出市场。

2. 辅助铸币

币制改革之前贵州省流通的辅助铸币有银元和铜元。最多的是 "角币 (10 仙或20 仙银币)",这是云南省铸造的银元辅助货币,是贵州省一直流通的辅助铸币。不过,银成分很差的广东 "毫洋 (广东铸造的 10 仙和 20 仙银币)" 也曾一度流通。辅助铸币中的铜元,民国二十三年 (1934) 有相当于 100 文和 200 文 (10 文等于 1 仙)

的铜元流通，币制改革后，省政府禁止铜元流通，最后，相当于 50 文的铜元至今仍在市面流通。大多数的县已经不见 10 文铜元流通，但是贵州省西部等远离省城的地区、安顺地区，甚至更远的西部边境地区仍有 10 文铜元的流通。在贫穷的西部各县，10 文铜元是最为合适的单位货币，用 120 枚乃至 160 枚的 10 文铜元才能换到 1 元法币。因此，在实际交易时 1 元法币甚至是 5 元或 6 元法币的交易，当地人均以 10 元面值的铜币来支付。但是，在贵州省边境到云南省界一带并不流通铜元。

纵观贵州省辅助银币流通的沿革历史可以发现，贵州省的普通百姓屡受其苦。例如，民国九年（1920），唐继禹的势力一进入贵州省，云南省铸造的 80 万元广东毫洋随即进入贵州省。这些银元质量极差，在袋子中放置数日，由于自然摩擦银元就变成铜色。当时，当局让贵州人用 14 角（1 圆 40 钱）兑换 1 元广州毫洋。兑换后的毫洋由于存放后品质变差，只能当 12 角使用。由于这些毫洋的成分太低劣，最终无法使用。唐继禹下台后，广东毫洋随之销声匿迹。到了民国十八年（1929），发现又有一种新云南银元从云南省进入贵州省，这种银元所含银成分不到一成，在贵州省西部和贵阳一带广泛流通。省政府考虑其含银量与规定相差太多，同时担心会给商业上制造麻烦，试图对其进行整顿。于是，在各个商店进行检查并禁止其流通使用，可是，由于黑市交易猖獗，省政府的工作并未奏效。之后，省政府采取了消极应对策略，命令各个关卡（内地海关），允许该银元流出贵州省，并每周上报移出统计数据。与此同时，市面上一旦发现该银元，即刻打上刻痕明示此银元为劣质。后来，该银元逐渐西移，贵阳一带最早不见了该银元的踪影。

（二）纸币

从清朝末期到最近省政府改组之间的这段时期，贵州省流通的纸币有：银两票、银元票和钱票。

1. 银两票

银两票的发行机构是贵州省官钱局。该局于光绪三十四年（1908）设立，最初发行的是以银两为单位的官钱票。到了提倡"废两改元"时期，这种银两票改为贵州银票，并在市面上流通。随着云南军进入贵州省，军需增大，不得不人为制造通货膨胀。结果导致银两票市价暴跌，最低低至了三成，随后由于政局变化，这种纸币逐渐被淘汰。

2. 银元票

贵州省银元票的发行，最早由官钱局着手。后来，中国银行、贵州银行和财政厅筹饷局（征税局）先后发行了银元票。银元票的种类主要有：花票、尾巴票和存款券。

（1）贵州省官钱局发行的贵州银票

贵州省官钱局发行的银元票，是把银两票改为贵州银票之后的纸币，其流通时间很长。云南军进入贵州省后，所需军费迅速膨胀，银元票发行数额过多，导致最后不得不停止发行。

（2）中国银行银元券

民国四年（1915）至民国五年（1916）之间，中国银行在贵州省设立分行。分行开业后，随即发行了纸币。由于信用极好，市场流通价格甚至比现银币还高，银元券发行额最高达到了250万元以上。后来政变频出，军阀强行兑换，最终导致分行无法继续营业，在民国十五年（1926）宣布破产。该分行发行的银元券在民国十五年（1926）之后受到重创，货币价格暴跌。民国十六年（1927）银行整顿时，以两成的价格进行了回收。

（3）贵州银行纸币

贵州银行是贵州地方银行恢复营业之后的名称，曾先后两次发行了纸币，两次均以失败告终。中国的地方政府历来需要面对军政当权的封建政局，设立银行、发行纸币，是补偿地方财政支出的唯一手段。也就是说，地方财政当局把地方银行作为财政厅的自留地和后花园，在地方财政吃紧的时候，把地方银行作为公债发行机构，同时，把地方银行发行公债所得的财源作为地方当局的收入，这已是政府惯用的手段。因此，导致地方金融恐慌的情况并不少见。贵州省也未能幸免，成为其中一例。

贵州银行第一次发行的纸币是花票。据说花票从民国十一年（1922）开始发行，有10元、5元和1元面值，票面颜色是蓝色或绿色的，故老百姓称之为花票。花票发行当初，信用相当好。民国十二年（1923）政变后，百姓纷纷要求兑换。最初全部是按照花票面值兑换的，因为政局突变，贵州银行宣告破产，据说当时在民间流通的花票多达500万元，可是银行宣布破产后并没有采取任何补救办法，导致花票以两成到三成的低价在市面上流通。

贵州银行第二次发行的纸币是尾巴票。此前，在本省货币市场上流通的货币使用价值始终很低，并且难以恢复正常。于是，以贵州银行的名义，以70—80万元作为基金以纸币的形式向公众发行。尾巴票虽然与之前贵州地方银行使用的纸币相同，但是，在纸币票面右侧标明银行名称、"总商会"和"贵州军事善后督办"等字样，与之前的花票加以区别，并且规定不能兑换。但实际上，尾巴票和现银币等价，可以作为本省一切纳税之用。由于尾巴票纸币的一端印有动物尾巴形状的刻印，所以百姓称之为尾巴票。后来，由于纸币发行方法有问题，百姓所受损害严重，最终做废弃处理。

（4）财政厅筹饷局发行的定期兑换券

尾巴票发行失败后，无法填补贵州省军费及政务费的亏空，于是，省财政厅召开各界参加的会议，商议发行一种定期兑换券。兑换券发行后到一定期限时，便可以兑换。如果到期不兑换，过期后便可以随时兑换成现金，并且可以在市场上流通。这种方式类似于定期存款，民间称之为"存款券（存单）"。这种兑换券发行时的规定如下。

贵州省财政厅筹饷局兑换券发行规定要点：

①作为金融事业的善后措施，同时为了整顿金融，本省召集各界集会，商议发行定期兑换券。财政厅筹饷局把主管的各种税捐（税捐具有临时税的性质）收入指定为兑换准备金。

②定期兑换券发行总额定为 50 万元。

③定期兑换券有 1 元券、5 元券、10 元券、50 元券、100 元券。

④定期兑换券的兑换日期如下：

第一期　民国十四年（1925）阳历 7 月 21 日开始兑换。

第二期　民国十四年（1925）阳历 10 月 18 日开始兑换。

第三期　民国十五年（1926）阳历 1 月 14 日开始兑换。

⑤到兑换期后，定期兑换券可到省政府临时指定的兑换受理处办理现金兑换，也可以用于缴纳财政厅筹饷局主管的各种税捐。未到兑换期的兑换券只能作为保证担保物。

⑥定期兑换券期满后，可以兑换成现金；作为税金缴纳时，在持有人的原兑换券上盖章作废。

⑦定期兑换券发行后污损导致无法辨认者，以及私自更改兑换日期的，视为无效。

（5）省政府发行的贵州银行存款券（存单）

贵州省银行最初发行了 5 元和 5 角（1 角等于 10 钱）的存款券，发行数额少，再加上不能兑换，信用随之降低。民国二十二年（1933），省政府的财政陷于极度困难中，省政府和贵州银行签订了共计 100 万元的借款协议，代理发行面值 1 元和 10 元的存款券，把民国二十二年（1933）7 月 1 日之后的全省税收作为兑换准备金。省政府原计划同年 8 月再发行 1 角和 2 角的存款券，共计 15 万元，但是，因为经济不景气，原计划 10 元面值存款券的发行额减少到了 15 万元，而存款券 100 万元的发行总额不变。省政府发行的这些存款券可以定期兑换。因此，和上述财政厅筹饷局发行的定期兑换券类似。省政府的存款券以及面值 1 角和 2 角辅助纸币的发行，是省政府纸币发行最大额的记录，同时也是省公立金融机构发行辅助纸币的开端。由于这种方式发行的存款券的货币价值很低，导致无法顺畅流通。所以，省政府再三发出训令，对拒收存款券的处以死罪。最终，存款券也未能维持票面额的流通。之后，省政府又试图向两湖特税处和四省农民银行寻求 100 万元的借款，结果未能借到。存款券越来越下跌，最终流通价格跌到了一成多。不得已，省政府在民国二十三年（1934）把存款券改为纳税流通券，各县配额盖章发行，盖章后的存款券不能兑换，其市价又再次下跌，跌至存款券面值的一成。随后出现的法币流通彻底堵住了存款券流通的渠道。

（三）法币

除了边境交通极为不便、文化程度极低的县之外，现在贵州省全省范围内流通的几乎都是中央的法币和辅助货币。法币开始在贵州省流通，是在民国二十四年

（1935）中央银行在贵州设置分行之后开始的，之后，中国农民银行也相继在贵阳设置了分行。自此，中央银行和中国农业银行的纸币（法币）开始在省内流通，再后来，中国银行和交通银行这两家银行的纸币也可以在中央银行和中国农民银行进行收支和流通。

中央银行在贵州省设立分行并发行纸币之初，由于贵州省的百姓已经深受纸币发行之苦，难免对中央银行发行的纸币持怀疑态度，认为中央政府的目的不过是吸收贵州省的银元，结果总会给贵州省民众造成伤害。后来，百姓逐渐发现法币的信用稳定、换钱汇兑方便，并且汇兑手续费低廉，才开始理解并接受法币。数年间，法币开始在省内通用。

民国二十四年（1935）之前，也就是中国币制改革之前，作为贵州省金融机构的贵州银行有名无实。币制改革之后的民国二十七年（1938），也就是全面抗战开始之前，贵阳只有中央银行和中国农民银行这两家银行的分行。所以，各县的法币流通极少。在贵州省西部一带，主要流通云南省的铸造币，在贵州省东部，湖南省的货币多有流通，整个贵州省呈现出币制混乱的局面。一方面由于省政府敦促币制改革，另一方面由于抗战开始后建设工作的需要，对货币流通进行了整治，最后终于实现了币制的统一，货币价值也呈现出稳定的态势。主要的币制统一工作及其过程如下。

二、币制

（一）外来货币的回收

1. 云南省货币的回收

贵州省西部各县多流通云南省的铸造币，云南省的铸造币几乎等同于这里交易时的本位货币，百姓们很看好云南省的铸造币，这给奸商的不法行为提供了机会。贵州省政府经过财政部的批准规定了法定比价，即2元云南省货币可兑换1元法币。按照这个规定，在民国二十六年（1937）4月颁布了《取缔滇中元银币四项》，目的是要取缔云南省铸造币的流通使用，又与中央银行和中国农民银行这两家银行商议，由省政府拿出20万元兑换基金做保证，按照上述比价进行兑换回收。超过兑换期继续使用的，予以没收。现在，除了威宁县等少数乡镇之外，据说其余大多数乡镇都完成了云南省银币的回收工作。

2. 湖南省货币的回收

贵州省东部各县毗邻湖南省，习惯使用湖南省的货币。省政府根据中央政府的规定，禁止地方银行纸币的跨境流通，又因为屡次发现伪造纸币，一时间出现排斥湖南省货币的风潮。经过与湖南省政府再三交涉，同时经过财政部的许可，贵阳所在的中央银行和中国农民银行这两家银行分行可进行兑换回收，兑换期间，湖南的纸币可以与法币等价通用。根据中央的命令，为了彻底完成法币统一，与湖南省政府协商后，在贵州省设立湖南省银行的回收处。

（二）禁止流通本位货币、调整辅助货币

1. 禁止流通银本位货币

很久以来，贵州省的金融业很不发达，虽然法币已经流通了好几年，各银行分行的设立却并未普遍推开，法币的流通额也不足。所以，原有的银币还在趁机流通，依然在货币市场上压制法币价格。为了维护法币的信用，也为了彻底统一币制，省政府向各县政府发出命令，严禁银币的流通使用，严惩违反者。

2. 调整辅助货币

一直以来贵州省流通的辅助货币有广东省和云南省铸造的银毫（10 仙和 20 仙的银币）和各种铜币。法币开始流通之后，只有铜币得到了禁止，铜币数量极少，且铜币的价值随铜价的变动而不断波动，失去了作为货币的使用价值，仅仅是奸商的操纵工具。因此，省政府为了避免奸商操纵市场，也为了农村金融的各种借贷、为各县合作金库提供资金，配给了适量额度的辅助货币发行权限。

（三）银币、银类的回收

正如前面内容所介绍的，省政府在统一币制过程中遇到了银币流通的障碍，银币的兑换、回收并不容易。民国二十八年（1939）10 月，制定了《贵州省收兑银币、银类办法》，经财政部批准公布施行。实施后，各县的银币和银类，由中央银行、中国银行、交通银行、农民银行分行或支行设立在各县的分支机构进行了兑换和回收，在其他各县的合作金库与附近的四家银行的分支机构联系，开展代办业务。四家银行的分支机构需要协助各县政府办理兑换、回收和代办业务的开展。如果没有上述四家银行的分支机构或没有合作金库的县，则由县政府联系附近的银行分支机构代办兑换、回收业务。

第三节　金　融

民国建立之前，贵州省的金融机构只有贵州官钱局。从民国元年（1912）到民国二十三年（1934），贵州银行是唯一的金融机构。到了民国二十四年（1935），贵州银行开业的时间并不长，随后中央银行和中国农村银行分别在贵阳开设了一家"二等分行（支行）"，中国农村银行还在遵义县开设了一个办事处。民国二十五年（1936），中央储蓄会和中央信托局相继开设了分会和分局，中央信托局附设在中央银行之下，仅办理保险业务。民国二十六年（1937），除了上述金融机构之外，中国农民银行在安顺增设了办事处，中央信托局也增设了"人寿保险部"。截至民国二十七年（1938），又设立了中国银行、交通银行、上海银行、金城银行及省政府经营的各县合作金库、农矿工商调整委员会及农田水利贷款委员会等。

民国二十四年（1935）之前，地方旧式金融机构受汇兑市场的左右和控制，处于极其混乱、无人管理的状态。民国二十四年（1935）中央银行和中国农村银行进入贵州省并开展汇兑业务，汇兑市场逐步进入了有序、有组织的时期，省内产业和贸易发展的同时，伴随着金融市场的发展，人们越来越频繁地使用汇兑。

一、金融市场

（一）银行

截至民国二十八年（1939）1月4日，在贵州省内设立银行的共6家，全部设在省城贵阳，各银行在省城外设立办事处的有：作为国立银行的中央银行分行，作为特殊银行的中国银行、交通银行、中国农民银行等的分行，以及其他两家商业银行的分行。

1. 国立银行

中央政权进入贵州省以来，作为国立银行的中央银行于民国二十四年（1935）6月1日在贵阳设立二等分行（支行），开展法币发行和国库相关业务。当时，该行是全省唯一的新式金融机构。作为国立银行，除了受理所有业务之外，还办理商业银行的一部分业务以及省金库的收支业务。盘县是贵州省西部地区的门户，民国二十七年（1938）7月，该行在盘县设立了一个办事处，整理盘县附近各县复杂的币制。

2. 特殊银行

中国银行是办理特殊外国汇兑的银行，交通银行是为了全国实业发展而创办的银行，中国农民银行是为全国农业发展而创办的银行。这三家银行都得到了发行法币的特权，并在贵州省开设了分行。

中国银行作为新式金融机构是最早进入贵州省的，早在民国初年就已经在贵阳设立了分行，发行纸币，受理一切银行业务，信誉度曾经很高。后来，由于军阀的借款、滥发纸币、强制兑换等，导致关门停业。近来，考虑到贵州省被看作所谓的后方重镇，于民国二十七年（1938）12月25日在贵阳的盐行路正式开设了分行，发行法币，办理一切银行业务。

交通银行是最后进入贵州省的特殊银行，民国二十八年（1939）1月4日开业。

继中央银行之后，中国农民银行进入了贵州省，其业务扩张速度却是各家银行中最快的。民国二十四年（1935）7月1日在贵阳的盐行路开设二等分行，同年12月24日在遵义，民国二十六年（1937）1月15日在安顺设立了办事处，最近又计划在毕节和铜仁设立办事处，据说不日即将开业。

3. 商业银行

现在贵州省的商业银行有：上海商业储蓄银行和金城银行，都是在民国二十七年（1938）开业，开业时间尚短。从节约国力储蓄方面来看，这两家银行在贵州省设立办事处有重要意义，除了普通商业银行的业务之外，还办理储蓄业务。

上海商业储蓄银行除了普通商业银行和储蓄银行等各项业务之外，还代办旅游相关的业务。民国二十七年（1938）7月15日，在贵阳中华北路的光明路口设立了办事处，也办理旅游业务。

民国二十七年（1938）10月17日，金城银行在贵州省设立办事处，除了办理各种商业银行业务之外，还受理所有的银行业务。

（二）信托局、储蓄会、保险公司和当铺

因为经济企业不景气以及地方财政穷困的缘故，贵州省的信托事业不值得一提。自民国二十四年（1935）贵州省的政治步入正轨以来，所有的建设事业都呈现出活力。如前所述，中央银行在贵州省设立了分行。中央信托局原来一直属于中央银行的下属机构，最近才独立出来，其资本和人事依旧属于中央银行管理。民国二十五年（1936）4月1日，中央信托局在中央银行内设立了分局，开办保险业务，民国二十六年（1937）7月1日，增设生命保险部。

民国二十五年（1936）7月，储蓄会在贵阳中华南路设立一等分会（分店）并开业。

除了上述中央信托局以外，专门办理保险业务的还有两家公司，分别是太平和安平两家保险公司。太平保险公司的资本金是300万元，总部在上海，在贵阳的"大什字"设立了分公司，办理生命保险、火灾保险、运输保险和邮递小包的保险等业务，分公司在民国二十六年（1937）6月开业。

安平保险公司的资本金是50万元，总部在上海，民国二十七年（1938）7月在贵阳的"大什字"设立分公司，办理火灾保险、生命保险、汽车保险、运输保险、邮递小包保险、玻璃保险等业务。

贵州省典当（当铺）从业者的资本金一般低于其他省份，最多的是16000元，最少的只有4000元。贵阳当铺的营业状况列表如下。

贵州当铺营业概况调查表（单位：国币元　依据贵州经济）

商号	资本金	全年营业收入总额	商号地点
复元典	4000 元	35000 元	六座牌路
光裕	13000 元	15000 元	盛都路
继盛典	11000 元	32980 元	三才路
广济典	16000 元	40000 元	都市路
营盛典	10000 元	25000 元	公园路
德昌典	4000 元	50000 元	院前街
鑫记龙顺典	—	40000 元	普定路

（三）省政府经营的金融机构

省政府直接参与经营的金融机构有合作金库、农矿工商调整委员会及农田水利贷款委员会。

1. 合作金库

普通银行在业务上以营利为目的，合作金库则与之相反，是农村金融调整的专门机构，为贵州省内的农村建设服务，其他省份相同，发展合作社（产业联合会）非常需要合作金库，所以倡导金融合作。省内各县纷纷酝酿设立合作金库，确立各县合作金融的基础，从而促进产业发展。为此，省政府设立了经济部农业总局，并得到了省内各金融机构的协助，在各县设立合作金库。其经过概述如下：

（1）依靠经济部农业总局协助设立的合作金库

民国二十七年（1938）2月18日，经济部农业总局决定在贵阳设立驻贵阳专员办事处，协助省政府农村合作委员会设立各县的合作金库。各个金库的资金数额定为10万元，其股份由各县的合作社根据财力购买，剩余的由省政府和农本局以1：9的比例分担。如果再出现资金不足时，在农本局和各县合作社发起借款。这样一来，到民国二十八年（1939）年底，预定的47个县中，已有31个县设立了合作金库。

（2）依靠中国农民银行协助设立的合作金库

民国二十七年（1938）6月，省政府与中国农民银行合作，为了在三穗等10个县开设合作金库，让中国农民银行出资了50万元。截至民国二十八年（1939）5月接到军事委员会关于设立合作金库的训令时，计划设立合作金库的32个县中，已有三穗等16个县设立完成，其余的还在陆续设立中。

（3）依靠中国银行协助设立的合作金库

省政府和中国银行双方协定，在平越等三个县设立合作金库，资金及开设相关准备已经就绪，还未正式着手。

已经开设和计划设立合作金库的各县，以民国二十九年（1940）年内全部完成为目标，进而完成合作金融机构的设立。

合作金库的主要业务是，农村金融资金的贷款、存款和汇兑等，特别是以资金贷款为主，贷款的主要对象是合作社。合作社的种类有信用合作社、工业合作社、农业合作社及运销（运输贩卖）合作社等。

如上所述，贵州省各县的合作金库设立工作正在稳步进行中，但是还缺少各县合作金库之间的联络和统一管理的机构，省合作金库设立的计划就是在这样的条件下推进着。也就是说，省政府得到了经济部农本局、中国农民银行的协助，以100万元作为资本金，各县的合作金融机构和各县的合作社根据各自的财力进行投资，不足的部分，农本局、农民银行及其他相关各机构承担九成。如有不足，在农本局、农民银行及其他相关各机构借款补充。作为合作金库的准备机构，在省政府，把省合作委员会主任委员、总干事、财政厅厅长、重庆政府经济部农本局驻贵阳办事处主任及中国农民银行贵阳分行经理等任命为筹备委员，计划在民国二十九年（1940）年底之前完成。

2. 农矿工商调整委员会

民国二十七年（1938）3月1日，贵州省农矿工商调整委员会在省政府设立。根据其组织大纲，该委员会基金为50万元，省政府以省金库券作为担保，从中央银行和中国农民银行借款。另根据其实施办法规定，贷款范围及业务限定为以下14种：

（1）省营或民营的农场和牧场；（2）省营或民营的森林木材公司（公司指的是股份公司）；（3）省营或民营的垦殖公司（开垦拓殖公司）；（4）省营或民营的农产品运销公司（运输销售公司）；（5）省营或民营的山上养蚕企业；（6）省营或民营的各种矿产公司；（7）省营或民营的矿产运销公司；（8）省营或民营的工厂和公司（纺织厂、棉布厂、绢丝厂、造纸厂、制革厂等）；（9）省营或民营的本省特产（不包括鸦片）的加工生产厂或公司；（10）省营或民营的本省特产（不包括鸦片）的贩卖公司和商店；（11）本省农矿工商发展事业所需品的贩卖公司和商店；（12）本省特产（不包括鸦片）省外交易公司和商店；（13）市民必需品大量供给公司和商店；（14）此外，为了统一管理本省的食物、燃料和军需品，贷款利率为月利9厘。但是，根据借款者经营企业的性质，并依据借贷条件，可酌量增减。贷款的损益责任由省政府承担。

如上所述，农矿工商调整委员会成立了，但是，因为贵州省农矿工商各企业组织散漫、管理不彻底、生产模式简单、担保物和抵押保证不可靠等原因，符合贷款原则的寥寥无几。截至民国二十七年（1938）年底，贷款的只有7项，详情列举如下：

借主	用途	金额 （国币元）	利率	期限	备注
贵州公路局	车辆及材料购买	100000	年利9厘	6个月	
遵义县政府	柞蚕种采收	10000	年利9厘	1年	贷款 2次
革命日报社	纸张购买	10000	年利9厘	1年	
贵阳建筑公司	建筑材料购买	50000	年利9厘	1年	
协济委员会	接待所设立	7500	年利9厘	1年	
贵州印刷所	机器购买安装	50000	年利9厘	1年	
建设厅	县电话架设及材料购买	200000	年利9厘	3个月	
合计		327500			

农矿工商调整委员会还下设了小本借贷处（小额资本贷款机构）。需要说明的是，贵州省的各种企业还停留在手工业时代，经营者多依靠小本经营，所以该委员会以这类手工业组织和生产方法为对象，尽量让其符合现代金融业的贷款方法。针对这类手工业，为了直接或间接提高其生产活动和生产能力，尽最大可能放宽贷款条件，提供小额资本融通的便利。小本借贷处为了节约经费，把一切贷款事务全部委托给农本局驻贵阳专员代理，贷款资金暂定5万元。随着小本借贷效果的显现，各县均设立了小本借贷处。

为了参考起见，以下介绍贵州省会小本借贷处的贷款规则。

贵州省会小本借贷处贷款规则

第一条　本规则依据小本借贷处组织大纲第七条的规定而制定。

第二条　年满 25 周岁以上、品行端正、身体健康、不吸食鸦片、一年以上住在省会或新近开始从事小额资本的农矿工商的实业者及商人，遇到资金缺乏时，不论原籍哪里、不论男女，依照本规则，均可到本处申请借款。

第三条　本处贷款额度分为以下 3 类。

　　　　甲类　5 元以上不超过 50 元。

　　　　乙类　51 元以上不超过 200 元。

　　　　丙类　201 元以上不超过 500 元。

第四条　甲类贷款利率为月利 8 厘；乙类贷款利率为月利 9 厘；丙类贷款利率为月利 1 分。

第五条　贷款时间最长为一年。

第六条　甲、乙、丙三类借款需每月返还，若因特殊情况经本借贷处许可者，需要在合同生效期间长期连续支付。

第七条　贷款以法币为标准。计算周期以国历为准，利息每月计算，不满一个月的，按日计算，利息末位数不满一分的按一分计算。

第八条　在本借贷处借款者，需要填写本借贷处的借款申请书，经过同业公会或借款居住地的保甲长或其他公证人士的介绍，具备第九条规定的保证条件后，接受本借贷处的审查批准，签订借贷合同。但是，不论是否批准，申请书概不返还。

借款申请人不识字者，可由介绍人或本借贷处的办事员代为填写借款申请书。签订借款合同时，代理填写人不得收取费用。

第九条　凡从本借贷处借款者，需要具备以下保证条件：

　　　　1. 甲　　类　可靠的店铺保证人 1 人，或信用可靠的保证人 2 人。

　　　　2. 乙丙两类　可靠的店铺保证人 1 人以及相当的抵押物件。如果没有相当的抵押物件，需要增加店铺保证人 1 人。

前项中 2 名店铺保证人需要共同保证承担连带责任。

第十条　以动产或不动产作为担保时，需要在本借贷处审查评估其价格。但是，不接受已经用作担保的一切财产。

第十一条　本借贷处借贷时的一切手续不收取任何费用。如果有人收取，可由借款人向本借贷处提出控告，事实查明后给予惩罚。

第十二条　担保物品为不动产的，仅限于有持续收益的不动产。店铺、房屋、住宅有房租收入的，由本借贷处收取房租，充当借款人每月的本金和利息偿还，利息数额随着本金和利息的返还而相应减少。

前项中的房屋出租者因中途发生变故导致本借贷处不能收到房租时，

由借款人每月按期返还本金和利息。

第十三条　以动产或不动产作为给本借贷处提供的担保物，需要本处认可其保险。借款人需要到中国人经营的保险公司办理保险手续，或由本借贷处代为办理。

前项的不动产需要办完登记手续。

第十四条　借款人提供的担保品是存款凭证、仓库证券、保险证券、土地房屋契约、出借契约、土地房屋出租本、登记证等，以及其他附属文件的，需要放在本借贷处保管。此时，需要本处主任签字。如果本担保品出现问题，通知借款人前来完备信息或者追加提供担保品。

第十五条　借款人提供动产作为抵押从本借贷处借到款项后，由于营业关系需要继续使用时，要在本借贷处办理借贷手续，期限从借贷合同成立之时算起。

第十六条　借款期限到达之日，需要亲自到本处返还本金和利息，不得以本处通知未送达为借口故意延迟。

第十七条　借款人返还部分或者全部借贷款项时，根据第七条结算利息。

第十八条　一旦发现借款人有以下情况者，本借款处可以随时要求其返还所借款项的本金和利息。

　　1. 未使用真实姓名者。

　　2. 一个人冒充两个人企图借到更多款项者。

　　3. 把从本借款处借到的款项用作其他用途者。

　　4. 把从本借款处借到的款项转借他人获取不当得利者。

　　5. 不顾分期偿还的约定、逾期不能履行者。

　　6. 本借款处通知借款人追加担保或者其他担保品，却不能履行者。

　　7. 担保品被转移或者双重担保的。

　　8. 中途停止营业者。

　　9. 转移住址故意推迟告知者。

第十九条　保证人及店铺保证人住址变更的，或店铺保证人更改商号时，需要事先通知本借贷处，不得延迟。一经发现，随时要求借款人偿还所借款项的本金和利息。

第二十条　借款完全返还之前，保证人不能自行解除保证关系。但是，如需在本借贷处更换保证人时，要通知借款人亲自处理。在新保证人完全办理保证转换之前，原保证人负有完全责任。

第二十一条　借款人出于种种原因到期不能返还本金和利息者，保证人需要按照合同全部代为偿还。保证人如不履行合同，本会将向省会警察局或地方法院提起诉讼，一切诉讼费用由保证人负责赔偿。

前项中有担保物品到期却不能偿还借款时，本借贷处将申请法院对全部或部分担保品予以拍卖，拍卖所得用于偿还。依然不足以偿还本金和利息者，将要求借款人或保证人追加偿还。担保品的各种费用处理由借款人和保证人承担。

第二十二条　借款人还清借款一个月后，需要资金周转的，可再次向本借贷处申请借款。

第二十三条　本借贷处可以随时查询借款人的营业或生产情况，借款人需要如实汇报，不得欺瞒。

第二十四条　借款申请书、保证书及借贷合同有专门规定。

第二十五条　本规则从省政府批准之日起实施，并移交法院备案。

3. 农田水利贷款委员会

为了保护生产并增加粮食产出，贵州省政府经过经济部农本局的批准，从农业调整处借款 100 万元，同时，省政府追加 20 万元，以 120 万元作为资本，计划组建农田水利贷款（资金借贷）委员会，调整已有机构和人员阵容。该委员会于民国二十七年（1938）7 月正式成立。

二、汇兑市场

民国二十四年（1935）之前，贵州省的政治并未步入正轨，没有近代式的金融行业和金融机构，工商业也极其低端，市场流通的货币以铸造币为主；证券这个名称在百姓看来，就是历来给人民带来损失的纸币；没有公开的汇兑市场行情，汇兑手续费的涨跌由豪商垄断，钱庄从业者则专门操纵着铜元及纸币价格的高低。

民国二十四年（1935）之后，设立了新式金融机构，虽然处于萌芽阶段，完全没达到繁荣，但是却使得原来的旧式金融机构几乎处于倒闭状态。新式金融机构的出现，促成了贸易及相关的汇兑市场的产生。贵州省以往的贸易一直是入超，省内的水路未得到利用，运输商品最近刚开始使用拖拉机，之前靠的是人力或牛车、马车，运输一直是无规律、无组织的状态，所以贸易的进出几乎没有记录可查。但是，据一般估算，贵州省每年从省外运入商品的总额大约为 4000 多万元，其中主要物品是食盐、棉布、石油、纸卷烟和机器制造的日用品；运出省外的商品主要是桐油、山货、矿产及其他食品，运出商品总额不足 1000 万元。因此，为了填补运入超出额，需要运出大量产品。贵州省有特殊货物（鸦片），每年运出总额约 2500 万元至 3000 万元。如此一来，贸易收支关系的结算，需要国内各城市之间及国外各港口之间办理汇兑业务。贵州省最近的汇兑市场大致情况如下：

（一）汇兑市场的内容

一直以来，鸦片是贵州省的主要运出贸易商品，鸦片商左右着金融行业，垄断着汇兑市场，贵州省的汇兑业务由少数鸦片商操控。其中，办理汇兑业务的主要是贵阳的天福公、公和昌、义兴昌、恒兴一，汇兑金额的多少、汇兑价格的涨跌全部看这四家鸦片商的脸色而变化。当时，鸦片商之所以能获得汇兑行业的优越地位，是源于事实上的需求，也是因为如此，鸦片商越来越垄断了汇兑的利益，并排挤其他商家的参与，更有甚者，要办理汇兑者，有时不得不仰鸦片商的鼻息。所以，鸦片商愈发不公开汇兑业务的内幕，从而获得更多的不法暴利。

民国二十四年（1935），中央银行和中国农民银行的分行在贵州省设立后，原则上公开了汇兑业务，并公布汇兑行情，鸦片商的暗箱操作结束了，汇兑业务的经营逐渐由鸦片商转到了上述两家银行。

（二）货物运出、运入汇兑数量的变动

贵州省的贸易一直是运入大于运出状态，相应的汇兑市场亦是如此。据中央银行和中国农民银行这两家银行对运出运入汇兑数量的统计，民国二十四年（1935）至民国二十六年（1937）运入汇兑超过运出汇兑，到了民国二十七年（1938），运出汇兑逐渐追平了运入汇兑。根据贵州经济的统计，贵州省中央银行及中国农民银行运出、运入汇兑数量统计表如下：

运入汇兑（单位　国币元　指数以 1935 年度为 100 计算）

年份	中央银行	中国农民银行	合计	指数
民国二十四年（1935）	7440000	738006	8178006	100.00
民国二十五年（1936）	16510000	9480929	25990929	317.81
民国二十六年（1937）	16047000	16180627	32227627	394.08
民国二十七年（1938）（前半期）	9804000	12073784	21877784	——

运出汇兑（单位　国币元　指数以 1935 年度为 100 计算）

年份	中央银行	中国农民银行	合计	指数
民国二十四年（1935）	7084000	906180	7990180	100.00
民国二十五年（1936）	9960000	8666905	18626905	233.12
民国二十六年（1937）	14657000	16586929	31243929	391.03
民国二十七年（1938）（前半期）	8451000	12782274	21233342	——

根据上表显示，运出、运入汇兑数量的差额，民国二十五年（1936）运入超出额最大，为 730 万元，民国二十七年（1938）前半期也是运入超出状态。但是，从汇兑数量整体趋势来看，运出、运入均呈现出逐渐增加的态势，其原因大致如下：（1）中央银行和中国农民银行这两家银行信用的提升；（2）运入汇兑数量的激增源于军费及政治费用的膨胀；（3）鸦片商经营的汇兑信用滑坡；（4）运出、运入累计值的增加是经济发展的反映。

（三）汇兑的季节性变动

汇兑的季节性变动一般根据利率及证券的流通可以观察得知，但是贵州省没有长期的系统性的资料，再加上时局和政局的影响，很难观察分析贵州省的汇兑变动。贵州省属于农业经济社会，汇兑的季节性变动多受农产品上市的影响，鸦片又是贵州省主要的贸易商品，所以鸦片的上市及运出对汇兑市场影响极大。据贵阳中国农民银行每月运出、运入汇兑数量统计，贵州省汇兑的季节性变动列表如下：

运入汇兑（单位　国币元）

	民国二十四年 （1935）	民国二十五年 （1936）	民国二十六年 （1937）	民国二十七年 （1938）
1 月	－	93017	1676590	1366880
2 月	－	245756	679106	1845299
3 月	－	755631	1065410	1770588
4 月	－	863610	1361378	1902128
5 月	－	367172	912778	325409
6 月	－	646600	1508126	1936480
7 月	－	3240	1172393	1293530
8 月	51056	1051445	2285232	－
9 月	92364	757943	898272	－
10 月	313038	1846828	650501	－
11 月	120618	667656	2425701	－
12 月	157691	1032877	1406001	

运出汇兑（单位　国币元）

	民国二十四年 （1935）	民国二十五年 （1936）	民国二十六年 （1937）	民国二十七年 （1938）
1 月	－	554419	1289517	2325776
2 月	－	118351	494782	1526759
3 月	－	294587	881962	2321386
4 月	－	811494	1169275	1861013
5 月	－	542371	1574656	2481449
6 月	－	790990	1563343	2266890
7 月	84299	1294903	2242003	2785806
8 月	231661	754216	1348942	－
9 月	118953	762473	1688362	－
10 月	85762	965033	1255272	－
11 月	125116	771450	1394500	－
12 月	260974	4007716	1684315	

第二章　度量衡

第一节　概述

中国民间使用的度量衡用具历来千差万别，没有固定标准，这样一来，不法商人可乘机施展阴谋诡计，谋取暴利，坑害百姓，贵州也不例外。民国十七年（1928）7月，国民政府以米作为长度标准的同时，制定市用制，公布《权度标准方案》。民国十八年（1929）2月，颁布了《度量衡法》。民国十九（1930）年1月，国民政府工商部出台了工商部令，在全国各区域统一度量衡之前，可根据经济交通发展程度及差异分别规定开始实施前的期限。随后，设立全国度量衡局，扩充度量衡制造所，广泛制作各种标准样本器具，同时开办度量衡鉴定人员培养机构，培养鉴定人员作为各地统一度量衡的干部。根据预定的计划，各省市先后开设度量衡鉴定所和鉴定分所，处理各省市县统一度量衡的事务。

全国度量衡统一计划分为三期，贵州和云南、甘肃、宁夏、新疆、察哈尔、绥远等被列入第二期，民国二十一年（1932）年底之前完成统一工作。经过中央度量衡鉴定人员培养机构的培训，专门负责贵州省度量衡鉴定的专员有127名，其中，一等鉴定员3人，二等鉴定员23人，三等鉴定员101人。这些人被派到贵州省各地，处理鉴定事务。

民国二十一年（1932），贵州省政府建设厅设立了度量衡鉴定所，在贵阳率先实施鉴定，此外，每五个县设立一个度量衡鉴定处。可是，计划并未具体化，设备、设施经费有限，很难令百姓了解旧制的度量衡调查的意义，导致鉴定工作停滞不前。再加上不法商人利用国内频发的政变和贵州省特殊的地理位置，妨碍度量衡统一的计划，贵州省只得停止该计划，省内各地依旧使用旧制的度量衡。①

第二节　度量衡统一实施经过概要

如前所述，贵州省度量衡统一计划并未完成，却处于停顿状态，下面介绍统一度量衡的经过。

---

① 市用制是一直以来采用的度量衡，即最接近民间惯用的度量衡制，是旧制到标准制过渡时期的度量衡制。

一、统一的顺序

以民国二十一年（1932）年底完成为目标，本省度量衡统一的顺序分三期进行，省政府征得工商部的批准。

第一期　贵阳等 31 县　民国二十年（1931）底完成。

第二期　息烽等 32 县　民国二十一年（1932）6 月完成。

第一期　长寨等 18 县　民国二十一年（1932）底完成。

二、各地标准器和样本器的购置

（一）地方标准器的购置

民国十九年（1930），省建设厅接省政府之命，要求各县政府迅速缴纳购置标准器所需费用，然后，在规定期限内配给标准器，加速实施度量衡统一。当时，贵阳、安顺、桐梓等 70 个县先后汇款到省建设厅，再转汇到工商部后，购买到 65 箱度量衡器具，分发到各县使用。

（二）甲组样本器的购置

依据内政部下发到工商部"各种土地测量机关需具备公市尺（米尺）"的命令，民国十九年（1930）贵州省政府要求省公路局和各县缴纳相关费用后领取，公路局和贵阳等 49 县缴纳费用送交工商部，省政府领到米尺后转发给公路局和各县。

（三）乙组样本器的购置

民国二十一年（1932）11 月，全国度量衡局向全国各县市下达实业部规定的乙种样本器的安装使用方法，并以此作为制作样本。省政府向各县下达命令上交购买样本器所需费用，以尽快实现度量衡统一。

三、鉴定员的培训

新制度要求的度量衡的推行过程中，事务多，责任重，如果不培训技术人才，无法顺利进行。鉴于此，贵州省分两个部分进行了度量衡鉴定员的培训。

（一）一等鉴定员和二等鉴定员的培训

贵州省接到工商部的命令，选派合适人员到南京参加度量衡鉴定员培训。其中，接到驻京办事处的电报，要求第二期选派 2 名高级人员和 2 名初级人员；接到建设厅的命令，要求第三期选派 2 名高级人员和 5 名初级人员；接到驻京办事处的命令，要求第三期选派 4 名初级人员，第四期选派 10 多名初级人员。培训之后经过选拔考试，合格的有 3 名高级人员和 23 名初级人员。其中大多数已经回到省里，开始鉴定工作。

（二）三等鉴定员的培训

贵州省建设厅深感完成度量衡统一任务的迫切，在各县设立鉴定分所，普遍推开工作。民国二十三年（1934），开设三等鉴定员培训班，要求各县选派合适人选。同年 8 月培训班开班，培训期为 3 个月，经过培训的 99 名鉴定员已经被分派到各县开展工作。

四、鉴定机构的组建

民国二十年（1931）8月，到南京参加培训的鉴定员返回省内，同年9月，设立鉴定所筹备所，按计划着手一切准备。民国二十一年（1932）2月，正式成立鉴定所。民国二十二年（1933），结束三等鉴定员培训工作，成立各县鉴定分所，分派鉴定员到各县。民国二十三年（1934）9月，鉴定所改名鉴定处，隶属建设厅管辖。民国二十四年（1935），按照中央命令，根据行营剿匪省区裁局并科办法，省鉴定处合并到建设厅，各县鉴定分所合并到县政府。

五、新制度量衡统一工作的成果

鉴定所筹备处成立后，立即着手旧制的度量衡的调查工作。贵阳率先制作了各界使用的旧制度量衡与新制度量衡计算对比表，通过各种方式努力宣传，使民众知晓采用新制、废除旧制的意义。省鉴定所成立后，制作新制的度器和木制的量器让百姓使用。贵阳开始使用的同时，宣布从民国二十二年（1933）11月开始在全省推行使用。各县鉴定分所也从宣传调查工作着手，综合考量各县的经济状况和交通情况，设立度量衡制作所。但是，军兴以来，该计划的实施处于停顿状态，各地依然使用旧制的度量衡。

第三节　度量衡

如前所述，贵州省统一度量衡的工作处于全面停顿状态，现在各地依旧采用旧制的度量衡。省内不同地区使用的度量衡有着极为明显的差别，即使在同一地区，不同行业使用的度量衡也千差万别，极其复杂，不是局外者可轻易弄清楚的。下面介绍一般百姓依然惯用的旧制度量衡。

一、度

中国的尺度千差万别，自古以来历经修改，国民政府在民国十八年（1929）2月颁布了度量衡法，规定按照标准制1米是1公尺，市用制的三分之一米算作1尺，这是法定的尺度单位。但是，贵州省内一般习惯使用名为曲尺的尺度。由于云南省也使用这种尺子，所以，又名云贵曲尺。这种曲尺比市尺短，比吉林曲尺和苏州营造尺长。据国民政府实业部的鉴定，云贵曲尺的长度和其他各地旧制尺度与市尺对比结果列表如下：

云贵曲尺及各地旧制尺度与"市尺"的比较对照表

（与"市尺"1尺的比率 参考贵州经济 M 三）

尺度名称	比率	尺度名称	比率
吉林曲尺	0.5780	汉口算盘尺	1.0516
苏州营造尺	0.7277	广东排钱尺	1.1227

尺度名称	比率	尺度名称	比率
南京鲁班尺	0.9600	上海板尺	1.6743
天津木尺	0.9739	河北大城县白布尺	2.3100
河南裁尺	1.0100	云贵曲尺	0.5780

二、量

国民政府在民国十八年（1929）2月颁布了度量衡法，根据"国际单位法"之规定，把千克称为"公斤"，1公斤等于2市斤。由于贵州省度量衡统一的工作处于停顿状态，百姓生活依然使用旧制，旧制的量具因地区和物品种类而不同，即使是同一种计量单位，其实际重量相差极大。例如，贵阳的1斤花生是17.6市两（1市两＝31.25克＝333钱），1斤茶油或桐油是18市两，1斤盐是18.4市两。这是不同商品每斤实际重量不同的一个例子。再看地区之间的差别的例子，贵阳的1斤花生是17.6市两，黔西的1斤花生是16.8市两，安顺的1斤花生是18.0市两，毕节的1斤花生是18.2市两。各县不同商品每斤换算成市两的对照表如下（参照贵阳经济M）：

商品 县别	花生	菜油	茶油	桐油	盐	香油	肉	棉花	小菜	油	旧制
贵阳	17.600	18.000	18.000	18.000	18.400	—	—	—	—	—	—
镇远	—	18.600	18.240	18.240							
大定	—	18.064	—	18.064	—	18.064	—				
黔西	16.800	17.000	—	16.000	17.850						
镇宁	—	18.133	—	18.133	18.133	—	17.512				
桐梓	—	17.800	—	17.600			18.096	17.520			
都匀	—	16.779	—	16.852	16.800						
独山	—	18.000	—	—	18.000						
安顺	18.000	18.000	—	17.872	17.870	—	18.008	—	—	—	
黄平	—	—	—	—	—						18.507
毕节	18.240	18.800	—	18.240			18.560				
遵义	—	—	—	—	17.661	—	23.104	—	17.06	18.096	

三、衡

中国的衡器分为天平、杆秤和戥称。戥称有秤盘没有秤钩，秤砣所在位置表示重量；杆秤有秤钩没有秤盘，秤砣所在位置表示重量；天平中间有横杆，两端有秤盘，砝码作为秤砣使用。这些也是中国官衙使用的衡器，民间和海关分别有别的衡器。各官衙之间根据历来的习惯或者官吏的狡诈，衡器与度量用具类似，但也各不相同。特别是民间使用的衡器并未统一，相差更明显，各地除了有当地的标准秤之外，还有平时使用的秤，不同商品的交易还有专用秤，按照习惯，秤之间的换算也有差异，其混乱复杂状况与度量用具类似。

前面已经多次介绍，国民政府在民国十八年（1929）2月颁布了《度量衡法》，按照"国际单位法"的规定，以升为单位，1升称作1市升，1市斗＝10市升。各地用着各自不同的旧制衡器，贵州省各县农产品的1斗与1市斗的换算列表如下（参照贵州经济M四）：

县别 商品	贵阳	毕节	黄平	独山	镇远	安顺	镇宁	黔西	大定	桐梓	都匀	遵义
米	1.650	3.250	2.020	2.810	2.963	2.780	2.830	3.075	4.000	2.300	3.080	2.230
玉米	1.720	3.250	2.150	3.660	3.000	2.950	3.250	3.050	4.000	2.350	—	—
荞麦	—	—	—	—	—	—	3.150	3.050	—	—	—	—
小麦	1.673	3.000	—	—	2.963	2.770	—	3.050	4.000	4.700	—	—
高粱	—	—	—	—	—	2.950	3.200	3.000	—	—	—	—
菜种	1.650	3.400	—	—	4.547	2.950	—	3.050	—	—	—	—
大豆	1.720	3.250	—	—	3.045	2.950	3.200	3.050	—	—	—	—
豌豆	1.722	3.250	2.688	—	3.045	2.950	3.200	3.050	—	—	—	—
葵花籽	—	3.850	—	3.666	4.540	—	3.750	3.600	—	—	—	—
蚕豆	1.722	—	—	—	—	2.750	3.200	—	—	—	—	—
粟	1.650	3.230	—	—	—	2.950	3.250	3.050	—	—	—	—
芝麻	1.650	—	—	—	2.740	2.950	—	—	—	—	—	—
小豆	—	—	—	3.650	2.750	—	3.200	—	—	—	—	—
绿豆	1.717	3.250	—	—	3.005	2.950	3.200	3.050	4.000	—	—	—
裸麦	—	—	—	—	—	—	—	3.050	—	—	—	—

附注　在都匀，米和杂谷使用同一种斗。

在贵阳，米、芝麻、菜种、粟使用同一种斗，但与杂谷使用的斗不同。

在大定，米和杂谷使用同一种斗。

从上表可以看出，贵阳使用的斗与市斗相比是1.65乃至1.722倍，其差别属于较小的。黄平使用的斗与市斗相比是2至2.7倍，相差很多。更严重的是在黔西、都匀、桐梓、镇远等地，是2至3倍，镇远的菜种和葵花籽居然能到4.54至4.547倍，特别是桐梓的小麦，达到了4.7倍，差别最大。

四、量制和衡制

如上所述，量制和衡制在地区之间、商品之间均有差异，如果需要比较两者，极其复杂。

以 1 石籼米为例，铜仁县是 700 斤，思南县是 600 斤，关岭和独山县是 100 斤，在贵阳是 110 斤，还有的县是 280 斤、300 斤、360 斤、400 斤、450 斤，真的是五花八门。

不仅有地区差异，不同商品之间的差距也很明显。在贵阳，1 石米是 110 斤，1 石麦子是 170 斤，1 石玉米或高粱是 200 斤。在安顺，1 石蚕豆是 210 斤，1 石高粱是 240 斤，1 石大麦是 250 斤，1 石小麦是 260 斤，1 石大豆是 270 斤，1 石玉米是 310 斤，1 石籼米是 367 斤。贵州省各县主要农产品的量制和衡制比率（1 石对应的斤数）列表入下（参照贵州经济 M 四）：

商品 / 县别	籼米	糯米	小麦	大麦	玉米	大豆	蚕豆	高粱	备注
遵义	300 斤	300 斤	358 斤	358 斤	400 斤	400 斤	400 斤	350 斤	旧制重量
安顺	365	367	260	250	310	270	210	240	
平坝	280	280	300	300	300	300	—	—	
贵定	280	280	280	280	—	—	—	—	
清镇	280	300	300	—	250	260	—	200	
黔西	400	—	350	320	380	380	—	—	
麻江	302	302	320	330	300	270	270	260	
关岭（市石对斤）	100	100	100	100	100	100	100	100	
思南	600	600	300	450	500	550	570	230	
江口	400	400	400	—	360	392	—	—	
定番	100	100	100	100	100	100	100	100	
黄平	280	263	267.5	217.5	260	270	270	272	
息烽	280	280	250	250	270	280	260	270	
毕节	400	420	370	340	360	400	390	340	
镇远	400	400	330	330	330	330	330	330	
龙里（市斤）	300	300	250	250	280	280	280	260	

县别\商品	籼米	糯米	小麦	大麦	玉米	大豆	蚕豆	高粱	备注
独山	100	100	100	100	100	100	100	100	
贵阳	110	110	170	170	200	200	200	200	
平越	300	330	160	260	280	320	280	270	
兴仁	300	300	240	—	240	240	240	240	
桐梓（市斤）	330	335	230	320	300	280	260	240	
都匀（市斤）	450	450	300	300	350	300	270	200	
铜仁	700	700	700	700	700	700	700	700	
普安	300	330	200	210	260	250	253	200	

第22卷

新修陕西省的金融货币和度量衡

第一章　金融

第一节　概述

陕西省位于中国西北部，民国二十五年（1936）年底陇海线铁路开通以前，由于交通不便，产业欠发达，金融业也处于初级发展阶段。民国二十二年（1933）以前，当地主要的金融机构，除了西安的陕西省银行总行以外，只有该行设在各大县城的办事处。

作为陕西省唯一的地方银行，陕西省银行一直以来为全省的金融、财政以及产业做出了很大贡献。但民国二十四年（1935）实行币制改革以后，中央银行、中国银行、交通银行以及中国农民银行等分支行相继设立，并且这四大银行发行的兑换券作为法币全面流通，因此陕西省银行发行的通货逐渐被回收。

占陕西省大部分地区的农村区域，在民国十九年（1930）至民国二十二年（1933）期间，经济匮乏日趋严重，农村金融几乎崩溃，对此政府采取了设立农村合作社的金融政策。

民国二十六年（1937）卢沟桥事变爆发，重庆政府失去了大部分大的城市和开发区，只能靠开发内陆地区的农村发展金融市场来增加财力。陕西省也把为重庆政府贡献财力为目标，制定了通过金融机构改革增大财力的政策，铺设了以中央银行为枢纽的金融网络，扩大了各县银行的业务。另外，陕西省还根据自身情况，增加了陕西省银行的资本金，普遍设立了县银行，设置了县低息贷款机构，同时还鼓励开办典当行，进行币制整顿等。此外，于民国二十七年（1938）还发行了陕西省建设公债，希望通过公债政策筹措战时建设资金，但具体结果不明。随着卢沟桥事变以后的持续战争，旧国民政府的财政困难、金融窘迫、旧法币失去价值，并且程度愈演愈烈，陕西省金融也不例外，金融市场混乱的程度超出一般想象。

第二节　金融机构

一、沿革

中国金融的开端始于各种货币之间的汇兑和国内各地之间的兑换。货币汇兑在没有确立货币本位且币制不统一时期是一项不可或缺的金融业务，国内兑换在远距离商贸和缴纳税租时必须存在。陕西省也是一样，作为老式金融机构的钱庄，很早以前就遍及各地，主要经营汇兑业务。此外，民国元年（1912）设立了新式金融机构泰丰银行，后改称富秦银行。此后民国五年（1916），在西安又设置了中国银行西安办事处，兑换金额每年额度达60－70万元。在当时国民政府统治下，设立了西北银行，管理陕西省金库，发行纸币。民国十六年（1927）中国银行西安办事处由于陕西省政府资金不足而停业，民国十九年（1930）在其旧址搬入了西北银行，并与富秦银行合并，改称陕西省银行。由于民国十九年（1930）10月陕西省政府的改组，加上当时金融市场的窘迫，省政府顺应地方商业民意，以陕西省银行的名义，理顺了富秦银行和西北银行的债务，另一方面，为了当地通货的需要，给西北银行的纸币盖章以便流通。如果只有旧纸币，流通会显不足，由于地方金融越来越困难，经省政府决议，正式设立陕西省银行，成为陕西省金融枢纽。

另外，在陕北地区作为陕西省特殊金融机构之一，设立了陕北地方实业银行。民国十九年（1930），西北地区的两大金融机构一个是刚才提及的西北银行，一个是山西省银行。这两家银行都因政局关系而停业。山西、陕西各地的金融市场呈现恐慌状态，工商业极度萎靡，陕北地区直接遭受影响。1930年10月20日，陕北23县的绅士聚集在一起，谋划在榆林设立陕北地方实业银行，从各县筹集资本总额50万元，并于当年12月1日开业。此后至民国二十三年（1934）该银行业务逐渐扩大，修订条款，调整银行规模，逐渐奠定了基础。民国二十四年（1935），随着旧国民政府的币制改革，中央银行、中国银行、交通银行、中国农民银行等中国新式银行的分支行相继设立，另外为了补救农村金融的匮乏，设立了农村合作社，此类举措使陕西省的金融市场逐渐有了现代面貌。

二、陕西省银行

民国十九年（1930）如前所述，设立了陕西省银行，当初资本金总额定为500万元，由省财政厅从各县募集资金，当年筹集了93万元，民国十九年（1930）12月开业的同时，在省内各县又设立了分行或办事处，还在外省（大城市）设了分庄，这样，陕西省的金融逐渐有了生机。民国二十年（1931）"九一八事变"爆发，偏僻的西北部虽然没有直接受到影响，却引起了市场恐慌，金融窘迫，诸多行业萎靡不振。紧接着民国二十一年（1932）上海事变爆发，中国经济中心发生动摇，以前依靠上海经济界的地区，不仅不能保持经济上的稳定，还不得不偿还以前的欠款；另一方面，原料和产品失去了销售地，并且依靠外商供给的日用必需品还在不断买入，因此现银的流出就像河水一样源源不断，地方上的现银顿感紧迫。民国二十一年（1932）冬天到第二年春天，市场更加不景气，产业更加萎靡，需要紧缩政策，已经设立的榆林、平凉、秦州、洛川、长武等办事处相继撤掉废止。市场恐慌愈发严重。西安总行受命限制兑换，营业一度陷入窘境。民国二十三年（1934）6月，由于银行董监联席会提议董事会增资，业务才明显增加，民国二十五年（1936）虽然也有从事银行业务的地方办事处关闭，但是绥德、蒲城、石泉、武功等地还增设了办事处。陕西省银行非常重视社会建设事业，为西兰公路建设提供资金贷款、办理农村信贷、投资省储仓库或合作事业等，保持了地方特殊银行的特色，在全省各地银行调整方面充分发挥了作用。在卢沟桥事变爆发之前（1936）陕西省银行业务概况大致如下：

（一）扩大农村放款（贷款）

陕西省以棉花和麦类为主要农作物，是民生在衣食两方面的原料需求，为了增加农作物的产量，省政府禁止种植罂粟，同时鼓励种植棉、麦，初步发展西北国防经济。但是种植罂粟的恶习不易根除，且农村盛行高利贷制度，因此陕西省银行提供低息贷款以此根本良策进行扶持，提倡大量种植棉花、小麦。另外，陕南的关中和兴安两个地区米、茶、桐油等产量较大，一直因交通不便、治安状况不好，不能获得贷款。但西汉、汉白、汉宁各公路相继开通，因此陕西省银行以汉中、西乡两地为中心，开展了种植水稻贷款业务。同时，以兴安、石泉、白河等地为中心，进行了桐油、茶叶生产的投资等，为农作物的增产做出了很大贡献。陕南各地的经济也因此得以逐渐恢复。

（二）扶持轻工业发展

如前所述，陕西省的主要农作物是棉花和麦类，自然条件适合面粉加工业和纺织业，因此，陕西省银行虽然没有直接经营，但通过融资鼓励建设工厂，西安的面粉加工厂、纺织厂、潼关打包厂等相继建成。陕西省银行还鼓励小规模工商业的发展，实施小额贷款。因陕西省的工业发展还处于初级阶段，尚未脱离原有的手工业生产方式，为了将来新兴产业的发展，先将此作为过渡性办法来发展中小企业。

（三）整顿地方币制

陕西省从南到北在市场上流通的补充通货有铜元、油布票①、纸票等，极其复杂，且印刷、纸质极为低劣，商家感到非常不便。陕西省银行也曾发行过铜元券，但民国二十四年（1935）由于旧国民政府实行币制改革，改为流通法币，引进政府的新铜货在市场流通，因此陕西省银行发行的铜元券逐渐回收，币制整顿也随之结束。

（四）增设银行办事处

陕西省银行以恢复农村经济、开发西北为目标，希望在最短时间内完成全省金融网络，但由于交通不便、治安没有保障，没有达到所期目标。民国二十五年（1936）为了给汉中、兴安地区提供金融便利，增设了石泉、汉阴两个办事处。另外，还在恒口设立了陕西省银行农贷事务所，在关中地区设置了蒲城办事处。

民国二十六年（1937）民国银行年鉴显示的陕西省银行年度营业状况如下，可作为参考。

---

① 由商店、公共团体及商会等发行的小额纸币，在汉中每票20串文，1串为5文。

陕西省银行借贷对照表（1937年12月31日）（单位：国币元）

资　产　额		负　债　额	
项目	金额	项目	金额
未收资本	1000000.00	资本总额	2000000.00
定期放款（定期贷款）	812977.35	余利	93205.84
抵押放款（担保贷款）	488211.31	公积金	65217.93
农村放款	261568.10	股息（红利）	74643.64
小宗放款（小额贷款）	136106.20	备抵呆账（坏账准备金）	15836.73
活期存款透支（支票活期存款透支）	5717586.53	行员储蓄金	34793.67
暂记缺款	507528.79	定期存款	30488.63
催收款项	22617.87	活期存款	3956995.72
期收款项	664632.00	特殊活期存款（特殊支票活期存款）	857082.02
托收款项	98841.00	储蓄存款	152275.22
买入汇款	68094.41	暂时存款	323880.89
押汇	20150.00	存款票据	4542615.80
兑换券发行费	256106.02	汇出汇款	567312.98
开办费	21048.54	期付款项	571274.00
用于营业的房产	48508.02	代收款项	82667.00
营业用品	15392.55	发行兑换券	5584115.80
兑换券准备金	5584115.80	前期损益	90607.88
投资款项	15500.00	纯利	227418.23
同业活期	976862.98		
现金	2554584.51		

三、现存金融机构

（一）卢沟桥事变前的金融机构

陕西省的金融机构如前所述，陕西省银行作为特殊地方银行发挥了最大特色，此外，民国二十四年（1936）币制改革前后，中国各银行相继增设了分支行。民国二十六年（1937）根据全国银行年鉴，卢沟桥事变前省内各地的金融机构总行、分行、支行及办事处总计 50 个，其中总行 2 个、分行 7 个、支行 2 个、办事处 37 个。总行是陕西省银行和陕北地方实业银行。后者如前所述已经停业。详细情况如下：

陕西省金融机构一览表（1937 年）

县	银行	总行分行支行	设立年月
三原	陕西省银行	办事处	民国十九年（1930）12 月
大荔	陕西省银行	办事处	民国十九年（1930）12 月
石泉	陕西省银行	办事处	民国二十五年（1936）4 月
白河	陕西省银行	办事处	民国二十四年（1935）11 月
西乡	陕西省银行	办事处	民国二十一年（1932）2 月
安康	中国农民银行	办事处	民国二十四年（1935）12 月
	中国农民银行	农贷办	民国二十五年（1936）2 月
	陕西省银行	办事处	民国二十年（1931）4 月
武功	陕西省银行	办事处	民国二十三年（1934）6 月
	陕西省银行	办事处	民国二十五年（1936）11 月
邠县	陕西省银行	办事处	民国二十一年（1932）7 月
长安	中央银行	分行	民国二十四年（1935）5 月
	中国银行	办事处	——
	交通银行	支行	民国二十三年（1934）11 月
	中国农民银行	分行	民国二十三年（1934）6 月
	陕西省银行	总行	民国二十九年（1940）12 月
	上海商业储蓄银行	分行	民国二十三年（1934）12 月
	金城银行	办事储蓄处	民国二十四年（1935）10 月
	边业银行	分行	民国二十五年（1936）6 月
咸阳	中国银行	寄庄	民国二十五年（1936）9 月
	交通银行	办事处	民国二十四年（1935）12 月
	陕西省银行	办事处	民国二十三年（1934）2 月
	上海商业储蓄银行	临时办事处	民国二十五年（1936）11 月
邰阳	陕西省银行	办事处	民国二十三年（1934）8 月
南郑	中央银行	办事处	民国二十六年（1937）3 月
	中国农民银行	办事处	民国二十五年（1936）2 月
	陕西省银行	分行	民国二十五年（1936）5 月

县	银行	总行分行支行	设立年月
商县	陕西省银行	办事处	民国二十年（1931）10 月
乾县	陕西省银行	办事处	民国二十三年（1934）9 月
朝邑	陕西省银行	办事处	民国二十年（1931）4 月
渭南	中国银行	寄庄	民国二十三年（1934）11 月
	交通银行	支行	民国二十三年（1934）11 月
渭南	陕西省银行	办事处	民国二十三年（1934）2 月
	上海商业储蓄银行	办事处	民国二十三年（1934）10 月
绥德	中国农民银行	办事处	民国二十五年（1936）10 月
	陕西省银行	办事处	民国二十五年（1936）1 月
榆林	中国农民银行	办事处	民国二十五年（1936）11 月
	陕北地方实业银行	总行	民国二十九年（1940）12 月
凤翔	陕西省银行	办事处	民国二十年（1931）2 月
蒲城	陕西省银行	办事处	民国二十五年（1936）3 月
潼关	交通银行	办事处	民国二十五年（1936）3 月
	中国农民银行	办事处	民国二十五年（1936）3 月
	中国农民银行	办事处	民国二十五年（1936）3 月
	陕西省银行	办事处	民国二十年（1931）4 月
	上海商业储蓄银行	寄庄	民国二十三年（1934）8 月
兴平	陕西省银行	办事处	民国二十年（1931）2 月
盩厔	陕西省银行	办事处	民国二十年（1931）1 月
韩城	陕西省银行	办事处	民国二十四年（1935）10 月
宝鸡	陕西省银行	办事处	民国二十三年（1934）6 月
陇县	陕西省银行	办事处	民国二十年（1931）12 月

（二）卢沟桥事变爆发（1937 年）后的金融网络

卢沟桥事变爆发后，政府迁到重庆，把西南、西北地区作为支持对日抗战、复兴民族的根据地，进行经济开发。中央银行、中国银行、交通银行、中国农民银行四大银行，考虑内地金融的重要性，组织了四行联合办事处，在西南、西北各省市铺设了金融网，成为经济开发的先锋。民国二十八年（1939）3 月，重庆政府财政部召集了第二次地方金融会议，讨论了增加各省地方银行机构、改善业务、增加生产、促进出口、平衡物价、稳定国民生活、开发资源等政策。作为发展经济力量的良策，提出决议，各省的省银行以及地方银行根据环境和需求，健全组织、增设分支行、力争资本充足、努力完成经济发展使命。同时还讨论了各省的省银行以及地方银行，在省内银行和各省银行之间要保持关系融洽，使汇兑业务方便、迅速。会议结束后各省的省银行和地方银行根据大会决议或中央（重庆政府）的指示，努力构建金融网络，财政部为了内陆地区金融的流通，为了增强经济实力，制定了构建西南、西北及附近战区金融网的两年计划。该计划内容如下：

1. 内陆地区的政治、经济、交通关系重大，因此城、镇、乡、市没有"四行"分支行的地区，至少设置一个四行联合总处。

2. 偏远地区"四行"短时期内不能设置分支行，但各省银行要本着一区至少一行的原则设置分支行。

3. 在各乡、城、市、镇设立分支行准备过程中，合作金库和邮政储蓄金汇业局协助办理当地的金融运营或兑换流通等业务。

4. 交战区附近地区也同样设立分支行、办事处。

全国各地铺设金融网计划分四期完成，财政部命令上述四大银行和各省市银行于民国二十九年（1940）12月以前完成全国金融网铺设工作。各银行都在努力完成重庆政府的计划，一定程度上也见到了成效。就陕西省来看，卢沟桥事变前的总行、分支行数量为50个，现在增加到89个，另外还有县市在增加，预计再增加37个。

四大银行的分布情况如下所示：西安——中央银行、中国银行、交通银行、中国农民银行。南郑——中央银行、中国银行、交通银行。宝鸡——中央银行、中国银行、交通银行。安康——中央银行、中国银行。渭南——中国银行、交通银行。咸阳——中国银行、交通银行。泾阳——中国银行、交通银行。白河——中央银行、中国农民银行。宁羌——中央银行。邠县——中央银行。三原——中国银行。同官——交通银行。

另外，从民国二十六年（1937）以后设立的年份来看，1937年1个，1938年7个，1939年17个，1940年23个，1941年1个。

纵观以上金融机构的增设，表面上都是在执行重庆政府的内陆地区经济建设政策，但内幕却是为了弥补对日抗战后的经济破败，突击进行内陆地区经济建设，结果导致滥立弱小银行的状况。

第三节　农村各县地方金融

一、农村金融

民国十九年（1940）陕西省因为遭受了旱灾，农村破败，农民生活潦倒。政府的救济政策是鼓励成立合作社，但当时省财政力量不足，金融阻滞，没有基金，且普通农民对合作缺乏理解，不可能迅速建立起合作社。民国二十一年（1932）农村金融更加窘迫，省政府在关中陇海铁路线一带及泾惠渠流域的永乐区设立了棉花生产营销合作社，给合作社提供贷款购置农具、家畜等（棉田每亩平均2元）。到民国二十三年（1934）春天，农民的困窘程度达到极致。省政府还是把发展合作社事业当作救济农村的紧急要务，但由于缺乏资金，事业很难推进，因此省政府向国民政府实业部申请银行投资，同时提倡通过陕豫晋棉花生产营销合作社以及五行联合贷款银行团（五行指上海银行、交通银行、金城银行、浙江兴业银行中国农民银行）设立营销合作社，最后，该银行团在陕西棉业促进所的协助下，首先支出了30万元棉田贷款，对棉业放贷。促进所负责指导合作社。当时省内各县的农村合作社（13县、47社、6种）以及银行贷款情况大致如下（数据来自陕西省政府建设厅报告上海银行农业贷款部补育合作社数量）：

县名	所在区域及合作社名	合作类别	贷款银行	贷款金额（元）
渭南	新民区　保证责任棉花生产营销合作社	棉花产销		
渭南	水津区　保证责任棉花生产营销合作社	棉花产销	中国	17829.00
渭南	中东区　保证责任棉花生产营销合作社	棉花产销	上海	15820.00
渭南	中西区　保证责任棉花生产营销合作社	棉花产销		22000.00
渭南	故市区　保证责任棉花产销合作社	棉花产销	上海	2408.00
渭南	未央区　保证责任棉花产销合作社	棉花产销		7700.00
渭南	龙脊区　保证责任棉花产销合作社	棉花产销	上海	11000.00
临潼	栎阳区　保证责任棉花生产营销合作社	棉花产销	上海	40030.00
临潼	交雨区　保证责任棉花生产营销合作社	棉花产销	上海	16763.00
临潼	新民区　保证责任棉花生产营销合作社	棉花产销		
临潼	第五区　交北保证责任棉花生产合作社	棉花产销	中国	22620.00
临潼	第六区　保证责任第一农作物产销合作社	棉花产销	中国	7708.00
临潼	阎良镇仁和村　无限责任信用合作社	信用	中国	
临潼	北田区　保证责任棉花生产合作社	棉花生产	中国	11480.00
临潼	雨全镇任刘区　保证责任棉花生产合作社	棉花生产	中国	14380.00
临潼	洽口镇　棉花生产合作社	棉花生产		
临潼	泾惠渠新市区　保证责任生产营销合作社	棉花产销	上海	33195.00
临潼	第五区交东　保证责任棉花生产合作社	棉花产销	中国	6090.00
临潼	城关　保证责任生产营销合作社	棉花生产		
临潼	周花区　棉花生产合作社	棉花产销	中国	13140.00

县名	所在区域及合作社名	合作类别	贷款银行	贷款金额（元）
临潼	第一区　棉花生产合作社	棉花产销	中国	6760.00
临潼	第八区第一乡凤凰岭村　无限责任信用合作社	信用		
临潼	华清新农村　实验区菲黄生产合作社	菲黄生产	中国	1000.00
临潼	广阳区　保证责任棉花产销合作社	棉花产销	上海	23380.00
长安	第九区　新关乡木匠王村垦殖合作社	垦殖		
长安	高桥　保证责任棉花生产营销合作社	棉花产销	上海	7600.00
泾阳	泾惠渠永乐区　棉花营销合作社	棉花营销	上海	268528.23
泾阳	泾原鲁桥区　保证责任棉花产销合作社	棉花产销	上海	38200.00
泾阳	泾惠渠斗口区　保证责任棉花生产合作社	棉花生产	上海	18250.00
高陵	第一区伏龙乡　保证责任棉花生产合作社	棉花生产		
高陵	第三区仁中乡　保证责任棉花生产合作社	棉花生产		
高陵	第二区鸿教乡　保证责任棉花生产合作社	棉花生产	中国	不详
高陵	勇左区　保证责任棉花生产合作社	棉花生产		
高陵	第二区三贤乡　保证责任棉花生产合作社	棉花生产	中国	不详
高陵	渭阳区　保证责任棉花生产合作社	棉花生产	中国	
华县	柳子区　保证责任棉花生产合作社	棉花生产		
华县	杏仁产销合作社	杏仁产销	上海	7500.00
华县	下庙区　棉花生产营销合作社	棉花产销	上海	6366.00
醴泉	第二区　辛白农村大信用合作社	信用		
醴泉	第二区　胡小黄农村信用合作社	信用		
乾县	第二区　姜梁大王农村信用合作社	信用		
乾县	第四区　铁阳农村信用合作社	信用		
邠阳	第二区　保证责任棉花产销合作社	棉花产销	上海	不详
与平	第一区　保证责任棉花生产合作社	棉花生产		
蒲城	县农村信用合作社促进会	信用		
白水	农村信用合作社	信用		
大荔	第二区　棉花产销合作社	棉花产销		
合计	47社	6种		

二、各县地方银行

民国二十九年（1940）秋天，陕西省银行在省内各县设置了分支行和办事处，各县地方金融都有实情调查报告，但各县情况都是大同小异，因此这里仅对褒城县的金融情况进行概述，其他各县以此类推。

褒城地区一直以来商业很不发达，贷款是针对商店和农村个人企业，因此没有固定的利率，大致最低月息 3 至 5 分，最高 12 至 15 分。尤其是高利息时，甚至有这样的惯例，例如贷款 100 元，先扣除一个月的利息 10 元，只给 90 元，然后每月再交利息 10 元。

如果是普通私人之间的借贷，借债人除了抵押土地之外，还要有中间担保人，用途一般是经营商业、建筑房屋、购买不动产、偿还借款、结婚、葬礼、疾病等。这类都属于正当借贷，其他还有嫖客的嫖资、赌徒偿还赌资、吸食鸦片者偿还负债等也占地方借贷不小的部分，且此类贷款都是高利贷。

另外，褒城县的农产品除了棉花卖到外地，其他粮食类的东西都是供自家使用，即使卖到市场上，量也很少。外地货物引进方面也没有集散地，所以也没有所谓的金融商业性变动，即使有一点变动，也是农村的普通变动，春夏不景气，秋冬稍微好转，年底是金融最为紧迫的时节。

为了调整这种金融机制，民国二十八年（1939）农业总局（重庆政府经济部和中国各银行的共有组织，在重庆设有总局，各省设分局，是开发农村经济的金融机构）组成了褒城县合作金库，从当年的 7 月 15 日开始营业。业务重点是农村借贷，是为了完善战时金融，调节本县工商业，还设置了陕西省金库褒城支库及褒城金库。该合作金库的贷款利率定为月息 1 分至 1.5 分。利息变化没有其他理由，参考借贷人的信用和保证情况，进行个别商议决定。

另外，褒城县内运出、运入的货物所需的汇兑，都是以汉中（南郑）为中心，以本县为主的汇兑极少，只有一点各行政机构的经费和税款的邮寄，主要由上述合作金库办理。

第四节　货币制度

一、币制统一之前的货币市场

陕西省的货币制度与中国其他地方一样，混乱至极。随着民国二十四年（1935）币制改革确立了金融制度以后，逐渐实现了统一。也就是说，民国十八年（1929）7月 1 日国民政府宣布废两改元以后，以此为开端，中国的普通货币制度就确立了以银元（银本位通货总量 26.691 瓦，银 88％，铜 12％）为通货单位的币制统一制度。但当时全国流通的银元数量仅有 14 亿元，因此发行纸币补充货币需求。发行权依靠分散制度，发行准备金也不充足，因此呈现了滥发的情况，中国币制仍然是处于混乱状态。

民国二十四年（1935）11 月，在英国金融界支持下，民国政府果断进行了币制改革，停止了银本位制，采用汇兑管理制，在一定期限内收回银元和本地金银，同时，指定中国银行、中央银行、交通银行、中国农民银行四大银行发行的纸币为法币，停止其他银行及各种金融机构的纸币发行权。确立了上述四大银行的法币现金准备金为六成、保证准备金为四成的原则，财政部发行准备委员会对发行额进行检查报告。这些银行及各种金融机构拥有的现银、本地金银，对其进行强制支出，从中央银行领取法币。但法币制度实施以后，各地小额通货不足，政府于是命令各省银行增发辅助通货。币制统一前后的陕西省内的货币制度，就西安地区来看，当时西安市场流通的货币，本位通货以袁大头、孙中山像币、站人洋、北洋等为主，其他有湖北、大清等银元若干，但这些银元都是省内货物运出时的收入款，随着运出货物的减少，现银流入也日渐减少，省内金融状况陷入窘境，而补充的银角，因省内商人、农民生活程度低，几乎没有通用，一般流通的就是小额纸币和铜钱。铜钱多从四川流入，有 50 文、100 文、200 文的。200 文的大铜钱流通最多。这些铜钱中，200 文铜钱在西安相当于 1 元附 60 个（即 12 吊）、在汉中 1 元附 100 个（20吊）。这些铜钱的流通额也不能满足广泛的需求，因极度缺乏，有时还将 200 文的铜钱切成两半，当两个 100 文使用。省政府也铸造了半分、1 分、2 分的铜钱在各县流通。

陕西省发行的纸币有 5 元券、1 元券和角票，此后富秦钱局发行了铜元券，此外还有大信用商号的角券和其他各地商会发行的铜元流通券和油布票等。

二、币制统一后的货币市场

民国二十四年（1935）11 月 4 日，旧国民政府颁布了新货币制度，把上述中央银行、中国银行、交通银行、中国农民银行四大银行的流通券定为法币，其他所有铸币及各种金融机构发行的纸币立即停止发行，已经发行的纸币逐渐收回。陕西省银行率先停止了纸币发行，且尽全力协助法币流通，立即着手回收已经发行的各种纸币。但本行发行的纸币数量太大且分散到了各地，在陕西省，陕西省银行以外的银行纸币很少在市场流通，因此，陕西省银行的纸币在商人、农民中很有信用。法币在四大银行发行，种类不一，且经常发现伪造的假币，因此地方民众不愿意陕西省银行收回纸币。民国二十四年（1935）年底，陕西省银行发行纸币的流通额达5584115.80 元，其中 1 元券有 3764612 元，角券、铜元券有 1819503.8 元。

因此，虽说是币制改革了，但陕西省银行及其他一些新旧金融机构的发行券，与以前残存的铸钱还不容易被根除。

第五节　战时金融

一、重庆政府的战时地方金融政策

（一）一般政策

重庆政府财政部于民国二十七年（1938）6月1日在汉口召集全国金融界领袖，召开了地方金融会议，商讨地方金融机构改革实施办法。最后应内地各种生产事业的资金需求，民国二十七年（1938）4月29日颁布了改善地方金融机构办法纲要十条，以期资金流入内地，通过发展农工渔矿各业，增强生产力。该办法中最重要的规定是，各地方金融机构领用中央银行、中国银行、交通银行、中国农民银行四大银行的1元券和辅助纸币，增加各地方金融机构的财力，力图大力发展内地工农业。上述会议的重要决议事项如下：

1. 继续推行贴现票据、贷款业务。

2. 扶助内地必需品生产事业，扩大农村贷款业务。

3. 限制往沦陷区域汇款，同时致力于扩大内地汇兑业务。

4. 提倡节约，奖励储蓄。

5. 增设内地金融机构，完成金融网铺设。

6. 奖励出口事业，为侨胞汇款提供便利。

7. 继续收集本地金银。

8. 培养金融机构人才。

另外，关于农村金融事项的决议如下：

1. 各地方金融机构设立农业金库。

2. 增加农业生产资金。

3. 增加农田器具借款贷款。

4. 增加农田水利借款贷款。

5. 增加农业生产仓库抵押借款。

随着对日抗战的长期化，重庆政府与地方金融、军事活动相互照应，细致商讨，为了制定政策，民国二十八年（1939）3月6日，在重庆召集各省地方董事长或总经理召开了上述第二次金融会议。会议决议的重要事项摘要如下：

1. 发展经济力量。

2. 维持币制信用。

3. 扩大金融业务。

4. 收集购买物资。

5. 平衡物价涨落。

6. 制定粮食需求对策。

（二）普遍设立县银行

普遍设立县银行，是重庆政府战时地方金融政策中的主要工作。

为了确立金融制度，使中央银行具有全方位统治全国金融信用的能力，特殊银行进行辅佐，使各地经济界机敏活跃，同时让地方银行发展各地经济，因此政府要求在各地要普遍设立地方银行。中国的金融制度上述两种能力都不具备，地方银行属各省管辖，经常受政变影响，不能扩大业务，只有在交通便利地区有少量存在。产业不发达地区尚未普及。因此，卢沟桥事变爆发后，重庆政府让中央银行、中国银行、交通银行、中国农民银行四大银行设置联合办事处，代行中央银行职权，成为全国金融机构的枢纽。同时，为了确立地方金融，在四川、云南、贵州、陕西、湖南、广西、甘肃、宁夏、青海等省的市县，相继设立四大银行及各省银行的支店及办事处。这样，地方金融机构逐渐普及。但普通县尤其是贫困县依然没有设立，因此重庆政府于民国二十九年（1940）1 月公布了《银行法》，命令各县设立银行。现摘录《银行法》概要如下：

1.《银行法》的意义及县银行的功能

（1）金融机构的确立

在卢沟桥事变爆发以后，中国内地银行如雨后春笋般设立，但分布呈畸形状态，普通县尤其是贫困县还没有金融机构。因此，《银行法》做出以下规定进行补充。

①金融组织为有限责任股份组织。

②资本官民共同出资达到 5 万元即可组织。

③以一个县的财力不能满足时，可与邻近县共同经营。

④官方股份以县、乡、镇等的公共资金加入。

⑤民间股份除了个人以外，地方团体、法人、工会等也可以加入。

⑥民间股份需占总数的二分之一以上。

以上手续简单，资本也不大，因此，各县在短期内都能设立金融机构。普遍实施后，不仅矫正了以前分布畸形的状态，还发挥了各种金融机构紧密联系、互助合作的精神，因此得以实现了普遍健全的银行制度。

（2）扶助各县经济建设

现在中国内地各省都是民族复兴的根据地，这些省内各县的经济建设就是对日抗战、建设国家的重要工作。在《银行法》方面，县银行吸收地方游资，贷款对象有仓库内货物、水利事业、农林、工业、矿业、交通业、生产业及典当行等，另外还规定对卫生设备及其他事业进行贷款。

这样，县银行的任务就是吸收县内的游资，扩充到地方建设资金里，或补充金融枯竭地区的建设资金短缺。当银行财力不能满足地方需求时，规定无须担保，可以从省市银行其他银行接受资金融通，力图对地方经济建设的帮扶效果更加显著。

（3）县特殊银行业务代理

县银行是金融制度的基本机构，为了使其健康发展，赋予其特权，代理如下特殊业务。

①保管县以下各机构公共资金

现在已制定公库制度，由县银行保管县以下各机构的公共资金，银行自身可由此增加财力，同时也可以消除过去财政上的弊端。

②募集公债、公司债及农业债券

以前政府发行公债或募集公司债券、银行债券、农业机构债券时或卖出债券时，没有一个可信的代理机构，非常不便，县银行代理这些业务后，还能因业务增加而享受利益。

③代理省市其他银行业务

以前各地之间的汇款因金融机构少非常不便，县银行成立后，各银行都代理此项业务，因此汇款业务大为方便。

（4）实施国家性金融政策

县银行作为地方金融的基础性机构，与普通民众有着密切的关系，因此便于对民间实施政府决定的金融政策。各县如果都设立县银行，国家的金融政策就会由上至下、由近及远贯彻，全国金融网的联络统管也不困难，可以增强金融上的统管能力。

另外，县银行响应政府的金融政策，通过买取各地本地金银，增加汇兑基金、引导消化公债、稳定物价变动、防止资金逃避等特殊功能。

2. 政府当局对设立县银行采取的措施

重庆政府财政部对各省政府下达命令，力争在一年内在全省各县普及县银行，迅速在未设立的县设立银行。各省财政厅与省银行联系，指定对银行业务有经验的人士担任指导设立县银行的负责人，必要时省政府可直接援助。这些县银行的官方股份由县长募集，民间股份由县内法人、工会等临时负责募集，以后逐渐转由民间募集。设立县银行时，根据当地的经济情况制定营业计划和收支预算表报财政厅审批。

这样，以前的地方金融机构，大部分都集中在交通便利和繁华之地，即使有全方位的指导机构，因为没有平面组织，金融上的统管能力也很弱小。通过设立县银行以及省银行的支持，各县保持互相联系，可以加强金融上的统管能力。如此力争完成全国金融网的铺设，但实际实施时，由于资金和人才的短缺，普通民众也缺乏理解，完成任务也并非易事，难免遇到各种困难。

二、陕西省独自战时金融政策

如前所述，重庆市政府实施了地方金融政策，陕西省也进行了如下改革。

（一）省金融政策

陕西省银行原来所定的资本金是 5000000 元，出资官民各半，自创业以来对陕西省地方金融做出了巨大贡献。卢沟桥事变之后，作为地方银行，其使命越来越重，以至于现有财力不能支撑战时金融了。因此民国二十八年（1939）春，省政府持股追加投资3000000元，积极进行机构改革，为了发展业务且致力于取得人们的信任。最后于民国二十八年（1939）年底，达到存款总额1240000元，省纸币发行额总计上升到4610000元，信用良好，在省内流通。该银行的分支达30多个县，以期在最短时间内普遍设立金融网。为了支持中国所谓的对日抗战，还普及小规模的工商业贷款，增加农村贷款金额，仓库担保贷款，购买物资，充实军需，国外汇兑等，可以说取得了良好成效。

另外，作为地方银行的陕西省银行，与普通银行性质不同，银行业务的方针也是以应对农村社会需求为基础，调节农村金融，方便物资的购买与运输，以帮助生产为主要业务，同时代理管辖省县金库，协助地方财政营运。陕西省农村虽然凋敝，物资匮乏，但是棉花、麦类、陕南的桐油、五倍子、陕北的毛皮、药材等产量也不少，因此陕西省银行计划一手买入，资金不足时请求国立银行协助贷款，同时吸收内地游资应对生产事业的需求。

（二）县金融政策

如前所述，县银行法把县镇作为营业区域，把吸收地方游资作为宗旨，以期确立农村经济基础。陕西省农村社会资金需求紧迫，以前盛行高利贷，贻害很大，有必要通过金融机构普及政策设置低利息贷款机构，因此参照各县实际情况，制定县银行分期设立计划，号令各县付诸实施，没有能力设立银行的各县一律设置低息贷款机构。

另外，当铺也是调节社会金融的最好金融机构，陕西省还处于初级阶段，因此号令各县鼓励经营当铺，以助民间金融一臂之力。

（三）币制政策

1. 增加辅助通货、取缔非法通货

本省的货币制度以前很不统一，除了陕西省银行发行的各种通货以外，各县还流通很多个体企业发行的不好的通货以及从外省流入的劣质铜货等，再三禁止其流通后，逐渐绝迹。但仍有丐县商会发行的油布票流通，且数额巨大，流通范围广，不容易灭绝。政府督促行政督查专署确定油布票收回交换方法进行处理。

同时，观察非法货币流通原因，主要归结于辅助货币不足，对于非法通货进行回收、销毁，陕西省银行从中央银行领取银货券2000000元使用，以前造币局已经印刷但尚未发行的铜货券，改印成分币300000元，制定计划在各县流通，向政府当局申请后，于民国二十九年（1940）发行的分币转入省内，以供需求，再不够时由省银行印制发行。

2. 促进省银行纸币流通、维持法币

陕西省银行印制了省纸币10000000元，申请代替法币发行获得批准，此外，根据省政府与西安银行界的协议，制定了"防止把法币秘密运往被占领区为日本谋利法"二十一条，经军事委员会审查批准执行。

3. 兑换、收回民间私藏现银

以前陕西省文化落后，民间尚有很多私藏现银和其他铸造通货，法币发行后，普通民众守着以前的陈规陋习不肯兑换，在省内与黄河沿岸各县战区相接壤地区，省政府担心现银被日方买走，因此命令各县提高兑换价格，奖励自发兑换法币。

第二章　度量衡

第一节　概述

中国的度量衡制度始于远古的黄帝时期，进入周代后成熟。其来源一种说法是根据音调，一种说法是根据黍和粟的大小，其他说法是使用蚕吐的丝。说法不一。不像米制长度是固定的，它没有固定的原始器材。中国的度量衡与制度一起经常发生改变，会因地区、使用者不同而产生差异，因此清朝末期开始商议统一度量衡。清朝光绪三十二年（1906）采用了诸国通用米制长度单位和重量单位，确立了营造、库平制中国特有的度量衡制度。但尚未普及成熟时清朝灭亡，进入民国时期，在沿袭营造、库平制的基础上，也兼用米制。此后国民政府的根基日渐稳固，政府公布法令力图统一度量衡即标准制和市用度量衡。因为是政府强制使用，所以以前混乱的中国度量衡终于得以统一。但在新制度量衡中，市用制完全是中国特有的制度，市用制的统一是向米制度量衡过渡的一个阶梯，将来会逐渐扩大米制标准制的使用范围，实行彻底统一制度，实现世界通用度量衡。但将各地沿袭的旧制度量衡一扫而光，并非易事。因此，新制度量衡虽然表面上在全中国使用，但在陕西省的边远地区尚未普及之处还很多，何况新制度量衡的器具也尚未普及，因此依然使用旧制，甚至商业上还习惯根据旧制进行汇兑和贸易，有的地方实际计量时因没有旧制度量衡器具，而使用新制度量衡来换算，竟然还有这些无用的烦恼。

第二节　旧制度量衡

中国旧制度量衡，因地而异，可以说因家不同，器具也不同，其中长短、大小、轻重差异较大，呈极度混乱状态，主要原因有以下三个。

一、历代度量衡标准的残存

中国历朝历代制定的度量衡标准都不同。一般旧的王朝灭亡，新的朝代兴起，其政治、经济机构大多比上一个朝代先进很多。因此前一代的度量衡标准不再符合时宜，需要制作新的度量衡器具。另一方面，也需要调整税赋，加强国家财政力量。因此，通常都是趁此新制度量衡的机会加大标准。也就是说中国度量衡自古以来就是一个朝代一个标准，且每过一个朝代都会加大标准。

每个朝代度量衡改革的动机通常都是调整税赋，增加国家财政力量，因此新订标准都是只有官方执行，对于民间表面上命令其按规定执行，但政府对于统一度量衡的意志并不坚决，且以前中国的政治、经济、文化、交通等方面，实际上还不具备统一度量衡的必要条件，因此不太可能统一。因此，在历代度量衡没有统一的基础上，历代再制定新的标准，而旧标准依旧残留累积，这是中国近代度量衡极度混乱的最大原因。

二、民间度量衡违反法度

一方面对于民间使用的度量衡，官方并没有诚意执行法令，没有制作度量衡器具的规矩；另一方面，贪官污吏、奸商及土豪劣绅等，增加政府执行的度量衡标准以增加课税，同时还使自己私用的度量衡器具标准更加增大，在纳税额的补偿上加重农民的征收金负担，从而获取暴利。这样，民间度量衡的增大比例比历代法定度量衡增加的比例还要大，度量衡器具俨然成为统治阶级榨取手段的有利武器。由于民间不遵守法度，随意制作使用，因此度量衡器具不仅各省不同，而且各县、各地也不同，恰如十个指头不一般齐一样。

三、外国度量衡的输入

如前所述，中国度量衡没有统一制度，没有一定标准，外国便乘机对中国输入，迫使中国使用其他各国固有的度量衡。例如，海关属于英国人管理，英国便使用英国制度，制定一种海关尺，作为中国海关上的法定标准。在铁路、航路方面，属于英国势力下的地方都使用英制度量衡。此外，邮政方面多属法国人管理，法国使用米制，这便成了中国的现行标准制。

度量衡制度的混乱给中国内外贸易造成很大困难，因此政府决定执行新制度量衡即市用制和标准制（米制）。陕西省西安市也实行了度量衡统一制度，旧制度量衡被禁止，结束了混乱状态，省会、公安局及度量衡检验所互相合作，担任督查取缔任务，如果私自制作、贩卖、使用各种旧制度量衡器具，一经查出或被举报，一律处罚，毫不姑息。但这种统一依旧不彻底。西安市使用的残存代表性旧制度量衡与新制市用制比较对照如下：

陕西省西安市度量衡新旧制器具量度比较对照表

（参照陕西省银行汇刊第六期　1936 年 2 月出版）

器具名	单位	新 旧 比 较	备 考
新市尺	1 尺	旧尺 9 寸 5 分	1. 新尺小，旧尺大，即新尺比旧尺小 5 分
旧裁尺	1 尺	新尺 1 尺 5 分	2. 旧尺 1 尺布的价格如果是 1 角，新尺 1 尺是 9 分 5 厘（0.95 角） 3. 购买旧尺 1 丈 3 尺的东西，使用新尺测量时，新尺 1 丈 3 尺外，还必须增加 6 寸 5 分（新尺）

器具名	单位	新 旧 比 较	备考
新市斗	1 斗	旧斗 5 升 3 合 2 勺	1. 新斗小，旧斗大。新斗比旧斗小 4 升 6 合 8 勺（旧量）
旧斗	1 斗	新斗 1 斗 8 升 7 合 9 勺 7	2. 如果是旧斗 1 斗 1 元，新斗 1 斗就是 5 角 3 分 2 厘（5.32 角） 3. 买旧斗 1 斗米，用新斗量时，必须是新斗 1 斗，外加新斗 8 升 7 合 9 勺 7 4. 旧斗 1 斗的重量，米按照旧斤 25 斤的比例计算
新秤斤	1 斤	旧秤斤 14 两	1. 新秤斤小，旧秤斤大，新秤斤比旧秤斤小 2 两
旧秤斤	1 斤	新秤斤 1 斤 2 两	2. 旧秤 1 斤的价格如果是 1 角，新秤 1 斤就是 8 分 7 厘 5 毫（0.875 角） 3. 买旧秤 1 斤的东西时，如果用新秤，新秤的 1 斤还必须外加 2 两（新秤）

第三节　度量衡的统一

一、旧国民政府的统一工作

现行的米制、市用制《度量衡法》，于民国十九年（1930）1 月 1 日开始执行，同时启动相应工作，但执行时需要制作、分发标准器具，培训检测人员。制作、分发标准器具，要在确定标准后，由工商部将原来的北平权度制作所改造成度量衡制作所，制作的器具送往财政部配发。另外，检测人员的培训在民国十九年（1930）1 月，由工商部号令各省市政府，派遣高级、初级两个级别的学生到南京接受培训。1930 年 3 月，首先成立度量衡检测人员培训部进行培训。该培训部的第一批学生毕业后回省，在各省市设立检测所，开始推行第一期改革。接着到 1930 年 11 月 27 日，才开始正式组建全国度量衡局，管理上面所说的度量衡制作所和度量衡检测人员培训部。该局的主要任务是标准标本的检测、调查、检查，各种器具的制作检测及配发，培训检测学员，颁发各省市度量衡营业许可执照，监督指导各地度量衡检测机构等。各种重要工作的进展情况概述如下。

（一）制作业务进展情况

如前所述，标准器具最初是由北平度量衡制作所制作，但民国十九年（1930）又在南京增设了度量衡制作所二厂制作标准器具，民国二十二年（1933）为了便于管理监督，北平制作所全部搬往南京两厂合并。

（二）度量衡器具的配发

以前中国各省市县的地方标准器具，甲乙组标本器具、各种检测器、制作器具、液体量度标准器、检测检查图印等，都是由全国度量衡局颁发，民国十九年（1930）度量衡局成立以后配发的器具总计达 10 余万件，其中民国二十五年（1936）配发的数量为 2 万余件。但陕西省截至 1936 年 12 月底，标准器具总数是 598 件。

（三）度量衡检测人员的培训

度量衡的行政推行，需要专业的检测人员。因此，统一度量衡之际，政府就很重视检测人员的培训。全国的检测人员分为一级、二级、三级，一级检测员的资格是大学或专科学校理工科毕业生，二级检测员由省政府从高级职业中学或高中毕业生里选拔。然后派遣到全国度量衡检测人员培训部，接受 3 个月的培训，毕业后返回省市任用。三级检测员的资格由各县市政府从初级职业中学或初中毕业生里选拔，从省度量衡三级检测员培训班毕业后任用。

陕西省民国十九年（1930）3 月至民国二十五年（1936）期间，从全国度量衡检测人员培训部毕业的初级检测员 17 人，民国二十一年（1932）4 月至 7 月三级检测员毕业者 50 人。

二、陕西省独自的统一工作

陕西省度量衡省检测所于民国二十年（1931）开设，其组织构成是：所长兼主任检测员 1 人，检测、行政两科各有 1 名主任，有二级检测员 3 人，行政人员数人。各县检测所多附设在县政府，派遣三级检测员 1 人，但只有长安、乾县、大荔、三原、凤翔县正式设立了检测分所，派二级、三级检测员各 1 名或三级检测员 1 名办理事务。

省检测所的主要工作，除了设立省制作所制作新器具以外，还把全省划分为三期，以期最终全部完成统一工作。即首先在西安市执行新制度量衡，作为全省的模范试点，然后设立三级检测员培训班，派遣培训人员 50 名到长安等 38 个县办理度量衡行政事务。前三期划分的陕西省度量衡统一执行计划第一期有长安、临潼、渭南、大荔、蒲城、三原、泾阳、醴泉、盩厔、凤翔、澄城、华县、潼关、朝邑、白水、郃阳、韩城、富平、高陵、兴平、武功、扶风、凤县、宝鸡、鄠县、蓝田、耀县、乾县、永寿、淳化、鄠县、咸阳、麟游、汧阳、陇县、平民、岐山等县，预计民国二十五年（1936）6 月底之前完成。

第二期到民国二十五年（1936）12 月底，完成以下各县：同官、中部、洛川、宜君、鄜县、宜川、甘泉、肤施（延安）、安塞、保安、延川、清涧、雒南、柞水、商南、山阳、镇安、宁陕、佛坪、留坝、洋县、石泉、汉阴、洵阳、长武、栒邑、邠县、商县等。

第三期实施区域有安定、绥德、吴堡、米脂、葭县、榆林、横山、神木、府谷、靖边、定边、白河、平利、安康、岚皋、紫阳、西乡、镇巴、城固、南郑、沔县、略阳、宁羌、镇坪、褒城等县，预计民国二十六年（1937）6月底完成。

执行度量衡的模范试点地区西安市主要的工作如下，分旧制整理时期和新制推行时期。

（一）旧制整理时期〔自民国二十四年（1935）9月20日至10月19日〕

1. 宣传工作

口头、文字或用图画形式宣传新制度量衡必须实施的原因。

2. 旧器具禁止工作

要想执行新制度量衡，必须杜绝旧制度量衡的来源，因此张贴布告，明确宗旨，违反者受到严处。

3. 检测市场通用新器具

西安市通用的新制器具，由于新度量衡制度尚未完善，未免有错误杂乱现象，有的由于使用时间太长，标记磨损，超过规定误差，因此需要检测纠正。

4. 新器具的制作

新器具的制作是度量衡制度统一的根本工作，因此，制作新器具时必须力争美观、精致、廉价，以便推行新制。

（二）新制推行时期〔自民国二十四年（1935）10月20日至12月31日〕

度量衡新制实施期间把西安市分成四个区域，有利于统一进行推行工作，容易见到成效。

第一区：西大街一带及西关各街。

第二区：南大街一带及南关各街。

第三区：东大街一带及东关各街。

第四区：北大街一带及北关各街。

民国二十二年（1933）旱灾严重，因此，政府申请延期一年完成全省实施计划获得批准，但到了延期期限也一直没能完成，市场、民间依然是新旧两制度量衡混用，国民因此深受其害。民国二十四年（1935）8月陕西省在任的检测员等互相商议，在各方面致力于恢复度量衡统一工作。但此后西安市的度量衡统一工作情况由于没有具体可信的资料，因此情况不明。但目前新旧两制度量衡制度还在因地因人混合使用，各种情形难以想象。

第23卷

新修甘肃、宁夏两省的金融和度量衡

第一章　甘肃、宁夏两省的金融

第一节　甘肃省的金融

一、金融沿革

甘肃省的政治中心和金融枢纽是兰州。因此通过兰州的金融即可得知全省的金融情况。兰州以前设立了西北银行、甘肃农工银行和中国银行兰州分行，都发行了巨额纸币，但由于政局变迁和时局不稳相继停业，发行的纸币价值大幅下跌。虽然甘肃省政府一直在考虑整顿办法，但也不能补偿民众的损失，因此纸币失去了信誉，普通贸易一味偏向使用铸造货币，汇兑、存款、贷款等没有可依赖的银行，一切都依靠钱庄、银号和官办的平市官钱局办理。民国二十二年（1933）12月，中央银行在兰州设立了分行，从此兰州才有了组织完善的银行，但当时该银行的章程规定不办理一般普通银行业务，只办理一点国内汇兑业务，普通民众受益不大。而钱庄和银号大部分都是由山西、陕西两省个人经营，资本薄弱，不能满足一般社会需求。因此，甘肃省财政厅扩大原有的平市官钱局，改称甘肃农民银行，投入资本金100万元设立。

作为辅助金融机构，还有与一般民众关系密切的典当业。其组织最初分为大当、中当、小当。大当月息3分，偿还期限3年，利息少，期限长，不符合社会实情，很难维持下去，最后都停业了。小当利息不定，期限最长3个月，专由清朝时的流犯经营，但民国成立后逐渐被淘汰，现在留存的只有中当。

二、金融机构

甘肃省的金融机构几乎都集中在省内金融中枢兰州。其中新式银行首推中央银行兰州分行，其次是甘肃平市官钱局。甘肃平市官钱局是根据《银行法》设立，所用记账方式与新式银行相同。钱庄和银号根据旧法设立，营业范围明显比银行广，属于无限责任组织。兰州比较大的庄号参考下表：

兰州钱庄和银号调查表

称号	资本金	营运资金	业务	贷款金	存款	成立年月
蔚成永	10000 元	30000 元	汇兑、存款、贷款	50000 元	40000 元	1932 年 9 月
益泰号	20000 元	20000 元	汇兑、存款、贷款	40000 元	30000 元	1933 年 5 月

称号	资本金	营运资金	业务	贷款金	存款	成立年月
明德号	50000 元	50000 元	汇兑、存款、贷款	1000000 元	80000 元	1933 年 1 月
义盛魁	10000 元	30000 元	汇兑、存款、贷款	40000 元	30000 元	1904 年
义兴隆	3000 元	20000 元	汇兑、存款、贷款	30000 元	20000 元	1915 年
万顺号	10000 元	30000 元	汇兑、存款、贷款	40000 元	30000 元	1932 年
永和泰	10000 元	10000 元	汇兑、存款、贷款 当地金买卖	30000 元	20000 元	1933 年
湧集长	5000 元	——	汇兑、存款、贷款	20000 元	30000 元	1928 年
中和德	5000 元	10000 元－20000 元	汇兑、存款、贷款	活期 30000 元 定期 5000 元	30000 元	1924 年
天福公	5000 元	30000 元	汇兑、存款、贷款	50000 元－60000 元	70000 元	1910 年
复盛铭	5000 元	5000 元	汇兑、存款、贷款	10000 元	5000 元	1931 年
聚盛泰	10000 元	10000 元	汇兑、存款、贷款			1926 年
自立裕	10000 元	30000 元	汇兑、存款、贷款	40000 元－50000 元	40000 元	1933 年
世泰号	20000 元	50000 元	汇兑、存款、贷款	80000 元	60000 元	1926 年 3 月
自立俊	15000 元	50000 元－60000 元	汇兑、存款、贷款	100000 元	70000 元－80000 元	1927 年
同济合	50000 元	70000 元－80000 元	汇兑、存款、贷款	100000 元	60000 元	1932 年
天意合	5000 元	10000 元	汇兑、存款、贷款	20000 元	10000 元	1916 年

另外，辅助金融机构的典当业如下表：

称号	资本金	称号	资本金
公庆当	3000 元	永济当	2000 元
荣合当	3000 两	泉兴当	2000 元
华荣当	2000 元	同生当	2000 元
树顺当	2000 元	裕亨当	5000 元

称号	资本金	称号	资本金
复兴当	2000 元	洪庆当	2000 元
锦绣当	2000 元	三合当	2000 元
德泰当	2000 元		

甘肃省金融机构的数量与全国相比，无论是新机构还是旧机构，都属于少数，这是贫困省份反映出来的必然结果。但于旧国民政府币制改革前后仍然增设了三四家新式银行。根据民国二十六年（1937）中国银行年鉴统计，办事处 2 个，分行 2 个，农贷所 1 个，共计 5 个。大致如下：

甘肃省新式金融机构调查表（1937 年度）

县名	银行名	总分支行处	设立年月
天水	中国农民银行	办事处	1935 年 5 月
天水	中国农民银行	农贷所	1936 年 11 月
平凉	中国农民银行	办事处	1935 年 12 月
皋兰	中央银行	分行	1933 年 12 月
皋兰	中国农民银行	分行	1935 年 5 月

此外，卢沟桥事变后省内金融机构分布情况如下：

地名	银行
兰州	中央银行、中国银行、交通银行、农民银行
天水	中央银行、中国银行、交通银行
武威	中央银行、中国银行、交通银行
酒泉	中央银行、中国银行
平凉	中央银行
岷县	中央银行、中国银行
张掖	中国银行

三、金融市场

如前所述，甘肃省几乎没有规模较大、组织完善的金融机构，由于没有调节金融市场的机构，导致金融流通不顺畅，例如，兰州的利率通常都是月息 1 分 2 厘至 2 分，但到了金融旺季高达 3 分。内地有时高达 6 分且无借贷之处。当时经济社会的窘境、农民生活的困难可见一斑。现存典当业的"中当"以前月息是 5 分，偿还期限为 1 年，但最近农会要求其降到 3 分，偿还期限延长到 1 年 6 个月。但经营当铺者借口社会上普通利息都高达 3 分而停止借贷，以此压制贷款，不肯对减息让步。

省内汇兑市场最繁荣的地区是平凉、天水、凉州，汇兑手续费是每 1000 元收 20 至 60 元；甘州和肃州每 1000 元收 40 至 130 元，各地不一。这些都是金融紧缺及商业旺季时的规定，时局不稳、交通障碍等有时也对汇兑手续费产生很大影响。

关于省外汇款，一直以来汇往天津的最多，卢沟桥事变前甘肃省的货物几乎都是通过黄河水运直接到包头或绥远地区，然后再通过京绥铁路运往天津。其次是汇往上海和西安等地，汇款手续费每 1000 元收 10 余元至数百元。且这些汇款业务一直以来都是由一两家钱庄和银号垄断，由于他们任意操纵，手续费最高时每 1000 元达 300 元。但自从中央银行在兰州设立分行以后，该银行在上海、天津也有总行和分行，因此汇兑情况才逐渐稳定下来。汇兑的汇率由兰州南关的几家著名庄号决定，有早市和午市，汇兑费的涨落根据市场需求情况而定。

四、货币市场

（一）货币

铸造货币中本位货银币在卢沟桥事变之前一直是袁大头、孙中山像币及甘肃省造币厂铸造的袁大头币（俗称大洋）等作为正牌货币自由流通。各省铸造的货币称为杂牌，流通额很少，几乎绝迹。在中国各大市场流通的 1 角、2 角等（俗称角子）其他辅助货币，在本省内也几乎不流通。辅助通货铜币在兰州市内流通最多的是当十铜元至当二十铜元，但额度也非常少，都是从青海、四川等省流转过来，因后来价格低落没有利益，青海早早停止铸造，四川铜元的流入也遭到禁止。

省内流通的货币是中央银行发行的各种本位纸币，该银行在兰州设立了分行，可以随时兑换，且属于国内普通通用货币，因此信誉度最高。其他还有中国银行、中南银行、交通银行发行的纸币，流通额极少，偶尔也能见到，但每元要有 2 分或 3 分的贴水。辅助纸币还有中央银行发行的 1 角、2 角、5 角的十进位辅助货币，但流通额极少。这期间还有铜元辅助纸币，由甘肃省官立平市官钱局发行，有 10 枚券、20 枚券、50 枚券、100 枚券，统称铜元票，发行总额是 686300 串。

（二）各种货币的兑换方法

杂牌银币兑换正牌银币每元贴水 1 角。铜元 6 千（即当十铜元 600 个，通常称 6 吊）兑换银货 1 元。铜元辅助纸币 4 吊（即当十铜元票 40 张）兑换银币 1 元。市场流通的铜元票的价格超过铜元价格的三分之一，而铜元票和银元每天的兑换标准由钱庄市场决定，钱庄市场开在贡元巷的陕西小会馆。

甘肃省普通民众习惯上相信硬通货，西北地区交通不便，从天津、上海运输现银很困难。因此，甘肃省有必要建设造币厂。但由于缺乏技术、人才，很难达到法定误差的精密程度，因此便依靠国家，期待全国币制统一后设置工厂，关于铸造原料，青海、新疆等省银两很多，应该不成问题。

五、农村金融

甘肃省的农村金融非常凋敝，因此设立合作社要先从信用合作社着手。省政府财政匮乏，信贷资金短缺，在民国二十四年（1935）之前很难取得显著成绩。民国二十四年（1935）6月，农民银行提倡在兰州设立信用合作社，此后在皋兰、榆中、酒泉、金塔、定西、陇西、临洮等县设立的信用合作社达200处之多，信用情况也良好。之后省政府设立了甘肃农村合作委员会，成为监督指导全省合作社的总机构。通过甘肃省农民银行的指导，民国二十六年（1937）之前设立的农村信用合作社，总计200个，如下表所示：

农村信用合作社统计表（甘肃省农民银行指导设立）

县名	信用社数	社员数	股份数	贷款额（单位元）
皋兰	74	4048 人	4781 股	120695
榆中	11	526	542	11495
酒泉	14	535	600	16030
金塔	10	441	441	10800
定西	6	180	183	4760
临洮	20	594	657	17225
陇西	38	1114	1201	53420
平凉	27	3922	5021	82050
总计	200	11160	13428	296455

此外，由甘肃省政府指导设立的合作社情况如下：

县名	信用社名	社员数	股份数	金额（单位元）
靖远	摩子滩信用合作社	60 人	60 股	2400
皋兰	领家庄水利合作社	98	——	5120
皋兰	同仁消费信用兼合作社	80	195	390

第二节　宁夏省的金融

宁夏省与甘肃省同处西北偏僻地区，交通不便，工商业低迷，金融也一直以来极不发达。民国十几年中国银行设立了一个分行，致力于活跃金融市场，但不久便撤掉了。此后只有西北银行设立了分行，但也没有实力，一旦有点灾难便不能坚持，但是很幸运，纸币发行额很少，没有受太大的影响。

当时马鸿宾任省政府主席，计划设立省银行，经省政府会议决议，投资资本金

200 万元，于民国二十年（1931）1 月成立了省银行，发行纸币 6 万元。省银行的监理指导是财政厅厅长，最初的监理官是扈天魁，行长是张承勋。在任时间两年，营业状况不好，没有设立分支行和办事处，总之没有取得显著成绩。之后民国二十二年（1933）2 月，马鸿远担任政府主席，为了省银行的业务发展以及整顿前任主席时期发行的纸币，重新任命梁敬铎担任省银行监理官，于 1933 年 5 月发行新纸币 30 万元，以 5 成利率回收旧纸币 596116.63 元，并且将新纸币的准备金与商会协议后保存在省银行金库。这样一来银行业务比以前有较大发展，业绩良好，仓库部门扩大，在各县还增设了办事处和汇兑处，增加各种贷款，为商业和民众带来很大利益。

宁夏省银行为了发展省内工商矿实业，还经营投资业务，在省内与商界共同出资成立省城电灯公司，对省内各种实业只要有机会便积极投资帮助其发展。

民国二十六年（1937）根据中国银行年鉴记载，当时宁夏省的金融机构有总行 1 个，分支行 4 个，这些银行总行分支行办事处所在地及设立年月如下表所示：

市县	银行名	总行分支行办事处	设立年月
中卫	宁夏省银行	办事处	1933 年 6 月
金积	宁夏省银行	办事处	1933 年 8 月
宁夏	宁夏省银行	总行	1931 年 1 月
宁朔	宁夏省银行	办事处	1933 年 7 月
云武	宁夏省银行	办事处	1934 年 5 月

共计：总行 1 个，分行 4 个。

第二章 甘肃、宁夏两省的度量衡

第一节 甘肃省的度量衡

度量衡是公平计量物品的器具，中国自古以来以度比较长短，以量明确多少，以衡权衡轻重，以显示公平不欺骗民众。随着物质文明的进步，社会交往越来越频繁，如果不确定称量标准，势必会造成以强凌弱、以智欺愚、权术横行、欺诈百出。因此度量衡制度的统一是治理社会的紧急要务，中国尤其痛感其必要性。

甘肃省地处中国偏僻的西北部，人地都未开发，与东南各省相比各方面都比较落后，尤其是经济方面更是被落下很远，再加上连年水祸、旱灾交替发生，兵祸不断，荒地千里的景象轻易得不到恢复。因此甘肃省度量衡的统一工作也和全国一样，不能通过一刀切的办法实现也是实情。

一、度量衡统一的经过

甘肃省度量衡管理局计划到民国二十一年（1932）秋天，进入全国度量衡统一实施时期，填写了预算书，申请设立度量衡检测所，办理全省度量衡制度各项事务。当时每月经费规定是 484 元，该检测所于民国二十二年（1933）8 月 1 日成立，五个月后省库支出停止，度量衡检测所经费支出困难，没有办法，省政府号召节约。同时，因度量衡行政进展不顺利，便撤销了该检测所，与省政府第四科合并，新增设了度政股，专门处理度量衡事务，据说取得了一些成绩。

省管理局为了度量衡的统一，需要培养检测所需人才。度量衡的统一，检测是第一重要的工作，不管公用还是民用器具，都要进行检测，要求符合现行制度，因此培养从事检测工作的专门技术人员乃是当务之急。

二、度量衡统一计划

省内度量衡统一需要进行的行政事务，如前所述，由省政府建设厅度政股进行办理，第一步工作是新制度的宣传、各县旧制度的调查、标本器具的制作、各县度量衡检测记号规定、各县公用民用度量衡器具的调查和度量衡器具经销商店的调查等，从这些方面实施。

（一）新制度量衡的宣传

甘肃省还未普及教育，民众知识匮乏，改革几千年来惯用的度量衡制度难免有很多障碍，但旧制度量衡复杂且弊端多，有必要事先宣传新制统一的好处。如果快速强制推行新制度，唯恐引起民众反感，不利于政策推广。因此省里编纂、印刷统一新制度量衡的标语、图表、宣传册等配发到各县政府，广泛宣传，力争使民众愿意、习惯使用新制度量衡。

（二）各县旧制度量衡的调查

甘肃省各县民间惯用的度量衡器具，种类繁多，各器具之间差异极大，单就量具来看，皋兰、平凉、天水、武威等各县惯用的量具相差两倍甚至数倍。因此旧制度量衡的种类、名称、用途、材料、相对新制度量衡的比例等，需要调查、计算清楚。因此首先让各县政府进行详细调查，让民众知道新旧两制之间的差异和比例。但当时各县还没有领用度量衡标准器具，没有比较、计算新旧度量衡器具的依据，例如，本省使用的量器口大、底小，但官方器具必须是方锥形量器等。调查极为困难，因此省政府主管机关号令各县在调查表内填写器的内口边长、内底边长和深度，用公尺（米尺）测量，计算出容积。经调查省会新旧度量衡换算表如下，以供参考。

甘肃省会度量衡新旧换算表

1. 长度（尺）

公尺	市尺	旧制市尺	木尺（木匠用）	土尺（泥瓦匠用）
1.000	3.000	2.791	3.144	3.175
0.333	1.000	0.931	1.048	1.058
0.358	1.075	1.000	1.126	1.137
0.318	0.957	0.888	1.000	1.009
0.115	0.945	0.879	0.990	1.000

2. 容量（量）

公升	市升	旧制市升	旧制市合	甘州斗	甘州升
1.000	1.000	0.119	1.119	0.0425	0.425
1.000	1.000	0.119	1.219	0.0425	0.425
8.400	8.400	1.000	10.000	0.2800	2.800
8.400	8.400	0.100	1.000	0.0280	0.280
23.530	23.530	2.800	28.000	1.0000	0.100
2.353	2.353	0.280	2.800	0.1000	1.000

注：甘州斗和甘州升为张掖用的斗和升。

3. 重量（衡）

公斤	市斤	兰平斤	库平斤	市平斤	旧称斤
1.0000	2.0000	1.7360	1.6660	1.7860	0.8680
1.500	1.0000	0.8680	0.8330	0.8930	0.4340
0.5760	1.1520	1.0000	0.9600	1.0290	0.5000
0.6002	1.2004	1.0420	1.0000	1.0720	0.5210
0.5600	1.1200	0.9720	0.9330	1.0000	0.8460
1.1520	2.3040	2.0000	1.9200	2.0580	1.0000

注：陕西省用的平叫市平斤。

（三）标本器具的制作

度量衡管理局把各种新制度量衡器具分配给省城内各个官厅，同时让各县政府购买，以此作为检测、制造标本。预计制作标本数量和经费如下表所示：

甘肃省建设厅新制度量衡器具标本计划制作数量和经费预算表

款项	制作数量	经费预算	备考
度量衡新器具制作临时经费		4305 元	
1. 度器		165 元	
公尺	100 根	140 元	1 根评议价格 1 元 4 角
市尺	100 根	25 元	1 根评议价格 2 角 5 分
2. 量器		450 元	
升斗	100 套	450 元	1 套评议价格 4 元 5 角
3. 衡器		3690 元	
300 斤秤	100 杆	800 元	1 杆评议价格 8 院
200 斤秤	100 杆	78 元	1 杆评议价格 7 元 8 角
100 斤秤	100 杆	950 元	1 杆评议价格 9 元 5 角
50 斤秤	100 杆	670 元	1 杆评议价格 6 元 7 角
20 斤秤	100 杆	100 元	1 杆评议价格 1 元
头号秤	100 付	140 元	1 付评议价格 1 元 4 角
2 号秤	100 付	130 元	1 付评议价格 1 元 3 角
3 号秤	100 付	120 元	1 付评议价格 1 元 2 角

（四）各县度量衡检测记号规定

新制度量衡的推广必然要重视器具的检测，为了便于器具检测，省政府建设厅对省内 67 个县规定了检测记号（阿拉伯数字），以便识别。例如，皋兰县 1、临洮县 2、敦煌县 67 等。

（五）各县公用、民用度量衡器具调查

新制度量衡的统一，首先要明确各县使用的公用、民用度量衡器具数量，作为提供配发新器具的参考。因此特制作了六种各县公用、民用度量衡调查表发给各县，详细报告旧制度量衡器具的长度、容量、权度等，此外还有各器具的名称、制作材料、用途、使用总数等。

（六）各县度量衡器具制造厂营销店制作调查

为了便于发放度量衡器具、颁布营业条例实施细则，第一项工作就是要查明各县度量衡器具的营销情况，并登记确认。给各县发布了度量衡器具制造厂、商店调查表，让其详细填写商店名、营业年限、商店所在地、开业年月、资本金、制造能力、制造品种、制造材料、价格等，以便推行新制统一工作。

第二项工作是，省度量衡管理局招募三级检测员培训班人员，报名资格是初中毕业生。因为度量衡检测需要特殊技术，经过一定的培训才能胜任，尤其是甘肃省幅员辽阔，各地权度差异很大，事务繁杂，统一工作需要许多引检员和标准器具制作技术人员，如果增加一级、二级检测员的数量来满足需要，那么统一工作也会容易些，但甘肃省财政困难，教育未普及，想找高中毕业生也没有，没办法，只能培训三级检测员，以补充一、二级检测员的不足。

省内度量衡的统一推广工作，因省内交通不便、文化程度差异较大、经费及人员不足等，在全省同时施行非常困难，因此，根据省内民众知识水平的高低、交通难易及财政状况，把全省各县分成六个区实施，各区分三期完成，半年为一期。如下表：

甘肃省度量衡行政分区限期推行一览表

区域 期限	第一 兰山区	第二 陇南区	第三 陇东区	第四 甘凉区	第五 安肃区	第六 临宁区	备考
第一期	皋兰 临洮	天水	平凉	武威 张掖	酒泉	临夏	这 8 个县是各区的主要县，民众知识普及，交通便利，财力也较充足
第二期	靖远 会宁 定西 榆中 临西 岷县 渭源 临泽	寨安 徽县 武都 甘谷	辰阳 正宁 泾川 华亭 静宁 固原	古浪 永登 民勤 民荣 临泽			这 23 个县比较富裕繁荣

区域 期限	第一 兰山区	第二 陇南区	第三 陇东区	第四 甘凉区	第五 安肃区	第六 临宁区	备考
第三期	景泰 璋县 洮沙	清水 两当 威县 西和 醴县 康县 文县 西固 武都 通胃	镇原 还县 合水 宁县 敬台 崇信 化平 庄浪 陇县 海原	永昌 山丹	高台 兴新 金塔 玉门 安西 敦煌	宁定 和政 永靖 夏河 康乐 设治局	这 37 个县民众知识普及程度低，交通、财力各方面都很闭塞，新旧两制之间的差异与其他各县相比也较大

甘肃省的上述度量衡统一工作，由于环境关系没有立刻实施，于民国二十四年（1935）1 月才开始按规定逐渐推广。推广顺序也进行了修改，第一期预计截至民国二十五年（1936）年年底完成省会度量衡器具统一工作。第二期预计天水、平凉、临夏、武威、张掖、酒泉各县到民国二十六年（1937）年年底，第三期其余各县到民国二十七年（1938）年年底完成。但不知结果如何。

第二节　宁夏省的度量衡

一、度量衡统一工作的经过

宁夏省的物品计量标准属于奇特者居多。例如，量米是用容量大小各异的皮袋，量布是用对角折的方法计算。其他杂物以个数为价格单位。全然不按照度量衡，有的干脆是物物交换，不需要货币媒介。汉回密集地区虽然也使用度量衡，但各种器具杂乱无章。民国二十一、二十二年（1932—1933）时，省政府受令推行新制度量衡，设立度量衡检测培训班，将受过培训的学员 14 人派遣到各县，携带新制度量衡器具去实地推广。但由于人们知识匮乏，反而产生了弊端，竟然造成了物价混乱，引起群众不满。虽然对此进行了详细解释，但仍未取得群众谅解，不得已采取了暂缓方针，于民国二十四年（1935）再次派学员赴南京学习度量衡制度原理和推广方法。这些学员回省后设置了检测所，隶属建设厅管辖，重新制定了办法，以公认市用制为标准，将此作为过渡性办法。并且采取了循序渐进法，分一、二、三期进行度量衡检测、试验、交换工作。据说这样进展顺利，颇见成效。同时，民众方面也确实认识到新制度量衡的推行是有利之举，是抑制奸商的良好举措，对此并不反感，并对新制度有了诚恳尊重之意，但其真假如何不得而知。

二、最近的统一工作

根据民国二十六年（1937）1 月宁夏省政府度量衡工作报告，关于宁夏省度量衡统一的方案，省政府建设厅提议度量衡的检测检查工作极为繁杂，各县要单独设立该机构自己负责办理，若非如此很难取得彻底效果。原定的统一程序中的第五条，未按规定设立分检测所，等将来经费充足以后各县要设立分检测所办理度量衡行政事务，申请后经实业部批准向各县下达指令。全省在各县推行新制度量衡的顺序，考虑到交通远近等分成两期。第一期，省城及夏、朔、平、金、卫、宁等各县于民国二十六年（1937）8 月底完成。第二期临、豫、磴三县于民国二十六年（1937）12 月底完成。

另据民国二十六年（1937）2 月宁夏省政府工作报告，全国度量衡局为了达到新制度量衡的统一，通达工商各界，肃清旧制度量衡，对率先加入各地工商同业工会的同业者发出号令，在卖出货物时，长度以市尺、容量以市升、重量以市斤为标准。宁夏省建设厅也对各县政府、度量衡检测所、市商会、各业工会等发出命令，号召一律执行。

第24卷

新修新疆省的金融和度量衡

第一章　金融

第一节　概述

新疆的货币制度极其复杂，可以说在全中国找不到同类。大概新疆从来就没有按照中央政府的指令办事，所以在那里看不到国家货币的流通，只有省财政厅发行的不兑换纸币，即省票（官票）作为通用货币，流通最广泛，所有的交易都以此为法定单位，省政府也极力严格推行省票的流通，种类有：1两、2钱5分、1钱（布制）。而且，1两纸币上明确标有"每两当红钱400文"，但是因为不兑换纸币导致的纸币价值的贬值，实际上根本不能按照面额价值来流通，而且价值差距非常大。另外，硬币基本上不流通。但是红钱的铜质很好，与省票同时流通使用。

除此之外，纸币中还有一些旧纸币依然在流通，有清朝的伊犁将军发行的伊帖，塔城参赞发行的塔帖，清朝的藩司发行的老龙帖等。另外，还有省政府发行的票以及喀什道尹公署发行的票。硬币因受不兑换货币省票的挤兑，在市场上很少见到。但是有中国自古有之的制钱、铜元、银元、金元，以及在回民中古来就使用的普两、天罡之类的，总之，缺乏统一性，非常不方便。比如2普两相当于1红钱，1天罡为25红钱，16天罡为1银两。再加上，在新疆根本不用中国系的货币单位，如元、角，而依然在用旧制的两建，4红钱为1分、10分为1钱、10钱为1银两、50两为1元宝，即1银锭。如此，货币制度非常复杂，而且分南北两路，各个地方主要流通的货币也多多少少有不同。而且，如前所述，更有苏联、印度，尤其是苏联货币的流通，更加重了混乱之程度。

据王醒民记录，新疆省通用货币以及货币制度的混乱状况如下：

一、硬币

（一）金元

金元是玉树栅时代为了排挤苏联的流通货币——卢布而铸造，有1钱、2钱2种，每钱相当于3两银。

（二）银元

左宗棠时代制造。有5钱、4钱、3钱、2钱、1钱的，共5种。

（三）天罡

天罡原本是星座的名字，即北斗星。天罡是银币，有1两和5钱之分。在天山南路通用，数额不是很多。

有一种说法认为，市场上不流通现银，大多采用纸币，铜元和红钱作为辅助货币，而且新疆人民的买卖大多以红钱来计算，25 红钱为 1 天罡，因此天罡仅仅是一个空洞的名词，并不存在实物（《边铎》半月刊第一卷第二期《新疆之近况》）。

（四）元宝

元宝有 50 两和 100 两的。而且据说 50 两的纯度为 66.66 盎司。两种的流通额度都甚少。

（五）普两

也写为普儿，是回民的旧币，用红铜铸造而成，重量为 1 钱 4 分到 2 钱不等。约 500 普两可以兑换 1 两银，仅在南八城一代流通。

（六）铜元

铜元属于旧式铸造，流通于哈密、古城以及天山南路一带。普通铜元 1 枚相当于 4 文红钱，100 枚可以兑换 1 两银。

（七）红钱

据高长柱的《新疆之近况》（《边铎》半月刊第一卷第二期）记载，省内流通的铜币中，有北方所用的小铜元、喀什道自造的铜元，以及有方孔的铜钱，新疆人把这些统称为红钱。但是这里指的是狭义的红钱。据说是用红铜铸造，质量上乘。法律规定 400 文可兑换 1 两银，但是市场价格比法定价格要高，一般 300 文可兑换 1 两银。

（八）制钱

制钱是一种有方孔的小铜钱。800 文可兑换 1 两银，但是仅在绥来、乌苏、精河、绥定、伊犁一带流通使用。

二、纸币

（一）伊帖

伊帖是伊犁票，是清朝的伊犁将军发行的。每两相当于 4 钱银，据说是省票的六成。

（二）塔帖

塔城参赞发行的旧票，每两相当于 2 钱银。

（三）老龙帖

票银 90 两相当于老龙帖 100 两。原本在新疆流通的纸币是由新疆的八大商店发行的钱帖，到了光绪三十三年（1944）改为由官厅发行，发行了 100 万两纸币，因此钱帖被收回，老龙票出现在市场，而省票的发行是后来的事情了。

（四）省票

如前所述，省票是老龙票之后发行的，种类如下：

1. 两票　最初 1 两票发行了 1000 万两，可兑换国币 1 元。但是，后来随着省票价值的跌落每两大约可换 6 钱。到了金树仁时代，随着不兑换纸币的省票的泛滥，价值跌落得更惨，又发行了 3 两票和 5 两票，共七八百万两，再后来，在盛世才的新政府成立后，增印了 10 两票，甚至 50 两票。而且省票的发行额并不透明，但据说，从民国二十三年到民国二十四年（1934—1935）间发行额度超过 20 亿两。

2. 2 钱 5 分票　可兑换红钱 100 枚。

3. 油布票　可兑换红钱 40 枚。

如上所述，因为不兑换纸币的泛滥导致纸币价值的急剧下跌，难免会导致物价的暴涨，民国二十三年（1934）8 月，伊犁、哈密及吐鲁番等地的物价数字大致如下：

1. 伊犁（纸币＝以省票 1 两为单位）

金 1 两	40000 两	苏联金钱 1 枚	4000 两
银 1 两	400 两	盐 144 磅	1200 两
小麦 144 磅	1000 两	面 144 磅	1200 两
肉 1 斤	25 两	油 1 斤	35 两
洋布 1 疋	1500 两	粗洋布 2 尺	35 两
马里斯丁 2 尺	35 两	狐皮 1 件	2500 两
马皮 1 件	1000 两	羔羊皮 1 件	1000 两
猞猁 1 件	6000 两	貂皮 1 件	6000 两
羊皮 1 件	130 两	美金 1 元	1200 两
现洋汇兑 1 元	350 两		

2. 哈密和吐鲁番（纸币＝以省票 1 两为单位）

金 1 两	75000 两	米 1 石	22000 两
元宝 1 个	40000 两	肉 1 斤	7000 两
砖茶 1 块	3500 两	油 1 斤	110 两
洋布 2 尺	400 两	大洋汇兑 1 元	800 两
小麦 1 石	15000 两	土布 1 疋	500 两

第二节　金融机构

清代光绪初年，巡抚刘锦棠用现银 1 万两，在乌鲁木齐，即现在的省城迪化设立了新的省官钱局，铸造红钱，旨在谋求疏通金融，后来又在喀什噶尔（疏勒）和阿克苏，动用省库的资金设立了分局。再后来，在光绪三十四年（1945）的王树柵时代，又在此基础上继续扩充，除了在乌鲁木齐设立大局，还在伊犁、塔城、阿克苏、喀什增设了大局，并在其他各县设立了多个分局，当时官钱局的资本是银 120 万两（六成为纸币，四成为现银）。

然而民国以后，各县的钱局几乎都关闭了。民国二年（1913）杨增新企图重整金融，在省城设立了总局，专门处理兑换业务，同时计划整顿各县的分局。

民国十七年（1928）杨增新被暗杀之后省内的纷乱不断。省政府为了维持纸币的价值，也为了整顿财政，于民国十九年（1930）7月在迪化设立了省银行。该组织在部门内部设立了理事会、监事会、银行行政（业务）三大部处，省政府委员兼任理事，财政厅厅长徐益珊为总办，兼任理事会主席。教育厅厅长刘文龙为协办，民政厅长季荣为监事会主席。监事2人，连同监事会主席均由省政府指定。监事会委托刘贵瀛为总稽核，王文斌为稽核。银行事务由经理周华、协理汉烜负责。资本金暂定为国币500万元，除了受理一般性银行业务之外，也兼办储蓄业务，同时也开始了国内的汇兑业务。

民国二十（1931）年4月，省银行痛感人才的缺乏，开设了银行职员训练班，第二年即民国二十一年（1932）6月因财政厅厅长刘文龙调到其他地区任职，改由朱瑞墀担任理事会主席及银行总办。

民国二十二年（1933）由于省内治安混乱、土匪横行全省，导致银行业务也相当萧条。同年12月苏上达任经理，张文彬任协理，开始了省金库的代理业务。然而之后省务会议判定银行组织不完备，决定改组理事会，由陈德立任理事长，设6名理事。同时改组监事会，由张馨任监事长，另设监事2名。另外，将原有的总行经理改称为行长，原协理改为副行长，原来隶属于财政厅，改为省政府直属银行。

民国二十三年（1934）2月，当时省内骚乱之后的农村经济尤其凋敝，作为救济策略，在银行内设立了农业救济部，同年7月，为了发展业务，委任徐廉为行长，吴廷桂和阿合毛拉为副行长。与财政厅合办经营财商学校，民国二十四年（1935）7月，省银行又重新改为隶属于财政厅。同年12月，理事会改组，张馨就任理事长，同时也改组监事会，前理事陈增瀚为监事，第二年即民国二十五年（1936）2月委任张宏兴为总行行长，乃买提为副行长。

如上所述，省银行在民国二十五年（1936）之前，属于创办时期，其间匪乱不断，经过几多曲折，难以得到充分发展。民国二十五年（1936）以来总行、分行的事业都渐渐有了眉目。省银行的固定资本从省票700万两，增加到189288763两。在恢复国内汇兑，谋求交通便利的同时，为了取缔高利贷，救济贫民，在各总行、分行内部附设了典当部，此外，还提高存款利息，降低贷款利息，减免汇兑费，简化汇兑交易手续等，可以说在省银行史上开创了新时代。

据民国二十六年（1937）全国银行年鉴记录，新疆银行的配置状况如下：在迪化设置总行，在伊宁、塔城、阿克苏、绥来、哈密等8个地方设立了分行，全行职员共计113人，理事长为陈德立，理事有黄翰章、鲁效祖、郭大鸣、陈增瀚、高惜冰、宫振翰。监事长为王文彬，监事有冯樑、张馨，行长为徐廉。另据该年鉴显示，新疆省银行总行、分行所在地以及成立年月如下：

所在地	总分行	成立年月
迪化	总行	民国十九年（1930）7月

所在地	总分行	成立年月
奇台	分行	民国二十年（1931）6 月
伊宁	分行	民国十九年（1930）9 月
阿克苏	分行	民国二十四年（1935）2 月
承化	分行	民国十九年（1930）8 月
哈密	分行	民国二十四年（1935）3 月
疏勒	分行	民国二十一年（1932）1 月
塔城	分行	民国十九年（1930）9 月
绥来	分行	民国二十四年（1935）2 月

另外，据最近新疆省银行的营业状况考察资料显示，截止到民国二十四年（1935）12 月 31 日的借贷对照表及损益计算表如下：

借贷对照表　　（1935 年 12 月 31 日　单位为省票两）

资产		负债	
项目	金额	项目	金额
现银	145067033.96	资本金	7306881.50
同业借贷	36724123.14	公共备用金	944817.23
生金银	45465842.11	同业存款	5618258.49
外国货币	14519554.40	定期存款	356762.00
杂项买卖	340750.00	活期存款	43814771.90
省库	43832378.92	外埠省库	315148989.26
担保借贷	3400000.00	署局存款	279735727.51
信用借贷	8238000.00	支付汇款	41193684.54
期收款项	154500000.00	大宝货款	847246.00
活期存款透支	16428774.04	未支付行员奖金	476587.23
暂记欠款	124350733.95	清理处	18087402.76
催收款项	80000.00	总行往来	127321067.78
内部往来	194876969.33	纯利润	58088726.98
分行往来	127321067.78		
营业用具	12196923.48		
合计	930342151.11	合计	930342151.11

损失		利润	
项目	金额	项目	金额
营业用器具折价	3060488.87	利息	15529284.63
管业费	69764316.07	兑换	7654984.87
纯收益	58088726.98	汇费	
		电费	
		手续费	
		各种盈亏	
		生金银盈亏	
		外国货币盈亏	
		上一年度盈亏尾数	
合计	130913531.92	合计	130913531.92

据中国经济研究会出版的《经济研究》第 1 卷第 7 期［民国二十九年（1940）3 月号］西康与新疆的开发记载：新疆省立银行的分行已经增加了 15 处，另外，在民国二十七年（1938）中央银行在迪化设立了办事所，开始了与中国本部各地之间的汇兑事务，并且，迪化设有重庆政府管辖下的办事处，法币的流通已经达到 100 万元，与省票的换算方式为，每元相当于 4000 新疆银两（省票）。

第三节 农村金融

因为中国一直以来进口严重超标，导致历代积累的贵金属，尤其是银，逐渐大量流出国外。另外，再加上连年灾荒、内乱和匪乱，资本都逐渐集中到沿海大城市，导致农村就连辅助货币，即铜币也逐渐减少。这期间，作为边疆的新疆即便是有，也是集中在贸易中心地的主要城市，有银币、分称银及元宝等。称量的单位用两，还出现了各种辅助货币，这在前面已经叙述过。

因为银块不易分割，于是决定使用元宝银，在北京、张家口以及其他各地的商店和钱庄铸造了一定重量的锭子（量称用的银币叫锭，锭子是一种碗状的银块，有 5 两、10 两、20 两等的种类），用于交易。另外，省内各地可见到银元、银角以及钞票（纸币）等的流通使用，在其他地处偏僻的各个县里大多以茶为交换的媒介，在民间的交易中还在采用将绵羊作为代用货币的、落后的、原始性的物物交换制度。如此，最初是以绵羊作为货币单位，后来，成熟的公羊、绵羊，1 岁的公羊与绵羊，以及其他的羔羊等，每一种都设立一定的价值、固定的交换比率。比如 1 只成熟的公羊可以换 20 只绵羊或者 30 只 1 岁的绵羊，还可以换 10 只成熟的公羊，或者 60 只羔羊，还可以用于交换布匹若干尺、米若干斗，等等。汪江一的新疆省农村经济[《天山》月刊第 1 卷第 5 期，民国二十四年（1935）2 月号] 中指出当时的交换比例如下：

1 只长成的公羊＝20 只成长中的绵羊＝30 只 1 岁的绵羊＝10 只成长中的公羊＝60 只羔羊＝布若干尺＝米若干斗

但是因为出现零头的时候，就会产生怎样分割绵羊等比较麻烦的问题。于是进一步采用茶作为货币标准。茶是西北边境人民的生活必需品，在新疆省内的年销售额大约为 2500 万到 2600 万斤，绿砖茶 27 块装 1 箱，以 1 箱为一个货币标准，但这在实际的交易中会有诸多不方便，比如说要交易 100 元的货物，当时每块重二分之一磅的砖茶要 27 块，相当于 1 头骆驼的承载量，而且茶的价格经常会随着市场的需求发生变动，因此作为流通手段极度不方便。

如上所述，新疆的硬币非常稀少，作为金融流通的用具几乎都是纸币，前面曾提到，民国以后杨增新在其任主席的时代发行了省票。但是都是在没有做任何发行准备的情况下，仅仅依靠省政府的威严与命令强制发行的。后来到金树仁时代，因为要大量购买军需品，采用了纸币膨胀政策，民国二十年（1931）的发行总额达到了 14000 到 15000 万两。而此时省库里没有任何保证信用的准备金，同年度省财政的收支不足额（赤字）实际达到了 6741611 元。另外，在罗文干视察新疆的报告中指出：“新疆的财政仅仅靠大量发行不兑换纸币维持着，强迫发行 1 两和 5 两 2 种，每 3 两可换 1 元国币，之后，又依次无节制地发行 10 两票、50 两票，纸币价值贬值，1 元国币可兑换 70 到 80 两省票，而老百姓依然在这种情况下做着交易，可见民情之敦厚。”

更加上省内纷扰不断，“四一二”之后每月军费的维持平时需要八九百万两，战时则需要 1600 万两。

就这样，财政的紊乱、币制的破坏，导致人民的资产都无偿充公了。这一重大压力波及社会各个阶层，但是最终都从地主、商人，甚至高利贷那里转嫁到农民身上。农村金融的枯竭导致货币流通不见踪影，只剩下原始的物物交换制度，农民在痛苦中呻吟，仅仅为了得到生活必需品，也会被卷入高利贷，陷入更深一层的被剥削的境地。

总之，农村金融枯竭的原因在于：现银货币的缺乏、不兑换纸币的泛滥发行、封建性剥削以及副业的破坏等。结果导致生产技术退步、生产工具退化，同时招致生产效能降低，农民挣扎在饥饿线上。

纸币的泛滥发行导致省票价格大幅度跌落，很多农民被迫藏匿生产物品，畜牧者也喜欢自己持有牲畜而不拿去交换，商人也自己持有商品而不拿到市场买卖，因此导致各种贸易处于停滞状态，物价更是暴涨。对此，省政府无计可施，更加疯狂地发行省票，货币市场进入更加让人忧虑的悲惨境地。因此，省主席李溶以及边防督办盛世才请求中央救援，谋求恢复省内治安，推进地方建设。但是新疆的货币制度依然处于紊乱状态。之后，虽然进行了废两改元的政策，但是新疆依然墨守旧的制度，省票的价值仅仅就是抵偿纸张费和印刷费。后来逐渐做了整顿纸币的计划，计划收回全省的纸币，实施发两改元的政策，或向中央发请示电报要求支援，并且当时新疆还提出了这样一个议案：分三期发行中央银行纸币1400万元，等省内财政整顿有了头绪，从民国二十五年（1936）开始每月偿还。据说旧民国政府让财政部负责审查此事，当然最终不了了之。

新疆经济孤立的结果导致其独立的货币制度，同时也导致其度量衡与其他省份不同，现行的公尺（米）制及市用制度量衡完全没有被应用。

第 25 卷

新修青海、西康两省的金融和度量衡

第一章　青海省的金融和度量衡

第一节　青海省的金融

青海省的金融极度落后，据民国二十四至二十五年（1935—1936）的《西北巡礼记》里说，一个银行机构也没有，甚至连大的钱庄也没有。商贸是物物交换，土特产兽皮、兽毛虽销往天津，但都是商人以棉布、杂货交换后返回乡里，所以连汇款贸易也没有。银行经营者不给青海这样不安定的地区融资。即使将来很有希望，但目前也和邻省的西康、新疆一样，中央政府根本无暇顾及。只能等第二批了。邻省西康，农本局还可以对农民进行低息融资，但青海省却是高利贷横行，年息可达100％，普通的也是 40％－50％，最低 30％。各县平均利率（月息）如下，以供参考。

县名	平均利率	县名	平均利率
西宁	3 分	贵德	4—5 分
大通	2—3 分	循化	2.? —3 分
宝源	2—3 分	互助	3 分
湟源	5 分	化禄	2.8 分
民和	3.6 分	乐都	4 分
共和	2.? —3.?		

民国十七年（1928）西北银行、农工银行及平市官钱局等成立，发行了纸币，但民国十九年（1930）爆发内战，青海省的军队全部转移到东部，掌握银行营业实权的军阀、财阀走了，发行的纸币也如同废纸，民众走投无路，钱庄倒闭，损失巨大。

虽说这里没有金融业，但也有少量当铺可以借粮、借货。经营方法与其他省不同，抵押分动产和不动产。抵押土地、房屋、家具、用具等可以借钱，但容易使人陷入失业状态，贫富悬殊巨大。借粮食是在春天借麦子，秋天连本带利偿还。借货是借棉布等，之后再还物品。

第二节　青海省的货币

青海省如前所述，除了西宁、湟源等旧西宁道管辖的各县以外，都是物物交换，现在也是一样。以前东部各地流通的货币及使用的银平如下：

一、货币

（一）银锞

银锞有大宝（重 50 余两）、小宝（重 10 两）、银子（重 5 余两）、铢子（重 1 余两）、小块 5 种。一两银换铜钱 3000 文。

（二）银元

民国三年（1914）铸造的袁大头（袁世凯头像银）银色成分优质，流通最多，其他还有民国八年、九年、十年（1919、1920、1921）铸造的袁大头、银元、大清、龙洋、站人洋、鹰洋、北洋、江南等银元也有流通。四川银币每元相当于洋 4 角 5 分，银元每元折合银 8 钱，银元缺乏时有时相当于银 9 钱。一般每元换算铜元 2500 文。

（三）纸币

以前有甘肃省官钱局银号的银元纸币和银帖、西北银行的兑换券，现在已不使用，甘肃省银行的纸币还在流通，每元相当于兰平银 7 钱 1 分。

（四）辅助币

辅助币有袁大头银 5 角、2 角、1 角，12 角可换大洋 1 元。

（五）铜元

1 枚 10 文的铜元在民国八年（1919）开始流通，20 文铜元没有流通。

（六）制钱

每钱 1 文，俗称麻钱，用青铜掺杂铅沙铸造。市上流通的有虚钱和满钱之分，虚钱每千文 900，满钱每千文 980。500 文为 1 吊。

二、银平

银称使用库平、宁平、兰平、湘平等。库平 1 两相当于洋 1 元 5 角。宁平 1 两相当于洋 1 元 4 角 4 分 1 厘多。每元宁平银 6 钱 9 分。兰平 1 两折合洋 1 元 4 角 8 厘。每元兰平银 7 钱 1 分。湘平 1 两比宁平小 2 分。

以上是青海省尤其是东部各县流通的货币，现在的货币只有财政厅发行的维持券在流通。但纳税等用的是旧中央政府的法币，还有辅助小币也在市场上少量流通，但数额很少，不超过 60 万元。因此财政危机也不像邻省新疆 1928—1930 年那样陷入纸币泛滥时代。财政厅发行的维持券 1 元相当于法币 7 角，在西宁附近通用，其他县不通用。这是民国二十四至二十五年（1935—1936）的情况，辅助小额纸币有 1 角、2 角、5 角券和铜货。

第三节　度量衡

有天平及其他少量交易用器具在西宁附近使用，此外都是物物交换，没有称之为度量衡的东西。根据民国二十五年（1936）的调查，青海省度量衡与新疆、西康一样，还没有进行整顿，尤其是青海，以物物交换为主，邻省新疆和西康中央政府也没有实行紧急措施，各种因素交织在一起，因此进展缓慢，度量衡标准器具的数量也与新疆基本相同，度量衡检测人员的培训也很落后。如果度量衡器具不齐备，不进行检测人员培训，实际贸易不按此进行，度量衡器具的销售也就不能进行。据现在民国二十五年（1936）的调查，度量衡器具营业许可证一个也没有下发。西宁附近正在进行宣传工作，效果并不明显。似乎物物交换在此地更为方便。据实地旅行者观察，从西宁往西几十里到日月山，有汉人习惯，有甘肃省附近的习俗，没有青海省特有的感觉。翻过日月山，情形一变，就成了藏族牧人的世界。一切都是藏族的习惯了，甚至连汉族的语言习惯也都藏族化了。但是随着邻省新疆、西康两省实施了中央政府的各县重要政策，青海省的居民生活状况随之发生变化也是大势所趋。

第二章　西康省的金融和度量衡

第一节　金融

一、概述

西康省的林业资源和矿产资源非常丰富，土地辽阔润泽，人口稀少，几乎都处于未开发状态。近年来，雅鲁藏布江、金沙江、澜沧江等各江河流域沿岸，尤其是下游地区的康南各县，由于气候温和、雨量适中，从事农业者居多。康北一带地处高原，多寒凉之地，与其他地区的寒冷地带一样，农业人口很少。从全省来看，西康的农业还处于初级阶段，大多数是自古以来依靠畜牧业生活的居民，现在可以说正处于从半游牧时期往农耕时代过渡的时期。牧民的生活多来源于牧业生产，农民的生活来源于农业生产，不足部分由副业补充。再不足时，通过不能自给的茶叶、盐、布匹、铁器等与农耕的剩余产品进行买卖交易补充解决。因为没有什么手工艺品，从业者也很少，因此西康省的工商业根本不占重要地位。

西康省的经济极为简单，组织机构也不完善，分配也不合理。这些都是因为生产力低下、交易的单一性、省财政不健全造成的，是西康省社会不进步、停滞不前的主要原因，因此这样的社会条件下没有完善的金融机构也是理所当然。农业土地多数由土司等垄断，农民任其榨取，在金融机构不完善的农民社会，资金不足时只能依靠高利贷，这已经极为普遍，以康定为例，平均月息 3 分，有时达 7—8 分，更有甚者据说 100 两月息 12—13 元，月息超过 10％。大部分金融机构一般由土司、头人经营，不容置疑他们对农民具有压倒性势力。

在西康省通往四川或西藏的沿线上，有两三个重要城市和集散市场，在此可以进行物资交换，尤其是康定，不仅是西康省的政治中心，也是中国内地与康藏地区的贸易中心。这里聚集了许多汉人和番人，有从内地来的药材、皮毛、麝香，也有从四川来的茶叶、布匹等，均在此进行交易。尤其是茶叶交易旺盛，有这样重要的贸易市场，出现面向农牧民以外的金融机构也是理所当然。因此最近出现了现代新式银行。民国二十六年（1937），资本总额 50 万元（实际投入金额 25 万元）的西康省银行在康定设立。卢沟桥事变爆发后，重庆政府发展战时经济，以川康区为重心进行营运以后，政府以及中央银行、中国银行、交通银行、中国农民银行四大银行对各川康民营工厂进行了巨额投资，早在民国二十五年（1936）就在泸定县设立了中国农民银行农贷所，而且作为重庆政府农村政策之一，还设置了农本局，从此边陲省份西康的金融机构便焕然一新。

二、金融机构

西康省的农牧民金融专门由土司、头人掌管，最近如前所述，新式金融机构逐渐完善，下面概述一下这些新式金融机构。

（一）西康省银行

民国二十四年（1935）西康建省委员会成立，刘文辉上任西康，为了稳固地方治安，进行经济建设，逐步促进经济发展，设立了西康省银行，民国二十五年（1936）12月17日西康建省委员会为了调整西康金融，组织了西康省银行筹备处，沈月书任筹备处主任。此后西康省银行董事会成立，有9名董事，李先春任董事长，主管一切。资本总额50万元，实际投入金额25万元。民国二十六年（1937）3月22日，提请财政部批准，4月1日正式成立。李先春任董事长，程仲梁、沈月书任常务董事，此外还有其他6名董事，3名监察员。总经理是程仲梁，助理由沈月书就任。总行设在省府康定，营业状况不明。

西康省银行设立期间，康定还设立了中央银行分行、重庆银行康定分行。民国二十五年（1936）如概述中所说在泸定县还设立了中国农民银行农贷所。

（二）农本局

重庆政府的农村政策之一，就是设立农本局，除了西康省内的9个所，还有1个正在准备之中，现在估计已达10个。而组织农本局的规定早在民国二十五年（1936）6月25日就已经公布，9月底正式成立，并决定7月19日确定各银行的投资额。农本局组织规定如下：

1. 农本局业务。

（1）农产部分

①农产品仓库事务、与铁路局合作建盖仓库、仓库租借业务。

②受政府委托代理农产品买卖事务。

③普通农产品的划拨分配或代理分配事务。

④处理典当品中的农产品。

⑤调整、改进其他经由理事会决议的农产政策。

（2）农资部分

①各县、各农村设立合作社、农民典当行（当铺）时，经过审核，如果认为有必要可以对其进行补助，这是为了鼓励投资，同时也可以进行监督。但投资条件和金额由理事会决定制约。

②把各银行联合起来，介绍它们对普通农产品抵押贷款，或对各县各农村的农业银行、农业合作社、农民典当行为了放贷所接受的抵押物进行再抵押贷款。

③经由理事会决议，对农民进行信用贷款。

④理事会决议的其他资金营运及创办农村畜牧饲养事务。

2. 加入农本局的各个银行的贷款利息不得超过年息 8 分。

3. 农本局的营业收入通过理事会决议纳入准备金，贷款出现损失时由准备金填补。

农本局对各银行资金的接受金额（单位 1000 元）

四行储蓄会	840	江苏银行	250	国华银行	65
中国银行	701	大陆银行	220	中国实业银行	55
交通银行	651	浙江兴业银行	180	国货银行	46
储金汇业局	540	中南银行	175	中孚银行	35
金城银行	518	四明银行	150	中央信托局	30
盐业银行	497	浙江实业银行	123	垦业银行	26
上海银行	366	新华银行	92	农工银行	21
江苏省农业银行	250	通商银行	70	中一信托公司	21
中国农民银行	20	劝工银行	13	中央储蓄会	10
农商银行	20	东莱银行	10	中汇银行	5

后来到了民国二十七年（1938），农本局制定了"进展计划纲要"，内容是：

（1）改进调整农业生产。

（2）奖励和建设农村合作金融机构。

（3）建设农业仓库网。

（4）促进农产品分配。

（5）工作研究分等部分。

重庆政府希望农本局从资本和物资两方面治理农村，一边把普遍性低息资本送给农村，一边从国家层面对农产品进行统管，试图对农村扩大并加强政治统治力量。

（三）西康省战时金融

民国二十九年（1940）3 月，重庆政府公布《农贷办法纲要》，通过与三家银行（中国银行、银行交通、中国农民银行）及农本局、中央信托局合作，发展了农村信贷业务。本纲要内容与民国二十七年（1938）公布的《发展计划纲要》内容相近，是重庆政府为了所谓的抗战建国需要而制定的，因此其特征是把重点放在了各省地区的形势上。民国二十九年（1940）以后，农贷专门从内地各省开始实施，以四川、西康两省为主要区域，其他各省在联合总处，根据情况制定了此纲要。根据《中国战时志》记载，战时农民统计表西康省部分显示，农本局资金上升到 209015.6 元，中国农民银行上升到 296260.08 元。

三、货币

（一）概论

据傅崇炑的《西康省记》中记载的《西康图法记》里说，黄帝制定国币，以金、刀、泉、布、帛为五币，到了周成王时期，制作九府图法，冶炼铜制作钱，为万民所用。西康人以前使用金银，没有使用铜，因此也没有图法。原因是，西康的吐司代代相传信奉佛教，家里一定设有一间净室摆放佛像，早晚请喇嘛诵经，净室即称作经堂，每年除夕之夜，把酥酪、糌粑、茶叶、牛羊肉等食物和金银都拿来摆在经堂供佛，这里的金银永远不能使用。清乾隆年间这些储藏的金条、金粒或银块、碎银子被铸造成了银元，每个重1钱，这就是藏中所铸的银元（非藏洋）。

此后，印度的卢比进入，四川总督锡良模仿卢比制造了银货，后面对此详述。西康人的交易大部分现在还存有物物交换的遗风，因此对于货币的需求量低得难以想象。事实上，卢沟桥事变爆发前的西康省内流通的货币，只有藏洋、云南铜洋（相当于法币3角）以及少量法币，辅助通货使用藏洋的半截或四分之一截。即咀，把藏洋分成两半当二咀使用。据柯锡峰说这种半截和四分之一截现在已经禁止不用了。至于是否彻底取缔尚不明确。其他大宗贸易都使用单位平计算银块，每平相当于80两。西康的货币制度在卢沟桥事变爆发前后也大概如此，不会好到哪里去。根据民国二十七年（1938）夏天柯锡峰旅行时对西康社会的鸟瞰，也有如此感想。

卢沟桥事变爆发前民国二十六年（1937），设立了西康省银行，在此期间，重庆银行、中央银行也设立了一两处分行，此外，不仅设立了中国农民银行农贷所，作为重庆政府农村政策之一，还设立了农本局，进行农产品抵押贷款等。为了加大法币的流通，方便购买卢沟桥事变后的军需物资，还发行了小额银行券，因此，现在的西康省以康定、泸定等省东部城市的重要市场为中心，不可否认，随着这些区域的经济建设发展，货币制度也会有一定的改变。

（二）货币及流通现状

西藏在清乾隆年间，用吐司经堂储藏的金条、银锭铸造了银元，如前所述，此后清末（光绪年间）西藏与印度之间的通商使用了印度的卢比，当地人因其方便非常喜爱，因此卢比从西藏逐渐流入西康地区。每个重3钱2分，币面有英国国王像，背面是花纹。把每个3钱2分当银4钱使用。当时在西康地区，度量衡还没有统一，人们使用银块因重量问题不断引起纷争。因此西康人和西藏人都喜欢使用卢比。然光绪三十年（1904）四川总督锡良奏请朝廷，在四川设立造币厂，模仿印度卢比的形状、重量铸造了银货。币面是光绪皇帝头像，每个3钱5分，代替印度卢比使用。这种币称为藏洋，据唐柯三赴康日记中记载，印度的卢比在民国二十年（1931）在西康已不流通，一般都通用藏洋。不过藏洋广泛流通，期间也费了不少周折。刚开始西康人争相使用藏洋，但西藏地区的贸易中国货少，外国货多，因此外国人不喜欢使用藏洋。印度卢比按照银4钱使用，藏洋不过是每个2钱8分至3钱。贩卖川茶的商人使用四川卢比（藏洋），经营印度货物的商人使用印度卢比，一般西康的里塘、察木多一带多使用藏洋，很少有人使用印度卢比，相反，西藏的拉萨、噶达一带多使用印度卢比，很少使用藏洋。然藏洋与印度卢比相比，价格低如前所述，损失也少，因此宣统元年（1909）驻藏大臣联豫和边务大臣赵尔丰电请四川总督赵尔选，在第二年正月以后，按照3分2钱通用，同时又铸造了当十铜元1000万元，运往藏区辅助藏洋，以每银元3钱2分换算当十铜元44元，规定缴纳粮税使用。

西康地区除了上述藏洋外，还流通龙洋（藏洋相当于龙洋的4角4分8厘）。藏洋和龙洋同时通用的只有康定城内，出城一步，便非藏洋不可了。

民国二十六年（1937），康定省银行作为民国以后的发券银行而成立。此后，当地还设立了中央银行分行。卢沟桥事变爆发后，为了购买军事物资，财政部让中国银行、中央银行、交通银行、中国农民银行四家银行发行了小额银行券，节俭发行法币，因此制定了以下原则命令遵守。

1. 通过四家银行支付的军用资金，三成使用小额券。
2. 各机构的经费支付，两成使用小额券。
3. 各工厂、公司、商店的支付，五成或全额使用小额券。

四、度量衡

西康省以牛羊为资产、以畜牧为生计的经营，多是物物交换。很少使用货币的西康省的度量衡制度极为繁杂也不足为奇。根据《西康建省记》所载，以前西康的度量衡由土司呼图克图随意制造，因此彼此不同，各村落各异，制度也各异。尤其是度，很不精确，工匠和商贾完全没有丈尺，修建房屋垒墙所用的木材其高低长短全靠目测裁切，组装时也不按照圆孔建筑。因此土司寨和喇嘛寺的建筑通常都雇佣汉人工匠。商人买卖也不使用度法，毡毯类张开左右两手量，尼龙布匹以方块计算。

据《西康建省记》所载，量也是如此，西康地区没有升，有斗，斗称作尅，十百千万都用尅来数，此外还有批，以20批为1尅，或以30批、40批为1尅，各处不同，批、尅的名称也不同。最原始的方法是，买卖牛奶时，就像旅行记中的插图一样，从竹筒中倒入茶杯，一杯多少钱，以此计算，而不使用量具。即使使用量具，也是买卖双方使用的其他量具，因此往往争论得唾沫横飞，最后再和平解决。

至于衡，据《西康建省记》所载，没有秤有称，称叫架码，大小不同。康称一勐相当于汉称的2—3勐、或汉称的10两。另外还有戥，叫索拉，这与汉人的轻重也不同，例如，衡量金银时，以西康人3钱2分当作1元的卢比为标准，卢比的半截重1钱6分，还有四分之一和八分之一的钱。西康人把这些叫秤码。

在土司专制下，西康地区的度量衡非常原始且繁杂，但宣统元年（1909）边务大臣赵尔丰开始从四川省买入工部尺，用打箭炉制造升斗，每斗盛米30勐。并且买入库平秤，发给关外各属，作为民间使用标准，以期统一度量衡。到了民国，中央政府着手进行全国度量衡改革，根据四年后民国二十三年（1934）的经过报告记载，西康省还处于准备阶段，甚至还没有成立改革组织。因本省风土人情与其他省隔绝，中国整个国家中，未完成度量衡统一的地区有新疆、西藏和西康省。只有一两个地方，作为临时办法把标准器具放在了小学校并征收使用费。

以上主要对西康人之间的度量衡进行了概述，在西康省内重要的市场康定和泸定两县的县城，布帛多使用私制尺，成衣铺（裁缝店）使用的是相当于日本1尺2寸的尺子。称重量多使用天平。汉源县城等与康定、泸定两县大同小异。

重量计算使用担、两、钱，10分为1钱，10钱为1两，16两为1斤，100斤为1担，都是根据十进法的秤计量。容量也使用十进法，为石、斗、升、合、勺。尺度如前所述，缺乏精确性，十进法是丈、尺、寸、分、厘。